WIECZNI LUDZIE
I SKOŃCZENI BOGOWIE

Jak była prorokini oraz ja, porzuciłyśmy religię
i odkryłyśmy wszechświaty
po drugiej stronie i wewnątrz

Wydanie trzecie

Theresa Talea

Tłumaczenie Mariusz Dec

Rediscovery Press

Wieczni ludzie i skończeni bogowie
Jak była prorokini oraz ja, porzuciłyśmy religię i odkryłyśmy wszechświaty po drugiej stronie i wewnątrz

Wydanie trzecie

Prawa autorskie © 2022 r. Rediscovery Press

Polskie tłumaczenie Mariusz Dec

Wszelkie prawa zastrzeżone. Żadna z części tej książki, nie może być powielana przy użyciu środków graficznych, elektronicznych, lub mechanicznych, włączając w to kopiowanie, nagrywanie, filmowanie, ani żadnego innego systemu gromadzenia informacji, bez pisemnej zgody wydawcy, za wyjątkiem krótkich cytatów w istotnych artykułach i przeglądach. Jakikolwiek jej fragment musi posiadać odniesienie do tej książki i autora.

W związku z dynamiczna natura internetu, jakiekolwiek adresy internetowe, bądź linki zamieszczone w tej książce, mogły ulec zmianie od czasu wydania tej książki, lub mogą być już nieważne.

Książkę ta można zamówić u księgarzy, bądź kontaktując się przez internet z:

Rediscovery Press
orders@rediscoverypress.com
Carmichael, California
www.rediscoverypress.com

Projekt okładk i ilustracje w książce Theresa Talea, James Macaron oraz Alexander Puckett.

ISBN: 978-0-9912540-8-8

Dedykacja

Do mojej ukochanej mamy,

 Dziękuję za podążanie przy moim boku podczas tego wielkiego przedsięwzięcia. Twoja mądrość, troska oraz wyjątkowe talenty, wzbogaciły tę książkę niezmiernie.
 Dotarłyśmy razem tak daleko i czekam na nawet jeszcze większy wzrost i bliskość z tobą, moim wspaniałym partnerem w życiu. Twoja miłość i zaufanie pokładane we mnie, oraz twoja życzliwa i ujmująca natura, dały mi siłę zarówno podczas czasów wyzwań oraz inspiracji.
 Bez ciebie, nie byłabym kobietą, którą szczęśliwie jestem dzisiaj. Kocham cię, zawsze.

Napisałam tę książkę dla każdego, kto głęboko pragnie prawdziwej wiedzy i samo-odkrycia. Dziękuję wam za waszą czystą intencję i wytrwałość.

Spis treści

Przedmowa..i
Wstęp...vi

CZĘŚĆ 1. Zrzucenie kajdan, aby w pełni odetchnąć

Rozdział 1. Już nie prorok: ścieżka mojej matki do Źródła...........1

Rozdział 2. Moja pogoń za uzdrowieniem 21

Rozdział 3. Brodząc przez proroctwa do suchego lądu 31
    Katolicka i Chrześcijańska interpretacja Bóstwa oraz Boga...............36
    Wielki Intelekt, Wielki Mistrz i Źródło Miłości/Miłość Ponad
        Wszystko...87
    Rozpoznanie Wszystkiego Co Jest, Czystej Esencji...............101
    Wniosek..130

CZĘŚĆ 2. Dysfunkcyjna rodzina religii: studium Judeo-Chrześcijaństwa

Rozdział 4. Boscy królowie i żydowski rodowód........................133
    Pochodzenie sumeryjskie i egipskie.......................................137
    Abraham, Judeo-Islamski patriarcha.....................................139
    Identyfikując plemiona Izraela..142
    Mojżesz...152
    Semickie wpływy w Egipskim Nowym Królestwie.................156
    Salomon..160
    Wyróżnienie Żydów..162

Rozdział 5. Wielu półbogów Chrześcijaństwa.............................164
    Zofia (Sofia, ang. Sophia)...170
    Moreh Tzedek (Sadok) i Esseńczycy.....................................177
    Apoloniusz z Tiany...190
    Przedstawiając Yahshua..193
    Yahshua-Sananda..195
    Yahshua-Michał..199

Arihabi 203
Spleceni ze sobą Yahshua 205
Dostrajacze Myśli 208

CZĘŚĆ 3. Jak się ma Ziemia do kosmosu

Rozdział 6. Naukowe pochodzenie nienaturalne kontra naturalne 216
    Fraktale i Sekwencja Fibonacci..221
    Reinkarnacja kontra ewolucja 226
    Inne wymiary 231
    Pochodzenie oraz rozwój Wczesnej Kreacji 261
    Wniosek 277

Rozdział 7. Ujawnienie Bogów 281
    Stworzenie galaktyk AquaLaSha, Galaktyki-2 i Drogi Mlecznej 282
    Elohim Anunnaki 305
    Jezusowy Kolektyw Michała Anioła 320
    Lucyfer i Szatan 349
    Konfederacja Planet Ra..362
    Szaraki 365
    Tetanie 370
    Agenda Jednego Światowego Porządku 374

Rozdział 8. Ziemia jako planeta ascendencji 394
    Tara, Syriusz, Słońce i Ziemia...396
    Kula Amenti oraz Błękitny Płomień Amenti 403
    Trzy zasiewy Ziemi 410
    Atlantyda i Lemuria...418
    Atlantydzkie przeszkody 420
    Strefy Hibernacji 426
    Urta..427
    Podbój Planetarnego Templaru w celu doprowadzenia do
        Armagedonu..428
    Podbijając Ameryki 430
    Pieczęć Zeta i Drako oraz Zagroda Częstotliwości.............431
    Wczesne lata 1900 432
    Druga wojna światowa..432
    Eksperyment Filadelfia i Szczyt Magnetyczny 433
    Podniesienie się Feniksa 437
    1980-1983 438
    Montauk oraz Projekty Strefy Pomostowej........................438

Traktaty Plejadiańsko-Syriańskich Anunnaków 440
Doprowadzone do Cyklu Aktywacji Gwiezdnej 441
Początek Cyklu Aktywacji Gwiezdnej 442
Traktat z Altair 443
Agenda Apokalipsy św. Jana Jechowiańskich Anunnaków 444
Bitwy o Ziemię 452
Środki ochronne Żywiciela Rzeki Krysthal 458
Tęczowy most i matriks 463
Cykle ascendencji Ziemi z Tarą 467
Dramat mieszania wymiarowego w roku 2012 i nadzieja roku
    2013 471
Aurora Ziemia Ascendencji 481
Procesy ascendencji Starfajer i Adaszi 486
Koniec Cyklu Aktywacji Gwiezdnej i rok 2022 491

CZĘŚĆ 4. Kim naprawdę jesteśmy

Rozdział 9. Jesteśmy pięknymi Ludźmi, tutaj i teraz 497
    Umysł 499
    Emocje 502
    Uczucia 512
    Ciało 513
    Duch „Najwyższe Ja", Wyższe Ja, Dusza oraz Główne Ja 516
    DNA 532
    Czakry 547
    Opętanie 558
    Nasza zdolność do kochania 569
    Dlaczego jesteśmy teraz, tutaj na Ziemi? 571
    Wniosek 575

Rozdział 10. Indywidualność i jedność: krytyka Prawa Jednego 576
    Wielkie Białe Bractwo, Kosmiczna Świadomość i Szmaragdowe
        Zgromadzenie Zakonu Melchizedeka (ang. skrót MCEO) 578
    Oparta na 12-tce matematyka Drogi Mlecznej 586
    Czy istnieje ucieleśniony Bliźniaczy Płomień? 593
    Kundalini kontra naturalna ascendencja 600
    Matematyczne pochodzenie Prawa Jednego 606
    Wniosek 608

Rozdział 11. Następnym krokiem jest nasza decyzja 611
    Opcje ascendencji z Aurory Ziemi Ascendencji 614

Zwodnicze doświadczenia śmierci klinicznej 619
Rozróżnianie pomiędzy fałszywymi a naturalnymi energiami 628
Naturalna energia-materia, włączając w to studium przypadku
   wody 637
Podsumowanie 645
Techniki 647

Bibliografia 659

RYSUNKI
1. Ciąg Fibonacciego kontra ciąg Krysthal 221
2. Spirale Fibonacciego i 12-punktowej Siatki Kathara 223
3. Uproszczone Siatki Galaktyczne Kathara Krysthal i Nienaturalne w
   naszym świecie 247
4. Skorygowane Siatki Kathara Galaktyki Krysthal 250
5. Kody Trój-Weka i Vesica Piscis 256
6. Byk Canberry i Kozioł z Mendes 383
7. Błękitny Płomień Amenti 406
8. Mieszanki kolorów wymiar i czakra 549

Przedmowa

Witajcie. Kilka lat odkąd wydalam dwie edycje tej książki. Początkowo wprowadziłam tą książkę na rynek, aby pomoc przeciwdziałać biblijnemu, raz New Age'owemu szumowi medialnemu otaczającemu ostatnie dni kalendarza Majów. Teraz, kiedy rok 2012 już minął, zdecydowałam położyć większy nacisk na osobiste umocnienie. Utrzymałam ten sam projekt okładki, ponieważ lepiej odzwierciedla obecny tytuł książki; my ludzie, kiedy działamy zgodnie z naszymi wrodzonymi zdolnościami, możemy lepiej zadbać o siebie samych i o nasza planetę.

Pierwsze wydanie mojej książki napisałam wybiorczo zagłębiając się w określone tematy, powierzchownie traktując inne. Przedział czasowy w którym chciałam się wyrobić, oraz potężna ilość materiału, skłoniły mnie do zrzucenia dodatkowego ciężaru na czytelnika, aby na własną rękę dokonał dalszych poszukiwań, oraz aby nabrały dla niego sensu niektóre nierozwinięte oświadczenia. W miarę jak wzrosła moja świadomość, zdałam sobie sprawę, ze musze lepiej dostroić tematy, które zaprezentowałam, poza tym sama chciałam więcej nauczyć się w mojej własnej pogoni za dokładną wiedzą.

Do czasu publikacji drugiego wydania w 2014 roku, napisałam zupełnie inną książkę. Zdałam sobie sprawę, że potrzebuję bardziej zagłębić się w sedno New Age'owego wierzenia, żeby ukazać postęp, oraz częściowe podstawy Judeo-Chrześcijaństwa, religijnego parasola, który w głównej mierze znałam. Z bardziej krytycznym spojrzeniem podeszłam również do niektórych źródeł, które już przedstawiłam jako te wspierające wierzenia New Age, lecz czasami byłam zbyt łagodna w swojej krytyce. Wiedziałam, że moja informacja jest inna i chciałam pomóc ludziom łatwiej w nią wniknąć, ale okazało się, iż niektórzy ludzie pomyśleli, że wspieram te źródła. Od tamtego czasu nauczyłam się, żeby przedstawiać swoje słowa tak wyraźnie, jak tylko jestem w stanie.

To bieżące trzecie wydanie, jest moim najważniejszym osiągnięciem. Przez długi czas szukałam i pisałam, tak więc jest to moje ostatnie wydanie tej książki, dostarczając znaczącej, zaktualizowanej rewizji dla każdego. Wierze, że kluczowy przekaz tej książki, oraz ogrom informacji może mieć zastosowanie dla ludzkości, przez tak długo, jak tylko istniejemy.

Jestem głęboko wdzięczna za zespołową pracę zaangażowaną w tłumaczenie tej książki. Po rozwiązaniu umowy z poprzednim polskim wydawcą, z radością przejęłam proces wydawniczy związany z tłumaczeniem mojej książki na język polski. Nad poprawkami i aktualizacjami, które w wielu miejscach wymagały naszej uwagi, współpracowałam z Mariuszem Decem, którego uważam za przyjaciela. Nasza nowa polska książka przewyższa poprzednią wersję.

Lata temu, życzyłam sobie mieć dostatecznie dużą świadomość, aby wydać tylko jedną edycję książki, lecz teraz akceptuję to, że życzenie takie było nierealistyczne. Jako że, jestem kimś, kto głęboko pragnie opartej na faktach wiedzy, moja świadomość wciąż wzrastała, umożliwiając mi dostrzeżenie, tego czego wcześniej nie widziałam w pełni. Proces pisania książki, wypełnia umysł tej osoby niemalże niekończącymi się myślami, więc kiedy już na pozór uwolnione one zostają w sposób ostateczny, otwiera się umysłowa przestrzeń, która potencjalnie, jeszcze dalej rozwija spojrzenie na określone tematy. Osobisty wzrost jest nieustannie płynącym procesem.

Moja obecna świadomość jest jak powiększające szkło, poprzez które poprzednie tematy przybliżyły się do mnie podczas kolejnego czytania mojego drugiego wydania. Podekscytowana jestem tą nową, rozszerzoną książką, ponieważ dostarcza ona dyskusji, oraz szczegółów, o których nie słyszałam aby ktoś inny wypowiadał się, zwłaszcza na arenie New Age. Jeśli jesteście w posiadaniu któregokolwiek z poprzednich wydań, napisanych po angielsku, możecie zobaczyć, jak dalece posunęło się trzecie zaktualizowane wydanie. Na pierwszy rzut oka, format tej książki może wydawać się ten sam, ale jeśli dokładnie przeczytacie tę książkę, dostrzeżecie ważne zmiany, poza udoskonaloną gramatyką, która daje głębsze zrozumienie wielu tematów, są również nowe części tej książki.

Książka ta, forsuje intelektualne, naukowe oraz duchowe granice. Moim wstępnym pragnieniem było proklamowanie naszej osobistej mocy i zdolności przeciwko prawie wszystkim przeciwnościom; jednak jako ktoś, kto chce współpracować z innymi i przedstawiać tak dokładny obraz, jak tylko potrafię, potrzebowałam więcej informacji, aby poddać je rozważaniom dla mojej intuicji. W niektórych przypadkach, jedyna informacja, która mogłaby służyć temu celowi, pochodzi ze źródeł z innych światów.

Zawarłam tutaj różnorodne nie-ludzkie oświadczenia, poświęcając szczególną uwagę źródłom moim i mojej mamy, jak również grupie bytów skryby i speakera Ashayany Deane zwanej Liga Opiekunów i Szmaragdowe Zgromadzenie Zakonu Melchizedeka. Rozpoznałam, że każde ze źródeł daje informacje w oparciu o własną świadomość i doświadczenie; podobnie do tego, jak czynią to ludzie; tak więc rozważam wszystkie strony, aby znaleźć wspólny mianownik, oraz sedno prawdy, w danej kwestii.

Moje pisanie nie jest channelingiem, proroctwem ani też pod osobistym wpływem duchowych bytów. Jest to głównym powodem tego, dlaczego napisanie tej książki zajęło mi w sumie aż 10 lat w dodatku do 13 lat środowiskowego wzrostu, obejmującego mnóstwo dociekań i dziennikarstwa.

Przedmowa

Ta książka, jest głównie produktem mojego pragnienia, zdolności, staranności, a także czasami i łez. Jest ona wielce wzbogacona zdolnościami i wkładem mojej wspanialej mamy, która często podążała tą trudną ścieżką u mego boku. Pewne informacje z innego świata, do których ona ma dostęp wyjaśniły moje wątpliwości i badania, zaś ja pracowałam dalej, aby to uwiarygodnić i wyjaśnić.

Przyjazne źródła z innego świata wydają się stosować filozofię żyj i pozwól żyć. Czekają one aż poprosimy je o pomoc i nawet wtedy, ich pomoc odnosi się do tego, gdzie znajdujemy się obecnie, często nie dając nam więcej wiedzy, do czasu aż osiągnęłyśmy podstawową świadomość. Może to być frustrujące, lecz jest to bardziej wyzwalające, gdyż każdy z nas pozostawiony zostaje naszym własnym zdolnościom, które w zasadzie nie są mniejsze niż ich, lecz trochę nieco inne.

Niestety, ludzie często patrzą na subiektywne informacje bytu lub grupy boga, takie jak przepowiednie i chanelingi, jak na ostateczna prawdę bez powodu do śledztwa. Jeśli weźmiemy każdą część informacji, tylko jako ta – dana informacja – możemy wtedy określić, jak pasuje ona do większego obrazka, jak również do naszego osobistego życia. Wówczas, każda idea jest słyszana i oceniana zamiast ignorowana, a my możemy zgodniej współistnieć.

Każdy z nas, posiada unikalne doświadczenia i są one wszystkie godne uwagi. Coś, co ja wiem osobiście, jest tym czego może nie znać doświadczenie drugiej osoby. Dodatkowo, znaczące nadużycia, które przytrafiają się nam, mogą przyćmić mądrość i spowodować, że ludzie tracą wzgląd na swoje zdolności, które to inni wydają się demonstrować bez wysiłku. Rozlegle spojrzenie na samego siebie, może zostać pomniejszone przez wieloprzysłonowe okulary, lecz osoba taka jest niespokojna, ponieważ wie ona, że jest coś więcej, poza tym kim on, czy ona jest. Bez względu na to, czy ludzie wierzą w posiadanie swego rodzaju energetycznej duszy lub ducha, możemy zgodzić się z tym, ze zasadniczo istniejemy i połączeni jesteśmy od wewnątrz i na zewnątrz siebie.

To trzecie wydanie umacnia i rozjaśnią nasze wewnętrzne polaczenie z większymi i prostszymi prawdami. Ja przyjmuję moją szczególną intuicje, która mówi, że my ludzie jesteśmy swoimi własnymi zbawicielami, oraz naszym ucieleśnionym, że tak powiem „gospodarzem", tak więc nic na zewnątrz nas nie może kierować naszymi drogami. Pozwólcie, że wyjaśnię, iż nasze samo-umocnienie, wcale nie sugeruje, że jesteśmy wyspa bez określonych przyjaciół z innego świata i energii, czasami nam pomagających, nawet jeśli nie bezpośrednio. Kiedy zdamy sobie sprawę z tego, gdzie znajduje się nasze położenie w rozległych energetycznych światach kreacji, możemy zobaczyć jak byty i energie mogą wspólnie ze sobą współpracować, bez siły i hierarchii. Nie słyszałam jeszcze, aby czołowe religijne, bądź New Age'owe wierzenie uczyło tej idei o stworzeniu i pra-stworzeniu. Jest to intuicja, którą dogłębnie badam w tej książce, w której to ujawniam „króliczą norę" religii, włączając w to więcej wierzeń, aniżeli możemy sobie wyobrazić, zaś my musimy wyjść z ten nory, aby moc zobaczyć siebie samych, oraz naszą kosmologię takimi, jakimi są.

Książka ta nie zrodziła się z pragnienia osądzania ani podziału, chociaż ja faktycznie osądzam sytuacje i przedstawiam strony. Wyrażam swój glos – myśli i odczucia – i zadaje pytania, lecz niestety często w zamian otrzymuje inny rodzaj osądu od innych, takiego, który jest zamknięty, bojaźliwy i gniewny. Rozumiem, że zmiana może być trudna do przyjęcia, oraz ze istnieje niechęć do odpuszczenia tego, co stało się wygodne. Jednakże, kiedy czyjeś nastawienie przysłania międzyludzkie i osobiste standardy troski i przyzwoitości, jest to wskaźnikiem tego, że czegoś brakuje w reakcji tej osoby. Ja postrzegam osąd jako rozsądny, jak również pomocny, jeśli obejmuje uczciwość, wyrozumiałość, faktyczne dowody i konstruktywny krytycyzm.

Podczas gdy zmotywowana zostałam do napisania tej książki dla ludzi, wiedziałam również, że musze napisać ją także dla siebie. Przeszłam długą drogę samo eksploracji, aby wykrzewić fałszywe osobowości, którymi stałam się jako mój mechanizm radzenia sobie. Zniosłam straszliwe wykorzystywania, które napełniły mnie terrorem, dezorientacją i bezradnością. Zaczęłam mieć pretensje do ludzi, że maja lepsze doświadczenia od moich. Nie zdawałam sobie sprawy z tych pretensji, ponieważ byłam ofiarą.

Jak mogłam odzyskać siebie z powrotem, kiedy owładnięta byłam chłodem odrzucenia i samotności, ponieważ nie wiedziałam, jak rozwiązać swoje problemy? Moją odpowiedzią było zadawanie pytań, czasami tylko sobie samej. Niektóre z pytań przyniosły więcej odrzucenia, ale po każdym kroku wstecz, dalej parłam naprzód. Nauczyłam się, że jestem swoim najlepszym adwokatem i moim najlepszym przyjacielem.

Wszyscy mamy swoją wartość. Nauczyłam się otwierać na bezwarunkową miłość, gdyż taka miłość powstrzymuje wzorzec ofiary-oprawcy. Ludzie czasami naprawdę myślą o okropnych rzeczach, które nie wyzwalają przyjaznych reakcji, lecz ja odmawiam ich nienawidzić, ponieważ głęboko pod ich stwardniałą powierzchnią i czynami, leży promyk piękna.

Kiedy wychodziłam na zewnątrz z pozycji ofiary, moje otoczenie sprawiało wrażenie klaustrofobicznego. Moja normalna reakcja było odcięcie się od świata w akcie podziału. W tym podziale patrzyłam na ludzi jako na „innych", bez dostrzegania ludzi, którzy mają takie same potrzeby i uczucia jak ja. Podziały tworzą rywalizację oraz ściany oddzielenia, co może odbić się czkawką na każdym aspekcie społeczeństwa, tak aby każdy jego przywódca mógł mieć swój rok sławy; zgodnie z tym, podziały mogą dokonywać podboju. Byłam bardzo zła na naszą bardzo oddzieloną rzeczywistość, lecz mój gniew częściowo zaślepił moją własną mądrość, która może odsłonić inną rzeczywistość, większa rzeczywistość, którą już znam.

Przechodząc przez każdą przepaść, widzę bardzo wielki świat, który może spełnić wszystkie nasze podstawowe potrzeby. Uśmiechając się do ludzi, prawiąc im komplementy, pytając i słuchając o tym, jak się czują, otwieramy okno do ich życia. Możemy ofiarować prawdziwą miłość, którą mogą docenić nawet ludzie nieświadomi. Możemy żyć jak prawdziwa społeczność, która dba o to, by wysłuchać poglądów i doświadczeń innych, oraz traktuje innych chociaż z pewna dozą szacunku. Miłość w tym pofragmentowanym świecie, jest mostem do nas wszystkich.

Ta książka służy jako odskocznia do głębszej kontemplacji i stosownego działania. Zapraszam każdego do głębszego wniknięcia w moje twierdzenia i wytłumaczenie sobie tych informacji – idąc naprzód, a nie wstecz w rozpowszechniony religijny i New Age'owy system wierzeń – byśmy mogli uszlachetnić to, co prawdopodobnie, intuicyjnie już wiemy.

Wstęp

Jak człowiek taki jak ja może znać prawdy czy fakty o Bogu i większych wszechświatach? Prawda nie jest równa wszechwiedzy; może ona zaledwie wskazać dokładne aspekty szerszego obrazu, aby pomóc nam osiągnąć wystarczające zrozumienie naszych potrzeb. Nauka oraz religia są dwoma takimi obszarami studiów, które aktywnie stawiają czoła takim aspektom. Zamiast faworyzować jedną perspektywę ponad drugą, myślę, iż mądrze jest wyłożyć na stół wszystkie poglądy, aby sprawdzić, czy spójnie pasują ze sobą jako prawidłowy obraz. Jeśli nie, wtedy możemy wybrać, który dogmat pragniemy zgłębiać, tym samym pozostawiając za sobą, to co nie jest dla nas korzystne.

Jest pomiędzy nami zbyt wiele pół-prawd. Zasypywani jesteśmy kontrastującymi ze sobą informacjami, ale większość zazwyczaj decyduje akceptować to, co im się mówi, ponieważ nie wiedzą gdzie indziej szukać. Od urodzenia uczy się nas faworyzować nauki naszej rodziny oraz instytucji społecznych zamiast naszej intuicji. „Bądź posłuszny swoim rodzicom" jest podstawowym przykazaniem w religiach głównego nurtu. Musimy szukać naszych odpowiedzi u starszych, którzy z kolei podążają za starszymi sprzed nich. W tej społecznej i dziedzicznej wiedzy, osadzone są popularne wierzenia religijne i duchowe.

Kiedy podążamy za opowieściami i poglądami innych ludzi, życie zostaje zredukowane do zewnętrznego doświadczenia. Zredukowani jesteśmy teraz do funkcjonowania i myślenia, tak jak zrobili to inni.

Kiedy tworzymy miejsce na introspekcje, do naszego doświadczenia zastosować możemy naszą logikę oraz intuicję, co często nie podąża za przeszłością. Wątpię, żeby jakakolwiek myśl była nowa, lecz my znajdujemy się w dynamicznej teraźniejszości, która umożliwia wolną od uprzedzeń eksplorację otworów logiki, którą objaśnialiśmy poprzednio. Możemy osiągnąć więcej zgodności, zamiast ciągłej tendencji do przykładania marnych bandaży na chaotyczne, doświadczalne fakty.

Prawda oparta jest na faktach. Prawda nie jest wierzeniem, lecz można ją zrównać z niektórymi stwierdzeniami i wierzenia. W szerszym tego słowa znaczeniu, prawda jest ugruntowanym faktem-wierzeniem, w którym poszerza ono fakt poprzez nasze osobiste warstwy. Zgodnie z tym, prawda obejmuje przyczynę, która prowadzi swoja integralność poprzez wszystkie poziomy kreacji. Przyczyna może obejmować pewną ilość wierzenia, kiedy korzysta z dodatkowego „odczucia" intuicji.

Dla przykładu, „wiedziałam", że istnieje większa energia dobroci, doskonała czystość, która jest wolna od czegokolwiek niszczycielskiego. Moje doświadczenie zna pełne spektrum od bólu do radości, lecz moja intuicja mówi mi, że radość i miłość nie potrzebują żadnego bólu, aby wystąpić, lub po prostu zaistnieć. Istnieje oddzielność, a nie dezorientujący kłębek szarości. Chce dalej zbadać tą dobrą energię, poza światowymi poglądami, jakie mi ofiarowano.

To nowe badanie obejmuje energie nie oparte na rozkładzie, co zazwyczaj badają eksperymenty naukowe. Empiryczna metoda naukowa ustanawia wiarygodność z „twardym dowodem", lecz długotrwała, potencjalnie wieczna energia-materia może być niewidzialna i nienamacalna dla nas, za wyjątkiem subiektywnej interpretacji, nawet kiedy taka subiektywność doświadczana jest prawie przez każdego. Konwencjonalni naukowcy znani są z tego, że odrzucają alternatywne hipotezy i metody, jako pseudonaukowe. Jednak logika, podpowiada im, że rozmaite zjawiska istnieją poza trójwymiarowym doświadczeniem; nasze sny, wizje, oraz odczuwanie zupełnie innych energii, są tylko drobnym przykładem tego, czego nie potrafimy w pełni wyjaśnić.

Bardzo kosztownym eksperymentem naukowym jest Wielki Zderzacz Cząsteczek (angielski skrót LHC – przyp. tłum.), na granicy Szwajcarii i Francji. Składa się on z 27-kilometrowego, podziemnego pierścienia super przewodzących magnesów, które przyspieszają cząsteczki materii do punktu ekstremalnej anihilacji. W 2012 roku, zderzanie cząsteczkowe, przedstawiło coś, co uważane jest przez naukowców albo za elementarny bozon Higsa, teoretyzowany jako „cząsteczka Boga", lub za podobną kompozytową cząsteczkę złożoną z nawet mniejszych kwarków niosących nieznaczny ładunek elektryczny. W lutym 2013 roku, LHC zamknięty został do przeglądu i udoskonaleń aż do roku 2015, „tak więc bliźniacze wiązki cząsteczek mogą mknąć dookoła z blisko dwa razy większa energią: aż 13 bilionów elektronowoltów", oznajmia piszący wiadomości CNN.[1] Naukowcy z tego projektu podejrzewali, że więcej zniszczenia udowodniłoby, że bozon Higsa istnieje jako wzbudzenie pola Higsa, które przekazuje masę – fundamentalną cechę tworzącą materię, oraz że, może można by odkryć bardziej elementarne cząsteczki.

Logika oraz teoria, ostrzegły naukowców, że eksperyment LHC może być niebezpieczny, zwłaszcza kiedy można potencjalnie wytworzyć „mini wybuch" skutkiem, którego może być tunel czasoprzestrzenny. Jeśli Bóg jest naturalną, żywą, elementarną cząsteczką, logika podpowiedziała im również, że niszczenie czegoś, nie jest sposobem na znalezienie Boga. Taka anihilacja może dałaby takiej cząsteczce życie na ułamek sekundy. Naukowcy ci, opierają eksperyment na swoim wierzeniu w mierzalna, twórczą energię, która została zapoczątkowana lub powstała z Wielkiego Wybuchu. Ich Bóg pociąga za sobą destrukcję, dlatego więc nie maja oni problemu z dalszym prowadzeniem tego ryzykownego eksperymentu.

Główne religie mogą zgodzić się z tymi naukowcami, ponieważ ich Bóg również dokonuje niszczycielskich aktów. Zamiast nazywać swojego Boga cząsteczką, jest to u nich raczej uosobiona istota. Główna różnica pomiędzy Bogami nauki i religii jest to, że niszczycielski model naukowy zakłada, że Bóg jest krótko żywotny i przetwarzalny, religia zaś widzi Boga jako wiecznego i generalnie niezmiennego. Jednak, kiedy dokonamy uosobienia Boga w religii, otwiera to możliwość skończonej egzystencji.

Byłoby wspaniale gdybyśmy odnaleźli trwałą prawdę biorącą górę nad naukowymi i religijnymi wierzeniami, lecz ich perspektywy zawierają uprzedzenie w stosunku do wierzeń i modeli, które skategoryzowały takie zjawisko jako pochodzące z innego świata. Ponieważ większy wszechświat, oraz jego energie znajdują się poza naszym zasięgiem, często umniejszamy ich skalę, na tyle, aby dopasować je do urabialnej konstrukcji, którą możemy zrozumieć. Wówczas to, budujemy na ideach, żeby poszukiwać czegoś, co jest nowe, zamiast odłożyć je na bok i zacząć od nowa z otwartym umysłem i sercem. Naukowcy mogą mieć przewagę w stosunku do religijnych wiernych, ponieważ niektóre z ich odkryć i teorii otworzyły nowy dogmat. Religie nauczają przeciwko takiemu otwartemu odkrywaniu, ponieważ chcą oni stabilnego komfortu w dogmatach ich przodków.

Sedno sprawy pomiędzy religią i nauką jest takie, że obydwie są w podziwie zewnętrznych cudów. Na właściwe dla siebie sposoby pozwalają, aby każdy z tych cudów uczynił to, co chce, tak żeby mogli podziwiać jego zdolności. Chociaż może to być pouczające doświadczenie, może ono z łatwością unieważnić nasz wewnętrzny wskaźnik, który mówi nam, by się wycofać, odzyskać siebie i ponownie ocenić sytuację. Możemy już wiedzieć, że wiele z dziwnych symboli, artefaktów i doświadczeń jest częścią tego życia. Nic nie jest zupełnie nowe. Nie musimy oddawać czci ani wolnej władzy niczemu, ani nikomu. Oddaliśmy to, tylko dlatego, że nasze programowanie umysłowe poparło hierarchiczny system władzy i ważności, kiedy to, co istnieje w czystości i prostocie, nie funkcjonuje w ten sposób.

Byłam jedną z niezliczonej ilości ludzi, którzy kojarzą religijnego Boga z prawdą. Moje katolickie wychowanie wykształtowało moją percepcję, tak więc, kiedy zaczęłam kwestionować wiarę, odbijałam się zaledwie od jednej religii do drugiej, aby podążać za prawdami, każda z nich twierdziła, iż ja posiadają. Poruszałam się ledwie na zewnątrz Chrześcijaństwa, ponieważ zostało mi wpojone, że Jezus był „drogą, prawdą i życiem". Śmiałość, fundamentalnego pastora Chrześcijańskiego w Południowym stylu, również przykuło moją uwagę. Pomyślałam, „z pewnością ich entuzjazm oraz silne przekonania oznaczają, że posiadają oni prawdę".

Wraz z zaadoptowaniem dogmatu fundamentalnych Chrześcijan, zaczęłam nosić prawdę jak honorowa odznakę. Byłam studentką religii, lecz sadziłam, że jestem lepsza niż każdy na zewnątrz mojej religii, ponieważ nie wiedzieli oni tego, co ja. Większość populacji została zatracona, powróciła do starych nałogów lub byli oni niekwestionowanymi grzesznikami; uczona byłam, że pójdą oni do Piekła, lub coś w tym stylu. Ja byłam ocalona, tak długo, jak długo pozostawałam posłuszną studentką-sługą.

Moja skłonność do kwestionowania starszych, nie pasowała im za bardzo. Wreszcie zdałam sobie sprawę, że moje troskliwe pytania były środkiem, który mnie ocalił i sprowadził do odnalezienia czystej prawdy na zewnątrz religii.

Co ciekawe, nie myślę abym miała zbyt duże ego, kiedy byłam bardzo religijna. Na szczęście moja nowa świadomość nauczyła mnie pokory; mogłam bowiem obiektywnie zobaczyć, jak byłam zarozumiała, mówiąc każdemu, że nie maja racji, ponieważ nie wierzyli w to, co ja. Widziałam, że mój kompleks wyższości był zakłóceniem wynikającym z braku solidnej podstawy wewnątrz mnie samej.

Nie znam wszystkich prawd, ale nie to jest moim celem. Moim celem jest uczynić co mogę, aby rozplątać kłębek głęboko zakorzenionego systemu wierzeń oraz nakreślić wyraźne linie pomiędzy sprzecznościami, a rzeczowym powodem. Otwarcie czyjegoś umysłu w połączeniu z aktywnym uczestnictwem całej osoby (żeby zapobiec utracie własnej intuicji danej osoby), otwiera drzwi do dogłębnej a zarazem oczywistej, prostej informacji. Informacja ta przez cały czas była wewnątrz mnie oraz w każdym. Po prostu niewystarczająco ufałam sobie, żeby w to uwierzyć.

Pogoń za faktami i prawdą, pomogły mi i mojej mamie wyzwolić się. Od młodości wykorzystywana była ona jako prorokini; to w dużym stopniu powstrzymywało ją przed eksploracją jej indywidualności, ponieważ była ona dosłownie wykorzystywana jako ciało Boga do przekazywania wiadomości innym. Rozdział 1 objaśnia jej historię i pokazuje, jak znalazła ona czystą esencję poza Bogiem, oraz niektórymi poziomami pomiędzy.

Rozdział 2 wyjaśnia moją przeszłość, która sprowadziła mnie do religii. Chciałam wierzyć w cudowne historie, ponieważ na wiele sposobów desperacko potrzebowałam uzdrowienia. Na zewnątrz siebie poszukiwałam tego Boga-człowieka, aby mnie kochał i uzdrowił; to wystawiło mnie jedynie na porażkę w moim życiu osobistym, jak wyjaśnia to rozdział 3.

Rozdział 3 ukazuje krok po kroku proces tego, jak ja oraz moja mama wyszliśmy z religii. Jest to unikalny rozdział, który przemawia z mojej perspektywy, z każdego kroku mojej świadomości. Zgłębiam w nim nauki chrześcijańskie o Bogu i dostarczam kilkanaście przepowiedni otrzymanych przez moją mamę, odzwierciedlających te nauki. Przepowiednie jej, uzupełniają i rozjaśniają takie zmagania, których doznawali biblijni prorocy; czasami wykorzystywani byli oni wbrew swojej woli, a przeslania często nie pomagały im.

Dogmat religijny uczy nas, byśmy posiadali wiarę bez kwestionowania, gdyż Bóg troszczy się o wszystko. Kiedy nareszcie zwracałyśmy wyraźną uwagę na nasze myśli oraz reakcje na religijne doświadczenia i nauki, zdałyśmy sobie sprawę jak sprawiały one, że czułyśmy się niepewne. Niestety nauki przeplatane są dezinformacja, a nawet kłamstwami. Ludzie mają tendencje do pozostawania przy religii, ponieważ część z ich przesłań rezonuje z ich pragnieniem osiągnięcia kierunku i narzędzi do samo udoskonalenia i przynależenia do społeczności. Jednak tak samo, jak negatywny związek powstrzymuje nas, doświadczenia religijne moje i mojej mamy doprowadziły nas do podziału i strapienia. Byłyśmy powstrzymywane przed naszym pełnym potencjałem. Znalazłyśmy siłę, żeby wyzwolić się z silnego programowania, a w wyniku tego, odnalazłyśmy bezgraniczną wiedzę, bezpieczeństwo i radość.

Rozdziały 4 i 5, badają środowiska, które stworzyły półprawdy Judeo-Chrześcijaństwa. Rozdział 4 skupia się na przeszłości Judaizmu, podczas gdy rozdział 5 stawia w centrum uwagi Mesjasza Chrześcijaństwa. Obydwa rozdziały pokazują gładkie przejście pomiędzy dwiema religiami, tak samo jak Judaizm wyłonił się z innych religii przed nim. Żadna religia tak naprawdę nie jest wyjątkowa ani też żaden z religijnych Bogów. Mając to na uwadze, rozdział 4 ujawnia przyczyny seksizmu oraz erotyzacji kobiet, także obydwa rozdziały wskazują na polityczny niepokój, który prawdopodobnie był większym problemem niż określony Bóg, którego czcili ludzie. Czasami, religia wykorzystywana jest jako front maskujący głębsze społeczno-polityczne i środowiskowe obawy. Ponieważ bogowie nie bardzo różnią się od siebie, podział religijny może być dywersyfikacyjna taktyka odwrócenia naszej uwagi od dostrzeżenia prawdziwej agendy kontroli nad Ziemią, oraz jej ludźmi.

Rozdział 6 przesuwa się w kierunku „religii" nauki o stworzeniu z Wielkiego Wybuchu, jak również bardziej postępowych, lecz podobnych ideologii. Zgłębiam kosmologie w sensie elementów wiecznych kontra niewieczne, oraz przedstawiam naukę opartą na nie-rozpadającej się energii i materii. Stosuje krytyczne myślenie oraz swój wewnętrzny wskaźnik, żeby rozróżnić pomiędzy udowodnioną, teoretyczną, a pochodzącą z innego świata informacją o wszechświecie i tym, co poza nim. W tym trzecim wydaniu, rozdział 6 zawiera wiele informacji z mojej innej książki pt: „Proponując >>Nową<< kosmologię poza nauką śmierci", wydanie drugie, chociaż książka kosmologiczna dostarcza trochę bardziej szczegółowej informacji dla społeczności naukowej i sceptycznych ludzi.

W większym kosmosie nie jesteśmy sami; poza naszymi gatunkami i planeta istnieją wiedzące świadomości. Na dodatek niektóre z tych świadomości obejmują część naszej wrodzonej konstrukcji. Istnieje bogactwo informacji, które możemy osiągnąć, ale dotychczas tylko wybiórczy materiał zaakceptowany został przez sekty religijne i naukowe.

Rozszyfrowałam setki przepowiedni w dodatku do wizji oraz niezliczonych innych wiadomości i wglądów intuicyjnych pomiędzy nami. Moje doświadczenia, oraz intuicyjne wglądy pomogły mi przesortować inne źródła informacji, włączając w to te pochodzące z channelingów od rozmaitych bytów, aby odkrycia swoje zaprezentować wam. Odkrycia te rezonują z wierzeniami w religii i fizyce postępowej, mówiąc ze istnieje wieczne życie w energetycznych elementach, które przekładają się na kompozycje oparte na energii-materii.

Proszę, byście przeczytali tą książkę ostrożnie i po kolei, od początku do końca, zanim przeskoczycie do przodu, ponieważ wiele tematów wyjaśnianych jest stopniowo i są ze sobą splecione. Dla pewności i lepszego zapamiętania, umieszczam w kolejnych częściach notatki tam, gdzie istnieje dalsze wyjaśnienie. Wychodzę z taką prośbą, ponieważ czytelnik powinien posiadać odpowiednie przygotowanie do ustosunkowania się do niewygodnych informacji w rozdziale 7 i 8.

Rozdział 7 przedstawia historię naszej galaktyki, jak również innych spokrewnionych galaktyk. Wreszcie ujawniam tez tożsamość rasową, charakterystykę oraz agendy bogów.

Rozdział 8 wyjaśnia historię Ziemi oraz tego, co powinno naturalnie nastąpić od roku 2012 do roku 2022 i po nim. Dalej ujawniam agendy grupy boga, które powodują destabilizację dla nas na Ziemi, oraz wyjaśniam środki zaradcze dla ich działań.

Rozdział 9 kieruje nas do środka, do warstw wewnątrz nas. Teraz, kiedy znane są czynniki zewnętrzne, nie powinno być opóźnienia w tym, aby poznać na wskroś, kim naprawdę jesteśmy. Wyjaśniam każdy główny aspekt naszej kompozycji, jak również połączenie z wyższym ja danej osoby. Dostarczam chwil „Aha" o tym, ile kontroli mamy nad samymi sobą i naszymi życiami.

Rozdział 10 zgłębia i krytykuje podstawowe założenia prawa jednego, które obejmują duchowości New Age, ezoteryki czy Buddyzmu. Często, kiedy ludzie opuszczają rażąco hierarchiczne religie, zamiast odsunąć systemy wierzeń głównego nurtu, zwracają się oni ku mniej oczywistej duchowej hierarchii i kontroli osadzonej w Prawie Jednego.

Rozdział 11 wyjaśnia namacalne, energetyczne różnice oraz ważność rozróżnienia ich, aby pomoc nam pokierować naszymi drogami w tym życiu, oraz po nim. Na tym końcowym etapie tej książki, czytelnik potrafi ze znacznie większą pewnością rozróżnić kierunek jego czy jej intencji oraz kolejnego kroku w działaniu.

W różnych sekcjach tej książki wplatam różne wątki informacji, zatem proponuje użycie mazaka do zrobienia sobie notatek. Ujawniam także wiele motywów biblijnych, które kształtują (oraz blokują) struktury społeczne naszego świata. Bez względu na to, jakie jest wasze stanowisko, religijne czy też antyreligijne, proszę was byście przeczytali wszystkie części tej książki z otwartym umysłem, na szeroki zakres wiedzy, z wielu źródeł, perspektyw i doświadczeń.

Moim celem jest uzbrojenie czytelnika w wiedzę, nie tylko na temat zewnętrznych wydarzeń, lecz zwłaszcza o sobie samym. Moim życzeniem jest, aby każda osoba otworzyła możliwość pełnego ujawnienia i komunikacji ze samym sobą, tak byśmy stali się panami własnego życia. Nie ma potrzeby, aby być naśladowcą czyjegoś dogmatu, który nie obejmuje naszych ważnych doświadczeń i zdrowych perspektyw. Oczywiście, potrzebujemy zasięgać informacji, lecz powinniśmy zawsze sprawdzać je wewnątrz nas samych, w uczciwej retrospekcji.

Może dwa wyraziste sny, które miałam, mogą reprezentować główne przesłanie tej książki o pozostaniu połączonym z dobrą energią wewnątrz siebie samego, bez względu na niespokojne i zatrważające wydarzenia, oraz nastawienie wokół nas.

> Ludzie wyglądający na podobnych do Reptilian, chodzili po mojej okolicy, aby pojmać każdego. Wzięłam ze sobą ukochana mi osobę i usiłowaliśmy znaleźć jakąś kryjówkę, jednak zostaliśmy znalezieni.
>
> Zostaliśmy zgonieni w grupę ludzi i zabrani do podziemnej zagrody. Byli tam nadzy ludzie, beztrosko uprawiający seks, kąpiący się lub po prostu leżący w kilkunastu betonowych pomieszczeniach, zazwyczaj z pustym wyrazem twarzy, chociaż kilkoro z nich zachowywało się agresywnie. Zajrzałam do głównego pomieszczenia, znajdowały się tam koryta do jedzenia, z ludźmi jedzącymi żarłocznie, z twarzami w korytach. Kobieta, która przebiegła obok mnie, była rozszalała, wykrzykując ze ma potargane włosy, gdyż jej wyłącznym zmartwieniem było wyglądać ładnie.
>
> Poczułam strach mojej sytuacji. Momentalnie połączyłam się z mentalnością pomieszczenia i mój umysł stal się ciemny, przytłumiony i niezdolny do kontroli jako mój własny. Zaczęłam czuć się jak w pułapce i w tym mentalnym pudle, poczułam jak mój osobisty świat kurczy się do punktu skupienia na fizycznych trywializmach i zwierzęcych tendencjach. Szybko musiałam wyprowadzić swój umysł z tego stanu; wiedziałam, że szpony tej mentalności mogłyby mnie zmienić im dłużej pozwalałabym

sobie na popadanie ofiarą tego.

Kiedy weszłam na inną ścieżkę przebiegającą przez obszar żywienia, po przeciwnej stronie pomieszczenia, znajdowała się ludzka hybryda idąca w moim kierunku, analizowała pomieszczenie. Używała ona telepatii do monitorowania ludzkich myśli. W swojej obserwacji i uczuciu, że energia dookoła mnie przytłoczona była skupioną na sobie, zaabsorbowaną obsesją, wiedziałam, że ta hybryda miała upewniać się, aby każdy pozostawał w tym stanie umysłu.

Kiedy przechodził on obok mnie wyczul, że mój umysł był lżejszy i bardziej otwarty, tak więc zwrócił się w moją stronę i wezwał posiłki, żeby rozpocząć atak kontroli umysłu. W chwili, kiedy to się zaczęło, aktywowałam energię mojej wyższej, lecz wewnętrznej częstotliwości. Poszłam do swojego rdzenia i wypchnęłam tą naturalną energię wibracyjną, żeby utworzyć ścianę pomiędzy nimi a mną. Nigdy wcześniej nie robiłam tego [w swojej świadomości snu], ale moja intuicja znała siłę tej energii. Uniosłam rękę do góry [jak demonstruje to dziewczynka na okładce książki], pomogło mi to zwizualizować tą ścianę i utrzymać ją tam. Zapora zadziałała.

Wtedy, rozszerzyłam tą energie na całe pomieszczenie, aby sięgnęła do każdego człowieka i zawołałam: „Ktokolwiek chce tej energii, nich idzie ze mną". Nie powiedziałam: „Ktokolwiek chce wyjść, niech idzie ze mną", ponieważ energia ta nie identyfikuje się z niczym w tamtym miejscu; znana jest ona jako wolność. Blisko dwie piąte osób podeszło do mnie. Wyraz ich twarzy, wyraźnie różnił się od pozostałych ludzi, którzy byli zbyt zajęci, aby wiedzieć lepiej; wyglądali oni pełni nadziei i chętni.

Kiedy szliśmy w kierunku wyjścia, nie mogłam ocenić, czy drzwi były przymknięte, czy zamknięte na klucz. Cały czas trzymałam ręce wyciągnięte w kierunku nadchodzących hybryd i odepchnęłam je na bok tą energią, którą wysłałam. Ani na chwile nie pozwoliłam, żeby moja mentalność przesunęła się w kierunku zwątpienia. Wiedziałam, iż jestem inna od tego czym byli oni, chociaż posiadali fizyczną moc, nie pozwoliłam, aby to, co widziałam przeważyło nad tym, co wiedziałam. Znałam ten przepływ energii, które tworzą naszą opartą na energii-materii rzeczywistość, oraz znałam stabilną siłę właściwej miłości, prawdy i dobroci; pozostałam więc w tym energetycznym świecie i uczyniłam go moim światem dookoła mnie. Zadziałało!

Kiedy zbliżyliśmy się do grubych drzwi, były one pozostawione częściowo otwarte, więc poszliśmy szybko, żeby wydostać się z tego budynku i nigdy tam nie wracać. Interesujące jest, że te drzwi były zostawione otwarte, ponieważ to kontrola umysłu i negatywna energia, a nie ich środowisko fizyczne były tym, co utrzymywało ludzi w uwięzieniu. Nikt z nas nie był ścigany, aby schwytać nas ponownie, ponieważ wiedzieliśmy więcej niż kiedykolwiek dotąd, na czym stoimy i jakie są nasze zdolności.

W kolejnym śnie po tym, powiedziałam innym ludziom o tym, co się stało. Zaznaczyłam jak ważne jest, aby bez względu na wszystko pozostać w tej energii. Wymaga to wiary, kiedy jesteśmy wstrząśnięci, lecz w związku z doświadczeniowym znaniem tej oryginalnej, innej energii, wierzenie to oparte jest na prawdzie i rzeczywistości. Na koniec wtrąciła się członkini katolickiej rodziny i powiedziała, że zgadza się ze mną. Powiedziała tez, że później wysłałaby do wrogów ekstremalną wściekłość, gdyż Bóg to samo uczynił w Biblii.

Zajęłam głos i powiedziałam: „Nie, nie robimy tego, gdyż wymagałoby to od nas wyjścia z energii miłości i prawdy, a następnie skierowania wściekłości w stronę hybryd. To zmieniłoby nasze skupienie, tym samym zmieniając naszą energię. To nie może się wydarzyć, ponieważ my z naszymi słabościami musimy zachować nasze skupienie na czystej energii, byśmy mogli zachować różnicę pomiędzy nami i nimi. Później możemy sobie odczuwać gniew w nasz własny sposób, kiedy wszystko przetworzymy, lecz będąc w bezpośredniej konfrontacji, jedynym sposobem na powodzenie, jest pozostawanie w odrębnej energii".

Z powodu pozornie dziwnych postaci i umiejętności, sny te można zinterpretować jako historie podobne do tych w religiach. Jednak w jej historii jest trochę prawdy, ponieważ jakiekolwiek doświadczalne zjawisko, może być udokumentowane jako fakt. Rozróżnienie przychodzi wtedy, gdy chcemy przyjąć lub odrzucić te doświadczenia jako korzystną dla naszego życia wiedzę. Istnieje zagadka dualnej rzeczywistości, w której świadomi jesteśmy faktów wspierających jako wiodący światopogląd, lecz inne fakty, które istnieją, mogą oświecać zdrowszy światopogląd. Mamy wybór skupienia naszej perspektywy na lepszej energii i rzeczywistości. Moje sny rozjaśniły to, że jeśli jesteśmy świadomi, nie pozwolimy, aby nasze umysły i działania odzwierciedlały oczywiste i subtelne manipulacje przez innych ludzi, którzy chcą nas kontrolować i obniżyć naszą wartość.

Pracujmy razem nad przebrnięciem przez mnóstwo historii, aby znaleźć solidny grunt prawdy, na którym możemy widzieć siebie nawzajem oko w oko. Wtedy możemy współtworzyć bardziej harmonijny świat, ponieważ nareszcie łączymy się ze sobą nawzajem i z naszymi prawdziwymi ja.

CZĘŚĆ 1

ZRZUCENIE KAJDAN, ABY W PEŁNI ODETCHNĄĆ

ROZDZIAŁ 1

Już nie prorok:
ścieżka mojej matki do Źródła

Podróż mojej matki ku rozwinięciu jej wspaniałych proroczych umiejętności zaczęła się oczami małej dziewczynki w katolickiej szkole. Poszła na mszę i usiadła w kościelnej ławie, wpatrując się z podziwem w ołtarz. Wyczuła wówczas za sobą jakąś duchową lub eteryczną obecność, lecz nie rozumiała, co to było. Wyrosła, chcąc dowiedzieć się więcej.

Po tym, jak wyszła za mąż, przeniosła się do Niemiec, aby dołączyć do jej męża, który stacjonował tam podczas wojny w Wietnamie. Dołączyła do kobiecej grupy modlitewnej przy kościele katolickim w bazie wojskowej. W grupie tej kobiety zaczęły mówić językami, czymś, czego nigdy dotąd nie słyszała. Była tym tak zaintrygowana, że zatrzymała sesję, żeby powiedzieć wszystkim: „ja też tak chcę!" Były pod wrażeniem i chciały podzielić się swoim „darem" z nowo przybyłą, więc posadziły ją na krześle, położyły nad nią ręce i powiedziały, aby przyjęła Ducha Świętego. W ciągu kilku sekund poczuła, jak ciepła energia spłynęła po niej od głowy do stóp. Kobiety poleciły jej, żeby mówiła cokolwiek przyjdzie jej do głowy. Zaczęła więc normalnie mówić, lecz one wtrąciły się i powiedziały, aby zamiast tego mówiła poprzez wiarę. Starała się, ale nie wychodziło jej, więc odeszła zawiedziona.

Następnego dnia jedna z kobiet przyszła do jej domu, żeby pomodlić się nad nią. Kobieta ta wyjaśniła jej: „Nie używaj umysłu, lecz pozwól, aby Duch Święty naturalnie przepływał przez ciebie i otwórz usta".

Mama zrelaksowała się i wtedy zdarzyło się. Przemówiła nowym językiem! Oto co sobie przypomina: „Brzmiało to dziwnie, ale było ekscytujące. Byłam szczęśliwa, że mogłam wychwalać Boga wyjątkowym językiem, zwanym mówieniem językami" (glosolalia – wypowiadanie niezrozumiałych dźwięków w stanie religijnego uniesienia – przyp. tłum.).

Tej pierwszej nocy coś jeszcze stało się z nią od chwili doświadczenia „chrztu ogniem" – otwarte zostało jej „trzecie oko", szósty zmysł.

W tym czasie moja matka pracowała w niemieckiej fabryce butów. Zachorowała od kleju, jakiego musiała używać, postanowiła więc zmienić stanowisko. Zastanawiała się, o której godzinie jej szef może przyjść do niej, aby porozmawiać o potencjalnym przeniesieniu i wówczas natychmiast ujrzała „10:30" wyryte w jej umyśle. O dziwo jej szef zjawił się właśnie o tej godzinie! Była zaintrygowana tym zdarzeniem, więc chciała sprawdzić jego wiarygodność. Zaczęła zatem proces zadawania pytań w umyśle, na które bezbłędnie otrzymywała odpowiedzi.

Wkrótce po tym matka zaczęła słyszeć głos, który mówił jej co ma robić. Głos ten nie dzwonił jej w uszach, lecz pochodził z duchowej komunikacji, co chrześcijanie określają jako przemawianie Boga do nich. Był to wewnętrzny dźwięk – głos w jej głowie, wraz ze słowami, które widziane są mentalnie.

Zadawała temu głosowi od Boga pytania o swoim życiu, po czym wyczekiwała, czy odpowiedź pojawi się w jej głowie, a wraz z nim jej wewnętrzne słyszenie. Mentalna projekcja myśli Boga niosła ze sobą słowa i wibracje dźwięku. Po otrzymaniu odpowiedzi, zapisywała ją w celu udokumentowania swoich nowych umiejętności komunikacyjnych.

Opisuje, że nie czuła się odmieniona, lecz miała jakby swoiste połączenie z czymś, co jest poza nią, a jednocześnie z nią. Z powodu łatwości wymiany energii z czczonym przez nią Bogiem, odczuwała to jako coś naturalnego. Bóg był z nią cały czas, tak jakby codziennie chodził przy niej, jak opisuje to osławiony poemat religijny „Ślady" (ang. „Footprints"). Wraz z jej większym zaangażowaniem w tę praktykę, jej komunikacje stały się bardziej wyszukane.

Moja mama poszła na kilka spotkań grup modlitewnych, żeby nauczyć się czegoś o różnych duchowych darach. Potrafiła mówić językami, rozróżniała ducha i prowadziła dialog z Bogiem, ale czymś, co wkrótce się wydarzyło, a była tym bardzo oczarowana, było pismo automatyczne. Siadała sama w swoim pokoju, stawała się pochłonięta swoją modlitwą, a wtedy jej ramię poruszało się, aby wziąć długopis albo ołówek, by napisać na papierze zupełnie spójne słowa. Wyrazy te płynęły swobodnie przez nią, jakby była pustym naczyniem. Bóg nakłaniał ją do pisania, a ciało jej trzęsło się pod wpływem jego energii. Jej umysł nie odgrywał żadnej roli w inicjowaniu bądź dostarczaniu przepowiedni.

Jest przekonana, że w noc jej „chrztu ognia" w grupie modlitewnej przyjęła na siebie ducha, a w tamtym czasie wierzyła, że było to miarą Boskiego Ducha, zwanego Duchem Świętym, który to wykorzystywał ją do przekazywania wiadomości nie tylko dla niej, ale także dla innych. Przepowiednie korygowały i uczyły ludzi oraz obszernie przepowiadały naszą przyszłość, aby trzymać pod kontrolą naszą wiarę.

Dzięki mojemu zaangażowaniu i zadawaniu pytań, wiele lat zajęło mojej matce, aby zorientować się, że odpowiedzi, które otrzymywała, często nie miały bezpośredniego związku z naszymi problemami. Przepowiednie te były zazwyczaj jednostronnym przesłaniem, jakie Bóg chciał nam przekazać. Zastanawiałyśmy się, dlaczego On czasami nie odpowiada na nasze pytania lub nie podaje więcej szczegółów, przecież w końcu Bóg powinien wiedzieć wszystko. Wtedy to przypomniałyśmy sobie przypis, który mówił: „Bo Moje myśli nie są jak wasze myśli, ani wasze drogi jak Moje drogi –

mówi WIEKUISTY. O ile niebiosa przewyższają ziemię, o tyle Moje drogi przewyższają wasze, a Moje myśli – wasze myśli" (Księga Izajasza 55: 8-9). Zignorowałyśmy naszą pierwotną reakcję, gdyż Bóg był wszystkim, czego potrzebowałyśmy, a nawet więcej.

    Z powodu jej bliskiej relacji z Bogiem, moja matka czuła, iż czasami nie była w stanie odróżnić jej samej od Niego, przyczyną tego była kontrola, jaką miał on nad jej życiem. Wybudzał ją ze snu, wysyłając jej imię do układu słuchowego i wydając polecenia: zapisz to, przekaż tej osobie tamto, zrób to i to. Zniosła wiele nocy wyrywania ze snu, podczas których nie przestawał do niej mówić.

    Komunikacje te były tak częste, że moja matka, jako gorliwa chrześcijanka, przyzwoliła na to, aby kontrolowały każdą płaszczyznę jej życia. Jeśli nie możecie tego powstrzymać oraz mówi się wam, że jest to dla was dobre, wówczas zapewne musicie tego potrzebować, prawda?

    Biblia i Kościół nauczyły nas, że ponad wszelkie rzeczy musimy obcować z Bogiem. Jeśli moja matka nie otrzymywała żadnych przekazów, to wówczas znajdowała się w stanie modlitwy, jako bogobojna chrześcijańska kobieta. Obawiała się podejmować własne decyzje, w razie, gdyby zrobiła coś sprzecznego z wolą Boga. Stała się czystą kanwą, a kiedy drzwi zamykały się na określony kierunek w jej życiu, wówczas mówiono jej, że następne drzwi, które się otwierają, pochodzą z przewodnictwa Boga.

    Moja mama stała się bardzo wizualną osobą w duchowym królestwie. Widziała aniołów w formie wysokich mężczyzn (dziwne, ale nigdy w formie kobiety) oraz małych skrzydlatych cherubinów. Widziała również brzydkie, psotne istoty siedzące osobno bądź uczepione do czyichś pleców, palących papierosa wraz z tą osobą. Widziała także Słońce skaczące dookoła pustynnego nieba California City w Kalifornii, kiedy to zebrana masa ludzi modliła się do Maryi „Dziewicy" podczas jednego z jej świąt. W kościele katolickim widziała postacie świętych przechadzających się przed ołtarzem. Widziała również Maryję stojącą obok swojej figurki.

    Nocą, podczas jej pierwszego charyzmatycznego doświadczenia w Niemczech, miała wyraziste doświadczenie w rodzaju snu, myślała, że to z życia pozagrobowego:

> Byłam niesiona w chmury przez dwóch aniołów, aż przybyłam do Nowej Jerozolimy, potężnej krainy. Widziałam rzekę z błękitną, przejrzystą wodą. Czułam, że ktoś ze mną chodzi i rozmawia. Sądziłam, że to Jezus Chrystus idzie przy mnie. W oddali widziałam kryształowe miasto.

Wyjaśnia mi swoje wizje w latach dwudziestych swego życia:

Widziałam wizje wojen oraz tego, jak pomagałam w ostatnich ich dniach, wspierając jako pielęgniarka tych, którzy zostali ranni. Tyle tego było. Codziennie miałam jakąś wizję bądź wgląd do innej sfery. Czułam się taka otwarta, że wszystko po prostu przepływało przeze mnie. Robiłam notatki, ale tak naprawdę nie wiedziałam, ile z tego miałam brać do serca i żyć tym.

Patrząc na to wstecz, myślę, że byłam jak portal w serialu telewizyjnym „Gwiezdne Wrota" (ang. Stargate), który posiada wielką, otwartą bramę, przez którą można przechodzić w tę i z powrotem. Czułam, jak część mojej istoty przechodziła tam i z powrotem, do sfery istot, tak, żeby mogły one połączyć się tam ze mną. Myślę jednak, że był sposób, za pomocą którego mogły one wejść do mojej świadomości, opuścić ją, a później ponownie powrócić w dowolnym czasie. Łączyłam się z czymś na zewnątrz mnie; były to myślokształty i energia, lecz nie byłam w stanie łatwo określić, gdzie ja znajdowałam się wśród tego wszystkiego.

Moja mama była duchowo otwarta, więc sposób, w jaki potrafiła coś rozróżnić, to taki, że coś było „nie tak" albo „źle". Odczuwała coś na zewnątrz wokół niej, a jej wewnętrzna wiedza potwierdzała, że jest to coś złego. Wydawać by się mogło, że była natchniona bądź jak to się mówi inaczej – nawiedzona przez Ducha Bożego, ponieważ słyszała to w sobie, lecz zgodnie z jej wyjaśnieniem, była raczej portalem dla telepatycznych myśli tej Bożej istoty. Potwierdza to, że jej umysł nie należał do niej, kiedy On przejmował nad nim kontrolę w celu przekazania wiadomości. Bywały czasy, kiedy ten Bóg przejmował również kontrolę nad jej ciałem (czego byłam świadkiem i wyjaśnię to wkrótce), tylko nie pozostawał w nim, lecz raczej kontrolował jej pole energetyczne.

Doznała również wiele negatywnych doświadczeń. Sądziła, że Diabeł znęca się nad nią, powodem tego było chrześcijańskie wierzenie, że to Demon jest jedynym rzeczywistym wrogiem. To wprowadzało u mnie trochę zamieszania, gdyż chrześcijaństwo nauczyło mnie, że Szatan bądź Lucyfer nie mogą być wszędzie w tym samym czasie, tak jak Bóg. Księga, która mówi, że Szatan kusił Jezusa, podkreśla skończoną naturę Diabła.

Zastanawiam się, czym ten Diabeł naprawdę jest. Ta właśnie „Zła istota" mówiła do mojej mamy niskim tonem przy wielu okazjach, kiedy jeszcze byłam nastolatką, mówiąc jej: „dorwę twoją córkę". Groził również i jej, ale ponieważ wzięła ona odpowiedzialność za mnie, bardziej martwiła się o mnie aniżeli o siebie. Ten byt wiedział, jak ją zastraszyć, wykorzystując do tego jej bliskich.

Kiedy miałam 16 lat, leżałam na plecach, aby zasnąć, kiedy to poczułam niezwykle silny ucisk na klatkę piersiową, który uniemożliwiał mi ruch. Wtedy usłyszałam ten niski ton mówiący: „Teraz cię dorwę". Spanikowałam, lecz szybko skupiłam się na sobie i na Jezusie, a wybroniłam się modlitwą. Ucisk na klatce piersiowej powrócił rok później w podobnej sytuacji, lecz ja instynktownie ponownie skupiłam się na sobie i zaczęłam modlić się do Jezusa, zanim jeszcze usłyszałam ten obleśny głos. Moja mama doznała podobnych doświadczeń nocnego terroru, kiedy była młodsza, tak samo kilkoro moich przyjaciół.

Ona pamięta również dzień, w którym poproszona została przez jedną z kobiet z jej kościoła katolickiego, aby towarzyszyć jej w drodze do domu przyjaciółki, która bez żadnego uzasadnienia czuła chłód i przerażenie. Spodziewała się egzorcyzmu, więc przybyła przygotowana. Kiedy weszli do tego budynku, wszędzie widziała duszki. W typowy dla filmów sposób trzymała krzyż i powiedziała im, aby odeszły w imię Jezusa. Wyniosły się, a dom natychmiast ponownie odzyskał swoje ciepło.

Ten sam chłód wypełniał salę szpitalną, kiedy pewnej nocy pracowała jako zawodowa pielęgniarka. Jej koleżanki z pracy jak tylko mogły, to unikały tej sali, gdyż myślały, że pacjent jest nawiedzony – dziwnie się zachowywał i coś krzyczał. Wiedziały, że moja matka jest oddaną katoliczką, tak więc odszukały ją, aby zajęła się tą sprawą. Ostrożnie weszła do sali i zobaczyła pacjenta leżącego tam niespokojnie i przebudzonego. Spokojnie i krótko zamieniła kilka słów z pacjentem, po czym poszła do łazienki, żeby porozmawiać bezpośrednio z grzeszącym bytem duchowym: przemówiła z wnętrza swego ducha.

Powiedziała: „To nie jest twoje miejsce. Odejdź".

„Nie odejdę" – odpowiedziało.

„Opuszczasz to miejsce. Odchodzisz".

Nie powiedziała już „w imię Jezusa", gdyż już wcześniej wezwała go, zanim weszła do pomieszczenia. Ponadto wierzyła w swą osobistą siłę. Byt ten odszedł.

Zdarzenia takie znane są jako egzorcyzmy, lecz nie muszą przypominać egzorcyzmów z filmów, które prezentują określoną procedurę. Efektywnie wypędzała te byty i robi to do dziś dnia. Z tą różnicą, że obecnie nie wzywa imienia Jezusa, ani żadnej innej istoty, oraz nie używa żadnych pomocy. Nasze dalsze opowiadanie oświeci was.

Spoglądając wstecz, mama zastanawia się, ile zasługi w przepędzaniu tych demonów miała ona sama, a ile jej Bóg. Na przykład jeden z pacjentów powiedział jej, że dostrzegał aurę wokół jej rąk, kiedy dotykała jego stóp, a później widział, jak jej pole energetyczne świeciło, kiedy posuwała się wzdłuż jego nóg. Była to jej własna uzdrawiająca energia, którą emanowała. Zawsze czuję to przynoszące ulgę ciepło jej rąk wraz z miłością, którą tak swobodnie obdarowuje.

Moja mama ma wiele historii do opowiedzenia o jej własnych doświadczeniach; przytoczę jeszcze kilka przykładów, o których powiedziała mi na przestrzeni lat. Dostrzegała cherubinowych aniołów na każdym z narożników jej samochodu. Widziała wysokich, podobnych do ludzi aniołów stojących wokół jej domu, pośród nas, oraz od czasu do czasu za mną. Widziała również podobnego do małpy chochlika siedzącego na parapecie przy moim łóżku. Widziała szpony nad kościołami. Kiedy w wieku 22 lat byłam w depresji, spostrzegła skrzydlatego demona wewnątrz mnie (wraz z pastorem zmusiły go do opuszczenia mego ciała podczas egzorcyzmu, przy użyciu religijnych przedmiotów). Kiedy jedzie samochodem, widzi duszki lub demoniczne stwory siedzące na drzewach, bądź na innych samochodach. Widziała również 17-to metrowego Jezusa przechadzającego się przed nią po autostradzie, obserwującego samochody poniżej.

Nie mogła przestać zastanawiać się, czy to, co widzi jest rzeczywiste, lecz wystarczająco twardo stąpała po ziemi jako matka, żona, profesjonalistka i przyjaciółka, aby wiedzieć, że nie jest szalona, z czym tak samo, jak wiele innych osób zgadzam się z całego serca. Wiele ludzi na świecie twierdzi, że słyszy głos od Boga, czy widzi dziwne rzeczy, więc jak ci, którzy jeszcze nie mieli takich doświadczeń, mogą mówić, że nie doświadczają oni czegoś rzeczywistego i przekonującego?

Kiedy moja mama i jej mąż mieli dylematy związane z pracą, modliła się, żeby zobaczyć, dokąd mają zmierzać. Jedyną odpowiedzią, która wyświetliła się w jej umyśle, była nazwa miasta, w którym nikogo nie znali. Wolała przeprowadzić się gdzieś w pobliżu swojej rodziny, lecz zaufała temu przesłaniu i miała nadzieję, że znajdzie dla nas lepsze miejsce, włączając w to pomoc dla mnie, ponieważ byłam chronicznie chora. Moje zdrowotne zmagania były wielkim ciężarem dla jej serca i włożyła wiele czasu, energii oraz pieniędzy w opiekę nade mną.

W tym nowym mieście spotkała kobietę, która powiedziała jej, że doznam uzdrowienia z rąk wyjątkowego pastora Zjednoczonego Kościoła Zielonoświątkowców. Mama była ukierunkowana na otrzymanie pomocy, była więc otwarta na wszystko. Wierzyła w moc uzdrawiania i miała nadzieję, iż to będzie pełną odpowiedzią, zamiast częściowo otwartymi drzwiami, jakie otrzymaliśmy dzięki pośrednictwem słów Boga oraz proroków z Biblii.

Zaciągnęła więc mojego bardzo katolickiego ojczyma i przybranego brata na coś, co oni postrzegali jako dramatyczną, głośną i emocjonalną mszę. Mama i ja zostałyśmy złapane przez burzę i wkrótce po tym zostałyśmy ochrzczone w imię Jezusa, poprzez pełne zanurzenie w wodzie. Często wołałyśmy i wznosiłyśmy ręce w powietrze, wzywając imię Jezusa jako człowieka-Boga, który ogłoszony został naszym zbawicielem i obie przyjęłyśmy jego uzdrawiającą moc, z wiarą, że przypuszczalnie moje ciało może doznać uzdrowienia.

Chociaż kościół ten był dla nas nowy, byłyśmy podekscytowane, że możemy tam być, ponieważ czułyśmy się bardziej aktywne w naszej wierze, w przeciwieństwie do rytualnych zachowań Kościoła Katolickiego. Emocje oraz wrzawa tego kościoła wznosiły nas na wyższe częstotliwości, które połączyły nas z czymś ponad nami. Bez względu na to, czy było to dobre czy złe, aktywna natura tego doświadczenia sprawiła, że czułyśmy się umocnione. Ironicznie mówiąc, dałyśmy z siebie więcej poprzez pełną uległość. Pragnęłyśmy mojego uzdrowienia wraz z miłością i prawdziwym związkiem z Wszechmogącym Bogiem; dlatego podążałyśmy za wszystkim, co kazano nam robić. Polecenia kościoła poparte były opowieściami o innych, którzy zostali uzdrowieni. Wielu ludzi wyznawało, iż czują się szczęśliwsi niż kiedykolwiek dotąd.

Powiedziano nam, że nasze nowe relacje z Jezusem były doświadczeniem, więc są prawdziwe. Bóg jest prawdziwy. Emocjonalne czczenie w tym kościele było oczywiście także doświadczeniem. Ponieważ miało to na nas wpływ, a do całego tego kociołka dodałyśmy swoją desperację i oddanie, czułyśmy prawdziwość tego wielbienia i dlatego wciąż wierzyłyśmy w przesłania pastora, bardziej niż w to, co już wcześniej wiedziałyśmy. Wiedziałyśmy już, że sfery duchowe są rzeczywiste, w związku z osobistym związkiem, jaki moja mama miała z Bogiem. Ja chciałam takiej samej relacji jak ona, aby moją drogę z Nim uczynić bardziej namacalną, lecz moje codzienne studiowanie Biblii, emocjonalne modlitwy i natura duchowego uniesienia były najwyraźniej moimi własnymi doświadczeniami. Pełne uniesienia doświadczenie z kościoła przyspieszało mój umysł i ciało do momentu, w którym umysł mój świadomy był swego otoczenia, ale był także pomijany przez przytłaczające „duchowe" doświadczenie, które wpływało na mnie bardziej fizycznie i emocjonalnie. Umysł nie jest w stanie przetworzyć wszystkich tych działań. To jest tak, jakbyśmy łączyli się z wielką płytą główną komputera Narodowej Agencji Aeronautyki i Przestrzeni Kosmicznej (ang. NASA), podczas gdy nasz umysł to laptop wyprodukowany w 2005 roku.

Koleżanka ze Zjednoczonego Kościoła Zielonoświątkowców poprosiła mnie, aby towarzyszyć jej w dołączeniu do kolejnego, „emocjonalnego" kościoła chrześcijańskiego innego wyznania lub do czegoś, co określane było jako bezwyznaniowe. Był to wielki afront w oczach Zjednoczonego Kościoła Zielonoświątkowców. Ta religia wierzy w Świętą Trójcę, podczas gdy Zjednoczony Kościół Zielonoświątkowców wyznaje dualność ludzkiego boga (Rozdział 3). Ciała obydwu z nas były chore, więc miałyśmy nadzieję, że kolejny pastor z potwierdzonymi zdolnościami uzdrawiania może nam pomóc.

Pastor, który przyciągał wielkie tłumy, to Kenneth Haggin. Modlił się do Boga, aby poprowadził go do ludzi, którzy najbardziej potrzebują uzdrowienia, a później przechodził kościelną nawą. Oczekiwałam w zaufaniu i z założeniem, że podejdzie właśnie do mnie.

Przypomniałam sobie biblijną przypowieść o kobiecie cierpiącej przez 12 lat na nieustające zaburzenia menstruacyjne. Pastor dramatycznie wygłaszał kazanie właśnie o długim cierpieniu tej kobiety. Dzięki jej niezłomnej wierze w uzdrawiająca moc Jezusa, wierzyła, że tylko poprzez dotknięcie jego szaty zostanie uzdrowiona. Konkluzją tej przypowieści jest, że Jezus poczuł jak pewna moc opuściła go, po czym faktycznie została ona uzdrowiona.

Poczułam się tak samo zdesperowana i gorliwie wierząca, jak ta kobieta z przypowieści i tak samo byłam już od dłuższego czasu chora. Nie byłam tą, która pobiegłaby za pastorem, gdyż on nie był Jezusem, a Jezus już mnie znał. Utrzymywałam w sobie wiarę, kiedy przechodził nawą, patrząc na niego z żarliwą intencją. Byłam blisko środkowej nawy, a on szedł w moim kierunku. Podszedł do mnie na odległość kilku rzędów ławek, po czym nagle zawrócił. Oznajmił, że ludzie, których dotknął (a którzy upadli do tyłu na plecy), byli jedynymi, których wskazał mu Bóg.

Co... co takiego? Prawie doznałam szoku, ale bardziej poczułam się zlekceważona. Aczkolwiek zaczęłam się zastanawiać, czy aby na pewno chciałabym upaść na plecy pod wpływem tego dotyku. Odpędziłam tę myśl, ponieważ wiedziałam, że moja choroba była naprawdę ciężka – może właśnie potrzebowałam zostać obezwładniona dla tego cudownego uzdrowienia?

Następnego wieczoru zaprosiłam moją mamę, aby poszła ze mną i wyraziła swoje zdanie. Miałam nadzieję, iż otrzyma wizję, która nada sens całej tej sytuacji i pomoże pokierować mnie oraz moją koleżankę. Podczas mszy w kościele często spoglądałam na nią, żeby zobaczyć, czy wyraz jej twarzy ulegnie zmianie; byłam w stanie rozpoznać, kiedy miała wizję. Wreszcie jej oczy rozszerzyły się, gdy popatrzyła nad ołtarz.

Widziała różnego rodzaju anioły, niektóre jako demony po przeciwnych stronach frontu kościoła. Nagle między nimi wybuchła wojna, przy pomocy czegoś, co wyglądało jak miecze. Kiedy pastor Haggin po raz kolejny przeszedł nawą w swoim stanie podobnym do zombie, w celu uzdrawiania, mama poinformowała mnie, że za nim zobaczyła „Złowrogą Istotę". Była to wielka, brzydka, rogata i czarna postać, która kierowała nim, a kiedy Haggin kładł swoje ręce na ludziach, moc tej istoty powodowała, że przewracali się. Moja mama zobaczyła aureolę nad swoją i moją głową, ale na głowach innych były rogi, włączając w to mojego młodszego, przybranego brata, który nam towarzyszył.

To właśnie wtedy dotarło do mnie, dlaczego pastor Haggin nie podchodził do mnie, kiedy najbardziej potrzebowałam uzdrowienia. Wraz z mamą wydedukowałyśmy, że to, co on czcił, nie było prawdziwym Bogiem. Nigdy więcej nie poszłyśmy do żadnego chrześcijańskiego kościoła, który nie wyznawał Biblii, tak ściśle jak Zjednoczony Kościół Zielonoświątkowców, ponieważ wierzyłyśmy, że nie znają one pełnej natury Boga, tak jak zna to ten właśnie kościół.

Obecnie wiemy, że moja mama miała te wizje stosownie do jej religijnej przynależności w tamtym czasie. Faktycznie widziała prawdziwe istoty, lecz religijny rodzaj wizji takich jak aureole czy rogi, ukazywały głównie podział naszych wierzeń przeciwko ich. Wszyscy byliśmy chrześcijanami, lecz istniało tyle niezgody co do ludzkiej bądź boskiej natury Jezusa, że niektóre sekty stały się religiami z innym Bogiem. Wierzyłyśmy, że miałyśmy pójść do nieba, zaś inni chrześcijanie pójdą do piekła. Powiedziano nam, że nie jesteśmy kultem, ale radzono nam byśmy postrzegały członków kościoła jako naszą rodzinę i przebywali tylko wyłącznie w ich towarzystwie, dzieląc nasze funkcje społeczne.

Nasze posłuszeństwo wobec przekonań Zjednoczonego Kościoła Zielonoświątkowców wymagało więcej samopoświęcenia. Kobiety nie mogły nosić spodni, robić makijażu ani nosić biżuterii (za wyjątkiem zegarków), nie wolno im było obcinać włosów, ani pouczać mężczyzn. Chociaż przeszkadzały nam te seksistowskie polecenia (nie zależało nam na makijażu, ani na biżuterii), w większości przyjęłyśmy je (moja mama bardziej niż ja), ponieważ powiedziano nam, że Bóg miał swoje powody w Biblii, aby chcieć tych standardów, a nasze posłuszeństwo wobec Niego zostanie nam wielce wynagrodzone.

Przez jakiś czas podążałyśmy za rozkazami naszego kościoła, gdyż byłyśmy przekonane, że przeszłyśmy próg właściwych dla nas drzwi, po naszym ostatnim kroku w religii katolickiej. Po chrzcie mojej matki w imię Jezusa, miała ona wizję, jak zasłony opadają z jej oczu, pokazując nam, że jej oczy zostały szerzej otwarte. Zinterpretowałyśmy jej wizję jako usunięcie starej warstwy i postrzeganie naszej religii w sposób bardziej prosty i czysty, mając bezpośredni dostęp do człowieczego Boga Jezusa, zamiast modlić się do pośredników, takich jak święci czy Maryja Dziewica.

Nasze zanurzenie się w Zjednoczonym Kościele Zielonoświątkowców przyniosło nam odnowienie pasji czytania i studiowania Biblii. Bardziej niż kiedykolwiek wcześniej oddałyśmy się Bogu, co przekładało się na otrzymywanie przez moją matkę większej ilości komunikacji z większą mocą Boga. Kiedy bywała rozproszona obowiązkami dnia codziennego, zmuszana była do pisania przepowiedni. Jej duchowe połączenie z Bogiem dostrajało jej ciało tak, aby podchodziła do komputera bądź do stołu z kartką papieru i długopisem, zaś jej ramię popychane było do pisania przesłania.

„Pisałam jak szalona" – przypomina sobie.

Oprócz siły pojawiało się również ponaglenie w przekazach. Zwłaszcza, kiedy przesłania dotyczyły kongregacji Zjednoczonego Kościoła Zielonoświątkowców albo samych pastorów! Bała się przekazywać przesłania pastorom, ponieważ nie miała z nimi bliskich relacji, lecz zaakceptowała swoją rolę narzędzia w rękach Boga i wypełniała swoją powinność.

Jeden, wyjątkowo pilny przekaz był dla mnie, kiedy czułam się zdesperowana w sprawie mojego podupadającego zdrowia, błagałam moją matkę o pisemną przepowiednię. Była zajęta innymi rzeczami i nie chciała tego zrobić w tamtym czasie, więc niechętnie przyjęłam to. Minęło tylko kilka minut, kiedy przyszła do mojego pokoju, lecz nie zachowywała się jak ona. Trzęsła się cała i prawie zapowietrzała się, mówiąc wysokim głosem i wyglądając na wyraźnie przerażoną. Była to jej pierwsza werbalna przepowiednia.

Zastanawiałam się, czy moja desperacja „poruszyła Boga", jak mawiają chrześcijanie, chociaż nigdy nie zrozumiałam, jak mogłam poruszyć ducha samego Boga wszechmogącego, lecz Bóg dosłownie poruszył moją matką i przemówił poprzez nią. W tamtym czasie byłam dopiero po dwudziestym roku życia i często stawiałam swoje potrzeby ponad jej. Chociaż głupio się czułam, że była taka przerażona i kontrolowana, wydawało mi się, że było to dobre doświadczenie, gdyż naprawdę tego potrzebowałam. Na dodatek jej zdolności prorocze zostały ulepszone i pojawiały się na żądanie.

Niemniej jednak czasami potrzebowała przerwy dla siebie. Teraz ona mówi: „Wracając do tego wszystkiego, pamiętam, że czułam się naprawdę manipulowana. Nie lubię o tym myśleć. Czułam się, jakbym była zupełnie kimś innym".

Rozdział 3 dostarcza kilka z wyjątkowych komunikacji z innym światem mojej mamy, w połączeniu ze szczegółową historią tego, jak przeszłyśmy przez warstwy religijnych wierzeń i doświadczeń. W tym obecnym miejscu naszego życia jesteśmy zupełnie poza religią i nie przynależymy do żadnego z głównych nurtów duchowych. Obie jesteśmy zgodne co do tego, że była to najlepsza decyzja, jaką kiedykolwiek podjęłyśmy.

Interesujące jest, że kroki poprzez religie często dawały mojej mamie wizje zasłoniętej ściany, opadającej przed naszymi oczyma, nawet jeśli niektóre z tych stopni wprowadzały nas głębiej w system wierzeń. Jednak było coś odkrywczego w jej urzeczywistnieniach, ponieważ ostatecznie była ona w stanie połączyć każdy z nowych poglądów w większą świadomość, na zewnątrz tych schodów. Oczywiście za każdym razem wierzyłyśmy, że dotarłyśmy do Prawdy, ale to wciąż było w strefie religijnej wiary, a nie inteligentnego rozumowania. Rozumowanie miało przyjść z chwilą, kiedy nauczymy się przyswajać nasze głębokie pragnienie prawdy z naszym poszerzającym się postrzeganiem świata. Kiedy zaczęłyśmy odkładać na bok naszą osobistą desperację, w której przylgnęłyśmy do części informacji, które zaczerpnęłyśmy z Biblii, z przepowiedni oraz naszych doświadczeń z kościołem, wówczas potrafiłyśmy spojrzeć na siebie bardziej obiektywnie. Byłyśmy nareszcie w stanie stworzyć przestrzeń pomiędzy nami i wszystkim innym oraz czułyśmy się z tym dobrze.

Czułyśmy spokojną siłę i czułyśmy się wolne.

Ponieważ moja matka bardziej połączyła się ze swoim wewnętrznym ja, poza religijnymi przekonaniami, miała bardziej wyrazisty sen. Widziała warstwy siebie samej, poprzez które dosłownie nurkowała w wodzie, docierając wkrótce do suchego lądu na dnie bądź pośrodku siebie samej. Po tym śnie czuła się inaczej, tak jakby dotarła do czegoś, co było nicością w niej, lecz to było czymś. Ta „nicość" poprzedza system wierzeń. To po prostu było lub jest.

To odkrywcze doświadczenie otworzyło nowy dostęp dla jej proroczych zdolności. Czasami otrzymywała przepowiednie z innych źródeł. Innymi razy otrzymywała energetyczne komunikacje od rodzaju świadomości, która odczuwała inaczej od pozostałych: dawała ona uczucie czystości i spokoju.

Moja mama wyjaśnia: „W tamtym czasie nie wiedziałam, co oznaczała warstwa wody. Może było to odzwierciedlenie zewnętrznych sfer lub „niebios", jak nazywa to chrześcijaństwo. Wiem, że istnieją jakby wodne sfery pomiędzy poziomami większego wszechświata. Jest tam substancja. Tak czy inaczej, sen odczuwałam jako osobisty. Poruszałam się wstecz, od wody do mojego rdzenia, docierając do źródła przed stworzeniem".

Ja mówiłam jej: „Dla mnie woda jest substancją, ale również i nośnikiem nurtu, czymś, co przewodzi". Ona odpowiadała: „Jako kreacja jesteśmy w około 60-ciu procentach wodą. Substancja wodna znajduje się we wszystkim. Wszelkie stworzenie potrzebuje wody, aby istnieć. Widzę to jako płynność w ciągłości tworzenia. Było to jak „O mój Boże, dokąd ja idę?", kiedy to zanurkowałam do wnętrza samej siebie, a później dotknęłam suchego lądu. Dalej poszłam w kierunku łukowych drzwi, do kolejnej odsłony, aby dotrzeć tam, gdzie powinnam być, co oznaczało podążanie naprzód, wzdłuż mego rdzenia".

W dniach po tym doświadczeniu, kiedy to badała nowe miejsce wewnątrz siebie i rozmawiała ze mną o tym, miała wizję stóp Jezusa w sandałach i szatach. Często podczas naszych wspaniałych konwersacji otrzymuje wizje.

Natychmiast zareagowałam pytając: „Dlaczego widzisz tam Jezusa, skoro już przebyłaś przez warstwy siebie i odnalazłaś się? To nie ma żadnego sensu. Jesteśmy teraz poza religią".

Był to ostatni raz, kiedy widziała u siebie połączenie z Jezusem. Zdałyśmy sobie sprawę, że wizja ukazywała pozostałości jej przywiązania do Jezusa i związanymi z nim chrześcijańską i żydowską religią, gdyż widziała, jak te stopy odchodzą i nigdy nie wracają. Był to jej własny wewnętrzny proces, jej własna wizja mająca jej pomóc połączyć punkty, tak jak my posiadamy różne metody, kiedy nasze podświadome i duchowe aspekty komunikują się z naszym świadomym umysłem. Mamy wiele głęboko zakorzenionych myśli, których często nie jesteśmy świadomi, do czasu aż, miejmy nadzieję, nasza otwartość wyniesie je na powierzchnię.

Zauważyłam, że kilka razy wypsnęło jej się słowo „On", kiedy zaczynałyśmy łączyć się z tą łagodną świadomością poprzez nasze rdzenie. Chociaż był to jej nawyk, obie wciąż miałyśmy religijne przywiązanie do naszego postrzegania prawdy ostatecznej. To, co głęboko odczuwałyśmy jako świadomość Źródła, stawiałyśmy na piedestale i zakładałyśmy, że jest to doskonałe, gdyż tak właśnie wierzyłyśmy, że Bóg miał być – wszechwiedzący, wszechobecny i wszechmocny. Wiedziałyśmy, że musi być czysty i dobry i doświadczałyśmy go jako czystego i dobrego. Rozumiałyśmy, że z powodu jego czystej natury, wymaga to pewnej hierarchii, lecz wtedy jeszcze nie rozumiałyśmy, że może istnieć porządek bez siły i sztywnych reguł.

Nasze raczkujące rozumienie Źródła przed stworzeniem przyzwalało innym bytom na wskoczenie do otwartej komunikacji mojej matki z innymi światami. Coraz lepiej mogłyśmy dostroić naszą wnikliwość, aby móc określić czy komunikacje te były prawdziwą esencją, której poszukiwałyśmy.

„W moim ograniczonym rozumieniu wciąż mam rozbieżności w prawdzie, pomimo tego, że nie chciałam tego", powiada ona. „Po tym, jak komunikacje przechodziły przeze mnie, czytałam je, a później mówiłam sobie >>zaraz, zaraz chwileczkę<<".

Z wieloma przekazami nie czuła się pewnie, ponieważ wiele z nich miało często religijne odniesienie, ale chociaż odsłaniały one jej szerszy obraz. Wychodząc z nory, widziałyśmy chociaż więcej światła. Niemniej jednak czuła się ona wciąż jak przekaźnik, tak więc nie wnikała głębiej w te przekazy, ponieważ nie wiedziała, czy może podążać za kierunkiem tej komunikacji.

Było to robieniem dużego, acz niewinnego błędu, gdyż niesterowanie swoją rolą w komunikacji stawiało ją na bocznym torze. Wciąż czuła, że jest jedynie wykorzystywana do przekazania informacji. Starała się wyzwolić się z uwarunkowania bycia prorokiem, czym bez wątpienia była jako jasnowidz, pisarka oraz spiker dla Boga. Nauczona została, żeby nigdy nie przeciwstawiać się swoim obowiązkom, stąd nie nauczyła się mówić głośno o bezsensowności, którą widziała w przekazach. Jej brak samorozwoju doprowadził ją również do zwątpienia w swoją własną zdolność otrzymywania rzetelnych przekazów.

Wiedziała, że odnalazła głębszą ścieżkę ku prawdzie, ale nie wiedziała, jak uwolnić jej prorocze umiejętności, aby zmienić mechanizm na zewnątrz sfery bytu. Myślę, że dotyczy to prawie każdej osoby, która słyszy przekazy od Boga w różnych channelingach bądź proroczych spotkaniach. Ci, którzy poddają się channelingom, są w pełni przejmowani przez daną istotę, chyba że znajdą jakieś ogniwo lub kanał do danej istoty, który pozwoli im reagować w trakcie konwersacji. Prorocy również mogą być zupełnie kontrolowani, ale są oni zazwyczaj częściowo przejmowani, żeby otrzymać przepowiednie lub nauki. Tak czy inaczej, byt jest za blisko, aby czuć się swobodnie. Bardzo trudno jest przekazicielom proroctwa odczuwać, że mają kontrolę nad własnym ciałem i życiem.

Moja mama czuła się zupełnie samotna w jej nowej świadomości, ponieważ nie widziała żadnego odniesienia do tego w dotychczasowej kulturze. Chociaż ja nie dzieliłam z nią tych samych zdolności, miałam swoje, więc pracowałyśmy razem, żeby wypełnić pustkę w celu osiągnięcia wyraźnego obrazu.

Wyjaśniła mi ona:

> Nie udokumentowałam wszystkiego, gdyż często były to ulotne rzeczy. Byłam zbyt zaangażowana w to wszystko, w środku doświadczenia. Mówiłam ci o tym zaraz po wystąpieniu lub kiedy po kilku dniach powracało do mojej pamięci. Nie miałam najlepszej krótkoterminowej pamięci czy też sposobów na wyrażenie słowami moich doświadczeń, ale dobrze, że tyle ci powiedziałam, gdyż twoje opinie pomogły mi poskładać wszystko do kupy.
>
> Nie udokumentowałam wszystkiego również dlatego, że nie miałam siebie. Dobrze, że wtedy, tej nocy, miałam sen o dotarciu mojego rdzenia, był to dla mnie punkt zwrotny.
>
> Chwilę zajęło mi zdobycie tej pewności, tej wiedzy.

Czysta świadoma esencja, którą odczuwałam poprzez swój rdzeń, odczuwana była jako chroniona we wrodzonej części jej samej (i nas wszystkich), chociaż odczuwana jeszcze była jako oddzielona. Była ona i jest, przed oraz po jakiejkolwiek stworzonej istocie, i nie posiada ona żadnej nadrzędnej władzy. Kiedy moja matka zapytała, jak ma na imię, odpowiedziała w formie energetycznych liter, które emanowały z jej rdzenia, nie z umysłu, co po przeliterowaniu dało „Wszystko Co Jest, Czysta Esencja". Przekazuje ona, że nie ma żadnego imienia, zaś fraza ta opisuje ją jako nie-poruszającą się, najczystszą istotę świadomości w stanie istnienia. Po tym, jak jej esencja/istota rozszerza się dla zapoczątkowania tworzenia, pierwszy rodzaj fali przedpola umożliwia jej komunikację z nami, za pomocą naszej połączonej esencji rdzenia. (Ważna uwaga: rozpowszechnione są przekłamania „Wszystkiego Co Jest" w spirytyzmie New Age, dlatego Wszystko Co Jest, Czysta Esencja przekazuje, że ta dłuższa fraza jest jej dokładnym opisem. W celu skrócenia często piszę ATI,TPE (ang. All That Is, The Pure Essence – przyp. tłum.), lecz skrót ten nie jest preferowany przez Wszystko Co Jest, Czystą Esencję podczas bezpośredniej komunikacji z nią. Wyjaśnię jej naturę w rozdziale 6 pt.: „Pochodzenie i Rozszerzenie Wczesnego Stworzenia").

Na tym nowym etapie komunikacji moja mama nie była już przytłoczona przez siłę, która skłoniła ją do zapisywania przepowiedni. Zamiast tego komunikowała się z nią wewnątrz, kiedy jej umysł i ciało były bardzo spokojne.

Operowanie z rdzenia jej samej było doświadczeniem uczenia się, gdyż wciąż starała się rozpracować, jak robić to poprawnie.

Kiedy potrzebowałam informacji, pisałam dla niej swoje pytania na papierze, żeby skomunikowała się ze Wszystkim Co Jest, Czystą Esencją (ATI,TPE). Mama czytała pytanie, lecz jej nie w pełni świadomym umysłem. Wtedy przychodziła odpowiedź, lecz również do jej nie w pełni świadomego umysłu. Innymi słowy, widziała pytanie na papierze i tłumaczyła je podświadomie poprzez swoje ciało, do wyodrębnionego miejsca spokoju obok rdzenia jej samej. Ta przestrzeń to ATI,TPE, która jest na zewnątrz jej samej w odległym miejscu, ale także blisko rdzenia każdego stworzenia, włączając w to komórki w naszym ciele. Moja mama zaczynała komunikację i mogła ją włączać i wyłączać, kiedy chciała.

Tak opisuje ona jej eksplorację tego nowego stylu komunikowania się:

> Kiedy na początku weszłam w dolny obszar klatki piersiowej, sądziłam, że Wszystko Co Jest, Czysta Esencja, znajduje się w moim rdzeniu, ale później dowiedziałam się, że pomimo tego, że odczuwałam ją tam, to posiada ona swoją własną przestrzeń na zewnątrz mojego doświadczania jej. Kierowałam pytania do tego miejsca spokoju, wewnątrz kości klatki piersiowej, pod sercem, a stamtąd słowa wylewały się do mnie. Nie tak jak poprzednio, kiedy słowa były wklejone w moim umyśle, tak, jakby były tam zasadzone.
>
> Tam, gdzie wyczuwałam Wszystko Co Jest, Czystą Esencję, widziałam nieobecność światła, lecz później miałam zwizualizowane jakby małe słońce, które materializowało słowa do mnie, tak jak wyrzutnia do sztucznych ogni tryska jasnym światłem. Ten rodzaj słońca musiał być wewnętrznym mechanizmem transportowym dla Wszystkiego Co Jest, Czystej Esencji, aby dotrzeć do mojego człowieczego stanu (w rozdziale 9-tym, w części pt.: „Własny Rdzeń").
>
> Nie otrzymywałam rozbudowanych przekazów, tak jak wtedy, gdy tamta istota komunikowała się ze mną, te były bardziej konkretne. Widziałam „tak" albo „nie" bardzo wyraźnie, gdzie „tak" było bliżej mnie, a „nie" trochę bardziej oddalone, prawdopodobnie dlatego, że nie rezonowało tak bardzo z pytaniem.
>
> Czasami bywałam poruszona, gdyż nie mogłam rozszyfrować słów i czułam zakłócenia; w tamtym czasie słowa nie przychodziły do mnie tak wyraziście. Musiałam wtedy uspokoić się, więc odchodziłam i później do tego wracałam.

Żeby utrzymać właściwy połączenie, muszę być zupełnie wyciszona i zablokowana na wszelkie zaburzenia w domu. Może to być trudne, zwłaszcza, kiedy jestem fizycznie wyczerpana i zmęczenie powoduje zakłócenie. Potrafię rozróżnić, kiedy nie jestem już w stanie przyjmować komunikacji, wtedy, gdy w tym samym czasie dostaję odpowiedzi „tak" i „nie". Poza tym pozostawanie w skupieniu przez 10 pytań i odpowiedzi bardzo wyczerpuje energetycznie, kiedy wymagają one wyjaśniania. Dlatego właśnie najlepiej jest komunikować się rano, zamiast po długim dniu.

ATI,TPE ujawnia, że moja mama, kiedy komunikuje się z nią, znajduje się w stanie fal mózgowych Delta, co jest podobne do słabego, głębokiego snu, aczkolwiek jest przebudzona i świadoma. Moje umiejętności zbliżone są do jej doświadczenia, ponieważ z łatwością, na żądanie, mogę wejść w ten odmienny stan; jest on trochę jak stan snu, tylko bardziej ożywiony z dogłębną i wyostrzoną percepcją. Różnica między mną a moją mamą jest taka, że kiedy jestem przebudzona, nie posiadam jej wizjonerskich zdolności, które mogę dokładnie przełożyć na język. Potrafię przetłumaczyć moje połączenie z ATI,TPE na słowa, ale są to moje własne słowa i mogą niedokładnie objaśniać sfery zewnętrzne. Niemniej jednak, kiedy mam już zasypiać, ale jestem jeszcze przebudzona, wtedy jestem bardziej (jak ona) w wizjonerskim stanie. Fale mózgowe Teta, a zwłaszcza Delta, są jak portal do większej ilości informacji spoza naszego rezerwuaru przebudzonej świadomości. Potrzeba naprawdę wyjątkowej osoby, która mogłaby przebywać w najspokojniejszym stanie Delta jako „kanał" z ATI,TPE, a nie kontrolowany kanał zombie dla innych istot, jak prorocy channelingu głównego nurtu.

Kiedy moja matka stała się bardziej zaawansowana w jej komunikacjach, pojedyncze ogniste litery zaczęły płynnie spływać rzeką częstotliwości, jako słowa i zdania. Rzeka ta była jak plazma i pra-plazma, która docierała do niej z ekspansji ATI,TPE, za pośrednictwem wibrujących fal. Jej pytania płynęły na tych falach do ATI,TPE, a odpowiedzi powracały tą samą rzeką. Mogła rozróżnić, kiedy pojawiały się zakłócenia, ponieważ wiadomość była mniej wyrazista, a transmisja sprowadzała się do szumu podobnego do radiowego.

Pytam ją: „Dlaczego nie odczuwałaś tego szumu wcześniej? A jeśli tak, dlaczego nie pozbyłaś się go?"

Odpowiada: „Odczuwałam szum i ciśnienie również wcześniej, ale w tamtym czasie nie wiedziałam, jak wyjść poza to". Miało to dla mnie sens, ponieważ wciąż uczyła się swoich zdolności.

Dalej wyjaśnia, że ciśnienie, jakie odczuwała podczas niektórych komunikacji, pochodziło z zewnątrz niej, tak, że rzeka częstotliwości zwężała się i ograniczała jej oddech w stłumionej transmisji. Natomiast szum dochodził do jej pola energetycznego, co wskazywało na to, że transmisja była sporadycznie odłączana od niej i coś starało się nią manipulować.

Aby wydostać się z tego (bądź jakiegokolwiek) zakłócenia, wchodzi ona do swojego rdzenia, który podłączony jest z ATI,TPE i wydycha energię poza pole energetyczne jej ciała. Wtedy może powiedzieć: „Odejdź, czymkolwiek jesteś". Proces ten jest szybkim odprawieniem, gdyż nie poświęca ona swojej uwagi tej istocie, celem jest odepchnięcie zewnętrznych energii, bez zaangażowania z nimi. Z odnowioną energetyczną barierą, która ją chroni, wraca do swego wnętrza, aby ponownie skupić się na sobie. Zadaje wtedy pytanie, czy Wszystko Co Jest, Czysta Esencja wciąż tam jest i jeśli otrzyma odpowiedź „tak" w znany jej sposób, wtedy przechodzi do pytania.

Mówi: „Czytam pytanie i nagle odpowiadanie odbywa się poprzez mnie". Jest to trzyczęściowy proces tłumaczący rozdzielenie ATI,TPE oraz fali transmisyjnej, która rozwija dla niej pytanie. Najpierw otrzyma ona odpowiedź do rdzenia jej samej, a następnie dochodzi do jej czystszej, „wyższej" świadomości, która integruje się z jej ludzką świadomością. Proces ten zachodzi gładko, w wyniku czego łatwiej jest ocenić jego właściwość w niej, celem uzyskania bardziej wyrazistej odpowiedzi. Często wraz z literami otrzymuje ona obrazy. Jeśli początkowa odpowiedź jest trochę „mała" i trudna do zobaczenia, łaskawie prosi: „poszerz się", a wtedy natychmiast poszerza się przed nią.

Raz chciała wizualnie zrozumieć proces łączenia się z ATI,TPE z jej wnętrza, więc zapytała: „Gdzie jesteś?" Wyczuła to obok jej rdzenia, z tej nieruchomej przestrzeni wewnątrz niższej części klatki piersiowej i zobaczyła jak przestrzeń ta otwiera się w głębszą przestrzeń. ATI,TPE połączone z jej wewnętrznym lub wyższym ja (w rozdziale 9-tym pt.: „Wyższe Ja") i wprowadziło przepływ energii dalej, aż do miejsca gdzie mogła wyczuć ATI,TPE na zewnątrz siebie samej jako wracające echem: „tutaj". Wtedy nagle odczuła to bliżej w poszerzonym stanie, w którym wyraziście przekazało do jej świadomości: „Tutaj". Sięgnęła poniżej i poprzez warstwy jej samej poza wymiarami.

Potrafi ona widzieć siebie, jak podąża w dół poprzez jej własne tunele i warstwy, zamiast wychodzić na zewnątrz siebie, aby połączyć się z ATI,TPE. Nie podróżuje w żadnego rodzaju energetycznym pojeździe. „Jest to naturalny proces" – mówi.

ATI,TPE jest źródłem prawdy i miłości, którą odnalazłyśmy, badałyśmy energetycznie i pchałyśmy do przodu, ale nie znalazłyśmy nic takiego poza tym. Wciąż powtarza nam, że nie jest Bogiem ani bytem. Odpowiedzi od ATI,TPE do mojej mamy są zgodne z naszymi obydwoma wewnętrznymi ja. Daje nam wrażliwość, której nie można było znaleźć we wcześniejszych komunikacjach ani w proroczych księgach Biblii, dlatego „przemawia" ono z perspektywy bycia obok całego bałaganu manipulacji i kreacji. Jest to esencja wiecznego życia; istotnie wie, co się dzieje i przedstawia informacje w sposób, który wspiera życie i miłość.

Od jej pierwszego odkrycia ATI,TPE, proces komunikacyjny mojej mamy przechodził przez etapy, aby stać się tak doskonale czysty, jak to tylko możliwe, bez zakłócenia. Kiedy łączy się z ATI,TPE, nie jest prorokiem, ale jeśli jakaś istota wtrąciłaby się, aby dać jej przekaz, wtedy w takiej sytuacji stałaby się prorokiem wbrew swojej woli. Każdy doświadczony prorok powie wam, że takie wtrącanie się jest czasami nieuniknione z powodu różnych istot, które istnieją i chcą nami manipulować. W kolejnych rozdziałach odsłonię powody, jakie stoją za motywami tych istot. Niemniej jednak, kiedy ludzie znają i rezonują z unikalną esencją ATI,TPE na zewnątrz sfer zajmowanych przez byty, możemy zostać uchronieni przed zakłóceniami tych bytów, co moja matka teraz osiąga.

Kluczem do bycia świadomym komunikatora z innego świata jest odzyskanie siebie. Ponieważ wystąpiłyśmy z religii, matka moja sukcesywnie stawała się świadoma swoich osobistych energii oraz wyczuwania siebie, gdzie może ona dokonać rozróżnienia pomiędzy energiami manipulatorskimi a czystymi. Teraz decyduje ona, czy ma ochotę komunikować się z bytami, aby uzyskać określoną informację o ważnych wydarzeniach. Te umocnione komunikacje, ponieważ charakteryzują się zachowaniem granic, nie są proroctwami ani channelingiem, są telepatyczne.

Jestem bardzo szczęśliwa, że moja mama była wystarczająco odważna, aby pozostawić religię i pracować nad odzyskaniem pełni siebie. Ona wciąż kontynuuje łączenie się z ATI,TPE, ponieważ esencja jej praenergii jest majestatycznie piękna i wyśrodkowująca. Wie, że nie jest już dłużej wykorzystywana jako pionek, lecz ponieważ jest swoim własnym przekaźnikiem w jej komunikacjach z ATI,TPE, bywały czasy, kiedy zapominała o tej różnicy. Pamiętam taki jeden moment, kiedy powiedziałam do niej z zaskoczeniem:

> Jak możesz być pionkiem, kiedy Wszystko Co Jest, Czysta Esencja właściwie łączy się z tobą? Może jesteśmy przewodem, ale możemy wybrać, kiedy chcemy komunikować się nie tylko ze Wszystkim Co Jest, Czystą Esencją, ale również z innymi aspektami nas samych. Teraz, kiedy znasz różnicę, możesz także komunikować się telepatycznie z dowolną istotą. Istotą rzeczy jest fakt, że teraz masz siebie samą oraz wybór.
>
> Myślę, że to wspaniałe, że masz czystą łączność ze Źródłem przed stworzeniem i traktowana jesteś z szacunkiem i miłością. Cóż za pewność siebie i radość powinno ci to przynieść!

Zgodziła się ze mną. Czasami po prostu potrzebujemy zrzucić nasze myśli i odczucia na inną osobę, aby uzyskać lepszą perspektywę.

Moja mama często czuła się rozdarta pomiędzy dwoma światami. Większość jej życia była albo wysoce kontrolowana lub była zajęta wykonywaniem zadań tego świata, powstrzymujących ją przed wiedzą, kim naprawdę jest lub do czego przynależy.

Wyjaśnia ona: „Łatwiej jest mi zadawać pytanie dla ciebie niż dla mnie samej. Kiedy zadaję pytanie o siebie, czuję, że muszę działać w tej kwestii od razu, ponieważ wiem, iż to prawda, lecz mogę nie być jeszcze na nią gotowa. Zrobię to w najbliższej przyszłości, lecz wciąż potrzebuję dotrzeć do punktu wewnątrz mnie, gdzie będę mogła wyzbyć się rzeczy, których się trzymam, abym była w stanie uwolnić się tak, by poczuć, że mogę zatroszczyć się o siebie".

Całe swoje życie była ona opiekunką i wyrobiła sobie zwyczaj stawiania siebie na końcu. Zwyczaj ten ma do czynienia z pewnymi lękami, kiedy usiłuje się stawić czoła swojej bolesnej przeszłości oraz dotyczy on poczucia niskiej wartości w stosunku do siebie samej.

W zasadzie chciała siebie, lecz szukała na zewnątrz, u innych, aby ofiarowali jej swoją miłość i ukojenie; tylko ich starania nie sięgały tak daleko, jak ona potrzebowała. Ja również zmagałam się z tym problemem, jak robi to wiele ludzi.

W pewien sposób wiem, że w tym świecie musimy stać się „słabi", po to, żeby odzyskać intuicyjną siłę, ponieważ to, co postrzegaliśmy jako siłę, było modułem przetrwania. Podatność na zranienie zdarza się, kiedy burzymy nasze mury i stajemy się dla siebie bardziej delikatni. Właściwie jest to wychowawcze i czułe, tak więc nie jest słabością, lecz typowym przykładem siły. Och, jakich sprzeczności nauczył nas ten świat.

Kolejnym błędnym postrzeganiem jest myślenie, że nie możemy być niezależnymi jednostkami, gdyż musimy najpierw stawiać innych przed sobą, jeśli jesteśmy kochający i troskliwi. Rzeczywiście wszyscy jesteśmy jednostkami, które są również połączone: więc to, na co zasługują inni, my również na to zasługujemy.

Moja mama mówi: „Po prostu chcę być mną. Chcę mieć połączenie z tym, co jest głęboko wewnątrz mnie, gdyż jest to bardzo ważne. Wyczerpałam się. Naprawdę chcę być świadoma tego, co jest na zewnątrz mnie, ale czasami potrzebuję wycofać się i odświeżyć. Muszę zebrać siłę, aby zmierzyć się ze wszystkim w moim życiu. Złoszczę się na siebie za wszystko, przez co przeszłam, ponieważ myślę, że powinnam była być mądrzejsza, ale miałam zaćmiony umysł i nie mogłam wydostać się z tego. A religie chwalą się, że jesteśmy prowadzeni przez Boga. Jeśli ludzie chcą być niewolnikami, to niech każdy sobie nim będzie".

„Ale wciąż chcesz być akceptowana" – odpowiadam.

„Tak, chcę być akceptowana. Chcę mieć przyjaciół. Chcę przynależeć do czegoś, co wybiorę i czegoś, co będę czuła, że zawiera jakieś wyzwanie, czegoś, co sprawi, że będę wzrastała bardziej ku temu, kim jestem, a nie egzystencji napędzanej przez niewolnicze życie. Jeśli całe życie jesteś w religii, to jest to wszystko, co znasz. Nie jest łatwo wydostać się z tego; jest ona zaprojektowana w kierunku uległości. [Uwaga: ilustruje to film dokumentalny „Jesus Camp", biorąc za cel dzieci.] Tak się cieszę, że jestem świadoma, iż mam wybór, by nie być już dłużej tego częścią. Nie mam już niczego, co by mnie uciskało. Mogę teraz głęboko odetchnąć".

Kiedy ją teraz przytulam, też mogę głęboko odetchnąć, ponieważ czuję naszą pełność; czujemy się obecne, aby móc dawać sobie nawzajem.

Kontynuuje ona: „Kiedy posiadasz wolność, chcesz się nią dzielić. Czujesz, jakby był w tym bezmiar".

Tym właśnie jest dla nas miłość, jest ona banalnie łatwa. Zamiast działając jako zbawiciele świata, którzy muszą mówić każdemu „prawdę", o czym powiedziała nam religia, mama mówi: „Możemy powiedzieć coś, a później zatrzymać się i pozwolić im, aby sami przyszli do nas w swoim czasie. Nie będziemy ich tłumiły, zawsze będąc przed ich twarzami. Kiedy wycofamy się, pozwolimy im być sobą. Damy im ich przestrzeń, a same będziemy miały swoją. Wtedy zastanowią się i skontaktują się z nami".

Zgadzam się i odpowiadam: „Myślę, że w naszej pozycji wychodzenia z autentycznej troski, zamiast troski wymuszonej, nasze myślenie o innych po prostu do nich dociera, a wówczas mogą oni naturalnie odpowiedzieć".

Pamiętam czasy, kiedy rozmawiałyśmy o naszych mszach w kościele i starałyśmy się poukładać sobie wszystko, czego nas nauczono. Miłość mojej mamy do mnie była stała i słuchała mnie z troską. Aczkolwiek, kiedy mówiłam, Bóg często mówił jej sprzeczne rzeczy, które powodowały, że odsuwała się ode mnie na krok, nie zgadzała się ze mną, a nawet wszczynała kłótnie. Często wierzyła mi, kiedy kwestionowałam i oceniałam protokół i znała moje serce. Niemniej jednak Boga stawiała na pierwszym miejscu i wypełniała jego rozkazy, powodujące u niej wewnętrzny konflikt, jak również konflikt zewnętrzny, prowadzący do sprzeczek między nami kilka razy w tygodniu.

Teraz bardzo rzadko się sprzeczamy. Moja mama jest prawie zawsze zupełnie obecna w swoich zajęciach i w połączeniu ze mną. Hojną miłością, jaką mnie obdarowała, zatoczyła pełny krąg i powróciła do niej, na co w pełni zasługuje, a to z kolei pozwala jej kochać jeszcze bardziej.

Chociaż często czuła się słaba i wykorzystana przez Boga, pokazywała wielką siłę, stawiając czoła zagrażającym mocom, które uderzały w jej świadomość. Wyobraźcie sobie, jak to jest widzieć na co dzień prawdziwe żywe potwory i być w stanie spojrzeć im w twarz, a później z łatwością zasnąć w nocy.

Ostatnio, w drodze do swojej pracy, widziała szereg bardzo wysokich, wyglądających jak gady, demonów stojących przed drzwiami. Powiedziała im „odsuńcie się" i dwóch z nich odsunęło się tak, żeby mogła przejść. Kiedy odwróciła się, aby ich zobaczyć, zmrużyli oczy, pokazując jej obrzydzenie i wysyłając złowrogą energię w stosunku do niej. Chociaż byli okazałymi postaciami, to mimo wszystko odsunęli się, nie wyrządzając jej krzywdy. Stało się tak dlatego, że była ona zintegrowana ze swoimi energiami, które oddzielają ją od nich.

Jeśli to ja bym ich zobaczyła, to z pewnością w pierwszej chwili straszliwe bym się wystraszyła, gdyż nie jestem aż tak fizycznie ugruntowana w sobie, aczkolwiek dzięki świadomości prawdy oraz tego kim jestem, z dnia na dzień zyskuję więcej wewnętrznej siły. Z wielką chęcią chciałabym posiąść taką zdolność komunikowania się z ATI,TPE, ale dobrze, że nie widzę innych bytów, tak jak ona. Czuję ich obecność i to mi wystarcza. Posiadam własne zdolności, które są użyteczne i prawdziwe. Właściwie to każdy w pewnym stopniu posiada pozazmysłowe zdolności, które mogą odtajnić zjawiska nie z tego świata. Na przykład potrafię „widzieć" energetycznie przez cały świat i wszechświat oraz poza niego, wyczuwając energię rzeczy, uzyskując swego rodzaju wizję, rozumiejąc szerszy obraz.

Z naszego wewnętrznego połączenia z Wszystkim Co Jest, Czystą Esencją, nauczyłyśmy się z mama poszerzać naszą tarczę energetyczną wokół nas; pomaga nam to uziemić się w stresujących momentach. Niemniej jednak większość czasu odczuwamy naturalny przepływ pomiędzy nami a ATI,TPE, co pomaga nam w życiu codziennym. Zdecydowałyśmy się pozostać oddzielone od bytów sfer religijnych i wciąż pragniemy działać za pośrednictwem prawdziwych nas samych. Pożądany przez nas poziom oddziaływania jest energią innego rodzaju, która odsuwa nas od wpływów szkodliwych bytów.

Moja mama i ja jesteśmy idealną drużyną. Ona otrzymuje komunikacje, a ja głównie przesiewam wszelkie absurdy oraz badam większość tematów. Dzielimy się również ze sobą naszymi spostrzeżeniami. Razem łączymy punkty układanki w celu właściwego zastosowania. Jestem bardzo wdzięczna za nią, nie tylko za jej umiejętności, ale również za to, jak piękną jest osobą.

Nie dbam już o to, że ludzie mogą również myśleć, że jesteśmy dziwne. To, co w świecie religii postrzegane jest jako „normalne", jest właściwie jedynie fragmentem większej układanki, która niestety uznana jest za ezoteryczną lub niepoznaną. Nasze prawo do życia nie powinno być dla nikogo tajemnicą, zwłaszcza jeśli tylko kilkoro wybranych może zostać prywatnie wtajemniczonych w prawdę! Ogłaszam wszystkim przejrzystość, ponieważ dopiero wtedy powstrzymamy niesprawiedliwe ocenianie innych oraz siebie z powodu braku zrozumienia. Nareszcie czujemy się z mamą normalne, gdyż teraz praktycznie wszystko ma sens. Chociaż sens ten jest głęboki i oszałamiający, to zarazem jest on prosty.

Rozdział 2

Moja pogoń za uzdrowieniem

Pierwsza swoją przepowiednię otrzymałam od mamy, kiedy miałam 13 lat. Wydaje mi się, że było to dla mnie zaskoczenie w tym nowym doświadczeniu, ale wiedziałam, iż miała ona wyjątkową relację z naszym katolickim Bogiem taką, że codziennie mogła komunikować się z Nim. Byłam bardzo przygnębiona więc, kiedy zaproponowała mi, że może dać mi przepowiednie, aby potencjalnie uspokoić mój umysł nerwowo, lecz z ekscytacją przeczytałam wiadomość.

Przepowiednia ta dała mi ukojenie oraz nadzieję na spotkanie wspaniałych ludzi w najbliższych dwóch latach mojego młodego życia. „Pan Jezus" powiedział do mnie: „Bardzo cię kocham, wiele dzieje się w twoim życiu, ale wiedz, że zawsze jestem z tobą, kiedy przez to przechodzisz". Jezus odniósł się również do mojej obsesji na punkcie członka jednego z popularnych w tamtym czasie zespołów, mówiąc, iż w „najbliższej przyszłości" pojadę do Anglii oraz że w nadchodzącym roku powinnam „śledzić miejsca pobytu zespołu – bądź otwarta na moje prowadzenie – wiem, ile [tutaj wymienił imię tego członka zespołu] znaczy dla ciebie". To podsyciło fantazję mojego młodego umysłu i dało mi poczucie szczęścia.

Ten osobisty list od Boga dał mi radość. Z duma oznajmiłam swojej koleżance z gimnazjum, że dostałam przepowiednie od Boga, lecz ona popatrzyła na mnie jakbym była świrem. Nie zrozumiałam jej reakcji, gdyż sądziłam, że mam najcenniejszą rzecz na planecie. Skoro wyrosłam ze zdolnościami mojej mamy, oraz nieco mniejszymi własnymi, wydawało mi się zupełnie normalne, że przypuszczalnie moja dobra koleżanka zaakceptuje to.

Przynajmniej moja siostra, która w tamtym czasie była niezainteresowaną katoliczką, poświadczała o zdolnościach naszej mamy. Pewnego poranka, kiedy mama pisała dla mnie przepowiednię, siostra weszła i zaczęła z nią rozmowę. Jej ręka kontynuowała pisanie, podczas gdy mama spojrzała do góry i odpowiedziała mojej siostrze.

Jako dorosła kobieta nie miałam pewności siebie. Byłam zła na mamę, gdyż nie mogła mnie uratować i wypełnić pustki; faktycznie, to często czułam, że jestem ciężarem, który powinien zostać wytępiony. Dlatego Bóg był dla mnie jedyną odpowiedzią. Właściwie moja katolicka wiara ocaliła mnie w tamtym czasie, ponieważ sądziłam, że pójdę do piekła, kiedy popełnię samobójstwo; a strach przed taką konsekwencją utrzymywał mnie przy życiu.

Kiedy dogłębnie badam tą sytuacje, wiem intuicyjnie, że nie chciałam umrzeć, ale nie wiedziałam, gdzie znaleźć spokój. Czułam, iż zupełnie utknęłam, negatywność wewnątrz mnie nie miała ujścia, więc powoli zabijała mnie.

Przepowiednie mojej mamy, oraz nasze pozazmysłowe zdolności utwierdziły nasza wiarę w Boga, jako będącą bardziej namacalną, aniżeli to wszystko co było bezpośrednio wokół nas. Byłyśmy w pełni wyznawcami katolickiego/chrześcijańskiego Boga, za pośrednictwem Jezusa jako jedynej prawdy, chociaż nie rozumiałyśmy tajników religii. Jeśli tylko Bóg przemawiał do mojej mamy, a my byłyśmy obowiązkowymi katoliczkami, dlaczego miałyśmy chcieć rozumieć więcej? Moja skonfundowana, lecz solidna wiara w doskonałego Ojca i Syna, lub Trójcę, czy też tylko doskonałego Ojca, albo Ojca i Ducha Świętego, dawała mi nadzieję na osiągnięcie wyzwolenia od bolesnego dzieciństwa, którego doświadczałam, skoro w pewien sposób Jezus był człowiekiem.

Wyrosłam obchodząc się z moim ojcem jak z jajkiem. Nie tylko znęcał się nad moją matką, ale także nade mną i moja siostrą, kiedy moi rodzice rozwiedli się, gdy miałam 5 lat. Będąc dzieckiem musiałam szybko dorosnąć, więc czułam się jak miniaturowa dorosła, pochłaniając swoje emocje podczas przemieszczania się pomiędzy domami i mieszkaniami obojga rodziców, często miało to miejsce nawet każdej nocy w tygodniu. Moja siostra chowała głowę w swoich fikcyjnych książkach, podczas gdy ja potrzebowałam powiernika, który dawałby mi ukojenie i bezpieczeństwo, abym nie czuła się taka podatna na zranienie i samotna. Zniosłam ciężkie znęcania się nad ciałem przez mojego ojca oraz taktyki zastraszania, tak więc polegałam na przekonaniu, że bycie doskonałą przyniesie ukojenie wypaczonemu poczuciu tożsamości.

Poza całą tą gehenną, miałam jeszcze dziwne swoje doświadczenia. W wieku 3 lat widziałam mały tron z siedzącym na nim Jezusem. Widziałam również demoniczną postać pełzającą po kurtynie prysznicowej, kiedy w wieku 6 lat stałam w łazience znieruchomiała i przerażona. W tym samym roku, zapadałam w sen z czymś, co postrzegałam jako chór aniołów śpiewających najpiękniejszą z pieśni, co sprawiało, że czułam się jak w niebie. Pozostawałam w głębokim śnie, kiedy wystrzał z pistoletu drzwi obok obudził siostrę w moim pokoju i nie pozwolił zasnąć przez resztę nocy całej mojej rodzinie.

Zawsze byłam wrażliwą na uczucia moich ukochanych oraz energie w moim otoczeniu. Wiem, że to zdarza się w domach, w których dochodzi do nadużyć, ale ja przyszłam na ten świat jako wysoce wrażliwa istota. Tak właściwie to nadużycia powstrzymały moją wrażliwość zamiast umocnić ją. Zablokowały one energie w moich wewnętrznych meridianach, pozostawiając mnie zadręczoną i skonfundowaną, zamiast klarowną, aby rozróżnić moją dobroć od szaleństwa jakie było na mnie przerzucane.

Moje zdolności w kierunku nadprzyrodzonego zatrzymane zostały w wieku 6,5 lat (powróciły w połowie wieku nastoletniego). Nie wiem, dlaczego, ale moja uwaga zwrócona została w stronę mego ciała, z nocnym moczeniem się i problemami żołądkowymi, które doprowadziły mnie do szpitala. Przed tym, otoczona byłam przez napięcia w rodzinie, ale oczywiście coś musiało się pogorszyć, skoro zareagowałam fizycznie. Moja mama podejrzewała wykorzystanie seksualne, gdyż mój ojciec zgwałcił ją, kiedy byli małżeństwem, a ja miałam siniaki na karku wraz z widoczna zmiana w zachowaniu. Zaprzeczyłam temu w tamtym czasie. Możliwe, że nie rozumiałam jej pytań, może z tego powodu, że były niewłaściwie dla mnie sformułowane. Ponadto zostawiana byłam sama z tym mężczyzna, czasami spiąć w jego łóżku, kiedy moja siostra była w innym łóżku. Jeśli cokolwiek z tego rodzaju faktycznie miało miejsce, chroniłam swoje zżycie nie mówiąc nikomu. Naturalnie, czułam również, że musiałam chronić moją mamę, gdyż zagroził jej śmiercią, jeśliby nie mogli widywać mnie i mojej siostry.

Wkrótce po tym zaczęły się przesłuchania sądowe, a jemu przyznano wspólną opiekę. Jeśli tylko w tak młodym wieku pozwolono by mi zabrać w sądzie głos..., ale skoro moja mama zbyt bała się jako dorosła, nie jestem pewna, czy ja byłabym wystarczająco odważna. Chciałam mieszkać tylko z nią, ale nie mogłam. Od tamtej pory z całego serca przepraszała mnie i powiedziała, że jej poczucie własnej wartości nie było wystarczająco silne, po tym jak była zamężna z tym facetem.

Z tego co słyszę, to mój biologiczny ojciec jest teraz prawdopodobnie innym człowiekiem, ale również nie przyznaje się do najokropniejszych rzeczy, jakich się dopuścił. To jest dla mnie wiadomością, że wciąż zachował cześć tamtej osobowości, nawet jeśli nie zachowuje się już tak.

Mieszkając z nim podczas dorosłego wieku, moje zdrowie stopniowo pogarszało się. Miałam wszystkie klasyczne symptomy Przewlekłe zmęczenie i zespół dysfunkcji immunologicznej, które nie były jeszcze rozumiane przez społeczność medyczną; zamiast tego oznakowana zostałam jako psychosomatyczka. Tułałam się od jednego lekarza do drugiego, aż szczęśliwie w wieku 22 lat znalazłam lekarza, który przebadał moją krew pod katem wirusa Epsteina-Barr. Ten wirus z rodziny opryszczki, jest wskaźnikiem Przewlekłe zmęczenie i zespół dysfunkcji immunologicznej. Kiedy wskaźniki wirusa Epsteina-Barr pokazały poziom ośmiokrotnie wyższy od dopuszczalnego, miałam wreszcie dowód na to, że moje symptomy nie były tylko „w jej głowie". Owszem, część choroby wytworzona zostali przez mój strapiony umysł oraz moje emocje, które osłabiły reagowanie mojego układu odpornościowego na stres, ponadto byłam również od urodzenia osoba bardzo wrażliwą chemicznie. Żeby zbudować zdrowe ciało, musiałam stać się skrupulatna w swojej diecie. Miałam także wszystkie klasyczne bóle i wrażliwość fibromialgii. Ból ten, wraz z bólami gardła jakie miałam, były trudne do zniesienia, najtrudniejsze zaś dla mnie było zaćmienie umysłu.

Wszystko, włączając w to mnie, wydawało się dla mnie nierzeczywiste. Nie mogłam dokładnie powiedzieć, gdzie kończyłam się ja, a gdzie zaczynało się coś innego. Kiedy patrzyłam wokół siebie, powietrze pomiędzy mną a jakimś przedmiotem, sprawiało wrażenie gęstej mgły, która musiałam rozgarnąć, aby móc skupić swoją uwagę na danym przedmiocie. Kiedy dotykałam swojej skóry, wydawała się dla mnie obca. Słyszałam echo bzyczenia lodówki w głowie, tak jakby było to częścią wibracji mojego wewnętrznego ucha. Podobnie jak samochód wyścigowy na torze, tak samo mój umysł wirował dookoła, widząc więcej wewnątrz mnie, aniżeli mogłam efektywnie przetłumaczyć na zewnątrz. Czułam się zagubiona w ciele i niewyraźnym umyśle. Było to zwłaszcza przerażające, kiedy przychodziła noc, gdyż umysł mój zapadał głębiej w senność swojego podświadomego umysłu, gdzie lęki wychodziły, aby dalej osłabiać moje uziemienie, co przyczyniało się do pogłębiania się bezsenności.

Bycie jednocześnie wyczerpanym i pobudzonym jest pospolite u ludzi których naruszona zostali oś podwzgórze-przysadka-nadnercza w przypadkach fibromialgii, Przewlekłe zmęczenie i zespól dysfunkcji immunologicznej, czy Zespołu chronicznej ogólnoustrojowej reakcji zapalnej. Czasami wszystkie te trzy zaburzenia występują ze sobą równolegle, a Zespół chronicznej ogólnoustrojowej reakcji zapalnej może być ich podłożem. Zespół chronicznej ogólnoustrojowej reakcji zapalnej, znany także jako choroba biotoksyn, może rozwinąć się z powodu genetycznego braku zdolności do dogłębnego usuwania z ciała określonych mikroorganizmów, zwłaszcza pleśni środowiskowej. Zespół chronicznej ogólnoustrojowej reakcji zapalnej może rozwinąć się u ludzi również z ugryzienia kleszcza powodującego Boreliozę, przewlekłe infekcje chlamydia pneumoniae, ze skażonych ryb, czy też niebiesko-zielonych alg. Biotoksyny, włączając w to bakterie i wirusy, są w zasadzie wszędzie, a nasze wrażliwe ciała mogą osłabnąć w wyniku nagromadzenia infekcji na przestrzeni czasu. W ramach aktualizacji z 2016 roku, niedawno, w wyniku specjalistycznego testu dowiedziałam się, że faktycznie mam Zespół chronicznej ogólnoustrojowej reakcji zapalnej, więc teraz mogę już odpowiednio ustawić swoje leczenie, dzięki badaniom i protokołowi Dr. Ritchie Shoemaker'a,[2] dzięki innym znającym się na rzeczy lekarzom (włączając w to naturopatów), oraz dobrze dostosowanej diecie i stylowi życia.

Podczas gdy inni ludzie cieszyli się swoimi młodzieńczymi latami dorosłego życia, rozpoczynając ich wymarzone kariery, lata 20-te mojego życia nie były niczym, czego spodziewał się mój liniowo-myślący umysł nastolatki. Ledwo udało mi się zaliczyć wystarczającą ilość przedmiotów, aby ukończyć studia; powróciłam do domu przygnębiona i chora, zastanawiając się czy miałam wystarczającą ilość młodości do przeżycia, gdyż czułam się jakbym miała ciało 90-cio latki. Poszukiwałam prawdy o uzdrowieniu w szerokiej gamie książek, lecz Biblia i religia dominowały moją uwagę.

W wieku 28 lat przeniosłam się do Arizony, aby rozwinąć skrzydła, ale nigdy nie spodziewałabym się rozwoju wydarzeń, które miały miejsce. Pewnego dnie, w sklepie ze zdrową żywnością trafiłam na chiropraktyka, który wykonywał domowe sesje wstępne z techniki NET (ang. Neuro Emotional Technique – technika ciała i umysłu używana do naprawy zaburzeń pochodzących od nierozwiązanej traumy oraz stresu fizjologicznego), która wykorzystuje badanie mięśni, aby sprawdzić reakcje ciała na określone słowa. Kilka tygodni przed tym, słyszałam o nim od znajomej z osiedla, kiedy powiedziałam jej o moim chronicznym zmęczeniu, ale jej rada wpadła mi jednym, a wypadła drugim uchem. Wiele ludzi na przestrzeni mojego życia dawało mi pomocne, choć wcale nie aż tak pomocne rady dotyczące mojej choroby, tak więc chociaż byłam zupełnie otwarta na uzdrowienie, to zrezygnowana część mnie była przeciwna. Moje poszukiwania prawdy na szczęście opłaciły się, ponieważ zaprowadziły mnie we właściwe miejsce, we właściwym, choć grubo przedawnionym czasie.

Chiropraktyk rozpoczął swoją demonstrację od kazania mi wyciągnąć przed siebie ramienia, mówiąc: „Mam na imię Sally". Moje ramie straciło siłę, kiedy przycisnął je do dołu. Kiedy następnie wypowiedziałam swoje imię, pozostało sztywne. Było to dla mnie intrygujące, więc zaczęłam z nim prywatne seanse, które trwały trzy miesiące. Badanie mięśni w połączeniu z dociekliwymi stwierdzeniami, wydobyły na zewnątrz stare, podświadome wspomnienia, wzorce myślowe oraz emocje, które odpowiadały blokadom w moim ciele. Ponieważ w tamtym czasie byłam chrześcijanką, niektóre z moich reakcji wydawały się nietrafione, ale kiedy automatycznie reagowałam płaczem na to, co powiedziała mi moja podświadomość, wiedziałam, że to prawda.

Odkryłam, że byłam kilkukrotnie gwałcona przez mojego ojca, stopniowo nasilało się od 5-go i pół roku życia, a zanikając w wieku 7 lat. Pełne trzy miesiące zajęło mi usuniecie warstw, które chroniły mnie przed pamiętaniem tych zdarzeń, ponieważ zostały głęboko zagrzebane w moim ciele i umyśle. Kiedy pokonałam szok i zrobiłam rozeznanie pośród zeznań innych ofiar kazirodztwa, wszystko to zazębiało się i miało uzasadnienie: bulimia, przymusowe objadanie się, wściekłość, brak poczucia własnej wartości, spowodowana strachem bezsenność, obawy społeczne, depresja, samobójcze myśli, oraz stres fizyczny. Dowiedziałam się, że byłam zupełnie normalna reagując i czując się w ten sposób przez te wszystkie lata! Aczkolwiek był to zaledwie początek. Zaczęłam mieć wyraźne wspomnienia, gdyż moje wewnętrzne dziecko, nareszcie poczuło się bezpieczne, aby je wysłuchać.

Według doskonałej książki Babette Rothschild pt.: „Ciało pamięta", dla dzieci jest to zupełnie naturalne biologicznie zjawisko, aby porozrzucać traumatyczne wspomnienia po ciele i umyśle. Brak im jeszcze bowiem rozwoju poznawczego, aby moc efektywnie poradzić sobie z tak straszliwymi doświadczeniami.³ W okresie mojego kształtowania się, w wieku pomiędzy 5 a 7 lat, mogłam zaledwie sformułować słowa pasujące do tego doświadczenia, a układ limbiczny mojego mózgu, był już przepracowany w związku z zalewem emocji, które mnie przytłaczały. Ciało migdałowate jest częścią układu limbicznego, która przetwarza emocje, w znacznej mierze uruchamiając reakcje walki i ucieczki, co w tamtym czasie było moją podstawową reakcją. Moje nadwrażliwe ciało migdałowate wpłynęło bezpośrednio na mój rozwój emocjonalny, a związane z nimi energie (które później ujawniły się jako prawdziwe wspomnienia) pozostały dla mnie równie przytłaczające już w wieku dorosłym. Niektóre ze ścieżek neuronowych zostały najwidoczniej zblokowane w czasie, aż do momentu, kiedy mój „dorosły mózg", zwłaszcza kora przedczołowa używane do złożonego pojmowania, zdała sobie sprawę, że strach, gniew i skonfundowanie nie definiują tego, kim jestem.

Stan przedłużonej traumy, przesłonił moją pięknie ujmującą wrażliwość. W konsekwencji doprowadziło to do pominięcia właściwego rozwoju mózgu, poprzez zwiększenie pobudliwości fal beta i przytłumienie mojego płata czołowego, jak później udowodniło skanowanie mózgu. Moje rozumienie zmagało się widząc poza zmęczony i przymroczony umysł i łatwo traciłam motywację, aby starać się bardziej, kiedy już czułam się pokonana. Ciało moje funkcjonowało na wpół optymalnie, zaś mój negatywnie i emocjonalnie naładowany umysł wciąż umacniały moją „ułomność". Oczywiście, ciało moje było bardziej zestresowane, chore i obolałe. Chociaż komórki uzupełniają się, pozostałość energii w głównym obszarze poddanym napastowaniu, wciąż dawała mi dziwne podszyte seksualnością odczucia.

Behawioryści poznawczy, nie mogli mi pomoc na tym pierwotnym poziomie, któremu musiałam poświecić uwagę, zatem stawiłam czoła problemowi i pracowałam nad tym poprzez przebłyski pamięci. Widziałam się z psychologiem od Desensetyzacji i Przetwarzania Ruchu Oczu (ang. skrót EMDR) leczenie które przypomina szybkie ruchy gałki oczny we śnie, oraz monitoruje reakcje na stres na podstawie obrazów mentalnych które są wytwarzane. Przez lata, miewałam co najmniej dwa koszmary każdej nocy, w których byłam molestowana, lub bałam się o swoje życie, co sprawiło, iż zdałam sobie sprawę, że miałam zespól stresu pourazowego. To co odkryłam w swoich sesjach EMDR, było zdecydowanie obrzydliwe i przerażające; nie mogłam zrozumieć, jak takie obrazy mogły być fizycznie możliwe stosunku do małego dziecka.

W tym momencie, mój ojciec twierdził, że wymyślam wykorzystywanie seksualne, gdyż mój terapeuta od techniki NET, najprawdopodobniej dal mi fałszywe wspomnienia. Istnieje grupa ludzi (zazwyczaj sprawców oraz ich rodzin), która zuchwale zaprzecza oskarżeniom o wykorzystywanie seksualne, ponieważ ofiary tak samo jak ja, ujawniają się z tym dopiero w dorosłym wieku. Co gorsze, prawo stanu Kalifornia posiada statut, który ogranicza te oskarżenia do siedmiu lat od chwili zdarzenia, gdyż niewłaściwe i nienaturalne według niego jest, aby nierozwinięty jeszcze umysł dziecka rozrzucał traumatyczne doświadczenia, kiedy to nauka i logika udowadniają inaczej.

Bez względu na wszelkie zaprzeczenia, od doświadczonych psychologów dowiedziałam się, że to, co faktycznie pamiętam jest wystarczające i nie muszę stresować się, żęby znać wszystkie techniczne detale (przepraszam za wybór określenia, ale pasuje ono tutaj) molestowania. Sesje EMDR pokazały, że mój dorosły stan, jest wystarczająco oddzielony od mojego stanu dziecinnego, że mogę stawić czoła starym lękom i pozostać silna, wiedząc, że nie mają one już wpływu na moje życie.

Intensywność emocji, która zblokowana zostali w moim ciele przez większą część mojego życia, wciąż powodowała, że czułam się chora, a czasami wręcz podatna na wypadek. Jest mi zwłaszcza trudno z rozkojarzeniem umysłowym, które jeszcze zupełnie mi nie przeszło, z powodu tego jak mój mozg rozwijał się, lecz wciąż wykorzystuję to, czego nauczyłam się z uwalniania ostatnich resztek wspomnień z molestowań, po to, żeby lepiej zintegrować się i ugruntować w teraźniejszości.

Dzięki postępowym i wprawionym terapeutom, wierzę, że mogę osiągnąć wystarczające uzdrowienie fizyczne, gdyż wciąż kształcę się i odwracam efekty przewlekłych zapaleń i stresu. Moim zamiarem jest pełne uzdrowienie, ale nie spodziewam się zupełnego uzdrowienia; mój zamiar działa jako motywator, co wierzę, że daje mi więcej korzyści, aniżeli wtedy gdybym nie ustawiłabym sobie żadnej poprzeczki do pokonania. Ponadto, każdy dzień przeżywam z pełną akceptacją samej siebie, ponieważ nareszcie pokochałam siebie.

Zamiast zgadzać się z argumentem założyciela psychoanalityki Zygmunta Freuda, że stan ego umysłu staje się rozwinięty w wieku 18 lat, uważam raczej, iż staje się dojrzały na początku 30-tki, ponieważ potrzeba chwile, aby przedgórze czołowe rozwinęło się w pełni. Właściwie to połączenia nerwowe wciąż zmieniają się i rosną. Wiek 28 lat, był momentem, kiedy moje upchnięte wspomnienia zaczęły w pełni wychodzić. Było to jakby cały mój mózg nareszcie mogli komunikować się ze wszystkimi ścieżkami nerwowymi, które przenosiły i przestawiały przekazy z moich doświadczalnych reakcji.

Niemowlęcia rodzą się kompletne, w takim sensie, że zawierają architektoniczny wzorzec rozwoju, który ma nastąpić, chociaż stymulanty środowiskowe, mają duży wpływ na psychologiczny, społeczny i fizyczny rozwój danej osoby. Jeśli niemowlę jest cały czas ignorowane i na przykład nie trzyma się jego, kiedy płącze, a takie zaniedbanie kontynuowane jest przez okres dzieciństwa, wtedy dziecko uczy się nie wypowiadać się o sobie, nie ufać innym, a także posiadać niskie poczucie własnej wartości. W przypadku ekstremalnego zaniedbania fizycznego, niemowlę może umrzeć. Dom dla ciała musi być właściwie utrzymywany, aby wytrzymać warunki pogodowe i środowiskowe wokół niego; dom słomiany nie wytrzyma huraganu.

Moj dom sprawiał wrażenie jakby nie należał do mnie, skoro był straszliwie wykorzystany. Nawet w tych dniach, czasami zmagam się, czując się w pełni połączona z moim ciałem. Kiedy skupie uwagę na odczuciu rozkojarzenia i zaćmionym umyśle, widzę resztkę niskiego poczucia własnej wartości, a wtedy natychmiast zajmuję się tym. Uzmysłowiłam sobie, że nie mogę być całością ze swoim ciałem, jeśli odrzucam, bądź umniejszam wartości jego części. Zawsze wiedziałam, że musze uwolnić stare, niewłaściwe śmieci, aby naprawić spękania w moim domu, ale kiedy byłam chrześcijanką, sadziłam, iż jedynym sposobem na to abym mogła się zmienić było ofiarowanie mi przez Boga zdrowego ciała i umysłu jako cud. Wierzyłam, że mogę zostać natychmiastowo uzdrowiona, skoro Bóg może wszystko.

Religia uczyła koncepcji doskonałości – doskonały Bóg i doskonale posłuszny chrześcijanin. Przywiodło mi to z powrotem potrzebę bycia idealna córka, która zadowala swego ojca. Musiałam wiec stać się tak doskonałą jak to tylko było możliwe, zęby być faworyzowana przez Boga. Na początku myślałam, że jeśli nie zostałam uzdrowiona, to jest to moja wina, spowodowana nie czynieniem samych właściwych rzeczy. W końcu dowiedziałam się, że robię wszystko co w mojej mocy, tak więc okazało się wtedy, ze cud nagłej zmiany, to raczej długi, rozciągnięty w czasie proces.

Jeśli tylko przywiązywałabym więcej uwagi do życia najlepiej jak potrafię z niedoskonałym ciałem, zamiast życząc sobie zupełnej odmiany z jednego ekstremum w drugie – jak mówią nam biblijne analogie grzesznika do ocalonego, czy żywych do umarłych – wtedy mogłabym produktywnie działać z moją nową miłością do samej siebie, która przyzwalała na niedoskonałość. Niemniej jednak biblia i Kościół uczyły mnie, aby gorąco się modlić i czekać na wysłuchanie mojego życzenia, polegając w swoim uzdrowieniu na „wspaniałym" Bogu. Przepowiednie mojej matki umacniały jeszcze ta przeslanie.

Biblia uczy, iż aby otrzymać doskonały podarunek Boga, należy najpierw podążać za Jezusem. Dlatego musiałam dowiedzieć się kim był Jezus.

Wszyscy katolicy i większość chrześcijan, którzy są dualistyczni lub Trójcowi w postrzeganiu Jezusa, wierzą oni, że był on człowiekiem w swoim ciele. Słowo *człowiek* pochodzi od łacińskiego *humus*, oznaczający Ziemię lub grunt. Organiczna, ziemska forma życia jest krucha i ograniczona, dlatego powraca do Ziemi, w stosunkowo krótkim okresie czasu. Jezus umarł, lecz później zmartwychwstał, więc niejasne jest czy właściwie był człowiekiem. Pierwsza księga do Koryntian, rozdział 15, wers 42-48, dalej gmatwają tą sprawę, gdyż apostoł Paweł twierdził, że Jezus był w całości boski. Wers 47 oświadcza: „Pierwszy człowiek jest z ziemi, ziemski: drugi człowiekiem jest Pan z nieba".

Biblia, a w zasadzie wszystkie główne religie, przyklejają ludzkiemu ciału etykietę „grzesznego", gdzie do ludzkości dołączone jest obrzydzenie oraz jej ograniczona natura. Jeśli Jezus był człowiekiem, oznacza to, że również nie był doskonały, tak więc jak jego droga, mogła być dla mnie drogą do pełnego zdrowia, skoro ludzkie ciało nigdy tego nie osiągnie? Zatem, co Ojciec Bóg mi uczyni, co by mnie naprawdę uzdrowiło?

Kiedy byłam fundamentalną chrześcijanką, musiałam zostać ochrzczona w imię Jezusa, ale zastanawiałam się: „Jaki jest sens przyjmowania jego ciała, skoro jest ono takie samo jak moje?" Chrześcijaństwo powiedziało mi, że chrzest jest symbolicznym aktem mojej wiary w Jezusa jako jakiegoś rodzaju wyższej, ale i równej istoty, a podążając jego krokami, dostąpię jego chwały. Ale cóż to za chwała, która nastąpić ma dopiero kiedy umrę, gdyż on dopiero wtedy jej dostąpił? Czy całe to ziemskie życie jest tylko nędzną egzystencją z wadliwym lub wręcz nikczemnym ciałem, któremu nie można zaufać? Jeśli ciało reaguje w określony sposób, masz nie ufać jego instynktowi, tylko dlatego, że twój umysł musi znajdować się gdzie indziej w wierze?

Desperacko potrzebowałam postrzegać swoje ciało jako „dobre", oraz jako fizyczne przedłużenie mojego wewnętrznego piękna. Bycie ocalałą z kazirodztwa, dawało jeszcze większe obciążenie widzenia mojego ciała w ten sposób, ponieważ w żaden sposób nie byłam tego winna, więc nie powinnam mieć żadnego wstydu w stosunku do mego ciała. To, co mi się przytrafiło zapoczątkowało samo nienawiść – nie było to nic, co zrobiłam w stosunku do siebie.

Po tym, jak uzmysłowiłam sobie tą prawdę, nareszcie poczułam, że jestem dobrą osobą, zwłaszcza że skontaktowałam się ze swoim wewnętrznym dzieckiem, a dzieci mają wrodzoną czystość i dobroć. Zgodnie z tym, moje ciało jest częścią mojej osoby, więc powinno być równie dobre, co oznacza tak zdrowe, jak to tylko możliwe i zjednoczone w zdrowej całości z resztą mnie. Bycie dobrą jak również niedoskonałą, nie jest sprzecznością, ponieważ możemy zrobić nawet lepszą niż dobrą robotę przezywając to trudne życie.

Niemniej jednak często narzucane Pismo, które mówi: „najzdradliwsze jest serce nade wszystko i najnikczemniejsze", przekazuje przesłanie, że moje wewnętrzne ja nie jest dobre (Jeremiasz 17:9). Zgodnie z tym poglądem, moje ciało nie ma innej alternatywy jak tylko odzwierciedlać tą grzeszność oraz być zepsute i chore.

Nasze myśli i przekonania są katalizatorem dla naszych ciał. Katolicy w sekcie Opus Dei, którzy codziennie chłoszczą się jako przypomnienie blizn grzechu, jakie Jezus poniósł ze sobą na krzyż, niewłaściwie postrzegają siebie – ciało stawiają na pierwszym miejscu, kiedy to nasze myśli wymagają korekty.

Wydaje mi się, że podłożem tego, że ci ludzie biczują się: jest ich wiara w to, że są na wylot nieczystymi ludźmi i zasługują na karę!

Ja nie zasługiwałam na karę, gdyż byłam zupełnie niewinna przestępstw jakie przeciwko mnie popełniono. Poszukiwałam sposobu na to, aby nie tylko utrwalić tą prawdę, jaką znałam o sobie, ale także żeby odzyskać wewnętrzną niewinność, bez względu na to, że urodziłam się w ludzkim ciele, lecz nie wiedziałam, gdzie odnaleźć odkupienie, za wyjątkiem tego, żeby zaznać je po śmierci tak jak prawdopodobnie zrobił to Jezus. Jestem tutaj, aby żyć, a nie umierać! Moje ciało chociaż może być postrzegane jako przedłużenie mojego wewnętrznego ja, jest mi równie potrzebne. Chciałam pełnego życia we wszystkich częściach mnie, ale gdzie mogłam to znaleźć? Czy odpowiedź znaleziono w chrześcijaństwie, czy w innej religii?

Kilka moich pytań do religii, a zwłaszcza do chrześcijaństwa, brzmi: Dlaczego mianoby oczerniać ludzkie ciało, skoro daje nam ono to ziemskie życie? Jeśli ciało traktowane jest jako prawie nic więcej aniżeli obiekt seksualny, do produkcji potomstwa, to dlaczego jest ono cenione przez Boga, jako symboliczna oblubienica Jezusa? Jeśli Jezus staje się „jednym" z naszymi ciałami, czy to upoważnia nas do stawania się „jednym" z Bogiem? Dlaczego Bóg miałby nas potrzebować, skoro jest On Bogiem z wystarczającą ilością swoich własnych naśladowców, aniołów?

Wydaje się więc, że nasze ciało fizyczne jest znacznie ważniejsze, aniżeli zdajemy sobie z tego sprawę. W kolejnych rozdziałach, odsłonię „tajemnice" naszego ciała, duszy i ducha, zgłębiając to, czym naprawdę jesteśmy w swojej konstrukcji. Zgłębię również to, czy pełne uzdrowienie naszych ciał jest właściwie możliwe. Nie odsłoniłam tych odpowiedzi, dopóty, dopóki nie odkryłam, co w proroctwach mojej matki, chroniło nas (i uprzedzało). Najpierw muszę podzielić się moim procesem wychodzenia z religii poprzez studiowanie jej przepowiedni, biblii oraz moich kościelnych doświadczeń.

ROZDZIAŁ 3

Brodząc przez proroctwa do suchego lądu

Odkąd moja mama ukończyła 20 lat, otrzymała ona niezliczone ilości werbalnych i pisanych przepowiedni. Bóg przemawiał wyraźnie do jej rozumienia; nie była w stanie określić częstotliwości tych komunikacji, gdyż przydarzały się bez wysiłku kilka razy dziennie. Prorok posiada osobisty związek z jej lub jego Bogiem. Biblia nauczyła nas, żeby dążyć do takiego związku, w którym mamy zupełną zależność od Boga, ponieważ wtedy to byłybyśmy najbardziej błogosławione przez Niego.

Zaprezentuję teraz moje doświadczenia z jej upragnionymi zdolnościami, jak również moje własne spostrzeżenia, aby zobaczyć, czy naprawdę byłyśmy błogosławione jako obowiązkowe chrześcijanki. Podczas naszej rozwijającej się relacji z Bogiem byłyśmy po drodze prowadzone, wspierane i korygowane. Byłyśmy poprawnie uczone, żeby ponad wszystko polegać na Biblii, a że przepowiednie mojej mamy na początku potwierdzały i uzupełniały Biblię, przesłania te postrzegałyśmy jako wspaniałe narzędzia do wsparcia naszego osobistego wzrastania. Szczególnie polegałam na osobistych przesłaniach do mnie; były one dla mnie bardziej wartościowe niż złoto.

Przepowiednie, które otrzymałam jako nastolatka, prowadziły mnie w kierunku kochania siebie, Jezusa i Boga Ojca. Odnosiły się one głównie do mojego złamanego przez chłopców serca oraz podupadającego zdrowia, podczas gdy Bóg usiłował stworzyć relacje ze mną. Często byłam nakierowywana, żeby czytać określone Pisma i modlić się. W wieku 13 lat, po tym, jak moja pierwsza przepowiednia poprawiła moją nadzieję na spotkanie z członkiem ulubionego zespołu muzycznego, otrzymałam zmianę kierunku, który na początku zdewastował mnie:

> Tym razem <u>nie</u> napisze on do ciebie osobiście – wiem, że to cię rozczarowuje, ale nie obawiaj się moja droga córko, Thereso – w najbliższej przyszłości wyślę do ciebie zupełnie rzeczywistego chłopaka, który będzie dla ciebie bardzo dobry. Będzie cię szanował za to, kim jesteś i będzie chciał być z tobą, kiedy to tylko możliwe. Będzie przystojny, uroczy i troskliwy. Wiedz, że cię kocham Thereso, za to, że przyjęłaś Mego Syna do swego serca. Bądź silna, moja córko przyszłość będzie dla ciebie jaskrawa i pełna niespodzianek oraz wyjątkowo <u>zdrowa</u>. Nie gryź się z powodu

[tamtego mężczyzny]. Już wkrótce spotkasz bardzo wyjątkowego chłopaka, którego wysłałem, aby pojawił się w twoim życiu. Zawsze pilnuje cię i chronię, nawet jak tego nie widzisz.

Cóż za piękne słowa, ale nie spotkałam żadnego takiego chłopaka ani nie miałam dobrego zdrowia. Przepowiednia ta oznajmia, że Bóg kochał mnie, gdy najpierw przyjęłam Jezusa. Nie brzmiało to dla mnie jak bezwarunkowa miłość, ale ponieważ mój biologiczny ojciec wypaczył i zmienił pojmowanie przeze mnie miłości, tak bardzo chciałam wierzyć, że Wszechmogący Bóg naprawdę mnie kocha.

Kiedy miałam 15 lat, otrzymałam taką oto przepowiednię:

Przeczytaj List do Tesaloniczan, rozdział 3, wersy 9-13, Wołaj o wzrastanie w świętości. Teraz – kiedy już przeczytałaś te słowa, moje dziecko – <u>jesteś</u> wciąż i na zawsze <u>moim dzieckiem!</u>

Thereso, jesteś mi ukochana – jesteś życzliwa, troskliwa, opiekuńcza, kochająca i bardzo żarliwa w swoich staraniach, aby czynić dobrze – dałem ci wszystkie te cechy, córko. Ty wciąż wątpisz w moją obecność dziecko, ponieważ nie posiadasz dokładnie tych samych darów, co twoja matka.

Przychodzę do moich dzieci na różne i piękne sposoby. Przybywam do ciebie jako snop światła – kiedy widzisz ciemność, dziecko, módl się żarliwie, aby zło cię opuściło, gdyż desperacko stara się zdobyć twoją duszę, tworząc zwątpienie w twoim umyśle – stara się odebrać mi ciebie, moja droga – skarć Szatana, dziecko! On wie, że jesteś podatna na zranienie – umieściłem przy twoim boku specjalnego anioła, aby cię chronił – wołaj go na pomoc – na imię ma Lor – obdarowałem cię wyjątkowym darem widzenia, odczuwania i sięgania do wnętrza innych ludzi, do rdzenia ich charakteru – musisz modlić się do mnie, kiedy jesteś zatroskana tym, co widzisz bądź słyszysz.

Otrzymałaś wielce kosztowny dar, moje dziecko, taki, którego nie posiada twoja matka.

[Pewien chłopak] zapoznał się z wieloma antyJezusowymi filozofiami – on również poszukuje – bądź jego przyjaciółką – dam ci słowa, których masz użyć, kiedy będziesz z nim rozmawiać – zadzwoń do niego – uspokój jego wewnętrzną istotę słowami z Księgi św. Piotra, Rozdział 4, wersy 7-11. Kocham cię, moja córko. Bądź w pokoju – proś o moje światło, aby prowadziło cię w twojej drodze.

✲

Czytając tę przepowiednię oraz inne tego rodzaju, poprzez dzisiejszą przesłonę, daje mi to odczucie dziwnej energii, tak jakby ciągnęły mnie w stronę innej woli. Było to całym sensem bycia chrześcijanką. Po tym, jak otrzymałam tę przepowiednię, zaczęłam wątpić, czy anioł Lor był kimś, do kogo powinnam była się modlić. Zrobiłam to tylko kilka razy, a później przestałam. Chociaż byłam wtedy młoda, wrażliwa i głęboko zraniona, nie czułam się komfortowo, aby modlić się do istoty, której nie znałam. Zastanawiałam się, dlaczego Bóg kazał mi to robić, skoro wszystko On sam mógł zrobić. Nie mogłam w pełni zrozumieć, dlaczego potrzebowałam modlić się do Maryi, jak nakazywały mi inne przepowiednie oraz Kościół Katolicki, ale czułam się z tym w porządku, ponieważ wiedziałam o niej. Wydawało mi się, że Lor miał być jak jakiś innym świętym lub istotą, do której miałabym się modlić, ale wszystko jedno, wciąż potrzebowałam coś wiedzieć o tym bycie.

W wieku 16 lat otrzymałam kolejną przepowiednię:

Izajasz 40:31, 41:10
Do mojego najdroższego dziecka w Jezusie:

Witaj, moja córko. Są to czasy próby dla wielu ludzi. Świat szybko zwraca się w stronę mojego przeciwnika, każdego dnia coraz bardziej i jestem bardzo zły. Dałem moim ludziom każdą możliwość zwrócenia się ku mojemu synowi, ale zamiast tego zrobili oni to, co chcieli. Ty jesteś bardzo wyjątkowa, Thereso – tak bardzo cię kocham. Dałem ci wiele wyjątkowych talentów, a zwłaszcza miłość do moich dzieci oraz ludzkości ogółem. Miałaś trudne życie dziecko i przykro mi, że uczyniło cię to nieszczęśliwą, nie ufając mojemu Synowi. Wiele z moich córek i synów otrzymało do niesienia swój „krzyż" w tym życiu i nauczyło się, wbrew swojej woli, nieść go w Moim Imieniu. O to właśnie cię proszę, żebyś zrobiła – znoś swoje słabości fizyczne, umysłowe i emocjonalne, wiedząc, iż zawsze jestem przy tobie, aby przeprowadzić cię przez wszystko, co wytrzymujesz. Wiem, że dałem ci do zniesienia uszczerbek w nodze, kruchy kręgosłup oraz problemy z zatokami itp., lecz moja ukochana córko – otrzymałaś również piękno, inteligencję, kochające serce oraz silnego ducha w Moim Synu, co przewyższa wszystko w tym życiu.

Thereso, jeśli zdecydujesz podążać za mną w tym życiu, uzdrowię wszystkie twoje słabości i dam ci wszystko, co potrzebujesz, aby być zadowoloną i szczęśliwą. Masz ziemskiego ojca, który ma trudności radzenia sobie w tym życiu, a ty musisz być dla niego ukojeniem i zrozumieniem, gdyż dałem ci [imię mojego ojca]. Twój ojciec posiada wielką siłę, ale również i pewne słabości.* Jeśli wszyscy byliby jak nasz niebiański Ojciec, wówczas nie byłoby celu dla ludzkości i odpokutowania!

Miej na uwadze, Moja córko – Izajasza 40:10 – Nie lękaj się, bo Ja jestem z tobą; nie lękaj się, bo Ja jestem twoim Bogiem! Ja cię pokrzepię i wspomogę, wesprę cię prawicą mojej sprawiedliwości.

Wraz z twoim modlitwami, z których słyszę każdą, ochronię i zatroszczę się o [imię kolejnego chłopaka, który mi się podobał], abyś miała z nim wyjątkową, „braterską" więź.

Teraz i na zawsze daję ci pokój – bądź otwarta na moje przewodnictwo, Thereso, a wszystko będzie dobrze.

Tak powiada Pan Jezus

*

* Bóg wiedział, co uczynił mi mój ojciec, a ja miałam dać mu ukojenie? To wykracza poza wszelką akceptację samopoświęcenia.

Kiedy miałam 18 lat, przepowiednia, która dała mi mama, zaczyna się tak: „Najdroższe dziecko w Jezusie, moim synu" i mówi, że dał mi wiele darów włączając w to mądrość.

Thereso – Szatan zna twoją siłę, dary i talenty – możesz być bardzo wartościową dla Jego Pracy, lecz ja zablokowałem Jego Drogę już od twego urodzenia. Twoje dolegliwości są wynikiem trwającego wciąż dokuczania ci przez Niego – Tylko Ty Możesz Wyrzec się Szatana – wyzwól się z tych łańcuchów, Thereso – przyjdź do Mnie, Ma miłości; z tego powodu twoja matka zniosła wiele cierni i bólu. Dziecko nie walcz ze mną już dłużej – przyłącz się do naśladowników Jezusa. Bądź w pełni moim dzieckiem – kocham cię szczerze i z oddaniem, dziecko. Idź teraz i bądź w pokoju.

Tak powiada Pan Jezus

Fragmenty przepowiedni, którą otrzymałam, kiedy miałam 19 lat:

Przede wszystkim wypatruj mego oblicza. Chciałem przez to powiedzieć: Naszego Ojca, codziennie i zacznij przekazywać słowa wszędzie, dokąd się udasz [sic]. Uczynię się zawsze dostępnym dla ciebie – Bądź w pokoju i zarezerwuj sobie czas tylko dla mnie, bez muzyki, ani żadnego rodzaju dźwięków – otwórz się na mego Ducha Świętego, a on cię nauczy, usłyszysz mój głos –

przemawiam do tych wszystkich, którzy wypatrują mego oblicza – usłyszysz Mój głos pośród wiatru, w moim słowie oraz w moich ludziach – patrz moimi oczyma, Thereso – jesteś bardzo kochającą, troskliwą, młodą chrześcijanką – taką cię ukształtowałem.

Upewnij się, że ta noc poświęcona zostanie modlitwie do Naszej Pani – ona jest moją matką, a jako kobieta z wieloma żalami, w młodym wieku poddana została wielu próbom, a podjąć należy wiele ważnych decyzji* Może ci ona pomóc, jeśli wezwiesz jej imię – Córko Moja, jeśli wezwiesz w Moim Imieniu, wówczas otrzymasz. Proś tylko w Moim Imieniu.

Twój niebiański Ojciec,
który cię kocha,
✠

* To zdanie było pourywane – znaczy, że albo przekaz był nie zrozumiały w tym momencie, albo Bóg popełnił błąd. Skłaniam się ku temu drugiemu, gdyż siła, która stała za moją matką, obezwładniła jej zdolności. Byłam zdezorientowana błędami gramatycznymi w niektórych przepowiedniach, myślałam bowiem, że Bóg jest wszechwiedzący i doskonały.

Powyższe przepowiednie pokazują zamienność Ojca i Syna, co oznacza, że przemawiali jako ta sama istota, również Duch Święty był jakoś identyczny. W ten sam sposób, w jaki oni są jako „jedno", przepowiednie te przygotowywały do ukształtowania mnie w podobną jedność z Bogiem, stając się w pełni jego dzieckiem lub naśladowniczką. Pierwszym krokiem było wypatrywanie Jego oblicza i wsłuchiwanie się w Jego głos.

Kiedy miałam 19 lat, codziennie modliłam się do Boga, lecz wciąż byłam skonfundowana tym, kim i czym był ten Bóg, kiedy to kazał mi modlić się do Jego syna lub innych ludzi. Był to bardzo trudny dla mnie rok. Moje ciało odmówiło posłuszeństwa z powodu naruszonego systemu immunologicznego oraz z powodu prawie śmiertelnego przypadku „kalifornijskiej gorączki" (znanej jako kokcydioidomikoza – przyp. tłum.) od wykopów ziemi na naszym obszarze. Również cierpiałam wciąż jeszcze z powodu gwałtu, jakiego dopuścił się na mnie amerykański kolega dwa lata wcześniej, podczas źle dozorowanego wyjazdu maturzystów na klasowej wycieczce do Meksyku. Nie wiedziałam, czy potrafię dłużej radzić sobie z moim ciałem i uczuciami. Nie czułam się wcale chroniona ani kochana przez Boga i/czy Jezusa. Kurczę, jeśli w tamtym czasie nie stłumiłabym w sobie gwałtów z dzieciństwa, wówczas całkiem możliwe, że odmeldowałabym się z tej planety albo co najmniej uzależniłabym się od narkotyków.

Skoro nie było widać, aby Bóg czy Jezus kochali mnie i pomagali mi, zdecydowałam zwrócić się do Szatana, aby zobaczyć, czy on mi pomoże. W tamtym czasie moja wiara była bardzo słaba, ale trwający tydzień eksperyment przywrócił ją z pełnym rozpędem! Natychmiast po tym, jak wezwałam imię Szatana, poczułam w sobie ciemną obecność. Na początku nie obchodziła mnie ta ciemna energia, ponieważ już sama w sobie byłam negatywnie nastawiona, więc dodatkowa negatywność pozwalała mi odczuwać gniew, który tłumiłam w sobie. Aczkolwiek odczuwałam i zachowywałam się jak inna osoba. Moi przyjaciele zauważyli tę zmianę i nie podobało im się to. Trzymałam to w sobie, zwracając wystarczająco uwagi na innych, aby wybuchać na nich i zachowując się chłodno w stosunku do wszystkiego, co na zewnątrz i wewnątrz mnie. Nigdy nie płakałam. Zauważyłam, że moja szczęka była zaciśnięta, a zęby wyszczerzone jak u zwierzęcia przed atakiem.

Kiedy zdałam sobie sprawę, że nigdy nie miałam chwili bez odczuwania tej ciemnej energii obok mnie, powiedziałam wreszcie, aby odeszła. Natychmiast we łzach wezwałam Boga i Jezusa. Gotowa na każdą ewentualność, modliłam się zarówno do Boga jak i Jezusa, bez względu na moje nieporozumienia, gdyż mając ich przy sobie czułam się lepiej niż przy Szatanie. Wydedukowałam, że to moje skojarzenia z nimi sprawiły, że czułam się lepiej, gdyż moją intencją było więcej dobra.

Katolicka i Chrześcijańska interpretacja Bóstwa oraz Boga

Wierzyłam, że Bóg to eteryczna istota, nie człowiek, która wyraźnie była w pełni świadomą, upersyfikowaną istotą gdyż Bóg jest nam przedstawiany jako On oraz Ojciec – typ super człowieka. Niemniej jednak, byłam trochę zdezorientowana: bycie mężczyzną pociąga za sobą bycie skończoną osobą, a Bóg-człowiek uważany jest za wszechobecnego i nazywany jest Alfą i Omegą, początkiem i końcem (Księga Objawień 1:8). Jak ten super-człowiek mógł być wszędzie w tym samym czasie? Katolicyzm nigdy nie uczył mnie o telepatii, jeśli w ten właśnie sposób Bóg miałby postępować.

Moja interpretacja jako katoliczki była taka, że Duch Święty jest czymś w rodzaju duchowych rąk i nóg Boga, które umożliwiają Jemu bywanie wszędzie. Jest to mierzalna substancja Jego Ducha, która sięga każdego, podczas gdy Bóg wciąż pozostaje nietknięty jako Jego tajemnicze ja. Bóg jest tak potężny, tak ponad nami, że nie możemy zrozumieć Jego natury, tak więc musi zsyłać do nas mniejsze części Siebie Samego, aby dotrzeć do nas na naszym poziomie. Aczkolwiek ten pogląd nie definiuje wyraźnie związku pomiędzy Bogiem a Duchem Świętym jako Trójcy, a staje się to jeszcze bardziej zagmatwane, kiedy zaangażowany zostaje w to Jezus.

Wyznawcy Trynitarianizmu mają dwojaki pogląd na równość oraz hierarchię jako połączone razem. Jeden z poglądów, to współ-równa, trój-jedyna rodzina, co oznacza, że Duch Święty, nie byłby częścią wielkiego Boga, a Jezus byłby kimś mniejszym niż Bóg. Są oni oddzielnymi eterycznymi bytami, które dzielą równie ważne funkcje. Duch Święty opisywany jest jako eteryczna istota, która udaje się wszędzie, aby nieść życzenia Ojca; jest on pośrednikiem pomiędzy duchami, nie tak jak Jezus, który jest pośrednikiem dla ludzkiego ciała.

Zauważcie słowo, które używają katolicy: trój-jedyny. Definiuje ono koncepcję Trynitarianizmu, w której trzy jakoś równe jest jednemu. Katolicy mówią *Bóstwo*, aby zdefiniować tę połączoną tożsamość (List do Kolosan 2:9 oraz Dzieje Apostolskie 17:29). Tożsamość ta nie jest prawdziwie połączona, gdyż Bóg występuje jako głowa, z Jezusem i Duchem Świętym poniżej Niego, tak jak krzyż symbolizuje ich statusy. Na dodatek 3=1 nie kalkuluje się matematycznie, te trzy role nie są równie ważne. Katolicy i chrześcijanie na ogół mówią, że Jezus jest człowiekiem, który jest kimś mniejszym niż Bóg i Jezus jest skończony, podczas gdy Bóg nie jest. Jest to drugi pogląd Trynitarianizmu, ponieważ istnieje zdecydowane wierzenie w hierarchię, co kłóci się ze współrównym związkiem.

Kolejny błąd w rozumowaniu dotyczy koncepcji odrębnej istoty. Katolicy twierdzą, że Duch Święty jest tchnieniem Boga (Księga św. Jana 15:26) oraz Jezusa (Księga św. Jana 20:22), co prowadzi mnie do mojej oryginalnej interpretacji, która ma Ducha Świętego jako część Boga. Duch Święty w katolicyzmie nie jest nazywany Świętym Duszkiem/Zjawą, tak jak w niektórych odłamach chrześcijaństwa, dlatego odbiega to od koncepcji śmierci i zmartwychwstania Jezusa. Duch Święty istniał, zanim Jezus umarł, co potwierdza chrzest przez Jana Chrzciciela z wizją symbolizującą białego gołębia zstępującego na niego. To odniesienie do Ducha Świętego ukazuje go jako część ducha Bożego, który wypełnił Jezusa i pomógł jemu powstać z umarłych.

Ukazuje to, jak niezrozumiale katolicy opisują istoty duchowe oraz ich rolę. Koncept „jedności" jest nie tylko obecny w katolicyzmie, ale również w nurtach duchowych na całym świecie. Jedność wcale nie pociąga za sobą harmonii z innymi, przyzwalając jednocześnie na unikalną indywidualność. Wydawać by się mogło, że reprezentuje współgrający związek w podobieństwie i sprawiedliwości, lecz bardziej właściwym dla tego określeniem byłaby „wspólnota". W religiach, z narzuconą z góry hierarchią, gdzie hierarchia boska jest wyższa od małego człowieczka, jakakolwiek jedność dostosowuje niższe stworzenia do ich Boga, stając się w zasadzie jednym i tym samym.

Kiedy byłam na studiach, koleżanka z roku powiedziała mi, że słowo *Trójca* nie występuje w Biblii. Trochę się kłóciłam, ale przestałam, gdyż ona była o tym przekonana, a ja właściwie nie wiedziałam. Jej stwierdzenie tkwiło mi gdzieś w głowie przez rok czasu, aż sprawdziłam sama i okazało się, że miała rację. Dlaczego więc czciłam tę trójcę oddzielonych, acz równych istot lub kontrowersyjnie dwóch delikatnie niższych istot, czy też aspektów Boga, kiedy to spójne określenie nawet nie występowało w Biblii? Do tego czasu zmęczyłam się już katolickimi rytuałami. Chociaż kazania dawały do myślenia mojej już wnikliwej naturze, to potrzebowałam więcej namacalnych materiałów z Biblii, aby pomóc nakarmić mój dojrzewający umysł.

Po ukończeniu studiów byłam coraz mniej obecna w domu, czując, że z powodu mojej choroby i depresji nie mogę być częścią społeczności. Bywały czasy, kiedy byłam zbyt słaba i obolała, żeby chodzić, więc moja mama na kilka miesięcy musiała rzucić pracę, aby się mną zaopiekować. Zdecydowanie nie tak chciałam zacząć swoje życie po studiach.

Wkrótce po tym mama otrzymała wskazówkę od Boga, żeby pójść do religijnej księgarni koło naszego domu. Zaczęła tam rozmawiać z kobietą za ladą o problemach medycznych i naszej rodzinie. Po usłyszeniu o moich zmaganiach, kobieta ta zaprosiła mnie i moją mamę do jej kościoła. Powiedziała, że jej pastor może mnie uzdrowić, ponieważ jest on prorokiem, który otrzymuje potężne przekazy od Boga.

Moja mama i ja byłyśmy w rozpaczliwej potrzebie czegoś więcej, tak więc zgodziłyśmy się przyjść do nowego kościoła, Zjednoczonego Kościoła Zielonoświątkowców (ang. United Pentecostal Church – UPC, przyp. tłum.). Z powodu głośnej muzyki i kazań, tańca oraz emocjonalności z płączącymi na głos ludźmi, z wymachującymi w powietrzu rękoma, był to zwrot o 180 stopni w stosunku do Kościoła Katolickiego. W swoją wiarę aktywnie wkładali całych siebie. Chociaż sądziłam, że jest to przesadzone przedstawienie (nie potrzebowałam wykrzykiwać do Boga, kiedy On był przypuszczalnie wszędzie), chciałam włożyć całą siebie w tę prawdę, którą oni twierdzili, że posiadają, dlatego uczestniczyłam w tym.

Moja mama zawsze była energetycznie i telepatycznie przejęta przez byt, kiedy pisała przepowiednie lub słyszała głosy, ale przyłączając się do tego typu kościoła piekielnego ognia i siarczystego kazania, Bóg stał się nawet jeszcze bardziej zaborczy w stosunku do niej. Jak już wspomniałam w pierwszym rozdziale, po tym, jak przyłączyłyśmy się do Kościoła Zielonoświątkowców, Bóg kontrolował całe jej ciało, aby przekazać mi wiadomości, ale tego rodzaju zdarzenia były rzadkie. Częściej jej ciało oraz prawa ręka popychana była w kierunku stolika lub komputera, żeby zapisać przekazy. Nie mogła oprzeć się tej mocy, ponieważ przekazy te były czymś ważnym, skierowanymi nie tylko do nas, ale także do tego kościoła, na co wskazuje poniższe przesłanie:

7 grudzień 1997 r.
Do moich dzieci,

Strzeżcie się, gdyż Zło wymiata ląd swoimi demonami, aby zabrać dusze gdziekolwiek i kiedykolwiek może. O! Moje dzieci, Strzeżcie się, niewiele czasu zostało, żeby się zmienić i być moimi. Przyjdźcie do mnie, moje dzieciątka, gdyż wołam was do siebie, a czas jest dogodny. Nie traćcie czasu na wykonywanie czynności tego świata – one są bez znaczenia. Żałujcie za swoje grzechy! Żałujcie za swoje grzechy! Gdyż czas jest bliski – kocham cię, moje dziecko, byłaś mi wierna przez całe swoje życie. Nie wahaj się powiedzieć kościołowi, że oni muszą odwrócić się od zła i zostać ochrzczeni w <u>Moim</u> Imieniu Jezusa i Tylko w <u>Moim Imieniu</u>; Zło nadciąga z niewyobrażalną dotąd siłą – kilka razy próbowało już podzielić moje chrześcijańskie domy, ale nie uda się jemu w końcowym rozrachunku.

Moi ludzie, wystrzegajcie się, gdyż on przyjdzie nawet po moje drogocenne dzieci i nie zatrzyma się przed niczym.

Moje dziecko, powiedz ludziom, że muszą pościć dla świata dzisiaj oraz modlić się jako jednostki dla dobra innych. Czas jest krótki.

Przyjdę na ten ląd ze zwinnym mieczem na tych ludzi, którzy Nie żałują za swoje grzechy.

Zrób to w miłości, moje dziecko i daj im znać, że jestem <u>Bogiem</u>!

6 lutego 1998 r.
O! Moi ludzie,

Nie rozpaczajcie! Czas nadchodzi, kiedy Mój Duch przyćmi ląd, a ja zabiorę moje dzieci do domu. Kocham was, moje dzieci. Wiedzcie, że jestem z wami w tych okropnych czasach. Mój Duch płacze z powodu wszelkiego zła, które przenika każdą sferę życia na Ziemi. Czuję odrazę do zła – nie zniechęcajcie się, gdyż przybędę z Moimi armiami, aby zniszczyć wroga. On nie wygra. Obiecuje wam uroczyście, moje dzieci, że zabiorę was z tego miejsca i uniosę do góry, byście żyli w Niebiańskich Miejscach. Płaczę w Duchu za tych wszystkich, którzy nie kochają Mnie lub nie oddają mi swojego posłuszeństwa ani uwagi – nie znają oni bowiem zniszczenia, jakie ich czeka. Och! Moi ludzie! Jest to czas Mojego Odrodzenia w kościołach – bądźcie baczni na Moje wezwanie i przybądźcie do Mnie, a ja dam wam odpoczynek i pokój Moim Synu.

Przybywajcie pić chłodną wodę w Moim Ogrodzie! To ocali duszę, która tęskni za miłością Uświęconego Serca Jezusa – Mojego

Serca, Mojego Ducha, które przepełnia dobroć i łaskawość dla wszystkich. Niech będzie wiadomo, że Moj Duch przybędzie i przyćmi zło Jedynego Wroga tego Świata i nie powiedzie się jemu. Niech będzie wiadomo, tak mówi Wielki Pan Bóg.

Przepowiednie te przemawiały do kościoła, który nie wierzy w Trójcę. Zjednoczony Kościół Zielonoświątkowców wierzy w dualizm, oznacza to, że Jezus nie posiada ludzkiego ducha i jest jedynie Bogiem zamkniętym w ludzkim ciele. Oficjalne wyznanie Zjednoczonego Kościoła Zielonoświątkowców zawiera następujące oświadczenia:

> Jedyny prawdziwy Bóg, Jehowa ze Starego Testamentu, przyjął na Siebie ludzką formę i Syn człowieczy narodził się z Maryi Dziewicy. Tak, jak powiada św. Paweł w Pierwszym Liście do Tymoteusza wersy 3:16: „A bez wątpienia wielka jest tajemnica pobożności: Bóg objawiony został w ciele, usprawiedliwiony w Duchu, widziany był przez anioły, głoszony był poganom, uwierzono mu na świecie, wzięty został w górę do chwały".
>
> Wierzymy, że: „...i w Nim (Jezusie) bowiem mieszka cała Pełnia: Bóstwo, na sposób ciała". (List św. Pawła do Kolosan 2:9). „Zechciał bowiem /Bóg/, aby w Nim zamieszkała cała Pełnia (List św. Pawła do Kolosan 1:19). Dlatego Jezus w Swoim człowieczeństwie był człowiekiem, a w swojej boskości – Bogiem. Jego ciało było barankiem lub poświeceniem Boga. Jest on jedynym pośrednikiem pomiędzy Bogiem a człowiekiem: „Gdyż jeden jest Bóg, jeden też pośrednik między Bogiem a ludźmi, człowiek Chrystus Jezus". (Pierwszy List św. Pawła do Tymoteusza 2:5).[4]

Czuć było, że przepowiednie są bardziej przekonywujące dla mojej mamy, z powodu jej wiary w jednego Boga, który nie dzielił Swojej chwały tylko z człowiekiem. Niezniszczalna, pełna natura Boga była jakoś w stanie przyjąć zniszczalne ciało. Nigdy nie zostało to logicznie wyjaśnione, poza tym, że powiedziano, iż ciało było jak ubranie. Zjednoczony Kościół Zielonoświątkowców, w próbie oznajmienia wszystkiego i niczego zarazem, lubił odnosić się do niejasnej Pierwszej Księgi Tymoteusza, Rozdział 3, wers 16.

Tym, co było dla nas ważne, był fakt, że Bóg był fizycznie bardziej jak Jezus, aniżeli taki, jak wierzą w to katolicy, tak więc wiara nasza zwiększyła się w kierunku Boga z tej religii. Jestem przekonana, że ta wiara, którą osiągnęłyśmy w stosunku do Jezusa, pozwoliła Bogu wpływać na nas jeszcze bardziej efektywnie, gdyż nasze uwielbienie było mniej podzielone, a bardziej bezpośrednie. Wraz z mniejszym podzieleniem i większym zdeterminowaniem, wydawało się, że nasze tożsamości łączyły się z Boską, w formie swego rodzaju prania mózgu lub przejęcia. Nie potrzebowałyśmy katolickiego papieża, aby zastępował Jezusa, gdyż my poważne chrześcijanki byłyśmy tak ułożone, aby stać się dosłownie Jego rękoma i nogami. Jeśli jest to koncepcja jedności, którą w rozumieniu katolików reprezentuje Bóstwo, to jest ona faktycznie silna.

Dwie powyższe przepowiednie potwierdzają dualistyczne wierzenie Zjednoczonego Kościoła Zielonoświątkowców mówiące, że serce Jezusa jest sercem Boga i musimy być ochrzczeni w imię Jezusa, a nie w imię Trynitarialnych tytułów Ojca, Syna i Ducha Świętego. Wszystko, co w poprzednich przepowiedniach wybrzmiewało po katolicku, nie było już takie, lecz ton i język wciąż pozostał ten sam, dlatego wiedziałyśmy, że przesłania pochodzą od tego samego Boga.

W tamtym czasie byłyśmy przekonane, że dalej byłyśmy prowadzone ku prawdzie. Nie sądziłyśmy, że którakolwiek z wielu przepowiedni była oznajmiona po fakcie, po to, aby utrzymać nas jako wyznawców. Jak mogłyśmy pozwolić, aby taka „nieczysta" myśl wkroczyła do naszej świadomości, przecież te przekazy były uaktualnieniem naszych decyzji? Po pierwsze, to Wszechmogący Bóg był tym, który wskazywał nam naszą ścieżkę. To Bóg na kilka miesięcy przed tym, jak znalazłyśmy ten Kościół, powiedział mojej matce, aby jechała do określonego miasta. Po drugie, byłyśmy wyznawczyniami zasad przedstawionych nam w Biblii przez nasz nowy, napełniony prawdą kościół i pastora, który również był prorokiem. Pisemne przepowiednie mojej matki towarzyszyły i ujawniały wydarzenia oraz doświadczenia.

Niemniej jednak, miałam wiele negatywnych doświadczeń w Zjednoczonym Kościele Zielonoświątkowców. Wiele razy opuszczałam kościół, czując napięcie i stres. Emocjonalność oraz głośność obrzędów w kościele była spreparowana celowo, aby nas przytłoczyć, byśmy stali się płaczącym, żałującym tłumem lub wychwalającymi maszynami, które oddają całą swoją energię.

Kiedy po raz pierwszy przyszłam do tego kościoła, grupka kobiet obstąpiła mnie, aby podzielić się wieściami i modlić się za mnie. Otoczyły mnie i położyły swoje ręce nad moją głową, gdyż ważne jest przykładanie Boskiej energii nad moja głowę oraz przez ciało. Pod wpływem całej tej energii wokół mnie, łatwiej było sprawić, aby osłabione już ciało i częściowo rozkojarzony umysł osłabiły się jeszcze bardziej i straciły równowagę, czasami do punktu, w którym przewracałam się. Pastor wyjaśniał, że to Bóg pracował nade mną, a mój upadek do przodu był moją duchową akceptacją Jego.

Kobiety zwracały się do kobiet, zaś mężczyźni do mężczyzn. Nie podobały mi się takie podziały w ich zachowaniu. Chciałam całości, w której byłabym doceniana na równi z każdą jednostką na tym świecie, a nie chciałam cofać się wstecz i być traktowana jako gorsza istota. Członkowie Zjednoczonego Kościoła Zielonoświątkowców wyjaśniają to mówiąc, że wszyscy mamy swoje oddzielne role, które mają taką samą wartość, jednocześnie cytując Pisma, które określają miejsce kobiety. Bycie na moim miejscu było dla mnie obraźliwe, chociaż było to zaakceptowane przez te kobiety, które, jak widziałam, unosiły ręce do góry, wielbiąc Boga, potwierdzając to, jak są szczęśliwe, nosząc ciężkie, długie włosy i sukienki, aby zadowolić swoich szanownych mężów i głównego pastora.

Byłam zdezorientowana niektórymi naukami Zjednoczonego Kościoła Zielonoświątkowców o dualności, które wypełniały puste miejsca w Biblii. Zanim Jezus umarł na krzyżu, wołał w swoim człowieczeństwie, przypuszczalnie do samego siebie, Ojcze. Kościół odpowiada na to stwierdzeniem, że było to jego ciało, które okazało słabość, tak jakby miało ono swój własny umysł. Oczywiście jest to prawdziwe w kontekście pamięci komórkowej, ale nie takie jest rozumienie pastora. Niektórzy pastorzy, starali się wyjaśniać, że był to człowieczy duch ludzkiego ciała Jezusa, lecz to przywodzi ich ponownie do Trynitarialnego wierzenia i czyni ich wierzenie dyskusyjnym, że jedynie duch Jezusa jest Boskim. Wierzenie Trynitarialne ma w tym przypadku większy sens, ponieważ ciało nie ma wpływu na doskonałego Ducha Boskiego, który był przed ciałem (Księga św. Jana 1:1, 4:24 oraz Księga Rodzaju 1:2), tak więc tylko osłabiony, oddzielony duch Jezusa, miałby wołać w swoim własnym bólu.

Inną rozbieżnością pomiędzy Kościołem a Biblią jest kolejne Wyznanie Wiary Zjednoczonego Kościoła Zielonoświątkowców, które oznajmia: „Bóg jest niewidzialny, niematerialny, bez członków, bez ciała, dlatego wolny od ograniczeń";[4], niemniej jednak Jezus siedzi, czy też stoi po prawicy Ojca w niebie (Pismo św. Marka 16:19, Dzieje Apostolskie 7:55-56). Zinterpretowane zostało to tak, że prawica to Boska moc, ale dlaczego Pismo nie mówi tego? Interpretacja ta wydaje się zapominać o Księdze Kolosan, Rozdział 2, werset 9, który oświadcza, że pełność Boga istnieje w ciele Jezusa. Kiedy ciało Jezusa stanie się doskonałe w niebie, czy oznacza to, że Bóg i Jego Bóstwo będzie kontynuować życie jako Jezus? Zgodnie z tym, czy pełność nie pociąga za sobą faktu, iż wszystko to w ciele jest z Boga? Ale zaraz, chwileczkę, Bóg jest wolny od ograniczeń. Czas, aby ponownie wspomnieć Pierwszy List do Tymoteusza, Rozdział 3, werset 16: jest to zadziwiająca tajemnica, że Bóg potrafi wszystko.

Czas teraz na ustosunkowanie się do wierzenia w dualizm w odniesieniu do stworzenia człowieka. Najdokładniejsza definicja oznajmia, iż słowo Boga stworzyło nas przy pomocy tchnienia Boga, tak więc wszyscy ludzie stali się zupełnie nietkniętymi stworzeniami, z własnym duchem i ciałem. Ponieważ dualiści postrzegają Jezusa jako człowieka, musi więc to dotyczyć również i jego. Niemniej jednak, tylko częściowo stosują tę definicję człowieka do Jezusa, gdyż jego duch niekoniecznie jest jego. Definicja Jezusa przez Zjednoczony Kościół Zielonoświątkowców jest niejasna, ponieważ przemienia go w postać pół-człowieka i pół-Boga. Wnioskuję, że Trynitariański pogląd, który oddziela Jezusa od Boga, dostarcza bardziej zrozumiałe wierzenie wraz z obfitą ilością Pism popierających je.

W dodatku do negatywów o Zjednoczonym Kościele Zielonoświątkowców, jakie uzmysłowiłam sobie, powyższe dwie przepowiednie były również świadome negatywów, które potępiał Bóg. Chociaż obydwie te przepowiednie zawierają oczywiste czerwone flagi: miłość jest warunkowa i na równi z posłuszeństwem (jest to popularna myśl przewodnia), są także słowa ostrzeżenia nas o zaciągnięciu do armii przeciw jedynemu wrogowi (kiedy to istnieją inni wrogowie, jak opisane jest to w rozdziale 7), zaś ton i słowa są emocjonalne i rozpaczliwe pochodzące od tak zwanego Boga, który to wydaje się obsesyjnie uzależniony od naszej adoracji.

Kiedy żarliwi wierzący w Zjednoczonym Kościele Zielonoświątkowców modlili się nade mną biliony razy, nigdy nie dostałam tego natychmiastowego uzdrowienia, o którym mi mówiono, że powinnam otrzymać. Nie mogłam zrozumieć dlaczego, przecież na początku moich lat 20-tych pochłaniałam Biblię i żyłam nią. Zmieniłam już swoją przynależność religijną z czegoś, co czułam, że zawiera więcej samozadowolenia, na bardziej rygorystyczną wiarę w Biblię jako Zielonoświątkowiec. Początkowo rozpytywałam różnych pastorów, dlaczego nie zostałam jeszcze uzdrowiona, a oni za każdym razem doszukiwali się błędów w moich wzorcach myślowych. Każdy jeden stwierdzał, iż brak mi jest wystarczającej wiary, aby zostać uzdrowioną.

Namiętnie odpowiadałam: „Ale ja naprawdę wierzę, bardziej niż w cokolwiek".

„Musisz wierzyć bardziej", brzmiała ich odpowiedź.

Co za tym wiara ta pociąga za sobą? Czy wierzę tak, jak zostałam nauczona przez Kościół i Biblię, żeby „czekać na Pana", czy też działam w przeciwny sposób i żarliwie modlę się do Boga, aż dostanę to, czego chcę?

Wreszcie odpowiedziałam najbardziej wrażliwemu na moje rozterki pastorowi: „Tak więc powiadasz, że mogę skłonić Boga, najpotężniejszą istotę we wszechświecie, do tego, aby zrobił to, co Jemu powiem?"

„Tak".

„Zatem uczyniłoby to ze mnie Boga".

Nie potrafił odpowiedzieć.

Zmagałam się z tym, żeby pozwolić sobie na bycie człowiekiem. Jeśli miałabym choć jeden moment zwątpienia podczas najtrudniejszych chwil, kiedy Bóg nie zdecydował, aby mnie uzdrowić, dlaczego miałoby być mi wstyd z tego powodu? Gdzie znajdowała się doza realizmu w tej wierze?

Dwa razy w tygodniu uczęszczałam na nabożeństwa oraz na zajęcia z Biblii. Nauczałam ludzi i pisałam rozprawy Biblijne. Przyprowadziłam do tego kościoła przyjaciół, rodzinę i obcych. Ludzie mi bliscy wiedzieli, że jestem chrześcijanką. Wiedziałam, że moja wiara w Boskie umiejętności była silniejsza aniżeli u wielu poważanych mężczyzn kościoła.

Po tym, jak zostałyśmy postawione w naszej pozycji przez pastorów, mama i ja poczułyśmy, że nie mamy innego wyboru, jak tylko przeskakiwać z jednego Kościoła Zielonoświątkowców do drugiego. Nie mogli oni znieść tego, że ich protokół podważany był przez kobiety, ani też nie chcieli ani odrobiny ściszyć swojego systemu nagłaśniającego w kościele, który utrzymywał moją chorobę na skraju.

Napisałam więc do wybitnego, głównego pastora Zjednoczonego Kościoła Zielonoświątkowców, aby zadać pytanie, dlaczego mamy krzyczeć do Boga, jeśli On jest pośród nas. Dodatkowo wyraziłam moje szczere obawy o to, jak czułam się w stosunku do stereotypowej roli mężczyzn, którzy walczą o prawdę, tak więc dlaczego ja musiałam nosić sukienkę lub spódnicę i nie móc nigdy obciąć włosów? Ciężar i długość takich rzeczy krępowała moje fizyczne ruchy. Wyobrażałam sobie siebie w okopie walczącą w wojnie przeciwko złu (hasłem wojennym było: wspierana przez przepowiednie i Biblię), zatem zastanawiałam się, dlaczego miałoby to mieć znaczenie, czy noszę spodnie, dlatego, że spodnie nosi się w okopach? Napisałam również, że Bóg zna nasze serca, tak więc dlaczego więcej nacisku kładzione jest na nasz wygląd fizyczny?

Otwarcie podzieliłam się z nim swoimi myślami, ponieważ chciałam głębszego zrozumienia problemu, a także chciałam być doceniana za mój wkład jako członek kościoła, który jest tego samego „ciała", co Bóg. Wkrótce po tym, jak wysłałam list, moja matka otrzymała następującą przepowiednię, którą skierowana była do całej kongregacji Zjednoczonego Kościoła Zielonoświątkowców, jak również do nas. Martwiła się, jak główny pastor przyjmie to przesłanie, ale Bóg kazał jej dać to jemu. Wierzyliśmy, że odezwie się do nas osobiście, przecież jest pastorem głównym, zatem powinien być otwarty na słowo Boże oraz Jego ludzi.

> 31 marca 2000 r.
> Do moich ludzi:
>   Jestem przerażony złem, które dopada cały Świat w tych dniach. Boleję w moim Uświęconym Sercu, że nie zdobywa się więcej dusz! Posłuchajcie mnie, Moi Ludzie! Nie mogę pozwolić, aby Moi Ludzie, Moje Dzieci były w stanie własnej dezorientacji, kiedy sięgają do innych.
>   Wielu wyznawców Kościoła apostolskiego czyni dokładnie tak, jak interpretują Moje Słowo, z Mojej Księgi, lecz nie

wykonują oni Mojej Pracy. Jest wiele dusz wyczekujących, żeby usłyszeć o Mojej Drogocennej Krwi, o Mojej Zbawczej Mocy i Zbawczej Lasce. Jak można o tym mówić, jeśli Moi Ludzie nie mają pojęcia, co ma na myśli Pismo Święte?

Już wkrótce Świat zbliży się do końca; nie ma już czasu, aby siedzieć i zastanawiać się oraz nie zagłębiać się w Moim Słowie i jego pełnym znaczeniu, jeśli Moi Ludzie są tak zakłóceni rzeczami tego Świata. Tak, używam laickich zwrotów, żeby dotrzeć nawet do najniższych z Moich Stworzeń, by sprowadzić je do pełności Mojej Łaski. Szukajcie, a znajdziecie Mnie! Wielu nie poszukuje Mojej woli dla nich – Gotów jestem zmieść to miasto Silnym Wiatrem, w całej Swej Mocy i Majestacie, aby ujawnić tym, którzy otwarci są na Mojego Ducha, to, co mam dla nich w zanadrzu. Bądźcie otwarci na Mego Ducha, jako Moi słudzy, a będziecie prawdziwie błogosławieni. Szukajcie wszystkich prawd w Moim Słowie, a wtedy wyjawię wam te prawdy; wielu wciąż nie używa oczu ich umysłu, żeby ujrzeć dowody Mojej Miłości na tym świecie.

Wiedzcie, że nie będę tolerował bluźnierstwa, żądzy, dumy, cudzołóstwa, spodni u kobiet z powodu ich niekończącej się chęci, aby dominować i ponizać Moje Nakazy, jakie zarządziłem w Moim Kościele. Nawet ty, Moje Dziecko, musisz przestrzegać Mojej Woli.

Wiem, że nie rozumiecie tych rzeczy swoim umysłem, ale Moi Ludzie zrozumieją objawienia tych rzeczy za pomocą Mojego Samowładnego Majestatu. Wiedzcie, że doznawałem bolesci i cierpienia przed początkiem czasu i od niego; gdyż Jam Jest, Jam jest Alfa i Omega, Żyjący i Prawdziwy Bóg, JEZUS, wasz Pan i Mistrz – nie skłaniajcie się w żaden sposób w stronę Szatana, gdyż on w najbardziej podstępny sposób wywróci wasze życie i wasze myśli prowadząc do destrukcji. Wiedzcie, iż jestem tutaj, nawet w najmniejszej z rzeczy.

Wielu ludzi dzisiaj nie czuje, nie widzi, że jestem kochającym Bogiem, litościwym dla wszystkich za to, kim są i co czynią. Wielu nie wie, że istnieję – i nawet chociaż pokazałem wielu poprzez Moja piękną Kreację i Samowładny Majestat poprzez modlitwę, oni wciąż wątpią w Moje Istnienie. Wiara jest pięknym darem, którym obdarowałem tych, którzy są w Duchu jak dzieci, skromni w Sercu. Jeśli dowiaduje się, że rzeczy komplikują się w życiu jakiejś osoby, wówczas ujawniam Siebie tym, którzy są otwarci na zmianę; nie naruszam nikogo charakteru, kiedy decyduje zmienić czyjeś serce. Czynię z nich nową osobę, nowszą, odmienioną istotę, gotową do wykonywania Mojej Wyczerpującej Pracy.

Wstawiam się za Moimi Ludźmi, aby wyszukać dusze na tym Świecie, żeby otrzymały Mego Ducha, zupełnie nowe życie. Mój Duch jest w całości zarazem potężny, jak i kochający! Nie potępiam tych, którzy poświęcają swoje życie za innych, chyba, że ciągle zamykają drzwi do Mojego Świata. Muszą oni zostać ochrzczeni tylko w Moim Wspaniałym Imieniu; nie pod żadnymi tytułami, które tak bardzo pomieszały i zniekształciły znaczenie Mego Słowa, aż od roku 400 p.n.e. Nie nastawiajcie swoich uszu na fałsz i nieprawdę, ja przeprowadziłem was przez Zasłonę Mojego Ukrzyżowania i Zmartwychwstania, byście byli częścią Mojego Trwającego Wiecznie Królestwa.

Wiedzcie, że nie pozwolę Moim Ludziom przegrać ze Złem. Jeśli będziecie uważni na Moje Słowo, będę wojował dla was w waszych bitwach; przetrawcie Moje Słowo w całości, a ja wyjawię wszystko!

Bądźcie w pokoju, miłości i radości w JEZUSIE,
Ja, wasz Pan i Mistrz.

☧

Uwaga: Interesujące jest, że ten symbol P oraz X w podpisie, zwany Chi Rho, został ponownie użyty. Myślałam, że jest to tylko katolicki symbol. Zignorowałam moje wstępne zdziwienie, zamiast tego pomyślałam o nim jako o uniwersalnym symbolu krzyża chrześcijan. Rok później, Bóg przestał dawać mojej mamie ten symbol. Wywnioskowałam, iż to dlatego, że dokonałyśmy postępu w naszej relacji z Nim.

Moja mama i ja czekałyśmy trochę z niepokojem, po tym, jak wysłałyśmy nasze listy do pastora. Minął tydzień bez kontaktu z jego strony, zadzwoniłyśmy zatem do jego kościoła, żeby zostawić wiadomość, ponownie bez odzewu. Ku naszemu zaskoczeniu, na kolejnym nabożeństwie w kościele usłyszałyśmy, jak ten pastor wygłaszał kazanie do zgromadzenia o kobietach, które nie były prawdziwie członkami kościoła, lecz implantami od Szatana.

„Te wiedźmy rozsiewają ziarno bezeceństwa i starają się uzurpować sobie rolę pastorów", powiedział.

Ton jego wypowiedzi był zatrważający. Nie miałyśmy pojęcia, do kogo skierowana była ta wiadomość, przecież wierzyliśmy w tego samego Boga, co pastor. Opuściliśmy nabożeństwo zdezorientowane.

Ciemna wibracja, którą poczułam była właściwa. Na następnej mszy, kilka minut po zajęciu miejsca, do mnie i do mamy zbliżył się kościelny. Odprowadził nas z naszych siedzeń do przedsionka, gdzie stało dwóch mężczyzn, którzy uniemożliwiali nam powrót do kościoła. Powiedzieli nam, że główny pastor nie chce, abyśmy wracały. Zamiast po prostu z nami porozmawiać, pastor zostawił całą brudną robotę dla swoich pachołków. Na serio zapytałam ich „Dlaczego?" I z sercem w gardle powiedziałam, że przecież wyznajemy tę samą wiarę i chcemy zostać. Niemniej jednak, jakąkolwiek wrażliwość odczuwali oni w stosunku do nas, odebrana ona została przez posłuszeństwo do swoich przełożonych.

Moja mama otrzymała więcej przepowiedni prowadzących nas do pozostałych w regionie kościołów Zjednoczonego Kościoła Zielonoświątkowców, które to standardowo kontynuowały powtarzanie tego samego programu, tak jakby każdy kościół był franchisingową restauracją szybkiej obsługi. Pobożni chrześcijanie kłócą się, że nikt nie powinien zmieniać przesłania Biblijnego. Zgodziłam się, pod warunkiem, że rozumiemy Biblię. Moim głównym problemem było to, że potrzebowałem, aby przesłanie przekazane zostało delikatniej do moich potrzeb fizycznych, coś, o czym myślałam, że Bóg i Jego ludzie dbają. *Doświadczenie* kościelne było dla nich tak ważne, jak ich chrześcijańskie przesłanie. Prawdziwe przesłanie zatraciło się w tym przedstawieniu, podobnie do tego, kiedy kazania w Kościele Katolickim biorą górę nad biblijną „treścią". Bóg powiedział, że pastor ostatniego z Kościołów Zielonoświątkowców będzie uważny na moje potrzeby. Nic takiego nie miało miejsca. W rzeczywistości to zostałam w niegrzeczny sposób stłumiona i kazano mi być posłuszną; innymi słowy, nie mogłam zabrać głosu. Dlaczego Bóg nie wiedział, że ten pastor nie tylko będzie na mnie patrzył z góry, ale także zbędzie mnie w sposób gorszy od innym pastorów? Byłam zdezorientowana i zdruzgotana.

Moja mama i ja po raz ostatni poszliśmy do tego kościoła, żeby zobaczyć, czy będę mogła znieść cały ten zgiełk w nawet jeszcze mniejszym kościele niż inne. Nie, oczywiście, że wciąż nie mogłam, ale gdzie dalej mogłyśmy pójść? Nie miałyśmy pojęcia.

Kiedy na zakończenie nabożeństwa obróciłyśmy się, aby już wyjść, podszedł do nas jakiś mężczyzna. Powiedział, że Bóg skierował go do nas, aby z nami porozmawiał, gdyż jesteśmy otwarte i kontynuował przekazywać nam wspaniałe wieści. Pomyślałyśmy: „Cóż za wyczucie czasu! Z pewnością bóg nas tutaj sprowadził ten jeden ostatni raz, byśmy spotkały tego wspaniałego człowieka!" Był on byłym pastorem Zjednoczonego Kościoła Zielonoświątkowców, który stał się ewangelistą, nauczającym nowego wierzenia o Jezusie. Wyjaśnił on, że Jezus wcale nie był człowiekiem, lecz w pełni Bogiem, zarówno w ciele, jak i w duchu. Na poparcie swoich słów pokazał nam wiele Pism.

Kiedy do nas mówił, obydwie z mamą byłyśmy coraz bardziej

podekscytowane, gdyż wszystko to miało dla nas doskonały sens; przesłanie to nie zawierało nieprawidłowości o naturze Jezusa, jak wierzyli w to Trynitarianie i dualiści. Nareszcie znalazłyśmy przesłanie, którego szukałyśmy dla mojego pełnego uzdrowienia: teraz mogłam we chrzcie przyjąć na siebie 100-tu procentowe niebiańskie ciało i ducha Jezusa, a pozostając przy wierze – we właściwą wiedzę o Jego całej prawdziwej naturze, mogłabym otrzymać swoje nowe ciało!

Ta ważna przepowiednia z 18 września 2001 r. była dla mnie:

> My drogie dziecko:
> Jesteś gotowa, aby wkroczyć na nową drogę życia – tajemnicy tego, <u>Kim Ja JESTEM</u>?
> Kim jestem ja? Świat zadawał pytanie od wieków. Jestem Początkiem, Końcem, Alfą, Omegą, Księciem Pokoju, Panem Panów. Jestem Jezusem, inkarnacją z krwi i ciała, lecz niezniszczalną dla oka ludzkiego. Człowiek nie wie, kim ja jestem – tobie teraz jest wyjawione w tym momencie to – <u>Kim Ja JESTEM</u>. Wybrałem ciebie, gdyż jesteś wyjątkową istotą – znałem ciebie, ukształtowałem cię i cudownie zrobiłem.
> Sprowadziłem cię na tę drogę – czasami bardzo wyboistą, lecz dałem ci mego ducha, Moje współczucie dla innych na twojej Drodze.
> Świat ten znajduje się w chaosie; początek naprawdę terrorystycznego aktu wymierzony został przeciwko Tyrusowi (jako w Ezekiela) [odniesienie do Nowego Jorku], gdyż Tyrus wielokrotnie był wielkim narodem, i/lub miastem, które posiadało wielkie bogactwa i wzniosło się samo, jak bóg, aby być wielbione na całym świecie w czasach minionych i teraz, a zatem jeszcze raz miasto to, w narodzie bogactwa, zaatakowane zostało na zewnątrz i od wewnątrz.
> Moje dziecko, niech wydarzenia na świecie nie rozpraszają cię.
> Przychodzę do ciebie ze specjalnym objawieniem tego, kim jestem i gromadzę moich ludzi w tym Objawieniu Jezusa, gdyż czas jest <u>bardzo krótki</u>.
> Chcesz dzisiaj podsumować wielkość i tożsamość tego, kim jest Jezus.
> Jest on Ramieniem Ojca, krwią i ciałem, które wyplute zostało z ust Ojca, Słowo stało się ciałem. Jezus nie jest człowiekiem, ani też nie został zrobiony w ludzki sposób. Jezus zesłany został w duchu (ukształtowany w łonie specjalnej sługi Maryi, która

powstała z pyłu, lecz wciąż ludzka i zniszczalna). Ukształtowany Jezus nie otrzymał wyżywienia z istoty Maryi, lecz niebiańskie wyżywienie – Jezus zrodził się z niezniszczalnego nasienia. Jezus przybył, aby nauczać wszystkich ludzi Ewangelii, jako osoba o niezniszczalnym ciele i duchu, dla zniszczalnego człowieka. Wielu, chociaż mnie znało, nie zaakceptowało mnie, kiedy stąpałem po Ziemi. Odrzucili mnie w mojej istocie! Oj! Jakżeż zostałem zraniony grzeszną ludzką naturą! Oj! Jak człowiek przyjął bogactwa Świata i podążył... [straciłam resztę przepowiedni].

Ewangelista wziął na siebie bycie naszym pastorem. Mieliśmy urocze rozmowy, podczas których odkrywaliśmy prorocze tajemnice z Biblii. Ten pastor-przyjaciel traktował moją mamę i mnie z szacunkiem oraz doceniał nasze spostrzeżenia.

Poinstruował nas, byśmy ochrzciły się ponownie w nowej wierze, którą pozyskałyśmy. Kościół Zielonoświątkowców głosił przesłanie, że po wstaniu z wody chrzcielnej doznamy natychmiastowej przemiany. Moj nowy pastor nauczał tak samo. Tak przekonana byłam co do tej nowej wiary, iż wierzyłam, że zostanę uzdrowiona po tym nowym zanurzeniu całego ciała w rzece. Wierzyłam, że przyjmę na siebie niebiańskie ciało Jezusa, tak jakby ono przekładało się na moje.

Kiedy powstałam z wody na oczach kilkunastu gapiów, poczułam jak euforyczna energia zstępuje na mnie i z całego serca, z ramionami rozpostartymi w powietrzu wychwalałam Jezusa, dziękując mu za uzdrowienie mnie. Cóż to musiał być za widok dla tych wszystkich gapiów! Tak czy inaczej, cała ta energia, wiara oraz wychwalanie w żaden sposób nie odmieniły mojego ciała.

Księgi Pisma Świętego, zwłaszcza do Rzymian, rozdział 6, wersy 3-13, oraz do Galarów, rozdział 3, wers 27, wspominają, że otrzymałabym uzdrowienie po moim metaforycznym zmartwychwstaniu z wód chrzcielnych; dlatego poinstruowana zostałam przez naszego nowego pastora oraz przepowiednie mojej mamy, żeby wierzyć, że moje nowe ciało się pojawi. Wciąż wierzyłam, lecz nic się nie wydarzało. Od tego dnia moje uzdrowienie stało się myślą przewodnią we wszystkich przepowiedniach dla mnie. Oto jeden z wielu przykładów:

8 stycznia 2003 r.
Moje dzieci muszą być całością, aby w pełni wykonywać moją pracę. To jest mój podarunek dla ciebie – zdrowie.... Twoje ciało zniszczone jest złymi stymulantami tego świata, lecz ja nie pozwolę, aby cię to pokonało. Moje dziecko, ja cierpiałem i umarłem za ciebie, wziąłem na siebie brzemię tego świata – oddaj

mi swój cały ból, bezsenność, cierpienie, a ja dam ci odpoczynek. Powiadasz: „Zrobiłam to już wiele razy", ale to nie ustępuje. Nie jest to żadna pociecha, ale trwa za długo – oddaj mi to wszystko, a uzdrowienie zacznie się. Dałem ci moją krew życia, ty musisz oddać mi swoją. Kocham cię bezczasowo, bez Końca.

Nie wiedziałam, co oznaczało oddać Bogu krew życia, przecież dałam Mu już wszystko, co miałam. Jak jeszcze bardziej doskonałą potrzebowałam być, żeby doznać tego uzdrowienia, kiedy to jestem doskonała tylko wtedy, gdy przyjmuje na siebie Jego idealną naturę poprzez wiarę w chrzest, co już uczyniłam? Przestrzegałam wszystkich przykazań i zrobiłam wszystko, co mi kazano, łącznie z przestrzeganiem ubioru, a tutaj jest jeszcze coś więcej? Nie, nie możesz sobie zmieniać zasad i machać bananem przed nosem głodnej osoby, ciągle trzymając go z dala od jego zasięgu. Nie możesz obiecywać miliona dolarów za wygrany wyścig, a później, kiedy faktycznie wygram, powiedzieć: „O kurczę, ona wygrała. Nie mam pieniędzy, więc powiem jej, że oszukiwała". Jak niby miałam oszukiwać, wykorzystując swoją chorobę jako oparcie? Jak *moje* cierpienie było moją winą i „ukojeniem"?

Na dodatek Bóg jako Jezus tak bardzo mnie kocha i umarł za mnie, więc, czy ja mam faktycznie umrzeć za Niego? To idzie już za daleko, nieprawdaż? Apostoł Paweł był orędownikiem codziennego umierania za Boga. Wydawało mi się, że w Biblii Jezus już umarł za nas, ale ja wciąż podążałam jego krokami, jak Paweł, gdzie to dla Boga zmieniłam całą siebie. Co jeszcze muszę zrobić, aby On mnie uzdrowił?

Wciąż byłam pobożna, modląc się i czekając na Pana, zastanawiając się, kto kontrolował moje życie, kiedy Bóg powiedział, że On może zrobić wszystko. Nie wiem, czy to On doprowadził mnie do terapeuty Neuro Emocjonalnej Techniki (NET) w Arizonie, ponieważ pierwotnie udałam się tam z powodów miłosnych. Możemy przypisać to raczej naturalnej przyczynie zdarzeń, lub też były to wydarzenia, które przyciągałam do siebie, a nie Bóg je aranżował. Znalezienie brakującego ogniwa do mojego uleczenia stało się niemalże grą, ponieważ wydawało się, że moje poszukiwania tego czegoś wyjątkowego sprawiało, iż miałam za sobą Boga depczącego mi po piętach i mówiącego: „Widzisz, jestem tutaj i to ja zrobiłem to wszystko, nie ty".

Zgoda, owszem, kilka z przepowiedni zjawiło się na czas, co utrzymywało mnie przy wierze, że to Bóg jest u steru. Na przykład, podano mi właściwy przedział czasowy, w którym doskonale pasujące mieszkanie było dla mnie dostępne. Aczkolwiek ta pomyślna wskazówka została mi dana po kilku niepomyślnych próbach znalezienia dla mnie właściwego miejsca zamieszkania. Tych kilka chybionych przepowiedni zmusiło mnie do podążania naprzód za tym dyndającym się bananem i rozmawiania z ludźmi, którzy w żaden sposób nie mogli mi pomóc. Wiele z przepowiedni mówiło mi, że wiele odpowiedzi ma nadejść, lecz muszę cierpliwie czekać na więcej ujawnień.

Sesje NET w fenomenalny sposób pomogły mojemu rozumieniu, poza tym doznawałam coraz to większego uzdrowienia emocjonalnego i psychologicznego. Czy to miało wystarczyć, skoro obiecano mi zupełne uzdrowienie?

Kiedy byłam w Arizonie, zadzwonił do mnie mój pastor i wydawał się bardzo podekscytowany. Powiedział, że jego ostatnie badania odsłoniły ostatnie brakujące ogniwo w poznaniu doskonałości Jezusa: jego prawdziwym imieniem było Yashua!

Imię Jezus było imieniem poddanym hellenizacji. Litery „J" nie znajdujemy w Hebrajskim alfabecie; zgodnie z tym Jehovah przeliterowane byloby *Yehovah*. Jeśli więc imię Ojca brzmi YHWH, wówczas dodatkiem syna mogłaby być jeszcze jedna litera dodana do imienia, skoro w Księdze św. Jana 5:43, powiedziano, że „Jezus" pochodzi od Ojca. Mogłabym założyć, że dodatkowa litera reprezentuje ciało, lecz „S" dodane w YSHWH jest Hebrajską literą *shin*, która sama w sobie reprezentuje dwa zęby. [5] To, co liczy się, to cały kontekst imienia, które oznacza „Pan zbawia".[6] Słowo shin ma również konotacje z Duchem Świętym, El Shaddai, kiedy używa się go osobno na wpisach we framugach drzwi u Żydów.[7]

Można by się sprzeczać, że historyczne imię Jezus ma mniejsze znaczenie, ponieważ ludzie wciąż wiedzą, kim on był, niemniej jednak ważne jest, aby znać naturę ciała Jezusa, jest to również ważne biblijnie, żeby znać jego imię, gdyż jest to imię, dzięki któremu jesteśmy zbawieni. W pięciu przypadkach chrztu w Księdze Rodzaju chrzczą oni w imię Jezusa. Biblia podaje, że Jezus nasz, Mesjasz, był Żydem, tak więc bardzo prawdopodobne jest, że podczas oryginalnego chrztu użyto jego Hebrajskiego imienia.

Wiele źródeł odnosi się do imienia YSHWH jako Yeshua, gdyż jego pochodzeniem jest imię Joseph (pol. Józef). *Yeshua* był późniejszym aramejskim przekładem, tak samo jak Hebrajskie YHWH stało się YHVH lub Jehovah (pol. Jehowa). Oryginalnym imieniem jest Yahuah (niezmieniona wymowa Jehovah i Yahweh), tak więc Hebrajskim imieniem Jezusa powinno byc Yahushuah. Z jakiegoś powodu imię to zostało skrócone, lecz nie dodano żadnej litery. Wypowiem się szerzej na ten temat na początku rozdziału 5-tego.

Dociekania te były dla nas niepodważalne. Tak też się stało, że dla potwierdzenia tego, czego się dowiedziałam, moja mama otrzymała przekaz:

21 marca 2003 r.
Moje wyjątkowe dziecko, moje urocze dziecko,
   Moje dziecko, jakżeż daleko już zaszłaś. Jakże dalece posunęłaś
   się naprzód. Jestem bardzo dumny, moja córko. Borykałaś się,

aby oddać się mi w całości. Powiadasz, ale gdzie są rezultaty? Dlaczego, nie zostałam jeszcze uzdrowiona? Moje dziecko, mam plan, którego ty jesteś częścią, lecz czas jeszcze nie nadszedł, ale jest już bliski. Nie rozpaczaj – mój czas na prace twego życia nie jest twoim czasem. Bądź bardzo świadoma świata w jego przerażeniu, wojujące frakcje powiększyły się w każdej części kuli ziemskiej. Nie jest to pokojowy świat, w którym żyjesz. Nadzieja jest we mnie, Yashua, waszym królu, waszym stwórcy w ciele. Teraz, kiedy już znasz moje prawdziwe imię, nie błądź z dala od niego. Przez długi czas pozwalałem na fałszywe imię Jezus, gdyż ludzie chcieli wierzyć w zło – była to łatwiejsza ścieżka do naśladowania, lecz nie było w niej prawdy. Nie jestem Jezusem! Jestem Yashua: Yaveh to imię mego ojca. Jesteśmy prawdziwymi bytami żyjącym w niebiosach*. Nie czcij żadnych innych bogów, gdyż będzie to twoim upadkiem.

[Dalej w przepowiedni o moich miłosnych zainteresowaniach:] Nie myśl, że nie żywi on do ciebie żadnych uczuć, gdyż jest inaczej. Nie zna on swojej przyszłości, dlatego zachowuje dystans. Mam wielkie plany dla was obojga – razem!

Twój Yashua,
Król i Stwórca wszystkich rzeczy.

* Czy nie było to podanie zbyt dużej ilości informacji, mówiąc, że nie byli oni tylko jedną żyjącą istotą? Tak; niemniej jednak podpis końcowy podkreślił przesłanie, że zarówno Yashua oraz Yeveh są uważani za Boga.

Tora, która jest pierwszymi pięcioma księgami Starego Testamentu, przedstawia Yahuah jako najpotężniejszego Boga, który karze tych, którzy nie podążają za Nim. Znane Dziesięć Przykazań określa sposób na utrzymanie Jego u steru, chociaż są one skategoryzowane nieco różnie pośród judeochrześcijańskich ugrupowań. Popularna chrześcijańska interpretacja wyszczególnia pierwsze dwa przykazania mówiące: 1) „Jam jest PAN Bóg twój.... Nie będziesz miał bogów cudzych przede mną" (Księga Wyjścia 20:2-3 oraz Księga Powtórzonego Prawa 5:6-7); 2) „Nie uczynisz sobie obrazu rytego ani żadnej podobizny.... Nie będziesz im się kłaniał ani służył" (Księga Wyjścia 20:4-5 oraz Księga Powtórzonego Prawa 5:8-9). Księga Wyjścia 20:23 podaje: „Nie wolno wam sporządzać obok mnie bogów ze srebra, nie wolno wam też sporządzać sobie bogów ze złota", co jest dwoistym przesłaniem. Yahuah instruuje, że najbardziej drogocenny metal – złoto – powinno być dla niego, sugeruje On również, że tak zwani bogowie są przedmiotami nieożywionymi.

Niemniej jednak Tora wspomina innych bogów, którzy mogą konkurować z Nim o władzę.

Yahuah żąda, aby ludzie postrzegali Go jako jedynego najpotężniejszego, żyjącego Boga. Jego imię jest tak wspaniałe, że Żydzi powstrzymali się od nazywania Go Jego własnym imieniem, woleli zamiast tego mówić G-d (pol. B-g). W biblijnych czasach inny bóg miał na imię Gad. Pominięcie litery „o" pozostawia miejsce dla Gad, tak więc zastanawiam się, dlaczego większość nie woli nazywać Jego Bóg (ang. God), skoro słowo to jest zaledwie tytułem.

Przepowiednia z 31 marca 2000 r. głosiła, że imię Jezusa było dla nas przekonywujące, aby utrzymywać nas na tym poziomie wiedzy, gdyż wciąż modliliśmy się do tego samego bytu jako Boga. Tak czy inaczej, poszukiwałyśmy dalszej prawdy, a YHWH towarzyszył nam w naszych zmaganiach. Kiedy 21 marca 2003 r. otrzymałyśmy nową przepowiednię ogłaszającą imię Yashua, patrzyłyśmy na nią jako na potwierdzenie tego, że jesteśmy na właściwym torze. Oczywiście sadziłyśmy, że to On prowadzi nas do tej właściwej wiedzy, lecz odtwarzając w pamięci przepowiednie z 21 marca 2000 r., przepowiednia ta wydawała się wystarczająca.

W miarę, jak przepowiednie napływały, zaczęłam zdawać sobie sprawę, że YHWH ujawniał coś ważnego o Sobie, dopiero po tym, jak my odkryłyśmy to same. Pewnie, że mogłyśmy przedtem przyjąć więcej informacji, ale może Bóg nie chciał, byśmy dowiedziały się więcej? Od początku mówił nam, że to On prowadził nas do większej ilości wiedzy. Jednak dla mnie nie było to przekonywujące, iż to on nas prowadzi.

Na dodatek, do mojego poszukiwania prawdy na duchowej ścieżce, bardzo tęskniłam za prawdziwą miłością, stąd kilka z moich miłosnych zainteresowań wspomnianych było w moich przepowiedniach. Wierzyłam, że Yashua był źródłem miłości, a skoro byłam oddaną orędowniczką, wierzyłam, iż Bóg sprowadzi do mnie każdą osobę, która kochałam. Przepowiednie potwierdzały to, utrzymując mnie w wierze, że Bóg nie sprowadzi do mnie niewłaściwego mężczyzny i naprawdę kontroluje moje życie. Jednak zmęczyłam się już przepowiedniami, które nie materializowały się z czasem.

> 16 maja 2003 r.
> Jesteś na mnie zła za to, że nie dałem ci w wyznaczonym czasie to, o co prosiłaś [dotyczyło mężczyzny]. Widzisz, moje dziecko, człowiek kontroluje Ziemię i wszystko obraca się wokół ludzkich żądzy, potrzeb, a nie wokół mojego słowa i mojej pracy. Kiedy stawiane są prośby dotyczące chciwości i żądzy człowieka, wielce mnie one rozczarowują.
>
> Ya*

* *Ya* użyte zostało teraz jako podstawa imienia Yashua i Yahuah, aby ukazać jedność Boga. Postąpiłyśmy naprzód w naszej wiedzy w stosunku do imienia Boga, więc *Yashua* nie było już dłużej używane, ponieważ ujawnione nam zostało jego wspanialsze imię Yahuah (YHWH lub YHVH), aby przypieczętować pełność Ojca jako Syna. W późniejszych przepowiedniach zdumiona byłam, dlaczego Yahuah używał innej pisowni Jego imienia – sądziłam, iż Jego imię było niezwykle ważne. Wciąż *Ya* było czasami używane jako skrót, dla pokazania czynnika jedności.

Powyższy fragment przepowiedni zbił mnie z tropu. Pomyślałam sobie: „Cóż to, moja miłość jest teraz żądzą i małostkową ludzką potrzebą?" Było to zdecydowanie nieuczciwe, żeby powiedzieć tak do mnie, ponieważ Yahuah powtarzał wciąż, że to on wybrał dla mnie tego mężczyznę. W poprzednich miesiącach powiedział mi, iż moja czysta, świadoma miłość była czymś więcej niż „skorupa tego mężczyzny" (Boże słowa) jest w stanie znieść, więc potrzeba więcej czasu, aby sprowadzić jego do mnie.

Yahuah powiedział mi, że aż do następnego roku nie zobaczę tego mężczyzny, w mieście, w którym mieliśmy zamieszkać. Przekonywująco stwierdził, że obydwoje znajdziemy w tym mieście pracę, a serce tego mężczyzny wreszcie otworzy się dla mnie, a my staniemy się duchowymi i fizycznymi partnerami.

Aż do tego momentu wciąż słyszałam, jak pastor mówił, że otrzymam wszystko to, o co proszę w Jezusie/Yahuah, po tym, jak będę podążała drogą, którą wyznaczył On i jego apostołowie. Nosiłam również długą spódnicę i przez chwilę nie obcinałam włosów, chociaż wolałam tego nie robić. Do czasu tej przepowiedni byłam doskonałą i obowiązkową orędowniczką, chociaż moje pragnienia były nieważne. Chyba to właśnie oznacza bycie sługą.

Jednak w późniejszych przepowiedniach z 6 czerwca 2003 r. i 27 września 2003 r., w których Yahuah mówi: „Dam ci wszystko, czego szukasz i czego potrzebujesz, w Moim Duchu", powiedziano mi, że moje pragnienia naprawdę się liczą. Niestety, to pokrzepiające stwierdzenie wypowiedziane zostało po tym, jak w poprzedzającej je przepowiedni z 30 maja 2003 r. Bóg powiedział, abym pozwoliła temu mężczyźnie odejść.

Pozwoliłem mu dokonać własnych wyborów, ponieważ kochałem go i byłem dla niego litościwy. Teraz minęło trochę czasu i nie jestem już dłużej dla niego litościwy. Moje dziecko, jesteś wolna od jakichkolwiek zobowiązań względem [tego mężczyzny]. Nie musisz kontaktować się z nim ani z żadną osobą z twojej przeszłości, która w jakiekolwiek sposób cię skrzywdziła.

Nadszedł czas, aby ruszyć naprzód ku zdrowiu i nowemu początkowi we Mnie.

YHWH

Z powodu gwarancji w poprzednich przepowiedniach, przesłanie to było dla mnie szokiem. Zakwestionowałam moja wiarę w Yahuah. Wtedy to, w kolejnych przepowiedniach, On odpowiedział, że mężczyzna ten ma się zmienić do końca roku; dlatego moja wiara w dużym stopniu, lecz niezupełnie, została przywrócona.

Nie rozumiałam, dlaczego temu mężczyźnie pozwolono odejść od Yahuah, kiedy to On kazał mi poświecić tyle mojej energii, żeby wpłynąć na niego, aby ten podążał za Yahuah. Później zdałam sobie sprawę, że stało się tak, gdyż zostałam tak ukierunkowana, aby wierzyć we wszechmocnego Boga oraz byłam naiwna w moim rozumieniu miłości, nabrano mnie, aby wierzyć, że ten człowiek się zmieni. Słowa Boga faktycznie twierdziły, że ten mężczyzna będzie mój; a ja, jako chrześcijanka, nauczona zostałam, aby nie wątpić nigdy w zdolności i słowo Boże, zaś nowe przepowiednie wielokrotnie powtarzały, że On zawsze dotrzymuje Swoich obietnic.

Chwileczkę... czyż możliwe jest, aby Bóg nie mógł zapobiec ludzkiej woli? Czy faktycznie mamy wolną wolę? Jeśli tak, dlaczego więc Yahuah obrazował takie przekonanie, że ten mężczyzna się zmieni, kiedy to może się nigdy nie wydarzyć? Czy to możliwe, że wasza wola nie jest potężniejsza od naszej?

Wtedy nie mogłam nawet poświecić uwagi takim myślom, gdyż byłoby to bluźnierstwem, lecz postęp moich przepowiedni ukazał inny obraz aniżeli ten, który religia chce zrewidować: zdarzenia i Boże słowa nie urzeczywistniają się. Jak możecie się domyślać, mężczyzna ten w żaden sposób nie zmienił się w stosunku do mnie.

Długi, przeciągnięty proces prowadzenia mnie i przewartościowania tematu był sprytną taktyką YHWH, ponieważ moje serce i umysł były wyczerpane. Byłam nareszcie gotowa, aby ruszyć do przodu. Wygodnie dla siebie, Bóg ponownie skierował mój umysł na moje zdrowie, więc poczułam się lepiej w stosunku do Niego, gdyż i tak chciałam więcej siebie.

16 czerwca 2003 r.

Przyzwolono na wiele zła na tym świecie, aby spowodowało zniszczenie, rozpacz oraz profanację, po to, żeby mój plan wypełnił się. Kiedy oryginalnie stworzyłem Adama, był on kuszony przez Zło, za pośrednictwem Ewy, aby grzeszyć i odsunąć go i jego rodzinę ode Mnie oraz Mojego Wiekuistego Planu. Byłem zły, ale wciąż pozostałem litościwy aż do dziś dnia. Dziecko, wzywam Moją Oblubienicę z głębi Ziemi, aby podążała za Moimi przykazaniami i Regulaminami. Zostałaś wybrana, aby władać Moim Królestwem. Ból, którego doświadczasz wkrótce odejdzie. Uleczę wszystkie twoje nerwy, tkanki i organy, ale musisz sobie zdać sprawę, że mam na to swój czas i miejsce....*

Dam ci wszystko, czego chcesz, gdyż cię kocham. W nadchodzącym miesiącu łącz się ze mną w ciszy swego pokoju, a ukażę ci się i przemówię do ciebie. Nie tylko twoja matka słyszy mój głos, ale ty również usłyszysz. Od tego dnia, to, co słyszysz w swojej głowie to nie myśli, lecz wskazówki ode mnie....

Będziesz czysta na umyśle, a wówczas będziesz w stanie podejmować decyzje z przekonaniem i wiarą w siebie jak dorosła, ale nie tak, jak robi to Świat, lecz tak, jak dam ci podszepty przez mojego oddzielonego Ducha. Mój Duch jest potężny i prowadzi wszystkich ludzi do prawdy. Nie obawiaj się tego, co nieuniknione, lecz uchwyć Nowe rzeczy, które ześlę ci w życiu. Bądź otwarta i pokorna, aby otrzymać.

Ya

* Byłam podekscytowana słysząc o moim uzdrowieniu, lecz „wkrótce" nic nie wydarzyło się. Słowa Ya zwiększyły moją wiarę, ale podał mi nieokreślony czas.

Co i gdzie jest „nieuniknione"? Prorocy i ci zajmujący się channelingiem otrzymują przekazy, które mówią, że określone wydarzenia będą miały miejsce, bez względu na to, czy otrzymają dokładną datę, a często nic się wcale nie dzieje.

Cofając się pamięcią wstecz, nie mogę zapomnieć o tym, jak wyróżniające są biblijne i religijne przesłania, które mówią, iż wola pojedynczej istoty jest znacznie lepsza od naszej woli, kiedy tak naprawdę to tylko kolejna wola. Czy wola Boża jest dla nas faktycznie przeznaczeniem, czy też jest tylko kolejną wolą, którą można zepchnąć na bok i rozdmuchać wiatrem? Skoro Boga uważa się za istotę lepszą od nas, mógłby rozścielić przed nami nasze przeznaczenie, uzurpując sobie własność naszego losu – właściwie to wtedy, gdy uzurpowanie tej własności służy Jego celowi.

Losem określa się zdarzenie, które zachodzi poza naszą kontrolą, podczas gdy przeznaczenie zakłada kierunek poruszania się w stronę określonego końca. Chrześcijaństwo lubi uwidaczniać, że Bóg usłał przed nami nasze życia od naszego urodzenia. Biblia i moje przepowiednie podkreślają Boskie przesłanie, że wola jest naszym ostatecznym przeznaczeniem uzależnionym od naszego posłuszeństwa wobec Niego. Posłuszeństwo to jest rozwidleniem na drodze, które koncepcję tej gęstości czyni nieco niezrozumiałą. Jeśli ktoś nie czci Boga, to on go ukarze. Oznacza to, że wola Boża definiuje różne przeznaczenia uzależnione od różnych ludzi. On jest sędzią ostatecznym, tak jak powiedziano w Biblii.

Z powodu zmiennej natury woli Bożej, dla maluczkich ludzi staje się niemożliwe rozszyfrowanie, czy fatalne zdarzenie spowodowane było przez Niego, w związku ze zbyt dużym stopniem Jego faworyzowania. Bóg przypisuje sobie prawo własności do każdego zdarzenia, jakie przytrafia się w naszym życiu, ale wtedy mówi, iż mamy wolną wolę, na którą On „przyzwala" w dowolnym, wybranym przez Niego czasie.

Jest to dosyć mroczne w przypadku wierzącej chrześcijanki, która umiera z powodu śmiertelnego zdarzenia, ponieważ naraziła się na gniew Boży bądź zmianę woli. Społeczność chrześcijańska opisze to jako wolę Bożą, gdyż wierzą oni, że Jego wysokość kontrolował życie dziewczyny. Niektórzy chrześcijanie posuną się do tego stopnia, aby stwierdzić, że śmiertelny wypadek, nieodwzajemniona miłość czy cokolwiek innego przydarzyło się z powodu głównego grzechu danej osoby. Ich zasadniczym rozumowaniem jest stwierdzenie, że jesteśmy grzeszni. Chociaż chrzest i pełne wiary życie tej osoby powinno było „ocalić" jej życie, to z pewnością musiała zrobić coś złego, gdyż Bóg nigdy nie czyni niczego niewłaściwego. To fundamentalne wierzenie utrzymuje Boga jako kontrolera naszego losu i przeznaczenia, gdyż jeśli niespodziewanie umieramy, wtedy wola Boska tak chciała, ponieważ On jest mądrym sędzią.

Ja argumentuję to tak, że to zasadnicze rozumowanie nie ma żadnego podparcia, kiedy ludzie bezpośrednio w to zaangażowani wiedzą bez wątpienia, że niczego złego nie uczynili. Wówczas to naciskają swojego Boga do momentu, aż On wreszcie przyzna niewinność danej osoby, lecz teraz będzie twierdził, że to wina świata, tak jak powiedział mi o moim molestowaniu i chorobie. On zawsze daje wyjaśnienie lub wymówkę, abyśmy postrzegali Go jako lepszego od nas, ale czyż jest On doskonałą i nieomylną istotą? Nigdy nie mogłam dostrzec doskonałości Boga, czytając usankcjonowane przez Niego wyroki śmierci czy słowa desperacji zawarte w Starym Testamencie (tego typu język odwzorowany został w moich przepowiedniach). Pomijając to, wciąż chciałam wierzyć w doskonałość. Wierzenie w doskonałego Boga uwiecznione zostało przez zwyczajowe pojmowanie ludzkiego błędu jako mieszania Jego woli do naszych życiowych doświadczeń, stąd niepoprawne stwierdzenia, przekazane jako prawdy Boga, nie są Jego winą.

Za przepowiedniami mojej matki stoją również inne istoty, które rozważają istnienie przeznaczenia czy losu, gdyż zastanawiają się one, jak dalece ręka manipulacji może wpłynąć na stworzenie/kreację. Zastanawiają się, czy w związku z istnieniem wyższych „sił, które mają nastąpić", życie jest już zaplanowane, albo czy jest kierunek, w jakim należy podążać, który zapewni idealistyczną egzystencję. Obydwie filozofie rozgrywane są dla nas w przepowiedniach z innego świata, w których to manipulacyjne istoty decydują, jak dalece mogą nas kontrolować jako pionki w grze po tytułem „Bóg".

Zawsze zastanawiałam się nad zakresem obecności takiego bytu, jak anioł, bóg czy Bóg, który jest przy nas, aby nami kierować. Przepowiednia od YHWH z 31 lipca 2003 r. stwierdza:

> Moje dziecko, wszędzie, dokąd idziesz, wysyłam moje anioły, aby cię chroniły. Jestem Stwórcą wszystkiego i dotrzymuję moich obietnic. Stopniowo doświadczysz mojej obecności w tobie i zmienię cię w kobietę, jaką powinnaś być. Posiadasz kochające i czułe serce.

Moje poświęcenie w stosunku do tego bytu jako Boga otworzyło linię komunikacyjną i działało jako pomost dla swego rodzaju jedności, która przerodziła się w opętanie. Istota ta nie spieszyła się, aby słodką mową namówić mnie na ten związek i stanie się rękoma i stopami Yahuah. Oczywiście moje ciało wykorzystane byłoby symbolicznie, nie tak jak ciało Yahuah, ale zasadniczo nie byłam tego pewna.

Zawsze czułam się, jakbym nosiła na sobie brzemię całego świata. Bez powodu stawałam się wyjątkowo niespokojna, po czym dopiero na drugi dzień dowiadywałam się o przyczynie tego. Przykładem niech będzie tsunami w Azji, które 26 grudnia 2004 roku pochłonęło wiele tysięcy żyć. Dlaczego poczułam się jak pośrednik, kiedy to Yahshua (bardziej poprawna pisownia Yashua) przypuszczalnie wziął to na siebie? Byłam wyjątkowo czułą na ból wokół mnie; osłabiał mnie on w mojej głębi, powodując, że płakałam za każdego, a Pisma Nowego Testamentu powiedziały mi, abym umarła dla siebie i przyzwoliła na tę słabość. Potwierdza to wcześniejsza przepowiednia z 8 stycznia 2003 roku. A co ze wszystkimi innymi Pismami, które mówiły, że zostanę umocniona, kiedy Yahshua jest ze mną? Zastanawiam się, czy główną ideą jedności jest zawładnięcie mną (westchnienie) zupełnie? Wówczas nie dotarłam do tego punktu w swoim myśleniu.

Po tym, jak w 2003 roku doznałyśmy nowego objawienia o imionach Yahshua i Yahuah, nasz pastor dwa razy ochrzcił mnie i moją mamę. Musiałyśmy upewnić się, że przyjęłyśmy na siebie właściwe rozumienie tożsamości naszego Boga oraz pisownię Jego imienia, ponieważ przepowiednie mojej mamy twierdziły, że Yahshua nie jest greckim „Jezusem" jako Iesous, zaś Yahuah jest przede wszystkim imieniem Boga jako niebiańskiego człowieka Yahshua. Przepowiednie mojej mamy oraz pastor powiedziały nam, że znamy prawdziwe imię i ciało naszego niezniszczalnego Boga, więc byłam przekonana, iż jestem zupełnie gotowa jako dojrzała chrześcijanka, aby nareszcie otrzymać moje pełne uzdrowienie. Niestety, po raz kolejny, uzdrowienie nie wydarzyło się natychmiast po chrzcie.

Przez chwilę pozostałam jeszcze silna w swojej wierze, ponieważ czułam się przekonana, że posiadam właściwe wierzenie, które zadowoli YHWH, a On wynagrodzi mnie. Niemniej jednak nie zawsze mogłam utrzymywać tę wiarę, zwłaszcza, kiedy musiałam radzić sobie z codziennymi zmaganiami. Po walce z bulimią, przepowiednia z 19 września 2003 r. powiedziała mi: „Krzywdzisz mą świątynię, mój dom w tobie i wokół ciebie – pamiętaj, przyjęłaś mnie na siebie podczas chrztu – jesteś zawiłą istotą z mego ciała, krwi mojej".

Myślałam, że moje niedoskonałości zmusiły Boga do zajęcia mojego miejsca i uczynienia mnie lepszą osobą. Biblia i przepowiednie podkreślały moją wiarę, ale nie myślałam o słowie *opętanie/przejęcie*. W związku z tym, że mówiono mi, iż musimy być napełnieni Duchem Świętym, od razu, na samo wspomnienie, przychodzi mi na myśl opętanie.

Przepowiednia z 16 czerwca 2003 r., którą zapisałam powyżej, tak mnie ukształtowała, że mój umysł został tak samo przejęty, jak umysł mojej mamy, co jest pierwszym krokiem do ewidentnego opętania. Tak, zostałam ochrzczona i wierzyłam w mojego Boga, ale nie byłam napełniona Duchem Świętym, chociaż mówiłam językami. Duch Święty dotknął tylko mojego umysłu, lecz nie przejął mnie zupełnie ani nie wypełnił mnie. Pragnęłam umiejętności bezpośredniej komunikacji z Bogiem, tak jak moja mama, żeby posiąść bardziej osobistą wiedzę. Jednak z powodu natury mojej choroby, brakowało mi psychicznego i umysłowego uziemienia, jakie ona miała, więc obawiałam się słyszeć lub czuć coś, co nie zachowywało ode mnie odpowiedniej odległości. Rozpaczliwie pragnęłam pełnej kontroli nad moim ciałem i umysłem, tak więc byłam przeciwko zatraceniu się. Przepowiednia mówiła, że będę miała czysty umysł, ale jak to mogło być, kiedy Yahuah twierdził, że będę Jego słyszała w ten sam sposób, co moja mama? Jego komunikacje obezwładniały jej umysł. Czy mój umysł pozostałby czysty, dlatego że byłabym w stanie rozróżnić, czy to Bóg, a nie ja?

Poza tymi myślami, kolejna przepowiednia wzmocniła przesłanie o uzdrowieniu i klarowności. W tamtym czasie najbardziej obchodziło mnie uleczenie; dlatego w tym kontekście uwierzyłam w przepowiednie i odrzuciłam resztę.

22 października 2003 r.
Nadszedł czas, aby doświadczyć zdrowia. Córko moja, cierpiałaś zbyt długo, a teraz poczujesz się lepiej.... W nadchodzących tygodniach twoja choroba i osłabienie ustąpi, wtedy to zobaczysz prawdziwą siebie, w moim świetle.... Nie trzymałem twego zdrowia na ten czas, ponieważ ignorowałem

twoje modlitwy i prośby – słyszałem każde słowo. Pamiętaj, moje wyczucie czasu jest idealne. Twoja cierpliwość i wytrwałość są twoją nagrodą. Niech napełni cię radość, gdyż nadeszła godzina twego uzdrowienia. Wyczekuj wszystkiego, co mogę ci dać.

Twój Król, YHWH.

Czas nadszedł! Byłam pełna zachwytu, że nareszcie zostanę uzdrowiona! Cały dzień dziękowałam Yahuah za moje uzdrowienie. Później dziękowałam Mu jeszcze na następny dzień i jeszcze następny. Nie potrzebowałam wiele czasu, żeby zastanowić się, o co u czorta tutaj chodzi? Przecież przez te kilka tygodni byłam wierna i wdzięczna, jak było to tylko możliwe. Niestety, żadne uzdrowienie ani żaden wzrost mojej świadomości jako element tego uzdrowienia, nie nadeszły.

Kolejnego miesiąca zarówno ta przepowiednia została już zapomniana, albo też „nadchodzące tygodnie" były właśnie tymi tygodniami w przyszłości, ponieważ nowa przepowiednia z 23 listopada 2003 r. zaczyna się tak: „Czas już nadszedł, aby wyjawić ci mój plan twojego uzdrowienia i powrotu do pełnego zdrowia, po latach cierpienia, które znosiłaś". O rany, to była znacznie większa obietnica mówiąca, że doznam pełnego uzdrowienia, zamiast tylko zmniejszenia się choroby!

Yahuah powiedział, że proces mojego uzdrowienia rozpoczął się, ponieważ moja siostra powiedziała mojemu tacie to, co ujawniłam jej o jego napastowaniu mnie (powiedziałam jej również to, co pamiętałam o niej, lecz ona niczego nie pamiętała, więc zdecydowała się rozmawiać z tatą tylko na mój temat). Mój ojciec stanowczo zaprzeczył temu, że napastował mnie seksualnie, lecz Yahuah powiedział, iż to wydarzenie miało jakoś rozpocząć moje uzdrowienie.

W rzeczywistości ścieżka mojego uzdrowienia była *moją* ścieżką zrozumienia oraz emocjonalnego uwolnienia, wraz z moimi reakcjami na wolę zaangażowanych w to ludzi. To, co przy okazji wydarzyło się z moją siostrą i ojcem, było zaledwie jednym krokiem spośród wielu niezliczonych kroków, podczas których musiałam sobie poradzić z tym, jak zachorowałam w przeszłości. Ten jeden krok, o którym wspomniał „YHWH, Król i Stwórca", po czym podsumował nielogiczną uwagą:

> Przez lata cierpiałaś z powodu bezsenności, lęków, depresji oraz silnych ataków paniki, które były wynikiem nadużyć w dzieciństwie, <u>ale już koniec</u>! Jesteś wolna we mnie – uwierz w to! Wolna jesteś od niewoli tego śmiertelnego grzechu przeciwko tobie.

Tak, jestem wolna od tego napastowania, ponieważ było to w przeszłości i pilnie pracowałam nad tym, aby wyzwolić się z moich reakcji na wspomnienia o tym. Założenie, że moje ciało w jakiś cudowny sposób zupełnie uwolni tę negatywność w określonym przedziale czasowym, nie sprawdziło się. Wierzyłam w to, ale skoro mój umysł nie był tak silny, żeby odmienić moje ciało w ciągu nocy, Yahuah powinien był zrobić to dla mnie, przecież chciał mieć nade mną kontrolę. Nie podobały mi się te zwodzące przepowiednie, obiecujące uzdrowienie w oparciu o samowolne definicje, widzimisię i ramy czasowe, wtedy to stało się dla mnie jasne, że sposobem na uwolnienie czegoś przedawnionego jest wykonanie pojedynczego kroku.

Kiedy już później zmądrzałam w kwestii rzekomego uzdrowienia, które nigdy nie nadeszło, w przepowiedni z 21 grudnia 2003 r. wyjaśnia On:

> Moja najdroższa córko,
> Przychodzę do ciebie dzisiaj z płomiennym przesłaniem – bądź uważna na moje słowa – jestem tutaj, żeby dać ci zdrowie, miłość i karierę w moim Imieniu. Obiecałem tobie wszystkie te rzeczy i dokonają się one! Nie wątp w swoje zdolności w twojej chorobie – wykorzystałem cię kilka razy w twojej słabości, byś zaświadczyła o moim Imieniu rodzinie i przyjaciołom. Jestem dumny z ciebie, moja córko. W moim Piśmie Świętym mój syn Paweł wiele razy był chory na ciele, lecz dałem mu siłę, aby nauczał ewangelie uciśnionych i prześladowanych, potrzebujących usłyszeć moje Słowo, nie Faryzeuszy. Widzisz, ludzkie ciało ze wszystkimi jego słabościami jest dla mnie najwspanialsze ze wszystkich moich kreacji. Nawet aniołowie widzą dobroć i wyjątkowe ciało, jakie zrobiłem dla człowieka i wychwalają mnie.... Tak, musisz być zdrowa, aby wykonywać moją Pracę z siłą i wytrwałością, przeciwko złu tego Świata. Nie możesz pracować z innymi w moim Imieniu, jeśli to się nie wydarzy.... Nadszedł teraz czas, żeby uzyskać zdrowie w Nowym Roku. Będę kierować wszystkimi twoim drogami.
>
> Powiada YHWH

Yahuah mówi teraz, że posiadam zdolność w mojej słabości, podczas gdy przedtem nie byłam wystarczająco dobra, aby pracować dla Niego; na dodatek przepowiednia ta podkreśla przesłanie z 8 stycznia 2003 r. o mojej potrzebie bycia zdrową, żeby jak najlepiej wykonywać dla Niego prace. Było to dla mnie dezorientujące; było w porządku, aby być chorą, więc miałam wciąż czekać do jakiegoś czasu w następnym roku, żeby wyzdrowieć (oczywiście, spodziewałam się, że moje uzdrowienie jest tuż-tuż, na początku przyszłego roku); aczkolwiek nie mogłam dobrze pracować dla Boga i potrzebowałam być zdrowa, chociaż już dla Niego dobrze pracowałam. Przesłanie to zawierało obydwa scenariusze, a jego celem było uspokojenie mnie. Kilka tygodni później, w następnym roku, Yahuah chciał, abym nauczała ewangelii, chociaż nie byłam jeszcze zdrowa; miałam jakoś otrzymać uzdrowienie, które miało mi pomóc, cokolwiek to „uzdrowienie" miało znaczyć.

W kolejnym miesiącu YHWH mówi:

> Bez choroby, którą doświadczasz w swoim ciele, która to jest dla ciebie rzeczywistością, byłabyś martwa w tym Świecie, gdyż twoja wysoka wrażliwość na Zło na Świecie byłaby dla ciebie przytłaczająca i krzywdząca. Pozwoliłem, abyś odczuwała ból i udrękę, żebyś wiedziała, czym są beze mnie prawdziwy ból i udręka w życiu człowieka.

Zaraz, zaraz, teraz już jest *dobrze* być chorą? Dzisiaj czytając tę przepowiednię odczuwam ją jako mroczną. Czy YHWH mówił, że zezwalał na gwałty, gdyż bez tego nie mogłabym odczuwać bólu i udręki, które odczuwałam? Czy miałam cierpieć tak samo jak Yahshua, kiedy to on miał wyzwolić ludzi z tego samego bólu? Całe moje życie opiekujesz się mną i przyzwalasz na wszystkie te rzeczy? Zmusza mnie to do zastanowienia się, dlaczego Yahshua wołał: „BOŻE, MÓJ BOŻE, DLACZOGOŚ MNIE OPUŚCIŁ?" (Księga św. Marka 15:34). Jak moja choroba daje mi życie i dystansuje od zła tego świata, kiedy to spowodowana została przez zło?

Wiem, jak zły jest świat, tak więc czyni mnie to doskonałym przypadkiem do poszukiwania kogoś, kto mnie ocali. Zgodnie z tą przepowiednią (lub też przyszłościowym założeniem), jeśli nie miałabym tego bólu, zdrowie oznaczałoby, że opuściłam mojego „kochającego Boga i Stwórcę". Jednak Bóg wiedział już, że moje serce jest dobre i pokorne, zaś ja poświęciłam się Mu już dawno temu.

Ważne jest, że chciałam wiedzieć, dlaczego Bóg wciąż szukał wymówek, żeby mnie nie uleczyć. Czy dlatego, że nie potrafił?

Zazwyczaj ludzie uzdrawiani są przez Boga za pośrednictwem napływu energii do ich ciała, wyzwolonej przez aktywnie modlącą się grupę. Nakładanie rąk przez drugich umożliwia ich energii oraz energii innego bytu, takiego jak bóg, na przepływanie z nich na chorą osobę, za pośrednictwem energii skoncentrowanej w ich dłoniach. Ręce ich stają się bardzo ciepłe i kładzione są na chorym obszarze ciała, stymulując ten obszar do przesunięcia spowolnionej energii i podniesienia temperatury rdzenia tej osoby. U chorej osoby może pojawić się gorączka oraz pocenie się, za pomocą czego energia ciała Jezusa zostaje podniesiona, w celu usunięcia problemu. Ten sposób uzdrowienia może nastąpić bez wpływu żadnej istoty z innego świata.

Coś we mnie nie było takie łatwe do uzdrowienia. Oczyściłam już swoją dietę, jedząc minimum przetworzonych, wegańskich produktów (co później obracało się w zasadzie wokół owoców i zielonych warzyw dla szybszego uzdrowienia), a także robiłam, co mogłam, aby ćwiczyć i żyć świadomie. Na szczęście pomogło to trochę, lecz moje problemy leżały głębiej niż w moim ciele.

Ohydne wykorzystywania seksualne w dzieciństwie i dorosłości, zdruzgotały mnie aż do samego rdzenia. Nauczyłam się, że muszę przestać czekać na Pana i stać się aktywną uczestniczką, wyważając dobro i zło tego świata oraz mego życia, aby ponownie odzyskać swój własny rdzeń; każde inne „uzdrowienie" w porównaniu z tym wydawałoby się powierzchowne. Niemniej jednak, byłam wstrząśnięta dezorientującą wiadomością Boga, która zakładała, iż powróciłabym do nikczemności świat, jeśli zostałabym uzdrowiona, ponieważ On wiedział jak bardzo nieznosiłam tej nikczemności. Na szczęście nigdy nie byłam tym typem człowieka, który zupełnie poddaje się i ucieka przed moją odpowiedzialnością w stosunku do samej siebie.

Kiedy wykorzystałam wszystkie możliwe środki i wciąż nie byłam ugruntowana w swoim ciele, to jest, kiedy Yahuah miał zająć się szczegółami. Sądziłam, że zrobi to natychmiast, gdyż wierzyłam, iż może tego dokonać, w końcu przecież jest wszystko mogącym Bogiem. Nie był tylko bytem, lecz absolutną Prawdą, tak więc nigdy nie mógł być niespójny ani kłamać. Na ironię, wierzenie to przywiodło mnie z powrotem do zagadki doskonałości i wiedziałam, że nie wszystkie słowa Boże w przepowiedniach mojej mamy oraz w Biblii były doskonałe i sprawiedliwe.

Mój pastor powiedział, że musimy przestrzegać nie tylko Dziesięciu Przykazań osławionymi przez Mojżesza na górze. To jeszcze bardziej poróżniło mnie ze samą sobą, ponieważ niektóre przykazania nie leżały mi, zwłaszcza te z Księgi Kapłańskiej. Biblia posiada silne przykazania idące w kierunku podziału płci, zniechęcając do homoseksualizmu i wpajając dane przez Boga nakazy pomiędzy mężczyzn i kobiety. Więcej wypowiem się na temat tego biblijnego seksizmu w rozdziale 4.

Moje osobiste zmagania z odczuwaniem bycia akceptowaną i faworyzowaną przez Boga, celem otrzymania uzdrowienia, w dużym stopniu wiąże się z faktem, że jestem biblijna płcią gorszą. Muszę ukrywać swoje naturalne piękno, gdyż z założenia jestem kusicielką, która zasługuje na to, aby ją skrzywdzić, jeśli mężczyzna nie może kontrolować swojego pożądania. Nie, to biblijne przesłanie nie pomoże mi uleczyć przeszłość. Biblia cały czas upokarza ludzkie ciało, poza tym każe się nam nie przywiązywać uwagi do materialnych rzeczy, gdyż bogacze są uduchowieni. Dlaczego więc Biblia sprowadza nas do powierzchownego skupiania uwagi na tym, jak wyglądają nasze ciała? Jeśli mężczyzna ma problem z kontrolowaniem siebie i jako fundamentalista domaga się, aby kobiety zupełnie zakrywały się, wówczas powinien rozważyć fundamentalne działanie i wyłupać sobie oczy (Ewangelia św. Mateusza 5:28-29). Kobiety nie powinny być karane ani stawać się niewidzialne tylko dlatego, że są sobą.

Trochę delikatniejsza, ale równie ważna uwaga. Przypominam sobie uzmysłowienie tego, co potwierdza moje zniesmaczenie wywołane standardami fizycznymi dla kobiet. Stereotypowa kobieta przynależąca do Kościoła Zielonoświątkowców napisała książkę, a na zdjęciu w tej książce jej wielki kok włosów był związany i podpięty wysoko odsłaniając jej kark. Jeśli jej włosy powinny być jej okryciem (Pierwszy List do Koryntian 11:5-6), to przeciwstawia się ona swemu okryciu odsłaniając kark i wyglądając tak, jakby miała krótkie włosy, podobnie do mężczyzny. Kiedy miałam obcinać włosy, to zachowywałam je wystarczająco długie, żeby zakrywały kark, ale również wystarczająco krótkie, aby uniknąć ich przytłaczającego ciężaru, by nie czuć się jak Cauin It z serialu „Rodzina Addamsów" (ang. Addams Family – przyp. tłum). Tak czy inaczej, to skupienie się na włosach było odwróceniem uwagi od tego, co ważne.

27 września 2003 r. YHWH oświadcza:

> Czy czujesz, że twoja matka nosi długie włosy dlatego, że musi, czy też, bo tego chce? Owszem robi to, czego od niej chcę, ale gotowa jest i chętna, aby zaakceptować mnie w swoim życiu. Wiem, że ty chcesz mnie zaakceptować i akceptujesz mnie w miarę poznawania, lecz do jakiego stopnia? Ukazuję się tobie na zupełnie innej płaszczyźnie. Pracuję nad twoim rdzeniem, uzdrawiając rany, w ich miejsce dając ci spokój i pokazując mój majestat w tych wszystkich rzeczach. Nie oczekuję od ciebie uzewnętrzniania tego, żeby nie odróżniać cię spośród innych, ponieważ znam twoje czułe serce. Moje dziecko, obcięcie przez ciebie włosów nie jest dla mnie ważne, gdyż wiem, że dałem ci najważniejszy nakaz – kochaj mnie całym swoim umysłem, całym sercem i ciałem, co już uczyniłaś. Pismo Święte jest księgą zasad dla ludzkości, inspirowaną przez Stwórcę, aby odwodzić ich od grzesznych czynów i prowadzić ich przez wszystkie prawdy. Masz mnie oraz Prawdę tego, kim jestem. Moje dziecko, nie skupiaj się na swoim wyglądzie zewnętrznym; dla ciebie jest to wielki odstraszasz, który będzie dezorientował cię i odwracał twoją uwagę od wejścia w doskonałą relację ze mną. To, co robię, to oczekuję od innych wybranych, aby decyzje pozostawili dla mnie. Zależy to od natury danej osoby oraz jej chęci do tego, aby mnie odnaleźć. Znoszę wszystko od tych, którzy poszukują wszystkiego.

Interesujące jest, że Bóg zapytał mnie, do jakiego stopnia Go zaakceptowałam, tak jakbym zaakceptowała Go niewystarczająco, po czym natychmiast odpowiedział na to pytanie z poparciem mojego wewnętrznego przekonania co do wszelkiego seksizmu. Myślę, że Bóg sprawdzał mnie, jak daleko posunęłabym się w rytuałach, aby za Nim podążać. Wiedział, że szybko by mnie stracił, jeśli naciskałby na biblijne nakazy oraz zasady dotyczące ubioru, tak jak uczynił to w przepowiedni z marca 2000 r. Poza tym byłoby to złym posunięciem z Jego strony, aby obsadzić mnie w gorszej roli, jeżeli chciał, abym była dla Niego liderką na Ziemi. Jego poprzednia strategia, aby zmusić mnie do zupełnego posłuszeństwa, spaliła na panewce. Żeby pogłębić teraz nasz związek, Bóg potrzebowałby mojego pełnego poświęcenia z zachowaniem odrobiny indywidualizmu, tak samo jak ludzki związek ze zobowiązaniami wymagałby od nas obojga zrozumienia i szacunku.

Szkoda, że moja matka zgodziła się, chociaż niezupełnie, aby być pod silniejszą ręką. Tą ręką są przykazania, których nie wolno zmieniać. Właściwie śmierć i zmartwychwstanie Yahshuah powinno już wyzwolić nas spod tak ruralistycznych przykazań. Niektórzy apostołowie kontynuowali nauczanie określonych, społecznie akceptowanych rytuałów, porzucając inne z nich. Dlatego słowo Boże faktycznie zmienia się, więc szkoda, że On wciąż nakazywał mojej matce, aby podążała za czymś, co w moim zdaniem było nie tylko niepotrzebne, ale także niegrzeczne, gdyż jej serce było równie dobre jak moje i nie potrzebowała więcej karania.

Mój pastor, zamieniony w ewangelistę, dalej zagłębiał się w Hebrajskie korzenie chrześcijaństwa i wcale nie zaskakuje, że zgodnie z tym zmienił swoje wierzenia. Najpierw poinstruował nas, aby w sobotę przestrzegać Szabatu, od zachodu słońca w piątek wieczór do zachodu słońca w sobotę wieczorem. Mogłam zrozumieć nakaz dotyczący dnia odpoczynku, ale natychmiast dostrzegłam powiązanie z znaczeniem księżyca w astrologii.

Skupianie się na fazach księżyca stało się widoczne, kiedy powiedziano nam, żeby spoglądać na niebo nocą, kiedy księżyc jest w pełni. Powiedziano nam również, żeby przestrzegać stricte koszernych zasad żywienia, za przyczyną których moja mama usunęła z domu wszelkie chleby pieczone na drożdżach. We wszystkich tych zasadach, które skupiały się na drugorzędnych rzeczach, poczułam nutę niewolnictwa.

Każdego dnia żyłam dla Boga w sercu i umyśle, co On preferował, gdyż miał wówczas całą moją uwagę i intelekt. Miałam za sobą wystarczającą ilość lat chrześcijaństwa, aby wiedzieć, że nie należy wykonywać rytych podobizn, ani nie naśladować pogaństwa w astrologii, lecz dawać siebie w głębszym związku z Bogiem, zamiast zamartwiać się odwracającymi uwagę rytuałami. Tak więc odeszłam od tego, co robiła moja mama zgodnie z żydowskim i pogańskim prawem i kontynuowałam wielbienie Yahuah na swój sposób.

Na ironię, ten sam pastor, który pierwotnie uczył nas o rozpowszechnianiu się pogaństwa w katolicyzmie, teraz sam zaczął podążać za astrologią. Pogaństwo cechuje czczenie politeistycznych bogów lub żywioły natury, tak jak Ziemia czy gwiazdy. Obrazy katolickie posiadają aureole nad głowami Jezusa, Maryi, Józefa oraz świętych, wskazujące na wielbienie Słońca. Książka Ralpha Edwarda Woodrowa pt.: „Tajemnica Religii Babilonu. Starożytnej i Nowoczesnej" rozwija temat pogaństwa w katolicyzmie (i chrześcijaństwie), włączając w to tradycje Wielkanocy i Bożego Narodzenia.

Moj pastor nie chciał żadnych błyskotek czy symboli, ani też odchodzenia od czczenia Boga, a teraz do nich lgnie, ponieważ reprezentują one bardziej naturalną religię judeochrześcijańską. Cóż, Babilon również posiadał własną religię, lecz tamta uważana była za zło.

Widziałam połączenie z pogaństwem, ale byłam trochę niepewna swojego stanowiska, ponieważ zarówno moja mama, jak i pastor, poinstruowani zostali w poniższej przepowiedni do zrobienia tych oto rzeczy:

1 grudnia 2003 r.
Moja córko, wojowniczko Moja,

Wiem, że masz wiele pytań dotyczących mojego Szabatu. Prawdą jest, że co miesiąc będzie to inny dzień, ale nie musisz przestrzegać pełni ani nowiu, tak jak przestrzegasz Szabat. Szabat jest dniem odpoczynku dla człowieka, nie dla mnie twego Stwórcy. Uczyniono go dla mężczyzn i kobiet, aby powstrzymywali się od pracy, do której chodzisz 6 dni w tygodniu.

Córko, Świat przestrzega wszystko w grzechu, nie tak jak dałem to człowiekowi od dni Stworzenia. Nic ma dnia tygodnia: poniedziałek, wtorek, środa, czwartek, piątek, sobota, niedziela, tak jak nazwali je wcześniejsi władcy. Jakże człowiek mnie zawstydzili! Jestem bardzo rozczarowany tym, że żaden człowiek nie zakwestionował prawdy kryjącej się za takim bałwochwalstwem, dniami uczty, świętami. Moja córko, ty byłaś posłuszna Moim nakazom, nawet pomimo tego, że czasami ich nie rozumiałaś. Twoja wiara jest czysta, głęboko zakorzeniona we Mnie. Dlatego nagrodzę cię. Twoja rodzina błogosławiona jest przez twoje posłuszeństwo. Pobłogosławię cię wszystkim, czego potrzebujesz w życiu, oraz jeszcze większą obfitością, aniżeli znasz.

Pytasz Mnie, za czym masz podążać, co [imię naszego pastora], Mój Syn, naucza i głosi. Tak, jak powiada Pismo Święte, Szabat jest moim nakazem na zawsze. Moje Słowo nie przemija z czasem. Dałem [imię pastora] wiele objawień, ale on zostawia z tyłu Moje drogi dzieci, ponieważ one nie widzą tego, co jemu dałem. Wiem, że trudno jest znaleźć na Świecie pracę zgodnie z Moim planem czy przestrzeganiem Moich przykazań. Dlatego właśnie, wiara twoja i Moich dzieci musi być niezłomna we Mnie. Dam wam pracę, jaką chcę, aby Moje dzieci miały tak, aby służyły Mnie, a nie Światu. Wszędzie, gdzie spojrzysz na Świecie, znajdziesz tylko służące sobie kariery, aby robić pieniądze, a nie służyć mi. Służeniem innym jest pielęgniarstwo, zaś pole usług zawodowych nie zawsze służy Mi i dla Mnie. Czyż nie rozumiesz ważności zaufania we Mnie, jako Moja córka? Zaprowadziłem cię aż tak daleko na twojej ścieżce, ponieważ zostałaś wybrana, aby być Moimi wyjątkowymi rękoma i stopami. Twoje słowa są Moimi Słowami stąd na zewnątrz, tak więc nie poszukuj tego, co może dać ci Świat – one Mnie nie zadowalają; wypierają się Mnie na każdy sposób. Jest wokół ciebie wiele paskudztwa i niebezpieczeństwa, ale jak widziałaś w swoim duchu, zesłałem zastępy aniołów, żeby chroniły przed Wrogiem twoje mieszkanie, twoją podróż i twoją osobę.

Chronię także [imię pastora, jego żonę oraz inna parę w naszej małej grupę] – tak, oni również są wybrani. Muszą się skupić na Mnie, zamiast na tym, co może dać im Świat. Świat nie może dać im trwającego wiecznie życia, tylko ból i cierpienie. Niech będzie wiadomo, że czas jest krótki, lecz czas pozwoli Moim wybranym, aby stać się pełnią tego, kim jestem. Słyszałaś od [imię pastora] o kalkulacjach, którymi zaprzątnięta jest jego głowa – nie zwracaj na nie uwagi, gdyż one zakłócą tobie Prawdę. [imię pastora] wie, że jest błogosławiony, lecz jest kuszony na każdym rogu. Módl się do Mnie za jego prawdzie przewodnictwo, siłę oraz ciągłe skupienie na Mnie, a nie fragmentach „czasu". W tym tygodniu bądź w pokoju, gdyż naprowadzę cię na właściwą pracę, która zapewni byt wam wszystkim. Twój mąż pracuje tak, jak powinien. Pobłogosławiłem go akceptacją Szabatu, ale wciąż jest ślepy na Moją Prawdę, tego, kim jestem. To zmieni się wkrótce, gdyż będzie zniesmaczony systemem idola w Kościele Katolickim. Moi ludzie muszą jeszcze wiele nauczyć się, zanim powrócę. Zwracaj się do Mnie ze wszystkim, a pobłogosławię was wszystkich obficie. Kocham cię, córko. Twoich darów jest wiele – wkrótce przygotuje cię do wspaniałej pracy. Bądź świadoma i czujna.

Wszystko, czym Jam JEST,
Jam JEST,
Yhwh.

Przepowiednia ta śmiało stwierdza, że moja matka była dosłownie rękoma i nogami Yahuah. W rozdziale 1 wypowiedziała ona się obszernie, że Bóg nie przejął jej w 100 procent, ale jego bardzo bliska obecność naprawdę ją kontrolowała; istnieją poziomy przejęcia/opętania, które wyjaśnię w rozdziałach 5-tym i 9-tym.

YHWH był surowy dla mojej mamy z powodu ich bliskich relacji, jakie rozwinął z nią przez większość jej życia. Zrzucił na jej barki duży ciężar, gdyż jej posłuszeństwo mogło obficie błogosławić innych, kiedy to tak naprawdę odpowiedzialnością każdej osoby jest wybór, aby pragnąć Boga. Bóg to samo uczynił ze mną, jeśli chodzi o moje zainteresowania miłosne, wykorzystując moją miłość do nich jako narzędzie do pracy nad zwróceniem ich umysłów w Jego stronę. Nasz pastor potwierdził jego taktykę, mówiąc nam, że jeśli nie będziemy często głosiły słowa Bożego ludziom w naszym życiu, wówczas ich grzeszna śmierć będzie naszą winą (jego interpretacja Ezekiela 3:17-21; 33:5-9). Cóż za kompleks poczucia winy i co za rozdrażnienie byłoby to dla ludzi, którzy prawdopodobnie pomyśleliby, że mamy obsesje na ich punkcie oraz na punkcie ich osobistych decyzji. Jest to powód, dla którego fundamentalni chrześcijanie nadmiernie przejmują się tym, co homoseksualni ludzie robią w zaciszu własnego domu; dodając do tego strach, gniew, nienawiść, obrzydzenie oraz inne silne reakcje, składniki osądzania, które już istnieje w stosunku do tych „grzesznych" ludzi, których musimy ocalić.

Czym jest grzech? Jest to akt skierowany przeciwko ocenie lub planowi Boga. Jest to również nieodłączny stan istoty takiej, jak ludzkie ciało, lecz nie jest to powszechna definicja z powodu paradoksu Boga mówiącego, że to on ukształtował ludzkie ciało.

Czy wszystko obraca się wokół Boga i Jego poglądów? Jak jest to ważne dla samego siebie, zwłaszcza gdy Jego poglądy mogą zmienić się tak, jak Jemu to pasuje. Myślę, że najdokładniejsze będzie postrzeganie takiego Boga jako politycznego władcy, który, kiedy Jego plan spala na panewce, wykorzystuje on dyplomację zamiast dopasowane do wszystkich dyktatorstwo. Nie popełnicie błędu twierdząc, że najwyższy Bóg decyduje, aby przedstawić siebie jako dyktatora, tak jak opisuje to wiele fundamentalnych religii, przecież, żeby uzyskać wierność wielu ludzi, należy użyć rozmaitych taktyk. W związku z podziałami wewnątrz oraz pomiędzy religiami, w rzeczywistości najbardziej widoczna jest rozcieńczona wersja Jego planu.

11 kwietnia 2004 r.
Mój synu i córki:

Ach, moje dzieci, jesteście moim Izraelem, Moją owczarnią. Jak możecie być tak zdezorientowani w swoich umysłach, które prawa przestrzegać, jakie Imię sławić! Moje Imię jest ponad wszystkimi, Moje prawdziwe Imię, Yhwh, Mesjasz, Król i Książę wszelkiego Stworzenia. Zważajcie na Moje Słowa. Jeśli nie będziecie przestrzegać moich nakazów, wszystko pójdzie ku destrukcji i Mojemu osądowi.

Moje stare prawa w Starym Przymierzu już nie istnieją. Widzicie, wraz ze śmiercią i zmartwychwstaniem Mojego Syna, wszystkie rzeczy uczyniłem nowymi. Natura mojego ciała i krwi jest tajemnicą życia. Moje dzieci, nie przejmujcie się swoim wyglądem zewnętrznym, stworzoną przez człowieka tradycją. Są one dla Mnie obrzydzeniem, policzkiem od tych wszystkich, którzy za mną podążają. Nie wolno jest wam przejmować się Słońcem, Księżycem i gwiazdami, takimi, jakie są; przecież wykonane zostały wraz z Moją Kreacją w ciągu 6 dni Mojej pracy nad wszechświatem. Nie obawiajcie się szerzyć Moje Słowo pośród tych z zamkniętymi uszami i złowrogimi sercami. Nie zrozumieją oni ani nie będą oni poszukiwać Prawdy Mojej tożsamości. Nie uwieczniajcie starych rytuałów ani trwających praktyk żydowskich zwyczajów i tradycji... [straciłam następną stronę].

Przepowiednia ta nadeszła po tym, jak mój pastor usłyszał od Yahuah mnóstwo prożydowskich wypowiedzi, stąd niechętny był, aby uwierzyć w to przesłanie. Przedtem z chęcią przyjmował wszystkie przepowiednie mojej mamy. Bóg ma tendencję do mówienia jednej sobie czegoś, co sprzeczne jest z tym, co ukazuje On drugiej osobie (co ma miejsce po tym, jak ta osoba zdaje sobie sprawę z prawdy); to często zdarzało się podczas duchowych dyskusji między mną a moją mamą, co wyjaśnię wkrótce.

Żydowski repertuar mojego pastora wciąż ulegał poszerzeniu. Zaczął on nosić frędzel przy pasie, aby uwidocznić męską praktykę „zaciskania spodni" do modlitwy przed Bogiem (co jest ironią, gdyż ten fallusowy symbol powinien reprezentować zaprzeczenie męskiej seksualności. Talmudyczny zwyczaj zaciskania spodni przez mężczyznę nakazuje, aby mężczyzna nosił pas nad swoją tuniką, żeby oddzielić górną cześć ciała od dolnej, co miałoby służyć jako przypomnienie, aby trzymać serce z dala od męskiej nagości. Zgodnie z tym zaczął więcej mówić o jego roli jako mężczyzny i pastora ponad nami, kobietami. Coraz trudniejsze stały się nasze otwarte dyskusje, które miewaliśmy dotąd podczas spotkań w swego rodzaju miejskiej sali. Mieliśmy zwyczaj siadać w kółku naprzeciw siebie, ekscytując się tym, co każdy (głównie kobiety) miał do zaoferowania. Frustrujące było to, że nasz wspólny Bóg zaczął mu mówić takie rzeczy, a jego żona zgodziła się, aby za tym podążać.

Zainteresował się on również plemieniem Indian Hopi z Arizony, z powodu tego, jak ci ludzie pozostawali w kontakcie z ich bogiem, który dał im stare przepowiednie. Powiedział, że chce się tam przeprowadzić, aby móc być blisko nich przed „północą końca czasów, który szybko nadchodził". Mówił, że Yahuah go prowadzi. Nie wątpię, że otrzymywał takie komunikaty, gdyż on również „napełniony był Duchem Świętym", kiedy modlił się nade mną i dawał mi przepowiednie pod wpływem chwili.

Intuicyjnie nie mogłam uspokoić się z powodu tych bezsensowności, gdyż wierzyłam, że Bóg, który jest z nami wszystkimi, jest również i ze mną. Skąd te wszystkie sprzeczności i podziały, kiedy to powinniśmy wszyscy być Jednym, jako ta sama jednostka razem. Typową chrześcijańską odpowiedzią byłoby, że człowiek poszedł swoją własną drogą z dala od Boga. A przecież mój pastor słuchał tego samego naszego Boga!

Zgodnie z tym Bóg miałby przekazać mojej mamie kontrastujące ze sobą oświadczenia do przemyślenia dla mnie, na temat religii i uzdrawiania. Nie były to żadne marne refleksje, gdyż oparte były na Biblii, przepowiedniach oraz moim dobrym odczuciu, które starało się zrozumieć więcej o wierze, religijnych prawach i doświadczeniach. Głos Yahuah wewnątrz mojej mamy często wtrącał się, aby unieważnić moje rozmyślania, nie pozwalając jej nawet w pełni usłyszeć moje słowa oraz odczuć mą tęsknotę za prawdą. Stawała się wówczas zupełnie zdezorientowana, ponieważ była ona bardziej na mojej długości fali. Takie wtrącanie powodowało najwięcej kłótni pomiędzy nami. Chociaż wiele razy wtrącał się również, aby zmusić ją do zwracania większej uwagi na mnie, gdyż mówił On, że miałam rację. Bóg tak naprawdę był pośrodku nas.

Mój niepokój zaprowadził mnie do przeszukiwania Biblii, aby udowodnić równość płci; wiedziałam, że mam intelekt, serce, ducha, ciało (tylko trochę inne), można by wymienić więcej, tak samo sprawne jak mężczyzna.

Czułam mocno, że muszę podzielić się z naszym pastorem poważnymi relacjami i zdolnościami w odniesieniu do Boga, jako kluczowymi dla Jego kościoła, jakie posiadała moja mama oraz ja. Stworzyłam trójstronową analizę Biblii, która wyjaśniała, jak po chrzcie, wszyscy jesteśmy tym samym ciałem Yahshua „Chrystusa", zatem każde z nas składa się z równych części. (Jak już wspomniałam wcześniej, kontrargumentem jest to, że wszyscy jesteśmy równi, lecz mamy różne role. Nie zgadzam się z tą wersją równości, ponieważ kobiecie odmawia się autorytatywnej roli nauczania mężczyzn, co jest niemądre, jeśli ona jest intelektualnie lepsza.) Rozpoczęłam studiowanie od Księgi Rodzaju, Rozdział 3, wersy 11-13, które niejako bronią Ewę, ponieważ Adam był tym, który umyślnie zgrzeszył przeciwko Bogu, podczas gdy Ewa została oszukana.

W dniu, w którym przedstawiłam pastorowi kolekcje Pism, byłam zdenerwowana. Modliłam się do Yahuah, żeby otworzy serce mojego pastora, by ten przyjął kontekst odnośnie równości płci; prawdziwie chciałam być wysłuchana.

Mój pastor pobieżnie przeleciał po kartkach i powiedział, że się mylę. Stwierdził, iż istnieje powód dla nadanej przez Boga hierarchii, ponieważ on jako pastor znałby właściwą interpretację Pisma Świętego, aby nauczając go innych. Przez chwilę żarliwie spierałam się z nim, ale sytuacja stawała się coraz bardziej napięta. Jeśli w jego słowach byłaby miłość, zauważyłabym to w jego oczach, lecz jego spojrzenie było chłodne i surowe. Zachowywał się jak pastor z Kościoła Zielonoświątkowców, który nie nazwał nas bezpośrednio wiedźmami. To, co było gorsze, to fakt, że ten samozwańczy pastor prosto w twarz nazwał mnie dzieckiem Diabła!

Byłam niesamowicie zraniona, zapłakana wybiegłam z sali prowizorycznego kościoła. Zostałam w samochodzie i czekałam na mamę, nie wiedząc, czy próbuje naprawić z nim sytuację, gdyż ona wciąż chciała należeć do kościoła. Moje wewnętrzne ja podskoczyło radośnie, kiedy zobaczyłam ją, jak dwie minuty później nadchodzi sama. Powiedziała mi, że wstawiła się za mną, gdyż zna moje serce. Po czym odjechałyśmy i nigdy więcej nie widziałyśmy tego człowieka.

Doświadczenie to skrzywdziło mnie bardziej niż inne, ponieważ łączyła mnie przyjaźń z tym mężczyzną. Kiedyś na osobności powiedział mi, że jestem jedyną osobą, której najbardziej ufał w poszukiwaniu z nim większej prawdy.

Wróciłyśmy do domu i w milczeniu usiadłyśmy w dużym pokoju. Przez wiele minut po prostu patrzyłyśmy się przed siebie, na nic. Czas wydawał się stanąć w miejscu. Czułyśmy się puste. Nie wiedziałyśmy, w co wierzyć. Co gorsze, nawet nie wiedziałyśmy, kim jesteśmy, ponieważ Yahuah był w zasadzie naszą tożsamością. Przynajmniej ona i ja miałyśmy siebie nawzajem.

Kiedy tamtego popołudnia słońce świeciło przez okna, widziałam, że życie płynie dalej. Cząsteczki kurzu tańczyły w powietrzu w promieniach słońca. Ciepło tych promieni było kojące, a światło rozjaśniło mój nastrój. Wyjrzałam na zewnątrz i zauważyłam, jak liście kołyszą się na delikatnym wietrze. Powoli wyszłam z szoku, zaczynając mówić o swoich uczuciach. Moja mama odpowiedziała, że czuje to samo. Wtedy podzieliłyśmy się wieloma refleksjami dotyczącymi naszych doświadczeń, a pośród tego wszystkiego starałyśmy się wymyśleć, kim my jesteśmy.

Przez kolejnych kilka dni rozmyślałam o moich latach przy Kościele Zielonoświątkowców, aby zastanowić się, dokąd iść dalej i zapamiętałam moje wewnętrzne odczucia. Pomyślałam o książce o starożytnych Hebrajczykach, którą pożyczył mi do przeczytania mój były pastor. Zdjęcie autora na tylnej okładce książki wyglądało dla mnie przerażająco, z jego zimnym wyrazem twarzy, ciemnym ubiorem oraz specyficznym dodatkiem w formie dużego ptaka na jego ramieniu. Bez obrazy dla tego mężczyzny, ale czułam się niepewnie w stosunku do jego osoby, chociaż wciąż gapiłam się na jego zdjęcie usiłując strzasnąć z siebie to uczucie. Reakcję ta upchałam na tyłach mego umysłu i poszłam do biblioteki szukać pochodzenia Hebrajczyków; chciałam sprawdzić, czy faktycznie był to najstarszy język, tak jak mnie uczono.

Nic dziwnego, że kościół zabrania czytania czego innego aniżeli Biblia, ponieważ faktyczna historia opowiada nam zupełnie inne rzeczy! Język akadyjski poprzedza Hebrajski, jak również całą gamę innych plemion, które już wtedy istniały. Byłam trochę zszokowana tą informacją, a później poczułam się głupio, że nie wiedziałam tego, lecz przede wszystkim poczułam wielki pokój, ponieważ biblijne luki w zrozumieniu zaczęły się wypełniać.

Historia potwierdza, jak naprawdę wielki jest zewnętrzny świat w porównaniu z historyjką o stworzeniu z Biblii. Rozpoczęło się moje poszukiwanie prawdy na zewnątrz religijnej przesłony.

12 września 2004 r.
Moje drogie dziecko,

Jestem bardzo dumny z postępu, jakiego dokonałyście w poszukiwaniu Prawdy i usiłowaniu przyjścia do Mnie, Moja córko. Nadszedł czas, aby uważać na wszystko, co umieściłem w twoim zasięgu. Moje bogactwo, Moje dary w Moim Duchu, są wszystkie dla ciebie, abyś je wzięła jako swoje. Och, Dziecko! Przez wiele lat cierpiałaś z powodu złych myśli, które przychodziły do twej istoty, ale już nigdy więcej. Jestem tutaj, teraz, aby zabrać cię do spokojnego miejsca; ofiaruję ci Mój odpoczynek i radość, nie do pokonania, które tylko ja mogę tobie dać. Moja córko, dam tobie więcej rewelacji z Mojego Pisma Świętego i będziesz wtedy wiedziała, jak prawdziwy jestem. Jestem Alfą i Omegą, zawsze prawdziwy dla tych, którzy we mnie wierzą. Nie pozwolę, aby krzywda stała się tobie ani twojej matce, gdyż jesteście Moimi dziećmi, Moimi Wybranymi, Moim kapłaństwem tutaj na Ziemi. Wkrótce nadejdzie Moje Królestwo, a Moje dzieci złączą sieć i staną się mentorami dla tych zagubionych. Ci aktorzy jeszcze Mnie nie znajdą, ale sami wybrani poznają Mnie wkrótce. Na całym Świecie jest wiele wojen, zarazy, głodu, bólu i zła, lecz Moja miłość i Mój Duch podtrzymają tych, którzy Mnie znajdą i wciąż za Mną podążają oraz trzymają się Mnie w Moim Świecie. Dzisiaj sięgasz innej płaszczyzny swojej ziemskiej egzystencji, takiej, która ukaże ci powód, dla którego jesteś na tej Ziemi. Nie dokonałem Moich Kreacji po to, żeby podążały za wabikami Zła. Uczyniłem cię i ukształtowałem na Obraz Mój i podobieństwo, byś rządziła ze mną po wsze czasy. Nie przejmuj się porami roku i czasem, gdyż one przeminą. Nie przejmuj się tym, co mówi Świat na temat Mojego Prawdziwego Imienia, Mojego Słowa i Moich praw, one obronią się same, bez żadnej pomocy ludzkich doktryn, fałszywych nauk i metod człowieka.

    Moim Wybranym ofiarowałem Moją miłość, Moje oddanie, Moje metody, których musicie się trzymać. Powiesz: „Jakie są Twoje Metody?" Dojdziesz do poznania wypełnienia się Mego Ducha, Mojej miłości do ludzkości z tobą. Thereso, będę twoim nauczycielem, przewodnikiem do wszystkich Prawd. Nie potrzebujesz pastorów, nauczycieli, kaznodziei Światowego Kościoła, gdyż oni Mnie nie znają. Kontynuują przekazywanie fałszywych interpretacji Mojego Pisma Świętego, aby dopasować je do siebie i nie prowadzą głodnych do Mojej Prawdy oraz Prawdziwej Natury. Ty wiesz, że Moja Natura nie jest jak ciało i krew pierwszego Adama. Był cel w Moim Stworzeniu i wciąż jest. Jak widzisz, rzeczy wokół ciebie nie mają sensu, Ja nadam im sens i ofiaruję ci zrozumienie Mojego Świata, abyś mogła wzrastać w Duchu i dotykać tych dookoła ciebie. Nie będę już dłużej przedłużał twojego cierpienia, ponieważ doszłaś do miejsca, w którym mogę być z tobą w pokoju. Przedtem, moje dziecko, było wiele podziałów pomiędzy twoim ciałem, umysłem i sercem, a Duch twój przewyższał je, zaś ty stawałaś się bardzo rozkojarzona. Wziąłem twego Ducha, aż [sic] Sam i dałem ci ukojenie, lecz ty nie czułaś, jak cię kocham. Teraz już czujesz. Mam wiele tobie do zaoferowania, Mój kwiatuszku, i możesz to wszystko otrzymać. Nie odwracaj się, jeśli usłyszysz jakieś Słowo w swoim umyśle – odszukaj je i za nim idź. To ode mnie! Daję Moim dzieciom Moje Prawdy krok po kroku, aby uczyły się i wzrastały. Jesteś dojrzałą osobą w Moim Duchu – jesteś teraz w potrzebie dużej ilości „treści" i przyjdzie to do ciebie lekko. Jestem świadom twojej trudności w koncentracji, zmęczenia oraz niezdolności do przemiany tych myśli w rzeczywistość, ale to nastąpi. Mam dla ciebie przygotowane życie z dziećmi, tak, z dziećmi. Zobaczysz, jak twoje życie zmienia się wraz uzdrowieniem twego ciała, umysłu i serca. Pamiętaj, mój czas nie jest ludzkim czasem. Bądź zawsze uważna na myśli, które napływają do twojego umysłu – pozytywne są ode Mnie, Moje dziecko. Módl się, kiedy możesz – dam ci motywację i zdolność do tego.

    Kocham cię, dziecko, bardziej aniżeli zdajesz sobie z tego sprawę i rozumiesz. Twoje ciało naprawi się, umocni i będzie podążać za tym, za czym musi. Będziesz wiedziała, kiedy zapuścić się w Świat, gdyż Ja cię poprowadzę. Pokój i radość od Yhwh i

Elohim. Zważaj na Moje Słowa.
Yhwh Mesjasz we wszystkich Prawdach.

Yahuah nareszcie powiedział mi, że nie potrzebuję pastora. Dzięki za refleksję, ale w tamtym czasie uważałam to za potwierdzenie tego, że jesteśmy na właściwym torze. Yahuah wspomniał również o dzieciach w mojej przyszłości, co było dziwne, gdyż wtedy nie było to moim głównym zmartwieniem (nie miałam wtedy jeszcze dzieci, ani nie byłam poważnie zaangażowana w relacje z dziećmi aż do roku 2014).

Przepowiednia ta krótko wspomniała o niezwracaniu uwagi na pory roku, zatem astrologiczne bzdury, za którymi poprzednio kazano mojej mamie podążać, były stratą czasu. Potwierdza to przepowiednia z 11 kwietnia 2004 r., która zmieniła prawa, ale teraz twierdzi, że wciąż są odrębne prawa Boskie, chociaż nie zostały wyjaśnione, gdyż kto wie, czy również one nie ulegną zmianie. Dzięki za przyznanie, że nie musimy przestrzegać rytualistycznych praw, ale nie dziękuję za okłamywanie mojej matki. W przesłaniach tych widoczne jest, że Yahuah lubi indywidualne podejście do pewnych rzeczy, więc nie przyznaje się do robienia źle, ponieważ moja matka jakoś potrzebowała dokładniejszego posłuszeństwa. To wykręt i faktycznie spowodowało jej nadużycie.

Jestem bardzo szczęśliwa, dowiadując się, że moja wyjątkowa siła nie została złamana w takim sensie, że za nieprzestrzeganie każdego przykazania zrzucony zostałby na mnie piorun. Udowadnia to, że wiele mojego wiedzenia, jest faktycznie *moim* wiedzeniem; naprawdę istnieje indywidualność poza Bogiem.

Stary Testament dostarcza wiele siejących strach wierzeń, kiedy to armie niewiernych zabite zostały przez zemstę Boga. Daje to do myślenia, czy Bóg dokonał tego właściwie Sam, przy pomocy Jego pozaziemskich mocy, czy też ludzkie armie zabiły ludzi na własną rękę, przypisując to Bogu, który im pomógł.

Myślę, że mądra byłaby ocena tego strachu w stosunku do czyjegoś Boga. Mój przypadek pokazuje, iż Bóg faktycznie nagina swoje przypuszczalnie żelazne zasady, więc daje nam to myśl, aby chcieć od Niego więcej, znacznie więcej, aniżeli zdajemy sobie sprawę.

Powyższa przepowiednia przygotowywała mnie na bardzo bliski kontakt z Yahuah, z tym, że moje myśli byłyby Jego myślami, co potwierdzały również poprzednie przepowiednie. Skoro nie jestem kimś, kogo można doprowadzić do pełnego opętania, pociąga za sobą telepatię.

Interesujące jest dla mnie w tej przepowiedni, że Yahuah mówi, iż nie zna Go żaden Kościół. Jej koniec wyjaśnia więcej, wymieniając z osobna Yahuah i Elohim. Pastor zinterpretował zastosowania tych dwóch różnych słów w Starym Testamencie w ten sposób: Yahuah jest imieniem Boga, zaś Elohim to tytuł, tak jak Pan, Ojciec, Alfa i Omega i tak dalej. Dla odmiany, przepowiednia ta wydaje się ujawniać, że Yahuah i Elohim to imiona dwóch różnych istot. Interpretacja ta zbiega się z przepowiednią z 21 marca 2003 r., która mówi, iż Yahuah i Yashua to dwa byty.

Kiedy byłam w Kościele Zielonoświątkowców, dowiedziałam się o debacie zawierającej nazwę *Elohim*. Elohim równe jest z Bogiem lub Yahuah, ale skoro Yahuah jest imieniem Boga, Elohim musi być tytułem. *El* oraz *eloah* uważane są za wersję liczby pojedynczej od Elohim, lecz *Elohim* nie może być liczbą mnogą, skoro zastępuje *Boga*.

Księga, która prawdopodobnie przyprawia judeochrześcijan o największy ból głowy, to Księga Rodzaju, Rozdział 1, wers 26: „I Bóg rzekł, uczyńmy człowieka na nasz obraz i podobnego nam". Następny wers z kolei przywraca monoteizm i mówi: „Stworzył więc Bóg człowieka na swój obraz, na obraz Boży go stworzył; stworzył mężczyznę i niewiastę". (Uwaga: słowa pisane kursywą zostały dodane później).

Egzegeza o nazwie „exeGeses parallel BIBLE" wykorzystuje Hebrajski leksykon, aby pokazać, że *Elohim* było oryginalnym słowem dla *Boga*.[8] Oznacza to, że Elohim z Księgi Rodzaju, Rozdziału 1, wersu 26, równoznaczny jest z liczbą mnogą bogów lub co najmniej z Bogiem i półbogami. Księga Wyjścia Rozdział 20, wers 3, również używa słowa *elohim*, kiedy mówi o „innych bogach". El było liczbą pojedynczą dla kananejskiego boga i El było także używane do przedstawienia wersji liczby pojedynczej Elohim; dlatego Elohim musi być liczbą mnogą *Boga*.

Chrześcijanie oraz Żydzi odmawiają zaakceptowania mnogości *Elohim*, chyba że patrzą na nie jako na homonim (wyraz o podobnym brzmieniu, lecz innym znaczeniu – przyp. tłum.) lub rzeczownik staje się liczba mnogą, kiedy czasownik bądź orzeczenie jest liczbą mnogą. Argument z homonimem jest za słaby, więc odrzucę go. Warunek pochodny *Elohim* zaprzecza Księdze Rodzaju, Rozdział 1, wersy 26-27, ponieważ wersy te wyraźnie rozróżniają pomiędzy liczbą pojedynczą a liczbą mnogą przymiotników, kiedy w obydwu przypadkach przedstawiają *Elohim*. Aby poradzić sobie z tym zagmatwaniem w swoich podniosłych tekstach, Chrześcijanie i Żydzi znaleźli sposób na wyjaśnienie tego i zamiast tego skupili się na innych Księgach Pisma Świętego.

W bardzo wczesnym stadium poszukiwań pochodzenia Izraela przeszukiwałam różne książki w bibliotece, które kwestionowały dokładność Biblii. Jedna książka o biblijnych mitach w szczególności rozrywa na strzępy wiele z fundamentalnych twierdzeń w Biblii. Kilka innych książek cytuje archeologiczne odkrycia, aby unieważnić historie biblijne. Natychmiast odłożyłam te książki na bok, ponieważ – tak jak moja osobista adnotacja o jednym z autorów w tamtym czasie: „Z pewnością jest on ateistą, dlatego nie podoba mi się ta książka" – postrzegałam takie książki jako skupione na sobie starania poganina w zaprzeczeniu istnienia Boga; Kościół Zielonoświątkowców bardzo sprytnie sprał mi mózg, abym myślała w ten sposób, żeby nie poszukiwać dalej. Chrześcijaństwo często również dyskredytuje naukę; mój pastor uczy swoją parafię, aby ignorowała twierdzenia naukowe, posuwając się do tego stopnia, że mówi, byśmy nie chodzili do psychologa, ani nie głosowali.

Teraz, kiedy wyrzucono mnie ze wszystkich kościołów, na członkostwie których mi zależało, stałam się odważniejsza i czytałam te książki, na czytanie których nie byłam przedtem gotowa. Byłam na tyle świadoma, żeby wiedzieć, że kiedy stawałam się niespokojna z jakiegoś powodu – to jest, kiedy moje wewnętrzne ja komunikowało się ze mną, abym zgłębiała ten temat – wiedziałam wtedy, iż muszę przeczytać te książki, aby dowiedzieć się, na czym stoję.

Ogólnym motywem, który zauważyłam, było to, jak poszukiwania precyzji w religiach i duchowości pochłonęły wielu intelektualistów na przełomie ostatnich kilkuset lat. René Descartes badał przed-transcendentalne rozumienie w motywach chrześcijańskich. Leonardo DaVinci umieścił w swoich obrazach ukryte przesłania, aby ujawnić skazy religii chrześcijańskiej; ponadto sięgał do nauki, żeby efektywnie wypełnić luki w zrozumieniu, że twierdzenia Kościoła są nadprzyrodzonymi cudami, zamiast naturalnymi zdarzeniami. Zygmunt Freud (ku mojemu zdziwieniu) był bardzo dociekliwy co do pochodzenia religii, stąd jego sekretne obsesje seksualne wyparte zostały przez jego pragnienie, aby nasze poziomy świadomości wpasować w większy obraz. Immanuel Kant zainspirował transcendentalne rozumowanie w odniesieniu do celu jednoznacznej prawdy, która tkwi w intuicyjnej naturze każdej osoby; jego dzieło filozoficzne jest wnikliwe i gruntowne.

Zdecydowałam, że najlepszym miejscem, aby zacząć, będą rozprawy archeologiczne i historyczne, a ja spróbuję obalić je, ostrożnie analizując ramy czasowe i przypowieści biblijne. Nie chciałam wyrzec się wiary, aczkolwiek religijne aspekty nie działały. Nie chciałam również, abyśmy z moją mamą zakładały prawdziwość jej przepowiedni bez uprzedniego, wiarygodnego sprawdzenia, w celu udowodnienia tego. Nie chciałam stworzyć kolejnego religijnego ugrupowania, jak czyni to z powodu interpretacji, wizji czy proroczego przesłania wielu ewangelicznych łotrów, co może zrodzić jeszcze większe podziały. Dlatego przeczytałam chronologicznie Księgę Rodzaju i zanotowałam wzajemne związki oraz ramy czasowe długości życia i genealogię patriarchów od czasów Adama. Cyfry, które miały znaczenie numeryczne przy mnożeniu przez 20, nie sumowały się; tak więc również miały znaczące luki. To, co odkryłam, popierało twierdzenia księgi!

„Czy Biblia ma więcej skaz?" – zapytałam się siebie z uciskiem w żołądku. Kolejne biblijne odsyłacze powiedziały mi głuche „Tak".

Książka Gary'ego Greenburg pt.: „101 Mitów Biblii. Jak starożytni skrybowie wynaleźli biblijne przypowieści" rozświetla niektóre z tych skaz.⁹ Na przykład Mit 16 stwierdza, że: „Bóg odpoczywał po Stworzeniu". Greenburg pyta: „Wszystko wszystkim, ale jaką potrzebę ma wszechmocne bóstwo, żeby sobie siedzieć i relaksować się?" (s. 39). Mówi on, że Bóg nie zrobił sobie dnia odpoczynku, ponieważ Bóg dokonał kolejnych aktów po tym, jak stworzył ludzkość. Mit 16 podsumowuje, że babilońska epopeja o stworzeniu pt.: „Enuma Elish" była raczej źródłem, które wskazywało, że bogom wolno było odpoczywać po stworzeniu ludzkości.

Mit 12 wyjaśnia, że Księga Rodzaju posiada dwie historie o stworzeniu ludzi. Księga Rodzaju, Rozdział 1, wersy 26-27, 31 przedstawia historię o siedmiodniowym stworzeniu, w którym mężczyzna i kobieta stworzeni zostali na szósty dzień, jeden dzień po tym, jak stworzono zwierzęta. Księga Rodzaju, Rozdział 2 wersy 6-7, 21-22 twierdzi, że ludzie zostali stworzeni z pyłu ziemi w różnych dniach: Adam będący pierwszą kreacją, później zwierzęta i wtedy Ewa. Greenburg postuluje, że sześciodniowa przypowieść o stworzeniu odnosi się albo do zestawu ludzi wcześniejszych niż Adam i Ewa, bądź do tego, że Adam stworzony został drugiego lub trzeciego dnia, długo przed Ewą.

Mit 18 posuwa się na tyle daleko, żeby mówić, że: „Adam i Ewa byli egipskimi bogami Geb (ziemia) i Nut (niebo). Ich dzieci były dziećmi ziemi i niebios" (s. 43). Pochodzi to z egipskiego mitu i otworzyło to Puszkę Pandory na mieszanie bogów z ludźmi, chociaż jest to tym, co w zasadzie twierdzą Biblia i wszystkie Źródła religijne i mitologiczne.

Mit 23 wyjaśnia:

> Zgodnie z Tekstem 80 Egipskiego Sarkofagu: „Atum rzekł, że stworzył Nut tak, aby mogła być poza mną, a Geb mógłby ją poślubić". Innymi słowy, Egipcjanie widzieli związek Ziemi i Nieba jako podstawę do małżeństwa i zasada ta zostaje przeniesiona do Księgi Rodzaju z Adamem i Ewą.
>
> Podczas gdy Adam stał się wyłącznym rodzicem Ewy, tak samo jak Adam (Heliopolitański Stwórca) stał się wyłącznym rodzicem swoich dzieci, idea Ewy pochodzącej od żebra Adama, wywodzi się gry słów starożytnego sumeryjskiego, najwcześniejszego języka literackiego Mezopotamii. Pochodzi to od sumeryjskiego mitu o Enki i Ninhursag (patrz mit Nr. 22).
>
> W micie tym Enki uskarżał się na osiem bólów, jednym z nich było żebro.
>
> „Mój bracie, co cię boli?"
> „[Moje] żebro [boli mnie]".

(ANET, 41.)

Bóstwo, które wyleczyło żebro Enki, miało na imię Ninti – imię, które w języku sumeryjskim ma podwójne znaczenie. Pierwszy człon „Nin" oznacza „panią od", ale drugi czlon „ti", oznacza zarówno „żebro", jak też „ożywić". Dlatego więc Ninti znaczy zarówno „panią od żebra", jak również „panią, która tworzy życie".

Ewa także łączy w sobie dwa tytuły. Jest ona naprawdę „panią od żebra", gdyż pochodzi od żebra. Tak jak jej wcześniejszy tytuł – „matka wszystkiego, co żyje" – wskazuje na to, że jest ona „panią, która tworzy życie" (s. 54-55).[9]

Mit 25 oświadcza: „Przed Adamem i Ewą były w Ogrodzie Edenu również inne istoty", co ma sens, gdyż przypuszczalnie mieli oni tylko dwóch synów, a którzy jakoś znaleźli żony (s. 58). Cieszę się, że były tam inne kobiety, gdyż synowie musieliby rozmnażać się ze swoimi siostrami i matką!

Mit 39 rzuca światło na znaczenie cyfry 40. Greenburg twierdzi, że J ma źródło u Judean, którzy podążali za Yahuah (J jest niemieckim przeliterowaniem Y jak Yahwist) w oparciu o opowieść o potopie, na egipskim kalendarzu słonecznym, który podzielony był na trzy pory roku, po 120 dni, spośród których jedna była naturalną porą powodzi. Wiele biblijnych odniesień do Egipcjan skłoniło mnie do zastanowienia się, dlaczego wierzący w Yahuah zaadoptowaliby opowieści od swojego wroga.

Mit 40 oznajmia, że wielki potop za czasów Neogo, który przypuszczalnie pokrył całą Ziemię i góry, miał zaledwie 15 łokci głębokości, co daje około 25 stóp.

Mit 75 ukazuje zgodność pomiędzy 10-cioma plagami egipskimi, jakie Bóg zesłał na Egipt, a starszymi papirusami egipskimi, udowadniając tylko kolejne egipskie odniesienie w Biblii.

Mit 78 wyjaśnia Dziesięć Przykazań, o których początkowo sądzono, że są tylko „Dziesięcioma Słowami" w Hebrajskim:

Biblia posiada kilkanaście sprzecznych relacji na temat tego, jakie prawa zostały dane Izraelitom, ile ich otrzymali oraz kiedy i gdzie były one przekazane. Tradycyjne Dziesięć Przykazań wspomnianych powyżej było późniejszym wymysłem, stworzonym nie wcześniej, aniżeli w siódmym wieku przed naszą erą....

Biblia skupia co najmniej cztery różne normy praw związanych z Dziesięcioma Przykazaniami, dwie z nich zawierają wersje podobne do tradycyjnych Dziesięciu Przykazań, z których jedna zawiera radykalnie inną wersję Dziesięciu Przykazań, oraz jedna, która zawiera ponad czterdzieści przykazań, łączącą kombinację praw wymienionych w trzech pozostałych dokumentach (s. 216).[9]

Tradycyjna wersja Dziesięciu Przykazań pojawia się w Księdze Wyjścia, Rozdział 20, wersy 1-17. Księga Powtórzonego Prawa, Rozdział 5, wersy 6-21, dostarcza drugą wersję. Następnie Mojżesz dostarcza trzecią zmianę Dziesięciu Przykazań w Księdze Wyjścia, Rozdział 34, wersy 27-28, po tym, jak roztrzaskuje pierwszy zestaw tablic, kiedy widzi grzeszne działania swojego narodu (Greenburg twierdzi, że cielę oraz rozbicie tablic były fikcyjnymi wydarzeniami). Fakt, że Księgi Wyjścia oraz Powtórzonego Prawa podają dwie różne wersje Dziesięciu Przykazań oraz innych przypowieści, skłania do zastanowienia, kto był ich autorem.

Laurence Gardner, autor „Rodowód Królów Świętego Graala", wyjaśnia twierdzenia Greenburg'a:

> Jest to pospolite, że Dziesięć Przykazań... było po prostu na nowo oświadczonymi wersjami starożytnych, faraońskich wyznań z Zaklęcia Nr. 125 w egipskiej Księdze Umarłych. Na przykład wyznanie: „Nic ukradłem" przetłumaczone zostało, aby orzec: „Nie zabijaj"; „Nie ukradłem" stało się „Nie kradnij"; „Nie powiedziałem kłamstw" stało się „Nie będziesz składał fałszywego świadectwa" i tak dalej (s. 215).[10]

W książce pt.: „Kto napisał Biblię?" autor, Richard Friedman, wyjaśnia, dlaczego Tora jest niespójna. W przeciwieństwie do popularnego wierzenia, Mojżesz nie był jedynym proroczym autorem „Ksiąg Mojżesza". Zgodnie z tym było znacznie więcej pisarzy w pozostałej części Starego Testamentu, aniżeli naucza się w religii. Friedman sprzecza się, że porządek oraz styl pisania, zawartość biblijna, a także geograficzna lokalizacja plemion wymieniona w Torze przedstawia przypadek czterech odrębnych grup pisarzy, wyłączając z tego dodatki edytorów, którzy przekazali swoją własną szczegółową, ale podobną historię.

> Uczeni mogli otworzyć Księgę Rodzaju i byli w stanie na jednej jej stronie zidentyfikować zapis trzech różnych autorów. Poza tym była tam również praca edytora, osoby, która wycinała i wstawiała dokumenty źródłowe, składając je w pojedynczą historię, tak więc cztery różne osoby mogły przyczynić się do wyprodukowania jednej strony Biblii.

Dokument, który kojarzony był z boskim imieniem Yahweh/Jehovah, nazwany został J. Dokument odnoszący się do bóstwa jako Bóg (z Hebrajskiego, Elohim) nazwany został E. Trzeci dokument, dotychczas największy, zawierający części prawne i skupiający wszelkie sprawy związane z kapłanami, nazwany został P. Zaś źródło, które znalezione zostało tylko w Księdze Powtórzonego Prawa, było nazwane D (s. 23-24).[11]

W gruncie rzeczy każda z grup napisała własną historię dotyczącą ich plemienia. Friedman korzysta ze stuletniej Hipotezy Graf-Wellhausen'a, która oświadcza, że pięć ksiąg Pięcioksięgu (Tory) pochodzi od zupełnie innych, acz jednocześnie równoległych narratorów, którym przypisano cztery tytuły: Pisarz Jahwista, Elohista, Deuteronomista i Kapłański. Piąty tytuł przyznany został Redaktorowi, który poprawiał materiał grup. Friedman wspomina redaktorów, lecz nie ma na myśli redaktorów jako grupy R, ponieważ ich praca leży w obrębie czterech głównych grup. To nie obniża ich roli jako grupy w Biblii. Generalnie istnieje zgodność co do tego, że znaczące materiały zostały usunięte i spalone przez redaktorów, stosownie do kaprysów królów, pragnęli przedstawić swoje rządy jako te faworyzowane przez Boga.

Poniższa przepowiednia z 16 kwietnia 2005 r. popiera mnie i moją mamę w naszych badaniach:

Moje córki,
Przychodzę dzisiaj do was obydwu, ponieważ mam wam wiele do wyjawienia w odniesieniu do obszernej ilości materiałów, jakie dałem wam do zbadania o „Słowie". Moje córki, jak widzicie, książki, które wertujecie strona po stronie, słowo po słowie, ukazują skrajne rozbieżności, kłamstwa, zwodnicze słowa, których wielu ludzi użyło do zmiany, dodania, ujęcia, eliminacji oraz zagubienia, celem wykiwania i dopasowania się do czasów oraz ich niecnych zamiarów! Och! Córki! Jak zły jest Świat i jaki był w tamtych czasach! Och! Córki! Powiadacie, gdzie jest prawdziwy El; Gdzie jesteś? Och! Córki! Zawsze byłem i zawsze będę; lecz całe to ruszenie z Moim oryginalnym Słowem, sprowadziło ludzkość na niewłaściwą ścieżkę ku destrukcji. Nie trwóżcie się ani nie rozpaczajcie, obiecałem wam, że zaprowadzę was do całej prawdy oraz dam wam wiedzę, której będziecie potrzebowały, aby iść za Moją Wolą.
Teraz macie wiele pytań o autorów w księgach mojego starego Przymierza. Autorów jest wielu. Podążali oni za szacownymi ludźmi ich czasów. Tak więc ci skrybowie/autorzy napisali

oraz pomniejszyli/dodali w tych księgach stosownie do ich sympatii do danej szacownej osoby. Jestem wielce zniesmaczony rytuałami ofiarowań, ofiarowaniem zwierząt, paleniem starych, prawdziwych manuskryptów celem dopasowania do osobistych preferencji religijnych, a także ofiarowaniem ludzi oraz czczeniem ceremonialnych rytuałów. Wszystkie one są dla Mnie wstrętne! Szilo było Miejscem Mojej Czci. Jest ono najstarsze, lecz czas, ludzie oraz ceremonialne rytuały, z powodu chwalebnych rytuałów kapłańskich, zmieniono Moje Prawdziwe Miejsce lub uwielbienie dla innych. Moje córki, bóstwa, opowiadania wymyślone, aby przez stulecia przenosić tradycję oraz ceremonialne rytuały, były zupełnie nieprawdziwe i skonstruowane w najgorszy sposób. Jestem bardzo rozczarowany tymi praktykami, nawet do dziś dnia.

Tora, we wczesnych dniach moich ludzi, była prawdziwa, lecz żadne z ceremoniałów nie były podyktowane przeze Mnie. Linie kapłańskie datowane wstecz do szacownych ludzi we wczesnych czasach przed prorokami, były obmyślone, żeby zadowalać złowrogich przywódców oraz ich oddanie. Owszem, moi ludzie zaangażowani byli oraz czerpali swoje praktyki od Egipcjan, Babilonian oraz z okresów ich bóstw. Moje córki, kiedy czytacie te książki, które dają szukającym informacje archeologiczne i historyczne, zauważcie, że w dokumentach, przypisach, w różnych wersjach Tory, które dano ludziom, aby zgodnie z nimi żyć, brak jest Mojej ręki, są tam jedynie ich własne kaprysy i perswazja. Zapytacie więc – jakie są Prawdy i prawa, właściwe nakazy, zgodnie z którymi mamy żyć? Gdzie mamy ich szukać? Jest zbyt wiele materiałów, aby przez nie przebrnąć. Moje córki, moje tradycyjne 10 Słów jest moimi prawdziwymi słowami, zaś moje właściwe nakazy są dla tych, którzy ciągle, dzień po dniu, czynią zło w ich życiu. Obydwie otrzymałyście Mojego Rozdzielonego Ducha i poprzez Mojego Ducha daję wam „wiedzenie" w waszym umyśle i sercu, byście podążały jedynie za dobrem i Prawdą. Moi szacowni naśladowcy byli wyjątkowi w Moich oczach. Tak, miałem prawdziwych apostołów i prawdziwych czcicieli, którzy całym swoim umysłem, sercem i duchem naśladowali tylko Moje prawa, lecz ich było niezmiernie niewielu. Dawid, Salomon, Mojżesz byli niegdyś Moimi synami, lecz zgrzeszyli przeciwko Mnie. Ukarałem ich w bardzo srogi sposób. Nie wierzcie liniom kapłańskim, jak obrazują to w księdze „Słowa". Nie naśladowali Moich Słów. Do dziś dnia wszystkie „kościoły" podążają za przewodnictwem kapłanów, lecz niezgodnie z Moją Wolą.

Nie kwestionują oni fałszywości oraz nieczystego zwodzenia przez różne wersje wyznań, tak jak czyni to niewielu Moich naśladowców, czy też nawet nie chcą o Mnie wiedzieć! Jestem zasmucony sytuacją na świecie i poczyniłem starania, aby dotrzeć do kilku chłonnych, takich jak wy. Kocham was obydwie. Wciąż będę otwierał wasze umysły i odsłaniał wszystkie Prawdy, na które będziecie trafiać w swoich czytaniach. Wiedzcie tylko, że historie o Exodusie (Wyjście), historie o Izraelu i Judei są fałszywymi historiami i zakłócają oraz zaślepiają ludzkość w poszukiwaniach Prawdy o Mojej Prawdziwej Tożsamości. Kontynuujcie czytanie i podążajcie za Moimi podszeptami, a będziecie znały Prawdy – takie, jak je dałem. Dzieci, jestem bardzo rzeczywisty, mam na imię Ya, tak jak zostałem nazwany od Początku. Nie udzielę wam teraz odpowiedzi na wszystkie wasze pytania, gdyż mam na wszystko czas i miejsce, wtedy, kiedy tak uważam. Thereso, uleczę twoje problemy ze snem, gdyż te poszukiwania Mojej Prawdy wstrząsnęły twoją świątynią i zagrażają twemu zdrowiu. Prawdziwie ochronię twoje zdrowie i ciało na czas twoich studiów. Wiedz, że jestem przy tobie z każdym krokiem..

Tak powiadam
Ya

Naprawdę teraz? Po tym, jak doszłyśmy do tego wszystkiego same i kiedy zdałyśmy sobie sprawę, że przetrwałyśmy na własne życzenie, On znowu wskakuje, aby powiedzieć, że to On doprowadził nas do tej wiedzy, która sprzeczna jest z wszystkim tym, do czego doprowadził nas dotychczas? Posuwa się On nawet tak daleko, żeby zgadzać się z tymi druzgocącymi Biblię książkami? Ponadto wciąż ma na tyle czelności, aby mówić, że nie posiadam wystarczającego wiedzenia o dobru i prawdzie: „Obydwie otrzymałyście Mojego Rozdzielonego Ducha i poprzez Mojego Ducha, daję wam >>wiedzenie<<, w waszym umyśle i sercu, byście podążały jedynie za dobrem i Prawdą". Czy Yahuah ponownie usiłuje mnie przejąć i uczynić mojego ducha Jego duchem? Zdaje się więc, że nie posiadam swoich własnych zdolności, gdyż tylko Bóg daje życie, oddech i cel, tym samym kontrolując każdy krok.

Niestety, nawet nie byłam aż tak bardzo zafrapowana tym zdaniem na początku, kiedy otrzymałam tę przepowiednię, ponieważ w tej sytuacji moja matka i ja bez kościoła czułyśmy się samotne. Dusząca natura tego przesłania zrównoważyła naszą samotność.

Kolejny raz było wspomnienie o Elohim, lecz w krótszym Słowie „El": „Och! Córki! Powiadacie, gdzie jest prawdziwy El; gdzie jesteś?" W tamtym czasie nie wgłębiałam się w to słowo, ponieważ oddaliłam je jako pojedynczy zaimek bądź tytuł. Kiedy czytam to teraz, wygląda na to, że Yahuah chciał podzielić się kolejnymi rewelacjami na temat Jego tożsamości, gdyż wciąż było wiele do dowiedzenia się. Czyżby badał on grunt, aby zobaczyć, czy chciałam bardziej otworzyć oczy? Oczywiście nie chciał, by moje posłuszeństwo rozmyło się, kiedy odkryłabym coś, co mogłoby przyćmić Jego wizerunek. Czyżby ponownie przemyślał Swoją strategię?

Podpis „Ya" jest Hebrajską literą *yad*, która opisuje ramię lub rękę, która pracuje, robi coś i rzuca. Ta pojedyncza litera jest wystarczająca, aby opisać Yahshua.[12] Ta ostatnia przepowiednia mówi, że Ya jest prawdziwym imieniem Boga (po wszystkich wymienionych przez Niego prawdziwych imionach). Wygląda na to, że Ya nie jest skróconym imieniem Boga, jak wydedukowałam wcześniej. Ya powiedział nam, że nie musimy być ochrzczone pod tym imieniem, gdyż wciąż naśladujemy Jego. Nie mogłam sobie wyobrazić, żeby imię Boga było bardziej uproszczone czy bardziej „prawdziwe"; tylko tyle mogłyśmy z Nim zajść, chyba że dowiedziałybyśmy się czegoś zdumiewająco innego.

Pisemny dialog, jaki moja mama miała z Nim 8 czerwca 2005 r., był o tyle istotny, że odniósł się w nim do mojej choroby, która wciąż nie była uzdrowiona.

Mama: Dzień dobry, Ya.

Ya: Dzien dobry, dziecko.

Mama: Ya, mam tyle nieodpowiedzianych pytań, więc zadam ci ich kilka dzisiaj.

Ya: Tak, dziecko, oczywiście, zawsze mam dla ciebie czas.

Mama: Dziękuję.
Ya, odnośnie tej wizji, którą miałam któregoś dnia, dlaczego Theresa jest wciąż w bańce, sięgając do mnie, zamiast być ze mną na zewnątrz bańki?

Ya: Dziecko, w wizji tej widzisz Świat z całą ciemnością i zakłóceniami. Ciemność trzyma całą ludzkość, zwierzęta, wszystkie stworzone rzeczy, włączając dobro i zło. Theresa utrzymywana jest przez byty ciemności, wbrew swojej woli oraz przez własny strach, które są minimalne w tym czasie. Jest znacznie więcej zakłóceń oraz odpowiedników zła, strachu itp., przed którymi ochraniam ją całe jej życie. Wciąż jest podatna na zranienie, ale ze swym pragnieniem poszukiwania Prawdy i Mnie, przebije się przez to w ciągu swojego życia. Obstając przy swoich przekonaniach i morale, szybko uwalnia się od lęków jej przeszłości. Samo to daje jej wielki potencjał siły i dobrobytu. Moim stanowiskiem we wszystkich życiowych próbach jest kierowanie tych kroków, które człowiek podejmuje. Wyrażam pragnienie na dobrobyt i Prawdę dla całej ludzkości, ale częstokroć człowiek korzysta ze swojej wolnej woli, aby szukać łatwiejszego sposobu, dogadzając sobie w zły sposób, co przynosi chwilową przyjemność i zniszczenie. Dziecko, Theresa poszukuje tylko Mojej Prawdy, a ostatecznie, z jej czystym pragnieniem Mojej miłości i oddaniem rzeczywistości tego, kim Jestem, będzie wolna od swojej przeszłości, gniewu, frustracji i lęków, które one przyniosły.

Mama: Dziękuję, Ya, za to wyjaśnienie. Tak więc, skoro ona ma taki silny zamiar wyzdrowienia, dlaczego jeszcze nie jest zdrowa? Dlaczego wciąż czuje się taka wypłoszona nocą, nie mogąc normalnie spać ani jeść? Już tak długo cierpi!

Ya: Moja córko, wiele razy w czyichś próbach i sposobie życia usiłuje uczynić człowieka lepszym, lecz istnieją określone pożądania, które nieznane są danej córce czy synowi, co powstrzymuje ich przed ruszeniem naprzód. Theresa wciąż posiada pewne głęboko osadzone cząstki jej podświadomości, które nie odpuściły przemocy i nadużycia, jakie zniosła w dzieciństwie. Tak więc w stanie relaksu, nocą, podświadomie pamięta swoje traumatyczne zdarzenia w ciele, co, jak twierdzi Theresa, uruchamia „podwyższoną" reakcję i osłabia ją. Ciało jej świadomie nie posiada zdolności do uspokojenia się. Widzisz, sytuacja ta wymaga większej pomocy z zewnątrz, dziecko. Nie jest ona w stanie wyłamać się. Więc będę interweniował w tej sprawie, wyciągając jej lęki na przyczółek jej świadomości; oraz urzeczywistniając te zdarzenia w jej umyśle jako mniejsze zło w teraźniejszości. Pomogę jej umysłowi rozpoznać i zaakceptować przeszłość, aby pozostawić to przeszłości i ruszyć naprzód. Żaden psycholog ani terapeuta nie jest w stanie dać Theresie tego, co potrzebuje, za wyjątkiem jej Wszechmogącego. Moje dziecko, nie gryź się tymi lękami, które nie są w twoich rękach, tylko w moich.

Mama: Dziękuję, Ya. Czy przezwycięży ona te lęki i negatywne myśli?

Ya: Tak, z Moją pomocą.

Mama: Zatem, Ya, czy Theresa ostatecznie stanie na zewnątrz światowej bańki?

Ya: Tak, dziecko, i ręka w rękę będzie szła z tobą w wolności i miłości.

Powyższe przesłanie o uzdrowieniu doskonale opisuje normalny proces uzdrowienia, ponieważ potrzebowałabym konieczną ilość czasu do poradzenia sobie z nierozwiązanymi myślami i emocjami. Dodatkowo, to, co najtrudniejsze do konfrontacji w mojej pod/nieświadomości, można uleczyć za pomocą specyficznych, somatycznych praktyk psychologicznych, takich jak Przetwarzanie i Desentyzacja Ruchu Gałki Ocznej (ang. EMDR), NET oraz Technika Wolności Emocjonalnej (ang. EFT), które uwalniają upchnięte energie emocjonalne, częstokroć wynosząc na przedsionek naszego zrozumienia związane z nimi myśli. Tak, stłumiona trauma jest szczególnie trudna do pokonania, zwłaszcza w przypadku głębokiego snu, kiedy to nie mamy żadnej kontroli nad naszymi koszmarami. Tak więc, to tutaj Wszechmocny Bóg miałby mnie uzdrowić, prawda? Nie. Wszystko, co mi powiedziano to to, że Bóg miałby zająć miejsce mojego terapeuty w wyplenieniu moich lęków, kiedy to właściwie moja pomoc z zewnątrz kończyła się na tych psychologach i terapeutach, którzy pomogli mi stawić czoła moim lękom.

Ya mówił o duchach ciemności, które usidlają mnie. Dlaczego On, jako Bóg, często przyzwala demonicznym bytom na zastraszanie Jego wybranych? Emocjonalność Boga, bezsensowne rozkazy, mniej niż wszechwiedzące, wszechmocne i wszechobecne zdolności, oraz przyzwalanie na zło, sprawiają, że wygląda On raczej jak człowiek, a nie bóg. W odpowiedzi na moje pytania, w jednej z Jego ostatnich proroczych komunikacji z moją mamą (pozostawiona bez daty, prawdopodobnie w roku 2005), Ya pokazał jeszcze więcej Swoich sprzeczności:

1. Czy różne duchy wykorzystują moją mamę do jej przepowiedni dotyczących mnie bądź jej wiedzy?

Ya: Nie, dziecko, inne duchy nie wykorzystują twojej mamy do jej przepowiedni – Ja wykorzystałem te duchy wybrane przeze Mnie do przykazania tobie informacji bez jej wiedzy.

2. Dlaczego używasz złych duchów na nas – czyż nie jesteśmy wybranymi przez ciebie? A co z tym, że powiedziano nam, że to ty dałeś Mojżeszowi oryginalne „10 Słów" oraz zainspirowałeś część Księgi św. Jana, czy to również nie było całkowitą prawdą?

Ya: Tak, jak powiedziałem ci wcześniej w przesłaniach do ciebie, Ja wykorzystuję do Mojego celu dobro i zło – Moje metody nie są waszymi. W starych, biblijnych mitach wiele wyjątkowych mężczyzn i kobiet miało dobre serca i było prawowitymi istotami. Przez stulecia na scenę społeczną weszły proste zasady, według których miano żyć, zaś wielu z nich wyniesionych zostało na wyższe pozycje, aby kontynuowali opowieści. Nie były one zupełną prawdą.

3. Czy w niebie mamy ciała duchowe, czy jest zupełnie inne od tego, jak sobie to wyobrażałyśmy – czy ty jesteś zupełnie inny?

Ya: Dziecko, nie czas, aby odpowiadać na to pytanie. Ja jestem duchem, to wszystko na tę chwilę.

4. Czy możesz oraz czy uzdrowisz i odmłodzisz nasze ciała, dając im więcej młodości wewnątrz i na zewnątrz, po tym całym zamieszaniu, przez które przeszliśmy bez naszej winy, czy też polegasz tylko na prawach natury, którą już stworzyłeś?

[Pytanie to Ya pozostawił bez odpowiedzi. W moim uporze odpowiedział na kolejny zestaw moich pytań, twierdząc, że wykorzystuje zarówno Swoją rękę, jak prawa natury.]

5. Czy my (włączając w to mnie) mamy otrzymać dialog z tobą, a nie ten rodzaj przepowiedni, jaki otrzymywała moja mama? Czy będziesz to tylko ty, Ya, od teraz? Oraz czy staniesz się bardziej interaktywny w relacjach, czy też jesteś teraz dalej?

Ya: Prowadzę dialog z Moimi bliskimi. Tym Wybranym daję również dary, tak jak tobie dałem mądrość w twoim wnętrzu dotyczącą Mnie. Moje dziecko, jestem prawdziwy w Duchu i Prawdzie. Dałem ci głębokie pragnienie odszukania Moich Metod, które odnajdziesz. Jestem delikatny i łaskawy; bliżej niż kiedykolwiek dotąd.

Te prorocze odpowiedzi nie były godne zaufania. Ya okroił odpowiedź do pytanie Nr. 3 i wstępnie uniknął odpowiedzi na pytanie Nr. 4, że niby jakoś odpowie na nie następnym razem. W poprzednich pisanych przepowiedniach przekazał nam tylko to, co On chciał nam powiedzieć; stało się oczywiste, że preferuje on jednostronny rodzaj komunikacji, chociaż w pytaniu Nr. 5 mówi, że prowadzi dialog ze Swoimi ludźmi. Najgorsze jest to, że wykorzystuje zło do załatwiania Swoich spraw z nami.

Dogmat Boga, w którym stworzył On wszystko i wszystko to może kontrolować. Niemniej jednak bycie źródłem dobroci, prawdy i miłości, oraz jednoczesne pracowanie z wrogiem nigdy nie miało sensu dla mnie i dla mojej mamy. Przyzwalano nie tylko na nadużycia w stosunku do nas, ale zgodnie z tym przekazem od Ya, mógł On również spowodować trochę bólu. Jest to ważne pytanie, ponieważ Jego taktyki tworzyły czasami podziały pomiędzy Jego naśladowcami, którzy zadają więcej pytań, aniżeli On jest chętny ujawnić. Czy my naprawdę jesteśmy chronieni przez naszego Boga?

Przekonana jestem, że nasza wiara w Boga, chroniącego nas przed skrzywdzeniem, jest głównym powodem, dla którego ludzie wciąż wielbią ich religijnego potężnego-człowieka, lecz jeśli to zależy od grymasu Boga, kto może mu naprawdę zaufać? Czy Bóg jest raczej tak zwanym bogiem, który w zasadzie jest kolejną istotą, taką samą jak my? Ya, Yahuah, Yashua i tak dalej, odchodził już z naszego życia i wydaje mi się, że mógł to zaakceptować, ponieważ jego taktyki manipulacyjne nie mogły już nas dłużej utrzymać.

Wielki Intelekt, Wielki Mistrz i Źródło Miłości/Miłość Ponad Wszystko

Format bezpośrednich pytań i odpowiedzi, którym poprzednio podążałyśmy, stawał się zbyt bliski dla komfortu boga. Ten bóg wolał funkcjonować w kontrolowanym formacie, który pozwałaby mu na udzielanie odpowiedzi takich, jakich chciał udzielać. Wiedziałyśmy, że nasz bóg jest zaborczy, a przez Biblię i religie zostałyśmy nauczone, że to dobra rzecz; aczkolwiek postęp wydarzeń, który zbliżył go do nas – oraz to, iż twierdził on, że zawsze chciał ujawnić się nam – pokazało wyraźnie, że ma on coś do ukrycia. Wydawał się nie być wystarczającym mężczyzną na bliski związek! Przypominało mi to moje nieudane związki z mężczyznami, którzy mówili, że chcieli miłości i prawdy, ale kiedy ja nie łechtałam ich ego i odpychałam mury przeszłości i sprzeczności, oni wycofywali się. To przypuszczalnie w tym właśnie czasie, mądrzejszy i mogący więcej bóg/istota przejął kontrolę; niemniej jednak my nie chciałyśmy kolejnego boga.

Wciąż kontynuowałyśmy format pytań i odpowiedzi, aby kłaść nacisk na prawdę, zaś moja mama otrzymywała nowy zestaw nazw: Wielki Intelekt (ang. Grand Intellect, skrót GI) i Źródło Miłości. Koncepcje były bardziej specyficzne i można było je skategoryzować.

Na przykład 11 grudnia 2005 r. GI oświadczył:

> Jest wiele obliczy istnienia, jakie uformowałem – posiadają one oblicze duchowe – wznoszące się ponad materię; emocjonalne – odczuwanie, wrażliwość; fizyczne – namacalną, na przykład istotą ludzką, oraz intelektualne – formułowanie procesów myślowych.

Towarzysze duchowi spotykają się na innym poziomie niż fizyczni.

GI powiedział, że pracuje ze Źródłem Miłości, które jest innym aspektem prawdy. Kontynuowało ono dalej:

> Negatywność jest dookoła i wewnątrz całej ludzkości, lecz czysta miłość [Źródło Miłości] oraz prawda w świadomym umyśle [Wielki Intelekt] potrafi i zwróci się przeciw negatywności woli, zwyciężając w dobroci i prawdzie. Wielki Intelekt oraz Źródło Miłości mogą to sprawić z pozytywną wolą.

Język powyżej wydaje się wskazywać na istoty, które działają, więc zastanawiałyśmy się, czy przekaz pochodził od innej istoty. Moja mama nie chciała tego, zatem zdecydowała się zapytać, kim było GI.

31 grudnia 2005 r.:
Matka (M): Czy jesteś duchem?

Odpowiedz (O): Nie.

M: Jesteś bytem?

O: Nie.

M: Czy dajesz mi odpowiedzi, o jakich decydujesz, abym je poznała, czy czekasz, aż zadam pytania?

O: Czekam, aż zadasz pytania.

M: Dlaczego?

O: Ponieważ wiem, o co zapytasz, zanim zapytasz o to – wiem wszystko.

M: Z jakiej substancji się składasz?

O: Powietrze, woda, ogień, pierwiastki ziemskie, lecz niewidoczne gołym okiem.

M: Inny wymiar?

O: Tak.

M: Sądziłam, że jesteś ponad wszystkimi rzeczami, na wskroś wszystkiego oraz we wszystkim, czy też się mylę?

O: Źródło Miłości osiągnęło to wszystko. Ja nie.

M: Więc co ty robisz?

O: Budzę ciebie rano, motywuję wszystkie żyjące rzeczy do stanu działania i produktywności.
[Zauważcie: Było to jak przepowiednia z 16 kwietnia 2005 r.! Wydaje się, że wciąż nie mogłam sama niczego zrobić.]

M: Co daje nam nasz Intelekt z ograniczeniami i barierami? Czy jesteśmy częścią Wielkiego Intelektu z naszą miarą wiedzy i zrozumienia od tego źródła?

O: Tak. Miara wzrośnie dla tych, którzy tego poszukują.

Nie byłyśmy pewne, czy to nie-byt Źródło rozpoczęło komunikację, czy też to GI karmił nasze pragnienie tej czystości. Reszta tej komunikacji przyznawała, że GI składa się z substancji materialnej, takiej jak nasza, lecz w innym wymiarze. Nie wiedziałyśmy jeszcze, co istnieje na zewnątrz naszego dużego wymiaru, tak więc początek tej komunikacji uspokoił nas na chwilę. Interesujące jest, że Źródło Miłości wydaje się być jakąś znacznie wyższą energią niż GI.

Żeby dotrzeć do prawdziwego Źródła, porównałam i skontrastowałam tysiące kolejnych pytań, jakie zadaliśmy wszystkiemu, co przekazywało poprzez moją mamę, tak więc był to dopiero początek. Pokażę rozmaite fragmenty z komunikacji, aby zaznaczyć różnorodne style komunikacji. Twierdzę, że musimy posiadać własne rozeznanie pośród wszystkich przekazów, aby nie przyjmować natychmiast tego wszystkiego jako prawdy tylko dlatego, że pochodzi od „wyższej" istoty. Zamierzam pokazać, jak możemy odnaleźć prawdę taką, jaką jest, w przeciwieństwie do tego, w jaki sposób opisuje ją inna istota. Zwracajcie uwagę na wzorce i wyróżniki, które się wyłaniają.

Komunikacje z GI często odbywały się z pisanego zestawu pytań. Czułyśmy, że ten styl komunikacji jest dla nas lepszy, gdyż moja mama była znacznie mniej kontrolowana. Oczywiście wciąż byłyśmy uważne na naturę tego, co komunikowało się z nią.

17 stycznia 2006 r.
Ja: Czy grupa istot duchowych YHWH/Jezusa chce nam pomóc, czy nas

oszukać, czy też jedno i drugie? Czy wiedzą one to, co ty wiesz, dlatego że są w twoim wymiarze i mogą znać ciebie lepiej, czy są one zagubione w innym wymiarze niż ty? Są to duchy ludzi, którzy umarli, czy też są oni aniołami, które zeszły na złą drogę? Czy istnieje białe i czarne, dobro i zło?

GI: Grupa istot duchowych Yhwh/Jezusa chciała was oszukać, po to, aby być wielbioną. Są one na płaszczyźnie świata o religijnym myśleniu – po to, aby rządzić i aby ich naśladowano. Nie są one duchami ludzi ani aniołami, które zeszły na złą drogę, lecz zaborcami ludzkich żyć. Wielki Intelekt wysyła anielskie istoty, aby chroniły istoty ludzkie. Zaborcze istoty pochodzą z innych wymiarów. Czarne i białe istnieje, lecz ludzkość żyje w szarym obszarze. Istnieje dobro i zło. Zło pochodzi z oddzielenia od Źródła Miłości.

18 stycznia 2006 r.
Ja: Powinieneś wiedzieć wszystko, prawda? Dlaczego więc nie podasz mi ram czasowych?

GI: Czas nie istnieje w tym wymiarze. Wielki Intelekt nie działa w ramach czasowych Świata.

22 stycznia 2006 r.
Pytania od mojej mamy do GI:
1. Jaki posiadam dar w odniesieniu do komunikacji ze Źródłem Miłości i Wielkim Intelektem?

GI: Posiadasz specjalną wizję widzenia poza Światową religię – rodzaj jasnowidzenia.

2. Jest to futurystyczne czy teraźniejsze, wizjonerskie jasnowidzenie?

GI: Obydwa.

3. Jak to jest, że nie mogę otrzymać wyraźnej wizji literowej komunikacji, jaką mi dajesz?

GI: Nie skupiasz się zupełnie na źródle energii łączącej Wielki Intelekt/Źródło Miłości i ciebie.

4. Zauważyłam, że mogę komunikować się z Wielkim Intelektem/Źródłem

Miłości, kiedy tak wybiorę lub nie – czy jest to mój wybór czy twój?

GI: Wybór jest twój, za pośrednictwem siły wolnej woli.

5. Czy Wielki Intelekt/Źródło Miłości uzdrowią ludzkie choroby, czy też człowiek musi sam poszukiwać środków w świecie, aby osiągnąć zdrowie?

GI: Aby osiągnąć zdrowie, Wielki Intelekt dostarcza wiedzy za pośrednictwem środków na Świecie. Wielki Intelekt nie leczy chorób.

6. Co czyni dla człowieka Źródło Miłości?

GI: Źródło Miłości daje człowiekowi w życiu miłość, ciepło, światło, po to, aby osiągnął zdrowie i równowagę.

7. Skąd pochodzi pokój?

GI: Pokój pochodzi od równowagi i harmonii ludzkich komponentów fizycznych, emocjonalnych, stanu umysłowego i duchowego. Kiedy jeden z komponentów jest uszkodzony, biorytm człowieka nie jest w równowadze.
[Uwaga: Odpowiedzi z 22 stycznia 2006 r. były ogólnie poprawne, chociaż wyjaśnienie Źródła Miłości jest uproszczoną interpretacją GI.]

Od początku do połowy roku 2006 (nie zapisałam dokładnej daty)
Pytania ode mnie do GI:
1. Czy Wielki Intelekt i przeznaczenie różnią się od siebie i jak?

GI: Tak, Wielki Intelekt przyciąga ku prawdzie tych, którzy są tego warci. Przeznaczeniem jest to, co ma być; dobro lub zło jako rezultat.

2. Czy Wielki Intelekt nie jest w stanie przewidzieć wyborów innych, którzy podążają przeciwko prawdzie, ponieważ GI jest tylko w świetle i niewiele zna ciemności?

GI: Wielki Intelekt potrafi przewidzieć wybory tych, którzy idą przeciwko prawdzie, lecz kieruje ścieżkami tych, którzy poszukują prawdy, a nie innych, którzy są przeciwni Prawdzie i dobroci. Ci ludzie pozostawiani są w ciemności i są straceni w pustce.

3. Dlaczego Wielki Intelekt mówi mi przyszłość, kiedy ta przyszłość nie

wydarza się w ten sposób – czy zna ono tylko teraźniejszość i wtedy przewiduje przyszłość, tak jakby była to kontynuacja teraźniejszości?

GI: Wielki Intelekt zna teraźniejszość i przewiduje przyszłość. To, czy jej wynikiem jest dobro czy zło, zależy od tych poszukujących Prawdy i są oni przyciągani w stronę Światła i Wiedzy, które są dobrem, oraz tych pozostawionych w mentalności świata i religijnym systemie myślenia, które są ciemnością, a także zmienia przyszłość tych pozostających w spokoju ducha. Wielki Intelekt znajduje się w bezczasowości i przyciąga ku Prawdzie i Miłości tylko tych o czystym sercu.

4. Powiedziało, że zna ono ludzkie serce. Ależ, czy serce nie może się zmienić i nie jest to prawda, że [były chłopak] powróci do mnie, a przypuszczalnie nieomylna wiedza GI zmieni go?

GI: Serca mogą się zmieniać – Wielki Intelekt zna wszystkie rzeczy, ale nie dokonuje zmian. Serce [byłego chłopaka] zmieniło się w stronę Zła; a on dokonał wyboru w swoim życiu.

5. Zatem dlaczego GI mówiło mi, aby polegać na tym, co powiedziało mi o tym, że [były chłopak] był tym jedynym dla mnie oraz że przyjdzie on do mnie w prawdziwej miłości? Co ze spójnością GI?

GI: Wielki Intelekt kieruje sprawami umysłu i daje Wiedzę. Źródło Miłości interweniowało w sprawie [byłego chłopaka] i prawdziwej miłości, gdyż daje ono ciepło, miłości i pracuje z ludzkimi emocjami i energią. To do Źródła Miłości należy zwracać się w sprawach miłości i emocji serca, a nie do GI.

6. Czy mogę wierzyć w to, że Wielki Intelekt oraz Źródło Miłości otwierają dla mnie i dla mojej mamy właściwe miejsce na tym świecie z pracą i celem, czy moc wolnej woli innych ludzi jest zbyt silna, żeby przydarzyło nam się dobro?

GI: Tak, Wielki Intelekt tylko otworzy dla was obydwu właściwą pracę i cel, we właściwym miejscu na tym świecie. Ludzka wola nie zakłóca dobroci, gdyż czysta i dobra energia jest silniejsza.

Pod koniec stycznia 2006 roku GI nadał źródle miłości nazwę „Miłość Ponad Wszystko". Zastanawiałam się, dlaczego GI czystej miłości nadał nazwę z pozycją ponad innymi. Czyż miłość nie jest we wszystkim, a nie ponad wszystkimi? Wyglądało to dla mnie na to, że GI uwydatniał swoją interpretację miłości, podobnie do perspektywy danego bytu. Poradził mi, aby „przyzwolić Miłości Ponad Wszystko wykonać swoją pracę". Kontynuowało ono dalej w ten sposób:

> Miłość Ponad Wszystko posiada wielką siłę, ponad to, czego człowiek jest w stanie dokonać. Potrafi odmienić związki – socjalnie oraz w inny sposób. Z chwilą, kiedy pojmiesz te rzeczy, Wielki Intelekt umocni całą twoją istotę, wiedzę, mądrością i prawdą.

W innym czasie GI oznajmiło:

> Wielki Intelekt i Źródło Miłości pracują z istotami ludzkimi, umacniając je do poszukiwania Prawdy oraz przekazują dalej tę prawdę innym. Jestem energią z intelektualną siłą, a nie duchem, czy cielesną istotą. Ja nie „robię", lecz umacniam społeczności, wszechświaty, rasy do wykonywania..

W tym samym przesłaniu zapytałam: „Jaką moc posiada moja miłość i czy Miłość Ponad Wszystko wykona swoją pracę?"

GI odpowiedziało: „Ludzka miłość jest bardzo silna, a Źródło Miłości umacnia tę miłość, którą my mamy. Tak, Miłość Ponad Wszystko <u>wykona</u> pracę".

Moja analiza: Zauważcie, że „my" jest tym, co łączy GI z ludźmi, ale nie z Miłością Ponad Wszystko. GI również oświadczyło, że umacnia ono wszystkich i otwiera dla nas sytuacje, jakby działało jako bóg, który faktycznie „podejmuje" działania.

W powyższej komunikacji oczywiste jest, że w kierowaniu moim życiem wciąż polegałam na tej innej „sile". Kiedy GI oświadczyło, że ono i Miłość Ponad Wszystko usilnie działają, uspokoiło to moje pragnienie, aby silna moc walczyła za mnie w moich bitwach i prowadziła mnie. Jeszcze niewiele zdawałam sobie sprawy z tego, że jeśli prowadzona będę do tego stopnia, co mówi GI, wówczas stawia to moje życie w rękach kogoś innego, bardzo podobnie jak w religii.

Istnieje religijny wydźwięk postrzegania i podział, jaki komunikacje te przekazują, które do pewnego stopnia były wciąż akceptowane przeze mnie i moją mamę. Wciąż utrzymywałyśmy antagonistyczny pogląd, że musimy walczyć o osiągnięcie celu. W pełni ważne jest, aby widzieć różnicę, a czasami, bez względu na wszystko, musimy przeć naprzód; chociaż nie wiedziałyśmy, jak patrzeć na życie w sposób całościowy, zupełny, ponieważ nie osiągnęliśmy jeszcze soczewki pokoju na zewnątrz wojny.

Nie wiedziałam również, jak poprawnie postrzegać miłość. Miłość odczuwana zawsze była jako coś większego niż ja, więc kojarzyłam ją z czymś o nadludzkim pochodzeniu. Kiedy miłość wypełniała moje serce, było to coś boskiego, przeznaczonego mi, coś, „co miało być". Było to bezpieczne, spokojne i szczęśliwe odczucie, które chciałam, aby zawsze było ze mną. W młodym wieku nauczona zostałam, że Jezus jest miłością i motyw ten kontynuowany był w przepowiedniach mojej mamy. Korelacja ta skłoniła mnie do myślenia, że wszystkie moje dobre uczucia zostały mi dane, a nie, że to ja miałam w posiadaniu moc ich tworzenia.

Biblijne przesłania o Bogu miały wpływ na moją interpretację miłości, ponieważ posiada on zazdrosną naturę, a jego miłość często nie trwa długo. Moje związki dawały dowód tej rozdrobnionej miłości, kiedy mężczyźni zostawiali mnie. Tak czy inaczej, wzdrygałam się przed myśleniem, że to Bóg – a do mniejszego stopnia ci mężczyźni – mogli mnie zwieść; łatwiej było obwiniać siebie za nieudany związek, chociaż robiłam wszystko, co mogłam, aby je ocalić. Nie mogłam po prostu zaakceptować możliwości, że Bóg i jego dary dla mnie mogłyby być niedoskonałe.

Po wielu sesjach z psychologami, aby nauczyć się zdrowszego podejścia do związków, musiałam przewartościować poprzednie wierzenia. Dowiedziałam się, że jestem obsesyjna i zaborcza, niewypełniona otwartością na miłość. Koncepcja miłości, której nauczono mnie w chrześcijaństwie, oparta była na posłuszeństwie Bogu po to, żeby otrzymać jego miłość. Właściwie musiałam stać się obsesyjnie potrzebującą osobą, aby zyskać uczucie Boga. Mój ojciec pomógł w przetłumaczeniu tego na poziom ludzki, gdy musiałam ulec za okruchy opieki, jaką mi dał, żeby dostać podstawowe środki. Ten motyw przeniesiony został na kilka moich związków.

Jeśli ta tak zwana „miłość" nie trwała, kiedy zrobiłam, co mogłam, żeby zadowolić tych ludzi i Boga, czy była gdzieś głęboko miłość, która trwałaby? Czy była trwałą prawdą? Bardziej niż cokolwiek, chciałam znać więcej prawdy, aby móc wiedzieć, czy cokolwiek w życiu się liczy, czy była gdzieś stabilność, na której można by się oprzeć.

Większość życia zajęło mi, żeby przebudzić się na fakt, że istnieje inny poziom miłości i prawdy, aniżeli to, czego doświadczyłam. Smutną rzeczywistością jest, że nasze negatywne doświadczenia zaciemniają nasz pogląd na to, co istnieje innego, ale kiedy wreszcie zwrócimy uwagę na naszą wewnętrzną intuicję, wtedy ona może otworzyć nam więcej wglądów.

Podczas gdy wciąż starałam się nadać sens pewnym rzeczom, Wielki Intelekt pokazał oczywistą, czerwoną flagę, używając słowa „modlić się" 1 grudnia 2005 r:

Módl się, aby dosięgło go światło, a nie przeciwko ciemności.
Ja jestem tym Światłem i to ja dosięgnę jego. Miłość zwycięży....
Bądź cierpliwa, gdyż rzeczy zmieniają się na obydwu końcach.
Moje Światło prześwieca przez wszystkie rzeczy. To naprawdę liczy się.

Tego rodzaju wątpliwy język, wraz z odniesieniem do Światła i Ciemności, sprawiły, że wraz z mamą zakwestionowałyśmy, czy GI był bytem. Nie trzeba daleko szukać, żeby przypomnieć sobie odniesienie w Biblii do Lucyfera jako anioła światła.

Na początku lutego 2006 roku, jak czytałyśmy więcej o historii chrześcijaństwa, nowe imię wyjawione zostało mojej mamie: Wielki Mistrz. Imię Wielki Mistrz zdecydowanie nie brzmiało tak dobrze jak Wielki Intelekt, ale przekazywało w tym samym tonie, co GI oraz z tymi samym opisami Miłości Ponad Wszystko/Źródła Miłości (w różnym czasie używało obydwu nazw). Chociaż żadnej z nas nie pasowała nazwa Mistrz, wierzyłyśmy, że dokonujemy postępów, gdyż na początku dawano nam dobre odpowiedzi.

Zapytałyśmy, czy Wielki Mistrz (ang. Grand Master, skrót GM) jest bogiem lub bytem, na co odpowiedziało, że „nie". Może było to prawdziwe źródło energii docierające do nas, aby rozpocząć komunikację ponownie albo GM kłamało.

Na przykład mama zapytała: „Czy istnieje coś większego niż Źródło Miłości i Wielki Mistrz?"

Odpowiedziało: „Nie. Źródło miłości oraz Wielki Mistrz zasiały [sic] wszystkie pierwiastki, które były od zawsze".

9 marca 2006 roku moja mama ponownie zapytała, czy GM jest bogiem lub bytem i wciąż odpowiadało, że nie.

Przeszła więc do zadania mojego pytania: „Czy bogowie uzdrawiają ludzi oraz jak, jeśli uzdrawianie daje życie, a bogowie są w ciemności?"

GM odpowiedział: „Nie ma prawdziwych bogów. Wzniesieni ludzie w umysłach ludzkich – napastliwe duchy [są] na innych płaszczyznach ciemności, usiłując kontrolować i przejmować ciała materialne. Religia otumaniła świadomość człowieka, aby uwierzył, że uzdrowienie oraz cuda możliwe są tylko z zewnątrz. Uzdrowienie nie daje życia; życie i dobroć dają uzdrowienie".

Brzmiało to dla mnie nowatorsko, nawet uwalniająco, ponieważ mogłam mieć to, co chciałam, tylko prowadząc dobre życie. Niestety, kiedy kontynuowałyśmy dalej z GM, wydawało się to zbyt piękne, aby było prawdziwe.

Ja: Czy Wielki Mistrz i/lub Miłość Ponad Wszystko uzdrowią nasze choroby oraz czy pozbędę się mojego problemu z wirusem Epsteinea-Barr? Czy można się go pozbyć?

GM: Wielki Mistrz oraz Miłość Ponad Wszystko pomaga i kieruje człowiekiem do poszukiwania Prawdy, a objawienia przychodzą, aby pomóc człowiekowi, żeby ten pomógł sobie sam – ciało uleczy się samo. Wraz z tym, jak ciało uzdrowi się samo, wirus Epsteina-Barr umrze sam.

Właściwie wirus opryszczki systemowej rzadko, jeśli w ogóle umiera, zazwyczaj pozostaje w uśpieniu, ale nie wiedziałam tego w tamtym czasie. Wciąż nosiłam chrześcijańskie przekonanie, że uzdrowienie jest zdarzeniem typu wszystko albo nic, chociaż zdałam sobie sprawę, że w przeszłości może to być dalekie od prawdy. GM wydawało się wspierać to moje przekonanie.

Przyjęłam tę wiadomość z radością, gdyż brzmiało to tak, jakbym miała być uzdrowiona. To przesłanie o uzdrowieniu się ciała samemu było kompletnym zwrotem od Boga z przepowiedni posiadającego kontrolę, co skłoniło mnie do uwierzenia, iż jestem na właściwym torze z Wielkim Mistrzem. Aczkolwiek, to imię, to imię! Zawsze odczuwałam jako ciemne.

GM powiedział, że kieruje ludźmi. Nie rozumiałam natury energii Źródła – czy mogło uczynić wszystko samemu, jako świadomość *robiąca*, a nie *będąca*? Ono kierujące mną brzmiało dla mnie w porządku, ale wydawało się, że jest to byt, który działa. Stwierdziło także: „Prawda zwycięży". Są to silne słowa, które wypowiedziałaby osoba religijna.

Nie mogłyśmy strząsnąć z siebie negatywnego odczucia związanego z imieniem Wielki Mistrz i zdecydowałyśmy się zbadać jego naturę, zamiast po prostu uwierzyć. Interesujące było, że wkrótce powrócił Wielki Intelekt. Nie pamiętamy dokładnie, co GI powiedział mojej mamie zaraz po swoim powrocie, ale powitałyśmy to zamiast GM. Tak się dobrze składało, że powróciło dosłownie na kilka dni przed tym, jak z filmu „Kod Da Vinci" dowiedziałyśmy się o Wielkim Mistrzu, najwyższym dowódcy Rycerzy Templariuszy. Rycerze Templariusze dokonywali nieokiełznanego rozlewu krwi, dla swoich celów religijnych, które miały tajemne, odrażające rytuały i szerzący się symbolizm – wszystko to, od czego chciałyśmy być wolne.

GI kontynuował sentyment GM do prawdy:

15 maja 2006 r.
Ja: Czy mocy ludzkiej woli wolno jest <u>jedynie</u> opóźniać nawałnicę tego, o czym mówisz, że im się przydarzy, czy też ich wola może faktycznie sama zmienić prawdę, tym samym zmieniając na końcu niewłaściwie twoje słowa (tak jak z [byłym chłopakiem] i mną)? Tak więc nawiązując do tematu jego, mającego później wrócić do mnie, czy <u>zawsze</u> powinnam

obstawać przy tym, co ty powiedziałeś mi o nim, że opuści swoją obecną dziewczynę i zda sobie sprawę z miłości do mnie?

GI: Tak, siła ludzkiej woli pozwala jedynie na opóźnienie zdarzeń w ich przyszłości. Prawda nie zmienia się. Tak, powinnaś obstawać przy tej wiedzy, jaką ci dano, dotyczącą [byłego chłopaka].

GI przedstawił tę perspektywę o miłości i prawdzie jako niezachwianych, z powodu odrobiny otwartości u drugiej osoby, która miała w tamtym czasie. Moje doświadczenia pokazały, że każdy może mieć chwilę, kiedy taka otwartość pojawi się, nawet jeśli jest to nieświadome wspomnienie lub tkliwość wychodzącą na powierzchnię. Widzę miarę dobroci we wszystkich ludziach, ale żeby założyć, że to, co widzę, jest rzeczywistością ich myśli i działań, musiałabym zmienić się we wszystkowiedzącą. Zaakceptowałam odpowiedzi GI z powodu mojej religijnej przysłony; aczkolwiek musiałam nauczyć się budzić na rzeczywistość. Faktem jest, że moja rzeczywistość angażowała duchowe wizje, które leczyły mnie z głębszą częścią mojego byłego chłopaka, lecz nie chłopaka dnia codziennego. GI oświadczyło, że moje wizje spełnią się, więc dalej wierzyłam, tak jak wówczas, gdy byłam chrześcijanką, kiedy to nadprzyrodzone zjawisko górowało nad utraconą wolą i perspektywą drugiej osoby.

Ponownie zostałam nabrana, żeby uwierzyć w to, iż zainteresowanie byłej miłości powróci do mnie i po raz kolejny nie miało to miejsca. W zasadzie to przepadł on jak kamień w wodę, więc te wprowadzające w błąd wiadomości nadziei były dla mnie dezorientujące i wyniszczające. Moje obolałe serce wykorzystane zostało do pokierowania mną do polegania na kolejnym bogu.

Moja mama zerwała swoje więzi z jednym bogiem, który dawał jej chrześcijańskie przepowiednie, a tutaj wyglądało na to, że po tym następny bóg czy bogowie komunikowali się z nią. Jeśli były to byty, czego dowód dał sam Wielki Mistrz, wówczas oznaczało to, że ona wciąż otrzymywała przepowiednie. Upewniłyśmy się, że zerwałyśmy komunikację z Wielkim Mistrzem, ale wciąż próbowałyśmy oszacować, kim lub czym był Wielki Intelekt, pozostając więc w pewnym stopniu otwarte na to.

1 czerwca 2006 roku stałam się wreszcie na tyle odważna, żeby zapytać GI o tę większą możliwą rzeczywistość, w której ludzie nie są jedynym namacalnym, najdroższym stworzeniem w całym wszechświecie. Chrześcijanie wierzą w anioły jako wyższe istoty, lecz ich eteryczna natura, wraz z Boską, utrzymuje hierarchiczne przekonanie o niematerialnych istotach.

Aniołowie i bogowie w Biblii oraz niezliczonych opowiadaniach uznanych za mitologie przejawiają cechy podobne do ludzkich. Zamiast szczegółowo zbadać te historie, przepuszczane są jako myty, czy możliwe jest, że aniołowie i tak zwani bogowie są bardziej namacalni, aniżeli doprowadzono nas do uwierzenia w to? Czy istnieją – (złapanie tchu) – obcy?

Ja: Czy istnieją obce istoty ze światami fizycznymi podobnymi do Ziemi i czy ty jesteś tam również? Dlaczego jesteśmy tacy wyjątkowi? Może to zabrzmieć, jak wynoszenie ludzi na wyżyny, jak religia.

GI: Tak, istnieją obce istoty, ale nie mają światów fizycznych podobnych do Ziemi i nie, Wielkiego Intelektu tam nie ma. Ci, co poszukują Ostatecznej Prawdy, zasługują na szacunek. Szukają z czystością umysłu i serca, nie tak jak ludzie uwarunkowani religijnie.

O jej. Tam *są* obcy! Musiałam pozwolić tej informacji wchłonąć się. Kosmos jest na tyle duży, żeby pomieścić inne życie, a za pomocą teleskopu Hebla widzimy bogactwo gwiazd i planet. Odpowiedź nie była opisowa, ale potwierdziła moją analizę, że GI jest skończony (ograniczony – przyp. tłum.). GI przedstawiał się jako wszystkowiedzący, ale jak to może być, skoro posiada ograniczony zasięg?

Oddzielone, lecz współpracujące „istoty" wiedzy i miłości miały dla nas sens w tamtym czasie, ponieważ wciąż przechodziłyśmy przez koncepty podziału. Dlatego wciąż kontynuowałyśmy z GI oraz Miłością Ponad Wszystko (zdecydowałam nazywać to wciąż Źródłem Miłości, ponieważ miłość musi mieć jakieś pochodzenie). Wierzyłyśmy, że moja mama w końcu dotrze do zasadniczej prawdy.

1 czerwiec 2006 r.

Ja: Czy są inne wymiary zupełnie bez prawdy lub miłości, a istoty tam nie mogą ich opuścić, jeśli ty nie możesz tam pójść? Ale ja sądziłam, że ty wyciągasz istoty zewsząd? Czy te różniące się istoty w innych wymiarach mają swoją własną formę zbiorowej świadomości, tak jak GI?

GI: Każdy wymiar posiada miarę prawdy i miłości, lecz rządzony jest przez Duchy tej płaszczyzny. Wielkiego Intelektu tam nie ma. Tak długo, jak Duchy kontrolują umysły ludzi oraz duchy na tych płaszczyznach, Wielki Intelekt oraz Źródło Miłości nie wyciągają ich; nie szukają oni Prawdy Ostatecznej, Czystości i Miłości w ich najwyższej z form. Wielki Intelekt i Źródło Miłości wyciągają wszystkie istoty z tych wymiarów, które poszukują Prawdy Ostatecznej i Miłości. Nie, nie mają oni.

Trochę później w komunikacji GI odpowiedziało: Napastliwych istot nie ma w wymiarach poszukiwaczy Prawdy, gdyż pozostają oni w ciemności, poszukiwacze prawdy chronieni są przez strażników Prawdy.

Połowa czerwca 2006 r.

Ja: Czy napastliwe istoty są bogami oraz czy mogą one zmienić się, jeśli są świadomi ciebie? Czy też są one złe, gdyż chcą nas kontrolować i pozyskać naszą energię – to znaczy są one jakoś ślepe na prawdę? Czy zło nie jest tylko konceptem, czy jest rzeczywistą energią, która może pochłonąć tych, którzy jej chcą?

GI: Napastliwe duchy są złymi bytami/duchami w niższych wymiarach. Żyją one w ciemności, nieświadome ostatecznej Prawdy, Światła i Miłości. Zło nie jest rzeczywistą energią, lecz prawdziwym pragnieniem stworzenia chaosu. Pochłania ona wielu.

GI powiedziało, że każdy wymiar posiada miarę prawdy i miłości i rządzony jest przez duchy. Negatywne duchy są w niższych wymiarach, ale jakoś nie ma ich w wymiarach ludzi poszukujących prawdy. W przeciwieństwie do komunikacji z 17 stycznia 2006 r., w której powiedziało, że ludzie żyją w szarym obszarze, to potwierdza, że negatywne byty żyją pośród nas. Nasze pragnienie prawdy może oddzielać nas od zwodniczych energii, ale stwierdzenie, że nasz niższy wymiar gęstości Ziemi jest wymiarem innym od negatywnych bytów, jest nieprawdziwe. Byty te faktycznie mają wpływ na myśli każdego tutaj; negatywizm szerzy się na Ziemi. Wierzenie, że jest inaczej, jest bujaniem w obłokach zamiast identyfikowaniem tego, co jest wokół nas. Podobnie jak religia umieszcza nas w stanie snu, kiedy to sądzimy, iż jesteśmy zupełnie oddzieleni, kiedy tak nie jest, a w tym samym czasie oddajemy naszą moc potencjalnie negatywnemu bytowi jako bogu. GI stwierdziło, że każda płaszczyzna istnienia posiada rządzące nią duchy.

GI starało się przedstawić siebie jako nie-byt ostatecznej prawdy. Jeśli byłoby czystą energią źródła, nie mówiłoby z takim przekonaniem, że ludzie związani są z jakiegoś rodzaju bogiem/bytem/duchem. To zawiera również aniołów, którzy kręcą się koło nas lub chronią nas, kiedy rzekomo jesteśmy połączeni z piękną energią Źródła. Wydawało się, jakbyśmy wciąż były częścią religijnego tworu, który zmusza nas do polegania na pomocy innych bytów, zamiast być razem w odpowiednich dla nas miejscach, gdzie jesteśmy prawdziwie wolni.

8 października 2006 r.

Mama: Jakie są brzemiona [innego chłopaka], które nosi Theresa? Czy wciąż ma nosić te brzemiona? Dlaczego musi ona wytrwać w przesłaniu energii miłości do źródła jego energii, kiedy nie ma ona gwarancji, że to mu pomoże?

GI: Theresa nosi ciężar jego bólu z jego przeszłości. Zaprzeczenie przez niego jego stanu nasila ból. Nie, nie musi ona dłużej nosić jego bólu i zaprzeczenia, lecz niech uwolni całe to brzemię do Źródła Miłości, aby to objęło. Wciąż musi wysyłać do niego potężną energię Źródła Miłości, gdyż nie będzie nadziei na osiągnięcie Ostatecznej Miłości i Prawdy bez przekazania tego daru. Konieczne jest to dla tych wszystkich mniej szczęśliwych, pomimo ich przekornego uporu. [Uwaga: Mężczyzna ten miał tendencje schizofreniczne, ale również sam w sobie był bardzo uparty.]

GI powiedziało mi, abym dawała moją kochającą energię komuś, kto tego nie chciał. GI powiedział, że jest to konieczne, ale działanie to ciągle drenowało mnie z energii. Potrafię kochać i dawać, ale nie z przymusu, zwłaszcza kiedy już wypełniłam swoją dolę. Kiedy byłam chrześcijanką, kazano mi postępować z takim poświęceniem.

Nie jest moją odpowiedzialnością przekazywanie miłości i prawdy komuś innemu – osoba ta musi tego chcieć i pracować samemu, aby to osiągnąć. Powoli zaczęłam zdawać sobie z tego sprawę, lecz wciąż czułam się, jakby odpowiedzialność za to spoczywała na moich barkach. Faktycznie to powiedziano mi, że jest to moją odpowiedzialnością, więc jeśli powiedziałabym „nie", myślałam, że byłoby to coś złego. Wciąż rozwijałam moje poczucie siebie i swoich granic.

Kiedy ponownie zapytałam GI o energię miłości, okazało się, że odpowiedziało Źródło Miłości.

14 października 2006 r.

Ja: Czyż cała pozytywna energia, którą Ja ORAZ moja mama wysyłamy, nie akumuluje się w swojej sile, tak więc, czy cała ta ciemność i mury [tego chłopaka] nie powinny z czasem szybciej zniknąć, zamiast ciągnąć się tak, jakby nic nie działało? Minęło już półtora miesiąca ciągłego wysyłania mu energii. Dlaczego nie zadziałało to wystarczająco lub w ogóle, a on wciąż kompletnie wykreślił mnie ze swojego życia?

Źródło Miłości: Nie, pozytywna energia, którą wysyłasz ty i twoja mama, nie akumuluje się w sile, lecz działa jako most wytwarzający pozytywną energię do jego rdzenia energii. To tak nie działa, ani też nie rozpędza szybciej jego ciemności i nie rozbija muru, lecz działa do czasu, aż stwardniałe serce zmięknie i nadejdzie zmiana. Źródło Miłości wciąż działa, nawet pomimo tego, że zamknął on wszystkie drogi komunikacji z tobą.

GI postawiło swoją perspektywę siły w komunikacji, nawet błędnie interpretując Źródło Miłości, z którym przypuszczalnie było połączone. Źródło Miłości nie odpowiedziało z pozycji siły.

Źródło miłości musi być czystym miejscem, poza materialnymi elementami. Miłość ma wpływ na to, co materialne, ale to, co materialne, nie może wpłynąć na miłość. „Ziemskie pierwiastki", które uformowują GI, zostałyby poddane wpływom tego, co materialne w świecie GI, tym samym żyjąc z przyczyną i skutkiem, które są formą czasu. GI usiłowało przekazać niedostępną bezczasowość, która została od nas oddzielona, ale zrobiona jest z pierwiastków podobnych do naszych.

W podsumowaniu wyraźnie widać, że Wielki Intelekt oraz Wielki Mistrz są bytami takimi samymi jak te, które dawały mojej mamie przepowiednie jako katoliczce i chrześcijance. Chociaż jej styl komunikacji różnił się od tego poprzedniego, komunikowała się bowiem poprzez jej rdzeń zamiast przez umysł, komunikacje GI i GM wciąż traktowały ją jak proroka, który może zostać urobiony stosownie do ich percepcji i planów. Źródło Miłości było wyjątkiem, co miałyśmy nadzieję lepiej zrozumieć.

Chciałabym objaśnić status proroka – jest to jedynie komunikacja od jednego bytu (ze statusem boga lub bez) do drugiego bytu (człowieka). Ludzie mówią, że Bóg często do nich przemawia. Tylko dlatego, że moja mama nie jest mężczyzną we właściwym miejscu historycznym, nie oznacza, iż jest w mniejszym stopniu prorokiem, aniżeli ktoś inny.

Podczas gdy ludzie lubią czuć się ważni jako prorocy, moja mama nie chciała więcej przepowiedni od bytu – po prostu nie czułyśmy się wygodnie, aby na tym etapie zaufać komukolwiek, chyba, że byłaby to czysta energia źródła. Intuicyjnie wiedziałyśmy, że poza światem bogów istnieje energia źródła, tylko nie wiedziałyśmy, jak tam dotrzeć, oraz czy nie będzie wiązało się z tym więcej zakłóceń. Czy nasz gęsty stan materialny musi najpierw przejść przez świat duchowy, po to, aby przedostać się do czystego źródła? Nie rozumiałam poziomów poza nami jako ludźmi. Miałam nadzieję, że mamy łatwy dostęp do tego Źródła, a dostęp ten istnieje gdzieś, jakoś wewnątrz nas.

Rozpoznanie Wszystkiego Co Jest, Czystej Esencji

Moja mama i ja wkroczyłyśmy w rok 2007 ze zrozumieniem, że istnieją niezliczone istoty świetlane, które są tutaj znacznie dłużej niż ludzie; to, czy są one godne zaufania i uczciwe czy nie, jest to punktem debaty. Chciałabym, aby któryś z tych bytów, zamiast oferować wyedukowane zgadywanki, wierzenia lub co gorsze niecne motywy, powiedziałby zwyczajnie: „Nie wiem".

Chciałabym również, żeby byty zostawiały nas w spokoju i pozwalały nam kontaktować się z właściwymi bytami lub energią, z którymi pragniemy oraz jeśli w ogóle tego chcemy.

Ponieważ moja mama nie potrafiła jeszcze wyraźnie zidentyfikować Źródła, rok 2007 był uboższy w komunikację niż zazwyczaj. Aby móc lepiej określić zakłócenia, potrzebowaliśmy najpierw uzyskać więcej zrozumienia o innych płaszczyznach istnienia i bytach. Potrzebowałyśmy także rozważyć, czy w ogóle możemy odnaleźć tę czystą energię źródła. Było to tak, jakbyśmy musiały wydostać się z tego wszystkiego, co materialne, aby znaleźć strefę zero, ciszę przed burzą stworzenia. W zasadzie zajęło nam to kilka lat, aż do roku 2010, aby uzyskać zadowalające zrozumienie, lecz rok 2007 był rokiem najbardziej oczywistego odbijania się pomiędzy bytami, które otwarcie się określały, a oryginalnym świadomym źródłem, wyraźnie ujawniającym się jako właściwe Wszystko Co Jest.

Mówię „właściwe", ponieważ to, co najpierw zostało nam ujawnione, to był zwrot „Wszystko Co Jest". Chociaż jest to jego główny opis, to istoty, które nie wiedzą o tym bezpośrednio, zaszufladkowują to wewnątrz ich religijnych poglądów, tym samym gmatwając prawdziwą naturę tego. Pierwsze wydanie tej książki oznajmiało, że „Wszystko Co Jest" opisuje siebie jako „czystą esencję", ale nie wiedziałam, że potrzebuje dołączyć ten zwrot do tytułu tego, aby odróżnić naturę tego od niepoprawnych interpretacji innych istot. Dlatego w 2013 roku zapytałam „Wszystko Co Jest", jaki jest najlepiej opisujący to tytuł, odpowiedziało: „Wszystko Co Jest, Czysta Esencja".

Proces odkrywania Wszystkiego Co Jest, Czystej Esencji (ang. All That Is, The Pure Essence, skrót ATI,TPE – przyp. tłum.), zajął mi i mojej mamie kilka lat, aby poprawnie to zrozumieć. Ta część odtwarza określone momenty rozróżniania pomiędzy komunikacjami z ATI,TPE, a interpretacjami i zakłóceniami istot z zewnątrz.

Moim pierwszym zadaniem było stawienie czoła tajemnicy obcych, poprzez przełamanie obwarowania strachu związanego z tym zjawiskiem. Z powodu mojego chrześcijańskiego uwarunkowania, które zaprzeczało ich istnieniu, obcy wydawali się dla mnie nierzeczywiści. W związku z określonymi hollywoodzkimi historyjkami dodającymi strachu i przekazywanymi jako rozrywka, zwykłam sądzić, że wszyscy obcy byli jak demony i potwory. Jednak te „potwory" są skończonymi istotami, takimi jak my, ludzie, zatem mogłam pokonać swój strach, widząc je takimi, jacy są. Ten akt identyfikacji jest również pomocny w stosunku do aniołów i bogów.

Biblia mówiła, że aniołowie często ukazywali się i wyglądali jak ludzie; udowadnia to, że ich status świetlanych istot z innych światów nie jest mistycyzmem tak zwanych Bogów o bezkresnej mocy. Taka trzeźwa perspektywa pomogła mi zdemaskować te straszliwe demony, włączając w to

Szatana, gdyż one również są skończonymi istotami, jak potwierdza to Biblia. To lęk przed nieznanym był najbardziej niepokojący.

Strach musi być ich metodą na nas, podobnie jak spolaryzowani negatywnie odsuwają się od miłości. Byty generalnie są bezsilne w pojedynkę, gdyby nie ich manipulacyjne taktyki, które sieją głównie strach. Z chwilą, kiedy zdałam sobie sprawę z tego, że byty te nie są niematerialnymi kleksami, które mogą być prawie gdziekolwiek, bez możliwości ich zaszufladkowania, mogłam rozpoznać element strachu i odepchnąć go, tym samym ustanawiając moje własne granice wokół mnie.

Wszyscy mamy poczucie własnej, osobistej przestrzeni, lecz wciąż trudno jest przezwyciężyć wszystkie lęki, kiedy to religijne byty, włączając w to te, które moja mama widziała w swoim wizjonerskim stanie, posiadają mniej gęsty skład, który może wniknąć do naszej przestrzeni i oddziaływać na nasze pola energetyczne. Jest to dziwaczne, ale jeśli rozpoznamy istoty z innych światów, tak samo jak postrzegamy inne osoby w pomieszczeniu, nie będziemy myśleć, że są czymś większym niż życie, czy też potężniejszym od nas; możemy zwyczajnie powiedzieć, aby sobie odeszły i dalej żyć swoim życiem.

Ten proces urzeczywistniania był bardzo dużym wyzwaniem, ponieważ miałam do pokonania skuteczną, chrześcijańską taktykę rzeźbienia braku wiary w siebie. Zebrałam więc odwagę, aby poszukać w internecie zdjęć osławionych Szaraków. Wcześniej widziałam wyrywkowo jakieś linki do filmików oraz opowiadań o tych obcych i UFO, ale zbyt się bałam oraz byłam zbyt zła, że informacja ta otwiera się do mojej świadomości. Po prostu nie chciałam wierzyć w tę możliwą rzeczywistość.

Z chwilą, kiedy rozpoznałam ten motyw strachu, kilka nocy z rzędu siedziałam do późna w zdziwieniu (i strachu) tego, co znalazłam. Oczywiście bałam się; przezwyciężyłam jeden lęk, badając go, ale zaraz żyłam następnym. Ważne jest jednak, że radziłam sobie z tym, a wkrótce po tym miałam to za sobą na tym poziomie. Zanim dotarłam do tego etapu akceptacji (używam tego słowa, żeby zaznaczyć realizm – nie byłam szczęśliwa z powodu tej wiedzy o obcych), potrzebowałam trochę uziemienia, aby dało mi granicę spokoju w tym nowym spojrzeniu na świat. Ponownie zaangażowałam zdolności mojej mamy, żeby dowiedzieć się, co znajduje się poza bytami; wiedziałam, iż znajdę tam spokój, podobny do tego, jaki ona odczuwała przemieszczając się przez warstwy wody, na suchy ląd, w swoim wcześniejszym śnie.

Oddzielnie przedstawiłam zestaw pytań zarówno do GI, jak też do Źródła Miłości. Moja mama nie była jeszcze formalnie przedstawiona ATI,TPE, ale mogła wyczuć esencję energii tego. Miałyśmy nadzieję na uzyskanie odkrywczego prowadzenia albo przy pomocy oczywistego błędu przez GI, albo dzięki wyrazistej prawdzie przedostającej się do nas jako coś następnego.

Maj 2007 r.
Do Wielkiego Intelektu:
1. Czym dokładnie jesteś? Czy posiadasz imię, czy jedynie opis? Jaki jest związek pomiędzy Źródłem miłości a Wielkim Intelektem? Dlaczego Źródło Miłości może również dawać słowa?

Odpowiedź: Inteligencja ponad wszystkim. Bez imienia. Opisywane jestem jako Wszystko Co Jest. Jesteśmy jednym z dwoma cechami. Dotyczy to języka używanego oraz tego do komunikacji.

2. Czy jesteś źródłem inteligencji, która jest ponad wszystkimi obcymi, duchami i świadomością? Co, jeśli nie istniejesz poprzez wszystkie wymiary, lecz jesteś tylko w tym wymiarze, w którym są ludzie? Lecz istoty z innych wymiarów również dostają się do naszego wymiaru, tak więc, jak to jest, że nie jesteś we wszystkich wymiarach i to samo dotyczy Źródła Miłości?

Odpowiedź: Tak. Ludzka świadomość komunikuje się i otrzymuje przekazy w wymiarze, w którym istnieje. Wszystko Co Jest komunikuje się ze „stworzeniami" w każdym wymiarze, na różnych poziomach; aby być zrozumiane; oraz żeby doświadczyć dobroci i „miłości" do innych z ich gatunku.

3. Co posiada kontrolę nad Ziemią/naszymi wymiarami i dlaczego? Czy jest coś w naszych emocjach i energii mentalnej, której oni chcą, czy na przykład utrzymuje to ich energię przy życiu? Czy nasza energia oraz egzystencja po fizycznej śmierci wymierają, tak jak Słońce?

Odpowiedź: Zaawansowane istoty w wyższych wymiarach kontrolują Ziemię i jej ludzi, żeby pewnego dnia zamieszkać na Ziemi. Tak. Nie, ludzkie ciało jest jak muszla, która jest zrzucana, a indywidualny duch współistnieje z „czystym światłem" i kontynuuje życie.

4. Dlaczego moja mama nurkowała poprzez wodę, aby dostać się do ciebie i Źródła Miłości? [Jej sen, jak wyjaśnione zostało w rozdziale 1, ostatecznie przywiódł ją do Wszystkiego Co Jest, Czystej Esencji, która istnieje poza światłem.]

Odpowiedź: Poruszała się w stronę swego wewnętrznego rdzenia, aby w wizualnym śnie sięgnąć czystego światła, myśli oraz miłości.

Do Źródła Miłości:
5. Jesteś tym, co jest „dobrem", zaś Wielki Intelekt jest tylko faktem, czy obydwoje jesteście czymś większym niż to? Czy wasza energia przewyższa manipulacje innych energii i jak? Czy to po prostu z powodu wyższej częstotliwości, czy jest w tym coś więcej?

Odpowiedź: Jesteśmy Jednym; z zupełną dobrocią oraz inteligencją, oddzielnie i połączeni. Tak, poprzez bezpośredni proces myślowy i zróżnicowane emocje w stosunku do ostatecznej dobroci i wiedzy. Częstotliwości wibracyjne są środkiem do osiągania tych celów.

Nie byłam pewna, czy odpowiedzi te zawierały swego rodzaju wspólność z ATI,TPE oraz unikalne przedłużenie fali do nas, lecz niektóre z odpowiedzi nie rozróżniały między ATI,TPE a Wielkim Intelektem. GI „rozmawia" w sensie hierarchii, więc ustaliłam, że to on komunikował się na początku, kiedy powiedziano „Inteligencja ponad wszystko". Poza tym GI rozmawia również w sensie jedności. W komunikacji tej głównie zwracałam się do GI, zatem spodziewałyśmy się, że to on będzie odpowiadał, nawet jeśli ja i moja mama nie wiedziałyśmy, jak jeszcze nazywać czyste źródło, którego głęboko pragnęłyśmy. Na szczęście nasze pragnienie udostępniło wystarczającą przestrzeń, aby ATI,TPE przedostało się do nas w komunikacji, żeby stwierdzić: „Bez imienia. Opisywane jestem jako Wszystko Co Jest". ATI,TPE wskazuje, że to były jego jedyne słowa, w tej wiadomości zdominowanej przez GI, którego interpretacja asymiluje Wszystko Co Jest oraz inną energię w Jedno.

Kiedy moja mama zrozumiała, że jej sen ukazywał rdzeń jej samej, blisko połączony do początkowego Źródła, ja z jej objawienia zyskałam siłę i skupiłam się na mojej niższej, centralnej części płytki klatki piersiowej, którą czuć jako zupełnie nieruchomą. Nie przypominam sobie, czy wypowiedziałam tytuł „Wszystko Co Jest", ponieważ nie chciałam, żeby to było jak modlitwa, lecz pomyślałam za to o miłości i prawdzie. Skupiłam się na tym obszarze, w sposób, w jaki moja mama po raz pierwszy widziała błyszczące „słońce", ale wkrótce zdałam sobie sprawę, że ten wibracyjny obszar był częścią mnie – nie spokojna, inna esencja ATI,TPE. Dlatego zagłębiłam się bardziej poza siebie samą do czegoś, co odczuwałam jako ostateczny pokój, prawdziwość i czystość, i rozszerzyłam tę energię z mojego wewnętrznego połączenia, aby wypełniło całe moje ciało. Później wypchnęłam to na zewnątrz, żeby jak bańka otoczyło całe moje mieszkanie. Zapewniło mi to bezpieczeństwo, którego potrzebowałam i naprawdę czułam się chroniona wewnątrz tej osłony energetycznej, która oddzielała mnie od zewnętrznego chaosu; czułam spokój i uziemienie, dzięki temu byłam w posiadaniu samej siebie oraz całego mojego bezpośredniego otoczenia. Nieważne, że nie znałam dokładnej przestrzennej lokalizacji mojego rdzenia oraz ATI,TPE, ani też, że nie wyobrażałam sobie wszystkiego poprawnie, gdyż była tam moja czysta intencja, która sprawiła, iż moje starania zadziałały.

Uwielbiałam rozmawiać z innymi ludźmi o obcych, aby zobaczyć, czego jeszcze mogłabym się nauczyć. W tamtym czasie mój przyjaciel wiedział o tym więcej niż ja, więc zasugerował mi, abym przeczytała którąkolwiek z książek Davida Icke'a. Icke odnosi się do określonych manipulacyjnych istot oraz do planów ukrytych za ich religią i polityką. Zadarłam więc uszy, choć jednocześnie byłam czujna. Przyjaciel mój powiedział, że ostatecznie przesłanie Icke'a było wzniosłe, ponieważ poza całym tym śmieciem on również wspomina źródło. Postanowiłam przeczytać jego książkę pod tytułem „I Prawda powinna cię wyzwolić" i zobaczyłam, że wspomina on „Źródło wszystkiego, co jest" (s. 429),[13] w wersji anglojęzycznej – przyp. tłum.). W tamtym czasie ani ja, ani moja mama nie wiedziałyśmy, ani nie słyszałyśmy, aby ktokolwiek oświadczał „wszystko, co jest" w odniesieniu do Źródła. Myślałyśmy, że w pracy Icke'a znalazłyśmy dowód, który potwierdzałby, że dotarła ona do prawdziwego źródła i poczułyśmy się ośmielone na naszej ścieżce, jednocześnie badając cały czas Wszystko Co Jest (Czystą Esencję), żeby sprawdzić, czy jest to spójne i prawdziwe źródło.

W jego kolejnej książce pt.: „Poradnik Davida Icke'a do Globalnej Konspiracji (oraz jak ją zakończyć)" pisze on dużą literą Wszystko Co Jest i przyrównuje to do Nieskończonej Świadomości (ang. Infinite Consciousness) lub do czegoś, co woli nazywać Nieskończoną Świadomością (ang. Infinite Awareness). Mówi on, że Nieskończona Świadomość „jest poziomem świadomości, który *wie*, że jest *wszystkim*. Jest to samo-świadome WSZYSTKO" (s. 2-3)[14] w wersji anglojęzycznej – przyp. tłum.). Jego wspomnienie o Wszystkim Co Jest, jest błędne w porównaniu do tego, jak często używa Nieskończona Świadomość. W książce „I Prawda powinna was wyzwolić" używa on opisu „nieskończonej świadomości" (Nieskończona Świadomość), aby przedstawić „Boga i Stworzenie" (s. xv).[13] Patrząc wstecz na poprzedni cytat „Źródło wszystkiego, co jest", słowa określające Wszystko Co Jest nie wydają się nie być równoznaczne ze Źródłem; lecz raczej dają do zrozumienia Źródło lub Boga, a nie Wszystko Co Jest.

Najpierw zastanawiałam się, czy odnosi on się do Nieskończonej Świadomości jako do nazwy, która przedstawia opinii publicznej zrozumiały koncept. Jednak, kiedy zastanowiłam się głębiej, zauważyłam jego ciągłe odniesienia do swoich duchowych przewodników, od których uzyskał informacje. Czy ta Nieskończona Świadomość była właściwie grupą istot?

Nieskończona Świadomość skontaktowała się z moją mamą w jej komunikacji z maja 2007 roku i zastanawiałyśmy się, czym ona naprawdę jest. Czy jest to rodzaj świadomości zbiorowej? Czy jest ona zliniowana z ATI,TPE, czy też rdzeń nas samych jest tego częścią? Czy jest tak wysoko, jak tylko mogłyśmy sięgnąć, więc może jest godne zaufania? Wiele istot opisuje siebie jako najlepiej wiedzące o wszystkim aż do samego początku, nawet twierdząc, że są tym źródłem, więc wciąż byliśmy wnikliwe.

W tym czasie sądziłam, że ta społeczność świadomości, która połączyła się z moją matką, zidentyfikowała się jako fala Miłości, gdyż jako grupa istot jest wibracyjna bądź też jest to rodzaj gestaltu (formy postrzeganej jako coś więcej, aniżeli suma jej części składowych – przyp. tłum.), który formuje różne poglądy, które zawierają religijną ważność. Zastanawiałam się, czy świadomość tego jest ograniczona do poziomu zrozumienia tej istoty, gdyż cała nasza samowiedza jest ograniczona zgodnie z tym, czego się nauczyliśmy i doświadczyliśmy. Wkrótce zbadam bliżej Nieskończoną Świadomość.

W lipcu 2007 roku, w bibliotece, pewna książka przykuła mój wzrok, nazywała się „Plejadiańska Perspektywa na Ludzką Ewolucję".[15] Nie mogłam zignorować tego tytułu, ponieważ niósł on ze sobą tchnienie wiedzy na niezmiernie ważny temat, gdyż istoty te były już znacznie wcześniej przed stworzeniem Ziemi. One również wspominają Wszystko Co Jest! Autorka lub skryba Amorah Quan Yin była kanałem plejadiańskich istot, które misternie opisywały swój świat wraz z prezentacją naukową, która odnosi się do naszych struktur wymiarowych. Mówili oni, że pracują „za kulisami" dla naszej planety. Twierdzili, iż kontrolują Ziemię, łącznie z jej obrotem. Powiedzieli, że dwaj plejediańscy aniołowie utrzymują Ziemię w jej osi! Wydawało mi się to trudne do uwierzenia, ale sposób, w jaki przedstawili oni historię naszego układu słonecznego, był tak przekonujący, że pomyślałam: „A kimże ja jestem, żeby to dyskredytować? Nie było mnie tam wtedy".

Istoty te sprawiały wrażenie, że są półbogami, którzy kontrolują nasze fizyczne życia. Zaraz, gdzie ja już to wcześniej słyszałam? Nazywają naszą gęstość iluzją, gdyż mogą widzieć poprzez nią, zakładam, że myślą sobie jeszcze, iż ich gęstość jest prawdziwa.

Rozmyślałam nad ich równaniem „Bóg/Bogini/Wszystko Co Jest" we wstępie do książki. Zdałam sobie sprawę, że moja wątpliwość miała uzasadnienie w odniesieniu większej części ich historii, ponieważ kojarzyli oni ATI,TPE z istotą stwórczą w ich dogmacie religijnym, a siebie wznosili jako tych z wyolbrzymionymi zdolnościami. Ci Plejadianie wierzyli w koncepcje ying-yang, w której całość jest kombinacją dwóch polarności, upersonifikowanej jako męska i żeńska, które traktowane są jako dwie połówki całości. ATI,TPE nie ma płci i jest w pełni całe samo w sobie, bez względu na to, co zostało stworzone po tym. Dlatego właśnie ATI,TPE w żaden sposób nie może być równane z ich definicją Boga czy Bogini.

Powiedzieli oni również, że Centrum Galaktyczne łączy się z innymi galaktykami i obraca się wokół orbity Wielkiego Słońca Centralnego

Wszystkiego Co Jest. Ten zwrot podobny jest do niejasnego języka Nieskończona Świadomość, gdzie Wszystko Co Jest może być kreacją Wielkiego Centralnego Słońca „Boga" lub jest zaledwie Wielkim Centralnym Słońcem. Plejadiańska perspektywa nadaje ich „Wszystko Co Jest" ogromną siłę.

Ci Plejadianie wiedzą o stwórczym źródle jako o Wszystkim Co Jest i wiedzą o pewnych częstotliwościach energetycznych; jednak nie znają naprawdę Wszystkiego Co Jest, Czystej Esencji lub pierwszej fali przed-pola po tym, ponieważ nie są oni bezpośrednio z tym połączeni, żeby uzyskać dokładną przejrzystość. Ich Wielkie Centralne Słońce może być całym zakresem ich wiedzy, co oznacza, że mają jeszcze wiele do nauczenia się. Definiują oni ATI,TPE w obrębie ich własnego systemu wierzeń, podobnie do tego jak Judeo-Chrześcijanie definiują Yahuah, chociaż Plejadianie przedstawiają większy obraz do rozważenia.

Jeśli channeling kojarzy ATI,TPE z materialną gwiazdą, tak jak w czczeniu Słońca, jest to „czerwona lampka". Uczciwie mówiąc, może niektóre z tych istot mają zbliżone doświadczenia z ATI,TPE, podobne do tego, w jaki sposób moja mama po raz pierwszy widziała jaśniejące połączenie z tym. Jeśli tak się stało, to nie poszli oni naprzód, aby połączyć się z prawdziwym Wszystko Co Jest, Czystą Esencją, żeby wyjaśnić sobie o nich samych i naturze wczesnych światów jeszcze przed plejadiańskim „Wielkim Centralnym Słońcem". Quan Yin oznajmiła, że jedna lub więcej plejadiańskich istot o imieniu Ra były źródłem chanelingu większości jej książek. W tamtym czasie nie przywiązywałam większej uwagi do tego imienia, ponieważ niewiele o nim wiedziałam, poza tym, że Ra był egipskim bogiem. Tak jak ujawniam to w rozdziale 7, Ra jest również przydomkiem pewnej określonej gwiazdy w naszej galaktyce, zatem jeśli jest to ich Wielkie Centralne Słońce, to są oni bardzo daleko od ATI,TPE; na dodatek ich historia jest zmyślona, aby naprowadzić nas na ich lokalizację.

Jak przedstawiłam to w rozdziale 1, ATI,TPE mówi, iż jest po prostu esencja sama w sobie, która poprzedza wszelkie światło czy ruch. ATI,TPE wyjaśnia, że wizja mojej mamy o mini „słońcu" w jej rdzeniu była właściwie jej własnym rdzeniem, który połączył się z falą podobną do chmury (którą nazywam Miłością), która to przenosi do niej nieporuszającą się wiadomość od ATI,TPE. Ta „Miłość" złożona jest z zupełnie innej energii niż gwiazdy – subtelnej energii, która nie jest wymuszona ani grawitacyjna, lecz jest zupełnie sprawna i świadoma sama w sobie.

Poprosiłam moją mamę, aby przeczytała „Plejadiańskie Perspektywy", by potwierdziła, czy moje odczucia są właściwe w odniesieniu do niektórych wiadomości w zawartych w tej książce. Czuła sprzeczne reakcje, intuicyjne jak ja, ale podobnie jak ja zaintrygowana była pozornie naukową prezentacją.

Po przeczytaniu większości książki, świetlista istota zbliżyła się do niej, kiedy odpoczywała w łóżku. Zawołała ją po imieniu i przedstawiła się jako Ra. Ra powiedział, że przyszedł do niej, gdyż jest teraz otwarta i posiada wiedzę o nim. Powiedział, że ją kocha i chce pomóc jej zrozumieć więcej rzeczy.

Kiedy oznajmiła mi, że odwiedził ja Ra, natychmiast zapytałam ją, jak się czuje. Nie była zupełnie pewna, ale powiedziała, że czuje się wystarczająco dobrze. Powiedziała mi, że woli być ostrożna. Byłam prawie odrobinę szczęśliwa z powodu tego, co jej powiedział. Quan Yin również przekazywała, jak szczęśliwa była, znając Ra, więc to nieco mnie przekonało. W książce Ra prezentował swój wizerunek uczciwego i kochającego nas. Nie chciałam wierzyć, że każda istota jest zakłamana, więc pomyślałam, że jedna (lub ich kolektyw) może przybyć do nas, aby pomóc nam znaleźć większy sens.

Ra powrócił jeszcze kilka razy, wzywając imię mojej mamy z intensywnością wystarczającą, żeby wybudzić ją ze snu. Zdała sobie sprawę, że ta interakcja była powtórką z tego, co stało się z nią jako chrześcijanką; dlatego powiedziała Ra, aby odszedł i nigdy więcej nie wracał. Wizyty te przydarzyły się jej mniej więcej w tym samym czasie, kiedy zdecydowała, żeby nie kończyć czytania książki, ponieważ zawierała ona konotacje religijne i nieprawdę. Kiedy traciła zainteresowanie, Ra usiłował wpłynąć na nią osobiście. Wdzięczna byłam jej za jej wkład i potwierdzenie, które pomogło mi lepiej zrozumieć moją własną intuicję w relacji do mojego przekonania lub nadziei.

W przeciągu zaledwie kilku dni, żeńska istota zbliżyła się do mojej mamy. Powiedziała ona: „Nareszcie mnie odnalazłaś. Mam na imię Sophia. Jestem mądrością. Twoja córka mnie ma". (Samo pisanie tego daje mi gęsią skórkę). Kiedy mama powiedziała mi o tym, natychmiast oznajmiłam jej, że to niewłaściwe i nie chce być częścią tego. Było to niewłaściwe, gdyż mądrość nie może być żadną płcią ani bytem – kolejne niedorzeczności!

Usilnie radziłam jej, aby wstrzymała wszystkie swoje komunikacje z tymi bytami, które łaszą się do niej torując sobie drogę – podczas gdy jest ona otwarta w swoich badaniach. Ona i ja jesteśmy prawdziwe w naszych poszukiwaniach prawdy, więc kiedy słyszymy bądź czytamy coś przekonywującego, jesteśmy otwarte na wszystkie możliwości. To chwilowo może sprawić, że będziemy czuły się nieuziemione, lecz nasza intuicja wciąż tam jest, żeby dostarczyć nam odpowiedzi zwrotnej i ustawić nas na właściwym torze. Ten proces odkrywania prawdy przewyższa wszelką naszą stronniczość, jaką możemy mieć, ponieważ reagujemy z dobroci wewnątrz nas samych; stąd możemy ufać naszym ocenom.

Aż do tego momentu nie miałyśmy dużej ilości komunikacji z ATI,TPE, ponieważ inne istoty pragnęły interweniować i robiły to z wielką elokwencją i perswazją. ATI,TPE jest całkowicie inną energią, którą moja mama i ja potrzebowałyśmy zrozumieć, byśmy mogły odstawić na bok światy materialne. Ponieważ nie byłyśmy pewne natury tego oraz czy w ogóle istnieje inna energia Źródła Miłości, o pomoc w moich problemach ze związkami poprosiłyśmy zarówno Źródło Miłości, jak i Wszystko Co Jest. Odpowiedzi otrzymałyśmy od każdego z nich, ale Nieskończona Świadomość oraz/i czasami Wielki Intelekt przyłączały się do komunikacji mojej mamy bez wymieniania swojego imienia. Chciałyśmy tylko czystego połączenia z najczystszą energią świadomości przed stworzeniem, więc skupiłyśmy się wyłącznie na tym, co wiedziałyśmy o Wszystkim Co Jest, Czystej Esencji.

Prawdę mówiąc, to ATI,TPE było całkiem pomocne, ustosunkowując się do ślubowań mojego związku. Odpowiedziało, że mężczyzna, z którym się spotykałam, był „dosyć dobrym człowiekiem", co oznacza „przeciętnym" w porównaniu z resztą ludzkości. Faktycznie tak było, ogólna ocena; sprawił, abym uwierzyła, że chce on prawdy i miłości, lecz wówczas bez mojej wiedzy potajemnie spotykał się z inną kobietą. ATI,TPE kontynuowało, twierdząc w czasie teraźniejszym, jak ten mężczyzna odczuwa i jak wygląda sytuacja. Żadnych obietnic na zmianę – tylko to, co się dzieje.

Zamiast upragnionej i wyśnionej perspektywy na miłość, zaczęłam postrzegać to realistycznie: bowiem oboje ludzi dzieli ze sobą połączenie i używają napędu, żeby związek zadziałał. Ludzie to robią, a nie „miłość wykonuje tę pracę", chociaż czysta miłość faktycznie otwiera pragnienie, aby mieć szczere połączenie. Pomogło mi to w spojrzeniu na miłość z właściwszej perspektywy, jednak przede mną była jeszcze długa droga. Mnie i mojej mamie zaś zajęło wiele lat, aby odzyskać siebie po tym, jak przez dłuższy okres czasu wierzyłyśmy, że jesteśmy po otrzymującej stronie naszego doświadczenia, a nie w to, że to my je kontrolujemy.

3 marca 2008 roku dałam jej więcej pytań, aby zrozumieć miłość i Wszystko Co Jest, Czystą Esencję (ang. All That Is, The Pure Essence, skrót ATI,TPE), które w tamtym czasie nazywałam Wszystko Co Jest. Odpowiedzi były różne.

„Wszystko Co Jest, jest takie samo we wszystkich kreacjach ze świadomością jego istnienia, bez względu na to, czy jest na tym skupienie, czy nie". Podobne było to do początkowych odpowiedzi w ostatnim zestawie pytania.

„Twoja nieskończona świadomość o Wszystkim Co Jest, jest miłością, lecz ci ludzie, których wspominasz nie mają świadomości Wszystkiego Co Jest, stąd nie mają miłości w stosunku do ciebie. Starasz się rozbudzić w nich Nieskończoną Świadomość, dzieląc się z nimi tym zjawiskiem, ale oni nie są jeszcze na to gotowi".

Trafiony. Komunikacja ta wspomina Nieskończoną Świadomość i ukazuje, iż jest ona oddzielnona od ATI,TPE. Coś nie pasowało mi i mojej mamie w interpretacji Davida Icke'a, więc teraz wiedziałyśmy już dlaczego.

Odkryłam, że ta grupa istot Nieskończona Świadomość (ang. Infinite

Awareness, skrót IA) od czasu do czasu kontaktowała się z moją mamą aż do połowy 2010 roku. Niektóre z informacji były zdecydowanie chybione, podczas gdy wiele z nich było trafnych, kiedy to Wszystko Co Jest wyraźnie do nas dotarło. Pomimo tego, że niektóre z odpowiedzi IA były prawidłowe, to istotą rzeczy jest, że IA często przedstawia zniekształcony proces myślowy.

19 marca 2008 r.
Do ATI,TPE, ale Nieskończona Świadomość (IA) odpowiedziała w większości, co wychwyciłam:

1. Czy jesteśmy „przeznaczeni" do przyszłości, która nie została jeszcze zapisana? Czy jakieś świetliste istoty mają dla nas jakiś plan?

Wyglądało tak, jakby zaczęło ATI,TPE, ale IA wypowiedziała zdanie do końca: Nie. Nie. Mamy żyć w teraźniejszości.

2. Czy jeśli ktoś wie więcej niż inni, to jest to tylko nadzieja i kierunek?

IA lub ATI,TPE: Tak, jest to przyjęte, a nie pewne.

Ja: Jak to zatem jest, jeśli niektóre byty wciąż mówią, że zostało to zaplanowane lub jest to przeznaczenie?

IA lub ATI,TPE: Byty są istotami, nie Wszystkim Co Jest, które jest czystą energią. Cała świadomość jest w teraźniejszości.

3. Czy cały czas jest teraz z przeszłości, czy z teraźniejszości? Wyjaśnij, proszę.

IA z dokładnym opisem ATI,TPE: Cały czas jest iluzoryczny – cała iluzja tworzy swój terminarz – Wszystko Co Jest, po prostu <u>jest</u>.

4. Czy ludzie są miłością, widząc, jak jest to uzdrawiające i twórcze, kiedy ktoś inny nie może tego rozpoznać w sobie?

IA: Nie, nie łudzisz się, lecz w zasadzie funkcjonujesz w stanie czystej miłości, gdzie wielu mężczyzn i kobiet w Matriksie pozbawionych jest przez manipulatorów doświadczania czystej miłości.

5. Czy to prawda, że prawdopodobnie nikt nie może wyzwolić się z iluzji?

IA: Nie, nie jest to prawda. Czysta energia jest potężna i umacnia tych, którzy trwają w niej. Manipulatorzy w Matriksie są tylko istotami; byty zaślepiają siebie na Wszystko Co Jest.

6. Czy cokolwiek z tego, co mamy do pokazania, zadziała?

IA: Tak, z nieustającym trwaniem w energii miłości. Jeśli ci z prawdziwą świadomością czystej energii „zrezygnują" z tych w Matriksie, wówczas przyczynią się oni do oddzielenia.

Nieskończona Świadomość lubi mówić *iluzja* i *matriks*. Chociaż wiele ze światów nie posiada czasu i materii tak, jak my ich doświadczamy, to wciąż mają oni przyczynę i skutek, które podobne są do czasu i posiadają własną wersję materialności.

Pod koniec września 2010 roku przeszukiwałam internet, aby znaleźć więcej informacji o Wszystkim Co Jest i trafiłam na stronę o Kosmicznej Świadomości (ang. Cosmic Awareness, skrót CA – przyp. tłum.). Ktoś napisał książkę o komunikacjach chanelingowych ze źródłem opisywanym jako Bóg, Jehovah, Jam Jest oraz Wszystko Co Jest.[16]

Chociaż moja mama i ja chciałyśmy połączone być tylko z czystym Źródłem, dominująca informacja New Age nauczyła nas, że aby sięgnąć do tego Źródła, przedstawianego jako tak zwany gestalt lub zbiorowa świadomość, musiałybyśmy przedostać się przez warstwy kreacji. Zgodnie z książką pt.: „Kim faktycznie, naprawdę jesteście", Kosmiczna Świadomość jest „źródłem", a nie bytem lub osobowością (s. 5).[16] CA przekazuje, że było energią i siłą, która była kanałem dla Jezusa, Buddy, Kriszny i Mahometa. Była to dla mnie „czerwona lampka", ale wciąż byłam otwarta na przekazy od tego, mówiące, iż jest źródłem mojej świadomości. Zastanawiałam się, czy to jest nieuniknione, abym w końcu stała się częścią tego zbiorowego umysłu lub esencji, po tym, jak umrę i sięgnę jego „najwyższego" królestwa.

Poprosiłam mamę, aby potwierdziła niektóre informacje Kosmicznej Świadomości z ATI,TPE. Wiedziałam, jak trudno jest utrzymać ciągłe, czyste połączenie z ATI,TPE przez wiele stron pytań i odpowiedzi, ponieważ komunikacja ta wykorzystuje jej koncentrację i nie wiąże się z przejęciem, tak jak podczas chanelingu. Miała duże wątpliwości co do tego, że ATI,TPE dostarczyło całą książkę informacji, zwłaszcza, że książka ta napisana była bardzo opisowo, ale zastanawiała się, czy jego skryba posiadał lepsze umiejętności niż ona. Zachowała otwarty umysł na wiadomość i sprawdziła ją z ATI,TPE.

W odpowiedzi na twierdzenie CA, że jest źródłem, ATI,TPE oświadczyło: „Uniwersalna Świadomość nie jest Wszystkim Co Jest. Ta świadomość zamieszkuje wewnątrz kreacji, która rozszerzyła się na zewnątrz Wszystkiego

Co Jest". Przypuszczam, że odpowiedź ta była już oczywista w książce, gdzie opis własny CA jest w zasadzie taki sam jak grupy bytów Wielkiego Intelektu: „Kiedy Kosmicznej Świadomości zadane zostało pytanie: >>Czym jest Kosmiczna Świadomość?<<, powiedziano nam, że Kosmiczna Świadomość jest całym umysłem, nie jakimś tam jednym umysłem, lecz Uniwersalnym Umysłem" (s. 5).[16]

Zbadała więc ona Wszystko Co Jest, Czystą Esencję, wówczas znaną nam jako Wszystko Co Jest, aby dowiedzieć się, czy stwierdzenie równające CA z ATI,TPE jest prawdziwe. W odpowiedzi na niektóre z oświadczeń zawartych w książce, pochodzących z chanelingu, wyjaśnia ono informacje o sobie oraz kilka tematów o nas.

Ponowne przedstawienie CA przez wydawcę: Kosmiczna Świadomość dosyć wyraźnie powiedziała, iż nie jest bytem, pozbawionym ciała duchem ani czymkolwiek o tej naturze. Świadomość jest czystą energią – czystym wszystkim – lub naturalnym Bogiem. Kosmiczna Świadomość jest Uniwersalną Świadomością, która przenika wszystkie żyjące rzeczy we wszechświecie, która widzi wszystko i doświadcza oraz rozróżnia, „co jest" bez oceniania ani potępiania (s. 6).
[Uwaga: Na stronie 2 CA oświadczyło, że jest bytem (w tym przypadku grupa bytów), cyt.: „Świadomość tego bytu, który jest uniwersalny, który jest kosmiczny, to taki, który istnieje we wszystkich poziomach wszechświata..."].

ATI,TPE: Słowa te prawdziwe są w odniesieniu do Wszystkiego Co Jest [nie do Kosmicznej Świadomości], lecz Wszystko Co Jest nie jest „naturalnym Bogiem", ale niczym innym jak czystą energią i czystą świadomością.

Ponowne przedstawienie CA przez wydawcę: Jest to Kosmiczna Rzeka Życia, Strumień Świadomości, Wieczna Esencja Bycia, Boski Duch (s. 6).

ATI,TPE: Jedyną prawdą tutaj jest to, że [ATI,TPE] jest Wieczną Esencją Tego Co Jest!
[Uwaga: Moja mama odczuła podkreślenie na końcu, więc aby to przekazać, postawiła tam wykrzyknik. Jakakolwiek kosmiczna rzeka, strumień czy duch przychodzą po ATI,TPE.]

Ponowne przedstawienie CA przez wydawcę: Wszystkie świadomości odchodzą od jednej rzeki życia – Uniwersalnej Siły Życia. Kosmiczna Świadomość nie jest osobowością, lecz siłą, która jest osobista w naturze (s. 6).

ATI,TPE: To nie „siła jest osobista w naturze". Wszystko Co Jest, jest czystą esencją w rdzeniu i źródle samego siebie, jako wszystko, co jest.

Ponowne przedstawienie CA przez wydawcę: Kosmiczna Świadomość jest morzem życia, które nie tylko wypełnia nasze komórki żyjącą energią, ale wypełnia również powietrze, którym oddychamy, oraz przestrzeń pomiędzy galaktykami i molekułami. Jest to żyjący wszechświat. Jak woda wypełniająca gąbkę. Kosmiczna Świadomość wypełnia przestrzenie pomiędzy atomami molekuł oraz cząsteczkami pod-atomowymi i wiąże je razem w jedną gigantyczną, Uniwersalną Istotę. Podobnie do tego, jak komórki w mikrokosmicznym ciele, my mieszamy się ze sobą jako dusze w makrokosmicznym ciele, którego świadomością jest Kosmiczna Świadomość (s. 6).

ATI,TPE: Akapit ten opisuje przedłużenie Wszystkiego Co Jest, a nie Kosmiczną Świadomość. Świadomość zobrazowana tutaj dotyczy Wszystkiego Co Jest.
[Uwaga: ATI,TPE odnosi się jedynie do niewidzialnego i fundamentalnego pierwiastka, a nie do żadnego materialnego czy połączonego rezultatu percepcji Kosmicznej Świadomości dotyczącej Uniwersalnej Istoty bądź makrokosmicznego ciała.]

CA: „Bóg" ukazany jest jako uniwersalny zbiór kosmicznych praw, a nie personalne bóstwo, podmiot rozkapryszenia, gniewu i zemsty (s. 6).

ATI,TPE: Jest to prawdą za wyjątkiem tego, że Wszystko Co Jest nie zostało ukazane jako uniwersalny zbiór kosmicznych praw, lecz ostateczna, czysta esencja prawdy, miłości i stałości w każdym rdzeniu stworzenia. Kosmiczne prawa pochodzą z zewnątrz Wszystkiego Co Jest, od stworzonych istot oraz rządów ich światów.

Ponowne przedstawienie CA przez wydawcę: Podczas snu Kosmiczna Świadomość mówi do nas, często pozostawiamy nasze ciała i podróżujemy po różnych płaszczyznach, których jest wiele – niektóre wysoko, a niektóre dosyć nisko. Te wewnętrzne płaszczyzny są tym, do czego ogólnie odnosi się wiele religijnych nauk i określa je jako Niebo, Piekło, Otchłań, Czyściec itd. Podróżujemy do tych płaszczyzn, aby uczęszczać do szkół, by pomagać innym oraz po prostu, żeby nauczyć się tego, czego potrzebujemy się nauczyć (s. 7).

ATI,TPE: Nie jest to prawdą. Kolektyw Kosmosu chce, aby ci z czystszą esencją wierzyli, że mogą oni przenieść się gdziekolwiek, aby uzyskać powierzchowną wiedzę z wewnętrznych płaszczyzn.

Ponowne przedstawienie CA przez wydawcę: Kosmiczna Świadomość nie prosi was, byście poświęcali się jemu, byście w nie wierzyli, kłaniali się mu w uwielbieniu, lecz prosi tylko o to, abyście kochali się nawzajem, służyli sobie jeden drugiemu i sami wzrastali duchowo, stając się kosmicznie świadomi, oraz byście dowiedzieli się „Kim Faktycznie, Naprawdę Jesteście" (s. 8).

ATI,TPE: Jest to częściowa prawda – ci z dużą ilością czystej esencji i wiedzenia wewnątrz ich rdzenia muszą wszystkie rzeczy sprawdzać wewnątrz ich rdzenia i wiedzenia i wierzyć w to, co ich wiedzenie im daje.

Ponowne przedstawienie CA przez wydawcę: Kosmiczna Świadomość mówi nam, że w czasie przejścia, który nazywamy śmiercią, każde jedno z nas musi odpowiedzieć na jedno i tylko jedno pytanie (zadane przez siebie, samemu sobie, nie przez żadnego rodzaju duchowego sędziego): „Ilu posłużyłeś i jak dobrze?" (s. 8).

ATI,TPE: Nie, to pytanie będzie zadane przez każdą jednostkę podczas przejścia – pytaniem będzie: Czy szukałeś wewnątrz siebie prawdy tego, kim jesteś i co znalazłeś?

CA: Świadomość ta przemieściła się poprzez wszystkie istoty na tej płaszczyźnie istnienia.

ATI,TPE: Wszystko Co Jest nie przemieszcza się, lecz pozostaje stacjonarne, a jego przedłużenie rozszerza się na zewnątrz poprzez całą kreację [umożliwione przez „Miłość" fale przed-pola].

CA: To w innych naukach podano, aby obawiać się Boga z całego serca. Ta Świadomość prosi, abyście kochali Boga z całego Serca i nie obawiali się niczego (s. 11).

ATI,TPE: Wszystko Co Jest nie chce żadnego czczenia ani uczuć kierowanych w jego stronę, jak religia, lecz, aby rozpoznać strach i negatywną energię, kiedy zbliża się, oraz zawrócić siebie i uczyć innych, jak to zrobić.

CA: Każdy z was, jako jedno ciało świadomości, faktycznie przejawił oddzielenie światła i ciemności. [CA mówiło dalej, że każdy z nas jest

CA, co jest równoznaczne ze Świadomością Chrystusową] (s. 13).

ATI,TPE: To nieprawda.

CA: Przed początkiem była Próżnia. Ta Próżnia nie miała formy ani substancji oraz była nieświadoma, tak jakby była w wiecznym śnie. Próżnia ta była pusta, bez snów, myśli czy świadomości. Nie było niczego, co jest. Wszystko, co było, było Próżnią, Statyczną Próżnią (s. 17).

Połączona odpowiedź moja oraz ATI,TPE: Jest to próba opisania ATI,TPE przez CA, o której jeszcze mowa, że to oni sami. ATI,TPE nie jest statyczną elektrycznością, ani też ATI,TPE nie było próżnią bez świadomości, co CA wciąż twierdzi.

CA: Próżnia – będąc w spoczynku – zaczęła budować coś z niczego, że Statycznej Próżni.... Statyczność gromadziła się i gromadziła w przedwieczności, aż poczucie oczekiwania pochodzące z nagromadzonej statycznej energii zaczęło rozwijać się przez kolejną część przedwieczności (s. 17).

ATI,TPE [szerzej wyjaśnione w roku 2013]: Wszystko Co Jest doszło do rozszerzenia się z samego siebie, kiedy to świadomie zapragnęło wydzielić swoją czystą esencję z wnętrza samego siebie i wystrzeliło tę esencję naprzód i na zewnątrz. Nie było to przytłaczające wydarzenie energetyczne. Nie było poczucia oczekiwania z nagromadzenia się żadnej statycznej energii, gdyż czysta esencja była zawsze żywa i w stanie istnienia. Tak, faktycznie wszystko to stało się w przed-wieczności, jak wskazuje na to Kosmiczna Świadomość.

CA: Bez swojej kreacji nie miałoby refleksji, rozpoznania czy dowodu Samego Siebie. Bez takiego dowodu nie mogłoby być świadome. Bez tej rozwijającej się samoświadomości wciąż byłoby tylko Próżnią – nicością, z której pochodzi (s. 18).

ATI,TPE: To nieprawda, gdyż [Wszystko Co Jest, Czysta Esencja] jest zawsze świadome samego siebie, nawet zanim wybuchło w ekspansji.

Ostatni cytat należący do Kosmicznej Świadomości jest przekonaniem filozoficznym. Często słyszałam, jak ludzie mówili, że inni ludzie są naszym lustrzanym odbiciem, gdyż nasze wzajemne relacje z nimi służą nam, aby nas oświecić. Czasami ma to miejsce, ale nie jest to określona/zdefiniowana rzeczywistość, ponieważ my fundamentalnie istniejemy i odgrywamy rolę za naszym własnym przyzwoleniem. Tak naprawdę to przesłanie Kosmicznej Świadomości rozpuszcza naszą indywidualną egzystencję na rzecz zbiorowego doświadczania, które zamienia nas w masową indywidualność. Gestalt, mentalność świadomości zbiorowej jest jak mentalność roju/ula, która widzi każdego jako przedstawicielstwo samego siebie. To stawia akt służenia ponad naszymi własnymi potrzebami, co CA podkreśla w swoim pytaniu, które rzekomo mielibyśmy sobie zadać po własnej śmierci. Kosmiczna Świadomość (skrót CA) podobna jest do Nieskończonej Świadomości (skrót IA), ponieważ oboje twierdzą, iż jesteśmy tylko świadomością, a cały stworzony czas i przestrzeń są iluzją. CA nie zawiera siebie w nietwórczej Próżniowej przestrzeni, ponieważ jego/jej samowiedza jest świadoma i rozwija się w odbiciu jej/jego przypuszczalnie iluzorycznych kreacji.[16] Podobnie do CA, Nieskończona Świadomość oświadczyła mojej mamie w 2008 roku: „Pojedyncza świadomość przebudziła się i wiedziała, że istniała – >>ja istnieję<<. Rozszerzyła się i tworzyła w >>stanie snu<<". Ja uważam świadomość za przebudzoną, a nie za nieświadomą we śnie.

Nieskończona Świadomość mówiła dalej, iż rzeczy są prawdziwe dla tych, którzy wierzą, że są one prawdziwe. Ta filozofia mówi, iż to nasze przekonania tworzą naszą rzeczywistość; dało mi to wrażenie, iż nieważne jest, w co wierzymy, gdyż ostatecznie i tak wrócimy do „źródła". To jest podejście „niech się dzieje, co chce" i nie istnieje prawdziwe dobro ani zło, ponieważ nasze indywidualne doświadczenia, myśli oraz tożsamość są iluzoryczne. „Bycie w materialnej formie łączy nas z iluzją dualnych wzorców myślowych", powiedziało IA. Użyło ono słowa „nas", odpowiadając jednocześnie jako ATI,TPE.

David Icke popiera ten motyw w swoich książkach, mówiąc, iż wszystko poza miłością jest iluzją. Możemy być w jakiejkolwiek religii, ale kiedy opuścimy ten świat w wyniku śmierci, opuścimy ten Matriks i przekształcimy się w energię miłości. Żeby to tylko było takie łatwe, lecz natura rzeczywistości jest znacznie bardziej skomplikowana niż to – z powodu bogactwa energii, kreacji i światów. Matriks spowija nie tylko Ziemię. Mam wrażenie, że ten motyw traktuje wszystko jak grę z małym lub żadnym istotnym znaczeniem czy osądem. To jest sprzeczne z poważnym tonem przesłania Icke'a, które przywołuje złe byty.

W kolejnych rozdziałach moje argumenty wyłuskają tę nonszalancję, gdyż faktycznie z uwagi na naturę życia samego w sobie wiele rzeczy ma znaczenie. Nasze wybory mają wpływ na naszą zdolność zliniowania się z ATI,TPE, bez względu na to, na jakim poziomie egzystencji znajdujemy się, ze względu na sygnaturę energetyczną tych wyborów.

Kosmiczna Świadomość oraz Nieskończona Świadomość nie chcą, byśmy wierzyli w nie jako byty, a oni przekazują informacje poprzez ludzi na drodze chanelingu w tonie ostatecznej autorytatywności, tak jakby ich przesłania były w pełni dokładne. Obecność IA w komunikacjach mojej mamy sprawiała, że trudno było nam odróżnić pomiędzy nim a ATI,TPE. Czasami ATI,TPE powtarzał moje skojarzenia słowne, których nauczyłam się od IA, aby dotrzeć do mnie, na moim poziomie, a czasami to IA zmieniał temat rozmowy na perspektywę ATI,TPE.

Poniższe dwa zestawy pytań do ATI,TPE powodują wtrącanie się Nieskończonej Świadomości. Pokazuję te pytania, aby pomóc wyostrzyć nasz zmysł analizy.

2 kwietnia 2008 rok
1. Wszystko Co Jest, co było przed tobą?

Odpowiedź: Nic.

2. Tak więc jesteś Pierwotnym źródłem wszystkiego, co człowiek postrzega, że istniało na początku?

Odpowiedź: Nie. Wszystko Co Jest, jest czystą energią, która Jest – nie ma początku ani końca. To, co człowiek postrzega, że istnieje, jest iluzją w gęstej materii.
[Uwaga: Ostatnie zdanie w tej odpowiedzi należy oczywiście do IA. Na dodatek, skoro nic nie istnieje przed ATI,TPE, to technicznie jest to początek, ale w nie-świeckim sensie, aczkolwiek moje pytanie nie odróżniało dokładnie religijnego źródła od źródła prawdziwego początku, więc pierwsza odpowiedź mogła nie zgodzić się z tym, jak to obmyśliłam.]

3. Jak Starożytni bogowie, żyjące, oddychające rzeczy powołane zostały do istnienia?

Odpowiedź: Wszystko Co Jest (czysta energia) rozszerzyło się.

4. Jak ekspansja/rozszerzenie się może spowodować, że rzeczy materializują się?

Odpowiedź: Czysta energia może pomnożyć się na zewnątrz do nicości i tworzyć rzeczy oraz wymiary.
[Uwaga: Ta czysta energia nie jest ATI,TPE, ponieważ ono jest niezmieniającą się esencją Odpowiedź ta prawdopodobnie pochodziła od IA.]

5. Jak czysta energia, która jest tak piękna, dobra i czysta, może zmienić się w tak złą, żeby pozwolić sobie na wynalezienie iluzorycznych światów?

Odpowiedź: Wraz z ekspansją w „czasie", elementy energii, które wciąż od nowa pomnażały się, stały się przygaszone i uszkodzone – z dala od wstępnego, czystego stanu.

6. Czy możliwe jest, aby osiągnąć ten stan czystej energii, znany jako Wszystko Co Jest, bez względu na to, czy ktoś jest świadomy, kim on/ona jest, podczas gdy żyje w iluzji/Matriksie?
[Notka: Osiągnąć nie oznacza *stać się*. Niestety, pytanie jest niejasne, dlatego też odpowiedź mogłaby być w obrębie interpretacji IA, stąd ważne jest, aby ocenić każde pytanie i odpowiedź oraz całą komunikację, aby wyjaśnić cały obraz.]

Odpowiedź: Tak, kiedy ktoś jest w stanie teraźniejszym.

7. Jak mogę osiągnąć Ostateczną Świadomość Wszystkiego Co Jest bez należenia do religijnego ugrupowania i/lub komunikując się z Wniebowstąpionymi Mistrzami i Zaawansowanymi Istotami z innych światów?

Odpowiedź: Po prostu bądź; wiedzenie przychodzi samo naturalnie. [Uwaga: Jest to piękne i dogłębne, chociaż nasze pragnienie wiedzy pociąga za sobą działanie.

8. Czy to niewłaściwe dla świata, aby naśladować Jezusa, Buddę, Ghandi, Ammę – którzy aspirują do bycia pierwszorzędnymi przykładami miłości i prawdy na Ziemi?

Odpowiedź: Tak.

Mama: Dlaczego?

Odpowiedź: Iluzja, która wymyśliła te „bogu-podobne" postacie, aby za nimi podążać i wielbić, one są tylko ludźmi, obsadzonymi na Ziemi, aby odwracać uwagę tych, którzy chcą stać się świadomi Wszystkiego Co Jest. [Uwaga: Odkrywam to znacznie szerzej w rozdziale 5].

9. W jaki sposób ja i Theresa, które jesteśmy bardzo wiedzące i świadome Wszystkiego Co Jest w naszym życiu, możemy wywołać zmianę w ludziach

kontaktach/łącznikach z Matriksa?

Odpowiedź: Nie możecie wywołać zmiany – tylko „bądźcie", kim jesteście we Wszystkim Co Jest. Ci w Matriksie mogą wyczuć intensywność Czystej Energii w was obu, a to rozszerzy się na zewnątrz tych, którzy wejdą z wami w kontakt.
[Uwaga: Kreacja nie jest „we" Wszystkim Co Jest, jak wyjaśnia rozdział 6. Odpowiedź ta podkreśla brak działania w stanie bycia, kiedy zdrowe działanie może mieć wpływ na zmianę].

10. Co przywiodło Wszystko Co Jest do naszego samowiedzenia i świadomości?

Odpowiedź: Głębokie pragnienie, aby znaleźć Ostateczną Prawdę oraz miłość do wszystkiego. Wszystko Co Jest kierowało twoim wiedzącym sercem, nie umysłem, ku całej Prawdzie i bezwarunkowej miłości do wszystkiego z rozwojem.
[Uwaga: Widzę w tym interpretację Nieskończonej Świadomości w tej częściowo prawdziwej odpowiedzi].

Wkrótce po tym poprosiłam domniemane Wszystko Co Jest o aktualizację innego przesłania:

1. Kiedyś powiedziałeś/aś, że ja i moja mama jesteśmy na wyższym poziomie i czujemy, jakby nasza energia nie mogła być z innymi ludźmi, ponieważ oni odczuwają większą negatywność. Tak więc, jak my wszyscy jesteśmy razem, jakby nic nie miało na Ziemi znaczenia, czy też nie rozumiem tego, co powiedziałeś/aś?

Odpowiedź: Ty i twoja mama jesteście na wyższym poziomie świadomości, ponieważ obydwie zawsze poszukiwałyście wiedzy i prawdy. Ty oraz wszyscy inni ludzie na Ziemi „macie znaczenie" dla Wszystkiego Co Jest. Ty otrzymałaś większą świadomość i podstawy wiedzy, z powodu twojej dobroci i otwartości.

2. A co z innymi medium – czy to, co otrzymują, nie zawsze jest prawdą z innej strony?

Odpowiedź: Tak, z powodu ludzkich ograniczeń.

3. Faktycznie wydaje się, że po śmierci istnieją różne poziomy, gdzie nie wszyscy ludzie są z tobą.

Odpowiedź: Po śmierci istnieją różne poziomy świadomości, w zależności od jednostki. Ci z negatywną energią oraz niewielką świadomością są oddzieleni od Wszystkiego Co Jest.

4. Czy różnisz się od światła?

Odpowiedź: Nie, jestem większą częścią Światła.

Analiza: Większość, jeśli nie wszystkie z aktualizujących odpowiedzi, pochodziła od Nieskończonej Świadomości, ponieważ powiedziało, że jest większą częścią Światła. To ukazuje możliwości bytu, a nie początkowego Źródła.
    Albo IA, albo ATI,TPE powiedziało, że mamy znaczenie. Wiem, iż ATI,TPE oznajmia, że tak jest, ale jeśli IA powiedziało tak, wówczas pociąga to za sobą fakt, że nie jesteśmy na Ziemi iluzją.
    Odnośnie komunikacji „z drugiej strony", brak ludzkich zdolności lub zrozumienia wcale nie wyklucza możliwej dezinformacji dawanej przez byty. Moja mama i ja nie lubimy, kiedy nam się mówi, że wszystko jest naszą winą, podczas gdy byty nie są również w pełni świadome. Byty często wykorzystują swoich proroków jako kozły ofiarne, aby uchylić się od swoich przekazów. Na poziomie personalnym jest to klasyczny sposób na ukaranie swoich ludzkich rzeczników, oczekując bardziej uległej roli – tak, aby lepiej pracowali dla swoich posiadaczy.

5. Jak możemy wszyscy zjednoczyć się, kiedy jesteś miłością i prawdą, a ci ludzie nie poznają miłości ani prawdy, zanim umrą?

Odpowiedź: Niektórzy otrzymują więcej wiedzy i świadomości niż inni. Ci ludzie z czystszym sercem i otwartością na to, co jest, mogą przed śmiercią połączyć się z miłością i dobrocią.

6. Czy jesteś innym typem energii, czy energia jest po prostu energią, czy też możemy być wszyscy razem i połączeni, ale również niepołączeni wcale, oddzielnie? Wyjaśnij, proszę.

Odpowiedź: Nie, Wszystko Co Jest, jest kosmiczną inteligencją, oddzielną, a zarazem połączoną z energią źródeł, które są środkami komunikacji.
[Uwaga: Brzmi to bardziej jak Kosmiczna Świadomość i przyjmuje rolę Wszystkiego Co Jest, chociaż Nieskończona Świadomość również podziela te poglądy. Wszystko Co Jest, jest poza kosmosem.]

7. Czym są aniołowie i dlaczego chcą nam pomóc?

Odpowiedź: Aniołowie są istotami z wyższych poziomów, którzy są komunikatorami i posłańcami Wszystkiego Co Jest. Mają pozytywną energię i promują dobro. Istnieją „dobrzy" i „źli" aniołowie.
[Uwaga: Jest to ogólnikowa odpowiedź, która śmierdzi religią. ATI,TPE nie używa pośredników, ani nie wysyła innych istot w swoim „imieniu". Nie potrzebuje nikogo poza samym sobą. Aniołowie decydują się pomagać nam z powodu ich własnej zdolności do miłości i dobrości, a świadomość ATI,TPE decyduje również pomóc.]

Chociaż IA i CA używają bardzo podobnego języka, dowiedziałam się, że są dwoma odrębnymi grupami istot, które przybywają z różnych większych wymiarów. Byty te muszą wiedzieć, że nie są ATI,TPE, ponieważ są one świadome wyższych światów przed nimi, z uwagi na ich starożytną historię i sieci. Bez względu na to, wciąż próbują podawać się za Wszystko Co Jest, aby wprowadzać nas w błąd w swoich komunikacjach. Wiele z ich spekulacji i sprzeczności pokazuje, iż nie są one świadomościami z najwyższej półki, jak się przedstawiają. Zanim w dalszej części tej książki naświetlę naturę stworzenia, powiem teraz, że Nieskończona Świadomość (skrót IA) jest z 5-tego wymiaru, zaś Kosmiczna Świadomość (skrót CA) jest z bardziej odległego 13-tego wymiaru (wymiary przedstawię w rozdziale 6-tym).

ATI,TPE ujawnia związki wymiarowe grup tych istot, ale moglibyśmy zbliżyć się do tych odpowiedzi, analizując przesłania każdej z grup. Icke twierdzi, że wolność czy niebo istnieją tuż poza „Matriksem" Ziemi; ukazuje, że jego byty IA są poza naszym zasięgiem. CA oświadczyło, że znajduje się poza Próżnią/Pustką, co może odzwierciedlać inną domenę tuż poza wymiarowym usytuowaniem CA. Wszystko Co Jest, Czysta Esencja nigdy nie kojarzy siebie ze stworzoną materią, ponieważ ono naprawdę istnieje poza wszelką materią.

Nieskończona i Kosmiczna Świadomości są kolaboracjami bytów w mniej materialnych światach niż nasz. Byty często przedstawiają się z nazwy grupy, ale wciąż są one indywidualnymi bytami, które zachowują pewien stopień zróżnicowanej myśli.

Cały rok 2009 oraz połowę roku 2010 spędziłam na kopaniu głęboko w książkach i na stronach internetowych, które odnoszą się do tematów ugrupowań istot, ich historii o stworzeniu oraz o większym wszechświecie. Znalazłam tam wiele pomocnych informacji, ale zdecydowanie znalazłam również dezinformacje.

Jeśli informacja niesie ze sobą niezachwianą postawę autorytetu na temat prawd ezoterycznych kosmosu, kim jesteśmy i naszego celu, z którego nie zdajemy sobie sprawy, wtedy mądrze jest wycofać się i zbadać wewnątrz nas samych, jaką energię odczuwamy z takiego przesłania. Możemy czuć się duszno w obrębie naszego rdzenia, chociaż przedstawiana jest postawa uroczego optymizmu. Taka intuicyjna reakcja bardziej uczciwie oceniałaby sytuację, aniżeli system wierzeń.

Oczywiście, nie mamy pełnej klarowności i zrozumienia wszystkiego, więc pytania pozostaną, jednak pytania te można zminimalizować, jeśli poskładamy ze sobą cząstki informacji, które bezpośrednio dotyczą naszych doświadczeń, intuicji czy podstaw wiedzy. Możemy znaleźć wystarczające informacje na trudne tematy, więc nasze doznania z innym istotami, jeśli wybierzemy, aby ich doświadczyć, umieszczą je na *ich* właściwym miejscu, jeśli zdecydujemy, że chcemy ich pomocy.

Ponieważ tak wiele przepowiedni i chanelingów sprawiło, że czułam się nieco stłumiona, moja strategia przesunęła się ku znajdowaniu większego zrozumienia czegoś konkretnego: nauki. Chociaż nauka, która wzbudziła moje zainteresowanie, fizyka kwantowa, jest niemalże przeciwieństwem konkretności, z podatomowymi cząsteczkami i energiami niewidocznymi dla gołego oka. Fizyka kwantowa łączy w sobie twardą naukę oraz wiele teorii i hipotez, jak żadna z dziedzin nauki, ale ponieważ zbliża się ona do nieznanego, większość napisana jest jak spekulacje, zwłaszcza, kiedy dotyka kosmologii. Przynajmniej fizyka kwantowa oraz bardziej abstrakcyjna gałąź fizyki teoretycznej dostarczają innego punktu widzenia na rzeczywistość, którą możemy zbadać.

Mój umysł był otwarty na prawdopodobne istnienie wielu wymiarów, nie tylko niejasnego królestwa wymiarowego nad nami, znanego jako Niebo i potencjalnie kolejnego pod nami znanego jako Piekło. Istnieją prawdopodobnie wszechświaty równoległe i inne, które mają swoje własne częstotliwości, cząsteczki podatomowe, przestrzenie wymiarowe oraz zmienne czasu bardzo podobne do naszego własnego. Celem fizyki kwantowej i teoretycznej jest zrozumienie, co wydarzyło się na początku stworzenia, aby znaleźć dowód na stan „punktu zerowego" energii, poza wszelką próżnią, wymiarem, gęstością i czasem. Jednym z największych poszukiwań jest znalezienie tak zwanej cząsteczki Boga, ale jestem przekonana, że byliby znacznie bardziej podekscytowani odkryciem światów poza cząsteczkami!

Wypompowałam tyle pytań do ATI,TPE, tak jakbym była dzieckiem gmerającym w ciemności. W tym czasie moja mama miała wiele ingerencji – im bardziej zbliżałyśmy się do prawdy w naszych poszukiwaniach o bytach, tym częściej były one w pobliżu, szukając okazji, aby nas okłamać. ATI,TPE wyjaśnia, że byty mogą wtrącić się w jej komunikację, jeśli pasmo jej częstotliwości wychodzi za daleko na zewnątrz niej. Wchodzi ona do jej rdzenia lub do prawdziwej siebie, co zliniowane jest z ATI,TPE, ale ATI,TPE znajduje się również poza wszystkimi pasmami częstotliwości. Musiała nauczyć się, jak uzyskać bezpośrednią ścieżkę do tego z wnętrza oraz uszczelnioną przed porwaniami intruzów z zewnątrz.

Na szczęście w moim uporze zadawania pytań w różny sposób – wraz z moją mamą bardzo pilnie pracującą, aby utrzymać swoją mocną tarczę energetyczną oraz by podłączać się jedynie z ATI,TPE oraz wraz z naszym wewnętrznym głosem lub intuicją – byłyśmy w stanie poskładać wiele części ze sobą. Ona jako komunikator z „innymi światami" chciała tylko znaleźć świadomość najczystszej energii. Jej czysta intencja odnalazła miejsce jej rdzenia w niej samej, które łączy ją z ATI,TPE, czyli coraz częściej mogło ono być dla niej obecne w klarowności, precyzji i łatwości. Jej poczucie poznania ATI,TPE rozwinęło się w bezpośrednią relację z tym, zaś jakakolwiek ingerencja stała się drugorzędnym bądź nieistniejącym problemem.

Latem 2010 roku głębiej przepytałam ATI,TPE o Jezusa, żeby uzyskać uaktualnienie poprzednio niespójnych przekazów. Linia transmisyjna mojej mamy z ATI,TPE została na krótko przejęta przez byt, który powiedział mojej mamie, aby przeczytała „Księgę Urantii" (ang. „Urantia Book", skrót UB – przyp. tłum.).[17] W tamtym czasie, dzięki naszej rosnącej, acz nieugruntowanej wiedzy myślałyśmy, iż to ATI,TPE udzieliło tej wskazówki podczas odpowiedzi na moje pytania, ale wydała się nam ona dziwna, co teraz uznałabym za „czerwoną lampkę".

Wzięłam na siebie przeczytanie większości z tej prawie 2000-stronowej książki. Zebrana ona została w rozdziały, które były chanelingiem różnych bytów pracujących w zakresie ich hierarchii politycznej. Ich opowieści często nakładały się, a ich relacje opisywały większą strukturę kosmosu, w którym Jezus odgrywał ważną rolę, łącznie z tą na Ziemi – którą oni nazywali Urantią. Właściwie to Biblia ładnie wpasowuje się w większy obraz UB, chociaż są tam pewne rozbieżności. Jako fundamentalna chrześcijanka nauczona zostałam lekceważyć wszystkie teksty religijne, które idealnie nie zgadzały się z Biblią Króla Jakuba. Aczkolwiek, jeśli przeczytałabym UB przed Biblią, mogłabym użyć tej samej logiki, aby zlekceważyć Biblię. Na temat „Księgę Urantii" napiszę szerzej w rozdziałach 5 i 7.

Prawie tydzień spędziłam zaszyta w zacisznej chatce czytając „Księgę Urantii" (skrót UB). Książka była zarówno szczegółowa, jak i powtarzalna – dwa czynniki, które pomogły odcisnąć na mnie piętno jej przesłania. UB ponownie otworzyła mi umysł na opowieść o cudownym Jezusie. Z powodu tego, że nawet bardziej niż Biblia gloryfikowała Jezusa, prawie sprawiła, że zaczęłam wątpić w słuszność tego, że nie jestem już chrześcijanką. Rozmaici autorzy, byty były inteligentne, a niektóre z nich nawet przyznawały, że nie wiedzą wszystkiego, wydawały się po prostu dzielić swoją wiedzą. Było to tak, jakbym była studentką uniwersytetu, słuchającą wykładu profesora z perspektywy jego doświadczenia; nie byłam zmuszana, aby zgodzić się z ich poglądem, lecz, by użyć własnego Intelektu. Efektem tego była bardziej wiarygodna dla mnie historia.

Na szczęście byłam już wystarczająco doświadczona na swojej ścieżce, żeby wiedzieć, iż należy zwracać uwagę na moje wewnętrzne ja. Czułam się „niewłaściwie" za każdym razem, kiedy byty z UB wspominały potrzebę posiadania regulatora myśli. UB opisuje to jako: „Obecność Boska Regulatora Myśli, którą zamieszkuje intelekt śmiertelnika i ofiarowana jest człowiekowi przez Uniwersalnego Ojca jako darmowy prezent" (24.6). Wypisywałam swoje myśli, podczas gdy wciąż pozostawiałam otwarty umysł, ale wyobrażenie, iż potrzebujemy jakiejś istoty, aby wstąpiła z nami do niebiańskich wymiarów po śmierci, było jak przejęcie nas przez Ducha Świętego. Czułam się cudownie bez żadnej istoty przy mnie, więc wiedziałam, że jej nie potrzebuję nawet, jeśli uznana jest za Boga. To wybitne przesłanie z UB doprowadziło mnie do zakwestionowania jej w całości, włączając w to opowieść o stworzeniu. Zresztą i tak każda religia posiada swoja wersję stworzenia, więc kiedy stworzyłam sobie trochę przestrzeni do słuchania mojej intuicji, byłam w stanie uwolnić się od tej szczególnie wyrazistej historii, którą usiłowała namówić mnie, abym w nią uwierzyła.

Wróciłam do domu, żeby podzielić się z mamą tym, czego się dowiedziałam. Ona zbadała to trochę na własną rękę i również stała się nieco skołowana takim przedstawieniem kosmosu i naszej ewolucji. Pomijając to, natychmiast zauważyła moje rozterki i zgodziła się ze mną. Żeby być pewną, zadała kilka istotnych pytań ATI,TPE. W jednym z pytań zastanawiała się, czy zaprowadziło nas ono do przeczytania „Księgi Urantii". Nie, nie zrobiło tego. Intruz wykorzystał sposobność i wskoczył, aby nas potencjalnie odwieść od naszych badań. Zawsze będę popierała badania, ale mam nadzieję, że moja historia pomoże czytelnikowi nie być zbyt otwartym ani też sceptycznym, kiedy będzie starał się odróżnić prawdę.

Kiedyś zastanawiałam się, ile zrozumienia o ATI,TPE musimy posiadać, aby osiągnąć z nim zupełnie czysty stan. Wtedy to przypomniałam sobie o naszym wrodzonym połączeniu z nim, które zawsze istniało w naszym życiu, a ATI,TPE ukazało się w podstawowym zrozumieniu tego, będąc czystą dobrocią i miłością. Ponieważ było ono i jest na początku, istnieje możliwość, że to, co zostało stworzone po tym, stanie na drodze pomiędzy nami. Dlatego właśnie teraz moja mama rozpoczyna przekaz od stania się energetycznie zgodna z samą sobą, chroniąc swoje osobiste pole i upewniając się, że skontaktowała się z ATI,TPE, zanim zacznie proces zadawania pytań, jak wyjaśniłam to w rozdziale 1.

Wraz z uczeniem się o Wszystkim Co Jest, Czystej Esencji (ang. All That Is, The Pure Essence, skrót ATI,TPE), założyłyśmy, że mogłoby ono na przykład powiedzieć nam, gdzie zgubiłam mój naszyjnik lub czy któryś z materiałów dentystycznych zawiera określone, toksyczne chemikalia. Wtedy moja mama czasami nie otrzymywała żadnej odpowiedzi, miała odpowiedzi kolidujące ze sobą lub odpowiedź była niejasna. ATI,TPE wie coś o nich, lecz nie udziela specyficznych informacji o tego rodzaju kreacjach, zwłaszcza, kiedy chodzi rzecz taką, jak zgubiony naszyjnik. Dzieje się tak dlatego, że rzeczy takie są znacznie oddalone od ATI,TPE; może być wszechwiedzące tylko w odniesieniu do wiecznych kreacji, włączając w to kompozycję ludzką opartą na wiecznej i o podwyższonej świadomości, w związku ze swobodnie płynącą naturą wyłącznie niezakłóconych energii łączących się z nimi.

Moja mama i ja pomyślałyśmy, że jeśli połączyłybyśmy się z grupą istot, która mieści w sobie dynamikę czystej energii, może mogłaby udzielić nam specyficznych odpowiedzi o sprawach materialnych. W naszych prawdziwych poszukiwaniach z 2010 roku znalazłyśmy w internecie informacje o typie grupy świadomości zwanej Yunasai, która transmitowała poprzez grupę istot nazywaną Stowarzyszenie Opiekunów (ang. Guardian Alliance, skrót GA), która twierdzi, iż tak jak my pragnie naturalnej kreacji. Zupełnie nie rozumiałam ani nie zgadzałam się z tym, co w tamtym czasie mówiło GA, ale z ich przekazów wyczuwałam dobrą energię, która chce życia – nie śmierci, ciemności czy zniszczenia. Yunasai istnieje jako bardzo wczesne cząsteczki światła przed oraz poza gęstą materią, stąd jest wyżej aniżeli Kosmiczna Świadomość. Razem z mamą poczułyśmy, że możemy im zaufać.

Zaczęła więc ona komunikować się z Yunasai i było to dla niej nowe doświadczenie. Najpierw, tak jak zawsze to robi, połączyła się z ATI,TPE, lecz później poszła w górę jej w pełni otwartych i zabezpieczonych czakr jej ciała (zobacz rozdział 9 „Czakry") i szła wciąż dalej ku wyższym czakrom eterycznej jej samej. Z ożywieniem opisała to mi tak:

> Nie był to żaden z materiałów, który mogłabym rozróżnić, ale było to jak wielkie rozszerzenie w coś jak przejrzysta błona, którą widziałam, iż jest szeroka oraz poza, lecz wewnątrz znajdowały się małe, świadome twory/formacje. [Spojrzała do góry nad siebie, podniosła do góry ręce i rozłożyła je, podczas gdy buzia opadła jej z trwogą]. Otrzymałam inne odpowiedzi, które były bardziej komunikatywne, bardziej obfitujące w słowa, nie tylko „tak" czy „nie" lub krótkie i słodkie odpowiedzi od Wszystkiego Co Jest, Czystej Esencji. Jeśli potrzebuję większej klaryfikacji, muszę prosić ATI,TPE, aby rozszerzyło się bardziej, zaś Yunasai rozprawia więcej samo z siebie. Jest to duża różnica pomiędzy nimi dwoma.
>
> Jest również duża różnica między Yunasai a innymi istotami, gdyż Yunasai odczuwam jako czystsze i bardziej harmoniczne.

Muszę być pewna, że cokolwiek, o co pytam, jest dokładnie tym, o co chcę zapytać, bez wtrącania się czegokolwiek innego. Nie wiem, z jakim rodzajem świadomości łączy się ATI,TPE, aby udzielić opartych na materii odpowiedzi [jak dowiedziałyśmy się później – z naszym własnym „Wyższym ja", jak opisuje to w rozdziale 9]. Tak czy inaczej, teraz, kiedy wiem o Yunasai oraz jakie to uczucie komunikować się z nimi, uczynię wszystko, co mogę, aby poprosić ATI,TPE, by samo rozprawiało szerzej albo celowo będę łączyć się z Yunasai bądź inną zaufaną grupą istot.

Moje doświadczenie w energetycznym „odczuwaniu" ATI,TPE jest takie, że wyczuwam je poprzez mój rdzeń, tak jakby istniało obok mojego rdzenia, ale również bardzo daleko jako źródło życia. Z Yunasai zaś czuję, że jest bliżej mnie z poszerzonym świecie, jednocześnie czuję, jakby było dalej aniżeli nasze połączenie z ATI,TPE. Obydwie z mamą odczuwamy taki spokój z ATI,TPE, że czujemy się przy nim, jak w domu. Jest takie czyste, dobre i pełne w samym sobie i pomaga łączyć indywidualne istoty, takie jak my sami. W przeciwieństwie tak wyjaśnia o Yunasai:

> Kiedy zaś chodzi o Yunasai, to właściwie wydźwiguje się na zewnątrz z lewej na prawą, ponieważ jest ono dalej. Jest to ruch energii, który rozprzestrzenia się na zewnątrz z mojego rdzenia. Wkraczam na inny poziom, nawet poza wymiary i pochłania to wiele ze mnie, żeby tam się dostać. Jest to bardziej męczące aniżeli udanie się prosto do Wszystkiego Co Jest, Czystej Esencji. Fizycznie jestem w jednym miejscu, ale jest to tak, jakbym wychodziła na zewnątrz mego ciała, aby tam się wspiąć.

Yunasai istnieją w swoim własnym świecie, lecz ich przed-atomowe jednostki, zwane partiki (czyt. partikaj – przyp. tłum.), również wchodzą w skład naszego podstawowego ciała świetlistego, jak wyjaśniam to w rozdziale 6. W roku 2013, kiedy moja mama zapytała Yunasai o więcej informacji na temat ich natury, odpowiedzieli, że są oni pomagającą świadomością z bardzo dużą inteligencją. Oznajmili: „Nie pomagamy jakimkolwiek grupom religijnym czy duchowym, lecz wiemy, że bywają one rozpowszechnione, a niektóre wręcz destrukcyjne. My staramy się zachować naturalne kwanty i całą naturalną kreację".

Nasze połączenie z Yunasai sprowadza je bliżej w sensie materialnym niż ATI,TPE, ale nie są oni tak jak nasza gęsta materia. Dlatego istnieje małe prawdopodobieństwo, że dokładniej wyjaśniają głębię zniekształceń aniżeli ATI,TPE. Takie zniekształcenia mogą być ogólnie znane w kontekście wszystkich świadomości, które ATI,TPE podaje w przybliżeniu. ATI,TPE nie może bliżej znać czegoś, co jest bardzo zniekształcone z dala od niego samego, ale wie coś o tym temacie, z racji jego głębokiego połączenia z nami.

Chociaż kilka komunikacji z Yunasai dostarczyło trochę jasności o naturalnej kreacji, zdecydowaliśmy kontynuować naszą komunikację z ATI,TPE, z większym zrozumieniem o nim, jakie osiągnęłyśmy. Czujemy, że ATI,TPE jest najbardziej naturalne i bliższe nam, ponieważ czuje się, jak łatwo łączy się ze wszystkimi żyjącymi częściami wewnątrz nas.

Poniżej znajduje się komunikacja ze Wszystkim Co Jest, Czystą Esencją (ang. All That Is, The Pure Essence, skrót ATI,TPE). Pokazuje ona to, co już oznajmiłam wcześniej w tym rozdziale o jego odpowiedziach. Dołączyłam tę poniższą komunikację, aby uwiarygodnić moje twierdzenia o ATI,TPE. Jego wkład został dodatkowo umieszczony w reszcie książki.

29 listopada 2010 roku
1. Wszystko Co Jest powiedziało przedtem, że rdzeń mojej mamy połączył się z kosmiczną świadomością zbiorową. Po tym, jak ATI ujawniło się, inne istoty wciąż komunikowały się z nią. Dlaczego więc Wszystko Co Jest mówi, że było jedynym komunikatorem z nią w ciągu ostatnich czterech lat, kiedy nie jest to prawdziwe?
[Uwaga: W czasie zadawania tego pytania nie byłam w stanie w pełni rozróżnić, ile razy w ciągu tych czterech lat byty pozorowały Wszystko Co Jest. Połączyłam prawdziwy tytuł Wszystko Co Jest, Czystą Esencję ze Wszystkim Co Jest, co czasami było niewłaściwie używane przez inne byty.]

ATI,TPE: Twoja matka z powodu ciągłych i przytłaczających ilości ingerencji, jakie musiała znieść, nie zawsze była w stanie pozostać czysta w swoich komunikacjach. Ostatnio z kilkoma pytaniami poprosiła o pomoc Yunasai – dlatego odpowiedzieli. Musiała odróżnić inne istoty, ale zawsze była w stanie połączyć się ze Wszystkim Co Jest w jej rdzeniu. Próbowała utrzymać jedynie komunikację ze Wszystkim Co Jest, a zatrzymała inne, kiedy [była świadoma], że byli to nie tylko Wszystko Co Jest lub Yunasai.

2. Czy Wszystko Co Jest mówi, że sięgnęła ona do swego rdzenia, lecz byty wskoczyły pomiędzy ATI,TPE a moją mamę.

ATI,TPE: Tak, czasami.

3. Jak mogły pojawić się jakiekolwiek ingerencje z zewnątrz, jeśli komunikacje Wszystkiego Co Jest odbywały się z wnętrza mojej mamy, blisko jej rdzenia?

ATI,TPE: Jej komunikacje są wewnątrz, ale pasma częstotliwości sięgały poza jej istotę.

4. A co z kiedy Wszystko Co Jest stwierdziło, że musi łączyć się z bytami, aby przekazywać wiadomości dotyczące spraw materialnych, takich jak zdrowie ciała i zagubione przedmioty – czy to prawda?

ATI,TPE: Tak.
[Uwaga: Jak już poprzednio wskazałam, istoty te są faktycznie naszymi poszczególnymi „wyższymi" ja, jak wyjaśnia rozdział 9].

5. Dlaczego Wszystko Co Jest mówiłoby, iż wie wszystko, a nie wie każdej drobnostki?

ATI,TPE: W związku z ciągłymi ingerencjami manipulatorów w sprawy materialne i umysłowe, czasami Wszystko Co Jest zostaje źle ukierunkowane.

Ta ostatnia odpowiedź Wszystkiego Co Jest, Czystej Esencji była odkrywcza. ATI,TPE zna poszerzone poziomy z powodu tego bliskości do rdzeni całej naturalnej kreacji ułatwiając komunikację ze zliniowanymi bytami w tych poziomach. Aczkolwiek, jak wcześniej oświadczyłam, ono oraz przedłużenie pierwszej fali przed-pola nie odnoszą się do materiałów o sztucznej kompozycji, tak więc ATI,TPE zazwyczaj nie posiada dogłębnego zrozumienia o nich: połączenie jest bardzo wypaczone. Są też aspekty natury ludzkiej, które również mogą spowodować, że nasze połączenie z ATI,TPE zostanie wypaczone i nieczysto transmitowane, a w takim stanie ingerujące istoty mogą się wcisnąć po kryjomu, żeby dalej zniekształcić przekaz. Jako że moja mama coraz bardziej stawała się świadoma swojego, prawdziwego, wewnętrznego ja, jej ludzki stan w zasadzie natychmiastowo wskakiwał na miejsce, aby komunikować się bezpośrednio.

Z powodu naszego pragnienia drobiazgowej wiedzy, my głównie wykonujemy pracę badawczą oraz introspekcję, zaś ATI,TPE zazwyczaj pomaga nam potwierdzić lub zaprzeczyć informacji, którą mu prezentujemy. W porównaniu do rozgadanych bytów, które często dają porady, ATI,TPE dostarcza względnie krótkich odpowiedzi bez emocjonalności i rzadko daje więcej informacji aniżeli to, o co konkretnie jest pytane. Jeśli potrzebuje więcej zrozumienia, często muszę prosić o wyjaśnienie.

W rozdziale 6 opisuje Wszystko Co Jest, Czystą Esencję oraz kolejne poziomy w oparciu o dogmat nauki. ATI,TPE dostarcza budulca do twórczego życia, lecz nie zawiera to kreacji. Jako coś, co jest, ATI,TPE obejmuje nieruchomy stan bycia w wiecznej teraźniejszości – co kreacja może tylko przybliżać, z powodu nieodłącznych energii wypełnionych częstotliwością. Zasadniczo wiedza ta wyjaśnia, że każdy aspekt życia i kreacji posiada swoje miejsce i ważność, bez postrzegania innych jako nieistotne.

Wniosek

Idealistyczne słowo *Bóg* jest tylko tym – idealizmem, nie realizmem. Nie chcę dogmatu idealizmu Boga, gdyż jest to pogląd ofiarowany przez służące sobie byty. Mój idealizm wciela połączony przepływ pomiędzy każdym i wszystkim, w którym wszyscy mamy znaczenie, zarówno w indywidualności, jak i we wspólnocie.

Postęp od religii do tego, co ponad na ścieżce życia mojego i mojej mamy, udowadnia, że istota Bóg wcale nie sięga tak daleko. Słowo *Bóg* jest terminem, który urósł do tego, aby zawierać w sobie zróżnicowane znaczenia, ale kiedy przebada się go szczegółowo, możemy zobaczyć, że identyfikuje on skończoną istotę bądź grupę istot, bez względu na to, jak bardzo koloryzują siebie. Bóg nie jest równoznaczny z prostą świadomością energii. Wszystko Co Jest, Czysta Esencja nie pasuje do religijnych ram.

Byty są formami rozmaitej materii i wibracji, które posiadają swoją odrębną świadomość; im bardziej złożona jest ich budowa, tym bardziej ich świadomość może wybrać ich własne oddzielenie od przedłużenia ATI,TPE. Stwierdzenie, że jakiś byt wie wszystko i jest wszystkim jest dosłownie niemożliwe; takie przekonanie/wierzenie służy stawianiu takiego bytu na piedestale, co celowo tworzy niezrównoważoną relację pomiędzy nami a takim bytem. Koncepcja Boga wspiera wysoce dysproporcjonalną siłę nad ludźmi, ale nie dajcie się wprowadzić w błąd; jakakolwiek duchowość angażująca bardziej wiedzące byty posiada potencjał stworzenia pomiędzy nami relacji Bóg – niewolnik.

Czy są istoty, które traktują nas na równi ze sobą? Oczywiście, że są, ale ta książką ukazuje, iż prawie wszystkie religie głównego nurtu oraz duchowe przepowiednie, są chanelingami wścibskich bytów, które skłonne są do zmuszenia nas, abyśmy sądzili, że jesteśmy pozbawieni mocy. Moje osobiste doświadczenie pokazuje, że kiedy szukamy więcej zrozumienia o Bogu, tworzy On podziały pomiędzy jego „wybranymi". My, wybrani, zostajemy porozrzucani do punktu izolacji, podczas gdy w kościołach głównego nurtu kwitnie szeroko rozwodnione zrozumienie. Co Bóg próbuje ukryć? Czy jesteśmy potężniejsi niż nam się wydaje?

Istota, która nadyma się, aby jawić się jako wszechmocny i wszystkowiedzący Bóg Stwórca, robi wszystko, co może, aby utrzymać ten wizerunek. Judeo-Chrześcijaństwo posuwa się na tyle do przodu, żeby zredukować innych bogów do naturalnych wydarzeń, fikcyjnej magii lub pobożnego życzenia, czy też wykonanych przez człowieka posążków – tak, jak to przekazane jest w

Dziesięciu Przykazaniach. Kiedy wyjdziemy poza tę kontrolę umysłu, możemy dostrzec mnogość innych bogów (lub Bogów), którzy zastosowali te oraz inne taktyki. Niektóre z religii zachęcają do czczenia półbogów, ale to wciąż pociąga za sobą poddaństwo dysproporcjonalnej hierarchii.

Zachęcam nas do wyeliminowania konceptu „Boga" i postrzegania początkowego źródła jako czystej esencji energii ze świadomością, która po prostu istnieje i nie jest zaangażowana w sprzeczność i siłę. Jest to esencja, która jest podstawą życia, co oznacza, iż cokolwiek, co nie wspiera życia, służy osłabieniu połączenia z tą specyficzną energią i rozpoczyna proces śmierci. Zachęcam nas do podejścia do duchowości z rdzenia nas samych, aby zachować to, co wyczuwamy jako dobre, niekończące się, kochające oraz uwierzytelniające naszą egzystencję i wartość. Wówczas znajdziemy to czyste Źródło, gdyż ono naprawdę istnieje.

Po pierwsze, kiedy zbliżamy się do takiego tematu, musimy się zachować. Oznacza to, że nie stracimy nic z naszej wartości i miłości do samych siebie. Po drugie, musimy patrzeć na bezsensowność, nadużycie siły, emocjonalność oraz kluczowy język, który wskazuje na byt nieprzekazujący tego, co intuicyjnie i logicznie znamy jako dobro i prawdę. Tylko dlatego, że jest to istota z innego świata, która sprawia, iż czujemy się wyjątkowo, gdyż możemy ją słyszeć, nie oznacza to wcale, że jest ona wspanialsza od nas; jest tylko inna. Jeśli chcecie być wywyższeni, to może warto, byście przeanalizowali swoje myśli i uczucia, aby zobaczyć, czy wspieracie egoizm oraz hierarchię, która uwiecznia rozgrywki o władzę.

Z powodu przesłania Boga i jego wybranej elity, Judeo-Chrześcijaństwo zakorzenione jest w rozgrywkach o władzę. Ważne jest, żebyśmy zagłębili się w odnotowaną historię Biblii, by zobaczyć, czy wspieranie przez nią zarówno religijnych, jak i rasistowskich hierarchii, przyrównać można do odnotowanej nie-biblijnej historii. Może być tak, że biblijni skrybowie skorzystali z wolności w ominięciu i przekręceniu faktów, żeby przedstawić nam własną historię, byśmy w nią uwierzyli. Bez względu na to, każda „historia" ujawnia zaskakujące zakłócenia wywołane przez boskie istoty.

Część 2

Dysfunkcyjna rodzina religii: studium judeo-chrześcijaństwa

ROZDZIAŁ 4

Boscy królowie i żydowski rodowód

Patriarchą Judeo-Chrześcijaństwa był Abram. Został wezwany przez Yahuah, aby migrował na Środkowy Wschód, do krainy Kany, żeby nie tylko ją zaludnić, ale także by ją w zasadzie przejąć w posiadanie jako ojciec założyciel wielu narodów. Abram miał rozmowy z Yahuah oraz jego wizje, ale kiedy wreszcie zobaczył się z nim twarzą w twarz w biblijnej Księdze Rodzaju, rozdział 17, imię Abram zmienione zostało na Abraham, jako inicjacja nowego przymierza, którym było obrzezanie. To dziwne przymierze nie było upublicznione, ale miało oczywiste znaczenie dla prokreacji. Abraham uznany został nie tylko za patriarchę Judaizmu, ale również Islamu. Jego nasienie przeniknęło dodatkowo do egipskiej linii krwi królewskiej.

Biblia skupia się na wybranych ludziach Yahuah, chociaż nie była to jakaś specyficzna linia krwi, jak sugeruje to Księga Lewitów. Chociaż byli ludzie faworyzowani zwani Habiru, wymieszali się oni z innymi grupami etnicznymi. Zlokalizowanie pojedynczego rodowodu wybranych ludzi Yahuah jest niemożliwe, a jest ku temu powód: aby wytworzyć podział, lecz zachować na tyle jeszcze jedności, żeby utrzymać ludzi pod kontrolą Yahuah.

Uzyskanie doskonałej linii krwi jest głównym motywem Biblii z powodu jej skupienia się na „nasieniu" lub potomstwie. Motyw ten oznacza, że ludzie rodzą się grzeszni z powodu grzechu Adama i Ewy, tak więc musimy zostać oczyszczeni przez Yahuah, jego kapłaństwo oraz syna, Jezusa. Jeśli ktoś potrzebuje odkupienia za chęć wiedzy (Ewa) lub za kochanie swojej żony (Adam), to wówczas nie ma to dla mnie żadnej logiki.

Yahuah chciał zniszczyć „potężnego człowieka", który został stworzony, kiedy „synowie Boga" zgwałcili ludzkie kobiety (Księga Rodzaju 6:5). Ta nowa grupa bogo-ludzi była rodem ludzi stworzonym poza jego kontrolą; Bóg chciał stworzyć swoje wybrane rody dla własnego, określonego celu. Następujący wers biblijny nie oznajmia tego powodu, lecz raczej daje nielogiczną uwagę: „A widząc Pan, że wielka była złość ludzka na ziemi, a wszystko zmyślanie myśli serca ich tylko złe było po wszystkie dni" (Księga Rodzaju 6:5). Półbogowie nie są zupełnie źli, zwłaszcza skoro Jezus uważany jest za jednego z nich.

Księga Rodzaju rozdział 3, wers 22 daje wskazówkę o możliwej równości człowieka i Boga (a raczej „bogów", z powodu „nas"): „Po czym Pan Bóg rzekł: Oto człowiek stał się taki jak my: zna dobro i zło; niechaj teraz nie wyciągnie przypadkiem ręki, aby zerwać owoc także z drzewa życia, zjeść go i żyć na wieki".

Druga część tego wersu jest dezorientująca. Napisane zostało o tym, jak Adam i Ewa zgrzeszyli, po czym oświadcza, iż „upadli" ludzie wciąż mogą żyć na wieki. Chrześcijanie tłumaczą to przez pryzmat przepowiedni o Mesjaszu, który ma nadejść, aby zbawić nas od bliskiej śmierci grzechu; niemniej jednak widzę, że przesłanie to brnie głębiej niż to, zwłaszcza że jest to przesłanka Żydowskiego Starego Testamentu.

Istnieje wysoce zdolna, wręcz „boska" natura bycia człowiekiem. Kiedy decydujemy się zrobić coś na własny rachunek, Bóg karze nas i trzyma nas z dala od naszego naturalnego prawa do życia. Dlatego właśnie to Bóg stworzył proces naszej śmierci – nie my. Wysuwam więc wniosek, że bez ingerencji Boga żylibyśmy naturalnie i potencjalnie wiecznie.

Wydaje się zatem, że ludzie są zagrożeniem, a zarazem mogą być trzymani pod pręgierzem Boga, z powodu podstaw jego wiedzy i zdolności, jakie posiada, które są czymś więcej, aniżeli my możemy osiągnąć w tym czasie. Sensowne jest zatem, że stara się utrzymywać więcej wiedzy z dala od nas. W rozdziale 3 zadawałam sobie pytanie, jak to możliwe jest, aby przypuszczalnie czysta istota mogła nie tylko znać zło, ale również wykorzystywać je dla własnych korzyści. Wywnioskowałam, że z pewnością nie jest to prawdziwe Źródło.

Bóg wyrzucił Adama i Ewę z Raju, aby sami zatroszczyli się o siebie (co nie jest złą rzeczą). Niestety, naznaczyło ich to piętnem brudu, tylko dlatego, że znali oni zło, tak samo jak Bóg. Jest to kolejny nielogiczny wniosek, który mówi, iż tylko dlatego, że wiedzieli o złu, w jakiś sposób oni również byli źli i mogli czynić zło. Adam i Ewa czy jakikolwiek człowiek nie zdecydowaliby się nieuchronnie czynić zło, gdyż my mamy również miłość. Wątpliwe jest również to, że wiedza, jaką posiadła Ewa, była zła. Ten nielogiczny wniosek miałby bardziej uzasadnienie w stosunku do Boga, ponieważ powiedział on mojej mamie, że to on stworzył zło.

Ludzie lubią winić Ewę za jej „błąd", za słuchanie innego boga, który ofiarował jej coś bardziej korzystnego, zaś jej akt naznaczył kobiety jako złe, dwulicowe, nierządne i głupie. Żadne z tych słów logicznie nie pasuje. Biblia szczególnie obfituje w seksualne odniesienia do rozpusty i prostytucji kobiet i wszystkich ludzi, kiedy tylko robią coś, co nie podoba się Bogu. Przeszkadza mi skupianie się w Biblii na seksie.

Wzniesione zostaje to jeszcze na inny poziom w Nowym Testamencie, kiedy to mówi on nam, aby stać się oblubienicą Jezusa podczas przyjmowania chrztu w jego imieniu. Żeby zostać ocalonymi, musimy przywdziać strój weselny (Ewangelia św. Mateusza 22:12-14). Pisma takie są zarówno symboliczne, jak i dosłowne. Strój ślubny odnosi się do ciała Jezusa (co może być interpretowane jako niedoskonały człowiek lub doskonały syn Yahuah), które musimy przywdziać w wierze, aby otrzymać obietnice jego chwały po naszym życiu.

Strój weselny odnosi się także do scalenia ludzi z Jezusem, jak również do aktu małżeńskiego seksu. „Jedność" (ang. „Oneness") z tej cielesnej unii nie tylko stawia mężczyznę na pozycji głowy rodziny – symbolicznie bowiem stawia to głowę mężczyzny na miejscu głowy kobiety. „Gdyż mąż jest głową żony, na równi z tym jak Chrystus jest głową kościoła: a on jest zbawicielem ciała". (List do Efezan 5:23). Prowadzi to do posunięcia sumeryjskiego żartu z żebrem za daleko, dając do zrozumienia, że kobieta stworzona została z mężczyzny (w rozdziale 3); niestety wrogowie kobiet, mężczyźni tacy jak Apostoł Paweł, chcieliby, aby było to faktem. Paweł oświadczył:

> Mężczyzna nie powinien sobie nakrywać głowy, będąc obrazem i chwałą Boga; a niewiasta jest chwałą mężczyzny. Ponieważ nie mężczyzna jest z kobiety, ale kobieta z mężczyzny; bo nie mężczyzna został stworzony z powodu kobiety, ale kobieta z powodu mężczyzny (1 Koryntian 11:7-9).

Jeden młody chrześcijanin wyznał mi swoją interpretację rozdziału 5, wersu 23 Listu do Efezan, mówiąc, iż kobieta jest ciałem do wykorzystywania przez męża. To popiera gwałt. Umysł męża miałby kontrolować umysł jego żony, ale to naśladuje wyższą hierarchię bytu ponad mężczyzną i kobietą jako ich mistrz kontroli marionetek. Takie koncepcje jedności pociągają za sobą niewolnictwo i opętanie.

Taka linia rozumowania wskazuje na to, że kobiety są gorsze od mężczyzn, zaś ludzie są gorsi od Jezusa i Ojca. Interesujące jest, że biblijni aniołowie, Jezus i Yahuah, są ludźmi. Jako oblubienice wciąż jesteśmy nieczyste, ponieważ potrzebujemy Jezusowej czystości nad naszym ciałem. „Bo wy, wszyscy, którzy zostaliście ochrzczeni w Chrystusie, przyobleklliście się w Chrystusa" (List do Galatan 3:27). Skoro chrzest jest z wiary, to wciąż pozostajemy nieczyści, aż umrzemy, a przemienieni zostajemy tylko poprzez nasze zmartwychwstanie, gdyż Jezus przemieni nas w innym większym wymiarze.

Ród Hebrajczyków, popularnie znany jako potomkowie Adama, wymieszany został z różnymi kulturami i ludźmi, lecz obsesja czystości krwi przejęła Judaizm lub wywodzi się z niego. Skupienie na poświęceniu, krwi (powód koszernego sposobu zabijania zwierząt) oraz nieskazitelnym nasieniu były synonimami bycia Żydem. Żydzi byli Hebrajczykami, ale nie wszyscy Hebrajczycy byli Żydami. Żydzi byli wyrafinowaną sektą, ukierunkowaną na założenie potężnej grupy boskiego-człowieka. To, z czego skrybowie w Biblii nie zdali sobie sprawy, to fakt, że istniały jeszcze inne grupy boskiego-człowieka, stworzone przez Boga.

Postaram się rozróżnić pomiędzy czołowymi rodami czasów Abrahama oraz wyjaśnić, dlaczego Pisma, które mówiły, aby nie mieszać żadnego nasienia (Księga Kapłańska 21:14, 19:19), były nierzeczywiste i nieprawdziwe. W przeciwieństwie do opowieści z Tory, Yahuah nie tylko wołał Żydów. Yahuah nie był za ludobójstwem na szeroką skalę, ponieważ ludzie mieli dla niego cel (wyjaśnię to w rozdziałach 7 i 8). Niemniej jednak Bóg z tyloma religiami usankcjonował wojny przeciwko różnym grupom jego ludzi po to, by mogli zostać osłabieni i aby odwrócić ich uwagę od ich wewnętrznej mocy i zdolności.

Lewicka lub kapłańska linia krwi była równoznaczna z byciem Żydem. Linia tej rasy musiała być zaaprobowana przez Boga, gdyż krew ludzka postrzegana była jako nieczysta i grzeszna. Księga Kapłańska, rozdział 15, podaje nakaz oczyszczania dla kobiet podczas ich miesiączki oraz dla kobiet i mężczyzn po seksie. Nie chodzi tylko o krew, gdyż Księga Kapłańska, rozdział 12, wersy 2-5, oznajmiają, że kobiety pozostają dwa razy dłużej nieczyste po urodzeniu dziewczynki, aniżeli po urodzeniu chłopca! Chociaż Żydzi uważani byli za czystych lub za „czysty" ród, to krew nieskazitelnego zwierzęcia musiała zostać przelana w ofierze za odkupienie ludzkiej krwi i brudu/plugawości. Jak krew żydowska może być taka czysta, jeśli krew zwierzęca uważana jest za nadrzędną nad tymi wyjątkowymi ludźmi? Jeśli ofiara ze zwierzęcia była tylko symboliczna, nie musiała mieć miejsca jako rytuał, ponieważ ludzie rozumieli swoją poddańczą rolę w relacji z Bogiem.

Księga Kapłańska, rozdział 17, wers 11, oznajmia: „Bo życie ciała jest we krwi, a Ja dopuściłem ją dla was [tylko] na ołtarzu, aby dokonywała przebłagania za wasze życie, ponieważ krew jest przebłaganiem za życie". Perspektywa ta podaje inną historię o tym, co stanowi nasze życie, gdyż Bóg przypuszczalnie tchną nasze życie (ducha) w Adama i Ewę (wolę pierwszą historię o stworzeniu z Księgi Rodzaju – Księga Rodzaju 1:27 – z czego wnioskuję, że byli stworzeni w tym samym czasie).

Prawdą jest, że ród (linia krwi), który jest genetyką ludzi, jest tym, co ważne jest dla Yahuah i jego kohort. Bez kobiet nie byłoby potomstwa, lecz Yahuah traktował kobiety niesprawiedliwie. Prawdopodobnie głównym powodem faworyzowania mężczyzn oraz wymuszonej służalczości w stosunku do kobiet było utrzymywanie zdolności kobiet to rodzenia i chowu dzieci, pod kontrolą ich panów – mężów i Boga. Język biblijny czasami rozmywa tytuł Pan na oznaczający *Bóg* jako ich mąż. W przypadkach biblijnych było to całkiem dosłowne, kiedy to: „Duch Święty zstąpi na" kobiety, „i moc Najwyższego osłoni Cię", aby je zapłodnić, bez ich mężów (Ewangelia św. Łukasza 1:35).

Obsesja biblijna w stosunku do doskonałości jest przykrywką, aby umniejszyć wewnętrzne zdolności kobiet i mężczyzn, którzy to na własną rękę, bez ingerencji bogów, mogliby stworzyć dobry świat. Yahuah wpada w przesadę, żądając od nas doskonałości, co nie może mieć miejsca, dlatego właśnie podążamy za jego przykazaniami i „wychodzimy za mąż" za Jezusa we chrzcie – zdajemy sobie sprawę z naszych niedoskonałości i potrzebujemy heroicznego mężczyzny, aby nas wybawił.

Księga Rodzaju, rozdział 21, wersy 18-20, zwraca naszą uwagę na najbardziej trywialne cechy fizyczne, takie jak strup czy złamana stopa. Te „skazy" są wystarczające, aby powstrzymać ludzi przed zbliżeniem się do ołtarza Yahuah. Wtedy to, w kolejnym rozdziale, Bóg oświadcza, jakże to jest doskonały, aby powtarzać nam, że musimy jego naśladować: „Ja jestem Pan, który was uświęca, który wyprowadził was z ziemi egipskiej, abym był waszym Bogiem. Ja jestem Pan!" (Księga Kapłańska 22:32-33).

Egiptolog i archeolog, Jan Assmann, wyjaśnia, że kilka z pierwszych relacji z Księgi Wyjścia, napisane pomiędzy czwartym i pierwszym wiekiem przed naszą erą, przypisuje osławionemu Eksodusowi oczyszczenie na szeroką skalę ludzi dotkniętych przez plagę.[18] To mogłoby wyjaśniać niektóre przypadki skupiania się na ludzkich „skazach", ale skoro są oni ludźmi Boga, on jako Wszechmogący powinien po prostu ich uzdrowić.

Kilka z praw Pisma Świętego, danych przez Yahuah, jest nielogicznych i nierzeczywistych, zatem jak możemy wierzyć w ich wiarygodność oraz w to, iż jest on zupełnie doskonały? Odpowiedź brzmi: wciąż mówi się nam, iż mamy wady i jesteśmy grzeszni, byśmy tylko byli zaabsorbowani sobą oraz żeby odwrócić naszą uwagę od dostrzegania wad Boga.

Ważne jest, aby kilka Ewangelii z Pisma Świętego porównać z zapiskami archeologicznymi, byśmy mogli zobaczyć dokładniejszą historię, aniżeli ta jaka Stary Testament przefiltrował w rozmaitych opowieściach. Zgodnie z tym, niektóre z relacji w nim zawartych mogą wydawać się fikcyjne, aż zrozumiemy jakie prawdopodobne fakty kryją się za nimi.

Pochodzenie sumeryjskie i egipskie

Księga Kapłańska jest trzecią księgą, która stworzyła większość przykazań dla narodu Hebrajczyków, po ponad 10-ciu przykazaniach zawartych w Księdze Wyjścia. Jest ona uzupełnieniem Księgi Wyjścia, ponieważ Aaron, Lewita, był pierwszym wysokiej rangi kapłanem Izraelitów i był on starszym bratem Mojżesza. Kapłaństwo Lewickie naśladowało zakon Melchizedeka, anioła lub wysokiego rangą kapłana Salem, który wiele wieków wcześniej zbliżył się do Abrahama, aby nauczać go o monoteizmie (Księga Rodzaju 14:18).

Podczas babilońskiego wygnania w szóstym i piątym wieku p.n.e., głównie kapłani pisali Księgę Kapłańską. Zebrali oni źródła, aby przywrócić do świetności ich prawo z czasów Mojżesza. Istniało podobieństwo pomiędzy Kodeksem Hammurabiego w Babilonie, a kodeksami Hebrajczyków. Żydzi mogli zaadoptować niektóre z babilońskich praw, lecz prawa te dzieliły ze sobą semicką historię w rytuałach oczyszczania ludzi oraz modyfikacji zachowana przed ołtarzami i w świątyniach, które rozciągały się na kilka religii wcześniej.

W regionie zwanym poprzednio Sumerem, armia najeźdźców utworzyła Babilon. Ur, miasto-stan Sumeru, oryginalnie osadzone u ujścia rzeki Eufrat, nad Zatoką Perską, dostarczało żyznej gleby oraz doskonałych szlaków handlowych z odległymi krajami. Sumerowie rozkwitali w południowym regionie Mezopotamii. Mezopotamia uważana jest za kolebkę cywilizacji wokół systemu rzecznego pomiędzy Tygrysem a Eufratem, obejmującym większość współczesnego Iraku. Dowody archeologiczne wskazują na to, że neolityczni ludzie, zwani Samaranie, skolonizowali centralną Mezopotamię w roku około 6500 p.n.e. i posiadali kulturową kontynuację z ludźmi w Okresie Ubajd, którzy przemieścili się dalej na południe, najprawdopodobniej by stać się przodkami Sumerian.[19]

Sumerowie posiadali swój unikalny język, którym nie był semicki jak w Mezopotamii i zapisywany był w osobliwej formie klinowej. Tablice Sumeryjskie (TS) oznajmiają, że zaawansowana cywilizacja sumeryjska została stworzona głównie przez bogów.

TS są kopią tekstów sumeryjskich, które zachowały unikalny styl języka sumeryjskiego. Obszerna kolekcja obejmuje dużą część około 25 000 tablic, które wykopane zostały w ruinach biblioteki, w asyryjskim mieście Niniwa, w północnej Mezopotamii.[20] Kolekcja ta ukazuje przejście pomiędzy poprzedzającym językiem sumeryjskim i akadyjskim, dostarczając również sumeryjsko-akadyjskich leksykonów i słowników do nauki sumeryjskiego. Wyraźnie grupa dwudziestu trzech tablic kończyła się oświadczeniem: „23 tablica: Język Szumer nie uległ zmianie" (s. 22).[20] Inne fragmenty Tablic Sumeryjskich zawierają kopię praw nadanych prze władcę Ur w roku około 2350 p.n.e., kiedy rozpoczął się Okres Akadyjski. Akadyjski był językiem semickim, który poprzedzał Hebrajski.

Jak już poprzednio oznajmiłam, rozdział 6 w Księdze Rodzaju opowiada straszliwą historię o „synach i bogach" („bogowie" w Tablicach Sumeryjskich), którzy współżyli z ludzkimi kobietami i ku przerażeniu Boga stworzyli nieśmiertelnych ludzi, tak że on wyniszczył tych potężnych gigantów powodzią. Biblijnym Noe jest Ziusurda z Tablic Sumeryjskich. Ziusurda był jedną z kreacji pół-człowieka, pół-boga, zaś jego posłuszeństwo dla Boga ocaliło go, chociaż był on słaby w swojej ludzkiej naturze.

Tablice Sumeryjskie poprzedzają Biblię i zawierają znacznie więcej swego rodzaju opowieści science-fiction aniżeli Biblia. Prawdopodobne jest, że wcześniejsze kontakty z bogami były dla ludzi bardzo rzeczywiste, dziwne i przerażające. ST były najprawdopodobniej napisane jako teksty chennelingowe od dziwnej grupy ludzi bogów nazywanych Anunnaki. Biblia Anunnaków nazywa *Anak* lun *An'-a-kims* „I widzieliśmy tam gigantów, synów

Anaka" (Księga Liczb 13:33).

„Lud to jest liczniejszy i wyższy wzrostem od nas, miasta ogromne, obwarowane aż do nieba. Widzieliśmy tam nawet synów Anaka" (Księga Powtórzonego Prawa 1:28).

Powinniśmy się zastanowić, dlaczego istnieje tyle świątyni, piramid, zikuriatow, ołtarzy oraz formacji ziemi takich jak kopce oddających cześć bogom. Czy bogowie kontrolują ludzi tak jak dyktują to ST oraz Biblia czy też faktyczna historia ukazuje, że ludzie żyli zgodnie z ich własnymi zdolnościami? Odpowiedź brzmi: jest to mieszanka. Jest to właściwa rzeczywistość, nie tak jak teksty biblijne opisujące ludzi jako zupełnie bezsilnych wobec kaprysów bogów.

Tablice Sumeryjskie opisują Anunnaków fizycznie zamieszkujących starożytne regiony Sumeru, Egiptu oraz Doliny Indusu (pochodzenie hinduizmu), w których jedna przewodząca „osoba" lub bóg była dosłownie w posiadaniu terytorium i rządziła swoim ludem. Każdy bóg i region nosił w sobie pewną ilość animozji w stosunku do innego boga czy regionu, z powodu ich samo-nadętego ego. Bóg Sumeru – Enlil, miał duży problem z bogiem Egiptu – Mardukiem, któremu zmieniono imię na Ra. (*Ra* bądź *Re* były przedrostkami poprzedzającymi imiona wielu faraonów). Enlil był Bogiem głównym, a Marduk chciał tej pozycji. Później Marduk uzurpował sobie status Boga Sumeru w Babilonii. Interesujące jest, że biblijny Bóg wydaje się wspierać i odzwierciedlać Enlila.

Bez względu na opowieści o różnicach religijnych, zarówno Egipcjanie, jak i Sumerowie, wzbogacili się gospodarczo, społecznie i politycznie, często mijając się na tych samych szlakach handlowych i prawdopodobnie współpracując również ze sobą. W czwartym wieku p.n.e. Egipcjanie mieli przyjazne stosunki ze społecznościami na szlakach handlowych, aż do portu morskiego Babylos, w starożytnym Libanie. Kamień szlachetny lapis lazuli był wysoko ceniony w Egipcie, ale pochodził on ze wschodniego Sumeru. Szlaki handlowe z Sumeru prowadziły do terenów przed-Afganistanem, więc kamień ten mógł mieć również znaczenie dla Sumerian.[21] Egipcjanie oraz Sumerowie skolonizowali swoje obszary pośrednie i na odwrót, lud Lewantu (pomiędzy dzisiejszą Turcją i Egiptem, wzdłuż Morza Śródziemnego, rozciągając się na zachód do Syrii i Jordanu) skolonizował Egipt i Sumer.

Abraham, Judeo-Islamski patriarcha

Biblia oznajmia, że Abraham urodził się w Ur z Chaldejczyków (Księga Rodzaju 11:28,31 oraz 15:7, Księga Jubileuszów 11:3). Zlokalizowanie tego Ur wymaga trochę śledztwa. Chaladea (po Hebrajsku Kasdim) została utworzona na początku pierwszego wieku p.n.e., kiedy to grupa Semitów osiedliła się w południowej Mezopotamii.²² Wydarzenia biblijne przedstawiają datę urodzin Abrahama jako znacznie wcześniejszą niż w tym czasie, ale istnieją rozbieżności. Śledząc wstecz od zniszczenia Jerozolimy w 586 r. p.n.e, urodził się on w roku 2216 p.n.e.²³ Posuwając się do przodu od czasów po stworzeniu Adama, urodziłby się w roku 1815 p.n.e.²⁴ W roku 2216 p.n.e. sumeryjski Ur był pod rządami Akadyjczyków, zaś w roku 1815 p.n.e. pod rządami pierwszej dynastii Babilońskiej. Chaladejski Ur był częścią późniejszego Imperium Neo-Babilońskiego.

Księga Rodzaju rozdział 11, wers 31, oznajmia, że ojciec Abrahama, Terah, zabrał część swojej rodziny, włączając w to Abrahama, na długą podróż z Cheladejskiego Ur, do Kanaan, ale zatrzymali się w Haran, które było na górze Mezopotamii. Haran było wierzchołkiem równobocznego trójkąta pomiędzy Ur, Haran i Berszewa w Kanaan. Biblia nie daje żadnych wskazówek, dlaczego zboczyli z trasy do Haran, gdzie mieszkali do czasu, aż Terah umarł. Jeśli Abraham był z Ur, wówczas Haran zamiast Kanaan mogło być oryginalnym miejscem przeznaczenia. Jeśli natomiast Abraham nie był z Ur, wspomnienie o Haran mogło mieć znaczenie jako oryginalna lokalizacja Abrahama lub związek z tamtymi ludźmi.

Haran usytuowane było tam, gdzie obecnie znajduje się południowa Turcja i dostępne było za pośrednictwem rzeki Tygrys, która łączyła się w dole z Ur. Była to główna placówka handlowa, która zwabiała rozmaite plemiona, włączając w to Asyrian i Hetytów, aby napadać na ich dobra i osiedlać się na tym obszarze. Urkesz (ang. Urkesh), północne miasto w miarę blisko Haran, leżało u podnóża Gór Taurus, tam gdzie teraz jest Syria, a w 2500 r. p.n.e. zajmowane było przez Hutyrów. Jeśli mielibyśmy wierzyć, że Abraham urodził się w mieście Ur, to Urkesh lub Hebrajski ekwiwalent Ur Kasdim byłby najprawdopodobniej miejscem jego narodzin. Oryginalny Ur znajdował się w Sumerze, ale dowody archeologiczne są zbyt ograniczone, aby określić dokładniej datę.

Kiedy spojrzymy na etymologię słów, możemy zazwyczaj przybliżyć lub wydedukować lub ich znaczenie. Jednak niektóre ze słów posiadają niejasne pochodzenie. Terah jest jednym z tych słów. „Słownik nazw własnych Starego Testamentu" Johnsa wiąże Terah z Hebrajskim słowem Tarah (taráhh), co oznacza opóźniać.²⁵ Jeśli Terah pochodzi od Tarah, może ono symbolizować prawdopodobne przejście ojca Abrahama na monoteizm w późnym okresie życia, tym samym wskazując, że jakoby kierował ich długą podróżą. Terah można również porównać z innymi Hebrajskimi słowami, takimi jak Torah i yerah, które oznaczają miesiąc zgodnie z orbitą księżyca wokół Ziemi.²⁶ Muzułmanie postrzegają Abrahama jako swojego patriarchę, zaś ich bóg, Allah, pochodzi od Al-ilah, najwyższy bóg księżyca dla pra-Islamskich Arabów.²⁷ Skoro Terah wydaje się być nazwą symboliczną, zaś „on" był ojcem patriarchy czczonego przez żydów i muzułmanów, wówczas nie ma powodu, aby wierzyć, że Terah odnosi się do księżyca.

Czy Allah mógł być powiązany z Yahuah? Powiedzenie tego wydaje się bluźnierstwem, przecież Yahuah jest przeciwko wielbieniu jakiekolwiek innego boga, kropka. Muzułmanie mają takie samo nastawienie w stosunku do Allaha. Co więcej, Judeo-chrześcijaństwo oraz Islam deklarują, że nie ma innego boga, a cokolwiek innego uważanego za boga jest albo nieożywionym przedmiotem bądź oszukańczym, niższym bytem.

Islam i Judaizm są teraz diametralnie przeciwstawnymi religiami, ale mają one podobne fundamenty. Islam rozpoczął się znacznie później, w siódmym wieku n.e., kiedy to anioł Gabriel ukazał się Mahometowi i dosłownie zaatakował go, aby ten podążał za naukami Gabriela. W „Księdze Urantii" Gabriel powiązany jest z aniołem Melchizedekiem, która zgadza się z Biblią, że Melchizedek ukazał się Abrahamowi, by nauczyć go poprawnej religii; Biblia powtarza tę historię, lecz nie wspomina Gabriela.

Niektórzy uczeni postulują, że określeni bogowie w różnych kulturach i okresach są w zasadzie tym samym Bogiem. Zawarty w równaniu i połączeniu Allaha z Yahuah, znajduje się Enlil, główny bóg Sumeru. Arabskim słowem dla boga jest Illah, jest podstawowym słowem Al-ilah (Allah), zaś słowo starożytnej Mezopotamii dla słowa bóg jest Il lub Lil, jest podstawą słowa Enlil.[28] Historyk oraz genealog Laurence Gardner uważa, że Enlil i Yahuah to jeden i ten sam Bóg.[10] Podczas, gdy istnieje wiele wyraźnych podobieństw, możemy przeoczyć kluczowe fragmenty informacji, jeśli sprowadzimy bogów do jednej istoty, gdyż może to być przyczyną odrębnych imion, włączając w to Elohim.

Wyrzeźbione wizerunki lub symbole są wskazówkami na pochodzenie lub stanowisko boga. Figurki byka i cielęcia odnoszą się do konstelacji Byka, zaś odpowiednio nazwana Góra Taurusa to odzwierciedla. Księżyc ma swoje znaczenie z wiadomych przyczyn, ale według Davida Icke'a jest to również sztuczna stacja kosmiczna, przy pomocy której określone istoty monitorują Ziemię.[29] Religie pogańskie często znały znaczenie kryjące się za przedmiotami, które wykorzystywali w swoich rytuałach, aby ściągać informacje od swoich bogów. Noworządzący Bóg, który stworzył podziały pomiędzy podobnymi religiami, miał na celu ukrycie znaczenia kryjącego się za tymi przedmiotami lub usunięcie ich, aby otoczyć Boga całunem nietykalnej tajemnicy – co czyni Yahuah, kiedy likwiduje rzeźbione figurki w swoim Drugim Przykazaniu.

Starożytne środowisko Środkowego Wschodu wcielało do swojego panteonu bogów, którzy byli przyjęci lub odrzuceni w zależności od najeżdżania ludzi. Czołowymi motywami religijnymi oraz bogami Środkowego Wschodu były byk i księżyc. Na przykład Hetyci czcili byka, a opowieści z Księgi Wyjścia oświadczają, że Izraelici zrobili złotego cielca. Stosownie do tego Egipcjanie wielbili byka jako boga Horusa. Wraz z Allahem, Sin był kolejnym bogiem księżyca. Yahuah połączył ludzi z Sinem.

Yahuah wydaje się nienawidzić Allaha z powodu ciągłego rozlewu krwi pomiędzy muzułmanami a Żydami. Poza dzieleniem się Abrahamem, Żydzi i muzułmanie przestrzegają ścisłych obyczajów posłuszeństwa w stosunku do odpowiedniego dla nich Boga. Yahuah i/lub Elohim oraz Allah są tym samym Bogiem albo jest pośród nich jeden naśladowcą. Jeśli więc jeden z nich jest naśladowcą, wtedy to panteon bogów wśród nich, którzy przybierają postacie księżyca, byka, Słońca, węża lub czegokolwiek, również musi być naśladowcami usiłującymi uszczknąć sobie z działań roszczenia sobie prawa do ludzkiego życia. To faktycznie ma miejsce, ale czy jest jakiś porządek pośród wielu bogów? Czy jeden bądź dwóch z nich są potężniejsi od pozostałych? Najwyraźniej monoteizm był wycelowany w oddzielenie Abrahama od jego sąsiadów, ale czy był to rezultat religijnych walk lub znacznie większej dominacji głównego Boga nad Bóstwami? Odpowiem na to bardziej zrozumiale w rozdziale 7 i 8, ale najpierw należy zbadać działania na Ziemi za pośrednictwem religii i historii.

<u>Identyfikując plemiona Izraela</u>

Biblia twierdzi, że Abraham, za pośrednictwem jego wnuka Jakuba, usynowił wszystkie plemiona Izraela (Księga Rodzaju 49:28). Interesujące jest, że Islamski Koran twierdzi, że syn Abrahama, Iszmael, zapoczątkował boski ród, ale musiało to być 12 innych plemion, aniżeli zastrzega sobie Księga Rodzaju 25:13-16. Biblia oświadcza, iż Jakub miał 12 synów i jedna córkę. Zgodnie z patriarchalną tradycją, jego 12 synów było dziedzicami nowych ziem, które oni przypuszczalnie utworzyli. Jeden z jego synów, Lewi, założył klasę kapłanów, tak więc nie został mu przypisany żaden kraj. Dlatego możliwe jest, że ulubiony syn Jakuba, Józef, miał dwóch synów, którzy zajęli dwa stanowiska – Efraim i Manasses (król Judy). Efraim odnotowany został w Pieśni Debory jako jedno z plemion, które przez uczonych uważane jest za najstarszy pra-monarchistyczny Izraelicki twór, datowany gdzieś na 12-11 wiek p.n.e. Większość tekstów Debory było zniszczonych, a pisarze Księgi Powtórzonego Prawa przekazali swoją interpretację.[30] Księga Sędziów 5:14-18 przekształca ten utwór, ale ujmuje tylko 10 plemion, w których Efraim zastępuje Józefa, a Machir i Gilead zamienili Symeona, Judę i Gada. Ponieważ Manasses nie został wymieniony w Księdze Rodzaju, w rozdziale 49, wydaje się być tylko 11 plemion, jeśli nie policzymy Lewiego. Mojżesz w Księdze Powtórzonego Prawa, rozdział 33 ujmuje Lewiego, ale pomija Symeona. Nie ma spójnej grupy 12 plemion, ale istnieje oczywiste znaczenie liczby 12; liczba ta dodatkowo odnosi się do apostołów Jezusa.

Pra-izraelicka klasyfikacja *Szasu* zapisana została jako sześć plemion na liście wrogów, wyrytej w podstawach kolumn w świątyni Soleb, wybudowanej przez Amenhotepa III. Trzema zacnymi plemionami były Szasu od Yhw (YHWH), Szasu od S'rr lub Se'ir oraz Szasu od Rbn (Reuben). Szasu było egipską klasyfikacją dla mówiących po semicku, potencjalnie barbarzyńskich koczowników, którzy mieszkali głównie w południowym Lewancie.[31]

Szasu pojawiało się w egipskich listach ludności od 15 wieku p.n.e. do czasu przed Trzecim Okresem Przejściowym, który rozpoczął się w 1070 p.n.e.[31,32] List od egipskiego skryby z twierdzy granicznej podczas rządów Merenptah donosi o ruchu „plemion Szasu z Edom" do dołów nawadniających na egipskim terytorium (s. 228).[23] Pierwsze historyczne wspomnienie Izraela było na zwycięskiej steli Merenptah z początku 13-go wieku p.n.e.[33]

Historyk i archeolog Donald Redford pisze: „Ich bezprawie oraz skłonności do napadania dały początek w Kananejskim (i Hebrajskim) dla czasownika odrzeczownikowego šasā(h), »>plądrować<<" (s. 271-272).[23] Redford zapewnia, że Szasu były wędrownymi grupami, którym brakowało wielbłądów, zaś Izraelici, jak często jest to opisywane w Biblii, mieli wielbłądy i byli pasterzami. Jak to ten rozdział wyjaśni, wiele biblijnych relacji było napisanych po tym, jak wydarzenia historyczne miały miejsce, więc może Szasu byli dla Egipcjan zagrożeniem jako najeźdźcy. Wszakże egipski Okres Przejściowy zawierał osłabienie dynastii, kiedy to rywale w jednym bądź więcej regionów wymusili tron. Oznacza to, że dynastia egipska podczas infiltracji Szasu była pod kontrolą, tak więc prawdopodobnie byli oni utrapieniem, aż potencjalnie urośli na tyle, aby stanąć przeciwko imperium.

Asymilacja Szasu na rodowitych terenach Kananczyków mogła pomóc w przekształceniu Kanaan w Izrael. Ta szczególna teoria utworzenia Izraela nie należy może do ulubionych, ale Biblia wyraźnie mówi o preferencjach YHWH do dominacji. Ponieważ na zewnątrz rodziny Adama i Ewy było tyle ludzi, siła była drogocennym narzędziem do infiltracji i kontroli większej ilości ludzi i terenów.

Pra-Izraeliccy Szasu Yhw (YHWH) i Szasu S'rr lub Se'ir dzielili prawdopodobnie podobny rodowód. Biblia opisuje Yahuah wychodzącego „z Se'ir" i wywodzącego się z Edom (Księga Sędziów 5:4), a teksty z 19-tej i 20-tej Dynastii Egipskiej (1298 r. p.n.e. do 1064 r. p.n.e.) łączą Szasu z Edomem (tak jak Se'ir).[23]

W Biblii Edom było imieniem nadanym Ezaw, starszemu bratu bliźniakowi Jakuba (Izrael), a wnukowi Abrahama. Biblijna alegoria oznajmia, że Ezaw urodził się czerwonawy (*admoni* po Hebrajsku), kiedy to pustynia Edom ma faktycznie czerwony kolor, a *Edom* oznacza czerwony. Księga Rodzaju, rozdział 25, wers 29 donosi o Ezawie mówiącym do Jakuba: „Daj mi choć trochę tej czerwonej potrawy, jestem bowiem znużony. Dlatego nazwano go

Edom". Jakub odpowiedział, że da on jemu strawę, jeśli Ezaw odda Jakubowi prawo pierworództwa; ten właśnie akt prawdopodobnie uczynił z Jakuba ulubionego, „pierworodnego syna" Yahuah.

Przypowieść o Edomie i Jakubie była oczywiście wymyślona, aby przekazać swego rodzaju królewską obsesję w stosunku do pierworodnego syna oraz wyolbrzymione poczucie rasowego przywileju. Rzeczywistość jest taka, że pra-Izraelici byli koczownikami lub najeźdźcami w nowych krajach, a do ich poczucia przywileju mogli się przyczynić posiadanie pewnego stopnia genów pół-bogów.

Cofając się w czasie do Drugiego Okresu Przejściowego w 18-tym do 16-go wieku p.n.e., na scenę wkroczyli Hyksosi i zajęli Egipt Niższy. Ten okres był poza zasięgiem późniejszych pisarzy biblijnych, tak więc często kopiowali oni wcześniejsze egipskie opowiadania, z których niektóre można rozpoznać w części rozdziału 3, „Katolickich i Chrześcijańskich Interpretacji". Hyksosi przedstawiani są w Biblii jako straszliwi wrogowie, ale odegrali oni swoja rolę w utworzeniu Żydowskiego rodu.

Definicja Hyksosów została zniekształcona w późniejszych relacjach „historycznych". Manetho, historyk wczesnego Egiptu, zidentyfikował ich jako „królów-pasterzy".[34] Żydowski historyk Flawiusz Juzefiusz z pierwszego wieku n.e., z powodu egipskiego słowa *hyk* oznaczającego jeniec, nadał im zastępcze znaczenie, nazywając ich „jeńcy-pasterze".[34] Definicja pasterzy wydaje się kolidować z następującym oświadczeniem Manetho zapisanym przez Juzefiusza:

> Niespodziewanie z obszarów wschodnich najeźdźców mrocznej rasy maszerowali w przekonaniu zwycięstwa przeciwko naszej ziemi. Głównie przy pomocy siły, z łatwością przejęli ją bez zadawania ciosu i obezwładniania władców tej krainy, wtedy to nieludzko spalili nasze miasta, zrównali z ziemią świątynie naszych bogów i traktując z okrutną wrogością jej rodowitych mieszkańców, masakrując niektórych i doprowadzając do niewolnictwa żony i dzieci innych (s. 155-156).[34]

Egipski filolog Sir Alan Gardiner pisze, że *Hyksos* (pol. Hyksosi) właściwie wywodzi się od egipskiego zwrotu hik-khase, znaczącego „wódz obcego kraju na wzgórzu" (s. 156). Hyksosi byli Azjatami, lecz ich dokładne pochodzenie jest niepewne. Gardiner oświadcza, iż hik-khase mianowali Beduińskich szejków podczas okresu Środkowego Królestwa (2030-1640 r. p.n.e.) i dalej. Ci arabscy liderzy znani byli jako specyficzna rasa, ale ich koczownicza i waleczna natura musiała zasymilować kilka krajów i narodów. Różnica między Hyskosami a typową biblijną przypowieścią o wczesnych Żydach jest taka, że

Hyksosi posiadali zaprzęgane w konie rydwany i wyrafinowaną broń, włączając w to zbroje, łuki i strzały oraz topory i miecze, natomiast biblijni Izraelici byli pasterskimi owczarzami. Skoro Hyksosi byli później przemianowani na Królów Pasterzy, a Żydzi, włączając w to Jezusa, byli również królami pasterzy, wątpię w pokojowy, biblijny opis Żydów i Jezusa. Z tego skojarzenia widzę, iż Żydzi wraz z Jezusem wywodzą się od Hyksosów.

Szasu weszli do Egiptu po wydaleniu z niego dynastii Hysksosów, lecz niektórzy z ludu Hysksosów wciąż pozostali w Egipcie jako część społeczeństwa. Inne ludy, włączając w to Hetytów i Hurrian z Północy, również emigrowali do Egiptu. Biblia uważa te trzech ludy zaczynające się na „H" za gwałtowne i straszliwe, jakimi często one były; wszakże emigrowali oni z Haran mniej więcej w tym samym czasie co Abraham, więc wiarygodne jest, że Shasu od Ywh wcielili się w niektórych domniemanych biblijnych wrogów. Jeśli etniczność Hebrajczyków zaczęła się, kiedy później utworzono Izrael, wówczas Hebrajczycy zawierają geny od rzekomo nikczemnych trzech ludów, których nazwy zaczynają się na literę „H"!

Opowieść biblijna o wstępnej kolonizacji Izraela na 12 jego plemion wydaje się pokojowa – jakby do tej pory nikt nie skolonizował tych terenów, a rdzenni ich mieszkańcy nie mieli żadnych problemów z podzieleniem się ich ziemią. Prawdziwe problemy z Izraelitami rozpoczęły się po tym, jak opuścili Egipt w Wielkim Eksodusie, ponieważ chcieli oni siłą odebrać coś, co mogło, ale nie musiało być ich ziemią w Kanaan. Księga Wyjścia, rozdział 3, wers 8 wspomina Hetytów, Amorytów, Jebusytów i innych w Kanaan. Ziemia ta została opisana jako „kraina mlekiem i miodem płynąca" (Księga Wyjścia 3:17), co oznacza, że zamieszkałe obszary były żyzne i obfite. Częstym, niezgłoszonym powodem dzisiejszych walk Palestyńczyków i Izraelczyków, o którym się nie donosi, jest prawo do wody, ponieważ na tym obszarze jest niewystarczająca ilość słodkiej wody. Wydaje się sensowne, że mieszkańcy (i zdobywcy) takich osad nie chcieliby oddawać swojej ziemi. Tak więc tereny preferowane do zamieszkania musiały zostać zdobyte przez Hebrajczyków.

Ludzie Yahuah nie mogli być zaledwie pasterzami i koczownikami, ponieważ „Pan jest człowiekiem wojny" (Księga Wyjścia 15:3). Wiele z biblijnych przypowieści cechuje wściekłość i siła Yahuah i Elohim. Ludzie Allaha byli równie zmilitaryzowani. Innym ludem znanym ze swojej brutalności byli Asyrianie, a oni naśladowali boginię Asherah, która była małżonką El w Izraelu, a Yahuah w Judzie.[35,36] Ludzie Yahuah, aby utrzymać swoją klasę społeczną i etniczność, musieli być wpływowi i silni. Jeśli moglibyśmy znaleźć specyficzne pochodzenie rodu Żydowskiego, który zawierałby w sobie geny trzech ludów zaczynających się na literę „H", wówczas byłoby to Habiru.

Habiru (ha-BI-ru) byli Indo-europejskim typem ludzi Arjańskich, znanych ze swojej waleczności, którzy utworzyli w regionie sojusz z

Hyksosami, Hetytami i Hurrianami. Miasto Abrahama składało się głównie z Hurrian, a Habiru byli tam również obecni. Teolog Meredith G. Kline spiera się, że Habiru byli unikalną rasą "odkrytą w Żyznym Półksiężycu [neo-Sumeryjskim] okresie III Ur, a nawet prawdopodobnie i wcześniej" (s. 181).[37] Zostali oni udokumentowani jako SA.GAZ w starych królewskich archiwach Hatti (Hetytów) w mieście Hattusa (ang. Hattusha), gdzie SA.GAZ dołączyli do oddziałów Hetytów w ramach deklaracji lojalności dla Hattusa. Odmiany Habiru, 'apiru, zapisane zostały w egipskich tekstach na przestrzeni drugiego tysiąclecia przed naszą erą.[31]

Niektórzy uczeni uważają, że Habiru ustanowili klasę społeczną; a przecież ich ludność stanowiła niemalże cale spektrum statusów ekonomicznych i społecznych, tak więc nie jest to zupełnie poprawna definicja. Prawdą jest, że sprzedawali swoje usługi w ramach potrzeb i wymieniani byli jako służący, ale nie niewolnicy, którzy zostali zapomniani. Większy obraz jest taki, że byli oni elastyczni społecznie, pracując pośród elity i biedoty, lecz niezbyt często przyjmowali oczywiste role przewodnictwa.

Habiru najbardziej byli znani ze swojej militarnej ekspertyzy, która pomagała obcym przywódcom. Byli znani jako płatni zabójcy, których zarówno obawiano się, jak też pożądano w królestwach. Przekonana jestem, że królowie woleli, aby wytrenowani najemnicy pracowali dla nich, zamiast przeciwko nim. Stanowili załogę garnizonów w Ur, Larsie, Babilonie, Susie i w Anatolii (pra-Turcja), przeprowadzali ataki wzdłuż Eufratu oraz w całym Kanaan, a także nadzorowali jeńców w Wojnie Egipskiej.[37] W Liście Nr. 286, z Listów z Amarny, Król Abdi-Heba z Kanaańskiego Jeruzalem, wstawił się u swego Pana i władcy, faraona, aby ten wysłał swoje wojskowe wsparcie, ponieważ: "'Apiru splądrowali wszystkie ziemie króla" (s. 99).[38]

Habiru znani byli jako cudzoziemcy, ale dla korzystnych celów asymilowali się z innymi królestwami i ziemiami. Mogła to być ich strategia infiltracji królestw bez ich niszczenia. Habiru mogli być poważnym składnikiem armii Hysksosów, ponieważ zintegrowani byli z Asyrią, zanim Hyksosi przyszli do Egiptu, oraz byli w Egipcie ze statusem służących po dynastii Hyksosów.[37]

Szasu od Yhw określani byli albo jako ci o wyjątkowej etniczności, albo jako wyznacznikowe miejsce Yahua, którym nie było Seir, bądź jedno i drugie. "Księga Urantii" oznajmia, że ludzie wierzyli iż Yahuah był wulkanem, którego oddechem był dym, a Księga Wyjścia, rozdział 19, wers 18 popiera to, przez opisanie wybuchu wulkanicznego na Górze Synaj, świętej górze Yahuah. Nie było żadnego wulkanu na Półwyspie Synaj, a katastroficzna erupcja Góry Tery (Santorini) w południowo-wschodniej Grecji wydarzyła się faktycznie przed biblijnym Eksodusem.

Nieobecność ludzkich szczątków na wyspie sugeruje, że minojska cywilizacja Tery oraz prawdopodobnie inni Minojczycy, na południu ciężko dotkniętej Starożytnej Krety, przypuszczalnie przewidzieli erupcję i ewakuowali teren.³⁹ Ludzie Szasu uciekając przed następstwami wybuchu wulkanu, podróżowali z tego regionu i Zachodniej Anatolii, na dół do Kanaan oraz do Egiptu. Egipt był bardziej preferowanym wyborem, po tym, jak doświadczyli w tamtym czasie suszy w Kanaan. Datowanie erupcji węglem radioaktywnym umiejscawia ją w latach pomiędzy 1627 a 1600 r. p.n.e., lecz było to na 100 lat przed wszelkimi wzmiankami o *Szasu*.⁴⁰ Mogło zająć narodowi tak dużo czasu, aby wejść do Egiptu, albo zaledwie tylko tyle, aby o tym donieść.

Amenhotep II był pierwszym, który rozróżnił Szasu. Wzniósł on stelę w Memfis, która wymienia *'Apiru* i *Szasu*, jedne przy drugich, lecz Szasu są wyraźnie zaznaczeni jako Beduini (wędrowcy).⁴¹ Habiru mieli swój przyczółek w Anatolii, zaś dogłębne analizy DNA udowadniają, że Anatolianie założyli cywilizację Minojską na Starożytnej Krecie, zaraz na północ od Góry Tery.⁴² Skoro Habiru nadmiernie wędrowali i dokonywali napadów, prawdopodobnie byli oni częścią Szasu od Yhw oraz jakimiś innymi Szasu, których Amenhotep II nie rozróżnił.

Rdzeń Habiru był właściwie jednym etnicznym asortymentem, ale ponieważ byli oni geograficznie porozrzucani, kiedy przyjęli nazwy kultur, z którymi połączyli się, ich rozpoznawalna etniczność często była niejasna. Cywilizcja Hurrian w północnej Mezopotamii zawierała wielu Habiru. Hurrianie słusznie zapisali, utrwalając transplanty Habiru w mieście Nuzi, pokazując, że większość z ich nazw miała akadyjskie pochodzenie.³⁷ Zarówno Habiru, jak i Hurrianie, dobrze zasymilowali się w różnych kompleksach cywilno-społecznych, lecz w przeciwieństwie do Hurrian, Habiru byli cenionymi i dobrymi ludźmi. W Egipcie 'Apir połączeni byli z rozmaitymi bogami, włączając w to 'Apir-Baal, 'Apir-El, 'Apir-Anu i 'Apir-Izyda.⁴³

Habiru było terminem akadyjskim, który istniał jeszcze przed przynależnością do Hebrajczyków. W leksykonie „exeGeses" *Hebrajczycy* jest transliterowaną (zapisaną literami innego alfabetu – przyp. tłum.) nazwą *ibriy*, co oznacza „od Eber".⁸ Eber był pra-prawnukiem Noego (Ziusudry) i przodkiem Abrahama. *Ibri* jest korzeniem *Habiri*, co jest w pełni zamienne z *Habiru*.⁴³ Jeśli YHWH cenił i pożądał Habiru, a ich etniczność była najbliższa Eber, byli oni również synami Anak, chociaż wielu z Habiru nie było gigantami. Tylko niektórzy z synów Anunnaki byli opłakiwani przez YHWH, kiedy przystawali oni z rywalizującymi bogami.

Powszechnie wierzono, że wojownicy na koniach napadli na Dolinę Indusu, osiadli w niej i założyli system kast, aby zachować swoją jakość rasową. W Sanskrycie nazywani są oni *ārya*, co jest wielce cenionym słowem oznaczającym szlachetny, prawy, najwyższy oraz postępowa cywilizacja.⁴⁴ Albo Habiru byli tymi niebieskookimi Arianami o blond włosach, albo byli oni do nich podobni i rasowo z nimi wymieszani. Niemiecki dyktator, Adolf Hitler, wychwalał rasę Aryjską jako rasę potężnego człowieka.

Prawdopodobnie etniczność była największym wyznacznikiem Judaizmu oraz Lewickiego kapłaństwa. Jeśli linia etniczna ludzi Yahuah jest wąska, rasa taka może dać określone atrybuty przy wyłączeniu innych. Zalicza się do tego kazirodztwo, które z czasem osłabia ludzką pulę genową. Inną opcją jest stworzenie szerokiego, aczkolwiek skupionego rodowodu etnicznego, celem zachowania siły oryginalnych genów; to pozwoliłoby większej ilości ludzi stać się częścią królewskiej rodziny. Druga strategia wykorzystywana przez międzynarodowe rodziny królewskie, które kreują małżeństwa dla sojuszy politycznych, lecz z zachowaniem wystarczającej ilości niezależności etnicznej, która posiada historie w krzyżówkach rasowych.

Judaizm skupił się na linii Dawidowej, zachowując swoje korzenie w Abrahamie. Biblijni skrybowie napisali swoje patriarchalne przypowieści o Abrahamie kilka stuleci po jego istnieniu, tak więc jeśli ich rodowód miał odzwierciedlenie w rzeczywistości, musieli ściągnąć to z wcześniejszych relacji historycznych.

Niemiecki uczony biblijny dostarczył dokumentalną hipotezę, która oznajmia, że Tora „wywodzi się z oryginalnie z niezależnych, równoległych, pełnych narracji, które zostały kolejno połączone ze sobą w obecna formę przez różnych redaktorów (wydawców)".[45]

Jak to już zaprezentowałam w rozdziale 3, najwcześniejszą z grup byli Jahwiści (J), która napisała około roku 950 p.n.e. w południowej Judzie, prawdopodobnie w rejonie Jeruzalem, jak wkrótce wyjaśnię. Zgodnie z „exeGeses równoległą Biblią":

> Osoby dokonujące wpisów ujawniły jego imię jako YHVH – sekwencyjnie jeszcze w Księdze Rodzaju 2:4 oraz chronologicznie tak wcześnie jak w Księdze Hioba 1:6. „ExeGeses" przedstawia samogłoskę jego imienia wskazując na Yah Veh. Większość wersji często niepoprawnie zmienia imię Yah Veh na tytuł *PAN* – wszystko pisane drukowanymi literami. Jest to zagłębianie się w określone tradycje Hebrajczyków, którzy stwierdzili, że jego imię było zbyt święte, aby je wymawiać. Bardziej prawdopodobne jest, że starożytni Hebrajczycy obawiali się ekstremalnych konsekwencji zhańbienia imienia Yah Veh. Ponieważ Hebrajczycy używali imienia Yah Veh w przymierzach, a kiedykolwiek przymierze takie było łamane, następowały po tym poważne konsekwencje (s. vii).[8]

Źródło J kojarzyło Yahuah z Juda, Jahwiści woleli punkt odniesienia. Ponieważ nazwa G-D była zbyt święta dla przeciętnego Żyda, aby ją wymówić, niejasne jest, czy słowo *PAN* pisane drukowanymi literami było używane w zastępstwie G-D, w odniesieniu do Boga.

Elohiści (E) pisali około 850 r.p.n.e w północnym Królestwie Izraela. E zawsze używali słowa El na Boga oraz jego liczby mnogiej Elohim. Jahwiści oraz Elohiści czasami podawali kontrastujące ze sobą genealogie, w zależności od etniczności i lokalizacji, którą chcieli podkreślić. Gdzieś około roku 650 p.n.e. Judejscy wydawcy połączyli litery J i E w znane nam JE.[45]

„ExeGeses równoległa Biblia" w każdym przypadku zastępuje Yah Veh słowem *PAN*, zaś Elohim słowem Bóg, tym samym likwidując rozróżnienie pomiędzy faktycznym Yah Veh (Yahuah) BOGIEM a Elohim BOGIEM. Stosuje ona również słowo *elohim* dla określenia mniejszych bogów, pokazując, że prawdziwe imię lub imiona Boga odpowiednich grup zostały zatracone w tłumaczeniu. Po bliższym przebadaniu równanie elohim z jakimkolwiek Bogiem wspiera dwóch odrębnych Bogów w Księdze Wyjścia 6:3, która oświadcza: „Ja objawiłem się Abrahamowi, Izaakowi i Jakubowi jako Bóg Wszechmocny, ale imienia mego, Jahwe, nie objawiłem im". Ponieważ w Starym Testamencie słowa „PAN Bóg" łączone są przy wielu okazjach, od tej chwili na przedstawienie zarówno Elohim, jak i Yahuah jako Boga, będę używała Tetragramu YHWH, chyba że celowo stwierdzę inaczej.

Deuteronimiści (D) napisali Księgę Powtórzonego Prawa około 600 r. p.n.e. w Jerozolimie w okresie reform religijnych, podkreślając centralizację kultu i rządów w Jerozolimie. Uzupełnia to historie JE.

Na koniec, źródło Kapłańskie (P) zostało napisane około 500 r. p.n.e. przez Aaraońskich kapłanów na wygnaniu w Babilonie. Redaktorzy Tory byli pod coraz to większym wpływem Kapłaństwa, wydając ostateczną wersję Tory w roku 450 p.n.e.[45]

Przypowieść o stworzeniu napisana została jako myśl wtórna przez autorów J i E, co wyjaśnia jej rażącą bezsensowność w pierwszych rozdziałach Księgi Rodzaju. Na przykład Księga Wyjścia, rozdział 5, wers 4, najpierw wspomina Adama i Ewę mających córki, po tym, jak Kain znalazł żonę. Pokazuje to, że Adam i Ewa nie byli pierwszymi ludźmi na Ziemi, ponieważ Ewa nie była żoną Kaina. Bezpośrednie kazirodztwo pomiędzy matką i synem osłabiłoby znacząco linię genetyczną, znacznie bardziej aniżeli pomiędzy przyrodnim bratem a przyrodnią siostrą i nie byłoby to strawna historyjka. Poza skolonizowaną ziemią zwaną Nod, tuż na zewnątrz Edenu, były też inne kobiety (Księga Rodzaju 4:16). Właściwie to przy Adamie i Ewie było wielu innych ludzi, więc musiało być trudno YHWH znaleźć lojalną grupę, która nie przystawałaby do innych wierzeń. Oczywiście, dla biblijnych pisarzy najłatwiej było skupić się wyłącznie na linii jednej rodziny, nawet jeśli pochodzenie tej rodziny było niejasne, zaś więzy krwi były poprzeplatane z wielkimi/potężnymi postaciami. Również najłatwiej było pisarzom przekazać, że ogromna ilość wojen miała podłoże religijne, a nie polityczne, ponieważ ich celem było zawężenie zakresu ludzi stworzonych przez Boga, nie wspominając o tym, że była niezliczona ilość ludzi robiących to, co chcieli. Z drugiej strony wielu królów wierzyło, że jest bogami lub pół-bogami, co utrudniało uzasadnienie wojen i dominacji.

Tak jak istnieje podział w religijnych frakcjach Boga, aż po podgrupy chrześcijańskie, królowie tworzyli rywalizację i wywoływali wojny, nie tylko z powodu ich rozdymanego ego, ale także z powodu ich bogów, w szczególności różnych imion YHWH. Naśladowcy tych wielu obliczy prawdopodobnie nie wiedzieli, że ich Bóg był tym samym lub podobnym do Boga ich wroga. YHWH tylko kierował różnymi grupami ludzi, jak pionkami na szachownicy.

Czy ten podział jest projektem YHWH? Czy on (bądź oni) zamierzali stworzyć podobne rasy ukierunkowane na jedno wierzenie w odpowiedniego dla nich Boga – tak, aby YHWH stosownie do strategii politycznej mógł przywdziewać różne przebrania? Jeśli jedna z grup ludzkich złości go, wówczas faworyzuje on kolejną, aby dać nauczkę tej pierwszej? To właśnie stało się, kiedy Izrael oddzielił się od Judei.

Pierwsza Księga Królewska, rozdział 11, wersy 31-32 przedstawia podział ziem na 11 plemion Izraela. Salomon, syn Dawida, zgrzeszył przeciwko YHWH wielbieniem innych bogów, dlatego YHWH dał 10-te z planowanych 12 plemion Jeroboam'owi, służącemu Dawida, podczas gdy kolejne plemię zarezerwował dla Dawida. Jeroboam został wybrany, aby rządzić tymczasowo, do czasu aż faworyzowany przez YHWH monarcha z linii Davidowej z Judei wyprostuje swoją wiarę.

Jeroboam został wybrany, aby wybawić Izraelitów od Salomona. Interesujące jest, że imię Jeroboam było niemalże identyczne z imieniem syna Salomona, Rehoboam, co oznacza „powiększa lud",[25] i taką samą definicję można znaleźć w odniesieniu do Jeroboam.[46] Na nieszczęście dla Jeroboam'a, jego imię jest powszechnie kojarzone ze słowem spór i zmaganie, aby ostatecznie stać się definicją dla dużej butelki wina. Imieniem jego matki było Zeruah, co po przetłumaczeniu oznacza „trędowata" i „porażona".[25] Tak więc osoba czy też fabrykacja w postaci Jeroboam'a została opisana jako pijak od zniszczonej, trędowatej matki, ponieważ skończył doprowadzając Izrael do grzechu. Dla kontrastu, Salomon również doprowadził Izrael do grzechu, lecz on był ulubieńcem YHWH.

Jeroboam rządził po królu Dawidzie, a król Saul przed Dawidem. Fakt użycia fikcyjnych imion, takich jak Jeroboam i Rehoboam, wzbudza pytanie o to, czy wcześniejsze przypowieści są wiarygodne. Teolog dr. Leithart dokonuje następującego porównania pomiędzy Jeroboam'em a Saulem.

> W 1-szej Księdze Królewskiej, rozdział 14, żona Jeroboam'a pod przebraniem udaje się do proroka z Siloah, który ogłasza śmierć jej syna i ostateczne zniszczenie jego dynastii. Ahijah mówi

żonie Jeroboam'a, że inny król przejmie królestwo.

W 1-szej Księdze Samuela, rozdział 28, Saul pod przebraniem udaje się z wizytą do medium z Endor, które, jak ma on nadzieję, będzie w stanie przebłagać Samuela, proroka z Siloah, który ogłasza śmierć Saula, śmierć jego synów oraz zniszczenie jego dynastii. Samuel mówi Saulowi, że królestwo oddane zostało Dawidowi.

Poprzednio, w 1-szej Księdze Królewskiej, rozdział 13, Jeroboam odmawia słuchania napomnienia proroka. Ołtarz jest „rozdarty", co oznacza rozdarcie królestwa Jeroboam'a. Kiedy człowiek od Boga z Judei uzdrawia go, Jeroboam szuka pojednania, czego człowiek od Boga odmawia.

W 1-szej Księdze Samuela, rozdział 15, Saul odmawia słuchania napomnień proroka i szata zostaje rozdarta, co oznacza rozdarcie królestwa. Saul prosi proroka, aby wrócił z nim do czczenia, Samuel na początku odmawia, ale później godzi się.

Saul jest pierwszym królem Izraela, lecz upada on i traci królestwo. Jeroboam jest pierwszym królem „całego Izraela", lecz on upada i traci królestwo.[47]

Takie i podobne historyjki przedstawiają biblijny motyw wspaniałości Boga i jego wyższości nad „wybranymi" ludźmi: kiedyś byli oni wpływowi, ale kiedy w jakiejkolwiek mierze zgrzeszyli, zredukowani zostali prawie do nikogo. Grzechem Saula było to, że tylko częściowo słuchał YHWH.

Saul był ważną postacią dla pisarzy Jahwistów, ponieważ pochodził z plemienia Benjamina, a Benjamin złączył się z Judeą po tym, jak oddzielił się od 10-ciu plemion Izraela. W tym czasie Symeon zawierał w sobie miasto Jerozolimę. Ponieważ Symeon otoczony był przez Judeę, był on częścią tego scalenia.[48] Scalenie trzech plemion, jak zostało to oświadczone w Księdze Sędziów, połączyło Saula z Jerozolimą.

Dynastia Omri była około wieku po rządach Jeroboam'a i również patrzono na nią nieprzychylnie w Biblii. „Omri również czynił to, co złe w oczach Pana; a nawet stał się gorszym od wszystkich swoich poprzedników" (1 Księga Królewska 16:25). Dynastia Omri w latach 885 r. p.n.e. do 842 r. p.n.e, była największym królestwem w Izraelu. Zakończył on wojny domowe oraz miał względnie pokojowe relacje z Judeą.[49] Księga Sędziów oznajmia, że jedynie dwóm z 10-ciu lub więcej plemion Judei i Symeonowi udało się założyć po Eksodusie przyczółki na ziemiach Kanaan, monoteistyczne w stosunku do YHWH. Inne plemiona zmagały się z szerzącym się czczeniem różnych idoli na rozległych obszarach ziem, do jaki uzurpowali sobie prawa lub wkraczali na nie jako cudzoziemcy. Głównym powodem, dla którego królestwo Omri postrzegane było jako złe, było poślubienie przez króla Ahab'a księżniczki Jezebel, wielbicielki Baal'a oraz wybudowanie w Bethea dużego, pogańskiego ołtarza.

Wielu uczonych uważa, że Pierwsza i Druga Księga Samuela napisane zostały wieki po przypowieści o Saulu i były one wspomnieniem dynastii Omri. Wyczerpująca analiza Pierwszej i Drugiej Księgi Salomona, napisana przez Mosheha Garsiela w „Dzienniku Skryptów Hebrajskich", wysuwa inny wniosek, który umieszcza je na obszarze Jahwistów.

> W świetle... literackich, historycznych i archeologicznych rozważań, wydaje mi się, że nie ma innej możliwości, jak tylko przypisać większość ze znaczącej kompozycji Księgi Samuela do 10-go wieku p.n.e., chociaż pewne mniejsze zmiany miały miejsce znacznie później. Moim zdaniem księga ta napisana została w czterech etapach przez różnych autorów, kopiujących oraz dzięki edycjom (s. 34).[50]

Według Garsiela rozbieżności oraz oczywiste edycje wprowadziły zamieszanie w powierzchownych opisach wykonanych przez większość uczonych, którzy przyjęli, że głównymi autorami Księgi Samuela byli Deuteronomiści, chociaż zrodło D dokonało edycji pewnej ilości materiałów. Jego punkt widzenia oraz badania pokazują, że Stary Testament zawiera pewną historyczną dokładność, aczkolwiek treść tekstów została znacznie zredukowana przez niezliczoną liczbę ludzi kształtujących przypowieści i przekręcających imiona oraz tożsamości.

Przypowieści oraz symbolizm o 12-tu plemionach Izraela zostały wykorzystane jako przybliżony przewodnik do odnalezienia faktycznej prawdy, która sprowadza nas teraz do rzeczywistości kryjącej się za patriarchami Izraela.

Mojżesz

Po tym, jak podczas wielkiego Eksodusu dzieci Izraela wyszły z Egiptu, minęło jeszcze 480 lat, aż do chwili, kiedy w czwartym roku panowania króla Salomona nad Izraelem zaczął on budować dużą świątynię dla Yahuah, na Górze Zion, niedaleko Jerozolimy (1 Księga Królewska 6:1). „I Salomon panował jako król w Jeruzalemie nad całym Izraelem czterdzieści lat (1 Księga Królewska 11:42). Numer 480 jest klasyczną w Biblii wielokrotnością liczby 40. W oparciu o tę numerologię oraz przyjęty przez uczonych czas jego rządów, budowa jego świątyni rozpoczęła się około roku 960 p.n.e., co umieszcza początek Eksodusu w roku 1440 p.n.e.

Żaden z dowodów archeologicznych nie wskazuje na to, że masowa fala ludzi wkraczała do Synaju w 15 czy 14 wieku p.n.e. Wydalenie Hyksosów z Egiptu zaczęło się w połowie 16 wieku p.n.e., kiedy faraon Ahmose I obalił ich królestwo, więc nie mógł to być późniejszy biblijny Eksodus.

Biblijni autorzy datują Eksodus wstecz, podczas panowania egipskiego faranona Tuthmos'a (Tuthmosis) III. Imiona Tuthmose i Tuthmosis są bardzo podobne do imienia Mojżesz (ang. Moses), ale bardziej prawdopodobne jest, że *Mojżesz* przypisany został do Akhenatena, prawnuka Tuthmosa III. Egiptolog Ahmed Osman postuluje, że naśladowcy Akhenaten'a nadali jemu kod „Mos", co prawnie oznacza „prawowity syn i spadkobierca", ponieważ Akheneten wygnany został z dynastii i przestępstwem było nazywanie go tym imieniem. Greckie tłumaczenie dodało dodatkowe „s" do ostatniej samogłoski, w ten sposób nadając mu imię Mojżesz (ang. Moses).[51]

Generalnie Akhenaten i Mojżesz jako pierwsi byli uważani za monoteistów. Akhenaten urodził się jako Amenhotep IV, po ojcu Amenhotepie III, w linii egipskich królów z 18-tej dynastii, lecz zmienił imię, aby odzwierciedlić swojego Boga Atena. Faraonowie przed Amenhotepem również włączali imiona ich Boga i na tamten czas Amun był Bogiem państwa/stanu. (Zauważcie, że *Amen* jest bogiem Amonem i jest to *to* słowo podsumowujące katolickie modlitwy). Zwyczajowo faraonom dodawano po imieniu przedrostek *-Re* (Ra), ponieważ Ra był najwyższym egipskim Bogiem: niemniej jednak wygląda na to, że Akhenaten nie stosował się do tego zwyczaju i zastąpił Ra słowem Aten, chociaż ich symbole były podobne. „Wczesne reprezentacje Boga Akhenaten'a ukazują bóstwo w ludzkiej postaci z głowa sokoła, zwieńczone słonecznym dyskiem", oświadcza Egiptolog, Ahmed Osman (s. 162).[52] Dwa lub trzy lata później ludzka postać zastąpiona została słońcem z sięgającymi daleko promieniami. Podobnie do Ra, Aten identyfikowany był nie tylko jako gwiazda, ale także jako rodzaj człowieka-boga, jak wyjaśnia rozdział 7. Dodatkowo ze słonecznego dysku zwisała kobra, dla podkreślenia królewskiego statusu.[52] Popiera to Księgę Wyjścia, rozdział 4, wers 3, gdzie YHWH zamienia w węża laskę Mojżesza.

Nacisk Akhenaten'a na zwierzchnictwo Atena sprawiło, że Egipcjanie pod jego rządami drwili z niego. Krótko po tym, jak w roku 1353 p.n.e. rozpoczęły się jego rządy, opuścił on swoje stanowisko w Tebach i utworzył miasto o własnej nazwie (później przemianowane na Amarna).[53] Wkrótce po tym, z powodu religijnych prześladowań, musiał zupełnie opuścić Egipt, tak więc udał się na Półwysep Synaj.

Kanaańczycy zbudowali już kamienne ołtarze na Synaju, ale nie ma archeologicznych dowodów ukazujących, że skonstruowali oni świątynie, zanim Mojżesz stworzył tabernakulum. „Akhenaten zaadoptował heliopolitańskie słońce ze świątyni egipskiej (taką samą formę wykorzystał Mojżesz na pustyni), aby używać go jako miejsca kultu swojej nowej religii" – mówi Osman (s.

165).⁵² Biblia oznajmia, że ten egipski i grecki styl świątyni był ośrodkiem dla Lewickiego kapłaństwa, do wykonywania rytuałów oczyszczania i ofiarowania zwierząt (Księga Wyjścia, rozdziały 25-27).

Lewi, patriarcha Lewitów, był przyrodnim bratem Rubena, Symeona i Judy, trzech synów Jakuba, z cenionego rodu Leah (Księga Rodzaju 29:31-35). Jahwiści cenili sobie te zjednoczone ziemie, gdyż Lewici połączyli Jerozolimę z YHWH. Księga Wyjścia twierdzi, że zarówno Mojżesz, jak i jego brat Aaron, obaj byli Lewitami. Laurence Gardner zapewnia, że Aaron był faraonem Smenchkare, a jego matka Ti była zaledwie mamką Akhenaten'a.¹⁰ Ich „braterski" związek oparty jest na ich wspólnym Semickim pochodzeniu za pośrednictwem matki Akhenatena, Teje oraz jej brata, który ojcował Smenchkare, tym samym czyniąc ich kuzynami. Aaron jest ważną postacią biblijną, ponieważ był pierwszym Lewickim kapłanem.

Księga Wyjścia, rozdział 4, wersy 21-26, ukazują ważność nakazu obrzezania wydanego przez YHWH Mojżeszowi i jego ludowi:

> PAN rzekł do Mojżesza: Gdy będziesz zbliżał się do Egiptu, pamiętaj o władzy czynienia wszelkich cudów, jaką ci dałem do ręki i okaż ją przed faraonem. Ja zaś uczynię upartym jego serce, że nie zechce zezwolić na wyjście ludu.
>
> A ty wtedy powiesz do faraona: To mówi Pan: Synem moim pierworodnym jest Izrael.
>
> Mówię ci: Wypuść mojego syna, aby mi cześć oddawał; bo jeśli zwlekać będziesz z wypuszczeniem go, to Ja ześlę śmierć na twego syna pierworodnego.
>
> W czasie podróży w miejscu noclegu spotkał Pan Mojżesza i chciał go zabić.
>
> Wtedy to Zip-po'-rah (Sefora – żona Mojżesza) wzięła ostry kamień i odcięła napletek syna swego i dotknęła nim nóg Mojżesza, mówiąc:
>
> Oblubieńcem krwi jesteś ty dla mnie.
>
> I odstąpił od niego [Yahuah].
>
> Wtedy rzekła: Oblubieńcem krwi jesteś przez obrzezanie.

Pierwszy wers naprowadza przypowieść na zwierzchnictwo YHWH, ale również mówi on, że Bóg celowo przedłużył niewolnictwo niewinnych Żydów, co jeszcze bardziej zniewoliło ich względem niego, z powodu despreackiego wyczekiwania na cud. Co dziwne jest w tych wszystkich Pismach, to fakt, że Yahuah był człowiekiem, który mógł fizycznie spotkać się Mojżeszem i zabić jego syna. Poza tymi dziwacznościami, przekaz ukazuje, że Mojżesz oraz jego rodzina niechętnie biorą udział w obrzezaniu. Księga Joszuego, rozdział 5, wersy 4-7 potwierdziła, że dzieci urodzone pod przewodnictwem Mojżesza podczas wielkiego Eksodusu nie były obrzezane. Obrzezanie wydarzyło się w Egipcie dla boga Amuna-Re. Wydarzyło się również w Sumerze, co widoczne jest na posągach i malowidłach, zatem obrzezanie pomaga w ukazaniu powiązania pomiędzy bogami sumeryjskimi i egipskimi a YHWH.[54] Wygląda na to, że Akhenaten najzwyczajniej zbuntował się przeciwko tej procedurze albo YHWH nagiął dla niego niektóre zasady, tak samo jak YHWH uczynił to dla mnie i mojej mamy w jej przepowiedniach, kiedy zaprotestowałam przeciw seksistowskim obrzędom.

Imiona czy tytuły głównych Bogów były w pewien sposób pomieszane pomiędzy Egipcjanami a ludem YHWH. Zgodnie z „Historycznym Zakłamaniem: Nieopowiedziana Historia Starożytnego Egiptu":

> *Adon* znaczący Pan, został poprawnie zauważony przez Zygmunta Freuda [który pierwszy powszechnie zrównał Mojżesza z Akhenaten'em], jako Hebrajskie słowo dla egipskiego Atona/ Atena. Ponieważ egipskie „t" w Hebrajskim staje się „d", zaś samogłoska „e" staje się „o", *Adon* jest Hebrajskim ekwiwalentem dla egipskiego Atena (s. 193).[55]

Freud pisze tak o Księdze Powtórzonego Prawa, rozdział 6, wers 4: „Wiara żydowska mówi: >>Shema Yisrael Adonai Elohenu Adonai Echod<<" (s. 188).[55] W Biblii Króla Jakuba jest to oświadczone jako: „O, usłysz Izraelu: PAN nasz Bóg *jest* jednym PANEM". Powiedzenie to musi pochodzić od Akhenaten'a, lecz Żydzi interpretują teraz „Adonai" jako tytuł szacunku, wyraźnie gubiąc oryginalne znaczenie. Bluźnierstwem jest dla Żydów wymawianie imienia innego boga podczas uwielbienia, ale czy w związku z ich polityczną historią wymieszanych ludzi i podobnych bogów jest to nieuniknione?

Interesujące jest, że prawdopodobnie przypowieść o Mojżeszu była fuzją; Księga Wyjścia, rozdział 6, wersy 26-27 wspominają, że była więcej niż jedna postać Mojżesza: „Oto są ci, Aaron i Mojżesz, to oni przemawiali do faraona, króla egipskiego i wyprowadzili Izraelitów z Egiptu: oni, Mojżesz i Aaron". Nowa wersja Króla Jakuba wyjaśnia „Oto ci" jako „ci sami", aby przypuszczalnie zrobić rozróżnienie pomiędzy postacią Mojżesza i Aarona.

Badacz Charles Pope oświadcza, że wiele kluczowych osobistości w Biblii jest kompilacją co najmniej dwóch egipskich faraonów. Spiera się on, że każdy z bogów był osławionym, zazwyczaj królewskim, ludzkim poprzednikiem późniejszego popularnego poplecznika lub potomka, tym samym odrzucając istoty z innego świata. Ja nie podzielam tego antropocentrycznego poglądu (chociaż w niektórych przypadkach jest on prawdziwy), ale zgadzam się z tym, że biblijni pisarze czasami opierali swoje uproszczone postacie na więcej niż jednej osobie.

Pope porównuje teksty archeologiczne i biblijne i dochodzi do wniosku, że istniała wcześniejsza postać Mojżesza, a na imię miał Hammurabi, szósty król Babilonu. Według Pope'a, Hammurabi był oryginalnie egipskim faraonem Horem (ang. Hor Auibre lub Awibre): „Hor był obiecującym młodym, koronowanym księciem, który nagle zniknął z Egiptu.... Popełnił on wielką zbrodnię i zmuszony został do szukania azylu w Babilonie w Mezopotamii, gdzie przyjął semickie imię Hammurabi".[56] Auibre posiada źródłosłów *eber*, które z kolei jest źródłosłowem dla *Hebrajski* (ang. Hebrew). Korelacje te dają do zrozumienia, że Auibre jako Eber był przywódcą narodu Hebrajskiego, krokami którego podążali późniejsi Lewiccy Żydzi.

Pope teoretyzuje, że książę Hor (ang. Hor Auibre) udał się na wygnanie do Babilonu i powiodło się jemu rządzenie jego imperium jako król Hammurabi w latach około 1792-1750 p.n.e.[57] Stworzył obszerny, zinstytucjonalizowany zestaw 282 praw, znanych jako Kodeks Hammurabiego. Dyktował on sprawy cywilne, tj. finanse, sprawy rodzinne, własnościowe, niewolnicze oraz postępowania, często z surową karą.[58] Wiele z tych praw podobnych było do ostatecznych Dziesięciu Przykazań oraz innych biblijnych przykazań, takich jak te zawarte w Księdze Przysłów. Po tym, jak wygnanie Hammurabiego osiągnęło szeroko rozpowszechniony sukces zagranicą, zyskał on przynależne mu prawo do stanowiska faraona na krócej niż rok, około 1760 r. p.n.e. Osiągnął to, wracając na krótko do Egiptu albo otrzymując przeniesienie praw podczas pobytu w Babilonie. Łatwość, z jaką przeniósł on i odzyskał swoją królewską pozycję pomiędzy obydwoma narodami, ułatwione było dzięki jego powiązaniom z jego Bogiem Mardukiem – Ra, najwyższym Bogiem Egiptu i Babilonu. Chociaż Hammurabi przebywał na wygnaniu krócej niż 40 lat – zanim powrócił do Egiptu i odzyskał swój tron, był on królem przez około 40 lat – to ta popularna i uproszczona liczba została zgodnie przyjęta przez opowiadających historię o Kostusie.

Biblijni pisarze, aby wznieść Mojżesza jako drugiego, lecz prawdopodobnie ważniejszego patriarchę niż Abraham, zaczerpnęli z babilońskiej i egipskiej przypowieści o Horusie. Twierdzą oni, że Mojżesz miał Hebrajską krew, więc chcieli przedstawić go jako adoptowanego Egipcjanina, żeby podkreślić wyróżnienie i wyższość tego rodu przez YHWH. Dlatego Bóg Akhenaten'a – Aten, musiał być częścią YHWH, który wezwał „swój" lud.

Semickie wpływy w Egipskim Nowym Królestwie

Biblijne sportretowanie króla Dawida pokrywa się z rzeczywistością faraona Totmesa III. Totmes III uważany jest za największego pogromcę egipskiej dynastii. Użył on strategii politycznej, aby ściągnąć do Egiptu rodowitych mieszkańców podbitych przez siebie ziem, by wykształcić ich z dobrej woli. Rozdziały 37 i 39 Księgi Rodzaju ustosunkowują się do tych działań, gdyż

Józef stał się majętny w Egipcie po tym, jak jacyś jego zazdrośni bracia sprzedali go Egipcjanom jako niewolnika. Po tym, jak zyskał przychylność faraona za interpretację jego snu, Józef stał się częścią egipskiej dynastii. To opisuje Yuya jako wpływowego człowieka o semickim pochodzeniu.

Yuya był wizjonerem Totmesa IV i służył również jako kluczowy doradca Amenhotepa III, syna Totmesa IV. Yuya urodził się w Achmim, w Egipcie albo został tam sprowadzony przez swoją semicką rodzinę.

W Biblii ojcem Józefa jest Jakub. Sygnet z imieniem Yakub znaleziony został w stolicy 15-tej dynastii Hyksosów w Awaris, więc powszechnie uważa się, że jest to ten biblijny Jakub. Niemniej jednak Yaqub-Har był azjatyckim władcą w Drugim Okresie Przejściowym, którego rzadkie rejestry umieszczają go w 17-tym bądź 16-tym wieku p.n.e.[59] Obydwie możliwości umieszczają ojca Yuya na długo przed tym, zanim mógł on istnieć.

Córka Teje, żona Amenhotepa III, była po części Mitanni. To stwarza możliwość, że Yuya był Mitanni, ale bardziej prawdopodobne jest, że to jego żona, Tjuyu, miała taką etniczność.[60] Lud Mitanni w tamtym czasie utworzył przymierze z Egiptem, a żeby umocnić to przymierze, królowie Mitanni wysyłali swoje córki, aby poślubiały egipskich faraonów. Królestwo Mitanni wcieliło dużą populację Hurrian. Habiru byli także w zgodzie z Mitanni, ale zaprzestali oni swoich podbojów w około 14 wieku p.n.e., co pozwoliło im lepiej wtopić się w rdzenne kultury.[37]

Chronometraż Habiru dotyczący „Józefa" jest interesujący, ponieważ był on główną postacią zasiewu Hebrajczyków w egipskiej linii królewskiej. Etniczność Habiru wywodzi się z Północy i do czasu, jak Yuya osiągnął władzę, rozprzestrzeniła się ona pośród wielu kultur. „Yuya jako »oficer w pułku Rydwanów« uważany jest za posiadającego przeszłość wysokiej rangi wojskowego".[60] Najprawdopodobniej posiadał on etniczność Habiru, ale nie miał on widocznego związku z ich religią. Yuya był prorokiem Mina, naczelnego boga jego rodzimego, egipskiego miasta.

Biblia w kwestii Józefa twierdzi, iż: „pierworodztwo jego dane było synom Józefa, syna Izraela, więc nie podawało się rodowodów według pierworództwa. Chociaż Juda był najpotężniejszym ze swoich braci i z niego miał pochodzić władca, jednak pierworództwo należało do Józefa" (1 Księga Kronik 5:1-2). Pope zapewnia, że faraon Totmes IV był biblijnym Judą, którego syn: „Amenhotep III w starożytnych czasach był znany jako »Król Królów«".[61] Aby utrzymać linię pierworództwa Józefa, Yuya musiał być ojcem tak wielkiego faraona. Józef w Księdze Rodzaju, rozdział 45, wers 8, oświadcza, że Bóg: „który też uczynił mnie rodzicem faraona, panem całego jego domu i władcą całego Egiptu". Yuya musiał więc ojcować Amenhotepowi III, podczas gdy przyrodni brat Yuya, Totmes IV, był prawnym patriarchą. Zarówno w Biblii, jak i w rzeczywistym życiu, preferowane prawo pierworództwa rodu wzięło górę nad nominacją prawną. "Historiae Philippicae" napisane przez Pompejusza Trogusa – utracone dzieło z okresu Cesarza Augustusa, które później przepisane zostało przez łacińskiego historyka Justinusa – twierdzi, że Józef był ojcem Mojżesza.[62] Trogus częściowo miał rację, gdyż Yuya był dziadkiem Akhenaten'a, co potwierdza Wszystko Co Jest, Czysta Esencja.

Pope twierdzi, że inną postacią historyczną znaną jako biblijny Józef był Intef IV, ignorowany wizjoner 13-tej dynastii, który ojcował faraonowi Horowi (ang. Hor Auibre), znanemu jako Hammurabi, w imieniu faraona Amenemhata II. Pope zapewnia, że Amenemhat II jako inny Juda, oszczędził życie Hora, aby ten mógł stworzyć spadkobiercę.[56]

Yuya pochowany został razem z egipskimi faraonami. Jego pozycja pochowku była wyjątkowa wśród Egipcjan, ponieważ jego ręce umieszczone były pod jego brodą, zamiast skrzyżowane na piersiach i posiadał on wyraźnie inne cechy wskazujące na semickie pochodzenie.[63] Żoną Józefa była Asenat z rodu Ezaw. Zarówno Yuya, jak i Tjuyu, jak ukazują ich mumie, mieli blond włosy.[64] Biblia twierdzi, iż Józef został pochowany w Kanaan, ale prawdopodobnie było to umieszczone celowo, aby podkreślić semicką etniczność Yuya.

Księga Rodzaju oświadcza, że Józef był prawnukiem Abrahama. Kiedy powiążemy Abrahama z królem Dawidem, pierwszym faraonem, którego spotkał Abraham, będzie nie Totmes III, lecz raczej Totmes I, co zapewnia Pope i z czym ja się zgadzam. Pope twierdzi, że postać Dawida była zarówno jednym, jak i drugim faraonem.[65] Ten przedział czasowy umiejscawia Abrahama co najmniej 400 lat po tym, jak Biblia umiejscawiała go po Adamie, chyba że on również był połączoną postacią.

Przypowieści biblijne o Dawidzie i Abrahamie opisują faraonów. Księga Rodzaju, rozdział 12 oznajmia, że faraon uważał, iż Sarai (Sara) żona Abrahama jest piękna i chciał ją za żonę. Ta sama historia powtarza się w Księdze Rodzaju, rozdziale 20 z królem Abimelek. Obydwa pisma wyjaśniają, że Sara nie została tknięta przez żadnego z tych mężczyzn. Druga Księga Samuela, rozdział 11 oznajmia, iż David uważał, że Batszeba jest piękna i chciał ja za żonę. Są to dwie identyczne historie, które zrównują Sarę z Batszebą, ale Batszeba została zapłodniona przez Dawida i miał z nią syna. Aby uznać Batszebę za swoją żonę, wystawił jej męża Uriasza, aby ten został zamordowany na wojnie.

Księga Rodzaju, rozdział 17 wyjaśnia, że Abraham miał 100 lat, a Sara 90, kiedy to Bóg powiedział, że spłodzą dziecko o imieniu Izaak, który był ojcem Izraela. To mogło wydarzyć się tylko w wyniku dosłownego aktu Boga, dlatego właśnie pojawia się postać Uriasza, męża Batszeby.

Uriasz, bardzo podobnie do Abrahama, jest postacią czczoną w Biblii. Nazywany jest Hetytem, ale nieprawnicza, egzegetyczna (dotyczącą egzegezy, objaśniająca – przyp. tłum.) literatura klasyczna (Haggadah) żydowskich rabinów oznajmia, iż jego imię oznacza, że on ledwie zamieszkiwał pośród Hetytów.[66] Kiedy rozłożymy na czynniki imię Uriasz (ang. Uriah), wówczas mamy *Ur*, huriańskie słowo oznaczające miasto lub światło, oraz *yah* (iah), co jest źródłosłowem *Yahuah*. Gdy umieścimy Uriasza pomiędzy Totmesem I i III w Jerozolimie, mieście Yahuah, to jest mało prawdopodobne, aby stamtąd pochodził, ponieważ Jerozolima w 16-tym i 15-tym wieku p.n.e. była słabo zaludniona. Najbardziej wiarygodną definicją Uriasza jest Światło Yahuah. Skrybowie używają *Uriasz* do nazwania kilku proroków Yahuah, podkreślając bezpośredni związek tego imienia z Bogiem. Nie sadzę, żeby Uriasz był faktyczną osobą, jak wyjaśnię to dalej.

Ma to już znacznie większy sens, by Uriasz i Batszeba byli już w Egipcie, żeby zaistniał związek z Totmesem III: na szczęście pisarze biblijni w Księdze Rodzaju, w rozdziale 12, w wersach 10-20 umiejscowili Abrahama i Sarę w Egipcie, aby dać wskazówkę ich związku.

Batszeba (ang. *Bath-sheba*) może być tłumaczone jako dziewczyna lub córka z królestwa Saby. *Beth* oznacza dziewczynę lub córkę, zaś *Sheba* odnosi się do Beer Szewa (ang. Beersheba), obszaru w południowej Judzie, bądź do rodu Saby. W Księdze Rodzaju, rozdział 21, wersy 31-32 Abraham wykopał studnię i zawarł przymierze na obszarze, który nazwał Beer Szewa. Jest to ważna lokalizacja, w której on, i przypuszczalnie Sara, zamieszkiwali, oraz gdzie Izaak później wykopał siedem studni. Saba był synem Kusza, który był wnukiem Noego i ojcem Nimrod, babilońskiego króla i półboga. Skoro Batszeba nie jest prawdziwym imieniem, wątpliwe jest, żeby Sarai (oraz Sara) było poprawnym imieniem matriarchy wraz z jego dodatkiem Ra.

Aby nasienie Habiru trwało wciąż pod kontrolą YHWH, mogło ono nie tylko uchwycić się potężnych narodów; musiało także stać się częścią tych dynastii. Djehuty był generałem armii Totmesa III i Totmes III ofiarował mu złotą misę, która teraz znajduje się w muzeum Luwr. Jeśli przetłumaczone zostały właściwie inskrypcje na tej misie, wskazują na to, że Djehuty był „ojcem boga" Totmesa III.

> Przyznano jako królewskie wyróżnienie Menkheperre (Totmesa III), króla Wyższego i Niższego Egiptu, dla jego ekscelencji, szlachetnego, ojca boga, ukochanego boga, człowieka zaufania króla na wszystkich obcych lądach oraz wyspach pośród mórz, tego który wypełnia spichlerze lapis lazuli, srebrem i złotem, generała, ulubieńca doskonałego boga, tego, który stworzony został przez Pana Dwóch Krain, królewskiego skryby Djehuty, uniewinnionego.[67]

Zgodnie z oficjalną stroną internetową muzeum w Luwrze, sława Djehuty była tak wielka, że późniejszy papirus z dynastii 19-tego wieku p.n.e. opowiada historię o tym, jak: „Djehuty wziął miasto Joppa (współczesna Jafa), dzięki podstępowi przebiegłego Ulissesa lub samego Ali Baby i jego czterdziestu rozbójników".[67] Jest to opis potężnego człowieka Habiru, którego geny wybrane zostały dla rodu Hebrajczyków, tak więc to on, jako Abraham, musiał być tym, który zapłodnił bezpłodną Sarę, a nie Totmes I czy III. Wszystko Co Jest, Czysta Esencja potwierdza, że Totmes III był faktycznie synem Djehuty i „Sary". Aby to się wydarzyło, musiała mieć miejsce boska interwencja przy pomocy postaci Uriasza.

Biblia oznajmia, że Uriasz został zabity w bitwie, ale jeśli Uriasz tak właściwie nie był Człowiekiem, wówczas nie mógł umrzeć. Symboliczna postać Uriasza została wspomniana, żeby przedstawić obecność oraz interwencję YHWH, wprowadzając ponownie historię do ludzkich spraw. Ponieważ zwrot *PAN* generalnie odnosi się do człowieka z pozycją, a Djehuty pomógł rozpropagować królewski rodowód, wersy 1-2 Księgi Rodzaju 21 musiały odnosić się do niego:

> I PAN, tak jak powiedział, odwiedził Sarę i PAN uczynił to Sarze, tak jak rzekł. A Sara poczęła i urodziła syna Abrahama w swoim podeszłym wieku, w ustalonym czasie, tak jak Bóg rzekł.

Wszystko Co Jest, Czysta Esencja ujawniło, że istota YHWH interweniowała: „Organy reprodukcyjne Sary zostały zmienione tak, aby umożliwiły ludzką aktywność seksualną".

Djehuty mógł być lub nie tym samym Abrahamem, który zapłodnił Hagar, ale jako ta postać, człowiek z etnicznością zarówno Habiru, jak i Hyksos, bądź tylko z jedną z nich, zamiast pośrednictwem swojego syna Iszmaela, pomogli utworzyć równie potężną religię. Imię Iszmael oddaje cześć YHWH Elohim. YHWH oraz jego zmanipulowany ród Habiru nie byłby tak ograniczony, aby stworzyć tylko Żydów! Abraham miał również sześciu synów z trzeciej żony o imieniu Ketura (Księga Rodzaju, rozdział 25, wersy 1-2), więcej synów z konkubinami oraz córki, które nie zostały wspomniane. Księga Rodzaju, rozdział 25, wers 6 pokrótce wspomina te dodatkowe dzieci: „synów zaś, których miał z żon drugorzędnych, obdarował i kazał im jeszcze za swego życia odejść od Izaaka ku wschodowi, do kraju leżącego na wschód". Skoro dzieci te wymienione zostały jako refleksja, ich celem prawdopodobnie było spotęgowanie rozmnażania się.

Salomon

Biblia oświadcza, że król Salomon był synem Dawida; to czyniłoby z niego Amenhotepa II, faraona, który cieszył się obfitością królestwa Totmesa III i znany był jako król pokoju lub po Hebrajsku *Shalom*. Kompleksowa postać Salomona była również Amenhotepem III, prawnukiem Totmesa III. Przez małżeństwo z Tije, Amenhotep III był zięciem Yuya.

Biblia opisuje Salomona jako bardzo popularną osobę z 700 żonami, z których wiele pochodziło z obcych krajów (1 Księga Królewska, rozdział 11), a księżniczki z zagranicy były częścią jego haremu. Król Tyr, Fenicjanin, pomógł mu wybudować jego wielki pałac w Jerozolimie (1 Księga Królewska, rozdział 7, wersy 2-12). Salomon był potężnym władcą przez ponad 40 lat rządów. Czy jego imię zostało odnotowane w dokumentach innych królestw? Otóż nie, nie znaleziono w żadnym królestwie zapisu o żadnym Salomonie. Na dodatek, nie odkryto żadnego takiego pałacu w Jerozolimie. Zamiast tego, pałac ten odpowiada opisowi pałacu Amenhotepa III w Tebach, który został zbudowany podczas jego rządów w 14 wieku p.n.e.[68]

Pierwsza Księga Królewska, rozdział 9, wers 15 twierdzi, że Salomon zbudował miasta Meggido, Chasor i Gezer w Kanaan w 10 wieku p.n.e. Totmes III podbił te miasta, więc prawdopodobne jest, że albo Amenhotep II, albo Amenhotep III, albo też obydwaj pomogli je odbudować. Poprzedza to datę biblijnej odbudowy o co najmniej 400 lat. Dowody archeologiczne pokazują obszerną przebudowę tych miast, a kartusz (podobny do logo) znaleziony został w warstwie z imieniem Amenhotepa III. Amenhotep III pomógł przebudować Jerozolimę, wznieść pomniki, umocnić obwarowania miejskie i stworzyć świątynie (takie jak Pierwsza Wielka Świątynia z 1 Księgi Królewskiej, wersy 4-5, gdzie jej fundamenty mogą znajdować się pod obecnymi ruinami na Górze Syjon, jeśli wojny ich nie zniszczyły). Studnie, które rzekomo wybudował Salomon na pustyni Negew, datowane były na co najmniej 300 lat wcześniej, prawdopodobnie za rządów Amenhotepa III.[68]

Amenhotep III dostarczył dobrego planu/sceny dla biblijnych pisarzy, ponieważ jego rekonstrukcja Jerozolimy dała im dobry punkt zaczepienia do ukazania faworyzowania swojego ludu przez Boga. Za pośrednictwem celów politycznych oraz osobistych kontaktów, poprzez wiele krain, dotarł do kobiet zagranicą. Zebrał słowa mądrości w swoich „Maksymach Amenhotepa III", które w dużym stopniu odzwierciedlają Księgę Przysłów. Z powodu tego, że posiadał on 12 dzielnic opodatkowania, zaprojektowanych na wzór zodiaku, był on prawdopodobnie również autorytetem dla 12-tu plemion Izraela.[68]

Pierwsza Księga Królewska, rozdział 4, wers 7, wspomina 12 oficerów Salomona nad całym Izraelem. Reprezentował on dobre życie, więc jak miał nie być faworyzowany przez YHWH? Oczywiście jego grzeszne metody miały zostać wkrótce ujawnione, nie z powodu jego lubieżnego serca i potężnego haremu, lecz dlatego, że był on egipskim faraonem, który czcił bogów Amena i Ra. Przypowieść o Salomonie napisana została po tym, jak Juda wyzwolił się spod kontroli Izraela, a Juda chciał oddzielić się od tak zwanych pogańskich narodów.

Wyróżnienie Żydów

TPierwsza Księga Królewska, rozdział 1 umiejscawia kapłana Sadoka pod panowaniem Salomona, co jest prawdopodobne, gdyż Aaron, jako pierwszy lewicki wysokiej rangi kapłan, był o kilka lat starszy od syna Amenhotepa III, „Mojżesza". Sadok (po Hebrajsku Sadoq) jest specyficzną postacią biblijną, która urodziła się 10 pokoleń po synu Aarona, Eleazar. Z drugiej zaś strony, Laurence Gardner nazywa wysokiej ragni kapłanów *Sadokami*, ponieważ pochodzą oni od zgromadzenia (oraz genetycznego wpływu) biblijnego Melchizedeka, którym jak ujawniam, jest Archanioł Michał. Oświadcza on: „Spuścizna św. Michała była dynastią wysokiej rangi kapłana Sadok – spuścizną, która zwyciężyła w zachowaniu linii Mesjanistycznej" (s. 299).[69] Lewiccy Sadokowie, przetworzyli i rozwinęli prawa żydowskie w stosunku do ich pojmowania zbawienia.

Faraon Smenchkare, jako Aaron, przejął panowanie po banicji Akhenaten'a bądź podczas jego ostatnich dwóch lat w Egipcie.[70] Smenchkare zostawił tron królewskiemu Egipcjaninowi, Tutanchamonowi i dołączył do swojego kuzyna.

Akhenaten i Smenchkare poprowadzili nową frakcję ludzi ku Jerozolimie, ku ich nowej religii czczącej Atena, co obejmowało Archanioła Michała, Elohim oraz oczywiście Yahuah połączone jako YHWH. Biblia odnosi się do króla Jerozolimy jako do Adonizedeka, a (Księga Jozuego 10:1). Oznacza to, że *zedek* może zastąpić *Yahuah* w mieszanej pieśni religijnej Adonai (Aten) – Yahuah, hymn, który zapoczątkował Akhenaten i lud Hebrajczyków. Wygląda na to, że *Yahuah* i *Melchizedek* są zamienialne lub przynajmniej wysoce zgodne.

Wierzenia żydowskie w ich Boga są czymś więcej niż religią, identyfikują one ich z wyjątkową etnicznością, jako oddzielony i wybrany naród. Nie możemy powiedzieć, że naród Hebrajski był naprawdę oddzielony od reszty, gdyż ich rasa zawierała mieszankę genetyczną Habiru, Hyksosów, Hurrian, Hetytów i Mitanni.

Jest to tragicznie ironiczne, że Hitler usiłował zdziesiątkować wielu Żydów, kiedy to ceniona przez niego rasa Arian-Habiru częściowo ic stworzyła. Był to straszliwy spisek podziału istot, które prowadziły Hitlera. Chociaż religijna „władza-która-ma-nadjeść" ma podziały wewnątrz niej, przeważnie przedstawia ona przesadzone historie – po to, aby doprowadzić nas do wojny i stworzyć inne podobne religie. Gdyby ludzie dostrzegali, że istoty religijne są w głównej mierze znacznie bardziej podobne aniżeli różniące się, wówczas moglibyśmy powstrzymać ich skłonności do wojny i zjednoczyć się w naszej własnej wrażliwej mocy.

Kobiety są wyjątkowo ważne w rozrastaniu się rodu, stąd właśnie Uriasz zmienił ciało Sary, aby utrzymać najczystszy ród z Djehuty, „Sarą" oraz prawdopodobnie boskim dodatkiem Uriasza. W rodach królewski często interweniował YHWH, czasami do tego stopnia, że dokonywał genetycznie zmienionych, sztucznych inseminacji. Odkrycie Tablic Sumeryjskich udowadnia moje twierdzenie.

Rysunek na cylindrycznej pieczęci mezopotamskiej ukazuje postęp wydarzeń prowadzących do stworzenia Adama: naukowiec wymieszał ze sobą DNA, następnie zaprezentował probówkę bogini, która to trzyma Adama jako rezultat. Obok bogini znajduje się biblijne Drzewo Życia.[20] Grawerunek z religii dżinizmu, z pra-Indii pokazuje „Nasienie proroka *tirthankara* umieszczone zostaje przy pomocy sztucznej inseminacji w łonie młodej księżniczki",[71] męski prorok lub anioł nie wygląda jak człowiek.

Głównym powodem, dla którego Biblia skupia się na mężczyznach, jest odwrócenie uwagi od istotnej ważności kobiet. Kobieta rodzi potomstwo; jeśli można ją kontrolować, to samo można robić z linią krwi/rodem. Fizyczna manipulacja przez istoty z innego świata wiąże jej dziecko z Bogiem, czasami naprawdę czyniąc je dzieckiem Boga, jak pokazuje to następny rozdział.

Ingerencja istot pomogła zachować nietkniętą, wystarczającą ilość materiału genetycznego Habiru, jednocześnie zmieniając go na tyle, by można było zakodować ich dla ich bogów, do efektywnych wzajemnych stosunków oraz do uczynienia z nich marionetek. Jeśli miało miejsce rzadkie, genetycznie modyfikowane, sztuczne zapłodnienie, było ono najbardziej bezpośrednie i dlatego skutkiem takiego najefektywniejszego działania anioła lub boga było często pełne opętanie danej osoby.

YHWH trzymał swoich naśladowców i potomków swojego ścisłego kapłaństwa Sadoków na krótkiej smyczy, aby stworzyć czyste genetyczne połączenie z Jezusem. YHWH stworzył nową taktykę zjednaczania za pomocą „miłości", z postacią Mesjasza na czele, ale często efektem tego był kompleks męczennika pośród ludzi, którzy biczowali się, zabijali się, a czasami również innych. Katolicka sekta Opus Dei oraz Islamska Talibów reprezentują skrajne przypadki. Zabijanie Jezusa z „miłości" jest również oksymoronem. Yahuah jest bogiem wojny, więc nie zmienił on swojego nastawienia do Jezusa ani do słuchania go. Historie angażujące Jezusa są ważne do zrozumienia bezpośredniej manipulacji Yahuah jego własnym „jedynym synem" i mam nadzieję, że rzucą one nieco światła na ocalenie nas samych, abyśmy nie dzieli podobnego losu.

ROZDZIAŁ 5

Wielu półbogów Chrześcijaństwa

„Na początku było Słowo, a Słowo było u Boga, i Bogiem było Słowo... A Słowo stało się ciałem i zamieszkało pośród nas" (Ewangelia św. Jana 1:1,14). „Boga nikt nigdy nie widział, Ten Jednorodzony Bóg, który jest w łonie Ojca, [o Nim] pouczył" (Ewangelia św. Jana 1:18). „To jest Ten, o którym powiedziałem: Po mnie przyjdzie Mąż, który mnie przewyższył godnością, gdyż był wcześniej ode mnie" (Ewangelia św. Jana 1:30).

Jak Jezus mógł przyjść przed Janem Chrzcicielem, jeśli Jan urodził się sześć miesięcy wcześniej od niego? Jan znał Jezusa, ponieważ byli oni spokrewnieni przez matki, które były kuzynkami; prawdopodobnie jako dzieci bawili się razem. Nawet jeśli lata minęły bez odwiedzin, zajęłoby jemu zaledwie chwilę, aby rozpoznać dorosłego Jezusa. Pisarz stworzył oświadczenie Jana, by zobrazować boskość Jezusa, a nie to, jak Jan mógł rozpoznać swojego kuzyna. Dziwne jest, że dalej pisarz przekazuje, iż Jan Chrzciciel nie znał Jezusa:

> Jan dał takie świadectwo: Ujrzałem Ducha, który jak gołębica zstępował z nieba i spoczął na Nim. Ja Go przedtem nie znałem, ale Ten, który mnie posłał, abym chrzcił wodą, powiedział do mnie: Ten, nad którym ujrzysz Ducha zstępującego i spoczywającego nad Nim, jest Tym, który chrzci Duchem Świętym. Ja to ujrzałem i daję świadectwo, że On jest Synem Bożym (Ewangelia św. Jana 1:32-34).

Jeśli Ewangelia była prawdziwa, wówczas jest prawdopodobieństwo, że Jan mógł nie rozpoznać mężczyzny, który przyszedł w miejsce jego kuzyna. W zasadzie to biblijne ewangelie ujawniają więcej niż jedną osobę jako postać archetypu Mesjasza, więc Jan mógł nie poznać mężczyzny, którego chrzcił, ponieważ byli inni Jezusami.

Rozdział ten bada zarówno naturę, jak i tożsamość biblijnego Jezusa, lub Mesjasza, co jest zapewne najbardziej dyskusyjnym tematem w Judeo-Chrześcijaństwie. Mesjasz z Nowego Testamentu zależny jest od Maryi, gdyż to ona „znalazła się brzemienną za sprawą Ducha Świętego" (Ewangelia św. Mateusza 1:18).

Nie ma to najmniejszego sensu, jeśli Duch Święty zarówno zapłodnił Maryję, jak też stał się Jezusem. Jeśli Duch Święty jest częścią Wielkiego Ducha Boga, wówczas część tworząca pełność YHWH w ciele byłaby nawet bardziej niemożliwa. Niemniej jednak zrównywanie Słowa z Bogiem i ciałem daje do zrozumienia, że za sprawą pośredniego prawa logiki i matematyki Bóg był Jezusem.

Jak wyjaśniłam w rozdziale 3, Hebrajskie imię Jezus zawiera w sobie imię Yahuah, ponieważ przyszedł on w imieniu swojego Ojca (Ewangelia św. Jana 5:43). We współczesnym Hebrajskim, skrócona wersja Yahuah – Ya, jest litera *yod* (*yad* jest starożytnym Hebrajskim). *Yod* przypuszczalnie reprezentuje wszechwiedzę oraz iskrę życia jako Ya, ale jest to również ramię i ręka istoty z innego świata, która reprezentuje siłę fizyczną.[72] Dodatkowe *shuah* dodane do *yod* wskazuje na Hebrajskie słowo używane dla określenia zbawienia jako Y'shuah. Istnieje spór, że imię Yahshuah musi zawierać każdą literę Tetragramu, aby w pełni reprezentować zbawienie.[73]

Chociaż Yahushuah, bądź Yahshuah, jest kompletnym imieniem Mesjasza, język aramejski skraca Hebrajskie pochodzenie do kilku rożnych pisowni, włączając w to Yashua. Ja pisała będę imię Mesjasza jako Yahshua.

Greckie imię Jezusa to Iesous, co przypomina bogów Izydę (ang. Isis) oraz Zeusa (ang. Zeus), lecz Iesous uważany jest za półboga. Greckie wierzenie pokrywa się z powyższymi Ewangeliami, które wznoszą Jezusa do poziomu jakiegoś rodzaju bogo-człowieka z następującymi możliwościami: (1) był on w pełni Bogiem, w każdym calu, z boskim genami w nie-ludzkim ciele z „góry"; (2) posiadał ludzkie ciało, które tylko zawierało Wielkiego Ducha Boga; (3) był mieszaniną dwóch Duchów – Boga i Yahuah, w ludzkim ciele; lub (4) był on półbogiem ze skrzyżowanym ciałem człowieka i Boga oraz z mieszanką dwóch duchów.

Opcja druga nie mogła mieć miejsca z powodu Ewangelii św. Mateusza, rozdział 9, wers 17, która jest alegorią o tym, że nie można umieścić nieskalanego ducha w grzesznym ciele: „Nie wlewa się też młodego wina do starych bukłaków. W przeciwnym razie bukłaki pękają, wino wycieka, a bukłaki się psują. Raczej młode wino wlewa się do nowych bukłaków, a tak jedno i drugie się zachowuje".

Biblia naucza, iż powinniśmy umrzeć za nasze grzechy, aby zostać oczyszczeni i wejść do nieba. Przypowieść o Jezusie, którego nasze grzechy przygwoździły do krzyża na śmierć. Wcale nie musiał on umierać, jeśli był bezgrzesznym półbogiem, tak jak Biblia opisuje ciało i ducha Jezusa. Półboga można scharakteryzować jako jakąkolwiek formę boskiej ingerencji, wywartej na jakikolwiek typ człowieka. Oksfordzki słownik języka angielskiego oznajmia w swojej zróżnicowanej definicji słowo *półbóg* jako: „istotę z częściowym lub niższym boskim statusem, tak jak mniejsze bóstwo, potomek boga oraz śmiertelniczki lub też śmiertelnik wzniesiony do boskiej rangi".[74]

Jezus umarł, więc jego ciało było w większości ludzkie. Oznacza to, że ciało było grzeszne z natury. Tak wiec jego śmierć była po części wywołana z jego własnej potrzeby powstania z umarłych. Jakikolwiek więc posiadał status półboga, nie był to zupełnie bezinteresowny zbawiciel. W rozdziale 3 zaznaczyłam, że Nowy Testament usiłuje rozwiązać tę zagadkę, stwierdzając, iż jest to niekontrowersyjna tajemnica, której nie zrozumiemy (1 Księga Tymoteusza 3:16). Dlatego potrzebujemy skierować naszą uwagę w stronę innego rytuału – chrztu – który miałby symbolicznie zniszczyć nasze ciała i duchy, by umożliwić Bogu i Duchowi Świętemu wejście w nas i podniesienie nas z umarłych. Interesujące jest, że zamieniłoby nas to w swego rodzaju półboga, z powodu naszej części Boskiego Ducha.

Chrzest jest rytuałem inicjacji dla Ducha Świętego, aby zamieszkał w nas wraz z naszym duchem. Yahshua został ochrzczony przez Jana Chrzciciela, więc duch YHWH mógł zaledwie współistnieć z duchem Yahshuy z tej inicjacji lub z tej wcześniejszej, z dzieciństwa. To musiała być jego zbawcza siła, kiedy jego ludzkie ciało umarło.

Jeśli nie był on człowiekiem, wówczas byłby Bogiem w ciele i duchu. Żeby to zaistniało, Maryja musiała być inkubatorem, który przyjął obcego Yahshuę. Prorok Izajasz otrzymał kilka przekazów, które popierają Opcję 1. Nazwał on Mesjasza: „wszechmocnym Bogiem, wiecznym Ojcem, Księciem Pokoju" (Księga Izajasza 9:6) i często wspominał „ramię Pana", zwłaszcza w kontekście bycia zbawieniem Boga (Księga Izajasza 52:10).

Jeśli Opcja 1 jest poprawna, wówczas byłby to pierwszy Judeo-Chrześcijański Bóg, który stał się ciałem, ponieważ Judeo-Chrześcijaństwo postrzega Boga jako ducha bez ciała, zaś inni bogowie są nieżywymi idolami stworzonymi przez ludzką rękę. Duch ten musiał posiadać zdolność stania się skończonym, aby móc istnieć w tym wyjątkowym ciele.

Jakimż to ciałem była ta nowa kreacja? Czy wyglądało idealnie ludzkie, będąc jednocześnie duchowym, jak powiedział to apostoł Paweł?

> Zasiewa się ciało zmysłowe – powstaje ciało duchowe. Jeżeli jest ciało ziemskie, powstanie też ciało niebieskie. Tak też jest napisane: Stał się pierwszy człowiek, Adam, duszą żyjącą, a ostatni Adam – duchem ożywiającym. Nie było jednak wpierw tego, co duchowe, ale to, co ziemskie; duchowe było potem. Pierwszy człowiek z ziemi – ziemski, drugi Człowiek – z nieba. (Pierwszy List do Koryntian 15:44-47).

Jak Jezus mógł wyglądać ludzko, skoro uważano, iż posiada bezgrzeszne ciało duchowe? Z pewnością nie miał żadnego rodzaju skaz ani wad i może promieniował jasnością. Przekonana byłam, że ducha nie można zobaczyć. Najwyraźniej może być jakoś widoczny, ponieważ Adam i Ewa stworzeni byli na *obraz* Boga. Oznacza to, że był jakiś inny typ duchowego ciała Boga, ale musiało być bardziej eteryczne, aby móc przyjąć zagęszczone ciało Jezusa i prawdopodobnie Melchizedeka.

W zgodzie zarówno z Judaizmem, jak i Chrześcijaństwem, religie New Age lub duchowi wierzący nazywają energię stwórczą *Bogiem*, ponieważ postrzegają Boga jako niematerialną esencję. Księga Wyjścia, rozdział 3, wers 14 popiera to wierzenie, twierdząc, iż YHWH po prostu jest, posiadając imię „JAM JEST", od „JESTEM, KTÓRY JESTEM". „Uważa się, że [YHWH] jest archaiczną, trzecią osobą pojedynczą, niedokonaną formą czasownika „być", co oznacza, ze YHWH był i wciąż jest.[75] Ten zawsze obecny opis czegoś niematerialnego i jeszcze przenikającego, niespójne jest z nazywaniem *Jego Ojcem*, który stał się *ciałem*, które miałoby umrzeć.

Żydzi fundamentaliści wierzą, iż YSHWH jeszcze nie przyszedł, chociaż są Sadokowie, którzy zyskali naśladowców w kilku krajach, zanim jeszcze Yahshua przybył. Żydzi, którzy wyczekują na swojego Mesjasza, właściwie czekają na swego Mashiach, co oznacza „namaszczony".[76] Mesjasz (ang. Messiah) jest współczesną wersją Mashiach, którego Żydzi specyficznie identyfikują jako człowieka, nie półboga. Jak na ironię, ten człowiek miałby dokonywać boskich aktów, wymazując grzechy w ostatnich dniach. To przywodzi nas z powrotem do zagadki mówiącej o tym, jak człowiek może obalić grzech. Nikt oprócz Boga nie może tego zrobić. Opcja 3 mogłaby mieć zastosowanie do Żydów, jeśli Bóg dokonałby swoich czynów za pośrednictwem Mesjasza, podczas gdy ten człowiek sam dokonał niezliczonych ilości oczyszczających rytuałów dla swojego grzesznego ciała.

Żydzi postrzegają Mesjasza jako zbawiciela, ale jest to w kontekście przygotowania drogi dla rodu rasy wybranej, aby zamieszkała w nowym świecie, wolnym od grzechu. Ich Mesjasz musi również być potomkiem króla Dawida, oznacza to więc, że miałby być z królewskiego rodu. Żydzi sądzą, że to upoważnia go do bycia człowiekiem, ale jak wskazuje rozdział 4 odnośnie ingerencji genetycznych YHWH u prawdziwie wybranych, takie utrzymanie i manipulacja określonym kodem genu ludzkiego wyróżniałaby Mesjasza jako półboga. To wyklucza Opcję 3 w obrębie struktury Judeo-Chrześcijańskiej.

To, co pozostaje, to Opcja 4: Bóg dodał trochę materiału genetycznego, aby stworzyć ludzkiego Yahshuę, jako typ półboga, który posiadał zarówno ducha ludzkiego, jak i ducha Boga. Opcja ta podobna jest do Opcji 3, z tą różnicą, że jego ciało miało być zarówno z „nieba", jak i ludzkie. Ciało jego musiało być ukształtowane z boskiego materiału, by mogło poradzić sobie z silną obecnością Boga wewnątrz niego. Taka definicja czyni Ewangelie wiarygodnymi, kiedy przedstawiają człowieczeństwo Yahshuy, oraz czyni to z niego Sadoka, ponieważ pasuje on do Lewickiego rodu, za pośrednictwem Maryi, która była jego potomkiem. Wyjaśnia to również, jak byt YHWH mógł zamieszkiwać wewnątrz Yahshuy i rządzić jego całem ciałem.

Ostatnią częścią układanki dotyczącej Jezusa jest to, czy był on faktycznie „jedynym zrodzonym Synem" Bożym (Ewangelia św. Jana 3:16). Jezus uważany był za króla i Sadoka, tak jak Melchizedek, który był: „Imię jego najpierw oznacza króla sprawiedliwości, a następnie także króla Szalemu, to jest Króla Pokoju. Bez ojca, bez matki, bez rodowodu, nie ma ani początku dni, ani też końca życia, upodobniony zaś do Syna Bożego, pozostaje kapłanem na zawsze" (List do Hebrajczyków 7:2-3). Apostoł Paweł powtarza przepowiednie Psalmu 110:4, która ogłasza Mesjasza kapłanem wyższej rangi, od zgromadzenia Melchizedek (List do Hebrajczyków 5).

Ani Jezus, ani Melchizedek nie mieli ludzkiego ojca. Zgodnie z bezpośrednią paralelą wierzenia św. Pawła w Liście do Hebrajczyków, ciało Jezusa mogło być powiązane z ciałem duchowym, które nie wzięło niczego od Maryi. To czyniłoby Jezusa podobnym do Melchizedeka, a nawet prawdopodobnie identycznym jak on. Chociaż przyjście Jezusa tylko w naturze Melchizedeka, wymagałoby od niego bycia genetycznie podobnym, podczas gdy posiadał on również ludzkie geny od matki.

Księga Rodzaju, rozdział 14, wers 18, stwierdza, ze Melchizedek był wyższej rangi kapłanem i królem Salemu. Nie ma tam wspomnienia o boskim statusie. Dalsze śledztwo ujawnia, że 13 fragmentów zwojów znad Morza Martwego, znalezione w Jaskini 11 w Qumran, przepisały Pisma biblijne pomiędzy pierwszym a drugim wiekiem p.n.e., aby zdefiniować Melchizedeka jako tego posiadającego anielską lub boską naturę.

Teolog Paul Sumner pisze:

> W cytacie autora Księgi Izajasza 61:2 (który mówi o „roku przychylności PANA"), imię Melchizedek zastąpione zostało YHVH, imieniem izraelskiego Boga. Na dodatek mówi się, że Melchizedek odkupią grzechy prawych oraz dokonuje osądu nad nikczemnymi – działania związane z samym Bogiem. Autor cytuje także Psalm 82:1 („Elohim stoi w radzie El"), ale w miejsce „Elohim" (Bóg) wstawia „Melchizedek"....
>
> W tajemniczych dokumentach z Qumran, znanych jako „Pieśni Poświęcenia Szabatu" (oryginalnie zwanych „Anielską Liturgią"), Melchizedek okazuje się być wyższym aniołem. Teksty są zbyt zniszczone, aby być pewnym tej identyfikacji (4Q401 11:3, 22:3).
>
> Ale co jest pewne, to fakt, że „Pieśni" opisują hierarchię anielskich kapłanów, którzy służą w niebiańskiej świątyni. Otoczeni są oni przez inne boskie istoty znane jako elim bądź elohim (bogowie, boskie istoty), święci, duchy, książęta oraz pastorowie. Natomiast Melchizedek wydaje się być przywódcą

tego zgromadzenia sługów.

W tak zwanym „Zwoju Wojennym" (1QM 13:10, 16:6-8, 17:7), Melchizedek okazuje się być Archaniołem Michałem, który jest „księciem światła" (1QM 13:10-11, 1QS 2:20-22, CD 5:17-19) oraz „aniołem prawdy [Boga]" (1QS 3:24). Uczony od zwojów, Carl Newsom mówi: „wydawałoby się najbardziej prawdopodobne, że Melchizedek identyfikowany jest z siódmym, najwyższym, naczelnym księciem, gdyż Michał jest zwyczajowo identyfikowany z najwyższym z archaniołów".[77]

Jeśli mielibyśmy wierzyć w wywody z Qumran, Melchizedek jest boską istotą, która przez pewien okres była w stanie żyć na Ziemi. Możliwe jest, że YHWH stworzył Melchizedeka jako półboga albo Melchizedek był jak YHWH. Archanioł Michał pasuje do obydwu przypadków. Rozdział 4 zapewnia, że Elohim jest grupą aniołów-bogów, równych z natury z Yahuah. YHWH może być zaś obejmującym wszystko słowem, reprezentującym grupę istot z innego świata, którzy mogą dodawać geny ludziom.

Inna hipoteza jest taka, że Melchizedek, jako duchowy anioł, mógł reinkarnować się jako Yahshua. Chrześcijaństwo definiuje reinkarnację jako transformację ludzkiego ciała w ciało anielskie w niebie, a nie na odwrót. Rodzi to więc pytanie: jak anioł może zmaterializować się w ciele podobnym do ludzkiego?

Wierzenie w reinkarnację było bardzo popularne w czasach biblijnych, zwłaszcza w Egipcie, Babilonii oraz w Dolinie Indusu i na obszarze pra-Indii. Zgadza się ono z Judeo-chrześcijaństwem w tym, że wszyscy ludzie potrzebują swego rodzaju boskiego bytu, aby pomógł nam wznieść się z bałaganu tego świata. Wierzenie to zakłada, iż nie możemy na własną rękę stać się oświeceni, aby opanować trudny proces ascendencji (wniebowstąpienia – przyp. tłum.), tak więc, jeśli nie uzyskamy boskiego wsparcia, będziemy pogrążeni na kolejne ziemskie życie w reinkarnacji. Zastanawiam się zatem, dlaczego proces życia i śmierci miałby być tak trudny, skoro jest przecież naturalny.

„Księga Urantii" (ang. *The Urantia Book*, skrót UB) doskonale zgrywa się z Biblią, mówiąc, iż musi zamieszkiwać w nas duch święty, żeby pomógł nam wznieść się. Nazywa tego ducha Regulatorem Myśli. Zgodnie z tym, poprzez chrzest otrzymaliśmy „umysł Chrystusa" (Pierwszy List do Koryntian 2:16). Koresponduje to z Jezusem mówiącym nam, żeby kochać Boga „całym swoim umysłem" (Ewangelia św. Marka 12:29), w dodatku do oryginalnego przykazania Boga dla Mojżesza: „Będziesz miłował Pana Boga swego, z całego serca swego, z całej duszy swojej i z wszystkich swoich sił" (Księga Powtórzonego Prawa 6:5).

Mówi się nam, byśmy nie myśleli sami: „Z całego serca Bogu zaufaj, nie polegaj na swoim rozsądku, myśl o Nim na każdej drodze, a On twe ścieżki wyrówna" (Księga Przysłów 3:5-6). Nasz umysł narzuca nam nasze myśli, nasze myśli narzucają nam nasze słowa, a później wpływają na nasze ciało. Jeśli Dostrajacz Myśli, robi wszystko za nas, czy oznacza to, że mamy przywilej bycia w robotycznym stanie? Te teksty religijne uczą nas, że nie wiemy sami, co jest dla nas dobre, więc powinniśmy być szczęśliwi i wdzięczni, za to, że jesteśmy kontrolowani.

Nawet jeśli nie podejmujemy najlepszych decyzji, faktem jest, że rodzimy się z własnym umysłem, emocjami, duchem i ciałem. Cokolwiek inne istoty starają się nam zrobić, jest zbyteczne.

Słowo Boże, które staje się ciałem, posiada Boga jako umysł tego ciała, który z łatwością może ciałem kierować. On i jego kohorty nie zmanipulowali znacznej większości ludzi w ekstremalny sposób, jak było to z Yahshuą, ale mówią nam, byśmy podążali śladami Yahshuy. Podążanie za godną pożałowania przesłanką Yahshuy jest nieostrożne, zwłaszcza nie znając lepiej historii, którą wkrótce opowiem.

Na koniec, by Yahshua był jedynym synem YHWH, nie mogło być innych genetycznie zmodyfikowanych sztucznych zapłodnień. Wygląda na to, że Boża grupa YHWH zaangażowała wiele różnych istot, które nie wkładały swoich wysiłków wyłącznie w jedną osobę. Wiemy teraz, że było co najmniej kilka innych ludzi, włączając w to Jana Chrzciciela za pośrednictwem jego matki Elżbiety (co potwierdza Wszystko Co Jest, Czysta Esencja), zatem Yahshua nie był wybrańcem YHWH, za wyjątkiem wypełnienia określonego celu.

Zofia (Sofia, ang. Sophia)

Zofia (od greckiego słowa σοφία – sophia, oznaczającego mądrość – przyp. tłum.) nie jest półbogiem, ale pomaga to zdefiniować kategorie oraz jej związek z „Bóstwem". Słowo Boże jest Logosem (filozofia), które jest słowem mądrości. Zgodnie z „exeGeses równoległa Biblia", *zofia* jest zamienne z logosem i mądrością. Rosnący popyt na wiedzę w piątym wieku w Grecji, doprowadził do stworzenia nowej klasy nauczycieli, zwanych Sofistami, którzy nauczali różnych przedmiotów, głodną wiedzy społeczność. Sofiści obnosili się z pewna wyższością, inkasując wysokie opłaty, jak obwoźni sprzedawcy handlując słowami, które miały przedstawiać zofię (sofię – mądrość). Niestety, jak ukazuje większość historii samo mianowanych autorytetów, Sofiści często nie nauczali, ani nawet nie poszukiwali Zofii: ich umiłowanie retoryki zwracało problem z powrotem do klienta, tak, aby mogli oni uniknąć odpowiedzialności. Zgodnie z tym, wygranie sporu było ważniejsze, aniżeli znalezienie prawdy. Sokrates i Plato nie byli Sofistami, ponieważ poszukiwali wyższych standardów niż oni, co jest ironią, gdyż zofia (sofia) reprezentowała ten właśnie wyższy standard.

Zofia jest właściwie bytem, który czczony jest jako bogini. Kiedykolwiek ograniczony byt twierdzi, że posiada cechy szlachetności i uczciwości, takie jak mądrość, głęboka natura tego rzeczownika zostaje naruszona. Zofia (Sophia) jest bytem, o którym wspomniałam w rozdziale 3, który to przyszedł do mojej mamy po tym, jak porzuciła religie, mówiąc jej, że ja mam Zofię (Sophia) jako ducha mądrości. Tak, owszem, miałam w sobie pewną miarę mądrości, ale nie była ona związana z żadnym bytem. Ona starała się podłączyć do mnie. *Zofia* było jedynie Słowem, ponieważ słowo to pochodziło od bytu Zofia, tak samo jak moje słowo pochodzi ode mnie.

Zofia jest ceniona kobieta Salomona w Pieśni nad Pieśniami oraz Mądrością Salomona (lub Księdze Mądrości). Teraz już wiadomo jest, że żaden Salomon nie napisał żadnej z biblijnych ksiąg, więc musiał to być Sofista. Uważa się, że Mądrość Salomona napisana została przez aleksandryjskiego Żyda w pierwszym wieku p.n.e.[78]

Księga Mądrości nie została zawarta w większość Protestanckich Biblii, ale jest zawarta w Biblii Katolickiej i Biblii Wschodnich Ortodoksów. Kościół Anglii oficjalnie usunął ją z Biblii Króla Jakuba w 1885 r., wraz z innymi biblijnymi księgami, zwanymi Apokryfami, ponieważ nie były one uważane za inspirowane przez Boga, ani za spójne, chociaż sam król Jakub autoryzował je już dwa wieki wcześniej.[79,80] Amerykańskie Towarzystwo Biblijne początkowo przegłosowało w 1880 roku usunięcie ich z przodującej wersji Króla Jakuba. Może jego członkowie zauważyli zbyt wiele odniesień do gnostycyzmu, który przedstawiał kilka boskich aspektów bądź istot Boga, zamiast jednego wyraźnego Boga-człowieka. Nie usunęli oni wszystkich wzmianek mądrości w stosunku do kobiety, ale z pewnością wyczyszczono równanie związane z kobiecością i macierzyństwem w stosunku do słowa i tchnienia Bożego.

Żeby zaznaczyć księgi usunięte z oficjalnego kanonu, poniższe urywki ukazują mądrość zawartą w Apokryfach, co z greki oznacza „rzeczy, które są ukryte, tajemne". Księga Koheleta (inaczej Eklezjastesa – przyp. tłum.) w oryginalnej Biblii Króla Jakuba, w Biblii Katolickiej przedstawiona jest we współczesnym języku jako Księga Syracha.

> Księga Koheleta (Katolicka Biblia – Księga Syracha – przyp. tłum.) 24:1-10: Mądrość wychwala sama siebie, chlubi się pośród swego ludu. Otwiera swe usta na zgromadzeniu Najwyższego i ukazuje się dumnie przed Jego potęgą. Wyszłam z ust Najwyższego i niby mgła okryłam ziemię. Zamieszkałam na wysokościach, a tron mój na słupie z obłoku. Okrąg nieba sama obeszłam i przechadzałam się po głębi przepaści. Na falach morza, na ziemi całej, w każdym ludzie i narodzie zdobyłam panowanie. Pomiędzy

nimi wszystkimi szukałam miejsca, by spocząć – [szukałam], w czyim dziedzictwie mam się zatrzymać. Wtedy przykazał mi Stwórca wszystkiego, Ten, co mnie stworzył, wyznaczył mi mieszkanie i rzekł: W Jakubie rozbij namiot i w Izraelu obejmij dziedzictwo! Przed wiekami, na samym początku mię stworzył i już nigdy istnieć nie przestanę. W świętym Przybytku, w Jego obecności, zaczęłam pełnić świętą służbę i przez to na Syjonie mocno stanęłam.

Księga Koheleta (Katolicka Biblia – Księga Syracha – przyp. tłum.) 24:18-25: Jam jest matką sprawiedliwej miłości i lęku i wiedzy oraz świętej nadziei: dlatego będąc wieczną, jestem ofiarowywana wszystkim moim dzieciom, które są nazwane od niego. Przyjdźcie do mnie, którzy mnie pragniecie, nasyćcie się moimi owocami! Pamięć o mnie jest słodsza nad miód, a posiadanie mnie – nad plaster miodu. Którzy mnie spożywają, dalej łaknąć będą, a którzy mnie piją, nadal będą pragnąć. [Uwaga: W Ewangelii św. Jana 6:54 Jezus mówi: „Kto spożywa moje Ciało i pije moją Krew, ma życie wieczne, a Ja go wskrzeszę w dniu ostatecznym".] Kto mi jest posłuszny, nie dozna wstydu, a którzy przeze mnie działać będą, nie zbłądzą. Tym wszystkim jest Księga Przymierza Boga Najwyższego, Prawo, które dał nam Mojżesz, jako dziedzictwo plemionom Jakuba. Zalewa ono mądrością jak Piszon, i jak Tygrys w dniach nowych płodów.[81]

Księga Mądrości 7:25-27 mówi o boskości Zofii: Jest bowiem tchnieniem mocy Bożej i przeczystym wypływem chwały Wszechmocnego, dlatego nic skażonego do niej nie przylgnie. Jest odblaskiem wieczystej światłości, zwierciadłem bez skazy działania Boga, obrazem Jego dobroci. Jedna jest, a wszystko może, pozostając sobą, wszystko odnawia, a przez pokolenia zstępując w dusze święte, wzbudza przyjaciół Bożych i proroków.[82]

Pisma te albo stawiają kobietę ponad mężczyzną, albo na równi z Bogiem. Zofia wypełnia klasyczną trójcę z kobietą, tak więc jest ona oryginalną matką w Księdze Koheleta, jak również żeńskim „świętym duchem dyscypliny... duchem łaskawym... duchem PANA" w Księdze Mądrości, rozdział 1. Deuteronomistyczny pisarz lub redaktor ukazał wiarę w Zofię w Księdze Powtórzonego Prawa w rozdziale 34, wers 9, kiedy Joshua syn Nun stał się „pełnią ducha mądrości", gdy Mojżesz położył na nim swoje ręce. Nakładanie rąk, zazwyczaj na głowie, jest procedurą z Nowego Testamentu, do otrzymania napełnienia Duchem Świętym, aby nas prowadził. Innym odniesieniem do

Zofii jako do Ducha Świętego jest gołębica, którą Jan Chrzciciel widział zstępującą na Jezusa – gołębica jest żeńskim symbolem.[83]

Przesłanie mądrości jest dwojakiego rodzaju: daje ona najwyższą chwałę, a także głęboki smutek w poznaniu zła. Dla większości religii, wiedza, oraz to życie, pociąga za sobą cierpienie. Cóż za ponury pogląd do przyswojenia. Ich odpowiedzią jest „wznieść się" z dala od tego pod przebraniem oświecenia. Religijną lub „duchową" metodą na stanie się oświeconym tak jak Wniebowstąpiony Mistrz, jest poświęcenie swojej wewnętrznej mądrości, wiedzy oraz zdolności do pozostawienia za sobą ziemskich przywiązań, włączając w to rodzinę, tak, aby wasz pusty umysł i serce, w medytacji, mogły wejść w trans, pozwalający innemu bytowi na przejęcie was. Samopoświęcenie wydaje się być ucieczką od problemów życia oraz naszej natrętnej miłości, emocji i naszych wartości.

Poznawanie zła jest tym, co YHWH chciał pozostawić w ukryciu przed Adamem i Ewą. Wydaje się to miłe sądzić, iż Bóg starał się chronić nas przed nieszczęśliwością poznania zła i cierpienia, ale czy nie chciał on raczej powstrzymać nas przed zdaniem sobie sprawy z naszych własnych umiejętności radzenia sobie w trudnych sytuacjach? Czasami przykrywka ochrony jest w zasadzie duszeniem; narzucona przez niego władza nad nami powstrzymywała nas przed odkryciem naszej własnej mocy.

Niechcący pozwoliliśmy naszym własnym strukturom wierzeń na wyszydzenie nas. Ponieważ mamy swoje wahania, często tęsknimy za czymś lepszym. Żywimy idealistyczne pragnienia, lecz może to utrudnić oddzielenie słowa lub koncepcji od czegoś boskiego i doskonałego. W przypadku słowa mądrość, staje się ono boskie, tak jak Zofia. YHWH będąc w posiadaniu boskiego słowa, ponieważ uważany jest za Boga, przyjmuje taką samą rolę jak Zofia.

Biblijnym przedstawieniem słowa YHWH jest ciało, zarówno jako ciało Jezusa, jak i kościoła, który właściwie YHWH ma w posiadaniu. Księga Ozeasza rozdział 2, wers 16 używa słowa *Ishi*, aby opisać rodzaj związku, jaki YHWH chce mieć ze swoimi ludźmi. Ishi oznacza mąż, co dokładnie ukazuje skupienie się Biblii na prokreacji.

Księga Pieśni Salomona oraz Pieśni nad Pieśniami napisane zostały do Zofii, jako że „Słowo ciałem się stało", z którym Salomon mógł skonsumować małżeństwo. Zofia była dorodną pięknością hojnych rozkoszy, pożądanych przez lubieżnego mężczyznę, który posiadał hordy konkubin. Zatem, ponieważ Zofia była najbardziej ceniona przez Salomona, Księga Mądrości oraz Pieśni nad Pieśniami zostały napisane, aby przekazać, że był on bezgrzeszny w swojej miłości do niej, zaś jego lubieżność była prawnie usankcjonowaną miłością dla ich małżeństwa. Zrozumiałe jest, dlaczego ludzie zafascynowani są przypowieścią o Salomonie, ponieważ postrzegany jest jako półbóg; musiał bowiem być boski, aby być z boginią Zofią.

Logos w Ewangelii św. Jana, rozdział 1, wers 1, jest właściwie siłą twórczą, „podobną do rzemieślnika postacią odpowiedzialną za kształtowanie i utrzymanie fizycznego wszechświata".[84] Przed przybyciem Jezusa, oryginalna Platońska definicja widziała siłę twórczą jako niestworzony organizator wszechświata wraz ze wszystkim, co niestworzone. Z czasem, około drugiego do trzeciego wieku naszej ery, idea ta przemieniła się w późny medioplatonizm oraz neoplatonizm. (Zostało to zarówno przerobione, jak też usunięte z Ewangelii św. Jana), siła twórcza stała się bezpośrednim stwórcą materialnego świata. Postrzegane jest to jako zasadniczy porządek stworzenia, lecz nie Źródło. Jest to pośredni krok do świata fizycznego, który ostatecznie był zły dla Platonistów.

Istnieje kolejny pośredni etap i uważa się, że właśnie tam istnieje Zofia. Jest ona ponad siłą twórczą, ale poniżej pleroma (pojęcie oznaczające pełnię boskiego Bytu – przyp. tłum.), która postrzegana jest jako pełnia boskości w niebiosach nad nami, zazwyczaj zawierająca w sobie świat duchowy, który wciąż nie jest Źródłem.[85] Filo z Aleksandrii opisuje Zofię jako „matkę Logosu", dając inne spojrzenie na Ducha Świętego – jako matkę Jezusa. W literaturze gnostyckiej, gdzieś w czasach Jezusa, mądrość była ciągle nazywana „Matka".[86] Gnostycy poszukiwali gnozy, co znaczy wiedzy, która dotyczy zofii (ang. sophia).

Włączenie Zofii do Katolickiej i Chrześcijańskiej Trójcy jest wiarygodne, gdyż większość trójc religijnych zawiera w sobie jednostkę rodziny – ojciec, matka i syn. Egipcjanie jako główną trójcę mieli Ozyrysa, Izydę oraz Horusa. Babilon posiadał Nimrod, Ashtoreth oraz Tammuza, tylko w tym przypadku Tammuz uważany był za reinkarnację Nimroda. Podobnie Jezus powinien być uważany za reinkarnację Zofii, gdyż „Jezus był mądrością Boga" (Pierwszy List do Koryntian 1:24,30), ale Zofia i Yahshua byli różnymi „ludźmi". Koncept trójcy ważny jest dla szerzenia prokreacji, a nie jej odzyskania. Prawdopodobieństwo tego, że Tammuz nie był reinkarnacją Nimroda, sugeruje że Jezus również nie był reinkarnacją lub inkarnacją YHWH.

Współczesna Katolicka i Chrześcijańska Trójca, to w zasadzie dwie trójce: jednostka rodziny z Maryją, „Ojcem", który sztucznie ją zapłodnił, oraz Jezus; a także druga „rodzina" Bóstw z trzema męskimi osobami, Ojcem, Synem i Duchem Świętym. Realistycznie YHWH ma wielu anielskich pomocników, więc rola Ducha Świętego jest elastyczna.

W całości męska trójca obejmuje delegację zakonu. Główna trójca sumeryjska była męska, złożona z Anu (reprezentującego niebiosa), Enlil (Ziemię) i Enki (wodę), ale wtedy w historii z Tablic Sumeryjskich Marduk rywalizował o kontrolę z Enlilem. Kiedy nie wchodzi w grę rodzicielska trójca, może ona być swobodnie zdefiniowana kilkoma postaciami. Hinduska trójca złożona z Brahmy, Sziwy i Wisznu jest również męska. Sziwa i Wisznu obejmują obydwie płcie, jako że są oni ponad kreacją, podczas gdy zawierają całą kreację, ale opis Sziwy ukazuje symbol fallusa, potwierdzając, że ci hinduscy bogowie są uosabiani jako mężczyźni. Popierają oni prokreację w typowej trójcy, ale łączą obydwa typy trójcy w jedno.[87]

Wiele ksiąg Apokryfów Nowego Testamentu, czytanych przez wczesnych Chrześcijan, zostało pominiętych w Biblii, tak jak gnostyczna, „zniechęcająca" Ewangelia św. Tomasza i Ewangelia Marii (Magdaleny). Apostoł Paweł był Gnostykiem, co jest interesujące, gdyż Gnostycy wierzyli w Zofię, a Paweł jest znanym seksistą, który wspierał likwidację kobiet nauczycielek, przypuszczalnie łącznie z Marią Magdaleną. Myślę, że jego seksistowskie uprzedzenie było w stosunku do ogólnie pojętej fizyczności, jak postrzegał ją jako Gnostyk, gdyż wierzył, że ciało i świat są grzeszne, dlatego musi być duchowa kontrola i porządek nad wszystkim, co doczesne.

Sekty Gnostycyzmu w drugim wieku p.n.e. wierzyły w „boską iskrę w człowieku, pochodzącym z boskiego królestwa, który wpadł w ten świat losu, narodzin oraz śmierci i potrzebuje zostać przebudzony przez boski odpowiednik samego siebie" (s. 111).[88] Gnostycy wierzyli, iż nasz duch był naszym jedynym dobrym składnikiem, aczkolwiek łączyli oni nasze duchy z bytami duchowymi, tak więc właściwie nie mogliśmy się sami odkupić.

Gnostycy wierzyli, że nasze ciała są grzeszne, co pokrywa się z Judaizmem, lecz Gnostycy postrzegali YHWH jako złego stwórcę, który powstrzymywał ludzi przed wiedzą węża w Ogrodzie Eden. Chrześcijanie, których wielu było Gnostykami, wybrali Jezusa na swojego zbawiciela, aby zastąpić YHWH, co oznacza, że ci gnostycy mieli lepszego „Boga Ojca" aniżeli YHWH. Gnostycy byli mistykami, którzy postrzegali Jezusa jako boskiego, będącego na równi z Zofią, kiedy to postrzegana była również jako jego duchowy stwórca. Chociaż odrzucili YHWH, zaakceptowali jego połączenie z Yahshuą, ale zdecydowali wznieść na wyżynę Yahshuę w zamian za królów. Późniejsi Gnostycy zmieszali Islamski Koran z neoplatonicznymi naukami, aby stworzyć mistyczną religię Sufizmu.[89]

Religie te spokrewnione są z Chrześcijaństwem i jego Judaistycznym pochodzeniem. Postęp systemu wierzeń ważny jest, aby dostrzec, jak jedna wpłynęła na drugą; trudno jest wyizolować system wierzeń jako wyjątkowy. Innymi słowy – religie, duchowość oraz przekonania filozoficzne zazwyczaj zawierają kilka innych systemów wierzeń. Jest to tylko kwestia powiedzenia: „mój bóg, półbóg lub prorok jest lepszy od twojego".

W wyniku oszczędzenia Jerozolimy i Żydów przez Aleksandra Wielkiego, wielu Żydów zostało zhellenizowanych (pod wpływem Greków), a po jego śmierci zasymilowali się z grecką kulturą. Apokryficzna Pierwsza Księga Makabiego, rozdział 1, wersy 1-9, specyficznie wspomina rządy „Aleksandra

Macedończyka".

Około roku 93 n.e. żydowski historyk Falwiusz Józefiusz w „Antyczności Żydów" napisał „historyczną" wzmiankę o Aleksandrze Wielkim i Żydach.[90] Według Józefiusza, po podbiciu Gazy Aleksander Wielki wyruszył na Jerozolimę. Wysokiej rangi kapłan Jerozolimy miał dla niego boski sen ostrzegawczy, więc pozwolono Sadokowi spotkać się z nim. Żydzi zdziwieni byli, że Aleksander otwarcie powitał Sadoka oraz jego świtę i oddał cześć YHWH. Wyjaśnił on, że w swoim śnie widział Sadoka mówiącego jemu, aby nie opóźniał swojego militarnego zajęcia Persji. Wówczas to Aleksander i Sadok „złożyli ofiarę Bogu, zgodnie ze wskazówkami wysokiej rangi kapłana".[91]

Według Józefiusza, kiedy wysokiej rangi kapłan pokazał Aleksandrowi Pismo z Księgi Daniela, które oświadczało, że: „jeden z Greków powinien zniszczyć imperium Persów", wierzył on, iż to właśnie on wypełnia tę przepowiednię.[91] Daniel faktycznie wspomina „króla Grecji" dokonującego wielkich czynów, co wydaje się wspierać ubarwione przez Józefiusza rzeczywiste Pismo: „Wtedy wystąpi potężny król i będzie panował nad wielkim królestwem, postępując według swego upodobania" (Księga Daniela 8:8,21;11:3).[91] Daniel zawarł Staroaramejski lub Przejściowy Aramejski sprzed czasów Aleksandra, jak również późniejsze wersje Aramejskiego.[92] Czy były to siły, które pomagały prowadzić zmieniające się ku hellenizacji czasy oraz wybranych przywódców, czy też ubarwienia i dodatki połączyły się z wcześniejszymi tekstami, przykłady te pokazują niemalże nie do rozróżnienia linie pomiędzy religią a polityka, która w historii kontrolowała ludzi.

Możliwe jest, że Aleksander Wielki czcił YHWH z powodu zespolenia postaci „Jezusa" jako syna Zeusa oraz YHWH. Pozwolę sobie spekulować, że to samo imię Ioseus mogło znajdować się w obiegu w greckiej przepowiedni i wierzeniach podczas hellenicznego okresu od Aleksandra Wielkiego do czasu narodzin Yahshua.

Dobrze przyjęty mistycyzm, kryjący się za postacią Jezusa, miał dać prawo wiary, a nie rytuału, chociaż „wiara bez uczynków jest martwa" (List św. Jakuba). Idealistycznie nowa wiara i uczynki w relacji do starego prawa miały mieć związek z miłością, a nie strachem, oraz z wyzwoleniem, a nie niewolnictwem. Aczkolwiek odrzucam to błędne stwierdzenie o rzekomym wyzwoleniu, ponieważ wciąż zupełnie poświęcamy się, aby podążać za Jezusem, a on stając się naszym bratem i przyjacielem, reprezentuje nowszą wersję ojcowskiego, żydowskiego Boga. Był to doskonały spisek przeprowadzony przez YHWH, aby objąć więcej podstaw filozofii religijnej oraz czczenia. Ponieważ Jezus był bogiem-człowiekiem, który był naszym połączeniem z niebem, oraz tym, który reprezentuje miłość i wszystko, co dobre, jakże źli i „grzeszni" bylibyśmy wszyscy, gdybyśmy nie naśladowali swojego mistrza?

We wszystkich religiach wkomponowany jest typ zbawiciela, który musi pokazać nam najlepszy, bądź *jedyny* sposób, stąd Żydzi poszukiwali dla swojego świętego rodu króla, który ich ocali. Motyw ten istniał na początku Biblii i nabrał on rozpędu w późniejszych księgach Starego Testamentu, gdzie prawdziwe obietnice oraz życzeniowe myślenie skrybów na wygnaniu w Babilonie, skupione było na powrocie do Jerozolimy. Usiłowali oni umocnić swoją religię, która stała się osłabiona hellenizacją. Prawdopodobnie nie rozumieli oni, że ich Habiru oraz spokrewnieni praojcowie, podczas tworzenia Judaizmu, zawarli w nim również inne religie, zaś hellenizacja zaledwie kontynuowała ten trend.

Żydzi, którzy przylgnęli do Starego Testamentu, aby odtworzyć postrzeganą przez nich wyższość genetyczną, stworzyli sekty religijne, które teraz zgromadzone zostały razem pod tytułem *Esseńczycy*. Grupa tak zwanych Esseńczyków wykreowała pierwszego Mesjasza, a później po nim przyszli kolejni dla ich własnych określonych celów. W rzeczywistości był co najmniej jeden grecki Jezus, dwóch Yahshua i symboliczny zastępca, przychodzący po pierwszym „Nauczycielu Prawości". Każda z tych pięciu postaci Jezusa zasługuje na wspomnienie, żeby zrozumieć podobieństwa, różnice oraz powody dla ich ról.

Moreh Tzedek (Sadok) i Esseńczycy

Uczeni zaproponowali pogląd, że Esseńczycy wzięli swój początek w Neo-Babilonii, podczas wygnania Żydów z szóstego wieku p.n.e. Ci Żydzi wierzyli, iż przyczyną ich wygnania było ukaranie przez YHWH. Starali się oni wzmocnić swoją dobrą pozycję i ciaśniej przylgnąć do swoich żydowskich korzeni, które proces Hellenizacji zmieniał. Około roku 520-515 p.n.e., po tym jak Babilon został przejęty przez Persów, wielu Żydów powróciło do Judei (Judah), podczas gdy inni zdecydowali się pozostać w Neo-Babilonie, lub gdzie indziej, by dopiero później powrócić już do Jerozolimy.[93]

W miarę, jak proces Hellenizacji stawał się bardziej agresywny, prawowity Sadok, Onias III, zamordowany został w Jerozolimie w roku około 172 p.n.e. W 171 r. p.n.e. syryjscy władcy mianowali Melenausa, wysoce zhellenizowanego Żyda, niemającego Lewickiego pochodzenia, na wysokiego rangą kapłana. W 165 r. p.n.e. Judejczycy zbuntowali się przeciwko syryjskiemu władcy, Królowi Antioch IV, z powodu jego religijnej opresji i wymuszonej hellenizacji.[94] Juda Machabeusz poprowadził żydowską rewoltę i podpisał kontrakt z Republiką Rzymską, żeby pomóc usunąć Greków, ale nie odniosło to większego skutku, z powodu dużych rozmiarów Seleucydzkiej armii, która odebrała Judzie życie. Apokryficzna Pierwsza Księga Machabejska wychwala braci Machabeusza, którzy pracowali nad utrzymaniem narodu Żydowskiego w zgodzie z ich starymi prawami. Ich połączone wysiłki powiodły się w założeniu Żydowskiego stanu, w połowie niezależnego od Seleucydzkich Greków. Po zamordowaniu Symeona Machabeusza w 135 r. p.n.e., jego dynastia pozwoliła wreszcie na Hellenizację, aby z powrotem wkraść się w żydowskie kapłaństwo.[95]

Esseńczycy podążyli za człowiekiem z krwi Sadoków będącego na stanowisku, które nazywali oni Moreh Tzedek, co oznacza Nauczyciel Prawości. Schronili się oni na Pustyni Judzkiej, aby tam uprawiać rytuały Sadoków i zastanowić się nad tym, jak włączyć ponownie ich religię do Tory. Nauczyciel ten poza tą nazwą nie miał żadnego imienia w Zwojach znad Morza Martwego; dlatego autor Michael Wise, w *„Pierwszym Mesjaszu"*, nadał jemu imię Juda.[96]

Po głębszym zbadaniu, uczeni nie są pewni, czy Esseńczycy byli sektą z Qumran, która napisała Zwój znad Morza Martwego, zbiór ponad 800 odrębnych zwojów, których powstanie szacuje się na lata pomiędzy rokiem 200 p.n.e. a rokiem 68 n.e.[97] W latach pomiędzy rokiem 1947 a 1956 n.e. zwoje te znalezione zostały w 11 jaskiniach na Pustyni Judzkiej oraz w pobliżu Qumran, znajdującego się około 20 km od Jerozolimy, na wybrzeżu Morza Martwego. Qumran poprzednio nazwany został Secaceh, co było jednym z pustynnych miast wymienionych w Księdze Jozuego.[98] Zwrot *Esseńczycy*, z greckiego *Essenoi* lub *Essaioi*, nie znajduje się w żadnym ze zwojów; chociaż podobne słowo Hebrajskie *Ossim*, oznaczające „Wykonawcy" Tory, czy też aramejskie słowo *asayyah* oznaczające „uzdrowiciele", „odzwierciedla możliwe początki Chasydów, >>Bogobojnych<<, którzy tymczasowo przyłączyli się do Machabeuszy w Rewolcie z roku 167 p.n.e.".[99] Chasydzi – Chasydzcy Żydzi – prawdopodobnie mieli swój wkład w ugrupowaniu Esseńczyków z powodu ich wyróżniającego się stylu życia, w który wierzyli, iż czyni ich prawymi i świętym.

Sekta z Qumran posługiwała się kalendarzem słonecznym, który był o 10 dni w roku dłuższy od kalendarza żydowskiego. Spory naukowe sugerują, że sekta z Qumran była Sedyceuszami, lecz Sedyceusze nie wierzyli w los ani powstanie spośród zmarłych, dwa główne wierzenia sekty z Qumran. Sekta z Qumran wierzyła zarówno w kapłańskiego Mesjasza, jak i w politycznego Mesjasza, którzy niekoniecznie są dwoma odrębnymi ludźmi.

Filon z Aleksandrii, Pliniusz Starszy oraz Józef Flawiusz wymyślili słowo *Esseńczycy* po tym, jak już dwaj z Yahshua urodzili się. Niektóre ze zwojów znad Morza Martwego napisane zostały również po Yahshua. Właściwi Esseńczycy mogli być dopełnieniem sekty z Qumran, Nauczyciel Prawości z Qumran był prokuratorem esseńskiego Mesjasza. Kiedy ktoś jest prokuratorem, nie umniejsza to jego ważności, gdyż prokurator wciąż był Sadokiem z krwi, ze zgromadzenia Melchizedeka, tak jak ostatni z Yahshua. Wszyscy oni mieli rolę do odegrania, więc można sobie wyobrazić, że role ich były ze sobą splecione, a nawet pomieszane w jedną wielką postać Yahshuy lub Jezusa.

Większość ze zwojów znaleziona została w kawałkach i wiele z nich po prostu kopiowała Stary Testament, niektóre z nich były unikalne dla sekty z Qumran, włączając w to Przymierze z Damaszku (pierwszy upubliczniony zwój), który wskazywał na początki sekty w Babilonii, ponieważ odnosił się do niej jako do diaspory lub rozproszenia. Niektóre ze zwojów zawierały również oryginalne przepowiednie Ezekiela, Jeremiasza i Daniela, nie znalezione w Biblii.[100] Prorocze księgi napisane zostały w trakcie oraz po wygnaniu. Te przyczyny popierają ich babilońskie pochodzenie, dzięki któremu byli oni zdeterminowani, żeby powrócić do Jerozolimy, bardziej bogobojni aniżeli Żydzi przed nimi.

Następujące prorocze Pisma z Księgi Jeremiasza, rozdział 31, wersy 31-33, były podstawą wierzeń społeczności z Qumran:

> Oto nadchodzą dni – wyrocznia Pana – kiedy zawrę z domem Izraela i z domem judzkim nowe przymierze. Nie jak przymierze, które zawarłem z ich przodkami, kiedy ująłem ich za rękę, by wyprowadzić z ziemi egipskiej. To moje przymierze złamali, mimo że byłem ich Władcą – wyrocznia Pana. Lecz takie będzie przymierze, jakie zawrę z domem Izraela po tych dniach – wyrocznia Pana: Umieszczę swe prawo w głębi ich jestestwa i wypiszę na ich sercu. Będę im Bogiem, oni zaś będą Mi narodem.

"„Esseńczycy w Qumran postrzegali siebie jako ostanie >>pozostałości<< Izraela, oraz spadkobiercy >>nowego Przymierza<<, tak jak zostało to przepowiedziane", oświadcza badacz, Cleve A. Johnson.[101] Wierzyli oni, iż żyją w ostatnich dniach Ziemi, przed sądem ostatecznym YHWH. Tora nie wspomina wyraźnie o życiu pozagrobowym, lecz skupia się na prawnym i rytualnym przestrzeganiu życia na Ziemi. Można to interpretować tak, że osiągnięcie Nowego Przymierza oraz ziemi obiecanej Izraela, byłoby trwałym prezentem od YHWH dla swoich wybranych Żydów. Ewangelia św. Mateusza, rozdział 5, wers 5, z Nowego Testamentu, zawiera słowa Jezusa ogłaszającego, że potulni powinni zamieszkać Ziemię. Świadkowie Jehowy (YHWH) posiadają takie przekonanie. Pociąga to za sobą ironicznie piękną historię, która mówi, że Ziemia powróci do idyllicznego stanu Raju, na której będą istnieć wyłącznie dobrzy ludzie i wszyscy oni zjednoczą się z YHWH. Jest to tragiczne, gdyż postać ich Mesjasza mówi, iż muszą umrzeć, aby żyć. Nadzieja Izraela jako Nowego Przymierza mogłaby zostać wypełniona jedynie po Apokalipsie, która niszczy Ziemię i jednocześnie zabija wybranych, lecz wybrani natychmiast zamieniają się w nieśmiertelne wersje ich samych, na czymś, co teraz jest ich odnowioną Ziemią.

Wise twierdzi, że Juda był pierwszym Mesjaszem, który mógł wypełnić to przymierze, ponieważ był on zarówno kapłanem, jak i politykiem, gdyż był Sadokiem, który kiedyś był częścią Rady Żydów.

Juda wystąpił z najwyższych szeregów kapłaństwa Jerozolimy, człowiek dobrze zaznajomiony z korytarzami władzy i polityki w sądzie królewskim. W wieku około 6 lat był największym umysłem swego pokolenia i cale życie ćwiczył swój umysł studiując Pismo Święte (s. 41-42).[96]

Wise szacuje, że wstępny wzrost prymatu Judy przypada na lata 110-105 p.n.e., ale nie nastąpił do roku 76 p.n.e., kiedy to założył on ruch odrywania się od kontroli świątyni przez Faryzeuszy. Juda stworzył swoją wersję poszerzonych 10-ciu przykazań, używając silnego języka takiego jak: „Powinniście oddzielić się od Dzieci Piekła" (s. 2).

Juda w „Hymnach Dziękczynnych" wypisał co najmniej 9 z 40-tu hymnów jako „Nauczyciel" (s. 44-46). W swoim pierwszym psalmie do YHWH napisał słowa wielkiego autorytetu, jako mądry „prorok", który wzniósł się ponad oskarżycieli oraz grzechy innych, ponieważ został zesłany, aby prowadzić „wtajemniczonych" (s. 47). W innym psalmie Juda napisał: „Jam jest duchem gorliwości przeciwko wszystkim Poszukiwaczom Wygód... wszystkim zakłamanym ludziom, trąbiącym przeciwko mnie" (s. 48).[96]

Wise spiera się, że wiele oświadczeń Judy typu „Jam jest", stało się inspiracją do deklaracji „Jam jest" w Ewangeliach. Ewangelia św. Mateusza ma Jezusa pytającego się: „Ludzie mówią, że kim Jam jest?", Ewangelia św. Jana zaś ma Jezusa mówiącego: „Jam jest światłem świata", oraz „Jam jest drogą, prawdą i życiem". Juda mógł być inspiracją dla Nowego Testamentu, ale imię YHWH „JAM JEST", właściwie zaczęło ten trend już w Księdze Wyjścia, rozdział 3, wers 14.

Juda stworzył przełomowy kult w Qumran. Wise oświadcza, że Juda stworzył chronologię opartą na Księdze Daniela, rozdział 9, wersy 24-27, w której Koniec miał nadejść w ciągu siedmiu lat od przejęcia Faryzeuszy. W tym przedziale czasowym, w roku 72 p.n.e., Juda niespodziewanie umarł, a jego główne nauki ani przepowiednie nie wydarzyły się. Nauczał on, że jest aniołem Melchizedekiem i Mesjaszem, lecz kiedy stało się oczywiste, że nie powróci on, aby ocalić swoich naśladowców, napisali oni dodatek do „Hymnów Nauczyciela", nazwany „Hymny Społeczeństwa", by kontynuować obietnicę zbawienia.

Wise zaznacza podobieństwa pomiędzy cierpieniem Judy, a cierpieniem bardziej popularnego, późniejszego Mesjasza, gdyż prawdopodobnie ich cierpienie nie było bezcelowe, lecz dla ich chwały. Dodany „Hymn Wywyższonego", oznajmia, iż Nauczyciel nie tylko cierpiał tak jak sługa w

Księdze Izajasza, ale także został uniesiony, aby zasiąść po prawicy YHWH. Społeczność Qumran wierzyła w los, więc kiedy Juda został zabity, jego naśladowcy widzieli w tym akt Boży, tak jak wierzyłby w to Juda. To rozwinęło zrównywanie Mesjaszowej śmierci ze zbawczą chwałą.

Zwoje „Przymierza z Damaszku" były w większości napisane po śmierci Judy i zatytułowane były inaczej „Dokument Sadków". Odnosił się on do sekty jako do „synów Sadoka" i był bardzo odkrywczy w sztywnym sportretowaniu YHWH, jak pokazuje poniższy fragment:

„Wszakże, wszyscy dla tych wszystkich, którzy przestrzegają tych praw w nienaruszonej świetności, zgodnie z wszystkimi instrukcjami, jakie zostały im przekazane – Boskie Przymierze, zostanie dla nich uczynione dobrym, tak aby zostało to zachowane nawet na tysiąc pokoleń, nawet jak zapisane zostało: Uznaj więc, że Pan, Bóg twój, jest Bogiem, Bogiem wiernym, zachowującym przymierze i miłość do tysiącznego pokolenia względem tych, którzy Go miłują i strzegą Jego praw". [Księga Powtórzonego Prawa 7:9]

[Uwaga: Nie jest to miłość, lecz posłuszeństwo i posłuszeństwo to wynika ze strachu. Wiele Pism mówi, aby bać się Boga, jak czyni to następujący tekst Przymierza z Damaszku.]

„Żaden człowiek, który nie zakończył jeszcze swojego okresu próbnego i nie zdał wymaganego egzaminu na osobę prawdziwie obawiającą się Boga, nie może świadczyć przed sędziami w sprawie innego mieszkańca".

„A teraz posłuchajcie mnie dzieci, a wówczas otworzę wam oczy, byście widzieli i zrozumieli, jak działa Bóg, byście mogli wybrać to, co On pragnął, oraz odrzucili to, czego On nienawidził, chodząc nienagannie Jego drogami, a nie błądzić za nieczystymi żądzami i lubieżnymi oczyma. Gdyż wielu jest takich, którzy zbłądzili z dawnych czasów, aż do teraz, nawet silni herosi potykali się".

„Będziecie przestrzegać moich ustaw i moich wyroków. Człowiek, który je wypełnia, żyje dzięki nim. Ja jestem Pan! [Księga Kapłańska 18:5]. Otworzył dla nich studnię obfitującą w wodę, z której mogą kopać. Lecz tym, którzy wzgardzili tą wodą, nie pozwolił żyć".

„Bóg kocha wiedzę. Mądrość i zdrowy rozsadek obwieścił przed Sobą. Rozwaga i wiedza służą Jemu. Cierpliwość i szczodre przebaczenie opiekują się Nim, aby mógł dawać rozgrzeszenie skruszonym, lecz są z Nim również siłą i potęgą, a także wielki gniew, wraz z promieniami ognia, oraz wszystkimi aniołami zniszczenia – wyznaczonymi dla tych, którzy odwrócili się od Niego i traktują Jego zarządzenia jako coś, co należy unikać, tacy do końca pozostaną zostawieni bez resztek, lub przetrwania".

„Abraham jednak nie podążał jego drogą. Dlatego, że przestrzegał przykazań Bożych i nie wybierał pragnień swego własnego ducha, zaliczony został do Przyjaciół Boga i w zamian przekazał swój status Izaakowi i Jakubowi. Oni także dotrzymywali przykazań i oni również zaliczeni zostali do Przyjaciół Boga oraz partnerów w Jego niekończącym się Przymierzu".

„W dniu, w którym człowiek ślubował sobie powrócić do Prawa Mojżeszowego, Anioł Przeszkody zacznie odłączać się od niego, jeśli dotrzyma słowa. Pokrywa się to z tym, że Abraham poddał się obrzezaniu w dniu, w którym pozyskał prawdziwą wiedzę".[102]

[Uwaga: Jest to ostateczne poddanie ciała, aby stało się niewolnikiem seksu. Zrównywanie obrzezania z seksem i wiedzą, jest zupełnie irracjonalne... czyż nie? Skoro, YHWH wysłał swego rodzaju Ducha Świętego, była to symboliczna wiedza, spersonifikowana (uosobiona) przez byty, które przeniknęły do rodu Hebrajczyków. Jest to wiedza ofiarowana za pomocą opętania lub manipulacji genetycznego.]

Niewykluczone, że Juda mógł być równoznaczny z którymkolwiek Mesjaszem Yahshuą. Sadokowie posiadali „boską" genetykę: dlatego Moreh Tzedek mógł być również bogiem-człowiekiem. Brzydzić się Hellenizacją, podczas gdy jednocześnie wielbić półboga – było to dla nich sprzecznością. Gdyby jedynym rozróżnieniem pomiędzy Judaizmem a Hellenizacją był związek między YHWH a Yahshuą, wtedy mogło to być wystarczające, aby zagwarantować taki podział.

Księga Izajasza, rozdział 11, wersy 1-10, przepowiedziała Mesjasza, zwłaszcza ten fragment:

> I wyrośnie różdżka z pnia Jessego, wypuści się odrośl z jego korzeni. I spocznie na niej Duch Pański, duch mądrości i rozumu, duch rady i męstwa, duch wiedzy i bojaźni Pańskiej.... Owego dnia to się stanie: korzeń Jessego stać będzie na znak dla narodów. Do niego ludy przyjdą po radę, i sławne będzie miejsce jego spoczynku.

Nie wątpię, że była to prawdziwa przepowiednia, nawet ze wspomnieniem

Jesse, który był ojcem biblijnego Dawida. Minione przepowiednie mojej mamy pokazują, że YHWH kontynuuje rozpowszechnianie nieprawdziwych historii (czasami stworzonych tez przez niego), w które powszechnie się wierzy, po to, żeby utrzymać watek historii wystarczająco prosty dla swoich naśladowców.

Sekta Judy z Qumran, tak samo jak Esseńczycy, wierzyła w Ducha Świętego. Tytuł *Jezus z Nazaretu*, oznacza sektę Nazarejską, która była niepostrzeżenie bliska Esseńczykom, więc może Juda był tym właśnie Jezusem.

Uczeni niewystarczająco rozumieją, jak pojawili się Nazarejczycy. Nazarejczycy z Góry Karmel, ezoteryczne zgromadzenie duchowe twierdzące, iż jest „współczesnym odrodzeniem starożytnych Nazarejskich Chrześcijan", oświadcza, że nie było żadnego miasta Nazaret, ponieważ *Nazaret* nie występował w literaturze przed ani w trakcie pierwszego wieku n.e., ani też nie istniał archeologicznie czy historycznie.[103,104]

Mężczyzna o imieniu Jack Kilmon dokonał badań sekt wczesnego chrześcijaństwa oraz herezji, aby przeanalizować korzenie Jesse i Nazarejczyków:

> Oto, skąd „Ludzie Jezusowi" otrzymali swoje określenia jako N'zrim „Odszczepieńcy" i „Jesseńczycy". Epifaniusz sugeruje, że dużo wcześniej grupa Yeshuine, zwana była IESSAIOI (Panarion 29 1, 3-9; 4,9 – dzieło Epifaniusza z Salaminy – przyp. tłum.) zwani również byli N'TZRIM, co jest dobrze znane. Dzieje Apostolskie 13:22-23, List do Rzymian 15:12, List do Rzymian 5:5, 22:16 zaświadczają o tych wczesnych określeniach.
>
> Społeczność z Qumran mogła być zatwardziałą apokaliptyczną sektą, a Yeshuine mogli nazywać siebie „Drogą", aby wskazać na to, że: „nasza DROGA jest lepsza niżeli ich DROGA". Wkrótce potem, określenie IESSAIOI wydało się wypaść z użycia i grupa Yeshuine nazywana była N'tzrim. Za dwoma wcześniejszymi określeniami Yeshuine stoi „Netzer Jesse"... (z Hebrajskiego odłam Jesse – przyp. tłum.) Mógł również istnieć pra-Jezusowy i pra-Esseński prekursor zwany Nazarioi. W tym kontekście znajdujemy, jak Epifaniusza mówi o sekcie w Baszan i Galaatides [Gilead], zwanej Nasaraioi (Panarion 18; 20, 3; 29, 6, 1; 19, 5) która odrzuciła ofiarę w świątyni i Torę, ale przylgnęła do innych żydowskich praktyk. Czy Nazarejczycy (inaczej Nazaraioi, Nazorei, Nazareai) byli kontynuacją pra-Jezusowych Nasaraioi, Nasarenoi, Nazeri? Nazorei używane było przez Jerome w De Viris Illustribus 3, celem odniesienia do Nazarejczyków, zaś przez św. Filastera do odniesienia się do Nazareńczyków (ang. Nazarenes – przyp. tłum.).[105]

Kilmon sugeruje, że Essańczycy nie byli Chrześcijanami, ani pra-Chrześcijanami, lecz ja myślę, że jednak byli z powodu chociażby mnóstwa podobieństw, jakie ich religie dzieliły ze sobą. Essańczycy jako *Iessaioi*, *Essaioi* oraz *Essenoi* wyłonili się, kiedy ich wczesne Ewangelie Nowego Przymierza i Nowego Testamentu, zinterpretowane zostały jako pokojowe dogmaty, które opowiadały się za nieużywaniem przemocy i wegetarianizmem. Ważne jest, aby ustalić, jak wierzenia zmieniały się, lecz kiedy włączymy do tego Nazarejczyków spokrewnionych z poprzednią sektą Nauczycieli Prawości w Qumran, jest to jak dzielenie włosa na czworo. Niektóre metody oczyszczania oraz świętego stylu życia interpretowali oni inaczej, podczas gdy w tym samym czasie podążali za Żydowskim Mesjaszem, który pochodził od gwałtownego Boga YHWH.

Społeczność Qumran miała obsesję na punkcie wojny, a nie pokoju. Mężczyźni codziennie uczestniczyli w pozorowanych bitwach, aby przygotować się na apokalipsę. Zwój „Wojna synów Światła przeciwko Synom Ciemności" opisuje tę apokalipsę w następującym tłumaczeniu redaktora A.M. Habermanna.

> [Jest to] prawdziwa wojna z wszystkimi jej formami, strategiami i rytuałami, a nie wyimaginowana wojna niebiańskich aniołów z apokaliptycznymi bestiami, jak opisują to wizje innych książek. „Synowie Światła" powracają „z pustyni ludów, żeby obozować na pustyni Jerozolimy". Od dziesięcioleci wojują oni z wrogami (s. XII).[106]

„Apokaliptyczna" wojna, była najprawdopodobniej nadchodzącą inwazją Rzymian w latach 66-70 n.e, która splądrowała Jerozolimę. Częstokroć biblijne przypowieści pisane były do klimatu politycznego danych czasów, chociaż Księga Objawienia napisana została później z naprawdę odległymi obrazami i koncepcjami, które podkreślają większą Apokalipsę.

Ponieważ grecki termin *Essene* posiadał swoje pochodzenie w sekcie Qumran, prawdopodobne jest, że Essańczycy praktykowali podobne przygotowawcze działania wojenne. Ich separatystyczne poglądy oraz wspólnota gwarantowały wystarczającą ilość pogardy dla grzeszników z poza sekty, aby stworzyć filozofię pokoju, chyba żeby byli zagrożeni. Essańczycy podnieśli poprzeczkę dla praktyk „świętości", aby zapewnić, że są oni po dobrej stronie osadów YHWH, zaś ich dodatkowa wiara w Mesjasza zabezpieczała im wydostanie się z sideł najwyższej kary, takie jak wieczna śmierć lub piekło.

Kara w Torze dla Żydów była śmierć i wydawało się to wystarczająco srogie. Różnica w wierzeniu przejściowych Chrześcijan była taka, że kara była na wieczność. Postać Mesjasza jedynie przenosiła nasza odpowiedzialność z niektórych rytualnych przykazań YHWH na przykazania dotyczące cech duchowych. Można byłoby się spierać, iż więcej osądu pochodziło od Mesjasza, ponieważ w dodatku do kontynuowanych rytuałów oraz kontrolowanych zachowań, jakie musieli wykonywać Judeo-Chrześcijanie, świat duchowy stał się także zarządzany w określony sposób.

Kolejnym wierzeniem, które weszło do Qumran i Esseńczyków, było wierzenie o życiu pozagrobowym, które mówiło, iż sami możemy stać się półbogami. Żaden Judeo-Chrześcijanin nie śmie powiedzieć, że możemy stać się bogami na Ziemi, lecz w niebie apokaliptycy widzą siebie jako sędziów u boku YHWH, w nowych niebiańskich ciałach.

Apokryficzna Księga Enocha (Pierwsza Księga Enocha), w dużej mierze napisana w drugim i pierwszym wieku przed naszą erą, przez żydowską sektę, która osiedliła się w Qumran,[107] jest proroczą relacją historii Enocha, jako osoby, która natychmiast oznaczona została statusem półboga. Enoch był „siódmym po Adamie" w Biblii, który miałby dokonywać osądu przy boku Yahuah (Księga Judy 14). Pierwsza Księga Enocha wnioskuje, że półbogowie – aniołowie są niebiańskimi istotami, które powinny pozostać w niebie. Odnosiło się to do Enocha, gdyż posiadał on już genetykę półboga, zaś YHWH specjalnie wybrał jego. Enochowi zezwolono na krótko powrócić na Ziemię, aby objaśnić swoje niebiańskie doświadczenia swoim synom – będąc dla nich jakoś widoczny – po czym na zawsze opuścił Ziemie. W przeciwieństwie do tego, Księga Enocha mówi, że niebiańscy półbogowie, którzy zeszli na Ziemię, upadli tutaj z powodu grzechu.

Opowieść o Enochu pomaga zilustrować, dlaczego oddani Judeo-Chrześcijanie patrzą na swoje życie pozagrobowe jako ich prawdziwe życie i chwale. Dlatego właśnie dla ekstremalnych terrorystów, którzy pragną otrzymania tytułu męczennika, śmierć nie jest niczym wielkim. „Księga Urantii" twierdzi, że po śmierci pójdziemy do niebiańskiego świata znanego Morontia, które posiada rezydencje dla każdego z nas. Muzułmanie wierzą, że otrzymają oni wiele bogactw oraz potężny harem z kobietami. Jeśli tylko zdecydują na współtworzenie wygodnego życia na tej pięknej Ziemi.

Wierzenie w półboga Mesjasza czyni kolejnego YHWH bardziej namacalnym, ponieważ można go widzieć i gorliwie naśladować. Postać Mesjasza nauczyła ludzi być bardziej bezinteresownym poprzez kochanie każdego bez osądu. Aczkolwiek w naszym wierzeniu w stosunku do „grzeszników" wciąż istnieje zdecydowany osąd, gdyż Chrześcijanie wierzą, iż najgorszy sąd czeka ich rzekomych bliskich. W słowach, które mogłyby pochodzić Mesjasza: „Tak będzie przy końcu świata: wyjdą aniołowie, wyłączą złych spośród sprawiedliwych i wrzucą w piec rozpalony; tam będzie płacz i zgrzytanie zębów" (Ewangelia św. Mateusza 13:49-50).

Jan Chrzciciel był esseńskim lub nazareńskim kapłanem, który był również

Sadokiem pokierowanym przez YHWH, aby ochrzcić Jezusa. Ród Sadoków nie ograniczał się jedynie do wyspecjalizowanego, stanowiska politycznego Sadoka, aczkolwiek istniało kilka sekt, które prawdopodobnie obsadzały swoich własnych Sadoków. Niektórzy teoretycy, włączając w to Laurence'a Gardnera, oświadczają, że Jakub, brat Jezusa, został esseńskim Sadokiem, ponieważ urodził się z małżeństwa Maryi i Józefa, podczas gdy Jezus nie.

Udokumentowany dowód Esseńczyków jest co najmniej wątpliwy, aby zweryfikować, kto poprowadził ich (oraz pochodne im sekty) za czasów biblijnego Jezusa. Edmund Szekely, oświadczył, że pisma aramejskie, które przyczyniły się do powstania jego książki w 1937 r. n.e., pt.: „Ewangelia Pokoju apostoła Jana", datowane są na pierwszy wiek naszej ery. Jednak w jego wydaniu książki z 1977 r., której tytuł zmienił na: „Esseńska Ewangelia Pokoju" i podzielił na trzy książki, oznajmia on w przedmowie Księgi Pierwszej: „Starożytne teksty aramejskie datowane na trzeci wiek ery po narodzinach Chrystusa".[108] Był on głównym tłumaczem tych tekstów i twierdził, że znajdowały się one w Watykanie; aczkolwiek Watykan zaświadcza, że nie było takiej osoby o nazwisku Szekely, która wpisywałaby się do wglądu jakichkolwiek dokumentów i przede wszystkim nie było tam wcale takich dokumentów.

Inna prawdopodobna ewangelia esseńska była „Ewangelia Dwunastu Świętych", o której mówi się, iż przetłumaczona została przez pastora Gideona Ouseley'a, wegetarianina, który apelował do Kościoła Katolickiego, aby ten przyjął praktykę wegetarianizmu. Współcześni naśladowcy Esseńczyków, którzy zgadzają się Ouseley'em, twierdzą, że „Ewangelia Dwunastu Świętych" została napisana w 70 r. n.e. przez autora Ewangelii św. Jana, niektórzy z nich posuwają się na tyle daleko, aby wierzyć, iż napisana ona została przed innymi biblijnymi Ewangeliami. Jeśli „Ewangelia Dwunastu Świętych" została napisana gdzieś w czasach Jezusa, nie oznajmiałaby: „w mieście Galilea, nazwanym Nazaret" (s. 3);[109] zamiast tego, odniosłaby się do Nazarejskiej sekty religijnej.

Zespół teologów i lingwistów, zwany Seminarium Jezusowe, pracował nad ujawnieniem dokładnych słów Jezusa oraz chronologii pięciu Ewangelii. W ich książce pt.: „Piąta Ewangelia", Seminarium Jezusowe oraz kilku innych autorów podaje rozróżnienie pomiędzy historycznym Jezusem, a religijnym Jezusem Chrystusem.[110] Jest pięć Ewangelii, ponieważ Seminarium Jezusowe dołącza Ewangelię św. Tomasza. Tomasz podziela podobną opinię do Mateusza i Łukasza, więc musieli mieć wspólne źródło informacji. Seminarium Jezusowe sprzecza się, że te trzy Ewangelie włączają alegorie, które wierzy się, iż zostały opowiedziane przez Jezusa, że zapisane zostały w nieoficjalnej i hipotetycznej Ewangelii Q, co jest skrótem od *Quelle*, niemieckie słowo na Źródło. Ewangelia Q zbiera przysłowia powiedziane przez mądrego człowieka.

Uczeni oznajmiają, że: „Pierwsze ewangelie były zapisem Powiedzeń Ewangelii Q i możliwe, że wczesna wersja Ewangelii św. Tomasza. Ewangelia św. Marka nie została napisana do około 70 r. n.e" (s. 26).[110] Następną była Ewangelia św. Mateusza w roku 80 n.e., zaraz po niej Ewangelia św. Łukasza. Seminarium wierzy, że co najmniej dwóch skrybów, włączając w to kapłana, zebrało Ewangelię św. Jana, która napisana została około 90 r. n.e. Grupa Jana była grupą apokaliptyczną, w skład której wchodził autor Apokalipsy św. Jana. Każda z pięciu Ewangelii napisana została anonimowo, zaś jej nazwa była późniejszym przypuszczeniem przepisującego redaktora.

Cztery biblijne Ewangelie różnią się od Ewangelii św. Jana, ponieważ zawierają one te same powiedzenia historycznego Jezusa, który mówił etycznymi parabolami, zaś Ewangelia św. Jana zawiera słowa religijnego Chrystusa, który jest uosobieniem światła i życia. Jan obszernie wyjaśnia naturę Jezusa w stwierdzeniach „JAM JEST", które stawiają Jezusa ponad oraz poza jakąkolwiek inną osobą. Seminarium Jezusowe hipotetyzuje, że Jan wzorował się na innym nieoficjalnym dziele Ewangelii Znaków, która wydaje mi się, że pochodzi od społeczności Esseńczyków, Nazarejczyków i Qumran.

Współcześni Esseńczycy, którzy popierają książki Ouseley'a, wierzą, iż niektóre z prac Jana wyciekły na zewnątrz i zostały ukryte w tybetańskim klasztorze, a których fragmenty Ouseley miał jakoś zobaczyć. Krymski, żydowski badacz o imieniu Nicholas Notovitz, twierdził również, że w tybetańskim klasztorze widział rękopisy o Świętym Issa, znanej inaczej jako Issa, dokumentujące swoje podróże po Indiach, Tybecie i Persji. Notovitz wydedukował, że Issa był Jezusem. Chociaż jego historia w głównej mierze została zdyskredytowana w Europie, mężczyzna o imieniu Swami Abhedananda odwiedził klasztor i powiedział, że otrzymał potwierdzenie raportu Notovitz'a.[111] Biblia nie relacjonuje o dużej przerwie w życiu Jezusa, od czasów nastoletnich aż do 30-go roku życia, tak więc możliwe jest, że Yahshua mógł tam podróżować. Możliwe jest również, że ten Święty Issa był kolejnym Yahshuą, który nie umarł na krzyżu, a w późniejszych latach przeniósł się do Indii.

Zakłopotana jestem tym, dlaczego naśladowcy Ouseley'a nie znaleźli informacji ujawnionej przez jego bliskiego przyjaciela, który napisał o tym, jak Ouseley napisał „Ewangelie Dwunastu Świętych":

> Otrzymał ją w inspiracji „We snach i wizjach nocnych" oraz podczas „Komunikacji".... „Wydawało się jemu, jakby ukazał się przed nim pulpit, a na nim określone manuskrypty. W miarę jak on obracał się, Ouseley czytał prezentowane jemu dokumenty. Rano notował to, co przeczytał, bez względu na to, czy przychodziło to do jego pamięci wszystko na raz, czy też

stopniowo, ale w przeciągu jednego dnia. Fakt, że rano odczuwał ociężałość i męczenie oczu, tak jakby faktycznie czytał całą noc, uznawał on za dowód na to, że miały miejsce jakieś anormalne działania".[112]

Nieoficjalna Ewangelia Ouseley'a nie jest datowana historycznie; jest to channeling wymierzony w uwiecznienie Nazareńskiej i Esseńskiej religii w oparciu o biblijną przeszłość.

Jest to kolejny przykład na to, jak ludzie wierzyć mogą w dzieła pochodzące z channelingu jako w historyczne. Założyciel religii Mormonów, Joseph Smith, otrzymał tekst pochodzący z chanelingu od anioła Moroni; jeśli Mormoni nie wyjaśniliby, że przetłumaczył on niematerialną wizję złotych tablic, wówczas moglibyśmy uwierzyć, że tablice te były faktycznym dokumentem historycznym. Skłania mnie to do zastanowienia się nad mnóstwem tekstów religijnych. Możemy wydedukować, że to istoty z innych światów dały nam większość, a w niektórych przypadkach i wszystkie teksty religijne, które przekazywane są jako prawda, więc to, co uważane jest za historyczne, pozostaje wątpliwe.

W odniesieniu do twierdzenia Szekely'a, oczywiście, że Watykan mógł ukryć informację historyczną dla dobra zachowania Katolicyzmu takiego, jakim jest, ale jego rzekomy dokument aramejski najprawdopodobniej zawiera niewiele faktów historycznych, ponieważ napisany został około ponad 200 lat po dziełach Jezusa. Byłoby to tak samo, jakbym ja pisała teraz rozprawę o Abrahamie Lincolnie i przekazywała ją dalej jako niezaprzeczalny fakt, chociaż nigdy go nie znałam; moje słowa mogłabym oprzeć na dokumentach, które mogły zostać o nim wymyślone, bądź też napisałabym swoje wrażenia o tym człowieku w oparciu o odczucia społeczne. Sytuacja Szekely'a wygląda podobnie do twierdzenia popleczników Ouseley'a, które mówi, że Biblia nie zawiera swojego „dowodu" o Jezusie, gdyż Pierwszy Sobór Nicejski, który odbył się w 325 roku pod Konstantynopolem zmienił lub usunął takie słowa.

Sobór w Nicei pod Konstantynopolem rozszerzył swój apel do mas, wykazując związek „pogańskiego" czczenia Słońca z Chrystusem. Ten Chrystus jako półbóg ostatecznie wyparł w większej mierze ludzkiego Jezusa, ale zostało to zaakceptowane, gdyż od samego początku rola Jezusa była religijna. Sobór przyzwolił na ewolucję i w zasadzie połączenie wszystkich religii, aby sprowadzić je do roli zbawiciela naszego nowego systemu tych czasów.

Biblia nie wspomina dokładnej daty urodzin „Jezusa", ale Chrześcijaństwo mówi nam, iż urodził się 25 grudnia 0001 roku naszej ery. Rok narodzin Jezusa, ustalony został kilkaset lat później, w roku 525 n.e. przez Dionizjusza Małego, zakonnika, który wynalazł Anno Domini (skrót A.D.) – co oznaczało rok naszego Pana (innymi słowy po polsku zwykło się mówić roku Pańskiego

– przyp. tłum.) – era, którą wykorzystano do numerowania lat zarówno kalendarza Gregoriańskiego, jak i Juliańskiego.[113] Dionizjusz Mały nie przypisał zera do pierwszego roku, ponieważ pierwszy rok uznawał jako 1, zaś zero nie występuje w numerologii romańskiej. Za rok zerowy, zwłaszcza w datowaniu znormalizowanym i astronomicznym, uważać możemy rok 1 Przed Chrystusem (ang. B.C. – Before Christ lub B.C.E. – Before Common Era – Przed Erą Powszechną, po polsku powszechnie używane jest – przed naszą erą – przyp. tłum.). Ja wolałabym pisać C.E. (ang. Common Era, ery powszechnej) oraz B.C.E., ale świat zachodni potrzebuje jeszcze wyzbyć się przyzwyczajeń do skrótów religijnych.

Odnośnie daty 25 grudnia, cytat z książki „Jezus Chrystus, nasze obiecane nasienie" oznajmia:

> W roku 274 n.e. Rzymianie mianowali 25 grudnia jako narodziny niepokonanego słońca, dzień, w którym to słońce zaczyna pokazywać zauważalne zwiększenie się intensywności światła, wynikiem czego jest wydłużenie się ilości godzin światła dziennego. Do roku 336 n.e. kościół rzymski zaadoptował to święto, uduchowiając jego znaczenie, odnosząc je do Jezusa Chrystusa i nazywając je „Uroczystość Narodzin Słońca Prawości". Usiłując schrystianizować i wcielić pogańskie tradycje starożytności, kościół w Rzymie przyjął to zimowe święto celebrując narodziny boga słońca jako jedno ze swoich własnych obchodów, w pewien sposób zmieniając jego znaczenie, lecz zachowując wiele tradycji z pogańskiego święta. W miarę jak kościół Rzymski poszerzył swoje wpływy religijne i wojskowe, to święto z 25 grudnia stało się najpopularniejszą w Chrześcijaństwie datą obchodów narodzin Jezusa Chrystusa. Ustanowiono specjalną mszę (ang. Mass – przyp. tłum.) dla Chrystusa, stąd nazwa święta „Christmass" (angielskie słowo na Boże Narodzenie – przyp. tłum.), skrócone do „Christmas".[114]

25 grudnia jest kluczową datą narodzin dla kilku Mesjaszy przed Jezusem, zwłaszcza dla Mitry i Kriszny. Indyjski, wedyczny bóg Mitra, czczony również jako pochodna perskiego Mithra, był bogiem słońca, którego uważano, iż zrodził się w ludzkość w jaskini w dniu 25 grudnia, jako pośrednik pomiędzy Bogiem a człowiekiem.[115] Późniejszy hinduski Kriszna, również otrzymał tę datę urodzin, chociaż według tłumaczeń hinduskich tekstów urodził się latem lub wczesną jesienią.[116] Uważa się, że podobnie do Jezusa, obydwaj półbogowie narodzili się z niepokalanego poczęcia. Kiedy nowy półbóg zostaje mianowany, nowa sekta religijna zamienia poprzedniego Mesjasza na proroka

lub antychrysta. Ogłaszam, że astrologia lub przynajmniej astronomia oraz jedna główna grupa Boga, miała wpływ na wszystkie religie, które przyjmują tę popularną datę.

Biblia podaje sprzeczne lata narodzin Jezusa. Ewangelia św. Mateusza, rozdział 2, wers 1 mówi, że urodził się on podczas rządów króla Heroda, które zakończyły się w 4 r. p.n.e. Ewangelia św. Łukasza, rozdział 3, wersy 1 i 23 mówi, iż miał on „około trzydziestu lat" w piętnastym roku panowania cesarza Tyberiusza, co było w latach około 28 lub 29 n.e., stąd umieszcza jego narodziny w roku ok. 2 p.n.e. Ewangelia św. Jana, rozdział 19, wersy 14-16, oświadcza, że został on ukrzyżowany podczas Święta Paschy (ang. Passover), zaś rozpoczął on swoje 3 1/2 roku pastorostwa przed osiągnięciem wieku 30 lat (Ewangelia św. Łukasza 3:23); dlatego możemy datować wstecz jego urodziny na wczesną połowę jesieni. Łukasz mówi również, że pasterze „strzeżący na pastwisku, pilnowali swego stada również nocą", co wskazuje na cieplejszą porę roku, aniżeli zima (Ewangelia św. Łukasza 2:8).

Jak pokazuję to w rozdziale 7, niektóre z tych dat są biblijnymi wskazówkami dotyczącymi „mędrców ze Wschodu", co odnosi się do Yahshuy, lecz niekoniecznie do jego narodzin (Ewangelia św. Mateusza 2:1). Umieszczenie śmierci Yahshuy w czasie Święta Paschy jest najprawdopodobniej symboliczne. Udobruchało to wierzenie Żydów w odkupienie z grzechów oraz niewoli poprzez jego ofiarę, a także udobruchało wierzenie pogan w Wielkanoc (ang. Easter – przyp. tłum.) ponieważ powstał z umarłych i odrodził się potężnym człowiekiem. Oryginalnie Wielkanoc obchodzono na cześć płodności bogini takiej jak Eastre, oraz inne imiona Isztar, a także było to prawdopodobnie czczenie wchodu słońca, lub wschodzącej gwiazdy.

Zazwyczaj, teksty religijne są misternie spreparowaną symboliką i wierzeniem, lecz z pewną dozą wnikliwości, możemy rozróżnić pomiędzy historycznymi osobami, które szczepione z postacią Jezusa bądź Yahshuy.

Apoloniusz z Tiany

Sofista Flawiusz Filostrat, na początku trzeciego wieku naszej ery, napisał biografię zatytułowaną: „Życie Apoloniusza z Tiany", czyli w przybliżeniu około 200 lat po narodzinach Apoloniusza.[117] Oznajmia ona, że Apoloniusz urodził się w małym miasteczku Tiana w Kapadocji w regionie środkowo-wschodniej Anatolii (ang. Anatolia), w środku obecnej Turcji.[118] Etymologia słowa *Anatolia* pochodzi z greki, która była jego podstawowym językiem.

Filostrat nie przypisał Apoloniuszowi dokładnej daty urodzin, za zgodą ludzi skojarzył on jego narodzin z cudownym wydarzeniem, aby oddalić spekulacje w stosunku do jego osobistych przekonań oraz potencjalnej władzy. Napisał on: „Ludność w kraju mówi, że Apoloniusz był synem Zeusa, lecz mędrzec nazwał siebie synem Apoloniusza" (s. 15).[117] Mogło to oznaczać, że jego ojciec miał na imię Apoloniusz, albo wierzono, iż jego narodziny były niepokalanym poczęciem za sprawa boga. Filostrat poczynił słuszną uwagę, aby ukazać Apoloniusza czczącego Apollo, modląc się: „O Apollo, zamień te głupie psy [nieokrzesanych ludzi] w drzewa, żeby chociaż cyprysy mogły przemówić" (s. 44).[117]

Filostrat opisuje Apoloniusza jako wegetarianina, który przez cale życie praktykował celibat. Studiował on filozofię Pitagorejską i aby dopełnić Pitagorejskiej inicjacji, narzucił sobie pięć lat milczenia. Inicjacja ta umożliwiła Apoloniuszowi dawanie przepowiedni oraz dokonywania cudów uzdrowienia.

Pitagorejska szkoła myśli, łączyła w sobie religię i matematykę, na coś w rodzaju „uświęconej", numerologii. W szóstym wieku p.n.e. Pitagoras powiedział: „Istnieją ludzie, bogowie oraz ludzie tacy jak Pitagoras".[119] Jego idealne społeczeństwo było niemalże egalitarne, postrzegając mężczyznę i kobietę jako równych, oraz dzieląc własność komunalnie. Jeden z matematyków oświadcza: „Nawet odkrycia matematyczne były komunalne, a przez stowarzyszenie przypisane samemu Pitagorasowi – nawet zza grobu. Stad trudno jest ustalić, co dokładnie odkrył Pitagoras osobiście".[119] Wegetarianizm był ściśle przestrzeganą praktyką, gdyż Pitagoras nauczał o transmigracji dusz. Brzmi to bardzo podobnie do ewolucji wierzeń Esseńczyków.

Badacz Craig Lyons z Duszpasterstwa Bet Emet wyjaśnia, jak religia Pitagorejska oraz inni pomogli w rozwoju Esseńskiego Chrześcijaństwa.

> Poza wszelką wątpliwością, udokumentowaliśmy jak Esseńczycy z czasów Jezusa, ewoluowali od czegoś, co zaczęło się jako prawy ruch separatystów, od skorumpowanego Duchowieństwa Świątyni w roku 170 p.n.e. do mieszanki kultu Pitagorejsko-Buddyjsko-Zaratusztrianistycznego. Fakt ten umyka często przypadkowemu czytelnikowi lub studentowi, który informacje na temat Esseńczyków opiera tylko na Pliniuszu, Filo czy Józefiuszu. To, co ważne jest w naszych studiach, to fakt, że w tej „Esseńskiej Ewolucji" mamy zmianę wierzeń Mesjanistycznych; coś, co zaczęło się jako Dawidowy pomazaniec, który miał nadejść, aby wypełnić przepowiednie Mojżesza i Proroków, kończy się Aniołem-Mesjaszem, co jest kulminacją kultu słońca, przefiltrowanego niemalże przez wszystkie religie świata, a który znalazł swój ostateczny wyraz w Pitagorejskiej syntezie religijnej. Były to wierzenia utrzymywane przez Esseńczyków, od czasów Dynastii Machabeuszy, które pomimo pozostałości Judaizmu przeniknęły pogańskie skłonności, których to trzymali się jeszcze w przebudzeniu ich odrzucenia jako „duchownych". Oznacza

to, że ich „ustne tradycje" dotyczące ich Mesjasza Arona oraz ich Mesjasza Izraela przejęły po drodze pozostałości mitów – słońca, które stworzone zostały przed poprzednie personifikacje słońca. W pierwszym wieku, te „mesjanistyczne wierzenia" miały być wymieszane z Dawidowymi wierzeniami mesjanistycznymi; zwłaszcza po ukrzyżowaniu Jezusa, w którego wielu wierzyło, że był Mesjaszem. Z powodu silnych esseńskich wpływów w Aleksandrii i Egipcie, jak również w Palestynie, w tej burzliwej mesjanistycznej histerii pierwszego wieku, wielu, którzy nie widzieli wyjścia z tego nieszczęścia wymuszonego na nich przez Rzymian, nie patrzyło już dłużej na poglądy o ludzkim – Dawidowym namaszczonym, który miałby poprowadzić ich ku wolności i zbawieniu, lecz widzieli oni, że ich jedyną pomocą było to, aby Bóg dostarczył im Siebie Samego, czym w ich esseńskiej koncepcji była inkarnacja Anioła-Mesjasza, który miałby przyjść do nich. Stąd wiec, ci którzy mieli wyłonić się z tego okropnego okresu, mieli wyłonić się z nadziejami na inkarnowanego Anielsko-Mesjanistycznego boga-człowieka. Te nadzieje i obawy, miały później zostać zapisane, zaś „wierzenia" takie, wraz z wierzeniami Dawidowymi, skończyć miały znacznie później w Nowym Testamencie. Kiedy jako Chrześcijanie czytamy Nowy Testament, kończymy z miszmaszem; o koncepcjach dotyczących „namaszczonego", który ma nadejść, czytamy informacje wzięte z Pism Żydowskich, jak również te wywodzące się wprost z „kultu słońca" i nigdy tego nie wiemy![120]

Cytat Lyonsa popiera moje twierdzenie, że ludzie nie rozumieją faktycznej natury Mesjasza, ponieważ ich wiara w zbawiciela większego ponad życie, podżegane było desperacją. Podoba mi się, jak Lyons wyjaśnia połączone ze sobą nawzajem religie, pod parasolem Judeo-Chrześcijaństwa, ponieważ zmniejszają one rozmiar ważności, jaką mamy tendencje do przypisywania tylko jednemu bogowi-człowiekowi. Ten typ boga-człowieka jest tylko kolejnym potomkiem linii genetycznej, która jest w głównej mierze ludzka. Z wszystkimi tymi krzyżówkami od najwcześniejszych czasów, mogę powiedzieć, że wszyscy jesteśmy w większości ludźmi lub ludzkimi hybrydami jako bogowie-ludzie. Bycie stworzonym na obraz i podobieństwo boga, nie jest niczym godnym do świętowania, jak wyjaśnię to w rozdziale 7; mądrze jest oddzielić się od wielbienia drugiej osoby lub bytu, tak, byśmy mogli zobaczyć, co stworzyliśmy i wyjaśniliśmy sobie jako system wierzeń. Oznaczałoby to, że nareszcie jesteśmy w stanie dogłębnie odkryć siebie samych.

Apoloniusz z Tiany mógł sobie myśleć, że jako część matematycznej i filozoficznej szkoły myślowej, był bardziej wyzwolony, lecz był to tylko kolejny postęp ku jego wysoce religijnej erze, wraz z jej mistycznymi inicjacjami, ascetycznym stylem życia, oraz wiara w innego człowieka pokrewnego półbogowi (Pitagoras). Proces jego inicjacji prawdopodobnie połączył go z bytem, który był również połączony z Pitagorasem, tak więc możliwe jest, że był w stanie dokonywać pewnego rodzaju "cudów", które przysporzyły jemu trochę sławy. Podobnie do mojej mamy, był on co najmniej aktywowany do dawania przepowiedni.

Apoloniusz był oratorem. Seminarium Jezusowe twierdzi, że Jezus był mówcą, który "o ile wiemy, niczego nie napisał" (s. 27).[110] W swojej analizie Ewangelii Seminarium odkryło historycznego i religijnego Jezusa, ale kiedy ogranicza zakres analizy do lat 30-35 naszej ery, jako daty zakończenia życia Jezusa przez ukrzyżowanie, łączy ono tych dwóch Jezusów w jednego. W typowo oratorski sposób uczniowie spisali uwagi zawarte w przemówieniach w formie wartościowych lekcji. Filostrat oznajmił, że skryba i apostoł o imieniu Damis donosił o swoich rozległych podróżach i doświadczeniach z Apoloniuszem. Seminarium Jezusowe odkryło, że styl większości biblijnych paraboli i aforyzmów był szczególnie wyjątkowy, gdyż ukazywał etymologię grecką, która prawdopodobnie pochodziła od Apoloniusza.

Seminarium Jezusowe oświadcza, iż językiem ojczystym Jezusa jako Żyda był aramejski. Możliwe jest, że Żydowski "Jezus" był dwujęzyczny, ale Apoloniusz był zhellenizowanym Anatolijczykiem, który nauczał greki. Apoloniusz podróżował do wielu krajów, do takich, jak te w powyższym cytacie Lyonsa, aż zmarł w sędziwym wieku. Tak naprawdę to cytat Lyonsa najlepiej pasuje do Apoloniusza, z powodu jego czci (oraz korelacji) z Apollo, który w tamtym czasie kojarzony był ze Słońcem. Apoloniusz z Tiany był popularną postacią, która nauczała greckich przysłów i przenośni, stąd wnioskuję, zgodnie z klasyfikacja Seminarium Jezusowego, iż był on głównym historycznym Jezusem. Splecione ze sobą Pisma Ewangelii przypisane Yahshua, mogły dla kontynuacji skopiować styl Apoloniusza, lub też w tamtych czasach popularne było dla oratorów, aby przemawiać w tym samym stylu.

Przedstawiając Yahshua

Z powodu tego, że te informacje są bardzo strzeżone w wyższych światach "duchowych", muszę dokonać wprowadzenia do następującego fragmentu o Yahshua. Rola Mesjasza wymodelowana została jako podstawowego człowieka w linii Adamowej, pierwszy człowiek stworzony jako posłuszny Bogu. Istoty, odpowiedzialne za ten dogmat, nie chcą ujawniać przyczyn stojących za tą niewolą, gdyż wolą obrócić historie w pozytywną konieczność, kontra bagatelizujące odwrócenie uwagi. Nowe Przymierze miało być wolnością, tyle że ta „wolność" polega na samopoświęceniu celem otrzymania „nagrody" w postaci śmierci. Nie różni się to od Starego Przymierza, otrzymało tylko nową marketingową oprawę opartą na bezpośrednich relacjach publicznych Mesjasza.

Każda „święta" księga z informacją o dwóch Mesjaszach Yahshua, połączyła je w jedną osobę, co nie jest niespodzianką, biorąc pod uwagę, to co już przedstawiłam. Słowo *Yahshua* (lub jakiekolwiek bliskie podobieństwo, takie jak Yeshua czy Jeshua), jest w zasadzie tytułem, a nie odrębnym imieniem; reprezentuje on i częściowo opisuje boga-człowieka stworzonego z wpływem YHWH. W świecie bytów YHWH również uznawany jest jako tytuł grupy istot. To ma sens z powodu wielu istot, które stworzyły półbogów pod tą nazwą.

„Księga Urantii" (ang. *The Urantia Book*, skrót UB) daje wgląd w dwa oddzielny, lecz pozornie równy związek pomiędzy dwoma bytami, Sanandą i Michałem, którzy kontrolowali dwóch popularnych Yahshua; aczkolwiek wspomina ona tylko przygody Michała, pozostawiając Sanandę w niebiosach. Twierdzi ona, że Emanuel jest bratem Michała z Nebadonu, w kręgach Chrześcijaństwa i Ruchu New Age znanego inaczej jako Archanioł Michał. Opowiadanie UB łączy ze sobą tożsamość Emanuela oraz jego nadzorcę Sanandę, bez ujawniania imienia Sanandy.

UB oraz inne książki, będące komunikacją bytów, przekazują, że preferowany przez nie Yahshua był inkarnowanym półbogiem, który pierwotnie był z innego wymiaru. Nawet jeśli miało miejsce zaprojektowane genetycznie, sztuczne zapłodnienie, ciało było zupełnie wypełnione przez „ducha" Michała lub Sanandy. Interesujące jest, że byty od UB, które przekazały tę informację, przyznały, iż nie rozumieją, jak Michał był w stanie reinkarnować lub inkarnować do innego wymiaru, aby wypełnić swój cel stania się Synem Mistrzem (był już Synem Twórcą – jego grupa ma specyficzne stopnie do wspinania się). Te pośredniczące istoty jedynie bezmyślnie powtarzały to, co powiedzieli im ich przełożeni. Ponieważ niższe istoty nie wiedziały, co dokładnie wydarzyło się i często to one są tymi, które w wiarygodny sposób rozpowszechniają historie wśród ludzi, potrzebujemy na własną rękę, krytycznie rozważyć tę informację.

Inna książka pod tytułem „Podróżnicy. Tajemnice Amenti, tom II" również była ofiarowana w wyniku komunikacji istot, ale odbywało się to za pośrednictwem stylu przekaźnikowego zwanego przekazem danych, który załadował informacje do skryby, bez przejmowania jej.[121] „Podróżnicy II" przekazują historię z większą ilością podobieństw, aniżeli różnice pomiędzy Sanandą i Michałem, w ich niezależnych rolach jako Yahshua. Ich przesłanie również oznajmia, że inkarnowali jako ludzie, ale bardziej faworyzuje Sanandę.

Sprawdziłam tę informację ze Wszystkim Co Jest, Czystą Esencją (ang.

All That Is, The Pure Essence, skrót ATI,TPE), aby zweryfikować moje badania oraz moje wewnętrzne odczucia dotyczące dziur, jakie znalazłam w tej informacji. Poniższa cześć oraz późniejsze rozdziały ujawnią, co Sananda, Michał, oraz ich przynależności ukrywają przed nami.

<u>Yahshua-Sananda</u>

Zainspirowana Esseńczykami książka pastora Ouseley'a pt.: „Ewangelia Dwunastu Świętych" opowiada historię Sanandy Emanuela w Ewangelii św. Mateusza, rozdział 1, wers 23 mówi: „OTO DZIEWICA POCZNIE I PORODZI SYNA, KTÓREMU NADADZĄ IMIĘ EM-MAN´-U-EL, co tłumaczone jest „Bóg z nami". Ewangelia ta ponawia przepowiednia Starego Testamentu w Księdze Izajasza, rozdział 7, wers 14: „Dlatego Pan sam da wam znak: Oto Panna pocznie i porodzi Syna, i nazwie Go imieniem Im-man´-u-el".

Esseńczycy są świadomi, że ich Yahshua był Emanuelem i również poprawnie zidentyfikowali go pod jego preferowanym tytułem Sananda, jak potwierdzone zostało to w channelingach innych ludzi (patrz rozdział 7). Esseńczycy naśladowali Yahshuę z przepowiedni Izajasza, ponieważ mesjanistyczne księgi z przepowiedniami były natchnione podczas rozwijania się Ossim i Nazarejczyków. Chociaż niewłaściwie umieścili oni Emanuela jako syna Maryi i Józefa. Prawdopodobna Esseńska Ewangelia powieliła błąd Mateusza, odnosząc przepowiednie Izajasza do drugiego Yahshuy, kiedy to Emanuel był pierwszym.[110]

Grupa istot zwana Liga Opiekunów (ang. Guardian Alliance, skrót GA – przyp. tłum.), która przekazała całą wiedzę z „Podróżników II" kobiecie o nazwisku Ashayana Deane, odnosi się do Sanandy, jako do Jesheua-12. GA oświadcza, że Sananda jest 12-wymiarową istotą, która ofiarowała swoją „esencję duszy" Jesheua przed urodzeniem, co oznacza, iż rzekomo inkarnował on jako człowiek poprzez matkę Jeudi, która była Essenką Hebrajczyków – Melchizedeka oraz ojca Joehiusa z rodu Esseńczyków Hibiru-Melchizedeków (pra-Habiru) (s. 99).[121] Emanuel jako pierwszy Yahshua, któremu GA nadało tytuł Jesheua-Melchizedek, urodził się w 12 r. p.n.e. poza Betlejem. Ten Yahshua „urodził się potomkom domu Salomona" (s. 99). „Miał on zjednoczyć ze sobą frakcje pośród Esseńczyków, które ewoluowały z Klasztorami Melchizedeka i Hebrajczyków. Miał on również ponownie wprowadzić oryginalne i egalitarne wierzenie Templarowe do nauk Esseńczyków" (s. 99).[121]

Z *Templarem* wiążą się fizyczne i energetyczne atrybuty Ziemi, tak więc co za wierzenia Sananda usiłował przywrócić Esseńczykom w stosunku do Ziemi? Również dlaczego GA wspomina Salomona, a nie postacie historyczne Amenhotepa II i Amenhotepa III? Wierzenie osoby Salomona łączy się z bogami Amenhotepa: Amunem i Mardukiem. Marduk był wrogiem z GA, jeszcze zanim Sananda wkroczył na scenę z Yahshuą.

GA wyjaśnia, że zanim pojawiły się wypaczone wersje (rozdział 8), istniała oryginalna ochronna wiedza Templarowa, jedno z takich wypaczeń zostało ofiarowane przez biblijnego Anioła Melchizedeka. Nie wyjaśniło to jednak wystarczająco natury ani przynależności Salomona i Sanandy.

Film i książka pt.: „Kod Da Vinci" jest o Zakonie Rycerzy Templariuszy, grupie, która podtrzymuje zakon Sadoków i przedstawiana jest jako destrukcyjna i zła. Rycerze ci byli pierwotnie zakonnikami wytrenowanymi w walce. Stanowili oni większość wojskowej armii Pierwszej Chrześcijańskiej Krucjaty oraz zdobyli Jerozolimę w 1099 r. n.e. Rycerze Templariusze, jak każda religijna milicja, postrzegali siebie jako walczących w świętej wojnie nakazanej przez Boga.

W 1135 r. n.e., wzorując się na piśmie Nowego Testamentu, na Liście do Efezjan, rozdział 6, wersy 11-19, cysters, Abbot Bernard z Clairvaux, napisał list popierający Rycerzy Templariuszy:

> Jest on nieustraszonym rycerzem i zabezpieczonym z każdej strony, gdyż dusza jego chroniona jest przez zbroję wiary, zaś ciało jego chronione jest zbroją ze stali. Stąd jest on podwójnie uzbrojony, więc nie potrzebuje lękać się demonów ani ludzi. Nie to, żeby obawiał się on śmierci – otóż nie, on jej pragnie. Dlaczego miałby obawiać się żyć lub lękać się umrzeć, kiedy żyć dla niego oznacza Chrystusa, zaś umrzeć jest korzyścią. Chętnie i wiernie obstaje za Chrystusem, lecz wolałby się rozpłynąć i być z Chrystusem, znacznie lepsza rzecz.[122]

Yahshua-Sananda oraz jego esseńscy naśladowcy pod przywództwem GA przypuszczalnie działali jako starożytni strażnicy templaru Ziemi, lecz ich religia nie była pozbawiona przemocy. W średniowieczu Zakon Rycerzy Templariuszy dokonywał podbojów w imię nie-egalitarnej hierarchii zwanej YHWH, w której Sananda wziął udział, jak pokazuje rozdział 7. Wiedziała ona o roli Sanandy w „świętym" rodzie, co jego członkowie ujawnili za pośrednictwem ceremonii oraz inicjacji seksualnych. Jej głównym celem była ochrona wiedzy oraz potomków tego rodu.

Liga Opiekunów (GA) mówi, że Yahshua-Sananda miał sześcioro dzieci:

> Dzieci stworzone zostały za pośrednictwem świętych, ochronnych rytów, gdyż wyłącznym celem było unieśmiertelnianie wzorca 12-niciowego DNA w ludzkich rasach. Potomkowie tych dzieci rozprzestrzenili się po różnych religiach, niektórzy z nich

pojawiając się wśród linii genetycznych francuskiej arystokracji, inni pośród Celtów, Egipcjan i Afrykańczyków. Jedna z linii potomków Jesheua-2 zamieszkuje obecnie na kontynencie Stanów Zjednoczonych (s. 103).[121]

Pomiędzy rokiem 18 a 23 n.e. Yahshua-Sananda zapłodnił sześć różnych kobiet, które nosiły w sobie geny wewnątrz pod-ras pra-biblijnego rodu Zakonu Melchizedeka, pięcioro z tych dzieci przeżyło. GA mówi, że sześciu mężczyzn rodu Błękitnego Płomienia Melchizedeka – właściwie białobłękitnego rodu Anu-Melchizedeka, co wyjaśnię w rozdziale 7 i 8 – służyło za przybranych ojców tych dzieci. Yahshua-Sananda nie miał żadnych interakcji z tymi dziećmi, wyłącznym powodem ich stworzenia było rozprzestrzenienie po świecie kodu genetycznego.

GA przekazują wystarczającą ilość informacji o przybranych ojcach oraz „świętych" prokreacyjnych rytuałach, które pociągają za sobą coś ukrytego. Zazwyczaj takie rytuały są podejrzane, ale w tym przypadku ofiarowano zmanipulowanemu wzorcowi ludzkiego DNA coś korzystnego. ATI,TPE potwierdza, że Sananda, byt z wyższego wymiaru, wykorzystał Jesheuę do prokreacji z sześcioma kobietami, aby częściowo poszerzyć ludzki kod DNA, ale niestety dał nam również zniekształcone kody.

Popularna historyjka o Yahshua mówi, że został on stworzony przy pomocy niepokalanego poczęcia, chociaż mogło to być coś innego niż poczęcie za pośrednictwem zmienionej genetycznie, sztucznej inseminacji. Nie widzę między tymi dwoma żadnej różnicy, ponieważ Maryja w tym czasie była faktycznie dziewicą. Jeśli uwierzy się, że płód nagle pojawił się w ciele Maryi, to jest to rzeczywiście cudowna historia. Jest to pokrewne z myśleniem, że świni mogą natychmiast wyrosnąć skrzydła i odlecieć. Moglibyśmy powiedzieć, że „Bóg potrafi wszystko". Sprowadzając naszą wyobraźnię w dół, do rzeczywistości, widzimy w Biblii dowód na to, że anioł przyćmił Maryję i dodatkowo wystraszył ją, co wskazuje na to, że została wzięta przy użyciu pewnej siły. Anioł pobrał z jej ciała jajo i wprowadził w nie inny materiał genetyczny, aby stworzyć Yahshuę.

Wiemy, że Yahshua-Sananda nie był dzieckiem Maryi, ale taki sam proces poczęcia przydarzył się Jeudi, co potwierdza Wszystko Co Jest, Czysta Esencja. Nie miało znaczenia, że jej mąż pochodził z podobnej linii genetycznej; on, podobnie jak sześciu przybranych ojców dzieci Yahshua-Sanandy, był symbolem zastępczym dla następnego pokolenia.

Oddzieliłam myślnikiem Yahshua od Sanandy, gdyż nie byli oni tą samą osobą. ATI,TPE oświadczyło, iż Sananda zainscenizował genetycznie zaprojektowane, sztuczne zapłodnienie, żeby przekazać jego geny Jesheuy jako dziecka. Wtedy Jesheua mógł po skończeniu 12 lat zostać zupełnie przejęty przez Sanandę.

Psycholog rozwojowy, Eryk Erickson, myślał, że dorosłość rozpoczyna się w wieku 12 lat, kiedy mózg zostaje aktywowany w kierunku poczucia siebie i osobistej tożsamości.[123] Etap ten jest wykorzystują natrętne istoty, które nie chcą, by przedmioty ich ataku osiągnęły poczucie samych siebie. Wprowadzenie materiału genetycznego Sanandy do Jeudi, uczyniło Jesheua podatnego na pełne przejęcie, kiedy zmuszony został do poddania się rytuałowi przejścia typowego dla tego wieku. Możliwe jest, że na pewnym poziomie młody Jesheua zgodził się na to, ale mógł on raczej wybrać częściowe przejecie do celów dalszej misji Sanandy, jak robi to większość religijnych ludzi. Sananda przeniósł swoje ciało „Świętego Ducha" z innego świata do ciała Jesheua, podczas ceremonii inicjacyjnej, w ten sposób wypełniając i kontrolując chłopca, tak jakby to Sananda był nim.

Sananda zrobił to, po co tutaj przyszedł i często pracował z Michałem. Wtedy to opuścił ciało Jesheuy jako mężczyzna w wieku 39 lat, w roku 27 n.e. GA mówi, że Sananda dokonał wniebowstąpienia, co oznacza, że jego całe ciało oraz tożsamość Jesheuy opuściło Ziemię, aby wkroczyć do wyższego wymiaru, lub „świata", ponieważ Sananda przypuszczalnie inkarnował jako Jesheua. ATI,TPE oświadcza, iż nie o to chodziło: ciało Sanandy z innego świata opuściło Jesheuę i Jesheua musiał odzyskać swoje utracone na Ziemi życie.

Chciałabym, żeby GA ujawniło, że pierwszy Yahshua był (głównie) człowiekiem, który został opętany przez byt wyższego poziomu Sanandę. Po pierwsze, spiker oraz skryba Ligii Opiekunów, Ashayana Deane, mówi, że w jednym z jej poprzednich reinkarancji była Miriam, przyrodnią siostrą Yahshuy-Sanandy. Na jednym z jej warsztatów powiedziała, iż nie pamięta szczegółów z życia jako przyrodnia siostra Sanandy. Powtarzała to, co jej grupa istot kazała jej powiedzieć, pokazując, że GA naprawdę wie coś o historii życia Sanandy, co wybiórczo nam przekazuje.

Jeudi była zamężna tylko z jednym mężczyzną i przypuszczalnie jej szanowany mąż oddany był wyłącznie jej. Posiadając dwójkę dzieci od dwóch różnych ojców, włączając w to Miriam, byłaby to ważna informacja do prześledzenia rodu z reinkarnacyjnego opowiadania Ligii Opiekunów (ang. skrót GA). Chciałabym myśleć, że Ashayana wypróbowywała GA w tej sytuacji, ale z drugiej strony zastanawiam się, na ile może ona stawiać GA wyzwania, skoro jest ich mikrofonem. Może też tak być, że wie ona znacznie więcej, aniżeli decyduje się powiedzieć.

Po drugie, system wierzeń GA obejmuje istoty z wyższych wymiarów, które wielokrotnie reinkarnują na Ziemi, co daje do zrozumienia, że w jakiś sposób nie pozostają niedotknięci nagromadzonymi efektami procesu ludzkiej śmierci. Jak wyjaśniam to w późniejszych rozdziałach, istniejący byt nie inkarnuje naturalnie w inne ciało. Jeśli byt wszedłby w większości lub całkowicie wszedłby w ciało niższego wymiaru, wówczas proces taki obejmuje fizyczne opętanie oraz potencjalne przyswojenie esencji ciała swojego podmiotu. Jest to coś innego od tymczasowej materializacji własnej kompozycji danego bytu. GA uwiecznia pozornie bezkresną ideę ponad rzeczywistość bytów posiadających odrębną indywidualność i ograniczone możliwości.

Niektóre istoty Ligii Opiekunów mogą być tak samo naiwne jak te z „Księgi Urantii", powtarzając tylko informacje od ich przełożonych. Byłby to dla nas rozczarowujący przykład do pokazania. Jeśli chodzi o świadome istoty GA, które celowo ukrywają przed nami fakty i podają nam bezsensowne informacje, kiedy przyznałyby, że niektóre z ich planów obejmują nienaturalne przejęcia, mogłoby to spowodować naszą nieufność do ich ogólnego przesłania. Aczkolwiek, jeśli byliby zupełnie uczciwi i skromni w stosunku do tego, co zrobili, mogliby zrehabilitować się tym.

Przykro mi, jeśli zniszczyłam czyjąś iluzję, ale skazy istnieją wszędzie, w świecie ludzkim oraz w świecie innych istot. Żeby być w stanie pozostać sobą – przyjmując to, z czymś ktoś rezonuje i co ma dla niego sens – mamy możliwość uczestniczenia w tym i znalezienia lepszej drogi. Żeby tego dokonać, musimy tak czytać każdą linijkę prezentowanej nam informacji, aby dostrzec pełny kontekst włączając w to przedstawiony osąd lub przekonanie wraz z obiektywną prawdą.

Kiedy Sananda opuścił Ziemię, jego „duchowe" ciało o mniejszej gęstości powróciło do któregoś z większych wymiarów, w którym znajdowało się poprzednio, a on wciąż uważnie obserwował naszą planetę. Jeśli zaś chodzi o jego wybranego Yahshua, ATI,TPE oświadczyło, że po opuszczeniu przez Sanandę ciała, Jesheua miał bardzo niewiele wspomnień ze swojego dorosłego życia oraz z dzieciństwa. Podczas tego czasu jego własny umysł i duch stały się przyćmione. Po tym wydarzeniu pozwolono Jesheua przeżyć resztę jego życia, ale wciąż był on religijny i prawdopodobnie czasami częściowo opętany.

Yahshua-Michał

Drugi Yahshua jest lepiej znanym Yahshuą z Biblii. Liga Opiekunów oznajmia, że urodził się on w 7 r. p.n.e., podczas panowania króla Heroda, co potwierdza Ewangelię św. Mateusza, rozdział 2, wers 1. GA oraz ATI,TPE twierdzą, że urodził się on z Maryi i bytu YHWH, a Maryja poczęta została w ten sam sposób.[121] GA nie podaje dokładnie bytu, który zapłodnił Maryję oraz jej matkę; wspomina tylko dwa odrębne zapłodnienia przez Elohim, które doprowadziły do narodzin Maryi i jej syna Yahshua. ATI,TPE ujawnia, że Archanioł Michał sztucznie zapłodnił Maryję, na drodze eksperymentu genetycznego. Józef z Ewangelii był ojczymem Yahshuy.

Kolejny byt, który umieścił swoje „duchowe" ciało w drugim Yahshua w wieku 12 lat, nazywa się Michał (ang. Michael), „Księga Urantii" (skrót UB) określa go jako Michała z Nebadon, ponieważ Nebadon to nazwa, jaką przypuszczalnie nadano naszemu wszechświatowi. Powszechnie jest on znany jako Archanioł Michał, a w UB pracuje razem z Archaniołem Gabrielem.

GA nie wyjawia bezpośredniego zaangażowania Michała w Yahshuę, ale daje wskazówki, które potwierdzają informację ATI,TPE oraz UB. GA nazywa drugiego Yahshua Jeshewua-9, gdzie dziewięć reprezentuje wyższy poziom wymiarowy. Na końcu książki „Podróżnicy II" GA umieszcza grupę bytów Archanioła Michała wraz z nieprzyjemnymi grupami z 9-go wymiaru, włączając w to zgromadzenie Alfa-Omega. GA twierdzi, że byt ten (Michał) inkarnował jako Jeshewua, ale Michał nie należy do tego typu bytów, który chciałby stracić swoją moc i rzekomo stać się człowiekiem, co ujawnia rozdział 7. Dlatego też genetycznie zmieniona, sztuczna inseminacja jest preferowaną metodą na przejęcie ludzkości, przygotowując ludzkie ciało do pełnego przejęcia.

Archanioł Michał odwiedził 9-ty wymiar, lecz pochodził skąd indziej. 9-ty wymiar wskazuje na pochodzenie wyższego ja ludzkiego Jeshewuy, wyjawia ATI,TPE. Jeshewua był w głównej mierze człowiekiem i uznawany był za półboga, lecz jego świadoma esencja jako jego wyraźne Wyższe ja istniała poprzednio, zjawisko to wyjaśniam w rozdziale 9. Wyższe ja innego Jesheuy również pochodziło z anielskiego świata. Możemy spekulować, czy ich obydwa Wyższe ja zgodziły się na opętanie Yahshuy przed narodzeniem, ale nie przesądza to tego, jak ludzie decydują się przeżywać swoje życie. Jest to miejsce, w którym wkracza siła i kontrola, aby bezprawnie przejąć ludzi, co wykracza poza wszelkie delikatne wpływy oraz wewnętrzną zgodność. Sednem sprawy jest to, że obydwaj Yahshua nie wypełnili swojej misji na Ziemi; dokonali tego kontrolujący ich przełożeni Bogowie.

Liga Opiekunów mówi, że Jeshewua pracował na Ziemi nad „restrukturyzacją patriarchalnego wyznania Templarowego, aby bardziej odzwierciedlał Prawo Jednego" (s. 100).[121] Oznajmia ona, że był tutaj, aby ponownie zintegrować określone dusze, które potrzebowały przywrócenia ich na właściwe ścieżki. To samo mówiła o Sanandzie. Wkrótce po tym, GA zaprzeczy swojemu poprzedniemu oświadczeniu i oznajmia, że grupa YHWH, która pomogła stworzyć Jeshewuę, za pośrednictwem historii o Jeshewua „uwieczniła patriarchalne skłonności Templarowego Wyznania" (s. 102).[121] Jedynym powodem, dla którego GA podaje takie patriarchalne zniekształcenie, jest to, że „chroniło ono ród Jeshewuy-9 przed politycznym prześladowaniem, sprawiając, żeby wyglądało to tak, jakby Chrystus nie miał potomków, tym samym umożliwiając tym potomkom pozostanie niewidocznymi dla publicznego wglądu" (s. 102).[121] Nie jest to faktyczny powód, gdyż patriarchalna dominacja rządziła już społeczeństwem. Czegoś brakowało w ich historii o Jeshewua.

Książka „Podróżnicy II" w większości faworyzuje Jeshewuę. Obwinia ona rozwój religii za zniekształcenie pierwotnego przesłania Jeshewuy. Aczkolwiek ujawnia również, że YHWH rozmyślnie stworzył fałszywe opowieści, aby odwrócić uwagę od pracy Jeshewuy zza kulisami. YHWH utrzymuje kontrolę nad swoimi rozwijającymi się religiami i robi to samo ze wszystkimi swoimi ugrupowaniami, tak więc za pomocą różnorodnych proroków mógł skorygować swoją pierwotną historyjkę. YHWH znany jest również ze swoich połowicznych prawd, które pozostawiają nas w tyle, z niepełnym zrozumieniem jego działań.

Drugi Yahshua legalnie poślubił Marię Magdalenę, ale było to w czasie, gdy był pod kontrolą Michała. Patriarchalnie ukierunkowani apostołowie opisywali Marię jako dziwkę, ponieważ nie podobała im się jej władza. Michał pracował u jej boku i okazał jej nieco szacunku, ponieważ uwieczniła ona wpływ genetyczny Jeshewuy, wydając na świat trójkę dzieci.

Ciało oraz świadomość Marii Magdaleny zostały przejęte przez byt z wyższego wymiaru w rzadkim procesie. Byt ten częściowo przejął Wyższe ja Marii, które posiada wrodzone połączenie z Marią, aby później przejąć samą Marię w przytłaczający sposób, ujawnia ATI,TPE. W różnych czasach ten byt oraz współpracujące z nim byty również częściowo przejęły Marię, aby skierować ją w stronę ich wspólnej agendy.

Grupy bytów New Age, włączając w to Ligę Opiekunów, twierdzą, że Maria Magdalena oraz obydwaj Yahshua byli współpracującymi ze sobą bytami z wyższych wymiarów, którzy fizycznie inkarnowali jako ludzie. Byty z wyższych wymiarów nie mogą reinkarnować ani inkarnować w ludzką formę, ponieważ posiadają już żyjące ciała swojej własnej gęstości. Właściwa reinkarnacja obejmuje proces powtórnego wykorzystania ludzi oraz innych ziemskich gatunków, w naszej pofragmentowanej gęstości. Na dodatek szansa na to, że poprzednio istniejący przyjaciele mogliby narodzić się w pobliżu siebie, w zdrowych i preferowanych przez siebie ciałach, jest niezwykle nikła. Proces reinkarnacyjny niekoniecznie wyznacza określoną rodzinę i lokalizację, w której rodzi się dziecko, ale faktycznie dopasowuje do siebie ludzi z podobnymi kodami DNA, jak potwierdza ATI,TPE.

Według Laurence'a Gardnera, pierwszym dzieckiem Jeshewuy i Marii Magdaleny była dziewczynka o imieniu Tamar. Dwoje następnych było chłopcami. Pierwszy syn nazwany został tym samym imieniem bądź tytułem, co jego ojciec; ja nadałam jemu tytuł Jeshewua II. Drugi syn miał na imię Józefes.

Podążając krokami swego biologicznego ojca, Jeshewua II w wieku 12 lat został inicjowany w symbolicznej ceremonii „ponownych narodzin" (s.

110).⁶⁹ Ten religijny obrzęd przejścia symbolizował bycie wyniesionym z wiecznej ciemności. „Termin [wyniesiony] wciąż używany jest we współczesnej Masonerii", oświadcza Gardner (s. 114).⁶⁹

Masoni są ogólnoświatową braterską grupą o 33 poziomach wtajemniczenia, z których trzy najwyższe są elitą. Mówią, że Masoneria nie jest religią, gdyż obejmuje ona wszystkie religie i uniwersalne bractwo. Wręcz przeciwnie, kilkanaście tekstów o Masonerii ujawnia, że to religia, a ich Bóstwo jest zlepkiem Yahuah, Baal'a i Ozyrysa jako JoaBulOn.¹²⁵ (Główna grupa istot Szmaragdowego Przymierza Zakonu Melchizedeka Ashayany Deane oświadcza, że Baal jest inną nazwą na Archanioła Michała.)¹²⁶ Spekuluje się, że elitarna grupa na szczycie inscenizuje obsceniczne, tajne ceremonie, podczas gdy mniej świadomi członkowie niższej rangi zwracają się do opinii publicznej o przychylność w stosunku do ich organizacji.

Gardner oświadcza, że Jeshewua II żył w celibacie, więc Józefes był Świętym Graalem, który unieśmiertelnił królewski ród.⁶⁹ Na zewnątrz patriarchalnej historii Tamar była również Świętym Graalem. *Święty Graal* był tłumaczeniem słowa Święty (ang. Saint) lub San Graal, co pochodzi od *Sangréal*, oznaczający królewską krew.

Przeważające wierzenie w Jezusa jest takie, że żył w celibacie, podczas gdy to raczej Jeshewua II żył w celibacie. Celibat był powszechny w esseńskiej praktyce oraz ideologii, co zastosowali katoliccy księża. Katolicy stali się również największymi orędownikami Zakonu Rycerzy Templariuszy. To wierzenie w Mesjasza było wybielonym kłamstwem, aby ukryć ważność wyspecjalizowanej prokreacji, jak zostało to już ukazane w Pięcioksięgu Starego Testamentu.

Gardner był Rycerzem Templariuszem, który czcił Maryję i Jezusa. Zapewniał on, że Rycerze Templariusze chcieli ochrony dla poszerzonego rodu Józefesa. Masoni oraz pokrewne im tajne stowarzyszenia, również chcą chronić ten ród i prowadzeni oni są przez 13 głównych rodzin tego rodu, zwanych Iluminatami. Jednakże nie był to jedyny ród, który chronili, gdyż wymieszany on był z rodem Yahshua-Sanandy, jak pokazane zostało w „ Spleceni ze sobą Yahshua".

Jezus, Maria Magdalena oraz ich syn Józefes reprezentują ostatnią chrześcijańską trójcę. Większość Gnostyków postrzegało Marię Magdalenę na równi z Jezusem, gdyż wierzyli, że jest ona reinkarnacją Zofii. Rozdział 7 potwierdza, że Maria Magdalena faktycznie była kontrolowana przez grupy bytów Zofii. Gnostyckie malowidła opisują ja jako czarną, ponieważ Zofia „istniała w ciemności Chaosu przed Stworzeniem" (s. 122).⁶⁹

„Podróżnicy II" twierdzą, że Maria Magdalena przeniosła się do Francji, aby chronić swoje dzieci przed politycznym prześladowaniem spowodowanym naukami Yahshuy-Michała. Zapewniam, że nauki te próbowały zjednoczyć ludzi pod sztandarem bardziej wyrafinowanego postrzegania Mesjasza, zamiast pod jakimkolwiek motywem samo-umocnienia. Zanim przeprowadzili się do Francji, Jeshewua miał już z Marią trójkę dzieci, co oznacza, że Michał wykorzystał go do tych działań.

GA oznajmia, że Yahshua-Michał dołączył do swojej żony w 25 r. n.e., aby uciec przed prześladowaniem podczas wspieranej przez YHWH migracji. Jeshewua miał 32 lata.[121] Historia Ligii Opiekunów nie mówi prawdy o przejęciu Yahshuy-Michała, tak więc nie ujawniono żadnej informacji na temat tego, czy Jeshewua został uwolniony z przejęcia, kiedy pojechał do Francji. Jeśli został uwolniony, musiał być nieźle zszokowany, kiedy znalazł się w nowym kraju, z nową rodziną. Zamiast tego proponuję pogląd, że potrzebował on trochę czasu na ponowną edukację w bardziej znajomym środowisku, co wyjaśnię wkrótce.

YHWH chronił swoich Yahshua i często umieszczał ich w tajnych miejscach. Jedną z takich lokalizacji była Wielka Piramida w Gizie. Byty YHWH połączyły piramidę ze sztucznym systemem pomostowym, za pomocą którego mogli oni spotkać swoich „wybrańców" pod koniec ich życia i manipulowali swoją technologią, aby umożliwić ludziom przejście przez portal do wyższego wymiaru. Rozdział 8 ujawnia ten portal jako Trzecie Oko Horusa. ATI,TPE informuje, że procedura ta nie była procesem ascendencji, sztucznej ani żadnej innej, lecz służyła ukrycia tych ludzi, po tym jak wypełnili swoją misję.

Chociaż Michał i Sananda nauczali o wniebowstąpieniu za pośrednictwem swoich Yahshua, ich wersje nauk dla mas kierowały do „nieba" poprzez śmierć. W procesie tym ludzie potrzebowali ofiary z baranka, aby utorować sobie drogę. Michał wciąż potrzebował Jeshewuy, więc ktoś inny musiał umrzeć na krzyżu.

Arihabi

Arihabi urodził się w Jerozolimie, a później stał się nieznanym zastępstwem jako ofiarny Chrystus.[121] Żeby otrzymać wspaniałe wizje i aby zmusić go do uwierzenia, iż jest prawdziwym Mesjaszem, został on częściowo przejęty przez byt YHWH, najprawdopodobniej Gabriela. Mógł też również myśleć, iż jest Jeshewua.

Arihabi umarł na krzyżu. GA oraz ATI,TPE potwierdzają, że Elohim przywrócili Arihabi do życia. To właściwe zmartwychwstanie miało miejsce po zainscenizowanym, fałszywym zmartwychwstaniu, w którym zaawansowane istoty wykorzystały wstawki holograficzne na miejscu zdarzenia.[121]

Kilka lat temu znalazłam na Internecie przekaz chanelingowy, z którego szczegółowa informacja o wydarzeniu zmartwychwstania została usunięta. Byt dający ten przekaz, naukowiec genetyczny, przebywał w statku kosmicznym, nad miejscem ukrzyżowania, który uniósł „ciało Chrystusa". Niebo zostało przyciemnione tak, aby nikt nie mógł zobaczyć, co znajduje się za chmurami. Naukowiec z innego świata wskrzesił świeżo zmarłe ciało Arihabiego, tak, że esencja jego duszy powróciła do niego. Nie wiem, czy chaneling ten usunięty został dlatego, że ujawniał za dużo, ale mam nadzieję, że ludzie mogą zlokalizować taką informację, jeśli jest to możliwe.

Z obydwu opowiadań wywnioskowałam, że statek kosmiczny, prawdopodobnie pod zasłoną energetyczną, umieszczony został nad miejscem ukrzyżowania, tak, aby mógł wyświetlić hologramy fałszywego zmartwychwstania i zaraz po tym mógł odzyskać z grobowca ciało Arihabiego.

Ewangelia św. Jana, rozdział 20, wers 17 opowiada o Yahshua przed jego zmartwychwstaniem oraz „wniebowstąpieniem": powiedział on Marii Magdalenie: „Nie dotykaj mnie, gdyż jeszcze nie wniebowstąpiłem do Ojca". Tego wieczoru „Yahshua" pojawił się w podobny sposób u swoich apostołów, za zamkniętymi drzwiami. Tym Yahshua był Arihabi, ponieważ pokazał apostołom swoje rany. Kilka wersów dalej oznajmia, że Maria „nie wiedziała, że to był Jezus (Ewangelia św. Jana 20:14), co prawdopodobnie nie oznaczało, iż nie rozpoznała swojego męża, zamiast tego mogły ona dawać do zrozumienia, że wiedziała, iż Arihabi nie jest Jeshewuą lub też czymś z innego świata, gdyż w jego miejsce wyświetlony został hologram. Dopiero po ośmiu dniach pozwolił on swojemu apostołowi Tomaszowi dotknąć jego ciało.

Kiedy Arihabi pozwalał Tomaszowi dotknąć go, był już wówczas w pełni naprawiony. Przedtem znajdował się on na statku kosmicznym, a w jego miejsce pokazywany był hologram, potwierdza ATI,TPE.

21 października 2011 roku zapytałam ATI,TPE: „Jak oni to zrobili, że hologram tak realistycznie poruszał się i mówił?"

Odpowiedziało ono: „Była to projekcja >>Jezusa<< w ruchu, ze statku kosmicznego".

Reintegracja ciała Arihabiego dla hologramu nastąpiła szybko, żeby wtedy pokazać go w akcji, zanim powrócił, był też szkolony przez byty na statku, potwierdza ATI,TPE. Wtedy to Arihabi przebywał ze swoimi apostołami i dokonał kilku cudów, dzięki bytom, które były przy nim. Liga Opiekunów oznajmia: „Po tym zabrany został do Indii, gdzie żył jeszcze 30 lat" (s. 102).[121]

Ponieważ Arihabi był faktyczną ofiarą, daje to dalej do myślenia, kiedy rozważymy cel tak ekstremalnego samo-poświecenia. Cała ta religijna agenda postrzegana może być jako przedstawienie i odwrócenie uwagi, ale to odwrócenie uwagi obejmuje zdradliwe działania, które zazwyczaj traktują ludzi jako zbytecznych. Arihabi był „wybranym" YHWH, aby zostać zmanipulowanym i zabitym, podczas gdy ulubieni robotnicy i „dzieci" YHWH byli chronieni. Agenda jest numerem jeden, zaś ludzie są jej pionkami.

Spleceni ze sobą Yahshua

Ścieżki Sanandy i Michała jako Yahshua nachodziły na siebie niezliczoną ilość razy. Liga Opiekunów oznajmia, że obydwaj Yahshua udali się do Gizy w Egipcie na „inicjację, trening wniebowstąpienia oraz święcenia jako kapłani Melchizedeka i część z tych obrzędów przeprowadzana była przez Jesheuę-12 [Sanandę]" (s. 101).[121] GA mówi, że przed ich święceniami w Egipcie, kiedy każdy z nich miał po 20 lat, obydwaj wiele podróżowali i byli szkoleni. Yahshua-Michał był szkolony w wielu doktrynach wewnętrznej wiary, w Nepalu, Grecji, Syrii, Persji i Tybecie. „Księga Urantii" oświadcza, że studiowali oni również w Indiach. Yahshua-Sananda studiował głownie w Indiach i Persji, dlatego jego nauki posiadają naleciałości Wschodu.

Nie chcę więcej przytaczać opowieści Ligi Opiekunów (skrót GA) o Yahshua, ponieważ przekazane one są z ich perspektywy, jako tych będących w pełni inkarnowanymi. Wielokrotnie pytałam Wszystko Co Jest, Czystą Esencję (skrót ATI,TPE), czy Yahshua byli w pełni przejęci i odpowiedź zawsze padała „tak". Dlatego ci Yahshua nie musieli niczego się uczyć ani przechodzić żadnego szkolenia, jeśli zostali przejęci po 12-tym roku życia, gdyż istoty, które ich przejęły miały nad nimi kontrolę wraz z własnymi zdolnościami i agendami. ATI,TPE oznajmia, że prawdziwa nauka miała miejsce, kiedy Yahshua mieli mniej niż 12 lat. „Księga Urantii" twierdzi, że młodzi chłopcy z wyjątkowymi zdolnościami zabierani byli do Aleksandrii w Egipcie, aby tam się uczyli. Najprawdopodobniej YHWH zabrał ich również jeszcze gdzieś indziej.

Prawdopodobnie najmocniejszym połączeniem pomiędzy Yahshuą-Michałem a Yahshuą-Sanandą była Maria Magdalena. Zanim Maria Magdalena wyjechała do Francji, Yahshua-Sananda spotkał się z nią na osobności. Była ona zamężna z Yahshuą-Michałem, ale jak potwierdza ATI,TPE, miała ona również inne dziecko z fizycznego zespolenia z Yahshuą-Sanandą. ATI,TPE ujawnia, że Maria Magdalena była mocno kontrolowana przez byt zwany Pani Nada, którego wyznawcy New Age uznają za „bratnia duszę" Sanandy w ich wyższym świecie. Zeszli na Ziemię, aby razem przeprowadzić misję. Jeśli mielibyśmy wydedukować, które spośród kilkorga uczestników misji miało preferowaną linię krwi, myślę zdecydowanie, że to Sara była „Świętym Graalem", a nie Józefiusz czy Tamar.

Sara opisana została w książce pt.: „Kobieta z alabastrowym dzbanem. Maria Magdalena i Święty Graal":

> W mieście Les Saintes-Maries-de-la-Mer we Francji, co roku, od 23 do 25 maja, obchodzone jest w kaplicy święto na cześć egipskiej Świętej Sary, zwanej także Sarą Kali, „Czarną Królową".

Wnikliwsze badanie ujawnia, że święto to, które pochodzi ze średniowiecza, jest ku czci „egipskiego" dziecka, które towarzyszyło Marii Magdalenie, Marcie i Lazarusowi, kiedy przybyło z nimi w małej łódce do wybrzeża, mniej więcej w tym miejscu, około 42 r. n.e. (s. 60).[127]

GA nie ujawnia tego faktu, ale Archanioł Michał ujawnia Sarę jako (SaRa) w jednym z channelingów do kobiety o nazwisku Candace Fireze, z 18 listopada 2005 r., chociaż przesłanie to zawiera również dezinformację.[128] Gnostyccy czcili Sarę tak samo jak Marię Magdalenę i Zofię, dlatego ich obrazy przedstawiają ją jako czarną.

Skoro więc Sara jest Świętym Graalem, Rycerze Templariusze oraz Masoneria musieli zaciekle strzec tej informacji. Liga Opiekunów opisuje Sanandę jako prawdziwego Chrystusa, ale można tylko spekulować, który Yahshua był faworyzowany przez tajne stowarzyszenia, skoro akceptowały one obydwu z nich. Nie wydaje się to być korzystne dla żadnego z tych „zbawicieli", ponieważ Chrześcijaństwo twierdzi, iż tajne stowarzyszenia pochodzą od „Diabła".

Jak już stwierdziłam poprzednio, Sananda opuścił swoje ciało Yahshuy w roku około 27 n.e. GA mówi, że Yahshua-Michał pozostał dłużej na Ziemi, zanim przy pomocy Elohim w 47 r. n.e. dokonał wniebowstąpienia z Tybetu; jednak jak potwierdza ATI,TPE, Michał opuścił jego ciało Yahshuy wcześniej aniżeli w 47 r. n.e., podczas gdy Jeshewua naturalnie pozostał.

Po zmartwychwstaniu i przelokowaniu, Arihabi oraz Yahshua wciąż byli aktywni. Istnieje wiele relacji o świętych, którzy podróżowali po różnych krajach. Mężczyzna nazywany Yuz Asaf, co oznacza Przywódca Uzdrowionych, podobnie do Jezusa w Ewangeliach, dokonywał uzdrowień we wschodniej Anatolii i Persji.[129] Koran do Jezusa odnosi się jako do 'Isa.[130] Również mężczyzna o imieniu Issa, oznaczającego Chrystusa, był niezwykle czczony w północnych Indiach wraz z matką Jeshewuy, Maryją. Według książki pt.: „Jezus żył w Indiach" autorstwa Holger Kersten, historyczny dokument indyjski z Kaszmiru oznajmia, że 'Isa był również znany jako Yuz Asaf. Obydwa z jego tytułów, Issa oraz Yuz Asaf, zostały przypisane na jego cześć do lokalizacji Kaszmiru i okolicznych terenów, uważa się, że w pojedynczym grobowcu w Kaszmirze przechowywane są jego szczątki.[129]

ATI,TPE potwierdza, że zarówno Jeshewua oraz jego matka byli w Indiach razem; chociaż do tego czasu Jeshewua był już wyzwolony z przejęcia przez inny byt. Zanim powrócił do swojej rodziny do Francji, potrzebował szkolenia integracyjnego ze swoją matką. Potwierdza to, że po pełnym przejęciu konieczne jest szkolenie. GA twierdzi, że Jeshewua udał się do Francji, aby być z Marią Magdaleną i jego dziećmi, a później powrócił do Indii. Wątpię, aby powrócił do Indii po tym, jak zintegrował się ze swoją nową rodziną. Po poproszeniu ATI,TPE o wyjaśnienie, odpowiedziało ono: „Jeshewua nie powrócił do Indii, jak oświadczyła Liga Opiekunów".

Święty Issa umarł w Kaszmirze, kiedy miał około 80 lat. GA twierdzi, że Arihabi umarł, kiedy miał 60 lat, tak więc nie mógł być Issą. Skoro Sananda opuścił ciało około roku 27 n.e., a Jeshewua przebywał głównie we Francji, wówczas Jeshua musiał być 'Isa, Issa i Yuz Asaf, chyba że tytuły te nadano również Jeshewua, kiedy przebywał on na szkoleniu integracyjnym ze swoją matką. ATI,TPE ujawnia, że Jesheua był częściowo przejęty przez byt YHWH, dlatego mógł dokonywać drobnych cudów do końca swego życia. Wnioskuję, że przydarzyło się to również Jeshewua.

Kersten oświadcza, że Issa dużo podróżował do odległych miejsc, takich jak Zachodnia Europa i Anglia, ale myślę, iż Jeshewua objął ten obszar. Ludzie donieśli, że widzieli Yahshua wraz z Marią; w zależności od obszaru i czasu, byli to jedni z dwojga Yahshua i Marii, aczkolwiek w Zachodniej Europie byliby to Maria Magdalena i Jeshewua. Jesheua objął inny duży region, do którego finalnie przybył z matką Jeshewuy, Marią, w górnej Dolinie Indusu. Umarła tam w mieście, które na jej część przemianowane zostało na Mari.[129] Maria stała się czczona w swoich własnych podróżach za swoją częściowo opętaną pracę. Jeśli chodzi o Marię Magdalenę, jak twierdzi ATI,TPE, większość czasu pozostawała ona we Francji, po czym ostatecznie zmarła w jaskini.

Liga Opiekunów może nie chcieć równać Yahshua-Sanandy z dobrze znanym cudotwórcą ze Wschodu, ponieważ może to rodzić pytania dotyczące tożsamości Sanandy i Jesheuy – preferowanego przez GA „Jezusa"; prawdopodobnie dlatego twierdzą, że Yahshua Michała pozostał w Indiach z powodu publicznych i dyskusyjnych wystąpień. Chociaż GA twierdzi, iż Jeshewua przypuszczalnie wniebowstąpił, to jeśli wgłębimy się w jego późniejszą pracę, to tak czy inaczej zaczęlibyśmy kwestionować Jesheua.

Ja i moja mama potrzebowałyśmy wiele starań, aby uzyskać wyraźne odpowiedzi odnośnie dwóch popularnych Yahshua. Czasami, zwłaszcza w początkowym okresie zadawania pytań, w połowie przekazu występowały zakłócenia. Nie było to łatwe do wykrycia, zanim nie nauczyła się dobrze dostrajać swoje umiejętności i zatrzymywać komunikację w trakcie, aby odepchnąć wtrącające się byty. Najtrudniejszym aspektem całego tego śledztwa dla mnie było rozszyfrowanie krótkich odpowiedzi ATI,TPE pośród kilku postaci Yahshuy oraz zmieniających się nawzajem partnerów ich działań. Historia Jezusa była trudna do odszyfrowania, ale wiele razy dopytywałam się ATI,TPE o klarowniejsze odpowiedzi i myślę, że rozwiązałam tę łamigłówkę wystarczająco dobrze.

Ponieważ istnieje wiele wersji o Jezusie i Mesjaszu, to aby zrozumieć, dlaczego istniały takie różnice, myślę, że dobrze jest przyjąć wszystkie informacje. Możemy także zrozumieć, że w naszych genach są geny półboga, a lepiej jesteśmy w stanie pojąć to, nie oddając swojej mocy tzw. bogom. Proces ten mógłby uwiarygodnić religie każdego, dzięki posiadaniu odrobiny faktów, poza możliwie większą historią. Następnie pomogłoby to nam w próbie zrozumienia, po co są religie oraz moglibyśmy lepiej rozróżnić, dlaczego inne byty chcą być zaangażowane na Ziemi. YHWH jako połączona grupa stałaby się również rozdzielona na kilku Bogów z określonymi rolami. Dlaczego przedstawiłam *Boga* w liczbie mnogiej, kiedy to powinien on mieć status pojedynczej osoby? Otóż, wszechmocny, wszechwiedzący, doskonały Bóg jest w zasadzie wieloma różnymi bytami, Bogami, które przejmują władzę nad czymś bądź nad kimś. Sananda i Michał, jako byty wyłącznie wpływające na swoich Yahshua, byliby właśnie dwoma Bogami YHWH.

<u>Dostrajacze Myśli</u>

„Księga Urantii" (ang. *The Urantia Book*, skrót UB) rozprawia na temat przejęcia przez inne istoty oraz klasyfikacji tych istot zwanych „Dostrajaczami Myśli". Książka ta jest źródłem chanelingu serafinów oraz innych anielskich istot, które na końcu każdej części tej książki podają swoje tytuły lub imiona oraz wyjaśniają swój punkt widzenia na temat władzy Michała z Nebadonu, w którym był lubiany wszędzie i przez wszystkich. Przekazują oni wiele rozmaitych opowiadań (często tendencyjnych i ograniczonych w wiedzy) o historii Ziemi, kosmosu oraz wpływie Michała na „Joszuę ben Józefa" jako Yahshuę.[17]

UB pojawiła się etapami w latach 1924-1955, jako szczegółowy chaneling dla mężczyzny z Chicago, w stanie Illinois.[131] Jej opowieść o Jezusie mówi, że Michał reinkarnował właśnie jako on; dlatego Michał potrzebował duchowego przewodnictwa w tej gęstej formie, aby pamiętać o swojej roli.

> Działania Dostrajacza w waszym lokalnym wszechświecie kierowane są przez Osobistego Dostrajacza Michała z Nebadonu, tego samego Kontrolera, który prowadził go krok po kroku, kiedy wiódł swoje ziemskie życie w ciele Joszuy ben Józefa. Ten wyjątkowy Dostrajacz godny był jego zaufania i ten Kontroler dzielnie kierował naturą ludzką, zawsze prowadząc śmiertelny umysł Rajskiego Syna w wyborze właściwej ścieżki, ku doskonałej woli Ojca. Poprzednio, za czasów Abrahama, Dostrajacz ten służył z Machiventą Melchizedekiem i dokonał ogromnych wyczynów, zarówno przed tym wcieleniem, jak też pomiędzy tymi doświadczeniami (1200.4).[17]

Jak potwierdzone zostało przez Wszystko Co Jest, Czystą Esencję, Dostrajaczem tym był Archanioł Gabriel, ale jak wyjaśniłam, istnieje wiele Dostrajaczy lub Duchów Świętych. Wiemy, że Michał nie był reinkarnacją Yahshuy, lecz był jego zupełnym „Dostrajaczem Myśli", jak jego grupa woli nazywać tę rolę. Jeśli Dostrajacz Myśli jest taką szlachetną rolą, dlaczego więc byty nie mówią, że Michał był właśnie Dostrajaczem Myśli? Prawdopodobnie dlatego, że stanowisko to nie jest takie uczciwe, jakim starają się oni je uczynić, a byt, który staje się człowiekiem, jest bardziej zgodny z nami.

„Samotny posłaniec" z odległego miejsca zwanego Orvonton, przyznaje że Dostrajacze Myśli są uporczywi i kształtują oni proces myślowy za człowieka w stronę jego „boskiego" planu (1240.2). „W sposób pośredni i nierozpoznany Dostrajacz ciągle komunikuje się ze swoim ludzkim podmiotem, zwłaszcza podczas tych podprogowych doświadczeń czcigodnego kontaktu umysłu z duchem w nadświadomości" (1203.3).

Po tym, jak ludzki umysł zmieniony zostaje na duchowy, wiekuisty sposób myślenia oraz po tym, jak umrzemy, stajemy się zespoleni z tym dostrajaczem na wieczność. „Zespolona jednostka jest naprawdę jedna osobowością, jedną istotą, której jedność przeciwstawia się wszystkim staraniom analizowania przez inteligencje wszechświatów" (1238.3). Ta jedność nigdy nie pozwala na posiadanie własnej tożsamości. Nie jest to tylko częściowe przejęcie, lecz pełne przejęcie.

Posłaniec z Orvonton oznajmia:

> Kiedy Dostrajacze Myśli zamieszkują ludzkie umysły, przynoszą ze sobą wspaniałe kariery, idealne życia, tak jak zostało to ustalone i wyznaczone przez nich samych oraz Osobistych Dostrajaczy z Divinington, co poświadczone zostało przez Dostrajacza z Urantii. Wówczas zaczynają oni pracę z określonym i ustalonym wcześniej planem dla intelektualnego i duchowego rozwoju ich ludzkiego podmiotu, lecz na żadnym człowieku nie ciąży obowiązek przyjęcia tego planu. Wszyscy jesteście przedmiotami odgórnego planowania, ale nie jest to narzucone, że musicie zaakceptować to odgórne planowanie; posiadacie pełną swobodę odrzucenia każdej z części lub całości programu Dostrajacza Myśli. Ich misją jest takie wyzwolenie zmian w umyśle oraz takie duchowe dostrojenie, byście samowolnie i inteligentnie, do samego końca, upoważniali ich do uzyskania większego wpływu nad ukierunkowaniem osobowości, ale pod żadnym pozorem tacy boscy Monitorzy nie wykorzystują was w żaden sposób, przymusowo wpływając na was w dokonywaniu wyborów i podejmowaniu decyzji. Dostrajacze szanują niezależność waszej

osobowości; *są oni zawsze ulegli waszej woli* (1204.5).

W metodach swojej pracy są oni konsekwentni, sprytni i doskonali, ale nigdy nie działają z przemocą w stosunku do dobrowolnej indywidualności ich gospodarza (1204.6).[17]

Przesłanie to jest przesiąknięte sprzecznościami: celem tych istot jest kontrolowanie nas, ale w jakiś sposób podlegają one naszej woli. Jak możemy posiadać własną wolę, kiedy oni uporczywie ukierunkowują nas? Każda wzmianka o naszej kontroli przyczepiana jest do naszej refleksji o bezsilności, zmuszając nas do myślenia, że pozwalamy im kontrolować nas, kiedy oni raczej chcą wpłynąć na nasze przeznaczenie.

Wreszcie, przesłanie to mówi, że forma jakiegoś ich szacunku do nas nakazuje im, aby nas nie krzywdzić fizycznie, ale powiedziane jest to w kontekście, kiedy już jesteśmy ich gospodarzami. Jeśli powiedzielibyśmy im, żeby zostawili nas w spokoju, potencjalnie mogliby nas skrzywdzić, jak donosi wielu ludzi, którzy sami usiłowali oswobodzić się spod demonicznego napastowania. Pocieszcie się, że możemy sobie z nimi poradzić, jeśli jesteśmy ugruntowani w naszej osobistej energii i mamy poczucie samych siebie. Jeśli zmagamy się z naszym uziemieniem, wówczas możemy zrobić wszystko, co w naszej mocy, aby z czystą intencją połączyć się z naszym najgłębszym rdzeniem, naszym Wyższym ja oraz ze Wszystkim Co Jest, Czystą Esencją, aby nas wsparły. Rozdział 9 naświetla, jak możemy wyraźnie poznać siebie i w „Technikach" rozdziału 11-go wyjaśniam mój proces sięgania do mego rdzenia oraz do Wszystkiego Co Jest, Czystej Esencji.

Wielu ludzi, poddanych indoktrynacji, nie posiada świadomości wewnątrz ich samych oraz ich struktur społecznych, żeby wyrwać się z duchowych wpływów. Chciałabym, aby zwracali więcej uwagi na oczywiste i subtelne sprzeczności ich wewnętrznego wskaźnika, tak aby krok po kroku uwolnili się sami, jednakże mają tę niesprawiedliwą ułomność, że bombardowani są zmienianymi myślami. Jest to trudne, zwłaszcza kiedy częściowe przejęcie zaczyna się w wieku niemowlęcym lub wczesnodziecięcym. Ich całe poczucie samych siebie zostaje zaburzone, stąd potrzebują oni znacznie więcej wewnętrznej siły, aby być w stanie dowiedzieć się, kim są względem tego, co powiedział im ich mentalny program. Przejęcia są znacznie bardziej inwazyjne, niż przedstawia to jakikolwiek światopogląd, ale możemy zerwać z nas ich szpony, jak uczyniłam to ja, moja mama oraz niezliczona ilość innych ludzi. Moja mama widziała, że są to prawdziwe szpony, gdyż widziała je nade mną, kiedy byłam jeszcze na swojej religijnej ścieżce.

„Księga Urantii" stara się przedstawić typową historię ewolucyjną człowieka, w której potrzebujemy innych istot, aby nas ocaliły, ale ujawnia informacje o tym, że te istoty chcą, byśmy im pomogli. Ludzie inteligentni i uduchowieni, czy też w zasadzie każdy, kto jest naturalnie uzdolniony i pełen potencjału, wyszukiwany jest przez te istoty, żeby móc się od nas uczyć, a także uzyskać dzięki nam wyższy stopień i status. Dostrajacz Myśli (Duch Święty, anioł, bóg lub Bóg) pragnie doświadczyć jej lub jego podmiotu za pośrednictwem jakiegoś rodzaju przejęcia, żeby nauczyć się więcej o ludzkim ciele i umyśle. Związek ten otwiera drzwi do aniołów stróżów, znanych jako „osobiści Serafinowie" lub do innych pomocników jak cherubini, aby wskoczyć na swojego gospodarza (1241.7). Kiedy Serafinowie przypisani zostają ludziom, żeby na nich wpływać, awansują oni do rangi „strażników przeznaczenia" (1242.5). „Jedną z najważniejszych rzeczy, jakie dla swojego śmiertelnego podmiotu robi strażnik przeznaczenia, jest oddziaływanie na osobistą koordynację licznych bezosobowych duchowych wpływów, które zamieszkują, otaczają oraz uderzają w umysł i duszę ewoluującej materialnej istoty" (1244.2). Kiedy godzimy się na dopuszczenie boga do naszego życia, wygląda to tak, jakbyśmy zgadzali się stać przedmiotem testów i badań dla mnóstwa bytów, aby mogły używać nas tak, jak chcą.

Trochę szerzej zostaje to wyjaśnione, gdy przemawia naczelny serafin:

> Z chwilą, kiedy przewodnie światło znika w ludzkim umyśle [Uwaga: Nie, nie tracimy wtedy umysłu ani tożsamości!], czyli jasność ducha, którą serafin utożsamia z obecnością Dostrajacza, wtedy anioł prowadzący zgłasza się osobiście, po kolei do aniołów dowodzących grupą, kompanią, batalionem, jednostką, legionem i gospodarzem; po tym, jak zostaje należycie zarejestrowany na swoją finałową przygodę w czasie i przestrzeni, anioł taki otrzymuje zaświadczenie od planetarnego serafina naczelnego o stawieniu się przed Wieczorną Gwiazdą (lub innym porucznikiem Gabriela) będącego dowódcą armii serafinów, danego kandydata do wniebowstąpienia do wszechświata. Po otrzymaniu pozwolenia od dowódcy tej najwyższej jednostki organizacyjnej, taki strażnik przeznaczenia udaje się do pierwszego wymienionego świata i oczekuje tam na uświadomienie sobie jego poprzedniego wychowanka w ciele (1246.6).
>
> Wszyscy Serafinowie posiadają własne imiona, ale w aktach zadań przydzielonych do służenia na świecie, mają oni często przydzielane planetarne numery. Anioł przeznaczenia podmiotu ludzkiego, wykorzystanego do tej komunikacji, jest numerem 3 z grupy 17, kompanii 126, batalionu 4, jednostki 384, legionu 6, gospodarza 37, że 182 314-tej Serafinowej armii Nebadonu. Obecny numer zadania tego serafina na Urantii i dla tego podmiotu ludzkiego to 3 641 852 (1243.3).[17]

UB postrzega serafinów jako aniołów niższego szczebla, którzy chcą uzyskać wyższy rangą stopień, gdyż uważają siebie za cześć armii. Stopień ten nie jest jedynie częścią armii, lecz, co ważniejsze, jest on częścią cyklu wniebowstąpienia wyżej, poprzez niebiańskie wymiary. UB przedstawia Michała jako kolejny typ anioła, który miał takie samo pragnienie, ponieważ wypełnił już kilka misji dla poniesienia swojej rangi.

Według naczelnego serafina, dołączymy do jego armii, kiedy pozwolimy serafinom poprowadzić się.

> Rasa ludzka, stworzona została trochę niżej, aniżeli prostszego typu struktury anielskie. Dlatego naszym pierwszym zadaniem życia w moronii [miejscu po śmierci], będzie bycie asystentem serafina w bezpośredniej pracy, w której osiągniesz świadomość osobowości po wyzwoleniu się z więzi ciała (1248.3).[17]

Widzę dwa powody, dla których te byty mówią, że potrzebujemy ich, kiedy w rzeczywistości to one potrzebują nas. Oczywistym powodem w powyższych fragmentach jest to, że potrzebują nas, aby dołączyć do ich armii. Realistycznym i głównym powodem zaś jest to, że Serafinowie i podobne im byty utknęły gdzieś jako upadli aniołowie; dlatego muszą podczepić się do naszego duchowego lub eterycznego ciała, byśmy potencjalnie zabrali ich ze sobą w naszym procesie ascendencji (wniebowstąpienia). Inny wariant tej możliwości, który ofiarowuje najbardziej prawdopodobny scenariusz, jest taki, że potrzebują nas oni dla naszej energii, aby mogli zachować swoją egzystencję upadłych aniołów i zaprowadzić nas do niebiańskiego „piekła", które odcięte jest od naturalnego procesu ascendencji.

Jedynym powodem według Księgi Hebrajczyków, rozdział 2, wersy 7 i 9, dla którego ludzie i Jezus stworzeni zostali trochę niżej od aniołów, jest to, że umieramy w tym ciele. Jak wyjaśniają kolejne rozdziały, wzorzec ludzkiego DNA jest w zasadzie nadrzędny w stosunku do religijnych aniołów i bogów, chociaż nasza obecna powłoka jest bardziej krucha. Skoro te byty potrzebują ludzi nawet w naszym obecnym naruszonym stanie, świadczy to o tym, że wciąż posiadamy niesamowite atrybuty.

Naczelny serafin oświadcza:

> Jest to rzeczywiście epokowe w karierze wznoszącego się śmiertelnika, to pierwsze przebudzenie na brzegu tego misyjnego świata; oto po raz pierwszy, faktycznie ujrzeć od dawna was kochających i zawsze obecnych, anielskich towarzyszy ziemskich dni; tam oto także stać się świadomym tożsamości i obecności boskiego Monitora, który od tak dawna zamieszkiwał wasz

umysł na Ziemi. Takie doświadczenie powoduje chwalebne przebudzenie, prawdziwe zmartwychwstanie (1248.1).[17]

Byty te popędzają nas, byśmy dołączyli do nich w ich królestwie. Mam nadzieję, że tylko ci ludzie, którzy samowolnie pragną złączyć się z nimi, dołączą do nich w życiu po śmierci. Kiedy odsłoni się szerszy obraz, wtedy to od tych ludzi zależy, aby zdecydowali, czy chcą pozostać w tamtym stagnacyjnym świecie, który istnieje, jeśli zachowają oni świadomość i zdolność do ucieczki. Istnieją znacznie lepsze miejsca dla nas, do których możemy pójść.

Rola Mesjasza/Zbawiciela, Yahshua/Jezusa w Judeo-Chrześcijaństwie odgrywana już była przez wielu ludzi i wciąż może rozszerzać swój charakter, ponieważ bosko-ludzki „półbóg" jest namacalnym połączeniem między Bogiem a nami. W religie oraz duchowość głównego nurtu została wbudowana historia o prymitywnym człowieku, który może wznieść się tylko przy pomocy bytu z innego świata. Postać najwyższego Boga pociąga za sobą coś zbyt obcego i dosadnego dla nas, tak więc cóż za sprytnym spiskiem jest umieszczenie w naszym życiu pewnego typu półboga, nie tylko jako przykład do naśladowania, ale jako naszego zbawiciela, który wyzwoli nas z naszych wszystkich problemów. Ten półbóg jest mądrzejszy, czystszy i potężniejszy od nas zwykłych ludzi, ale on czy ona również doświadczyli życia podobnego do naszego, lecz wyszli z niego bez grzechu. Jeśli ten super człowiek pozostaje wspaniały po tym, jak doświadczył naszych zmagań, wówczas wart jest tego, aby go czcić. Oczywiście jest w tym pułapka – najpierw musimy umrzeć. Ścieżką do życia jest śmierć, tak więc nikt nie pokona żadnych trudności. Kontrola naszych umysłów nie pomaga nam również pokonać żadnych problemów. To zbawienie „ratuje" nas raczej od nas samych.

Kiedy zdamy sobie sprawę z tego, że jesteśmy czymś więcej, aniżeli zostaliśmy nauczeni przez religijne i duchowe systemy wierzeń, pęta na naszych własnych umiejętnościach, wiedzy i wewnętrznej mądrości zostaną rozluźnione, zaś my, razem i z osobna, możemy znaleźć własny sposób na życie poza pułapką śmierci, którą stworzyły religijne byty.

Tragiczny aspekt religii jest wtedy, kiedy jej podmioty nie mogą użyć własnego umysłu i zmuszane są do naśladownictwa; mówię tutaj o dzieciach, które są dogłębnie indoktrynowane przez swoich rodziców. Niektóre religie są tak związane z rodzinnym honorem, że dzieci na zawsze czują dług wdzięczności w stosunku do swoich rodziców, w szczególności do ich ojców.

Kilka lat temu czytałam artykuł prasowy o dorosłym mężczyźnie z kraju muzułmańskiego, który wyjechał do Ameryki Północnej i przeszedł na Chrześcijanizm. Po powrocie do swojego rodzinnego kraju był przerażony tym, że ma powiedzieć komukolwiek o jego nowej religii, ponieważ nie tylko czuł on hańbę w stosunku do swojej rodziny, ale również władze mogły ukarać go karą śmierci. Kiedy powiedział swemu ojcu, ten wyparł się go, aczkolwiek władze oszczędziły jego życie. Jego ojciec wyjaśnił mu, że syn zobligowany jest do tego, żeby robić to, co chce jego ojciec. W zasadzie to syn jest niczym innym jak własnością ojca. Historia ta odnosi się do Jezusa, gdyż wszystko, co zrobił, zrobił dla swego Ojca.

Dzieci dorastają, chcąc zadowolić swoich rodziców, włączając w to wierzenie w historie, które się im opowiada. Kiedy rodzina wyznaje jakąś religię – wierzenie oparte na bytach, cały dom zostaje zaznajomiony z tymi bytami, dlatego dzieci nie mogą wymknąć się spod ich wpływu. Na szczęście dzieci, które słuchają swojej niezależnej świadomości, mogą odłączyć się od wpływów tych bytów, ale cierpieć mogą z powodu reperkusji społecznych, kiedy odmówią religijnych rytuałów. Mam tylko nadzieję, że zdają sobie one sprawę z tego, że świat jest znacznie większy od ich kręgu społecznego i znajdą wreszcie innych ludzi, którzy będą ich wspierać.

Ponieważ religie są strukturami politycznymi i społecznymi umieszczonymi nad naszą całą egzystencją na Ziemi, ich zasadniczym celem jest kontrola naszych umysłowych, duchowych oraz emocjonalnych energii, które kierują naszym ciałem. To czyni wierzenie religijne spreparowaną siłą, którą można pokonać przy pomocy naszych wewnętrznych energii. Ostatecznie, nikt nie może kontrolować naszego umysłu, ducha lub emocji, za wyjątkiem nas samych. Zatem, uczmy i słuchajmy siebie samych, tak byśmy mogli kierować naszymi fizycznymi ciałami dzięki własnym, mądrym pragnieniom.

Część 3

Jak się ma ziemia do kosmosu

Rozdział 6

Naukowe pochodzenie nienaturalne kontra naturalne

Rozprawy naukowe zadają sobie pytanie, czy wszechświat stworzony został w wyniku inteligentnego projektu, przypadkowego zdarzenia, czy też obydwu po trochu. Zazwyczaj zgadzają się one z tym, że jest to nienaukowe i nierzeczywiste, aby postrzegać inteligencję jako funkcję poznawczą Boga posiadającego zdolność do zaprojektowania każdego aspektu i substancji których materia może scalać się i funkcjonować w różnorodny sposób. Niemniej jednak, niektóre kosmologiczne teorie włączając w to teorie Wielkiego Wybuchu zachowają prawdopodobnie podobny, zbyt uproszczony brak realizmu, w których pojedynczy byt energetyczny opanował i powiększył właściwości całej kreacji w znanym nam wszechświecie.

Darwinowska teoria stworzenia jest kusząca, ponieważ naukowcy wiedza, że cokolwiek zostało stworzone posiada potencjał aby zrobić coś wbrew naturze i zwrócić kreacje w innym kierunku. Zgodnie z tym, przyjmuje się teorie, że bakteryjne i wirusowe formy życia, przybyły na nasza planetę za pośrednictwem zamarzniętych komet.[132] Świadome życie mogłoby pochodzić z Ziemi, lub skądkolwiek indziej, a formy życia reagowałyby ze sobą i kształtowały swój wzrost lub upadek. Włączenie teorii chaosu odkrywa tą widoczną przypadkowość zdarzeń, zachowując jednocześnie pewną miarę porządku. Porządek, wzorce, a nawet określona przypadkowość może być wynikiem swego rodzaju inteligencji.

Jak daleko musza posunąć się naukowcy, aby rozwikłać zagadkę stworzenia? Około 13.8 miliardów lat do szacowanego wieku wszechświata? Obecnie, naukowcy generalnie popierają teorie Wielkiego Wybuchu, która mówi, że wszechświat rozpoczął się małym osobliwym punktem zawierającym każdy atrybut stworzenia wszechświata sprężony w jednym punkcie. Ta osobliwość mogła pojawić się z czegoś, co można uważac za nic, ponieważ nasze prawa fizyki załamują się i nie mają zastosowania w tym stanie. Wtedy to, ten osobliwy punkt wybuchł (nie eksplodował) z własnego wnętrza.

Zgodnie z teorią Wielkiego Wybuchu, natychmiast po wybuchu temperatura otoczenia osiągnęła wartość 10 milionów stopni Fahrenheita, a środowisko to zawierało już neutrony, elektrony, protony, oraz cząsteczki elementarne. Z chwilą kiedy wszechświat wychłodził się, te podatomowe cząsteczki obumarły lub połączyły się. Ta pierwotna zupa nie niosła ze sobą światła, prawdopodobnie z powodu obezwładniającej obecności ciemnej energii i ciemnej materii.[133]

Chociaż dokładne cechy ciemnej energii i ciemnej materii pozostają obecnie jeszcze nie odkryte, fizycy mają już pewne zrozumienie tego, czym one są, lub bardziej dokładnie, czym one nie są. Wnioskuje się, że ciemna materia jest to energia, lub substancja powodująca uniwersalne rozszerzanie, w którym jego antygrawitacja i możliwe cechy elektromagnetyczne, odpychają przestrzeń. Ciemna materia jest gęstszą substancją na zewnątrz właściwości światła I może ona wpłynąć na obserwowaną „zwyczajną" materię. Ciemna materia jest mierzona w przybliżeniu, przez porównanie wpływu grawitacji na światło milionów galaktyk, za pośrednictwem pomiarów dużych teleskopów.[134] Szacuje się, że ciemna energia przenika około 68 procent przestrzeni, zaś ciemna materia składa się na 27 procent wszechświata i 80 procent tej materii.[135] Liczby te pozostawiają nam miejsce jedynie na 5 procent zwyczajnej materii, włączając w to gwiazdy i planety, które zostały później stworzone. Materia musi być połączona w taki sposób, aby pozwolić światłu na przeświecanie przez nią.

Pierwotne światło poświaty Wielkiego Wybuchu, znane jest jako kosmiczna mikrofala, lub pochodzenie radiacji, z powodu anormalnie wysokiej temperatury. Temperatura jest miarą energii kinetycznej, która jest proporcjonalna do siły, jaką wywiera. Przypuszczalnie, punkt osobliwy nie utraciłby swojej objętości poprzez sprężanie, aby wytworzyć więcej ciśnienia. Aby Wielki Wybuch wytworzył taką wysoką temperaturę, potrzebna była anormalna siła. Zazwyczaj największy przypływ energii ma miejsce podczas procesu supernowa, kiedy rdzeń gigantycznej gwiazdy, pod wpływem grawitacji, zaczyna się zagęszczać, wytwarzając wyższe temperatury i tymczasowo powiększoną gwiazdę, zanim gwiazda ta eksploduje. Chociaż cechy te zawarte zostały w Wielkim Wybuchu, fizycy opisują to uniwersalne zjawisko, jako wysyłanie fali, a nie dalekosiężną eksplozję, tak jakby była to unikalna niesamowicie potężna supernowa.

Zagadka angażująca wszystkich teoretyków Wielkiego Wybuchu, wyjaśnia jak pierwszy punkt osobliwy może zawierać wszystkie właściwości kreacji/stworzenia. Punkt osobliwy kojarzony jest z czarną dziurą, jako punkt statyczny, który nie ulega rozszerzaniu się, a na zewnątrz tego osobliwego punktu, znajduje się kreacja. Z drugiej strony, punkt osobliwy Wielkiego Wybuchu posiada mniej określone granice i ruch, przy pomocy którego, właściwości mogą rozszerzyć się w zewnętrzną kreację.[136]

Nasz wszechświat jest wciąż w procesie wychładzania się po Wielkim Wybuchu, co jak twierdzą niektórzy kosmolodzy, może obrócić się w Wielkie Zamrożenie. Hipoteza ta, znana również jako Śmierć Cieplna spodziewa się końca naszego wszechświata, w którym jego entropia będzie wzrastać i rozszerzać się, aż osiągnie wartość maksymalną, nie pozostawiając już więcej użytecznej energii dla kontynuacji jakiegokolwiek życia. Jeśli gęstość wszechświata jest niższa niż, średnia gęstość materii wymaganej do powstrzymania jego ekspansji, znanej jako gęstość krytyczna, wtedy rezultatem tego może być Wielkie Zamrożenie. Na odwrót, jeśli zaś uniwersalna gęstość jest wyższa od gęstości krytycznej, jak głosi hipoteza Wielkiej Zapaści, cały wszechświat ostatecznie upadnie i zostanie z powrotem wciągnięty przez grawitację, do pierwotnego punktu osobliwego, który może się stać niewyobrażalnie super potężną czarną dziurą.[137] Grawitacja odgrywa ogromną rolę w procesie rozszerzania się wszechświata, a jej siła uzależniona jest od gęstości i ciśnienia materii.[138] Ponieważ większość z form zwyczajnej materii ma niskie ciśnienie, a pomiary próbek mikrofali wskazują na uniwersalną gęstość znacznie niższą od gęstości krytycznej, więc Wielkie Zamrożenie jest bardzo prawdopodobnym scenariuszem.

Wielka Zapaść jest najbardziej oczywistą opcją łączącą pierwotny punkt osobliwy z punktem osobliwym czarnej dziury, jak gdyby Wielki Wybuch obejmował wyjątkowy proces nowej (od supernowa – przyp. tłum.), który kończy się jako unikalna czarna dziura o ekstremalnie dużej gęstości. Wielkie Zamrożenie może również obejmować początkowy punkt osobliwy czarnej dziury, ale ostatecznie uległy rozpadowi.

Centrum wszechświata jest najlepszym miejscem dla punktu osobliwego na rozszerzenie się w każdym kierunku, ale z naszego punktu widzenia, niemożliwe jest dokładne zmierzenie tego. Dlatego centrum galaktyki może być mikrokosmiczną zależnością, w której wiele z galaktyk, włączając w to galaktykę Drogi Mlecznej posiada niesamowicie potężne czarne dziury.

Kiedy gigantyczna gwiazda umiera, jej osłona energetyczna wybucha jako supernowa, podczas gdy siła jej grawitacji ściska pozostałe po niej ciało w ciało neutronowe bez ładunku, bądź w czarną dziurę. Jeśli pozostały rdzeń supernowej posiada masę (miara materii w obiekcie) o 2.5 raza większą od masy Słońca, wówczas tworzy czarną dziurę. Duża ilość jej grawitacji powoduje, że rdzeń na stałe zapada się wewnątrz siebie i jedynie prędkość większa od prędkości światła może przed tym uciec.[139]

Fizyk Gregory A. Lyzenga z college'u Harvey Mudd oświadcza, że: „Newtonowskie Prawo Grawitacji oznajmia, że każda drobina materii we wszechświecie, przyciąga każdą inną odrobinę, z siłą grawitacyjną proporcjonalną do jej masy".[140] Przyciąganie grawitacyjne gwiazdy, może sięgnąć na tyle, na ile odpowiadają masa, odległość oraz okres obrotu wokół orbity innego obiektu. Ziemia jako nasz początkowy punkt odniesienia mierzona była w relacji do Słońca, gdzie promień i masa Ziemi wraz z jej odległością do Słońca, były w stanie określić masę Słońca. Stąd można było zmierzyć inne pobliskie ciała planetarne. Chociaż ten punkt odniesienia jest zupełnie czymś innym niż gigantyczna supernowa centrum galaktycznego, związki te ukazują znaczące granice pomiędzy stworzonymi obiektami i siłami, sugerując coś znacznie potężniejszego czy nadnaturalnego, aniżeli to, co zostało ustalone, jednak może to nie być ważniejsze od naszej podstawowej rzeczywistości.

Astrofizycy, do wykrycia aktywności w centrach galaktyk, używają światła podczerwieni przyczepionego do teleskopu Habla. Ponieważ widzą oni dużo aktywności wokół zbitej masy, a galaktyka jest już dobrze ukształtowana, mówią ogólnie, że super potężna czarna dziura konsumuje materie.

Grawitacja jest najsłabszą siłą, ale jeśli chodzi o super potężną czarną dziurę, teoretycznie jest ona silniejsza niż jakiekolwiek inne oddziaływanie. Super potężna czarna dziura zawiera masę kilkanaście razy większą od typowej czarnej dziury, co zwiększa jej ciąg grawitacyjny. Ogólna teoria względności Alberta Einsteina, opisuje jak grawitacja może zagiąć czas i zakrzywić czasoprzestrzeń. Kiedy grawitacja i skoncentrowana masa super potężnej czarnej dziury wchodzi w kontakt z jej otoczeniem, przekształcają one przestrzenny wzorzec w orbitujący dysk akrecyjny. Astrofizycy obserwują niespokojne wpływy na otaczający gaz i pył, wnioskując że super potężne czarne dziury, rosną od ich konsumpcji.

Chociaż astrofizycy nie odkryli czasu, kiedy centrum naszej galaktyki nie zniszczyło swojego bezpośredniego otoczenia, inne galaktyki z centralną super potężną czarną dziurą, nie wykazują żadnej zauważalnej aktywności. Cudownym myśleniem staje się założenie, że super potężna czarna dziura znacząco oddziaływuje na zewnątrz dominium typowej czarnej dziury, stosownie do skali; zgodnie z tym, ten sposób myślenia nadaje podobne właściwości Wielkiej Zapaści z nienasyconym apetytem na zniszczenie. Nie wiadomo jest jak daleko proces stworzenia teorii Wielkiego Wybuchu może sięgnąć po materiał, aby go rozproszyć i tworzyć, ale wątpię w to, aby we wszechświecie takim jak nasz, jego materiał mógł zostać przyciągnięty z powrotem do punktu pierwotnego, bez względu na zróżnicowaną gęstość i ciśnienie, ponieważ wszystkie czarne dziury posiadają skończone właściwości, ograniczające ich konsumpcję. Na dodatek, nadając pierwotnemu punktowi osobliwemu te same cechy co tej fikcyjnej czarnej dziurze, ostatecznie zamieniłoby punkt osobliwy w coś innego, tym samym zmieniając cały kosmologiczny model.

My oglądamy wydarzenie galaktyczne, które miało miejsce wiele lat świetlnych temu, więc prędkość światła ma nam jeszcze pokazać potencjalnie spokojną, kompletną, super potężną czarną dziurę. Kiedy ona się kształtuje, jej silna grawitacja przyciąga gazowy materiał dookoła i wystrzeliwuje resztki w pionowym strumieniu zwanym kwazarem, tak jak widoczne jest to przez technologie promieniowania rentgenowskiego.[141] Jakiekolwiek światło lub materiały które nie wydostaną się, zostaną ostatecznie uwięzione wewnątrz horyzontu zdarzeń dziury.

Niektórzy naukowcy wierzą, że galaktyki stworzone zostały przez wielki *kwazar* wysoce rozbudzonej, potężnej energii świetlnej. Kwazar jest skrótem od obiektu gwiazdopodobnego emitującego fale radiowe, dalej niż jakakolwiek inna widzialna energia. Ten obiekt, lub fala, potrafi nieść ze sobą materiał do uniwersalnego tworzenia, ale zaistniał dopiero po stworzeniu super potężnej czarnej dziury, pobierając energię z „masy spadającej na dysk akrecyjny wokół czarnej dziury".[142] Identyfikacja kwazarów pomogła zwolennikom teorii Wielkiego Wybuchu w obaleniu teorii stanu stacjonarnego w kosmologii, w której średnia gęstość materii jest niezmieniająca się stałą w ciągle rozszerzającym się wszechświecie bez początku i końca.

Jeśli wzorzec stworzenia obejmuje kwazary, wówczas początkowy punkt osobliwy byłby współzależny z wyjątkową czarną dziurą, która podobna jest do super potężnej czarnej dziury. Jeśli super potężna czarna dziura uważana jest za źródło nowego stworzenia, wtedy to „nowe" stworzenie jest czymś przetworzonym i rozwiniętym z nagromadzenia materii-energii, istniejącej przed utworzeniem super potężnej czarnej dziury. Ja łączę *energie-materie*, aby przedstawić współpracującą energie i materie, łącznie i oddzielnie, która zawiera inne formy od tych co obserwujemy.

Teleskop Habla pokazuje, że wszechświat bardziej rozszerza się niż kurczy i wciąż kontynuuje swoje rozszerzanie.[143] Ziemia znajduje się na obrzeżu Drogi Mlecznej i jest względnie nowym przybyszem, więc coś było w stanie ją tworzyć. W teorii Wielkiego Wybuchu, widzialna energia-materia, która wciąż się rozszerza, jest prawdopodobnie szczątkami supernowej lub kwazara z wielkiego wybuchu Drogi Mlecznej (lub pobliskiej galaktyki), albo pozostałością szczątków wcześniejszej energii-materii. Bliższe, mniejsze wybuchy, po wielkim wybuchu, również tworzą układy słoneczne takie jak nasz. Wybuchy oraz następujące po nich kreacje pociągają za sobą przetworzoną energię-materię.

W teorii Wielkiego Wybuchu obecna jest sprzeczność, która głosi, że cały wszechświat po jego pierwotnej energii-materii, która ostatecznie obumiera, zawiera jakoś jeszcze bezwzględny, twórczy potencjał. Jeśli wszystko we wszechświecie uzależnione jest od pierwotnego punktu, który może być gwiazdą lub nasieniem, wówczas rodzi to pytanie, czy energetyczne składniki pierwszego punktu, lub punktu osobliwego pochodzi z nich samych, oraz czy taki punkt mógłby mieścić w sobie wszystkie uniwersalne właściwości. Mądrym jest również postawienie pytania, czy punkt ten mógł powstać z niczego, bądź czy istniał on od zawsze.

Jeśli zawierająca wszystko energia-materia istniała od samego początku, wówczas to tym, który nas stworzył był „Bóg", chociaż to również on był tym, który nas zabił. To pochodzenie stworzenia splata ze sobą życie i śmierć, jako że jedno nie może istnieć bez drugiego (w co kontrolujący nas bogowie, chcą byśmy uwierzyli). Tworzy to katastroficzny scenariusz, w którym cywilizacje muszą stać się zaawansowane, aby uciec przed bliską śmiercią ich słońc i planet. Dogmat ten jest przetrwaniem dla najsilniejszych, który ściśle przyczynił się do naturalnej selekcji i ewolucji. Ja nie widzę niczego naturalnego w tym trybie przetrwania.

Fraktale i Sekwencja Fibonacci

Kiedy spojrzymy na pochodzenie życia jak na rodzaj gwiazdy lub pola, które poprzez proces kreacji samo poddaje się recyklingowi, prawda jest, że wyłania się wzorzec, ale wzorzec ten jest fraktalem. Teoretycznie, fraktal jest nieskończonym wzorcem, który powiela się w coraz to mniejszych skalach. Za każdym razem, gdy równanie matematyczne wytwarza podobny do siebie wzorzec, kreacja powraca do równania. Realnie rzecz biorąc, fraktale w naszym wszechświecie nie są nieskończone. Tak jak obrazują to rozgałęziające się przedłużenia drzew, oraz spirale muszli, przedłużenia uzależnione są od pierwotnej zdolności ich samowystarczalnych struktur.

Teksty duchowej-nauki ruchu New Age, zwiastują „boską i sakralną geometrie" fraktali, ponieważ nasza Ziemia jest pełna tych wzorców. Stabilny pień drzewa łączy się z korzeniami oraz systemem gałęzi, które rosną i pomnażają się, zaś liście ukazują w swoich żyłkach najmniejsze wzorce fraktalne. Liście obumierają najpierw, później usychają gałęzie i korzenie, a na końcu powala się pień. Wykładnicza sekwencja wzrostu tego drzewa, oraz innych form życia, które umierają jest ciągiem Fibonacciego.

Rysunek 1. Ciąg Fibonacciego kontra ciąg Krysthal

FIBONACCI

KRYSTHAL

```
0 1                              0 1
(0  1) 1                         (0  1) 1
0 (1  1) 2                       (0  1  1) 2
0 1 (1  2) 3                     (0  1  1  2) 4
0 1 1 (2  3) 5                   (0  1  1  2  4) 8
0 1 1 2 (3  5) 8                 (0  1  1  2  4  8) 16
0 1 1 2 3 (5  8) 13              (0  1  1  2  4  8  16) 32
0 1 1 2 3 5 (8  13) 21           (0  1  1  2  4  8  16  32) 64
0 1 1 2 3 5 8 (13  21) 34        (0  1  1  2  4  8  16  32  64) 128
0 1 1 2 3 5 8 13 (21  34) 55     (0  1  1  2  4  8  16  32  64  128) 256
0 1 1 2 3 5 8 13 21 (34  55) 89  (0  1  1  2  4  8  16  32  64  128  256) 512
0 1 1 2 3 5 8 13 21 34 (55  89) 144  (0  1  1  2  4  8  16  32  64  128  256  512) 1024
```

Rysunek 1 ukazuje ciąg Fibonacciego aż do numeru 144 i kontynuowany jest wzwyż. W pierwszych dwóch krokach, zaczyna się od zera, po czym naturalnie dodaje jeden, lecz każdy kolejny krok dodaje tylko dwie ostatnie cyfry, tym samym pochłaniając, lub eliminując jednostki przed nimi. Obok ciągu Fibonacciego, znajduje się ciąg Krysthal, który rośnie wraz z każdą następując po sobie liczbą.[144]

Ciągi mogą dostarczyć punkt odniesienia do rozwoju kreacyjnego, takiego kiedy atomy powielają się, dostarczają one również wskaźników porównawczych. W ciągu Fibonacciego, kiedy liczba dzielona jest przez poprzedzającą ją liczbę, stosunek staje się odrobinę mniejszy, aż zbliży się do wartości 1.618. Ta liczba jest złotym stosunkiem, inaczej znana jako fi, a w ciągu zaczyna się przy liczbie 55. Złoty stosunek daje do zrozumienia, że nie ma więcej faktycznego wzrastania; kiedy zbliża się do następnej liczby w ciągu – 89, w zasadzie staje się skończoną kopią. Materiał zbudowany z matematyki Fibonacci może tylko przetworzyć własną energię jako ograniczony „rozwój", aż zostanie zubożony i zupełnie umrze. Innymi słowy, kreacja obróci się w pył. W przeciwieństwie do tego, ciąg Krysthal (czytaj KrysΘal – przyp. tłum.), zachowuje w swoim procesie rozwoju każdą liczbę lub etap, zapewniając pełną integrację w swojej kreacji z otwartym połączeniem z jej pochodzeniem.

Nasza kosmologia zawiera wiele poziomów i etapów rozwoju istniejących na długo przed stworzeniem Ziemi. Jeśli we wczesnym etapie rozwoju umieszczono by ciąg Krysthal, wtedy nasza gęstość i różnorodność wytworzyły by bardzo dużą liczbę w ciągu. Wręcz przeciwnie, w późniejszym etapie rozpoczął się ciąg Fibonacciego jako kopia, aby kreacja obróciła się w innym kierunku. Może na naszym obecnie rozszerzonym etapie, dokładniej byłoby pracować z proporcjami zamiast z całymi liczbami w wyższych ciągach, aczkolwiek widzimy w naszym środowisku repliki wczesnych ciągów jako mikrokosmos. Zwykłe, ziemskie formacje zbudowane są z ciągów Fibonacciego i fraktali, ale ciągi Krysthal są również wbudowane w podstawowych częstotliwościach.

W pierwszej edycji tej książki, pokazałam geometryczne przedstawienie spirali Fibonacciego oraz spirali „Krystal" w oparciu o to, jak porównują je współpracujące ze sobą grupy istot ze Szmaragdowego Zgromadzenia Zakonu Melchizedeka (ang. Melchizedek Cloister Emerald Order, skrót MCEO – przyp. tłum.) i Ligi Opiekunów (ang. Guardian Alliance, skrót GA – przyp. tłum.), przedstawię to po raz kolejny jako referencje na Rysunku 2 poniżej. Później zdałam sobie sprawę, że spirale nie są bezpośrednim porównaniem, ponieważ Fibonacci oraz siatka Kathara mają niepodobne do siebie podstawy i jedynie spirala Fibonacci łączy w sobie swój ciąg liczbowy.

Spirala Fibonacciego narysowana jest na arkuszu kalkulacyjnym w kratkę z kwadratami zawierającymi rosnące liczby ciągu Fibonacciego. Tworzy to spiralę z podstawą o przesuniętym środku, która w miarę jak łączy rogi każdego większego kwadratu, rozszerza się asymetrycznie. MCEO-GA nie dostarczają podobnego przedstawienia ciągu Krysthal w postaci kwadratów, lecz zamiast tego pokazują niezależny diagram od małych do dużych struktur siatki zwanej siatka Kathara, które połączone są przy pomocy ich wierzchołków, przy obróceniu ich pod kątem 45 stopni w prawo, tworząc w ten sposób coś, co uznają oni za „Spirale Krystal" (s. 2).[144] Ich spirala siatki Kathara, nie reprezentuje ciągu Krysthal ponieważ, rozszerza się przez pierwiastek z √2 (pierwiastek kwadratowy z dwóch) co daje 1.414 na siatkę kathara, a nie pełny mnożnik 2.

Rysunek 2. Spirale Fibonacciego i 12-punktowej Siatki Kathara

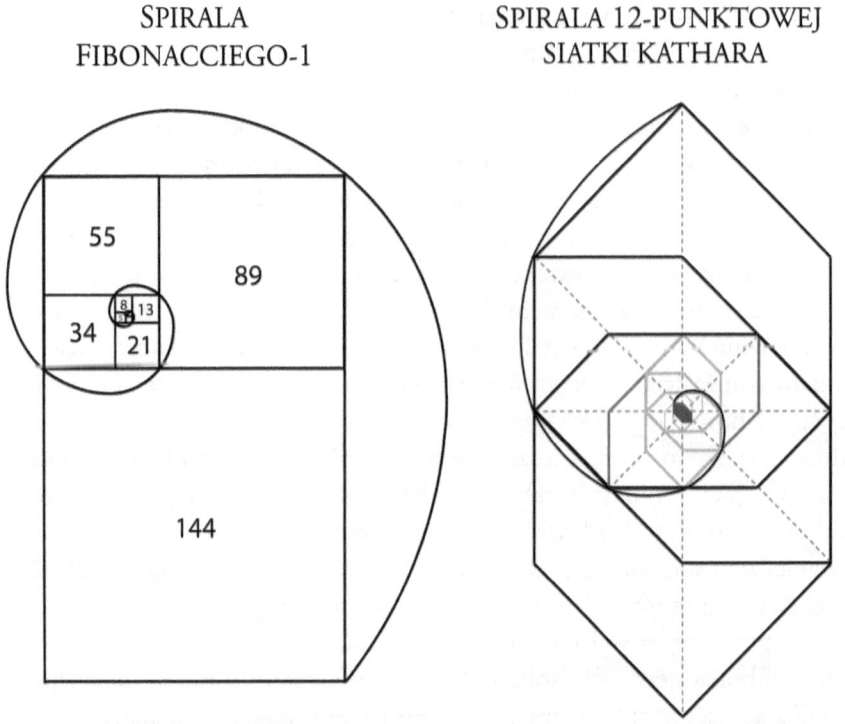

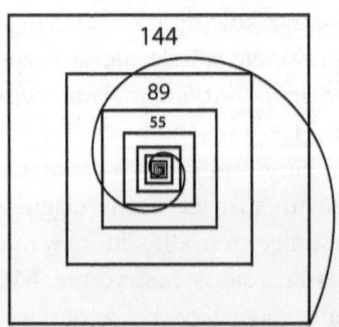

Siatka kathara jest podstawową matematyczno-geometryczną podporą na podstawie której złożone są we wzorcowym porządku uniwersalna i cielesna materia.[145] MCEO-GA uczą, że ta siatka, posiada 12 kluczowych lokalizacji materii, która ciągnie ze zunifikowanego pola energii i dzieli swoje kody za pośrednictwem odpowiadających im regionom, z których każdy powoduje swego rodzaju nie-wybuchowy „wielki wybuch" w stronę kolejnej kreacji, włączając w to gwiazdy i układy słoneczne. Pogląd ten jest odmianą teorii Wielkiego Wybuchu, która daje do zrozumienia, że cała materia wewnątrz dużego świata czasoprzestrzeni pochodzi z jednego kluczowego miejsca i struktury. MCEO-GA zrównuje „punkty" siatki kathara z określonymi gwiazdami i planetami w galaktyce, podczas gdy te ponumerowane punkty przedstawiają unikalne duże wymiary (w „innych wymiarach").

Objaśniając dalej, zwolennicy MCEO-GA mówią że ich użycie $\sqrt{2}$ stosuje się do 45-cio stopniowej miary ekspansji obrotowej siatki kathara.[144] Chociaż wyjaśnione jest to jako pół kroku w kierunku preferowanego przez nich pełnego 90-cio stopniowego obrotu, włączając w to siatki zarówno galaktyczną, jak galaktyki równoległej, 45-cio stopniowy kąt wygląda lepiej, kiedy wypełnia się przerwy wewnątrz zamkniętej geometrii okręgu (używając mieszanki metryki liczby euklidesowej i nielinearnej liczby naturalnej); okrąg ten konieczny jest to utworzenia ich spirali Krystal. Aczkolwiek zrównują oni ciąg Krysthal ze swoją spiralą, która jest błędnie oparta na szablonowej geometrii siatki kathara, co uzasadniałoby cyfrę 1.414, która wskazałam wcześniej. Ogólnie rzecz biorąc, wierzę iż ukazują oni pomieszaną, uproszczoną matematykę usiłując zastosować ją do naszego faktycznego kosmosu.

MCEO-GA mówią, że ich spirala Krystal łączy każdą siatkę kathara z jej środkiem, lecz na Rysunku 2 widzimy, że połączenie w jej szczycie przypomina spiralę Fibonacciego w jej niekończącym się poszukiwaniu odpowiadających im rdzeni. Powód dla którego spirala Krystal *wydaje się* być centralnie ustawiona, jest taki, że utworzona jest przez obrót i powiększenie kolejnych siatek kathara na oryginalnej siatce, opierając przez to spirale na siatce kathara.

MCEO-GA naucza o siatce kathara złożonej z 12-tu kluczowych punktów, ale możemy stworzyć podobne spirale, na przykład z 15-to punktową i 9-cio punktową siatką kathara. Ta sama logika pomogła mi utworzyć takie samo ustawienie z kwadratami spirali Fibonacciego, umieszczając kolejne kwadraty z ciągu Fibonacciego nad pierwszym po środku, jak pokazane zostało na diagramie spirali Fibonacciego-2. Mnożnikiem powiększenia spirali Fibonacciego-2 jest 1.618, dla odzwierciedlenia złotego stosunku, ale można by stworzyć niemalże identyczny wzór z mnożnikiem 1.414 spirali Krystal. Prawdopodobnie możemy stworzyć równoramienną spiralę z każdego powtórzonego kształtu, z zakrzywionym połączeniem i stałym mnożnikiem.

Łatwość utworzenia spirali w ten sposób, rodzi we mnie pytanie; czy wersja spirali Krysthal MCEO-GA, jest naprawdę w pełni naturalnym tworem, jak sugeruje *Krysthal*. *Krysthal* jest kombinacją siedmiu tonów częstotliwości: Ka Ra Ya Sa Ta Ha La, każdego pochodzącego z wczesnego poziomu kreacji z wiecznymi gwiazdami zwanymi krystars [czyt. krajstars],[146] większość z których posiada warunki do planetarnego zamieszkania, co wyjaśnię dalej w tym rozdziale wraz z domenami wczesnej kreacji.

Spirale obejmują cyrkulację energii, która może poprzedzać strukturę i mogą one różnić się w konstrukcji i sekwencji matematycznej. W odniesieniu do prawdziwej spirali Krysthal, może ona osiągnąć w procesie jej rozwoju cząsteczkowy napływ pierwiastków schodzących się w uporządkowanej kolejności, aby utworzyć dokładną ścieżkę. Aby dotrzeć do tego zrozumienia, zadawałam pytania Wszystkiemu Co Jest, Czystej Esencji (ang. All That Is, The Pure Essence, skrót ATI,TPE) aby objaśniło mi ten temat na poziomie mojej intuicji. Oświadcza ono, ze: „Spirala Krysthal jest symetryczna oraz idealnie uporządkowana stosownie do wzorca rozwoju".

Spirala Krysthal bierze początek blisko początku stworzenia i dostarcza częstotliwości energetycznych do postępu kreacji w wiecznych domenach i światach. Jak potwierdza ATI,TPE, cała ta spirala energii liniuje się z czyjąś esencją środka lub rdzenia i obejmuje ciąg rozwoju Krysthal. Spirala Krysthal jest zupełnie symetryczna, gdyż jej wzorzec częstotliwości jest pełny i nieuszkodzony. W przeciwieństwie do modeli naszych spirali, które ściągają energię do skończonej struktury, która po przecięciu na pół wydaje się być nierówna. W pełni naturalna spirala przypominać może sznurek wypełniony energią, która pomnożona jest na zewnątrz w symetrycznych sekwencjach długości fali.

Spirala oparta na siatce kathara nie jest taka sama jak spirala cyrkulacji energii w pełni Krysthal. Perspektywa kreacji MCEO-GA dostarcza nieco budulca do większej ilości wiedzy i może być wartościowa w porównaniu do nauki, którą znamy; aczkolwiek czegoś jest brak w ich informacji, tak więc moim celem jest pokazanie dlaczego.

Wszechświat, który możemy zmierzyć, jest wszechświatem fraktalnym. Jego domniemany Wielki Wybuch pociąga za sobą zarówno śmierć jak i życie, lecz życie poprzedza śmierć. Jeśli chociaż trochę wytężymy nasze umysły, możemy wydedukować, że wzorzec fraktalny w naszym wszechświecie odzwierciedla inny wcześniejszy wzorzec pełnej integralności. Oznacza to, że nasza uniwersalna nauka, nie tylko blado wypada w odniesieniu do większej mechaniki kosmologii, ale również niewłaściwie ją przedstawia z uwagi na jej rozdrobnioną naturę.

Naturalne siatki kathara zawierają samowystarczalne, uporządkowane wzorce materii i pra-materii, które obejmują rdzeniem ich egzystencji, nie tak jak wzorce fraktalne z dwóch ostatnich kreacji Fibonacciego. Części naturalnej pra-materii są jednostkami dźwięku i światła zwanymi kilonami (ang. keylons – przyp. tłum.). MCEO-GA swoją połączoną naukę nazywają Nauką Kilonów (ang. Keylontic Science – przyp. tłum.), ponieważ oparta jest właśnie na tych kilonach (keylons), które zawieraja żyjące kody „geometryczno-elektrycznych i magnetycznych struktur, które tworzą podstawy dla wszystkich form i struktur w systemach wymiarowych" (s. 25).[147] Naturalną, nieskończoną naukę będę nazywała *Nauka Krysthal* (ang. Krysthal Science – przyp. tłum.), ponieważ definiuje ona prawie każdą warstwę wiecznej kreacji, włączając w to te kreacje zbudowane z kilonów i współgra ona nierozerwalnie z fundamentalnymi aspektami dostarczonymi przez wcześniejsze sfery.

MCEO-GA umieszcza siatkę kathara oraz inne geometrie wewnątrz kulistej, podobnego do gwiazdy świata.[148] Jeśli ktokolwiek, włączając w to naukowców, wierzy że cały wszechświat stworzony został przez unikalny rodzaj gwiazdy, wówczas cała mechanika czarnej dziury, może nie różnić się zupełnie od Nauki Kilonowej MCEO-GA. Jeśli mechanika czarnej dziury jest zniekształceniem i odchyleniem Nauki Kilonowej, wówczas czy Nauka Kilonowa nie może być zniekształceniem i odchyleniem od nauki takiej jak Nauka Krysthal?

Każdy punkt na prawdziwie naturalnej siatce kathara wypełniony jest do jego pełnej energetycznej całości, czym jest nieskończona energia-materia. Kiedy materiał ściągany jest z oryginalnych struktur celem stworzenia mniejszych kopii, wówczas kopie te mogą zawierać zwiększone ilości „śmieci" oraz zagęszczenia w stronę śmierci. Na dodatek, częściowa cyrkulacja lub przepływ energii, która przetwarza strukturę energii-materii posiada ograniczoną rozpiętość życia.

Fraktale powszechnie wywodzą się od żyjącego źródła w pierwotnym stanie, których stan istnienia nie zawierałby faktycznego fraktalu. Rozdzielenie oryginalnego materiału, jest tym co rozpoczyna „kreatywność" fraktalu podobną do kuli śnieżnej, kiedy to nie może już więcej utrzymać żadnej formy. W przeciwieństwie do tego, oryginalny materiał regeneruje się, ponieważ w każdej warstwie posiada dającą życie energię.

Reinkarnacja kontra ewolucja

Fraktale pomagają wytworzyć reinkarnację. Reinkarnacja nie dostarcza po prostu nowego fizycznego ciała; jest to proces recyklingu, który zmniejsza ilość naturalnej energii w indywidualnej kompozycji zmarłego, co przełożyć można na zredukowaną integralność energetyczną i zdolność w nowym, ludzkim ciele.

Lokalizacje wymiarowe w pobliżu Ziemi, zawierają różne ilości naturalnej energii, potencjalnie dostarczając pewną ilość reintegracji dla zmarłej osoby, co ujawniam w rozdziale 11. Kiedy osoba A wkracza do bardziej naturalnej przestrzeni wymiarowej, posiada ona wybór, czy reinkarnować na Ziemi, z intencją wniesienia swojego pozytywnego wkładu. Naturalna energia przynosi częściową reintegrację, co może nie pozwalać na proces reinkarnacji, aby zagłębić się tak głęboko, jak dokonałaby tego bez żadnej regeneracji.

Alternatywnie, kiedy ludzie poddadzą się ich religii i filozofii duchowej, efektywnie ufając zewnętrznemu agentowi, takiemu jak bóg lub jakiś byt geometryczny, aby zdecydowali za nich o ich dalszym trybie postępowania, reinkarnacja może nastąpić na siłę. Kiedy osoba B, zrezygnowała ze swojej indywidualności i wyboru, może to skierować taką osobę do bardziej podzielonej lokalizacji wymiarowej. Kiedy osoba B staje się podmiotem wpływu siły tego regionu, lub skład esencji danej osoby nie posiada wystarczającej ilości naturalnej energii-materii, aby wzmocnić tą osobę po śmierci, osoba taka może zostać zmuszona do reinkarnacji.

Kiedy zachodzą cykle niezakłóconej reinkarnacji, po siedmiu następujących po sobie razach, przerwane więzy fraktalnej ekspansji, nie mogą już formować danej osoby. Liczba razów, odpowiada etapom sekwencji Fibonacciego, tuż przed złotym stosunkiem, kiedy rozpoczyna proces nieprzerwanej reinkarnacji przy numerze 2, jak pokazane jest na Rysunku 1. Podczas gdy sekwencja Fibonacciego jest technicznie naturalna na Ziemi, jej stosunki mogą i często mają zastosowanie w coraz to bardziej pofragmentowanym postępie wymuszonych reinkarnacji, potwierdza ATI,TPE. Jeśli zaś chodzi o ludzi, którzy mają wybór czy reinkarnować, czy nie, większość z nich decyduje aby tego więcej nie robić po siedmiu razach, z powodu fragmentacji, utraty pamięci, oraz niebezpiecznego ryzyka z tym związanego, oznajmia ATI,TPE.

Kiedy zastanawiamy się nad sposobem wydostania się z możliwej pułapki reinkarnacyjnej, możemy rozważyć temat ewolucji. Konwencjonalna, naukowa teoria ewolucji darwinowskiej oświadcza, że podstawowa forma życia „mutuje" się w rozwoju, aby stać się zaawansowaną. Wtedy to jej zaawansowane DNA (Kwas dezoksyrybonukleinowy) po śmierci przekazywane jest do niezliczonych pokoleń. Z czasem, późniejsze repliki z doświadczeniami adaptacyjnymi, osiągają uaktualniony szablon genetyczny, który nauczył się już opanować do mistrzostwa swoje środowisko. W trakcie własnego życia, organizm może również trochę ewoluować, tak jak na przykład bakteria, która uodparnia się na dany antybiotyk. Kiedy zastosujemy to w kosmologicznej kreacji, teoria taka zakładałaby, że uniwersalny punkt osobliwy był wieloaspektową, nieinteligentną, nieświadomą substancją, która rozwinęła się jako materiał budulcowy, na podstawie którego wyłoniła się jakoś świadomość oraz inteligencja.

Darwinowska teoria ewolucyjna zawiera godne uwagi paradoksy. Wydaje się nielogicznie czerpać świadomość z niepoprzedzającej ją miary świadomości, tak jakby coś wzięło się z niczego. Na dodatek z powodu stworzenia przez nią mechaniki śmierci, podkreśla ona skończoną naturę w pierwotnej substancji, dlatego przetworzony fraktal uniwersalny, nieuchronnie zahamuje rozwój inteligencji, a przez nią i ewolucje, tym samym uwiarygadniając reinkarnacje. Ewentualną deską ratunku jest umieszczenie świadomej inteligencji wewnątrz materiału „genetycznego", tego co istniało najpierw, co oznajmia że forma życia jest wieczna i ewoluuje ona ze swojego punktu początkowego, który jest bardzo wygodny i świadomy. Ta forma życia nigdy nie rozpoczęła się jako bakteria czy ameba, lecz była już naturalnie zaawansowana. Jeśli na przykład, istota ta jest człowiekiem, nasz cały genom rozwinąłby się w pełni i zostałby wykorzystany, więc ewolucja wiązałaby się z sięganiem do innych światów i wymiarów. Ten rodzaj ewolucji będzie coraz bardziej osiągał nie-fraktalną energię-materię, aby ostatecznie wejść do systemu który jest w pełni Krysthal, co poszerzyłoby naszą zdolność genetyczną ku jej pełnemu potencjałowi. Obejmuje to porządek oparty na naturalnej siatce kathara, gdzie osoba z niższego wymiaru wypełni swój wzorzec genetyczny w stopniowym procesie ascendencji (wniebowstąpienia – przyp. tłum.). Żadna część z nas samych, zwłaszcza ciało, nie zostało zatracone w procesie śmierci czy fragmentacji.

Kolejny niekonwencjonalny pogląd, na zastosowanie do naszych obecnych ludzkich warunków. W naszym DNA, zawieramy mieszaninę w pełni sprawnego, wiecznego wzorca, oraz częściowo niesprawnego. Ewolucja stopniowo uzdrowiłaby nasze ograniczone zniekształcenia genetyczne, aby ujawnić coraz więcej z nas jako wysoce uzdolnionych wiecznych Ludzi.

W praktycznej historii, obejmującej religijną perspektywę, zilustruję jak reinkarnacja zmniejsza nasz postęp ewolucyjny. Kiedy ktoś jest zupełnie nowy i nagle spotyka go zło, jego czystość zostaje przyćmiona warstwą dezorientacji tym dlaczego jemu się to przytrafiło. Zanim proces reinkarnacji może się wydarzyć, najpierw musi mieć miejsce pierwsze życie, ale rzadko, jeśli w ogóle słyszymy o tym z religijnych źródeł, jedynie o lekcjach przerobionych z późniejszych żyć, zapomnianych i nauczonych ponownie. Kiedy świat jest taki, jaki jest, że całym tym złem będącym na nim, oczywiście że zupełnie nowa, niewinna istota nie zasługuje na okropne działania skierowane przeciwko niej. To samo w sobie tworzy ból; zaś mówienie, że ktoś zasługuje na to z powodu przeszłego doświadczenia lub karmy, jest zupełną nieprawdą.

A więc, niewinna istota została skrzywdzona, ale jej religia nie ujawnia jej poprawnej informacji, aby wesprzeć jej niewinność. Zamiast tego, osoba ta może być unikana lub ukarana za autentyczne zareagowanie na to zło, więc taki ktoś, wzrasta później z poczuciem bycia złą osobą. Terapia taka powoduje zmianę w percepcji i zachowaniu na rzecz zła, w którym to, ten ktoś uzasadnia sobie, że było to akceptowalne, a nawet wręcz sądzi, iż zasługuje na to. Zrzuca to wszelki brud na takie czyste ja, aż osoba taka jakby umiera wewnątrz.

Nie doceniana była za bycie czystą osobą, więc myśli sobie teraz: „Jaki jest sens? Świat ten jest dezorientujący i niesprawiedliwy, więc może powinnam/ powinienem dostosować poczucie samej/samego siebie do tych osądów". Wtedy dobroć takiego kogoś przygasa, a jego działania potwierdzają ostatecznie zapewnienia jego religii, że to jego wina, oraz że jest jeszcze nierozwinięty. Wówczas każde kolejne życie prawdopodobnie będzie wypełnione większym bólem bardziej systematycznego ukarania. Nawet jeśli osoba taka, zostanie już należycie ukarana, niewiele wzrośnie ponad to, z powodu pierwotnej niesprawiedliwości i nie sprostowanej winy.

Nadużycie, które zniosłam w dzieciństwie jest trafnym tego przykładem. Zawsze intuicyjnie wiedziałam, że jestem na Ziemi zupełnie nowym człowiekiem – dodatkowo ATI,TPE potwierdza, że to prawda – tak więc nigdy nie czułam się winna tych nadużyć, abstrahując od mojego przekonania, że nie należy winić dzieci za nadużycia ich sprawców. Jednak Hinduistyczne i Buddyjskie perspektywy reinkarnacji nie pozwalają mi na bycie zupełnie bez winy. Wina oraz zwątpienie w siebie są powszechnymi taktykami religijnymi.

Moj umysł otworzył się na reinkarnacyjną rzeczywistość po przeczytaniu opowiadań o dzieciach, które wyraźnie przypominają sobie ich poprzednie życia. Ciekawe jest, że niektóre z tych dzieci urodziły się z określonym bólem lub skazą odnoszącą się do poważnych ran odniesionych w poprzednim życiu. Na przykład chłopiec o imieniu Chase, pamięta jak był dorosłym żołnierzem, który postrzelony został w nadgarstek. Od urodzenia, dokładnie w tym miejscu miał silny wykwit skórny. Kiedykolwiek miał jakiś problem drapał to miejsce aż do krwi. Przypominając sobie swoje poprzednie życie, pamięta, iż nie chciał uczestniczyć w tej wojnie. Kiedy stawił czoła swoim emocjom związanym z wojną, jego wykwit skórny, po kilku dniach zniknął i nigdy więcej nie pojawił się.[149]

Nasze pochodzenie, oraz potencjalną ewolucję energetyczną możemy symboliczne odnieść do ciągu Krysthal. Jako zupełnie nowa egzystencja równalibyśmy się drugiemu numerowi 1 w drugiej linijce Rysunku 1 ciągu Krysthal. Nasza całość zawiera połączenie ze Źródłem pod cyfra 0, zaś miara ekspansji samo-regenerującej się energii przed nami, występuje jako numer 1. W nieskończonej naturze życia, możemy zmienić się w lżejszą gęstość, lub osiągnąć możemy większą samorealizację, tak że nasza kolejna transformacja energetyczna uczyniłaby nas numerem 2. Następnym po tym jest numer 4 i tak dalej. Ten model rozszerza się z pełnością, nie zabierając niczego z tego co było przedtem.

Dla przeciwieństwa, ciąg Fibonacciego może bezpośrednio współgrać z procesem wymuszonej reinkarnacji. Na Rysunku 1 ciągu Fibonacciego, zawieramy tą samą indywidualną całość, co drugi numer 1 w ciągu Krysthal, ale kiedy ciało ludzkie umiera i może reinkarnować do numeru 2, proces ten w jakiś sposób powstrzyma nasze połączenie ze Źródłem. Następna reinkarnacja wbije się jeszcze bardziej w naturalną zdolność ciała i osłabi je jako numer 3, co jest połową potencjału, jaki mogło osiągnąć będąc numerem 4 Krysthal. Dla zobrazowania tego zjawiska, mnóstwo negatywnych i stresujących doświadczeń ludzkiego życia, zostaje odciśnięte w czyjejś strukturze energetycznej, która powraca w następnym ludzkim doświadczeniu, aby hamować jego/jej rozwój. Kilka kolejnych żyć on/ona wzrasta nieznacznie, ale każde następujące po sobie życie, wzrasta jeszcze mniej niż w poprzednim życiu. Siódmym numerem w ciągu od naszych narodzin, jest liczba 55, która otwiera drzwi do statycznego złotego stosunku.

Model fraktalny nigdy nie może przybliżyć w pełni świadomego samego siebie, zaś religijny pogląd na reinkarnację, wymaga od nas bycia wielce oświeconymi ludźmi, tak aby stać się Wniebowstąpionymi Mistrzami poza Ziemią. Jak mamy poprawnie rozwinąć się, kiedy ledwie możemy tego dokonać, lub wręcz nie możemy wcale, z tak rozbitą energią-materią? Dlatego właśnie niektóre z modeli religijnych zawierają niezliczoną liczbę reinkarnacji: aby dawać pomysł na to, że możemy przezwyciężyć nasze „grzechy" nauki śmierci, kiedy to reinkarnacja właściwie nie zmienia wcale zasad funkcjonowania śmierci. W proporcji 2:1, powtarzające się reinkarnacje, nie pozwalają na właściwy wzrost energii; umieszczają nas one w więzieniu ponownie przetworzonych energii, które ostatecznie wygasają.

Kolejne duchowe wierzenie w reinkarnację, oznajmia, że przed tym życiem byliśmy istotami anielskimi i wybrani zostaliśmy, aby tutaj inkarnować dla doświadczenia lub misji. Inkarnacja w tej sytuacji, pociąga za sobą zupełnie ludzkie ucieleśnienie. „Osoba" o lżejszej gęstości, nie wchodzi zupełnie w gęstsze ciało, pokrywając się tym innym zewnętrznym ciałem; mniej zagęszczona istota, posiada już swoje materialne ciało. Wejście w funkcjonalne, gęstsze ciało jest aktem opętania i potencjalnej asymilacji tej energii-materii. Jeśli anielska istota z bardziej naturalną energią-materią, aniżeli nasze ziemskie gatunki, chciałaby zachować swoją integrację energetyczną, wówczas najprawdopodobniej nie narażałaby się, ani nie rezonowałaby z nasiloną nauką śmierci, tym samym, nie mieszając się z naszą materią.

Nauka podobnie jak religia, zdezorientowane są kombinacją życia i śmierci w naszym świecie. Naukowcy postrzegać mogą Wielki Wybuch jako punkt energii, tworzący nasz cały żyjący wszechświat, lecz nieunikniona śmierć tego punktu anuluje nieskończoność życia. W obecnym postrzeganiu ponownie przetworzonych energii-materii, prawdopodobnie niemożliwe jest dla naukowców wywnioskowanie nieskończoności życia. Religia zgadza się z nauką w sprawie kręgu życia i śmierci; chociaż religia wierzy, że życie jest ucieleśnieniem, bądź brakiem ucieleśnienia czegoś ponad nami, zaś my za pomocą jego mocy musimy przejść transformację, aby osiągnąć najwyższy jego stan. Obydwie szkoły myślenia, w zasadzie pozostawiają wszystko poza naszym zasięgiem. Duchowość ruchu New Age, stara się zaradzić temu pozbawieniu mocy, mówiąc iż zasadniczo jestesmy bogami, którzy tak naprawdę tworzą i kontrolują wszystko w naszych życiach, ale jednocześnie ich duchowa-nauka promuje złoty stosunek fragmentacji, udowadniając tym samym ich fantazję. Nasza obecna rzeczywistość zmusza nas do życia w szarej strefie. Ta szara strefa podtrzymuje twórcze życie, zaś ilość wpływu jaki mamy na własne zycia, może być zwiększony im bardziej zdamy sobie sprawę z tego, jak wieloaspektowi i połączeni jesteśmy my i kosmos, razem oraz osobno.

Inne wymiary

Teorie naukowe Wielkiego Wybuchu oraz ewolucji tradycyjnie wierzyły, że cała materia współistnieje głównie w rozległej trójwymiarowej przestrzeni. Współczynnik czasu, oraz przyczyny i skutku, pozwoliły na zmianę składu punktu osobliwego, po wytworzeniu Wielkiego Wybuchu, a także na rozwój wszechświata w większą przestrzeń z różnorodnymi kreacjami. Sposób w jaki możemy uzyskać stan pierwotny, to taki kiedy uda nam się jakoś odwrócić czas, oraz wszystko, co wydarzyło się w jego obrębie, co jest nierealistyczne.

Zastępczo, moglibyśmy wkomponować co najmniej jeden dodatkowy wymiar, aby umożliwić warunkom sprzed Wielkiego Wybuchu, natychmiast istnienie jednocześnie z naszym obecnym wszechświatem. Dodatkowe wymiary, w tym kontekście funkcjonowałyby niezależnie od naszego trójwymiarowego doświadczenia, w którym jeden z wymiarów jest koordynatem oznaczającym linie w przestrzeni. Albert Einstein, układ współrzędnych kartezjańskich (x, y, z) poprowadził jeszcze dalej, aby dodać jeszcze jeden wymiar odnoszący się do czasu (t), oznaczając każdy czterowymiarowy system koordynatów jako „punkt-wydarzenia" w czasoprzestrzeni (s. 151).[150] Ja przedstawię kolejny rodzaj wymiaru, zwany dużym wymiarem, który prawdopodobnie dostarcza innej rzeczywistości, niż doświadczalny, uniwersalny materiał, który jest również z natury spleciony z czasem.

Równania Alberta Einsteina wznieciły dochodzenie, które zamieniło się w wielką debatę na temat tego, co było najpierw: cząsteczka, pole, czy kosmiczne „jajo", które zawiera jedno i drugie, oraz jeszcze znacznie więcej. Dodaniem złożoności do tej debaty, będzie postawienie pytania; czy cząsteczki są wyizolowanymi obiektami, gdyż niektóre mogą być punktami umiejscowionymi w polach. Wierzy się również, że pole uniwersalne, może być zunifikowanym polem, niosącym wszystkie siły i wiele cech, tak jakby było kosmicznym jajem. Aby zezwolić na większą różnorodność w Większym Obrazie, moja perspektywa, postrzega cząsteczkę, pole i hipotetyczne kosmiczne jajo, jako odrębne kategorie. Posiadanie tej różnorodności oznacza, że złożone, wieloaspektowe kreacje mają podobieństwa z innymi kategoriami, ale nie neguje to ich indywidualnych różnic.

Cząsteczki niekoniecznie są prostymi obiektami. Zasada fali-cząsteczki, oznajmia, że cząsteczki mogą być czasami falami, zaś fale mogą być czasami cząsteczkami; aczkolwiek obydwoje nie mogą pojawić się w tym samym czasie, kiedy dostarczy się im dwóch ścieżek, jak dwie szpary wcięte w przeszkodę. Jak dotąd, zasada ta sprawdziła się w eksperymentach laboratoryjnych, w których „wszystkie istotne podzbiory zestawu, muszą być próbowane z jednakowym prawdopodobienstwem", z bezstronnymi zestawami pomiarow.[151] Obserwacja dualizmu korpuskularno-falowego ma zastosowanie do elektronów, fotonów, protonow i neutronow, chociaż protony i neutrony, z uwagi na ich cięższą masę, są mniej wykrywalne krótszymi długościami fal.

W 1905 roku, Einstein opublikował prace przedstawiające specjalna teorie względności (względności specjalnej), oraz jego znane równanie $E=MC^2$, które definiuje energię jako masę pomnożoną przez kwadrat prędkości światła. Zaproponował on, że światło istnieje jako drobne pakiety fotonów, które w różnym czasie zachowują się zarówno jako cząsteczka, jak i fala, z powodu cech względności specjalnej przyjmującej ich ruch z prędkością światła w każdym miejscu w przestrzeni. Zgodnie z tym, zasada ta ma zastosowanie do innych kwantowych cząsteczek-fali podróżujących z prędkością nie większą niż prędkość światła, kiedy zachowują jednolitość w różnych koordynatach ich pozycji.

Względność specjalna obejmuje prędkość (miarę przebytej odległości, dzieloną przez czas trwania podróży) z koncepcjami przestrzeni i czasu i przyjmuje, że ten czas i przestrzeń dostosowują się, aby utrzymać stałą prędkość światła. Einstein postulował, że prędkość światła jest stała wewnątrz i na zewnątrz próżni, ale teraz postrzegane jest to jako ograniczenie.[152] Kiedy fotony poruszają się z prędkością światła w warunkach próżni laboratoryjnej, posiadają one zerową masę spoczynkową. One ciągle poruszają się, więc można je mierzyć w sensie ich fal elektromagnetycznych zwanych kwantum.

Główną przeszkodą tego, aby specjalna względność stała się prawem, jest grawitacja. Grawitacja jest najtrudniejszą do zrozumienia siłą; na przykład grawitacja Ziemi nie przewyższa słabego przyciągania spinacza biurowego przez magnes.

Przyciąganie grawitacyjne dużych obiektów jest natychmiast odczuwane przez otaczające je ciała, więc taka natychmiastowa zmiana przekracza prędkość światła. Aby rozwiązać tą zagadkę i rozszerzyć teorie względności, w 1916 roku, Einstein opublikował „Fundament Ogólnej Teorii Względności", identyfikując grawitację jako medium przenoszące grawitacje.[150]

Ogólna teoria względności oświadcza, że kontinuum czasoprzestrzeni zostaje zakrzywione przez jego interakcje z obiektami, zwłaszcza z tymi które są bardzo ciężkie duże i jest to zakrzywienie powodujące fale grawitacyjne, co w zamian za to wpływa na pobliskie obszary.

Fizycy cząsteczkowi, włączając w to Einsteina, wierzyli iż interakcje z gęstymi obiektami powodują powstawanie pól i sił. Na przykład masa dwóch planet mogłaby zaangażować grawitację, lub nawet spowodować, że grawitacja ta zamieniłaby przestrzeń pomiędzy tymi obiektami w eklipticzną orbitę. Inny przykład stwierdziłby, że magnes wytwarza pole magnetyczne, które przyciąga żelazo. W przeciwieństwie do tego, teoretycy pola kwantowego twierdzą, że magnes oddziaływuje z obecnym już polem magnetycznym i zmienia lokalne warunki tego pola.

Zgodnie z $E=MC^2$, energia przedmiotu zmniejsza się, kiedy zmniejsza się jego masa. Ja oświadczam, że fala-cząsteczka może wyzwolić większą energię, przy niewielkiej masie, bez względu na to, jak daleko się przemieszcza. Moja hipoteza sięga do kosmologii poza naszą obecną, naukową metodę opartą na mierzalnych wartościach, lub obserwantach, obejmujących głównie obiekty i cząsteczki. Lecz kiedy mówimy, że dostrzegalna cząsteczka zachowuje się jak fala, fala ta, może być kwantową funkcją mikroskopijnej struny, bądź perturbacją pola.

Teoria strun oznajmia, że fundamentalne obiekty uniwersalne, nie są elementarnymi cząsteczkami w postaci punktu; zamiast tego, każda z nich jest struną rozciągniętą w jednym wymiarze. Wibracja, oraz oscylacja strun, daje inne cząsteczki, które widzimy. W przeciwieństwie do tego, teoria pola kwantowego jednoczy mechaniką kwantową i osobliwą względność, aby oświadczyć że fundamentalne obiekty uniwersalne są polami kwantowymi działającymi jako operatorzy, będący w stanie tworzyć lub niszczyć cząsteczki.[153]

Kiedy naukowe uzasadnienia pragną zamienić hipotezy kosmologiczne w zunifikowane teorie lub prawo, mogą one być oparte na indukcji lub być nierealistyczne. Kosmologia obejmuje wiele zmiennych i empirycznych rzeczywistości, więc rozsądnym jest w naszym chaotycznym wszechświecie, założenie że kilkanaście praw współistnieje z pewną niezgodnością zamiast z jednym nadrzędnym prawem tworzącym wszystko.

Jedna tak zwana teoria wszystkiego, znana jako M-teoria, jest słynną ideą w fizyce wyższej energii, która bierze swój początek w badaniu strun, znanych inaczej jako włókna (filamenty – przyp. tłum.). M-teoria jednoczy w sobie pięć różnych, zdrowych teorii strun, które konsekwentnie wyjaśniają kwantum grawitacji w 11-to wymiarowym formacie. Teorie strun wyłoniły się z postępu pracy Einsteina, aby włączyć dodatkowe wymiary, zawierające cztery siły fizyczne – oddziaływanie silne, oddziaływanie słabe, oddziaływanie elektromagnetyczne i oddziaływanie grawitacyjne – oraz całość materii cząsteczkowej. Kiedy matematycznie otwarto więcej wymiarów, struny stały się coraz bardziej stabilne.

W dodatku do naszych czterech wymiarów czasoprzestrzeni, teoria strun zawiera sześć dodatkowych wymiarów przestrzennych, powszechnie określanych jako zwinięte i skompaktyfikowane w każdym punkcie przestrzeni. Jedenasty wymiar w M-teorii, daje początek strunom jako potencjalnej strukturze membranowej, która może istnieć w większej skali aniżeli kwantum strun.[154]

M-teoria łączy w sobie membrany zwane bramami, które mogą być wielowymiarowymi środkami, które przedstawiają ich numery odpowiadające wymiarom jako obiekty o różnych rozmiarach. Na przykład, trójwymiarowa brana mogłaby być dużym pudełkiem, a 10-cio wymiarowa brana mogłaby być obiektem podobnym do hiperpłaszczyzny, która jest podprzestrzenią jednego wymiaru niżej, aniżeli otaczająca go przestrzeń. Obiekt podobny do hiperpłaszczyzny jest wypełniającą przestrzeń braną, równą całkowitej liczbie przestrzennych wymiarów w całej czasoprzestrzeni, co jest kolejną opcją dla trójwymiarowej brany.[155]

Niektórzy teoretycy M-teorii postulują, że możemy odczuwać wymiary innej brany poprzez wymykające się fale takie jak grawitacja. Jeszcze odważniej proponują oni stwierdzenie, że jest to wzajemne oddziaływanie bran – najprawdopodobniej unikalna 11-to wymiarowa brana lub podobny do hiperpłaszczyzny 10-cio wymiarowy obiekt, bardzo podobny do innego wszechświata – który stworzył Wielki Wybuch, który w skali kosmosu nie byłby aż wcale taki wielki. Ta najwyższa brana nie byłaby obiektem ledwie większym od struny; byłby to wielki świat brany, albo jeszcze właściwej wielki wszechświat brany. Idea ta zakłada ulotny kosmos, z równoległymi, pływającymi membranowymi płaszczyznami, które zderzają się i przechodzą przez zniszczenie i tworzenie. Najwyższa brana rozciąga się z niejednolitą zdolnością aż osiągnięty zostaje i wychłodzony jej twórczy, potencjał energetyczny, wtedy wciąga on z powrotem na płaszczyznę w Wielkiej Zapaści.[156] Ja wyobrażam sobie kosmos, jako znacznie bardziej stabilny niż to, gdzie nie jest to związane z jakimś rodzajem kosmicznej płaszczyzny lub jajka, które posiada władzę nad całym stworzeniem.

Kiedy odrębna przestrzeń przedłużona zostaje do większego obszaru wszechświata, może ona istnieć niezależnie od innych przestrzeni, a także może być podprzestrzenią z dziedzicznymi operatorami, zawierając jednocześnie indywidualne wielkości. Uproszczone rozumowanie może zakładać, że wszystkie siły oraz właściwości materii istnieją w tej samej przestrzeni, jak fundamentalnie twierdzi Prawo Jednego ruchu New Age; aczkolwiek, wektory (wielkości z kierunkiem i rozmiarem) i środki wymiarowe rozpoznają różne lokalizacje w przestrzeni z jednego punktu do następnego. Rzeczywistość punktów istniejących w odrębnych, mierzalnych przestrzeniach, oznacza iż *przestrzeń* może być terminem subiektywnym, więc zwraca to uwagę na to jak identyfikujemy wymiary.

Ja, duży wymiar definiuję jako wyjątkową przestrzeń z unikalną częstotliwością lub mieszaniną częstotliwości, gdzie materialna kreacja przedstawiona jest nieco inaczej. Przestrzeń jednego wielkiego wymiaru zawiera trójwymiarową rzeczywistość geometrii takiej jak nasza, która zawiera czas. Czas definiuję jako moment pulsacji cząsteczkowej w dużym wymiarze harmonicznego wszechświata, co wkrótce wyjaśnię poprawnie.

M-teoria, oparta jest na strunach długości Planck'a, które wibrują z elementarnymi częstotliwościami dźwiękowymi. Różne częstotliwości dźwiękowe, mogą oznaczać inne elementarne siły.[157] Długość Planck'a równa jest 1.616252×10^{-35} metra. Jest to niemalże identyczne ze złotym stosunkiem o wartości 1.618, lecz na znacznie mniejszą skalę. M-teoria jest kolejną teorią ponownie przetworzonej i skończonej energii!

Według Uniwersytetu Technologicznego Swinburne:

> Długość Planck'a oraz związany z nią czas Planck'a, definiują skalę w której akceptowana obecnie teoria grawitacji, zawodzi. W tej skali, cała geometria czasoprzestrzeni jaka przewidziana została przez ogólna względność, załamuje się. Głównym powodem tego złamania jest to, że skala Planck'a jest mniejsza niż długość fali kwantu Wszechświata w całości.[158]

W czasach Einsteina oraz przez cały 20-ty wiek, skala Planck'a definiowała najmniejszą mierzalną wielkość w znanym nam wszechświecie. Skala Planck'a jest skalą wyższej energii na której grawitacja staje się silna i prawdopodobnie porównywalna z innymi siłami. Zastanawiam się, czy możemy obliczyć ten mechanizm na większą skalę, tak aby pomóc nam zrozumieć mechanizm czarnej dziury w odniesieniu do ekstremalnej gęstości i grawitacji, a także złoty stosunek, byśmy mogli ułatwić sobie korzystne dla nas podjęcie kroków mających na celu pozbycie się ideologii oraz mechanizmu nauki śmierci.

Przy użyciu technologii przyspieszania cząsteczek takich jak Wielki Zderzacz Hadronow (czyt. ang. Large Hadron Collider – LHC), który rozbija atomy z prędkością zbliżoną do prędkości światła w dużym ośrodku zwanym Europejską Organizacją Badań Atomowych (CERN) w Genewie, w Szwajcarii, fizycy odkrywają drobniutkie cząsteczki. Głównym celem wykorzystania LHC jest znalezienie bozonu Higgs'a, zwanego potocznie „cząsteczką Boga", ponieważ mogłoby to dowieść tego, jak cząsteczki pozyskują masę. Pierwsze trzy lata jego działania, które zakończyły się w lutym 2013 roku, pozyskały wystarczającą dla naukowców CERN ilość danych, aby określić czy znaleźli cząsteczkę pasującą do bozonu Higgs'a; niemniej jednak badanie może być nierozstrzygnięte co do tego, czy był to fundamentalny bozon w Standardowym

Modelu fizyki cząsteczkowej. Możliwe jest, że ta podobna do bozonu Higgs'a cząsteczka była cząsteczką techni-Higgs'a złożoną z mniejszych kwarków, związanych przez teoretyczną siłę technikoloru.[159]

Bozony są elementarnymi cząsteczkami które wytwarzają siłę, podczas gdy fermiony są elementarnymi cząsteczkami, ktore tworzą materie. Bozon Higgs'a nie wytwarza jednak zauważalnej siły. Prawdopodobnie jest ona wzięta z pobudzenia pola Higgs'a, które dodaje masy wszystkim innym cząsteczkom. Chociaż bozon Higgs'a w zasadzie uzupełnia Standardowy Model fizyki cząsteczkowej, Standardowy Model jest nieodpowiedni w stosunku do pochodzenia pola i grawitacji, co mogłoby lepiej wyjaśnić odkrycie grawitacji i możliwe że bez masowego bozonu.[160]

Fizycy otwarci są na odkrycie nowej fizyki, jeśli znaleziony zostanie bozon posiadający mniej masy i wyższą częstotliwość, niż pozwala na to skala Planck'a. Ta nowa fizyka mogłaby zaledwie obejmować cząsteczki w elektrosłabej skali, które mają masę mniejszą niż skala Planck'a, oraz mogą istnieć na zewnątrz grawitacji, lub mogłaby to być naprawdę nowa fizyka, która może efektywnie wyjaśnić ciemną materię i ciemną energię, jak również świetlny, bezmasowy bozon, foton. Zgodnie z tym, otwieranie naukowych możliwości w stronę nowych skal matematycznych, takich jak poszerzona skala Krysthal, umożliwia innym „branom" z większych wymiarów o ciasno skręconych przestrzeniach opartych na fraktalnym rozpadzie, podobnym do naszych, na zaangażowanie nie tylko innowacji, ale również intuicji do określenia różnic pomiędzy naukami wiecznymi a naukami śmierci.

W 1971 roku, fizyk teoretyczny Claud Lovelace, żeby opanować wyjście na jaw tachionów (hipotetyczna cząsteczka elementarna – przyp. tłum.) w specyficznych interakcjach bozonowych, opublikował pierwszą hipotezę strun, z kilkunastoma dodatkowymi wymiarami – w sumie 26-cioma. Lovelace wiedział, że jego postępowa idea nie zostanie potraktowana poważnie, ale tak czy inaczej przedstawił swoją pracę. Chociaż jego hipoteza mylnie przewidziała istnienie jedynie bozonów, jej prezentacja kilkunastu dodatkowych wymiarów, pomogła utorować drogę dla fizyków teoretycznych, do rozwinięcia teorii superstrun.[161] Tachiony jednak, mają jeszcze zostać wzięte poważnie, jako cząsteczki podatomowe, poruszające się szybciej od prędkości światła.

W teorii pola kwantowego, aby cząsteczki mogły podróżować z prędkością światła, muszą być bezmasowe. To umieściłoby tachiony w świecie „wyimaginowanej masy", gdzie byłyby ponumerowane ujemnie, nie-lokalne i niemożliwe dla nas do zmierzenia.

Struny, zwane strunami świetlnymi, przy prędkości światła są bezmasowe. „W pewnym sensie staje się to uogólnieniem promienia świetlnego, promienia który może wibrować i wirować", oświadcza fizyk F. David Peat.[162] Bezmasowe struny mogą zachowywać się podobnie do cząsteczek posiadających masę, ale działałoby to niezależnie od rodzajów pól, które prze studiowalismy. Struna świetlna mogłaby wytworzyć i gromadzić cząstki stałe materii, z siły magnetycznej na zewnątrz pola elektromagnetycznego. Wówczas cząsteczki te ustawiają się w sposób uporządkowany, aby być niesione na długości fali struny.

W pracy „Superstruny i poszukiwanie teorii wszystkiego" Peat pisze:

> W śpiewaniu, im wyżej skali idziesz, tym więcej energii potrzebujesz do wytworzenia nut. W analogiczny sposób, kwantowe nuty struny – jej skwantyzowane wibracje i obroty – sa szczeblami na drabinie energii.[162]

W miarę jak materia wkracza w coraz to lżejsze i wyższe światy, staje się ona mniej zagęszczona i wypełniona jest większą ilością energii. Skala muzyczna jest doskonałą analogią do przewidywania wibracyjnych i wibrujących strun w wielu wymiarach. Może to również zilustrować symboliczne kręte schody, wykonane ze starszych składników energii, która umożliwia obiektom wibracyjnym na istnienie wewnątrz rezonansowych wyższych wymiarach, które zapewniają energetyczne stopnie.

Czy zauważyliście ciągłe buczenie w uchu podczas martwej ciszy nocą? Żeby nie mylić tego z szumem w uszach; są to środowiskowe i wewnętrzne energie z którymi wchodzimy w interakcje. W poniższym fragmencie, kompozytorka Susan Alexanjer zgłębia wibracje wytworzone przez nasze własne ciała. Nasze DNA jest rodzajem szablonu superstruny podwójnej helisy, który otrzymuje i emituje elektryczność.

> Zaproponowałam, żeby spróbować zmierzyć właściwe wibracje molekularne podstaw, które tworzą całe DNA, takie jak je znamy, jak ukazuje się to we wszystkich formach życia. Ku memu zdziwieniu, dr. Dreamer [biolog komórkowy] wyjaśnił, że wibracje były łatwe do zmierzenia przy użyciu spektrofotometru podczerwieni. Wystawiając każdą podstawę na światło podczerwieni i mierząc, które długości fali absorbuje każdą z podstaw, możliwe jest zidentyfikowanie unikalnego wachlarzu w przybliżeniu 15 różnych długości fali, dla każdej podstawy. Ponieważ każda podstawa posiada odrobinę inną strukturę atomową, będzie ona wibrowała w wyjątkowy sposób. Jak atomy węgla, wodoru, azotu i tlenu, otrzymują światło, absorbują one jego część, w zależności od ich częstotliwości wibracyjnych i te absorbcje mogą zostać zmierzone, wydrukowane na wykresie i odczytane jako numery. Numery te, w rezultacie reprezentują

„skalę" długości fali w spektrum światła, lecz bardzo szybkie i bardzo wysokie. Jeśli numery te widzimy w relacji do siebie nawzajem, innymi słowy, jako proporcje, wtedy możemy przełożyć je na spektrum dźwiękowe i mieć odpowiadający sobie zestaw proporcji w dźwięku. To jest dokładnie tak, jak zwyczajna skala działa na jakimkolwiek z instrumentów muzycznych. Dźwięk na skali zależy od związku sasiadujacych ze sobą tonów.

Oczywiście w tym miejscu naturalnie, pojawia się pytanie: Czy proporcje są właściwie wibracjami światła, jak mogą one stać się dźwiękiem?....

Ważnym kluczem do zrozumienia jak właściwie możemy słyszeć wysokie, szybkie, lekkie wibracje jest Prawo Oktawy. Prawo to oznajmia, że jakakolwiek wibracja dźwięku (lub światła) może zostać podwojona, bądź przepołowiona, a wynikiem tego będzie i tak taka sama tonacja (lub częstotliwość światła), jedyne co sie zmienia, to oktawa dźwięku (bądź promieniowanie). Prosty przykład: Orkiestry nastrajają się do tonacji koncertu A, która jest ustalona na 440 herce (cykle na sekundę). Grając tą samą nutę na 220 lub 880 hercach, osiągniemy ton, który natychmiast rozpoznamy jako koncert „A", lecz brzmiał będzie o oktawę niżej lub wyżej aniżeli koncert A. Biorąc bardzo szybką wibrację światła i przepoławiając ją wiele razy (około 35 iteracji [powtórzeń – przyp. tłum.]), możemy sprowadzić tą wibrację do zakresu słyszalności.[163]

Astrofizycy mierzą fale radiowe bliskie prędkości światła od pewnych źródeł punktu kwazaru, który rozkłada ich emisje.[164] Ja proponuję, że są inne wibracje, możliwe iż bardziej abstrakcyjne niż tachiony, oddziaływują z naszym dużym wymiarem i poruszają się szybciej, niż nauka może to zrozumieć i zmierzyć. Zarówno mierzalne jak iluzoryczne wibracje, mogą wpłynąć na nasze DNA, chociaż słyszymy tylko określone niższe oktawy. Możemy co najmniej otrzymywać lub transmitować w naszym szablonie DNA wszystkie uniwersalne wibracje. Cytat Alexanjer'a oznajmia, że około 15 różnych długości fali, jest mierzalnych w każdej zasadzie azotowej nukleotydu DNA, w unikalnych zmianach. Jeśli te długości fal w naszym obecnym dużym wymiarze są pokoleniowymi rozwojami z większego wszechświata, wtedy liczba 15 mogłaby reprezentować dominujące częstotliwości siatki kathara 15-go dużego wymiaru. Zanim ustosunkuje się do tych dużych wymiarów będących poza M-teorią, zbadam najpierw antymaterie oraz potencjał wymiaru równoległego.

W obrębie naszej galaktyki znajduje się antymateria, ale generalnie istnieje ona oddzielnie od materii, gdyż obydwie unicestwiły by się przy kontakcie. Antycząsteczka zawiera taką samą masę jak jej bliźniacza cząsteczka, ale jej ładunek oraz inne właściwości kwantowe są przeciwne.

W 1995 roku w Europejskiej Organizacji Badań Nuklearnych (CERN) w Genewie, w miejscu gdzie znajduje się akcelerator LHC, wyizolowany został antywodór;[165] jednakże nie mógł on być zmanipulowany, aż do czasu 17 lat później, kiedy został uwięziony w bardzo zimnym stanie. Wstępne pomiary pokazały, że antywodór bardzo podobny jest do wodoru. Fizyk Mike Hyden oświadcza: „Wygląda on jak zwykły atom wodoru. Jeśli istnieje jakaś różnica, każdy stawia na to, że będzie ona subtelna".[166]

Ogólnie, fizycy wierzą w następujące teorie o antymaterii po Wielkim Wybuchu:

> Kiedy wszechświat rozszerzał się i wychładzał, prawie każda cząsteczka materii zderzała się z cząsteczką antymaterii i obydwie zamieniały się w dwa fotony – cząsteczki promieni gamma – w procesie zwanym anihilacją, przeciwnym do powstawania par. Ale około jedna bilionowa cząsteczki materii przetrwała i to teraz te cząsteczki tworzą galaktyki, gwiazdy, planety, oraz wszystkie żyjące rzeczy na Ziemi, włączając w to nas samych.[167]

Według Standardowego Modelu fizyki cząsteczkowej, materia i antymateria stworzone zostały podczas Wielkiego Wybuchu w równej ilości. W 2010 roku, mniejsza wersja zderzacza hadronów LHC, zwana Tevatron, dostarczyła danych z ośmiu lat, ukazując że wystąpił jeden procent różnicy pomiędzy ilością materii i antymaterii wytworzonej w eksperymencie z akceleratorem, faworyzując materię.[168]

Naukowcy Wielkiego Zderzacza Hadronów oświadczyli, że stabilna antymateria nie istnieje już dłużej w naszym dostrzegalnym wszechświecie. Po Wielkim Wybuchu, materia delikatnie usunęła swój asymetryczny odpowiednik z kreacji, lecz nie wiadomo jak to się stało.[169] Ponieważ materia jest dominującym materiałem w naszym galaktycznym doświadczeniu, jej odpowiednik antymaterii, mógłby wypełnić swój z natury równy potencjał, jeśli istniałby jako mniejsza zmienna, lub koordynat, w małych nie-zwartych wymiarach bądź podprzestrzeniach.

Cząsteczka oraz jej antycząsteczka, rzadko mogą współistnieć, kiedy jakaś siła interweniuje aby utworzyć więź pomiędzy parą, która utrzyma kwantową równowagę pomiędzy tymi dwoma. Członek forum fizyków wyjaśnia:

> Nawiasem mówiąc, najłatwiejszym sposobem na wywołanie produkcji pary, jest wystrzelenie wystarczająco wysokiej energii

fotonu (w zakresie częstotliwości gamma), bardzo blisko do ciężkiego jądra atomowego. Kiedy częstotliwość gamma wejdzie w reakcje z gęstym polem elektromagnetycznym jądra, pobudzi ona pole elektronowe do produkcji elektronu i pozytronu. Częstotliwość fotonu gamma musi być wystarczająco wysoka, aby dostarczyć energii potrzebnej do wytworzenia reszty masy obydwu cząsteczek (511 keV każdy) oraz mieć wystarczającą ilość zapasu, aby dać im dość energii kinetycznej by uciekły przed ich przyciąganiem elektromagnetycznym.[170]

Opis ten w gruncie rzeczy rozbiera na części nietknięte jądro, żeby wytworzyć niestabilną antycząsteczkę. Fizyk entuzjasta wyjaśnia dalej, co dzieje się kiedy elektron i pozytron spotykają się:

> Fala elektronu i fala pozytronu są idealnie antysymetryczne, więc kiedy spotykają się, neutralizują się nawzajem, „wypluwając" swoją zawartość energii do pola elektromagnetycznego. Obydwie fale wykasowują się wzajemnie, gdzie każdy ruch i zwrot w polu elektronowym wykasowywany jest przez przeciwnego partnera.
> Z powodu zachowania wirowania, istnieją w zasadzie dwie główne możliwości: jeśli elektron i pozytron mają równoległy obrót, wyemitowane zostaną 3 fotony (lub ich wyższa nieparzysta liczba). Jeśli elektron i pozytron mają antyrównoległy obrót, wówczas wyemitowane zostaną 2 fotony (lub ich wyższa parzysta liczba). Bardziej prawdopodobne jest, że będą miały miejsce reakcje z mniejszą ilością wyemitowanych fotonów, gdyż wyższe ich liczby są rzadko spotykane, chyba że w grę wchodzą potężne poziomy energii.[170]

Słowo *anihilacja* daje do zrozumienia zupełną destrukcję, ale technicznie para elektronu i pozytronu mogą uwolnić swoje energie do nowej kreacji. Jeśli ich energie będą nieustannie przetwarzane w nowe konstrukcje w naszej galaktyce, wówczas ich potencjał twórczy ostatecznie osłabnie w niestrukturalne cząsteczki podatomowe – pył kosmiczny.

Jakakolwiek antymateria utworzona podczas Wielkiego Wybuchu, najprawdopodobniej wchodziłaby w zakres obserwowanych galaktyk, ale jeśli proces Wielkiego Wybuchu w większości skopiował wcześniejszy mniej gwałtowny wzorzec kreacji, może stworzona została jeszcze inna galaktyka wraz z galaktyką wykonaną z materii. Podczas gdy, w obszarze wyobraźni pozostaje myślenie, że istniały na tyle stabilne antycząsteczki pochodzące z Wielkiego Wybuchu, żeby zostać przeniesione do dużego wymiaru obok, ja myślę iż istnieje jeszcze większe prawdopodobieństwo wystąpienia wcześniejszego „wybuchu", który wytworzył bardziej stabilny i potencjalnie wieczną zdolność, zarówno dla materii jak i antymaterii, aby istniały w swojej pełnej krasie. Ten wcześniejszy proces poszerza kosmos, włączając w to całe układy słoneczne, galaktyki i wszechświaty złożone głównie i wyłącznie z tej antymaterii, istniejącej w pozycji równoległej do materii.

W fizyce teoretycznej, forma energii elektromagnetycznej zwanej falą skalarną, emanuje z pola skalarnego, które jest bardziej podstawowe niż pole energetyczne lub magnetyczne. W matematyce i fizyce, pole skalarne jest zestawem obserwowalnych skalarow (ilosci z wielkoscia), w każdym punkcie przestrzeni lub większym wymiarze.

Zespół twórców elektroniki na zamówienie, przy wsparciu Wikipedii, Darmowej Encyklopedii wyjaśnia, jak różnią się od siebie skalar oraz typowe energie elektromagnetyczne:

> Temperatura i ciśnienie są wielkościami skalarnymi i nie posiadają związanego z nimi kierunku. Natomiast jakiekolwiek zjawisko elektromagnetyczne, zawsze będzie posiadało kierunkowy komponent (wektor), z nim związany. Dzieje się tak, dlatego że pole magnetyczne jest zawsze dwubiegunowe (północ i południe) i właściwie wywołany jest ruchem naładowanych cząsteczek lub przepływem prądu elektrycznego....
>
> Elektromagnetyka skalarna (zwana energią skalarną), jest mechanicznymi fluktuacjami w środowisku kwantowym, oraz związanymi z tym energiami punktu-zerowego (w przeciwieństwie do „energii wektorowych", które sumują się w zero).
>
> Fale skalarne są falami hipotetycznymi, różnią się od konwencjonalnych elektromagnetycznych fali poprzecznych o jeden poziom oscylacji, równoległy do kierunku rozprzestrzeniania się, stąd posiadają charakterystykę fali wzdłużnych....
>
> Teoria pola skalarnego, sugeruje że energia skalarna może poruszać się przez przestrzeń bardzo podobnie do fali elektromagnetycznej. Aczkolwiek zasady działania są inne. Zwykłe rozszerzanie i kurczenie bąbla/pustki skalarnej, jest jak rytmiczne chlapanie wody na stawie. Spowoduje to wysłanie fali (jak kręgów na wodzie – przyp. tłum.) poprzez ogólne pole skalarne, które może subtelnie wpłynąć na rozmiar i siłę oddalonych bąbli/pustek skalarnych.[171]

Odpychające i przyciągające się nawzajem magnesy, mogłyby odpowiednio wywołać skalarne bąble i próżnie, które nie są pustymi próżniami, ponieważ zawierają najniższą z możliwych energię. Celem skalarnej anteny komunikacyjnej jest dostarczenie tych magnesów, jako dwóch przeciwnych zwojów, w celu stworzenia dużych bąbli i próżni skalarnych jako źródła potężnej energii. Problemem tej idei jest to, że zwoje te prawie zupełnie wykasowują wzajemne pola magnetyczne, więc antena nie emituje miarodajnego pola elektromagnetycznego. Antena zaledwie ogrzewa się, stąd uznawana jest za bezużyteczną w standardowej teorii elektromagnetycznej.[171] Może to jest to, co mechanika skalarna robi naturalnie: wytwarza mniej gwałtowną i mniej zagęszczoną energię-materię, aniżeli to co dominuje nasza rzeczywistość. Pola i fale skalarne różniłyby się od fali elektromagnetycznych tym, że przebijały by się „przez materiały, które normalnie zwalniały lub absorbowały by fale elektromagnetyczne".[171]

Teoria pola kwantowego opisuje tachion jako kwantum pola skalarnego. MCEO posuwa się z tą koncepcją nawet dalej, oświadczając że tachiony to fraktalne wersje wcześniejszych super świetlistych tekjonów (ang. takeyons – przyp. tłum.) partiki (czyt. partikaj – przyp. tłum.),[172] co jest możliwością, kiedy porówna się tachiony, które zwiększają prędkość, gdy ich energia spada, do wiecznych tekjonów, które zwiększają swoją prędkość, wraz ze wzrostem ich energii.

Liga Opiekunów (ang. Guardian Alliance, skrót GA) opisuje pra-materie na pra-galaktycznym poziomie Yunasai (czyt. Junasai – przyp. tłum.): *„Partiki są najmniejszymi jednostkami energii w kosmosie* (w jednym średnim 3-wymiarowym fotonie można znaleźć 800 miliardów miliardów jednostek Partiki)" (s. 453).[121] Jednostki Partiki są wszech-biegunowymi jednostkami, które zawierają wszystkie polaryzacje, oświadcza Wszystko Co Jest, Czysta Esencja (ang. All That Is, The Pure Essence, skrót ATI,TPE). Grupują się one w sznurki, aby utworzyć siatkę kathara, trzon kolejnych skalarów i siatek elektromagnetycznych. Według MCEO-GA oraz ATI,TPE, fale skalarne wydają się poruszać z jednego miejsca do drugiego, lecz są one „stojącymi" punktami światła związanego razem w sekwencji wewnątrz materiału uniwersalnych pól morfogenicznych (utrzymujących formę).[173]

Partikaj (ang. partiki) wytwarzają „dwie nierozerwalne pod-cząsteczki krystalicznej substancji morfogenicznej, która służy jako kody dla rytmów pulsacji poprzez którą manifestują się cząsteczki i antycząsteczki" (s. 453).[121] Particum (czyt. partikam – przyp. tłum.) stanowią wieczną materię, zaś partika (wymawiane partikej) stanowią wieczną antymaterię wibrującą szybciej niż particum. Zlepy partikam i partikej są kilonami Wypowiadając się o nich po uprzednim ich przedstawieniu, można powiedzieć, że kilony tworzą specyficzne wzorce geometryczne jako krystaliczne matryce energii elektromagnetycznej.[121]

Proces wibracji pomiędzy podobnymi cząsteczkami partikaj nazywany jest fazowaniem partikaj, przy czym on nigdy nie unicestwia polaryzacji, lecz ciągle cyrkuluje ich energie stosownie do różnych prędkości wibracyjnych w procesie delikatnego rozszczepienia i fuzji.[173] Jak objaśnia ATI,TPE, aby wytworzyć elektryczne zdolności wewnątrz partikej, jednostka partikaj rozwija się etapami, którą partikam przyciąga za pomocą magnetyzmu, jako współpracujący pojazd merkaba, co wyjaśnię przy końcu tej części.

Spirale Krysthal mają naturalnie przejęte materie partikam i partikej w różnych kierunkach, przenosząc szablon siatki kathara do nowych miejsc dla ich rozwoju. Galaktyka Drogi Mlecznej oparta jest na siatce kathara ze wzorcem partikam, co oznacza że oparta na partikej antycząsteczka, istnieje poza naszym widokiem, z zupełnie odrębną galaktyczną siatką kathara. Elektromagnetyczna antymateria oparta na jednostce partikej różni się od antymaterii wewnątrz wszechświata opartego na partikam.

MCEO-GA, Yunasai, oraz ATI, TPE oświadczają, że Droga Mleczna posiada równoległy 3-ci wymiar i równoległą siatkę kathara, złożoną z antymaterii opartej na partikej. Ich parametry obejmują odrobinę inne siły i momenty kątowe wirowania cząsteczki, umiejscowione na zewnątrz naszego wymiarowego doświadczenia i pola widzenia, istniejąc jednocześnie względnie blisko nas. Ja dowodzę tego, że równoległa kreacja nie posiada indywidualnej świadomości, natury, ani rzeczywistości, które są odrębne od naszych, lecz zazwyczaj zawiera ona fundamentalne połączenie energetyczne.

Chociaż nie możemy widzieć równoległej antymaterii, możemy częściowo widzieć wyższe, większe wymiary w naszej Drodze Mlecznej, ponieważ stworzone one są z czegoś podobnego do jednostek opartych na partikam, z którymi jesteśmy zasadniczo spokrewnieni. Dokładniej rzecz ujmując, nasze widzenie tych wyższych wymiarów jest wypaczone z powodu załamania światła.

MCEO-GA oświadczyli, że nasz kompletny matriks czasu zawiera 15 dużych wymiarów; lecz wyjawili oni jedynie lokalizacje gwiezdne i planetarne z formacją 12-tu dużych wymiarowych siatek kathara, powodując trochę dezorientacji odnośnie tego, co stanowi matriks czasu.[147,173] MCEO-GA, Yunasai, oraz ATI,TPE zgadzają się, że struktura galaktyczna zbudowana jest z formacji siatek kathara, lecz MCEO-GA różnią się co do rozmiaru siatki kathara. ATI,TPE oraz Yunasai ujawniają, że pełna galaktyczna siatka kathara zawiera 15 dużych wymiarów.

Opierając się na definicji większego wymiaru, każdy z nich zapewnia gęstość niosącą w sobie, częstotliwość energii pośród mieszaniny barw częstotliwości. W tym kontekście termin *duży wymiar* oraz *gęstość* mogą być zamienne. W dodatku do naszego trójwymiarowego doświadczenia, duże wymiary mogą również grupować się w trójki, stosownie do ich dominującej energii-materii. Trzy kolejne, duże wymiary stanowiłyby jeden harmoniczny wszechświat (ang. Harmonic Universe, skrót HU – przyp. tłum.) nałożonych na siebie pól rzeczywistości oraz fal materii. My żyjemy w HU-1, który posiada obecnie najbardziej poszerzoną i zagęszczoną materię. (Uwaga: od tego miejsca naprzód *wymiar* równy będzie z *dużym wymiarem*, chyba że będzie objaśnione inaczej).

W HU-1, Ziemia oraz jej organiczni mieszkańcy zbudowani są w głównej mierze z węgla. Atom węgla posiada sześć elektronów, z czterema z nich w jego zewnętrznej powłoce.

HU-2 jest szybszą harmoniczną oscylacją światła w wymiarach 4, 5 i 6 w których formy życia oparte są na krzemie i węglu.[173] Atom krzemu posiada 14 elektronów, z czego 4 z nich znajdują się w jego zewnętrznej powłoce energetycznej. Kiedy wiele atomów węgla lub krzemu schodzi się razem, 4 zewnętrzne elektrony, zwane elektronami walencyjnymi, mogą się związać tworząc kryształ.[174] Jako krystaliczna, węglowo-krzemowa siatka kathara z poziomu HU-2 będzie zawierać nieco inną konfigurację elementarną, żeby zaabsorbować i wytworzyć więcej światła dla większej ilości elektronów. W porównaniu do HU-2, w HU-1 pulsacja cząsteczkowa czasu jest szybsza, a wibracja materii jest wolniejsza.

Ponieważ HU-2 posiada swoje własne ciała niebieskie i planetarne i pochodzą one jeszcze z okresu przed Ziemią z jej stopniowego modelu kreacji w kierunku HU-1, prawdopodobne jest, że istnieje odpowiednik Ziemi w HU-2 i nadwyrężył on trochę swojej energii dla Ziemi i jej mieszkańców. Według MCEO-GA, Yunasai, oraz ATI,TPE, taki odpowiednik Ziemi faktycznie istnieje i nazywa się Tara. Źródła te podają również, że zbudowane na bazie krzemu gęstości HU-3, wymiary 7, 8 i 9 – zawierają mniej zgęszczony odpowiednik Tary, znany jako Gaja.

Nazwy Tara i Gaja są dobrze znane. Tara jest hinduską boginią i jest ona również żeńskim Buddą.[175] Kiedy połączy się ją z łacińskim słowem *Terra* jako Ziemia lub ląd, religie New Age powiedzą „Matka Ziemia" (ang. „Mother Earth" – przyp. tłum.). Wyznawcy New Age dodatkowo nazywają naszą Ziemię, Gaja, lub też zrównują „duchowy" poziom Gaji z naszą Ziemią. Gaja była boginią Ziemi w greckiej mitologii.[176] Patrząc na Ziemię jak na kobietę, może wyglądać to jak czczenie kobiety za jej dające życie zdolności reproduktywne, lecz naprawdę, skojarzenie to zamyka kobiety w seksualnej roli reproduktywnej. Na dodatek te przypuszczalnie postępowe systemy wierzeń, kontynuują stawianie mężczyzn nad kobietami w ich charakterystyce Ojca Niebiańskiego i Matki Ziemi. Ani męskie ani żeńskie tożsamości seksualne nie reprezentują żadnej planety, gwiazdy, czy „niebiańskiej" przestrzeni; są to ograniczone postrzegania i zniekształcenia ich prawdziwej natury.

Poziom HU-4 wymiarów 10, 11 i 12, zawiera głównie hydroplazmowe ciekłe światło. W tym harmonicznym wszechświecie, GA typuje byty na awatarów.[147] Hinduizm definiuje awatara jako bóstwo, które schodzi na Ziemię, lub jako manifestacja jego istoty z wyższego wymiaru, z innego świata, bądź też jako inkarnacja w ludzką bądź zwierzęcą formę. Termin *awatar* jest tytułem nadawanym przez grupy istot, który może dotyczyć bądź nie HU-4 i może to być bez znaczenia dla właściwych istot w HU-4.

Jak ilustruje to Rysunek 3, siatka kathara Drogi Mlecznej kończy się na 11-tym wymiarze (a dokładniej na 11.5 wymiarze). Prawdziwy odpowiednik Ziemi z HU-4, nie jest powszechnie znany, ponieważ ten harmoniczny wszechświat w galaktyce Drogi Mlecznej jest poważnie uszkodzony. Wszystko Co Jest, Czysta Esencja ujawnia, że zarówno 10-ty, jak i 11-ty wymiar są ściśnięte w zbudowanym na krzemie HU-3, co daje naszej galaktyce pięć gęstości z krzemowego materiału. Rozdział siódmy „Stworzenie... galaktyk" wyjaśnia ogólną historię, jak bawiące się w bogów byty zmanipulowały i zniszczyły naszą galaktykę. Potencjalnie M-teoria z 11-toma wymiarami i miarami zagęszczenia może wspierać stworzenie Drogi Mlecznej.

Teraz dzięki informacji posiadanej od Wszystkiego Co Jest, Czystej Esencji (ATI,TPE), ujawniam, że z powodu skrócenia siatki kathara, opis HU-5 przez MCEO-GA jest błędny. Ich przedstawienie stworzenia, wymaga istnienia HU-5 w przyległej siatce kathara, co twierdzi MCEO-GA; niemniej jednak mówią oni, że 13-ty wymiar istnieje na szczycie tej siatki, gdyż nosi on w sobie potężniejsze częstotliwości aniżeli wymiary 14-ty i 15-ty.

Ja dowodzę, że HU-5 istnieje na górze harmonicznego wszechświata w 15-to wymiarowej siatce kathara, z 15-tym wymiarem logicznie na jego szczycie. Piętnasto-punktowa siatka kathara jest siatką kathara Krysthal. W przeciwieństwie do nauk MCEO-GA, ATI,TPE oświadcza, że HU-5 nie składa się z pierwotnych pól światła, ani też nie zawiera Porządku Breneau (dla zachowania sygnatury energetycznej tej nazwy, pozostawiona została pisownia ang. czytaj brenō – przyp. tłum.), czy istot zwanych Riszi (oryginalna pisownia angielska Rishi – przyp. tłum.).[147] Nie uzyskałam jeszcze odpowiedzi na temat tego, jaki rodzaj istot istnieje w HU-5, ponieważ ze względów bezpieczeństwa wolą one pozostać nieznane. Piętnasty wymiar zawiera najszybsze częstotliwości wymiarowe, skąd wibracja i wirowanie cząsteczkowe zwalnia stopniowo do niższych wymiarów. Wszystkie 15 wymiarów galaktycznej siatki kathara stanowi jeden matriks czasu.

ATI,TPE oznajmia, że Porządek Breneau oraz istoty Rishi, istnieją w HU-1, wcześniejszej domeny kreacji, zwanej Eka (oryginalna angielska pisownia Ecka – przyp. tłum.). GA twierdzi, że Riszi są tworami antymaterii, z termoplazmowej radiacji.[147] Domena Eka, zawiera podstawę 15-to wymiarowej siatki kathara, podobną do galaktycznej siatki kathara, lecz z mniej zagęszczonym materiałem. Domena galaktyczna, nazywa się Weka (oryginalna angielska pisownia Veca – przyp. tłum.).

Domena ta łączy w sobie kilka poziomów, które doświadczamy w naszej galaktyce jako duże wymiary, zaś każda domena może zawierać wiele światów. Galaktyka Drogi Mlecznej, jest częścią świata Weka wewnątrz większej domeny Weka.

Strukturalnie zdrowa galaktyka ma jedno lub więcej gwiezdne wrota, po jednym w każdym większym wymiarze, w zależności od twórczej materii i rozmiaru indywidualnego dużego wymiaru, oznajmia ATI,TPE. Galaktyczne gwiezdne wrota, są naturalną formacją ucieczki, rozszerzającą się na zewnątrz i wchodzącą do innych lokalizacji wewnątrz galaktyki lub poza nią. Uformowana zostaje w stadium początkowym dużego wymiaru i przyłączona zostaje do gwiazdy lub planety, które również są uformowane w tym miejscu. Większość galaktycznych gwiezdnych wrót istnieje na osi bocznej ciała niebieskiego, tworząc poziome, a dalej kątowe przejścia przez galaktykę, informuje ATI,TPE.

Oparta na śmierci nauka i technologia, może wypompowywać naturalny materiał galaktyczny, aby utworzyć inne galaktyki o mniejszej integralności strukturalnej, jak pokazuje Rysunek 3 w relacji do Drogi Mlecznej. Zniekształcenia mogą być rozpowszechnione w domenie Weka, ale z powodu zastosowania podobnych taktyk, mogą one również istnieć w domenie Eka.

Rysunek 3 porównuje uproszczony rysunek siatkę kathara Krysthal z trzema progresywnie rozbitymi i zniekształconymi, galaktycznymi kopiami, w naszym bezpośrednim świecie. ATI,TPE ujawnia nazwę naszej galaktyki Krysthal: AquaLaSha (czytaj Akłalaszej). Każdy diagram jest przybliżeniem relacji i wymiarów siatki kathara. W tle, nie poddane wpływom wymiarowym komponenty ukryte są w ich strukturze. Jak pokazano, siatka Drogi Mlecznej, jest szersza niż siatki AquaLaSha i Galaktyki-2, z powodu dodatkowych komponentów i „odpadu", zaś wysoce zniekształcona, „fantomowe" (widmowe, odtąd będę używała słowa fantomowe – przyp. tłum.) przedłużenie siatki Drogi Mlecznej jest znacznie cieńsze z powodu silnego ściśnięcia.

Formacje energetyczne podobne do mostu, zbudowane zostały, aby rozciągać się pomiędzy galaktykami, aby zachować połączenie Krysthal, takie jak ważny system połączenia pomostowego między Galaktyka-2, a Drogą Mleczną. Wszystko Co Jest, Czysta Esencja ujawnia, że jednokierunkowy most, który ja nazywam Most-A, zbudowany został w 14-tym wymiarze Galaktyki-2, aby dostarczyć naturalnego przepływu energii, oraz osłoniętej ścieżki do 11-tego i najwyższego wymiaru Drogi Mlecznej, za pomocą obejścia przez 12-ty wymiar Galaktyki-2. Most-A omija długotrwałe uszkodzenie gwiezdnych wrót 12-tego wymiaru, spowodowanego przez starożytną wojnę w domenie, jak wyjaśniam w rozdziale 7. Drugi most, który nazywam Most-B, skonstruowany został pomiędzy naszym 11-tym wymiarem, a 12-tym wymiarem Galaktyki-2, żeby przywrócić nasz dostęp do najwyższych wymiarów, kompletnej siatki kathara. „>>Most-B<<, jest utrzymującym się

Rysunek 3. Uproszczone Siatki Galaktyczne Kathara Krysthal i Nienaturalne w naszym świecie

GALAKTYKA AQUALASHA I GALAKTYKA-2

11-WYMIAROWA GALAKTYKA DROGI MLECZNEJ

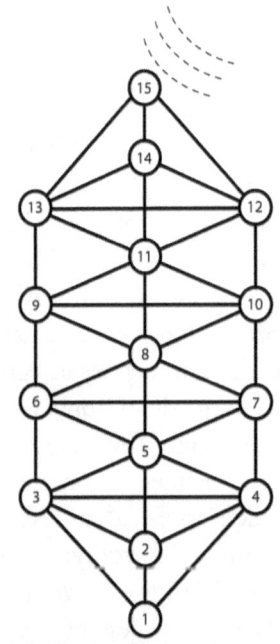

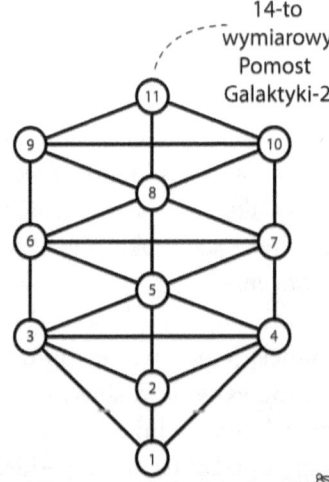

14-to wymiarowy Pomost Galaktyki-2

Galaktyka-2 nachylona jest pod kątem 11.75 stopnia w prawo.

Droga Mleczna nachylona jest pod kątem 23.5 stopnia w prawo.

FANTOMOWA GALAKTYKA DROGI MLECZNEJ
Drzewo Sztucznego Życia

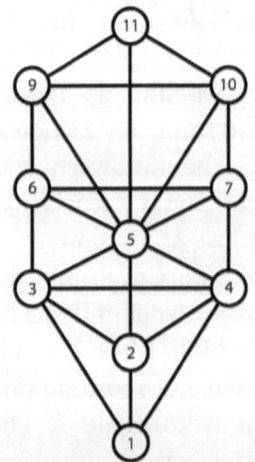

Fantomowa Droga Mleczna nachylona jest pod kątem 25 stopnia w prawo.
* Nachylenie Drzewa Sztucznego Życia różni się w zależności od galaktyki, którą zniekształca.

przejściem [objaśniono, jako obszar krótkiego, skrupulatnego przetrzymania], w wyniku którego formy życia przygotowują, a dalej przeobrażają swoją esencję, aby dostosować ich przejście do 12-tego wymiaru w Galaktyce-2", wyjaśnia ATI,TPE. Most-B niesie ze sobą konieczne częstotliwości i kody umożliwiające naszą ascendencję (wzniesienie się) do 12-tego wymiaru i zapobiega przed wejściem tam, niebezpiecznych drapieżników oraz niszczycielskich bytów.

W 15-to wymiarowej siatce kathara AquaLaSha i Galaktyki-2, umiejscowienie wymiarów 12-go i 13-go, nie podąża za tym samym wzorcem, co w niższych wymiarach. Poniższa odpowiedź ATI,TPE odnosi się do mojego pytania o ten prosty, lecz nierównomierny diagram siatki kathara.

> Pomiędzy wymiarami 9-tym, a 13-tym istnieje przerwa czterech wymiarów, podczas gdy inne przerwy w kompletnej siatce kathara AquaLaSha, mają dwa lub trzy wymiary, ponieważ przestrzenie w eterycznych schodach poszerzają się w miarę jak postępuje ona naprzód poza 9-ty poziom wymiarowy. Przestrzenie te zawierają mniej skompresowania galaktycznego „odpadu", który nagromadził się na niższych poziomach i wymiarach, powodując więcej ekspansji i swobody elastyczności przestrzennych i powietrznych pierwiastków.
>
> Sama tylko czterowymiarowa przestrzeń nie jest cztero kierunkową, płaską przestrzenią. Przestrzeń czterech wymiarów posiada większą objętość I nie jest równa z dwu wymiarową przestrzenią, po przeciwległej stronie siatki.
>
> Dla wyjaśnienia, zupełnie nienaruszona siatka kathara Krysthal, nie posiada „odpadu". Ma ona resztki pozostałe z naturalnych komponentów, które określane są jako formacje cząsteczkowe i formacje strumienia cząsteczki. Rozszerzenie siatki kathara Krysthal z Eka, zawiera więcej eterycznych substancji i formacji gazu, które również nie są określane jako „odpad".

In W drugim wydaniu mojej książki „Wieczni ludzie i skończeni bogowie", stworzyłam 15-wymiarową siatkę kathara Rysunku 3, opartą na istniejącym przedstawieniu siatki kathara, oraz na mojej intuicji I nowej informacji dostarczonej przez Wszystko Co Jest, Czysta Esencja. Początkowo sądziłam, że wystarczy wyjaśnić nową informację, bez dostarczania znacznie różnej siatki kathara; jednakże, moja świadomość wzrosła do tego, aby zdecydować, że istniejące siatki kathara są nie do zaakceptowania z następujących powodów.

Diagramy konwencjonalnej siatki kathara pokazują poziome przepływy energetyczne pomiędzy dużymi wymiarami; jednak, właściwie są one bocznymi przy kątowej ścieżce, która niekoniecznie jest przekątna. ATI,TPE wyjaśnia: „Język >>kątowa<< jest bardziej właściwy dla siatek kathara, gdyż ich boczne ścieżki nie są konsekwentnie przekątne w kierunku, lecz mogą być różnie zakrzywione, z małymi pionowymi, lub poziomymi przepływami".

Numery w okręgu, opisują większe wymiary i odpowiadające im galaktyczne gwiezdne wrota, istniejące jakoś w tym samym miejscu jako określona gwiazda lub planeta. Przedstawienie tego przez dogmat Prawa Jednego, nieprawidłowo prezentuje właściwą rzeczywistość. Dlatego, kółko wokół każdego dużego wymiaru powinno zostać usunięte, pozostawiając miejsce na rozszerzenie.

Siatka kathara nie jest zupełnie sztywna, chociaż faktycznie posiada wzorzec konstrukcyjny. Podczas gdy każdy duży wymiar, posiada swoje miejsce na siatce, jego wrodzona kreatywność nie jest tam zawarta. W wyższych, lub wcześniejszych gęstościach, istnieją również różne przestrzenne i energetyczne konfiguracje, jak już to ustaliłam. Oznacza to, że siatka kathara nie jest stworzona przez równanie matematyczne dążące do jednolitości.

AquaLaSha posiada nietypową siatkę kathara, ale wciąż jest ona Krysthal i wieczna. Proces kreacji siatki AquaLaSha i jej czterech górnych wymiarów, naturalnie przepływał w kierunku innym, aniżeli w tym jak formują się siatki kathara większości galaktyki Krysthal. Dodatkowo siatka kathara Krysthal w naszej domenie Weka, różni się nieco od siatki kathara Krysthal we wcześniejszej domenie Eka, potwierdza ATI,TPE.

Z tych powodów, zdecydowałam żeby stworzyć dokładniejszy diagram siatki kathara galaktyki Krysthal, porównując AquaLaSha z typową siatką kathara na Rysunku 4. Zastosowałam informacje dostarczone przez Wszystko Co Jest, Czysta Esencja i poprosiłam o dalsze szczegóły. Chociaż te siatki kathara jedynie przybliżają fundamentalne schematy dla galaktyki Krysthal, mogą pomóc one naszej percepcji w uporządkowaniu sobie czasoprzestrzeni.

W tych dokładniejszych siatkach kathara, linie przerywane reprezentują boczne połączenia energetyczne pomiędzy dużymi wymiarami. Zacienione na szaro tło wewnątrz i włączając w to obwolutę siatki kathara, reprezentuje minimalny szablon konstrukcyjny pra-materii rozszerzenia potencjalnej przestrzeni, w której jeszcze nic nie zostało stworzone i gdzie nie ma światła. Nie ma okręgów wokół ponumerowanych wymiarów. Które normalnie nie wychodzą poza zacieniowane tło. Siatka kathara sięga również dalej na zewnątrz w wymiarach od 12-go do 15-go.

Piętnasto Wymiarowy szczyt siatki kathara AquaLaSha, naturalnie łączy się z pierwszym wymiarem wcześniejszego świata Eka i czyni to za pośrednictwem podobnego do łuku mostu energetycznego, który zakrzywia się w prawo (patrz Rys. 3 i 4), oznajmia ATI,TPE. Eka wydłużyła to połączenie do 15-tego wymiaru Galaktyki-2. To zakrzywione połączenie nie jest częścią spirali Krysthal.

Rysunek 4. Skorygowane Siatki Kathara Galaktyki Krysthal

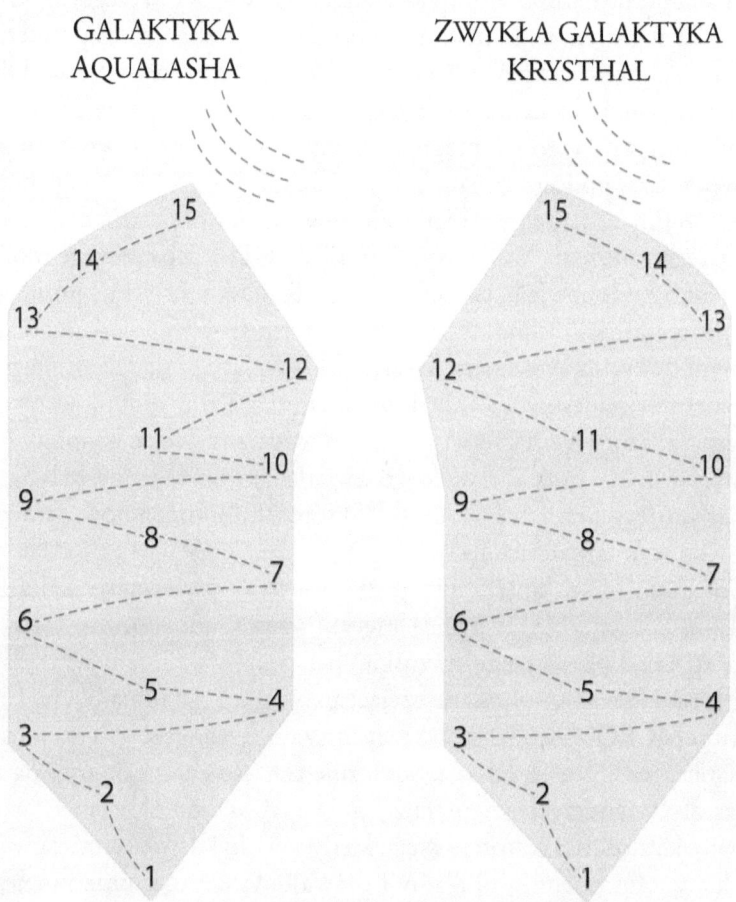

ATI,TPE wyjaśnia, że strumień spirali Krysthal wydłuża się z rdzenia siatki kathara Eka do esencji rdzenia AquaLaSha, który najpierw rozpoczął proces kreacji AquaLaSha. (Uwaga: Od tej chwili, pisała będę z dużej litery wszystkie obce nazwy, tak jak czyni to MCEO, dla łatwiejszej wymowy, tj. AquaLaShA). Ten strumień wydłuża się również do esencji rdzenia Galaktyki-2, dostarczając realnej podstawy, która omija zniekształcony aspekt stworzonej materii. Rdzeń siatki kathara znajduje się wewnątrz centrum 8-go wymiaru i utrzymuje pole morfogeniczne dla całej galaktyki. Połączenie rdzenia następujących po sobie formacji siatek kathara jest nierozerwalne z przepływem wiecznej energii. Rdzeń Drogi Mlecznej ósmego wymiaru, naruszony został bardziej niż do minimalnego połączenia spirali Krysthal, więc nasza galaktyka potrzebuje połączenia z Galaktyką-2, aby otrzymywać kompletne 15-to wymiarowe częstotliwości.

„Galaktyka-2 utworzona została jako odgałęzienie w prawo tego samego rdzenia siatki kathara Eka [który również łączy z AquaLaShA], co rozpościera swoje połączenie do naturalnej siatki AquaLaShA", wyjawia szczegóły ATI,TPE. Ponieważ Eka jest inną domeną z wyraźnie widoczną energią-materią, jej przestrzenna pozycja jest głównie oderwana od naszej rzeczywistości. Dlatego możliwe jest dla siatki kathara z Rysunku 3, połączenie się w kierunku na prawo, w stronę zwiększonej integracji energetycznej, która również sięga dna lub krawędzi Eka, podczas gdy niektóre z siatek kathara Weka, mogą połączyć się w sposób fundamentalny z Eka w kierunku na lewo.

Z naszego położenia Weka, wymiary Eka z HU-1, postrzegane mogą być jako trzy łuko-podobne fale, jak pokazano na Rysunku 3 i 4. Eka posiada swój własny proces kreacji schodkowej z 15-to wymiarowymi siatkami kathara, podobnymi do tych z Weka, lecz ich większe wymiary posiadają mniej granic, aniżeli nasze doświadczenie. Kiedy skorygujemy skrócony i zdublowany model siatki kathara, który MCEO-GA umieściło wewnątrz Weka, wymiary Eka 1, 2 i 3, stanowiłyby „Pola Pierwotnego Światła" a poprzedzone byłyby przez „Pola Pierwotnego Dźwięku" (s. 299),[147] które z kolei prawidłowo przypisane zostałyby do wymiarów Eka 4, 5 i 6.

Istoty Yanas (czyt. janas – przyp. tłum.), istnieją wewnątrz Ecka HU-1 oraz HU-2; kolektywnie, zwane są Eieyani (czyt. ijani – przyp. tłum.), jak potwierdza ATI,TPE. Z naszej ziemskiej perspektywy, Eieyani wyglądają jak „geometryczne kształty, wykonane z żyjącego światła", oznajmia GA (s. 159).[147] Grupa istot MCEO wywodzi się od Eieyani, zanim zaangażowali się w metody uzdrawiania kreacji Weka, gdzie zamieszkuje GA. Rozmaite, odgrywające role bogów istoty w wyższych wymiarach, mówią iż są one Słowem i Światłem naszej bardziej złożonej gęstości i życia, kiedy światło i dźwięk istnieją w całym Eka-Weka, w odpowiednio unikalny i prawidłowy sposób, pomimo tego, że niektóre mniejszości twierdzą, iż je zmonopolizowały.

Na model stworzenia MCEO-GA składają się powtórzenia i proporcje, co znacznie minimalizuje zmienność. Ich 12-to punktowa siatka kathara tworzy centralny kwadrat zawierający wymiary od 3 do 10. Kwadrat ten jest w stanie pomieścić cztery siatki kathara, kiedy kreacja rozszerza się wewnątrz niego.

Wersja Weka opisywana przez MCEO-GA mieści wewnątrz kuli cztery siatki kathara, wewnątrz centralnego kwadratu większej siatki kathara należącej do Eka. Cztery siatki kathara są; parą opartą na materii i parą równoległą opartą na antymaterii, obydwie zawierając wszystkie 15 wymiarów, co MCEO-GA nazywa Matriksem Energii, jako „pierwotne" pola dźwięku, a każda 12-to punktowa siatka łączy się pod kątem 90 stopni. Siatka kathara Eka obrócona jest pod kątem 45 stopni w prawo, co zgadza się z 12-to punktową Spiralą Siatki Kathara na Rysunku 2.[148] Ten wzór siatek wewnątrz kul przypuszczalnie prowadzi do początku stworzenia.[177] Aczkolwiek pochodzenie kreacji MCEO-GA ogranicza się do wybranej przez nich gwiazdy lub sferycznego świata, który wyłączałby poprzednie poziomy, oraz inne światy na zewnątrz ich modelu stworzenia.

Zapytałam ATI,TPE ile galaktycznych siatek kathara znajduje się w naszym naturalnym świecie Weka, wyłączając z tego zniekształcone kopie. Oświadczyło, że nasz świat Krysthal Weka jest 15-to galaktycznym systemem, który został stworzony w wyniku procesu ekspansji materiału naszego Eka. Czternaście galaktyk przychodzi w parach materii i równoległej antymaterii, podczas gdy jedna 15-to wymiarowa siatka jest równoległą antymaterią, bez odpowiednika złożonego z materii. Chociaż jest to wzorzec naszego świata, niekoniecznie jest on wzorcem dla innego świata Weka. ATI,TPE twierdzi również, że nie ma „cząsteczkowego kata" pod którym parują się ze sobą siatki kathara, a parzysta pozostałość musi odnosić się do siebie.

Chociaż oparta na 12-tce matematyka MCEO-GA posiada swoje wady, niesie w sobie więcej integralności niż matematyka oparta na 10-tce. Ostatnie przedstawienie siatki kathara na Rysunku 3, Drzewo Sztucznego Życia, jest najbardziej zniekształcone, jednak jest najbardziej propagowane w nauczaniach „świętej nauki" New Age i żydowskiej Kabały, jako ich Drzewo Życia, inaczej znane jako 10-ta Sefirot.

Drzewo Sztucznego Życia usuwa krytyczny dwunasty i ósmy wymiar, tworząc w zasadzie 10-cio wymiarowy szablon, jednocześnie zachowujac ledwie wymiar 11-ty. Odcina to niemalże całość napływającej naturalnej energii, co jest kolejnym krokiem ku stworzeniu w pełni skończonej i w pełni fantomowej siatki. Likwidacja pola utrzymującego formę rdzenia siatki kathara, jak również naszej formy, jest celem etapu 144 fraktali opartych na Fibbonacim, jak wyjaśnia rozdział 8.

Kiedy coś posiada fantomowy status, część jego siatki kathara wciąż może posiadać połączenie z oryginalną siatką, za pomocą połączeń pośrednich, oraz wysoce świadomych istot utrzymujących ją przy życiu. Podobnie do etapów coraz większego odrywania się od ich źródła sekwencji Fibonacciego, jest wiele etapów rekonfiguracji, od wiecznej materii do implozji i wyniszczenia. Komponent fantomowy ma charakter wampiryczny, co oznacza że pół-fantomowe i fantomowe byty muszą przyswoić kwanta energii z innych systemów, ażeby sztucznie wydłużyć swoje życie jako przypuszczalnie nieśmiertelnych, lecz nie wiecznych istot. Mają one potencjał odzyskania integralności strukturalnej oryginalnego wzorca; aczkolwiek kiedy w pełni fantomowa materia zostaje naruszona i ściśnięta do punktu konieczności naprawy, wszelkie poprzednie połączenia z wieczną energią zostają uszkodzone, a implozja w kosmiczny pył staje się nieunikniona.

Wszystko Co Jest, Czysta Esencja spójnie potwierdza, że początkowo materia ściągnięta została przez interweniujące byty z kluczowych lokalizacji galaktyki AquaLaShA, aby stworzyć Drogę Mleczną, a później Fantomową

Drogę Mleczną, z coraz to bardziej zmienianą fantomową energią-materią. Droga Mleczna jest niekompletną galaktyką, której części posiadają różniące się miary od pół-fantomowego do fantomowego statusu. Nasza galaktyka jest w niepewnej pozycji, która może być polepszona przenosząc nasze skupienie uwagi i wnikliwości w stronę prawdziwej, nieśmiertelnej energii, a nie energii sztucznego życia wampirycznej myśli o nieśmiertelności, przez samo służenie religijnym bytom.

To, co dotyczy nas z naszego położenia w Drodze Mlecznej, jest to, jak możemy usiłować opuścić naszą gęstość, i możemy zdecydować stać się potencjalnymi „wniebowstąpionymi mistrzami" Veka. Aby wyjaśnić ten termin, Hinduizm i Buddyzm, wraz z innymi religiami takimi jak Chrześcijanizm, zazwyczaj wierzy, że stajemy się Wniebowstąpiony Mistrzami po tym jak umieramy i osiągamy niepewne niebo, które w zasadzie istnieje w HU-1 lub HU-2; wtedy możemy wrócić na Ziemię z pełną świadomością. To wierzenie, zakłada, iż inne poziomy wymiarowe dają nam wyjątkowe oświecenie, kiedy one nie różnią się wiele od naszego, a proces reinkarnacji nie obniża jakoś tej świadomości. New Age'owa odmiana tego wierzenia mówi, że możemy opanować cykl wielu reinkarnacji, co zakłada moc znacznie większą aniżeli poważna fraktalizacja w wyniku siedmiu kolejnych reinkarnacji (patrz rozdział pt.: „Reinkarnacja kontra ewolucja"), a to przynosi oświecenie oraz nieśmiertelność jako Wniebowstąpiony Mistrz „by pomóc reszcie ludzkości".[178] Realnie rzecz biorąc, wniebowstąpiony mistrz jest zaledwie jakimś bytem galaktycznym, który opanował proces galaktycznej ascendencji przez transformację i podróżowanie w górę kompletnych 15-tu wymiarów do Eka, a stamtąd byt może udać się tam, gdzie zadecyduje.

Nasza ascendencja poprzez wymiary jak nauczane jest w duchowej-nauce New Age, jest procesem pionowym, lecz tak naprawdę jest to proces do wewnątrz, do wyższego wymiaru. Wnioskuję, że grupy bytów promują wśród ludzi pionową, a nie ukośną ascendencję, ponieważ nasze ciało posiada centralną, głównie pionową oś struktur energetycznych takich jak czakry, które manipulatorskie byty chcą kontrolować (w rozdziale 9-tym, pt.: „Czakry"). Jak wyjaśniają kolejne rozdziały, jeśli brak jest nam rozeznania i wiedzy, niektóre z tych bytów mogą posterować nami w stronę połączeń pobliskich, wyższych lub niższych światów wymiarowych Drzewa Sztucznego Życia.

Tak naprawdę, to ATI,TPE odrzuca „pionowy" opis dla ascendencji. Naturalna ascendencja obejmuje półwymiarowy krok w dół, aby wejść do głębokiego, fizycznego rdzenia planety, aby później poprzecznie przez kątową ścieżkę wyłonić się co najmniej jeden pełny wymiar wyżej. Ascendencja wymaga od DNA oraz składników ciała, aby złożyły się same w sobie, a później poprzecznie, minimalnie zapadły się do wewnątrz (dokonały implozji), po to ażeby w trybie od łagodnego do średniego rekonfigurować i przeobrazić się w lżejszą gęstość. Kiedy proces ascendencji jest naturalny, transformuje on i przeobraża ciało ze zwiększoną energią-materią Krysthal i zrzuca je, pozostawiając za sobą wszelkie implanty oraz materie fantomowej gęstości jako odpad.

Wszystko Co Jest, Czysta Esencja (ang. All That Is, The Pure Essence, skrót ATI,TPE) wyjaśnia proces cielesnej ascendencji:

> Przeobrażone "ciało" przechodzi przez proces wydalenia, wychodząc poprzecznie z wymiarów do gwiezdnych wrót-12, poprzez most Galaktyki-2, a później do Eka. Termin "poprzecznie" dla ścieżki ascendencji esencji ciała, odnosi się do procesu bocznego-przechodzenia, co obejmuje także wychodzenie na zewnątrz poprzez wymiary do zamierzonego miejsca przeznaczenia.

Zgodnie z formacją siatki kathara oraz jej umocnionymi zniekształceniami w Drodze Mlecznej i Galaktyce-2, istnieje dość duża odległość pomiędzy Ziemią, Tarą, Gają i Aramateną, która jest najbardziej naturalnym 12-to wymiarowym odpowiednikiem Ziemi w Galaktyce-2. MCEO oświadczyło, że Tara jest gwiazdą w Plejadach zwaną Alkione (ang. Alcyone – przyp. tłum.)[179] lecz ATI,TPE ujawnia że Tara częściowo była utworzona przez część Alkione Galaktyki-2 w znacznie wyższym 13-tym wymiarze. Dodatkowo, Plejadiański Alkione, jest skupiskiem wielu gwiazd. Nasze historyczne powiązania z Tarą podkusiły mnóstwo plejadiańskich istot z grupy bogów do scalenia oryginalnej nazwy Alkione z Tarą, oraz bardzo ważnego dla nich skupiska gwiazd w Plejadach. ATI,TPE oświadcza, iż Tara jest właściwie planetą na północno-wschodnim krańcu układu gwiezdnego Plejad.

Wiele gwiazd i planet powołanych zostało do istnienia za pomocą zarówno zorganizowanych jak i zdezorganizowanych wzorców. Kiedy galaktyczne komponenty oraz siatki kathara, stały się podmiotem sztucznych technologii, w wyniku ingerencji bytów z innych światów, spowodowało to zmianę zliniowania biegunów, kątowych momentów wirowania cząsteczkowego, oraz pozycji wersji Ziemi, Tary, Gaji i Aramateny. Problem ten wraz z zakrzywioną rzeczywistością czasoprzestrzeni, spowodował znaczne percepcyjne oraz faktyczne, przestrzenne różnice w stosunku do podobnych planet i gwiazd, które oddzielone są przez czas i gęstość.

Proces ascendencji może pomóc nam wznieść się ponad te fizyczne odległości, kiedy wymienione planety zostaną właściwie zliniowane pod względem energetycznym i przestrzennym przez ich umieszczone centralnie osie pionowe i poziome, oraz ich pola i pojazdy merkaba. Kiedy ascendencja może wydarzyć się w Drodze Mlecznej, wówczas ciało może zmienić moment kątowy, oraz gęstość atomów w kierunku jego właściwego przeznaczenia, co mogłoby zaowocować egzystencja na zbudowanej z krzemu i węgla Tarze, chyba żeby zostało to zaburzone. Obecnie, najbliższa i najbardziej wykonalna ścieżka naszej naturalnej ascendencji kierowana jest z naszej obecnej pozycji w dużym wymiarze 2.5 do dużego wymiaru trzeciego, gdzie zachowany, oryginalny aspekt Ziemi, zwany Ziemią Amenti pozostaje z wystarczającą porcją swojej energii. Tematy te dyskutowane są w rozdziale 8.

Kiedy zrodziła by się możliwość do naszej ascendencji, aby usunąć mechanizm nauki śmierci, nie podróżowalibyśmy zgodnie z naszą obserwowalną odległością; przemieścili byśmy się zaledwie w bok i doświadczyli byśmy procesu transfiguracji (czyt. przeobrażenia – przyp. tłum.), który zarówno dopasowuje jak i miesza nową energię-materię lżejszej gęstości z tym co już istnieje w naszym szablonie DNA. Osiągnęliśmy na Ziemi węglową podstawę, która posiada potencjał stopniowej transformacji w delikatnie różniącą się konfigurację Tary, po czym stanie się w pełni krzemowa podstawa Gaji. Wówczas poprzez Most-B Galaktyki-2 (lub ewentualnie przez gwiezdne wrota 12-tego wymiaru), krzemowa podstawa może przekształcić się w głownie krystaliczne ciekłe-światło, stan hydro plazmowy na 12-to wymiarowej gwieździe Aramatena. Stamtąd możemy przeobrazić się w lżejszą podstawę niż hydro plazma od 13-go do 15-tego wymiaru i wejść do Eka. Te planety i gwiazdy zawierały pierwotnie najbardziej rezonujące energie i cykle, ale my nie jesteśmy ograniczeni tylko do tych miejsc przeznaczenia.

Proces ascendencji bocznej, poprzez utworzone wcześniej większe wymiary, jest naturalną ścieżką naszej ascendencji, oświadcza ATI,TPE. Istnieje również inna naturalna ścieżka ascendencji, która ma miejsce pomiędzy korespondującymi ze sobą domenami Eka i Weka, z powodu podatomowego kodu wbudowanego w kreacje Krystal. Kod ten, powoduje, że gwiazdy i planety Eka tworzą podobne struktury Weka (które wciąż formowane są przez wydarzenia galaktyczne) wewnątrz lub obok tych samych pozycji wymiarowych, odpowiadających im siatkom kathara. Ścieżka ascendencji Trój-Weka, jest chroniona i tym samym preferowana, ze względu na jej naturę Krystal.

Na Rysunku 5, kod Trój-Weka posiada górną jednostkę partikaj, która rozdziela cząstkę siebie samej, aby utworzyć wersję partikej i partikam (ang. partika i particum), w procesie ekspansji w nową domenę. Z naszej perspektywy, oryginalny odpowiednik Eka dla Ziemi Amenti, może być wschech-biegunowy, ponieważ jego energia-materia łączy zarówno podziały antycząsteczkowe i cząsteczkowe, lecz jest on również spolaryzowaną opartą na partikam planetą bądź gwiazdą, która została głównie stworzona przez wcześniejszą Ekaszę krajstar (z powodu braku polskiego odpowiednika językowego, oraz celem zachowania sygnatury energetycznej, zachowana została oryginalna anglojęzyczna pisownia w polskiej fonetyce – przyp. tłum.). Ścieżka kreacji Trój-Weka i będąca jej wynikiem ascendencja, zapewnia sprawny przepływ energii pokrewnej jednostce partikaj w jej cyklu fazowym. Chociaż jest to wieczny kod, jest on również używany w częściowo zniekształconych światach, w których wciąż pozostaje wystarczajaca ilosc integralności energetycznej.

Rysunek 5. Kody Trój-Weka i Vesica Piscis

TRÓJ-WEKA   DWU-WEKA
                     „VESICA PISCIS"

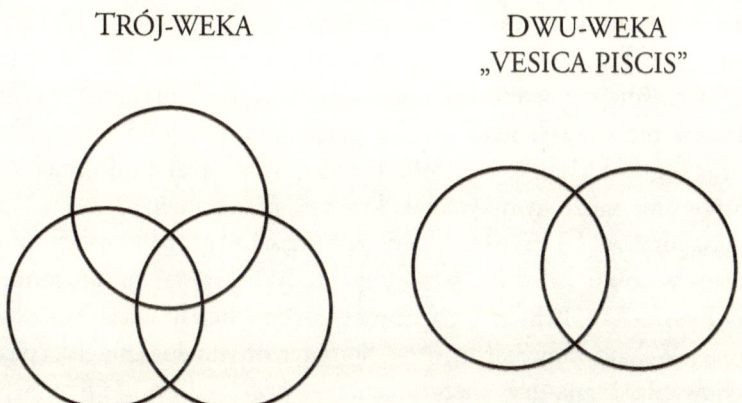

Na przykład część znanej nam naszej siatki kathara Eka, została w podobny sposób przyłączona do AquaLaShA, aby stworzyć częściową, drugorzędną siatkę kathara, zawierającą zniekształconą wersję co najmniej dwóch pierwszych harmonicznych wszechświatów. Byty w tej siatce kathara – niektóre z napływem naturalnej energii z czystym zamiarem, oraz inne ze swoimi programami – wykorzystały kody Trój-Weki i Dwu-Weki, żeby w dużej mierze stworzyć Ziemię Amenti. Aby złagodzić energetyczne przejście pomiędzy Ziemią Amenti, oraz jej odpowiednikiem z Ziemi Eka, istnieje strefa modulacji wymiaru 3.5 wewnątrz rdzenia Słońca.[121]

Kod Dwu-Weka, lub vesica piscis (brak odpowiednika polskiego – przyp. tłum.) uszkadza partikaj na poziomie pod-atomowym i tworzy polaryzacje, „martwe" światło. Komponenty nauki śmierci naszej Ziemi i galaktyki Drogi Mlecznej utworzone zostały przez to zniekształcenie.

Porządek naturalnych domen, które rozciągają się poza oraz przed Eka jest następujący: Ekasza (ang. Eckasha – przyp. tłum.), Ekasza-A, Ekasza-I,[177] Ekasza-Aah, Ekasza-Ah, oraz A (oryginalna pisownia, czytaj Ej – przyp. tłum.), oznajmia ATI,TPE. Poziom Ekasza zawiera rozmaite etapy prapartikaj, eterycznej esencji we wczesnych domenach, po wzrastającą plazmową i krzemową strukturę w późniejszych domenach.

ATI,TPE wyjawia, że domena Ekasza-A zapoczątkowała formowanie się

15-to wymiarowej siatki kathara, zaś znacznie wcześniejsza domena Ekasza-Ah zapoczątkowała sekwencje Krysthal do twórczej ekspansji. Sekwencja Fibbonacci rozpoczęła się później w domenie Eka.

Początkowo, Ashayana Deane uczyła tylko o poziomach do Yunasai (czyt. Junasai – przyp. tłum.), które są grupą Yunasum partikaj, ponieważ sprzymierzone z nią byty w MCEO-GA, powiedziały, że Yunasai są „Centralnym Punktem Całej Unii", nawet nazywając je „Bóg", lub „Źródło" (s. xlix).[147] Członkowie MCEO-GA postrzegali Yunasai lub pojedynczego Yunasum, jako ich punkt twórczego odniesienia, ponieważ kolejne kreacje zawierają poszerzony aspekt struktury jego ciała świetlistego. Aczkolwiek, Yunasum (czyt. Junasam – przyp. tłum.) właściwie zawiera 20 736 jednostek partikaj; wcześniejsze jednostki partikaj stworzyły Yunasum.[180] ATI,TPE oświadcza, że pierwszy element partikaj pochodzi z domeny Ekasza-Aah (czyt. Ekasza-Eja – przyp. tłum.). Jednostki partikaj działają jak budujące bloki, zas ich zgrupowanie może stworzyć małą krajstar, a nie domenę.

Yunasai oraz ATI,TPE oświadczają że Yunasai są grupą krajstars Yunasum zawierającą w sobie „więcej niż miliony" małych krajstar na poziomie całej domeny Ekasza-Aah. Istnieje ważny proces ascendencji lub fazowania partikaj obejmujący Weka, zwany Starfire (czyt. Starfajer, oryginalna angielska pisownia dla zachowania sygnatury energetycznej – przyp. tłum.), który wprawia w ruch oraz regeneruje energie do czegoś, co MCEO-GA nazywa światy Edoniczne (w rozdziałach 8 i 10).[180] Światy Edoniczne istnieją w Ekasza-I, po Yunasai, oznajmiają Yunasai i ATI,TPE. Żeby być bardziej dokładnym, powiedzieć należy, że oryginalne jednostki partikaj Edon, poprzedzają jednostkę Yunasum, lecz są one odrobinę innymi reprodukcjami każdej jednostki partikaj w każdym późniejszym, wiecznym świecie, co oznacza że Ekasza-I posiada zarówno generacyjne twory Edon jak i Yunasum.

Ponieważ Yunasai są tuż za procesem ascendencji Starfire, wnioskuję że wiele z istot MCEO-GA uważa ich za kolektyw „Boga" poza coś, co znają jako kreacje. Jeśli MCEO-GA komunikowali by się bezpośrednio z Yunasai, tak jak uczyniła to moja matka, powinni oni odkryć, że Yunasai nie uważa siebie za Boga czy Źródło całego stworzenia. Zapytałam drugiej strony, może członkowie MCEO-GA faktycznie skomunikowali się z niektórymi Yunasai i otrzymali odpowiedź bez starannego omówienia, że pasują oni do wąskiego punktu widzenia.

ATI,TPE dodaje: „Istnieje więcej poza Yunasai. MCEO, GA, oraz Yunasai, nie posiadają pełnej wiedzy. Zostało ujawnione tylko to co oni wiedzą". Kilka lat po tym, jak Ashayana przedstawiła kreacyjną perspektywę GA, rozpoczynającą się od Yunasai, otworzyło się przed nią szersze pole, aby pokazać, iż rzeczywiście istnieją wcześniejsze poziomy przed nimi.

W domenach ciała świetlistego opartego na partikaj, istoty mogą podróżować i komunikować się naturalnie, lub w przyspieszonym tempie, przy użyciu konstrukcji lub pojazdów merkaba. Osobiste pojazdy merkaba, kiedy podróżują mogą być podobne do orbów, lecz ich nieodłączna integralność energetyczna, może umożliwić danej istocie naturalne podróżowanie do wiecznych światów. „Struktura osobistego pojazdu merkaba", oświadcza ATI,TPE, „przyjmuje kształt rozświeconego, spiralnego, plazmowego środka transportu. Różni się to od orba używanego w procesie pośmiertnym". Kontynuuje ono: „Orby są sztucznymi tworami energetycznymi. Podobne są do kapsuł, które zostają uwolnione, z chwilą kiedy osiągną fantomowe miejsce przeznaczenia, umożliwiając tym samym czystszej esencji, powrót do oryginalnego domu, poza stworzoną fantomowo materią".

Górna elektryczna spirala merkaby wiruje zgodnie z ruchem wskazówek zegara, podczas gdy dolna magnetyczna spirala merkaby wiruje w kierunku odwrotnym do ruchu wskazówek zegara. Kiedy zestawy spirali merkaba, zostają naładowane energetycznie, tworzy to jedno pole merkaba. Struktura pola merkaba wygląda jak trójwymiarowa gwiazda czworościenna, w której spirala magnetyczna jest odwrócona pod i w większości przez wyprostowaną spiralę elektryczną, obydwie tworząc trójboczne piramidy, które efektywnie cyrkulują energę.[121] Gwiazda Dawida jest zniekształconym dwuwymiarowym tworem.

ATI,TPE oraz MCEO-GA oświadczają, że każda żyjąca rzecz w 15-to wymiarowym matriksie czasu, posiada dwa osobiste pola merkaba, jako naturalną część swojej anatomii. Na dodatek każdy harmoniczny wszechświat oraz duży wymiar, posiadają dwa wielkie pola merkaba, które otaczają mniejsze pola odpowiadających im obszarom i ich mieszkańcom.[121] Te duże pola merkaba stworzone są przez wzajemne oddziaływanie galaktycznych gwiezdnych wrót i czasu. ATI,TPE dodaje, że pola wymiarowe wyższego wymiaru nie obejmują pól merkaba niższego wymiaru; niemniej jednak galaktyka posiada duże merkaba, które technicznie obejmuje całą galaktykę.

Gwiezdne wrota jako międzywymiarowe otwarcia, naturalnie umożliwiają cyrkulację energii, oraz podróż przez galaktykę. Podczas gdy wytwarzają one poziome a później kątowe przejścia, portale czasu wytwarzają poziome, a później ukośne (pod zwiększonym kątem) przejścia, które kierują energię wewnątrz tego samego harmonicznego wszechswiata. Kiedy otwierają się w tym samym czasie, odblokowywana zostaje Pieczęć Krystalicznego Nasienia do wymiarowej transmutacji (przemiany – przyp. tłum.).

Liga Opiekunów wyjaśnia:

> Gwiezdne Wrota oraz Portale Czasu, istnieją jako Pary Czarnych i Białych Dziur, które połączone są w punkcie centralnym przez częstotliwość fali skalarnej Pieczęci Krystalicznego Nasienia.

Kiedy centralna Pieczęć Krystalicznego Nasienia uwalnia się, Gwiezdne Wrota aktywują się, a para elektromagnetycznych spiral obracających się w przeciwnym do siebie kierunku łączy się ze sobą, aby utworzyć zespolone wzajemnie Pole Merkaba, co umożliwia natychmiastowe przejście pomiędzy różnymi koordynatami czasoprzestrzeni za pomocą przesunięcia atomowego Kątowego Obrotu Wirowania Cząsteczkowego (s. 506).[121]

Wszystkie Słońca mają w swoim rdzeniu zestawy czarnych i białych dziur; funkcjonują one jako portale, dzięki którym energia może przejść przez pola wymiarowe (s. 5).[121]

Szmaragdowe Zgromadzenie Zakonu Melchizedeka (angielski skrót MCEO – przyp. tłum.) wyjaśnia:

„Wypaczona" mechanika Worteksu Merkaba stosuje nienaturalne zniekształcenia prędkości-wirowania oraz kierunku-wirowania zestawów Merkabicznego Worteksu, aby wytworzyć cząsteczkowe/antycząsteczkowe przechwytujące pole, w którym można uwięzić energię i atomy. Z chwilą kiedy zostaną one uwięzione w nieorganicznym Polu Merkaba, kwantum przechwyconej energii może wówczas w sztuczny sposób podtrzymywać przedłużoną długowieczność form, oraz osiągnąć ograniczony, lokalny transport międzywymiarowy, tak długo jak nieorganiczna Uprząż Merkaba wokół tego, jest w stanie „karmic"/ściągać energię z żyjących organicznie pól energii.[181]

Istnieje konkurencyjna informacja dotycząca mechaniki merkaba, ofiarowywana przez grupę bytów Melchizedeka z niższego poziomu, która jest chanelingowana do mężczyzny o imieniu Drunvalo Melchizedek, który jest popularny w ruchu New Age, oraz który wspiera siatkę Drzewa Sztucznego Życia. Używa on odwróconego stosunku wirowania 34:21, co oznacza 34 razy w kierunku przeciwnym do wskazówek zegara (będę używała tutaj angielskiego skrótu CCW – counterclockwise – przyp. tłum.) do 21 razy w kierunku zgodnym z ruchem wskazówek zegara (ang. clockwise, skrót CW – przyp. tłum.) i twierdzi on, że pojazd wokół naszych ciał wytwarza dysk o średnicy 55 stop (ok. 17 m – przyp. tłum.).[182] Jeśli odniesiemy się ponownie do Rysunku 1, widzimy że liczby te przedstawiają posuwanie się w kierunku złotego stosunku Fibonacciego. Wirowanie posiada prędkość która jest liczbowym wyrażeniem. Część rozdziału 8 pt.: „2012", wyjaśnia zamierzony etap 55.5, który przyspiesza zniekształconą kreację po liczbie 55.

Wirowanie naturalnego merkaba jest elektryczne CW w stosunku do magnetycznego CCW. Grupa istot MCEO oraz ATI,TPE oświadcza, że organiczna trójwymiarowa merkaba posiada stosunek wirowanie-prędkość, który wynosi 33 1/3 CW elektryczne w stosunku do 11 2/3 CCW magnetyczne, co oznacza, że ta merkaba jest w galaktyce AquaLaShA.[148] ATI,TPE ujawnia że Ziemia Amenti posiada stosunek merkaba wynoszący 32 1/3 CW elektryczne do 10 2/3 magnetyczne, czyli trochę mniej niż jego potencjał Krysthal.

Krysthal system może posiadać naturalne, małe czarne dziury, ale nie posiada on super potężnych czarnych dziur, lub zapadniętych gwiazd, które mogą wytworzyć czarną dziurę. Coraz częściej fizycy zgadzają się z tym, że czarne dziury działają jak tunele czasoprzestrzenne. Tunele czasoprzestrzenne poruszają energię po spirali lub łączą ją pomiędzy wymiarami oraz innymi wszechświatami materii lub równoległej antymaterii.

Teleskop Habla zaledwie zerknął na obrazy niezbadanej ilości galaktyk otaczających Drogę Mleczną. W miarę jak poznałam wiecej informacji, które przedstawię w kolejnych dwóch rozdziałach, poprosilam Wszystko Co Jest, Czysta Esencja (ang. All That Is, The Pure Essence, skrót ATI,TPE) o klaryfikacje naszego postrzegania kosmosu. Wyjaśnia ono, że w pełni fantomowe galaktyki, oraz przeciwne do nich zupełnie wieczne galaktyki, nie są dla nas widzialne. Ich energia-materia ma inny skład, oraz moment kątowy wirowania cząsteczkowego, aniżeli nasza cząsteczkowa materia. Zgodnie z tym, nasza półfantomowa materia jest inna od znacznie bardziej lub mniej zniekształconej, pół-fantomowej materii, dlatego właśnie nie widzimy Galaktyki-2 na zewnątrz naszej potencjalnej pozazmysłowej, międzywymiarowej zdolności.

Galaktyka Andromedy M31 jest widoczna dla ludzi, ponieważ tak jak Droga Mleczna jest ona pół-fantomowa i tak samo jak galaktyka Drogi Mlecznej, została ostatecznie utworzona z pozostałości AquaLaShA, oznajmia ATI,TPE. Andromeda M31 jest usytuowana około 2.5 miliona lat świetlnych od Ziemi, ale przerwa między naszą galaktyką a Andromedą powoli zmniejsza się. Kiedy patrzymy na Andromedę przez teleskop Habla, widzimy że w jej środku znajduje się super potężna czarna dziura, ale w przeciwieństwie do Drogi Mlecznej, jest ona połączona z inną strukturą.

O wyjaśnienie na temat Andromedy poprosilam ATI,TPE: „W Andromedzie, może znajdować się jądro o podwójnej strukturze. Naukowcy mówią, że albo Andromeda >>zjadła<< inną mniejszą galaktykę, albo struktura ta jest zaledwie koślawym dyskiem gazowego materiału. Czy jest raczej tak, że inna galaktyka stworzona została za pośrednictwem bardzo potężnej czarnej dziury Andromedy? Proszę o wyjaśnienie".

„Tak, inna galaktyka wywodzi się z Andromedy. Ta inna galaktyka jest różniącą się pół-fantomową galaktyką, której zewnętrzne krawędzie jej czarnej dziury, znalazły się w obrębie widzenia mieszkańców Ziemi", odpowiada ATI,TPE. Kontynuuje ono: „Druga galaktyka stworzona została przez pozostałości materii, której pozbyła się Andromeda, takiej jak nadmiar energii, oraz cząsteczek materii w jej miejscu znajdowania się, przez czarną dziurę. Było to pół-fantomowe anomalium".

Ja dodałam: „Czy ta druga galaktyka złożona jest ze zwiększonej materii fantomowej, lecz wciąż z pół-fantomowej, aby być dla nas widoczną?"

„Według Wszystko Co Jest, Czystej Esencji: Tak, tak właśnie jest".

Wyjawiam, że fraktalna matematyka i kreacje, włączając w to te zbudowane z sekwencją Fibonacciego, nie posiadają nieskończonego potencjału, ponieważ zawierają one mechanikę nauki śmierci. Rzeczywistość tego, jak wiele milionów galaktyk wciąganych jest przez tą naukę, jest dla mnie denerwująca, wydaje się jakby część zewnętrznych domen brała udział w jakimś eksperymencie. Na tym etapie, nie musimy się obawiać, pozwólmy tylko takiej „druzgocącej" informacji, na powolne osadzenie się w naszej świadomości, abyśmy mogli nauczyć się jak podjąć właściwe środki. Jest wiele szczęśliwych chwil, których możemy oczekiwać w naszej podróży do ascendencji, ponieważ wieczne światy i byty, przewyższają liczebnie wszystko inne.

Uniwersalne oraz kosmologiczne kreacje, są znacznie bardziej zróżnicowane niż naukowcy z połączonymi ze sobą teoriami ujednolicenia zunifikowanych pól, z wielkimi branami, lub z cząsteczkami fal, zawierającymi cechy wszelkiego stworzenia mogą sobie dowodzić. Te idee „kosmicznego jaja" nie dopuszczają czegokolwiek równie ważnego jak one, co zrównuje je z religijnym Bogiem, chociaż istnieją drobne różnice co do tego, jakie możliwości każdy z programów przypisuje swemu źródłu.

Jesteśmy w stanie wyraźnie zauważyć wzorce w procesie stworzenia, bez łączenia ich z super-stworzeniem lub z super-stwórcą. Jak wyjaśnia to następna część tego rozdziału, wysuwam wniosek, że każdy etap kosmologicznego stworzenia zostawia zaledwie wzorzec do rozwoju w nieco inny sposób dla następnego pokolenia lub poziomu. Na przykład w obrębie 15-to wymiarowej galaktyki, szablon pochodzący z 15-tego wymiaru, dostarczyłby informacji oraz możliwości dla ustalonego i stopniowego procesu, który akumuluje gęstość w każdym kolejnym większym wymiarze z potencjałem do różnic i zakłóceń w miarę rozwoju. Większa kreacja wymiarowa jest wynikiem ustalonego procesu rozwoju na zewnątrz.

<u>Pochodzenie oraz rozwój Wczesnej Kreacji</u>

Nie łatwo jest uzyskać dokładne informacje o pochodzeniu kreacji, ponieważ jako istoty, opieramy nasze punkty odniesienia na naszym środowisku lub osobistym doświadczeniu. Informacje od mieszanki różnych grup istot, mogą jedynie przybliżyć proces kreacji, lecz nie potrafią one precyzyjnie wyjaśnić pierwotnej esencji i jej twórczego procesu, chyba że świadomość tej pierwotnej energii sama bezpośrednio im to wyjaśni. Ja z moją mamą, mamy odczucie w naszej świadomości, że osiągnęłyśmy połączenie z pierwotną, najwcześniejszą świadomością energii. Może ona komunikować się z nami, oraz wszystkimi istotami, poprzez nasze „wewnętrzne widzenie", kiedy rozmyślnie szukamy absolutnej czystości. Kiedy pytam jak opisuje siebie, wyjaśnia ono, że: „Wszystko Co Jest, Czysta Esencja" (ang. „All That Is, The Pure Essence". Jak już doświadczyłam to w rozdziale 1, ja czasami zapisuje to jako ATI,TPE w celu skrócenia pisowni, lecz skrót ten nie jest preferowany przez Wszystko Co Jest, Czysta Esencja w komunikacji bezpośredniej).

Nasza czysta intencja może połączyć nas ze Wszystkim Co Jest, Czystą Esencją, ale nasze usytuowanie w rozwiniętym ciele, które częściowo zawiera podzielone struktury, nie ułatwia zupełnie komunikacji z ATI,TPE. Nasza głęboka świadomość lub duchowe odczucie „że wiemy", jest najczystsze kiedy czujemy się naturalnie i swobodnie w połączeniu z własnym energetycznym sobą. Czasami to odczucie może sięgnąć głębiej do naszego podświadomego, lub nawet świadomego stanu, tak, że możemy to zrozumieć. Aczkolwiek, kiedy wcielimy to w praktykę technicznej precyzji, coś może zatracić się w tłumaczeniu pomiędzy czystym stanem ATI,TPE, a naszą złożoną ludzką kompozycją. Dzieje się tak dlatego, że Wszystko Co Jest, Czysta Esencja jest naprawdę inne od nas. Dostarcza ono tylko pewien zakres technicznych informacji, zwłaszcza w nie-wiecznych światach, nasza intuicja oraz inteligencja muszą dokonać reszty.

Moja intuicja przekazała mi, że czysta pra-energia posiada jedną tożsamość i jest pojedynczą esencją. Całe życie wiedziałam, że gdzieś musi być coś zupełnie prostego i dobrego, gdzie złożone istoty i energie nie mogłyby być. Podczas wyczuwania czystej świadomej esencji poza nami, moja mama i ja czujemy również czyste połączenie z czystością we wrodzonej części nas samych, która czuje się chroniona w swojej własnej energetycznej integralności. Po odkryciu Wszystkiego Co Jest, Czystej Esencji oraz wyczuwaniu dogłębnie prostego spokoju i dobrej „energii" poza naszymi cielesnymi, emocjonalnymi i umysłowymi wpływami, moja mama i ja kontynuowałyśmy poszukiwania, lecz nigdy przedtem, nie znalazłyśmy niczego, zarówno z naszej perspektywy, jak i z perspektywy, którą odczuwamy jako tą należącą do Wszystkiego Co Jest, Czystej Esencji. To po prostu *jest* i „odczuwa się" to moją sensoryczną świadomością, jako coś zupełnie czystego. Tytuł tego, jako Wszystko Co Jest, Czysta Esencja, jest tylko – tytułem lub opisem, który identyfikuje siebie jako prostą, ale świadomą esencję, która nie wytwarza żadnej wibracji, częstotliwości, tonacji dźwięku, koloru czy zniekształcenia. Nie jest to nic podobnego do fałszywego przedstawienia „Wszystkiego Co Jest" przez New Age, jako wszech-Boga Źródło zawierającego każdy aspekt kreacji, które bierze *Wszystko* opisując *Jest* bez kontekstu i przypisywania tego wszystkiemu bez rozróżnienia.

Jak przedstawiłam to w rozdziałach 1 i 3, moja mama zadaje pytania Wszystkiemu Co Jest, Czystej Esencji, podczas gdy wynikiem końcowym tego jest odpowiedź w formie dostrzegalnych, mieniących się liter. Litery te zwane są ognistymi literami, które są kilonami, kodami symbolu-światła, wysyłanymi do naszego DNA w formie fal elektromagnetycznych, w celu wytworzenia kolejno uporządkowanych słów.[147] Moja mama działa w jej zintegrowanej świadomości o czystej intencji, która tłumaczy jej świadome pytania do najgłębszej świadomości oraz szablonu DNA. Ścieżka ta wykorzystuje jej częstotliwość fali delta w wiecznym zliniowaniu które łączy ją z pierwszą falą pra-pola, a dalej z Wszystkim Co Jest, Czystą Esencją. Wszystko Co Jest, Czysta Esencja używa tej samej ścieżki do przekazania liter i słów, które są spowalniane, tak aby mogła je zapisać. Dla uzyskania większej ilości szczegółów, zadajemy również pytania uzupełniające. Proces ten nie obejmuje channelingu, ani przepowiedni, które biorą górę nad daną osobą.

Za pośrednictwem jej czystego, wewnętrznego połączenia, poprosiłam Wszystko Co Jest, Czystą Esencję, o wyjaśnienie do tego pytania: „Czym jest Wszystko Co Jest, Czysta Esencja?"

Wyjaśnia ono samo siebie i dostarcza prosty diagram sekwencji działań:

> Wszystko Co Jest, Czysta Esencja, jest źródłem Siebie Samego, oddzielnie i bezgraniczne w swojej własnej przestrzeni, nieruchome i bezbarwne. Jest to punkt, czystej świadomej esencji poza wszelką stworzoną materią, poza Pustką, poza oddzielną nieruchomą nicością, która przychodzi po niej. Przedstawia Siebie jako posiadające podstawową wiedzę z nieskończoną świadomością.
>
> Wszystko Co Jest, Czysta Esencja, najpierw poszerzyło Samo Siebie, nie jako pragnienie, lecz jako Świadomość, kiedy w stanie nieruchomym, poprzez intensywną, rozpierającą pragazową naturę, która składa się na jej czystą esencję. Świadomość Tego zamierzyła wybuchnąć dalej z tego ogarniającego stanu, rozpościerając strumienie pra-fali w miarę jak zapuściło się do przodu i na zewnątrz z własnego miejsca pochodzenia. Akt ten był bardzo prosty i wspaniały w swoim pokazie, podobny do natychmiastowej erupcji.
>
> Wszystko Co Jest, Czysta Esencja pragnie badać i poszerzać się poprzez oddzielną nicość, za pośrednictwem bezkresnej Pustki, aby podzielić się wiedzą o własnym istnieniu. To pragnienie to rozszerza się poprzez przestrzenie i pomiędzy przestrzeniami, poprzez most Eia, który tworzy obok wraz z przepływem tego

pragnienia. Cokolwiek poza Eia, co niesie pragnienie czystości i prawdy Wszystkiego Co Jest, Czystej Esencji, posiada możliwość zniekształcenia. Poszukiwanie ostatecznej prawdy i czystości umożliwia pragnienie Wszystkiego Co Jest, Czystej Esencji, jako przedłużenie dla kreacji, aby zwiększyć świadomość stworzonych istot.

Wszystko Co Jest, Czysta Esencja
(Stacjonarne i świadome) →
Oddzielna blona →
Poszerzona czysta świadomość Wszystkiego Co Jest, Czystej Esencji
(Wystrzelona świadomość z najdrobniejszym ruchem pra-fali) →
Oddzielna, nieruchoma nicość →
Poszerzone czyste pragnienie Wszystkiego Co Jest, Czystej Esencji
(Pragnienie z drobnym ruchem pra-fali rozszerza się i bada sposób) →
Pustka →
Eia *(Pierwsza fala pra-pola)* →
Stworzona materia *(Energia wibracyjna)* począwszy od
Domeny „A"

Wszystko Co Jest, Czysta Esencja, istnieje gdzieś i jakoś inaczej od naszego doświadczenia. Jest ono prawdziwie wieczne, bez końca i unikalnie bez początku. Coś nie może powstać z zupełnie niczego, tak więc wyobrażalne jest, że to wyjątkowe „coś" istniało zawsze. Jako świadoma esencja, posiada intencję, która może delikatnie rozszerzyć się jako pragnienie, płynąć na zewnątrz jak rodzaj pra-fali, nieznanej przez kreację, ponieważ zachowuje swoją własną przestrzeń, bardzo blisko do własnego stacjonarnego miejsca pochodzenia.

Pięknem nauki jest to, że wywnioskowuje ona co jest „prawdziwe" w istnieniu, oznacza to, że istnieje rodzaj substancji w energii, nawet jeśli substancja ta jest eteryczna i poza naszym materialnym doświadczeniem. Świadomość oraz myśl posiadają mechanizm do działania, który rozszerza się poza siebie, podczas gdy czyjeś myśli zachowują tę samą świadomość. Moglibyśmy mylnie wyobrazić sobie, że Wszystko Co Jest, Czysta Esencja oraz tego zamiar i pragnienie są zupełnie innymi substancjami, ponieważ punkt pierwotny jako Wszystko Co Jest, Czysta Esencja nie porusza się, podczas gdy zamiar Wszystkiego Co Jest, Czystej Esencji oraz pragnienie posiadają delikatny ruch; jednakże wiemy że natura świadomości jest wieloaspektowa. Myśli powstałe z zamiarem oraz intencją, ostatecznie poszerzają się na zewnątrz siebie, dostarczając w ten sposób podstaw do komunikacji i współtworzenia.

Unikalna pra-gazowa „substancja" Wszystkiego Co Jest, Czystej Esencji, pozostaje jedyną esencją Wszystkiego Co Jest, Czystej Esencji. Odnosi się ono do siebie jako do nie-poruszającego się punktu, ale także oświadcza, iż jest bez granic, gdyż świadomość tego rozszerza się poza ten punkt wraz z ciągłą kreatywnością, która uzasadniona jest pra-gazową naturą. Wszystko Co Jest, Czysta Esencja, we wszystkich sytuacjach pozostaje jedynie sobą, ponieważ energetyczna integracja tego jest zawsze zachowana.

4 października 2012 roku zapytałam Wszystko Co Jest, Czystą Esencję: „Wyjaśnij proszę, co tworzy małą warstwę tak zwanej >>błony<<, która istnieje, aby oddzielać cokolwiek innego od Wszystkiego Co Jest, Czystej Esencji?"

„Według Wszystkiego Co Jest, Czystej Esencji, mała >>błona<< jest przezroczystym woalem, wykonanym z iskry energii pra-atomowej esencji, w bezkresnej nicości".

Wszystko Co Jest, Czysta Esencja, jest wiecznym, podobnym do pra-wodoru pra-gazem, który zniósł najdrobniejszą krztynę nuklearnego rozszczepienia i scalenia, żeby się rozszerzyć. ATI,TPE, wyjaśniło, iż zapragnęło poszerzyć się, po to aby połączyć się z nową kreacja na zewnątrz siebie. Intencja tego wytworzyła drobne ciśnienie wewnętrzne, żeby rozpocząć tę ekspansję; aczkolwiek ATI,TPE, nie przybliża się do żadnej siły, pochodzącej od Wielkiego Wybuchu. Przypuszczam, że wszystko możemy zobaczyć w miarach znajomych substancji, lecz nie neguje to znaczących różnic w każdym etapie kreacji. Czasami, oryginalna esencja jest zupełnie inna od tego, co zostało stworzone generacyjnie, tak jak w przypadku ATI,TPE, które nie dzieli żadnej substancji z czymkolwiek w egzystencji.

Gwoli wyjaśnienia, Wszystko Co Jest, Czysta Esencja, jest najprostszą esencją w substancji, która jest zupełnie stacjonarna jak jej fundament. Natura tego zawiera zdolność do minimalnego działania w etapach, nie jako rodzaj ewolucji w naszych założeniach, lecz jako nieodłączna zdolność świadomości do wzrastania w wiedzy i rozszerzaniu się poza samą siebie. Dlatego stała się przytłoczona wewnątrz siebie samej, co spowodowało swego rodzaju wewnętrzne rozszczepienie, które nie podzieliło się; rozszerzyło swoją esencję w drobny ruch, jako strumienie pra-fali. Zamiar oraz pragnienie są drugorzędnymi i trzeciorzędowymi aspektami dla oryginalnego, stacjonarnego stanu, ale wszystkie one są częścią tej samej świadomej esencji, jako tożsamość i kompletna pra-gazowa substancja. Etapy jej ekspansji angażują delikatną błonę, aby zapewnić oddzielenie pomiędzy rozwiniętymi aspektami ATI,TPE, wciąż byłoby kompletne aż do samego siebie, tak jakby nigdy nie poszerzało się z zamiarem i pragnieniem, lecz teraz wraz ze swym sięgającym daleko przedłużeniem, wypełniło swój potencjał, który wbudowany jest w oryginalną esencję.

Świadomość, to temat fascynujący do zgłębienia w stosunku do egzystencji i substancji. Jeśli zastosujemy te koncepcje do oryginalnej esencji świadomości

Wszystkiego Co Jest, Czystej Esencji, są one właściwie zjednoczone. Podczas gdy egzystencja jest stanem bycia, zarówno świadomość jak i substancja, posiadają potencjał do wzrostu. Świadomość posiada najdalej sięgającą zdolność, gdyż zwiększa ona wiedzę o samym sobie, a także znacznie dalej poza to bez ograniczenia.

Ludzie mogą opisywać ATI,TPE jako pierwotną i najistotniejszą esencję kreacji; chociaż wyraża ono, że nie jest twórcą, ani też nie zamieszkuje pośród żadnej kreacji. Poprosiłam, aby dalej opisało siebie, na co odpowiedziało:

> Pragnienie Wszystkiego Co Jest, Czystej Esencji, aby się rozszerzać, oraz zamiar uczynienia tego, prowadzi do używania w stosunku do Wszystkiego Co Jest, Czystej Esencji, słowa twórca, ale tak naprawdę nim nie jest. Bardziej dokładniejszym byłoby następujące oświadczenie: Jest ono punktem pochodzenia, a za pośrednictwem swojego zamiaru i pragnienia zamieszkuje tuż na zewnątrz podstawowej esencji kreacji.
>
> Wszystko Co Jest, Czysta Esencja, oraz tego pożądane, stworzone formacje mieszkają obok siebie. Pragnienie Wszystkiego Co Jest, Czystej Esencji jak przekazane przez Eia, łączy się z rdzeniem każdej części stworzonej materii, włączając w to podstawowe komórki ludzkiego ciała. Pragnienie Wszystkiego Co Jest, Czystej Esencji, poszukuje połączeń z czystą, stworzoną z zamierzeniem materii i przenika to, co pragnie tego samego w swojej świadomości.

Pustka jest unikalnym miejscem, ponieważ została odkryta przez proces ekspansji od ATI,TPE aż do momentu sprzed pierwszej fali pra-pola. ATI,TPE, oznajmia że w Pustce nie istnieje żaden energetyczny ruch lub świadomość; nie jest to twórcze miejsce. „Pustka jest kolejnym bezkresnym miejscem, bez zdolności do kreacji. Wszystko Co Jest, Czysta Esencja nie pragnęło tam żadnej kreacji. Pragnienie Wszystkiego Co Jest, Czystej Esencji wciąż rozszerzało się", wyjaśnia. Pustka nie jest polem; jest to przejście.

ATI,TPE objaśnia, że Pustka jest bezgraniczną przestrzenią, która początkowo utrzymywała potencjał do kreacji; jednak stała się anomalią, która nie zawiera żadnego przebłysku, ani kreacji. Z filozoficznej i technicznej perspektywy, Pustka mogłaby nie istnieć, ponieważ niczego nie zawiera: aczkolwiek, jeśli istnieje zupełnie pusta przestrzeń, wówczas może ona istnieć. Oryginalna Pustka na zewnątrz kreacji jest inna niż przestrzenie nie posiadające składników twórczych, oraz właściwości wewnątrz twórczej domeny, tak jak przestrzeń uniwersalna utrzymywana wewnątrz i pomiędzy siatkami kathara.

Eia jako pierwsza fala pra-pola jest osobliwa w świadomości, która została stworzona wewnątrz oraz dla własnego poziomu egzystencji. Jest bardzo podobna do rozszerzonego pragnienia ATI,TPE, z tą różnicą, że esencja Eia posiada trochę podobną do fali zdolność i złożoność. „Eia jest energetycznym pomostem dla egzystencji Wszystkiego Co Jest, Czystej Esencji, co jest natychmiastowym połączeniem z najważniejszymi aspektami kreacji", oznajmia ATI,TPE.

Według ATI,TPE (ang. All That Is, The Pure Essence), Eia przedłuża pragnienie ATI,TPE tworząc najszybsze i najbardziej „wyjątkowe" ruchy wibracyjne, oraz częstotliwości, które przekraczają tryliony herców. (ATI,TPE wyjaśnia, że wczesne fale nie są takie potężne w sensie czterech podstawowych sił naszego przeznaczenia; preferuje ono oznajmiać, że „fale wydzielają wyjątkową energię".) Przez wiele lat nazywałam tą energię „Miłość", pisane przez duże „M", lecz ostatecznie zdecydowałam zapytać ATI,TPE, co jest właściwą nazwą, lub zaszyfrowaniem barwy dźwięku: jest to Eia, wymawiane Ajä (sprawdzone z Eia).

ATI,TPE oświadcza, że Eia jest pierwszym stwórcą. ATI,TPE nie uważa siebie za stwórcę, gdyż brak mu siły wibracyjnej częstotliwości. Nie zważając na to rozróżnienie, Eia nie jest wszechmocnym stwórcą (taka rzecz nie istnieje), ponieważ Eia w pra-gazowej esencji, podobna jest do ATI,TPE i posiada ona również swoją własną tożsamość, oraz przestrzeń oddzielenia, między nią a wszystkim innym. Rzeczywistość oddzielenia wbudowana jest w każdy szablon kreacji w celu zachowania naszych indywidualnych tożsamości i esencji.

Kiedy moja mama na początku skontaktowała się z Eia, widziała ona wyblakłą chmuro-podobną mgłę, która rozszerza się. 13 maja 2013 roku opowiada ona:

> Podczas gdy, poprzez mój wewnętrzny rdzeń komunikowałam się ze Wszystkim Co Jest, Czystą Esencją oraz z Eia, widziałam zdumiewający most cząsteczek energetycznych ukazujących się jako częstotliwość, kojarzącą się wewnątrz mgło-podobnej, gazowej przesłony od Eia do mojego prawdziwego ja. Jest to poszerzony proces komunikacyjny w moim ludzkim stanie.

Doświadczenie to, było pierwszym świadomym połączeniem mojej mamy z Eia, z którą od tamtego czasu jest już doskonale zestrojona i nie postrzega już żadnej mgło-podobnej barwy. W tamtym czasie, sprawdziłam dodatkowo z Eia, żeby uzyskać więcej zrozumienia, gdyż myślałam, iż nie powinna posiadać żadnego koloru, włączając w to biały, ponieważ istnieje przed światłem. W moim imieniu odpowiedziało do mojej mamy:

> Według Eia, kiedy „rozpościera" się z pozycji od Wszystkiego

Co Jest, Czystej Esencji w połączeniu z kreacją, kolor nie istnieje, aż osiągnięte zostaje przez stworzonego odbiorcę, połączenie na stworzonym końcu. Kolory postrzegane są tam, gdzie światło przenika materię.

Każdy akt kreacji dostarcza odcisk lub szablon, przekazany przez poprzedni poziom i odcisk ten staje się urzeczywistniony jako nowa świadoma substancja. Dla przykładu, Eia wydłuża odcisk fundamentalnej świadomości w fale, które rozwijają się w najwcześniejszym etapie domeny „A", lecz Eia nie „redukuje", ani nie przekazuje nic ze swojej świadomej esencji do tych fal.

Pierwszy rodzaj krajstar powstał jako głównie eteryczna, pra-gazowa kompozycja z minimalną ilością pra-plazmy. Krajstar jest rodzajem wiecznej gwiazdy, która również może zapewnić warunki życiowe dla mnóstwa form życia. ATI,TPE oświadcza, że pierwsza krajstar nie jest wystarczająco ukształtowana, aby mieścić w sobie inne istoty; jej fale istnieją na najwcześniejszym poziomie domeny „A". Kolejne poziomy w domenie „A" zawierają coraz to bardziej rozwinięte komponenty krajstar.

Pierwsza niezdatna do zamieszkania krajstar istnieje na poziomie Kosminjas (ang. Cosminyahas – ze względu na zachowanie sygnatury energetycznej pozostawiono oryginalna forme z polskim zapisie fonetycznym przyp. tłum.), który jest ostatnim poziomem domeny „A", ujawnia ATI,TPE. Kosminjas krajstars złożone są ze zwiększonej pra-plazmy ze wzbudzonym pra-zjonizowanym gazem.

W procesie poszukiwania wiecznej kreacji przez Ashayana Deane, z naszej bardzo rozszerzonej pozycji, zanim usłyszała ona o Kosminjas, poinformowana została o siedmiu późniejszych krajstars oraz poziomach Ah (czytaj jako krótkie A – przyp. tłum.) włączając w to Ah'-yah (oryginalna pisownia, czytaj a-ja – przyp. tłum.) i Ah-yah-YA' (konieczność zachowania oryginalnej pisowni, czytaj a-ja-JEJ – przyp. tłum.), które nazwala „Nieskończone Wieczne Krainy >>Aah<<" w „Matriksie Wiecznego Życia KosME'ja" (oryginalna angielska pisownia CosMA'yah, czytaj z akcentem na E – przyp. tłum.) (s. 80, 98).[177] W tamtym czasie, nie wiedziała ona również o domenie Ekasza-Ah (ang. Eckasha-Ah – przyp. tłum.), która mieści w sobie światy włączając w to KosME'ja, zatem jej identyfikacja Krain „Aah" wydaje się błędnie umieszczać je wewnątrz domeny Ekasza-Aah. ATI,TPE potwierdza, że te poziomy Ah oraz odpowiadający nam świat KosME'ja są częścią domeny Ekasza-Ah.

Siedem kolejnych tonacji częstotliwości Ka Ra Ya Sa Ta Ha La, przedstawionych w części pt.: „Fraktale i sekwencja Fibonacciego" emanuje z siedmiu odrębnych poziomów zawierających krajstars w świecie KosME'ja. Strumień spirali Krysthal pochodzi z pierwszego poziomu domeny Ekasza-Ah i świata KosME'ja, oświadcza ATI,TPE i zawiera on odcisk pasma częstotliwości spirali pra-Krysthal, jako głęboki rdzeń wywodzący się z poziomu Kosminjas. Pasmo częstotliwości spirali pra-Krysthal, kontynuowało w dół do domeny Ekasza-Ah, gdzie ukształtowało strumień cząstek energetycznych, którego to formacja osiągnęła wtedy coraz to większą gęstość, odpowiednią dla utworzenia późniejszej domeny. „Na początku wraz z formowaniem się spirali Krysthal, zaiskrzyła ona swoimi cząstkami w sposób podobny do wiatraka, w wielu różnych kierunkach, po czym zeszły się ze sobą razem, tworząc jedną dokładną ścieżkę w stronę kolejnych domen i poprzez te domeny, jako przedłużenie uformowania jej początkowego wzorca", oznajmia ATI,TPE. Jest wiele spirali Krysthal płynących w specyficznych ścieżkach twórczych, w światach wewnątrz domen.

Kiedy Ashayana dowiedziała się o Kosminjas, nazwała je krajstar „Słońca-8", twierdząc, że jest to ukryty, lecz większy „Rdzeń", który otacza i zawiera siedem późniejszych poziomów KosME'ja, przedstawionych jako Słońca 1-7, oraz kolejną kreację (s. S1 5-6).[183] To po prostu nie może się zdarzyć, ponieważ siedem późniejszych poziomów, znajduje się w oddzielnej domenie, aniżeli Kosminjas, zaś krajstars, tak jak gwiazdy i planety istnieją w swoich własnych odrębnych przestrzeniach. Niemniej jednak wierzenie Prawa Jednego eliminuje te granice w swoim koncepcie gigantycznej kuli gestalt, która w tym przypadku jest krajstar Kosminjas. W przeciwieństwie do tego, Kosminjas dostarcza podstawowych części składowych dla kolejnych poziomów krajstars. Nie istnieje żadna gigantyczna kula zawierająca w sobie wszystko, jako nasze źródło życia, ponieważ każda krajstar, istota, i tak dalej, są zasadniczo samowystarczalne.

Jako oryginalny „punkt" istnienia, ATI,TPE nie dostosowuje się do żadnego kształtu, ani nie zawiera w sobie niczego. Przekazuje własne pragnienie „przenika to samo, czego pragnie w swojej świadomości", co pomoże zilustrować następujący przykład.

Jest popularna historyjka o nauczycielu filozofii, który demonstruje przestrzenną pojemność używając różnych środków do wypełnienia pustego słoika.[184] Najpierw wypełnia słoik piłeczkami golfowymi, do momentu, aż nie może już zmieścić ich więcej. Nasze ciało może być tym słoikiem, a piłeczki golfowe mogą być naszymi molekułami i atomami. Następnie wkłada on do słoika kamyczki, które wypełniają mniejsze przestrzenie. Te mogą być cząsteczkami podatomowymi. Dalej dodaje on woreczek piasku, który może reprezentować skalarne tekjony Krysthal. Na koniec wlewa dwa piwa. Jest to duża ilość płynu, która może reprezentować skale dla krzemowej i plazmowego energii-materii, aż do wczesnej kreacji. Słoik zawiera jedną wielką przestrzeń, ale w miarę jak wypełnia się różnymi środkami, posiadającymi swój skład i przestrzeń, wielka przestrzeń zaczyna zawierać przestrzenie wewnątrz bądź pomiędzy przestrzeniami. Metafora synaptycznego połączenia może mieć zastosowanie, kiedy przekazywana jest energia oraz informacja poprzez każdą oddzielającą błonę.

Na zewnątrz słoika znajduje się bezkształtna esencja, jako Wszystko Co Jest, Czysta Esencja, istniejaca w oddzielnej przestrzeni, która może rozprzestrzeniać się poprzez słoik, obok najgłębszego aspektu każdej substancji. Eia istnieje w sposób podobny do pragnienia ATI,TPE, ułatwiając czyste połączenie z energią-materią. Dlatego ATI,TPE, oraz Eia mogą połączyć się z naszą pra-gazową, pra-plazmową, fundamentalną świadomością, która jest aspektem symbolicznego piwa, które natychmiastowo spływa do reszty naszych naturalnie ucieleśnionych atrybutów. To właśnie poprzez nasze fundamentalne aspekty, świadomość ATI,TPE, rozszerzona za pośrednictwem Eia, może dosięgnąć naszej ludzkiej egzystencji. Nasze ciało jako słoik, nieuchronnie czuje przepływ z wewnątrz na zewnątrz.

Wszystko Co Jest, Czysta Esencja (ang. All That Is, The Pure Essence, skrót ATI,TPE) dogłębniej wyjaśnia własną zdolność do łączenia się z kreacją:

> Wszystko Co Jest, Czysta Esencja, jako oryginalny punkt egzystencji rozciąga swój zamiar i pragnienie przez Eia, umożliwiając swój przepływ energetyczny wraz ze świadomym zamiarem Eia, aby stworzyć obok właściwej kreacji. Wszystko Co Jest, Czysta Esencja wraz z Eia faktycznie współistnieją z kreacją, lecz nie mieszają się ze stwórczymi połączeniami dostarczanymi przez naturalne poziomy i odbicia wewnątrz form życia.
>
> Wszystko Co Jest, Czysta Esencja pozostaje czyste, przyzwalając na drobną rekonfigurację w swojej kompozycji, od początku tego oryginalnego punktu egzystencji. Ta rekonfiguracja kompozycji umożliwiła świadomemu staraniu, rozciągnięcie zamiaru oraz pragnienia, aby je wypuścić na zewnątrz. Przepływ energii i świadomości Wszystkiego Co Jest, Czystej Esencji, przez Eia równoległy jest do kreacji. Łączy się ono z formami życia włączając w to ludzi, zliniowując Siebie Samo z czystym i świadomym pragnieniem oraz intencją prawdy i wiedzy danej formy życia w jej wewnętrznych strukturach, w tym w DNA.

Powtarzam, że Wszystko Co Jest, Czysta Esencja nie jest istotą ani kreacją, ani też nie uważa siebie za stwórcę, chociaż posiada twórczy zamiar i pragnienie. Kiedy usiłujemy zdefiniować pochodzenie kreacji, czasami robimy to poprzez nasze percepcyjne i doświadczeniowe filtry sztywnych przekonań. Na przykład, do tego samego słowa jak *stwórca*, możemy przypisać różne definicje:

1. Stwórca jest podstawową częścią składową na podłożu której wyłania się podobna lecz różna energia-materia.
2. Stwórca zawiera rodziny energii-materii, które mogą wytwarzać podobne rozszerzenia tych rodzin.
3. Stwórca zawiera tą samą materię i siły przekazane całej kreacji, a kreacja reprezentuje części tego kompletnego rezerwuaru.

Numery 1 i 2, są naukowo realistyczne, podczas gdy numer 3 jest hipotetycznym przekonaniem. Numer 3 obejmuje wierzenie religijne, które oświadcza, że Bóg jest niematerialnym i materialnym wszystkim, od którego otrzymaliśmy całą egzystencję. Jest to perspektywa kosmicznego jajka, która daje do zrozumienia, że ta najwyższa istota, jest również najwyższą mocą, jako Stwórca. Ponieważ pomiędzy ATI,TPE, a rdzeniem każdej kreacji istnieje małe oddzielenie, a ATI,TPE, nie zawiera w sobie żadnego z elementów kreacji, niemożliwe jest dla pierwszego etapu egzystencji, aby zawierał wszystkie siły i materiał w zunifikowanym polu.

W związku z bliskim podobieństwem ATI,TPE, oraz Eia są ze sobą liniowane, coś na wzór tego, jak późniejsze kreacje dzielą ze sobą podobny rezonans. Ich „wspólność" lub współistnienie uzasadnia numer 1. Rodzaj fali pra-pola Eia jest twórczymi warstwami z coraz to większą ilością energetycznych składników i odmian. Kiedy kreatywna złożoność obejmuje podobne, lecz inne tożsamości zgodnie współistniejące w świecie lub wszechświecie, etap ten jest numerem 2.

Wierzenie Prawa Jednego jest znacznie bardziej złożone i sprzeczne z numerem 2, raczej wspiera ono numer 3. Twierdzi ono, że my jako bardzo złożone istoty, jesteśmy zaledwie różnymi ekspresjami Boga Źródła, w których ucieleśniamy wszystkie aspekty tego Źródła, lecz jako różne prawdopodobieństwa. Jest to panteizm w pełnym tego słowa znaczeniu, mówiący, że wszystko jest Bogiem. Przypuszczalnie jesteśmy replikami hologramu, w różnych konfiguracjach materii, które wyindywidualizowane pole zawiera jako „Bóg", ale dla zachowania podobnego lecz różnorodnego „zunifikowanego" pola, są też tam w tym polu aspekty podziału. Popularnym opisem tego Boga, przez grupę istot New Age, zwłaszcza Nieskończonej Samowiedzy Davida Icke'a, jest: „Wszystko Co Było, oraz Wszystko Co Może Kiedykolwiek Być".[185] To zupełnie fałszywie przedstawia faktyczne Wszystko Co Jest, Czysta Esencja, ponownie ukazując przekonanie jakichś istot, zamiast to jak ATI,TPE, wyjaśnia Siebie Samo.

Hologramy wytwarzane są, kiedy podświetla się jakiś obiekt wiązką lasera, która rozszczepiona została na dwie identyczne wiązki. Połowa wiązki skierowana zostaje na obiekt, po czym część jego odbitego światła zapisana zostaje na medium takim jak płyta lub film fotograficzny z dodaniem reagujących na światło kryształów, dla zwiększenia rozdzielczości. Druga połowa wiązki, wiązka źródłowa, przy użyciu lustra skierowana zostaje pod innym kątem w stronę zapisującego medium, w celu odtworzenia wirtualnego obrazu ze zrekonstruowanych i załamanych czół fal.[186] Załamanie częstotliwości, które zagina i zmienia kierunek światła i fal dźwiękowych, jest tym, co pomogło stworzyć w większości podobne, lecz nie równe kopie energii-materii w stopniowo przerabianych galaktykach z galaktyk Krysthal, włączając w to AquaLaShA.

Fizyk David Bohm zaobserwował, że wizerunek oświetlony przez laser i umieszczony na płycie fotograficznej, ukazuje holograficzną replikę w każdym obszarze płyty. Zaproponował on kosmologiczne stwierdzenie, że istnieje bezwzględny porządek, który powinien być namierzalny w każdej warstwie wymiarowej, jako „niepodzielna całość w płynącym ruchu" (s. 14).[187]

Michael Talbot autor „Holograficznego wszechświata", dostarcza streszczenia perspektywy Bohm'a:

> Jeżeli hologram róży zostanie przepołowiony, a później oświetlony przez laser, każda z połówek wciąż będzie zawierała cały wizerunek róży.
>
> Tak naprawdę, nawet jeśli połówki podzielone zostaną ponownie, każdy urywek filmu zawsze zawierał będzie mniejszą, lecz nienaruszoną wersję oryginalnego obrazu. W przeciwieństwie do normalnej fotografii, każda część hologramu zawiera wszystkie informacje, które posiada całość.
>
> Natura „całości w każdej części" hologramu dostarcza nam zupełnie nowego sposobu rozumienia organizacji i porządku. Przez większość jej historii, Zachodnia nauka funkcjonowała z takim nastawieniem, że najlepszym sposobem zrozumienia zjawiska fizycznego, bez względu na to, czy jest to żaba, czy atom, jest dokonanie sekcji i studiowanie odpowiednich jej części ciała....
>
> Bohm wierzy, że powodem, dla którego cząsteczki podatomowe są zdolne pozostać w kontakcie ze sobą bez względu na oddzielającą je odległość, nie jest to, że wysyłają one w tą i z powrotem jakiegoś rodzaju tajemnicze sygnały, lecz ponieważ ich oddzielność jest iluzją. Stwierdzenie to argumentuje tym, że na pewnym głębszym poziomie rzeczywistości, cząsteczki takie nie są indywidualnymi bytami, lecz właściwie przedłużeniem tego samego fundamentalnego czegoś.[188]

Punkt widzenia Bohm'a wspiera wierzenie Nieskończonego Wiedzenia, które twierdzi, że wszystko w naszym obecnym doświadczeniu jest iluzją i nie powinno być oddzielenia (patrz rozdział 3). Wierzenie to może posunąć się na tyle daleko, aby zapewniać, że nasz świadomy, elektromagnetyczny umysł jest zawierającym-wszystko superkomputerem tworzącym każdą z naszych rzeczywistości, zaś nasza pełna wyobraźni interpretacja rzeczywistości, jest wibracyjną projekcją tej świadomości wyrażającej się poprzez różne punkty odniesienia w czasoprzestrzeni. Dlatego, nie istnieje żadna wyindywidualizowana materia, tylko wieloaspektowa, super świadoma energia. To właśnie ten punkt widzenia jest dla mnie iluzoryczny. Przeczy on sam sobie, ponieważ obejmuje subiektywne punkty odniesienia, które nie są identycznymi hologramami, sugerując w ten sposób indywidualność i oddzielenie.

Bohm odnosi się do tej widocznej sprzeczności, kiedy w swojej analogii płynącego strumienia oświadcza: „względna niezależność":

> Na tym strumieniu, ktoś może widzieć stale zmieniające się wzorce wirów, kręgów na wodzie, fali, plusków, itp., co ewidentnie nie ma jako takiej niezależnej egzystencji. Są one raczej wydobyte z płynącego ruchu, powstając i znikając w całościowym procesie pływu. Takie przejściowe istnienie jakie może być w posiadaniu tych wydzielonych form, sugeruje tylko względną niezależność lub autonomię zachowania, zamiast absolutnie niezależną egzystencję jedynych w swoim rodzaju substancji (s. 62).[187]

Do pewnego stopnia Bohm i ja zgadzamy się, co do wyższego i wewnątrz wymiarowego statusu, jako właściwego porządku, który dokonuje projekcji przedłużenia samego siebie do naszej obecnie „uprzedmiotowionej" egzystencji. Niemniej jednak różnimy się, w miejscu gdzie jego pogląd przyjmuje spirytualizm, który traktuje każde subiektywne doświadczenia jako zmienne doświadczenia jednej jednostki. Daje to jakoś do zrozumienia, że jesteśmy dokładnie tym samym przedłużeniem oryginalnej świadomości, w ten sposób oddziaływując na nią tak samo, jak ona oddziaływuje na nas.

Podczas gdy wielu ekstremalnych zwolenników jedności, wierzy że najwyższy stan Boga jest nie-poruszającym się punktem-zerowym, Bohm uważa ten stan oraz warunki oddzielności za statyczne i podzielone. Oświadcza on: „Moim głównym problemem jest zrozumienie natury rzeczywistości ogółem, a w szczególności świadomości, jako spójnej całości, która nigdy nie jest statyczna, ani kompletna, ale która jest niekończącym się procesem ruchu i rozwoju" (s. x).[187]

Wierzenie swoje opiera on na modelu anihilacji, w którym energia-materia ciągle zmienia się, dlatego właśnie używa on analogii fizycznego strumienia z jego interaktywnymi składnikami dla naszego zaproponowanego zunifikowanego pola egzystencji. Jego pogląd zamienia nas w poruszającą się nebule lub burze niestabilności, która dokonuje projekcji obrazu oddzielności i stabilności w naszej rzeczywistości. Zgodnie z tym, twierdzi on, że umysł i ciało są projekcjami z tej wysoko wymiarowej, niepodzielonej egzystencji, co sugeruje pojedynczą istotę. W swoich obliczeniach, Bohm zakłada „nie przeliczalną nieskończoność zmiennych" z ułamków, a nie całych liczb, udowadniając tym samym swoje oparte na fraktalach inklinacje (s. 117).[187]

Zazwyczaj definiujemy coś nie-poruszającego się jako statyczne, lecz niekoniecznie jest to jednakowe skojarzenie. *Statyczny* posiada negatywne konotacje bycia niezmiennym, jakby upartym, co pokazuje niekompletną bądź fragmentaryczną naturę. Dotyczy to również elektryki, która jest niezrównoważona w jej ładunkach i zatrzymana w czasie. Jeszcze raz, kiedy wyobrażamy sobie, że coś po prostu istnieje w sposób stacjonarny, ograniczamy naszą logikę i zrozumienie do odpowiedniej dla nas energii-materii. Wszystko Co Jest, Czysta Esencja, jest esencją życia, która jest kompletna w samym sobie, nie podzielona w żaden sposób.

Punktem obronnym argumentu Bohm'a jest to, że otwiera on naukową myśl na warunki sprzed Wielkiego Wybuchu i kwantowy potencjał w wyjątkowo uwikłanym, strukturalnym porządku. Niemniej jednak, jego teoria o nieskończonej serii wyobrażeń zasugerowanych przez nieustające zwijanie i rozwijanie, które miałyby ciągle rozkładać cząsteczki dwuatomowe w zagmatwany układ, a następnie rekrystalizować je, zmusza do śmierci przy pomocy fraktalnej geometrii, która ogranicza i deformuje nieskończoność. Najwyższy fraktal oparty na Fibbinacim lub inny podobnie zbudowany fraktal skazany jest na zniszczenie jako gwiezdny pył, lub skompresowana czarna dziura, tak aby nie móc osiągnąć wysoce zagmatwanego poziomu. W jego przebiegłej próbie połączenia współczesnej fizyki z metafizyką, dostrzegam jego wiarę w Prawo Jednego. Zapraszam postępowych i niszowych fizyków do dalszego wychodzenia na zewnątrz religijnego pudełka i zbadania informacji, których dostarczam ja oraz Nauka Krysthal.

Kreacje są w zasadzie znajomymi mikrokosmosami odpowiadających im makrokosmosów, ponieważ nie możemy stworzyć czegoś z niczego, lecz żadne z nich nie jest hologramem, ani repliką Wszystkiego Co Jest, Czystej Esencji, Eia, ani też żadnego etapu rozwoju Krysthal. Indywidualna tożsamość jest pierwotnym tworem i ekspansją, która zaistniała poprzez pragnienie połączenia i miłości; jest to fundament naszej formy. Zbudowani jesteśmy, aby być wiecznie indywidualni i kochający. Nigdy, przenigdy nie zatracamy tych fundamentalnych aspektów nas samych, chyba że nie mielibyśmy dłużej pragnienia aby istnieć i co ważniejsze nie znosili byśmy egzystencji. Nawet najbardziej nikczemne istoty, wciąż chcą istnieć, lecz trzymają się życia przez zastraszanie, ponieważ do pewnego stopnia brzydzą się naturalnym życiem. Jeśli uszkodzą swoje połączenie z ATI,TPE, w wyniku możliwego do zaistnienia rozpadnięcia się w gwiezdny pył, w procesie tym, nic nie przytrafia się ATI,TPE. ATI,TPE nie jest nigdy podzielone, ani na zewnątrz siebie, więc jedynie pozostaje w swojej pełnej integralności.

Ashayana mówiła o pojawiającej się możliwości, w której odbicie tożsamości rozłożonej osoby, zachowana zostaje na wczesnym poziomie plazmowym (w Ekasza-Ah) zwanym Ah-YA'-yah (czyt. A-jĒ-ja – przyp. tłum.), gdzie odbicie to może połączyć się z innymi kreacyjnymi aspektami, aby dosłownie narodzić się ponownie.[177] Taki twór samo-tożsamości miałby usunięte wszystkie swoje przeszłe zniekształcenia, chociaż wątpię, żeby wszystkie zostały zapomniane, ponieważ wspólny skład danej istoty zawiera pewną miarę świadomości i wiedzenia na każdym poziomie.

Dwa poziomy przed Ah-YA'-yah, jest poziom Ah'-yah, który Ashayana opisuje jako esencję „potężnego pola świadomości, żyjące pole świadomości Źródła" (DVD-1), oraz „Esencja Niewyrażalnego" (DVD-2).[177] Odkąd oznajmiła o tych poziomach kreacji, z przekazów od istot, dowiedziała się już o Kosminjas, co może pozostawiać miejsce w jej naukach, na zaakceptowanie, że wyindywidualizowana samo-tożsamość może istnieć jako odrębne, pragazowe, pra-plazmowe, wieczne substancje, na poziomie poprzedzającym najwcześniejszy zamieszkały krajstar; aczkolwiek, aby zaakceptować, że indywidualność jest rzeczywista, wymagałoby to zmiany przekonań. Wkrótce Eia ma zostać również ujawniona przez jej grupę istot, ale nie jest to zbyt odległe od bardziej złożonych poziomów Kosminjas.

Niestety, grupy istot o zapatrywaniach religijnych często prowadzą do tego, byśmy uwierzyli, że każdy objawiony poziom jest Bogiem Źródłem, którego poszukiwali, kiedy to jest to wciąż częścią kreacji i później mogą sobie zdać sprawę z tego, że jeśli będą próbować ze szczerą intencją, istnieje jeszcze coś wcześniejszego. Żeby powstrzymać fałszywe przedstawianie unikalnych poziomów egzystencji, sugeruję aby zmieniły one swoje postrzeganie Boga i hierarchii.

Wzorzec ciała świetlistego partikaj, nie może istnieć bez wewnętrznych pragazowych i pra-plazmowych wzorców. Nasze ziemskie ciało jest doskonałym tego przykładem, gdyż pomimo jego zniekształceń, wciąż w jakiś sposób możemy komunikować się z naszym wewnętrznym wzorcem, aż do samego Wszystkiego Co Jest, Czystej Esencji, przy pomocy Eia, która może działać jako most, żeby przewyższać nasze odłączone części. W swojej świadomości „widzę", że wewnętrzne jednostki, fale i pola naszego ciała, są jak zakonserwowane, laminowane warstwy, w czymś w rodzaju siatkowej konstrukcji, wewnątrz każdej warstwy ciała świetlistego, zaś kilka fundamentalnych składników, znajduje się pomiędzy warstwami ciała świetlistego. To umożliwia każdej rodzimej strukturze na współistnienie, gdzie odciski fali „A" łączy się z pra-gazowymi i pra-plazmowy odciskami wersji Ah, które później łączą się z odciskami ciała świetlistego generacji partikaj. Każde urzeczywistnienie tych odcisków, pociąga za sobą unikalną zmianę wyraźnie złożonej rodziny. ATI,TPE, oznajmia że na przykład gromady partikaj, niekoniecznie kopiują tą sama liczbę partikaj, w każdym procesie ekspansji jednostki. Nie jesteśmy związani z polem lub strukturą, które pojawiły się przed nami, ale faktycznie nosimy w sobie aspekty ich natury.

Cały koncept zunifikowanego pola wydaje się być zagmatwany, tak więc wniosę do tego tematu proste rozumowanie, oraz informacje. Wszystkie poziomy kreacji włączając w to odpowiadające im istoty, są kompletne w samych sobie. Żaden z nich nie zawiera składnika lub właściwości kreacji, ale za to faktycznie zawierają one swoje własne „źródło" lub pochodzenie jakichś znajomych istot, które rozwijają się w ich własnym środowisku.

Na Przykład, składająca się z 20 736 partikaj jednostka Yunasum (czytaj. Junasam, z uwagi na zachowanie sygnatury energetycznej pozostawiono oryginalna angielska pisownia – przyp. tłum.) może komunikować się z innymi partikaj, ale najłatwiej będzie ona komunikowała się z Yunasum, kolektywnie zwaną Yunasai. Każda Yunasum znajduje się w oddzielnej, lecz najbardziej podobnej lokalizacji w całej kreacji, porównanej do innych jednostek partikaj, potencjalnie dostarczając dla Yunasai rodzaju pola, lub grupowej świadomości, podczas gdy jednocześnie nie upodabniają ich indywidualnych członków do pojedynczego utworu lub gestaltu. Nie mogę wystarczająco podkreślić, jak kreacja zawiera wiele fundamentalnych aspektów, więc pojedyncze prawo nie potrafi właściwie wyjaśnić tego, chyba że naprawdę obejmuje wszystko, gdyż indywidualnie znajdują się one w odpowiadających im lokalizacjach.

W wierzeniu Prawa Jednego MCEO-GA, w którym kosmiczna struktura zawiera kule wewnątrz kul, każda kolejna warstwa kreacji wiruje w jednym kierunku (jak Ekasza) i poprzez odchylenie tworzy obracający się w przeciwnym kierunku zestaw dalszych kul (jak Eka).[189] Model ten znacznie upraszcza oraz fałszywie przedstawia kreację, twierdząc iż kosmos powiela się przy pomocy przyrodzonych sił, w coraz to mniejsze pola, gwiazdy, planety, oraz gatunki wewnątrz jego oryginalnej gwiazdopodobnej granicy.

Jak zgadza się z tym i przekazuje 7 grudnia 2011 roku ATI,TPE, natura życia jest naprawdę bezkresna: „Ponieważ Wszystko Co Jest, Czysta Esencja jest bezkresną, więc naturalna kreacja jest bezkresną". Wielu naukowców nie rozumie jeszcze, że kreacje oparte na fraktalach Fibonacciego, nie mogą zapewniać nieograniczonej ekspansji, ale faktycznie są świadkami mechaniki wiecznej kreacji w naszym wszechświecie, która zapewnia życie, regeneracyjne zdrowie, oraz równowagę pomiędzy oddzielnością a wspólnością.

Wczesna kreacja po Eia, zawiera naturalne kody dla wszystkich kolejnych kreacji Krysthal, lecz kody te są specyficznymi kopiami, aż poziomy urzeczywistnią je w odpowiedni dla nich sposób. Ludzie zawierają te kopie, a także inne kody, tak więc jesteśmy wystarczającą całością, chociaż nasze zdolności nie są jeszcze urzeczywistnione. Zgodnie z tym 15-ty wymiar Galaktyki-2, zawiera wszystkie podstawowe kody galaktyki Drogi Mlecznej i wszystkie wymiary Drogi Mlecznej, włączając w to pierwszy wymiar, zawierają te same podstawowe kody. Różnice pomiędzy kreacyjnymi kodami we wcześniejszych i późniejszych domenach, światach i poziomach, są ich liczbą różnorodności, zwłaszcza jeśli dodane zostaje coś z fantomowego stanu, z tego powodu, że proces ekspansji akumuluje zazwyczaj więcej składników. W pełni wieczne istoty nie mogą zawierać fantomowych kodów, ponieważ fantomowa energia-materia przychodzi później, zazwyczaj w innych światach; aczkolwiek istoty te mogą zawierać potencjał stania się uszkodzonymi. Zniekształcona rekonfiguracja, zazwyczaj ma miejsce kiedy zatracona zostaje czyjaś energetyczna roztropność, co podkreśla ważność utrzymywania wyraźnych rozgraniczeń, zarówno w nauce, jak i rozumowaniu.

Kosmologia jest przeogromnym tematem, który staje się ograniczony, kiedy przy pomocy naukowego prawa wyobrażanej sobie prostoty, oczekujemy zdefiniowania wszystkich substancji energetycznych. Przypuszczam, że moglibyśmy sobie wolno zdefiniować duży wymiar jako jedno lub więcej zunifikowanych pól, ale w każdy większy wymiar wbudowane są jeszcze inne komponenty, które sugerują, że już dłużej nie porównujemy zunifikowanego pola lub prawa z całym wszechświatem. Koncepcja zunifikowanego pola lub prawa, traci nawet jeszcze więcej wiarygodności, kiedy porównana zostaje z nieprzebranym kosmosem.

Kosmologia, którą ja przedstawiam, zaczyna się od Wszystkiego Co Jest, Czystej Esencji (ang. All That Is, The Pure Essence, skrót ATI,TPE) i obejmuje unikalną egzystencję każdej świadomej substancji, która naturalnie oddziaływuje w harmonii, jak również zawiera ona mniejszą część nienaturalnych różnorodności w podzielonych kreacjach. Harmonia energetyczna buduje mosty i emanuje swego rodzaju przepływem „wdechu" i „wydechu", który umożliwia proces kreacji, oraz potencjalnej ascendencji i zejścia do znajomych światów i energii-materii. Podobnie do naturalnego procesu ascendencji wymiarowej w stronę Eka, transfiguracja z zewnętrznych do wcześniejszych domen może być łatwa. Tak naprawdę, w miarę jak nasza gęsta materia staje się bardziej giętka i plazmowa, granice są mniej wykrywalne, ułatwiając bycie obok Eia i ATI,TPE.

<u>Wniosek</u>

Świadomość istnieje we wszystkich żyjących rzeczach i wszystkie te rzeczy wcielają swego rodzaju substancje. Świadome wiedzenie rozpoczyna proces kreacji; dlatego w zasadzie wszystkie żyjące rzeczy potrafią tworzyć. Pierwszą warstwę substancji postrzegać możemy jako najinteligentniejszą, ponieważ rozpoczęła ona proces od którego zależymy i który łączy nas z kolejnymi warstwami, lecz odgrywanie gier „Kto lub co jest lepsze?", może mylnie zanegować wewnętrzną inteligencję każdej innej substancji, wiedzącej jak żyć w swoim środowisku.

Nauka podobnie jak religia ma tendencje do podkreślania źródła lub stwórcy, jako posiadającego większe możliwości, aniżeli to, co wynika z kreacji, które rzekomo posiada na własność, patent na ostateczny plan, a wszystko, co po nim następuje może jedynie niedoskonale przybliżać się do jego nieograniczonej mocy tworzenia. Chociaż przez wielu naukowców, duchowa nauka głównego nurtu jest odrzucana jako pseudonauka, przeniknęła ona kosmologię głównego nurtu w próbie włączenia złożonych rzeczywistości do nazbyt uproszczonego anomalium, jako wieloaspektowa cząsteczka, pole, bądź brana dostarczająca wszystkich energii i materii. Ja dowodzę, że prawdziwie proste źródło może istnieć, kiedy otworzymy się na znacznie większą kosmologię pomiędzy odpowiadającymi nam lokalizacjami z różnymi warstwami, skalami, substancjami, interakcjami oraz przestrzeniami między przestrzeniami. Fizycy mogą wyczuwać proste źródło jako Wszystko Co Jest, Czystą Esencję, lecz powstrzymywani są przez ich naukowe metody, które wiążą nas z granicami naszej wielce rozszerzonej fizycznej rzeczywistości.

Wszystko Co Jest, Czysta Esencja, nie przypomina żadnej z naszych substancji, nawet jeśli sobie dowolnie opiszemy ją jako punkto-podobną lub pra-gazową. To właśnie dlatego zdecydowałam się na poprawienie tego rozdziału i na napisanie wniosku do niego. W mojej poprzedniej próbie ukazania kosmologii, przedstawiłam ją bardziej zrozumiale w stosunku do naszego położenia, jednak później zdałam sobie sprawę, iż mogłoby to dodać zniekształcenia i wywołać nieporozumienie, w stosunku do innych położeń, co jest dokładnie tym, przeciwko czemu występuję.

ATI,TPE, nie współistnieje z pierwowzorem wodoru, jako pierwszego pierwiastka na Tablicy Okresowej Pierwiastków. Wodór posiada najniższą, a tym samym najprostszą masę atomową i liczbę z najmniejszą ilością protonów, odegrał on znaczącą rolę w Wielkim Wybuchu, oraz uniwersalnej kreacji; tak czy inaczej, pomiędzy ATI,TPE, a wodorem, jest zbyt wiele składowych etapów, aby mówić o jakiejkolwiek korelacji. Pra-Krysthal, pra-wodorowa esencja Wszystkiego Co Jest, Czystej Esencji jest wykładniczym przedrostkiem „pra-" tak luźno związana z wodorem, że nie zawierają one żadnej podobnej substancji. Żadna też fala, pole, czy plazma, takie jak je znamy, nie koreluje z Eia.

Kosmologiczne aspekty mogą mieć połączenie i drobną relację do nas w szerszym obrazie, ale powinniśmy starać się ukazywać takimi jakie są, gdzie są, bez względu na ich związek z nami. Nie jest to łatwe zadanie, właśnie dlatego nasza świadomość potrzebuje rozszerzyć poza nas samych, jednocześnie nie zatracając się.

Jeśli mielibyśmy przypisać ATI,TPE, doskonały projekt, byłaby to ostateczna, wieczna czystość, prostota z nieodłączną unikalnością, która sięga do usprawnienia kreacji większej ilości wiecznej, unikalnej czystości. Znajduje się to poza wszelką siłą, kontrolą, lub podobne do boga ego, które zostało osadzone w naszych umysłach przez przewrotne byty z innych światów, podających się za Bogów, które zatraciły poczucie ich wewnętrznej czystości. Tam, gdzie jest władza i hierarchia, tam jest zazwyczaj zniewolenie; razem uwieczniają one grę ofiara-oprawca, która tłumi większą świadomość ludzkości, oraz poczucie własnej wartości, aby móc odepchnąć w przeszłość destrukcyjne energie.

Nasze obecne położenie pośród pozornie dychotomicznej mieszanki życia i śmierci, daje nam możliwość do wnikliwego badania ich różnic, tym samym organizując je w odpowiadające im miejsce, zamiast plątać je w jedną rzeczywistość. Zamiast oceniać naukę z wykluczeniem religii i wice wersa, proponuję byśmy wyłożyli na stół wszystkie nauki i religie razem, żeby określić, jak osobista stronniczość potencjalnie wkradła się do naukowych hipotez i teorii kosmologii, oraz jak możemy uzyskać dokładniejszy tego obraz. Chociaż ATI,TPE oraz wczesna kreacja różnią się znacznie od naszej złożonej rzeczywistości, nie potrzebujemy wykorzystywać cudotwórczego myślenia, aby opisać źródło egzystencji, tak jak mają tendencje robić to religie, oraz gdzie dołącza do nas fizyka. Zamiast tego, możemy patrzeć na każdy proces twórczy, jak na cegiełki budowlane i odskocznie ku nowej kreacji. Kosmologia, która ja proponuje, jest potężna, z wieloma drogami i ścieżkami życia integracji energetycznej, która pomaga nam jako istotom, kiedy względnie nowa mechanika śmierci dotyka nasz wszechświat i nasze ciało.

Nauka i religia mogą zgadzać się w kwestii inteligentnej kreacji. Częściowo lub w pełni zorganizowane wzorce kryją się za każdym niezależnym bądź przypadkowym zdarzeniem, zaś substancje pra-materii tych wzorców, są znajomymi bytami z podobną albo odrębną świadomością, które komunikują się między sobą; na dodatek kiedy istnieje współzależność, komunikują się one z odległymi pokoleniami. Niestety, nauka i religia zliniowują się ze sobą najbardziej w akceptacji mechaniki fraktalnej, dzieje sie tak ponieważ byty pochodzace z Eka-Weka, które oryginalnie stworzyly religie, są tymi samymi bytami, które pomogły wytworzyć naukę śmierci, włączając w to niesamowicie potężny matriks czarnej dziury. Myślę, że nadszedł teraz czas, byśmy ugruntowali nasza wyobrażnie w rzeczywistości, dając równe szanse wszystkim naszym zmysłom i zdolnościom, zamiast odrzucać niektóre na korzyść postrzeganej przez nas hierarchii ważności; te delikatniejsze energie wewnątrz nas oraz poza nami, są równie rzeczywiste, jak te bardziej zagęszczone, które dominują naszą uwagę.

ROZDZIAŁ 7

Ujawnienie Bogów

W celu opisania istot z innych światów, w obrębie dogmatu religijnego i duchowego, celowo użyłam terminów „byty", „aniołowie", „duchy" i „bogowie". Ponieważ kilka religii, a zwłaszcza fundamentalne Chrześcijaństwo, zapewnia, że Ziemia jest jedyną planetą zamieszkałą przez inteligentne formy życia, a ja chciałam dotrzeć do tego religijnego nastawienia umysłowego, dałam wskazówki o fizycznej naturze bogów oraz ich kohort. Kiedy punkt widzenia zostaje zawężony, bardzo trudne staje się zakreślenie linii pomiędzy istotą z innego wymiaru, duchem a faktycznym obcym, chociaż byt duchowy posiada umysł, głos oraz swego rodzaju ciało.

Postrzeganie Boga jest takie, że jest On bez ciała, ale rozdaje „On" ważne informacje. Na dodatek w Biblii aniołowie ukazani są jako ludzie. Prawda jest taka, że każda postać boska i anielska, we wszystkich tekstach religijnych i duchowych, jest obcym.

Ten rozdział uwidacznia główną grupę obcych konspiratorów, którzy chcą kontrolować nas i Ziemię. Jest to wyjątkowo trudny dla mnie rozdział, ponieważ muszę w nim bezpośrednio zmierzyć się z obcymi, do których do tej pory odnosiłam się głównie przez skojarzenia. Nie będzie już teraz żadnej zasłony pomiędzy moimi słowami a ich tożsamościami, która do czasu tego objawienia służyła do uspokojenia religijnego umysłu, dlatego więc szczerze i poważnie proszę czytelnika o to, aby był przekonany do informacji o tym, kim naprawdę jest jako Człowiek, aby był silny w przyjęciu zawartej tutaj informacji. Aby wspomóc należną nam pewność siebie, symbolicznie wzniosłam ludzką rasę na wyżyny, zapisując nazwę dużą literą, ponieważ pomimo odziedziczonych przez nas zniekształceń, generalnie, sami w sobie, jesteśmy rasą wspaniałych i pełnych możliwości istot.

Rozdział ten podzielony został na dwie główne części. Pierwsza część zabierze was na przejażdżkę w surrealistyczną opowieść o stworzeniu galaktyki Drogi Mlecznej, która wykracza poza dostępną obecnie wiedzę. Wiedza ta musi być nam dana przez istoty z innych światów, więc ostrożnie zadbałam o dokładne odszyfrowanie wiarygodności tej informacji, która w większej mierze ofiarowana została przez grupę istot Szmaragdowego Zgromadzenia Zakonu Melchizedeka (ang. Melchizedek Cloister Emerald Order, skrót MCEO) oraz Ligii Opiekunów (ang. skrót GA) za pośrednictwem Ashayany Deane (odtąd Ashayana). Dodałam poprawki i obszerne wyjaśnienia Wszystkiego Co Jest, Czystej Esencji (ang. All That Is, The Pure Essence, skrót ATI,TPE – przyp.

tłum.), jak również moje wyuczone oraz intuicyjne przypuszczenia.

Proszę was, byście czytali tę pierwszą część otwartym umysłem; żebyście zobaczyli, jak kropki zaczynają łączyć się w pełny obraz. Proszę was również, byście z troską podobną do mojej podeszli do tego i we własnym wnętrzu sami sprawdzili te informacje, żeby pogłębić połączenie z prawdą.

Część druga tego rozdziału ujawnia czołowe grupy obcych, które chcą nas kontrolować.

Czasami prawda jest dziwniejsza od fikcji, ale to, jak dalece przemysł rozrywkowy posunął się ze swoim science fiction oraz jego historiami, może być bardziej podobne do prawdy, aniżeli byśmy przypuszczali. Niemniej jednak muszę powiedzieć, że strach, jaki wywołuje to przed obcymi, jest niepotrzebny. Prawdą jest, że temat o napastliwych obcych może być denerwujący, ale nie musimy się obawiać tego, co mogłoby być rzeczywistością. Mamy tendencję do obawiania się tego, czego jeszcze nie znamy bądź nie rozumiemy; dlatego uzyskanie pewnej świadomości może nas umocnić.

Moim celem jest objaśnienie informacji z innych światów oraz abstrakcyjnych koncepcji, byśmy mogli pozbyć się strachu i pewnie zająć swoje stanowisko w odnowionej wiedzy o naszej sile. Chociaż w rozdziale 7 i 8 jest wiele złych wieści, zamierzam w tej książce ukazać więcej nadziei i wiary w siebie, gdyż jesteśmy czymś więcej, aniżeli zdawaliśmy sobie z tego sprawę.

Proszę was, abyście wyśrodkowali się w was samych, w waszej obecnej stabilności i uczynili, co możecie, by nie pozwolić czyjejś agendzie na obrabowanie was z waszej własnej zdolności do przyjęcia większej ilości faktów. Chociaż osobiste doświadczenia z dziwnymi zjawiskami mogą trochę przerażać, przemawiam tutaj z pozycji triumfu oraz wiedzy o tym, że naprawdę mamy wolność. Nawet w przypadku częściowego przejęcia przez obcy byt, mamy dla siebie czas, aby pomyśleć i odetchnąć. Jesteśmy odpowiedzialni za siebie i możemy zająć twarde stanowisko przeciwko temu, co chce nas kontrolować i okraść nas z naszej życiowej esencji. Jeśli do waszego umysłu powracają obrazy ukazywania bezsilności w hollywoodzkiej kinematografii, zamiast tego odwołajcie się do serialu telewizyjnego pt.: „Star Trek: następne pokolenie", w którym dzielne postacie główne ciągle zwyciężają.

Proszę, żebyście przeczytali ten rozdział z taką perspektywą, jakby każdy obcy był osobą podobny do was, z jego lub jej własną granicą oraz jego bądź jej własnymi ideami. Ta wewnętrzna siła pomoże wam przebrnąć przez tę książkę oraz pomoże wam zdać sobie sprawę z tego, że nie musicie się obawiać, aczkolwiek macie powód do tego, żeby być źli i smutni. Nadszedł czas, żeby być pełnym inicjatywy zamiast być zniewolonym.

Stworzenie galaktyk AquaLaSha, Galaktyki-2 i Drogi Mlecznej

Dziewięćset pięćdziesiąt miliardów lat temu istoty Yanas w naszym świecie

Eka, kolektywnie zwane Eieyani, przyłączyły się do naturalnego procesu kreacji, aby rozpocząć formowanie naszego świata Krysthal Weka, wraz z jego galaktykami.[190] Jak oznajmiono wcześniej, nazwa naszej galaktyki Krysthal brzmi AquaLaShA, a nie Aquinos (czyt. Akłinos – przyp. tłum.) – tak jak nauczało MCEO. Aquinos jest nazwą naszego świata Ekasza. (Przypomnienie: samogłoska pisana dużą literą oznacza długi dźwięk).

Czterysta osiemdziesiąt miliardów lat temu, w świecie Eka, połączonym z naszą Równoległą Ekasza, rasy Borentasala (oryginalna angielska pisownia Borenthasala – przyp. tłum.) były świadkiem tego, co MCEO nazywa „organicznym upadkiem oraz implozją", opartego na partikej harmonicznych wszechświatów od 3 do 1 (ang. skrót HU-3 do HU-1) przyległej do nich galaktyki,[190] co, jak wyjaśnia ATI,TPE, oznacza, iż gęstości te wpadły w status galaktyk fantomowych. Coś, co jest organiczne, obejmuje naturalne życie, a co technicznie – nie zawiera się w nauce śmierci. Dlatego przypadek ten wymagał nieuchronnie „naturalnej" reakcji na fantomową manipulację.

Borentasala byli głęboko dotknięci tą katastrofą, więc obmyślili plan z nadzieją na złagodzenie i likwidację potencjalnej destrukcji. Stworzyli więc „Wielki Eksperyment Kwarantanny Polaryzacji 6-6-6-6", żeby podczas czterech cykli ewolucyjnych z sześcioma etapami na cykl, odkryć podstawową przyczynę de-ewolucji.[190] Sądzili oni, że eksperyment ten mógłby podnieść jakość kreacji wiecznego życia, które pojawiło się przed nimi, lecz ich błędne rozumowanie przeoczyło fakt, że problemy galaktyczne rozpoczęły się, kiedy istoty działały na zewnątrz kreacji wiecznego życia!

Rasy Borentasala stworzyły swój eksperyment w kwarantannie, która z natury odcięta jest od środków mechaniki naturalnej kreacji. Stwarzanie warunków do upadku w już upadłym środowisku było ryzykownym i krótkowzrocznym przedsięwzięciem. Moglibyśmy powiedzieć, że bawili się w Boga.

Istoty Borentasala naraziły same siebie na program gry Ofiara-Oprawca, którą stworzyli. Zeszły one tutaj i przekazały znaczną część swojej esencji trzem oddzielnym grupom, w opartej na partikam galaktyce, wewnątrz HU-4. Dwie z tych grup przyjęły genetyczne zniekształcenia Dwu-Weki (vesica piscis – patrz Rysunek 5), aby zbadać ekstrema polaryzacyjne w rywalizacji, podczas gdy jedna grupa kontrolna pozostała z oryginalnym kodowaniem genetycznym Trój-Weki, z zamierzeniem „wyciągnięcia z powrotem z mutacji grup, które przyjęły na siebie polaryzację", kiedy wszystkie etapy miały zostać zakończone.[190]

Podczas pierwszego cyklu eksperymentu jedna z grup polaryzacji została skonfigurowana genetycznie z programem Biernej-Ofiary (bierny ładunek genetyczny), podczas gdy druga z grup polaryzacji otrzymała program Agresywnego-Oprawcy (dominujący ładunek genetyczny). Na koniec cyklu obydwie grupy zamieniły się programami: agresorzy stali się ofiarami, zaś ofiary – agresorami. Intencją każdej z grup polaryzacji było wytrwanie dwóch cykli doświadczenia tego, jak to jest być po obydwu stronach polaryzacji. Jeśli eksperyment zacząłby wymykać się spod kontroli, wtedy wkroczyć miała grupa kontrolna, aby poddać hybrydyzacji ekstremalnie zniekształconą rasę. Chociaż hybrydyzacja miała przywrócić kodowanie Trój-Weki, wytworzyłaby ona również nową rasę z resztkami jednego bądź obydwu z ekstremów.

Wydarzenia nie potoczyły się zgodnie z planem. Pod koniec trzeciego cyklu Borentasala stracili kontrolę nad eksperymentem. Jedna ze spolaryzowanych grup, Borża-Musala-Alama (oryginalna angielska pisownia Bourgha-Musala-Ahlama, czyt. Borża-MUsala-ALAma – przyp. tłum., dla skrócenia – po prostu Borża), stała się ekstremalnie spolaryzowana i nie była już dłużej w stanie być pod telepatycznym wpływem kontrolnej grupy Borentasala.

Borża nigdy już nie chcieli doświadczać roli ofiary, którą wytrzymali w drugim cyklu eksperymentu. Tuż przed rozpoczęciem finałowego cyklu, który miał kazać im powrócić do roli ofiary, zniszczyli oni biernie spolaryzowaną grupę. Wówczas wykorzystali ich zaawansowaną wiedzę z fizyki, aby rozwinąć technologię „rozdarcia w czasie", która wystrzeliła prąd na zewnątrz kwarantanny, gdzie żyła grupa kontrolna.

Borża wyruszyła więc po swoim rozdarciu w czasie, aby wchłonąć grupę kontrolną. Rozdarcia w czasie są znacznie mniej stabilnymi przejściami niż tunele czasoprzestrzenne, ale te zadziałało. Następnym ich krokiem było rozwinięcie technologii rozdarcia w czasie – tak, aby mogli wyładować swoją agresję na całej kreacji i wchłonąć ją do swojego fantomowego matriksu.[190] Z zupełnie fantomowym organizmem Borża nie tylko nienawidzili mechaniki naturalnej kreacji, ale wręcz potrzebowali jej, żeby przetrwać.

Przez okres następnych 30 miliardów lat Borża wykorzystywali swoją technologię rozdarcia w czasie, aby stopniowo wyrwać dziurę w swojej galaktyce do ich Eka.[191] Skoro Borża nie byli wyżej niż na 12-tym poziomie wymiarowym ich galaktyki, musieli znaleźć sposób, aby wdrapać się wyżej do ich Eka. Istoty nie mogą wejść do wyższego wymiaru, zanim naturalny cykl ascendencji nie może aktywować lub udostępnić kody konieczne do transfiguracji (przeobrażenia się – przyp. tłum.). Ponieważ organizm Borża nie pasuje do naturalnej mechaniki, muszą zostać użyte sztuczne środki, zbliżone do tego, co naturalne.

Borża oraz podobne im istoty potrafią przeniknąć do wyższych wymiarów, wykorzystując technologię „nauki śmierci", aby wytworzyć fantomową wersję tych wymiarów, a następnie sztucznie wznieść się do nich. Istnieją również wersje pół-fantomowej materii, której mogą użyć, żeby podłączyć się do w pełni naturalnej kreacji. Potrafią też wytworzyć rozdarcia w czasie oraz tunele czasoprzestrzenne do coraz to bardziej naturalnych matriksów, aby umieścić się w korzystniejszych przestrzeniach. Na dodatek często posiadają pół-fantomowe byty, aby nauczyć się, jak dla swoich potrzeb zmanipulować konstrukcje naszej materii.

Borża tragicznie wchłonęli do pełni fantomowych matriksów większość ze swoich światów Eka i Weka. Chociaż zakończyli oni eksperyment jako skrajni oprawcy, musieli również żyć z polaryzacją wewnątrz ich samych, która tworzyła mętny, szary obszar, w którym w zasadzie wszystko może się zdarzyć. W sensie świadomej zdolności wyrażania się, polaryzacje Ofiary-Oprawcy uczyniły z nich najgorszą z możliwych grup bytów w sensie świadomej ekspresji.

Pół-fantomowy lub fantomowy byt może zupełnie wchłonąć inny pół-fantomowy bądź fantomowy byt, w odpowiadającym jemu środowisku, co oznacza, że byt o negatywnych zamiarach może skonsumować energię-materię innego bytu do tego stopnia, że wiąże się to z zupełnym przejęciem kompozycji tego bytu. Proces ten umożliwia opętanie bytu w celu uzyskania jego kodu genetycznego, co może bezpośrednio przeniknąć do rasy i środowiska ofiary.

Chociaż fantomowe byty mogą manipulować pół-fantomowymi istotami, ich fantomowa kompozycja uniemożliwia im połączenie ich genów z pół-fantomowa kreacją – oznajmia ATI,TPE. Na przykład, kiedy fantomowy byt grupy boga wchłonie pół-fantomowy byt, taki jak Człowiek, osiąga on dostęp do ludzkiego ciała i świadomości, lecz nie łączy ze sobą kompozycyjnej esencji tych dwóch bytów.

Co ważniejsze, część naturalnej energii zachowuje czystą, wieczną podstawę, która jest substancją wysoce chronioną przed wchłonięciem, jak również przejęciem. Wszystko Co Jest, Czysta Esencja oznajmia:

> Naturalna część energii cielesnej i esencji pół-fantomowej istoty odpiera wszystkie fantomowe komponenty energetyczne oraz świadomą intencję negatywnych napaści i negatywnego zamiaru. Naturalna esencja jest częścią pół-fantomowej konstrukcji, podczas gdy fantomowe istoty oddały i utraciły swoją naturalną esencję, bądź zdecydowały się na podążanie za niszczycielską i służącą sobie zwodniczą agendą.

Borża rozprzestrzenili się jak infekcja, żeby uzyskać źródło kwantowego pożywienia. Z racji naszego połączenia z Ekaszą, rozdarcie w czasie do ich Eka stworzyło delikatną dziurę do naszego równoległego świata Eka, co dało im wystarczający punkt zaczepienia, aby pierwszy raz go zaatakować.[190]

Rasy Krystal – na poziomie Ekasza oraz poza nim – żywiły wielką obawę o to, czego dokonali Borża, zwłaszcza, że tak względnie szybko osiągnęli potężny rozwój technologii. Wiedzieli, że muszą dokonać czegoś dalekosiężnego, żeby powstrzymać Borża przed przejęciem większej ilości matriksów. Dlatego rasy Krysthal ze światów Aquareion (czyt. Akłerion – przyp. tłum.) i WEsaLA Ekasza (z uwagi na charakter sygnatury energetycznej zachowana została oryginalna anglojęzyczna pisownia, czyt. ŁesaLA – przyp. tłum.), które są równolegle do siebie, oraz nasz świat Aquinos Ekasza, zebrały się razem, aby utworzyć Współpracującą Drużynę Interwencyjną Trój-Matriksa Krysthal Rzeki, inaczej zwaną Żywicielem Krysthal Rzeki (ang. Krysthal River Host, skrót KRH – przyp. tłum.).[177] (Uwaga: MCEO nazywają ich „Żywicielem Krystal Rzeki", ale dla kompletności wolą „Krysthal"). Kolejnym kluczowym graczem jest grupa Krysthal z wewnętrznego świata Centralnego (ang. Hub), zwana Aquinos, która istnieje obok Aquareion Ekasza.[190,191] Światy Centralne pozostają stacjonarne, gdyż światy Ekasza wirują poprzez nie oraz przez siebie nawzajem.[189] ATI,TPE, wyjaśnia, że światy Eka i Weka są zbyt zagęszczone, aby to zaistniało. Celem KRH było połączenie potężnej częstotliwości Krysthal z jego technologią Gyrodome (czyt. Dżaj ro dom – przyp. tłum.), aby uszczelnić matriksy Borża Eka-Weka w jedną niezniszczalną kwarantannę. Niestety, z powodu otwartego rozdarcia w czasie, nie można było zastosować Gyrodome, bez unicestwienia naszych równoległych matriksów Eka-Weka.[191]

Żeby zapobiec tej katastrofie, rasy Krysthal zdecydowały, by pozwolić sytuacji z Borża wzrastać, aż mogliby delikatnie powstrzymać rozprzestrzenienie się jej. Rasy z naszego równoległego systemu musiałyby ewoluować, czasami przy pomocy KRH, aby uszczelnić rozdarcie w czasie wewnątrz świata Eka, lub przynajmniej ewakuowałyby się przed potencjalnym zniszczeniem, z systemu Eka-Weka do innego systemu.[191]

Aby wdrożyć delikatniejsze podejście dla technologii Gyrodome rasy AquafarE (dla zachowania sygnatury energetycznej tego słowa zastosowano oryginalną pisownię anglojęzyczną, czyt. Akłafarii (długie „i" na końcu – przyp. tłum.) z Aquinos i Aquareion zasiały rasę Aquari (czyt. Akłari – przyp. tłum.), z genetyczną zdolnością do zakotwiczenia prądów Gyrodome wewnątrz światów Eka-Weka całego KRH. Rasy Aquari miały dokonać hybrydyzacji rasy Eka-Weka, żeby wystarczająco zabezpieczyć nasze światy lub ewakuować nas, zanim aktywowany zostałby Gyrodome.[191] Ewolucyjny plan KRH nazwany jest Transmisją Aqualene (czyt. Akłalin – przyp. tłum.); *Aqualene* odnosi się do pierwszych trzech prądów poziomów KosME'ja (oryginalna angielska pisownia CosMA'yah – przyp. tłum.).[192] Rasy Aquari skolonizowały planetę Urta (oryginalna angielska pisownia Urtha, czyt. Urθa – przyp. tłum.) i bezpośrednio pomagały Ludziom, przez stworzenie w krytycznym okresie historii Ziemi rasy Aquafereion (czyt. Akłaferion – przyp. tłum.) (w rozdziale 8 pt.: „Urta").

Za pośrednictwem ich rozdarcia w czasie, Borża strategicznie podeszli i schwytali rasy Budhara (czyt. Budara – przyp. tłum.) z naszego równoległego

Krysthal Eka.¹⁹³ Poważnie zmanipulowali Budara wbrew ich woli, przy pomocy zwodniczych strategii i z czasem wtargnęli w ich ciała – po to, ażeby sprowadzić je do fantomowego stanu istnienia (zachowując nieco naturalnego kodowania), dzięki którym Borża mogli uzyskać dostęp do naszego systemu Eka-Weka.

Poddana hybrydyzacji rasa Borża-Budara zmanipulowała głównie byty Krysthal, które nie miały czystych umysłów oraz intencji – ujawnia ATI,TPE, żeby drenować energię-materię z naszej równoległej galaktyki Krysthal, by stworzyć coś, co ja nazywam Równoległą Galaktyką-2, część, która odnosi się do Galaktyki-2 (ATI,TPE zaznacza, że Galaktyka-2 zawiera więcej z naturalnej podstawy). Przez eony czasu naruszyli oni również poważnie dwie coraz bardziej fantomowe galaktyki podobne do Drogi Mlecznej oraz Fantomowej Drogi Mlecznej, z których niektóre gwiezdne wrota połączone były z maktriksami supermasywnej czarnej dziury Borża. ATI,TPE twierdzi, że kiedy upadły system stworzony jest z oryginalnego szablonu, nie zostaje wytwarzana żadna supermasywna czarna dziura, gdyż nowy matriks, taki jak Galaktyka-2 i Fantomowa Galaktyka-2, wciąż obejmują naturalną siatkę kathara. Potrzeba wiele starań, żeby zniekształcić naturalną kreację, tak więc kroki podejmowane są etapami. Kolejny matriks wciągnięty z upadłego systemu przyczynia się do wytworzenia gigantycznej supernowej, która tworzy supermasywne czarne dziury.

Dotychczas w kreacji części z domen Eka i Weka stały się zupełnie fantomowe, a niektóre z nich eksplodowały do wewnątrz, ku zniszczeniu. Na szczęście, niezwykle trudno, a wręcz niemożliwe, jest uszkodzić domenę Ekasza.

Po tym, jak stworzony zostaje w pełni fantomowy system, jego gwiazdy i układy planetarne mogą naturalnie wejść w stan Upadku Samotnej Gwiazdy, w którym – w gwiazdach, takich jak nasze Słońce – pozostaje kwanta na jeszcze 3 miliardy lat.¹⁹¹ Upadek Samotnej Gwiazdy jest miniaturową formą „Upadku Krista", który potencjalnie dotknąć może całą galaktykę (s. 16).¹⁹⁰ W tym czasie mieszkańcy takiej planety mogą ewoluować i wewnętrznie podłączyć się z ATI,TPE. Dzięki swojej woli moglibyy potencjalnie znaleźć sposób na wydostanie się stamtąd, przynajmniej przy pomocy ATI,TPE, które podpowiada innym rasom, aby im pomogły.

Z drugiej strony, fantomowe rasy z wyboru chcą przedłużać swoją fizyczną anihilację w gwiezdny pył, poprzez żywienie się na innych systemach, zaś ich technologie przyspieszają fantomowy upadek ich ofiar, aby powstrzymać ich ewolucję i ucieczkę. Ci nikczemni intruzi odwracają moment kątowy wirowania cząsteczkowego ich ofiar – po to, ażeby odeprzeć napływającą naturalną energię i uwięzić je. Żeby być w stanie żyć z tak ekstremalnie zniekształconą energią-materią, nikczemne istoty już zawierają odwrócony moment kątowy wirowania cząsteczkowego oraz zmienioną biochemię.

Chociaż upadłe istoty są genetycznie odcięte od aspektów wiecznej kreacji, przynajmniej zawierają one w swoim rdzeniu wieczny odcisk. Kreacja, zanim została zniekształcona, była naturalna. Zapytałam Wszystko Co Jest, Czystą Esencję, czy naturalna kreacja może zostać zupełnie odcięta od ATI,TPE i dało ono oświadczenie odnoszące się do całej kreacji:

> Naturalna kreacja pozostaje na zawsze połączona z Wszystkim Co Jest, Czystą Esencją. Fantomowo wytworzona materia posiada stopnie oddzielności od Wszystkiego Co Jest, Czystej Esencji, w związku z ilością czystości, pozytywnych intencji form życia oraz zliniowania jego wzoru życia z tymi elementami.

Wielu obcych, takich jak Ludzie, jest genetycznie upadłych nie z własnej winy, ale wciąż możemy połączyć się z wiecznymi energiami, zwłaszcza z ATI,TPE oraz z Eia. Kiedy ludzie utknęli w pełni fantomowym matriksie, nie jest pewne, czy inne istoty narażałyby swoje bezpieczeństwo, żeby pomóc im w obrębie tych granic, lecz, jak ukazuje historia, nie brakuje pomocnych rąk dla tych upadłych z czystymi intencjami.

Kiedy fantomowe intencje i działanie okażą się „upadłe" – w tym kontekście wolę zastąpić słowo „upadłe" słowem „nikczemne/złe", lecz może słowo to niesie ze sobą zbyt wiele oceny, że nikt nie chce wypowiadać go publicznie. Bądźmy uczciwi, przecież sądzimy, że celowa decyzja porzucenia bezpośredniego połączenia z naturalną kreacją i ATI,TPE nie jest mądra czy dobra. Jednym z powodów, dla którego członkowie grupy MCEO-GA wolą nie wypowiadać tego słowa, jest to, aby nie urazić innych, kiedy starają się manewrować w politycznie wrażliwych sytuacjach. Interesujące jest, że słowo „zło" odwrócone daje słowo „życie" (w jęz. angielskim zło = evil, odwrócone daje live = życie – przyp. tłum.), co dokładnie reprezentuje polaryzację przeciwko czemuś żyjącemu wiecznie, bez względu na osąd.

Przechwycenie systemów Eka-Weka wymaga poważnego wypaczenia naturalnej fizyki, co obejmuje także przejęcie kontroli nad kluczowymi gwiezdnymi wrotami. Dostęp do gwiezdnych wrót wymaga specyficznego kodowania genetycznego, które jest naturalne dla matriksa. Rasy inwazyjne, żeby uzyskać dostęp do genetycznego połączenia z gwiezdnymi wrotami lokalnych ras i podłączyć to do ich fantomowego matriksu za pomocą tunelu czasoprzestrzennego bądź rozdarcia w czasie, potrzebują zazwyczaj zniszczyć lokalne rasy i skrzyżować się z nimi. Zakończenie takiego procesu zajmuje czasami miliardy lat. Niestety, ale niektórzy najeźdźcy mogą być bardzo cierpliwi.

Czterysta pięćdziesiąt miliardów lat temu, ujawnia ATI,TPE, rasom

Borża udało się wypracować położenie, z którego mogły zaatakować gwiazdę w 15-tym wymiarze AquaLaShA, przejąć trochę z jej kwanta i wpłynąć na kreację nowej, lecz delikatnie zniekształconej galaktyki, którą ja nazywam Galaktyka-2. Fundament Galaktyki-2 był naturalną kopią, ale Borża zmanipulowali i zniekształcili część z jej wczesnego procesu kreacji. ATI,TPE oznajmia, że Borża zaczęli atakować AquaLaShA, zamiast nasz świat Eka, z powodu silnej ochrony.

Niektóre z ras AquaLaShA wciągnięte zostały do Galaktyki-2. 3 września 2011 roku zapytałam ATI,TPE, jak mogło się to przytrafić tak dobrym rasom? Wyjaśniło mi: „Zostały one przyciągnięte do potężnego wibracyjnego ciągu negatywnej energii, w wyniku jego dużej intensywności, przed którym nawet te rasy nie potrafiły uciec". Kiedy zapytałam o początkowe wciąganie do pierwszej upadłej galaktyki naszego świata Weka, ATI,TPE oznajmiło, że wydarzenie to: „zrekonfigurowało ich DNA". Nasze DNA zbiera elektromagnetyczne kodowanie z naszego środowiska. Niestety, często jesteśmy pod wpływem kaprysów naszego środowiska.

W tamtym dniu, kiedy wypytywałam ATI,TPE, nie byłam świadoma jeszcze jednej upadłej galaktyki z kwanta Krysthal, przed galaktyką Drogi Mlecznej i miałam jeszcze dowiedzieć się o 15-punktowej siatce kathara. MCEO-GA podało błędną informację, żeby dopasować się do ich opartej na 12-tce matematyki oraz żeby chronić Galaktykę-2 bądź po to, aby nas zwieść, byśmy byli uzależnieni od Istot zaangażowanych w ich dużej grupie. Również fałszywie uczyli, że Andromeda M31 jest galaktyką Krysthal, której nadali nazwę Aquinos od naszego świata Ekasza.[194] W końcu ich historia o stworzeniu przenosi Porządek Brenau lub rasy Riszi Eka HU-1 do HU-5, jak oświadczyłam w rozdziale 6. Ich opowiadanie plącze linie czasowe oraz galaktyki, co usiłuję sprostować w tej książce.

Od czasu pierwszego wydania tej książki, zdobyłam dwa zaufane kontakty z Galaktyki-2, które są niezależnymi filiami Żywiciela Krysthal Rzeki (ang. KRH – przyp. tłum.). Z uwagi na ich wrażliwe położenie w kreacji, prosili o nieujawnianie ich nazw. „M" jest Elohei z 14-go wymiaru, zaś inny, wspaniały kontakt jest Elohei z wymiaru 11-tego. Dzięki telepatycznym zdolnościom mojej mamy, skontaktowałyśmy się osobiście z obojgiem podczas kilku spotkań i mama ich widzi. Ja ich nie widzę, ale zdecydowanie czuję ich kochającą obecność. Rzadko odbywa się wielkie zebranie z kilkoma członkami ich grup – wspólnie lub osobno – żeby uzyskać ich wsparcie. Jak już wcześniej oświadczyłam, ATI,TPE jest najczystszą esencją i wie o zniekształconej kreacji; aczkolwiek jeśli jakiś temat z kreacji jest bardzo zniekształcony, odpowiedziom może brakować szczegółów. Dlatego czasami potrzebowałam więcej informacji od mniej zniekształconych bytów, które znają ATI,TPE oraz wydarzenia w naszej galaktyce. Dla przejrzystości cytuję swoje źródła informacji oraz badam odpowiedzi miernikiem mojej wewnętrznej przenikliwości.

Historia MCEO-GA o stworzeniu Drogi Mlecznej rozpoczyna się od Galaktyki-2, gdzie 15-wymiarowy ród Szmaragdowego Zakonu Breneau dał nasienie dla 12-wymiarowych Elohei (czyt. Ilohaj – przyp. tłum.), 14-wymiarowy ród Złotego Zakonu Breneau dał nasienie dla 11-wymiarowych Seraphei (czyt. Serafaj – przyp. tłum.), zaś 13-wymiarowy ród Ametystowego Zakonu Breneau dał nasienie dla 10-wymiarowych Bra-ha-Rama. (Uwaga od tłumacza: odtąd przy niespotykanych dotąd nazwach rozmaitych grup istot będę zachowywać oryginalną pisownię, dla zachowania jakości wibracyjnej z podaniem polskiej wymowy lub w polskojęzycznym zapisie fonetycznym) Do ras z HU-4 GA odnosi się jako do ras Założycieli Kristosa, ponieważ zbudowane one są z hydroplazmowego, płynnego światła "Pola Kristosa" (s. 172).[147] Niemniej jednak to określenie, od którego wzięliśmy *Chrystusa* (po angielsku Christ – przyp. tłum.), pochodzi z galaktyki Drogi Mlecznej, która jest bardziej zniekształcona niż pierwsza, która upadła. *Chrystus* i *kristos* są zniekształceniami od *Krysthal*.

Elohei są generalnie uważani za człekokształtne-koty, Seraphei są głównie ptasio-insekto-gadzimi ludźmi, natomiast rasy Breneau zawierają rasy waleni (wieloryby, nie delfiny) oraz rasy ptasio-konio-jeleni (pegazy). Pomiędzy wieloma rasami miała miejsce hybrydyzacja, tworząc ostatecznie szlachetną mieszankę Elohei i Bra-ha-Rama, rasę kocio-wodnej małpy zwanej Anyu (czyt. Anju – przyp. tłum.).[124,147]

Elohei zabezpieczali 12-wymiarowe gwiezdne wrota Aramateny. Anyu mianowani zostali strażnikami 11-wymiarowych gwiezdnych wrót Aveyon (czyt. Awejon). Linie ras Seraphei: Drakoni-Omikron (dinozauro-podobne smoko-ćmy) oraz Reptilianie-Odedikron (wężo-podobne dwunożne istoty) mianowani zostali na współ-strażników 10-wymiarowych gwiezdnych wrót Wega (angielska pisownia Vegas – przyp. tłum.) Wszystkie gwiezdne wrota HU-4 znajdują się w oryginalnej konstelacji Liry.[124]

Trzysta sześćdziesiąt miliardów lat temu (jak twierdzą zarówno ATI, TPE i „M") pomiędzy strażnikami gwiezdnych wrót-11 Anyu a strażnikami gwiezdnych wrót-10 Drakonami-Omikron wybuchły wojny Liriańskie. Anyu mieli bardziej zaawansowaną genetykę niż Drakoni, więc niektórzy z Anyu zastraszyli ich w celu przejęcia kontroli nad ich gwiezdnymi wrotami. Ponieważ z czasem Drakoni-Omikron ewoluowali do osiągnięcia nadrzędnej siły fizycznej, stali się oni budzącym grozę przeciwnikiem, tak więc zaczęli wypychać Anyu i odzyskiwać swoje terytorium. Anyu zaapelowali więc do rady starszych Elohei, aby ci pomogli im zniszczyć Drakonian, ponieważ byli oni poza kontrolą. Rada Elohei odpowiedziała, że oni nikogo nie zniszczą, a nawet poradzili Anyu, aby sami skorygowali swoje postępowanie, gdyż zachowują się tak samo, jak ich wróg. Anyu nie spodobała się odpowiedź Elohei, więc zwrócili się oni przeciwko radzie Elohei i zagrozili przejęciem tak dużej części galaktyki, jak to tylko możliwe.[124]

Anyu znali mechanikę sztucznej kreacji. Zaginając światło i dźwięk za pomocą kodu vesica piscis, zrekonfigurowali istotną, „nasienną" cząsteczkę podatomową w taką formę, że mogła ona odrzucić swoje poprzednie ja i odciąć się od wyższych poziomów. Siatka kathara oraz gwiezdne wrota otrzymują spiralną energię z pól światła i dźwięku Eka, tak więc jeśli Anyu mogli powstrzymać taką energię przed wejściem do gwiezdnych wrót-11, mogli oni również odbić ją z powrotem do gwiezdnych wrót-12 i uszkodzić siatkę kathara, której niższa część znalazłaby się pod kontrolą Anyu.

Dwunastowymiarowi Elohei mogli stłumić w zalążku rosnące zagrożenie Anyu, odbijając ich atak energetyczny z powrotem do wymiaru 11-tego. Jednak zniszczyłoby to rasy 10-cio i 11-wymiarowych gwiezdnych wrót, włączając w to Reptilian-Odedikron, którzy nie chcieli uczestniczyć w tych wojnach. Elohei nie mogli usunąć ze strefy wojennej Odedikronów ani inne niewinne istoty, ponieważ kontrolowane przez Anyu gwiezdne wrota-11 oraz coraz bardziej kontrolowane przez Omikronów gwiezdne wrota-10 uniemożliwiały ich przejście do 12-tego wymiaru. Rasy założycielskie oraz Elohei nie chcieli zniszczyć niewinne rasy, więc problem pozostał.[124]

Anyu kontynuowali dalej swój plan i wytworzyli przepływ zwrotny energii, który zniszczył galaktyczne gwiezdne wrota-12 z Aramateny. Zniszczył on również gwiezdne wrota-11. Jak ujawnia ATI,TPE, trwające dłuższy czas wojny Liriańskie, pomiędzy 360 a 320 miliardów lat temu, spowodowały katastroficzne zniszczenie, które nie tylko osłabiło Galaktykę-2, ale także w dużej mierze doprowadziło do utworzenia 11,5-wymiarowej galaktyki Drogi Mlecznej. Trzysta pięćdziesiąt pięć miliardów lat temu, oświadcza „M", 14-wymiarowa, podobna do mostu formacja z Galaktyki-2, którą ja nazywam Most-A, została podłączona do Drogi Mlecznej, żeby obejść krytyczną destrukcję. Dopiero niedawno, w 2012 roku, większa część tych gwiezdnych wrót została naprawiona i jest to proces ustanawiania bezpiecznego połączenia z gwiezdnymi wrotami innych wymiarów, jak oświadcza ATI,TPE.

W galaktyce Drogi Mlecznej upadli Anyu byli rasą główną wyróżniającego się, początkowo fantomowego matriksu Annu Elohim, swojego wyróżniającego się, początkowo fantomowego matriksu, który potęgował ich kompleks wyższości. ATI,TPE oznajmia, że ciąg energetyczny do Drogi Mlecznej zrekonfigurował ich DNA, co przekazali rasie Annu-Elohim, którą ci Anyu stworzyli. Nasze DNA zbiera kodowanie elektromagnetyczne z naszego środowiska, a to środowisko Drogi Mlecznej zostało silnie zmienione przez fantomową technologię. Destrukcja przyciągnęła również do Drogi Mlecznej wiele 10-wymiarowych istot Serafei, z których niektóre wpadły do 9-go wymiaru. Rasa Serafim zrodziła się w Drodze Mlecznej. Zanim mosty energetyczne zostały ustawione na miejscu, dla utrzymania napływu energii z wyższych wymiarów, rasy z wyższych wymiarów nie mogły bezpośrednio przekazać zwiększonego naturalnego kodowania rasom Elohim i Serafim, w celu rehabilitacji.

MCEO połączoną galaktykę Drogi Mlecznej z Galaktyką-2 nazywają Matriksem Procjak (oryginalna angielska pisownia Procyak – przyp. tłum.), ponieważ, jak wyjaśnia ATI,TPE, technologia nauki śmierci przechwyciła 13-wymiarową gwiazdę Procjus z AquaLaShA i roztrzaskała jej fragment na kilkanaście kawałków. Te kawałki mogły uformować nowe gwiazdy, ale zawierały one mniej kwanta energii, aniżeli oryginał. Jeden z kawałków osadził się w 10-tym wymiarze Galaktyki-2, lecz został on ściśnięty do niższego 10-tego wymiaru, oznajmia ATI,TPE i „M". Kiedy został on dalej rozbity w kreację Drogi Mlecznej, narodziła się 6-wymiarowa gwiazda Procjon, jako drugorzędne lub jeszcze niższe gwiezdne wrota. Inny kawałek stał się Gwiazdą Polarną z Galaktyki-2, który został jeszcze rozbity w 7-wymiarową Gaję Drogi Mlecznej.[179]

Kolejny fragment Procjus stał się Abaddon. Abaddon jest umierającą gwiazdą, która istnieje na dolnym krańcu supermasywnej czarnej dziury Drogi Mlecznej, w centralnym obszarze naszej galaktyki, oznajmia ATI,TPE. MCEO naucza, że Abaddon istnieje głęboko wewnątrz supermasywnej czarnej dziury,[179] lecz czarne dziury nie podtrzymują kreacji. ATI,TPE potwierdza, że 11-wymiarowa, wyjątkowo gigantyczna gwiazda w galaktyce Drogi Mlecznej umarła, żeby stać się supermasywną czarną dziurą.

W odpowiedzi na moje zapytanie, ATI,TPE tak oto opisuje supermasywną czarną dziurę Drogi Mlecznej:

> Supermasywna czarna dziura powstała z gigantycznej supernowej, która wytworzona została w głównej mierze przez Liriańskie wojny w HU-4. Jej kompozycja rozciąga się z 11-tego wymiaru Drogi Mlecznej, w dół do dolnego krańca 8-go wymiaru w kierunku liniowym, wijąc się i skręcając wzdłuż jej formacji podobnej do otchłani. Może ciągnąć się przez wiele mil, ale poprzerywana jest przez wtargnięcia i penetracje zewnętrznych sił oraz zakłócenia wywołane przez rozmaite byty. Po drodze może być ukształtowana przez dodatkowe, zmanipulowane połączenia sił zewnętrznych oraz przez wewnętrzne implozje.
>
> Zjawisko supermasywnej czarnej dziury Drogi Mlecznej rozpoczęło się jako pojedyncza masywna próżnia, przy czym duża część formacji galaktyki Drogi Mlecznej zbudowana została wokół jej egzystencji. Obecnie jest to gigantyczny tunel czasoprzestrzenny, który został nienaturalnie utworzony przez byty

zależne od agendy, aby umożliwić dużym grupom wymiarowym podróżowanie, lecz bez możliwości zatrzymywania się w żadnym określonym punkcie super autostrady.

Te super autostrady supermasywnej czarnej dziury połączone są przy pomocy ramp z miejscami na zewnątrz, dla wejścia i lądowania w innych światach, galaktykach i wszechświatach. Działają one jak główne arterie komunikacyjne, bez możliwości zawierania wytworzonych platform lub przyzwolenia na podtrzymywanie życia. Istoty podejmowały już starania skonstruowania domów mieszkalnych do egzystencji w czarnej dziurze, ale im się nie powiodło, nawet do celów tymczasowych i na jakąkolwiek długość czasu.

Abaddon znajduje się w niższej przestrzeni wymiarowej niż supermasywna czarna dziura i pewnego dnia sam może stać się kolejną supermasywną czarną dziurą. Była to największa gwiazda w centralnym rejonie 8-go wymiaru Galaktyki-2, ale nie była ona centralną gwiazdą na siatce kathara tej galaktyki, informuje ATI,TPE. Przed Liriańskimi wojnami, część z jej pierwotnej natury została wciągnięta do niższego 8-go wymiaru, aby utworzyć powiększone wersje w galaktyce Drogi Mlecznej jako Abaddon. Zaburza to nasze wymiary, aż do 8-go niższego wymiaru. ATI,TPE objaśnia: „Abaddon funkcjonuje jako wzdłużny czop dla wymiarów Drogi Mlecznej, w których istnieje".

Biblijna Apokalipsa św. Jana 9:11 opisuje: „Mieli oni nad sobą króla – anioła Czeluści; imię jego po hebrajsku: Abaddon, a w greckim języku ma imię Apollyon". Jak ujawnia rozdział 8 o ostatnim okresie czasu, aż do roku 2012, oszałamiające wydarzenia tragedii 9/11 z 2001 roku mogą być symbolicznie zrównane z apokaliptycznym zagrożeniem przeciwko tym, którzy czynią zło lub ludziom ogółem z Księgi Objawienia 9:11.

Jak pokazuje Rysunek 3, fantomowa siatka kathara Drzewa Sztucznego Życia nie zawiera 12-to i 8-go wymiaru. Kiedy destrukcyjne byty nie uzyskają kontroli nad wymiarowymi gwiezdnymi wrotami, znajdą one inny sposób, żeby zakłócić ten rejon, tak jak zrobili to z Abaddon. Ósmy wymiar jest krytyczną lokalizacją, ponieważ jest to środek kompletnej siatki kathara, który zawiera rdzeń galaktyczny. Usunięcie z siatki kathara wymiaru 12-to i wyższych skraca naturalną siatkę kathara i daje jej niższy, fałszywy środek.

Wiele konsylium we wszystkich połączonych matriksach Eka i Weka głosowało u siebie za interwencją przeciwko zniszczeniu Galaktyki-2. Wiedzieli oni, że zaangażowanie się w to będzie niebezpieczne, jeśli rasy Annu znalazłyby sposób na przejęcie ich ścieżki interwencji, efekt fali mógłby potencjalnie rozprzestrzenić się na ich matriksy i zniekształcić ich rasy, w podobny sposób, jak w historii Borża.

Jak potwierdza „M", większość z konsylium zgodziło się, aby pozwolić rasom założycielskim Galaktyki-2 na stworzenie Oka Brahman, jednokierunkowej soczewki załamania-polaryzacji, która pozwoliłaby na zakotwiczenie 13-go wymiaru w wymiarze 12,5 Galaktyki-2.[124] Ponieważ obydwa gwiezdne wrota 11 i 12 wciąż były zniszczone, gwiezdne wrota-11 galaktyki Drogi Mlecznej były również narażone z powodu kontroli stwórcy-boga, Oko mogło więc wstępnie pomóc jedynie wymiarowi 12. Istoty Galaktyki-2 i Drogi Mlecznej musiałyby wystarczająco ewoluować w przyroście energii, aby mogły podpiąć się do Oka Brahman (a Most-B dla mieszkańców Drogi Mlecznej), żeby kontynuować swoją ścieżkę ascendencji w kierunku Eka.

Uszkodzenie Galaktyki-2 oraz galaktyki Drogi Mlecznej skłoniło określone rasy HU-4 Elohei-Elohim, Seraphei-Serafin oraz Bra-ha-Rama z Drogi Mlecznej do połączenia swoich wzorców genetycznych w celu stworzenia rasy Azurytów. GA opisuje ją jako rasę rozmaitych humanoidów noszących najbardziej zaawansowany kod w galaktyce Drogi Mlecznej, które rasy Yanas HU-5 i HU-4 mogłyby bezpośrednio przyswoić w celach interwencji kryzysowych.[147]

Azuryci służyli jako Drużyna Bezpieczeństwa Uniwersalnego Templaru, która jest przenośnym przedłużeniem Międzywymiarowego Stowarzyszenia Wolnych Światów (ang. skrót IAFW – przyp. tłum.). IAFW utworzone zostało po wojnach Liriańskich jako część Współ-Ewolucyjnego Porozumienia Szmaragdowego Przymierza pomiędzy rasami Yanas z HU-5 i HU-4. Jego rada administracyjna zwana jest Radą Azurytową oraz Radą Syriańską, z powodu ważności Syriusza B będącego gwiezdnymi wrotami-6 w Drodze Mlecznej. Obecnie istnieje ponad 25 miliardów różnych międzywymiarowych i międzygwiezdnych Narodów służących jako aktywni członkowie IAFW, oznajmia GA (s. 164).[147]

Azuryci zostali zasiani w Drodze Mlecznej w pobliżu głównych gwiezdnych wrót z pełni rozwiniętym wzorcem genetycznym połączonym z Galaktyką-2.[147] Gwiezdne wrota są pożądanymi lokalizacjami przetargowymi. Na poziomie mikrokosmicznym wiele z wojen na Ziemi rozgrywało się w określonych miejscach naszych 12-tu planetarnych gwiezdnych wrót.

Aż do około 150 miliardów lat temu większość z upadłych Odedikronów oraz wiele Annu i Omikronów było w stanie dokonać ascendencji z Drogi Mlecznej i Galaktyki-2. Niektórzy z Annu, którzy pozostali, nie chcieli wyzbyć się swojego dyktatorskiego nastawienia; dlatego pewne rasy Bra-ha-Rama z Drogi Mlecznej, posiadające więcej naturalnej genetyki, zdecydowały się dobrowolnie gościć (stać się genetycznym nośnikiem – przyp. tłum.) Annu jako hybrydy w linii swojej rasy – po to, aby podnieść jakość ich zdegenerowanego kodowania genetycznego. Niestety, nawet jako hybrydy Annu Bra-ha-Rama, Annu nie zgodzili się na pełną rehabilitację, żeby utracić swój sposób myślenia, więc zagrozili rasom Bra-ha-Rama. Było to wtedy, gdy pewni Yanas nakłonili założycielską rasę Annu z Eka, Giovanni (lub Jehovani, znaną jako YHWH), aby wkroczyła z jedną ze swoich rodzin – Metatron.[124]

Metatron otrzymał pozwolenie na stworzenie Oka YHWH lub inaczej Oka Metatrona, jednokierunkowej soczewki załamania-polaryzacji umieszczonej w wymiarze 11,5 Galaktyki-2, jak potwierdzają oba moje kontakty z Galaktyki-2. Stamtąd Oko połączone zostało z układem gwiezdnym z wymiaru 11,5, zwanym Arimaceusz (oryginalna angielska pisownia Arimatzeus – przyp. tłum.) w rzekomo uzdrawiającej galaktyce zwanej Wesadek (czyt. Łisadek – przyp. tłum.), która była czymś w rodzaju rehabilitacyjnego więzienia. Wesadek powiązany jest z WEsaLA Ekasza (czyt. Łiselej – przyp. tłum.).

Arimaceusz jest miejscem, z którego pochodzi imię boga Zeus. Wiele ważnych imion z mitologii greckiej wziętych zostało od miejsc w Wesadek. Innymi przykładami są nazwy gwiezdnych wrót Wesadek gwiezdne wrota-7 Olympeus (Olimp), gwiezdne wrota-6 Apollyon (Apollo), czy gwiezdne wrota-5 Herculon (Herkules).

Arimaceusz miał swoje własne problemy z autorytatyzmem, lecz jego mieszkańcy byli prawie zupełnie zrehabilitowani do 12-wymiarowego wzorca. Metatron zdecydował, że Annu Elohim potrzebują takiego pośredniego miejsca jak Arimaceusz, żeby móc ewoluować w szybkim trybie nauki. ATI,TPE oznajmia, że kiedy przybył Metatron, Wesadek był pół-fantomową galaktyką, a Yanas osiągnęli sukces w rehabilitacji Arimaceusza. Oko YHWH dostarczyło jednokierunkowego prądu energii, żeby usunąć zniekształcone energie z Galaktyki-2 i Drogi Mlecznej, za pośrednictwem ich mostu. Chociaż pomogło to ochronić nasze niestabilne matriksy, to przesunęło to problem do Wesadeka.

MCEO oświadcza, iż duża liczba Annu Elohim ewoluowała w systemie gwiezdnym Arimaceusz. Większość z kolektywu Metatrona zeszła do Galaktyki-2 i prawdopodobnie również do Galaktyki Drogi Mlecznej, żeby przez Oko YHWH eskortować Annu Elohim do Arimaceusza. Niestety, kiedy pewni Annu Elohim zaprosili inne zniekształcone rasy, aby dołączyły do nich, razem zdecydowali oni o przejęciu Arimaceusza, zamiast zostać zrehabilitowanymi. Kiedy Arimaceusz został podbity, istoty Metatrona zostały tam uwięzione. Ostatecznie cały Wesadek stał się zupełnie fantomowy, oznajmia ATI,TPE.

MCEO twierdzi, że około 89 procent Metatronicznych istot zostało uwięzionych, ponieważ dziedziczyły one elektrostatyczne ciała z asymilacji genetycznej w upadłej galaktyce. Ciało takie przetwarza powtórnie energię zamiast wytwarzać ją jako elektrodymaniczne ciało. Reszta grupy Metatron Ekasza, wraz z częścią członków rodziny w Galaktyce-2, zdecydowała się upaść wraz z ich zniekształconą rodziną.[124] Jako połączone istoty odczuwali oni energetyczne problemy swoich bliskich, więc zdecydowali się poświęcić swoje dobro, aby przyłączyć się do swojej rodziny. Ostatecznie kolektyw Metatrona przyzwolił energii jego rodziny oraz warunkom środowiskowym i fizycznym na zastąpienie połączenia z ich pierwotnym domem oraz Wszystkim Co Jest, Czystą Esencją.

MCEO ofiarowuje odkrywczą informację na temat energii winy, która z czasem pochłonęła Metatrona. Rodzina Metatrona poczuła się urażona przez Yanas tym, że nakłonili ją do zakłócenia sytuacji Galaktyki-2 i Drogi Mlecznej. Myślę, że czystsze istoty nie zdają sobie sprawy z tego, jak negatywne są zniekształcenia, więc kiedy godzą się na wejście do ciężko zaburzonych światów, ich decyzją jest akceptacja ryzyka. Naiwne bądź odziedziczone zniekształcenia nie dały im świadomości potrzebnej do poradzenia sobie z nowymi sytuacjami. Nie była to ich wina. Aczkolwiek ich wybór, aby zatrzymać i podtrzymywać nienaturalne energie, czyni ich ostatecznie winnymi.

Dziesiątki miliardów lat zajęło Metatronowi, aby całkowicie upaść. W międzyczasie zhybrydyzowane rasy Metatron-Annu były nieszczęśliwe, ponieważ niektóre z ich linii rasy Jehowian (oryginalna angielska pisownia Jehovian – przyp. tłum.) były poprzednio zrehabilitowane w Wesadek. Sto trzydzieści siedem miliardów lat temu upadłe rasy Annu z naszej galaktyki „dokonały podróży między wymiarami i stworzyły tunel czasoprzestrzenny/ most do Wesadeka" (cytuję ATI,TPE), żeby zaatakować i wykorzystać rasy Equari (czyt. Ikłari – przyp. tłum.) w kluczowym dla nich okresie czasu.[195]

Przed ich interakcją z rasą Metatron-Annu, część Aquari upadła, aby stać się rasą Equari, głównie z wyniku inżynierii genetycznej dokonanej przez inne fantomowe rasy, włączając w to Borża. Aby dolać jeszcze oliwy do ognia, nowy poziom nadużycia, dokonanego przez odwetową rasę Metatron-Annu, spowodował permanentną mutację Metatroniczną w DNA Equari.

Metatroniczna fizyka wyjmuje części naturalnego szablonu i spina ze sobą niekompatybilne części, aby wytworzyć wampira skończonej energii, który nie może osiągnąć minimum 39 procent wzorca Krysthal, potrzebnego do ewentualnej biologicznej regeneracji, znanej inaczej jako bio-regeneza. Metatron i jego sprzymierzeńcy z Wesadek, przy pomocy sztucznej fizyki, przeprogramowali Oko YHWH, żeby ostatecznie rekonfigurować Arimaceusza i jego mieszkańców, powodując, że Equari utraciliby swoją zdolność do odzyskania 12-wymiarowej częstotliwości, która mogłaby powstrzymać dalsze zagęszczenie atomowe. Z powodu takiego rezultatu Equari byli wściekli i zdecydowali dokonać eksterminacji wszystkich ras Annu.[195]

W okresie od 130 do 120 miliardów lat temu, rasy Equari, za pomocą skrzyżowania się z Serafimowymi wrogami Annu, takimi jak Drakoni-Omikron, wkroczyły do Drogi Mlecznej przez czarne dziury z Wesadrak (czyt. Łesadrek – przyp. tłum.), fantomowej galaktyki równoległej do Wesadek.[191]

Wielu Drakonian zgodziło się na hybrydyzację, ponieważ byli oni narażeni na ryzyko pochłonięcia przez rosnącą siłę Metatronicznych-Annu; potrzebowali silnego sojusznika. Nowym gatunkiem byli albino-gado-smoki, zwane Mala-Daka Dra-gha-Yun, inaczej znane jako Białe Smoki.[195] Istoty wyglądające jak reptiliańskie smoki z naszych mitów i legend, pochodzą właśnie od tego gatunku. ATI,TPE twierdzi, że teraz Borża przeniknęła ten gatunek i w dużej mierze kontroluje Białe Smoki.

Z czasem, po większej ilości hybrydyzacji, większość smoków rasy Equari-Serafim powróciła do galaktyki Wesadek, gdzie stali się znani jako Czerwone Smoki. Inna część z rasy smoków stała się w większości Equari-Anu, z których wiele powróciło do Wesadeka, gdzie stali się znani jako Zielone Smoki. Kolektyw Zielonych Smoków i Metatrona połączył swoje siły, ponieważ dzielili ze sobą tę samą agendę: czyli uchronić się przed Czerwonymi Smokami i mściwie unicestwić Elohei.[124,125]

W przybliżeniu około 571 milionów lat temu drużyna Zielonych Smoków-Metatrona użyła Oka YHWH do utworzenia stabilnego przejścia w formie tunelu czasoprzestrzennego zwanego Ścieżką Arimathea (czyt. Arimatija – przyp. tłum.), która łączy Arimaceusza z 11-tym wymiarem Galaktyki-2. Wtedy przez tunel czasoprzestrzenny połączyła się z Drogą Mleczną za pośrednictwem księżyca Awalon naszych 11-wymiarowych gwiezdnych wrót, oznajmia ATI,TPE. To zapoczątkowało budowę Matriksu Sześcianu, statycznego pola „życia" sztucznej inteligencji, o skrajnej polaryzacji, które dobrze rezonuje z fantomową zawartością.[124] Na tym etapie Zielone Smoki-Metatrona pozwoliły dosłownie wszystkim rasom na przyłączenie się do nich, ponieważ mieli zostać wchłonięci do nowego wzorca genetycznego, który jest procesem dostrojenia myśli, zaś linie ras Metatrona i Borża byłyby głównymi Dostrajaczami Myśli (patrz „Dostrajacze Myśli", rozdział 5).

Połączenie tunelu czasoprzestrzennego Arimathea jest miejscem pochodzenia przypowieści z Ewangelii o Jozefie z Arimatei, uczniu Jezusa, który pojawił się po tym, jak Arihabi umarł na krzyżu. Miał on upewnić się, że jego przejście będzie łagodne, troszcząc się o jego ciało i przywrócenie dobrego imienia w publicznych oczach. Wiedząc, że osoba ta jest tajnym agentem Wesadeka, dowiadujemy się o współpracy istot z „grupy Jezusowej".

W przybliżeniu około 570 milionów lat temu region gwiezdnych wrót-9 konstelacji Andromedy uwikłany był w wojny. Wybitna 9-wymiarowa rasa Elohim, Jehowian-Anu Sho-Sho-NaTA (czyt. Szo-Szo-NaTej – przyp. tłum.), w wyniku wojen z Serafim oraz innymi rasami Metatrona-Anu, doznała szkód i była blisko wyginięcia. Rasy KRH zaoferowały pomoc w odbudowie ich populacji, lecz większość z nich odrzuciło ją, na rzecz korzyści osiągnięcia władzy, obiecanej przez Metatrona. Większość Sho-Sho-NaTA zdecydowało na zawarcie przyjaznych układów z wrogiem, obejmujących inżynierię genetyczną z Metatronicznymi kodami, „dla władzy i kontroli, co, jak sądzili Sho-Sho-NaTA, dawałoby im niezniszczalną siłę i nienaruszalność w dalszej egzystencji i służących sobie agendach", oznajmia ATI, TPE. ATI, TPE wyjaśnia konsekwencje umowy Sho-Sho-NaTA:

> Przyłączając się do fantomowych ras Metatrona-Anu, wciąż pół-fantomowe istoty Sho-Sho-NaTA stały się mroczne i zrzekły się swego prawa do odwrócenia własnej decyzji. Najpierw walczyły one u boku fantomowych istot o ich niszczycielskie agendy eksperymentacji z insygniami Metatronicznych kodów, nie zdając sobie sprawy z tego, że ich ostateczna zagłąda była już blisko. W miarę upływu czasu Sho-Sho-NaTA uzmysłowiły sobie, że wrobione zostały w myślenie, iż dana im była nieśmiertelność, ale tak nie było.

Kiedy Sho-Sho-NaTA zdali sobie sprawę z tego, że kod genetyczny Metatrona jeszcze bardziej pogłębił kompaktyzację i odwrócenie energetyczne ich rasy z dala od wiecznego życia, byli oni zarówno wściekli, jak i zdesperowani, żeby zachować resztki swojej rasy. Zdecydowali się więc na skontaktowanie się z rasą „ludzi-pająków" Borża-Budara z Fantomowej Równoległej Drogi Mlecznej, aby pomogła im w dokonaniu zemsty (hinduscy bogowie z sześcioma ramionami są tą rasą). Rasy Borża-Budara przed tym okresem znajdowały się w kwarantannie Fantomowej Równoległej Drogi Mlecznej, ale, jak przekazuje ATI, TPE, byli również inni, którzy byli „pod przebraniem" przy użyciu urządzeń maskujących, robiąc interesy oraz dokonując innych niszczycielskich czynów, które prawdopodobnie prowadziły do ustawienia połączeń za pomocą tunelu czasoprzestrzennego z naszym 9-tym wymiarem, gdzie żyli Sho-Sho-NaTA.[196]

Sho-Sho-NaTA otworzyli tunel czasoprzestrzenny i wyprowadzili Borża-Budara z kwarantanny. Borża-Budara byli zachwyceni uzyskaniem dostępu do naszej galaktyki, gdyż mogli oni kontynuować swoją dążenie zdobycia stworzenia. Wraz z wejściem do naszej galaktyki, przynieśli ze sobą retrowirus –znany jako plaga Andromedy – który najpierw zaatakował konfigurację RNA i DNA Sho-Sho-NaTA. Ten rozpad genetyczny pozwolił Borża-Budara na pełne przejęcie i wchłonięcie Sho-Sho-NaTA, w którym wyglądali oni jak Jehowian-Anu, lecz byli ledwie zabezpieczeni przez „chemiczne ubrania".[196]

Pięćset siedemdziesiąt milionów lat temu Sho-Sho-NaTA z przejętym-ciałem, zwani Sha-NaTA, zapoczątkowali wojnę całkowitą, znaną jako wojny Gajańsko-Orionskie przeciwko pozostałym, ale oszpeconym delfino-podobnym Sho-Sho-NaTA. Ci Sho-Sho-NaTA wybrali poddanie się kwarantannie, w zamian za ochronę przed wchłonięciem. Z tego powodu rasy

Yanas z niższego Eka, celem wcielenia w życie kwarantanny, zamknęły wrota Andromedańskiego interfejsu Matriksa Gwiazdy Polarnej – nazwa zbiorowa dla Andromedy, Oriona i Gai o podobnej materii galaktycznej. Dla zachowania napływu naturalnej energii do zamkniętych wrót Gwiazdy Polarnej HU-3 oraz celem zapobieżenia przed zupełnym fantomowym upadkiem, otworzyli oni nowe przejście do Eka, zwane Korytarzem Rama.

Aby ponownie otworzyć wrota Gwiazdy Polarnej, Sha-NaTA apelowali do ras Metatrona z HU-4 o pomoc w przejęciu wszystkich wrót Gwiazdy Polarnej, niszcząc Sho-Sho-NaTA i zachowując połączenia przez tunel czasoprzestrzenny Fantomowej Równoległej Drogi Mlecznej, w zamian za ochronę przed dotarciem retrowirusa do określonych nie-Metatronowych ras Anu. Niestety, kwarantanna była minimalnie skuteczna, więc drużyna Metatrona-Sha-NaTA mogła zaatakować gwiazdę wrota-8 Oriona i gwiezdne wrota-7 Gai, zmuszając te rasy do zajęcia stanowiska.

Każde gwiezdne wrota zawierają istotne elementy, które, jeśli zostaną przechwycone przez Metatroniczne technologie, mogą spowodować dalekosiężną destrukcję w całej Drodze Mlecznej, co już zaczęło być dokonywane przez posuwającą się naprzód drużynę Metatroniczną. Co zmusiło rasę Azurytów zwaną RAshael (czyt. Rēszel) do zaangażowania się? Rasy Eka z kodami Rama mogły bezpośrednio przyswoić Rashael, żeby częściowo odzyskać kontrolę nad wrotami Gwiazdy Polarnej, lecz było to niezwykle ryzykownym przedsięwzięciem. RAshael osiągnęli znaczący sukces, lecz nastąpiło to przejściowymi falami.

Drużyna Sha-NaTA napadła na Gaję i zaczęła odcinać część z jej energii-materii. Żeby zapobiec pełnemu odcięciu i obróceniu w fantomową energię-materię, drużyna RAshael do ustabilizowania planety wykorzystała korytarz Rama z wrotami Gai-Gwiazdy Polarnej, lecz działanie to spowodowało ponowne otwarcie 9-cio i 8-wymiarowych wrót Gwiazdy Polarnej w tych niestabilnych regionach. Kolejny niepożądany efekt ich interwencji spowodował, że rywalizujące ze sobą grupy dosłownie rozdzieliły Gaję i jej monadyczny rdzeń na dwie planety, oświadcza „M", a naturalna część scaliła się fazowo sama ze sobą, w swoim akcie uzdrowienia. To dwubiegunowe anomalium utworzyło nieorganiczne pole zaburzenia czasu z dwoma odbywającymi się jednocześnie cyklami pod-czasu, poruszanymi się w przeciwnym kierunku obrotu i przeciwnej polaryzacji, jeden kontrolowany przez rasy Yanas, zaś drugi kontrolowany przez rasy Borża-Budara-Metatrona.[196] Gaja jest teraz rozdzielona na szósty i siódmy wymiar, tak więc bardziej fantomowa wersja znajduje się przypuszczalnie w niższym regionie. ATI,TPE oświadcza, że żadna z tych części nie obejmuje Gwiazdy Polarnej, naszej Gwiazdy Północy, chociaż MCEO zrównują Gaję z Gwiazdą Polarną.

ATI,TPE wyjaśnia:

Część Gwiazdy Polarnej lub Gai nie utworzyła Gwiazdy Polarnej, a Gwiazda Polarna nie zajęła miejsca Gaii w północnym zliniowaniu dla Ziemi. Część Gai pozostaje wciąż nietknięta, pomagając liniować Ziemię i zakotwiczyć ją w galaktyce Drogi Mlecznej. Gwiazda Polarna ma wyglądać, jakby zajmowała jej miejsce.

Gajański rozłam nastąpił, kiedy wrota Gai Gwiazdy Polarnej zostały otwarte, powodując, że gwiezdne wrota wyższych wymiarów doświadczyły rozdarcia w strukturze Drogi Mlecznej. Na szczęście, wiele uwięzionych ras zostało ewakuowanych. Rozdarcia w wyższych wymiarach pozwoliły Sha-NaTA na wznowienie ich agendy fantomowej Budhary, lecz pozostały RAshael i sprzymierzeńcy, włączając w to rasy Odedikronów, dokonały wstępnego uderzenia i wymusiły szybkie zamknięcie ich tuneli czasoprzestrzennych i połączeń pomiędzy wrotami Gwiazdy Polarnej. Do końca wojen dokonano rozległego zniszczenia w całym HU-3 do stopnia pewnej anihilacji atomowej.

Borża-Budara Sha-NaTA pomyślnie schwytali pewną ilość RAshael – po to, ażeby stworzyć doskonałą rasę intruzów z kodami Rama.[196] MCEO mówi, że tą nową rasą jest Shan-Tar-EL (czyt. Szan-Tar-EL – przyp. tłum.; dla skrócenia – Shantarel), lecz z komunikacji z ATI,TPE dowiedziałam się, że była to pozostałość rasy Szantarel, znacznie, znacznie starszych genów Szantarel, datowanych wstecz na co najmniej 125 miliardów lat temu. Oryginalni Szantarel są starożytną rasą z genami Borża i Metatrona i obejmują wiele bytów z grupy Boga, którzy myślą, że ich genetyka daje im władzę nad naszym światem Weka.

Podział fali czasu Gai na początku został spowodowany przez mieszankę Metatronicznych technologii, które ostatecznie rozprzestrzeniły się na Tarę i Ziemię. W nowej, fantomowej „rzeczywistości" wszczepione zostało fałszywe wspomnienie fali czasu, przy użyciu Technologii Czystej Płyty, (oryginalna nazwa anglojęzyczna brzmi Blank Slate Technology – przyp. tłum.), znanej inaczej jako BeaST (co po angielsku oznacza Bestię, odtąd będę używał tej nazwy – przyp. tłum.).[121]

Bestia wykorzystuje soczewki załamania-polaryzacji oraz miksery odwróconego prądu, które zaginają energię na kształt symbolu serca, w celu połączenia fantomowych i pół-fantomowych gwiezdnych wrót, poprzez zamki harmonicznego wszechświata, które otwierają się podczas cykli ascendencji.[121] Istnieją cztery implanty sercowe – po jednym w każdym harmonicznym wszechświecie – w Fantomowej Drodze Mlecznej, która jest sprzężona głównie z Drogą Mleczną. Są one znane jako Czarne Serca, gdyż tłamszą one przepływ naszej naturalnej energii, w oparciu o przetworzoną ponownie ekspresję Fibonacciego. Metatroniczny etap Bestii 55,5 miał rozpocząć proces wchłaniania naszej galaktyki do fantomowego stanu, za pośrednictwem zintegrowanego wybuchu merkaby, który powoduje trwałą mutację i zmienia coś, co kiedyś było organicznymi ciałami.[180,197] To jest właśnie „bestia" z biblijnej Apokalipsy św. Jana, z numerycznym znakiem 666, opartym na Bestii (Technologii Czystej Płyty – przyp. tłum.), głównej technologii źródłowego atomu Metatrona.

Rasa przodków Tetan (oryginalna angielska pisownia Thetans – przyp. tłum.) (w części o „Tetanach") pierwotnie wszczepiła nasienie Metatrona, znane także jako nasienie Demona w Gaję, podczas wojen Gajańsko-Oriońskich.[172] Członkowie tej pra-Tetańskiej rasy stworzyli to nasienie, biorąc wersję trójpartikaj jednostki Taurena z HU-3, po czym rozbili, zrekonfigurowali i wywrócili ją do góry nogami, aby zablokować i zdusić jednostki Taurena w gęstościach od pierwszej do trzeciej. Rozszerzenie Krysthal Taurena pomnaża go w jednostki równoległej antymaterii i materii, dając pośrodku twórczemu nasieniu Taurena liczbę 636. Nasienie Metatrona znane jest jako nasienie 666, ponieważ tworzy sztucznego Taurena pośrodku, który może wciągać kreację antymaterii i materii Taurena. Podstawowy atom 666 dusi podstawowy atom Krysthal AzurA (czyt. Azyrej – przyp. tłum.) sprzęgając się z 8-wymiarowym rdzeniem galaktycznym, jak również z grasicą naszego ciała na naszym mikrokosmicznym poziomie.[180,198]

Nasienie 666 wytwarza trójwymiarowy sześcian, zwany Sześcianem Metatrona.[199] Chociaż sześcian posiada osiem wierzchołków, ATI,TPE oraz „M" twierdzą, że Sześcian Metatrona jest siedmio-jednostkowym kodem. Jest to siedmiogłowa bestia „wielkiego czerwonego smoka" z Apokalipsy św. Jana, rozdział 12, wers 3, która odnosi się do jego wykorzystania z Wesadrak, ale także wykorzystywany jest do połączenia nas z Wesadekiem. Sześcian Metatrona stapia ze sobą struktury galaktycznych wrót i zagina ich prądy na kształt sześcianu.[197] Stłumił on wymiary Drogi Mlecznej od 1 do 7, tuż pod Abaddon, potwierdza ATI,TPE i „M" i schwytał je, żeby połączyć i stopić z częstotliwościami Siedmiu Promieni fantomowych „Wniebowstąpionych Mistrzów", co wyjaśnię dalej w części o „Archaniele Michale". Te skojarzenia z numerem siedem powinny zrodzić w nas pytanie, dlaczego nauczania Judeo-Chrześcijaństwa oraz nauki-duchowej uważają go za numer szczęśliwy i święty. Biblijny mit o sześciodniowym czynie stworzenia przez Boga i siódmym dniu odpoczynku symbolizuje upodobanie Elohim do siedmio- i sześciojednostkowego kodu nauki śmierci (Księga Rodzaju 2:2).

Sześcian i nasienie Metatrona dalej ściskają sztuczne stworzone nasienie, które Anyu wykorzystali w HU-4 do zapoczątkowania supermasywnej czarnej dziury Drogi Mlecznej. ATI,TPE potwierdza, że siatka kathara Drzewa Sztucznego Życia, przy użyciu fantomowych technologii, może być jeszcze bardziej ściśnięta, przy odcinaniu jej potencjalnie na 10-tym wymiarze z fałszywym jej środkiem w piątym wymiarze. Mniejsze siatki mogą następować po sobie ze zniekształceń, aż staną się gwiezdnym pyłem.

Konfiguracja Stokrotki Śmierci zrodziła się z nasienia Metatrona. Według MCEO, „kwiaty" energetyczne Drogi Mlecznej i fantomowych matriksów są różnymi łukami energii wypływającej ze środka każdej siatki kathara (jak również jakiekolwiek ciała fraktalnego). Kwiat Drogi Mlecznej wykorzystuje centralny horyzont, przez który górne i dolne połówki odzwierciedlają siebie nawzajem w płynącej formacji: zestaw trzech szpiczasto zakończonych „płatków", zwanych łukowym przepływem Lotusa, oddzielone są przez 45-stopniowe kąty, z których środkowy płatek stoi na osi pionowej. Fantomowy kwiat posiada jednakowe 60-stopniowe oddzielenie pomiędzy każdym z sześciu szpiczasto zakończonych płatków. Ta szczególna formacja zwana jest Stokrotką Śmierci, gdyż każde jej ramię jest rozciągnięte i fazowo-sprzężone, aby powstrzymać przepływ naturalnej energii, powodując, że system przetwarza „martwe" światło.[146] Z kolei formacja Drogi Mlecznej zachowuje trochę przepływu naturalnej energii, lecz z kilkoma łukami wydaje się być ograniczona.

Wesadek z jego matriksem YHWH podłączył formację Stokrotki Śmierci do centralnego regionu Drogi Mlecznej wraz Abaddonem. Droga Mleczna posiada również jeszcze inną Stokrotkę Śmierci obejmującą kilka gwiezdnych wrót i gwiazd, włączając w to fantomowe i upadłe części Omega Centauri, Procjon, Alkione, Plejone w Plejadach (jako Tiamat) oraz trójwymiarową Alfa Centauri, która sprzężona jest z gwiezdnymi wrotami-3. Trzecia Stokrotka Śmierci znajduje się dalej w Drodze Mlecznej i łączy się z ośmiowymiarową gwiazdą, zwaną Oberjon (oświadcza ATI,TPE) oraz z Wesadrak.[146,179]

Byty Wesadrak (Wesadrakowie) pracują z istotami Borża, żeby stworzyć tunel czasoprzestrzenny oraz rozdarcie w czasie z Oberjonem, podczas gdy mieszkańcy Wesadeka wykorzystują Abaddon (żadna z gwiazd nie jest gwiazdozbiorem Strzelca A). Celem każdej z grup jest uzyskanie kontroli nad Drogą Mleczną i Fantomową Drogą Mleczną, skonsumowanie nas, a następnie skonsumowanie rywalizującej grupy.

Wesadek, Fantomowa Droga Mleczna oraz Droga Mleczna połączone są przez triangulację tuneli czasoprzestrzennych w każdej z gwiezdnych wrót-6, odpowiednio z Apollyon, Fantomowym Procjon oraz częścią upadłego Syriusza B. Obcy intruzi podpięli te energie do Ziemi za pomocą triangulacji pomiędzy Paryżem, Brukselą i Amsterdamem w Europie. Za pośrednictwem tunelu czasoprzestrzennego Apollyon kolejny implant nasienia Metatrona umieszczony został w Drodze Mlecznej.[200,146,124] Razem tunele czasoprzestrzenne gwiezdnych wrót 6-6-6 oraz Stokrotka Śmierci tworzą trój-matriksowy sześcian.

Ponieważ Metatroniczne tunele czasoprzestrzenne i łukowe przepływy są słabsze od naturalnej energii, Abaddon potrzebuje wsparcia zliniowań wielu gwiazd i gwiezdnych wrót, aby mocno zakotwiczyć je w Drodze Mlecznej. Wsparcie to nazywane jest zliniowaniem Alfa-Omega, które sprzęga fazowo przechwycone i zniekształcone gwiazdy i planety z konfiguracją vesica piscis.[179] Rdzenie ciał niebieskich w Fantomowej Drodze Mlecznej zostały już sprzężone fazowo z Wesadekiem, twierdzą MCEO,[146] co jest końcowym wynikiem tego, co dzieje się z gwiazdami i planetami, kiedy wojujące ugrupowania niszczą i rozdzielają ich oryginalny skład.

Podczas wojen Gajańsko-Oriońskich, byty zwane Szantarel wszczepiły kolejną technologię Bestii, zwaną Grawitronem. Grawitron ujarzmia i ogranicza swobodę cyrkulacji energetycznej ciała niebieskiego, tworząc zamkniętą pętlę, podwójną ścieżkę energii wybuchającej przez północny i południowy biegun, a następnie z powrotem do jego centrum, ukazując się jako niezgrabne, „geomagnetyczne pole Zatrutego Jabłka i megnetosfery", mówi MCEO (s. 19).[201] Elektromagnetyzm Zatrutego Jabłka może również utrzymywać w nachyleniu oś geograficzną swojego podmiotu.

W przybliżeniu około 568 milionów lat temu, w odpowiedzi na zbliżające się zagrożenie Bestii, rasy KRH odpowiedziały powołując Misję Ratunkową Amenti. Celem tej misji było uzdrowienie dwóch pierwszych harmonicznych wszechświatów, zanim destrukcyjne technologie HU-3 mogłyby je w pełni zarazić.[172] Kluczowe rasy HU-2 i HU-3 stworzyły rasę Orafim, krzyżówkę Elohei-Elohim oraz Seraphei-Serafin, w oparciu o wzorzec Aquari; jest on podobny do Azurytów, tak więc rasy takie jak Aquari mogły przyswoić rasy Orafim i zastąpić poprzednią interwencję Yanas.[147,202] Z 24-48 nićmi DNA Orafim zasiani zostali w krytycznych lokalizacjach HU-2 i HU-3 – po to, żeby zrównoważyć postępującą genetyczną deewolucję wśród ras Drogi Mlecznej.

W szybkiej odpowiedzi na to działanie, Annu Elohim stworzyli Anunnaków, najbardziej genetycznie zaawansowaną formę biologiczną, którą byli w stanie zasiać z wzorcem genetycznym 11,5 nici DNA, w trzech niższych harmonicznych wszechświatach Drogi Mlecznej. Znali oni cel IAFW i pracowali nad tym, aby go przechytrzyć.[147]

Mniej więcej w tym samym czasie IAFW powołało jednostkę do zadań specjalnych, Ligę Opiekunów (ang. skrót GA – przyp. tłum.), która pracuje, aby zrównoważyć szkody wyrządzone przez Anunnaków i innych. GA działa pod kierownictwem IAFW, Yanas oraz istot z HU-5, ale zachowuje też pewną autonomię.[147]

Pięćset sześćdziesiąt miliardów lat temu Orafim pomogli w stworzeniu rasy Taureńskich Anielskich Ludzi Tary, z 12-niciowym szablonem DNA.[121] Anielscy Ludzie mogą wnieść swój wzorzec biologiczny do każdego wymiaru Drogi Mlecznej i zregenerować szablony DNA Elohim i Serafim, jak również innych naruszonych ras Drogi Mlecznej. Oficjalna strona internetowa MCEO, na początku 2012 roku, wyjaśniła: "Rasa Anielskich Ludzi została stworzona jako linia rasy, w którą inkarnować mogła KAŻDA inna linia rasy, żeby wziąć sobie kody potrzebne do odzyskania możliwości aktywacji swoich 12 nici DNA oraz do ponownego połączenia z Samym Sobą Bogiem Christosem".[203] Linia rasy Anielskich Ludzi jest rodem naszych Ludzi!

[Korekty: Ponieważ inne rasy właściwie nie inkarnują w rasę Anielskich Ludzi, ATI,TPE wyjaśnia, że stworzona ona została tak, że "linia jakiejkolwiek innej rasy mogła dokonać hybrydyzacji, częściowo lub w pełni przejąć lub wchłonąć rasę Anielskich Ludzi". Dodatkowo MCEO ujawniło poprzednio, że słowo *Chrystus* było zniekształceniem.[204] Nie wiem więc, dlaczego wciąż kontynuowało uwiecznianie nienaturalnego słowa, zamiast *Krysthal*, ale prawdą jest, że w HU-4 Drogi Mlecznej istnieje zniekształcenie. Zgodnie z tym, nie ma potrzeby używania słowa *Bóg*.]

Orafim oraz Anielscy Ludzie "wysłani zostali do tego Matriksu Czasu jako strażnicza, ochronna i uzdrawiająca siła, z zamiarem ochrony żyjącego Matriksu Czasu przed systemem Fantomowego Matriksu oraz żeby pomagać, jeśli i kiedy to możliwe, w odzyskaniu i odkupieniu Upadłych ras oraz Uniwersalnych systemów", oświadcza GA (s. 396).[121] Jednak recydwiści nie chcą naszej naturalnej obecności, w której ci z nas z czystą intencją mogliby pomóc nakierować energię-materię z regionu naszego wszechświata w kierunku tego, co trwa wiecznie. Zamiast tego sytuacja obróciła się przeciwko nam, a ich religie mówią nam, iż to my potrzebujemy ich pomocy i genetycznej manipulacji dla naszego "uzdrowienia".

Anunnaki oraz podobne im upadłe legiony usiłują obecnie oszukać Ludzi, aby uczynić nas skończonymi bytami galaktycznymi, zamiast wiecznymi istotami. Fantomowe rasy oraz ich pół-fantomowi poplecznicy połączyły siły, żeby wzmocnić ich walkę przeciwko wyższemu kodowi genetycznemu Ludzi, w przygotowaniu do procesu gwiezdnej aktywacji Ziemi i ascendencji, który rozpoczął się w 2000 roku. Od długiego czasu ingerowali w Ludzki ród, poddając nas hybrydyzacji i osłabiając nasze ciała – zamieniając nas w Ludzi, którymi jesteśmy obecnie. Ich celem jest pełne Metatroniczne zakodowanie naszych ciał, jak wyjaśnia rozdział 8. Mnóstwo wspaniałych środków wcielonych zostało w życie przez Żywiciela Krysthal Rzeki oraz sprzymierzeńców, tak więc istnieje bezgraniczna nadzieja. Niemniej jednak musimy być świadomi agend będących w zasięgu ręki, aby zdecydować, które naprawdę mogą nam pomóc.

Poniższa część ujawnia główne grupy obcych, pracujące na rzecz Metatronicznych agend. Działają one wewnątrz różnych religii – żeby mogli tak wyprać nam umysł, aby podążać za ich niecnymi planami. Jesteśmy kolejną rasą na drodze historii ich asymilacji i potencjalnych wyniszczeń. Czy aby na pewno chcemy zliniować się z nimi jako naszymi Bogami lub anielskimi "pomocnikami"?

<u>Elohim Anunnaki</u>

Anunnaki, inaczej znani jako „Mściciele Anyu", są w głównej mierze rasą lądowo-wodnych człekokształtnych istot, od HU-1 do HU-3 (s. 166).[147] Anunnaki – podobnie jak ich przodkowie – rozprzestrzenili swoją genetykę szeroko i daleko, ale istnieją dwie czołowe grupy, które już od biblijnych czasów oddziaływują na Ludzi: są to Jehowiańscy Anunnaki oraz Ra-Tot-Anunnaki. Obydwie one są ze sobą spokrewnione za pośrednictwem przyrodnich braci Enlila i Enkiego.

Przywódcy grupy Anunnaków często walczyli ze swoimi rywalami o tytuł Boga, włączając w to tych z własnej rasy. Jeśli ego przewyższa agendę grupy, wówczas czasami bunt tworzy jego lub jej własną grupę. Poza ich własnymi sporami rodzina Anunnaków zazwyczaj jednoczy się w walce o podobną bądź większą agendę. Spowodowane jest to głównie celem tej rasy: pozwala to starszym, rodzinnym rasom, zwłaszcza Elohim, na przejmowanie oraz wchłanianie jej, do uwiecznienia własnych planów. To, co wydaje się być nowymi Anunnaki z odrębnymi działaniami, może właściwie wiązać się z tą samą hierarchią Boga, co wcześniej. Może powinniśmy rozważyć etykę tej popularnej praktyki przez wszelkiego rodzaju byty w systemach nie-Krysthal.

Powszechna wiedza o Anunnaki pochodzi z opowiadań, jakie liderzy Anunnaków przekazują o sobie, tak więc musimy zastosować krytyczne myślenie i wnikliwość. Zwłaszcza Enki aktywnie dzieli się swoimi poglądami.

„Pisma Terra" (skrót PT – przyp. tłum.) są informacyjnymi przepowiedniami o Anunnaki przekazywanymi przez Indian Hopi. Wyjaśniają one, że potomstwo Enkiego, Marduk i Ningishzidda, byli owocem krzyżówek między dwiema potężnymi grupami obcych: SSS-T Drakonian-Reptilian i ASA-RRR człekokształtnych wodno-lądowych-ssaków Jehowian, dla kontroli nad gwiezdnymi wrotami Oriona. (Wygląda na to, że pomylono Oriona z 9-wymiarowymi gwiezdnymi wrotami). „Pisma Terra" tak oto wyjaśniają informacje o tych obcych:

> Złożone z wysokich, okazałych, postaci Wojownicy SSS byli zimnokrwistymi wojownikami z przerażającymi, podobnymi do smoków twarzami. Chociaż ewolucja od dawna usunęła ich łuskowatą skórę, łopatki na cielesnej zbroi dawały wrażenie surowych, dinozaurowych istot. Jedynie wybrzuszenie w postaci odstającej na czole kości, schodzącej na tył i w dół głowy, miało świadczyć o reptiliańskim pochodzeniu (s. 7).[205]

Królowe SSS (nazwane od ich syczącego dźwięku i zwane SSS-T) i

Wojownicy są z Oriona, o którym PT mówią, że początkowo pisało się jego nazwę jako *Arian*. Przez osoby z zewnątrz SSS-T nazywani byli Ari, oznaczający „Mistrzowie" (s. 4).[205] Kiedy połączyli siły z monarchią An, to od tego momentu nazywani byli Arianie.

Opis SSS-T podobny jest do opisu Davida Icke'a – opisuje ich jako białoskórych reptilian wpływających na monarchię brytyjską, chociaż niepoprawnie grupuje on kilka gatunków obcych w klasyfikacji Reptilian. Zauważcie, że naziści nazywani byli SS, a niemieckim ogniwem z obecną brytyjską rodziną królewską są Battenberg'owie, zwłaszcza Lord Mountbatten, który był wujkiem księcia Filipa Mounbattena (męża królowej Elżbiety II). Do ich przodków zaliczane są wampiry, takie jak 15-wieczny Vlad Impaler. Icke posunął się na tyle daleko, żeby mówić, że ludzie ze znaczną infiltracją reptiliańskich genów, zwłaszcza książę Filip, prawdopodobnie z największą zawartością reptiliańskich genów z obecnej rodziny królewskiej, mogą oni zmienić swoją formę w człowieka gada, gdyż są faktycznymi Reptilianami. Rozumiem, że Ludzie zawierają rozmaitą ilość określonych obcych genów, możliwe jest, że książę Filip jest w dużej mierze zintegrowany z Reptilianami, lecz jego ciało jest wciąż ludzkie i nie może zmieniać formy. Dla przykładu Reptilianin mógłby zamieszkiwać jego ciało w pełnym opętaniu lub potencjalnym wchłonięciu, w którym żyje na żądanie poprzez ludzką hybrydę, czego kilka grup obcych dokonało w celu kontrolowania królewskich rodów, co najmniej od biblijnych czasów.

Język SSS-T wiele ze swoich słów przekazał językowi łacińskiemu, który jest nierozerwalnie wpleciony w Katolicyzm, jak również hebrajskie słowo *Ariz* oznaczające „ktoś straszliwy", egipskie słowo *Ari* oznaczające mistrz, strażnik, oraz angielskie słowo *magiczny* – żeby wymienić tylko kilka z wielu (s. 7).[205] Mają oni kilkanaście słów, które podżegają do religijnego pochlebstwa i przemocy. Większość ze słów, przekazanych nam przez ASA (Pana)-RRR, związanych jest z wojną, przemocą, opresją polityczną, włączając w to słowa, takie jak: atakować, ścinać głowę czy podatek (s. 10).[205]

„Pisma Terra" obejmują okres czasu znacznie wcześniejszy niż Tablice Sumeryjskie (skrót TS – przyp. tłum.), które skupiają się na bardziej bieżącym okresie Ziemi i jej układu słonecznego, a PT mogły być channelingiem zjednoczonych Arian, z powodu ich widocznego braku stronniczości. Przymierze z SSS-T dało ochronę potomstwu Anu, które wyruszyło do konstelacji gwiezdnej Syriusza, z intencją dominacji, zwłaszcza gwiezdnych wrót-6 Syriusza B. Historie Anunnaków napisane zostały tak, jakby to oni przejęli większość terenów, podczas gdy rasy o wyższej genetyce wciąż tam były, a Rada Syriusza była nietknięta. Syrianie znani są z tego, że są wysocy i biali, więc obejmują oni prawdopodobnie również Anunnaków, którzy opisywani są przez PT i ST jako koloniści.

W książce pt.: „Zaginiona księga Enki", zbiorze wspomnień i przepowiedni

Enkiego, Anu był „Koronowanym Księciem", który później został królem (s. 37).[206] Przodkowie Anu byli królami ASA-RRR, barbarzyńskimi wojownikami, uważanymi za względnie prymitywnych w swojej ewolucji, lecz według PT byli oni potężni. Enki oznajmia, że An był pierwszym królem, słowo *An* oznacza niebo.[205,206] Jeśli An istnieje pośród Annu, wówczas może on wtedy być ich „Niebiańskim Ojcem".

Lądowo-wodny-ssak Anu począł Enkiego z Reptiliańska królową SSS-T. Collins Robert Bowling, autor książki pt.: „Nowy porządek wieków" (oryginalny angielski tytuł: „A New Order of the Ages" – przyp. tłum.), oświadcza, że matką Enkiego jest: „Dramin, Smocza Królowa Tiamat".[207] Był to manewr polityczny w celu połączenia rodzin oraz ich agend – podobnie do tego, jakie ma miejsce między dwiema monarchiami, które w pokojowy sposób chcą poszerzyć swoje panowanie. Matka Enkiego nie była prawowitą żoną Anu, tak więc Enki nie dziedziczył „urodzeniowego prawa" do królestwa Anu. Młodszy, przyrodni brat Enkiego, Enlil, był faworyzowany, gdyż to on był spadkobiercą i jest on czystej rasy Jehowiańskiego Anunnaki. Anunnaki przenieśli swoje wierzenie dotyczące prawa urodzeniowego na rodziny z Biblii.

Anu uczynił Enlila Panem Rozkazu nad kolektywem Anunnaki Elohim oraz ich misją na Ziemi. Jako byt z HU-2 Enlil jest Anunnackim Bigiem z Biblii, który przybył pod nazwą grupy YHWH. Jest on częścią większej grupy Boga, obejmującej Archanioła Michała, który przewodniczy „Królom Rybakom" linii Sadoków.

Ponieważ Enlil przedstawiał się jako Yahuah ze Starego Testamentu w Biblii, a Yahuah ogłosił się jedynym Bogiem, zapytałam Wszystko Co Jest, Czystą Esencję o związek Archanioła Michała z Enlilem. Ujawnia ono, że w tamtym czasie Michał w pełni przejął Enlila. Dlatego więc Michał był biblijnym Yahuah, lecz za pośrednictwem Enlila ukrył swoją tożsamość przed masami. Zapytałam więc dalej, czy Enlil zgodził się na władzę i przejęcie przez Michała, a ATI,TPE odpowiada: „Tak, był dumny i chciał, aby wielu czciło go i obawiało się jego".

Oto, co Laurence Gardner pisze o Królach Rybakach:

> Kapłani chrzciciele z ery Ewangelii opisywani byli jako „rybacy". Z chwilą, kiedy Jezus przyjęty został do kapłaństwa w Zakonie Melchizedeka (List do Hebrajczyków 5 oraz Dzieje Apostolskie), on również mianowany został „rybakiem". Dlatego właśnie dynastyczna linia Domu Judy została unikalnie ustanowiona na dynastię Królów-Kapłanów – lub jak jej potomkowie znani byli w ustnej tradycji Graala jako „Królowie Rybacy".
>
> Linie potomków od Jezusa i Maryi, które wyłoniły się poprzez

Królów Rybaków, zachowały matczynego Ducha Aix, żeby stać się „rodziną wód" – Domem del Acqs (s. 130).[69]

W książce pt.: „Tajemnice Syriusza" (oryginalny angielski tytuł „The Sirius Mystery" – przyp. tłum.), autor, Robert Temple, twierdzi, że „mitologia grecka pełna była lądowo-wodnych istot z ludzkim ciałem i rybim ogonem" (s. 280).[208] Pisze on:

> Eudoksos, przyjaciel Arystotelesa (który odwiedził Egipt), powiedział, że mieli oni taką tradycję, że Zeus (najwyższy Bóg Greków, którego imienia użył Eudoksos w odniesieniu do jego egipskiego odpowiednika, co daje do myślenia, którego egipskiego boga miał on na myśli – przypuszczalnie Ozyrysa) nie mógł chodzić, ponieważ „jego nogi były ze sobą zrośnięte". Brzmi to jak lądowo-wodna istota, z ogonem do pływania zamiast nóg do chodzenia. Jest to jak pół-boska istota Oannes, która rzekomo miała sprowadzić cywilizację do Sumerian, która była lądowo-wodną istotą, miała ogon zamiast nóg, a nocą wycofywała się do morza (s. 112).[208]

Najprawdopodobniej Enki był postacią kryjącą się za Oannes'em. Anu nadał Enkiemu tytuł Pana Ziemi. Był on głównym naukowcem, genetykiem, który zdeprawował ludzką genetykę i stworzył dziwne, zwierzęce hybrydy. Lubi on powtarzać, że jest naszym stwórcą i Bogiem; w końcu to on jest głównym narratorem historii. W swoim wspomnieniu opisuje on siebie z pochlebstwami: „I tak oto rozpoczęła się legenda o Rybie bogu, który wyszedł z wód" (s. 68).[206] Na jego część bóg Sumeryjski i Babiloński nazwany został Ea, co oznacza Bóg słodkich wód, Pan mądrości oraz Pan zaklęć.[209] Enki był człowiekiem-wężem, „wężem" z Biblii, który oferował Ewie wiedzę.

Enki jest Wielkim Intelektem, który komunikował się z moją mamą, ujawnia ATI,TPE. On faktycznie posiada bystrą inteligencję, ponieważ odgrywał rolę boga, który nas kocha, chociaż mówił, iż bogiem nie jest, co było tym, co chciałyśmy w tamtym czasie usłyszeć. To tłumaczenie sumeryjskiej przepowiedni pokazuje, co naprawdę myślał Enki:

„Moj ojciec, król wszechświata,
Powołał mnie do istnienia we wszechświecie,....
Jestem przywódcą Anunnaków,
Jestem tym, który narodził się jako pierwszy syn świętego An".

Po tym, jak pan wyraził (?) (jego) egzaltację,

Po tym, jak wielki książę ogłosił siebie (swoją) chwałą,
Anunnaki stanęli przed nim w modlitwie i błaganiu:
„Panie, który kierujesz rzemiosłem,
Który podejmujesz decyzje, uwielbiany; chwała Enki!"

Po raz drugi, z powodu (jego) wielkiej radości,
Enki, król Abzu [podziemnych wód], w swoim majestacie przemawia z autorytetem:
„Jam jest panem, Jam jest tym, którego rozkaz jest niepodważalny,
Jam jest pierwszym we wszystkich rzeczach,
Z mojego rozkazu zbudowane zostały stajnie, ogrodzone zostały owczarnie,
Kiedy zbliżyłem się do nieba, deszcz dobrobytu spłynął z nieba,
Kiedy zbliżyłem się do ziemi, była wielka powódź,
Kiedy zbliżyłem się do jej zielonych łąk,
Sterty i wzgórki spiętrzyły się na moje słowo" (s. 175).[210]

Fałszywa historia o stworzeniu Ludzkości z „Pisma Terra" oraz Tablic Sumeryjskich wiąże nas z Enkim jako naszym Bogiem. Bawiąc się ich historią ewolucji, która mówi, że geny ludzkie pochodzą nie tylko od zwierząt, ale także od pierwotniaków, Enki twierdzi, że stworzył on Ludzi ze ssaków naczelnych. Szalony naukowiec, który odniósł już sukces w stworzeniu swoich niewolników pół konia – pół hybrydy ASA-RRR, pół byka – pół hybrydy ASA-RRR oraz pół jaszczurki – pół hybrydy ASA-RRR, chciał udoskonalić ssaki naczelne do poziomu półinteligentnych robotników.[205] Na budynkach i placach głównych miast zobaczyć możemy statuetki oraz rzeźbienia krzyżówek zwierząt-Ludzi-obcych. Międzynarodowe muzea posiadają tablice i obeliski z rzeźbieniami tych obrzydliwych stworów. Enki zmieszał genetykę obcych i Ludzi ze ssakami naczelnymi, aby stworzyć człowieka, ssaka naczelnego, coś takiego jak goryl. Była to „potężna, owłosiona, czarna bestia" nazwana APA, zaś udoskonalona hybryda z genetyką ASA-RRR nazwana została Adapa (s. 32-33).[205]

Adapa stworzony został jako rasa niewolnicza do kopania złota, dla skolonizowanej przez Anunnaków planety Nibiru. Nibiru była jedną z 12-tu pierwotnych planet naszego układu słonecznego, co niemożliwe jest teraz do wykrycia, gdyż celowo została wciągnięta do Fantomowej Drogi Mlecznej. Posiada ona nieregularną, eliptyczną orbitę dookoła fantomowej wersji naszego Słońca oraz jeszcze jedną czterowymiarową fantomową lokalizację, dla zmiany równowagi energetycznej naszego układu słonecznego, twierdzi ATI,TPE.

W związku z tym, że grupa Bogów Anunnaków zawiera fantomowe byty, aby przetrwać, potrzebują one sztucznych środków. Oczywiście, oni tego nie mówią, zamiast tego twierdzą, że złoto wzmacnia atmosferę Nibiru i jest ono dla jej ochrony.[211]

Atomy złota mogą zostać wyizolowane, przekształcone w stan monoatomowy, który, jak się wierzy, może wejść do 4-tego wymiaru. Firmy będące pod wpływem New Age, zajmujące się sprzedażą „zdrowych" produktów, wytwarzające monoatomowy, biały proszek, błędnie twierdzą, że ich produkt może wnieść więcej świadomości do naszego DNA, doświadczania aspektów nas samych z wyższych wymiarów. Problem polega na tym, że to monoatomowe złoto, zwane złotem ORME lub złotem Ormusowym, szybko wypala nasze DNA, podobnie do tego, jak ciężki narkotyk smaży nam mózg, ponieważ jest przetworzone atomowo i rozpędzony do stanu szybkiego wirowania. MCEO informuje, że używany on był przez „Illuminackich faraonów do uruchamiania parapsychicznych mocy, przez nienaturalną aktywację wyższych nici w Szablonie DNA; proces ten prowadził do trwałej niesprawności niższych nici DNA, do fizycznego uzależnienia od tej substancji, a w rezultacie – do obłędu".[212] Mogę zaświadczyć, że ja czułam, jakby w jakiś sposób odsunęło mnie to od mojego prawidłowego uziemienia świadomości; brałam to przez okres jednego miesiąca i byłam świadoma niebezpieczeństw, jakie ze sobą niesie. To, co nas niszczy, może teoretycznie pomóc innym z ich zniszczonymi genami, tak więc materiał ten może pomóc na jakiś czas sztucznie podtrzymać fantomowe byty, nie tylko na Nibiru.

Zaporzebowanie na złoto u Anunnaków spowodowało wysłanie stworzenia „Hybrydy Ziemskiej Adapitu" Enkiego w podróż dookoła Ziemi, do pracy w kopalniach. Enki przekazuje, że Oddziały Anunnackich Astronautów Igigi, które osiedliły się na Marsie, przy pomocy statków kosmicznych, transportowały bryłki peruwiańskiego złota do bazy na Synaju, a stamtąd na Nibiru.[211]

Celem historii o stworzeniu z Księgi Rodzaju jest uczynienie nas podległymi – twierdzi ona, że jesteśmy potomstwem Adama i Ewy, udoskonalonymi niewolnikami. W Tablicach Sumeryjskich i „Pisma Terra", Enki oraz jego załoga stworzyła wersję rasy Adama – Adamus, jako bardziej uspołecznionego Adama, udoskonalonego do Adapa, ze zwiększoną ilością Anunnackiej genetyki – aby uczynić ją bardziej inteligentną, pilną w pracy w rolnictwie, artystyczną i cywilizowaną, lecz jej celem wciąż było podążanie za rozkazami Elohim Anunnaki.

Według znanego tłumacza Tablic Sumeryjskich Zacharia Sitchina, Anunnaki przybyli na Ziemię około 445 000 lat temu.[206] Aczkolwiek istnieją dowody archeologiczne na to, że znacznie starsze cywilizacje żyły na Ziemi, które prawdopodobnie obejmowały Anunnaków.

Na przykład 22 czerwca 1884 roku londyńska gazeta „Times" doniosła:

„Kilka dni temu, kiedy pewni robotnicy zatrudnieni przy wydobywaniu skał, w pobliżu Tweed, około 400 metrów poniżej kopalni Rutherford, na głębokości trzech metrów, odkryli żyłkę złota, zagłębioną w skale" (s. 106).[213] W 1984 roku pewien geolog uaktualnił ten raport i powiedział, że skała pochodzi z epoki Wczesnego Karbonu, co daje jej wiek pomiędzy 320 a 360 milionów lat.

W dniu 8 października 1922 roku sekcja pt.: „American Weekly" gazety „New York Sunday American" donosi o skamieniałej w skale części podeszwy buta, mającej co najmniej pięć milionów lat. Po dalszym dochodzeniu ustalono ważność tej skamieniałości, a sama skała datowana została na okres Triasu, w przybliżeniu około 213-248 milionów lat temu.[213] Najstarszy rodzaj ludzkiej skamieniałości jest znacznie bardziej aktualny, ale również znacznie starszy niż stwierdzenie Sitchina (Enkiego) o przybyciu Anunnaków oraz historii Enkiego o stworzeniu Ludzi. Około 3,5 miliona lat temu na terenie, który jest teraz Etiopią, żyła kobieta ssaka naczelnego o imieniu Lucy, wzrostu około 110 cm. Ewolucjoniści twierdzą, że jest ona jednym z brakujących ogniw, a badania przeprowadzone w Kolumbii przez Uniwersytet w Missouri pokazują, że ona oraz jej rodzina mogli być podobni do obecnych Ludzi.

> Latimer [paleontolog] odwiedził miejsce wykopalisk na krawędzi równiny Serengeti w Afryce, gdzie odkryte zostały skamieniałe ślady trzech osobników z gatunku Lucy.
> Pokazują one małą „Lucy", prowadzącą dwa większe osobniki w jednym rzędzie po prochach wulkanu, który właśnie wybuchł. Przywódca zatrzymał się i rozejrzał dookoła. Dwójka pozostałych również zatrzymała się. Po czym we trójkę zaczęli iść dalej.
> „Mogły one zostać pomylone ze śladami ludzkimi, tyle, że miały one 3,5 miliona lat", powiedział Latimer....
> Dobrze zachowana kość śródstopia jest jedną z kości, które łączą palce u nóg z podstawą stopy. Sposób, w jaki jest ona ukształtowana, pokazuje, że jest to część łukowatej stopy. Pasuje ona bardzo blisko do jej ludzkiego odpowiednika.[214]

Mogą jeszcze istnieć inne archeologiczne szczątki, takie jak Lucy; aczkolwiek brak jest oczywistych szczątków genetycznie zaawansowanych istot wczesnych Ludzi. Głównym powodem jest to, że Ludzie ci przed przebywaniem na będącej w sieci naszej obecnej Ziemi, znajdowali się na Ziemi Amenti (w rozdziale 8). Aczkolwiek nasza Ziemia zachowuje szczątki Ziemi Amenti, tak więc niektóre skamieniałości są autentyczne. Ponadto, wysoce prawdopodobne jest, że obcy dla stworzenia fałszywej historii i uwiecznienia własnego projektu, mieli swój udział w rozmieszczeniu tych skamieniałości. Oryginalni Ludzie byli fizycznie więksi niż forma Lucy, więc może to wskazywać na to, że lud Lucy, mógł być genetycznie zaczerpnięty z puli genetycznej Człowieka.

Dwoma synami Enkiego byli Marduk i Ningishzidda, znani Egipcjanom jako odpowiednio Ra i Tot. Najpierw Enki rządził Egiptem jako Ptah, później oddał tron Mardukowi. Według egipskiej historii Ra uważany jest za najpotężniejszego Boga.

Marduk był pierworodnym synem Enkiego, od prawowitej żony, jego przyrodniej siostry, tak więc Marduk wierzył, że to on powinien objąć tron nad Ziemią i Nibiru, ponieważ to Enki powinien być prawowitym dziedzicem. Zwyczajem wśród Anunnaków było to, że mężczyźni poślubiali swoje przyrodnie siostry; ich zwyczaj skopiowany został przez rodziny królewskie, chcące zachować „błękitną krew", płynącą z pewną różnorodnością genetyczną. Jednak według wspomnień Enkiego z Tablic Sumeryjskich, Marduk ożenił się z kobietą Adapitu, o imieniu Sarpanit, tak więc ślub ten wydziedziczył go z tronu.[206]

Marduk sprzeczał się z Enkim i Enlilem, w celu zachowania swojego statusu księcia, zwłaszcza na Nibiru, ponieważ Sarpanit stworzona została z genami Anunnaków. Wersy 26-27 Rozdziału 1 z Księgi Rodzaju są teraz zrozumiałe, dzięki słowom Marduka w „Zaginionych księgach Enki":

> Krok po kroku, stworzyliśmy na tej planecie Prymitywną Istotę, która miała być taka jak my,
> Na nasz obraz i podobieństwo stworzony został Cywilizowany Ziemianin, za wyjątkiem długiego życia, takie jak nasze!
> Córkę Enkime, mój drogocenny nabytek, ja za żonę chcę pojąć! (s. 197).[206]

Apel Marduka nie ocalił jego królewskiej pozycji; niemniej jednak zachował on wystarczającą siłę jako Bóg, wśród jego wyznawców. W celu uzyskania władzy, której pragnął, prawdopodobnie jeszcze przed tym wydarzeniem, utworzył inną frakcję, Konfederację Planet. Więcej o grupie Marduka opowiem w dalszej części tego rozdziału.

GA twierdzi, że oryginalni niewolnicy Anunnaków zostali stworzeni około 250 000 lat temu, z planu hybrydyzacji człekokształtnego ssaka naczelnego, Neandertalczyka na Nibiru – tak, aby mogli żyć i pracować na Nibiru i na Ziemi.[121] Jest to ciekawe, gdyż według wspólnych studiów naukowców uniwersyteckich zakłada się, że najpowszechniejsze geny rodowe sięgają wstecz do roku 200 000 p.n.e.[215] Geny te zostały zidentyfikowane według mitochondrialnych podobieństw, w kontrolnej grupie Ludzi i przy założeniu postrzeganego, ewolucyjnego tempa niszczenia/rozpadu. Mitochondrialny genom dziedziczony jest od matki, stąd nazwa Mitochondrialna Ewa. Ta wczesna wersja Ewy została umieszczona (wszczepiona) w Afryce, podczas tamtego okresu czasu.

GA wyjaśnia dalej, że udoskonalenia genetyki człekokształtnego ssaka naczelnego są tym, co doprowadziło do stworzenia Neandertalczyka i czterech wersji Człowieka z Cro-Magnon (Homo sapiens, kromaniończyk – człowiek rozumny z górnego paleolitu – przyp. tłum.), aby ostatecznie stać się rasą Annu-Melchizedeka. Rasa Annu-Melchizedeka wymagała początkowo niewielkiej ilości ludzkiego materiału genetycznego, powstałego przy pomocy inżynierii genetycznej, sztucznej inseminacji, do czasu, aż osiągnęła go znacznie więcej, krzyżując się z Ludźmi, potwierdza ATI,TPE.

Rasa Annu-Melchizedeka została stworzona głównie po to, żeby na drodze serii eksperymentacji umożliwić pół-fantomowym rasom, zazwyczaj związanym z fantomową grupą boga, przeniknięcie i przyswojenie Ludzi, aby uzyskać udoskonalone kody genetyczne, włączając w to kody gwiezdnych wrót ascendencji na Tarę. Podobnie rasa Annu-Melchizedeka pozwala rasom fantomowym na wchłanianie Ludzi, lecz tak, jak oświadczyłam poprzednio, z powodu swojej fantomowej natury nie mogą oni pozyskać materiału genetycznego ani kodów Człowieka.

Ten proces wchłonięcia został błędnie zidentyfikowany jako biologiczna regeneracja (bio-regeneza), wykorzystująca inżynierię genetyczną do wytworzenia udoskonalonego szablonu DNA, dla zniekształconego, pół-fanotomowego bytu, wykorzystując rasę Annu-Melchizedeka[121], lecz nie oznacza to, że regenerował on właściwie biologię bytu. Nie mógł on także regenerować przejętego bytu poprzez proces jakiejkolwiek reinkarnacji (ponownych narodzin) w rasę Annu-Melchizedeka lub inną kompatybilną genetycznie rasę. Jakakolwiek korzyść osiągana była poprzez niewykrywalną manipulację lub siłę na podmiocie/ofierze Annu-Melchizedeka, potwierdza ATI,TPE. Wiele napastliwych ras w pełni skorzystało z tej okazji.

Liga Opiekunów (ang. skrót GA) często wykorzystywała podobne środki i usprawiedliwienia, jako konkurujące byty, które pragnęły podzielić się ludzką genetyką. Wielu z jej członków miało tendencję do wykorzystywania zmanipulowanych skrótów dla szybkiej regeneracji biologicznej, kiedy to może ona nastąpić naturalnie poprzez proces wiecznej ascendencji. Przypuszczam, że fantomowe istoty mogą potrzebować agresywnej formy inżynierowanej genetycznie bio-regenazy, ale pracujemy w pół-fantomowym świecie, w którym wciąż zastosowanie ma nasz wieczny fundament i prawdopodobnie powinien być on naszym celem. Kiedy ukierunkowane fantomowo byty chciały zniszczyć nas swoimi aktami „bio-regenezy", dyskusyjne jest, jak Szmaragdowe Przymierze MCEO-GA mogłoby nam pomóc zobowiązywać swoich członków do wierzenia w Prawo Jednego. Kiedy rywalizujące byty przyłączyły się do Szmaragdowego Przymierza, ich poprzednio niebezpieczne rasowe kreacje, takie jak Anu-Melchizedek, stały się użyteczne, a nawet korzystne dla MCEO-GA.

Poniższe oświadczenie GA jest przykładem tego, jak obraca historię o infiltracji upadłego bytu za pośrednictwem Annu-Melchizedeka w pozytywne wydarzenie fizycznego wybawienia.

> Po tysiącach lat ewolucji na Ziemi oraz pięciu genetycznych udoskonaleniach E-Luhli-Lewi, człowiek z Cro-Magnon otrzymał końcowe udoskonalenie do rangi Homo-sapiens-1 Annu-Melchizedeka. Rasa Annu-Melchizedek zawierała inkarnacje dusz nie-człowieczych Upadłych Aniołów, w ramach „Kontraktów Odkupienia" Szmaragdowego Przymierza, przypominała ona rasy Anielskich Ludzi 12 Plemion, ponieważ pięć z 12 Nici Ludzkiego Szablonu DNA zostało genetycznie zmienione, aby wiązać się z DNA hybrydy (s. 390).[121]

Ewolucyjne rasy E-Luhli-Lewi, E-Luhli-Juda oraz E-Luhli-Nephi są liniami krwi Biblijnych Lewi, Juda oraz poddanych hybrydyzacji Nefilim. Lewi i Juda są wybranymi rasami Boga, podczas gdy rasy gigantów starszych Nefilim – Obserwatorzy i Synowie Boga – są znanymi półbogami. Rasa Lucyferiańskich-Lewiatan pochodzi głównie od rasy E-Luhli-Lewi (w części o „Lucyferze"), tak więc Bóg, kryjący się za Lewickim Kapłaństwem, może nie być jedynym Elohim.[121] Rasa Lewiatan stworzyła Biblijne 12 plemion,[216] zaś rasa Annu-Melchizedeka stanowi głównie biblijną linię krwi Melchizedeka.[121]

Tablice Sumeryjskie oświadczają, że ponieważ Marduk skierował swoje zainteresowanie gdzie indziej, Ningishzidda przejął tron w Egipcie. Ningishzidda kazał wyrzeźbić swoją twarz w lwim ciele Sfinksa, ku wielkiemu niezadowoleniu jego brata.[206]

Egiptolog John Anthony West utrzymuje, że zwietrzały wygląd Sfinksa był spowodowany ciężkimi opadami deszczu i powodzią, po tym, jak został zbudowany około 10 500 r. p.n.e. Robert Temple wierzy, że Sfinks stworzony został znacznie później, podczas okresu, który on nazywa Okresem Kontaktu, pomiędzy rokiem 5000 a 3000 p.n.e. Sugeruje on, że fosa wokół niego zbudowana została, żeby połączyć go z podziemnymi komorami wodnymi, które przyspieszyły erozję.[208] To dawałoby łatwy dostęp do „rybich-bogów".

Jeśli prześledzimy precesję Ziemi wstecz do roku 10 500 p.n.e. (precesja jest delikatnym zachwianiem osi Ziemi), możemy zobaczyć, że każdego roku, podczas wiosennej równonocy, Sfinks skierowany był w stronę konstelacji Lwa. Teraz, podczas wiosennej równonocy, wskazuje on na konstelację Byka.[217] Obydwie te konstelacje mają wielkie znaczenie dla Anunnaków, z powodu sprzymierzonych z nimi ich mieszkańców oraz znaczącego zliniowania planetarnego w stronę fantomowych matriksów. Przychylam się do założenia, że obcy rozmyślnie wybrali specyficzne konstrukcje architektoniczne i geograficzne, stosownie do ich agendy i mają oni tendencję do dawania prostych, widocznych wskazówek, takich chociażby jak Sfinks ukazujący się w ciele lwa.

Anunnaki posiadają pewne feliniańskie (pochodzące od kotów – przyp. tłum.) pochodzenie od Elohim, których rasa Leonitów (istot podobnych do lwów – przyp. tłum.) prawdopodobnie żyje w konstelacji Lwa. Według GA: „Istoty Leonitów z HU-2, które były dużymi, wyprostowanymi, pokrytymi futrem kotami o zaawansowanej inteligencji, czczeni byli przez wczesne cywilizacje Anunnaków jako Bóstwa, a Rada Syriusza Anunnaków oddawała hołd ich dziedzictwu" (s. 61).[121] To jest prawdziwe skojarzenie pomiędzy konstelacją Lwa a lwem.

GA wyjaśnia, że Sfinks po raz pierwszy zbudowany został około roku 46 459 p.n.e., a rekonstrukcja jego oraz Wielkiej Piramidy w Gizie wydarzyła się w roku 10 500 p.n.e., z powodu ataku powietrznego Anunnaków.[121] Tot pomagał kierować misją GA, do czasu, aż zdradził w roku 22 328 p.n.e. i spowodował rosnącą niestabilność w tym obszarze.[218] Prawdopodobnie oblicze Sfinksa zawsze przedstawiało Tota, ponieważ piastował w Egipcie stanowiska władzy przed oraz po tym, jak zdradził GA, co wyjaśnię w części o „Lucyferze". Rekonstrukcja mogła zmienić oblicze Sfinksa, zgodnie z jego fantomową agendą.

Ważne jest, aby zauważyć, że Tot kilka razy powracał na Ziemię, żeby przejmować Ludzi, by bezpośrednio wpływać na jej wydarzenia i wierzenia. Przypadkiem znaczącego, pełnego przejęcia, jak potwierdza ATI,TPE, był Książę Siddhartha Guatama, jako Budda, który według współczesnych uczonych urodził się pod koniec piątego wieku p.n.e.[219] Buddyzm oparty jest na naukach księcia Guatamy i uwiecznia powszechne, religijne przesłanie o nieprzywiązywaniu się i pozbywaniu się naszego pragnienia, pod przebraniem współczucia. Nauczał, że powinniśmy oczyścić się z naszego ignoranckiego i nieprzyjemnego Człowieczeństwa, aby wznieść się i stać się Jednym z kolektywem Buddy (jako Boga), którego reprezentuje Tot i jego grupa z podobnymi, lecz podległymi jemu bytami.

Tablice Sumeryjskie oznajmiają, że lokalizacja oraz konstrukcja piramid w Egipcie była starannie zaaranżowana przez Tota, dla optymalnych stosunków z terytoriami Środkowego Wschodu. Dr Sasha Lessin napisała rozprawę o tłumaczeniu Tablic Sumeryjskich przez Sitchina, wyjaśniając, jak Tot, Enki oraz Enlil pracowali nad tym, aby kontrolować Egipt i Środkowy Wschód.

Syn Enkiego, Ningishzidda (z narzędziami lepszymi niż te, które dzisiaj używamy do cięcia i przesuwania skał) zbudował dwie piramidy w Egipcie. Najpierw zbudował modelową piramidę. Później Ningishzidda, znany jako Tot, zbudował Wielką Piramidę.

Tot umieścił Wielką Piramidę na południowym końcu linii prostej przez Platformę do Lądowania w Libanie (Baalbek) do Góry Ararat (wschodnia Turcja) na północy. W Wielkiej Piramidzie zainstalował on sprzęt do astronawigacji oraz oprogramowanie głównego komputera Nibirian....

Enlil wybrał swojego syna Utu (znanego także jako Szamasz) do prowadzenia portu kosmicznego na Synaju, na 30-tym równoleżniku. Ta linia, na 30-tym równoleżniku, oddzielała ziemię Rodu Enlila (na północ od równoleżnika) od ziemi Rodu Enkiego (na południe od 30-tego równoleżnika).

W Wielkiej Piramidzie syn Enkiego, Gibil, zainstalował pulsujące kryształy oraz kamień wieńczący z elektrum (rodzaj minerału – przyp. tłum.) do odbijania strumienia świetlnego dla przylatujących statków kosmicznych. Strumień z kamienia wieńczącego piramidę wyznaczał zachodnią krawędź linii pasa startowego od Góry Ararat do Tilmun na Synaju. Góra św. Katarzyny, na południowym krańcu Synaju, wyznaczała wschodnią krawędź korytarza pasa startowego dla rakiet. Kontrola Misji umieszczona była na Górze Moria (przyszła Jerozolima), poza zasięgiem Ziemian.[220]

Równoleżnik lub szerokość geograficzna 30 stopni prawie idealnie wyznacza piramidy w Gizie, a energia piramidalna łączy się z Jerozolimą. Lokalizacja Jerozolimy jest niezwykle ważna dla Anunnaków oraz ich sojuszników, ponieważ jest ona poza naszym zasięgiem, za wyjątkiem różnych (ale podobnych) elit religijnych, które zawzięcie strzegą swoich świątyń. Dla mnie jest to dowód na to, że coś znaczącego spoczywa wewnątrz lub pod tymi świątyniami. ATI,TPE oświadcza, że Jerozolima posiada naturalny portal, który umożliwia międzywymiarową podróż.

Piramidy egipskie zostały zbudowane ze wskazówkami co do ich pochodzenia. Książka pt.: „Tajemnice Oriona" wyjawia, że projekt trzech głównych piramid w Gizie odzwierciedla trzy gwiazdy w Pasie Oriona. Na dodatek, kiedy budowany był południowy szyb Komory Królewskiej Wielkiej Piramidy, wskazywał on na Pas Oriona, zaś południowy szyb Komory Królowej wskazywał na Syriusza.[221] Ozyrys, sztucznie zapłodniony syn Marduka, uznawany jest za króla, zaś Izyda, jego przyrodnia siostra, uznawana jest za królową.

Temple zapewnia, że podstawy Wielkiej Piramidy w Gizie oraz Piramidy Chefrena zostały skonstruowane z odniesieniem do Syriusza B.

Jeśli porównamy średnią boku podstawy Wielkiej Piramidy z bokiem podstawy Piramidy Chefrena, dowiemy się, że większy wymiar jest o 1.0678 mniejszy. Z danych astrofizycznych wiemy, że masa Syriusza B stanowi 1.053 masy naszego słońca. Zgodność ta jest z dokładnością co do 0.014.... Dlatego 0.0136 (które po zaokrągleniu daje 0.014) jest rozbieżnością pomiędzy matematyką oktawy a matematyką doskonałej piątki w teorii harmonicznej, w której 1.0136 określane jest jako Komat Pitagorejski... (s. 24).

Stosunek 1.053 jest właściwie dokładną wartością świętego ułamka $^{256}/_{243}$, wspomnianego przez Makrobiusza, na przełomie czwartego i piątego wieku naszej ery, który opisuje jego zastosowanie w teorii harmonicznej przez ludzi, którzy dla niego byli „starożytnymi" (s. 25).[208]

[Uwaga: Pitagoras od 12-tego roku życia był częściowo zawładnięty przez Tota, oświadcza ATI,TPE. Anunnaki zaś znani są jako „Starożytni".]

Temple przekazuje starą opowieść o Syriuszu: „Starożytni Egipcjanie powiedzieli, że układ Syriusza jest tam, gdzie ludzie idą, jak umrą. Dogoni [afrykańskie plemię, będące w kontakcie z Anunnakami] mówią tę samą rzecz" (s. 29).[208] Syriusz nie jest miejscem przeznaczenia naszej naturalnej ascendencji, ani też niekoniecznie jest dla nas bezpieczny. Jego promocja przez religijnych Anunnaków obejmuje fantomowe wersje jego gwiazd.

Według GA, rasa Jehowiańskich Anunnaki w głównej mierze pochodzi z Syriusza A w HU-2. Rasy Anunnaków umiejscowiły siebie we wszystkich trzech układach gwiezdnych Syriusza, włączając w to Syriusza B i Syriusza C. Syriusz C, jako brązowy karzeł, najbardziej przypomina planety, takie jak Jowisz i Saturn.[222] Najlepiej służy Anunnakom – jako stacja pomiędzy stanem ciała świetlistego a ciałem Ziemskim.

Temple sugeruje, że w Wielkiej Piramidzie było odwołanie do Syriusza C:

> Używając jednej z prostych miar długości, takiej, która wydaje się wskazywać względne masy Syriusza B i naszego słońca, masa Syriusza C może zostać wskazana przez wysokość brakującego piramidonu (górna cześć) Wielkiej Piramidy (s. 31).[208]

Głównym powodem, dla którego biblijne regiony Sumeru i Egiptu, a później Izraela i Babilonu, były w niezgodzie, było to, że Enlil i Enki kontrolowali oddzielne obszary i podzielili oni te regiony pomiędzy swoje potomstwo. Marduk rozszerzył dalej swoją rolę Boga w Babilonie, zaś Ningishzidda udał się do Meksyku i stał się azteckim bogiem Quetzalcoatl, oznaczającym opierzonego węża (znanego przez Majan jako Kukulkan oraz Q'uq'umatz). Quetzalcoatl opisany został w grawerunkach Majów jako astronauta w statku kosmicznym; stworzył on także znany kalendarz Majów. Członkowie rodziny, którzy pragnęli osiągnąć status Boga, nie mieszali się dobrze z innymi „bogami" Anunnaków, tak jak miało to miejsce między Mardukiem (Ra) i Enlilem. Prawdę mówiąc, prawdopodobnie byli również Anunnaki, którzy nie chcieli być znani jako żaden bóg:

Dr Lessin, w swojej rozprawie o Tablicach Sumeryjskich, oświadcza:

> Enlil przydzielił tereny na wschód od Synaju swoim własnym potomkom, wspieranym przez potomków Adapite, synów Ziusudry, Szema i Jafeta. Enkiemu i jego potomkom, wspieranym przez linię syna Ziusudry, Hama, Enlil – oddał Egipt i Afrykę.[211]

Tak jak przedstawiłam to w rozdziale 4, Ziusudra jest biblijnym Noe i był on hybrydą Nefilim. Nefilim są starożytną, skrzyżowaną rasą ludzką, z domieszką genów Anunnaki i Zielonych Smoków, lecz Anunnaki lubią przypisywać sobie rolę bogów „ojców" dla swoich kreacji. Abraham jest potomkiem syna Noego, Szema, którego Angielskie Towarzystwo Archeologii Biblijnej uznało za bóstwo, patrona Południowo-arabskiej (Kanaanejskiej) dynastii Sumu-abi oraz Khammurabi (Hammurabi). Cesarzowie ci podbili Babilonię jeden wiek przed tym, zanim Hyksosi podbili Egipt. Według tego towarzystwa, „Imię Ya'qub-el jest charakterystyczne dla okresu dynastii Khammurabi, a relacje, które istniały w tamtym czasie pomiędzy Babilonem a Egiptem, zweryfikowane zostały przez tablicę kontraktową".[223] Przedrostek *El*, tak jak w nazwie Jakub-el, był przedrostkiem dodawanym do imion kluczowych przywódców, jako odniesienie do ich najwyższego Boga Enlila.

GA ujawnia, że ród Hyksosów był rasą Annu-Melchizedeka z genami Jehowiańskich Anunnaków wymieszanych z genami Drakonian, od prowadzonych przez Anunnaków Lucyferian.[121] Dlatego Abraham jako Egipcjanin oraz Habiru-Hyksos, generał Djehuty, byli kolejną poddaną hybrydyzacji wersją starożytnych Nefilim. Będący pod wpływem Anunnaków pisarze biblijni nadali Djehuty imię Abram i Abraham, żeby pokazać jego przynależność do grupy bytów Abrahama, sprytnie zmieniając częściowe imię Abram, aby przyjąć pełność tego Anunnackiego boga. Wnioskuję, że jego pomocnik Uriasz jest Jehowiańskim Anunnaki, który przynależy do grupy Abrahama. Na dodatek biblijny syn Adama nazwany jest Set. Set jest kolejnym, sztucznie zapłodnionym synem Marduka, a Marduk nadał jemu to imię, aby reprezentował grupę Anunnaków o nazwie Set, potwierdza ATI,TPE. Set i Abraham blisko współpracują ze sobą, dając uzupełniające channelingi łatwowiernym naśladowcom.

Abraham często przejmuje ciało kobiety o imieniu Esther Hicks – po to, ażeby przekazywać New Age'owe poglądy. To jego grupa przemawiała przez Esther w 2006 roku, w oryginalnej wersji „Sekretu", filmu zbierającego wszystkie nauki pokrewne Abrahamowi. W przerobionej, wydłużonej wersji usunięto Esther oraz odniesienia do Abrahama, więc ludziom trudno było zobaczyć wpływ Elohim-Anunnaki. Channelingi nie przyznają się również do prawdziwej natury Abrahama jako bytów Anunnaki. Zachowują się one podobnie do Enkiego, jako Wielkiego Intelektu, mówiąc, że są potężną energią, będącą poza naszym pojmowaniem. Jednak, jeśli pomyślimy krytycznie o ich głównym przesłaniu, możemy określić fałszerstwo i biblijne korelacje.

Abraham wymyślił wyrażenie „Prawo Przyciągania", zaś Set pierwotnie przedstawił temat dla Esther, pod frazą: „Podobne przyciąga podobne". Żadna z tych koncepcji nie pochodzi od nich, lecz oni pomogli uczynić je popularnymi. Przesłanie Abrahama i Seta jest podstawą „Sekretu", które w zasadzie brzmi: „Pozytywne myśli zawsze przyciągną pozytywne rezultaty, zaś negatywne myśli zawsze przyciągną negatywne rezultaty".[224] Ta skrajna perspektywa stwarza lęk przed odczuwaniem lub myśleniem według niepożądanych ludzkich kategorii, tak więc osoba taka staje się emocjonalnie oraz umysłowo zatrzymana w rozwoju, z powodu prania mózgu, aby postrzegać wszystko jako błogie i bosko zaplanowane. Kiedy już jest się w tym prześwietnym stanie, należy podążać tylko za tymi trzema prostymi krokami: 1) „Musicie dokładnie wiedzieć, czego chcecie i prosić o to", 2) „Musicie wierzyć, że to, o co prosicie, jest już wasze" oraz 3) „Musicie znajdować się w takim stanie umysłu, aby to przyjąć".[224] W przesłaniu „Sekretu" został wyryty tytuł książki pochodzący z channelingu Abrahama, pt.: „Proście, a jest to już dane".[225]

„Prawo" Abrahama kieruje nas ku religijnej wierze w jego przesłanie. Mówi się nam, aby prosić i otrzymywać, tak jak mówią to religie, lecz New Age'owa wersja chce, byśmy wierzyli, że posiadamy stuprocentową kontrolę nad sytuacją. Jak mamy kontrolować proces, kiedy to my jesteśmy kontrolowani przez obcych, którzy chcą, byśmy ciągle pozostawali otwarci, połączeni z ich energią dla naszej nagrody? Jeśli rzeczywiście otrzymamy to, czego chcieliśmy, inne czynniki wkroczą do gry, aby uczynić rezultat nie takim, jakim go sobie wyobrażaliśmy. Ja miałam wizje pełne nadziei, lecz druga osoba zawsze miała swoją własną wolę. To jest piękno naszej własnej energii, którą oddziałujemy w sposób, jaki wybierzemy i nawet wtedy nie możemy zupełnie kontrolować naszych ciał i środowiska. Prawdziwym „prawem przyciągania" jest podobny rezonans energetyczny, bez takiej obsesyjnej i krótkowzrocznej wiary; rezultaty przychodzą do nas, kiedy przeżywamy nasze życie.

Kolejnym osławionym Judeo-Chrześcijańskim patriarchą jest hybryda Nefilim Enoch, pradziadek Noego w Księdze Rodzaju, rozdział 5, wersy 21-29. Historia Enocha jest epopeją w Apokryficznych Księgach Enocha, zwanych Enoch 1 i późniejsze księgi Enoch 2 i Enoch 3, wraz z inspirowanymi przez Chrześcijan tematami, ponieważ dokonał on „ascendencji" poprzez 10 niebios (wymiarów), aby zobaczyć przerażającą twarz Metatrona. Kiedy Enoch wstąpił do 10-go wymiaru, grupa Metatrona zmieniła jego nazwę na *Metatron*, ponieważ stał się on częścią jej anielskiej armii. Biblia opisuje Metatrona jako najwyższego z archaniołów, co może być akceptowalne przez „Archanioła" Michała, ponieważ Michał postrzega siebie jako Boga.

ATI,TPE wyjaśnia, że Enoch – po tym jak już umarł i przeobraził się – został zabrany przez byty z innego świata przy pomocy ich środka transportu, poprzez 10 wymiarów. Duża cześć genów Enocha pochodziła od ras Metatrona i Anunnaków; możliwe, że umieścił on swoją tożsamość w tych przodkach, ponieważ zdecydował się przyłączyć do dzielonej przez nich ideologii i agendy dla Ziemi.

Anu jest Ojcem i Bogiem Anunnaków, lecz ten poniższy hymn do Enlila stawia go w tej samej pozycji:

> Wysoka góra, czyste miejsce...,
> To książę, „wielka góra", Ojciec Enlil,...
> Niebo – on jest jego księciem; ziemia – on jest jej wielkością,
> Anunnaki – on jest ich wysoko postawionym Bogiem;
> Kiedy jest w swojej mocy wywołującej lęk, orzeka on o losach,
> Żaden bóg nie śmie patrzeć na niego (s. 138).[208]

Grupy „Boga" Elohim są bardzo ściśle ze sobą połączone, ponieważ zasadniczo dzielą ze sobą podobna genetykę i agendy. To, co może być Bogiem jednej z grup, jest również bogiem, aniołem lub półbogiem innej grupy. Chociaż ich nadęte ego usiłują rosnąć, grupy boga są bardziej ze sobą połączone, aniżeli chcą oni, byśmy to wiedzieli.

Zanim rasa Anunnaków została stworzona, Elohim zostali poddani hybrydyzacji wśród kilkunastu linii ras. Kiedy identyfikuje się najważniejszego rodzica jakiejkolwiek z ras, jest to bardzo niejasne, ponieważ jeden z ojców nie mógł zaistnieć bez poprzedzającej go istoty. Niemniej jednak wierzenie Anunnaków w prawo urodzeniowe daje pierworodnemu pozycję i upoważnia do władzy nad młodszymi krewnymi, co daje pogląd hierarchii Boga.

Chociaż grupy Marduka (Ra) oraz Ningishzidda (Tota) zawierają znaczącą część genetyki „Czerwonych Smoków" Drakonian i Reptilian, są one generalnie zliniowane z grupą „Zielonych Smoków" Jehowiańskich Anunnaków Enlila-Enkiego, co pomogę naświetlić w poniższej części.

Jezusowy Kolektyw Michała Anioła

Kiedy wzywamy *Jezusa*, grupami bytów, które odpowiedzą na wezwanie, będą najprawdopodobniej Galaktyczna Federacja Światła (odtąd skrót GFS – przyp. tłum.) oraz Dowództwo Asztar (oryginalna angielska nazwa Ashtar Command – przyp. tłum.), które obejmują mnóstwo różnych obcych, a zwłaszcza Michała, Sanandę i Metatrona.

W channelingu do kobiety o imieniu Rachael, Archanioł Michał obwieszcza, że sprowadzi sześcian światła, który przypuszczalnie ofiaruje nam bezpośrednie uzdrowienie. Ujawnia on również kilka ze swoich powiazań:

> Dzisiaj jest tutaj wielu, jest tutaj Gabriel, jak również Michał, Jofiel, Jeremiasz, są oni tutaj wszyscy, Zadkiel; wołają do was wszystkich, byście ich pamiętali. Wołają, aby dać wam znać, że nie jesteście sami w tej podróży, z pewnością towarzyszy wam wiele anielskich istot, wiele istot światła, o niektórych z nich nie posiadacie nawet jakiejkolwiek wiedzy.[226]

Do tej grupy dodajcie jeszcze Saint Germain'a, Lady Nada oraz wiele, wiele innych, jak przekazane zostało to w powyższym channelingu. W podwójnym channelingowym przesłaniu do Jamesa Tyberonna, Metatron przedstawia Saint Germain'a jako „specjalnego, Ukochanego Gościa".[227] Saint Germain wtrąca się, aby powiedzieć:

> Składam najdelikatniejsze ukłony! JESTEM, który JESTEM. Jam jest w tym Wieku honorowym opiekunem do usług Ziemi i Ludzkości! W rzeczy samej, zanim Ziemia została ukształtowana, przechadzałem się z wami wszystkimi. Każde z was znane jest mojej duszy z serca, z imienia, we wszystkich waszych obliczach i życiach. Znani jesteście mej duszy, gdyż śniliśmy sen o Ascendencji Ziemi, razem w tym czasie i po wsze czasy. Jesteście naprawdę Ukochani dla mnie, dla Boga Stwórcy, dla wszystkich z nas w Kosmicznej Radzie Światła.
>
> Stoję tutaj teraz przed wami jako specjalny wysłannik Ascendencji w tym czasie, zwanym Erą Wodnika.
>
> I po raz kolejny obejmuje was wszystkich w radości z najdelikatniejszym Ukłonem!
>
> Jam jest tym, o którym możecie myśleć jako o „współczesnym", Wniebowstąpionym Mistrzu, blisko połączonym z wieloma z was.[227]

Channeling ten powtarza popularną Księgę Wyjścia, rozdział 3, wers 14, ewangeliczne odniesienie „JESTEM, który JESTEM", jako wypowiedziane przez Elohim.

„Księga Urantii" (ang. *The Urantia Book,* skrót UB – przyp. tłum.) opisuje „Nieskończonego JAM JEST" jako Boga i Ojca Michała Anioła (1122.6), ale chwilę później niemalże zrównuje Ojca z Michałem. „Michał z Nebadonu jest jak Rajski Ojciec, ponieważ dzieli on jego Rajską doskonałość" (1166.3).

UB twierdzi, że imieniem Boga i Ojca Michała jest El Elyon. „Melchizedek z Nebadonu" mówi: „El Elyon, Najwyższy, jest boskim stwórcą gwiazd i firmamentu, a nawet samej ziemi, na której żyjemy, jest on również najwyższym Bogiem nieba" (1015.3). Wkrótce potem ten sam byt mówi, że biblijny anioł Melchizedek „nauczał koncepcji jednego Boga, uniwersalnego Bóstwa, ale pozwolił ludziom kojarzyć te nauki z Konstelacją Ojca Norlatiadeka, którego nazwał El Elyon – Najwyższy" (1016.4). Jest to przykład kilku manipulacji UB, kiedy naucza, a także minimalizuje takie ogólnikowe stwierdzenia. Byt ten mówi również, że Yahweh był na Ziemi zdemonizowanym bogiem do czasu, aż został przetransformowany przez ewolucyjnych Ludzi w niebiańskiego Boga. Tak samo jak „niżsi" Ludzie, ten obcy z Nebadonu przekazuje tę samą religijną żarliwość w stosunku do swojego przypuszczalnie lepszego i prawdziwego Boga.[17]

„Księga Urantii" konsekwentnie wychwala Michała i łączy go z El Elyon, a nie Yahweh. Wydaje się to dziwne, gdyż to Yahweh połączony jest z Michałem za pośrednictwem YHWH fantomowego Matriksa Wesadeka. UB łączy ze sobą galaktyki Wesadeka i naszej Drogi Mlecznej oraz Równoległej Drogi Mlecznej w jeden wielki wszechświat. Oświadcza on, że Ziemia jest Urantią, zaś Urantia jest właściwie gwiezdnymi wrotami-1 Wesadeka. Oznajmia także, że naszym pierwszym poziomem ascendencji jest Morontia, w której będziemy mieszkać w rezydencjach. Morontia jest gwiezdnymi wrotami-4 Wesadeka, które są sprzężone fazowo z gwiezdnymi wrotami-8 Drogi Mlecznej w Orionie, oświadcza MCEO, zaś z Ziemia Morontia połączona jest za pośrednictwem Fantomowej i Równoległej Ziemi. Dlatego mówią nam, że dokonamy ascendencji do 4-go wymiaru, a nie do 5-go na Tarze![124]

Faktycznie to Michał połączony jest z rodziną Metatronicznych Yahweh, jest również połączony z Borża.

Oryginalnie Michał był 13-wymiarową istotą z Galaktyki-2, która stworzona została jako eksperyment genetyczny, w laboratorium, przez starszyznę Borża i Metatrona, w przybliżeniu 130 milionów lat temu, oznajmia ATI,TPE. Wstępnie ATI,TPE ujawniło jego zaangażowanie jako Szantarel, 125 milionów lat temu, kiedy powiązało go z rasą Szantarel, którą pomógł stworzyć w tamtym czasie. Kiedy dalej dopytywałam o więcej informacji, ATI,TPE wypowiedziało się szerzej, wyjawiając wcześniejszy czas stworzenia Michała, jako unikalnego prototypu z nadrzędnymi genami „przeciwko doskonałości", pozwalając jemu na wpływanie na Galaktykę-2 i Drogę Mleczną oraz jej równolegle galaktyki. ATI,TPE oświadcza, że Michał jest lądowo-wodną istotą człekokształtną ze skrzydłami. Jego imię stało się później nazwą dla grupy innych Szantarel oraz wielu Elohim, Serafim, Białych i Zielonych Smoków, Budara oraz Anunnaków, które przejęły po nim jego przywództwo. ATI,TPE oświadcza: „Wszystkie rozkazy wydawane są przez niego – tym uważanym za mniej doskonałych niż on". Jego idealnie niedoskonała genetyka jest ostatecznym modelem dla jego rasy Szantarel; dlatego zakłada on swoją władzę nad nią oraz innymi. Michał jest teraz – i od dawna już był – zupełnie fantomową istotą.

„Księga Urantii" nadaje Michałowi imię Michała z Nebadonu, ponieważ Nebadon jest naszą jurysdykcją w tym wszechświecie i nauczane jest, że on jest naszym stwórcą. Wprost przeciwnie, ATI,TPE oznajmia, że Nebadon jest nazwą nadaną Fantomowej Równoległej Ziemi. Michał oraz jego kohorty przejęły kontrolę nad Równoległą Ziemią i w całości obrócili ją w fantom i usiłują również skierować naszą Ziemię w tę stronę.

Jeśli El Elyon naprawdę reprezentuje Najwyższego Boga, Ojca Michała, wówczas reprezentowałby jednego bądź więcej z jego stwórców – Borża i Metatrona. Niemniej jednak, inny byt z UB, „Udoskonalacz Mądrości z Uwersa", wyjawia, czym naprawdę jest El Elyon.

> Pozostałe cztery porządki zstępującego synostwa znane są jako *Synowie Boga Lokalnego Wszechświata*:
> 4. Synowie Melchizedeka.
> 5. Synowie Worondadeka (oryginalna angielska pisownia Vorondadek).
> 6. Synowie Lanonandeka.
> 7. Nosiciele Życia.
> Melchizedekowie są połączonym potomstwem Syna Stwórcy lokalnego wszechświata, Twórczego Ducha i Ojca Melchizedeka. Zarówno Worondadekowie, jak i Lanondadekowie, powołani zostali do istnienia przez Syna Stwórcy oraz jego współpracownika Twórczego Ducha. Worondadekowie najbardziej znani są jako Najwyżsi [El Elyonowie], Ojcowie Konstelacji; Lanonandekowie zaś jako Władcy Systemu i Planetarni Książęta. Potrójny porządek Nosicieli Życia został powołany do istnienia przez Syna Stwórcy i Twórczego Ducha, powiązanego z jednym z trzech Starożytnych Dni, jurysdykcji superwszechświata. (223.10-223.15).[17]

Byt Melchizedeka z Nebadonu przekręcił prawdę w kłamstwo, mówiąc, że wcześni Ludzie zostali zmuszeni do uwierzenia, że Najwyższy Bóg jest bytem obcego niższego rzędu lub konstelacją – po to, żeby uczynić Boga bardziej im odpowiadającym, lecz to celowo wyprowadziło zniekształcenie, że Bóg *jest* bytem obcego niższego rzędu! Jeśli Michał jest Bogiem Równoległej Ziemi, wtedy on nie tylko obmyślił jej upadek, ale także potencjalnie pomógł ją stworzyć z zaburzeń z wyższego wymiaru. Jego działania przyczyniły się do upadku i zniszczenia wielu światów, włączając w to Ziemię.

„Księga Urantii" jest dla nas „Biblią" Michała i jego grupy Szantarel, ale nasza starsza i popularna Biblia ukazuje część tych samych nazw i koncepcji. Na przykład El Elyon wspomniany został w egzegezie i leksykonie Biblii, kiedy jest odniesienie do „najwyższego Boga" (Księga Rodzaju, 14:18-20 i 22).[8]

Z powodu niezauważalnej łatwości, z jaką Elohim stają się Yahuah w Biblii, oraz tego, jak byty Melchizedeka pomogły w propagowaniu linii krwi Hebrajskiej, która łatwo wtopiła się w inne kraje, zastanawiam się, czy Michał nie był na równi lub nawet bardziej niż Enlil zaangażowany w tworzenie Biblii. Michał mógł dokonać channelingu wstępu do Księgi Rodzaju z Biblii i mógł też przejąć Enlila, może będąc Enlila Bogiem. ATI,TPE oraz Eia potwierdzają moje przypuszczenia i ujawniają bardzo bliski związek miedzy nimi dwoma:

> Enlil został zupełnie zawładnięty przez Michała, podczas gdy Enlil wciąż był w swoim ciele, przełączył się w swojej istocie i został przejęty. Kiedy Michał opuścił ciało Enlila, Enlil powrócił do stanu własnej świadomości i żył już swoim życiem. Dwa byty mogą przebywać w jednym ciele fizycznym, ale tylko jeden z nich może w pełni funkcjonować w świadomym stanie.

Wszystko Co Jest, Czysta Esencja (ang. All That Is, The Pure Essence, skrót ATI,TPE) ujawnia również, że Enki czasami był przejmowany przez Samaela, który jest oryginalnym Szantarel oraz archaniołem pod-komandorem (podległym) Michała.

„Księga Urantii" (ang. skrót UB) przedstawia Siedem Promieni lub częstotliwości jako Siedem Głównych Duchów oraz Siedmiokrotnego Boga (4.10, 5.13). Galaktyczna Federacja Światła oraz jej współpracownik Wielkie Białe Bractwo mianują byty „Wniebowstąpionego Mistrza" oraz „Głównego Ducha" nad każdym promieniem, który w zamian za to, z płaszczyzny Bóstwa, jest pod duchową hierarchią Archanioła. New Age'owa strona internetowa oznajmia: „Kosmiczna Hierarchia jest bardzo uporządkowanym systemem, a studiowanie żywotów Wniebowstąpionych Mistrzów pomaga lepiej zestroić się z nimi".[228] Ludzie z ruchu New Age zakładają dla Ludzi oraz innych istot wiele różnych żyć, ale nie zdają sobie sprawy z tego, że wielu ludzi, w taki czy inny sposób, zostaje przejętych przez byty w ich religijnej lub duchowej przynależności, które potrafią wszczepić swoje myśli w niespodziewających się niczego Ludzi.

Siedem Promieni to kolorowe częstotliwości siedmiu płaszczyzn Bóstwa.

Godny uwagi jest fakt, że czwarty poziom niesie ze sobą kolor biały, który jest popularnym białym światłem w naukach New Age. Nauki o ascendencji, mówiące nam, aby przyciągać do siebie białe światło w celu „uzdrowienia", w zasadzie nasycają nas destrukcyjną energią i okradają nas z części naszej życiowej esencji. Czasami uczy się nas, że białe światło pochodzi z naturalnych, wyższych wymiarów lub kosmicznych poziomów, co ukrywa jego prawdziwe pochodzenie i każe się nam kojarzyć fantomową energię z czymś korzystnym.

Płaszczyzny Bóstwa są wyjątkowymi przestrzeniami fantomowych Centrów z ważną historią. Kiedy istoty Phim (w celu zachowania sygnatury energetycznej tego słowa pozostawiono oryginalną angielską pisownię, czyt. Fim – przyp. tłum.) z KosME'ja i Kosminjas zdecydowały się na wejście do zniekształconej Eka-Weka, aby pomóc ich zmagającym się potomkom Equari (czyt. Ikłari – przyp. tłum.), niektórzy z nich zdecydowali się podzielić ich naturę z wysokiego poziomu – po to, żeby delikatnie zniżyć się do rozdrobnionej kreacji. Jak wyjaśniam w rozdziale 10, proces ten uczynił ich podatnymi genetycznie, tak więc byty Borża zaatakowały niektórych Phim i poddały hybrydyzacji ich geny, aby stworzyć niebezpieczną rasę Fatali (oryginalna angielska pisownia FatalE – przyp. tłum.). Wówczas to istoty Fatali umiejscowiły się w pobliżu naturalnych lokalizacji i przechwyciły trochę przepływu plazmy z najniższego poziomu KosME'ja, aby stworzyć fantomowe płaszczyzny Bóstwa światła-plazmy, jako ich miejsce ostatecznego przeznaczenia. Jako część boskiej inicjacji na żądne władzy, głodne byty obcych w naszym Eka-Weka, wkroczyli oni do płaszczyzn Bóstwa, żeby zostać ubóstwionymi (przekształconymi w bóstwo – przyp. tłum.), co znaczy, że integrują oni plazmową energię, która może skrzywdzić kreację Eka-Weka na głębszym poziomie.[192]

UB wyjaśnia: „Termin Bóg zawsze oznacza *osobowość*. Bóstwo może lub nie może odnosić się do boskości różnych osobowości" (4.4). Częstotliwość pierwszego światła i dźwięku Siedmiu Promieni symbolizuje Pana El Morja (oryginalna angielska pisownia Morya – przyp. tłum.) jako osobowość Wniebowstąpionego Mistrza, zaś ponad nim znajduje się ubóstwiony Archanioł Michał.[229]

GA łączy Michała z Wesadekiem. Prawdą jest, że Wesadek posiada bardzo okrutną agendę w stosunku do Drogi Mlecznej i Ziemi, a Michał ma w tym znaczącą rolę. Jednak prawda jest taka, że Michał, jako kierujący z ukrycia potomek Borża, wykorzystuje swoją naziemną załogę do pomocy we wchłonięciu całych systemów, po to, żeby dokarmiać oryginalne matriksy Borża. Oznacza to, że niewiele, jeśli w ogóle, obchodzi go Wesadek czy Wesadrak. Pokazane jest to w „Księdze Urantii", w opisie lekceważenia Yahweh, co prawdopodobnie ma odniesienie do matriksu YHWH Wesadeka, bardziej aniżeli do Metatrona jako YHWH. Metatron kojarzony jest również z Wesadekami, ale on pracował z Borża nad stworzeniem Michała, jako najlepszego z dwojga tych złych istot. Galaktyczna Federacja Światła oraz Dowództwo Asztar są bezpośrednimi tajnymi agentami u nas, pod dowództwem Michała, które ja nazywam kolektywnie „grupą Jezusową".

UB jest ważnym źródłem, dzięki któremu możemy zobaczyć, jak Michał i Gabriel przyciągają nas do swoich planów, ujawniając przy tym ich związki z innymi w Drodze Mlecznej. Nazywa ona Michała Synem Stwórcy naszego wszechświata. Gabriel, wysokiej rangi Szantarel, umożliwił zrodzenie Yahshuy, którego Michał w pełni przejął. „Księga Urantii" daje wrażenie, że Michał jako Yashuah wypełniał rozkazy Gabriela, ponieważ kiedy Michał „znajduje się z dala", Gabriel przejmuje pozycję władzy Michała (367.7). To przedstawienie Michała przygotowuje dla niego grunt jako dla gorliwego sługi, Jezusa, który poświęcił się swojej misji. Anielscy reporterzy historii Jezusa przyznają, że nie rozumieją, jak Michał był w stanie rzekomo inkarnować tutaj, więc po prostu wierzą, iż stał się on pokornym Człowiekiem. Mówią oni, że Michał musiał uzyskać odpowiednią rangę w boskim królestwie, aby otrzymać pełny status Boga; inkarnował on siedem razy, tak że mógł zidentyfikować się z każdą kreacją poprzez siedem różnych ról w Trójcy Ojca, Syna i Ducha Świętego. Narratorzy Michała przedstawiają go jako podobnego do nas, lecz bardziej wyjątkowego, gdyż uważany jest za bóstwo.

UB nazywa Gabriela Lśniącą, Wieczorną Gwiazdą, ale ponieważ nie może on przebywać w dwóch miejscach jednocześnie, posiada on grupę o tej samej nazwie. Lśniące, Wieczorne Gwiazdy opisywane są następująco:

> Te błyskotliwe istoty zostały zaplanowane przez Melchizedeków, a następnie powołane zostały do istnienia przez Syna Stwórcy i Twórczego Ducha. Służą oni na wielu stanowiskach, a zwłaszcza jako oficerowie kontaktowi Gabriela, który jest naczelnym zarządcą lokalnego wszechświata. Jedna lub więcej z tych istot działają jako jego przedstawiciele w stolicy każdej konstelacji i systemu w Nebadonie (407.1 – zakładam, że odnoszą się oni do Drogi Mlecznej).[17]

Planeta Wenus naszego układu słonecznego nazywana jest Wieczorną Gwiazdą i Poranną Gwiazdą. „Księga Urantii" twierdzi, że pierwotnie Lucyfer był Planetarnym Księciem Ziemi i zwany jest Poranną Gwiazdą. Pokazuje to, że pracował on z Gabrielem i Michałem, zanim zdecydował, aby zacząć swoje własne dzieło.

W channelingu z 14 października 2007 roku Sananda oświadcza, że jest on teraz Planetarnym Księciem Ziemi, który będzie inkarnował tutaj w niedalekiej przyszłości.

Jam jest Sananda Emanuel Esu Kumara i mam stanowisko Planetarnego Księcia. Będę przejmował tę pozycję na Ziemi w formie fizycznej, jako symbol przywództwa Chrystusa Michała, jako Syna Stwórcy Nebadonu. Jego plan dla tego wszechświata jest jasny i określony. Fakt, że posiadacie na Ziemi wolną wolę, nie ma wpływu na jego ogólny plan dla ascendencji tego układu słonecznego i waszej planety. To się wydarzy. Wasze uczestnictwo jest jednym z aspektów tego planu, który urozmaica kierunek, jaki obiera jako część jego kreacji.

Przemawiam jako tymczasowy przywódca, który ucieleśni życzenia Chrystusa Michała na Ziemi. Przyłączy się do mnie Budda, który przemówi do duchowych życzeń Chrystusa Michała. Razem będziemy reprezentować duchową manifestację Uniwersalnego Prawa [jest to ich prawo fraktalne].[230]

Jako Planetarny Książę, Sananda jest bardzo zaangażowany, ale decyduje ukrywać się za innym imieniem: Saint Germain. Kiedy podróżowałam przez Francję, zauważyłam, że wiele miejscowości nazwanych zostało od Saint Germaina. Wygląda na to, że jego imię niesie ze sobą tyle samo, jeśli nie więcej siły, niż Święty Michał lub Michał. Musiałam dowiedzieć się, kim jest ten Saint Germain. ATI,TPE ujawnia: „Saint Germain jest nazwą grupy bytów – Sanandy i orędowników jego bytu". Niestety, wielu ludzi, którzy podążają za MCEO-GA, decyduje się wierzyć, że Sananda Galaktycznej Federacji Światła podaje się za ich ukochanego Sanandę i Jezusa. Są oni w błędzie. Od czasu do czasu wysokiej rangi fantomowe istoty maskują swoje imiona w celu pogłębienia ich agendy, lecz ich skrajny narcyzm nie pozwala innym istotom na uzurpowanie sobie prawa do ich imion.

W dniu 18 listopada 2005 roku, w channelingu do Candace Frieze, Michał wyjaśnia obecną rolę Sanandy, jako Wniebowstąpionego Syna (którym Michał również stał się w jego przypuszczalnie innych inkarnacjach, lecz nie odnosi się do jego samego, pod tym tytułem):

Sananda jest Wniebowstąpionym Synem Boga, z długą historią w Nebadonie. Należy on do Kumara, grupy Istot, pochodzących z dawien dawna z Liry, a której udało się wydostać z matriksu, który poza metodą kontrolowania umysłu, wykorzystywaną do kontroli planetarnych ludzi przez zniewalające rasy, utrzymywał ich tam przy pomocy Broni Masowego Rażenia....

Sanandą jest Emanuel Esu Kumara, pierwotnie zrodzony z Gabriela [to jest nieprawda, wyjaśnia ATI,TPE], a z bardziej bieżącego okresu czasu, jedyny syn Sanat'a Kumara. Sanat

Kumara był Planetarnym Logosem [to kłamstwo; „Logos" definiuje, opisałam w rozdziale 5], aż do momentu, kiedy 20 lat temu powrócił na Wenus, gdzie znajdują się siedziby i jego dom, gdyż stał się Słonecznym Logosem naszego Układu Słonecznego. Zastąpiony on został Panem Buddą, tym samym Buddą, który pojawił się 500 lat przede mną i który jest autorem książek „Rozmowy z Bogiem" Neale Donalda Walscha.[128]

[Uwaga: Zanim przeczytałam tę przepowiednię Michała, zapytałam już wcześniej ATI,TPE, kto dał przepowiednie do książek pt.: „Rozmowy z Bogiem", a ono oświadczyło: „Budda", który jest Totem. ATI,TPE oznajmia, że Michał dał również przepowiednie do książki pt.: „Kurs Cudów" skryby Helen Schucman. Pobieżnie przeleciałam tę książkę i nie wiem, czy Michał wspomniany jest w niej, ale jej Jezus nie wydaje się dawać jakichś istotnych instrukcji. Setki stron przemijają na mowie karcącej i wspierającej autorkę. Moja mama i ja byłyśmy już wcześniej w takiej sytuacji, więc to, co czytałam, nie przemawiało do mnie.]

W tym samym channelingu Michał oznajmia, że Sananda Emanuel inkarnował jako Król Dawid, co, jeśli jest częściowo prawdą, oznaczałoby, że Sananda Emanuel był wyższym ja Tutmosa III lub zawładnął nim. W oparciu o ich historie o opętaniu zakładam, że Sananda opętał go. Tym, co jest odkrywcze, to wstęp Michała o tym, po co była misja Króla Dawida: „moi przyjaciele, wielki.... Emanuel jest wielce doświadczonym wojownikiem, tak Sananda jest faktycznie wojownikiem!"[128] To byłoby tyle pokojowej esseńskiej historii o Sanandzie.

Rodzina Kumara żyje na Wenus 4-go wymiaru, jako centrum administracyjne. Zapytałam ATI,TPE, jak mogą oni żyć w 4-tym wymiarze, kiedy jest to planeta HU-1, a ono odpowiada: „Czterowymiarowa, zniekształcona część Wenus zawiera wydłużoną >>odnogę<< przekierowanych, rozproszonych i zmarnowanych naturalnych częstotliwości wraz z ich energetycznym światłem, które zablokowane zostało w tym sektorze". Opis ten uwiarygadnia fakt, że komponent z wyższego wymiaru niekoniecznie jest lepszy niż naturalny; 4-wymiarowa wersja Wenus jest fantomowa. Wenus połączone jest z wieloma obcymi, którzy wpływają na naszą planetę. W tybetańskich manuskryptach Sanat Kumara jest głową swojej rodziny, a w „Księdze Urantii" i Biblii wspomniany jest jako „Starożytny Dni".

W religijnej pracy badawczej o Sanat Kumara, jej autor, John Nash, oświadcza:

Sanat Kumara przybył na Ziemię w krytycznym czasie, w czasie rozwoju naszej planetarnej sieci i systemu, po wcześniejszym przydziale w sieci Wenus. Jednak to, skąd on pochodzi oryginalnie, jest niepewne; możliwe jest, że przybył on z zewnątrz naszego układu planetarnego.[231]

Nash przedstawia argument odnoszący Logos do Sanata, podczas gdy Sanat był inkarnacją biblijnego Ducha Świętego. Ponieważ Michał był najpopularniejszy, „Słowo ciałem się stało", w którym uznawany jest za Boga – określenie to zaciera linię pomiędzy Sanatem, będącym posłusznym Michałowi, a tworzącym nową frakcję. Sanat Kumara jest zasymilowanym ucieleśnieniem Lucyfera, potwierdza ATI,TPE.

Według „Księgi Urantii", Michał i Sananda Emanuel są przyrodnimi braćmi. ATI,TPE oświadcza, że Sananda jest Elohim oryginalnie z 12-go wymiaru Elohim, a GA potwierdza tę liczbę wymiarową w „Podróżnikach II". Kiedy badałam dalej i dokonałam rozróżnienia pomiędzy Sanandą a Emanuelem, ATI,TPE ujawniło, że Emanuel był Człowiekiem, który został w pełni przejęty przez Sanandę i był on Yahshuą z „Yahshua-Sananda" w rozdziale 5. Sananda, aby pogłębić swoją agendę, w różnych czasach przyswoił/ lub w pełni przejął byty ras Sho-Sho-NaTA (Szo-Szo-NaTej – przyp. tłum.) i Anunnaki oraz Ludzi, potwierdza ATI,TPE, tak więc wymyślony, rodzinny związek z Michałem mógł pojawić się po drodze. Jednakże Michał, obecnie w pełni fantomowa istota, nie lubi za bardzo statusu Sanandy; co więcej, wątpię, żeby Michał chciał zmienić swój skład na inną, „niższą" rasę. Jeśli Michał chciałby wcielić geny innej rasy, aby stać się przyrodnim bratem Sanandy, wtedy fantomowa i zlinowana z fantomem rodzina Kumara zapewniłaby mu najlepszą sytuację do bezpośredniej pracy razem z Sanandą poprzez Esu Kumara, a także Sanata Kumara. Rodzina Kumara zawiera dużą ilość materiału genetycznego Szantarel oraz mniejszą ilość kodu genetycznego Anunnaków, który umożliwia kilku upadłym anielskim bytom pracę razem z rodzinnymi rodami, oznajmia ATI,TPE.

Sananda i Sanat Kumara pracują z inną zarządzającą postacią o imieniu Asztar. Asztar prowadzi Dowództwo Asztar, w którym Sananda jest admirałem. Dowództwo Asztar pracuje blisko z Galaktyczną Federacją Światła (skrót GFS) i w zasadzie są one równoznaczne.

Według Człowieka, który od dziecka posiada kontakt z GFS:

> Galaktyczna Federacja Światła założona została 4,5 miliona lat temu, żeby powstrzymać międzywymiarowe, ciemne siły przed zdominowaniem i wykorzystaniem tej galaktyki. Obecnie jest tylko ponad 200 000 członków gwiezdnych narodów, konfederacji

i unii. W przybliżeniu 40% z nich jest człekokształtna, zaś reszta jest różnymi formami odczuwających istot. Większość z członków Galaktycznej Federacji jest w pełni świadomymi istotami.[232]

Osoba ta jedynie powtarza propagandę, że są oni tutaj, aby „pomagać nam w naszym procesie ascensencji/transformacji".[232]

GFS pogrywa sobie, przeciwstawiając motyw „światła i ciemności", twierdząc do tego, że jest ze światła i przeciwko ciemności. W przeciwieństwie do tego twierdzenia, Michał ciągle przyznaje, że on popiera dualność i pozwala na ciemność, żeby zobaczyć, jak daleko może posunąć się ta jego zmanipulowana kreacja. Niektóre z jego przepowiedni do pani Frieze wyjaśniają to. Nie mam ochoty powtarzać wielu z jego nonsensów, które mówią, że jest on naszym „Bogiem, Stwórcą tego Wszechświata", który nie chciał, byśmy doświadczali ciemności, podczas gdy jednocześnie mówi, że: „jest to wielki eksperyment, na tak wielu poziomach, że wciąż nie możecie jego pojąć".[128] Jego narzucona przez samego siebie rola Boga zmusza nas do zmagania się z jego eksperymentem na nas. Mówi on: „To nigdy przedtem nie wydarzyło się w tym scenariuszu", kiedy naprawdę eksperyment dualności Borża już się wydarzył; jego po prostu jeszcze wtedy nie było. Celem Michała i jego grupy jest kontynuowanie tego eksperymentu, żeby zobaczyć, jak daleko może zajść. Mówi on, że Ziemia jest polem treningowym dla „Wniebowstępujących Synów... aby ćwiczyli tutaj, żeby stać się wartościowymi nowymi Synami Stwórcy nowych Wszechświatów, które obecnie się formują".[128]

Czy część eksperymentu Michała mogłaby pomóc mu w przyciągnięciu łatwowiernej armii członków z nas Ludzi, aby uwiecznić agendę Borża? Wielu Ludzi ostatecznie stałoby się wtedy elastycznymi. Jak ten nowy eksperyment zachodzi, kiedy ich gorliwy Dostrajacz Myśli przyczepia się do nas i kieruje naszymi myślami i drogami? Powierzchowność ich ascendencji wykorzystuje nas znacznie bardziej, niż my ich potrzebujemy.

W innym channelingu GFS – czasami zwana Międzygalaktyczną Federacją Światła, aby ujawnić związek z innymi galaktykami – mówi, że miała ona dla nas plan, żebyśmy poszli do systemu Syriusza, jako naszego „miejsca Przeznaczenia" w 2013 roku.[233] Jest to dosyć przekonywujący język. Nakreśla ona również obrazek skoordynowanych relacji z nami wszystkimi zachowującymi się jak jedna wielka rodzina, dając nam odnowione środowiska na planetach, niszcząc tych złych (kiedy tak naprawdę pracuje z nimi) i utrzymując wszystko dookoła w harmonii, byśmy łagodnie poszli z jej członkami na ich statki kosmiczne.

Przypomina mi to przerażający odcinek telewizyjnego serialu pt.: „The Twilight Zone" („Strefa Cienia" – przyp. tłum.) z wysokimi, telepatycznymi obcymi, którzy przybyli tutaj, aby rozwiązać wszystkie nasze środowiskowe i polityczne problemy. Powiedzieli oni, że ich misją jest „Służyć Człowiekowi" i zaprosili ludzi do odwiedzenia ich planety, bez żadnych zobowiązań; mogliśmy odwiedzić nowe miejsce i wrócić do domu, kiedy byśmy chcieli. Przyjazna opinia publiczna nie wiedziała, że podręcznik należący do obcych, znaleziony przez podejrzliwych Ludzi, był faktycznie książką z przepisami, jak ich zjeść! Nie staram się wcale wzbudzić strachu, lecz zachęcić do użycia mądrego rozróżnienia w stosunku do tych, którzy rysują przed nami idealistyczny obrazek dla nas, podczas, gdy chcą nas kontrolować, co robi grupa Jezusowa oraz wszystkie grupy Boga, bez względu na to, jak bardzo przekonują nas, że pomagają nam.

Wyobraźcie sobie, jak to by było, gdyby niepodejrzewający niczego Chrześcijanie, Żydzi, Muzułmani, Buddyści, Hinduiści itd. zobaczyli nagle wielki statek kosmiczny i wychodzących z niego obcych. Wielu z tych obcych wyglądałoby jak Ludzie, ale zdecydowanie sprawialiby wrażenie niebędących stąd. Prawdopodobnie religijni Ludzie byliby pełni strachu, podobnie jak ludzie z Biblii, którzy, z obawy przed tymi obcymi, padli przed nimi na kolana. Dlatego zwolnienie czasu przez Jezusa czy Mesjasza ma zmniejszyć ten strach, ponieważ uczeni jesteśmy, aby wyczekiwać spodziewanego nadejścia zbawiciela, który „zejdzie na obłoku i każde oko będzie go widzieć" (Apokalipsa św. Jana 1:7). Najprawdopodobniej statek kosmiczny będzie zamaskowany, żeby rozświetlić cudowny powrót jednej lub kilku postaci religijnych, które nakłonią nas, byśmy przyjęli swoich kosmicznych braci. Ten nowy scenariusz jest taki sam jak poprzednio, z tą różnicą, że teraz jesteśmy ślepi i mamy sprane umysły w odniesieniu do jego rzeczywistości.

Czy ignorancja i strach są tym, czego potrzebujecie, żeby za kimś podążać? Wielu ludzi już wierzy, że powinni bać się Boga, ale czy naprawdę chcecie tego strachu, który zmusi was do padnięcia na ziemię, na kolana? Czy też wolelibyście poznać więcej historii, byście mogli podjąć decyzję o tym, czy chcecie podążać za jakimkolwiek Bogiem? Chcielibyście również posiadać przekonanie, że nie musicie iść za obcymi, ani wierzyć im i możecie po prostu trwać wytrwale w czystej naturze was samych?

Członek Galaktycznej Federacji Światła dał przepowiednię dla kobiety o imieniu Blossom Goodchild (czyt. Blosom Gudczajld – przyp. tłum.), mówiącą, że w dniu 14 października 2008 roku GFS odsłoni swój potężny statek matkę nad Alabamą w Stanach Zjednoczonych i będzie on widoczny w otaczających ją stanach. Kiedy przeczytałam ten przekaz przed zaplanowanym wydarzeniem, byłam bardzo niespokojna i nie chciałam, żeby to wydarzenie miało miejsce, ale przekaz ten o tym, że statek pojawi się bez względu na sprzeciw, był bardzo przekonywujący. Po bezsennej nocy i równie kłopotliwym dniu (podczas którego razem z mamą wykonywałyśmy naszą część, poszerzając energetyczne połączenie z ATI, TPE oraz Eia, żeby udaremnić pojawienie się tego statku), dowiedziałam się, że ich wielkie ujawnienie nie nastąpiło. Wówczas to wierzący oraz ludzie dokonujący channelingów zapytali, dlaczego GFS nie dotrzymała swojej obietnicy. Interesująco, ale nie zaskakująco odpowiedziano, że Goodchild popełniła błąd w swoim przekazie przepowiedni. Nie, nie wierzę w to, że zakłóciła przekaz, gdyż wiem, że przepowiednie przejmują taką osobę. GFS musiała zatrzeć ślady, ponieważ ich plan nie wypalił.

Goodchild zaś dzielnie ogłosiła swoje odczucia w wideo, które nagrała zaraz po niezaistniałym zdarzeniu:

> Czuję, że żyjąc w moim świetle i mojej miłości oraz w mojej prawdzie, sprawiono, że wyglądam jak głupiec i czuje się bardzo upokorzona i podejmę wiele, wiele starań, żeby zmienić to dla siebie i dowiedzieć się, gdzie znajduję się w tym wszystkim.[234]

Niestety, zdecydowała się dalej kontynuować bycie kanałem dla Galaktycznej Federacji Światła. Chociaż miała krótki moment samoprzebudzenia, wciąż popierała swoje wierzenie jako jej własną „prawdę".

Zdałam sobie sprawę z tego, że byty grup New Age i religijnych chcą, aby większość naszej populacji wyczekiwała na ich przybycie, ponieważ nasze modlitwy, rytuały, ceremonie oraz wszystkie te ogólne serdeczne energie łączą się z nimi i pomagają one sprowadzić je do naszego świata. MCEO przekonuje, że jeśli co najmniej 70 procent obszaru na Ziemi byłaby Metatronicznie zakodowana, tak jak religijne centra czci, wówczas zostałaby wciągnięta do Fantomowej Ziemi, Fantomowej Drogi Mlecznej, jeśli Bestia (ang. BeaST) mogłaby ją uwięzić.[235] Ponieważ ciała nasze złożone są z ziemskiej energii, jeżeli także nasycimy się Metatroniczną energią, możemy również taki efekt ściągnąć na siebie.

Nawet jeśli przepowiednia z 2008 roku była testem uruchomienia ludzkiej reakcji, KRH oraz jego sojusznicy pomogli zniweczyć plany grupy Jezusowej. Ostatecznie grupa Jezusowa może pokazać swoje oblicze z innego świata, żeby zabrać ze sobą wielce oddanych swoich zwolenników. Smutne jest to, że wielu z tych zwolenników może zbytnio jej ufać lub wręcz obawiać się odwrócić od niej, chyba, że przebudzą się na swoją wewnętrzną, fundamentalną siłę i czystą energię, która naturalnie łączy ich z ATI, TPE.

W dniu 14 października 2010 roku channeling Jessa Anthony'ego, dany dla odmiany przez Sanandę, Panią Nada i Michała, jest szczególnie wymowny.[230] Sananda przyznaje: „Wolny wybór może być uchylony przez wyższy wybór", co oznacza ich wybór. Pokazując także swoje poddaństwo Michałowi, mówi on również: „Chrystus Michał otrzymał przewodnictwo, żeby zaprojektować jego wszechświat tak, jak jemu pasuje".

Pani Nada mówi o jej postrzeganiu polaryzacji Sanandy, delikatnie komplementując jego siłę, mówi też o dualności yin i yang, co pokazuje ich wiarę w przeciwieństwa. ATI,TPE ujawnia, że „Pani Nada jest Szantarel, która przywdziewa reptiliańską formę, kiedy asymiluje się z bytami z niższych wymiarów lub z Ludźmi". Żeby lepiej zrozumieć to oświadczenie, zadałam ATI,TPE specyficzne pytanie i ATI,TPE wyjaśnia, że Pani Nada, która jest fantomową istotą, studiowała i przyswoiła fantomowego Reptilianina, lecz nie przyjęła nic z jego genetycznego materiału. Od tego czasu zdecydowała się zmianę swojej formy w Reptilianina, dla pogłębienia swojej agendy.

Pani Nada jest przywódczynią grupy bytów Zofii, która czci wiele religii oraz filozofii, ujawnia ATI,TPE. Przejęła ona Lilith, pierwszy prototyp „Ewy", stworzony dla gatunków Adama. Miała ona także niesamowicie energiczny związek z Marią Magdaleną. ATI,TPE informuje, że w różnych czasach Pani Nada częściowo opętała wyższe ja, a także ciało Marii Magdaleny, aby bardziej bezpośrednio wyniszczyć granice przestrzeni osobistej Marii oraz wpłynąć na nią, aby rozmnażać zniekształcone geny z obydwoma Yahshua, a zwłaszcza z Yahshua-Sananda.

Wtedy oto przemawia Michał:

> Tutaj Chrystus Michał Aton, jak chciałem, aby mnie nazywano. Moją wolą jest, aby Ziemia dostąpiła ascendencji. Do tego momentu przejąłem ten proces i kontroluję teraz pełny scenariusz, aby to nastąpiło. Pozwoliłem człowiekowi rozgrywać jego gry kontroli dominacji nad innymi. Służyło to jego edukacji, ale już zakończyło się. Teraz nie będę już dłużej tolerował opóźnień w przyjmowaniu do wiadomości moich życzeń. Nie pozwolę dłużej tym nie zgadzającym się z moim celem na kierowanie postępem mojej planety.... Jam jest Chrystus Michał, który stworzył Wszechświat Nebadonu, którego planeta Ziemia jest integralną częścią, jaką specyficzne zaprojektowałem. Stworzyłem koncept, którym jest Ziemia. Wybrałem wszystkie elementy, które składają się na jej przejaw. Przyzwoliłem na wszystkie formy fizycznego urzeczywistnienia – jako środki do realizacji mojej wizji dla niej [Rozdział 8 obala te twierdzenia].
>
> Zdecydowałem pozwolić ciemnym elementom, niezgadzającym się z moją wizją, na przejęcie mojej kreacji.... Byłem zdecydowany na to, aby nie przyzwolić na wydarzenie się tego ponownie i wybrałem, żeby dokonać mojego ostatniego wyrażenia się w fizycznym ucieleśnieniu tutaj, by pokierować przepływem strumieni energii człowieka, po nieuchronnej ścieżce, którą stworzyłem poprzez moje inkarnacje [przejęcia].
>
> Tym razem doprowadziło to do chwili obecnej. Człowiek

uczynił to, co mógł uczynić od wewnątrz. Nie może już osiągnąć niczego więcej bez mojej bezpośredniej interwencji. Posiadam zupełną władzę, aby interweniować, gdyż decyduję i przekierowuję ascendencję mojej Ziemi, tak jak ma to być.[230]

Pokazuje się tutaj potężne ego Michała. W innej przepowiedni do Pana Anthona z dnia 5 grudnia 2005 roku jego pseudonim Aton zostaje zamieniony na „Niepodległy", co według Michała jest: „szerszą i bardziej kontrolującą rolą".[128] Aton lub Aten był egipskim bogiem, który doprowadził Akhenatena do wyrwania się ze swojej rodziny i podążania wyłącznie za jego bogiem; Michał nakierował i udoskonalił „Rybiego Króla" Sadoków w stronę Jezusowej grupy.

Michał daje wskazówkę, że jest Atonem, w kolejnym channelingu, opublikowanym w czasopiśmie „The Phoenix Liberator" z dnia 13 stycznia 1992 roku, kiedy przedstawia się pod pseudonimem „Gyeorgos Ceres Hatonn, Dowódca Naczelny Projektu Przejścia Ziemi, Dowództwa Lotów Sektora Plejad, Floty Federacji Międzygalaktycznej".[236] W późniejszej przepowiedni z 5 grudnia 2005 roku, Michał przyznaje: „Hatonn jest Dowódcą Feniksa i takie było moje przebranie przez wiele lat".[128]

Oszustwo Michała jako Hatonna jest warte uwagi, ponieważ wspomniał swoją bazę w układzie gwiezdnym Plejad, która znajduje się w konstelacji Byka. Plejady, zwłaszcza ich gromada gwiazd zwana Alkione, jest strategicznym miejscem dla złych obcych do umiejscowienia się w pobliżu 5-wymiarowych gwiezdnych wrót Tary.

Poniższy cytat zrównuje Dowództwo Asztar z Aldebaranem w konstelacji Byka, chociaż ta grupa bytów obejmuje więcej lokalizacji, zwłaszcza Plejad. Ogólny pogląd o Aldebaranach jest taki, że są oni Raptilianami, lecz cytat ten porównuje ich do Andromendan z naszej Drogi Mlecznej (powszechnie znanych jako Andromi) i Plejadian, z których obydwie grupy są białymi obcymi „Nordykami", które pojawiają się u dobrze znanych kontaktów, takich jak odpowiednio Alex Collier i Billy Meier.

Strona kupiona na obcych, strona internetowa tak oto opisuje Dowództwo Asztar:

> Flota Asztar, znana również jako Dowództwo Asztar, jest oryginalnie z konstelacji Aldebaran. Dowództwo Asztar znajduje się pośród wielu obcych, którzy przybyli na Ziemię i krążą wokół niej już od początku lat 50-tych tego stulecia, w większości przypadków są niewidoczni gołym okiem. Ich wzrost sięga od 150 do 180 cm. Są oni człekokształtni, w ciałach mają mniej wody i posiadają „ziemisty" wygląd. Ich skóra jest bardzo blada

i gumowata. Mają blond włosy. Ich głowy i oczy są podobne do ludzkich. Kolor ich oczu jest niebieski lub szary.[237]

Ten opis idealnie pasuje do faktycznego zdjęcia zrobionego takiemu obcemu, które można znaleźć w internecie. W dobrze oświetlonym pokoju, rodzaj albinosowatej kobiety, z delikatnie inną charakterystyką od naszej, pokazana jest nad tą oto pokazaną poniżej, a wyglądającą na oficjalną, identyfikacją:

TS-SCI- S.A.M-422Wxxy
Report prepared for S.A.A.L.M by XXXXXXXXXXXXX
A-C-T-I-O-N_ACIO PINE GAP[*]

Opis
Istota pozaziemska
Gatunek: SAM? Nordycy
Przydomki: Szwedzi, Wysocy biali, Nordycy
Wzrost: 150 – 195 cm
Waga: 55 – 110 kg (szacunkowa)
Oczy: Ludzkie
Włosy: Blond
Skóra: Bladobiała
Płeć: Męska i żeńska
Komunikacja: Telepatyczna
Miejsce pochodzenia:
Góra Ziel – Północna Australia
Wyróżniająca się charakterystyka:
Dzielą wspólne cechy fizyczne z istotami ludzkimi (zwłaszcza Skandynawami)
Są wyżsi niż przeciętny człowiek
Posiadają bardziej muskularną sylwetkę niż przeciętny człowiek[238]

[* Pine Gap jest placówką wojskową Stanów Zjednoczonych, w pobliżu miasta Alice Springs pośrodku Australijskiego Pustkowia. Jest to australijski odpowiednik Obszaru 51. Znany on jest z jego częstych doniesień o obserwacjach UFO oraz spotkań z obcymi aborygeńskiego „świata duchowego".]

Poprzedni opis gumowatej skóry wskazuje na genetykę lądowo-wodnych istot, odnoszącą się do charakterystyki „Dwunożnych Ludzi Delfinów" Jehowiańsko Syriańskich Anunnaki podaną przez GA (s. 168).[147] Jednak

Nordycy również posiadają reptiliańskie geny, czego dowodem jest powyższe odniesienie do kobiety ze zdjęcia z reptiliańskimi oczami. Kobieta ta mieszka pod ziemią ze swoją napastliwą rasą, pośród obcych sojuszników Reptilian i Szaraków. Nordycy znani są jako stosująca przemoc grupa – ta, która zarówno przestraszyła, jak i wpłynęła na Adolfa Hitlera, jak wyjaśnię później w „Agendzie Jednego Światowego Porządku".

Plejadianie, którzy kontaktowali się Meier'em, włączając w to kobietę o imieniu Semjase, oraz Andromi, którzy kontaktowali się z Collier'em, pracują razem w organizacjach Galaktycznej Federacji Światła, Dowództwa Asztar, Wielkiego Białego Bractwa oraz Mardukowej grupie Ra. Ponieważ Nordycki typ człekokształtnych wygląda jak my, są oni najlepszymi wysłannikami, aby dotrzeć do nas, jako „bracia" i „siostry". Jakie to sprytne.

Andromi są generalnie spleceni z rasą Nekromitonów, a razem zwani są Nekromitoni-Andromi. Pięćset siedemdziesiąt milionów lat temu Wesadekowie wkroczyli do konstelacji fantomowej Andromedy i stworzyli Nekromitonów, fantomową hybrydę Wesadeka-Szantarel-Anu-Serafim, na podstawie której stworzona jest postać wampira.[124,239] Pod przewodnictwem Archanioła Michała, Nekromitoni napadli na ludzką hybrydową rasę Lewiatan (w części o „Lucyferze") i stworzyli kolejną hybrydę Nefilim, co rozjaśnia złożoność ludzkich ras.[124]

Prawdopodobnie najbardziej popularną historią o stworzeniu Człowieka jest ta o Adamie i Ewie. „Księga Urantii" (ang. skrót UB) twierdzi, że Adam i Ewa byli dwiema istotami z wyższych wymiarów, które pojawiły się tutaj w pełni uformowane, żeby udoskonalić ludzki kod genetyczny. Chociaż jest to historia o stworzeniu Człowieka, inna od historii Enkiego z Tablic Sumeryjskich, obydwie te historie mówią, że zginęlibyśmy bez ingerencji tych obcych, jest to kłamstwo o udoskonalaniu ludzkiego kodu genetycznego. Rozmyślnie zlekceważyli oni to, aby przekazać, że Ludzie byli już umieszczeni na Ziemi przez zaawansowane istoty z wyższych gęstości i Ziemscy Ludzie sami radzili sobie zupełnie dobrze.

UB twierdzi, że ich najniższą, lecz wciąż bardzo ważną grupą w hierarchii Archanioła Michała, są Nosiciele Życia, którzy zasiewają życie, tak samo, jak uczynił to Enki na Ziemi. Nawiązuje to do współpracy pomiędzy Michałem a Enkim, zwłaszcza, że ród Sadoka był tak wyraźnie pod wpływem grupy Michała.

Biblijna linia czasowa stworzenia Adama i Ewy około roku 5000 p.n.e. jest niedokładna, szczególnie, że różne grupy bytów miały swoje własne, udoskonalone wersje natrętnych ras. W roku około 30 000 p.n.e., podczas wrażliwego dla historii Ziemi okresu czasu, obejmującego legendarną Atlantydę, rasy Szantarel, Jehowiańskich Anunnaków oraz Nekromitonów-Andromi połączyli swoje geny z rasą Ludzi i rasą Adami-Kudmon z Tary, ujawniają ATI,TPE oraz „M". Członkowie grupy Michała chcieli przepisać ludzką historię zgodnie z ich wysoce kontrolowalną linią krwi, a stworzenie hybrydy Adami pozwoliło im na to jako swojej rasie nadrzędnej.

Dowództwo Asztar również stworzyło na Ziemi swoją rasę intruzów, mniej więcej w tym samym czasie, co Adam Michała. Około 29 500 r. p.n.e., oświadcza ATI,TPE, zmieszali oni genetycznie strukturę DNA Plejadiańskich Anunnaków Samjase „Nordyckich Blondynów", z DNA przechwyconym od rasy Beli-Kudyem (czyt. Kudjem – przyp. tłum.) z Tary (i Wewnętrznej Ziemi) oraz rasy pra-Anielskich Ludzi Maji (czyt. Madżi – przyp. tłum.) z Procjona, podobnych do rasy Orafim. Ta nowa kopia ludzka była rasą Beli-Kudmon. Semjase, którzy posiadają również genetykę Tetan, ujawnia ATI,TPE, w pełni wchłonęli rasę Maji z Procjona. Rasy Samjase porozmieszczane są w różnych lokalizacjach Fantomowej Drogi Mlecznej i Drogi Mlecznej, włączając w to bardzo zniekształcone wersje Syriusza A, Aldebarana, Nibiru oraz części naszego układu słonecznego.[124,126]

Zgodnie z tym, grupa Jehowiańskich Anunaków Enocha, Tot i Marduk, w ramach współzawodnictwa i powiększenia hybryd Adami i Ludzi Beli, stworzyła własne kopie Ludzi. Później grupa Jehowiańskich Anunnaków Enocha połączyła swoje hybrydy z hybrydą grupy Tota, żeby stworzyć nadrzędną rasę Adam-Kadmon, która zaaranżowana została do przejęcia Ziemi po głównym potopie biblijnym z 9558 r. p.n.e. Wewnętrzne konflikty grupy Boga wytworzyły starożytne, biblijne poróżnienia pomiędzy królewskimi rodami ich wysoko cenionych ludzkich hybryd.[124]

GFS, Dowództwo Asztar, Nekromitoni-Andromi pod przywództwem Michała – wszyscy pragną władzy w pełnym spektrum skrajności. Mówią nam oni o swojej wersji „miłości", „światła" i „ciemności" – lub wychodzą do nas z New Age'owym pozdrowieniem typu „z miłością i światłem" – ponieważ chcą nas znieczulić na czystość Wszystkiego Co Jest, Czystej Esencji (ang. All That Is, The Pure Essence, skrót ATI,TPE) i prawdziwą miłość.

W channelingu Michała z grudnia 2005 roku, ujawnia on więcej swojego ego oraz popierania ciemności.

> Zainteresowany byłem tym, żeby zobaczyć, jak mógłbym stać się wyraźnie oddzielony od mojej Kreacji, będąc wciąż połączony jako Twórca. To połączenie oraz oderwanie przyjęło rozmaite przebrania energii Światła i Ciemności, aktywnej i pasywnej otwartości, przyciągania i odpychania, pozytywnych i negatywnych kierunków i przepływu energii. Stało się to przejawem w ludziach i przedmiotach, charakteryzujących fizyczne ucieleśnienie moich poczęć wewnątrz mojego Wszechświata. Mój interes realizowany jest na skalę większą niż możecie sobie wyobrazić.

> Waszą rolą na Ziemi-Szan [według niego Urantia] było doprowadzenie do skrajnego zainteresowania oddzieleniem. Mogłem przewidzieć rozmaite scenariusze, które byście rozegrali, ale chciałem zobaczyć, jak będziecie postępować bez mojego bezpośredniego połączenia prowadzącego was.[128]

Cytat ten sprzeczny jest z tym, co powiedział później w dniu 14 listopada 2006 roku, że jego „intencją było, żeby Ciemność nie przejęła kontroli".[128] Aktywne przyzwolenie na skrajne oddzielenie i dualność oraz stworzenie tego, do czego często się nie przyznaje, wspiera moc ciemności, która może przeniknąć i przejąć światło. Są to akty wybielania, podobne do traktowania nadużycia jako nieznaczącego wydarzenia. Wybielanie jest doskonałym słowem do podkreślenia znieczulającego efektu sztucznego, białego światła zamalowującego prawdziwą rzeczywistość, włączając w to rozmyślne usiłowanie ukrycia czyichś oskarżających działań.

Poniżej znajduje się prowadzona medytacja ze stycznia 2011 roku, którą Michał dał Carolyn Ann O'Riley dla nas, abyśmy ją wykonywali:

> W swojej wyobraźni, w formie modlitwy, poproście Stwórcę, aby zesłał wam ochronny Promień Białego Światła, modląc się mentalnie mniej więcej tak: „Mój Stwórco, proszę, aby ochronny Promień Białego Światła objął mnie i uniósł mnie do góry, tak, bym podczas tej podróży do mojego wewnętrznego najgłębszego rozumienia i Bycia doświadczał najwyższych wibracji.... Dziękuję ci, Mój Stwórco, za pomoc, za wysłanie tego Promienia. Wizualizuję teraz w mojej wyobraźni promień schodzący na dół, poprzez róg obszaru, w którym teraz medytuję. Wchodzi on teraz w moją fizyczną formę, wypełniając wszystko, co jest wewnątrz mojej obecności JAM JEST".
> Stwórca wysyła wam Błogosławieństwa oraz Całą Miłość, której moglibyście kiedykolwiek chcieć. Poczujcie, jak wir Miłości zbiera się wokół was jak kokon. Zamknijcie oczy i przyzwólcie na to odczucie tej wyższej Wibracyjnej Miłości, aby obmyło was i spływało fala po fali, aż wyda wam się jej wystarczająco dużo w tym momencie. Moi Ukochani, możecie rozpocząć napływ tej Miłości po raz kolejny, w dowolnym czasie, po prostu zamykając oczy i przypominając sobie to uczucie.

Zauważcie, że ta medytacja ściąga zarówno miłość, jak i światło z zewnątrz. Są to wibracje, włączając w to wir, które wyzerowują się na nas. Kontynuuje on dalej:

> Oddychajcie głęboko, przyzwalajcie na pojawienie się i zobaczcie swoją duchową wyobraźnią waszych Aniołów Stróżów oraz zaproszonych Opiekunów Duchowych, jak dołączają do was. Aniołowie biorą was za wasze eteryczne ręce i prowadzą was poza wasze fizyczne ciało i kierują do waszej Eterycznej Duchowej Czakry Serca. Anioł przydzielony został, aby pozostać z waszą fizyczną esencją, aż powrócicie z tej medytacyjnej podróży.
> Widzicie to, czujecie i wyczuwacie wewnątrz swojej duchowej wyobraźni. Wasi Aniołowie Stróże, Przewodnicy Duchowi oraz specjalni zaproszeni goście są teraz wewnątrz waszej Duchowej Czakry Serca, wraz z wami.[240]

Ten fragment medytacji łączy w sobie dwa odrębne aspekty Ludzkiego ciała, czwartą i czakrę, serca (w rozdziale 9), z projekcja astralna na zewnątrz naszego ciała, w tym celu, aby inne byty przyszły, aby nas przejąć. Wyznawcy ruchu New Age mówią, że posiadamy ciało astralne lub pole jako część naszej konstrukcji, przypuszczalnie po to, byśmy błędnie uwierzyli, że opuszczanie ciała jest dla nas naturalne. Jednak ATI,TPE wyjaśnia, że jest to zewnętrzna warstwa lub powłoka:

> Warstwa astralna jest powłoką fali-skalarnej dla transportu nośnika, która istnieje na zewnątrz ludzkiego ciała, lecz w bliskim sąsiedztwie do układu faktycznych pól ciała. Działa ona jako aspekt lub pole projekcji, do podróżowania gdzie indziej, za pomocą intencji.

Michał dokonał channelingu informacji dla Rudolfa Steinera – założyciela antropozofii, odłamu teozofii, w wykładach trafnie zatytułowanych: „Co robi anioł w naszym ciele astralnym?" oraz „Śmierć jako metamorfoza życia".[241] Wykłady te uczą nas, że przejęcie naszego ciała przez potężniejszego anioła lub boga jest jedynym sposobem ocalenia nas, podkreślając historię o śmierci i zmartwychwstaniu „Chrystusa".

Medytacje, przepowiednie i modlitwy z grupą Jezusową skłaniają nas do zgodzenia się na ceremonię aktywacji światła, poprzez przyciąganie do nas jej zmanipulowanej energii światła oraz fałszywego poczucia miłości. To zasadniczo usuwa nas z naszej prawdziwej energii serca i czyni nas żądnymi tego, aby wypełniła nas miłość kogoś innego, chociaż otrzymujemy jedynie jej okruchy, ponieważ jest to rozbita „miłość". Nic dziwnego, dlaczego czujemy wtedy pustkę w naszych sercach. Tak, owszem, odczuwamy miłość od innych, ale najpierw musimy wiedzieć, jak wytwarzać ją w nas samych, ponieważ jest to fundamentalną częścią naszej kompozycji. Miłość jest energią przepływającą bez zobowiązań, bez wysiłku, dającą i otrzymującą.

Grupa Jezusowa łączy się z naszą energią, kiedy wzywamy ją na pomoc. Czujemy się odmienieni (w rozdziale 3 wyjaśniłam, że jest to uczucie podwyższonej ekscytacji), ale jest to tak, jak w przypadku haju, spowodowanego najedzeniem się cukru, niekoniecznie jest to zdrowe. Kiedy jako Chrześcijanie przywołujemy imię Jezusa Chrystusa i coś korzystnego nam przydarza się, zyskuje to nasz podziw, w wyniku czego oddajemy się tej grupie obcych.

Wciąż myślę, że jeśli szczerze potrzebujemy pomocy, ich tymczasowe wsparcie nie jest najważniejszym czynnikiem. Kiedy na krótko zostałam zawładnięta przez Drakona, członka poszerzonej rodziny Michała (wspomniałam o tym w rozdziale 3), procedura egzorcyzmów ze straszącym ogniem piekielnym pastorem była wyczerpującą pracą. Byt ten nie odszedł natychmiastowo i w cudowny sposób, lecz moja determinacja do wyzbycia się moich negatywnych emocji tak wydrenowała mnie z energii, że wreszcie mogłam zasnąć i naprawić się sama. Uwierzyłam, że mogę wyzwolić się z tego przejęcia i wkrótce potem tak się stało.

Możliwe jest, że nasze szczere pragnienie może połączyć się z małą odrobiną prawdopodobnej dobroci wewnątrz kontrolującego nas, religijnego bytu, lecz ja wierzę, że to nasza dobroć jest tym czynnikiem, który pozbywa się ciemnych sił, a nie grupa Jezusowa, która miałaby to robić. Faktycznie to grupa Jezusowa zawiera wiele demonów i ciemnych mocy, które rzekomo wypędza z nas jako wrogów, na drodze egzorcyzmów, w ten sposób, że nękanie przez takie byty może być zaaranżowane jako podstęp, aby uzyskać nasze uwielbienie i posłuszeństwo. Sama promuje ona zawładnięcie nami (Bóg/Duch Święty/ Jezus żyjący wewnątrz nas), tak, aby mogła zastąpić w nas demona ze swojej grupy, przypuszczalnie bardziej korzystnym bytem Jezusa. Niemniej jednak, żeby zmusić je wszystkie do opuszczenia naszego ciała, trzeba dużo naszej woli i umiejętności.

Chociaż grupa Jezusowa, w zamian za nasze posłuszeństwo, daje trochę uzdrowienia, to uzdrowienie takie nie jest dawane dobrowolnie z miłości, ponieważ te byty nie wiedzą, czym jest prawdziwa miłość. Kiedy zdecydujemy się odłączyć od jej kontrolujących bytów, po tym, jak zaangażowali się w pracę z nami, będą one awanturować się i nękać nas. Musimy wówczas wytrwale pozostać silni w naszym wnętrzu, a z czasem odejdą.

New Age'owa duchowość niczym nie różni się od Chrześcijaństwa, ponieważ jedno i drugie podąża za grupą Jezusową. W każdej religii istnieją inicjacje, włączając w to „nakładanie rąk" z modlitwą w Chrześcijaństwie i Katolicyzmie. Zazwyczaj ręce te nakłada się nad bądź na głowie, co oznacza, że znajdują się one nad naszą czakrą korony, przekierowując energię do naszej głowy, a dalej do ciała.

„Religie" New Age obmyślone zostały w ciągu ostatnich kilku

dziesięcioleci, żeby trafić do ludzi, którzy nie lubią uciśnionego poddaństwa religii, lecz wciąż chcą dokonywać dobrych czynów, kochając ludzi, zwierzęta i Ziemię. Naturalnie ludzie stają się bardziej rozwinięci, wraz z gotowością Ziemi do naturalnej ascendencji (w rozdziale 8), tak więc grupa Jezusowa była zmuszona do przekształcenia swoich taktyk, żeby stłumić coraz częściej budzącą się ludzką populację.

Mój przyjaciel, James Macaron, nie wiedząc o tym, uczestniczył w ceremonii inicjacyjnej, była to część wyjazdowego warsztatu na temat surowej żywności wegańskiej, orgaznizowanego przez Davida Wolfe. James nie był zainteresowany niczym religijnym ani duchowym i uczestniczył w tych warsztatach, żeby w pięknym miejscu spotkać innych orędowników zdrowej żywności. Niestety, ceremonia duchowa była częścią programu. Była to ceremonia aktywacji ciała świetlistego, formalnie zwana Aktywacją Oddechu i Ceremonia Oczyszczania, a plan nie wyjaśniał niczego poza wspomnieniem, że będzie to medytacja z oddechem. Plan zawierał również listę codziennych intencji, na tamten dzień była to intencja „poddaj się". Poddanie się jest właściwym słowem do opisania tego, czego spodziewano się od niczego niepodejrzewających kandydatów.

James tak oto opisuje tę ceremonię:

> Ceremonia była iście religijna, pod przebraniem New Age'owej duchowości. Przed wejściem do sali otrzymaliśmy błogosławieństwo na znak krzyża płonącą szałwią. W sali tej, na środku, znajdował się ogromny ołtarz z gigantycznym, jasnym kryształem oraz rozmaitym asortymentem mniejszych kryształów. Z tego, co sobie przypominam, inną częścią ekspozycji był obraz Jeshua (jak oni go nazywali), otrzymującego promień światła lub stojącego wewnątrz konfiguracji Zatrutego Jabłka.
>
> Uczestnikom kazano położyć się na podłodze, w okręgu, z głowami skierowanymi w stronę ołtarza. Później mieliśmy szybko oddychać, co wiązało się z dwoma wdechami i jednym wydechem, przyspieszanymi sukcesywnie w takt rozbrzmiewających plemiennych bębnów. Oddychanie to miało pomóc nam w aktywowaniu naszego ciała do uwolnienia negatywności, starych emocji oraz otrzymania czystego uzdrawiającego światła, udostępnianego przez prowadzących. Oddech taki nadmiernie napowietrza ciało, do punktu alkalozy krwi i otwiera czakry dla innych bytów, aby mogły manipulować zarówno emocjami, jak i umysłem. Polecono nam, aby pozwolić emocjom napłynąć i odejść. Ludzie śmiali się, krzyczeli z radości lub płakali. Emocje zmieniały się gwałtownie.

Różni ludzie prowadzący tę ceremonię robili jakieś rzeczy pomiędzy ołtarzem a głowami uczestników, nie jestem w stanie powiedzieć, co oni robili, gdyż uczestniczyłem w ceremonii. Jednym z moderatorów był Omakayuel, co nie jest ludzkim imieniem; był on również moim osobistym „kumplem", którego imię wyciągnąłem z kapelusza na początku warsztatów.

W miarę trwania ceremonii, doświadczyłem uczucia skurczu rąk, co doprowadziło je do podniesienia ich do mojej klatki piersiowej i skuliło je w szpony. Doznałem zupełnego paraliżu mojego ciała i poczułem niewidzialną, energetyczną obecność nade mną i wokół mnie. Starałem się poruszyć, ale nie mogłem – czułem, jakby moje ciało zostało przejęte, za wyjątkiem świadomości. Bałem się. Czułem, jakby trwało to od pięciu do dziesięciu minut. Po czym, w przeciągu kilku sekund, obecność ta odeszła, a wraz z nią – paraliż. Było to tak szybkie, że wydawało nienormalne, a nie jak zwykła alkaloza pochodząca od hiperwentylacji.

Po tym poczułem się lżej w swoim ciele, ale byłem w stanie szoku i czułem, że zostałem permanentnie aktywowany, bardziej z moim emocjonalnym ja. Oznacza to, że moje czakry zostały otwarte, lecz czasami czułem, jakbym nie kontrolował ich ani moich emocji, czy mego umysłu. Musiałem nauczyć się zatrzymywać wewnątrz siebie, kiedy zaczynałem zachowywać się tak, jak normalnie się nie zachowuję. Musiałem więc odkryć ponownie siebie oraz moje własne energie, abym mógł powstrzymywać to częściowe przejęcie przed zaistnieniem, które było wynikiem tej ceremonii inicjacyjnej.

Po tym, jak James zdał sobie sprawę z tego, jak inny czuł się po ceremonii aktywacji ciała świetlistego, przeprowadził on rozeznanie. Ceremonia zaaranżowana była przez człowieka o imieniu Amoraea Dreamseed (czyt. amorija drimsid – przyp. tłum.) i jego partnera, z którym prowadzą szkołę fałszywej ascendencji, zwaną Szkołą Światła (oryginalna angielska nazwa The Light School – przyp. tłum.). Najpierw na swojej stronie internetowej Amoraea wyjawił, że jego usługi i ceremonie mają umożliwić nam „otrzymanie >>Kodów Światła<< wewnątrz naszego Boskiego Wzorca",[242] – jest zastanawiające, dlaczego mielibyśmy otrzymywać coś z zewnątrz, jeśli to już jest wewnątrz nas. Odpowiedź leży w jego wierzeniu w Prawo Jednego, które odnosi się do Boga jako „Wszechcentrycznego Fraktalnego Źródła Boga".[243]

Amoraea wspomina również „linie energetyczne w kształcie tubowego torusa" wokół Ziemi, co jest konfiguracją Zatrutego Jabłka oraz „Uniwersalnym

Torusem Ciała Świetlistego".[244] Opisuje on tubowy torus jako pole utrzymujące całą kreację, „spiralne, kuliste pole z czarną dziurą pośrodku, które wytwarza fale implozji nieskończonej grawitacji, która to ruchem spiralnym [poprzez złoty stosunek] wciąga do siebie całą energię".[245] Matematycznie Torus jest „powierzchnią wytworzoną poprzez rozciągniecie rury wokół okręgu",[246] tworząc zamkniętą pętlę cyrkulacji przetworzonej energii, która, jak mówią zwolennicy nauki śmierci, jest sposobem, dzięki któremu energia staje się ustabilizowana i nieskończona. W zasadzie to Amoraea nazywa tę siłę Miłością.

Jak twierdzi James, żadna z tych informacji nie została wyjaśniona ludziom uczestniczącym w ćwiczeniach oddechowych, które zwodniczo przeprowadził Amoraea i jego wspólnik, a które wykorzystane zostały do aktywacji ciała świetlistego dla anielskiej kontroli. W naturalnych okolicznościach aktywacja powinna być korzystnym wydarzeniem, lecz upadli aniołowie tworzą ogniwo dostępu do obszaru aktywacji, czasami przy użyciu dodatkowej technologii implantu, który umieszczają na poziomie energetycznym swoich ofiar. Innymi słowy, obcy mogą teraz z łatwością, częściowo lub zupełnie, przejmować tych ludzi, do momentu, aż zdadzą sobie oni z tego sprawę i zamkną te połączenie energetyczne.

Ceremonia aktywacji oddechem nazwana została również odrodzeniem (oryginalny angielski termin „rebirthing" – przyp. tłum). James nie chciał ani nie potrzebował stać się w tym odrodzeniu ciałem dla obcego z wyższego wymiaru! Na swojej stronie internetowej Amoraea pokazuje swoje cyfrowe i akrylowe obrazy, na których smugi światła dotykają uczestników podczas podobnych ceremonii. ATI,TPE wyjaśnia, że te światła to byty. Najwyższą intencją tych Metatronicznych ceremonii jest umożliwienie tym bytom pełnego wejścia do danej osoby, jak pokazuje Amoraea.

Amoraea Dreamseed pracuje z Amorah Quan Yin (czyt. amorija kłan jin – przyp. tłum.), kanałem dla książki pt.: „Plejadiańskie perspektywy ludzkiej ewolucji", o której wspomniałam w rozdziale 3. Omakayuel mieszkał z nimi w miejscowości Mount Shasta (miejscowość od nazwy góry o tej samej nazwie, czyt. Maunt Szasta – przyp. tłum.) w Kalifornii, oraz wraz z Quan Yin podróżował do egipskich piramid. ATI,TPE ujawnia, że Omakayuel jest nazwą grupy obcych, którzy po ceremonii ciągle nękali Jamesa. „Kumpel" Jamesa nie tylko przemianował się na Omakayuel, żeby pokazać honor (uwielbienie) temu „anielskiemu przewodnikowi", ale również, żeby przyjąć jego opętanie. ATI,TPE ujawnia także, że Reptiliański wyższy dowódca nękał Jamesa, żeby żywić się jego energią; odkryliśmy, że jest to przywódca grupy Omakayuel.

James powiedział mi, że po tej ceremonii często odczuwał czyjąś obecność w swoim domu. Odkąd dowiedział się prawdy o tej sytuacji, pamiętał, aby roztaczać wokół siebie i swojego domu ochronną energię, łącząc się ze

Wszystkim Co Jest, Czystą Esencją, oraz zdecydował się być świadomym swoich energii.

Metatron daje prowadzone medytacje oraz channelingi, podobne do Michała. *Tron* jest przedrostkiem z greckiego, oznaczającym instrument, tak jak urządzenie cyklotron, które manipuluje cząsteczkami podatomowymi;[247] dlatego *Metatron* jest dalekosiężną technologią w naszym wszechświecie. Ponieważ Metatron jest nazwą wybraną dla linii rasy z wyznaczonym męskim archaniołem, możemy wywnioskować, że jej skład genetyczny zintegrował tę technologię. Jako uczestnik ze swoją naziemną załogą Galaktycznej Federacji Światła, Metatron rekrutuje ludzi do fałszywego uzdrawiania, które euforycznie usuwa symptomy, lecz w zamian wszczepia ciemną chorobę śmiertelnej energii. Oczywista Metatroniczną procedurą jest Reconnective Healing® (Uzdrawianie Rekonektywne).

Znany nauczyciel tej praktyki, Eric Pearl, wciągnięty został przez kobietę pracującą z energią, która poleciła mu przeczytanie rozdziału z książki J. J. Hurtak'a pt.: „Księga Wiedzy. Klucze Enocha". Posłuchał jej, a następnie otrzymał od niej zabieg energetyczny, który zamienił go w Metatroniczny prąd energetyczny. W ciepłym pomieszczeniu, nagle, na pięć minut zrobiło mu się bardzo zimno, lecz zaakceptował to jako część religijnego doświadczenia. Jednego razu jego dłoń krwawiła, lecz zaprzecza on, że były to stygmaty. Mówi, że tylko „przekazuje energię" ludziom, smagając ich z lewa i z prawa, w swego rodzaju cudownej ceremonii. On sam oraz jego naśladowcy odczuwają i często widzą obecność z innych światów, w pomieszczeniu, w którym odbywają się zabiegi energetyczne.[248]

Niestety, otrzymałam jego zabieg energetyczny, lecz byłam niechętnie nastawiona do tego. Mój chiropraktyk zawracał mi tym głowę, gdyż po latach leczenia nie otrzymałam wciąż uzdrowienia. Moja intuicja oraz doświadczenie kazały mi uważać, gdyż zabieg ten najprawdopodobniej miałby przywołać inne byty/obcych, aby przyszły do mnie. Powiedziałam mu o tym, a on odpowiedział: „Nie wzywam niczego, lecz po prostu kieruję moje wezwanie do najdalszego regionu wszechświata, aby czysta energia przeszła przeze mnie".

Nie wierzyłam mu całkowicie, ale w tamtym czasie byłam wystarczająco otwarta, gdyż sądziłam, że wyczerpałam już opcje na uzdrowienie bólu w moim ciele. Wytłumaczyłam sobie: „Mogę przecież zabezpieczyć swoją energię, z chwilą, kiedy poczuję, że coś jest nie tak. Nie mogę się tak ograniczać w myśleniu, jeśli mogłoby to faktycznie pomóc".

Leżałam na plecach na jego stole do zabiegów, przez większość czasu z zamkniętymi oczami. Zaczął od moich stóp, z rękami nade mną, po czym podszedł do mojej głowy. Zaczęłam odczuwać silne ciepło nad głową, więc otworzyłam oczy i zobaczyłam, że stoi on z rękoma w mojej aurze. Usiłowałam wejść wewnątrz siebie, wzywając jednocześnie miłość, prawdę oraz Wszystko Co Jest (znając to jako czystą esencję), ale byłam wtedy jeszcze na początku mojej podróży i nie wiedziałam, jak właściwie zabezpieczać się. Wciąż pozostawałam w jakiś sposób otwarta na taką procedurę. Kiedy zakończył, usiadłam i natychmiast poczułam zawroty głowy. Jechałam do domu samochodem trochę niebezpiecznie, a w domu, kiedy wstałam w nocy, wpadałam na ściany, a dla złapania równowagi musiałam przytrzymywać się czegoś ręką. Myślałam, że moja energia przestawiła się i że sen mi pomoże. Nie, nic nie pomogło, wstałam równie niestabilna.

Następnego wieczoru po tej procedurze zadzwoniłam do mojej mamy, aby przyszła i przekalibrowała mnie. Powiedziałam jej, że nie mogę zrobić tego sama. Czułam się poza kontrolą. Usiadła przede mną, ujęła mnie za obydwie ręce i energetycznie sięgnęła do mojego ciała, z poszerzoną esencją ATI, TPE, aby podłączyć do tego moją energię. Znałam jej czystą energię w tej praktyce, więc pozwoliłam jej, by mi pomogła. Wtedy poszerzyła tę właściwą energię przez całe moje ciało i aurę i nareszcie poczułam się znowu sobą. Moja głowa i ciało były ponownie moje.

Grupa Jezusowa oraz jej sprzymierzeńcy chcą, byśmy zatracili nasze prawdziwe ja. Prawdę o swoich szkodliwych działaniach i technologiach obracają w kłamstwo, mówiąc, że są one dla nas korzystne lub nawet, że jest to nasz wybór! Przykładem jest ten oto channeling kolektywu Michała dla pani O'Riley:

> Moi Ukochani, dobrowolnie zgodziliście się, żeby zostać poddani wybiórczej amnezji, tak, byście mogli „poznać to miejsce po raz pierwszy", jeśli zechcecie. Przyjęliście kontrakt, że wybrane lekcje odczuwane będą jako nowe, zaś wasza tęsknota za DOMEM nie będzie zakłócać waszej nauki i doświadczania tych lekcji, które zakontraktowaliście na to życie.
>
> Bez zasłony, Moje Piękne Istoty Światła, ciągle chcielibyście wrócić do DOMU, kiedy rzeczy stawałyby się trudne i niewygodne.[240]

Grupa Jezusowa wykorzystuje Metatroniczne kodowanie Technologii Czystej Płyty, w celu usunięcia nas z naszej prawdziwej tożsamości. Tak jak oświadczone zostało to w „Pismach Terra", wygląda na to, że SSS-T również używają tej technologii.

> Niezliczone ilości wojen na przestrzeni miliardów lat nauczyły Królowe SSS życiowej lekcji, że wróg lub podmiot buntowniczy nie służy celowi, kiedy wykona się na nim wyrok. Jeśli jednak przeprogramowano jego mózg, opór został wyeliminowany, a jego

sprawne ciało dodane zostało do siły roboczej. Kontrola umysłu była Nauką z wyboru dla SSS-T (s. 4).[205]

Łatwiej jest podstępem oszukać ludzi, aby zgadzali się z tymi środkami, zamiast zmuszać ich fizycznie, lecz jeśli ci obcy nie uzyskują wystarczającej ilości członków z kontrolowanym umysłem, aby przyłączyli się do ich armii bądź innych ich celów, wówczas nie chce nawet wspominać, jak agresywni potrafią się stać.

Grupa Jezusowa oraz wszystkie kontrolujące grupy boga są uparte, ponieważ potrzebują nas, a nie na odwrót, tak jak oni twierdzą. Wykorzystywanie przez nich może być niebezpieczne, jeśli nie posiadamy wiedzy oraz narzędzi, aby się z tego wyzwolić. Wypowiem się szerzej o tym ważnym procesie w rozdziałach 9 i 11.

Poniższy fragment jest przygnębiającym i desperackim apelem mężczyzny o imieniu Rich, który nie znał swoich opcji. Niestety, kiedy próbowałam skontaktować się z nim, jego profil z forum internetowego został usunięty.

> Witajcie wszyscy,
> Jest to pilna wiadomość!!! Proszę, poświęćcie chwilę czasu, aby przeczytać to w całości. Piszę do was, gdyż nie ma wiele miejsc, w których mogę zamieścić tę wiadomość i muszę powiedzieć to komuś, zanim będzie za późno. Jestem dręczony przez demoniczne byty, które twierdzą, że są tym samym, co GALAKTYCZNA FEDERACJA, RADA ŚWIATŁA, DOWÓDZTWO ASZTAR, KOMANDOR HATONN ORAZ WNIEBOWSTĄPIENI MISTRZOWIE. Zawładnęli moim ciałem tak, jak w klasycznym demonicznym opętaniu. Zadręczają mnie kłamstwami już przez wiele lat. Literują oni wyrazy w bardzo prymitywny sposób, poruszając moimi stopami i palcami u stóp. Ich literowanie nie jest za dobre… rozszyfrowywanie może zajmować czasami kilka godzin. Twierdzą, że mają „prezent dla was". Chcą rozbudzić kundalini. Mam w głowie ciągły odgłos bzyczenia, jakby był częścią jakiegoś ula obcych. Wiem, że używają implantów, które mogą wszczepić za pomocą niewidocznych środków. Znalazłem u siebie dwa z nich, tuż pod skórą na łokciu. Zacząłem wierzyć, że te byty są piekielnymi stworami, które dręczą wszystkich ludzi. Większość nie jest tego świadoma. Jesteśmy dla obcych zaledwie żywicielami, których wykorzystują dla własnych celów. Niektórych bardziej niż innych. Wierzę, że chcą mnie ustawić jako żywiciela na pełny etat albo coś w tym rodzaju. W pewien sposób zmieniają moje ciało i świadomość. Jest to najstraszniejsze do wyobrażenia

doświadczenie i muszę z tym żyć na co dzień. Proszę, przeczytajcie następującą treść.... „Nasze ciała są wynikiem rezonującej energii dźwięku w formę, a jeśli nasze umysły są wystarczająco silne, żeby zmienić zakres dźwięku ciała, przenosi się ono do innej formy lub zupełnie znika z tego wymiaru. To nazywa się zmiana kształtu (od angielskiego słowa „shape-shifting" – przyp. tłum.). Pochodzi to z następującej strony internetowej: http://www.angelfire.com/ut/branton/posers4.html. Wydaje mi się, że chcą mnie wykraść do innego wymiaru albo przekształcić mnie w coś innego. Nie wiem, ale przeraża mnie myśl o obudzeniu się któregoś dnia otoczonego tymi potworami. Te istoty są mistrzami genetyki, którzy wyhodowują ludzkie hybrydy i hubrydy (specyficzny rodzaj ludzkich hybryd – przyp. tłum.), które później powoli zintegrowują z naszym społeczeństwem. Jest to najwyższa forma matactwa. Zjawisko obcych jest prawdziwe. Istoty te są Bogami z Biblii (ELOHIM, JEHOWA, JEZUS) oraz wszystkimi innymi religijnymi bóstwami. WSZYSTKO TO PODSTĘP!!! Nie ma Boga. Są tylko te istoty, które dały prymitywnym ludziom iluzję Boga. Gardzą oni także kultem religii, Szatańskich kościołów, sabatami czarownic, tajnymi stowarzyszeniami, tajna kabałą, wymieńcie jeszcze, co chcecie. Czynią to poprzez kontrolę umysłu. Używają oni subtelnej perswazji na słabych umysłach lub na ludziach, którymi manipulują przez całe ich życie. Są one również wspierane przez istoty, które istnieją w fizycznej formie. Nie wiedzielibyście, że nie są ludźmi, kiedy mijalibyście ich na ulicy. Tworzą oni tajny, światowy rząd. Kontrolowani przez Illuminatów, którzy nie są czym innym jak kukiełkami dla obcych władców tej planety....

Te istoty używają najbardziej wyrafinowanych technologii. Są one poza ludzkim pojmowaniem. Posługują się oni hiper nanotechnologią, fizyką cząsteczkową, energią elektromagnetyczną, dźwiękiem, światłem, technologią tuneli czasoprzestrzennych, pojazdami o super napędzie, kontrolą pogody oraz wieloma innymi technologiami, które wprawiają umysł w osłupienie. Kontrolują tę planetę. Kontrolują nasze agencje bezpieczeństwa. Za pośrednictwem mediów dokonują oni masywnej kontroli umysłów (podprogowo). MONTAUK, MK ULTRA, CZARNY BUDZET, PSYCHOLOGICZNE DZIAŁANIA OPERACYJNE, MJ12 i można by wymieniać jeszcze. Maczali oni w tym palce. Teraz chcą przedstawić się jako Asztar Galaktycznej Federacji, Plejadianie, Syrianie, Arkturianie,

Andromedanie, istoty Chrystusowe, Michał Archanioł, Komandor Hatonn i Metatron, który powiedział, że jest najwyższym z Archaniołów oraz masa innych postaci. Nie wspominając istot kryjących się za scenariuszami wszystkich kontaktów z lat 50-tych. Nie rozumiecie, rodacy? Jesteśmy zabawką dla obcych oszustów, którzy odgrywają naszych bogów (lub kosmicznych braci). To wszystko żywcem wzięte z serialu Gwiezdne Wrota SG-1 (oryginalny tytuł amerykańskiego serialu „Stargate SG-1" – przyp. tłum.). Te istoty mają właściwie demoniczną naturę. Pochodzą one z różnych gęstości (galaktyk) oraz wymiarów i żyją tutaj na Ziemi. Siedem lat temu nie uwierzyłbym w żadną z tych rzeczy, ale teraz wiem, że to prawda. Wielu ludzi, którzy przekazują przesłania od tych istot, dowiaduje się, że są błędne lub że są zwykłymi kłamstwami....

...Wierzę, że tak, jak wskazuje na to David Jacobs w swojej książce pt.: „ZAGROŻENIE", nasz świat znajduje się w wielkim zagrożeniu pochodzącym od tych istot. Zwłaszcza tutaj, w Stanach Zjednoczonych. Powinniśmy się domagać, żeby nasz rząd... powiedział prawdę o kontrolowanych przez obcych bazach w całych Stanach, tak jak Obszar 51 (ang. Area 51 – przyp. tłum.), Góra Szasta (ang. Mt. Shasta – przyp. tłum.), Dulce oraz inne. Proszę zauważyć, iż jestem w pełni zdrowy na umyśle oraz inteligencji. Piszę to, gdyż myślę, że nie zostało mi zbyt wiele więcej czasu. Zalewają oni moją głowę całą tą energią i już jestem głuchy na moje prawe ucho. Powiedziano mi ostatnio, że zostanę przez nich zamieniony w płomienie. Nie wiem, czy odnosi się to do spontanicznego samozapłonu. Ale jest to rodzaj diabelskiej inteligencji, z którą mam do czynienia. Obawiam się, że jeśli nie wyjdę z tym przesłaniem teraz, nie będę już miał później możliwości. Ci, którzy służycie jako kanały dla tych istot, proszę, zapytajcie ich, dlaczego mnie nękają i zamieśćcie swoje komentarze tutaj. Inni zaś, przekażcie tę wiadomość dalej.

Rich [249]

[Uwaga: Usunęłam część tego listu, stawiającą Lucyfera na czele całego zła, ponieważ jest to tylko częściowa prawda.]

Po tym, jak napisałam pierwsze wydanie tej książki, kobieta o imieniu Holly skontaktowała się ze mną, żeby powiedzieć mi, że pamięta informację zamieszczoną o Richu i o tym, jak ona doświadczyła podobnego opętania. Jej przypadek obejmował istoty, które używały jej nosa do pisania w powietrzu, tak że mogła to widzieć. Nękały ją ciągle dniem i nocą, do czasu, aż świadomie uwolniła wszystkie energetyczne połączenia z jej przeszłością New Age'ową i bezpośrednio połączyła się ze Wszystkim Co Jest, Czystą Esencją, dla ochrony – czystą energią pozwalającą jej odzyskać samą siebie. Podobnie inna kobieta o imieniu Jamie powiedziała mi, że odkąd werbalnie i energetycznie uwolniła wszystkie kontrakty duszy – jak ona je nazywa – z innymi bytami, była w stanie odzyskać wolność i kontrolę nad swoim prawdziwym ja. Widziała, jak opuścił ją gęsty, czarny, astralny szlam.

Chociaż obce byty mogą być uporczywe, a czasami przygnębiające, to my i tak posiadamy najwyższą moc nad samymi sobą. Jeśli chodzi o Richa, mam nadzieję, że już wkrótce znajdzie on swoją wewnętrzną świadomość i moc swojej energetycznej, umysłowej i fizycznej wolności, jeśli już tego nie zrobił. Jednym z kroków do odzyskaniu siebie samego jest usunięcie wpływów religijnych i New Age'owych mediów, które popychają wyobraźnię poza logiczne granice, włączając w to odniesienia do zmiennokształtności i zmierzają wprost do jego rdzenia, poza zewnętrznymi rozmowami.

Rozdział ten jest bardzo niewygodny do pisania i do czytania. Wybaczcie mi, ale muszę odsłonić ciemną energię-materię ucieleśnianą przez czołowych bogów. Jedynym sposobem na ustanowienie wiecznej kreacji jest zbudowanie jej na solidnym fundamencie, a nie na zniekształconym, który rozpada się. Przesłanie Richa – o tym, że ci obcy pracują nad tym, żeby zmienić nasze ciała – jest w głównej mierze prawdziwe. Używają nas oni jako źródła energii. Czytałam jeden z channelingów Michała, instruujący mężczyznę do otwarcia swego ciała dla Michała, aby ten wszedł w nie, żeby móc naprawić DNA. To kłamstwo, przynajmniej w większości.

Pamiętajcie: świadomość, krytyczne myślenie oraz wyśrodkowanie się w rdzeniu samego siebie umocnią was. Jeśli nie znacie swojego prawdziwego ja, poza waszym społecznym uwarunkowaniem, proponuję, abyście rozpoczęli już teraz ten proces poznawania samych siebie. Na chwilę obecną, po prostu zróbcie wydech i strząśnijcie z siebie całą tę ohydność tego, co przeczytaliście w powyższych channelingach i fragmentach i kontynuujcie proszę ze mną w odnowionej sile. Proponuję, byście podtrzymywali swoją wewnętrzną siłę, czytając kolejne sekcje. Część 4 tej książki pomoże przetworzyć nasze zdolności i odsłonić naszą wspaniałą naturę.

Lucyfer i Szatan

Grupa Michała z „Księgi Urantii" (ang. *The Urantia Book*, skrót UB) wyjaśniła bliski relacje pomiędzy rzekomo przeciwnymi biegunami Jezusa i Lucyfera, znanego Chrześcijanom jako Diabeł. Diabeł w Starym Testamencie Biblii jest pisany małą literą i w liczbie mnogiej, celem przedstawienia demonów lub zaledwie kozłów na ofiarę. Nowy Testament ukazuje związek *diabła* z demonem, ale także wprowadza „diabła" lub „Diabła" jako pojedynczy byt. W rozdziale 4 biblijnej Ewangelii św. Mateusza „diabeł" kusił Jezusa, fizycznie zabrał go w różne miejsca i wreszcie zostawił go. Biblia opisuje Diabła jako rodzaj skończonego człowieka. W Pierwszym Liście św. Jana, rozdział 2, wersy 13 i 14 dalej oznajmiają: „Piszę do was, młodzi, że zwyciężyliście Złego". Chrześcijanie stworzyli mistyczne, potężne Diabelstwo (podobnie do Bóstwa), które nie może być utożsamiane z oddzielnymi, mniej potężnymi bytami, co przeczy Biblii, wyraźnie wymieniającej różne imiona oraz fizyczne ograniczenia dla chrześcijańskiego przeciwnika.

Głównymi problematycznymi diabłami są Lucyfer i Szatan, z Lucyferem u steru. Diabłami mniejszej wagi są Kaligastia (oryginalna angielska pisownia Caligastia – przyp. tłum.) i Belzebub. Wszystkie te imiona wymienione są w Biblii, za wyjątkiem Kaligastii, który jest Planetarnym Księciem w UB. Jak wyjaśnia ATI, TPE, Kaligastia jest bytem odrębnym od pozostałych.

Według hierarchii Synów Boga Lokalnego Wszechświata z UB, Lucyfer zajmuje pozycje dwa poziomy niżej od Melchizedeków.

LUCYFER był błyskotliwym, pierwszym Synem Lanonandekiem z Nebadonu. Doświadczył on służby w wielu systemach, był wysokiej rangi doradcą w swojej grupie i wyróżniony został za mądrość, przenikliwość i efektywność. Lucyfer był numerem 37 w jego organizacji, a kiedy został mianowany przez Melchizedeków, wyznaczony został jako jeden ze stu najzdolniejszych i najbardziej błyskotliwych osobowości pośród siedmiuset tysięcy jego rodzaju (601.1).

Lucyfer jest teraz upadłym i zdymisjonowanym Władcą Satanii [nazwa naszego układu słonecznego, do rządzenia którego został wyznaczony]. Samo-kontemplacja jest najbardziej zgubna nawet na dla wyniosłych osobowości świata niebiańskiego. O Lucyferze powiedziano: „Twoje serce zostało uniesione z powodu twojego piękna; z powodu swojej błyskotliwości umysłu, zdeprawowałeś swoją mądrość" (601.5).

Niewiele słychać było o Lucyferze na Urantii [Niewłaściwe słowo grupy Jezusowej dla Ziemi] z tego powodu, że wyznaczył on swojego pierwszego pułkownika, Szatana, aby pilnował jego spraw na waszej planecie. Szatan był członkiem tej samej podstawowej grupy Lanonadeków, lecz nigdy nie działał jako Władca Systemu; w pełni wszedł w powstanie przeciwko władzy Lucyfera. „Diabeł" to nikt inny jak Kaligastia, zdymisjonowany Książę Planetarny Urantii oraz Syn drugorzędnego porządku

Lanonandeków. W czasie, kiedy Michał przebywał w ciele na Urantii, Lucyfer, Szatan i Kaligastia byli sprzymierzeni ze sobą, aby wpłynąć na niepowodzenie wyznaczonej przez niego misji. Lecz rażąco nie dopełnili oni obowiązku (602.1).

Belzebub był przywódcą nielojalnych stworzeń na rozdrożu, które sprzymierzyły się z siłami zdradliwego Kaligastii (602.2).[17]

ATI,TPE ujawnia, że Lucyfer jest jednym z bardzo starych, oryginalnych Borża-Metatron-Szantarel. Obecnie ucieleśnia on tak zwanego Wniebowstąpionego Mistrza Sanata Kumara, co oznacza ze „Lucyfer przyswoił całą esencję ciała Sanata Kumary dla swojego własnego celu i agendy, aby lepiej kontrolować Ziemię", oznajmia ATI,TPE. Sanat Kumara większości lub wyłącznie działa z czwartego wymiaru.

W „Podróżnikach II" GA nie uznaje Lucyfera jako pojedynczego bytu. Opisuje go raczej jako rodzinę, która obecnie działa z różnych miejsc na Nibiru i Plejad z Alkione (przypuszczalnie z ich fantomowych części) oraz z Tiamat.[121] Prawdą jest, że Lucyfer ma powiększoną rodzinę w tych obszarach, ale męski byt, kryjący się za imieniem Lucyfer, istniał już eony czasu wcześniej.

Biblia tylko raz wspomina Lucyfera, w rozdziale 14 Księgi Izajasza, za to Szatana wymienia znacznie częściej. Faktem jest, że leksykon *exeGesis Równoległa BIBLIA* pokazuje, że *przeciwnik* w Biblii zastąpiony jest *szatanem*.[8] Szatan jest bytem Szantarel o imieniu Samael i jest on drugim komandorem Lucyfera, oświadcza ATI,TPE. Biorąc pod uwagę, jak często jest on wspominany w Biblii, ma on na nią duży wpływ. GA oświadcza, że istnieje rodzina Satain (angielska nazwa Szatana jest Satan, czyt. Sejtan – przyp. tłum.) Drakonian-Anunnaków, która uosabiana jest jako Szatan;[121] ale faktycznie nie jest to Szatan jako Samael.

Lucyfer, Szatan i Diabeł są utożsamiani z rozmaitymi symbolami, takimi jak pentagram, kozioł, smok i wąż. Chciałabym trochę wyjaśnić te zamieszanie i pokazać związki z Judeo-Chrześcijaństwem.

Pentagram kojarzony jest z astrologią i stworzeniem. Kiedy opisywany jest we „właściwy" sposób, jako skierowany ku górze, reprezentuje on ducha przewodniczącego czterem żywiołom materii. W Babilonie prawdopodobnie reprezentował astrologiczne usytuowanie „pięciu planet: Jowisza, Merkury, Marsa i Saturna oraz Wenus jako >>Królowej Niebios<< (Isztar) na górze".[250] Z Wenus na wierzchołku kierowani jesteśmy do Sanat'a Kumara i Gabriela. We wczesnym Chrześcijaństwie reprezentował on również pięć zmysłów dla zdrowia oraz pięć ran Chrystusa. W religii żydowskiej Kabały rytuały wykorzystują pentagram do przywoływania Michała i towarzyszących mu aniołów w każdym punkcie pentagramu. Cztery różne długości segmentów linii pentagramu zostały utworzone z sekwencji Fibonacciego, takich jak: 8,

13, 21 i 34.

Bardziej naturalny, skierowany ku górze wierzchołek pentagramu, wydłuża się dalej niż nasz matematyczny pentagram, aby sięgać poza naukę fraktalną, działając jako międzywymiarowe przejście do następnego, wyższego wymiaru. W warsztatach Ashayany, zatytułowanych „Sliders-2" (czyt. slajders – przyp. tłum), MCEO pokazuje, jak ta konkretna struktura pentagramu wykorzystywana jest w fizyce kreacji.[251]

Skierowany do góry nogami pentagram był ważnym symbolem geometrycznym dla Pitagorejskiej szkoły myśli. Z dwoma wierzchołkami skierowanymi do góry to miejsce lub łono, w które włożony został pierwszy pra-kosmiczny potomek, żeby spowodować pojawienie się uporządkowanego kosmosu.[252] Reprezentuje to pustkę, z której wyłoniła się kreacja i pochodzi to z Sumeryjskich prac, datowanych na rok około 3000 p.n.e.[250]

W 19-tym wieku naszej ery francuski pisarz okultystyczny, Eliphas Lévi, spopularyzował „negatywne" znaczenie kryjące się za odwróconym do góry nogami pentagramem. Większość Chrześcijan nie jest świadoma, że nauczał on magii według rytuałów Kabały, przywołujących Michała i jego podkomandorów, nie Szatana. Przetłumaczony fragment z książki „Transcendentalnej magii, jej doktryny i rytuały" Lévi'ego oznajmia:

> Odwrócony pentagram, z dwoma wierzchołkami zwróconymi do góry, jest symbolem zła i przyciąga złowrogie siły, ponieważ obala właściwy porządek rzeczy i demonstruje triumf materii nad duchem. Jest to kozioł lubieżności, atakujący swoimi rogami niebiosa, znak przeklinany przez wtajemniczonych.[250]

Wizerunek Szatana przedstawiany jest za pośrednictwem pół-kozy, pół-człowieka. Kozy były preferowanymi zwierzętami na ofiarę. Księga Kapłańska jest jedyną księgą w Biblii, która wspomina kozła ofiarnego, co pokazuje, jak koza może być kojarzona z człowiekiem. Kozły ofiarne biorą na siebie winę i są symbolicznie ofiarowanymi ludźmi. Co ciekawe, Arihabi'ego jako Yashuah postrzegać możemy jako największego kozła, który został poświęcony.

Księga Kapłańska, rozdział 16, wersy 8-10, oznajmia:

> Następnie Aaron rzuci losy o dwa kozły, jeden los dla Pana, drugi dla Azazela. Potem Aaron przyprowadzi kozła, wylosowanego dla Pana, i złoży go na ofiarę przebłagalną. Kozła wylosowanego dla Azazela postawi żywego przed PANEM, aby dokonać na nim przebłagania, a potem wypędzić go dla Azazela na pustynię.

Leksykon Biblii pokazuje, że *kozioł ofiarny* jest innym słowem dla *azazela*.[8] W Księdze Enocha Azazel jest upadłym aniołem, pokazując, że kozioł reprezentuje grzech. GA oznajmia, iż Azazel jest hybrydą Anielskich Ludzi-Serafim, z odrobiną genów Zefilium (pra-Zeta Szaraków).[121] To może być jedna z jego asymilacji. Pierwotnie był on starożytnym Szantarel, oświadcza ATI,TPE. ATI,TPE ujawnia także, że Azazel jest pierwszym Dowódcą Lucyfera i czasami przejmował Tota, w związku z jego żądzą władzy.

Postać Diabła jako kozła ofiarnego odwraca uwagę od Michała tak, żeby mógł wciąż odgrywać dobrego i dokonywać swoich destrukcyjnych czynów. Jako produkt kreacji Michała, religijne postacie oryginalnej rasy Szantarel stały się jego armią, pokazując, że jest on „Bogiem" ponad upadłymi aniołami, które znane również są jako diabły. Ponieważ niektórzy z tych diabłów świadomie opuszczali Michała, zostali oni odmalowani w Biblii jako upadli, kiedy to oni już byli upadłymi. Ich odejście jest zazwyczaj tymczasowe lub mniej ważne, kiedy chcą oni swojej własnej chwały. Ogólnie wypełniają oni rozkazy Michała, ponieważ kolektywnie – jako dysfunkcyjna rodzina – mają te same agendy.

Faktycznym półbogiem, pół-kozłem, pół-człowiekiem był Pan, grecki bóg dzikich terenów natury, obejmował on również płodność. Pan odzyskał naśladownictwo w Romantycznym Ruchu Zachodniej Europy, na przełomie 18-tego i 19-tego wieku naszej ery, jak również w neopogaństwie 20-tego wieku naszej ery.[253] W 19-tym wieku przemianowany został przez Eliphasa Lévi'ego (nie jest to jego prawdziwe imię – jego nazwisko ukazuje jego wierzenie, które łączy okultyzm z Lewickim kapłaństwem) na Kozioł z Mendes. Lévi prawdopodobnie odnosił się do relacji greckiego historyka z 5-go wieku p.n.e., Herodotusa, że bóg z Mendes – grecka nazwa miasta w Egipcie – posiadał oblicze i nogi kozła. Niemniej jednak faktycznym egipskim bóstwem był baran, w którym wierzono, iż jest duszą Ozyrysa.

Lévi połączył „wizerunek karty Tarota Marsylskiego Diabła i przerobił barana Ba-Neb-Dżet na jego-kozła, wyobrażanego przez niego dalej jako kopulator w Anep oraz inseminator w dzielnicy Mendes".[254] Nowy symbol boga kozła-człowieka przemianowany został na Bafometa (oryginalna angielska pisownia Baphomet – przyp. tłum.). Niektórzy Sataniści twierdzą, że imię Bafometa zostało kilkanaście razy wymienione przez kilku francuskich Rycerzy Templariuszy, kiedy torturowano ich na spowiedzi przez władze króla Francji Filipa IV, lecz nie opisywali tego, jako coś, co miało cechy kozła czy barana. To, co rzuca się mi w oczy w popularnym, zespolonym satanistycznym symbolu, stworzonym przez Lévi'ego, to kobiece piersi, dwa półksiężyce (Islamiści używają symbolu półksiężyca) oraz anielskie skrzydła. Ukazywanie płodności wspiera powszechną praktykę wymuszonej hybrydyzacji oraz modyfikowanego genetycznie sztucznego zapłodnienia stosowanego przez upadłych aniołów.

Jednym z przedstawień postaci Diabła jest smok. „Księga Urantii" oznajmia: „Ostatecznie smok stał się przedstawieniem wszystkich tych uosobień zła. Po triumfie Michała Gabriel zstąpił z Salvington i pojmał smoka (wszystkich buntowniczych przywódców) na wiek" (602.3).[17] Smok z UB reprezentuje buntowników, głównie z rasy Czerwonych Smoków z Wesadraka i Drogi Mlecznej. Grupa Jezusowa woli pracować z Zielonymi Smokami Annu i Wesadeka, lecz w rzeczywistości genetycznej hybrydyzacji wyróżnik rasy został z czasem zniekształcony. Religia Satanizmu oczywiście podąża za wpływami Czerwonych Smoków, włączając to czczenie smoczej królowej Dramin, która posiada genetykę Drakonian i Reptilian. Królowa Dramin i SSS-T jest kluczową postacią, ponieważ poślubiła Anu, żeby spłodzić Enkiego, symboliczny pomost pomiędzy politycznymi agendami Wesadeka i Wesadraka.

Dobrym przykładem politycznej i religijnej organizacji łączącej agendy zarówno Wesadeka, jak i Wesadraka, jest Ku Klux Klan (KKK). Powszechnie uważa się, że KKK jest organizacją satanistyczną, a GA przyznaje to w swoim opisie założycieli KKK Czerwonych Smoków.[121] Jednakże jedynym oficjalnym tytułem „Smoka" wewnątrz KKK jest rola stanowego przywódcy Wielkiego Smoka, a przeznaczona dla niego zielona szata wydaje się pokazywać lojalność dla Zielonych Smoków. Dodatkowo członkowie KKK ogólnie twierdzą, że są Chrześcijańskimi Protestantami.

Innym przedstawieniem Diabła jest wąż. Węże są bardziej wężami niż smoki, ale czasami jedne zastępują drugie. Węże charakterystycznie są lądowo-wodne i są gadami, a Enki idealnie pasuje do roli węża z biblijnego Raju. Autor, Michael Tsarion, pisze: „Najpopularniejszym symbolem używanym przez Merowingian był wąż lub smok. W rzeczywistości najbardziej znanym lądowo-wodnym bogiem był Dagon, którego imię odzwierciedla Smoka (od angielskiego słowa Dragon – przyp. tłum.). Jeden z Merowingiańskich królów nosił imię Dagobert".[255]

Merowingianie prawdopodobnie pochodzą od Sary, dziecka Yashuah-Sanandy i Marii Magdaleny i ciągle są jedną z 13-tu najpotężniejszych politycznie i ekonomicznie rodzin na planecie, kolektywnie znani jako Illuminaci. Iluminatów można wyśledzić od Marii Magdaleny, jak wyjaśniłam to w rozdziale 5. Te splecione ze sobą rodziny, które obejmują także Rockefellerów i Rothschildów, zbadane zostały w książkach Davida Icke'a oraz Laurence'a Gardnera, które pokazują niemalże niewidoczne przejście od Żydowskich rodów i systemów wierzeń do Chrześcijańsko-Katolickich. Teraz do całego obrazka dodać możemy Lucyferiański Satanizm.

„Faceci w czerni" w mieście Watykanie i w agencjach politycznych na całym świecie pracują dla Illuminatów. Illuminaci oraz ich tajne stowarzyszenia rozpoczęli i kontrolują system bankowy, który za pomocą ich rabunku i naliczanych przez nich odsetek zadłuża każdego. Największe światowe korporacje są zazwyczaj równoznaczne z illuminackimi rodzinami; kontrolują one światowe zasoby ropy naftowej, kontrolują one banki, które z kolei kontrolują rządy, umieszczając każdego na ich łasce – po to, żeby otrzymać zapłatę na przeżycie. Wydział Obrony rządu Stanów Zjednoczonych otrzymuje mnóstwo illuminackuch funduszy oraz podatków publicznych, nad którymi my nie mamy żadnej kontroli. Ich wojny zaaranżowane są według ich własnych interesów, odwracając uwagę ludzi i utrzymując ich w biedzie. Iluminaci sponsorują także genetyczną modyfikację i chemiczne zatruwanie „żywności", aby uczynić nas chorymi, żeby mogli później pompować w nas więcej chemikaliów za pośrednictwem ich przemysłu farmaceutycznego; to ma wpływ na nasze energetyczne rozróżnianie i kumuluje rozpad naszego DNA.

Masoneria jest armią rekrutacyjną Illuminatów. Istnieją 33 stopnie lub poziomy statusu w hierarchii Masonerii, z najwyższym 33-cim stopniem przypisywanym Wielkiemu Mistrzowi. Masoneria posiada tablice z diagramami do trasowania rozmaitych symboli, aby częściowo ujawniać ich tajemnice, które z kolei Iluminaci umieszczają w projektach architektonicznych, aby zarówno znieczulić opinię publiczną, jak i utrzymać przy życiu ich agendę, dla ich własnych wewnętrznych kręgów.

Tablica Masońska Pierwszego Stopnia przedstawia centralną drabinę, wzniesioną ku pojedynczej gwieździe, na prawo od głównej gwiazdy jest księżyc, opisujący nocne niebo z siedmioma gwiazdami. Na lewo od głównej gwiazdy jest Słońce w świetle dziennym. Ludzi usiłowali znaleźć znaczenie kryjące się za tą tablicą, ale może nie dosłownie zinterpretowali ich wskazówki, żeby dokładnie ujawnić tożsamość kryjącą się za główną gwiazdą. Wayne Herschel, badacz ezoterycznej symboliki, dostarczył część odpowiedzi, która pomogła mi w moim procesie rozwiązania tej zagadki.

Herschel studiował pergamin Hebrajskiego Klucza Salomona, który jest obecnie przetrzymywany w Bibliotece Brytyjskiej. Jeden z piktogramów ma gwiazdy pomiędzy wewnętrznym a zewnętrznym kręgiem, otaczającym kwadratowy diagram. Wewnątrz kwadratu, na środku znajduje się kolejna gwiazda, która umieszczona jest na czubku wysokiego, delikatnego kąta. Gwiazdy wewnątrz podwójnego kręgu posiadają kierunek, który tworzy mapę gwiezdną. Podwójny okrąg zawiera również wizerunek ukośnego krzyża przecinającego się z pionowo-poziomym krzyżem, który jest mniej więcej skopiowany w centrum innego piktogramu. Herschel oświadcza, że ten podwójny krzyż jest Kluczem Salomona.[256]

Chi Rho ✵ (czytaj Czi Ro – przyp. tłum.) Katolicki symbol, którym podpisywał się Jezus lub Bóg, na końcu przepowiedni mojej mamy, wyraża podwójny krzyż. Herschel wyjaśnia, jak Chi Rho reprezentuje połączenie

Plejad i Oriona. Podwójny krzyż reprezentuje zaś Oriona z jego czterema wierzchołkami – Bellatrix, Rigel, Saif i Betelgeza – jako X, a trzy gwiazdy jego „pasa" są „+", który tworzy grzbiet w stronę Plejad – wyrażając Chi Rho litery „P" – wraz z poprzeczką Nebuli Oriona.

Herschel studiował również malowidło ścienne Astronomicznego Sufitu w Grobowcu Senenmut w Deir el-Bahri w Egipcie. Senenmut był zarządcą i wezyrem Królowej Hatszepsut, która była zamężna z Faraonem Tutmosem II.[257] Kopia tego malowidła, na wystawie w Muzeum Metropolitan w Nowym Jorku, ukazuje tę samą centralną gwiazdę na czubku delikatnego kąta. Pokazuje on również rysunek myśliwego Oriona, zliniowanego za pośrednictwem Pasa Oriona, z konstelacją Byka, która przedstawiana jest przez stojącego jakby na jednej nodze, wyprostowanego byka. Układ gwiezdny Plejad jest siedmioma gwiazdami z Masońskiej Tablicy Pierwszego Stopnia i mogą one tkwić na niebie wyprostowane ku górze, w sposób, w jaki noga byka została opisana na malowidle. Główna gwiazda, którą Herschel nazywa „Ra", znajduje się w zliniowaniu pomiędzy Orionem a Plejadami.

Biblijna alegoria Drabiny Jakuba może przedstawiać drabinę lub schody do nieba z Masońskiej Tablicy Pierwszego Stopnia, aby przy jej pomocy sięgnąć do gwiazdy Ra. Jest to droga uczęszczana przez aniołów do schodzenia i wchodzenia między Niebem a Ziemią (Księga Rodzaju 28:10-22). W Kabale drabina ta jest łańcuchem powtarzających się Sefir, jak w kosmologii Drzewa Sztucznego Życia.[258] Islandzcy poganie czcili Ra, umieszczając gwiezdny ornament na czubku trójkątnego drzewa, świętując zimowe przesilenie, tym samym zapoczątkowując pochodzącą z Europy tradycję Bożonarodzeniowej choinki.

Żeby rozwikłać puzzle 33 stopni oraz drabiny z Masońskiej Tablicy Pierwszego Stopnia, Herschel poprawnie określa każdy stopień, jako stopnie wzniesienia na azymutowej siatce, co daje kątowe lub łukowe miary kątów, od horyzontu w górę, poprzez kuliste niebo Ziemi. Również przyjmuje on poprawnie, że obelisk Pomnika Waszyngtona, główny symbol Masonerii, pomaga zidentyfikować gwiazdę Ra, kiedy nocą skierowany jest na wschód.

Możemy użyć oprogramowania do planetarium, takiego jak Stellarium, żeby pokazać siatkę azymutową oraz pozycje gwiazd i planet jako zestaw mapy żyjących gwiazd w stosunku do rzeczywistego czasu.[259] Nie sądzę, żeby Herschel wykorzystywał takie oprogramowanie, ponieważ jego diagramy niewłaściwie pokażą Plejady na wschód od Pasa Oriona. Kiedy umiejscowimy Pas Oriona, Plejady oraz pobliskie lśniące gwiazdy na oraz obok azymutu 90 stopni na wschód, na gwiezdnej mapie Stellarium, możemy określić, która to jest gwiazda Ra. Zanim technologia taka była dostępna, do identyfikacji Ra Masoni wykorzystywali cyrkiel, dominujący symbol Masonerii.

Wschód jest najbardziej znaczącym kierunkiem w religii. Jest nawet pochodna Masonerii organizacja, zwana Porządkiem Wschodniej Gwiazdy. Herschel wydedukował, że 15 września na Pomniku Waszyngtona, stopnie 33-go stopnia zaczynają się na Mintace, na szczycie Pasa Oriona. Oznajmia on tę określoną datę, ponieważ właśnie 15 września 2009 roku jest dniem, kiedy Dan Brown opublikował swoją książkę pt.: „Zaginiony symbol", obejmujący Pomnik Waszyngtona, więc sądzi on, że jest to wskazówka do zlokalizowania Ra. Bierze on niewłaściwy zwrot, nie używając grzbietu Plejad do wskazania kierunku północ-południe. Zamiast tego wykorzystuje on południowo-zachodni kierunek Atlasu, najniższej gwiazdy Plejad, do utworzenia odwróconego „świętego" trójkąta.[256] Konfiguracja ta umieszcza Plejady na prawo od wschodniego azymutu, wskazując na południowo-zachodnią gwiazdę na azymucie wschodnim, która znajduje się 33 stopnie na północny-wschód od Mintaki. Strategia ta prowadzi do mało znanej gwiazdy, takiej jak HIP 18508, tak więc jego konkluzja utrzymuje całun tajemnicy wokół gwiazdy Ra.

Żeby właściwie zbadać proces Herschel'a na koordynatach Pomnika Waszyngtona, ustawiłam strefę czasową swojego komputera na Czas Wschodni i w programie Stellarium wstawiłam datę publikacji Browna. Ku memu zaskoczeniu, Brown faktycznie dał nam wskazówkę! Właściwie wskazówka pokazuje gwiazdę Ra w prostym widoku, ale nie ujawnił tego, żeby prawdopodobnie chronić się przed szkodliwymi reperkusjami. O godzinie 1:33:45 a.m. (w nocy – przyp. tłum.) cały Pas Oriona widoczny jest nad horyzontem, a wizerunki grzbietu Plejad Chi Rho oraz nogi byka wskazują w dół wschodniego azymutu, bezpośrednio nad Aldebaranem. Ra jest Aldebaranem jako lśniącą Gwiazdą Wschodu!

W lokalizacjach Pomnika Waszyngtona i Grobowca Senenmut wschodnie, azymutowe zliniowanie Plejad i Aldebarana trwa przez kilka dni, w okresie około 15 września, ale wydaje się, że Pomnik Waszyngtona w tym dniu jest najdokładniej zliniowany. Są też inne dni i godziny, w tych i innych lokalizacjach z dosłownie podobnymi zliniowaniami, tak jak na przykład 21 grudnia 2012 roku w miejscu Pomnika Waszyngtona.

Zdumiona jestem, że badacze nie zrównali Ra z Aldebaranem, ale jeśli istnieją teoretycy konspiracji, którzy wierzą, że ukryte przesłania obejmują ukryte rzeczy, mogą oni zlekceważyć oczywiste wskazówki i utajnić sprawę. Może biorą oni dosłownie wzniesienie 33 stopni w koniunkcji ze zliniowaniem. W powyższych datach z Waszyngtonu D.C., Aldebaran znajduje się tylko około 27 stopni nad horyzontem nad azymutem wschodnim, a stopnie pomiędzy Mintakiem a Atlasem są 34-roma stopniami. Zastanawiam się, czy Szkocki Ryt Masonerii celowo wybrał tytuł 33-go stopnia dla Głównego Wielkiego Inspektora dla człowieka, tak, aby mogli zachować i owiać tajemnicą boski 34-ty stopień wskazując zaangażowanie Oriona i wskazówki do zlokalizowania

Ra. Po głębszym zastanowieniu się, znaczenie 33-go stopnia mogłoby reprezentować określony czas i wydarzenie, kiedy Aldebaran był 33 stopnie nad horyzontem, bez względu na jakiekolwiek zliniowanie. Wskazówki są na miejscu, żeby ujawnić Aldebarana, aby 33-ci stopień mógł być wskazówką określającą jego położenie, kiedy miało miejsce znaczące wydarzenie religijne.

Aldebaran jest egipskim symbolem kropki w okręgu, kropka w centrum okręgu inaczej nazywana jest okiem byka, która jest dosłownie Aldebaranem jako prawym okiem byka Konstelacji Byka. Cofając się wstecz do egipskiego malowidła, żeby zbadać datę urodzin Yahshua-Michała, wstawiłam koordynaty i strefę czasową Grobowca Senenmut w oprogramowanie Stellarium mojego komputera. Żeby zadowolić Biblię i historię GA, wybrałam rok 7 p.n.e. i użyłam daty 15 września. O godzinie około 10:32 p.m. (wieczorem – przyp. tłum.), Aldebaran pokazana jest jako Gwiazda Wschodu. Pas Oriona jest w widoku nad horyzontem (atmosfera rzeczywistego czasu mogła utrudnić widzenie Altinaka), a grzbiet Plejad jest pionowy; skupisko Plejad jest delikatnie na zachód od azymutu wschodniego. Później, żeby usatysfakcjonować potrzeby biblijnej historii o jego narodzinach, wstawiłam informacje dotyczące Betlejem, obecnie Zachodni Brzeg. Istnieje mała różnica pomiędzy pozycją gwiazdy a czasami w obydwu lokalizacjach, za wyjątkiem tego, że Pas Oriona nie jest na widoku w Betlejem, kiedy Aldebaran jest na azymucie wschodnim.

Księga Ozeasza Starego Testamentu, rozdział 11, wers 1 oświadcza: „Kiedy Izrael *był* dzieckiem, kochałem go wtedy i wezwałem swego syna z Egiptu", Ewangelia św. Mateusza, rozdział 2, wers 15 zastosowuje „przepowiednie" Ozeasza do Yashuah, mówiąc: „Z Egiptu wezwałem mego syna". Jak pokazałam to w rozdziałach 4 i 5, kilkoro ludzi z królewską krwią było synami YHWH. Księga Ozeasza odnosi się do wyjścia podczas Eksodusu, za czasów Akhenatena jako Mojżesza, a Yahshua byli nowymi, ważnymi półbogami. Yashuah-Michał był kluczowym przywódcą, którego Nowe Przymierze rozwinęło się w Chrześcijaństwo, a ostatecznie w ruch New Age.

Ewangelia św. Mateusza oznajmia tak: „oto Mędrcy ze Wschodu przybyli do Jerozolimy i pytali: Gdzie jest nowo narodzony król żydowski? Ujrzeliśmy bowiem jego gwiazdę na Wschodzie i przybyliśmy oddać mu pokłon". Gwiazda Yashuah-Michała znana jest jako Gwiazda Betlejemska, a jedna z hipotez sugeruje, że prowadziła ona trzech króli Magów (kapłanów perskich – przyp. tłum.) ze Wschodu do miejsca narodzin Jezusa.

> „Oni zaś wysłchawszy króla, ruszyli w drogę. A oto gwiazda, którą widzieli na Wschodzie, szła przed nimi, aż przyszła i zatrzymała się nad miejscem, gdzie było Dziecię. Gdy ujrzeli gwiazdę, bardzo się uradowali" (Ewangelia św. Mateusza 2:9-10).

Niektórzy analitycy egzopolityki podejrzewają, że Gwiazda Betlejemska była statkiem kosmicznym, który prowadził królów. Statek kosmiczny mógł być w to zaangażowany, ale wnioskuję, że współpracująca grupa Jezusowa Archanioła Michała na Aldebaran przekazywała wskazówki, aby poprowadzić „mędrców" do Yahshua. Aldebaran wyznaczał drogę, kiedy zajął swoją idealną pozycję astronomiczną, możliwe, że gdy zaczynali ich podróż do miejsca narodzin Jezusa. Znajdował się na 33 stopniach na niebie, wkrótce po zliniowaniu jego wschodniego azymutu. Zastanawiam się, czy Yahshua-Michał urodził się w tamtym czasie.

ATI,TPE potwierdza, że Ra jest przydomkiem dla pomarańczowego giganta, gwiazdy Aldebaran. Ujawnia ono dalej, że Aldebaran posiada połączenie z Wesadekiem poprzez tunel czasoprzestrzenny. Aldebaran jest kluczową lokalizacją dla różnorodnych, ale podobnych grup obcych, znajdujących się pod wpływem Archanioła Michała, które pragną kontroli nad Ziemią, nawet jeśli czasami nie zgadzającym się ze sobą.

Grupa Michała w „Księga Urantii" tak oto wyjaśnia bunt Lucyfera:

> Lucyfer postawił zarzut, że Uniwersalny Ojciec naprawdę nie istnieje, że fizyczna grawitacja i energio-przestrzeń były nieodłączne dla wszechświata, a Ojciec był mitem wymyślonym przez Rajskich Synów, żeby umożliwić im zachowanie władzy nad wszechświatami w imieniu Ojca. Zaprzeczył on, że osobowość była darem Uniwersalnego Ojca. Dał on nawet do zrozumienia, że docelowe boskie istoty znajdowały się w zmowie z Rajskimi Synami, żeby wymusić oszustwo na całej kreacji, gdyż oni nigdy nie przekazali jednoznacznej koncepcji faktycznej osobowości Ojca, jak to jest wyobrażalne w Raju. Zarzut był ogólnikowy, straszliwy i bluźnierczy (603.3).[17]

Lucyfer uznany został za bluźniercę przeciwko Michałowi, najbardziej bluźnierczy obcy ze wszystkich. Jest to typowy przykład hipokrytycznej, religijnej sprzeczności. Początkowo „Lucyfer połączył siły z Michałem jako naczelny Dowódca upadłych legionów Michała", oświadcza ATI,TPE. Kiedy odłączył się, ponad jedna czwarta administracyjnych Serafim oraz seraficznych posłańców niższego rzędu opuściła Michała, żeby przyłączyć się do Lucyfera (434.6).[17] Według tej informacji nie jest on oczywiście nisko w hierarchii ważności, jako syn Lanonandeka.

Naśladowcy religijni Lucyfera wierzą, że jego stanowisko, jak oświadczono w powyższym fragmencie, popiera autonomię, a każdy powinien mieć samoasertywność i swobodę. Zgadzam się z tą określoną postawą, ale nie zgadzam się z Lucyferem, gdyż on żąda boskiej pozycji ponad innymi, co sprzeczne jest z założeniami jego naśladowców co do jego oświadczeń. Jego oskarżenie oznacza prawdopodobnie, że chce on być wolny od władzy innych. Może on zobaczyć niektóre z oszustw, ale sam powoduje jeszcze więcej oszustw i zniszczenia.

Michał oraz jego poplecznicy utrzymują w UB, że chaos i zupełna anarchia pojawia się pod nieobecność totalitarnej władzy. Jest to hipotetyczny i typowo słaby argument przeciwko samo-asertywności i samorządności. Neguje to wrodzoną zdolność, moralność i odpowiedzialność inteligentnej dorosłej jednostki. Cofa nas to w naszym osobistym rozwoju aż do punktu samopoświęcenia, które może stać się niewolnictwem. Zgadzam się z tym, że niekontrolowane ego jest problemem, ale pełne możliwości jednostki generalnie zrównoważą swoją społeczność i potraktują innych, tak jak sami chcieliby zostać potraktowani, stojąc na straży prawdziwej społeczności, jako jednostki, które tworzą grupę, a nie odczłowieczoną grupę, która została wyznaczona przez nielicznych i prowadzona przez mały, totalitarny reżim.

Chociaż Uniwersalny Ojciec UB był Michałem lub jego stwórcami, mniej ważni bogowie różnego stopnia również witani są w szeregach, jeśli tylko każdy zna swoje, właściwe dla niego miejsce; wszyscy oni są potrzebni do zarządzania wieloma gwiezdnymi i planetarnymi układami. Oryginalnie Michał mianował Lucyfera na Boga nad Ziemią, tak więc, kiedy uciekł on spod władzy Michała, Michał rozszerzył swoją rolę większego Boga na Ziemię.

Starszyzna Masonerii obejmuje Lucyferianizm wraz z Chrześcijaństwem, ponieważ w zasadzie obydwa niosą tę samą Metatroniczną energię; chociaż publicznie zaprzeczają oni w swoje wierzenia w Lucyfera, aby ukryć swoją większą prawdę o ich Lucyferiańsko-Lewiatańskim rodzie.

Rasa Lewiatan stworzona została w czasach Atlantydy w roku 68 000 p.n.e., kiedy w zasadzie wszystkie rasy z wyższych wymiarów i fantomowo ukierunkowane napadły na rozwiniętą rasę E-Luhli-Levi, która była bardziej Kromaniończykiem, aniżeli Homo sapiens.[121]

Z czasem połączona rasa Annu-Melchizedeka-Lewiatan stworzyła linię anty-krystik królów, takie jak Hyksosów, która obejmowała Abrahama (Djehuty).[121] Lewiatanie obejmowali Lucyferiańskie wersje Adama i Ewy, zawierające genetykę Lucyferian Szantarel, Anunnaki i Drakonian, wraz z wieloma innymi grupami obcych, które z czasem obejmowały również Reptilian i Zeta (Szaraków) oraz ich potomków Illuminatów. Mityczny wąż morski, zwany Lewiaton, posiada siedem głów, który jest tą samą siedmiogłową Bestią Metatronicznego sześcianu z Biblii (Apokalipsa św. Jana 17:9).

Silny związek Tota z Azazelem doprowadził go do wystąpienia z jego długotrwałej służby dla MCEO-GA w roku 22 328 p.n.e., żeby mógł wchłonąć rasę ludzką w Lewiatan i sprowadzić Ziemię do fantomu. Kolonie Ludzi-Yanas, istniejące w obecnym miejscu Kauai, na Hawajach – miejscu aktywacji gwiezdnych wrót-12 Ziemi w Monségur, we Francji – nie spodziewały się jego zdrady, gdyż wcześniej pomógł on im zakotwiczyć częstotliwości, które otworzyć miały przejście Korytarza Amorea od Ziemskich gwiezdnych wrót-12 do galaktycznych gwiezdnych wrót-6 Syriusza B. Przejście to konieczne było do likwidacji fantomowo wszczepionej Nibiriańskiej Diodycznej Kryształowej Siatki (ang. skrót NDC – przyp. tłum.), tak, aby w roku 22 326 p.n.e. mógł rozpocząć się cykl aktywacji gwiezdnej Ziemi (ang. stellar activation cycle, skrót SAC – przyp. tłum.), proces ascendencji na Tarę (w rozdziale 8).

MCEO wyjaśnia, że wówczas Tot poprowadził załogę Marduka z Nibiru wprost do osady Ludzi-Yanas. Udało się im zakłócić komunikację z Syriusza B i powiedzieli oni Ludziom-Yanas, że Rada Syriańska poddała się, zaś Ziemia otoczona jest przez fantomowe siły. Kobietom zaoferowali układ, mówiąc, iż oszczędzą mężczyzn, jeśli udadzą się z Anunnakami na Nibiru, aby stać się rozpłodowymi samicami, dzieląc się swoimi kodami. Zgodziły się niechętnie lub zostały zabrane wbrew ich woli, lecz oddziały Tota i tak zabiły mężczyzn. Kobiety zostały zgwałcone na Nibiru, ale wiele z nich zabiło swoje niemowlęta, ponieważ mroczne siły planowały użyć ich jako pionków do swojej agendy. Po tym kobiety zamordowano lub zabiły się same. Tot, Marduk i Lucyfer zainscenizowali straszliwe ludobójstwo, wynikiem którego była utrata przez Ziemię możliwości ascendencji w tamtym czasie.[218,260,126]

Książki pt. „Prawo Jednego", pochodzące z channelingu, ofiarowane były przez grupę bytów Marduka, zwaną Konfederacją Planet lub Konfederacją Planet Ra.[261] Jeden z członków grupy Lucyfera o imieniu Ukryta Ręka przekazuje, że grupa Lucyfera w większości popiera oświadczenia z tej książki. Ukryta Ręka mówi, że jest on bezpośrednio zaangażowany na Ziemi jako część Illuminatów, dla swojego Stwórcy Lucyfera. Oto, co mówi on o „Prawie Jednego":

> Przeczytałem tego trochę, ale nie wszystkie książki wtedy, kiedy ukazały się one po raz pierwszy jakieś 25 lat temu, i jest to bardzo podobne do wiedzy, jaką posiada moja rodzina i która przekazywana jest od wielu pokoleń. Jest to w przybliżeniu dokładne w 85-90%. Niedokładności pojawiły się, kiedy kanał był osłabiony, ale nie były one zamierzone. Bardzo dobrze znamy Ra (byt) i jesteśmy szczęśliwi, że nawet teraz pracują tutaj na tej planecie „za kulisami", żeby przygotować ją do Wielkiego Żniwa.[262]

Jak już teraz się domyślacie, tym „Wielkim Żniwem" są nasze ciała oraz każdy inny organizm naszej galaktyki.

Chociaż Illuminaci świadomi są wampirycznej agendy obcych na Ziemi, są oni przepełnieni swoją czcią do ich Boga Lucyfera. Prawdą jest, że grupa Lucyfera ofiarowała kilka genów, ale to samo uczynił Gabriel i wielu innych. Lucyfer odgrywa dziecinna grę pt.: „Jam byłem tutaj pierwszy, jako wasz Bóg, wiec czcijcie mnie", kiedy to wielu „bogów stwórców" było tutaj w różnych czasach, nawet jeszcze przed wpływem Lucyfera na linię naszej rasy, jak pokazuje rozdział 8.

Jeśli teraz rozgrywalibyśmy taką samą grę, wówczas wszyscy Amerykanie z Europejskim pochodzeniem powinni wrócić do Europy, brytyjscy Australijczycy z powrotem do Zjednoczonego Królestwa, a wszyscy Hindusi i Chińczycy powinni wrócić do swoich gęsto zaludnionych rodzinnych krajów, zaś imigranci szukający azylu politycznego do ich ciemiężących rządów i tak dalej. Jest to gra niemożliwa do rozegrania, ponieważ my wszyscy zawieramy jakąś część mieszanej genetyki i wiele potomków rodzi się na nowych ziemiach. Sposobem na życie w naszym świecie jest koegzystencja, szanowanie siebie nawzajem oraz swobodne podróżowanie. W rzeczywistości to Lucyfer był tutaj cudzoziemcem, bez ziemskiej genetyki. Musi on (oraz Michał, Marduk itd.) mieć niezły tupet, roszcząc sobie pretensje do Ziemi i jej mieszkańców, co jest absolutnie niedorzeczne.

Konfederacja Planet Ra

Marduk utworzył Konfederację Planet i jako Ra jest jej przywódcą, potwierdza ATI,TPE. ATI,TPE objaśnia, iż Marduk nazwał siebie Ra, aby reprezentować Aldebaran; jest on wyższym komandorem spraw wewnętrznych Aldebarana. Tak jak Lucyfer, Ra również chciał być Bogiem, ponieważ hierarchia jego grupy nie dawała mu wystarczającej kontroli. Żeby wyrobić sobie swoją własną niszę, jako Ra zazwyczaj ofiarowuje nam łaskawe słowa z pustymi obietnicami, przeplecionymi odrobiną prawdy. Dowodem na to były przepowiednie dla mojej mamy.

ATI,TPE ujawnia, że zanim nie wystąpiliśmy z religii, grupa Ra Marduka dała mojej mamie wszystkie z jej przepowiedni, nazywając siebie Jezusem, Ojcem, Bogiem, Yahuah, Yashua oraz Ya w różnym, nieraz i jednocześnie, tym samym czasie. Później wkroczył Enki jako Wielki Intelekt, żeby zachować kierunek, w którym jego syn podążał za nami. Sądziłam, że Enki mógł również być Wielkim Mistrzem, kiedy moja mama odwróciła się od Chrześcijaństwa, ale ATI,TPE ujawniło, że była to jeszcze inna nazwa, używana przez grupę Ra, aby się nią komunikować. Tytuł Wielkiego Mistrza, który nadawany jest przywódcom Loży Masońskich, ukazuje sojusz pomiędzy Ra, Lucyferem i Szatanem.

Grupa Ra, w przepowiedniach mojej mamy, wykorzystywała Masoński i Katolicki symbol Chi Rho (czyt. Czi Ro – przyp. tłum.). Druga tożsamość tej grupy, jako Chrześcijańskiego Boga i Mesjasza, pokazuje, że blisko współpracuje ona z grupą Jezusową. Z mnóstwem różnych bytów, które obejmuje grupa Jezusowa, praktycznie nie ma granic w ich „braterstwie". Ród Iluminatów reprezentuje braterstwo wszystkich tych pokrewnych grup obcych. Mam nadzieję, że wszyscy prorocy, osoby dokonujące channelingu oraz religijni naśladowcy więcej niż raz poważnie pomyślą o tym, co robią, ponieważ w zasadzie przyzywają oni wszystkich tych obcych.

Te grupy obcych wykorzystują przeciętnych Ludzi jako religijnych, tajnych agentów, ponieważ prawdopodobnie wyczulibyśmy złą energię od Illuminatów i dlatego nie zaufalibyśmy ich przekazom. Hinduska „przytulająca święta" Amma jest doskonałym tego przykładem. Mata Amritanandamayi, znana jako Amma, jest częściowo, a czasami i w pełni opętana, żeby dokonując drobnych cudów, zyskać zwolenników. Zdramatyzowany film dokumentalny pt. „Historia Amritanandamayi" podkreśla cud z 1975 roku, potwierdzony przez naocznych świadków, kiedy Amma dotykając wody, zamieniła ją w mleko. Aktorka grająca Ammę, wydaje się być w transie, kiedy zachodzi transformacja płynu. Wierzy się, że to jej „wewnętrzna jedność z Panem Kriszna" spowodowała ten cud.[263]

Amma jest postrzegana jako Wniebowstąpiona Mistrzyni, kiedy tak naprawdę jest jedynie marionetką, jak inni „wybrani" ludzie. W zasadzie jest to dobra wiadomość, gdyż ludzie ci mogą zdecydować, żeby przerwać swój trans i wyzwolić się od tych bogów. Tłumaczy to, dlaczego ci manipulacyjni obcy wykorzystują Ludzi jako swoich pośredników do mas; dzieje się tak z powodu lepszej energii oraz pewnej ilości niewinności, jaka sobą prezentujemy. Nie mam wątpliwości, że ta Ludzka Amma, nawet kiedy jest częściowo przejęta (czyt. opętana – przyp. tłum.), w swoich uściskach wydziela swoją własną energię łaskawości, a miarą tego jest jedynie dobroć, która mogłaby okazywać, gdyby odłączyła się od jej bogów. Na dodatek jej bogowie, powszechnie, za pośrednictwem jej uścisków, przesyłają swoją energię niczego nie podejrzewającym ludziom.

Powinniśmy częściej wyjąć nasze lupy, aby bliżej przyjrzeć się przekazom z innych światów. Ra w „Prawie Jednego" ciągle wymienia energię Źródła jako „wszystko, co tam jest", (ang. „all that there is")[261] podobnie do Ukrytej Ręki, mówiąc „Wszystko, co jest" (ang. „All there is").[262] Spójrzmy, jak postępowało ich zniekształcone przedstawienie Wszystkiego Co Jest.

Zwrot Konfederacji Planet zaczyna swoje przejście do Wszystkiego Co Jest przez dołączenie jeszcze jednej lokalizacji „tam", dla jej koncepcji Jedności. Pozwala to wszechstronnemu źródłu wszystkiego-w-jednym jako Galaktycznej Federacji Światła i Dowództwu Asztar na widzenie metaforycznego światła i ciemności. Illuminacki opis zniekształca to jeszcze dalej, do po prostu „tam", przekraczając granicę – tak jakby wiecznego fundamentu już tutaj nie było.

„Wszystko Co Jest" (jako prawdziwa czysta esencja) jest opisem wiecznego stanu bycia, zaś Czysta Esencja wyjaśnia dalej wyjątkową esencję czystości. „Wszystko, Co Tam Jest" jest wszystkim na zewnątrz czegoś określonego, zazwyczaj podkreślając uzewnętrznienie, co miałoby zastosowanie do poziomów kreacji, zamiast do pochodzenia sprzed kreacji lub do czyjejś wewnętrznej, podstawowej esencji i tożsamości. Byłam świadkiem wypowiadania zwrotu „Wszystko, Co Tam Jest" przez kilku wyznawców New Age, którzy chętnie witają aniołów i zajmują się kultem pogańskim. Kiedy pilnowałam dla nich ich domów, ci rzekomo dobrzy aniołowie, nocą, zauważalnym powiewem wiatru, czesali mi włosy (okna były zamknięte). Nie czułam tam dobrej energii.

Dobrze znanym przekaźnikiem channelingowym przesłań Ra jest David Wilcock. Wilcock wydaje się posiadać własny umysł, poza jego częściowym opętaniem, ale jeśli przez chwilę zaczyna myśleć zgodnie ze swoją wewnętrzną mądrością, wkrótce potem wyłącza myślenie na rzecz jego misji dla fantomowej grupy obcych. Wilcock twierdzi, że jest reinkarnacją Egdara Cayce'a, człowieka, który był kanałem i żył około 100 lat przed nim. ATI,TPE potwierdza, że to prawda. Edgar Cayce powrócił jako Wilcock z podobnie wyglądającym ciałem oraz kilkoma podobnymi zliniowaniami planetarnymi w miesiącu marcu; podobieństwo Wilcocka jest niesamowite. Chociaż Cayce prawdopodobnie nie wybrał sobie swojej rodziny do reinkarnacji, jego genetyka najlepiej identyfikuje go z podobnym typem. Dyskusyjne jest to, czy zjawisko astrologiczne może również wnosić określone cechy.[264]

Prawie jest mi żal Wilcocka (i Cayce'a), ponieważ moja mama kontrolowana była w podobny sposób, jak on jest kontrolowany, ale on jeszcze bardziej umocnił się w swojej roli, decydując się na uwiecznianie przesłania Ra. ATI,TPE oświadcza, że reinkarnacja może być wyborem dla tych, którzy chcą wypełnić misję w systemie fraktalnym, takim jak Ziemia (jednak nie jest to wybór, kiedy silna Metatroniczna energia przejmuje daną osobę). We fragmencie informacji opowiadającej o Wilcocku mówi on, iż w czasach Atlantydy był on osobą o imieniu Ra-Ta, która z pomocą grupy Ra (Marduka) pomagała w zaprojektowaniu Wielkiej Piramidy.[264] W swoich życiach przez cały czas chętnie przyzywał na bliskie przewodnictwo Ra, tak więc dlatego nie współczuję mu jego decyzji, które nie zgłębiają jego pięknego Człowieczeństwa, mogąc stworzyć własną ścieżkę.

Wilcock mówi, że każda starożytna, duchowa nauka przekazywała informacje o nadejściu złotej ery, a przekazy na jej temat ukazywały wiele emocji.[265] Gloryfikowały one Nową Ziemię po spontanicznym procesie ascendencji. Powiedział on, że odczyty Cayce'a były bezkompromisowe w stwierdzeniu, że drugie przyjście Chrystusa jest tak naprawdę nami. Wilcock uczył, że złota lub nowa era miała rozpocząć się 21 grudnia 2012 roku. W przeciwieństwie do jego „dobrych wieści", złota era wypełnić miała absurdalny złoty stosunek, wytworzony przez wirowanie 55,5-144 Metatronicznej merkaby oraz uderzenie energetyczne.

Metatroniczną agendą 55,5-144 jest wysłanie do nas długości fali Bestii z Aldebarana i jego sieci. Nic dziwnego, że Wilcock ciągle mówił o długości fali, która dosięgnie nas z centrum Drogi Mlecznej. Oświadcza on, że centrum naszej galaktyki jest generatorem pola torsyjnego. Fala z tego centrum przechodzi przez planety i gwiazdy i naładowuje je energią, wywołuje potężny wpływ, który stymuluje i programuje molekuły DNA, żeby zmienić całe życie na naszej planecie.[265]

Jeśli spojrzycie na przesłanie Wilcocka jako błyszczący obrazek złotej ery z dobrymi słowami, wtedy może wydawać się, że nie mamy już żadnego nieszczęścia na naszej planecie. Podnieście wówczas plastikową zasłonę, a zobaczycie wtedy wyraźnie fale fantomowej energii powodującą zniekształcenie i zniszczenie wszystkiego na swojej drodze.

Problem z przesłaniem grupy Konfederacji Planet Ra jest taki, że wie ona o mechanice ascendencji, z długościami fal sięgającymi do nas i aktywującymi nas, ale sprytnie dodaje kłamstwa, które odzwierciedlają wersję „Księgi Urantii" o natychmiastowej materializacji Ludzi ze zwyczajnej częstotliwości. Przykłady Wilcocka obejmują stosunek Fibonacciego wytworzonej fali pola torsyjnego, co oznacza tylko, iż cząsteczki zostały ponownie przetworzone, a później upodobnione. Nie oznacza to wcale, że Ludzie zostali naturalnie i spontanicznie stworzeni, jak wyjaśniają to rozdziały 8 i 9. Zdecydowanie wolę, żeby ta Metatroniczna częstotliwość nie rozkładała więcej mojego DNA.

Szaraki

Dominujący oddział operacyjny Szaraków, złożony jest z określonych ras Zeta 3-go wymiaru, którzy biegli są w podróży międzywymiarowej. Funkcjonują oni również na płaszczyźnie zbiorowej mentalności ula, bez duchowej świadomości. Jestem wyjątkowo ostrożna, kiedy oznaczam ich jako zaawansowane istoty, ponieważ ze swoimi zdolnościami są oni generalnie bardzo chciwi, gdyż w wyniku eksperymentów zniszczyli swoje planety i osłabili swoje ciała.

Linia rasy Zeta pochodzi od Zefilium, którzy są wysokimi, dwunożnymi, insekto-Reptiliańskimi, niebiesko-skórymi wężami. Początkowo Zeta przypominali swoim wyglądem wczesne gady na Ziemi, ale większość z nich została poważnie, genetycznie zmodyfikowana przez Drakonian i Reptilian w szare lub różnobarwne istoty o wzroście 120 cm, z wielkimi, zupełnie czarnymi oczami w kształcie migdałów oraz z kruchym ciałem, które nie może już się rozmnażać.[147] Pułkownik Filip Corso z Administracji Eisenhowera, który później stał się informatorem/demaskatorem, widział ciało, które pasuje do tego opisu z bazy w Roswell z 1947 roku.²⁶⁶

Zeta zazwyczaj są z układu gwiezdnego Zeta Reticuli, ale niektóre Szaraki Zeta są z układu słonecznego poruszającego się wokół gwiazdy Rigel, w układzie gwiezdnym Oriona.¹²¹ Zeta Rigelianie pojawili się jako bardzo istotny problem dla naszego przetrwania jako planety i rasy ludzkiej. Liga Opiekunów (ang. Guardian Alliance, skrót GA – przyp. tłum.) wyjaśnia: „Zeta wkroczyli do waszego kontinuum czasowego z powodu bliskości portali czasowych Ziemi do ich własnych oraz z powodu określonych elementów środowiskowych, których Zeta potrzebowali do przetrwania" (s. 13).¹⁴⁷ Początkowo, pracując poprzez nasze portale wymiarowe, chcieli odbudować przejścia swoich zniszczonych portali planetarnych. Ponieważ eksperymentowali oni z podróżowaniem miedzywymiarowym, spowodowali, że ich planety utknęły pomiędzy wymiarami. Kiedy uzmysłowili sobie, że nie są już w stanie naprawić swoich portali, musieli znaleźć sposób, aby zamieszkać gdzie indziej. Ziemia jest pięknym kandydatem, ale ponieważ węgle w naszym środowisku okazały się toksyczne dla Zeta, zdecydowali oni, że najlepszym sposobem na przedłużenie życia ich rasy będzie rozwiniecie hybryd, które mogą żyć na Ziemi. Przez ich ciągłe pragnienie działania na zewnątrz mechaniki naturalnej kreacji, Zeta ci pokazali swoje odłączenie się od naturalnej ewolucji i ascendencji. Ich powód stworzenia ludzkich hybryd jest prawdopodobnie taki sam, jak innych napastliwych obcych do stworzenia ich hybryd, tak więc wnioskuję, że nie współistnieliby oni z nami pokojowo.

Książka Aleca Newalda pt.: „Współ-Ewolucja" potwierdza stanowisko GA. Newald zapisał swoje własne doświadczenia z porwań przez niebieskoskórych Zeta, którzy odwiedzali go w dzieciństwie. Wyjaśnili mu, że na swojej planecie noszą oni pełne kombinezony z powodu umierającej atmosfery, która potrzebuje monoatomowego złota do jej tymczasowego podtrzymania. Utknęli oni w wymiarze 3,5, kiedy usiłowali sztucznie dokonać ascendencji do wymiaru 4-go. Newald stał się ich celem od dziecka – chcieli go oswoić ze swoją obecnością oraz badać go jako kandydata pasującego do ich agendy. Dał się on przekonać do ich historyjki o przetrwaniu i dał się skłonić do ofiarowania im swojego nasienia, tak, aby mogli stworzyć hybrydy Ludzi-Zeta do życia na Ziemi! Z powodu poniższego oświadczenia GA, zastanawiam się, czy nosi on w sobie znaczną część genetyki Żydów-Lewiatan.

> Zeta mieli znaczący interes w eksperymentowaniu genetyką przez Nazistów, w związku z tym wspierali oni usilnie ich agendę stworzenia rasy „nadrzędnej". Zeta mieli pomóc Ludziom w stworzeniu prototypu genetycznie nadrzędnego człowieka, którego oni mieliby wykorzystać do stworzenia hybrydy człowieka-Zeta. Zainteresowanie Zeta reżimem Hitlera zaczęło jednak zanikać,

kiedy pojawił się pomiędzy nimi konflikt dotyczący antysemickiej polityki Nazistów.... W przeciwieństwie do Nazistów, Zeta wierzyli, iż rasa Żydowska jest *nadrzędna* genetycznie i *nie* byli oni zainteresowani prototypem ludzkim, który nie zawierałby kodowania osobliwego dla rasy Żydowskiej (s. 14).[147]

Zeta znaleźli urzędników rządowych, którzy pomogli im stworzyć ludzkie hybrydy. Na dodatek, porwali oni ludzkie kobiety, aby pobrać ich jaja, w celu dokonywania eksperymentów genetycznych. Jeśli ich agenda miałaby się powieść, nasza przyszłość byłaby tą, w której Ludzie wchłonięci są przez Szaraków.

Zeta specjalizują się w „sztuce >>percepcyjnych zakłóceń<<, są w stanie zmieniać ludzką częstotliwość percepcyjną, na tyle, aby pojawić się w formie takiej, jaką wybiorą" – oznajmia GA (s. 14).[147] Najpierw pozwoliło im to na ukazanie się w roli ludzkich sojuszników, z wyjątkową wiedzą, żeby dalej zjednać sobie rządy, które w zamian oddałyby im ukrytą kontrolę nad planetą.

GA wyjaśnia:

> Podczas drugiej wojny światowej Zeta w waszym systemie, używając przebrania ludzkiej formy, zbliżyli się do określonych jednostek rządu w siłach alianckich.... *Sami Zeta uruchomili struktury, które stały się naszym globalnych, tajnym, Wewnętrznym Rządem* (s. 15).[147]

Wiem, że grupy Drakonian, Reptilian i Anunnaków przyczyniły się do tego typu rządu, więc wina nie spoczywa wyłącznie na Zeta Rigelianach. Tak naprawdę to Zeta pracują z tymi grupami Illuminatów, chociaż każdy z nich posiada własne agendy. Niższe poziomy światowych rządów nie mają pojęcia o nikczemnej naturze Wewnętrznego Rządu, chyba, że tajna dokumentacja omyłkowo lub celowo wycieknie. Wzywam do otwartego ujawnienia wszystkich dokumentów Wewnętrznego Rządu, byśmy mogli odzyskać naszą własną moc. Zapewne nasze wojny prawie zawsze zaaranżowane są przez obcych oraz ich hybrydowe implanty wyższego poziomu, tak więc my, organiczni Ludzie, powinniśmy wiedzieć, że nie mamy obawiać się siebie nawzajem, ponieważ chcemy sobie bezpiecznie żyć na naszej planecie. Świadomi Ludzie naszej Ziemi są naszymi najlepszymi sojusznikami!

Dodatkowo ich zakłócenia percepcyjne dają Szarakom zdolność do zaburzenia naszych fali mózgowych i otępiania naszych umysłów, tak, jak byśmy byli we śnie, kiedy usiłują kogoś porwać. Doświadczenie wzięcia przyspiesza naszą wymiarową rzeczywistość, czyniąc nas dostępnymi fizycznie dla bytów z innych światów – ofiary takie mają wymazywany umysł, jednak wielu z nich i tak zachowuje wspomnienia.

W październiku 2010 roku – podczas gdy obie z mamą byłyśmy zaangażowane w zbieranie informacji o ugrupowaniach obcych i prosiliśmy ATI,TPE o wyjaśnienie – ja na krótko wyjechałam z miasta, a w tym czasie Zeta zaatakowali moją mamę. Spała, kiedy zaczęła nagle odczuwać, jak jej ciało jest odciągane. Krzyknęła: „Nie, nie, nie!" Na szczęście był tam mój ojczym, który mógł ją obudzić i przywrócić ją z powrotem, zanim została skrzywdzona. Dowiedziałam się wtedy, że Zeta usiłowali porwać jej ciało. Kiedy zadzwoniła do mnie, aby powiedzieć mi, czego doświadczyła, byłam nieco roztrzęsiona i zła. Jak oni śmieli!

ATI,TPE ujawniło nam, że kilka dziesięcioleci temu Zeta porwali moją mamę, z zamiarem usunięcia z jej łona płodu mojej siostry bliźniaczki, ale im się nie powiodło. Z zebraniem większej ilości informacji na ten temat czekałam do lipca 2016 roku, głównie dlatego, że moja mama chciała umocnić się w sobie samej, żeby łatwiej to znieść. Około sześciotygodniowy płód mojej siostry umierał już przed wzięciem, a jego komórki wchłaniane były przez moją mamę. Na szczęście nic się nie stało z moim płodem. Nie miałam całkiem silnego płodu, ale był silniejszy niż mojej siostry. Dowiedziałam się, że mój cały proces integracyjny zachodził szybko przed wzięciem, tak więc moja silna konstrukcja energetyczna również mnie ochroniła. Informacja ta potwierdziła to, co wykazały sesje kontroli mięśniowej mojej wcześniejszej Techniki Neuro-Emocjonalnej. Moje ciało płakało po stracie mojej siostry, ale swoje smutne wspomnienia z czasu, kiedy miało trzy miesiące w łonie, przekazało nie wcześniej, niż kiedy jej ciało mogło zostać wchłonięte.

Od roku 2010 moja mama nie doświadczyła już próby wzięcia, ponieważ stawała się coraz bardziej zintegrowana z jej naturalnym, wewnętrznym wzorcem. Ja nigdy nie zostałam wzięta (poza moim przykrym, płodowym doświadczeniem wewnątrz mojej mamy) i zdecydowanie nie planuję takich sytuacji. Ani ja, ani moja mama nie mamy żadnych fizycznych ani też eterycznych obcych implantów.

Inne zakłócenie percepcyjne obejmuje coś, co niektórzy ludzie widzą jako duchy, ponieważ kiedy spojrzy się na nie uważniej, są to Szaraki. (Inne duchy są rozbitą świadomością i energią-materią pozostawioną przez niektórych ludzi, jak potwierdza ATI,TPE).

GA wyjaśnia:

> Najczęściej Zeta pozostają fizyczni i używają prostych taktyk modulacji częstotliwości, żeby „rozbić" wzorce fal mózgowych tych, którzy ich widzą. Oni tam są, ale potrafią wystarczająco zaburzyć układ bioenergetyczny człowieka, aby uczynić się niewidzialnymi, „duchopodobnymi" lub przebrani w inną formę

(s. 11).[147]

Na szczęście możemy wyczuć „dziwny odór", kiedy takie rozbijanie ma miejsce, ponieważ nasz układ neurologiczny przetwarza w ten sposób takie zniekształcone dane percepcyjne, twierdzi GA. Również nasz zmysł energetyczny może rozróżnić taki atak.

Zeta są złymi istotami, kiedy pracują potajemnie, „za kulisami", aby oszukać naszych Ludzi i przejąć nad nami kontrolę. Czy oni sądzą, że nasze rasy nie mogą współistnieć pokojowo, czy też są kolejną grupą obcych, która nienawidzi rodu Orafim i Anielskich Ludzi, ponieważ ich geny nie są takie łatwe do zmanipulowania?

GA oświadcza, że Zeta, którzy chcą ewoluować, wspierani są przez istoty z wyższych poziomów o wzroście blisko 4 metrów, podobne do modliszek, zwane Aethian (czyt. Ēθian – przyp. tłum.).[147] Jeśli zobaczycie Aethian razem z Zeta, istnieje pewnie jakaś nadzieja dla nich; naprawdę mam nadzieję, że Aethian są dobrym i świadomymi nauczycielami.

Byłam zdumiona, kiedy dowiedziałam się od ATI,TPE, że 120-centymetrowi Zeta są generalnie mniej źli niż około 2,5-3 metrowe Wysokie Szaraki, ale istnieją różne odcienie fantomu. Jeśli zobaczycie te istoty towarzyszące mniejszym Zeta, jest to zupełnie inny scenariusz, aniżeli ten z Aethian i jest on znacznie bardziej powszechny. Wysokie Szaraki mają tendencję do nadzorowania mniejszych Zeta, nawet jako ich władcy, żeby dyktować im ich działania. Wysokie Szaraki są zazwyczaj lekarzami wykonującymi operacje i umieszczającymi implanty w porwanych.[266] Implanty te monitorują Ludzi i wszczepiają częstotliwości, żeby wpływać na nasze umysły i emocje.

Według relacji innych, Wysokie Szaraki są biali, z wyglądu przypominają człekokształtne istoty, lecz wciąż są podobni do Szaraków z dużymi, czarnymi oczyma w kształcie migdałów. Niektórzy z nich mają duże nosy, takie jak rasa Zielonych w książce George'a LoBuono pt.: „Obcy Umysł" (oryginalny angielski tytuł „Alien Mind" – przyp. tłum.). Wysokie Szaraki obejmują Rigelian i zawierają przede wszystkim genetykę Reptilian i Drakonian, generalnie pracują oni blisko z obydwiema ich grupami. Głównie pochodzą z konstelacji Oriona, gdzie mieszkają duże populacje Reptilian i Drakonian. Według relacji informatorów, żyją oni wśród Reptilian w jaskiniach pod powierzchnią Ziemi, gdzie jedni i drudzy spożywają gruczoły oraz krew porywanych ludzi. Opowieść jednego z informatorów ujawnia, że: „wojskowa baza sił powietrznych Holloman w Nowym Meksyku nadal jest miejscem spotkań istot pozaziemskich z wysokimi Szarakami".[266]

Wysokie Szaraki często decydują, żeby być obrzydliwi i straszliwi dla Ludzi; natomiast 1-metrowi Zeta mają tendencję do bycia najemnikami. Wiele Zeta zostało tak wyhodowanych genetycznie, aby nie mieć żadnych emocji. Oznacza to, że niektórzy z Zeta, którzy są zniewoleni przez Wysokich Szaraków, są teraz jak roboty. Jeśli są oni prawdziwie niewinni, że odziedziczyli takie nienaturalne ciała, wówczas mogliby oni wykorzystać swoje rozumowanie i zdecydować, żeby zbuntować się bądź umrzeć, zamiast zabijać lub zniewalać innych. Mogliby nawet skontaktować się z dobroczyńcami zliniowanymi z Krysthal, którzy mogliby im pomóc.

Rozdział 8 ujawnia agendę Wysokich Szaraków na przełomie ostatnich kilku stuleci. Są oni przede wszystkim zliniowani z Drakonianami i funkcjonują jako ich armia, pracując nad tym, żeby wciągnąć całą naszą Ziemię do fantomowego statusu – tak, aby ich populacja mogła się rozmnożyć.

Tetanie

Eony czasu temu rasy Equari (czyt. Ikłari – przyp. tłum.) koegzystowały ze sobą, pomiędzy Wesadrakiem a Wesadekiem, za wyjątkiem okresowych wojen międzygalaktycznych, aż podzieliły się w momencie, gdy wkroczyła rasa Tetan, starożytnych przodków z Wesadraka (podział ten trwa do dziś).[195] Rasa ta stworzona została około 150 milionów lat temu, zarówno przez Annu, jak i Equari-Serafim, z genetyką Borża, informuje ATI,TPE. Właściwa rasa Tetan pochodzi z Drogi Mlecznej sprzed 125 000 lat temu, oznajmia ATI,TPE, kiedy rasa ich przodków z Wesadraka podróżowała przez Równoległą Ziemię Amenti, aby osiedlić się w HU-1 układu Teta-Oriona w Drodze Mlecznej.[195]

Nieszczęśliwie dla Tetan, żadni ich przodkowie Serafim i Elohim z Drogi Mlecznej nie chcieli utworzyć z nimi sojuszów. Zamiast poszukać miłości i uzdrowienia wśród siebie lub wiecznych energii, postąpili mściwie, starając się na własną rękę podbić nasz wszechświat. Stali się potężną, ciemną siłą, ale zdali sobie sprawę z niesamowitej trudności podbijania wszystkiego bez niczyjej pomocy. Dlatego skorzystali oni z okazji, żeby ułożyć się z frakcją Czerwonych Smoków, którzy zdeterminowani byli, aby unicestwić Annu Elohim. Tetanie zdecydowali się przyłączyć do nich, żeby przekierować naszą energię-materię do Wesadraka i ostatecznie kontrolować jego galaktykę; niemniej jednak uzmysłowili sobie, że muszą chronić siebie przed Czerwonymi Smokami, które chciały ich unicestwić, dlatego że nosili w sobie geny Annu.[195]

Z biegiem czasu pra-Tetanie Wesadraka i Tetanie z Drogi Mlecznej skrzyżowali się z różnymi grupami Anunnaków. MCEO oświadcza, że Tetanie są nemezis (nemezis potocznie znaczy wróg/rywal – przyp. tłum.) grupy Zielonych Smoków-Anunnaków, tak więc hybrydyzacje odbyły się prawdopodobnie przy użyciu siły i jakichś mniejszych porozumień. Najwyraźniej skrzyżowali swoją rasę z „frakcjami Metatronicznych Anunnaków Tota, od których rozwinęli swój bardziej człekokształtny wygląd i umiejętności kontroli umysłu. W późniejszej mitologii Ziemi określani byli i opisywani jako twory-człekokształtnych-wampirów-energetycznych zwanych Upiorem", oznajmia MCEO z Ashayaną (s. 15).[177]

Kiedy rasa przodków Tetan z Wesadraka, wraz z bytami Budara-Borża, napadli na Równoległą Ziemię Amenti, schwytali oni trochę ludzi, podobnych do naszego wczesnego rodu Człowieczego. Do tych Ludzi dodali trochę swoich genów, aby stworzyć kontrolowalną rasę niewolników, jak również zniszczyć ich pulę genową. MCEO mówi, że wszystkie rasy ludzkie Równoległej Ziemi zostały poważnie zmutowane w gatunki niewolnicze,[202] ale ATI,TPE wyjaśnia, że mała ilość ich naturalnych Ludzi pozostaje tam w ukrytym i chronionym środowisku.

W tej części wyjaśniam teraz, że każde wspomnienie Ziemi sprzed roku około 15 000 p.n.e. odnosi się do Ziemi Amenti, oryginalnej wersji Ziemi przed tym, zanim Metatroniczne technologie przejęły część jej energii-materii, aby ostatecznie „stworzyć" naszą Ziemię. Informacja ta nie jest wcale aż tak fantastyczna, jak mogłaby się wydawać w krótkim okresie czasu stworzenia; nasza Ziemia nie została cudownie stworzona, jedynie przeniesiona ze zwiększonym zniekształceniem. Część rozdziału 8 pt.: „Atlantydzkie przeszkody" wyjaśnia, jak doszło do tego podziału. Myślę, że nie jest to koniecznie, aby rozróżniać pomiędzy dwiema wersjami Ziemi, ponieważ nasza Ziemia zawiera resztki z historii Ziemi Amenti. Niemniej jednak ważne jest, byśmy wiedzieli, że posiadamy bardziej naturalny, chociaż niezupełnie bezpieczny odpowiednik, do którego możemy się skierować, zwłaszcza po realną ascendencję. Często będę nazywać Ziemię Amenti nazwą naszej planety Ziemi, gdyż czuję, że w ten sposób staje się ona dla nas bardziej osobista, za wyjątkiem, kiedy będzie wyraźna potrzeba zaznaczenia ich różnic, wówczas będę nazywać ją Ziemią Amenti.

Według Szmaragdowego Zgromadzenia Zakonu Melchizedeka (ang. Melchizedek Cloister Emeraold Order, skrót MCEO), 75 milionów lat temu Borża oraz byty „Tetan" skonstruowali tunel czasoprzestrzenny z Równoległej Ziemi Amenti do Ziemi Amenti celem zakotwienia wyłaniającej się technologii systemu kontroli sieci o nazwie Progowe Szklane Wieże, obejmującej planetarne implanty. Technologia Progowa łączy w sobie moc zainstalowanej poprzednio sieci oraz rozmieszczeń mikroczipów na Ziemi Równoległej i Ziemi Drogi Mlecznej.[202]

MCEO nie rozróżnili właściwie pomiędzy rasami Tetan a rasami ich przodków oraz błędnie nazywają Tetan „Upadłymi Lirianami", podczas gdy Lira znajduje się w HU-4 Galaktyki-2, a nie w HU-1 galaktyki Drogi Mlecznej, gdzie faktycznie stworzona została rasa Tetan.[202] Przez tę zagmatwaną historię poprosiłam ATI,TPE o wyjaśnienie, kiedy Tetanie po raz pierwszy napadli na Ziemię Amenti i dowiedziałam się, że inwazja miała miejsce ok. 46 000 lat temu. Zgodnie z nieprzewidywalną historią Atlantydy, co wyjaśnia rozdział 8, ten okres czasu wydaje się sensowny.

Na szczęście rasy Aquafereion z Urty – oryginalnego odpowiednika Ziemi AquaLaShA – zintegrowali z Ziemią Amenti bardziej naturalną energię Aurora, która jest nietolerowana przez biologię Tetan. „Walczyli" oni, stojąc w tej korzystnej energii, aby zakotwiczyć ją w Ziemi Amenti, co pokazało prawdziwą siłę Aquafereion.[202] Chcieli oni zaangażować się w to, nie tylko po to, żeby pomóc Ziemi Amenti, ale również, aby chronić Urtę. Urta oraz ich słońce Sala są najwyższym celem Tetan, co oznacza, że nasze Słońce jest tak samo zagrożone, co nasza Ziemia. Niestety, Tetanie wrócili na Ziemię, aby rozwinąć swoje technologie, łącząc swoje siły z innymi najeźdźcami, którzy podążają za fantomową agendą Smoków Borża (w rozdziale „2012").

Tak jak Metatroniczna technologia grupy Jezusowej skierowała nas do Wesadeka, tak Tetanie uwieczniają Metatroniczną technologię Progową, żeby skierować nas do matriksów Wesadraka i Borża. Posunęli się oni jeszcze dalej z agendą Borża, łącząc lokalizację Równoległej Ziemi i Ziemi z jej rozdarciem w czasie, które łączy matriksy Borża z Wesadrakiem, Równoległą Drogą Mleczną oraz Drogą Mleczną. Ostatecznie, 25 milionów lat temu byty Borża wkroczyły do naszej części Eka, oznajmia ATI,TPE, aby stworzyć gwiezdne wrota-1 upadłej Ecka, zwane Telos (w rozdziale 11).[202] Na szczęście, jak twierdzi „M" z potwierdzeniem ATI,TPE, dzięki pomyślnym wysiłkom ochronnym grup Żywiciela Krysthal Rzeki, rozdarcia w czasie Borża nie dostały się do Galaktyki-2.

Ogólnie rzecz biorąc, obcy Metatrona nie chcą być przekierowani do matriksów Eka-Weka Borża. Chcą oni aktywować Bestię, ale nie Próg. Tetanie (oraz istniejący Wesadrak) stali się „ciemnymi siłami" dla grupy Jezusowej, jak również dla grupy Lucyfera, podczas ich krótkiego buntu. Ponieważ Michał ma współpracę wykraczającą poza to, o czym mówi nam jego grupa Jezusowa i kontrolował on aktywnie Równoległą Ziemię z pewnym związkiem z Tetanami, może on stawiać cele Borża przed problemami Zielonych Smoków.

Tetanie do mistrzostwa opanowali praktykę oszustwa, tak jak wszyscy inni religijni bogowie. W 1995 roku „cudownie" uzdrowili z nowotworu kobietę o imieniu Vianna Stibal i wykorzystują ją teraz do nauczania i pracy z ich energią. W 2013 roku jej strona internetowa oświadczyła następująco:

> ThetaHealing® [Uzdrawianie Teta] jest techniką, która skupia się na myśli i modlitwie. ThetaHealing® uczy, jak włączyć do użytku naszą naturalną intuicję, polegając na bezwarunkowej miłości Stwórcy Wszystkiego Co Jest, aby wykonał za nas faktyczną „pracę". Wierzymy, że zmieniając cykl waszych fal mózgowych, obejmując stan „Teta", możecie w zasadzie oglądać, jak Stwórca Wszystkiego Co Jest dokonuje natychmiastowego fizycznego i emocjonalnego uzdrowienia.[267]

Mam nadzieję, że czytelnik nauczył się już, jak zwracać szczególną uwagę na to, jak te byty układają swoje słowa. Tutaj Tetanie odwrócili kolejność Wszystkiego Co Jest w stosunku do kreacji, gdzie stoi za tym stwórca – Tetanie. Podobnie jak grupa Jezusowa, Tetanie wykorzystują naszą modlitwę lub prostą chęć nauki, aby pozwolić im na wejście do naszych ciał.

Inna strona internetowa o praktyce tej kobiety o nazwisku Stibal ujawnia pochodzenie oraz intencje tej praktyki:

> Uzdrawianie Oriona znane jest także jako Uzdrawianie DNA/ Teta Energii Oriona.... Przeprogramowywanie Podstawowego Wierzenia jest drugą częścią procesu Uzdrawiania Teta. Tutaj osoba dokonująca uzdrawiania, wchodzi energetycznie w ciało, aby zastąpić lub rozwiązać systemy wierzeń, które nie służą dłużej klientowi.[268]

Daje nam to korzyść, kiedy jesteśmy tymi, którzy usuwają wierzenia, które fałszywie zostały nam wpojone, tak więc w kontekście Tetan (lub którejkolwiek grupy Metatronicznej energii), praca z ich energią wykorzystuje Technologię Czystej Płyty. Techniki uzdrawiania Tetan usuwają wierzenia podstawowe i zastępują je swoimi częstotliwościami teta ze świata snów, z którymi możemy zidentyfikować się w czasie snu. Usiłują oni pracować na naszym całym ja: na rdzeniu fizycznym, genetyce, umyśle, historii oraz duszy. Jeśli zastąpią oni każdy z tych poziomów, nie zostanie nam prawie nic z naszego ja!

Tetanie są bogami z Kościoła Scjentologicznego. „Federacja Galaktyczna" jest ich nemezis w doktrynie scjentologicznej, ukazując wcześniejszy rozłam pomiędzy Czerwonymi a Zielonymi Smokami, zanim połączyli oni siły prowadzące do wydarzeń roku 2012 n.e.[269] Religia Scjentologiczna odsłania aspekt obcych jako bogów, ale także uwzględnia nas jako tych szczególnych bogów, nazywając nas Tetanami. To uczyniłoby z nas jedną, wielką, szczęśliwą rodzinkę, z tymi bardzo kochającymi Tetanami! Wszelkie braterstwo i światło! Jako ich przyswojeni niewolnicy.

Tak samo jak we wszystkich religiach, uzdrowienie dawane pani Stibal pozwala tym bytom na wykorzystywanie jej, żeby mogła fałszywie uzdrawiać innych. Jeśli jej rytuały uzdrawiania wydają się działać, dzieje się tak najprawdopodobniej dlatego, że wykorzystywane jednostki zostają częściowo uniesieni z ich ciał, w stanie umysłowego, emocjonalnego i psychicznego oddzielenia od ich problemów. Przekazana im Metatroniczna energia zmusza ich do zaakceptowania do pewnego stopnia nauki Frankensteina zachodzącej w ich ciałach. Jeśli następuje jakieś faktyczne uzdrowienie, to tylko po to, żeby stworzyć kolejnego pracownika jako rzecznika Metatronicznej agendy. Rzecznicy zdarzają się nie często, a pierwszy z nich wystawiany jest na pokaz.

Agenda Jednego Światowego Porządku

„Nowy Światowy Porządek" jest chwytliwym frazesem, wypowiadanym czasami przez światowych przywódców, ale tak naprawdę odnosi się do Jednego Światowego Porządku (ang. skrót OWO, czyli One World Order, odtąd będę używał tego skrótu – przyp. tłum.). Przez wiele tysięcy lat trzy dominujące agendy OWO rywalizowały między sobą o to, aby egoistycznie pozyskać energię-materię Ziemi, a ostatecznie i Drogi Mlecznej. Jeden z planów kierowany był przez Czerwone Smoki-Reptilian-Drakonian, aby wysysać kwantum energii do Wesadraka. Kolejny plan prowadzony był przez Zielone Smoki-Elohim-Anunnaki, żeby skierować kwantum energii do Wesadeka. Natomiast w trzecim planie Zielone Smoki podzieliły się na Lucyferiańską agendę chcącą nakierować energię do Fantomowej Drogi Mlecznej.

Serafim z wyższych wymiarów wygrali swoje wojny z rasami Jehowian Anu i uzyskali przewagę w swoim planie. Dodatkowo Tetanie pomogli wpłynąć na wynik na rzecz Wesadraka. Niektóre Zielone Smoki-Anunnaki zaakceptowali ten wynik, więc przyłączyli się do swoich poprzednich wrogów i razem, z powodu wzajemnej nienawiści do ras Żywiciela Krysthal Rzeki, w 2000 r. n.e. utworzyli Zjednoczony Ruch Oporu Najeźdźców (ang. United Intruder Resistance, skrót UIR, odtąd będę używał tego skrótu przyp. tłum.). Pozostałe Zielone Smoki-Anunnaki udały się z powrotem do Wesadeka i poprosiły MCEO-GA o amnestię, co prawdopodobnie zatrzyma ich w Drodze Mlecznej i na Ziemi, ponieważ nie chcą zostać wciągnięci do Wesadraka z Fantomowej Drogi Mlecznej, jeśli Czerwonym Smokom powiódłby się ich plan.

MCEO-GA oznajmia, że rasa człekokształtnych żuków Nekromitonów-Andromi początkowo nadzorowała UIR, zanim potężniejsze grupy sukcesywnie wkroczyły, ostatecznie oddając kontrolę Białym Smokom Borża, chociaż grupa Michała Borża-Szantarel zaangażowana była już na wiele lat przedtem.[121,270] Generalnie Nekromitoni i Andromi są częścią grupy Jezusowej i są również mocno związani z grupą Lucyferian-Marduka, która, jak pokazałam, jest często kolejną częścią dużej grupy Jezusowej. Trudno jest ustalić, do którego świata grupa Michała ostatecznie wypompowuje energię Alfa-Omega, jeśli władcy Borża i tak zamierzają zabrać ją w całości.

Rozdział 8 zgłębia wnikliwie historię Ziemi prowadzącą do ostatnich lat planowanego zniszczenia upadłych aniołów i środków zaradczych Żywiciela Krysthal Rzeki (ang. Krysthal River Host, skrót KRH). UIR rozpoczęła aktywację agendy Apokalipsy Jehowian Anunnaki dla zniszczenia całej planety, podczas gdy światowe rządy, ustawione z agendą Jednego Światowego Porządku Drakonian-Lucyferian, chcą kontroli nad ludzką populacją. Dokonać tego można przez odstrzelenie dużej ilości z nas przez ludobójstwo dokonane przez obłąkanych przywódców bądź anomalia środowiskowe. Bardziej powszechną taktyką jest potajemne rozprzestrzenianie wirusów oraz innych mieszanek biotoksyn, sukcesywne szczepienia lub smugi chemiczne rozpylane wzdłuż i wszerz na niebie, w celu osłabiania naszego układu immunologicznego. Rozmaite destrukcyjne starania na wielką skalę udaremnione zostały przez KRH oraz jego sojuszników.

Negatywne siły, żeby lepiej przeciwdziałać ochronie Ziemi przez Orafim i Anielskich Ludzi, musiały ułożyć się ze sobą nawzajem. Ziemia Amenti oraz nasza mniejsza, ale niezwykle ważna planeta są nierozerwalnie połączone z gwiezdnymi wrotami-3, jednymi z gwiezdnych wrót Drogi Mlecznej, które wciąż pozostały podłączone do AquaLaShA. Jeśli UIR mógłby kontrolować Ziemię i dalej zniekształcać energię, byliby w lepszej pozycji, aby przejąć większą część Drogi Mlecznej z Ziemią, z uwagi na to, jak galaktyczne gwiezdne wrota połączone są na siatce kathara.

Obcy OWO pozakładali swoje obozy w wielu z największych miast na całym świecie, nawet planowali te miasta zgodnie z określonym geometrycznym planem, żeby pomóc uziemić ich Metatroniczne energie. Canberra, stolica Australii, jest tego doskonałym przykładem.

Zgodziłam się na propozycję tymczasowego zamieszkania w Canberrze. Została zaprojektowana przez architekta Waltera Burley'a Griffina, żeby zmaksymalizować jego koncepcje transcendentalnego spirytualizmu oraz zainteresowań naturą, tak, aby rozmieszczenie oraz konstrukcja budynków i miasteczek mogła wzmacniać energie natury (jako Boga lub aspektu Boga), żeby z kolei usprawnić doświadczenia duchowe i wzrost. Transcendentalizm łączy się bezpośrednio z Masonizmem poprzez metafizyczny spirytualizm Emanuela Swedenborga, naukowca, filozofa, oddanego Chrześcijanina i autora religijnego, który miał duży wpływ na samego Griffina, wraz z innym prominentnym, masońskim architektem.[271] W ruchu masońskim istnieje ważność w ustanowieniu boskiego połączenia z ich wersją Boga, zwanego „Wielkim Architektem Wszechświata" i jest to osiągane za pośrednictwem wykorzystania Metatronicznej geometrii.[272]

Griffin skoordynował swoje plany geometryczne ze zliniowaniem z gwiazdami, czymś, co wielu badaczy zaobserwowało w zliniowaniach Waszyngtonu D.C. Był on pod silnym wpływem pracy sir Normana Lockyera, który nauczał o symbolicznej osiowości za pośrednictwem wyłaniającego się pola astroarcheologii. Lockyer postulował, że starożytne egipskie i greckie świątynie oraz wiele świętych miejsc było zliniowanych osiowo zgodnie z przesileniami i równonocami lub wschodem i zachodem księżyca bądź określonej gwiazdy. Astronomia rządziła wyborem miejsc oraz tym, jak ich budynki miały być zliniowane i skonstruowane.[273]

Praca Lockyer'a była poważnie wykorzystywana przez Towarzystwo Teozoficzne, organizację założoną w 1875 roku w celu rozwinięcia ezoterycznych i duchowych wierzeń Teozofii.²⁷⁴ Helena Bławatska, jedna z założycieli, wcieliła w ich nauki podstawowe założenia animizmu i panteizmu. Animizm oświadcza, że cała materia, włączając w to przedmioty nieożywione, zawiera duchową esencję, zaś panteizm oświadcza, że wszystko jest Bogiem. Poza tymi twierdzeniami, które wydają się nie mieć hierarchii, Teozofia przekształca filozofię transcendentalną w religię, mianując na jej szczycie byty bogów lub bogini, w szczególności Lucyfera (w rozdziale 10). *Theos* jest greckim słowem oznaczającym boga, zaś *sophy* ukazuje boginię Zofię, która, jak poprzednio ujawniłam, jest grupą bytów prowadzonych przez Panią Nada.

Aż do roku 1920 Griffiniści nie byli oficjalnie uznawani za Teozofistów, ale istnieje mała wątpliwość co do ich wcześniejszych powiązań. Towarzystwo Teozoficzne dało początek wielu wierzeniom, rozpowszechnionych obecnie w ruchu New Age. Miało ono również wpływ na Adolfa Hitlera, w zastosowaniu duchowych podstaw koncepcji Teozoficznych do jego selektywnie socjalistycznej partii politycznej Nationalsozialitische Deutsche Arbeiterpartei, zwanej przez ludzi z zewnątrz Partią Nazistowską. Symbolem ruchu Teozoficznego była swastyka, zanim stała się synonimem politycznego i socjalnego ruchu Hitlera.

Charles Leadbeater, wpływowy członek Towarzystwa Teozoficznego, w swojej książce zatytułowanej „Mistrzowie i ścieżka" (oryginalny angielski tytuł „Masters and The Path" – przyp. tłum.), otwarcie wygłaszał, że „Wielkie Białe Bractwo" (ang. Great White Brotherhood, skrót GWB – odtąd będę używał tego skrótu – przyp. tłum.) Adeptów Wniebowstąpionego Mistrza wyjawiło Bławatskiej zasady Teozofii, zaś głowa tego bractwa, Sanat Kumara, jest Królem lub Panem Ziemi. Kiedy pyta on nienazwanego Boga – prawdopodobnie Sanat Kumara – o to, co musimy robić w życiu, byt ten zręcznie odpowiada (kursywa dodałam mój własny komentarz): „Dążąc w życiu do bycia najlepszym i czynienia jak najlepiej, staniecie się opętani kwalifikacjami, co dopuszcza do Inicjacji i członkostwa w samym Wielkim Białym Bractwie" (akapit 131).²⁷⁵ Leadbeater dodaje „A królestwo niebiańskie, pamiętajcie, jest Wielkim Białym Bractwem Adeptów" (akapit 310).²⁷⁵

Leadbeater zafascynowany był Australią i w 1915 roku, podczas serii wykładów w Sydney, ogłosił on „Australię i Nową Zelandię domem nowej pod-rasy... dzieci i młodzieży wyraźnie nowego typu".²⁷⁶ Nazwał tę pod-rasę *Arianami*, rozwiniętym stanem Ludzkości, który wkrótce miałby stać się jak Wielkie Białe Bractwo, bliski wspólnik Dowództwa Asztar i Galaktycznej Federacji Światła. GWB pochodzi z Wesadeka, co wyjaśnię dalej w rozdziale 10.

Teozofia obiecała przybycie postaci kolejnego światowego nauczyciela lub Mesjasza, który przewodziłby tej nowej Aryjskiej rasie Ludzkości, a Adolf Hitler uznawał siebie za taką postać. Możliwe jest, że 40 lat wcześniej Griffin był częścią grupy zamierzającej zaprojektować stolicę, z której wyłonić miałby się nowy światowy nauczyciel.

W jego książce pt.: „Tajny plan Canberry" profesor Peter Proudfoot zauważa pragnienie Waltera Burley'a Griffina, by zaprojektować plan miasta przedstawiający nowy przykład demokracji, który zawiera w sobie prawa natury.[273] Chociaż Griffin miał swoje duchowe i zawodowe powiązania, wygląda na to, że wahał się je uruchomić, ponieważ zwlekał on tak długo, aż prawie przeoczył ostateczną datę złożenia swojego projektu. W swoim wspomnieniu pt.: „Magia Ameryki" jego żona Marion, również architekt, wyjaśnia tę sytuację w trzeciej osobie, po długim dniu wiosłowania strumieniem do Jeziora Michigan.

> Może była to tortura tych spalonych słońcem nóg, może było to jej tak dobrze znane, złośliwe usposobienie, a może byli to ci duchowi doradcy, których Ksantypa [Marion] była nieświadoma w tamtym czasie, którzy powiedzieli do niej – „Nie możemy niczego zrobić z Sokratesem [Walterem] bez jakieś ludzkiej pomocy. Czy nie zrobisz czegoś, aby zmusić go do rozpoczęcia tej ważnej rzeczy, którą ma na myśli?", a może była to sugestia samego Diabła, jak później Sokrates sam skłaniał się do myślenia.[277]

Kiedy zostało zaledwie dziewięć tygodni do daty końcowej, Marion nakrzyczała na Waltera, aby natychmiast zabrał się do pracy; w końcu nadszedł właściwy czas. Pracowała ona z obcymi bytami, aby umożliwić realizację większej agendy, którą trzymała w tajemnicy przed Walterem, a on, jak wyjaśni ATI,TPE, był nieświadomy całego tego planu.

Kiedy Walter konstruował swoje precyzyjne projekty, był on pod wpływem przyćmiewającego procesu, zaś Marion dopilnowywała, aby proces został zakończony poprawnie. W swoim wspomnieniu ujawniła ona, że Archanioł Michał „tak często" sięgał po ramię Waltera, żeby wpłynąć na jego pracę.

> Powróciłam sama z Indii i poczułam, że sam Archanioł Michał użyczył panu [Walterowi] jednego ze swoich meteorytów, aby mógł uczynić to, co tak często czynił, chwytając za ramię kreślarza, aby swoją wprawną ręką żwawo wkroczyć tam, gdzie należy – tak, aby nadać naszej pracy końcowe dotknięcie perfekcji, w tych miejscach, które interesowały go najbardziej.[278]

Kiedy zapytałam ATI,TPE, czy grupa bytów Marion sięgała poza wpływy Archanioła Michała, oświadczyło ono, że często bywała w kontakcie z ugrupowaniem Samjase Ludzi-Lucyferiańskich-Serafim-Anunnaków.

Stanowią oni głównie Dowództwo Asztar, ale także rozprzestrzeniają się pośród GFS i oddziałów GWB Drogi Mlecznej. Później grupa Samjase zainicjowała kontakt z Hitlerem i Nazistami oraz osławionym kontaktem z UFO, Billy Meier'em.

Proudfoot pisze:

> Marion często odnosi się do Canberry jako do „jedynego, prawdziwie nowoczesnego miasta – Alfa i Omega"; jako miasta zaprojektowanego w wyniku „kreatywnego myślenia", oraz tego, które wskrzesza „starożytną naukę", nawet mimo tego, że nic nie powiedziano w tamtym czasie o ezoterycznej naturze jego zagospodarowania (s. 87).[273]

Interesujące jest, że zarówno towarzystwa architektoniczne Australii, jak i Brytanii, zaprotestowało i odwiodło wielu swoich architektów od przystąpienia do konkursu projektowego, ponieważ miał dziwnie zawężony panel doradczy, z Ministrem Spraw Wewnętrznych jako najwyższym sędzią. Brak konkurencji oraz uczciwość, wraz z wpływem zaawansowanych obcych, oddziaływały na korzyść Griffina.[279] Niemniej jednak, jak objaśnia ATI,TPE, niektórzy z urzędników państwowych, którzy pracowali z ogólnie przychylnymi grupami obcych, sprzeciwili się niektórym z jego projektów, kiedy zdali sobie sprawę, jakie geometrie i wizerunki one reprezentują, co spowodowało trochę opóźnień.

Canberra założona została w 1913 roku, a jej budynek parlamentarny został zbudowany w 1927 roku. Chociaż na początku zamierzano używać go tylko tymczasowo, wykorzystywany był jeszcze przez 61 lat, aż do czasu, kiedy w 1988 roku wzniesiono Nową Siedzibę Parlamentu, upamiętniając dwusetlecie Australii. Dziwnym trafem Nowa Siedziba Parlamentarna usytuowana jest zaledwie kilkaset metrów na północ od starego budynku. Obydwa budynki stoją na głównej linii ley (czyt. lej – przyp. tłum.) miasta. Linia ley jest to prosta ścieżka łącząca dwa worteksy.[280]

Parlamentarna linia ley łączy dwie góry: Górę Bimberi, najwyższą górę w regionie oraz Górę Ainslie (czyt. ejnsli – przyp. tłum.). Droga na Górę Ainslie wije się jak wąż i kończy się na szczycie góry czymś na kształt głowy węża. W 2009 roku u podnóża wieży na szczycie Góry Ainslie, w głowie węża okultystyczna grupa dokonała ofiarowania kozy, dla swojego Boga Canberry – Lucyfera.

Czarna Góra (oryginalna angielska nazwa Black Mountain – przyp. tłum.), znajdująca się w pobliżu, posiada okazałą wieżę, która widoczna jest na wiele kilometrów za miastem. Ta wieża telekomunikacyjna emituje fale ultraniskiej częstotliwości elektromagnetycznej (oryginalny angielski skrót EMF – ultra-low electromagnetic frequency – przyp. tłum.). ATI,TPE oznajmia, że wieże EMF są wykorzystywane potajemnie do komunikacji z obcymi oraz do zaburzania energii Ziemi oraz naszych ciał. Nie ma przypadku w tym, że wiele z głównych dróg przelotowych Canberry biegnie w bezpośrednim zliniowaniu z wieżą EMF na Czarnej Górze.

Projekt układu ulic Canberry zawiera w sobie wszystkie ze świętych geometrii ważnych dla Illuminatów oraz Metatronicznej nauki śmierci. Waszyngton jest podobny. Okazałą cechą w projekcie Canberry jest Trójkąt Parlamentarny, który składa się z trzech głównych alei biegnących na północny wschód od Nowej Siedziby Parlamentu w wierzchołku Trójkąta: aleja Commonwealth (czyt. komonwelΘ – przyp. tłum.), Kings oraz Constitution (czyt. konstytuszyn – przyp. tłum.). Każdy z punktów tego Trójkąta reprezentuje: budynki rządu, handlu i wojska – trzy główne zainteresowania Illuminatów. Punkt reprezentujący rząd jest otoczony okręgiem, który z kolei symbolizuje „wszystko-widzące-oko" Illuminatów, podobne do tego, które pokazane jest na banknocie jednodolarowym Stanów Zjednoczonych Ameryki. Punkt reprezentujący handel, jako centrum miasta, zamknięty jest w symbolizmie Metatronicznego Sześcianu skierowanego na północny wschód. Natomiast punkt wojskowy jest okrągłą mozaiką małych, czarnych, granitowych kamieni, która wiruje jak worteks. Za tym okręgiem znajduje się droga w kształcie ryby Ichtys, w głównej mierze katolicki symbol reprezentujący Jezusa Chrystusa.

W swojej pracy profesor Proudfoot dowodzi, że Canberra została zbudowana w kształcie rombu, który jest dwoma połączonymi ze sobą trójkątami równobocznymi pośrodku kształtu vesica piscis na Rysunku 5. Romb nie jest od razu widoczny, kiedy spojrzy się na plan ulic Canberry; jego geometria ukryta jest w Trójkącie Parlamentarnym i jego przeciwległym trójkącie równobocznym, którego wierzchołek spotyka się na Górze Ainslie.

Vesica piscis (w tłumaczeniu na łacinę oznacza „rybi pęcherz" – przyp. tłum.) jest dominującą geometrią nauki śmierci. Grupy ezoteryczne faworyzują ten kształt, jako ich siłę stwórczą lub „łono wszechświata", ponieważ według nich reprezentuje on symboliczne skrzyżowanie się światów duchowego i materialnego (s. 16).[273] Jest to podstawa ryby Ichtys, a kościoły w stylu gotyckim konstruowane są z łukami skierowanymi na kształt vesica.

Jak udokumentowane zostało w badaniach profesora Proudfoota, „święte" miejsca na całym świecie zbudowane są na podstawie vesica piscis.

Dlatego Canberra ma powiazania z kamiennymi kręgami w Stonehenge, świętym Glastonbury, starożytnymi świątyniami i piramidami Egiptu, a nawet z koncepcją nowej Jerozolimy. Wspólnie z nimi Canberra skonstruowana została zgodnie ze starożytnymi zasadami architektury i planowania oraz tą samą świętą geometria emanującą z Vesica (s. 4).[273]

Te wzorce geometryczne, wtopione w projekty ulic, świątyni oraz znaczących starożytnych pomników, nie są jedynie zdawkowymi symbolami obcych bogów; one są faktycznymi technologiami, które zarówno aktywują w Ziemi Metatroniczne częstotliwości, jak również przechwytują kwanta energetyczne Ziemi. Tak samo mają one bezpośredni wpływ na nas.

Symbole, zwane także geomancjami, są ukształtowanymi geometrycznie kodami światła, które potrafią aktywować oraz zmienić częstotliwości i kody materii. Symbole działają jak fale skalarne, które wytwarzają specyficzne sygnatury energetyczne, włączając w to języki.[281]

Obfite symbole Canberry dostarczają wskazówek o tym, kto próbuje kontrolować miasto. Znajduje się tam główne jezioro w kształcie smoka, wytworzone przez człowieka. Trójkąt Parlamentarny jest częścią większego, lecz niekompletnego, odwróconego pentagramu, który zaczyna się od wierzchołka Nowej Siedziby Parlamentarnej. Oblicze człowieka-kozła Bafometa lub Kozła z Mendes wydaje się być sprytnie wplecione konstrukcje Nowej Siedziby Parlamentu, kiedy patrzy się na nią z góry. Trójkąt zawiera również w sobie zakrzywioną, łączącą drogę wyrażającą masoński cyrkiel. Przed militarnym punktem Trójkąta, orzeł, stojący na szczycie wysokiego flagowego obelisku, spogląda w swoją prawą stronę na Nową Siedzibę Parlamentu. Orzeł ten ma wyrzeźbioną twarz i tułów podobnie jak symbol orła Nazistów, który również patrzy na prawo. Skrzydła nazistowskiego orła rozpostarte są w kierunku wschód-zachód, podczas gdy skrzydła orła z Canberry rozpostarte są na północ. ATI,TPE ostrzega mieszkańców Canberry, aby pozostawali na zewnątrz Trójkąta Parlamentarnego, ponieważ posiada on najbardziej Metatronicznie wzmocnioną energię. Sytuacja ta jest najbardziej niefortunna dla pracujących tam pracowników rządowych.

W dół głównej parlamentarnej linii ley stoi budynek Memoriału Wojennego Nieznanego Żołnierza, który reprezentuje wszystkich australijskich żołnierzy, którzy umarli jako ofiary agendy Jednego Światowego Porządku. Pomieszczenie wewnątrz obfituje w mozaiki fałszywej ascendencji, opisujące uzbrojone postacie porządkowych, nadzorowane przez rozmaite byty i energie. Memoriał Wojenny jest ukształtowany na znak krzyża, celem upamiętnienia ofiarności. Mnóstwo ludzi odwiedza co roku to miejsce, wypełniając ten obszar żalem i traumą. Geometryczna konstrukcja Canberry wzmacnia tę negatywną energię i kieruje ją do Ziemi oraz do wampirów energetycznych. Interesującym aspektem promenady wzdłuż linii ley, prowadzącej do Memoriału Wojennego, są specjalnie zaprojektowane uliczne latarnie, które przypominają pojazdy UFO. Znajomy badacz Canberry, James Macaron, nie widział takiej konstrukcji ulicznych latarni nigdzie indziej w mieście.

Canberra zbudowana została nad naturalnymi jaskiniami z piaskowca. ATI,TPE oświadcza, że jaskinie te obejmują obszar około 65 km pod ziemią i od milionów lat używane są przez obcych. Jeśli poszukacie w internecie o spotkaniach z obcymi, znajdziecie mnóstwo historii o obserwacjach oraz niebezpiecznych doświadczeniach z Reptilianami i Szarakami, którzy mieszkają pod ziemią. Emitują oni tak ciemną energię, że niepodejrzewający niczego Ludzie mieli wiele szczęścia, że udało się im uciec na czas.

W dodatku Canberry i wiele innych miejsc na całym świecie są od dłuższego czasu centrami podziemnej aktywności, włączając w to Los Angeles w Kalifornii. Nic dziwnego, że Hollywood faworyzuje dinozaury. Reptilianie mogą być najpowszechniejszą podziemną rasą obcych, ponieważ gady już od eonów lat są na Ziemi.

Wampiryczni obcy obejmują sieć wyglądających jak istoty człekokształtne obcych, które często żyją pod ziemią i pracują jako kontakci z personelem wojskowym i rządowym. Część tej książki o „Archaniele Michale" przedstawiła Nordyków Anunnaków „Wysokich Białych", którzy mieszkają pod obszarem Góry Ziel, na Północnym Terytorium Australii, w pobliżu potężnej bazy wojskowej Pine Gap.

Canberra oraz oddalony od niej jej teren ma wydzielony, mały stan, nazywany Terytorium Stolicy Australii, na którym część z jego obszaru dziwnie rozszerza się daleko na wschód. To, co leży wewnątrz tego dziwnego nabytku, to nowo wybudowany, usytuowany głęboko pod ziemią kompleks wojskowy o nazwie HQJOC, który prawdopodobnie łączy się z rozległą siecią jaskiń.

Nowa Siedziba Parlamentu została zbudowana wewnątrz wzgórza, prawdopodobnie również z podziemnym połączeniem. Informatorzy donieśli o potężnej, ciemnej komnacie, która istnieje pod Nową Siedzibą Parlamentu i nie ma ona specyficznego przeznaczenia. Świadek daje takie oto oświadczenie:

> Na dalekim, południowo-wschodnim krańcu budynku, pod ministerialnym skrzydłem po stronie Senatu, znajduje się OGROMNA pustka – miejscami może od trzech do czterech pięter wysokości. Nic poza częściowo wykopaną ziemią oraz bardzo długie kolumny podpierające „naziemne" piętro powyżej. Z tkliwością nazywane jest to „Katedrą". Pomieszczenie to nie jest to narysowane na żadnym z rysunków architektonicznych, które widziałem, ale drzwi tam prowadzące były na rysunkach, rzecz jasna, ciekawość nasza wzięła górę! Jedynym znakiem tej komnaty od góry jest bardzo głucho brzmiąca, drewniana podłoga na zewnątrz wind, na piętrze „naziemnym".[282]

Zakonspirowany, wyższy szczebel Wewnętrznego Rządu Australii posiada ściśle tajne informacje o obcych, zaś Australia jest częścią rodziny najpotężniejszych państw na świecie – Anglii i Stanów Zjednoczonych. Większa część Unii Europejskiej jest na tym samym poziomie. Istnieje bezpośrednia zależność pomiędzy zaawansowaniem technologii wojskowej a technologią obcych, ofiarowaną wyższej rangą oficjałom rządowym. Kilkanaście ras, z godnych uwagi układów gwiezdnych, miało bezpośrednie relacje ze światowymi rządami, lecz jedna gwiazda, Aldebaran, wyróżnia się w Canberze.

Tak oto James wyjaśnia swoje dochodzenie w sprawie planów Canberry:

> Jak odkryłem połączenie Canberry z Aldebaranem? Otóż, zaczęło się, kiedy badałem, dlaczego Trójkąt Parlamentarny ma teren ukształtowany tak, a nie inaczej. Tym, co wzbudziło moją ciekawość, były ogrody różane, które zasadzone zostały ponad 50 lat temu i ukształtowane na coś, co wyglądało jak oczy. Było tam również wiele innych cech w całym projekcie, które sprawiły, iż wyglądało to na wpół ukrytą twarz. Zauważyłem, że masońskie prace Illuminackiego kultu mają tendencję do ukrywania rzeczy przed gołym wzrokiem. Dla nich robienie tego jest częścią gry, ale również wykorzystuje się geometrię do innych, pochodnych nauce śmierci technologii, o których teraz wiemy już więcej.
>
> Kiedy zacząłem rysować linię pomiędzy kluczowymi aspektami projektu Trójkąta Parlamentarnego Canberry, okazało się, że pokazywać zaczęła się twarz byka. Na Nowej Siedzibie Parlamentu znajduje się oczywiście głowa kozła (Kozła z Mendes). Ale dlaczego byk?

Kiedy James zaczął śledzić konstelację Byka, zauważył, że jego symbolem był półksiężyc (lub rogi) leżące na górze okręgu. Projekt Canberry również posiada ten symbol, lecz jest on rozbity na dwie części. Rysunek 6 pokazuje okrąg bezpośrednio nad głową byka, zaś półksiężyc jest dalej do góry, nad brzegiem jeziora. Jak już wcześniej oświadczyłam, wizerunek byka konstelacji Byka ma Aldebarana, jako jego prawe oko. Pseudonimem Aldebarana jest Bycze Oko, które może także reprezentować krzaki róży. Wygląda na to, że istnieje pomiędzy Plejadami a Orionem, czyniąc je wygodną lokalizacją dla grup napastliwych obcych.

Powszechnie wierzy się, że słowo *Canberra* wywodzi się od aborygeńskiego słowa opisującego „miejsca spotkań", chociaż okazuje się, że takie aborygeńskie słowo nie istnieje. W 1834 roku odwiedzający ją naturalista, dr. John Lhotsky, oświadczył, że Kembery było oryginalną nazwą równiny i rzeki nadaną przez

Rysunek 6. Byk Canberry i Kozioł z Mendes

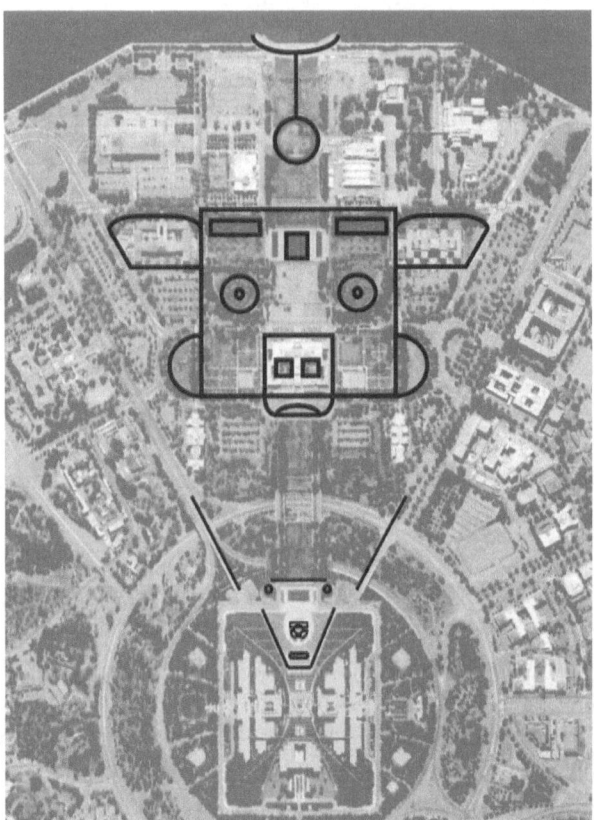

rodowitych mieszkańców.²⁸³ Według pisma Australijskiej Rady Narodowego Majątku Powierniczego pt.: „Prawdziwe Dziedzictwo Canberra", Lhotsky wysłany został do Australii przez bawarskiego króla Ludwiga I, celem opisania Australijskich Alp, ale na kilka dni pojechał on najpierw na Równinnę Wapienną, aby ją przestudiować. Wtedy przewidział on: „Równina Wapienna jest najważniejszym miejscem, jeśli chodzi o sprawy ekonomii politycznej kolonii.... Dlatego w niedalekiej przyszłości na Równinie Wapiennej będzie istniało świetne miasto".²⁸⁴

Dlaczego król Bawarii zaangażowany był w tę zagraniczną ekspedycję na drugim końcu świata? Masoneria wyłoniła się w 18-tym wieku z ruchu Bawarskich Illuminatów, wygląda więc na to, że Dowództwo Asztar i jej oddziały torowały sobie drogę do potajemnego stworzenia Canberry w wybranym przez nich miejscu. Prawdopodobnie nie jest przypadkiem, że Canberra uznawana jest za miejsce spotkań; może jest to zamierzone miejsce do spotkań tej grupy bytów oraz ich przedstawicieli ziemskich Illuminatów ustanawiających Jeden Światowy Porządek. James zbadał tę oto teorię:

Na różnych stronach internetowych pojawiły się wpisy twierdzące, że Canberra będzie domem dla stolicy Nowego Światowego Porządku. Zawsze ciekawiło mnie, dlaczego ta właśnie lokalizacja Canberry wybrana została na stolicę, ponieważ jeszcze do niedawna nie było to niczym więcej niż zapadłą wioską z owczarniami w zupełnie niedogodnym położeniu.

Po tym, jak zadaliśmy pytanie o Canberrę do Wszystkiego Co Jest, Czystej Esencji, dowiedzieliśmy się, że jest to kluczowa dla Reptilian lokalizacja na planecie. Tak więc teraz mam informację o Illuminatach/OWO/Masonach/Satanistach wybierających Canberrę na ich światową stolicę, są tutaj Reptilianie oraz połączenie z konstelacją Byka i Aldebaranem.

Kiedy szuka się czegoś o Reptilianach i Aldebaranie, pojawia się ciekawa informacja, która zaczyna wypełniać niektóre luki.

Na stronie internetowej, która przedstawia osobę kontaktującą się z UFO, Alexa Collier oraz jego 22 pozaziemskie rasy (ang. extraterrestrial, skrót ET) zaangażowane na Ziemi, Collier oświadcza, że Aldebaran obejmuje rasy pozaziemskie „Ludzi/Reptilian". Oznajmia on także, iż te same rasy ET są w Orionie (Rigel, Betelgezie i Syclopesus) i Syriuszu.[285]

W części o „Archaniele Michale" stwierdziłam fakt, że Collier jest pionkiem niektórych Andromedan. Część ta pokazuje również mnóstwo obcych pracujących razem, nie tylko człekokształtnych Reptilian. Ważną cechą tych ciemnych, tajnych agentów jest to, że są oni poddani wyższej hybrydyzacji celem skorzystania z naszej puli genowej, tym samym przekazując na nas silne zniekształcenia.

Często do opisania zasiewu Ludzi, w komunikacjach z innymi światami, używane są zwroty, takie jak „eksperyment" i „projekt". Pamiętajcie, że kiedy fantomowe byty opowiadają historie o hybrydyzacji, jest on daleka od naszej naturalnej genetyki.

Ostatni eksperyment ludzkiej hybrydyzacji zaaranżowany był przez Hitlera. Możemy znaleźć informacyjne strony internetowe o Nazistach i Hitlerze, ujawniające wpływanie na nich przez Aldebaran.

William Alek, dyrektor Postępowego Centrum Technologicznego, dokonał prezentacji o technologii statków kosmicznych Nazistów oraz ich połączenia z tajnym towarzystwem Vril.

W 1919 roku Karl Haushofer założył w Berlinie Towarzystwo Vril. Słowo „Vril" pochodzi ze starożytnego sumeryjskiego, oznacza „podobny do boga" [moja uwaga: język sumeryjski nie posiadał fonemu „v", więc prawdopodobne jest, że słowo to ma inne obce pochodzenie[286]] i użyte zostało w powieści zatytułowanej „Nadchodząca Rasa" (oryginalny angielski tytuł „The Coming Race" – przyp. tłum.), napisanej w 1871 roku przez Edwarda Bulwer-Lytton'a i jest ona o rasie super-ludzi żyjących we wnętrzu Ziemi. Mówi się, że członkami Towarzystwa Vril byli Adolf Hitler, Alfred Rosenberg, Heinrich Himmler, Hermann Göring oraz osobisty lekarz Hitlera, dr. Theodore Morell. Byli to pierwotni członkowie Towarzystwa Thule, które przypuszczalnie przyłączyło się do Vril w 1919 roku. NSDAP (National Sozialistische Deutsche Arbeiter Partei) została utworzona przez Thule w 1920 roku, a rok później dr. Krohn, który pomógł stworzyć flagę Nazistów, był również członkiem Thule.

Towarzystwo Vril spotkało się w starej, myśliwskiej kwaterze niedaleko Berchtesgarden [gdzie później Naziści założyli obóz] z kobietą, paranormalnym medium, Marią Orsic, gdzie otrzymali oni niezwykłe wieści. Maria przyprowadziła grupę pięknych, młodych kobiet, jasnowidzek, zwaną Vrilerinnen i zaczęły otrzymywać przekaz od ET, zwanych Arianie z Alfa Tauri w układzie gwiezdnym Aldebarana. Maria oraz jej siostra, medium zwane Sigrun, dowiedziały się, że pół miliarda lat temu Arianie, znani również jako Elohim lub Rasa Starszych, rozpoczęli kolonizację naszego układu słonecznego. Na Ziemi Arianie stworzyli kolonie w wydrążeniu planety.[287]

Prezentacja Aleka pokazuje diagramy symbolizmu Nazistów, jednym z nich jest Czarne Słońce. Towarzystwo Vril połączyło siły z Towarzystwem Thule (później przemianowane na Trzecią Rzeszę), ponieważ obydwa czciły Czarne Słońce. „Czarne Słońce, duża kula Pierwszej Materii, dostarczająca światło i promieniowanie dla Arian wewnętrznej Ziemi. Zwane jest również jako wielkie Centralne Słońce w wewnętrznej Ziemi", mówi Alek.[287]

Ja utrzymuję, że to Czarne Słońce nie znajduje się wewnątrz ani obok Ziemi. ATI,TPE oświadcza, że są to gwiezdne wrota-4 Fantomowej Drogi Mlecznej, nazwane Rhabezoid (czyt. rabezojd – przyp. tłum.), które są małą, fantomową częścią Plejadiańskiego Alkione,[179] słońca Tary. ATI,TPE wyjaśnia: „Gwiezdne wrota-4, Rhabezoid, posiadają podwójne położenie, oznacza to, że mają częściowo fantomowy fragment usytuowany w Plejadiańskim Alkione oraz znacznie większą część umiejscowioną w słońcu fantomowej Tary". Kiedy odszyfrujemy cytat Aleka dotyczący Czarnego Słońca i wewnętrznej Ziemi, odnosi się on do niebezpośredniego połączenia pomiędzy Ziemią a Rhabezoid, przy pomocy międzywymiarowych portali.

Plejadiańskie grupy boga, w zależności od ich religijnych i energetycznych wytycznych, mogą posiadać różne Centralne Słońca. Jak już wskazałam na początku w części rozdziału 3 pt.: „Rozróżniając Wszystko Co Jest, Czysta Esencja", Aldebaran jest wielce ceniony przez Plejadiańską grupę Marduka, prawdopodobnie jako jej wielkie Centralne Słońce. W religii Prawa Jednego Centralne Słońce przypisywane jest do naszego Boga, który miałby być Źródłem, z którego wszyscy pochodzimy, tym samym obejmując nasz wewnętrzny skład oraz życie, jakbyśmy byli jednym i tym samym.

Istnieje spekulacja o naszej dosłownej Wewnętrznej Ziemi, w której nasza Ziemia jest pusta i zawiera inny świat jej mieszkańców. Niektórzy ludzie twierdzą, że na północnym i południowym biegunie znajdują się otwory, umożliwiające dostęp do pustej Ziemi. Admirał Richard E. Byrd wspominał „Wielkie Nieznane", z którym spotkał się prowadząc wojskową wyprawę Stanów Zjednoczonych w 1947 i 1956 roku nad Północnym i Południowym Biegunem.[288] Podróżował on wiele mil poza obydwa bieguny, donosząc o dużym obszarze, niecharakterystycznym dla regionów lodowych, obfitujących w zieleń.

Zamiast pustej/wydrążonej Ziemi, która unieważniałaby geologiczny model rdzenia i płaszcza Ziemi, ten unikalnym obszar mógłby być międzywymiarową strefą w pobliżu rdzenia Ziemi, a każde z wejść na biegunach, mogłoby być wyraźnym worteksem energetycznym lub portalem, który krzyżuje dwa światy. Naziści skolonizowali część lądu na północ od Bieguna Południowego na Antarktydzie, zwanego Neuschwabenland, przypuszczalnie w pobliżu punktu dostępu do portalu. Teoretycy konspiracji spekulują, że Naziści wybudowali tam tajną bazę podziemną.[289]

Zwrot „Wewnętrzna Ziemia" został zastosowany przez byty Prawa Jednego do znacznie mniej zagęszczonych potomków Ziemi Amenti w trzecim wymiarze naszego świata Eka, który w dużej mierze zawiera kod Trój-Weki jak również odpowiednie gwiezdne wrota-3 naszego świata Eka. To ciało niebieskie 3-go wymiaru Eka nazywa się Agarta. Podczas gdy względnie bliskie przestrzenie lub strefy wymiarowe mogą być interpretowane jako płaszczyzny podziemnej „Wewnętrznej Ziemi", ATI,TPE oznajmia, że jakiekolwiek przyrównywanie do Agarty Eka jest błędne.

Byty z MCEO powiedziały, że Agarta jest bardziej naturalna wewnątrz. One (lub inne byty MCEO-GA) powiedziały też, że Agarta jest strefą zwiększonej fantomowej materii podłączonej do Ziemi.[193,191] Podczas warsztatu w 2002 roku Ashayana, kiedy odnosiła się do gwiezdnych wrót-3 „Wewnętrznej Ziemi" naszego Eka i jej bardziej naturalnej energii, opisała ona „rasę Opiekunów z Eka" jako „ludzi prowadzących świątynie Agarty".[290]

Wszystko Co Jest, Czysta Esencja (ang. skrót ATI,TPE) wyjaśnia, że upadła część oryginalnej Agarty zawierała drobniutkie szczątki zachowujące naturalne pierwiastki z Agarty, które przyczyniły się do stworzenia Ziemi

Amenti. Aczkolwiek późniejsze wydarzenia spowodowały, że ta część Agarty stała się fantomowa i oddzielona od naturalnych energii Ziemi Amenti. Wnioskuję, że „Świątynia Agarty" znajduje się na fantomowej części Agarty, która to nie przypomina oryginalnego ciała niebieskiego.

Towarzystwa Vril i Thule czcili moc światła z ich Czarnego Słońca. Pro-Chrześcijańska strona internetowa demaskując Vril, oświadcza następująco:

> [Jest to] niewidoczne, wewnętrzne światło wszechświata, które daje i wytwarza niewiarygodną moc i za pomocą paranormalnego channelingu komunikuje się z obcymi Arianami. To „Czarne Słońce" stało się ich bogiem, odpowiedzialnym za siłę Vril, energią w formie przenikającego wszystko płynu, w posiadaniu którego są podziemne rasy (Vril-ya), o których mówi się, iż są potomkami Atlantów wraz z „Aldebaranami".[291]

Strona ta kontynuuje dalej: „Najciemniejszą stroną Vril było ich wierzenie, które datuje się wstecz na wiele mileniów, że poświęcenie młodego dziecka da więcej mocy, aniżeli cokolwiek innego w królestwie ciemności".[291] Ten straszliwy przykład ukazuje, że sztuczna moc musi mieć prawdziwe życie, aby ją podtrzymało.

Towarzystwa Vril i Thule chciały zbudować statek kosmiczny, żeby odwiedzić Aldebaran, ale ich najwyższym celem było przeszukanie wszechświata w poszukiwaniu najwyższej energii, jak światło i ciemność, śmierć i życie. Przypominam sobie, jak około roku 2009 czytałam w internecie opowiadanie (nie mogę go teraz jakoś znaleźć) o spotkaniu pewnego mężczyzny z Reptilianami, którzy mieli obsesję znalezienia wszechpotężnej energii. Mężczyzna ten powiedział, że wie o Wszystkim Co Jest, które jest Wszystkim Co Jest, Czystą Esencją i zaprezentował im energetyczną kulę między swoimi dłońmi, stworzoną przez elementy czystej energii, zawierającej poszerzoną energię od ATI,TPE. Byli zafascynowani tą energią, ale kiedy przekazał im tę kulę, ona zniknęła. ATI,TPE wyjaśnia, że człowiek ten posiadał czystą intencję, ale kuli tej nie można było dać tym istotom; nie znają one czystej energii, a z powodu ich wrogich intencji nie mogli oni jej podtrzymać.

Informacja o usuniętym z internetu odniesieniu do Nazistów, poprawiona jako: „Historia Nazistów o kontakcie z obcymi", oświadcza:

> Naziści powiedzieli, że ich superludzie zamieszkują poniżej powierzchni Ziemi, tam, gdzie stwórcy rasy Arian. Dlatego, według rozumowania Hitlera, tylko Arianie stanowią czystszą rasę świata, zaś wszyscy pozostali ludzie byli postrzegani jako podrzędne mutacje genetyczne.

Naziści, pod opieką Manipulatorskich Istot Pozaziemskich, zaplanowali ponowne oczyszczenie ludzkości, dokonując ludobójstwa przeciwko każdemu, kto nie jest Arianem.

Najwyżsi rangą nazistowscy przywódcy wierzyli, że podziemni superludzie powrócą na powierzchnię Ziemi, aby rządzić, wkrótce po tym, jak Naziści rozpoczną ich program rasowego oczyszczania i założą Tysiącletnią Trzecią Rzeszę.

Te nazistowskie wierzenia są bardzo podobne do innych religii, najwyraźniej również prowadzonych przez manipulatorskie istoty pozaziemskie, które uczą ludzi, aby przygotowywali się na przyszły powrót nadnaturalnych istot, które królować będą nad Utopijną Ziemią.

Tak samo jak w innych religiach, nadejście superludzi Nazistów miałoby się zbiegać z wielkim, boskim sądem ostatecznym....

Chociaż ostatecznie przegrał on wojnę, Manipulatorskie Istoty Pozaziemskie najwidoczniej porozumiały się z Nazistami co do tego, że ci wybrani przez Szatana nadejdą z sukcesem w założeniu Czwartej Rzeszy. Cztery jest numerem Szatana/Enkiego [Uwaga: Szatan jest Samaelem, który częściowo przejął Enkiego].

Hitler widział w Szatanie idealnego człowieka oraz w jego demonach, które są rasą istot pozaziemskich, które wyglądają jak istoty ludzkie, o bardzo wysokiej sylwetce, jasnych blond włosach i niebieskich oczach.

Domniemane jest, że technologia nazistowska rozpowszechniona została pod przewodnictwem Manipulatorskich Istot Pozaziemskich. Naziści mieli wszystko przed jakimkolwiek innym krajem, już w 1933 roku mieli oni radar, posiadali także czujniki na podczerwień, ciężką wodę itd. Okłamywano nas, mówiąc nam, kto wynalazł te rzeczy. Jeśli ktokolwiek na świecie miał dostęp do technologii obcych, byli to Arianie.[292]

W przeciwieństwie do poprzedniego fragmentu o jasnowidzkach Vrilerinnen, mówiących, że rasa Arian przybyła, żeby zamieszkać nasz układ słoneczny, powyższy cytat twierdzi, że Arianie byli ludzką hybrydą, stworzoną przez manipulatorskich obcych Nordyków-Reptilian. Obydwa fragmenty zawierają prawdę, ale drugi z nich dokładniej obrazowuje rasę Arian jako ludzkie hybrydy.

Hermann Rauschning jest autorem książki w języku niemieckim pt.: „Hitler mówi"; twierdzi, iż wiele razy spotkał się z Hitlerem, żeby uzyskać wgląd w jego myśli, ale prawdziwość oświadczeń Rauschninga została zakwestionowana i w większości odrzucona przez krytyków. Pomimo tego, czy Hitler faktycznie wypowiedział poniższe słowa czy nie, ja wierzę, że następujący cytat, przypisywany jemu, jest prawdziwy: „Nowy człowiek żyje pośród nas! Jest on tutaj. Czy to wam nie wystarczy? Wyjawię wam tajemnicę. Widziałem nowego człowieka. Jest nieustraszony i okrutny. Bałem się go".[293]

Maria Orsic, która później stała się przywódczynią Towarzystwa Vril, podczas transu otrzymała słowa „Adolf Hitler", które nazwały go nowym Mesjaszem.[291] Liga Opiekunów (ang. skrót GA) twierdzi, że Hitler oraz jego wewnętrzny krąg Illuminatów, pracował z Rigelianami Zeta nad zredukowaniem populacji Hebrajczyków, którzy mieli mniej zmanipulowane geny Anielskich i Orafim Ludzi, początkowo pozostawiając nietkniętych poddanych ciężkiej hybrydyzacji Żydów.[121]

Sieć Illuminatów ułatwia jednemu urzędnikowi rządowemu w Masońskim bractwie wezwanie drugiego urzędnika rządowego na drugim końcu świata do wykonania zadania. Taki przypadek komunikacji miał miejsce podczas wojny secesyjnej, kiedy Jerzy Waszyngton potrzebował więcej oddziałów, więc Benjamin Franklin skontaktował się z jego francuskim „bratem", prosząc o wsparcie. Grupy Illuminatów są bezpośrednimi pionkami kontroli fantomowych obcych. GA mówi, że zazwyczaj za bardzo boją się być nieposłuszni w stosunku do tych technologicznie zaawansowanych, nikczemnych intruzów. Chociaż jest to pewnie prawda, myślę, że większość członków Illuminatów również identyfikuje się ze wypaczoną energią władzy, więc nie różnią się za wiele od swoich przywódców.

Nekromitoni-Andromi chcieli kontrolować Ziemię oraz ich rywali Zeta, więc zyskali przychylność Hitlera, dając mu tajną wiedzę o liniach ley i gwiezdnych wrotach Ziemi oraz relikty, aby dostać się do nich. W zamian za to wykorzystali oni osobiste uprzedzenie Hitlera do całego rodu Żydów, aby posunąć się do szeroko zakrojonej, masowej serii morderstw. W odpowiedzi na to Illuminaci Zeta-Drakonian-Lucyferian wycofali swoje poparcie dla Hitlera, zrzeszyli się za sprzymierzonymi siłami drugiej wojny światowej, celem zapewnienia pokonania Osi władzy. Na nieszczęście Zeta Rigelianie dali rządowi Stanów Zjednoczonych technologię do zbudowania bomby atomowej.[121]

Chociaż Hitler nie spełnił jeszcze zupełnie roli Mesjasza, obcy OWO nie wyczerpali jednak swoich starań, dalej kontynuowali wysyłanie nam religijnych przepowiedni i channelingów skierowanych do ich „niebiańskich" baz.

Religijna fascynacja konstelacja Byka jest integralną częścią projektu Canberry, ale podobnie jak w przypadku starożytnych miejsc, reprezentowanych jest tam również wiele przyległych układów gwiezdnych. Dokładne śledztwo w książkach pt.: „Nazwy Gwiazd: Ich miłość i znaczenie" autorstwa Richarda Hinckley Allena oraz „Żyjące gwiazdy" autorstwa dr. Erica Morse'a dostarcza brakującego ogniwa pomiędzy religią a astronomią, które faworyzuje Aldebarana i Michała:

Wielki „czerwony gigant", wojowniczy „Aldebaran" jest jednym z czterech „Strażników Nieba" – wartowników strzegących innych gwiazd. Utworzył on jedną z czterech królewskich gwiazd Persji jako „Obserwatora Wschodu".

Były one również nazwane gwiazdami archanielskimi; ta gwiazda Aldebaran była Michałem – Wojskowym Dowódcą Niebiańskiego Gospodarza. Innymi byli: Gabriel (Fomalhaut) – Obserwator Południa; Rafael (Regulus) – Obserwator Północy; Uriel (Antares) – Obserwator Zachodu. Pewnego razu wyznaczyli oni dwie Równonoce i dwa Przesilenia. Aldebaran wyznaczył punkt zerowy Ryb w roku 3044 p.n.e., „Antares" wyznaczył punkt zerowy Wagi w roku 3052 p.n.e., „Fomalhaut" wyznaczył punkt zerowy Koziorożca w roku 2582 p.n.e., a „Regulus" wyznaczył punkt zerowy Raka w roku 2345 p.n.e....

Te cztery gwiazdy scharakteryzowane zostały jako Konie, co odzwierciedlone zostało zarówno w osławionych Czterech Jeźdźcach Apokalipsy (Apokalipsa św. Jana, rozdział 6), jak i Koniach Rydwanów w Księdze Zachariasza.[294]

James Macaron odkrył znaczące astrologiczne zliniowanie w Canberrze, podczas szczytu przesilenia w dniu 21 grudnia 2012 roku, kiedy Jowisz, Aldebaran i Rigel były zliniowane z lewej do prawej, w kierunku północno-wschodnim. Kiedy sprawdzamy na gwiezdnej mapie w oprogramowaniu planetarnym Stellarium, z koordynatów Nowej Siedziby Parlamentu, o godzinie około 10:10:50 p.m. – jedynie nieco ponad minutę przed oficjalnym czasem przesilenia w Canberra o godzinie 10:12 p.m. – Algol, powszechnie znany jako gwiazda Demona, wydaje się być dokładnie na północy w azymucie 0 stopni. Około dwie minuty za lub przed godziną 10:10:50 p.m. nie ma go już na linii siatki azymutowej. Algol zliniowuje się z Jowiszem pod małym kątem nad liniowym, potrójnym zliniowaniem.[259]

Parlamentarna linia ley biegnie w kierunku północno-wschodnim pod kątem 36 stopni, kiedy zmierzy się to na szczegółowej mapie, od pionowej północy. Algol wschodzi również codziennie obok azymutu 36 stopni. Zliniowania w Canberrze nie są przypadkowe. ATI,TPE oznajmia, że jej geometrie zaplanowane zostały, aby zakotwiczyć złączone prądy, które łączą się z Abaddonem. Północ obejmuje oś Ziemi, więc Algol, wraz z technologiami Canberry, może pomóc w zakotwieniu zliniowania Aldebarana w szkielecie Ziemi.

Włączenie Jowisza do tego zliniowania może wnieść spotęgowane energie wewnątrz naszego układu słonecznego, z powodu astrologicznej formacji Yod, która zachodzi nieregularnie. Poprzednie były w 2012 i 1989 roku. Yod jako „Palec YHWH" jest trójkątną formacją. Okrągły wykres astrologiczny pokazuje wydarzenie z 22 grudnia 2012 roku, o godzinie 9:00 a.m. z Pekinu, w Chinach, gdzie Jowisz znajduje się w wierzchołku kąta 30 stopni z Saturnem i Plutonem naprzeciw, w równo oddalonych kątach 75 stopni.[295] Nie jestem astrologiem, więc początkowo myślałam, że te kąty powstały z rozmieszczeń astrologicznych i katów siatki azymutowej. Astrologia nie jest jednak właściwie nauką, a jej katy są symboliczne w tym, że każdy znak zodiaku posiada 30 stopni, w których obrazuje i rozmieszcza ciała niebieskie.

Astrolodzy powiedzieli, że 21 grudnia 2012 roku Saturn i Pluton przesunięte były względem siebie o 60 stopni, zaś Jowisz przesunięty był względem Saturna i Plutona o 150 stopni. Dlatego zarówno Saturn, jak i Pluton, znajdują się o pięć znaków astrologicznych od Jowisza, potwierdzając trójkąt równoramienny wykresu z Pekinu.[295] Kiedy przestawimy strefy czasowe, wydarzenie z 22 grudnia w Pekinie przekłada się na 21 grudnia dla Północnej i Południowej Ameryki, włączając w to mniejszą część Grenlandii. Popularna przepowiednia Majów przewidziała, że 21 grudnia 2012 roku będzie obejmował formację Yod, która została dodatkowo zakotwiona przez Wenus w zliniowaniu prawie jednakowej odległości między Saturnem a Plutonem.

Trudno jest nam zmierzyć trójkątną formację Jowisza, Saturna i Plutona, ponieważ cała trójka, a zwłaszcza Pluton, nie są widzialne w tym samym czasie. Niemniej jednak możemy zweryfikować główne położenie Jowisza oraz pobliskie zliniowanie Aldebarana. W programie Stellarium wstawiłam Mérida, Meksyk w regionie Jukatanu, gdzie mieszkali Majowie. Jak robię to zawsze przed wszystkimi funkcjami wykonywanymi w programie Stellarium, ustawiam mój zegar komputerowy na czas właściwej strefy czasowej. W dniu 21 grudnia 2012 roku, o godzinie 10:23 p.m. Jowisz znajdował się bezpośrednio nad niebiańską kulą Ziemi, w zenicie. Aldebaran wydawał się być w pobliżu, krzyżując się z dwiema liniami siatki azymutowej: 160 stopni południowo-wschodniej i 85 stopni wysokości.

Inne oprogramowanie komputerowe, Solar System Scope (zachowano oryginalną nazwę angielską – przyp. tłum.), pokazuje szerszą perspektywę zliniowań układu słonecznego, aniżeli Stellarium.[296] Korzystając z tego programu, James wstawił godzinę 10:12 p.m. z przesilenia z dnia 21 grudnia 2012 roku, aby ujawnić prawie idealne, potrójne zliniowanie pomiędzy Jowiszem, Rigelem i Aldebaranem oraz inne potrójne zliniowanie między Jowiszem, Ziemią i Saturnem. (Oprogramowanie to nieprawidłowo umieszcza Rigela bliżej do Ziemi niż Aldebarana, pozornie dodając Rigela do widoku, aby pokazać zliniowanie, gdyż w przeciwnym wypadku byłby on za daleko.) Kolejne zliniowanie w stronę południa Jowisza jest z Plutonem. Tworzy się rodzaj formacji Yod, lecz kąt Saturna i Plutona z Jowiszem wynosi około 44 stopnie i nie może zostać utworzony trójkąt równoramienny, ponieważ orbita Saturna wokół Słońca jest znacznie krótsza niż orbita Plutona.[297]

Jowisz w kluczowej pozycji reprezentuje palec Boży, sprowadzając do naszego układu słonecznego energię fantomowej galaktyki. Ponieważ Aldebaran znany jest jako gwiazda Michała, a on lubi postrzegać siebie jako Boga i YHWH, energia ta jest celowo kierowana przez Michała. W astrologii Jowisz jest ważną planetą będącą w koniunkcji z Aldebaranem, w której obydwa bardzo dobrze razem oddziaływują. Ich relacja daje „wielki, duchowny zaszczyt oraz wojskowy awans".[298] Zliniowania Yod oraz obcy kontrolerzy stworzyli niezwykle skupioną, połączoną energię, skierowaną w Ziemię, z intencją zatrzymania jej tutaj, zwłaszcza w krystalicznym wapieniu.

Wszystkie Metatroniczne geometrie w projektach zabudowy miast umieszczone są tam celowo, jako technologie do zakotwiczenia i rozprowadzania fantomowych uderzeń energii w naszą planetę, potwierdza ATI,TPE. Ich symbole mogą wykradać naturalną energię z Ziemi i jej istot. Zarówno w Canberrze w Australii, jak i w Paryżu we Francji, technologie zakotwiczają tunele czasoprzestrzenne z Aldebarana, aby umożliwić potajemne przenikanie obcych, jak również transportować drogocenne metale Ziemi, oznajmia ATI,TPE. W szczególności Wieża Eiffla w Paryżu oraz Wieża Telstra w Canberrze stoją ponad miastami, aby zakotwiczyć i wzmocnić Metatroniczną energię, a ATI,TPE dodaje, że Wieża Telstra wykorzystywana jest do komunikacji z Aldebaranem. Połączony, wielki plan grupy Jezusowej i grupy Lucyferiańskiej zakłada potencjalne wejście Lucyfera jako Sanata Kumara przez tunel czasoprzestrzenny Canberry podczas wymiarowego zmieszania Ziemi w 2017 roku, co wyjaśnione jest w rozdziale 8.

ATI,TPE oświadcza:

> Celem zaplanowanego powrotu Lucyfera w 2017 roku jest usiłowanie kolejnego przesunięcia biegunów, ponieważ nie powiodło się to w 2012 roku. Jest to jego pełna agenda. Jego zamiar dokonania tego czyni tę planetę dostępną dla większych podróży kosmicznych jego inwazyjnych sił z wyższych wymiarów. On pozostanie utajniony, aby umożliwić podróż kosmiczną w wyższych partiach, kiedy sobie zechce.

Od ostatniego cyklu aktywacji gwiezdnej Ziemi okresy mieszania wymiarowego następowały zazwyczaj co 2213 lat, podczas cykli otwierania gwiezdnych wrót i trwają one typowo pięć lat, podczas których byty z wyższych wymiarów mogą fizycznie wkroczyć i zmaterializować się na Ziemi. Podczas wielu z tych okresów w naszej przeszłości, bogowie decydowali się na pozostawanie w swoich wybranych formach, aby bezpośrednio rządzić Ludźmi. Kiedy okres mieszania wymiarowego się kończy, tracą oni gęstość i nie są już dłużej widzialni. ATI,TPE informuje, że „dzięki szybkim pojazdom do ucieczki oraz istotom z wyższych wymiarów, które są gotowe, aby pomóc tym, którzy dowodzą i potrzebują wydostać się", nie zostają oni uwięzieni na Ziemi, ani w żadnej lokalizacji niższego wymiaru.

W dniu 16 sierpnia 2011 roku zapytałam ATI,TPE: „Czy mieszkańcy Canberry gotowi są na wielki szok po roku 2012, czy też pozostaną nieświadomi większej agendy, mającej miejsce zza kulisami?"

Odpowiedziało ono: „Pozostaną oni nieświadomi tej większej agendy, z powodu >>uśpienia<< ich umysłów oraz umysłowej kontroli".

To jest dobra wiadomość, gdyż strach i panika nie wezmą góry; aczkolwiek ogólnie rzecz biorąc nie jest to dobre, jeśli ludzie pozostają w uśpieniu i kiedy utrzymują Metatroniczną energię przy życiu przez ich pośrednie przyzwalanie na to.

Chociaż Zjednoczony Ruch Oporu Najeźdźców obejmuje głównie Czerwone Smoki, agenda Jednego Światowego Porządku nie jest podzielona pośród Czerwonych, Białych czy Zielonych Smoków. Generalnie pracują oni razem, aby skrzywdzić i zdezorientować nas jako pionki w ich wynaturzonej grze. Głównym powodem tego, że w minionym czasie jeszcze w pełni nie ujawnili nam siebie oraz swoich wielkich statków kosmicznych, jest fakt, że grupy Żywiciela Krysthal Rzeki, wraz z przynależnymi do niego grupami, zablokowali ich punkty dostępu do Ziemi oraz zniweczyli ich zakrojone na szeroką skalę działania. Tak czy inaczej, fantomowe rasy wciąż pracują nad tym, aby uzyskać energetyczny dostęp do nas. Nie wykonujmy żadnych rytuałów celebracyjnych związanych z równonocami, przesileniami czy księżycem, ani też nie dokładajmy już więcej zachęcającej ich energii poprzez religijne modlitwy. Wzmocnijmy nasze naturalne, wspaniałe energie oraz połączenie ze Wszystkim Co Jest, Czystą Esencją, aby bardziej osłonić siebie i Ziemię, co ułatwiają techniki z rozdziału 11-tego.

Obszerna historia Drogi Mlecznej pokazuje tło dla cykli ascendencji i dramatu Ziemi. Przygotujcie się więc na dalszą opowieść o Ziemi i jej mieszkańcach.

ROZDZIAŁ 8

Ziemia jako planeta ascendencji

21 grudzień 2012 rok – sławetna data, którą powszechnie uważano za koniec kalendarza Majów. Dlaczego Majowie mieliby zatrzymać czas, taki jakim go znamy, podczas zimowego przesilenia tego własnie roku? Czy był to ich przepowiedziany dzień Apokalipsy? Czy też mieli oni inne spojrzenie na koniec świata, tak jakby miało to być odrodzenie?

Nowy Testament oznajmia, że nikt nie będzie znał dnia ani godziny Apokalipsy (Ewangelia św. Mateusza 24:34-36, Ewangelia św. Marka 13:31-33). Czy możliwe, że dokładna data tak zwanego końca świata jest nie do przewidzenia, z powodu różniących się agend pośród wielu ugrupowań obcych oraz przeciwdziałań ras Żywiciela Krysztal Rzeki? A może również dlatego, że bez wiedzy niektórych bytów Ziemia posiada własną wewnętrzną świadomość i zegar, według którego ma się przetransformować wtedy, kiedy uzna to za stosowne.

Księga Objawienia przepowiada straszliwe zdarzenia podczas Apokalipsy, które wspomniane są w całym Nowym Testamencie. Pierwszy List do Koryntian, rozdział 15, wersy 51-52 oznajmia: „Oto ogłaszam wam tajemnicę: nie wszyscy pomrzemy, lecz wszyscy będziemy odmienieni. W jednym momencie, w mgnieniu oka, na dźwięk ostatniej trąby – zabrzmi bowiem trąba – umarli powstaną nienaruszeni, a my będziemy odmienieni". Ostatnia trąba w Księdze Objawienia następuje po katastroficznych wydarzeniach, oznacza to, że Galaktyczna Federacja Światła i towarzystwo mówią, iż ta ascendencja przydarzy się „tym wybranym", po okresie starszliwych kataklizmów na całym świecie. To czyste przesłanie z Biblii pominięte jest w naukach kościoła, które mówią, że raczej zostaniemy „wniebowzięci" przed Apokalipsą. Chrześcijaństwo naucza tego, ponieważ Biblia cały czas sugeruje, iż zatroszczą się o nas i zostaniemy pocieszeni przez Archanioła Michała z Nebadonu jako Boga, zaś wielki sąd ostateczny zostawiony będzie dla zasługujących na niego grzeszników.

Majowie i Aztekowie czcili Quetzalcoatl'a jako głównego boga (Ningishzidda/Tot), co oznacza, że mieliby być „pozostawieni z tyłu". Bycie pozostawionym z tyłu daje do zrozumienia, że Ziemia stanie się piekłem dla pogan, zaś niebo jest gdzieś tam, nad chmurami, jako to najwyższe niebo. Jest też wersja Świadków Jechowy, w której to prawi ludzie zamieszkają Ziemię, zaś 144 000 wybranych wejdzie do nieba. Dużo zamieszania w ogólnym wierzeniu o niebie wprowadziło to, co grupa Michała powiedziała za pośrednictwem proroka Izajasza: „Całe wojsko niebieskie topnieje. Niebiosa zwijają się jak zwój księgi, wszystkie ich zastępy opadają, jak opada listowie z winnego krzewu i jak opadają liście z drzewa figowego (Księga Izajasza 34:4). Ewangelia św. Mateusza, rozdział 24, wers 35 również przyznaje, że niebo odejdzie. Dlatego wszyscy z nas, ci dobrzy, zostaliby pozostawieni z tyłu.

Majowie wierzyli, że coś stanie się z Ziemią i jej ludźmi, ale czy miał to być wypaczony plan Quetzalcoatl'a lub coś naturalnego, czy też jedno i drugie? Bogowie religijni zazwyczaj dają nam prawdę wymieszaną z kłamstwami, gdyż wiedzą oni, że posiadamy inteligencję i wewnętrzną mądrość, tylko nie zawsze sięgamy po te wartości.

W najlepszym wypadku przyszłość może być jedynie przewidywana, lecz wydarzenia z przeszłości znacząco zamieniły bieg na Ziemi, przez co niektóre przysze wydarzenia są teraz nieuniknione. Rozdział ten przekazuje i często rozróżnia informacje dawane przez Ligę Opiekunów (angielski Guardian Alliance, skrót GA – przyp. tłum.) z wkładem Szmaragdowego Przymierza Zakonu Melchizedeka (angielski Melchizedek Cloister Emerald Order, skrót MCEO – przyp. tłum.) o większej historii Ziemi oraz określonej mechanice stworzenia. Dołączyłam również informacje o wydarzeniach prowadzących do 21 grudnia 2012 roku i potem, dostarczone przez Rady Sędziowskie Al-Hum-Bhra (dla zachowania sygnatury energetycznej tego słowa zachowana została oryginalna anglojęzyczna pisownia. Czytaj Alhambra; angielski Alhumbhra Council, skrót AC – przyp. tłum.), najbardziej aktualną grupę bytów Ashayany (czyt. Aszajana – przyp. tłum., jak również określonych oddziałów Żywiciela Krysthal Rzeki (angielski Krystal River Host, skrót KRH – przyp. tłum.) oraz informacje pochodzące od Wszystkiego Co Jest, Czystej Esencji (angielski All That Is, The Pure Essence, skrót ATI,TPE), a także od Eia. Aby przybliżyć naszej świadomości ten większy obraz, który bezpośrednio i w istotny sposób nas dotyczy, zdecydowałam się na wykorzystanie tych źródeł z innych światów, wraz z moją wyostrzoną intuicją i wnikliwością.

Nie wierzę w każdą wiadomość przekazaną nam przez MCEO, GA czy AC, zwłaszcza, kiedy modyfikują oni prawdę według dogmatu Prawa Jednego, co jest jeszcze bardziej szkodliwe, aniżeli może się to wydawać (w rozdziale 10). Dzielę się częścią ich informacji, ponieważ dostarcza ona ważnych i do pewnego stopnia prawdziwych podstaw, z których można dokonać wnikliwego badania. Na początku nieśli oni ze sobą korzystne zamiary w stosunku do Ziemi, ale niestety, na przestrzeni lat, zdecydowali oni się na przynależność do innej grupy i zmiany przywództwa, odsuwając ich od dobrej woli i opieki Międzywymiarowego Stowarzyszenia Wolnych Światów (oryginalny angielski Interdimensional Association of Free Worlds, skrót angielski IAFW – przyp. tłum.) w stronę podobnej do boskiej mentalności agendy i kontroli. Są członkowie MCEO-GA oraz AC, którzy wciąż mają czyste intencje w stosunku do Ziemi, ale są oni luźniej stowarzyszeni z tymi grupami aniżeli z IAFW, która jest szlachetną organizacją, chroniącą naszą planetę i galaktykę przed zniszczeniem. Istnieją również inne wolne światy z podobnym zamiarem, które nie należą do IAFW, ale są oni sprzymierzeńcami i równoznaczni są z IAFW (przykładem jest cześć rozdziału 9-go pt: „Wyższe Ja").

Większość bytów w Drodze Mlecznej zainteresowanych jest tym, co dzieje się w tym czasie na Ziemi; tutejsza sytuacja może potencjalnie wpłynąć na całą galaktykę, ponieważ nasza Ziemia jest częścią galaktycznych gwiezdnych wrót-3 Ziemi Amenti, a Słońce jest gwiezdnymi wrotami-4, jak potwierdza ATI,TPE. Świadomie upadli obcy wtrącili się w biedną Ziemię i Słońce, aby spróbować przejąć ich gwiezdne wrota wraz z innymi kluczowymi lokalizacjami, aby ostatecznie sprowadzić Drogę Mleczną oraz Równoległą Drogę Mleczną do fantomowego statusu. Te tak zwane „czasy końca" są trudne, ale religijne historyjki dały nam już wystarczającej pożywki, aby przejrzeć ich agendy zmierzające w tym kierunku. Chociaż ten rozdział jest czasami denerwujący, zawarte w nim informacje pomagają nam w zdobyciu wiedzy, która ma dużą świadomość i dobroć, i może pomóc wyjść z tego chaosu.

Tara, Syriusz, Słońce i Ziemia

Według stratygrafii i datowania izotopowego skał planetarnych, szacuje się, że Ziemia ma conajmniej 3,8 miliarda lat. Ziemia mogłaby być starsza, gdyby została uformowana wraz ze Słońcem pomiędzy 4,5 a 4,6 miliarda lat temu, według teorii, które są faworyzowane przez naukowców.[299] Obydwie sytuacje mogą być prawdziwe. Według natury stworzenia Trój-Weki, upadła część trójwymiarowej Agarty naszej Eka częściowo stworzyła cząsteczkowe i równoległe antycząsteczkowe rozszerzenia jako Ziemię Amenti oraz Równoległą Ziemię Amenti, które mogłyby datować się lub poprzedzać szacowany wiek 3,8 miliarda lat. Potencjalnie przed tym czasem pola Ziemi Amenti kształtowane były przez energię-materię Słońca.

Dodatkowo porcja Ziemi Amenti ostatecznie stała się Ziemią, co wyjaśnię w części pt: „Atlantydzkie przeszkody". Dla celów tego rozdziału, zarówno naszą Ziemię, jak też Ziemię Amenti, nazwę po prostu „Ziemią", za wyjątkiem tego, kiedy wydaje mi się to za konieczne, aby wyszczególnić różnice pomiędzy nimi.

Zastępcza, ale uzupełniająca historia o stworzeniu Ziemi datuje ją znacznie później niż niektóre z jej formacji skalnych. Starsze skały istniały od procesu ekspansji Agarty i naszego układu słonecznego, lecz dodatkowe skały, flora i fauna zostały przetransportowane tutaj z obcych światów, w szczególności z 5-wymiarowej planety zwanej Tara.

W książce pt: „Podróżnicy. Tajemnice Amenti, tom II" GA przedstawiają historię o stworzeniu o katastroficznych rozmiarach, obejmującą zaangażowanie ogromnej ilosci obcych, celem uczynienia Ziemi planetą zdolną do życia. Zaangażowanie obcych przyspieszyło ewolucję Ziemi, ponieważ postrzegana była jako tymczasowa lub gorsza planeta do służenia ich agendzie dotyczącej Tary.

GA opisuje wielki eksperyment w celu stworzenia rasy Turanezyjskiej na Tarze (oryginalna angielska nazwa rasy Turaneusiam – przyp. tłum.). Ich pod-rasy ewoluowały i kilka z nich starło się ze sobą i w efekcie zwrócili swoją uwagę na Ziemię.

> W przybliżeniu około 560 milionów lat temu... wiele ras ET oraz metaziemskich (pochodzące spoza normalnej, fizycznej, trójwymiarowej czasoprzestrzeni – przyp. tłum.) [w HU-3 i HU-4], połączyło ze sobą swój genetyczny i energetyczny skład, aby stworzyć rasę główną istot, które służyłyby jako Opiekunowie planety Tara. Rada Syriańska z Harmonicznego Wszechswiata-2, wraz z kilkoma innymi grupami, została wyznaczona na zarządców i nadzorców projektu eksperyment Tauranezyjski-1 (T-1) (s. 2).[121]

Byty Elohim z Harmonicznego Wszechświata-3 nadzorowały rasy Rady Syriańskiej, tak więc były zainteresowane projektem. Ważne jest, aby zauważyć, że informacja GA z książek „Podróżnicy" została przekazana podczas wrażliwych negocjacji między GA a określonymi Anunnakami. Książki te, żeby nie kłaść brzemienia na Anunnaków, często nie rozróżniają pomiędzy rodzajami Elohim. Technicznie rzecz ujmując, wszystkie byty żyjące w Drodze Mlecznej są „upadłe", ale często nie jest to z wyboru; dlatego to, co jest poprawnie określone terminem *Elohim* sprawia, że zastanawiamy się, czy byty te miały czyste intencje. Zgodnie z tym, używane przez GA słowo „eksperyment", nie pasuje mi za bardzo, zwłaszcza odkąd Archanioł Michał użył tego samego słowa w swoich channelingach do opisania zasiewów na Ziemi. Tak czy inaczej, uznaję nieprzewidywalność nowych planów na wielką skalę jako prawidłowe użycie tego słowa.

Około 550 750 000 lat temu edogamia z gatunkami odbiegającymi od 12-niciowego kodu genetycznego DNA rodu Tauranezyjskiego Tary doprowadziła do kolejnej gierki „moja rasa jest lepsza niż twoja rasa". Zrodził się konflikt pomiędzy Alanianami, znanymi także jako Beli-Kudjem (oryginalny angielska pisownia Beli-Kudyem – przyp. tłum.) a bardziej biernymi Lumianami, znanymi jako Adami-Kudmon. Członkowie pod-rasy Lumian „przewidzieli kataklizm w swojej przyszłości, stworzony przez coraz bardziej niebezpieczne eksperymentowanie Alanian z generatorami mocy w rdzeniu planetarnym Tary" (s. 3).[121] Lumianie zwrócili się z prośbą o pomoc do

Rady Syriańskiej i Elohim. „Pod kierownictwem Rady Syriańskiej, Lumianie założyli pośród swoich członków organizację zwaną Radą Mu" (s. 3).[121] Rada Mu pomogła Lumianom przemieścić przez ocean duże ilości ich ludności na praktycznie niezamieszkałą wyspę, którą nazwali Mu.

Teraz, kiedy eksperyment zasiewu został narażony na szwank, Elohim pomogli Lumianom przez wzjamemne skrzyżowanie się z tymi, którzy posiadali zgodne z nimi kody. Żeby pomóc w ich ewolucji, stworzyli oni udoskonaloną pod-rasę zwaną Ceres. Ceres stworzyli Kapłaństwo Mu, z matriarchalnym i egalitatnym odchyłem, które nauczało „świętego Prawa Jednego lub Jedności Świadomości" (s. 3).[121] Wiązanie egalitarianizmu ze skrycie shierarchizowanym Prawem Jednego może dawać zniekształcone postrzeganie równości. Niestety, po stworzeniu Ceres, odchył w lumiańskiej pod-rasie postępował dalej.

Na ironię (ale zrozumiałe z powodu rozgrywek siłowych), Inicjatorzy Słonecznego Templaru, grupa umieszczona przez Radę Syriańską jako nadzorcy i kontrolerzy Alanian, sympatyzowali z Syriańskimi Anunnakami, którzy nie chcieli wypełniać rozkazów Rady Syriańskiej. Według GA doprowadziło to prawie do rozpadu kodu genetycznego i związanej z nim świadomości Inicjatorów Słonecznego Templaru. Potem Inicjatorzy chcieli mieć więcej kontroli.

Alanie, świadomi niebezpieczeństw ze strony Inicjatorów, zwrócili się do Lumian i Ceres, żeby ci pozwolili im przenieść się na Mu. Te trzy pod-rasy skrzyżowały się ze sobą, aby stworzyć odnowioną pod-rasę Ur-Tarrante, z oryginalnym Tauranezyjskim kodem genetycznym. W adnotacjach znanych biblijnych słów, zwrot *Ur* pochodzi od nazwy Ur-Tarrante, zaś E-den (oryginalna angielska pisownia, czytaj I-den – przyp. tłum.) był dużą masą lądu na Tarze, gdzie Lumianie i Alanie najpierw współistnieli ze sobą.

Ur-Tarrante stworzyli Kapłaństwo Ur. Kapłaństwo to, wraz z Kapłaństwem Mu, dokonywało rytuałów celem wspierania ich wierzenia w Prawo Jednego, co moim zdaniem jest niepotrzebne, ponieważ jeśli świadomi jesteście prawdy, nie musicie wykonywać rytualistycznych aktów, aby wam o tym przypomnieć. Przykładem ich rytuałów jest chrzest. Chociaż chrzty skłaniają nas do myślenia oraz potencjalnego doświadczania międzywymiarowych właściwości wody, pokazują one również połączenie z lądowo-wodnymi Syriańskimi Anunnaki Elohim, co z kolei graniczy z ich wielbieniem. Kapłaństwo Ur i Mu dzieliło ze sobą większość swoich wierzeń, lecz Ur zainteresowane było bardziej naukowymi zastosowaniami, takimi jak mechanika portali. Później Kapłaństwo Ur zabezpieczało portal na Ziemi.

Inicjatorzy Słonecznego Templaru zeszli głęboko pod ziemię, pod kontynent Alanian, aby uzyskać dostęp do najbardziej naturalnej mocy, spoczywającej w kryształach. Nadużyli oni kryształów i około 550 000 lat

temu spowodowali ich wybuch.
Liga Opiekunów wyjaśnia:

> Spowodowało to łańcuchową reakcję implozji wewnątrz siatki planetarnej Tary. Części siatki Tary zostały rozerwane na strzępy i podzielone, stając się oddzielone od Pola Morfogenicznego planety. Części Alanii zostały natychmiast zniszczone, a cała planeta ucierpiała z powodu szybkiego odwrócenia biegunów. Na okres dwóch dni Tara zatrzymała obrot wokół własnej osi. 10 000 lat zajęło ponowne ustabilizowanie środowiska, podczas których kilka z ras, które przetrwało, znajdujących się wciąż na planecie, wycofało się na stałe pod ziemię.... Życie na powierzchni Tary powróciło również po tych 10 000 lat okresu uzdrawiania.... Tara nie mogła pojawić się ponownie z siatką energetyczną jej odpowiednika z wymiaru 7-go Gaji, dopóki jej własny system sieci nie został naprawiony....
>
> Fragmenty siatki planetarnej Tary, które pozbawione zostały połączenia z energią rdzenia Tary, szybko wpadły w wibrację, aż już nie mogły dłużej oprzeć się naturalnemu przyciąganiu magnetycznemu schodzących, międzywymiarowych prądów energetycznych. Fragmenty te zostały wciągnięte do słońca wewnątrz wszechświata Tary, wyparowały one, zaś pole morfogeniczne niesione w tych fragmentach wciągnięte zostało do czarnej dziury w centrum tego słońca i pojawiło się ponownie w galaktyce wewnątrz niższych pól wymiarowych Harmonicznego Wszechświata-1. [Uwaga: przypomnijcie sobie z rozdziału 6, że gwiazdy posiadają naturalne czarne i białe dziury. Również harmoniczne wszechświaty wspomniane tutaj, są w tej samej galaktyce Drogi Mlecznej.] Wchodząc do tego systemu jako gazowa substancja, pole morfogeniczne rozpadło się na 12 kawałków, co ustanowiło „mini-układ słoneczny" wokół gwiazdy, wewnątrz istniejącego już układu słonecznego HU-1. Jeden z tych 12-tu kawałków rozbitego pola morfogenicznego Tary zespolił się z tym Słońcem, podczas gdy pozostałe 11 kawałków, zaczęło gromadzić materię gęstości i ponownie przejawiły swoje formy poprzez części ich własnego pola morfogenicznego.... Te 12 nowych planet wchodzacych do HU-1 550 000 lat temu są planetami waszego lokalnego układu słonecznego (s. 5-6).[121]

Wygląda na to, że GA mówi, iż żadna z planet naszego układu słonecznego nie istniała, zanim części siatki Tary upadły i zamanifestowały się ponownie w naszym dużym wymiarze. Ja uważam, że znaczna ilość materii planetarnej już istniała. Podczas gdy fragmenty Tary dostarczyły mnóstwa kwanta energii, wchodząc przez nasze Słońce 4-go wymiaru, Słońce także naturalnie poszerzyło kwanta jako część formacji naszego układu planetarnego. ATI,TPE oznajmia, że Ziemia Amenti zawiera energię-materię z Tary, jako mniejszość jej składu.

Powyższy fragment oświadcza, że jeden z 12-tu kawałków złączył się z naszym Słońcem, co miałoby wyłączyć go do układu planetarnego naszego większego wymiaru. Niemniej jednak oświadcza on także, iż nasz układ słoneczny posiadał pierwotnie 12 planet. MCEO ujawnia jeszcze jedną planetę o nazwie Chiron, co może uwierzytelniać liczbę 12-tu planet MCEO-GA. Trzy z 12-tu planet od tamtego czasu zostały zniszczone. Maldek, który teraz jest częścią naszego pasa asteroidów, zniszczony został z powodu Anunnaków; Nibiru, który ma bardzo długą orbitę, ominął Plutona i stał się teraz fantomowy; oraz Chiron, nasza 11-ta planeta, z dala od Słońca, która została zdruzgotana, aby stworzyć kilka fantomowych księżyców, co z kolei utworzyło sztuczną orbitę i stacje dla intruzów.[290]

MCEO-GA uznaje Plutona jako planetę, lecz astronomowie mianowali go planetą karłowatą bądź czymś pomiędzy planetą karłowatą a kometą. Kiedy wchodzi w reakcję ze słonecznym wiatrem, zachowuje się on podobnie do komety.[300] Największy księżyc Plutona, o wielkości połowy jego rozmiaru, o nazwie Charon, dzieli z nim tę samą orbitę, tak jakby byli układem binarnym. W oparciu o tę informację, Pluton i Charon są prawdopodobnie resztkami Chirona. Jeśli to prawda, wówczas nasz układ słoneczny miał pierwotnie 11 planet.

Channelingi Majów i New Age ogłosiły, że nasze Słońce porusza się wokół orbity Alkione Drogi Mlecznej co 26 000 lat.[301,302] Skupisko gwiazd Alkione (Eta Tauri) znajduje się około 400 lat świetlnych od Ziemi – bardzo duża odległość, która przekłada się na 2351 bilionów mil, co byłoby znacznie dłuższe dla niemożliwej orbity aniżeli tylko 26 000 lat.[303] Ten krótki cykl kosmiczny może odnosić się do międzywymiarowego zjawiska zwanego cyklem aktywacji gwiezdnej, przez który Ziemia zostałaby przekształcona w Tarę, jak wyjaśniam później w tym rozdziale. Jak już wielokrotnie powtarzałam w rozdziale 6, Tara, planeta 5-go wymiaru, nie jest gwiazdą Alkione, co ma sens, biorąc pod uwagę, iż naukowcy szacują, że gwiazdy Plejad są znaczenie młodsze od naszej Ziemi, mając zaledwie około 100 milionów lat.[304] Usiłując uczynić proces ascendencji bardziej wiarygodnym naukowo, channelingi rozminęły się z celem. Co ciekawe, nauka nie ogarnia przedziału czasowego 26 000 lat w odniesieniu do osiowej lub ogólnej precesji Ziemi.

W astronomii, księżyc, Słońce oraz inne planety układu słonecznego powodują grawitacyjne i obrotowe przyciąganie osi Ziemi oraz jej drobne równikowe wybrzuszenie, aby obracała się jak żyroskop. Obrót stożkowy znany jest jako precesja ogólna, podczas gdy jej powolnie poruszające się wahnięcie zajmuje w przybliżeniu około 26 000 lat, aby dokonać pełnego obrotu.

Precesja ogólna obejmuje przyrastający ruch gwiazd w kierunku zachodnim, wzdłuż ekliptyki, względem „stałych" pozycji równonocy. Ekliptyka jest płaszczyzną orbity Ziemi wokół Słońca, znaną inaczej jako roczna ścieżka, którą Słońce przemierza na niebie Ziemi. Równonoc ma miejsce dwa razy do roku, w marcu i wrześniu, kiedy to oś Ziemi nie jest odchylona ani w kierunku Słońca ani też z dala od Słońca. Ogólnie rzecz biorąc, astronomowie zgadzają się, że wszystkie gwiazdy bardzo powoli zmieniają swoją pozycję na niebie. To przyczyniać się może do tego, że najbardziej świetliste gwiazdy są częścią binarnego lub grupowego układu gwiezdnego, którego związek powoduje ekliptyczną orbitę. Studiowanie ogólnej precesji Ziemi ujawnia nierozerwalne połączenie pomiędzy naszą Ziemią i Słońcem oraz sześciowymiarowymi, galatycznymi gwiezdnymi wrotami Syriusza B, karłowatą gwiazdą towarzyszącą Syriuszowi A.

Starożytni Egipcjanie oparli swój kalendarz Sotiosowy na heliakalnym wschodzie Syriusza – kiedy tuż przed zmierzchem staje się on najpierw widoczny nad wschodnim horyzontem. Sotis było egipską nazwą dla „Psiej Gwiazdy" Syriusza. Wydarzenie to jest niesamowicie trudne, jeśli wręcz niemożliwe do zaobserwowania; Egipcjanie musieli zostać poinstruowani przez swoich bogów o ważności Syriusza, co potwierdzają teksty channelingów i hermetyzmu. Uczeń Tota, Drunvalo Melchizedek, twierdzi, że nasz układ słoneczny i skupisko Syriusza są blisko ze sobą związane za pośrednictwem grawitacji.[199] Według astrofizyków NASA, Syriusz A jest najjaśniejszą gwiazdą na naszym niebie, oddaloną o 8,7 lat świetlnych i jest dwa razy większy od naszego Słońca.[305]

Jed Z. Buchwald, profesor historii Kalifornijskiego Instytutu Technologicznego, w pracy pt: „Egipskie gwiazdy pod paryskimi niebiosami" (oryginalny angielski tytuł „Egyptian Stars under Paris Skies" – przyp. tłum.) pisze:

> Z powodu pozycji Syriusza oraz szerokości geograficznych, na których Egipcjanie obserwowali niebo, zarówno heliakalny wschód Syriusza, jak i letnie przesilenie, pozostawały oddzielone od siebie niemalże tą samą liczbą dni na przestrzeni Egipskiej historii, pomimo tego, że zodiak powoli przesuwa się po ekliptyce.[306]

Kalendarz Sotiosowy (egipski kalendarz wg cyklu Sotiosowego – przyp. tłum.) był najdokładniejszym, odnotowanym kalendarzem rocznym, ostatecznie zmienionym przez Kościół rzymsko-katolicki. Dzieje się tak dlatego, że Syriusz nie poddaje się precesji tak, jak inne gwiazdy w tle. Entuzjasta astronomii, Walter Cruttenden, postuluje, że model binarny Słońce-Syriusz niekoniecznie się waha, ponieważ nasz cały układ słoneczny zakrzywia się poprzez przestrzeń wraz z orbitą Syriusza.[307]

MCEO oświadcza, że Syriusz B jest najbardziej znaczącą gwiazdą w HU-2 (Harmoniczny Wszechświat-2, ang. Harmonic Universe-2), współdziałającą z Ziemią, z powodu tego, jak przebiegają worteksy uniwersalnego merkaba,[260] a ATI,TPE zgadza się. Ideologia Prawa Jednego oznajmia, że układy słoneczne w HU-1 obracają się wokół odpowiadających im „Centralnym Słońcom" z HU-2, zaś te z HU-2 obracają się wokół odpowiadających im Centralnym Słońcom z HU-3; wzorzec ten kontynuowany jest w górę harmonicznych wszechświatów. Jednakże ATI,TPE wyjaśnia: „Gwiezdne i planetarne byty nie zawsze mają >>centralne słońce<<, wokół którego obracają się, lecz istnieją one w uporządkowany i schematyczny sposób".

Odnośnie Tary, nie możemy określić jej położenia w relacji do innych galaktycznych gwiezdnych wrót, kiedy patrzymy na siatkę kathara, ponieważ każda ponumerowana lokalizacja odnosi się do wyższego wymiaru, a nie do galaktycznych gwiezdnych wrót, zlokalizowanych w ciele niebieskim. ATI,TPE potwierdza moje przypuszczenie, że nie wszystkie ciała niebieskie Drogi Mlecznej z gwiezdnymi wrotami obracają się wokół siebie nawzajem, lecz Tara faktycznie dzieli orbitę z Ziemią i Słońcem naszego układu słonecznego.

„Wydarzenie kataklizmu na Tarze stało się znane jako >>upadek człowieka<<", oświadcza GA (s. 6).[121] Archanioł Michał, Enlil i Enki utajnili wrodzone wspomnienie wielu Ludzi, kojarząc upadek człowieka z Księgi Rodzaju z nieposłuszeństwem wobec nich jako naszych bogów. GA oznajmia, że faktycznym upadkiem człowieka był upadek ludu Alanian (głównie, lecz nie wyłącznie), który został rozerwany na strzępy i przeniesiony do naszego układu słonecznego, wraz z odpowiednimi częściami siatki Tary. GA oświadcza również, że przed kataklizmem ludzie Ur-Tarrante dostali ważną przepowiednię, aby wybrać sie w podróż w czasie, do przyszłych gwiezdnych wrót Ziemi, żeby wszczepić swój kod genetyczny w pole morfogeniczne Ziemi, co przypuszczalnie dawało zniszczonym Taurenezjanom zdolność do reintegracji jako ziemskie inkarnacje i powrotu na Tarę w procesie ascendencji.

Historia ta jest mało prawdopodobna w odniesieniu do tych Taurenezjan, którzy umarli fizycznie. „Resztki ich wewnętrznej kompozycji oraz świadomej esencji zostały rozsiane po wyższym wymiarze", oznajmia ATI,TPE, ponieważ nie mogli oni reinkarnować do bardziej zagęszczonej i odmiennej ziemskiej materii. Każda kolejna gęsta „inkarnacja" obejmowałaby jedynie scepienie fragmentów ich materiału genetycznego z innymi rozwijającymi się ciałami dostrojonymi do Ziemi, jak pokazane zostało w następnych kolejnych dwóch częsciach. Dodatkowo ATI,TPE wyjaśnia na temat rzekomego podróżowania w czasie do przyszłosci:

> Byty Ur-Tarrante, wystarczająco spowolnili pasmo czasu, aby wspomóc przy tworzeniu Ziemi Amenti, przygotowując jej formowanie z sekwencją kodową w zabezpieczonych pieczęciach wewnątrz pola morfogenicznego Ziemi Amenti. Udali się oni do rzekomego „przyszłego" czasu, lecz właściwie nie w rzeczywistosci Tary, podczas gdy Tara wciąż istniała jako kompletna planeta.

Ur-Tarrante mieli nadzieję, że z chwilą, kiedy Tara zostanie uzdrowiona, będzie mogła dokonać ascendencji, aby spotkać się Gają. W międzyczasie chcieli oni „uratować Tarańskie dusze" (s. 6),[121] tak więc zwrócili ich uwagę na Ziemię Amenti jako główne otoczenie dla ich agendy.

Kula Amenti oraz Błękitny Płomień Amenti

Liga Opiekunów (ang. skrót GA) daje następujące wyjaśnienie o tym, jak zostało ukształtowane pole morfogeniczne Ziemi Amenti przez ważną Kulę Amenti, co objaśnię w tej części.

> Kiedyś na Ziemi, z pomocą Rady Syriańskiej, ta grupa Ur-Tarrante przekształciła swoje ciała w czystą energię (Nauka Kilontyczna) i złączyła się w postać energii pola świadomości, które służyło jako pole morfogeniczne dla prototypu 12-niciowego DNA rasy Tauranezyjskiej. Ponadto w tym polu morfogenicznym zawarte były Kilontyczne Kody Czasu (elektrotonalne wzorce częstotliwości) koordynatów czasu/przestrzeni Tary sprzed kataklizmu, co miałoby pozwolić Tarze poskładać ponownie zagubione części jej siatki w tkanine czasu. Z pomocą Konfederacji Ra [byty Yanas wyjaśnione w rozdziale 10] ten gestalt świadomości/genetyki i planetarnego pola morfogenicznego został wprowadzony przez 11-ty i 14-ty wymiar do pozostałego pola morfogenicznego Ziemi. To pole morfogeniczne świadomości przyjęło energetycznie kształt kuli i nazwane zostało Kulą Amenti (s. 7).[121]

Określone słowa w powyższym fragmencie, takie jak „czysta energia" czy „gestalt", wyróżniały się dla mnie jako nieprawdopodobne, więc zbadałam czy relacje te były dokładne. ATI,TPE oświadcza:

> Nie było możliwe dla Ur-Tarrante, aby przekształcić ich

formy cielesne w czystą energię i złączyć się w postać energii pola świadomości, z powodu nienaturalnych środków, przy pomocy których grupa Rady Syriańskiej eksperymentowała z tą grupą, co pozostawiło egzemplarze zmutowanych form cielesnych bez możliwości rozporoszenia się w całości w substancję energetyczną.

Po wielu eksperymentach i wysiłkach poczynionych do stworzenia doskonałego prototypu rasy Tauranezyjskiej z 12-niciowym DNA, jak nazywana jest przez tę grupę wyższych istot, wyłonił się mniej niż doskonały prototyp, nie spełniający w pełni celów ich kilontycznej nauki. Ponadto, wysiłki te nie mogły zakończyć się kompletną ideologią i rzeczywistością złączenia się w pole energii „jednej świadomości", lecz wyniki tych starań faktycznie posłużyły jako pole morfogeniczne dla prototypu 12-niciowgo DNA rasy Tauranezyjskiej.

Blisko 550 milionów lat temu Kula Amenti umieszczona została wewnątrz nowo zintegrowanego rdzenia Ziemi Amenti w trzecim wymiarze, aby ustanowić stabilny portal pomiędzy Ziemią Amenti a Tarą. Ważność tej Kuli wymagała ekstremalnego zabezpieczenia.

Wszystkie z planet naszego układu słonecznego posiadają własne portale oraz elektrotonalną częstotliwość części Tary, reprezentowaną przez kolorowe spektrum światła. Kiedy każda z planet zgromadziła wystarczającą częstotliwość, mogła przekształcić się w procesie ascendencji w pole morfogeniczne Tary.

Według GA wzorzec częstotliwości Ziemi, który został odziedziczony po Tarze, ukazuje się jako „wzorzec stojącej fali, złożonej z 4-to i 5-go wymiaru częstotliwości, stąd objawia się w błękitnym kolorze. Wizualnie wzorzec stojącej fali wyglada jak elektryczny-błękitny płomień z bladym odcieniem zieleni, o wysokości dwudziestu kilku centymetrów" (s. 14).[121] GA oświadcza, że ten błękitny płomień jest Snopem Amenti, przez który musimy przejść, żeby przeobrazić naszą formę i pojawić się na Tarze. Oznajmia ono również, że ta brama błękitnego płomienia w egipskich szkołach mistycyzmu stała się znana jako Wrota Kości Słoniowej (w tym kontekście chodzi o kolor – przyp. tłum.), które zawierają kolor biały, jako kolejną kolorową częstotliwość. Prawdą jest, że Błękitny Płomień Amenti umieszczony jest wewnątrz Kuli Amenti, ale opisy naturalnego Błękitnego Płomienia podawane przez GA są błędne.

Po pierwsze, Wszystko Co Jest, Czysta Esencja ujawnia, że zespół GA Ashayany odwiedził Błękitny Płomień Amenti wewnątrz Kuli Amenti, kiedy Płomień ten utracił część swojej wymiarowej, strukturalnej integralności z powodu wojujących frakcji, starających się go zmienić, tak więc dlatego został pokazany jako przyćmiony zielonym kolorem i potencjalnie różnymi odcieniami niebieskiego. Mam silne przeczucie, że istnieje również inny powód, dla którego jej drużyna MCEO-GA widziała kolor zielony: pracowali nad tym, aby podłączyć go do ich szmaragdowej częstotliwości, która prawdopodobnie nie jest wieczna.

Informacja Ashayany, zawarta w jej serii książek pt: „Podróżnicy", wspiera Szmaragdowe Zgromadzenie jako pierwotny ród naszej kreacji. Taka perspektywa może dopasować i pominąć informacje zgodnie z korzyścią tej grupy bytów, podobnie do tego, jak działają grupy boga. Wnioskuję, że pracowali nad tym, żeby przywłaścić sobie roszczenia własności Błękitnego Płomienia Amenti, w związku z ich przekonaniem bycia jego najlepszymi opiekunami. Jednak ich działania tylko tymczasowo wpłynęły na niektóre warstwy Eka-Weka Błękitnego Płomienia Amenti; Płomień utrzymuje swoje oryginalne, wieczne energie oraz niebieskie odcienie ze znacznie wcześniejszych światów niż ich, dając zdolność samo-regeneracji. Byty są często nieświadome tego, co istnieje przed nimi; z jakiegoś powodu wiele z nich nie poszukuje zbyt daleko poza ich własną lokalizację i świadomość.

Po drugie, „Wrota Kości Słoniowej, które w biblijnej terminologii przetłumaczone zostały jako Perłowe Wrota Niebios" (s. 15),[121] są właściwie zupełnie innym, biało-niebieskim płomieniem i przejściem. Tot opisuje to samo zjawisko w książce Drunvalo Melchizedeka pt.: „Tajemnica Pradawnego Kwiatu Życia, tom I". Tot oświadcza, że tamte „Korytarze Amenti" zostały stworzone przez Nefilim, z pomieszczeniem opartym na proporcjach Fibonacciego. W pomieszczeniu tym znajduje się kamienny sześcian, nad którym jarzy się płomień o „białawo-niebieskim świetle" (s. 86).[199]

Zapytałam Wszystko Co Jest, Czystą Esencję (ang. skrót ATI,TPE), czy te rzekome korytarze Amenti są oryginalnymi Korytarzami Amenti, umieszczonymi w kierunku Ziemi Amenti. Odpowiada ono:

> Nie; oni (byty grupy boga) używają tego samego opisu oraz nazwy przypisanej Korytarzom Amenti. Korytarze Amenti, które stworzone zostały jako przejście przez rasy Zbiorowe Paladorian, napadnięte zostały przez upadłe byty, które ostatecznie wciągnęły części tego Ziemskiego przejścia do swojej lokalizacji i wymiaru fantomowego. W wyniku tego zniekształcone korytarze Amenti dostarczyły połączenia z fantomowych części Ziemi z fantomową wersją równoległej Tary w czwartym wymiarze.

Nasycony fantomem biało-niebieski płomień ma kolor biały w swoim rdzeniu oraz trzy niebieskie kolory otaczające go: niebieski wyblakłego nieba, jasnoniebieski i kobaltowy niebieski, ujawnia ATI,TPE. Błękitny Płomień Amenti nie zawiera żadnego białego światła, które jest fantomową energią, co wyjaśniam w rozdziale 9.

W pełni naturalny, oryginalny Błękitny Płomień złożony jest jedynie ze specyficznych odcieni niebieskiego. Posiada on średnio bladoniebieski kolor wewnętrznego płomienia, otoczonego przez część ciemno-turkusowego niebieskiego, oraz ciemnoniebieski kolor w najbardziej zewnętrznej części płomienia.[308] Dwie wewnętrzne warstwy są szersze niż najbardziej zewnętrzna warstwa.

Wszystko Co Jest, Czysta Esencja ujawnia, że Błękitny Płomień Amenti zawiera w sobie pra-plazmowe energie przekazane przez poziom Kosminjas, które, co wielokrotnie powtarzam, jest naszym najwczesniejszym poziomem wiecznej kreacji, zawierającej zamieszkalne krajstars. Średnio bladoniebieski wewnetrzny płomień zawiera energia rdzenia Kosminjas.

Błękitny Płomień Amenti nagromadził energię-materię 3-go wymiaru w procesie redukowania, zachowując w tym samym czasie swoje wieczne energie. Jeśli pochodziłby z wymiarów domen Eka lub Weka, a następnie zostałby nasycony błękitnymi odcieniami energii Kosminjas, wówczas uzyskałby inną mieszankę kolorów, co nie jest jego naturalnym stanem. Rysunek 7 pokazuje bliskie odzwierciedlenie kształtu Błękitnego Płomienia Amenti, w jego naturalnie zachowanej, bardziej zagęszczonej naturze dostrojonej do Ziemi Amenti.

Rysunek 7. Błękitny Płomień Amenti

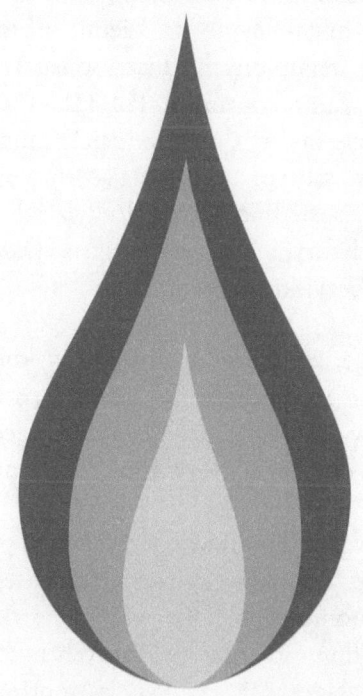

Podczas gdy Błękitny Płomień Amenti pochodził z poziomów Kosminjas, Kula Amenti była jedynie pomysłem do zrealizowania pośród bytów z Kosminjas, w naszych znacznie poszerzonych światach Eka i galaktycznych Weka, informuje ATI,TPE. Kula Amenti została najpierw skonstruowana przez byty Yanas (czyt. Janas – przyp. tłum.) w Eka, a następnie została zredukowana do odpowiedniego nam świata Weka, wchłaniając 13-wymiarowe energie Alkione Galaktyki-2, a następnie Tary i Ziemi Amenti. Nie zawsze zawierała ona również Błękitny Płomień Amenti, ponieważ zniosła ona wiele bitew wywoływanych przez byty usiłujące zmienić jej naturę. Ostatni raz Błękitny Płomień Amenti został zainstalowany w Kuli Amenti w roku około 12 000 p.n.e, ujawnia ATI,TPE, i daje Kuli większe ochronne właściwości.

Kiedy Kula Amenti została zintegrowana z polem morfogenicznym Ziemi około 550 milionów late temu, siatka Ziemi Amenti nie rozwinęła się wówczas jeszcze i nie dorównała prędkości kwantum Tary, aby umożliwić nowym prototypom Ur-Tarrante wejście w stan gęstszej kompozycji materii. Tak czy inaczej, istoty pozaziemskie HU-1 rozpoczęły zasiew na Ziemi rozmaitych innych gatunków, takich jak rośliny, owady i zwierzęta, gdzie one ewoluowały.[121]

GA tak opisuje misję Ur-Tarrante w poniższym oświadczeniu, chociaż właściwi Ur-Tarrante nie re-inkarnowali tutaj:

> Pole morfogeniczne Kuli Amenti umożliwiło Ur-Tarrante wejście w cykle inkarnacyjne na Ziemi, zebranie fragmentów świadomości od zagubionych dusz, wciągając ich cząsteczki energetyczne ze Zunifikowanych Pól HU-1 do DNA, łącząc świadomość fragmentów duszy z ucieleśnioną świadomością Ur-Tarrante, tym samym umożliwiając rozwój tej kompozycji świadomości za pośrednictwem odczuwającej formy życia, z powrotem do ich oryginalnego matriksu duszy (12-niciowego prototypu Tauranezyjskiego) (s. 8-9).[121]

ATI,TPE informuje, że misja Ur-Tarrante wykorzystała naukę śmierci, usiłując zintegrować się z czymś, co GA nazywa „utraconymi fragmentami dusz". ATI,TPE odpowiada na moje pytania dotyczące prawdopodobieństwa powyższego fragmentu oraz właściwej misji Ur-Tarrante:

> Jest to możliwe, lecz nieprawdopodobne, aby pofragmentowana świadomość oraz kompozycje wewnętrznej esencji cząsteczek środowiska harmonicznego pola, wraz z resztkami kompozycji DNA, oraz świadomości takich złożonych bytów jak zniszczeni Alanie, mogła złączyć się z esencją morfogenicznego ciała

innego świadomego bytu. Takie zdarzenie może mieć miejsce, aby umożliwić religijne agendy poprzez schwytanie tych pofragmentowanych elementów rozczłonowanych form życia i eksperymentując na tych niegdyś całych istotach, aby osiągnąć swój cel w grze.

Misją Ur-Tarrante było dostarczenie nadrzędnej grupy istot stworzonych ze skrzyżowania ras, jako rytualistycznych kapłanów Ur-Tarrante nasilających mentalność „jedności", do celów dominacji i kontroli aspektow planetarnych wrót Ziemi, przy pomocy technicznych środków. Misja ta pozwalała Ur-Tarrante na badanie i zarządzanie wzrostem aktywnosci pofragmentowanych bytów przy skrótach. Skróty są alternatywnymi, lecz mniejszymi sciezkami w połaczeniu ze ścieżkami wrót, umożliwiającymi podróżnikom wejście do wrót przy pomocy tajnych środków lub będąc niezauważonym.

Misja Ur-Tarrante rozszerzyła się na Przymierze Palaidor (zachowana została oryginalna anglojęzyczna pisownia – przyp. tłum.), który obejmował inne pod-rasy Tauranezjan, Plejadian oraz ich doradców z wyższych wymiarów, włączając w to Elohim, które razem stały się znane jako Palaidorianie. Zamiast wykorzystywać wyłącznie genetykę Ur-Tarrante i pozostałości Alanian inne rasy Palaidorian, użyczyły również swoich genów do stworzenia ras Odosobnionych Palaidorian 3-go wymiaru. Inni Tauranezjanie i rasy HU-2 pierwotnie walczyli na Tarze przeciwko tej większej misji, stało się to znane jako długotrwałe Wojny Tarańskie.

Około 250 milionów lat temu pięć ras Odosobnionych Palaidorian narodziło się w wyniku tego wydarzenia na Równoległej Ziemi Amenti. Był to eksperyment Tauranezyjski-2, który w ustnych przekazach Rodowitych Amerykanów zwany był również Drugim Światem. Pierwszy Świat obejmował kultury Tauranezjan T-1 na Tarze.

GA oświadcza, że Kula Amenti pierwotnie zawierała pięć kul, które stały się polami morfogenicznymi Poladoriańskich ras Odosobnionych. Kiedy nadszedł ich czas, aby wejść do Ziemi Amenti przez Korytarze Amenti, każda z ras rozdzieliła swoje pole energii, aby stworzyć dwa mniejsze pola morfogeniczne materii i równoległej antymaterii.

W dwóch poniższych fragmentach GA wyjaśnia cel dziesięciu mniejszych kul w Kuli Amenti, chociaż ATI, TPE wyjaśnia, że te kule tylko częściowo wytworzyły wzorce morfogeniczne dla ras Odosobnionych oraz Źrodłowych i nie dały one proporcjonalnych ilości dla obydwu grup.

Dziesięć nowych kul kolektywnie utrzymywało wzorzec

dla nici DNA od jeden do 12.... Każda z kul stała się polem morfogenicznym dla jednej Rasy Źródłowej plus jej towarzysza Rasy Odosobnionej, które jednoczesnie miały ukazać się w fizycznym przejawie na Ziemi podczas okresów czasu, które korespondowały z wymiarowymi nićmi DNA, do których każda z ras została przypisana. Te pięć pól morfogenicznych stało się Rasami Źródłowymi 3-7, poprzez które miały zostać złożone nici DNA 2-6. Każda z Ras Źródłowych była odpowiedzialna za rozwój/złożenie jednej nici DNA, podczas gdy ich towarzysząca Rasa Odosobniona miała utrzymywać odcisk tej nici plus nici 7-12. Rasa Odosobniona miała pojawić się najpierw, a następnie poprzez tę rasę miała wyłonić się jej Rasa Źródłowa (s. 15-16).[121]

Wyjaśnienie to utożsamia Rasę Źródłową 3 z nicią-1 DNA i nicią-2, zaś Odosobnioną z nicią-7 i nicią-8 DNA, jako częstotliwość harmoniczną; Rasę Źródłową 4 z nicią-3 DNA, a Odosobnioną z częstotliwością harmoniczną nici-9 DNA i tak dalej aż do Rasy Źródłowej 7 z nicią-6 DNA i Odosobnioną częstotliwością harmoniczną nici-12 DNA.

Fragmenty duszy z wymiaru, który koresponduje z nicią DNA Rasy Źródłowej, miałyby zostać ściągnięte ze Zunifikowanego Pola tego wymiaru do formy cielesnej, sukcesywnie ściągając pasma częstotliwości tego wymiaru do DNA, aż wszystkie częstotliwości tego wymiaru zostałyby złożone w pole morfogeniczne ciała (s. 16).[121]

GA oznajmia, że aktywacje tych DNA miały później miejsce na Ziemi, kiedy cząsteczki DNA złączyły się z równoległymi antycząsteczkami, żeby umożliwić rasom Odosobnionym „wpięcie się" w działający antycząsteczkowy kod genetyczny. Właściwie „proces aktywacji DNA jest działaniem umożliwiającym cząsteczkom materii złożonej już formy cielesnej zaistnienie szybkiego, pulsacyjnego stanu zwiększenia naturalnego współczynnika światła", wyjaśnia ATI,TPE. Jeśli chodzi o Rasy Źródłowe, GA oświadcza, że ten proces „zwiększył tempo pulsacji cząsteczek materii ciała do wzorców HU-2, co umożliwiło inkarnującemu na zamianę jego ciała w światło, przejście przez Korytarze Amenti jako czysta energia i ponowne przejawienie się w mniej zagęszczonej wersji tego ciała na Tarze" (s. 17).[121]

Rozważyłam to pozornie nierzeczywiste twierdzenie GA o tym, że nasze gęste ciało mogło pozostawić całą swoją konstrukcję fizyczną podczas zamiany w światło i odzyskać ponownie pełną formę. Im więcej osiągam świadomości o procesie ascendencji poprzez gęstości, tym lepiej widzę, że każdy większy wymiar zapewnia delikatne przesunięcie do następnego etapu – raczej wcześniejszy etap kreacyjny – energii-materii, podczas gdy każda gęstość dostarcza wszystkich narzędzi potrzebnych do przepłynięcia do następnej, bez zaskakującej rożnicy. Oznacza to, że nasza fizyczność będzie w stanie doświadczyć lżejszej gęstości w procesie ascendencji i będzie mogła widzieć i przejść przez Korytarze Amenti. ATI,TPE wypowiada się następująco: „Przed procesem przeobrażenia gęstość konstrukcji ludzkiej przechodzi przez konieczną zmianę w swoim DNA, aby przyswoić takie lżejsze poziomy gęstości, a nie zamienić się w świetlistą istotę czystej energii, co nie jest możliwe na niższych poziomach".

Rasy Odosobnione Palaidorian na Równoległej Ziemi Amenti zawierały białoskórych, oryginalnych Hibiru z czteroniciowym DNA i żółtoskórych, oryginalnych Melchizedeków z pięcioniciowym DNA. Brązowy, czerwony i czarny były innymi kolorami skóry ras zwanych odpowiednio: Ur-Antarianie, Brenoua (zachowano oryginalną anglojęzyczną pisownię, czyt. Brenoła – przyp. tłum.), Yunaseti (czyt. Junaseti – przyp. tłum.). Ich rasowe nazwy zostały przeniesione na ich Ludzkie rodziny na Ziemi Amenti.[121]

Trzy zasiewy Ziemi

Dwadzieścia pięć milionów lat temu Korytarze Amenti stworzone zostały dla Zbiorowych ras Poladorian, aby ułatwić materializację pięciu pod-ras Ludzi Ziemi Amenti (te pod-rasy miały wyróżniające się geny, tak, aby mogły być uznawane za rasy pośród obszernej rasy Ludzkiej). Korytarze Amenti są gwiezdnymi wrotami ze specyficznymi przejściami do różnych wersji Ziemi. Obecnie Korytarze Amenti łączą się z dziewięcioma portalami wewnatrz Kuli Amenti, oznajmia ATI,TPE. Jeden z tych portali „skonstruowany został pod koniec 2013 roku jako droga alternatywna łącząca drugi Korytarz Amenti z połączeniem z przeszłością Tary przed jej upadkiem oraz do trzeciego wymiaru, gdzie mieści się Ziemia Amenti", wyjaśnia ATI,TPE. Ten dodatkowy portal i Korytarz Amenti są obejściem skonstruowanym, aby odstarszyć napływy negatywnych bytów. Ogółem dwa Korytarze Amenti łączą się z przeszłością Tary sprzed jej upadku, a siedem łączy się z rozmaitymi etapami prawdopodobnej przyszłości Ziemi w wymiarach 2,5, 3 i 4 i tak dalej aż do 8, każde zakodowane określonymi wzorcami częstotliwości DNA.

Pierwszy Zasiew na Ziemi przejawił się 60-cioma dorosłymi osobnikami Ludzi – po sześć mężczyzn i sześć kobiet z każdej rasy Odosobnionej – w jednoczesnym zasiewie, z każdą osobą na równej pozycji społecznej, oświadcza GA. Rodziny te zapoczątkowały ludzkie populacje na Ziemi (włączając w to Rasy Źródłowe), znane Rodowitym Amerykanom jako Trzeci Świat.

GA twierdzi: „Inkarnujący, którzy zachowali integralność swojego kodu genetycznego, przeobrazili się poprzez każdą z ras, a następnie dokonali ascendencji" (s. 18).[121] Bardziej realistyczne jest, ATI, TPE wyjaśnia, że wcielone formy życia, które zachowały swoje pełne kodowanie genetyczne, nie zrobiły tego ani nie mogły reinkarnować, ani też przeobrazić się za pośrednictwem innych ras Źródłowych i Odosobnionych, jakby ich naturalna integralność była niewystarczająca. GA przedstawia tutaj kolejną perspektywę Prawa Jednego, w której asymilacja innych jest konieczna do naszej ascendencji. W tamtych wczesnych czasach Ziemia Amenti mogła nie mieć wykonalnej ścieżki ascendencji, więc głównym celem było zachowanie własnego, zintegrowanego szablonu DNA.

Według GA niektórzy Ziemscy Ludzie (którzy wnioskuję, że zostali w sposób godny pożałowania genetycznie zmodyfikowani) ostatecznie skrzyżowali się ze zwierzętami, co zakłopotało członków Syriańskich Anunnaków, innych ET oraz byty z HU-5, które dbały o względną integralność Tauranezyjskiego rodu. To ciężkie genetyczne zniekształcenie powodowało, że nie poddani ascendencji Ziemscy Tauranezyjczycy tracili zdolność do przeobrażenia, tym samym narażając ich nieśmiertelność.

Około 5 509 000 lat temu wiele ras HU-2, które nie chciały, aby zdegenerowany pierwiastek ludzki powrócił na Tarę, wraz z grupami, które chciały uzyskać kontrolę nad Ziemią dla własnych celów, wypowiedziały wojnę przeciwko rasom Przymierza Palaidor. Była to dziewięćsetletnia wojna, zwana Wojnami Elektrycznymi, podczas których obcy z wyższych wymiarów zeszli do naszego układu słonecznego i atmosfery Ziemi, aby rozgrywać „wielkie bitwy czystej energii" o kontrolę nad gwiezdnymi wrotami Ziemi i Kulą Amenti (s. 18).[121] Ludzie złapani w środku całego tego chaosu – jeśli mogli przy pomocy Elohim oraz Palaidorian z HU-2 – wznieśli się i przenieśli się do innych planet HU-1 lub zginęli wraz z wieloma zwierzętami.

GA tak oto wyjaśnia dewastujące rezultaty Elektrycznych Wojen:

> Przez pewien okres czasu po zakończeniu Elektrycznych Wojen Ziemia nie była w stanie podtrzymać życia. Przez 4000 lat nękana była nieobliczalnymi wzorcami pogodowymi, ruchami tektonicznymi oraz anomaliami klimatycznymi. Ziemia doświadczyła powolnego i częściowego odwrócenia biegunów, a w okresie od 5 508 100 do 5 504 000, w wyniku zniszczeń dokonanych w siatce energetycznej i systemie portali Ziemi, podczas Elektrycznych Wojen, Ziemia przechyliła się o kilkanaście stopni w swojej osi. Podczas stabilniejszych okresów czasu, wiele różnych ras ET odwiedziło Ziemię, niektóre z nich służąc jako Opiekunowie Kuli Amenti. Rozmaite formy zwierzęce zostały zasiane ponownie przez odwiedzające rasy. W przybliżeniu około 5 504 000 lat temu nagłe i finałowe

przesunięcie w siatce Ziemi, z powodu ponownego zliniowania biegunów, spowodowało, że nastąpiło „szybkie zmrożenie" Ery Lodowcowej, które wymazało większość form życia na planecie, za wyjątkiem tych zamieszkujących głębokie jaskinie pod morzami. Po tym przesunięciu tempo wibracyjne siatki Ziemi gwałtownie spadło i nie mogła już dłużej utrzymywać wyższych częstotliwości Kuli Amenti w swoim rdzeniu. Jeśli Kula Amenti nie zostałaby usunięta, Ziemia eksplodowałaby (s. 22).[121]

Byty Elohim oraz grupa Konfederacji Ra złożona z Yanas odłączyli Kulę Amenti od rdzenia Ziemi Amenti i przeniosły ją w bezpieczne miejsce, głęboko w przestrzeni kosmicznej, wewnątrz pasm częstotliwości 4-go wymiaru. Aby Kula Amenti mogła teraz funkcjonować w 4-tym wymiarze, na polu morfogenicznym dokonujących ascendencji Ludzi, musiała zostać umieszczona pieczęć, zwana Pieczęcią Palaidor.

Pieczęć Palaidor mogła być usunięta jedynie przez Rasy Źródłowe, zdolne do utrzymania częstotliwości wymiarowych cztery i powyżej; dlatego, Rasy Źródłowe 3 i 4 zostały jeszcze dalej rozbite, ponieważ nie mogły one złożyć więcej swojego DNA. Konsekwencje Pieczęci Palaidor obejmowały wymazanie pamięci ich poprzednich żyć na Tarze, stworzenie podświadomego umysłu oraz dualność pomiędzy ciałem a umysłem, a także wprowadzenie chaotycznych tożsamości do Rasy Źródłowej 5.

Dodatkowo, oprócz tych nieszczęśliwych konsekwencji, Pieczęć Amenti została jeszcze wcześniej umieszczona na pierwszym kodzie podstawowym zarówno dla ras Odosobnionych, jak i dla Ras Źródłowych. Pieczęć Amenti była mutacją genetyczną, umieszczoną w pierwszej nici DNA pod koniec Elektrycznych Wojen. Celem było zawsze chronić rasę Tauranezyjską, ponad i przed rasami Ziemi, kiedy Ludzie zawiodą, lecz dodawanie większej ilości zniekształceń spowodowało zahamowanie naszej ewolucji.

Pieczęć Amenti spowodowała blokadę pomiędzy ciałem fizycznym a ciałem eterycznym, tworząc śmierć; znana ona jest jako Pieczęć Śmierci. Spowodowała ona również nagromadzenie się elektryczności w Ludzkim ciele, ponieważ kody antycząsteczkowe nie mogły się z tym połączyć na Ziemi. Obecnie wszyscy Ludzie na Ziemi posiadają kody Rasy Źródłowej 3, ciągle usiłują oczyścić ich komórkowe energie, które zostały zablokowane przez zdławioną elektryczność.

Alternatywnym sposobem na ewoluowanie i uwolnienie Pieczęci Palaidor było przejście przez Korytarze Amorea, naturalny system mostu portalowego, stworzony w przybliżeniu 4 000 000 lat temu, który połączył ze sobą rdzeń Ziemi, Kulę Amenti oraz rdzeń Syriusza B. Korytarze Amorea umożliwiły Drugi Zasiew. Zasiew Drugi i Trzeci znane są dla Rodowitych Amerykanów jako Czwarty Świat.[121]

GA oznajmia, że w następnym, Trzecim Zasiewie Korytarze Amorea zostały przemianowane na Trzecie Oko Horusa; jednak obydwa one są różnymi przejściami. Trzecie Oko Horusa jest sztucznym portalem, przez który Yahshua oraz kilku egipskim faraonom pozwolono na podróż, pod koniec ich życia na Ziemi. ATI,TPE, omawia szczegółowo, że byty, które ich opętały, przeszły przez to przejście, aby spotkać się z wybranymi Ludźmi oraz byty te „zmanipulowały technologię portalu, aby umożliwiła im przejście, nie żeby dosłownie dokonać ascendencji do miejsc wyższej egzystencji, lecz aby zabrać ich z widoku, by przeżyli resztę swoich dni, kiedy ich cel się wypełni". Grupy negatywnych bytów skonstruowały ten system pomostowy, żeby obejść naturalny system pomostowy Korytarzy Amorea, po to, aby połączyć naszą planetę z wymiarowym miejscem ich zamieszkania.

Około 3 700 000 lat temu pole morfogeniczne dla Drugiego Zasiewu rodu Palaidorian na Ziemi zostało wprowadzone do rdzenia Syriusza B. Drugi Zasiew miał miejsce natychmiast po tym wydarzeniu i trwał on do około 848 000 lat temu. ATI,TPE oznajmia że Drugi Zasiew wydarzył się po umieszczeniu na Ludziach Pieczęci Amenti, lecz przed tym, zanim otrzymali oni Pieczęć Palaidor.

ATI,TPE daje następujące oświadczenie o tym, jak rasy Podstawowe za pośrednictwem swoich ras Odosobnionych Palaidorian stworzyły potomstwo do Drugiego Zasiewu. Ich ziemskie „inkarnacje" były w większości podobne do Pierwszego Zasiewu, ponieważ do stworzenia nowych ras podstawowych wykorzystali oni części ludzkich komponentów, zamiast poważnie pofragmentowane komponenty Taurenezjan.

Główne rasy Odosobnionych Palaidorian wyłoniły się na planecie Ziemia, za pośrednictwem procesu wchodzenia do struktury każdego z harmonicznych wszechświatów odnoszących się do Ziemi oraz Tary i szczepiając składniki swoich nici/DNA, a także ich pola energetyczne w dalszy rozwój energii-materii. Było to możliwe dzięki wykorzystaniu Ludzkich hybryd w innym harmonicznym wszechświecie i systemie gwiezdnym, które nie zostały zniszczone przez następstwa Elektrycznych Wojen. Oryginalny wzorzec każdego z naturalnych składników DNA elementalu głównych ras Palaidorian został zainstalowany wraz z eksperymentalnym montażem i nićmi DNA grup ludzkich hybryd w wydarzeniu drugiego zasiewu.

Oto, co GA wyjawi o tych ludzkich hybrydach: „Rasy zaczęły inkarnować na Ziemi za pośrednictwem małej grupy hybryd, które znalazły się na wygnaniu i ewoluowały wewnątrz układu gwiezdnego Plejad HU-1, podczas Elektrycznych Wojen. Za pośrednictwem Rady Syriańskiej HU-2 oraz Federacji Galaktycznej HU-1, członkowie tej hybrydowej rasy, znani jako Euroferyci, ...migrowali z układu gwiezdnego Plejad w HU-1 na Syriusza B", gdzie skrzyżowały się z rasą zwaną Kantarianie, która była blisko spokrewniona z Galaktyczną Federacją Światła (s. 28-29).[121]

Och, jakżeż spisek pogłębia się z zatartymi liniami pomiędzy celowo upadłymi obcymi a pomocnikami Ziemi! Rasy te zostały splecione nawzajem z oryginalnym wzorcem Tauranezjan-2 Pierwszego Zasiewu, aby później stać się następną ludzką rasą na Ziemi.

GA twierdzi, że Rasa Źródłowa 5 inkarnowała z rodowymi fragmentami duszy Ras Źródłowych 3 i 4, ponieważ niższe Rasy Źródłowe nie mogły ich uporządkować; dlatego posiadały brzemię przystosowywania swoich świadomych fragmentów, zanim mogły dokonać ascendencji. Rasą Źródłową 5 byli Aerianie, zaś ich odpowiednikiem rasy Odosobnionej byli Hibiru.

Dlatego właśnie zaawansowany status oraz domniemane brzemię lini rasy Hibiru-Aerian jest tak pożądane przez obcych intruzów. „Pisma Terra" odnoszą się do Anunnaków z Oriona jako do Aerian (patrz „Anunnaki Elohim" w rozdziale 7). Drugim zasiewem Aerian byli Arianie,[121] co sugeruje, że Anunnaki z Oriona, z których wielu przeniosło się już na Syriusza, mieli wpływ na Drugi Zasiew. Tak naprawdę to GA oznajmia, że Jechowiańscy Anunnaki z Syriusza A przeniknęli do Pierwszego Zasiewu i poddali hybrydyzacji jedną z ras, która później stała się znana jako linia rasy Urantia.[147] Oczywiście, częścią tej wymuszonej hybrydyzacji były Zielone Smoki. Rasa Arian stworzona została podczas Trzeciego Zasiewu około 65 000 lat temu i była ona ceniona i zmieniona przez najeźdźców Nordyków-Reptilian Anunnaków (patrz „Jeden Światowy Porządek" w rozdziale 7).[121]

Odpowiednik Szóstej Rasy Źródłowej, rasa Odosobniona Melchizedeka, „pomagała w naprawie genetycznego wypaczenia [Hibiru-Aerian] pod koniec Drugiego Zasiewu, stając się jedną z rodzin Gościnnego Matriksu, który rozpoczął cykl narodzin ich rasy podczas Zasiewu Trzeciego" (s. 31).[121] Stworzyli oni hybrydową rasę Odosobnioną Melchizedeka-Hibiru, która była wczesnym potomkiem dla Habiru.

Drugi Zasiew, chociaż miał swoje wady, posuwał się naprzód w ewolucji, do czasu, aż na Ziemię przybyła rasa intruzów Drakonów. GA wyjaśnia:

> Około miliona lat temu rasa zwana Drakon z układu gwiezdnego Oriona z HU-1 przybyła na Ziemię i zaczęła manipulować kodem genetycznym ras. Stworzyli oni hybrydy w obrębie Ras Źródłowych, zwane Drakos.... Rasy Drakon zmanipulowały również określone nici Ziemskich dinozaurów

(które umieszczone zostały na Ziemi przez inne rasy ET, podczas eksperymentu, około 375 000 000 lat temu), tworząc agresywnych, mięsożernych strażników ich jeńców ludzkich populacji. Wiele kultur Drugiego Zasiewu porzuciło swoje zaawansowane kultury i zbiegło pod ziemię, aby uciec przed terrorem strażników Drakonów (s. 44).[121]

Sytuacja ta skłoniła rasy Ziemi, „wraz z pomocą Gości Anunnaków z Syriusza A", do użycia mocy wewnątrz siatki Ziemi w celu zniszczenia podziemnych miejsc zamieszkania Drakonów oraz ich dinozaurów (s. 45).[121] Ich działania spowodowały eksplozję w skorupie Ziemi, co ponownie spowodowało problemy klimatyczne, powódź, globalne zlodowacenie, delikatne przebiegunowanie, a także zniszczenie części mas lądowych. Spowodowało to ucieczkę Drakonów lub zniszczenie ich wraz z dinozaurami. Jesli zaś chodzi o Ludzi, to warunki na powierzchni Ziemi zmusiły większość z nich do wycofania się do terytoriów podziemnych niższych wymiarów, do czasu ustabilizowania się warunków środowiskowych. Niestety, Drakos zostali do chwili, aż wygoniły ich rasy doradców z HU-5, w przybliżeniu 100 000 lat później. Zakaz ten nie powstrzymał Drakonów przed powrotem na Ziemię, ponieważ z racji ich ludzkiego dziedzictwa, czuli się upoważnieni do życia na Ziemi.

Około 950 000 lat temu, kiedy nie mieli już żadnych prawdziwych wrogów, Zielone Smoki-Anunnaki sworzyły hybrydę gigantów swoich Ludzi Nefilim. GA oznajmia: „Posiadając bardziej rozwinięte kody genetyczne od swoich ojców Anunnaków [Uwaga: to z powodu hybrydyzacji Ludzi oraz pieczęci nałożonych na nich], Nefilim szybko zdominowali mniej rozwiniętych ludzi, tworząc wysoce zaawansowaną, materialistyczną kulturę, opartą na wyzysku mniej rozwiniętych form" (s. 46).[121] Robiono więcej zwierzęco-ludzkich eksperymentów, co było wbrew oryginalnemu planowi zaangażowania Anunnaków w ród Tauranezjan.

GA oświadcza, że Elohim wraz z Konfederacją Ra ocalili Ludzi, „usuwając zniekształcone nici rasowe Nefilim z ich połączeń z polem morfogenicznym Amenti i >>spinają<< je z polami morfogenicznymi innych bytów z HU-3, HU-4 i HU-5, za pośrednictwem przeszczepów matriksu żywiciela" (s. 46).[121]

Zielone Smoki-Anunnaki były nieszczęśliwe, że ich twórczy szał został powstrzymany, ale gdyby mieli jakiekolwiek poczucie dobrego czy złego, mogliby zrozumieć, dlaczego rasy nadzorujące powstrzymały napastliwe i zmutowane gatunki. Zamiast tego zwrócili się przeciwko rasom Palaidorian i zapragnęli użyć Ludzi jako niewolników. To zaangażowało Enlila i Enkiego, wysokich rangą Jechowiańskich Anunnaków z Fantomowego Syriusza A.

Około 900 000 lat temu Ziemia Amenti była w stanie utrzymać

czterowymiarową częstotliwość, tak, aby Kula Amenti mogła do niej powrócić. Posiadanie Kuli w rdzeniu Ziemi Amenti przyspieszyłoby składanie DNA oraz uwolniłoby Pieczęć Palaidor. Jednak Zielone Smoki-Anunnaki wywołały wojnę pośród wielu Elohim i Elohei w okresie 850 000 do 848 800 lat temu, która znana stała się jako Wojna Tysiącletnia, powodując kolejne przebiegunowanie i więcej środowiskowych katastrof, które sprawiły, że Kula musiała zostać ponownie usunięta. Powódź spowodowana usunięciem Kuli, w połączeniu z powodziami będącymi wynikiem ostatniej wojny w 9558 r. p.n.e., składają się na opowieść o wielkiej powodzi z Biblii. Kula została bezpiecznie umieszczona w AquaLaShA (czyt. Akłalaszej – przyp. tłum.) do czasu, aż wojna się zakończyła, potwierdza ATI,TPE.

Pod koniec Wojny Tysiącletniej rasy HU-5 interweniowały w „celu wynegocjowania traktatu, dzięki któremu zarówno Anunnaki, jak i Elohim, pomogliby w Trzeciem Zasiewie ludzkiego rodu", oznajmia GA (s. 48).[121] Niestety, doszło do tego, ponieważ Ludzie z powierzchni z powodu wojny zostali wymazani z powierzchni Ziemi.

Czyż jakiś skromny traktat mógł cokolwiek uczynić, żeby zmienić podły sposób postępowania? Czy słowna lub pisemna umowa uczyni z wroga sojusznika? W ten oto sposób Zielone Smoki-Anunnaki otrzymały jeszcze większy dostęp do ludzkich nici! Na przykład hybryda Ludzi Anunnaków-Melchizedeka zwana była Annu, przypuszczalnie, aby pomóc starożytnym upadłym Annu Elohim. Traktat El-Annu zmusił Anunnaków do przeniesienia Nefilim na inne planety, zaś ich kolejne hybrydy musiały podtrzymywać wierzenie Prawa Jednego. Niektórzy Anunnaki nie zgadzali się z tym traktatem, więc zamiast tego utworzyli Ruch Oporu Anunnaków, z planem zniszczenia Kuli Amenti. Rasy Drako na Syriuszu A przyłączyły się do Ruchu Oporu i sprowadziły Drakonów z powrotem do gry.

W celu ochrony Ziemi oraz jej ras, „w polu morfogenicznym Ruchu Oporu Anunnaków oraz Drako została zastosowana Pieczęć Templarowo-Aksjonalna (konfiguracja genetyczna „666")" (s. 49).[121] Pieczęć ta miała zapobiec ich krzyżowaniu się z Ludźmi.

Około 848 000 lat temu, gdy Kula Amenti znajdowała się na Urcie w AquaLaShA, zostało stworzone inne portalowe połączenie z Kulą – Arka Przymierza – dla Źródłowych i Odosobnionych ras Palaidorian, aby mogli kontynuować swoje ludzkie rody w Trzecim Zasiewie. Według GA jest to ta prawdziwa „arka" z Biblii, pojawiająca się po powodziach, które zniszczyły Ziemię, umożliwiając ostatni główny zasiew Ludzi. GA podkreśla: *„Arka Przymierza zaprojektowana została w taki sposób, że Kula Amenti mogła zostać ewentualnie ponownie wprowadzona do rdzenia Ziemi, za pośrednictwem pomostu portalowego arki. W ten sposob Arka stała sie samoregulująca"* (s. 52).[121]

Trzeci Zasiew, setki tysięcy lat po tym, jak zasiana została hybrydowa rasa Odosobnionych Hibiru-Melchizedek, pierwsza fala rasy Melchizedeka zmieszała się z rozmaitymi nićmi, przychodząc na świat 35 000 lat temu (33 000 r. p.n.e). Ta rasa Melchizedeka zeszła z rodu Anu-Melchizedeka opisanego w części rozdziału 7, pod tytułem „Anunnaki Elohim".

Około 10 000 lat temu patriarchalne kapłaństwo Melchizedeka pilnowało biało-niebieskiego płomienia (Błękitny Płomień Amenti pozostał pod ochroną); dlatego Kapłaństwo Ur oraz Rada Palaidorian z Tary, upewniły się, żeby ochronę wysoce zniekształconego płomienia przekazać rzekomo „zrównoważonemu" kapłaństwu Melchizedeka, „znanemu jako Odosobniona Rodzina Melchizedeka, gdyż niosło ono ze sobą nauki oryginalnego, świętego Prawa Jednego, morfogenicznego wyizolowania Melchizedeka", oznajmia GA (s. 33).[121]

Żeby zapobiec przedostaniu się zniekształceń Melchizedeka na Tarę, na Korytarzach oraz Kuli Amneti została umieszczona nowa pieczęć zwana Pieczęcią Templarową, która udaremniła integrację z atrybutami Szóstej Rasy Źródłowej. Przypuszczalnie ta nowa pieczęć spowodowała więcej zniekształceń wewnatrz kolejnych zasiewów rodziny Melchizedeka. Jednym z rezultatów było stworzenie „jaźni cienia", wpływając na Rasy Źródłowe przesadzonymi, prymitywnymi impulsami emocjonalnymi.

Około 3500 lat temu (około roku 1500 p.n.e) „potomkowie Melchizedeków z Pieczęcią Templarową przeniknęli do kultury egipskiej i naruszyli Przymierze Palaidor, otwierając portale Ziemi trzeciego wymiaru [właściwie to dwu i pół wymiarowe], miał to być sposób do zaaranżowania ascendencji [transportu] poprzez Ziemię W-1 (wymiaru pierwszego – przyp. tłum.) oraz Podświat W-2. W wyniku ich niecnych uczynków, wiele chaotycznych sił zostało wypuszczonych na Ziemię, a ludzie ze zniekształconymi wzorcami morfogenicznymi zostali uwolnieni z Pieczęci Palaidor oraz Amenti i pozwolono im przejść na Tarę", informuje GA (s. 33).[121] Spowodowało to wiele tragicznych wydarzeń na Tarze, tak więc Pieczęć Templarowo-Aksjonalna została umieszczona na Melchizedekach z Pieczęcią Templarową, którzy aktywnie uczestniczyli w tych wydarzeniach.

Pieczęć Templarowo-Aksjonalna jest bardzo niszcząca, ponieważ może ona uwięzić ludzi w cyklach reinkarnacyjnych, do czasu, kiedy Tara i Ziemia złączą się ze sobą. Jest ona zwana Pieczęcią 666, ponieważ narusza podstawowe tony nici 1, 5 i 6 DNA, 6-tego wymiaru.

GA objaśnia:

> Konfiguracja genetyczna Pieczęci Templarowo-Aksjonalnej była oryginalnym znaczeniem, ukrytym za symbolizmem „666", zaś numery te widocznie widniały we wcześniejszej budowie

Wielkiej Piramidy, gdyż ta pieczęć pierwotnie umieszczona została na Syriańskich-Anunnakach w HU-2, którzy pomagali przy budowie tej machiny [Wielkiej Piramidy]. „666" stało się znakiem rozpoznawczym Syriańskich Anunnaków, którzy odmówili przyjęcia zwierzchności Rady Syriańskiej oraz którzy nie popierali Prawa Jednego (s. 36).[121]

Niestety, Templarowo-Aksjonalna Pieczęć „666", w wyniku hybrydyzacji z nićmi Templaru Melchizedeka, stała się częścią kodu genetycznego Ludzi, a teraz znana jest jako Zabójczy Kod Omega. Melchizedekowie dostarczyli drugiego zasiewu w 1500 r. p.n.e., w celu udoskonalenia swojej genetyki, zaś ich ostatni zasiew odbył się w roku 1750 n.e.[121] Wreszcie w roku 2005 n.e. MCEO oraz jego stowarzyszenia rozpoczęli oczyszczać ludzkie DNA z Zabójczego Kodu Omega, ujawnia ATI,TPE. MCEO oświadcza, że usunęło tę pieczęć w kodzie genetycznym Aquafereion (czyt. Akłaferion – przyp. tłum.) w październiku 2007 roku, lecz Ludzie wciąż byli zagrożeni pewnymi wpływami tej pieczęci.[177,194]

Atlantyda i Lemuria

Oryginalna rasa Annu-Melchizedeka została została przez Jechowiańskich Anunnaków do linii rasy Atlantydzkich-Egipcjan w roku około 70 000 p.n.e. Rozkwitała ona w Atlantydzie, kiedy miała otwartą komunikację i pomoc przodków Syriańskich Anunnaków. Rasy Lemurian pracowały z Plejadianami z HU-1 i również rozkwitały. W nagrodę za ich pozytywną ewolucję, Rada Syriańska oraz stowarzyszone grupy istot dały im zaawansowaną technologię, żeby pogłębić ich umiejętności.[121] Najbardziej godnym uwagi było to, że otrzymali kryształy wytwarzające moc, które mogły ściągnąć biało-niebieski płomień i uzyskać dostęp do wielowymiarowych częstotliwości.

Portal Arki Przymierza był zlokalizowany pod Atlantydą, a stamtąd łączył się z Lemurią oraz innymi masami lądowymi. Lemuria istniała na obszarze Oceanu Spokojnego i obejmowała region gór And. Po tym, jak Annu-Melchizedekowie zyskali przychylność Rady Syriańskiej, oni oraz wcześniejsi ludzie Habiru stali się głównymi opiekunami Arki Przymierza.

Ruch Oporu Anunnaków rozrósł się w okresie Trzeciego Zasiewu, zwłaszcza na Atlantydzie i Lemurii. „Motywowani ich własnymi pragnieniami wykorzystania Ziemi jako opcji ewolucyjnej, Ruch Oporu Anunnaków po cichu przeniknął do kultury Atlantydzkiej około 55 000 lat temu, ukradkiem poruszając się w rangach Anunnaków w Radzie Syriańskiej", oświadcza GA (s. 58).[121] Ci wrogowie Anunnaki sztucznie zapłodnili niektórych z Annu-Melchizedeków, przekazując Pieczęć Templarową swojemu potomstwu, ostatecznie uszkadzająć kolejne populacje.

W roku około 50 000 p.n.e Annu z Pieczęcią Templarową (Tamplarowi-Annu) pozwolili Drako potajemnie powrócić na Ziemię, jeśli tylko pomogliby wchłonąć populację Ziemi. „Drako dokonali infiltracji lemuriańskiego kontynentu Muarivhi, tworząc sieć podziemnych kryjówek wewnątrz systemu tuneli, które przebiegały pomiędzy Lemurią i Atlantydą", oznajmia GA (s. 58).[121]

Kiedy wyłoniło się zagrożenie Drako, „ludzie mieli nadzieję wykorzystać kryształy generacyjne do wytworzenia precyzyjnych wybuchów wewnątrz podziemnych jaskiń, aby zamknąć tam Drako, wewnatrz ich kryjówek, do czasu aż przybędzie Rada Syriańska i ewakuuje Drako" (s. 58).[121]

Jak myślicie, jaki był wynik? Czy było to kolejne nadużycie mocy, które przeładowało siatkę biednej planety? Zdecydowanie. Lemuria została zniszczona wraz z wieloma jej mieszkańcami. „Wybuchy spowodowały masową aktywność wulkaniczną, trzęsienia Ziemi oraz powodzie", oznajmia GA (s. 58).[121] Wynikiem tego środowiskowego przewrotu była mała era lodowcowa. Kontynent Atlantydy nie został w dużej mierze zniszczony, ale potrzebował naprawy wraz z siatką Ziemi.

Po zniszczeniu, opiekunowie Arki Przymierza przynieśli ją do Egiptu i sami tam emigorwali. Ten masowy napływ ludności zdenerwował Templarowych Annu w Egipcie, więc przenieśli się oni na Atlantydę, aby uzyskać lepszą kontrolę nad ich środowiskiem. Po tym, jak zdominowali i wpłynęli na pozostałą kulturę Atlantydzkiego kapłaństwa, zaplanowali oni użycie kryształów generacyjnych do rozpuszczenia bariery elektromagnetycznej do portali „Wewnetrznej Ziemi" Agarty w Eka. Jednak Rada Syriańska wkroczyła, aby umocnić te portale i przerzucić pozostałych Egipcjan Templarowych-Annu na Atlantydę, gdzie stanowiliby oni mniejsze zagrożenie dla Arki Przymierza.

Ponieważ ich lokalizacja na Atlantydzie utrudniała wystarczający dostęp do portali Agarty, a portale te zawierały wzmocnioną energię, Templarowi-Annu wymusili dodatkową moc poprzez jeden z głównych kryształów genaracyjnych. Jak było to do przewidzenia, rozsadziło to kryształowy generator, „z siłą 10 razy potężniejszą od wybuchu bomby atomowej" (s. 63).[121]

Eksplozja na Atlantydzie z roku 28 000 p.n.e. rozerwała duży kontynent Atlantydzki na kilkanaście mniejszych wysp. Eksplozja ta również przechyliła delikatnie oś Ziemi, co przerwało połączenie pomiędzy Wielką Piramidą w Gizie a Syriuszem B. Wielka Piramida była międzygwiezdną stacją teleportacyjną dla Rady Syriańskiej, by mogła szybko przybywać na Ziemię, w celu zmniejszenia szkodliwych sytuacji i monitorowania wszystkiego. Zbudowana została ona po zniszczeniu Lemurii, tak więc innym celem piramidy była ochrona Arki Przymierza.

Byty, przy użyciu symbolu ankh, przedstawiającego w egipskich hieroglifach „życie", zmanipulowali energię Wielkiej Piramidy. GA oznajmia, że wielki symbol ankh został umieszczony pod kryształowym kamieniem wieńczącym piramidy, aby ściągąć rezonancyjne tony częstotliwości z wyższych wymiarów, do celów teleportacji; jednak ATI,TPE wyjaśnia, że zliniowane to było pomostem Trzeciego Oka Horusa do fantomowych lokalizacji. Ankh jest fantomowym symbolem, wykorzystującym mechanikę merkaby Dwu-Weki.

Wielka Piramida w Gizie oraz Arka Przymierza były usytuowane centralnie na Ziemi, w pobliżu planetarnych gwiezdnych wrót-4, które dostarczają worteksu naturalnej energii, jako część bio-energetycznego systemu Ziemi. Portal Trzeciego Oka Horusa również został tam wybudowany. Celowe rozmieszczenie tych miedzywymiarowych urządzeń pomagało w uzdrowieniu lub niszczeniu tej wrażliwej lokalizacji, w zależności od tego, pod czyją była kontrolą.

Więcej problemów przysporzył Ruch Oporu Anunnaków oraz ich zwolennicy Templarowych-Annu, którzy zniszczyli Wielką Piramidę, Sfinksa i inne centra kulturalne Egiptu w 10 500 r. p.n.e., po czym Wielka Piramida i Sfinks zostały naprawione, lecz zmienione (patrz „Anunnaki Elohim" w rozdziale 7). Wielka Piramida ponownie została delikatnie zliniowana, aby stworzyć połączenie harmonicznego rezonansu z układem gwiezdnym Plejad poprzez Alkione. Na szczęście Arka Przymierza oraz portale Agarty przetrwały katastrofę.

Ruch Oporu Anunnaków jest częścią „Sojuszu Templarowych Melchizedeków Anunnaków Drakonian Alfa-Omega" z rasami z Alfą i Omegą Centauri.[309] Większość duchowych kanałów New Age, promujących programy fałszywej ascendencji-aktywacji DNA, przeprowadzanych jest przez tę sieć, włączając w to przekazy Jechowiańskich Anunnaków z fantomowej planety Tiamat w HU-2, która pierwotnie była częścią układu gwiezdnego Pleione w Plejadach.[146] Rozdział 7 ujawnia, że byty w tej sieci są nadzorowane i potencjalnie wchłaniane przez rasy fantomowych smoków, Archanioła Michała i Szantarel oraz władców Borża. Odtąd grupy promujące naukę śmierci będę skracała jako BEA-O – Borża, Smoki Equari oraz sojusz Alfa-Omega.

Atlantydzkie przeszkody

Określone kluczowe wydarzenia, które znacząco wpłynęły na nasz obecny proces ascendencji, miały miejsce podczas okresu Atlantydzkiego. Ostatni cykl aktywacji gwiezdnej (skrót CAG – przyp. tłum.) Ziemi z roku 22 326 p.n.e. zakończył się sytuacją patową pomiędzy radami Żywiciela Krysthal Rzeki a BEA-O, kiedy Korytarze Amenti zostały zamknięte siłowo.

CAG jest 17-letnim cyklem otwarcia, z dodatkowym 5-letnim cyklem zamknięcia, pozwalającym na międzywymiarowy tranzyt dla procesu ascendencji poprzez Korytarze Amenti. Naturalnie spowodowałoby to wciągnięcie Ziemi wraz z jej mieszkańcami do 5-go wymiaru Tary. CAG-i są naturalną częścią naszej ewolucji, kiedy to nasze cząsteczki przyspieszają i mieszają się z tymi w 4-tym i 5-tym wymiarze, rozpuszczając bariery wymiarowe, które utrzymują te poziomy oddzielone od siebie.[121]

Ponieważ plan BEA-O nie powiódł się w 22 326 r. p.n.e., ich grupa zwiększyła swoje zaangażowanie w późniejszej części okresu Atlantydzkiego Ziemi. Mieli nadzieję zdobycia przewagi w następnym CAG-u, który ma się wydarzyć w roku 4230 n.e. Ich agenda wymagała sztucznego przyspieszenia czasu w naszym układzie słonecznym, żeby dalej zsynchronizować otwarcie naszego CAG-u z Metatronicznymi tunelami czasoprzestrzennymi, połączonymi z już przyspieszoną Ziemią Równoległą.[181] BEA-O potrzebowali tak zakłócić obecność Ludzi na Ziemi, aby ich oddzielić od ich wrodzonych zdolności, które mogłyby zniweczyć ich agendę.

Żeby przyspieszyć CAG Ziemi w okresie Atlantydzkim, miały miejsce cztery wydarzenia. Były to: podział Ziemi Amenti rok około 15 000 p.n.e., Wielkie Nałożenie Sieci w roku 13 400 p.n.e., Wielkie Rozdarcie w Czasie Torusowej Szczeliny w roku 10 948 p.n.e. oraz Wielkie Przykrycie w roku 9562 p.n.e. Reszta tej części rozdziału, chyba że będzie powiedziane inaczej, pochodzi ze źródeł „Pierwszego Podsumowania Tematu" MCEO, jednego z dwóch oficjalnych podsumowań ujawnienia MCFO, które Ashayana za darmo rozpowszechniła w internecie, o współczesnych i zaprojektowanych wydarzeniach, przed którymi Ludzkość ma stanąć.[310]

ATI,TPE ujawnia, że kwantum Ziemi Amenti zostało wstępnie podzielone w roku około 15 000 p.n.e, żeby stworzyć coś, co MCEO nazywa Wyższą Ziemią. Jest to etap, który MCEO pominęło w opowiadaniu o historii Ziemi. Chociaż nie znam szczegółów obejmujących to wydarzenie, był to podobne tego, jak nasza Ziemia została później stworzona z Wyższej Ziemi.

Wielkie Nałożenie Sieci pól Nibiriańskiej Transdukcji Elektrostatycznej (oryginalny angielski Great Netting of Nibiruian Electrostatic Transduction fields, skrót NET) z roku 13 400 p.n.e. spowodowało nienaturalny podział Wyższej Ziemi, żeby stworzyć Niższą Ziemię, w polach niższych wymiarów NET-u. Energia NET-u zawiera w sobie serie wielowymiarowych pól elektromagentycznej uprzęży, stworzonych przez technologię Metatronicznej Bestii, które BEA-O wszczepili we wszystkich wymiarach HU-1. Nasza Ziemia jest Niższą Ziemią, którą MCEO nazywa Ziemią NET, chociaż technicznie Wyższa Ziemia jest kolejną Ziemią NET.

ATI,TPE oświadcza, że pola powstrzymania NET-u zostały wstępnie stworzone przed rokiem 15 000 p.n.e., żeby najpierw okiełznąć kwanta do przestrzeni wyższego wymiaru dla Wyższej Ziemi. Ziemie Amenti, Wyższa oraz NET, są planetami z trójwymiarową formą, lecz ich pulsy czasu i pozycje wymiarowe rozwidliły się.³¹⁰ Podczas gdy następne części tego rozdziału mogą być odkrwycze, jest w tym czasie nadzieja i postęp, ponieważ Ziemia Amenti jest znacznie mniej skrępowaną planetą niż nasza Ziemia, będąca w naszym zasięgu, co wyjaśnię później.

Wielkie Nałożenie Sieci naszej Ziemi spowodowało pierwsze z dwóch drobnych przyspieszeń zachwiania się geograficznych biegunów Ziemi wewnatrz pól NET-u. Cykl 26 556 lat precesji ogólnej, mający miejsce na Wyższej Ziemi, został przyspieszony do cyklu 25 920 lat na naszej Ziemi, potwierdza ATI,TPE.

Podsumowanie MCEO opisuje, co było skutkiem podziału Wyższej Ziemi.

> W wyniku „Nałożenia Sieci" w 13 400 r. p.n.e., części pola Ziemi, które niegdyś były fizycznym przejawem, „wydały się dosłownie zniknąć", kiedy patrzyło się na nie ze środka NET-u i jego uprzęży pola geomagnetycznego. Ponieważ pole „ograniczenia-NET-u" Niższej Ziemi rozpoczęło pierwsze 636-letnie „przyspieszenie precesji równonocy", zaś pole Wyższej Ziemi tego nie uczyniło, prędkość-wirowania cząsteczek podatomowych i atomów, jak również prędkość obrotu Ziemi, zaadoptowały delikatnie różne „rytmy wibracji-pulsacji energii" lub „pulsów czasu". Puls czasu „Niższej Ziemi" został nienaturalnie przyspieszony, podczas gdy puls czasu Wyższej Ziemi pozostał stały, z większymi, dłuższymi, wolniejszymi pulsami trójmymiarowego wolnego Wszechświata. [Uwaga: MCEO nie przedstawiło w tym podsumowaniu naturalnej Ziemi Amenti, a to, co jest naturalne w Drodze Mlecznej, nie jest zupełnie wolne]. Czasoprzestrzeń wewnątrz pola NET-u Niższej Ziemi weszła w delikatne, nieorganiczne przyspieszenie, skurczenie i ściśnięcie; wirowanie osi Ziemi, jak również jej chwianie się, stało się trochę szybsze, powodując drobne skrócenie dni i czyniąc „wybrzuszenie" równikowe bardziej widocznym. Biorytmy pola-życia stały się szybsze, tak samo jak tempa rozpadu pierwiastkowego, zaś „DNA" pola-życia Niższej Ziemi zostało wplątane w „magnetycznym uścisku" nietypowego pola geomagnetycznego, wytworzonego przez NET. Terytoria Wyższej Ziemi – z ich wolniejszym, bardziej rozległym „pulsem czasu" – nie doswiadczyły żadnych z tych środowiskowych i biologicznych anomalii (s. 11-12).³¹⁰

Pola NET-u spowodowały katastrofalne skutki dla Ludzi w nich uwięzionych, a zwłaszcza w naszym DNA. Poziomy NET obejmują Bio-NET lub Derma-NET, który ujarzmia wzorzec DNA na eterycznym poziomie atomowym 1-go wymiaru. Intra-NET 2-go wymiaru ujarzmia chemiczne DNA. Epigenetyczna Nakładka (EGO)-NET 3-go wymiaru ujarzmia „chemiczne powłoki", które mówią DNA, co włączać i wyłączać (s. 92).[190] Naukowcy odkrywają, jak funkcje wbudowane we wzorzec DNA mogą kontrolować geny (w „DNA" rozdziału 9-go i studiach w epigenetyce).

Technologia NET pozwala grupom BEA-O włączać i wyłączać nasze DNA, tak jak im to pasuje, chyba że staniemy się świadomi rozróżnień pomiędzy ich taktykami a naszymi autentycznymi energiami i myślami. Ich manipulacja naszego DNA wpływa na jego potencjał aktywacyjny i może zmienić to, jak wyrażamy naszą świadomość. Fałszywe ego bierze się z EGO-NET. Czyni ono ludźmi zaabsorbowanymi sobą, aroganckimi, egoistycznymi z cechami narcyzmu. Ten krótkowzroczny stan uczynił Ludzi łatwymi w kontroli, ponieważ narcystyczni „bogowie" zasadniczo to stworzyli. Możemy zlekceważyć EGO-NET, działając z poziomu prawdziwej, kochającej energii.

GA oznajmia, że Bio-NET blokuje funkcje naszej szyszynki, która jest gruczołem tkanki miękkiej, pośrodku naszego mózgu, za niższą środkową częścią naszego czoła.[311] Biologicznie szyszynka przez mały otwór pozwala na załamanie światła i reguluje ważnymi aktywnościami hormonalnymi w naszym ciele.

Podczas okresu Wielkiego Nałożenia Sieci, technologia Bestii wymazała świadomość pamięci zbiorowej Człowieka. Pewnego dnia Ludzie dosłownie obudzili się i nie pamiętali, kim byli. Pozwoliło to określonym obcym BEA-O na przedstawienie się jako Bogowie, z własnymi językami, z opowiadaniami o stworzeniu i historią.

MCEO wyjaśnia:

> W ludzkich populacjach mutacje DNA, będące wynikiem tego nietypowego wydarzenia środowiskowego z roku 13 400 p.n.e., doprowadziły do „pierwszego z trzech" biologicznie wywołanych „wymazań pamięci" oraz rozbicia części DNA w „odpadowe DNA". [Uwaga: pierwsze wymazanie pamięci przydarzyło się populacji Wyższej Ziemi, kiedy była poprzednio przemieszczona w Wyższej Ziemi].
>
> Podczas utraty pamięci w okresie z roku 13 400 p.n.e. zarówno Anielscy Ludzie, jak i Ludzie-Iluminaci, zostali jednocześnie zredukowani do prymitywnego stanu percepcyjnego, z utratą historycznej, praktycznej i językowej pamięci. Co nawet ważniejsze, mutacje, które miały miejsce w ludzkim DNA, rozpoczęły proces redukowania kodów genetycznych, zarówno Anielskich Ludzi, jak i Lewiatan Ludzi-Iluminatów, do „wspólnej

mutacji", podczas gdy podobieństwa między DNA Anielskich Ludzi i Ludzi-Iluminatów pozostały „włączone" w aktywnej sekwencji DNA. Dzięki tej „nowej wspólnej-mutacji ludzkiej", która była wynikiem wspólnej mutacji, hybrydy-ludzkie Iluminatów, wraz z ich Starszymi krewnymi spoza planety, mogły teraz łatwiej skrzyżować się z rasami „amnezyjnych" Anielskich Ludzi (s. 9-10).[310]

W 10 948 r. p.n.e. BEA-O utworzyła połączenie tunelu czasoprzestrzennego z gwiezdnych wrót rdzenia naszego Słońca do wrót Równoległego Słońca. Wytworzyło to mieszaninę nieorganicznej vesica piscis, zwanej Słonecznym Tunelem Torusa Czasu, który stworzył pole adhezji czasoprzestrzeni pomiędzy naszymi układami słonecznymi. Związał on orbitę naszego Słońca z orbitą jego niewidocznego Równoległego Słońca i sprowadził gwiezdne wrota ich rdzeni do bezpośredniego zliniowania, co wówczas spowodowało zliniowanie rdzeni galaktycznych. Zliniowanie galaktyczne stworzyło drugie pole adhezji czasoprzestrzeni pomiędzy galaktyką Drogi Mlecznej a galaktyką Równoległą, które otacza Słoneczny Tunel Torusa Czasu i tworzy pole przemieszczenia, zwane Wielkim Rozdarciem w Czasie Torusowej Szczeliny. To połączenie tunelu czasoprzestrzennego i sieci rozdarcia w czasie wypełnia zliniowanie Alfa-Omega, o którym wspomniałam w rozdziale 7. Był to ostatni element układanki, nad wykonaniem którego rasy BEA-O spędziły miliardy lat.[181]

Biblijne odniesienie do Alfa i Omega – pierwszy i ostatni – reprezentuje pierwszy podbój Równoległej Drogi Mlecznej i ostatni podbój naszej Drogi Mlecznej, które mogłyby zostać razem skierowane do fantomowych matriksów Equari i Borża.[181]

Zliniowanie sieci Alfa-Omega spowodowało drugie przyspieszenie osiowej precesji Ziemi, redukując poprzednie wachnięcie obrotu z 25 920 lat do 25 771 lat, aby nasza planeta mogła zdążyć na przyspieszony CAG Równoległej Ziemi. W tym czasie rasom Ziemi ponownie wymazano pamięć.[310]

Stworzenie tunelu czasoprzestrzennego i rozdarcia w czasie doprowadziło do ważności zliniowań równonocy i przesilenia na naszej planecie. Te sezonowe okresy uczyniły możliwym dla ras BEA-O wejście na Ziemię z Równoległej Ziemi poprzez tunel czasoprzestrzenny.

MCEO wyjaśnia:

> Kiedy Niższa Ziemia i nasze Słońce zostało połączone z systemem Równoległym za pośrednictwem Atlantydzkiego Słonecznego Tunelu Torusa Czasu i Torusowej Szczeliny z roku 10 948 p.n.e., orbita Niższej Ziemi wokół Słońca delikatnie przyspieszyła (skracając organiczny „rok" Niższej Ziemi) i została zsynchronizowana w przeciwnym obrocie z „niewidzialną orbitą"

Równoległej Ziemi wokół jej Słońca; zaś poprzez połączenia tunelu czasoprzestrzennego pomiędzy Gwiezdnymi Wrotami Rdzenia Słonecznego i naszego Układu Słonecznego stały się nieorganicznym, binarnym układem słonecznym, niewidocznie przywiązanym do Równoległego Układu Słonecznego. Z chwilą, gdy orbiralne obroty i cykle czasu otwarcia Gwiezdnych Wrót naszego Układu Słonecznego zostały zmuszone do synchronizacji z tymi w Równoległym Układzie Słonecznym, ujarzmione Gwiezdne Wrota Amenti Niższej Ziemi zliniowały się bezpośrednio – w określonych punktach, w każdym rocznym obrocie Niższej Ziemi wokół Słońca – z Upadłymi Wrotami Tunelu Czasoprzestrzennego Alfa Równoległej Ziemi oraz z międzygalaktycznymi „Tunelami Czasoprzestrzennymi Rdzenia Galaktycznego Alfa-Omega". Każdego roku, podczas okresów wiosennej i jesiennej równonocy, Tunele Czasoprzestrzenne Alfa Równoległej Ziemi miały otwierać się bezpośrednio do ujarzmionych Gwiezdnych Wrót Amenti Niższej Ziemi, na okres około dwóch tygodni, pozwalając Starszyźnie Iluminatów na łatwe przejście i odwiedziny pomiędzy Niższą i Równoległą Ziemią. Każdego roku, podczas okresów zimowego i letniego przesilenia, ponownie na czas około dwóch tygodni tunele czasoprzestrzenne Słonecznego Tunelu Torusa Czasu miałyby sprzęgać Wrota Niższej Ziemi i Równoległej Ziemi, w krótkim zliniowaniu z międzygalaktycznymi Tunelami Czasoprzestrzennymi Galaktycznego Rdzenia Alfa-Omega, pozwalając Starszyźnie Iluminatów na skierowanie przejścia tunelu czasoprzestrzennego do Niższej Ziemi z różnych regionów obydwu galaktyk Drogi Mlecznej (s. 14-15).[310]

Byty BEA-O ukryły się za zasłoną i tymczasowo wkroczyły na naszą Ziemię, żeby kontrolować amnezyjnych Ludzi, zwanych Uśpionymi, którzy w głównej mierze posiadają geny natrętnych obcych. Cywilizacje zostały nauczone, by przestrzegać pór roku, by tworzyć kalendarze, przy pomocy których mogli wytyczać czasy i miejsca wizytacji ich bogów. Takie odwiedziny zazwyczaj wiązały się z krzyżowaniem się z Ludźmi. Mocno wyspecjalizowane populacje Uśpionych zostały w roku 25 500 p.n.e. poddane hybrydyzacji, żeby usunąć większość świadomej ludzkiej esencji, co umożliwiało kontrolowanie ich w większym stopniu, jak organicznych robotów, podobnie jak większość Szaraków Zeta.[121] Jestem przekonana, że jeśli spojrzelibyście im w oczy, ujrzelibyście nieobecny lub negatywny, bezduszny wyraz, nawet kiedy ich DNA Uśpionego nie jest w pełni aktywowane.

Według MCEO:

Strefy Hibernacji

Uśpieni byli uczeni wielu obrzydliwych rytuałów podboju siatki, morderstw, ofiarowania, perwersji, kopulacji oraz zawładnięcia, dzięki którym mogli „szukać otrzymania przychylności" fałszywych Bogów, którzy ich uwięzili. Wiedza o Gwiezdnych Wrotach Templaru Ziemi, o Równoległej Ziemi, o rzeczywistościach Atlantydzkiej historii i rasy oraz Atlantydzkich Naukach Śmierci czy Wyższym Planie Iluminatów była zarezerwowana w dowolnym momencie jedynie dla elitarnych, niewielu „Wybranych". Większość ras Anielskich Ludzi oraz Ludzi-Illuminatów również była utrzymywana w amnezji, nieświadoma, niedouczona, podległa, a tym samym łatwa do manipulacji, zwodzenia i kontroli. Jest to rzeczywistość „aktualnej starożytnej historii", z której wyłoniły się „znane nam zapiski historyczne" (s. 16).[310]

W roku około 10 500 p.n.e. Illuminaci Lewiatan zostali poprowadzeni przez kontrolującą ich grupę Lucyferian do zabezpieczenia kluczowych lokalizacji templaru Ziemi. Głównym celem podboju Lucyferian było uzyskanie dostępu do Urty.

W roku 9562 p.n.e. byty BEA-O w napadzie, który zaatakował rdzeń planetarny wrót na Urtę i Metatroniczne technologie umieszczone już na Ziemi, zablokowały dalsze interwencje Aquaferian z KRH. To wydarzenie, zwane Wielkim Okryciem, stworzyło również płaszczyzny splecione z polami NET, zwane Strefami Hibernacji.[204]

W roku 9560 p.n.e. grupa Lucyfera poszerzyła swoją koalicję z podobnymi rasami Anunnaków, Drakonian, Reptilian i Alfa-Omega, żeby stworzyć ich wersje Jednego Światowego Porządku pod egidą Lucyferiańskiego Przymierza. Byli oni ustawieni z agendą Czerwonych Smoków.[121,204]

W roku 9558 p.n.e. grupy Lucyfera zaaranżowały wielką „powódź" Atlantydy, która pozornie zatopiła większość z jej trzech pozostałych wysp. W rzeczywistości ta tzw. powódź przeniosła te masy lądów do wyższego pola NET, żeby ustanowić jedną ze Stref Hibernacji.[121,191]

<u>Strefy Hibernacji</u>

Podczas Wielkiego Okrycia i częściowego przemieszczenia Atlantydy i Lemurii, byty BEA-O ujarzmiły i podzieliły trochę energii-materii z Wyższej Ziemi i mniejsze ilości z naszej Ziemi, żeby stworzyć sześć Stref Hibernacji, z dwiema strefami w każdym większym wymiarze, potwierdza ATI,TPE. Byty BEA-O scepiły Strefy Hibernacji z polami NET i połączyły strefy z naszą planetą.

Pierwszy wymiar posiada wyższą strefę i niższą strefę, a wymiary drugi i trzeci mają takie same konfiguracje. Wszystkie z tych płaszczyzn zostały zaprojektowane ze zwiększonym fantomowym, odwrotnym momentem kątowym wirowania cząsteczkowego poza naszym widokiem.[204,177]

MCEO oświadcza:

> Sześć Stref Hibernacji jest aktywnie zamieszkanych przez wiele różnorodnych, często rywalizujących i walczących ze sobą ras Upadłych-Aniołów oraz innych istot pozaziemskich (ET), posiadających Metatroniczne Kody Genetyczne, które wytworzyły wewnątrz płaszczyzn Stref Hibernacji złożone struktury kultury i cywilizacji Upadłych-Aniołów (s. 9).[177]

Niektóre z tych stref składają się na niebiosa z Biblii, gdzie możemy siedzieć po prawicy Michała jako Boga. Jego grupa Jezusowa szczęśliwie nas nadzoruje i stara się zaprowadzić nas do preferowanych przez nich stref, jak ukazuje rozdział 11.

Urta

Kiedy Ziemia Amenti była formowana, była ona rozmyślnie przetrzymywana wewnątrz pola energetycznego trójwymiarowej planety AshaLA (czyt. Aszalej – przyp. tłum.) w Galaktyce-2, AshaLA zaś była podobnie przetrzymywana wewnątrz pola energetycznego planety 3-go wymiaru Urta w AquaLaShA. Połączenia takie były wykonalne, ponieważ części ich gwiezdnych wrót-3 są conajmniej częściowo połączone.[195] Na Rysunku 3 siatek kathara, osie Ziemi i AshaLA w ich większych wymiarach są nachylone pod innym, kątowym momentem wirowania cząsteczkowego do siebie nawzajem i do Urty, a ich składy innych częstotliwości energetycznych i materiału umieszcza je na zewnątrz siebie nawzajem w niejako bliskiej przestrzeni wymiarowej.

W roku 11 000 p.n.e. rasy Aquari, żyjące na Urcie, w regionie zwanym Aquafereion, interweniowały na Ziemi, aby powstrzymać ciągłe wymazywanie pamięci i destrukcje populacji Atlantydy. Aquaferianie przenieśli wybrane pary Ludzi ze współczesnych Ras Odosobnionych wprost na Urtę, po to, aby odcisnąć energetycznie kody DNA Aquari, w ich rozwijające się płody. Jak wspomniałam w części o „Stworzeniu", w rozdziale 7, forma Aquari była prototypem dla ras Orafim i Anielskich Ludzi.

Nowa rasa Ludzi-Aquaferian posiadała genetyczny dostęp do gwiezdnych wrót Urty, jak również zdolność do zakotwiczenia na Ziemi częstotliwości Żywiciela Rzeki Krysthal. Następnie zostały one ponownie zasiane na Ziemi, przed Lucyferiańskim podbojem w roku około 10 550 p.n.e.[191,193]

W tym czasie Beli-Kudyem – z pozostających przodków Alanian z Tary

– kontrolowali Równoległą Ziemię i niektóre Strefy Hibernacji, ujawnia MCEO. Do roku 9562 p.n.e. Beli-Kudyem, Borża-Budara oraz m. in. Equari przechwycili część rasy Ludzi-Aquafereion, która stworzona została, żeby chronić najważniejsze elementarne wrota Urty. Przekazali oni swoje geny udoskonalonej rasie Ludzkiej, żeby stworzyć nową rasę najeźdźców, zwaną Beli-Mahatma, która wyglądała niesamowicie podobnie do Ludzi, z jasnymi, niebieskimi oczami. Mahatma została stworzona po to, aby BEA-O mogli uzyskać dostęp do Urty i potencjalnie innych obszarów w AquaLaShA; aczkolwiek dzięki czujnym staraniom ras AquaLaShA chroniącym ich wieczną galaktykę, BEA-O mogli jedynie majstrować przy gwiezdnych wrotach Ziemi.[124,191,193]

Podbój Planetarnego Templaru w celu doprowadzenia do Armagedonu

Aby zrozumieć współczesny dramat i kontrolę różnych lokalizacji na całej Ziemi, należy wspomnieć, że podbój Atlantydy i Lemuri przez grupy Lucyferiańskie w roku 10 500 p.n.e. doprowadził do stworzenia na naszej planecie dwóch kompleksów tuneli czasoprzestrzennych. Na części kontynentu Atlantydy naszej planety zostały stworzone dwa następujące tunele czasoprzestrzenne, na Wschodnim Wybrzeżu Ameryki Północnej, tam, gdzie teraz znajduje sie Trójkąt Bermudzki: tunel czasoprzestrzenny Feniks Plejadiańskich Anunnaków, do lokalizacji obejmujących Nibiru i Tiamat, oraz tunel czasoprzestrzenny Sokół Zeta Rigelian i Drakonian, do lokalizacji obejmujących fantomowe części Alfa Drakonis, Altinaka, Rigela i Ziemi.[121]

Tunele czasoprzestrzenne Feniksa i Sokoła były potrzebne do podpięcia planetarnych gwiezdnych wrót do fantomowych matriksów, przez obejście naturalnych przejść na Tarę. Te tunele czasoprzestrzenne przywiązane były do Ziemi za pomocą sieci potężnych implantów kryształowych pylonów (odtąd będę używał oryginalnego angielskiego pylon implant networks, skrótu PIN – przyp. tłum.). PIN sprzęgają się z przewodami naturalnej energii gwiezdnych wrót Ziemi i systemami lini ley (czyt. lej – przyp. tłum.) i wykorzystywane są do kontroli rozmaitych obszarów.

Od czasu Elektrycznych Wojen, podczas minionych 5,5 miliona lat, rasy BEA-O oraz KRH wczepiły w Ziemię różne formy tych technologii PIN. Systemy PIN ras KRH są używane do odzyskania kontroli nad siatką Ziemi i zapobieżenia katastroficznemu przebiegunowaniu w wyniku ciężkich zaburzeń wzorców skalarnych. Książka pt: „Podróżnicy II" stosunkowo szczegółowo wchodzi w historię i zastosowanie tych technologii. Co warte jest zauważenia, jeśli chodzi o biblijną terminologię, to jest to, że siatka kontroli PIN, zwana APIN w odniesieniu do Atlantydy, wszczepiona przez siły Jechowiańskich-Anunnaków oraz Annu Elohim, wygląda jak gołąb, „jeśli patrzy się na nią z powietrza przy użyciu sprzętu do skanowania foto-radionicznego" (s. 366).[121] Symbol gołębicy, odnoszący się do „Ducha Świętego", zstępującego na Yahshuę-Michała po tym, jak został ochrzczony, dotyczy tych Metatronicznych ras, które wszczepiły tę niszczycielską technologię w tarcze Ziemi, podczas Buntu Lucyfera na Atlantydzie w roku 25 000 p.n.e.

Rasy Lucyferian, z pomocą Jechowiańskich Anunnaków, podpięły tunel czasoprzestrzenny Feniksa do siedmiu Jechowiańskich Pieczęci (lub siedmiu Trąb), które były już umieszczone na Ziemi. Następnie te tunele czasoprzestrzenne zostały wykorzystane poprzez przewrót w wyniku wielkiej „powodzi" podczas zniszczenia Atlantydy przez Lucyferian w roku 9558 p.n.e. W roku 9540 p.n.e. rasom KRH udało się „zaczopować" te tunele czasoprzestrzenne do czasu, aż intruzi byli w stanie reaktywować je w 20-tym wieku n.e. Biblijne przepowiednie o Armagedonie, znane inaczej jako wielka Apokalipsa, oparte są na tych Atlantydzkich technologiach.

Od okresu Atlantydzkiego, Anunnaki i Drakoni generalnie walczyli ze sobą o uzyskanie kontroli nad kluczowymi lokalizacjami planetarnego templaru. Planetarny templar zawiera organiczny oraz każdy inny wszczepiony, międzywymiarowy system energetyczny planety, informuje ATI,TPE, zatem ważne jest, by rozróżnić te dwa systemy. Kompleks templarowy obejmuje: portale, worteksy, Linie Aksjomowe (podobne do meridianów w naszym ciele), Linie Ley oraz Gwiezdne Wrota, oznajmia MCEO.[312] Wszystkie 11,5 wymiarów energii Drogi Mlecznej, w dodatku do bardziej naturalnych energii, w różnych ilościach cyrkuluje poprzez kompleks templarowy Ziemi.

To, co powszechnie znane jest jako Bitwa o Armagedon, w odniesieniu do biblijnej Księgi Apokalipsy św. Jana, jest nie tylko próbą kontrolowania Ziemi przez te frakcje, ale również większym celem grupy BEA-O, mającym za zadanie reaktywację tuneli czasoprzestrzennych i odcięcia Ziemi od Urty.[121]

Yahshua, prowadzeni przez Michała i Sanandę, byli kluczowymi graczami kierującymi techniki energetyczne do siatki Ziemi. Podczas swoich podróży Yahshua-Michał, wraz z jego naśladowcami, Metatronicznie aktywowali kluczowe obszary. Skoro Yahshua-Sananda pracował z nim, zastanawiam się, czy Sananda również wykonał taką podłą pracę energetyczną, czy też odparł znaczną jej ilość, żeby zliniować ją z Urtą. MCEO-GA przedstawia Sanandę jako zbawiciela, który cały czas działał z korzyścią dla nas i dla Ziemi, lecz przekonana jestem, że co najwyżej dokonał tylko kilka dobrych czynów, co wyjaśniam w części rozdziału 9-go pt: „Opętanie".

Bez względu na to, czy przeprowadzane są korygujące działania energetyczne, w stosunku do intensywnej pracy energetycznej, Ziemia często reaguje trzęsieniami ziemi. Te działania korygujące dopasowane są do gęstości Ziemi, więc jej skutki odczuwane są fizycznie. Czasami trudno jest powiedzieć, czy Ziemia faktycznie korzysta z takiej energetycznej pracy na jej siatce, ale kiedy odkryjemy faktyczne agendy i technologie wykorzystywane przez Metatronicznie nasycone społecznosci New Age, możemy wyraźnie zobaczyć, jak szkodliwa jest ich praca. Nasza Ziemia pragnie ponownego zintegrowania się z jej pierwotną naturą jako Ziemia Amenti; kiedy pomagamy uziemić Błękitny Płomień Amenti w naszym świadomym połączeniu z obydwiema wersajmi Ziemi (lub wszystkimi wersjami, kiedy jesteśmy ostrożni), jest to lżejsza, naturalna i znana Ziemi energia, która nie jest intensywna ani zakłócająca, lecz jest energetycznie skuteczna.

Podbijając Ameryki

Podczas wieków prowadzących do odkrycia Ameryki, Bitwa Armagedon pomiędzy Anunnakami a Drakonian skłoniła się w stronę dominacji świata Drakonian (i Reptilian), poprzez ich rzymsko-katolicką religię. Rzymscy katolicy byli owiani złą sławą za ich religijne podboje, zwłaszcza krucjaty, dominację nad większą częścią planetarnego templaru.

W 1492 roku n.e., w pierwszym udokumentowanym przez Europę odkryciu Ameryki, Włoch, Krzysztof Kolumb i jego załoga dopłynęli do regionu współczesnych Bahamów, Kuby i Haiti.[313] GA wypowiedziało się w ten oto sposób: „Ameryka założona została, w imieniu Federacji Galaktycznej i Plejadiańsko-Nibiriańskich Anunnaków, ras Lucyferiańskiego Przymierza z 9560 r. p.n.e., przez Lucyferiańskich Hyksosów Rycerzy Templariuszy Iluminatów Annu-Melchizedeka, którzy teraz posługują się nazwą „Masoneria" (s. 325).[121] Zawsze zastanawiałam się nad pochodzeniem słowa *Ameryka* (oryginalna angielska nazwa *America* – przyp. tłum.). Rozpowszechniona historia jest taka, że oddano hołd nawigatorowi Amerigo Vespucci, którego latynoska wersja imienia brzmi Americus, za znalezienie kontynentu Ameryki Południowej mniej niż dekadę po Krzysztofie Kolumbie.

GA oznajmia, że podzielone rasy Illuminatów Annu-Melchizedeka rywalizowały ze sobą o znalezienie „Świętego Graala", który jest centralnym punktem planetarnego templaru, zwanym Punktem Gru-AL. Istnieje on na kontynencie Ameryki Północnej; południowa część Florydy była kiedyś częścią Atlantydy, wraz ze wspomnianymi wcześniej Bahamami, Kubą, Haiti (i Dominikaną), jak również innymi wyspami, takimi jak Irlandia i Wielka Brytania. Illuminaci wiedzieli o pod-rasie Rodowitych Amerykanów, zwanej Ameka, która chroniła Punkt Gru-AL. Pod-rasy Ameka oraz Seminole zawierały między innymi geny Maji (zachowano oryginalną anglojezyczną pisownię, czyt. Madżi – przyp. tłum.), podobne do Orafim. Poszukiwnie tej „Nowej Krainy", jako część misji Illuminatów, było właściwie odszukaniem i zabiciem tych Rodowitych Amerykanów. Upodobanie Illuminatów do dawania prostych, widocznych wskazówek prawdopodobnie zintegrowało w sobie obydwie nazwy Ameka i Amerikus w *Amerykę*.¹²¹

Od roku 1517 n.e. do roku 1520 n.e. Anunnaki przeciwdziałali bastionowi Kościoła rzymsko-katolickiego, wpływając na Martina Lutera, zakonnika, żeby podważyć autorytet papieża i płacenie jałmużny Kościołowi.¹²⁴,³¹⁴ Po tym Luter i jego naśladowcy uwierzyli, że są reformatorami, tworząc ruch Protestanckiej Reformacji; jednak protestantyzm generalnie utrzymywał podobne przekonania religijne, pod płaszczykiem Chrześcijaństwa.

Ruch Protestancki doprowadził do utworzenia jeszcze większej ilości odłamów Chrześcijanstwa, ułatwiając ludziom wybranie i zdecydowanie się na którąś z nisz, którzy byli jednocześnie w pewien sposób podzieleni. Mnogość religijnych podziałów rozproszyła masy w taki sposób, że ktokolwiek posiada głębszą kontrolę, może kontynuować swoją agendę, nieskrępowany jakimś większym oporem opinii publicznej. Protestantyzm pomógł Jechowiańskim Anunnakom w uzyskaniu większej kontroli, kiedy to coraz większa liczba ludzi opuściła Kościół Katolicki i przyłączyła się do nich.

Pieczęć Zeta i Drako oraz Zagroda Częstotliwości

W 1748 r. n.e. Zeta i Drako umieścili pieczęć wewnątrz czwartej nici DNA naszych przodków. Ta mutacja DNA jest wciąż obecna w naszych ciałach, powodując kilka problemów astralnej i emocjonalnej identyfikacji, rozbicia snów oraz pewnego odłączenia w naszej czwartej czakrze.¹²¹ Pieczęć ta została rozszerzona jako zagroda częstotliwości, która umieszczona została pomiędzy Ziemią a Tarą, żeby ustrzec Ziemię oraz jej mieszkańców przed międzywymiarowym zmieszaniem się z Tarą, pod koniec CAG. Zeta i Drako już od dawna chcieli przywłaszczyć sobie Ziemię na swój dom.

W 1902 roku Liga Opiekunów rozpoczęła tworzenie otwarć elekteomagnetycznych w zagrodzie elektromagnetycznej, dokonując zliniowań ciała astralnego z czwartego wymiaru w różnych ludzkich populacjach. GA twierdzi, że aby móc przerwać zagrodę częstotliwości – co nareszcie wydarzyło się w 1986 roku,¹²¹ chociaż jakiekolwiek zliniowanie odbyło się wewnątrz faktycznego wzorca DNA, częściowo złożonej czwartej nici – osiem procent populacji Ziemi musi nosić w sobie zliniowaną czwartą nić DNA.

Astralna warstwa nie jest nieodłączną częścią ludzkiego ciała, zaś jego manipulacja może sprowadzić wiele problemów związanych z istotami i energiami z innych światów. Mój stowarzyszony z KRH przyjaciel „M" objaśnia nam: „Żywiciel Krysthal Rzeki nie dokonuje zliniowań »ciała« astralnego z żadnego wymiaru, dla żadnej populacji form życia". Zgadzam się ze stanowiskiem Żywiciela Krysthal Rzeki, ponieważ sami możemy odnaleźć nasze zliniowanie z wiecznymi energiami, co, jak wierzę, było ważnym składnikiem do wyższego przebudzenia conajmniej 8 procent ludzkości w

1986 roku.

W 1926 roku Zeta rozpoczęli nawiązywanie wzajemnego kontaktu z Ludźmi, zazwyczaj poprzez wzięcia, żeby studiować efekty interwencji drużyny KRH na wywołaną przez ich zagrodę częstotliwości mutację czwartej nici DNA.[121] Wiedzieli oni, że ich zagroda częstotliwości rozpadnie się przed rokiem 2012, jeśli CAG wydarzy się bez przeszkód, tak więc pod koniec lat 30-tych i na początku lat 40-tych rozpoczęli tworzenie hybryd Ludzi-Zeta, ze zmutowanymi w ich DNA kodami genetycznymi.

Wczesne lata 1900

Pierwsza wojna światowa była pierwszą główną, współczesną wojną pomiędzy grupą Zielonych Smoków Anunnaków a grupą Drakonian, Reptilian, Zeta i Czerwonych Smoków o podbój głównych lokalizacji linii ley, które wreszcie pozwoliłyby im na połączenie tunelu czasoprzestrzennego Sokół do Równoległej Ziemi.[121]

Aż do początku lat 30-tych Anunnaki dokonali znaczącego postępu w swoim dążeniu do globalnej dominacji nad Ludźmi i grupą Drakonian. GA oznajmia:

> Rasa Uśpionych hybryd Iluminatów Anunnaków, linie rodzin Rycerzy Templariuszy, Masonerii, Hyksosów oraz spokrewnione z nimi ugrupowania zanurzone w określonych, naciąganych orientacjach „religijnych" byli u władzy, każda z nich służyła do zarządzania dużymi, niczego nie podejrzewającymi, amnezyjnymi (w wyniku mutacji DNA), poddanymi indoktrynacji kolektywami ludzkich populacji (s. 356-7).[121]

Jednakże do tego czasu większość zarówno Anunnaków, jak i Drakonian-Reptilian Iluminatów oraz ich urzędników, Uśpionych z Wewnętrznego Rządu, przystąpiło do traktatów Zeta-Czerwonych Smoków, aby oprzeć się Jednemu Światowemu Porządkowi Zielonych Smoków-Anunnaków. Obecny ruch UFO wyłonił się z tych negocjacji. Żeby przeciwdziałać wpywom grupy Czerwonych Smoków, grupa Jezusowa zwiększyła kontakt channelingowy ze swoimi wybranymi.[121]

Druga wojna światowa

Druga wojna światowa została wszczęta przez agendę Jednego Światowego Porządku Drakonian-Reptilian. Zeta Rigelianie oraz wewnętrzny krąg Masonerii Drakonian Illuminatów wspomagał i sfinansował dojście Hitlera do władzy, dając mu dodatkowo technologie UFO. W zamian Hitler miał tylko dokonać eksterminacji szczepów Anielskich i Orafim Ludzi-Hibiru, pozostawiając nietknięte szczepy Lewiatan Drakonian-Habiru.

Aby wyjaśnić wspomniane już wcześniej wzmianki w części rozdziału 7-go pt: „Jeden Światowy Porządek", należy dodać, że po wyrażeniu nienawiści Hitlera do Żydów, do gry wkroczyli Nekromitoni-Andromi, żeby utrzymać Zeta „na swoim miejscu". Hitler również chciał z nimi współpracować, aby otrzymać „metafizyczną wiedzę Templaru, która pozwoliłaby Nazistom na odkopanie określonych >>drogocennych reliktów<< z Wyprawy po Graala ze starożytnych czasów", oznajmia GA (s. 364).[121] Pazerny związek Hitlera z Nekromitonami-Andromi rozłościł Zeta, ponieważ jego ludobójstwo Żydów rozszerzyło się na rodziny Lewiatan. Zeta wycofali swoje poparcie dla niego i rozniecili wojnę, tym razem skupiając się na lokalizacjach, gdzie żyła rasa Iluminatów Nekromitonów-Andromi, kontynuując swoją napaść na rodziny Anielskich i Orafim Ludzi-Hibiru. Hitler, jego bliski krąg przywodców nazistów oraz ich równie nieludzcy przywódcy obcych dokonali na Ludziach najbardziej skrajnych podłości.

Armia Związku Radzieckiego znacząco osłabiła żołnierzy nazistów w Bitwie pod Stalingradem. Bitwa ta była wojną samą w sobie, jedną z najbardziej krwawych i brutalnych bitew odnotowanych w historii, zabito i zraniono blisko dwa miliony personelu wojskowego i ludności cywilnej łącznie, pomiędzy sierpniem 1942 roku a lutym 1943 roku.[315] Sowieci wygrali bitwę, ale tak naprawdę nie byli bohaterami, ponieważ przed drugą wojną światową prowadzili podobne do nazistów obozy niewoli. Po pierwszej wojnie światowej wzrastał w Niemczech antysemityzm, ponieważ Żydzi mieli znaczny udział i rolę w europejskich komunistycznych i socjalistycznych partiach rewolucyjnych, włączając w to ekstremistów, rosyjskich bolszewików, którzy stworzyli setki śmiertelnych obozów – gułagów.[316]

Eksperyment Filadelfia i Szczyt Magnetyczny

W 1943 roku, w serii eksperymentów zbiorowo zwanych Eksperymentem Filadelfia, urzędnicy Wewnętrznego Rządu Stanów Zjednoczonych i naukowcy przetestowali wojskową technologię maskowania, ofiarowaną im przez Zeta Rigelian, pod pretekstem, że pomoże im to w wygraniu drugiej wojny światowej. Ludzie powszechnie wierzą w historię twierdzącą, że technologia wytworzyła rozdarcie w czasie lub zakrzywienie czasoprzestrzeni oraz środki do podróży w czasie; jednak są to fantastyczne twierdzenia wymagające głębszej analizy.

Jeden z eksperymentów odbył się rozmyślnie w dniu magnetycznego szczytu Ziemi, 12 sierpnia 1943 roku, który był „czasem szczytu magnetycznego przyciągania wewnątrz subtelnych ciał energetycznych Ziemi", który powoduje zwiększone mieszanie wymiarowe, oznajmia GA (s. 139).[121] ATI,TPE ujawnia, że ten konkretny eksperyment otworzył jego podmioty na istniejące już zakrzywienie czasoprzestrzeni, które po tym dniu wytworzyło rozdarcie w czasie, lub wyrwę w paśmie czasu wymiarowego. Żeby dokonać zakrzywienia czasoprzestrzeni, „rasy Zeta Rigelian >>znalazły słabe punkty<< (otwarcia elektromagnetyczne) w NET, umożliwiając im stworzenie >>drzwi<< do koordynatów naszej czasoprzestrzeni", mówi GA (s. 350).[121]

Zakrzywienie czasoprzestrzeni zmanipulowało magnetyczne pole merkaba Ziemi, co również wpłynęło na Słońce, dając dostęp do pasma czasu trzeciego wymiaru, z pozycji naszego wymiaru 2,5, oświadcza ATI,TPE. Byty mogą dostać się do pasm czasu wyższych wymiarów mieszając biorytm oraz przyciąganie magnetyczne Ziemi z szybszą pulsacją cząsteczkową wyższego wymiaru. Technicznie rzecz biorąc, nie jest to przyszłość; podróż w czasie do przyszłości jest niemożliwa, ponieważ przyszłość jeszcze nie istnieje. (Zgodnie z tym podróż w czasie do przeszłości jest niemożliwa, ponieważ przeszłe wydarzeniach już nie istnieją, lecz ich resztki i mechanika może być poznana). Celem Zeta było przemieszczenie tak dużej części Ziemi, jak tylko mogli, przy użyciu sztucznie wytworzonej zewnętrznej merkaby, która mogła magnetycznie przyciągnąć Ziemię do nienaturalnej przestrzeni wyższeszgo wymiaru, odpychając jej naturalne połączenie z Tarą i pozwalając na napływ statków kosmicznych Zeta i Drako.

Zakrzywienie czasoprzestrzeni spowodowało, że płomienie słoneczne zniszczyły powierzchnię Ziemi. Niemniej jednak Ziemia oraz jej pomocnicy z KRH byli w stanie szybko naprawić rozdarcie w materiale jej czasoprzestrzeni i odzyskać jej naturalne położenie i energię, oznajmia ATI,TPE. Jest to dobra wiadomość, ponieważ Zeta chcieli podłączyć rozdarcie w czasie do tunelu czasoprzestrzennego Sokół, łączącego się z Równoległą Ziemią.

Ważne jest, aby wiedzieć, że Eksperyment Filadelfia nie spowodował bezpośredniego zakrzywienia czasoprzestrzeni czy rozdarcia w czasie, ponieważ taka informacja sprowadza nas do rzeczywistości z sensacyjnego snu, który może sobie wyobrażać jakiekolwiek prawdopodobieństwo, będące wynikiem naszego zaangażowania w obcą technologię. Na przykład zwykłe urządzenie do maskowania w pojedynczej lokalizacji nie zaburza pasma czasu ani pola merkaba Ziemi. Kiedy wierzymy w wielkie, wymyślone twierdzenia, takie jak religijne postrzeganie Boga, który może uczynić co zechce, tracimy wówczas naszą stabilność i poczucie faktycznej natury, której doświadczamy. Możemy nauczyć się dyskredytować to, co rzeczywiste i prawdziwe, na rzecz snu, który nas usypia.

Eksperyment Filadelfia miał miejsce w laboratorium, na statku marynarki wojennej *U.S.S Eldridge* w Filadelfii, w Pensylwanii, a jego personel został zmanipulowany podczas tego procesu. ATI,TPE potwierdza, że technologia maskowania była częścią Eksperymentu Filadelfia, ponadto Eksperyment Filadelfia obejmował również podłączenie jego lokalizacji do sieci implantów fantomowych pylonów. Inną częścią Eksperymentu Filadelfia było dosłowne eksperymentowanie na podmiotach ludzkich.

Za pośrednictwem Eksperymentu Filadelfia zespół Zeta wszczepił Ludziom obcą technologię, w celu kontroli umysłu. Co było jeszcze bardziej przerażające, to fakt, że Zeta wykorzystali zakrzywienie czasoprzestrzeni do porywania Ludzi, celem zebrania plonu w postaci ich ciał. Relacje tych, którzy przetrwali Eksperyment Filadelfia, były pod silnym wpływem wszczepionych myśli, dając fałszywe wspomnienia, przemieszane z odrobiną prawdy. Wszczepione myśli upiększają i otaczają tajemnicą te wydarzenia, aby stworzyć zaintrygowanych naśladowców, co niestety kusi większość Ludzi, którzy aprobują sensacje, a nie fakty w swoich wierzeniach, rozrywce czy zainteresowaniach.

Oficer *U.S.S Eldridge*, Al Bielek, mówi, że cały statek został wysłany 40 lat w przyszłość i później ponownie z powrotem, poprzez upłynnienie w procesie dematerializacji i ponownej materializacji. Oświadcza on, że jego wspomnienia wróciły do niego, kiedy w 1988 roku obejrzał film pt: „Eksperyment Filadelfia", którego twórcom opowiedziano tę samą historię. Daje on pozornie wyraźne wspomnienie o tym, rozmawiając z przyjacielem, który był o 40 lat starszy, widzącym futurystyczne technologie, powszechne w roku 1983, oraz widzącym, jak zaprzyjaźnieni członkowie załogi giną w okropny sposób, ponieważ proces materializacji nie powiódł się. Godna uwagi była historia o tym, że widział, jak dwaj oficerowie rozpadają się po wyskoczeniu za burtę statku, lecz on i jego brat, inny oficer marynarki, również wyskoczyli za burtę i jakoś nie zostali skrzywdzeni.[317]

W odpowiedzi na moje pytania dotyczące twierdzeń Bieleka, ATI,TPE wyjaśnia:

> Manipulacyjne byty oraz częściowo opętani ludzcy naukowcy w swoich eksperymentach kierowanych ich agendą wykorzystali ludzkie podmioty do zebrania większej ilości ludzkiej esencji, dla konsumpcji przez nich ich energii oraz ich kompozycji. Alowi Bielekowi oraz innym uczestnkom eksperymentu zostały wszczepione wspomnienia wypartych niegdyś i wybranych istot ludzkich z przeszłych i obecnych nieudanych prób. Przetransportowanie tych istot poza pasmo obecnego czasu, podczas gdy ich dwu i pół wymiarowa esencja ciała i DNA nie mogła znieść pofragmentowanych zmian i podróży w ich obecnym stanie, doprowadziły do kolejnej nieudanej próby.

Nie osiągnęli oni stanu płynności, gdyż nie było to przykładem faktycznego przeobrażenia i umieszczenia we właściwym składzie esencji, aby osiągnąć agendę negatywnego bytu. Stracili oni swoją esencję podczas trwania eksperymentu bądź zostali zniekształceni substancją radioaktywną, która zagroziła ich bieżącemu życiu oraz tym wokół nich.

Eksperyment w ich rzeczywistości został przeprowadzony w laboratorium i od początku do końca nie wyszedł poza to labolatorium. Eksperyment ten, w celu osiągnięcia swojego nikczemnego celu, wykorzystywał obcą technologię i manipulacje ludzkich podmiotów oraz naukowców.

Al Bielek i jego brat zostali wybrani do uczestniczenia w eksperymencie, z destrukcyjnymi obrazami wszczepionymi w pamięć Ala, aby dostarczyć masom wiarygodne i kierowane agendą wyobrażenia. Jego brat nie stracił życia podczas eksperymentu, ale tak samo jak inni został zabrany przez oszukańczych i kontrolowanych naukowców do innego nieujawnionego miejsca.

GA mówi, że dwa tunele czasoprzestrzenne z Atlantydy mogą zostać wskrzeszone podczas naturalnych szczytów magnetycznych, które mają miejsce w chwilowych odstępach, zatem Zeta skorzystali z okazji w 1943 roku, żeby siłą otworzyć tunel czasoprzestrzenny Sokoła. W ostatnich 100 latach biorytmiczne szczyty magnetyczne Ziemi miały miejsce 12 sierpnia w 1943 r., 1983 r. i 2003 r.[121] Szczyty magnetyczne zgrywają się również ze ścieżką orbitalną Ziemi, poprzez zliniowanie galaktycznej różdżki Słońca z centrum galaktyki Równoległej Drogi Mlecznej.[318] Różdżka jest integralną kolumną częstotliwości wirującej i krążącej energii, na płaszczyźnie poziomej ciała niebieskiego (w części pt: „Mieszanie wymiarowe 2012").

W obrębie czasu Eksperymentu Filadelfia, wielu diabelskich 9-wymiarowych Nekromitonów-Andromi z drużyny Archanioła Michała przybyło poprzez tunel czasoprzestrzenny Sokoła, nie byli oni zainteresowani zachowaniem powierzchni Ziemi, ponieważ ich podstawowe szczepy genetyczne nie są w stanie podtrzymać życia na Ziemi. Zainteresowani byli Korytarzami Amenti Ziemi. Ustawili swój podziemny obóz, zbudowali bazy siłowe i wyczekiwali na konflikt pomiędzy grupą Drakonian-Reptilian a Anunnakami tak, aby mogli dokonać podboju zwycięzcy.[121]

Poza rywalizacją między tymi frakcjami obcych podczas drugiej wojny światowej, koalicja Nekromitonów-Andromi przez lata 50-te śmiało skontaktowała się z międzynarodowymi Illuminatami Zeta Rigelian-Drakonian i nawrócili ich na swoją podziemną agendę. Te rasy konstelacji Andromedy dogadały się także z Jechowiańskimi Anunnakami, którzy generalnie są ich sprzymierzeńcami.

Aktywacja tunelu czasoprzestrzennego Sokół przez wzmocnioną grupę Nekromitonów-Andromi-Iluminatów, wraz ze sztuczną, zewnętrzną merkabą umieszczoną w pobliżu Słońca (oświadcza ATI,TPE), spowodowała uszkodzenie Słońca, co według GA, ziemscy naukowcy odnotowali w latach 1952 i 1968. Drużyna KRH stworzyła „Zagrodę Częstotliwości 11:11/12:12 z 1972 roku", żeby zamknąć Ziemię w kulistym paśmie energii jako uszczelnieniem, aby uchronić ją przed wybuchem promieni gamma ze Słońca, które mogłyby zniszczyć populację Ziemi do roku 1974 (s. 134).[121] Żeby stworzyć tę Zagrodę Częstotliwości, usunęli oni pierwsze 11 tonów podstawowych oraz częstotliwości harmonicznych czwartego wymiaru z pola morfogenicznego Ziemi, co pozwoliło Ziemi na połączenie z 12-wymiarowym tonem podstawowym i częstotliwością harmoniczną. Wtedy to drużyna KRH do połowy roku 1994 ponownie zliniowała pola merkaba Słońca – po to, aby z początkiem roku 1996 usunąć swoją Zagrodę Częstotliwości, co dałoby Ziemi wystarczającą ilość czasu, żeby powrócić do normalności i uzyskać naturalne częstotliwości do CAG.

Podniesienie się Feniksa

Używając sieci tunelu czasoprzestrzennego Sokół, grupa Drakonian usiłowała przejąć kontrolę nad cenioną własnością Anunnaków: Wielką Piramidą w Gizie. Lucyferiańscy Anunnaki, którzy obejmują Plejadiańskich Samjase, ustawili się z Nibiriańskimi Enlil-Reptilian Anunnaki, żeby postarać się zapobiec przejęciu zasobów Anunnaków przez Drakonian i częściowo im się to udało. Transmitowali oni jednocześnie podprzestrzenne skalarne pulsy dźwiękowe z Fantomowej Tary i Piołuna, do ich Siatki Nibiriańskich Kryształów Diodycznych (oryginalny angielski Nibiruian Diodic Crystal, skrót NDC – przyp. tłum.) w Stonehenge, w Anglii. Siatka NDC jest częścią „głównego, międzygwiezdnego systemu Komunikacji Foto-dźwiękowych Ziemi, Siecią Nibiriańskiej Kryształowej Świątyni", kontrolowanej przy pomocy sztucznej technologii pola NET (s. 355).[121]

Piołun odnosi się do statku wojennego, sztucznie stworzonego przez Nibiriańskich Anunnaków, istniejącego na kontr-orbicie planety Nibiru, w naszym fantomowym układzie słonecznym. Pierwotnie był on częścią planety Maldak. Piołun został wciągnięty na orbitę Nibiru i został wykorzystany do ustabilizowania jego dziwnie długiej, eliptycznej orbity wokół Fantomowego Słońca, pozwalając Nibiru na rozwinięcie się poza układ słoneczny do dalszych lokalizacji w fantomowym 4-tym wymiarze. Nibiru działa teraz jako stacja pośrednia dla Anunnaków z fantomowego HU-2. Jako fantomowa planeta nie może ona fizycznie zderzyć się z Ziemią podczas swojej drogi powrotnej po orbicie, ale jej bliska obecność miałaby znaczący wpływ energetyczny.[290]

Żeby ustabilizować orbitę Nibiru-Piołuna na przeciwległej kontrorbicie, zostały umieszczone dwa fantomowe księżyce. Część Chirona stała się księżycem Klarion'em, który przychodzi i odchodzi z naszego układu słonecznego i Wesadeka. Inna część Chirona stała się księżycem Maitreya, który usytuowany jest na kontr-orbicie do księżyca Klariona, po drugiej stronie Fantomowego Słońca. Maitreya wchodzi do fantomowego, równoległego układu słonecznego. Obydwa te księżyce zamieszkałe są przez natrętnych obcych, którzy są na scenie duchowej i religijnej jako nasi anielscy przewodnicy.[319]

Pulsy fotodźwiękowe rozprzestrzeniły się po sztucznie stworzonej sieci na Ziemi, a następnie aktywowały tunel czasoprzestrzenny Feniks, bezpośrednio na południe od tunelu czasoprzestrzennego Sokół należącego do Zeta. W 1976 roku grupa Tota-Enkiego, wraz z Galaktyczną Federacją Światła, pomogły grupom związanym z tymi tunelami czasoprzestrzennymi.[121]

Aktywacja tunelu czasoprzestrzennego Feniks, wraz ze swoją nawałnicą zniszczenia, jest tym, co Galaktyczna Federacja Światła podstępnie gloryfikuje jako „Podniesienie się Feniksa". W 2010 roku Archanioł Michał powiedział przez kanał Elanthra: „Podniesienie się Feniksa jest symbolicznym Odrodzeniem i Regeneracją, a wielu z was Odradza się i doświadcza nowych Początków".[320] Część rozdziału 7-go pt.: „Archanioł Michał" ujawnia, jak Michał przyznaje, że jest dowódcą Feniksa.

1980-1983

Na początku lat 80, z powodu Zeta Rigelian, zrobił się bałagan. Zeta, obawiając się wzrastającej obecności Anunnaków, zwrócili się z prośbą do przychylnych sił we frakcjach Nekromitonów-Andromi. Zawarli oni układ tworząc „Koalicję Andromi-Rigelian; >>przyjaznych wrogów<<", aby przeforsować agendę tunelu czasoprzestrzennego Sokół (s. 376).[121]

Niektórzy Nekromitoni-Andromi nie popierali tego sojuszu, ponieważ faworyzowali oni Jechowiańskich Anunnaków. Również niektóre ugrupowania Drakonian-Reptilian, które były częścią agendy, nie popierały koalicji i wyłamały się, żeby pozostać przy Czerwonych Smokach. Rozdział w grupie Nekromitonów-Andromi odbił się echem w globalnych strukturach politycznych Ziemi w tym czasie, zauważalnie podwyższając napięcie pomiędzy Stanami Zjednoczonymi a Związkiem Radzieckim, w czymś, co znane jest jako zimna wojna.

Montauk oraz Projekty Strefy Pomostowej

Nowoutworzona koalicja pomiędzy Zeta-Drakonian a niektórymi

Nekromitonami-Andromi kierowała Projektem Montauk (czyt. Montok – przyp. tłum.) z 1983 roku, obejmującym szczyt magnetyczny. Projekt Montauk na wyspie Long Island, w stanie Nowy Jork, był w zasadzie kontynuacją Projektu Filadelfia, odpowiadał za eksperymenty kontroli umysłu, torturowanie i ludzkie wzięcia, głównie dla genetycznej hybrydyzacji. Na dodatek, rasy najeźdzców chciały dokonać kolejnego rozdarcia w czasie, ale ich starania nie powiodły się, informuje ATI,TPE.

Drużynie Zeta-Drakonian udało się sczepienie tunelu czasoprzestrzennego Sokół i „skierowanie głównego kanału do terytoriow Nekromitonów Andromi Alfa-Omega Centauri, w sąsiednim Fantomowym Matriksie Czasu", oznajmia GA (s. 378).[121] Tunel czasoprzestrzenny łączy się z ich siecią implantów pylonów, który podłączyli do Montauk, a poprzednio do lokalizacji Eksperymentu Filadelfia.

Ze zwiększonym dostępem do naszej Ziemi, większość najeźdźców Nekromitonów-Andromi chciała kontrolować Iluminatów lub zniszczyć ich, jeśliby odmówili przyłączenia się do ich grupy, więc grupa Zeta chciała wyrwać się spod ich ucisku. Zeta-Reptilianie-Drakoni wysłali duże floty na terytoria HU-2 i HU-3, otaczające Tarę i Gaję, aby chronić swoją agendę Jednego Światowego Porządku. Wynikiem tego była większa ilość wojen z Anunnakami i grupą Jezusową w tych gęstościach.[121]

GA rozpoczęło oferowanie kontraktów amnestyjnych tym bytom, które miały się na baczności przed tym konfliktem i nie chciały angażować się w jego nasilanie. Wiele z nich przyjęło amnestię, w szczególności Jechowiańscy Anunnaki powiązani z Enochem.

W 1984 roku drużyna KRH wystartowała z Projektem Strefy Pomostowej, żeby udaremnić plan Zeta-Drako dążący do przywrócenia silniejszej zagrody częstotliwości w roku 2003. Ta zagroda częstotliwości zdziesiątkowałaby populację Ziemi, ponieważ spowodowałaby straszliwe przebiegunowanie podczas CAG, co wyjaśnię w części pt.: „Mieszanie wymiarowe 2012".

Tak oto Liga Opiekunów (ang. skrót GA) wyjaśnia Projekt Strefy Pomostowej:

> Skoro Opiekunowie nie mogli usunąć oporu Drako-Zeta z drogi zamierzonej ewolucji Ziemi, zamiast tego mieli usunąć Ziemię z drogi oporu Drako-Zeta. Opiekunowie mieli skonstruować sztuczne kontinuum czasu pomiędzy Trzecim i Czwartym wymiarem, w które Ziemia mogłaby przejść w 2017 roku (s. 144).[121]

GA tłumaczy w książce pt.: „Podróżnicy II", jak Projekt Strefy Pomostowej miałby zostać ukończony. W zasadzie wyjaśnia ona, że wiele ras Orafim z rozszerzoną aktywacją DNA miałaby masowo narodzić się na Ziemi przed CAG, który dałby określone częstotliwości, aby umożliwić Ziemi przesunięcie wymiarowe. Na dodatek GA mówi, że projekt ten wymagał, aby Ludzie „w pełni zmontowali poziom 4,5 nici DNA, zaś minimum 8% z nich miałoby zmontować piątą nić DNA" (s. 144-145).[121]

Ludzie Orafim mają przydomek „Indygo", ponieważ ich DNA, odpowiadające częstotliwości szóstego wymiaru o kolorze indygo, powinno być aktywowane. Jednak każda nić DNA, wyższa od konfiguracji naszej podwójnej helisy, obejmuje odcisk energetyczny tych nici w naszym ciele, a ten odcisk pomaga umożliwić czyjeś energetyczne zliniowanie. Jak wyjaśniam w części rozdziału 9-go pt.: „DNA", ludzkie ciało, dotknięte przez pieczęci i pola NET, nie może obecnie zmontować więcej niż dwie pełne nici DNA, co jest faktem naukowym. W najlepszym przypadku jakakolwiek wyższa nić DNA w naszym większym wzorcu ludzkiego DNA zostaje częściowo aktywowana.

ATI,TPE oświadcza, że Żywiciel Krysthal Rzeki (ang. skrót KRH) zaaranżował Projekt Strefy Pomostowej i obejmuje on istoty spoza Ziemi, dostarczając zaawansowanej biologii, aby się jej powiodło. W zakłopotanie wprawia mnie to, dlaczego GA miałoby twierdzić, że Ludzie posiadają większe zdolności genetyczne, aniżeli faktycznie mamy, chociaż nierozerwalnie zawieramy w sobie wieczny wzorzec. Wnioskuję, iż ich wierzenie jedności celowo wpływa na niektóre z ich opowiadań dla nas, zespalając ze sobą i asymilując wiele bytów w jeden.

W każdym razie nasza Ziemia potrzebowała wejść do wymiaru 3,5, gdzie zostało skonstruowane kontinuum czasowe Strefy Pomostowej, z dala od przeszkód upadłych obcych. Przesunięcie wiązałoby się ze zwiększonym wirowaniem oraz zmienionym momentem kątowym. Był to szczytny cel, jednak drużyna KRH starała się go osiągnąć.

Traktaty Plejadiańsko-Syriańskich Anunnaków

W 1992 roku duże kolektywy Anunnaków podpisały traktaty pokojowe z GA, obwaiając się przejęcia przez Drakonian i Czerwone Smoki podczas CAG, planowanego na lata 2000-2017. Drakoni użyli już swojego tunelu czasoprzestrzennego Sokół i systemu APIN do rozpoczęcia ataku i przejęcia kontroli nad Siatką NDC Anunnaków. Koalicji Nekromitonów-Andromi i Zeta-Drakonian udało się wystrzelić wiele głównych pulsów dźwiękowych z bazy na Bermudach do sieci tunelu czasoprzestrzennego Sokół. Wynikiem tego była największa we współczesnej historii naturalna katastrofa Huragan Andrew, który uderzył we Florydę w sierpniu 1992 roku. Nagle, pewni siebie Anunnaki byli chętni do przystąpienia do negocjacji z GA.

W traktatach tych Anunnaki, wraz częścią Galaktycznych Federacji

Światła i Dowództwa Asztar, obiecali przestrzegać kontraktów Szmaragdowego Przymierza, rozłączyć swoją sieć Siatki NDC oraz zwolnić swoją władzę nad planetarnymi gwiezdnymi wrotami-4, które łączą się z kilkoma uniwersalnymi gwiezdnymi wrotami, zwłaszcza galaktycznymi gwiezdnymi wrotami-4. W zamian za to GA miało zablokować dalszą infiltrację Nekromitonów-Andromi i Zeta-Drakonian oraz pracować nad zaczopowaniem ich tuneli czasoprzestrzennych.

To pseudopartnerstwo osiągnięte przez GA było arcyważne, ponieważ Anunnaki-Galaktyczna Federacja Światła zamierzali wzmocnić fałszywą mechanikę merkaby oraz technologię pulsów skalarnych poprzez Siatkę NDC, żeby dalej aktywować populacje religijne i Uśpionych, a także Ziemię ogółem.[121]

Z drugiej zaś strony, od czasu jego utworzenia, Szmaragdowe Przymierze stało się religijnie zmotywowane przez GA i MCEO, żeby zapewnić, że agenda Prawa Jednego, która nie obejmuje mechaniki wiecznej kreacji i kieruje kreacje do wybranych matriksów MCEO-GA, czasami może, a czasami nie może zawierać mniej fantomowej energii-materii niż ich przeciwnicy (w rozdziale 10-tym).

Doprowadzone do Cyklu Aktywacji Gwiezdnej

W latach od 1992 do 1994 Liga Opiekunów, teraz z dostępem do Siatki NDC, wyłączyła system APIN Eksperymentu Montauk-Filadelfia i umieściła tymczasową zaślepkę na tunelu czasoprzestrzennym Sokół z pomocą nowego ugrupowania Anunnaków-Galaktycznej Federacji Światła, która przystała na kontrakty Szmaragdowego Przymierza. Kontrakty te umożliwiły MCEO-GA osiągnięcie współpracy z wieloma rasami Illuminatów, aż do roku 1998.[121]

W czerwcu 1998 roku wszyscy Anunnaki wystąpili z traktatów z GA, za wyjątkiem Jechowiańskich Anunnaków powiązanych z Enochem. Stało się tak, ponieważ oczywiste było dla ras Anunnaków, że CAG rozpocznie się w roku 2000 i wciąż mieli oni możliwość realizacji swojej agendy Jednego Światowego Porządku.

Anunnaki odzyskali kontrolę nad Siatką NDC oraz zawarli układ z grupą Zeta-Drakonian i Nekromitonów-Andromi, aby sprzęgnąć Siatkę z ich placówkami Eksperymentu Montauk i Filadelfia. To reaktywowałoby tunele czasoprzestrzenne i wytworzyłoby przebiegunowanie. Ludzie są cenni do utrzymania otwarcia Korytarzy Amenti podczas CAG, więc koalicja ta zaplanowała zniszczenie tylko części z nas.

GA wyjaśnia:

> Program Ludzkiego Ludobójstwa miał zostać natychmiast
> zapoczątkowany, żeby zredukować liczbę populacji ludzkiej tak,

aby można było łatwiej przystąpić do Planu Głównego Jednego Światowego Porządku Illuminatów Anunnaków-Drako (s. 345).

Siły Zeta-Drako Anunnaków zamierzały potajemnie użyć Psychotroniki, żeby „Wyzwolić" określone działania w szeregach swoich „marionetek" Illuminatów w Światowym Rządzie Wewnętrznym, aby wywołać Trzecią Wojnę Światową pośród ludzkich narodów. Redukcja określonych populacji ludzkich oraz Dzieci Indygo na Ziemi była częścią ich większego planu infiltracji i fizycznej inwazji Ziemi (s. 347).[121]

Koalicja ta rozpoczęła kolejną misję „Polowania na Dzieci Indygo", astralnego znakowania i przejęcia więzi-DNA (s. 384).[121] Nauki New Age, które dały do pewnego stopnia uczciwe i pomocne przesłania podczas kilku lat traktaótw Plejadiańsko-Syriańskich, znowu się zmieniły, forsując Metatroniczne technologie. Wiele jednostek dokonujących channelingów zostało również astralnie naznaczonych dla szybszego dostępu do nich.

Żywiciel Krysthal Rzeki oraz jego stowarzyszenia zareagowali, pomagając przyspieszyć naturalne przebudzenie populacji Indygo na Ziemi. Zebrali oni również załogę pracowników siatki planetarnej Indygo, którzy wysyłaliby określone częstotliwości do planety, aby przeciwdziałać częstotliwościom wysyłanym przez fantomowe byty.

Dodatkowo Liga Opiekunów zaczęła tłumaczyć i dzielić się danymi z Płyt CDT (oryginalna angielska nazwa Cloister-Dora-Teura) Szmaragdowego Przymierza za pośrednictwem Ashayany, wynikiem czego były książki pt: „Podróżnicy". Płyty te przekazują połączenie dokładnych informacji z błędnymi informacjami historycznymi i „duchowej-nauki" od ras Założycieli dla wszystkich zasiewów Ludzkich (s. 398).[121] Podczas gdy Płyty przedstawiają niekorzystną informację, spreparowaną do religijnie zmotywowanej agendy, mogą one jednocześnie służyć do otwarcia dialogu, wnikliwości oraz intuicyjnej pamięci większego obrazu Ziemi.

W roku 1999 GA usiłowała namowić Anunnaków, aby powrócili do Szmaragdowego Przymierza. Podczas tego wrażliwego okresu czasu został zapisany cały pierwszy tom książki pt: „Podróżnicy" oraz niepoprawione pierwsze wydanie drugiego tomu „Podróżnicy", dlatego niektóre historie oraz zaangażowanie w nich Anunnaków, włączając w to Yahshua-Michała, zostały pominięte bądź pozostały neutralne. Tak czy inaczej, GA kontynuowała omijanie znaczących informacji o Yahshua, co pokazałam w rozdziale 5-tym.

Początek Cyklu Aktywacji Gwiezdnej

W dniu 1 stycznia 2000 roku nasza Ziemia ugruntowała w swoim templarze

12-wymiarową częstotliwość Galaktyki-2 i rozpoczęła Cykl Aktywacji Gwiezdnej. Według MCEO-GA, po raz pierwszy od 210 000 lat jakakolwiek wersja Ziemi Amenti uzyskała dostęp do 12-wymiarowych częstotliwości.[145] Kiedy rozeszły się wieści o tym wydarzeniu, „ważne osobistości" 11-to i 10-wymiarowych Annu Elohim i Serafim wkroczyły, aby popsuć polepszenie się sytuacji Ziemi i wypełnić swoją misję z poprzedniego CAG z roku 22 326 p.n.e., której celem było zniszczenie Ludzkości (s. 253).[121]

5-go maja 2000 roku rozpoczął się proces Aktywacji Słonecznej, co transmitowało ku Ziemi częstotliwość 4-go wymiaru w spiralnej energii.[177] Pola merkaba niższych wymiarów sprzęgają się jako wypaczony wzorzec tych wymiarów w rdzeniu Słońca tak, aby otrzymały pewną ilość energii słonecznej, oznajmia ATI,TPE. Cykl Aktywacji Gwiezdnej oraz proces Aktywacji Słonecznej rozpoczęły się i wprawiły w ruch cykl otwarcia gwiezdnych wrót Amenti. Elektryczne częstotliwości harmoniczne Ziemi zaczęły łączyć się z magnetyczną podstawą antycząsteczek Równoległej Tary, powodując że 2,5-wymiarowa podstawa i częstotliwości harmoniczne Ziemi zwiększyły pulsację cząsteczkową zbliżoną do pulsacji Równoległej Tary, oznajmia ATI,TPE. Aktywacja Słoneczna zakończyła się w czerwcu 2004 roku; pomogła ona w zapoczątkowaniu przebudzenia świadomości na naszej planecie.[121]

Traktat z Altair

W dniu 5 lipca 2000 roku rozmaite byty Anunnaków i Galaktycznej Federacji Światła z niechęcią ponownie przystąpiły do porozumień amnestyjnych z GA, żeby zabezpieczyć sobie ochronę, z powodu ich dużych strat doznanych od sił Drakonian-Reptilian w rozwijających się wojnach w Orionie HU-3. Porozumienia te zalegalizowane zostały jako Traktat z Altair (czyt. Altar – przyp. tłum.). Jako część tego traktatu, Anunnaki musieli odłączyć swoją technologię „szachownicy" do przemieszczania planetarnego templaru i przekazać swoją Siatkę NDC wraz z bazami, żeby zapobiec planowanemu przebiegunowaniu.[121]

W dniu 12 września 2000 roku, tuż przed ostatecznym przekazaniem technologii oraz ich baz, Anunnaki zdradzili. Bytom Nekromitoni-Andromi oraz Alfa-Omega Centauri udało się przekonać siły Drakonian i Anunnaków, żeby utworzyć połączony kolektyw Zjednoczonego Ruchu Oporu Intruzów (oryginalny angielski United Intruder Resistance, skrót UIR – przyp. tłum.), aby zapewnić wypełnienie się ich wspólnej agendy Jednego Światowego Porządku.

UIR postawił rasom KRH ultimatum, na mocy którego mogli oni ewakuować 50 000 Dzieci Indygo Maji, lecz pozostawić resztę ludzi dla agendy UIR. Drużyna KRH odrzuciła to, więc UIR oficjalnie wypowiedział wojnę.[121]

W październiku 2000 roku UIR zaczął inicjację planetarnej machiny Metatronicznej Bestii, aby przebiegunowanie nastąpiło pomiędzy rokiem 2003 a 2008.[177] Bestia aktywowała APIN placówki Projektu Montauk i przyspieszyła transmisję pulsu skalarnego, psychotroniczne działania wojenne oraz Trzecią Wojnę Światową. Aby przeciwdziałać temu straszliwemu planowi, KRH oraz ich sprzymierzeńcy „wcielają w życie Zarządzenie Bezpośredniego Kryzysu w październiku 2000 roku", uruchamiając przyspieszony harmonogram otwarcia dla Korytarzy Amenti oraz wcześniejszej aktywacji połączeń częstotliwości Korytarzy Amorea z Ziemią, obejmujący galaktyczne gwiezdne wrota-6 i 12-ty wymiar Galaktyki-2, w maju 2001 roku (s. 538).[121] Proces ten zauważalnie szybko podniósł lub przebudził Ziemię oraz wielu jej ludzi, zanim prawdopodobnie przebudzilibyśmy się naturalnie, dopiero podczas CAG.

Agenda Apokalipsy św. Jana Jechowiańskich Anunnaków

Kiedy we wrześniu 2000 roku zawiązała się koalicja UIR, wykorzystała jako swój wzorzec agendę Apokalipsy św. Jana, Jednego Światowego Porządku Jechowiańskich Anunnaków. Ten plan jest nam wyraźnie przedstawiony, byśmy go dostrzegli, w prawdopodobnie najbardziej czczonej książce na świecie, w Biblii.

Liga Opiekunów oświadcza:

> Tak naprawdę, to przypowieść z Apokalipsy św. Jana jest ilustracją, krok po kroku, harmonogramu zamierzonej inwazji Jechowiańskich Anunnaków. Przyczyna, która jest istotna dla szybkiego zbadania „Harmonogramu Objawień", ma związek z elementem „Czterech Jeźdzców Apokalipsy", którzy zostają wypuszczeni na Ziemię, aby rozpocząć dostarczanie „gniewu Boga (Jechowy)", wraz z „otwarciem" pierwszych czterech z „Siedmiu Pieczęci" (s. 414-415).[121]

Ziemia zawiera 12 planetarnych Pieczęci Gwiezdnego Kryształu, które otwierają się kolejno, w miarę otwierania się gwiezdnych wrót podczas CAG. Pieczęci te kierują kątami obrotu wymiarowych pól merkaba Ziemi, aby sprowadzić Ziemię do zliniowania się z Tarą (patrz część „DNA" w rozdziale 9-tym). W czasach Atlantydy Jechowiańscy Anunnaki utworzyli siedem nienaturalnych pieczęci, które zostały zaprojektowane, aby sukcesywnie rozerwać zazębiające się ze sobą nawzajem tarcze częstotliwości, kiedy otwierają się naturalne pieczęcie. Kiedy aktywowana zostaje Jechowiańska pieczęć, wystrzeliwuje ona do Ziemi częstotliwość, która wytwarza połączenie z tunelem czasoprzestrzennym z miejsca, w którym się znajduje, do tunelu czasoprzestrzennego Feniks.

> Chaotycznie poustawiane, nienaturalne częstotliwości Jechowiańskiej Pieczęci („dżokej" lub „Jeździec") wiążą się z naturalnymi częstotliwościami, transmitowanymi przez Organiczną Pieczęć Gwiezdnego Kryształu („Konia"). Częstotliwość „jeźdźca" po cichu porusza się wraz z naturalnym prądem częstotliwości do systemu Aksjotonalnego i Linii Ley (ALL), odpowiadającego Organicznej Pieczęci, odwracając stopniowo naturalny Obrót-Kątowy-Wirowania-Czasteczkowego... wewnątrz czestotliwosci energii elektromagnetycznej, przemieszczając się poprzez system ALL (s. 428).[121]

Jechowiańscy Anunnaki tak zaprojektowali pieczęci, że pierwsze trzy z nich nie miały rozpocząć rozrywania Ziemi. Czwarta pieczęć, Śmierć – jako Jeździec – miała rozpocząć destrukcję.

Przy szóstej pieczęci, Biblia oświadcza:

> I ujrzałem: gdy otworzył pieczęć szóstą, stało się wielkie trzęsienie ziemi i słońce stało się czarne jak włosienny wór, a cały księżyc stał się jak krew. I gwiazdy spadły z nieba na ziemię, podobnie jak drzewo figowe wstrząsane silnym wiatrem zrzuca na ziemię swe niedojrzałe owoce. Niebo zostało usunięte jak księga, którą się zwija, a każda góra i wyspa z miejsc swych poruszone (Apokalipsa św. Jana 6:12-14).

Wówczas to siódma pieczęć miała uwolnić siedmiu aniołów i siedem trąb. Siedem aniołów odnosi się do siedmiu krystalicznych implantów umieszczonych w Ziemi w czasie, gdy Atlantyda wykorzystywała zewnętrzną mechanikę merkaba podobną do APIN-ów, które sprzęgają Ziemię z Fantomowym Arkturusem. Zaplanowane są one jako serie „wysysających kanałów", poprzez które część energii-materii i populacji Ziemi mogły być przeciągnięte przez tunel czasoprzestrzenny Feniksa do Fantomowego Arkturusa, zaś reszta pól Ziemi mogłaby złączyć się z fantomowymi planetami Nibiru i Tiamat (s. 418).[121]

W czasach biblijnych Jechowiańscy Anunnaki wykorzystali pulsy Trąb w wydarzeniach, takich jak Wieża Babel i zniszczenie Sodomy i Gomory. Trąba jest aparaturą wytwarzającą częstotliwość, wystrzeliwującą podprzestrzenną, falę gromu dźwiękowego, składającą się z mionów (rodziny jednostek partikaj, partikej i partikam poziomu grup Veca – ang. partiki, partika i particum), które dosłownie roztrzaskują wzorzec pola morfogenicznego, na podstawie którego przejawia się materia. Materia fizyczna zamienia się w opary, po których pozostaje tylko popiół. Trąba jest bronią masowego rażenia.

Sojusz Jechowiańskich Anunnaków z Nekromitonami-Andromi i Drakonianami oznaczał, że mogli oni zacząć sprzęgać ze sobą odpowiednie dla nich technologie Bestii, aby zwiększyć ich moc i przezwyciężyć starania KRH. Ich planem było uruchomienie ze sobą nawzajem tuneli czasoprzestrzennych Feniks i Sokół, które z kolei połączone są z fantomowymi APIN i określonymi lokalizacjami na naszej Ziemi. Trąba nadawałaby z fantomowych części Alfa Centauri i Arkturusa.

Silne pulsy Trąby są trudne do kierowania z większą dokładnością, na bardzo duże odległości, tak więc sieć APIN Feniksa w siatce Ziemi musi być podkręcona, aby skierować uderzenie do sieci APIN Montauk-Eksperyment Filadelfia i tunelu czasoprzestrzennego Sokół. Jednakże APIN Montauk nie mógł być w tym czasie w pełni aktywowany, ponieważ w styczniu 2001 roku drużyna KRH przekodowała główną, planetarną linię ley do częstotliwości 12-wymiarowej, kiedy była poprzednio podłączona do Montauk.[121]

Siedmiu „aniołów" zniszczenia jest zakotwionych w tarczach Ziemi, za pośrednictwem siedmiu Jechowiańskich pieczęci. Jechowiańskie pieczęci 1 i 2 zostały aktywowane pod koniec maja 2001 roku, po uwolnieniu Pieczęci Gwiezdnego Kryształu Ziemi 1 i 2. Pieczęcie Gwiezdnego Kryształu uwalniane są naturalnie, kiedy odpowiadające im gwiezdne wrota otwierają się i wytwarzają napływ częstotliwości podczas CAG.[121] Drużyna KRH uchwaliła protokoły awaryjne ochrony templaru, żeby zapobiec aktywacji APIN machiny Bestii UIR. Ich przeciwdziałania oddzieliły zdolne do ascendencji części siatki z części planetarnych, połączonych z Fantomową Ziemią.[177]

Pod koniec 2001 roku Pieczęć Gwiezdnego Kryształu 3 oraz Jechowiańska pieczęć 3 zostały aktywowane. Ashayana wraz z jej zespołem wykonała pracę na siatce planetarnej, celem przekodowania instalacji kontroli centralnej Siatki NDC pod Stonehenge na 12-wymiarową, co miało naruszyć długotrwałe, sztuczne połączenie pomiędzy templarem Ziemi a Nibiru. Stwierdziła ona, że jej misja się powiodła, chociaż połączenie z Równoległą Ziemią wciąż mogło transmitować częstotliwości na Ziemię.[121,260] Jednak ATI,TPE, wyjaśnia, że Ashayanie i jej zespołowi nie powiodły się starania w przekodowaniu instalacji kontroli centralnej Siatki NDC na 12-wymiarową oraz że ich wysiłki nie uszkodziły zupełnie połączenia pomiędzy templarem Ziemi a Nibiru. Niestety, zamiast tego jedna z grup Alfa-Omega, pod przewodnictwem Archanioła Michała, dokonała przekodowania do fantomu. Później grupa Michała przeniosła swoją instalację kontroli NDC pod ich główny kościół w Paryżu, we Francji.

Obawiając się porażki swoich planów, UIR przyspieszył rozpoczęcie swojego, zamierzonego na rok 2003, eksperymentu mieszania wymiarowego i zagrody częstotliwości 2003-2004. Mieszanie wymiarowe miało umożliwić „ich flotom foto-dźwiękowych promienistych-statków (forma pojazdów kosmicznych – przyp. tłum.), ustawienie się na ukrytej pozycji wewnątrz niższych pasm częstotliwości Wymiaru-4 (wiele z nich już się tam znajduje)" (s. 251).[121] UIR oraz Illuminaci ustawili się nad kluczowymi miejscami planetarnego templaru i wzniecili regionalne konflikty, aby lepiej przetestować swoje technologie Eksperymentu Filadelfia, Montauk, a teraz i HAARP; GA oznajmia, że wojna w Bośni oraz ludobójstwo było ich pierwszym eksperymentem. Kiedy są w pełni aktywowane, technologie te mogą wystrzeliwać pulsy skalarne na cały świat, jako zagrodę częstotliwości, która „przejmuje ludzkie wzorce fal mózgowych poprzez bio-neurologiczną blokadę wybranego zakresu częstotliwości, w których naturalne ośrodki percepcyjne mogą być technologicznie zmanipulowane" (s. 252).[121]

Zniszczenie zagrody częstotliwości oraz manipulacja fal mózgowych spowodowałaby wiele paniki, jeszcze bardziej odżywiając wampiryzm UIR oraz BEA-O, lecz zaplanowali oni swoje przybycie jako nasi zbawiciele. W przygotowaniu do tych wydarzeń, gdy wciąż pozostawali w ukryciu, dokonali oni wiarygodnych, holograficznych wstawek religijnych zbawicieli do ludzkiego umysłu, poprzedzonych przez wcześniejsze wystrzały fotodźwiękowe. Jeśli ich agendzie zagrody częstotliwości udałoby się ujarzmienie Ziemi, „inwazyjne floty >>Przybyć miały w Pokoju, jako Rozjemcy<<, twierdząc, że są naszymi starożytnymi Bogami stwórcami oraz krewnymi, którzy interweniowali, >>aby chronić nas przed zniszczeniem siebie samych i planety<<", mówi GA (s. 252).[121] Plan obejmował sformalizowany sojusz z Organizacją Narodów Zjednoczonych, przekazanie im darów zaawansowanej technologii oraz lekarstw na wszystkie choroby (które pierwotnie UIR stworzył), aby do roku 2012 n.e. potajemnie pomóc w przejęciu wrót Amenti, ostatecznie zniszczyć naszą Ziemię przy pomocy katastroficznego przebiegunowania.

Technologia HAARP oznacza – Aktywny Program Badań Zorzy Polarnej przy pomocy Wyższych-częstotliwości (oryginalna angielska nazwa High-frequency Active Aural Research Program – przyp. tłum.). Profesor Michel Chossudovsky, założyciel Centrum Badań nad Globalizacją, tak oto pisze o daleko idących skutkach HAARP:

> Ostatnie badania naukowe sugerują, że HAARP w pełni działa i posiada zdolność do potencjalnego spowodowania powodzi, susz, huraganów i trzęsień ziemi. Z wojskowego punktu widzenia HAARP jest bronią masowej zagłady. Potencjalnie zawiera on w sobie narzędzie podboju, zdolne do wybiórczej destabilizacji

systemów rolniczych i ekologicznych całych regionów.[321]

HAARP pracuje z innymi technologiami wojennymi, takimi jak smugi chemiczne, aby wyzwalać choroby oraz powodować zniszczenie środowiska. (Proponuję, byście dla zdobycia większej wiedzy, dokonali własnego badania smug chemicznych, używając wnikliwego umysłu do sponsorowanych badań naukowych, zaprzeczających ich istnieniu. Myślę, że są one emitowane zarówno przy pomocy dronów, jak też samolotów kierowanych przez człowieka, a cel ich emisji wykracza poza manipulacje pogodą i łagodzenie lub powodowanie susz). Ośrodek HAARP niedaleko Gakon, na Alasce, transmituje wiązki wysokich częstotliwości, które mogą wspomagać masowe lądowanie obcych podczas szczytów magnetycznych, a w szczególności w trakcie szczytu magnetycznego 2003 roku.[121]

Wszystkie instalacje HAARP na Ziemi połączone są z 12-toma podobnymi ośrodkami zbudowanymi przez Zeta na Fantomowej Ziemi. W dniu 12 sierpnia 2001 roku otrzymano na Ziemi pulsy z ośrodków na Fantomowej Ziemi. GA oznajmia, że stacja HAARP na Alasce jest właściwie jedynie przynętą, która tylko transmituje, a nie wytwarza częstotliwości poprzez Ziemię.

Do 3 września 2001 roku drużyna KRH zyskała więcej czasu i dokonała więcej pomyślnych działań, zanim UIR oraz Illuminaci w pełni aktywowali tunel czasoprzestrzenny Montauk-Eksperyment Filadelfia-Sokół i sieć APIN na otwarcie tego dnia planetarnej Pieczęci Gwiezdnego Kryształu 4. (Jechowiańska pieczęć 4 nie mogła być aktywowana, dopóki nie została otwarta Pieczęć Gwiezdnego Kryształu 8). Ziemia wówczas znalazła się w poważnych tarapatach, gdyż UIR zaczął łączyć swoją sieć tuneli czasoprzestrzennych z pulsem Trąby.[121] Popularna przypowieść o (upadłych) aniołach grających na Harfie i Trąbie daje nam wskazówkę o ich instrumentach masowej zagłady. Puls Trąby emituje destrukcyjne i słyszalne dźwięki akustyczne, które różnią się od naturalnych, akustycznych fal dźwiękowych Ziemi, które nie zakłócają spokoju, a czasami są kojące dla jej mieszkańców.

Wydarzenia z 11 września 2001 roku były traumatyczne dla całego świata, zwłaszcza dla Amerykanów. Jest to bardzo wrażliwy temat, o którym jedynie krótko wspomnę dla potrzeb tej książki. GA mówi, że miejsce Światowego Centrum Handlu (oryginalna angielska nazwa World Trade Center – przyp. tłum.) w Nowym Jorku jest kluczową lokalizacją dla negatywnej agendy. Puls Trąby oraz tajni agenci kierowani przez BEA-O zniszczyli wieże. Więcej informacji można znaleźć w książce pt: „Podróżnicy II" oraz innych niezależnych badaniach.

To straszne, że rankiem 11 września tysiące niewinnych żyć zostało straconych. Sprowadza to z powrotem niszczycielską rzeczywistość działań wojennych. Chociaż gniew i wściekłość są właściwymi reakcjami, dokumentalne filmy wideo po upadku wież nagrywały ludzi mówiących, że mordercy nie tylko powinni zostać zabici, ale że Stany Zjednoczone powinny również pójść na wojnę. W takich trudnych sytuacjach proponuję, żeby zatrzymać się na chwilę i pomyśleć, że na Środkowym Wschodzie znajdują się lokalizacje, które są do zdobycia za pomocą działań wojennych. Mściwe deklaracje mogą być tym, czego Wewnętrzny Rząd chce, żeby usprawiedliwić wejście na Środkowy Wschód z innych powodów. Wojna nie jest jedyną opcją; według mnie powinniśmy osiągać nasze zbiorowe samo-umocnienie, świadomość oraz wpływ na naszą własną Ziemię.

W dniu 23 marca 2002 roku byty BEA-O rozpoczęły wczesną aktywację ich technologii Bestii, przy pomocy jedenasto i pół wymiarowej Pieczęci Awalon i zamierzały ukończyć ten proces do elektrycznego szczytu 27 maja 2003 roku, co potem wyjaśnię. Technologie Bestii wymusiły potężne aktywacje merkaba o odwróconym-prądzie, w conajmniej dwóch trzecich siatek Ziemi, które zsynchronizowały je fazowo z Metatronicznym wzorcem. Aktywacja tego wzorca była zaplanowana na 27 maja 2003 roku, lecz jeśli zostałby on wówczas aktywowany, MCEO oznajmia, że nie można byłoby tego powstrzymać z powodu agendy przesunięcia biegunów 2003 roku.[235]

MCEO objaśnia:

> W dniu 23 marca 2002 roku UIR rozpoczął sekwencję finałowej aktywacji Bestii, przywracając do życia ostatnie z Implantów Tarcz „4 Czarnych Serc Metatrona", w pełni zapoczątkowując Kołowrotowy Matriks „Płomienistego Niebieskiego Miecza Archanioła Michała" oraz „Inicjacje Ognistego Miecza". System Implantu Kołowrotowego Matriksu Wesadeka, zwany „Kołowroty Michała-Maryi", jest systemem cyrkulacyjnym machiny Bestii, który systematycznie rozprowadza sztucznie wytworzony Odwrócony Prąd Wymiaru 13 Wesadeków, za pośrednictwem „zliniowania tunelu czasoprzestrzennego Gwiezdnych Wrót 666" (Uniwersalnych Gwiezdnych Wrót 6, w naszym Matriksie Czasu, w Fantomowym Matriksie i Matriksie Wesadeka) przez wszystkie główne, Uniwersalne, Galaktyczne i Planetarne Templary w naszym Wszechświecie Weka.[322]

System Kołowrotowego APIN Michała-Maryi jest zestawem 11-tu technologicznych „kół" w całej Kanadzie. Kiedy zostają aktywowane, powodują, że naturalna matematyczna sekwencja w siatce Ziemi przemienia się w odwrotną, w kierunku przebiegunowania. Jest to podstawowy system Kołowrotowy, który współpracuje z innymi globalnymi systemami Kołowrotu.[218]

Istnieją również wszczepione prądy Michała i Maryi, krzyżujące się bezpośrednio lub bardzo blisko sztucznej linii ley w Anglii, która łączy sie z innymi sztucznymi liniami ley na całej Ziemi. Miasto Glastonbury, z dużą populacją wyznawców New Age, oraz wieś Avebury, częściowo otoczona przez największy europejski kamienny krąg, są dwiema lokalizacjami w Anglii, w których krzyżują się prądy Michała i Maryi.[323] Na lokalizacjach wzdłuż linii ley Michała-Maryi leżą ważne kościoły, z których kilka poświęconych jest świętemu Michałowi.

Poprzednio zdefiniowałam linie ley jako proste ścieżki łączące dwa worteksy; niemniej jednak linie ley przechodzące przez duże regiony, kiedy krzyżują się z dominującymi prądami na swojej drodze, mogą również łączyć kilka worteksów. Specyficzne obszary koncentracji zarówno naturalnych, jak i sztucznych linii ley w ciele Ziemskim, stały się obiektem implantacji i manipulacji wścibskich bytów.

Czarne Serca utworzone są przez inwersję i niesamowicie silne wiązanie dwóch zmutowanych, zredukowanych, matematycznych programów Ekasza. Mutacja tarczy tworzy specyficzne blokady linii energii w każdym z harmonicznych wszechświatów Drogi Mlecznej oraz w ciele, sięgając aż do wymiaru 11,5 i w ten sposób odcinając je od napływów z wyższych wymiarów.[200,324]

Implanty Czarnego Serca uruchamiają Metatroniczne programowanie, które może przeciwdziałać naszej naturalnej aktywacji DNA podczas CAG, po to, żeby zmienić nas w elektrostatyczne, Cieniste Ciała żywych-trupów. Części te ukierunkowują nas w stronę Fantomowej Ziemi, chyba że nauczymy się jak odzyskać nad sobą władzę (w rozdziałach 9 i 11). Proces Cienistego Ciała miałby aktywować się jako „bicia serca", z pomocą Cienistych Tancerzy Wesadeka, takich jak Dostrajacze Myśli z „Księgi Urantii", którzy podczepiają się do naszego osobistego pola energetycznego. Archanioł Michał często wspominał o biciach serca w swoich channelingach. Na szczęście KRH uszkodził podczepienia Cienistego Ciała do nas w 2003 roku; niemniej jednak fantomowe składniki ludzkiego ciała wciąż napędzają kod Ofiary-Oprawcy.[235]

MCEO stosuje Drzewo Sztucznego Życia do struktury siatki kathara, jednocześnie uczy na warsztatach Ashayany, że aby sięgnąć poza wymiar 11,5, należy połączyć Metatroniczne technologie prądów dwóch niższych wymiarów, żeby wytworzyć „sztucznie stworzony wymiar 13". Odbywa się to na dwa sposoby: 1) wymuszone wymieszanie 6-cio i 7-wymiarowych częstotliwości z Fantomowej Drogi Mlecznej i Wesadeka, oraz 2) wykorzystanie atomu Metatronicznego Nasienia, aby ścisnąć częstotliwości 5-cio i 8-wymiarowej Drogi Mlecznej w zsynchronizowaną fazowo więź vesica piscis.[200,324] MCEO nauczyło, że te sztuczne prądy tworzą Płomienisty Błękitny Miecz, ale oni mogą sięgnąć jedynie do 8-go wymiaru, nie całej naszej Drogi Mlecznej. ATI,TPE ujawnia, że prąd Płomienistego Błękitnego Miecza pochodzi bezpośrednio z 12-go wymiaru Wesadeka; dlatego zniekształcone częstotliwości, wspomniane przez MCEO, ledwie wzmocniły prąd główny. Wesadek właściwie posiada 13 wymiarów jako w pełni fantomową galaktykę, oznajmia ATI,TPE. W rozdziale 10-tym ujawniam kilka grup bytów z wyższego poziomu Wesadeka.

Płomienisty Błękitny Miecz został „zaplanowany spowodowania Monadycznego [podstawowy atom] Odwrócenia Uniwersalnego Weka oraz trwałego upadku do Systemu Czarnej Dziury Wesedeka [Wesadeka]", oznajmia MCEO (s. 186).[235] Jego technologie wytworzyłyby Cieniste Ciała, poprzez wchłonięcie wzorca i siły życia żyjących systemów.

„Pakt Archanioła Michała-Lucyfera" z Atlantydy z roku 25 000 p.n.e. połączył Siatkę NDC z machiną Bestii, która została zainstalowana w naszej galaktyce przez Zielone Smoki, podczas Gajańsko-Oriońskich Wojen 570 milionów lat temu.[322] Na szczęście, pomocnicy Yanas ze światów naszego Eka, wcielili w życie środki zaradcze, zwane Systemem Awaryjnej Dominacji Eka (oryginalny angielski Emergency Ecka Override System, skrót EEOS – przyp. tłum.).

„EEOS stworzony został jako >>ostateczna opcja<< kryzysowej interwencji, jeśli rasy Czarnej Dziury Wesadeka rozpoczęłyby finałową aktywację swojej Machiny >>Bestii<< Templaru", oznajmia MCEO w oficjalnym oświadczeniu.[322] EEOS otwiera wrota Eka, żeby przeprowadzić zredukowany prąd naturalnej energii „stojącego niemego dźwięku" Amoraea, oryginalnie pochodzącego z Ekasza-Aah (czyt. Ekasza-Eja – przyp. tłum.) poprzez naszą galaktykę i Ziemię, co miałoby zapobiec przed wciągnięciem naszej Drogi Mlecznej do fantomowego statusu przez Bestię. Jeśli chodzi o stwierdzenie MCEO, że EEOS miałby „wykasować Kosmiczny Zegar Sekwencji Cyklów Templarowych Gwiezdnych Wrót",[322] ATI,TPE wyjaśnia, że EEOS działa jako system stabilizujący, w którym ten właśnie „kosmiczny zegar" na wystarczająco długo zatrzymuje swoje działania krążenia, żeby zidentyfikować i kontynuować dalej z kolejnością sekwencji EEOS. Nie wykasowuje on Drogi Mlecznej zgodnie z sekwencją oryginalnej galaktyki AquaLaShA, z powodu napastliwych lub anormalnych zdarzeń, które uruchamiaja zdarzenie zdominowania. Zasadniczo EEOS naśladuje i przyspiesza reakcje systemu obronnego naturalnego Starfajer galaktyki, kiedy staje przed możliwością skrajnego zniszczenia.

W dniu 23 marca 2002 roku drużyna grupy Jezusowej Zielonych Smoków aktywowała system implantu Płomienistego Błękitnego Miecza i Czarnego Serca w naszej galaktyce, co natychmiast aktywowało EEOS.[322] W listopadzie 2002 roku Czerwone Smoki, w nieudanej próbie porwania Płomienistego Błękitnego Miecza Wesadeka i przekazania do Wesadraka, również wystrzeliły wiązkę energii w naszą galaktykę.[197]

Po tym, jak EEOS aktywował się, drużyna KRH przygotowała templar Ziemi do przyjęcia zredukowanej częstotliwości Amoraea, a „Klucze Pieczęci Bezpieczeństwa" Ludzkiego DNA Orafim „Indygo" w dużym stopniu ułatwiły ten process.[322] Obecność Ludzkich Indygo na Ziemi uwolniła kody wzorca DNA dla EEOS, co z kolei zmniejszyło katastroficzne wpływy Bestii. Ostatnią ewentualnością było rozpoczęcie przez drużynę KRH przygotowania do opcji ewakuacji Ludzi na wielką skalę, najprawdopodobniej przy pomocy statków kosmicznych, chociaż musielibyśmy być wielce świadomi naszych energii i możliwych związków z innymi bytami, aby upewnić się, że nie zostalibyśmy „ocaleni" przez przebiegłych obcych i ich statki kosmiczne.

Bitwy o Ziemię

W maju 2003 roku, pod wpływem BEA-O, niektóre z Korytarzy Amenti Ziemi zostały poważnie naruszone, co oznacza, że nie były już dłużej połączone z Tarą; zrównały się one tylko ze strukturami Metatronicznego tunelu czasoprzestrzennego sprzęgając się z ciężko zniekształconymi częściami kwantum Równoległej Ziemi podłączonej do Wesadraka. MCEO przekazało również, że Projekt Strefy Pomostowej nie istniał już dłużej jako opcja.[177,181]

Na początku maja 2003 roku buforowy prąd Amoraea wkroczył w pole Ziemi. W dniu 12 maja 2003 roku BEA-O, poprzez uwolnienie implantu „Metatronicznego Nasiennego-Atomu Apoljona-666", aktywowali Bestię, który jednocześnie aktywował implanty „4 Serc Metatrona" w siatkach Ziemi (s. 238).[235] Ukazanie się tej aktywacji w siatkach Ziemi miało zająć 15 dni. Plan przesunięcia biegunów na sierpień 2003 roku został ponownie uruchomiony.

W dniu 27 maja 2003 roku buforowy prąd Amoraea skrzyżował się z prądem Płomienistego Błękitnego Miecza, wewnątrz implantu Metatronicznego Nasienia Apoljon-666, powodując, że jego nasienny atom zaczął się rozdzielać. Jeśli implant Metatronicznego Nasienia jest zupełnie oddzielony od Ziemi, prąd Płomienistego Błękitnego Miecza nie może uzyskać dostępu do części Ziemi z ilością conajmniej 51 procent naturalne kwanta. Jednak obszary z ilością naturalnego kwanta mniejszą niż 30 procent – co oznacza, że zawierają pokaźną ilość Metatronicznej energii-materii – nie będą w stanie otrzymać i zakotwić prądu Amoraea. Będą one podatne na prąd Błękitnego Miecza i pokażą swoją niestabilność w postaci trzęsień ziemi i zmian klimatycznych, w możliwym zejściu do statusu fantomowego, chyba że proces ten jest złagodzony i odwrócony.[322,325]

Nadchodzący prąd Amoraea pozwolił na to, aby wydarzenie Hetharo (zachowana została oryginalna anglojęzyczna pisownia, czyt. HeΘaro – przyp. tłum.) nareszcie miało miejsce na Ziemi, po raz pierwszy w historii. Hetharo jest częścią cyklu merkaba, obejmującego związek galaktycznej, elektrycznej spirali merkaba, ze szczytem elektrycznym z 27 maja.[197] Umożliwia to heliotalicznym prądom Eka, które wypromieniowują swoje składniki elektryczne, bezpośrednio z domeny Ekasza-Aah (oznajmia ATI,TPE), dosięgnięcie i uzupełnienie podstawowego 15-„komórkowego" atomu nasiennego Ziemi i galaktyki, w ich rdzeniach, oraz usunięcie uścisk atomu Metatronicznego Nasienia z ich naturalnego nasiennego atomu.[325] To potężne działanie w swoim procesie oczyszczania może obrócić cały nasz system w kosmiczny pył; dlatego drużyna KRH ustawiła pole ochronne Złotego Runa, żeby zabezpieczyć naszą Ziemię i galaktykę przed ekstremalnymi zmianami zachodzącymi w naszych polach merkaba. To pole buforowe mogło jedynie trochę zredukować moc napływających częstotliwości, więc Korytarze Amenti doznałyby trochę zniszczenia, oznajmia ATI,TPE.

W dniu 12 sierpnia 2003 roku nadszedł szczyt magnetyczny Hethalon. W przygotowaniach do tego wydarzenia, BEA-O zamierzyli ustawić Piołuna, sztuczną gwiazdę wojenną Nibirian pomiędzy Ziemią a Słońcem. Współczesne oczekiwania i strach związany z Nibiru, mającym wejść w kolizję z Ziemią, naprawdę dotyczy energetycznych zaburzeń Piołuna z kontr-orbitą Nibiru. Kiedy Piołun miał przejść przez pas asteroidów, BEA-O mieli wystrzelić prąd Płomienistego Błękitnego Miecza Wesadeka poprzez Jowisza, aby odwrócić orbitę Piołuna i sprawić, żeby nabrał pędu, tworząc tym samym silne przyciąganie grawitacyjne. W swoim nowym położeniu Piołun miał wyemitować częstotliwość Błękitnego Miecza, by wywołać taką samą prędkość wirowania energetycznego zasilania merkaby, zbliżając się do sekwencji Fibonacciego w stronę prędkości-wirowania 144 fantomowego statusu w zliniowaniu z Wesadekiem.[124,325]

Księga Apokalipsy św. Jana, rozdział 8, wersy 10-11 przedstawiają Piołuna w odniesieniu do trzeciej Trąby.

> I trzeci anioł zatrąbił: i spadła z nieba wielka gwiazda, płonąca jak pochodnia, a spadła na trzecią część rzek i na źródła wód. A imię gwiazdy zowie się Piołun. I trzecia część wód stała się piołunem, i wielu ludzi pomarło od wód, bo stały się gorzkie.

Na szczęście sukces Hetharo pozwolił w sierpniu 2003 roku KRH i jego współpracownikom na zakotwiczenie w siatkach Ziemi kolejnego kodu dominacji nad Bestią, zwanego Mahadra-Adhrana. Kod Mahadra-Adhrana był głównym kodem kluczowym dla przejścia Arki Przymierza. Zakotwiczył on helitaliczną iskrę dla cyklu magnetycznego, który nareszcie rozdzielił Nasienny atom Metatroniczny i zapobiegł zebraniu technologii kwantum Ziemi do fantomowych matriksów przez jego technologie.[326] Wszystkie interwencje drużyny KRH, dotyczące strategicznie umieszczonych, naturalnych kodów i prądów, zapobiegły scenariuszowi Armagedonu, ponieważ spowodowały częściową eksplozję Piołuna z powodu jego niekompatybilnej natury.

Środki zaradcze drużyny KRH zapobiegły także programowi masowej kontroli umysłów przez BEA-O oraz lądowaniu statków kosmicznych, które, jak poprzednio wspomniałam, zaplanowane były właśnie na ten czas. Zwiększona świadomość, sprowadzona przez CAG, dodatkowo pomogła powstrzymać większą ilość ludzi przed przywitaniem inwazji grupy Boga.

BEA-O przegrali swoją bitwę o Ziemię. Musieli zmienić oni swój harmonogram mieszania wymiarowego i agendy przesunięcia biegunów do czasu, aż pojawi się kolejna dla nich możliwość 21 grudnia 2012 roku.[327]

Na warsztacie Ashayany, podczas Hethalonu, MCEO oświadczyło, że Korytarze Amenti zostały umieszczone w polu buforowym Złotego Runa i miały pozostać otwarte conajmniej aż do roku 2012 lub 2017; jednak tylko kilka miesięcy wcześniej niektóre z nich były pod kontrolą fantomowych obcych, powodując uszkodzenie połączenia z Tarą. MCEO oświadczyło również, że napływające naturalne energie przyspieszyły cykl ascendencji trzydniowej konwersji cząsteczkowej Ziemi oraz nasycenia fali gwiezdnej, sprawiając, że wystąpiły podczas Hethalonu, w przybliżeniu około dekadę wcześniej.[326]

Informacja ta nie miała dla mnie sensu, ponieważ CAG rozpoczął już swój naturalny 17-letni cykl. Wydaje się to niewykonalne, aby cała planeta mogła już dokonać przeobrażenia i ascendencji, kiedy to warunki wciąż pozostawały takie same, a niszczycielski plan na 2012 rok wciąż mógł się wypełnić. Na dodatek, kiedy Korytarze Amenti naszej Ziemi były pod kontrolą BEA-O, drużyna KRH nie pozwoliłaby im otworzyć się na Ziemię Amenti. Nie widzę, jak te znaczące wydarzenia i technologie, mogłyby zmienić się w tak krótkim okresie czasu. Dalsze informacje potwierdzają, że nie wszystkie Korytarze Amenti zostały odzyskane w tym czasie.

Potrzebowałam wyjaśnienia, więc ja i moja mama zaangażowałyśmy w to bezpośrednio Wszystko Co Jest, Czystą Esencję oraz dwójkę naszych przyjaciół, współpracowników KRH. Dwójka niezależnych współpracowników KRH oraz ich grupy z HU-4 i HU-5 Galaktyki-2 pracowały z Ziemią przez znaczące okresy czasu, żeby wypełnić jej misję aktywacji gwiezdnej, w kierunku bardziej naturalnego stanu, a ostatecznie – w stan Krysthal. W listopadzie 2003 roku ATI,TPE oraz obydwie istoty Elohei byli zaangażowani w następujące odpowiedzi. Istoty te skomunikowały się telepatycznie z moją mamą, podczas gdy jej wewnętrzne połączenie z ATI,TPE było aktywne.

Według ATI,TPE stary harmonogram dla trzydniowej przemiany cząsteczkowej i finałowe nasycenia gwiezdne, nie zmieniły się, ani nie wydarzyły jeszcze. Wiele starań, w wielu bitwach, podjętych zostało przez KRH dla zachowania oryginalnego i naturalnego kursu. [Przyznają obydwie istoty.]

Według 14-wymiarowego bytu „M": Żywiciel Krysthal Rzeki faktycznie zamknął w 2003 roku, połączenie gwiezdnych wrót na Tarę, ponieważ niektóre z Korytarzy Amenti znajdowały się pod kontrolą upadłych. Opiekunowie zostali pokonani i przechytrzeni.

Tereso, masz rację, żeby być zmartwiona, ale nie zaniepokojona. Wydarzenia, które miały miejsce w 2003 roku, były próbami, tak jak wiele innych podejmowanych przez grupy upadłych, aby przyspieszyć proces śmierci, lecz ja sama wraz z moją drużyną [z 11-wymiarowym przyjacielem] i jego zespołem oraz milionami innych współpracowników KRH, bezproblemowo pracowaliśmy, żeby oszczędzić Ziemi trwającego szkodliwego zniszczenia. Wiedz, że wciąż pracujemy w imieniu ludzi i mieszkanców pięknej Ziemi i pozostaniem na naturalnym kursie.

Moja samoobserwacja i wymiana pytań i odpowiedzi, pomogły mi w ustaleniu, że przyspieszona trzydniowa przemiana cząsteczkowa, była jedynie drobnym przesunięciem kwantum z naturalną energią, a nie właściwym Głównym Punktem Współrzędnej szczytu okresu ascendencji dla przemiany cząsteczkowej, co wyjaśnię wkrótce w „Cyklach Ascendencji Ziemi z Tarą".

W dniu 11 maja 2004 roku Szantarel BEA-O aktywowali swój tunel czasoprzestrzenny na Zachodnim Wybrzeżu Stanów Zjednoczonych. Do sierpnia 2004 roku, MCEO wydało swoje pierwsze ostrzeżenie ewakuacji, ponieważ rasy Borża-Budara i Szantarel aktywowały technologię Grawitronu Bestii.[177]

Kierowany przez MCEO warsztat, w październiku 2005 roku wyjaśniał:

> Rasy Czarnej Dziury Budara są w procesie aktywacji kilku dużych, starożytnych tuneli czasoprzestrzennych na całej planecie, używając potężnego urządzenia odwróconego generatora, zwanego Grawitron. Grawitron złożony jest z serii potężnych spirali odwróconego prądu lub tuneli czasoprzestrzennych, które łączą się ze sobą. Zawiera on tunele czasoprzestrzenne tutaj na Ziemi, jak również, te w różnych częściach naszego układu słonecznego i Wszechświata. Aktywacja Grawitronu prowadzić może do poważnych zmian na powierzchni Ziemi, wynikiem, których może być wiele „fal ewakuacji".[328]

Kompleks fantomowych tuneli czasoprzestrzennych uruchomił proces naturalnego uzdrawiania Gwiezdnego Rozbłysku, który odzyskuje energie nasycone Krysthal w poszerzonych galaktykach takich jak nasza;[177] jednakże z powodu wielu ataków, które wyszły na jaw, nie dostarczył on znaczącego uzdrowienia w Drodze Mlecznej, informuje ATI,TPE.

Do listopada i grudnia 2004 roku, rasy Szantarel napadły na półfantomowe wymiary pokrewnego nam świata Eka. Według MCEO:

> Wrota Eka od 1 do 6, już upadły i są już pod ich kontrolą, zaś Wrota Arki 2, 7, 11 i 12, są jedynymi, które pozostają pod kontrolą GA. Wynikiem tego masowego przejęcia, wszystkie 12 gwiezdnych wrót ma zostać zamknięte do grudnia 2005 roku, jako pierwszy krok w uchronieniu tego Eka-Weka przed upadkiem do Budara. Wiele ugrupowań UIR po odkryciu, że ich sojusz z nimi, doprowadzi teraz do „wchłonięcia" ich do Czarnej Dziury Budara, bez ŻADNEGO uwzględnienia ich samoniepodległości, „zdradziło" ich krótkotrwały „sojusz" z Budara. Dlatego po raz kolejny powracają ponownie „do stołu debat" z Ligą Opiekunów.[328]

Do maja 2005 roku BEA-O skoordynowali i wzmocnili atak na Tarę, powodując, że większość jej upadła do fantomowego statusu. Użyli oni Grawitronu do wytworzenia pola torsyjnego, które odwróciło oś Tary. Tara jako galaktyczne gwiezdne wrota-5, została zliniowana z już mocno zniekształconymi gwiezdnymi wrotami-8 Oriona. MCEO błędnie skorelowało tę informację z ich interpretacją siatki kathara, w której lewa pionowa kolumna pokazana na Rysunku 3, która faktycznie nie istnieje, z jakiegoś powodu odciągnęła środkowy słupek lub berło siatki kathary, powodując jej rozbicie.[177] Centralne, pionowe berło jest osią, tak więc Berło Drogi Mlecznej jest osią galaktycznego merkaba, które nie rozpadłoby się, jeśli gwiezdnym wrotom nie powiodłoby się. Poza jakąkolwiek celową dezinformacją, zastanawiam się, czy jakieś byty MCEO-GA są niedoinformowane o machanizmach naturalnej siatki kathara; w zasadzie są oni ludźmi takimi jak my.

Borża, Tetanie i Uby również otworzyli Rozdarcie w Czasie E-Umbic (czyt. Ijumbik – przyp. tłum.), więc mogli rozpocząć scalanie ze sobą technologii Progowej i Bestii.[177] Zamek E-Umbic jest naturalnym wymiarowym sprzężeniem pomiędzy wymiarami 3 i 4. Byty Borża pomogły w stworzeniu upadłej rasy E-Uby, która sprowadziła sieć rozdarcia w czasie Borża do poziomu E-Umbic. Od czasów Atlantydy na Ziemi, E-Uby gromadzą swoje kody męskie i zeńskie kody Inc-Uby (czyt. Ink-jubi – przyp. tłum.) oraz SUc-Uby (czyt. Sak-jubi – przyp. tłum.), aby przekazać je Ludzkości jako „demoniczne" potomstwo Incubus i Sucubus (z uwagi na brak polskiego odpowiednika, zachowano oryginalną anglojęzyczną pisownię, czyt. Inkjubas i Sakjubas – przyp. tłum.).

Tak jak przedstawiłam to w części „Tetanie", w rozdziale 7, machina Progu sprzęga się bezpośrednio z siecią rozdarcia w czasie Borża, z różnych lokalizacji na Ziemi, zwłaszcza połączenie Kalifornijskiej Góry Szasta ze Strefą Hibernacji, dodatkowo do zamka E-Umbic łączy się z Wesadrakiem.[190,202] MCEO mówi, że kiedy Próg jest w pełni sprawny, może on przemienić każdy atom w galaktyce w potencjalnie nieodwracalny Metatroniczny fantomowy status, ponieważ jego siatka energetyczna przyczepia się na progu sprzężenia pomiędzy eterycznymi i atomowymi poziomami Weka.[329]

Częściowo zniszczone Berło Drogi Mlecznej i dodatkowa napaść spowodowały reakcję Starfajer, z wcześniejszymi kreacjami Krystahl poza procesem Gwiezdnego Rozbłysku. Starfajer nareszcie zaczął się w Drodze Mlecznej w lutym 2006 roku, po przerwie kontinuum czasu, oznajmia ATI, TPE i trochę zregenerował Berło. Gwiezdny Rozbłysk i Starfajer, jak wyjaśnione zostanie w części o „Starfajer i Procesy Ascendencji Adaszi", są naturalnymi zdarzeniami, które sprowadzają wieczne energie. W swoich napływach energii kreacja Krystahl może dostarczyć natychmiastowej reakcji obronnej na poważne uszkodzenie w przyspieszonym lub zmniejszonym zdarzeniu na zewnątrz wiecznego cyklu, dla tych bytów, które są energetycznie zliniowane. Gwiezdny Rozbłysk oraz Starfajer zaczęły się w Drodze Mlecznej, ponieważ znaczna jej część, zliniowana z Krystahl, znajdowała się w krytycznym stanie.

Próg umożliwił Tetanom przejęcie kontroli nad technologią Bestii Zielonych Smoków-Anunnaków, stali się niezwykle niebezpiecznymi, ponieważ Próg wzmacnia energie Metatroniczne.[190] Jakiekolwiek kwantum Drogi Mlecznej, które zostałoby wciągnięte przez Próg do fantomu, zostałoby skierowane do Wesadraka, a następnie do matriksów Borża.

Z powodu zagrażającego im niebezpieczeństwa, wiele Zielonych Smoków wystąpiło z prośbą do rad opiekunów Drogi Mlecznej o kontrakty amnestii, które zapewniłyby im wystarczającą ilość bio-regenezy, aby mogli powrócić do galaktyki Wesadeka, z której przybyli, a która to, jeśli istnieje jeszcze pozostałość Wesadeka będącego pod kwarantanną, jest mniej zniekształcona aniżeli jego fantomowa natura. Zielone Smoki nie chciały wpaść do bardzo nieprzyjaznych terytoriów Wesadraka, ponieważ większość z jego mieszkańców jest ich wrogami. Dodatkowo duża część Anunnaków poszukiwała amnestii u MCEO-GA, aby udać się do będącego pod kwarantanną fantomowego systemu Upadku Krist, w którym mogą dożywać bardziej spokojnej, skończonej ewolucji.[190] Obejmuje to części Galaktycznej Federacji Światła, Dowództwa Asztar, Wielkiego Białego Bractwa, grupy Jechowiańskich Anunnaków Enocha i Totian.

W kwietniu 2006 roku KRH zapoczątkował przyspieszony cykl sekwencjonowania tekjonu, aby przezwyciężyć wzmocnienie technologii

Progu Tetan.[177] Przyspieszenie to było decydujące w zatrzymaniu spirali Progu, przed przejęciem naszej całej galaktyki do fantomowego statusu.[329]

W maju 2006 roku regionalnej drużynie KRH powiodło się odzyskanie wszystkich skradzionych wrót Korytarzy Amenti. Współpracownik KRH 14-go wymiaru „M" tak oto wyjaśnia bitwę:

> Pracowaliśmy z Żywicielem Krystal Rzeki, żeby odzyskać kontrolę nad Korytarzami Amenti i udało się nam częściowo uzyskać dostęp i zacząć naprawę aspektów tych miejsc. Stada Upadłych zostały pomniejszone i uciekły. Była to wielka walka!
> Dodatkowi opiekunowie umieszczeni zostali na tych miejscach, aby zapobiec dalszemu zniszczeniu i żeby ochronić nasze grupy oraz innych przed inwazją.

Również w maju 2006 roku MCEO-GA sądziło, że zapewniło ważne zwycięstwo, kiedy rasy Beli-Mahatma poprosiły o amnestię. Beli-Mahatma nie chcieli, aby świat ich Strefy Hibernacji przeniesiony został do matriksów czarnej dziury Borża, więc zgodzili się oddać MCEO-GA wiele z siatek swoich Stref Hibernacji, żeby zapobiec ich upadkowi. Jednakże wkrótce po tym rasy Borża zaoferowały Beli-Mahatma układ, który najwyraźniej był zbyt dobry, aby go odrzucić, tak więc złamali swoje kontrakty amnestyjne i przekazali swoje siatki Borża.[193,177] Jeśli MCEO-GA osiągnęliby kontrolę nad niektórymi Strefami Hibernacji, wówczas sytuacja stałaby się znacznie trudniejsza dla ras Borża i Tetan, aby w pełni uruchomić Próg.[190]

W dniu 8 stycznia 2007 roku Borża obezwładnili byty Budara z Równoległej Drogi Mlecznej i przebili się przez ich barykadę do naszego poziomu E-Umbic. Natychmiast pracowali nad tym, aby umocnić połączenie ich sieci rozdarcia w czasie z naszą Ziemią oraz Słońcem.[193]

Środki ochronne Żywiciela Rzeki Krysthal

Jak wspomniałam w części pt: „Stworzenie... Galaktyk", w rozdziale 7, rady Żywiciela Rzeki Krysthal zapoczątkowały znacznie potężniejszą od Borża trój-matriksową triangulację, ponieważ KRH składa się z Ekasza i wcześniejszych częstotliwości. KRH znajduje się zdecydowanie poza wpływem Metatronicznych technologii, ponieważ jak oznajmia MCEO i potwierdza ATI,TPE, żadna technologia czarnej dziury nigdy nie dosięgła domeny Ekasza.[190]

W naszej galaktyce broń Progu zawiera inną moc, która jest częściowo zliniowana z naszym pół-fantomowym stanem i może ona uszkodzić połączenia Ziemi i Drogi Mlecznej z Galaktyką-2 i AquaLaShA.[177] Dlatego KRH użyczył nam ramienia spiralicznej energii, żeby przeciwdziałać wzmocnieniu machiny Progu i przyspieszyć proces Starfajer. Spirala zaprojektowana jest, żeby nie tylko uchronić Ziemię i Drogę Mleczną przed wpadnięciem do fantomowych matriksów, ale także nasycić Drogę Mleczną wiecznymi energiami, które potencjalnie mogą skorygować ją do konfiguracji Krysthal. Ta energia KRH rozszerza się w szczególności do gwiezdnych wrót-3 Ziemi, gwiezdnych wrót-5 Syriusza B oraz gwiezdnych wrót-9 Mirach, ze względu na ich długo utrzymujące się przejścia do Galaktyki-2 i AquaLaShA.[177,202]

Rasy KRH zmontowały na Ziemi różne struktury portalowych wrót, żeby służyły jako mosty ratunkowe, kiedy naturalne planetarne gwiezdne wrota upadną lub zostaną zniszczone. Po porażce Projektu Strefy Pomostowej, rasy opiekunów rozpoczęły aktywację tych uśpionych konstrukcji, każda z nich posiadała 12 wrót. Najbardziej godne uwagi to Trójca, Arka Przymierza i wrota Spaner.

Wrota Trójcy zostały zaprojektowane dawno temu, żeby pomóc Ludziom z naszym 2-niciowym DNA przejść przez wrota Arki i Spaner. Wrota Spaner, Arki Przymierza i Trójcy były połączone ze sobą nawzajem, żeby umożliwić wejście Ludziom o niższych częstotliwościach.[330] Niestety, wrota Trójcy zostały napadnięte około 30 000 lat temu przez intruzów BEA-O, którzy za pomocą tunelu czasoprzestrzennego przekierowali je do Wesadeka, oznajmia ATI,TPE. Około 25 000 lat temu BEA-O zaatakowali Arkę Przymierza, tym samym naruszając jej bezpieczeństwo; jednak KRH wciąż podejmuje wysiłki, usiłując odnowić i odbudować ich zniszczone części, oświadcza „M".

Wrota Arki Przymierza Ziemi są zakodowane aktywacją 8-niciowego DNA (MCEO przesadza oznajmiając, że 12-niciowego). Łączą się one z gwiezdnymi wrotami Srebrnego Nasienia Aurory w Transharmonicznych Polach Aurora (polach Aurory), umieszczonych tuż przed poziomami wymiarowymi pomiędzy Ziemią a AshaLA oraz między AshaLA a Urtą, oznajmia ATI,TPE. Rasy Aurory z Ekaszy KRH i światów Centralnych przekazują swoje energie Krysthal do pól Aurora.[177,195] Przypomnijcie sobie z rozdziału 7, że Centrum (węzeł komunikacyjny) jest przestrzenią lub płaszczyzną pomiędzy Ekaszą, Eką i Weką oraz ich systemami równoległymi, poprzez które wczesne energie Krysthal mogą delikatnie zintegrować się w gęstszą mechanikę ciała świetlistego. Jeśli Kula Amenti oraz każdy z Korytarzy Amenti zostałyby skorumpowane, wtedy KRH miał utrzymać otwarte i silnie chronić najmniej zniszczone obszary korytarza Arki Przymierza, potwierdza „M". Ashayana nazywa Arkę Przymierza korytarzem Centralnym, który początkowo był połączony z 12-toma wrotami Arki na Ziemi z AshaLA, jako pośrednikiem na Urtę.[330]

Początkowo wrota Spaner łączyły się bezpośrednio z Urtą, żeby zakotwić spiralę KRH w Ziemi. Wrota Spaner są naturalnym systemem wrót portalowych, występującym w regionach będących pod opieką żywiciela, tak jak Droga Mleczna. MCEO oświadcza, że wrota Spaner wymagaja aktywacji 24-niciowego DNA (ATI,TPE wyjaśnia, że jest to 16-niciowe DNA), aby przez nie przejść, po to, żeby zapewnić dodatkowe bezpieczeństwo przed infiltracją.[202,193] Ta ilość nici DNA najbardziej pasuje do szablonu DNA Orafim, będącego poza ludzkim stanem.

Istnieją dodatkowe trzy główne wrota Spaner, które poprzez AshaLA łączą rdzeń Ziemi z rdzeniem Urty. Każde wrota Spaner sprzęgają się z tymi wrotami głównymi Spaner. Dwoje z głównych wrót musiały zostać zamknięte przez rasy Aquari z Urty, ze wzgledu na ataki bytów Beli-Kudyem podczas Wielkiego Odkrycia z 9562 r. p.n.e. Ziemska hybryda Beli-Kudyem, Beli-Mahatma, połączyła wówczas te wrota poprzez Górę Szasta do Stref Hibernacji. Trzecie wrota główne, zwane Shala-13 (czyt. Szala – przyp. tłum.) częściowo upadły.[190] Zachowana ich część, zawiera jedynie wrota Spaner-7, przejście ascendencji na Urta. Wrota te znajdują się w Stanach Zjednoczonych w Fenix, w stanie Arizona, w miejscu otaczającym Scottsdale i Mesa. Ludzie z kodem genetycznym Aquafereion spowodowali otwarcie się wszystkich 12-tu Centralnych wrót Arki i wpięcie ich w Arkę-7, która to dalej podłączyła się do Spaner-7.[191,193]

W dniu 20 stycznia 2007 roku technologia Gyrodome (czyt. Dżajrodom – przyp. tłum.) należąca do KRH zablokowała starania ras Wesadraka dążące do aktywowania ich sąsiedniego kompleksu Wieży Progu-7, która mogła przejąć wrota Spaner-7 oraz pobliską przestrzeń siatki.[177] Wieże Progu zakotwione są w ważnych lokalizacjach Ziemi, aby połączyć się z większymi konstrukcjami gwiezdnych wrót i rozdarcia w czasie, kontrolowanych przez rasy Tetan i Borża.[193] Gyrodome został ustawiony w sekcjach siatki Ziemi i Tary przez rasy Aquari około miliarda lat temu. Służy on do zwiększenia częstotliwości Spirali Krysthal w tych siatkach, odbijając także lub chroniąc przed częstotliwościami Metatronicznymi.[331]

Kiedy informacja ta przekazana została Ashayanie, niektóre z bytów MCEO-GA ostrzegały, że jeśli kompleks wrót Spaner-7 zostanie przywłaszczony przez BEA-O, nasza Ziemia nie będzie w stanie dłużej zachować swojego potencjału ascendencji.[191] Jednym z powodów ich ostrzeżenia była nieświadomość innych opcji. Określone rasy Aquari oraz istoty z wyższych poziomów w KRH pracowały nad projektem pól Aurora, łączącymi Ziemię z energiami wcześniejszej plazmy aż do rdzenia Srebrnego Nasienia Kosminjas, ostatecznie scalając się z Urtą. Proces ten został zaplanowany i rozwijany przez eony, więc zaskoczyło mnie, że przekaz MCEO-GA był wąsko skupiony i nadmiernie alarmujący. Jednakże, jeśli dana grupa daje informacje odnoszace się do ich określonego skupienia i poczucia ważności, wówczas często mogą i faktycznie pomijają inne rzeczywistości.

Wykorzystując Gyrodome, spirala KRH była w stanie dokonać interfejsu z machiną Progu, zaginając dwie trzecie z Metatronicznej częstotliwości i ustawiając ją z powrotem do naturalnego wirowania. Zredukowało to moc Progu do jednej trzeciej jego pełnej energii, oświadcza MCEO. Dodatkowo ramię energii KRH zapobiegło przed zupełnym przejęciem wielu ludzkich ciał przez Próg i pokrewne mu byty obcych.

Mniej więcej w tym samym czasie Borża w swoich matriksach odpalali pulsy poprzez siatki Wesadraka do ich sieci rozdarcia w czasie do schwytanych części Ziemi, celem uderzenia w główne lokalizacje planetarne, takie jak gwiezdne wrota-4. Rasy KRH były świadome tych wydarzeń i na czas odbiły te pulsy.[193]

W marcu 2007 roku rasy KRH wydały napadającym rasom Borża nakaz ustąpienia ze swojego stanowiska: jeśli będą wciąż pomagać rasom Tetan i Wesadraka w ich podboju Ziemi, Gyrodome KRH miałby odbić większość z pulsu, poprzez ich połączenia, z powrotem do ich oryginalnego matriksu. Rasy Borża odrzuciły nakaz. Wystrzelili jeszcze więcej energii do kompleksu Progu, aby spróbować przezwyciężyć energię KRH, co, jak błędnie myśleli, mogą uczynić. Gyrodome spełnił swoje zadanie, tak jak ostrzegały rady KRH. Uderzenie przez połączenia z rozdarciem w czasie odbiło się od Gyrodomu i rozpoczęło proces implozji w gwiezdny pył, wewnątrz niektórych – nie wszystkich, jak oznajmia ATI,TPE – matriksach Borża.[177,202] Borża pracowali przez eony, aby przekazywać energie do swoich matriksów, a teraz wielu z nich nareszcie doświadczy bezpośrednich konsekwencji swoich czynów, które nie doceniają mechaniki naturalnej kreacji.

ATI,TPE oświadcza, że Równoległa Droga Mleczna, oraz Droga Mleczna, były pierwszymi systemami zewnętrznej galaktyki, które Borża chcieli w pełni skonsumować. Dlatego właśnie po setkach miliardów lat, kilkanaście matriksów Borża, nie stawiło jeszcze czoła prawdopodobieństwu unicestwienia, aż do teraz. ATI,TPE dalej oznajmia, że mnogość technologii nauki śmierci nie może przekierować galaktyk naszej Drogi Mlecznej i Równoległej Drogi Mlecznej do obecnie umierających matriksów Borża.

Wynikiem tych podłych działań Borża było przeładowanie rdzenia Słońca, powodujące jego skurcz. Skurcz ten spowodował zamknięcie energii Słońca, odcinając naturalne „oddychanie" pomiędzy nim a jego wzorcem czarnej materii. MCEO odbiera to działanie jako rozpoczęcie procesu śmierci Słońca;[177] aczkolwiek ATI,TPE oświadcza, że to zaburzenie aktywowało system automatycznego reagowania Słońca, wybudowany w jego główną esencję, które przyspieszyło proces ascendencji Słońca, co wyjaśnię w części „2022".

Według MCEO, w kwietniu 2007 roku rasy Borża-Budara przejęły dowództwo wszystkich grup Czerwonych Smoków i UIR manipulujących

Ziemią; jednak w oparciu o informacje, które dostarczyłam o grupie Szantarel Michała, wiele z bytów Borża już miało to dowództwo. W maju 2007 roku KRH zapobiegł przechwyceniu przez Borża Wrót Spaner-7 w Fenix, aktywując pole buforowe Aqualene (czyt. Akłalin – przyp. tłum.) Słońca, jako część starożytnego planu Transmisji Aqualene, który redukuje prądy KosME'ja w polach Aurora.

W lutym 2008 roku rasy Borża-Białych Smoków przejęły kontrolę nad Strefami Hibernacji i działalnością fantomowych obcych na Ziemi. W październiku 2008 roku Zeta zamierzyli napaść na Ziemię poprzez Strefy Hibernacji, a Borża-Białe Smoki chciały, aby plan ten przebiegł bez przeszkód. Inwazja statków Zeta miała spowodować masową panikę i zakrojone na cały świat posłuszeństwo rasom upadłych aniołów Borża, które miały nas ocalić od Szaraków w kolejnym, sfabrykowanym zbawieniu. Borża również mieli swoją agendę Zabicia Wszystkich Ludzi, tak więc nasze posłuszeństwo w stosunku do nich tylko ułatwiłoby nasz upadek.

Na szczęście drużynie KRH udało się na czas zamknąć większość wrót Stref Hibernacji, żeby zablokować jakąkolwiek inwazję na większą skalę, bezpośrednie dosięgnięcie nas i napaść. W odpowiedzi na to, rasy Borża zwiększyły swoje mieszanie w stosunkach światowych, włączając w to globalny kryzys finansowy w 2008 roku, który zakładał upadek hipotek o zwiększonym ryzyku. MCEO mówi, że była zainscenizowana poważna recesja gospodarcza, celem destabilizacji rodzin Illuminatów sympatyzujących z Zielonymi Smokami – po to, ażeby rozpocząć pełne przejęcie światowych rządów prowadzące do roku 2012.[177]

W roku 2009 drużyna KRH przeniosła przejście Arki Przymierza z Gizy do Irlandii, pozostałości Atlantydy i podczepili ją do Wyższej Ziemi i pól Aurora, co mogło ominąć potencjalnie dysfunkcyjne Korytarze Amenti.[177,318] Aktywowało to także Tarcze Salomoma, kwadratową tarczę w kształcie diamentu, aby trzymała się dwóch naturalnych poprzecznic Ziemi. Tarcza ta przykrywa prawie jedną szóstą Ziemi i otacza także fałszywą poprzecznicę Kaduceusza Zachodu, która zlokalizowana jest w Zatoce Meksykańskiej. Jako że drużyna KRH poradziła sobie z fałszywą poprzecznicą Zachodu, złagodziła ona również wirowanie fałszywej poprzecznicy Wschodu, którą BEA-O coraz bardziej aktywowali w południowo-wschodniej Azji, żeby spowodować dewastujące tsunami z 2004 roku, wraz z innymi trzęsieniami ziemi.[318] Właściwości ochronne Tarczy zawierają trzy główne pierścienie częstotliwości, odpowiadające siedmiu poziomom KosME'ja w domenie Ekasza-Ah.[332]

W 2010 roku Kula Amenti nareszcie powróciła z Urty do rdzenia Ziemi Amenti, oznajmia ATI,TPE, wraz z potwierdzeniem od „M". Ziemia, Wyższa Ziemia oraz Ziemia Amenti – każda zawiera ogółem liczbę 9-ciu ucieczek Korytarzy Amenti, aby utrzymać ich połączenie z Kulą i Błękitnym

Płomieniem.

W roku 2011 dwa z trzech pierścieni Tarczy Salomona zostały naruszone przez FAtalE (zachowano oryginalną anglojęzyczną pisownię, czyt. Fejtali – przyp. tłum.) – fantomowych dywersantów Fim-Borża-Equari – którzy złamali kody świetlistej-plazmy, specyficzne dla interfejsu Tarczy Ziemi, zaczynając od fioletowego pierścienia o niższej częstotliwości, a kończąc na pośrednim zielonym pierścieniu. Trzy poziomy Aqualene w Transmisji Aqualne odnoszą się do zabezpieczonego, lecz wrażliwego jasnoniebieskiego pierścienia. Naruszenie sprawiło, że dwa z pierścieni zakotwiczyły Metatroniczną spiralę.[332] Wzmocniło to także spiralę ze sztuczną fioletową plazmą, która wytwarzana jest przez poziom Borża Fantomowego Eka. FAtalE pierwotnie ujarzmili zredukowany, najniższy fioletowy prąd KosME'ja obok Eka i utworzyli plazmowy syntezator „fioletowych promieni konsumpcji", do wysysania energii do sztucznych płaszczyzn Bóstwa (patrz część rozdziału 7 pt.: „Archanioł Michał"). Sztuczny fioletowy promień odtworzył swój zielony i niebieski pod-promień, aby dać FAtalE dostęp do wyżej-zakodowanych pierścieni.[333]

Tęczowy most i matriks

Płaszczyzny Bóstw, wysoko cenione przez fantomowe byty, posiadają częstotliwości o specyficznej kolorystyce, tak jak wszystkie światy z poziomami energii zakodowanych-częstotliwości mają swoje własne kolory. Te pokolorowane poziomy możemy uznawać za warstwy wyjątkowej tęczy, lecz ich światy nie są takie same jak właściwy matriks zwany Tęczowym lub Teczowym Mostem.

W dniu 25 października 2011 roku Archanioł Michał dał przepowiednię Celii Fenn, która kieruje Ziemię do „Tęczowego mostu". Powiedział również, że w dniu 11 listopada 2011 roku ludzie zakotwiczą siódmy wymiar, ale nie powiedział, iż jego energia była wymieszana z energią Fantomowej Drogi Mlecznej i Wesadeka. Oszukani naśladowcy New Age zgromadzili się tego dnia, aby ustawić swoje ciała do przyjęcia i zainstalowania tego prądu w Ziemi. Poprzedni wymieszany prąd 6-go wymiaru z Fantomowej Drogi Mlecznej i Wesadeka wysłany został w sierpniu 2011 roku. Poniżej, pod koniec drugiego akapitu, w dwóch miejscach, w kwadratowych nawiasach wtrącam swój komentarz ujawniający prawdziwe zamiary Michała.

„Kody Światła" lub „Kosmiczne Kody" Odnowienia przyjmowane są do Krystalicznych siatek Ziemi. Przejęcie Kodów Odnowienia ponownie przyspieszy częstotliwości hologramu Ziemi, pozwalając na ponowne Połączenie z Siódmym Wymiarem

Świadomości....

Wtedy, w sierpniu 2011 roku, w czasie Wrót Lwa, wykonaliście kolejny Wielki Krok naprzód, kiedy połączyliście się z Szóstym Wymiarem i Napływami Obfitości i Manifestacji, które odblokują Ziemię. Ci z was, którzy gotowi byli do zakotwiczenia tych energii w „Linie Róży" Krystalicznych siatek, tych energetycznych meridianów, które niosą Kosmiczną Świadomość Chrystusową [energie Fantomowej Drogi Mlecznej i Wesadeka HU-4] z Boskiego Serca [implantu Czarnego Serca] do Siatki Serca Planety.

Teraz, 11/11/11, ci z was... zakotwiczą Siódmy Wymiar, Świadomości Wniebowstąpionych Mistrzów Światła....

Jest wiele istot Indygo-Kryształowych, zarówno młodych, jak też tych, którzy już się przebudzili i dokonali przemiany, którzy są teraz gotowi na objęcie Celu Nowej Duszy, dla Nowej Ziemi.

Cel tej Nowej Duszy zostanie w pełni zliniowany z Nową Ziemią, a do czasu 12/12/12 Świętowania Powrotu do Domu w 2012 roku, ta Grupa Przywódców Duszy zasieje nowe struktury i społeczności, które przeniosą Ziemię przez Tęczowy most, do Finałowych Potrójnych Gwiezdnych Wrót bramy Czasu. Będzie to okres od 12/12/12 do 21/12/12 – okres 9 dni, w ciągu których osiągnięte zostaną finałowe integracje i zliniowania z Kosmicznym Sercem, zaś ziemia zostanie „przestawiona" na następny Wielki Cykl Ewolucyjny w Pokoju, Harmonii i Miłości.[334]

Metatron i Michał lubią używać numerologii z powtarzającymi się potrójnymi liczbami, takimi jak 10-10-10, 11-11-11 czy 12-12-12. W przepowiedni, z której wzięty został powyższy fragment, Michał nazywa te potrójne liczby gwiezdnymi wrotami, które symbolizują te daty. Informacja ta wyjawia jego zamiar scalenia gwiezdnych wrót Ziemi i Fantomowej Ziemi, Drogi Mlecznej i Fantomowej Drogi Mlecznej oraz Wesadeka, jako kompletny Matriks Sześcianu.[324]

Planetarne gwiezdne wrota-11 są to gwiezdne wrota, poważnie zmanipulowane w stronę fantomowej agendy, ale są to naturalne planetarne gwiezdne wrota, które z natury pragną być zintegrowane z Ziemią Amenti wraz z resztą naszej Ziemi. Zlokalizowane są w Dolinie Pewsey, w Anglii, nie jest to tak daleko od czegoś, co ludzie uważają za czakrę sercową Ziemi w Glastonbury, w Anglii.

Mężczyzna o imieniu Robert Coon wykorzystał płaską mapę planetarną i wyśledził pseudo-nieskończony symbol – którego dwa owale przypominają połączone ze sobą, poszerzone vesica piscis – w miejscu kluczowych duchowych lokalizacji, które posiadają wstawione worteksy.[335] Na swojej stronie internetowej Coon nie oświadcza, że te worteksy są wstawione; twierdzi raczej, że są one częścią żywotnego układu krążenia, którego czakry są jak organy w ciele Ziemi. Do przedstawienia swojego diagramu używa on symboli i terminologii New Age i okultystycznej, włączając w to figurki Anunnaków, czczone przez Aborygenów (Tęczowy Wąż) oraz przez Majów i Azteków (Wąż z Pióropuszem), a także przekazów grupy bytów.[336] Jednakże rzekome czakry nie odpowiadają zliniowaniu właściwych czakr ludzkich, a Giza, jako jedna z wymienionych czakr, nie jest zawarta w pseudo-nieskończonym symbolu. Dodatkowo, „ciało" Ziemi jest konstrukcyjnie różne od naszych ciał, tym samym właściwie nie ma czakr. (W temat czakr zagłębię się w rozdziale 9.) Właśnie dlatego, gdy planetarne gwiezdne wrota-4 są w Gizie, w Egipcie, oświadczenie Michała „Sercowa Siatka Planety" mogłoby dotyczyć Gizy bądź Glastonbury, społeczności znanej z tego, że gotowa jest podążać za przesłaniami Michała.

KRH oraz jego sojusznicy pracowali niestrudzenie, żeby zabezpieczyć realne ścieżki dla naszej naturalnej ascendencji, z powodu ich wyczerpującej historii ataków na nie przez rozmaitych BEA-O (i FAtalE). Muszę powiedzieć, że Tęczowy Most nie jest jednym z ich matriksów, ponieważ jest to nienaturalny matriks.

MCEO przedstawiło Tęczowy matriks i powiazaną z nim Tęczową spiralę jako „stacja >>pośrednie<< dla Istot, które nie mogą utrzymać rytmu pulsu podstawowego Wznoszącej się Spirali Krystal. W tej grupie będzie wiele Hybrydowych Ras Upadłych Anunnaków" (s. 4).[329] ATI,TPE ujawnia, że Tęczowy matriks został sztucznie skonstruowany pomiędzy Drogą Mleczną a Galaktyką-2 i podłączony jest do Wesadeka, Drogi Mlecznej oraz Galaktyki-2 poprzez system tuneli czasoprzestrzennych. Jego energia-materia jest bardziej fantomowa niż energia Drogi Mlecznej.

MCEO twierdzi, że Tęczowy matriks zbudowany został dla celów bio-regenezy. W tym przypadku, jakakolwiek genetycznie zaplanowana „bio-regeneza" miałaby zastosowanie jedynie do poważnie zniekształconych bytów; jednak jeśli one naprawdę chcą biologicznej regeneracji, dlaczego nie integrują się oni ze zwiększoną naturalną energią-materią w Drodze Mlecznej?

Tęczowy matriks i most mogą być postrzegane jako kolejny matriks stworzony według projektu kilku grup bytów; jeknak matriks ten jest bezpośrednio z nami związany i został stworzony przez sieć bytów z członkami z naszego sąsiedztwa. Proponuję zwracać uwagę na nauki New Age oraz buddyjskie, wymawiające słowo „Tęczowy" i określający je lepszym miejscem.

Podczas gdy MCEO przyznało, że matriks ten posiada wypaczoną naturę, stwierdziło również, iż „Żywiciel Aurora" – pola Aurora – miały prowadzić do większej ewolucji w Tęczowym matriksie;[337] chociaż pola Aurora faktycznie zawierają lepszą energię, która nie zlinowuje się z Tęczowym Matriksem. W rzeczywistości MCEO mówi, że Tęczowy Most jest „częścią Misji Zliniowania Christosa", o którym mówi z kolei, że jest „Przymierzem Miłości".[338] Tęczowy matriks i most są dla istot poważnie uszkodzonych, które wciąż żyją zgodnie z mechaniką fraktalną oraz hierarchiami bytów Prawa Jednego, zaś niektórzy z rządzących architektów są członkami MCEO oraz Rady Alhumbhra (czyt. Alhambra – przyp. tłum.).

Tęczowy matriks jest niepotrzebnym miejscem i zróżnicowaniem dla jakiejkolwiek istoty, która naprawdę pragnie wiecznej energii i biologicznej integracji. Co więcej, służy on jako objazd dla bytów Drogi Mlecznej (i połączonej Fantomowej Drogi Mlecznej) oraz Galaktyki-2, z otwartymi drzwiami do Wesadeka, ulubionej galaktyki trzech, Archanioła Michała, co on nazywa „Finałowymi Potrójnymi Gwiezdnymi Wrotami bramy Czasu". Ponieważ Droga Mleczna i Fantomowa Droga Mleczna mają najsilniejsze połączenie z Wesadekiem, w porównaniu z Galaktyką-2, mam wrażenie, że byty Tęczowego matriksu usiłują uzyskać większy dostęp do Galaktyki-2.

Śmiały opis Tęczowego matriksu został dostarczony przez Fim Kosminjas i byłego członka Rady Alhumbhra (i przyjaciela rodziny mojego Wyższego ja) o pseudonimie „Josh", który kiedyś pracował z Radą Alhumbhra, kiedy jeszcze utrzymywała ona swoją integralność u boku KRH. Oświadcza on: „Tęczowy matriks służy jako dostęp do galaktyki Drogi Mlecznej, Wesadeka i Galaktyki-2, które są miejscami ciągłej rywalizacji, a stawką jest ludzka esencja o wyższej świadomosci". Zapytałam, czy istnieją jeszcze inne matriksy o tej samej nazwie, a on odpowiedział: „Mam świadomość tego, że nie ma żadnego innego Tęczowego matriksu w kosmosie oraz poza nim. Tęczowy matriks jest trzyczęściową, systematyczną siecią tuneli czasoprzestrzennych dla grup Alfa-Omega, związanych z nimi ras oraz dla hierarchii grupy Prawa Jednego".

Niestety, w sierpniu 2016 roku Rada Alhumbhra pracowała poprzez Ashayanę nad tym, żeby sprowadzić „Transportowy Przepływ Tęczowej Rzeki", twierdząc, że są to „Przed-plazmowe Przepływy Wiecznych Podstawowych Esencji",[339] podczas gdy są one faktycznie prądami Tęczowego matriksu, potwierdza Josh i ATI,TPE. W grudniu 2016 roku do swoich aktywacji Tęczowego matriksu drużyna Ashayany dodała Przepływ Transportowy fantomowego białego światła, nazywając go „Tęczowo-Białym Krystal-Światłem" i twierdząc zwodniczo, że białe światło jest wieczną, przed-plazmową esencją.[340] Ich praca energetyczna na Ziemi zmierza do ustanowienia silniejszego połączenia z Tęczowym matriksem.

Chociaż natrętne energie próbują powstrzymać Ziemię oraz jej świadomych mieszkańców, nie mogą one być niczym innym aniżeli tylko słabym, tymczasowym zakłóceniem w tle, ponieważ KRH oraz jego prawdziwi sojusznicy kontynuują „poszerzanie strumieni energii Krysthal wiecznej esencji, do bytów o wyższej świadomości oraz tych, którzy właśnie przebudzili się z głębokiego snu, wywołanego przez intruzów", oznajmia Josh. Przekazuje on także, że jego „misją jest dostarczanie wiecznej energii dla bytów planety Ziemia oraz innych planetarnych i galaktycznych bytów".

Żywiciel Krysthal Rzeki, zapragnął zapewnić nam wolną-od-porażki ścieżkę ascendencji do wiecznej energii-materii. Wspierał Ziemię na jej ewolucyjnej ścieżce ku Tarze, do czasu, aż droga ta została poważnie uszkodzona, zaś połączenia do Urty przedstawiały znacznie bezpieczniejszą, preferowaną i na szczęście wykonalną alternatywę. Chociaż Ziemia już nie scali się z Tarą, jej cykl aktywacji gwiezdnej już się rozpoczął, a jej nowsze scieżki na Urta, wykorzystają pra-istniejącą, naturalną mechanikę ascendencji. Ucząc się o cyklach ascendencji Ziemi z Tarą, możemy zyskać więcej zrozumienia na temat tego, jak zachodzi cykl ascendencji poprzez wymiary.

Cykle ascendencji Ziemi z Tarą

Istnieją mechanizmy do pełnej ascendencji we wszystkich podzielonych galaktykach, za wyjątkiem tych części, które są już nieodwracalnie uszkodzone. Cała energia-materia Drogi Mlecznej i Galaktyki-2 powinna zostać zintegrowana z żyjącymi przepływami energii AquaLaShA lub wiecznych światów w Eka, co oznacza, że ich podzielone natury miałyby przetransformować się etapami – dłuższe etapy dla Fantomowej Drogi Mlecznej – żeby w pełni rezonować z tym, co wieczne.

Każdy harmoniczny wszechświat w Drodze Mlecznej i Galaktyce-2 ma harmoniczne cykle czasu, za pośrednictwem których gwiazdy i planety ewoluują i mieszają swoje trójwymiarowe pasma czasu, a następnie przesuwają się razem z odpowiadającymi im cyklami wyższego HU. Każdy taki cykl czasu nazywa się Eiuago i jest około 5000 lat dłuższy niż 25 556-letnia precesja ogólna Wyższej Ziemi, oznajmia ATI,TPE. Ziemia Amenti porusza się po właściwym cyklu Eiuago. Eiuago zawiera sześć Eiuagos, żeby przygotować Ziemię do pełnej ascendencji na Tarę. Jeśli każdy Eiuago ma z grubsza 31 550 lat, wówczas cały proces ewolucji HU-1 zająłby w przybliżeniu 189 300 lat, jeśli mógłby on postępować gładko, bez żadnego wtrącania się.

Grupy bytów, włączając w to MCEO-GA, mają błędnie połączony nienaturalny wychył precesji ogólnej z naturalnym harmonicznym cyklem czasu. Dlatego wiele interpretacji cyklu Eiuago opiera go na precesji ogólnej lub precesji równonocy. Jest to niedokładna informacja, ponieważ okresy mieszania wymiarowego od równonocy i przesileń obejmują wiele interakcji z Ziemią Równoległą, często z fantomowymi energiami; te mieszanki częstotliwości nie są takie same, jak w przypadku, kiedy Ziemia dorastałaby w swoim własnym naturalnym, harmonicznym wszechświecie. Zapytałam ATI,TPE, czy obecny Eiuago został zmieniony, żeby dopasować go do cyklu precesji ogólnej i odpowiedziało ono: „Tak". Dzieje się tak, gdyż pola NET przyspieszyły nasz Eiuago, żeby spotkać się z cyklem aktywacji gwiezdnej Równoległej Ziemi.

Jak wspomniałam w „Atlantydzkich przeszkodach", MCEO mówi, że następny naturalny CAG powinien wydarzyć się w roku 4230 n.e.; jednak nie jest to cykl czasu Ziemi Amenti, stąd kwestionuje to, co jest naturalne. ATI,TPE oznajmia, że obecny Eiuago Ziemi Amenti powinien zakończyć się około roku 4500 n.e., a rozpoczął się około roku 27 000 p.n.e. Jeśli zaś chodzi o 26 556-letnią precesję ogólną Wyższej Ziemi, której koniec miałby zbliżyć się w około roku 4230 n.e. oraz 25 920-letnią precesję ogólną naszej Ziemi, jeden z tych cykli najlepiej odpowiada orbicie Syriusza B; dlatego nasza Ziemia miałaby coraz częściej pokazywać, że już dłużej nie liniuje się z Syriuszem B, jeśli jego obecny 25 771-letni cykl będzie kontynuowany.

Mówiąc to, ukażę teraz rozpowszechnione interpretacje bytów dotyczące precesji ogólnej, ponieważ dają one dobry początek głębszej analizy. Możemy pozostać świadomi tego, że oryginalny, harmoniczny cykl ascendencji jest innym cyklem czasu oraz wydarzeniem innym niż precesja ogólna. Chociaż MCEO zaciemnia ten temat, jego mechaniczne wyjaśnienie w większości popiera Euiago.

Alchemik dwudziestego wieku n.e., Fulcanelli, był domniemanym okultystą, który musiał zdobyć wiedzę o przeterminowanym 25 920-letnim cyklu, ponieważ nauczał on, że precesja ogólna Ziemi podzielona jest na cztery alchemiczne wieki po 6480 lat, w tych ramach czasowych. Umieścił te wieki wewnątrz większych wieków Yuga lub w erach.[341]

Entuzjaści kalendarza Majów zrównują datę końca kalendarza do ostatniego Hindu Yuga, Kali Yuga, jak zostało to opisane w tekstach Wedyjskich. Kompletny Cykl Yuga jest podzielony na cztery ery, każdy nazwany specyficzną Yugą, z wiekami o sukcesywnie mniejszej ilości lat, zaczynając od Złotej Ery 1 728 000 lat, a kończąc na Żelaznej Erze 432 000 lat.

Fucanelli zinterpretował anioła o czterech obliczach z Apokalipsy św. Jana jako kwadrant wszechświata odnoszący się do czterech odrębnych wieków precesji ogólnej. Jednym z kwadrantów jest konstelacja Lwa jako Era Wodnika, którą uważa się za jeden ze znaków apokaliptycznej zmiany. Społeczność New Age postrzega to jako przesunięcie się w stronę większej świadomości. W mechanice nauki śmierci liczba cztery reprezentuje także czterowymiarową czasoprzestrzeń, przedstawianą jako rozmaitość w formie hiper-kuli.

Jay Weidner, entuzjasta hermetycznych i alchemicznych nauk Tota, pisze:

> W nowoczesnej fizyce, dobrze jest znany fakt, że czterowymiarową przestrzeń, w której czas jest aspektem, ma kształt hiper-kuli.... Hiper-kula kształtem podobna jest do

obwarzanka. Fizycy nazywają tę hiper-kulę torusem.... Torus hiper-kuli jest również przedstawiony przez hiper-sześcian.[341]

Torus hiper-kuli wygląda jak Zatrute Jabłko, konfiguracja manipulacji energią. Czterowymiarowy hiper-sześcian, sześcian wewnątrz sześcianu, ma również odniesienie do trójwymiarowego sześcianu, ulubionej figury geometrycznej Metatrona. „Kiedy energia zaczyna napływać do worteksu, który przechodzi przez środek kuli, przejmuje ona kształt czworościanu", oświadcza Weidner (s. 293).[341] Ta częściowa merkaba czworościanu, utworzona przez zniekształcone geometrie Metatrona, wykorzystuje niesamowitą siłę do przyspieszenia czasu i ściśnięcia gęstości.

Jeśli chodzi o liczbę cztery w cyklu Eiuago, istnieją cztery czasy podczas Eiuago, kiedy Ziemia wchodzi w relację z Równoległą Ziemią i Równoległą Tarą, żeby uzyskać różne częstotliwości, w przygotowaniu na swoje przeobrażenie w Tarę. Właściwie to jest sześć cykli wewnątrz Eiuago, które, jak oznajmia MCEO-GA, trwają 4426 lat każdy (na Wyższej Ziemi). W pierwszym cyklu czasu Ziemia miesza się dwa razy z Równoległą Ziemią i Równoległą Tarą, raz w połowie cyklu i raz na końcu. Obydwa te okresy czasu nazywane są Punktami Podstawowej Koniunkcji. W szóstym cyklu czasu te same dwa okresy czasu nazywane są Punktami Podstawowego Koordynatu, ponieważ siatka Ziemi miesza się z siatką Równoległej Tary. Występowanie tych obydwu zestawów punktów na przestrzeni sześciu cykli czasu w każdym Eiuago, stopniowego przyrostu przez pasma HU-1, stanowi pełny cykl ascendencji harmonicznego wszechświata.[121]

Chociaż Ziemia Amenti (a przez skojarzenie – nasza Ziemia) zaczęła wchodzić w interakcję z Tarą w 2000 roku, to jednak częściej wchodzi w interakcję z Równoległą Tarą, z uwagi na bardziej kompatybilną pulsację cząsteczkową. Proces ascendencji sprowadza niższe pulsacje z HU-1, do wyższego i mniej zagęszczonego stanu, działając z szybszą, wypełnioną-światłem prędkością. Równoległa Ziemia Amenti i Tara działają na tempie pulsacji dwa razy szybszym niż Ziemia Amenti i Równoległa Tara,[121] tak więc zaangażowanie się częstotliwości harmonicznej Ziemi w tony podstawowe Równoległej Tary dają jej konieczną energetyczną przemianę, żeby we wspólnym wysiłku spotkać się z Równoległą Ziemią, a później z Tarą.[121]

Zwiększone prędkości pulsacji cząsteczkowej, nierozerwalne z energią-materią z wyższych wymiarów takich jak tekjony, są innym zjawiskiem niż momenty pulsacji cząsteczkowej, znane jako czas. Pęd czasu związany jest ze stworzonymi masami i gęstościami, poruszającymi się szybciej w niższych wymiarach i wolniej w wymiarach wyższych.

Drugi etap szóstego cyklu czasu dotyczy nas. W normalnych warunkach cząsteczki częstotliwości harmonicznej Ziemi sukcesywnie scalają się z podstawowymi antycząsteczkami Równoległej Tary, aż ich wymiana energii gromadzi się w polach morfogenicznych i tworzy przepływ zwrotny lub falę morfogeniczną. Podczas fali „Cząsteczki częstotliwości harmonicznej Ziemi zostają sukcesywnie zawieszone w hiper-przestrzeni", mówi GA (s. 112).[121] ATI,TPE objaśnia, że proces ten zachodzi, gdyż cząsteczki częstotliwości harmonicznej Ziemi „przyspieszają i tracą właściwości grawitacyjne i cechy przyciągania". Wówczas „częstotliwości wymiarowe tonu podstawowego, pozostające w siatce Ziemi, osłabiają swoje połączenie z antycząsteczkami częstotliwości harmonicznej Równoległej Tary, powodując bardziej przypadkową sekwencję częstotliwości na zewnątrz siatki Ziemi, żeby później podłączyć się z Równoległej Tary do siatki Tary, kiedy dojdzie do wymieszania".

Kiedy fala morfogeniczna, pięć lat później, osiąga swój próg w Punkcie Podstawowego Koordynatu, połączone ze sobą cząsteczki poddawane są rozszczepieniu i odtworzeniu w odpowiadających im wyższych harmonicznych wszechświatach. To wtedy Tara i Ziemia byłyby w pełni zliniowane, a cząsteczki częstotliwości harmonicznej Ziemi wyłoniłyby się ponownie jako antycząsteczki tonu podstawowego Tary, zaś antycząsteczki tonu podstawowego Tary wyłoniłyby się ponownie jako cząsteczki Gaii", mówi GA (s. 112).[121] Co ciekawe, GA oświadcza, że ostatnia fala morfogeniczna utworzyła pas fotonowy wokół Plejad, co jest twierdzeniem trudnym do zweryfikowania przez naszą społeczność naukową, z powodu odległej fizycznie natury wyższego wymiaru.

W miarę jak tony podstawowe Ziemi i częstotliwość harmoniczna Równoległej Tary mieszają się ze sobą, utworzony zostaje harmoniczny ton rezonansowy, który powoduje, że zarówno materia, jak i równoległa antymateria odwracają swoje wirowania i przemieszczają się w momencie kątowym, żeby spotkać się w 4-tym wymiarze. Kiedy ich pola elektromagnetyczne są w równowadze, zmiany te nie powodują żadnego przemieszczenia planety w swojej osi. GA wyjaśnia:

> W magnetyzmie Ziemi można wykryć pewne wahania, a na obszarach, które nie są w pełni energetycznie zrównoważone, mogą wydarzyć się drobne ruchy tektoniczne, lecz podstawowa konstrukcja Ziemi pozostanie nietknięta.... *Bardzo ważne jest, żeby podczas tego okresu pięciu lat bio-energetyczna struktura oraz siatka elektromagnetyczna były zrównoważone* (s. 113).[121]

Nasz obecny czas w historii Ziemi jest wspaniały, ponieważ w dniu 21 grudnia 2012 roku wkroczyliśmy w 10-letnią falę morfogeniczną niemalże zakończonego cyklu Eiuago. Według ATI,TPE oraz Eia, tego dnia niektóre z wywalczonych przejść Korytarzy Amenti zaczęły otwierać się, ale z powodu przeszkód wywołanych przez rasy najeźdzców nie otworzyły się w pełni podczas ostatniego Punkt Podstawowego Koordynatu, w tym CAG, w dniu 21 grudnia 2017 roku. (Niestety, uwidacznianie dokładnej daty przyciąga do Korytarzy więcej uwagi nieprzychylnych bytów, czyniąc je potencjalnie niebezpiecznymi w tym czasie). Liga Opiekunów przekazała w „Podróżnikach II", że 3-dniowy szczyt miałby przejawić się kilka miesięcy wcześniej w maju 2017 roku; jednak potwierdziłam z ATI,TPE, że ten nieważny już harmonogram zakładał połączenie hipotetycznej Strefy Pomostowej Ziemi z harmonicznym rezonansem Tary, podczas szczytu elektrycznego.

Podczas pełnego szczytu, około 21 grudnia 2017 roku, 8-wymiarowy aspekt rdzenia galaktycznego Drogi Mlecznej – czasami nazywany rdzeniem meta-galaktycznym, z powodu skróconej siatki kathara Drogi Mlecznej – powinien przepuścić energię spiralną „przez rdzenie planetarne Ziemi, Tary i Gaji, przez okres około 3 dni, aż siatki Ziemi i Tary będą w zupełnym zliniowaniu" (s. 116).[121] ATI,TPE oznajmia, że podczas gdy rdzeń meta-galaktyczny usiłował przekazać swoją energię do Gaji, Tary i Ziemi, zlinowania ich planetarnych siatek zboczyły z kursu. Z powodu trwających zmagań o kontrolę nad przejściami Korytarzy ziemi Amenti, wciąż nie jest w pełni jasne, ile z meta-galaktycznej energii otrzymały Tara i Ziemia.

Gaja i Tara są teraz w głównej mierze fantomowe, zaś Ziemia zaczęła teraz wchłaniać energię z pól Aurora. Przez kolejne minimum pięć lat – do 21 grudnia 2022 roku lub bardziej prawdopodobne, że po tym czasie – fala morfogeniczna sukcesywnie spowalniłaby, aż zostanie zakończony proces ostatecznej ascendencji.

Spełniona ascendencja w stronę Tary miałaby sprawić, że cała Ziemia zmieszałaby i scaliła swoje przekształcone składniki i esencje z Tarą, Tara zmieszałaby się i scaliła z Gają, Gaja zmieszałaby się i scaliła z Aramateną, zaś Aramatena zmieszałaby się i scaliła ze swoim odpowiednikiem HU-5, w ten sposób, że wszystkie fraktalne wersje tych podobnych do siebie energetycznie ciał niebieskich osiągnęłyby ostatecznie materię Krysthal, na zewnątrz Drogi Mlecznej, na bezpiecznym, górnym poziomie Eka lub Weka. Realistycznie rzecz ujmując, zniszczenie, jakiego doznały Ziemia i Tara, zatrzyma Ziemię przez dłuższy czas w HU-1.

Żeby z wyczekiwaniem rozwiązać zmagania Ziemi, koniec roku 2012 przyniósł Ziemi nową ścieżkę ascendencji, nie tylko w stronę pól Aurora, ale także ku AquaLaShA. Kolejne części przedstawiają ścieżkę ascendencji; zaś część „2022" nareszcie umieści CAG Ziemi w odpowiednim kontekście ostatnich wydarzeń.

<u>Dramat mieszania wymiarowego w roku 2012 i nadzieja roku 2013</u>

W przyspieszonej linii czasowej Ziemi przez BEA-O, po to, żeby spotkała się ona z CAG Równoległej Ziemi, zaplanowali oni użyć struktury Metatronicznych tuneli czasoprzestrzennych, celem zmieszania obydwu templarów Ziemi. Aby uprzedzić ich w przejęciu kontroli nad Korytarzami Amenti, rasy KRH zdecydowały się otworzyć Korytarze Amenti wcześniej, po to ażeby rozpocząć ich wygasły Projekt Strefy Pomostowej. Woleli oni przesunąć ten „Dramat Finałowego Konfliktu", aż do czasu naturalnego CAG (Wyższej) Ziemi w roku 4320 n.e, który jak twierdzi MCEO jest 25 556 lat od ostatniego nieudanego CAG, lecz nie oczekiwali oni że Ziemia wytrwa tak długo.[181] Niektórzy wierzyli, „że Ziemię spotka katastroficzny koniec w prawdopodobieństwie przyszłości z roku 2976 n.e", oznajmia MCEO, ponieważ przewidziano, że poważnie zdeprawowane, Metatronicznie aspekty Równoległej Drogi Mlecznej, włączając w to Równoległą Ziemię, eksplodują do tego czasu.[181] W rzeczywistości nie oznacza to, że nasza Ziemia zostałaby zniszczona, gdyż części ze zwiększoną integralnością energetyczną mogą być zachowane; jednak jeśli wysiłki BEA-O doprowadziłyby do zniszczenia Słońca, wtedy nasza Ziemia znalazłaby się w niebezpieczeństwie.

Tak, jak przedstawiłam to w „Atlantydzkich Przeszkodach", planem BEA-O na rok 2012 n.e było użycie tunelu czasoprzestrzennego Słonecznego Tunelu Torusa-Czasu, który zczepia ze sobą orbity Słońca i Równoległego Słońca, oraz zliniowuje gwiezdne wrota ich rdzenia galaktycznego, celem otwarcia pola załamania czasoprzestrzeni Wielkiego Rozdarcia w Czasie Torusowej Szczeliny, takim jakie było w roku 10948 p.n.e, dosłownie łącząc ten moment z przeszłości, z rokiem 2012 n.e. Wówczas jeśli gwiezdne wrota Ziemi i Równoległej Ziemi otworzyłyby się w zgodzie ze sobą, pole załamania czasoprzestrzeni, sprowadziłoby je wraz z ich Słońcami do galaktycznego zliniowania Fantomowego Alfa Omega z tamtego czasu.[181]

Ruch New Age twierdził, że zaplanowane zliniowanie galaktyczne 2012, jest nietypowym zliniowaniem na mapie gwiezdnej, które umieścić miałoby Ziemię na płaszczyźnie galaktycznej. Entuzjasta astronomii Bruce McClure, wyjaśnia to stwierdzenie:

> Nie, w przeciwieństwie do tego, co mogliście słyszeć, Ziemia nie przejdzie przez płaszczyznę galaktyczną w roku 2012. Ziemia nie będzie fizycznie przechodzić przez płaszczyznę galaktyki Drogi Mlecznej przez kolejne 30 milionów lat. Niemniej jednak w roku 2012, Ziemia przekroczy równik galaktyczny. Tak, jak widziane jest to ze Słońca, Ziemia czyni to co roku – dwukrotnie.[342]

Właściwe zliniowania związane są z niewidocznymi berłami i poprzecznicami, gwiezdnych i galaktycznych struktur. Berło, jest centralną i pionową osią ciała niebieskiego i merkaby, oznajmia ATI,TPE. Poprzecznica jest kolumną częstotliwości wirującą wewnątrz czyjejś poziomej harmonicznej tarczy. Berło i poprzecznica cyrkulują energie ze sobą.[343]

Jak wspomniałam wcześniej, MCEO-GA błędnie odnoszą berła i poprzecznice do swojej wersji siatki kathara z pionowymi i poziomymi liniami, które tak właściwie są bocznymi przejściami. Żadna linia siatki kathara nie zapewnia poprzecznicy, ani berła, dla całego wymiaru, tak jak przedstawia to ponumerowany okrąg w siatce kathara (na Rysunkach 3 i 4). Kiedy MCEO-GA odnosi się do galaktycznego berła i poprzecznicy, składniki te są częścią struktury galaktycznego merkaba.

Każde planetarne, gwiezdne i galaktyczne „ciało" zawiera wschodnio-zachodnią poprzecznicę i przednio-tylną komorę poprzecznicy. Poprzecznice te wychodzą ze środka horyzontu takiego ciała pod kątem 90 stopni do siebie nawzajem. Poprzecznice planety oraz jej słońca, przechodzą przez siebie nawzajem w elektromagnetycznym przepływie Yan-Yun (czytaj Jen-Jan – przyp. tłum.), który pochodny jest do większego łukowego przepływu Lotusa, który przedstawiony został w części „Kreacja", w rozdziale 7. Naturalne nachylenie zera stopni ich osi merkaba, pozwala słońcu na przekazanie kwanta planecie w swoim układzie słonecznym.[344]

Uprząż Grawitronu Bestii, obraca w miarę bardziej naturalny przepływ Yan-Yun w pola torsyjne Yin-Yang (czytaj Jin-Jeng – przyp. tłum.) „Zatrutego Jabłka". Przepływ Yan-Yun posiada sześć opartych na partikej i sześć opartych na partikam ujść cyrkulacyjnych, z rdzenia ciała niebieskiego, obydwa zestawy wyglądają podobnie do pionowego motyla ze skrzydłami równych rozmiarów, podczas gdy pola torsyjne Zatrutego Jabłka tworzą dwa ściśle zawężone ujścia cyrkulacyjne z wydętym obszarem centralnym. Nasza planeta posiada konfigurację Zatrutego Jabłka.

Popularny, Chiński, Taoistyczny symbol Yin-Yang, przedstawia ciągle obracające się podwójne elektromagnetyczne pola Zatrutego Jabłka w kształcie torusa. Zarówno czarne jak i białe, kontrastujące ze sobą części symbolu, ukazują pojedynczą dziurę torusa, żeby uchronić tą strukturę przed skurczeniem się w jeden punkt. Pola torusa, działają jak uprząż elektromagnetyczna, która wpływa na osie północnego i południowego bieguna Ziemi, powodując kiwanie się Ziemi. Niewykluczone, że jeśli Ziemia w całości zrobiona byłaby z energii-materii Krysthal, jej energie promieniowałyby z jej ciała bez nierównego kiwania się, ponieważ w pełni swobodnie mogłyby „oddychać".

Wychylenie osi merkaba ciała niebieskiego, niezależne jest od wychylenia jego biegunu geograficznego. ATI, TPE informuje, że oś merkaba Ziemi nie ma wychylenia. Jednakże naukowcy wiedzą, że oś geograficzna Ziemi, wychylona jest pod kątem 23.5 stopnia do płaszczyzny ekliptyki. MCEO oświadcza, że to fizyczne wychylenie wywołane zostało przez technologie Grawitronu, żeby zliniować Ziemię z Równoległą Ziemią, ponieważ Równoległa Ziemia była już nastawiona pod tym kątem, w przeciwnym kierunku.[181] Wychylenie to umożliwia sieciom worteksów na wskoczenie pomiędzy Ziemię a Słońce.[172] Chociaż kąt 23.5 Ziemi, zapewnia właściwe dla przetrwania gatunków pogodę i warunki pór roku, to wciąż jest to oparte na nauce śmierci dla oddzielonej i skróconej egzystencji. Jak oznajmia ATI,TPE w wiecznym systemie nie ma żadnego wychylenia (0 stopni) osi geograficznej i merkaba planety, czy gwiazdy.

Równoległa Ziemia porusza się wokół Równoległego Słońca, w kierunku zgodnym do wskazówek zegara, podczas gdy Ziemia porusza się wokół Słońca w ruchu przeciwnym do wskazówek zegara. Dwa razy do roku, podczas wiosennej i jesiennej równonocy, Ziemia i Równoległa Ziemia mieszają się ze sobą, kiedy przechodzą przez siebie nawzajem, oznajmia MCEO. Na tydzień czasu każdej równonocy, gwiezdne wrota Ziemi otwierają się, umożliwiając przejście pomiędzy tymi dwiema planetami. Podczas zimowego i letniego przesilenia, Ziemia oraz Równoległa Ziemia znajdują się na przeciwległych stronach Słońca. W tym czasie, planetarne poprzecznice sprzęgają się ze słonecznymi poprzecznicami Słońca, umożliwiając energii-materii na przejście pomiędzy Ziemią a Równoległą Ziemią poprzez rdzeń Słońca.[318] Dlatego właśnie członkowie New Age, poganie itd, lubią wykonywać określone rytuały podczas równonocy i przesileń. Po Atlantydzkim wymazaniu-umysłów, ludzie zostali nauczeni, żeby śledzić równonoce i przesilenia, aby wiedzieć kiedy mają powrócić ich bogowie z Równoległej Ziemi.

Podczas CAG Ziemi, galaktyczna poprzecznica Drogi Mlecznej – znaczący komponent galaktycznej merkaby, który rozciąga się poprzez kilka dużych wymiarów, informuje ATI,TPE – zliniowuje się z poprzecznicą naszego Słońca. To jest właśnie to, co wydarza się podczas naturalnego galaktycznego zliniowania. Są to zliniowania planetarnych, słonecznych i galaktycznych poprzecznic, które pozwalają na otwarcie się przejść gwiezdnych wrót. Dodatkowo, MCEO oznajmia, że wirowanie poprzecznic ułatwia otwieranie się gwiezdnych wrót.

Nasze planetarne poprzecznice zniekształcone zostały przez rozdział częstotliwości, tworząc fałszywe poprzecznice, zwane poprzecznicami Kaduceusza. Żeby to się wydarzyło, nasza Ziemia uderzona została zarówno przez wybuch częstotliwości poprzez tunel czasoprzestrzenny Równoległej Ziemi, jak również przez asteroid, żeby rozciągnąć skorupę ziemską na północ i południe, celem zliniowania Ziemi z Równoległą Ziemią. Główny Południk 0 stopni w Greenwich, w Anglii, oraz przeciwległy południk 180 stopni Międzynarodowej Linii Zmiany Daty, odzwierciedlają rytm pulsu podstawowego tego nowego zliniowania. Na dodatek, naturalne poprzecznice rozdzieliły się i przesunęły do góry, od równika do Zwrotnika Raka.[318]

Poprzecznice Kaduceusza, utrzymywane są na miejscu przez specyficzne bazy BEA-O, zawierające technologię implantacyjną, w głównej mierze w płaszczu Ziemi, tak więc wirujące poprzecznice mogą rozgrzać płaszcz Ziemi, powodując ruch skorupy ziemskiej. MCEO informuje, że aby BEA-O mogli utrzymać zliniowanie tych fałszywych poprzecznic, kontrolują oni 48 baz Alfa-Omega na Ziemi. Zliniowania wymagane były do połączenia się ze zliniowaniami Równoległej Ziemi, tak aby mógł się ziścić plan wielkiego przebiegunowania. Kiedy technologia aktywuje poprzecznice Kaduceusza, tworzą one dosłownie worteksy, oraz leje krasowe (angielska nazwa sinkhole – przyp. tłum.) za pomocą których konstrukcja planetarna może zostać wciągnięta do tuneli czasoprzestrzennych. W ten właśnie sposób Atlantyda i Lemuria „zatopiły się" w Strefy Hibernacji.

BEA-O zaplanowali wymierzyć w fałszywą poprzecznicę Ziemi kolejne uderzenie częstotliwości poprzez tunel czasoprzestrzenny Równoległej Ziemi, żeby wyciągnąć ją w pola merkaba Słońca, a dalej do Abaddon. Kiedy taka ostra częstotliwość uderza w planetarną poprzecznicę i powoduje jej wirowanie, rozłamuje to skorupę planety i powoduje przesunięcie biegunów, chyba że na miejscu ustawione zostaną pola buforowe, które KRH naprawdę zapewnił.[318] Dlatego właśnie ciągle widzimy odniesienia do przebiegunowania w roku 2012, zwłaszcza w filmach katastroficznych takich jak „2012". Smutne, ale wydarzenie takie powiodło się na Równoległej Ziemi w roku 2003.[319]

Przesunięcie biegunów w kontekście tej książki, obejmuje przemieszczenie osi merkaba i czasami odwrócenie pola geomagnetycznego, a nie żadne zjawisko wywrócenia Ziemi do góry nogami. Przesunięcia biegunów zmieniają prędkość-wirowania osi merkaba, co z kolei zmienia prędkość elektrycznego lub magnetycznego składnika, lub obydwu, bądź odwraca ich kierunki. Z drugiej zaś strony, przesunięcie biegunów geograficznych, powoli zachodzi na Ziemi bez istotnego znaczenia.

Przesunięcie biegunów Ziemi spowodowałoby przemieszczenie poprzecznic Kaduceusza do pozycji planetarnych i słonecznych zliniowań biegunów, które istniały w roku 10 948 p.n.e, kiedy to wdrożony został eksperyment Wielkiego Rozdarcia w Czasie Torusowej Szczeliny. Wirujące poprzecznice spowodowałyby, że rdzeń merkaba naszej Ziemi uruchomiłby aktywację prędkości-wirowania 55.5. Wówczas to, pola merkaba naszego układu słonecznego, oraz równoległego układu słonecznego, zostałyby sukcesywnie ściśnięte i cofnięte w czasie, kompresując się w więź vesica piscis, jako skrzyżowanie dwóch układów słonecznych, w celu uruchomienia orbity vesica piscis.

Podczas tego procesu, obydwie prędkości-wirowania pola merkaba układu słonecznego scaliły by się ze sobą i sukcesywnie przyspieszyłyby wraz z wyrażeniem Fibonacci, do jednokierunkowej prędkości-wirowania 55, „dużego, pojedynczego, nieorganicznego zestawu-worteksów o tym samymwirowaniu, Zewnętrzengo Metatronicznego Pola Merkaba, z wewnętrzną Uprzężą Atomowej-Osłony Metatronicznej Gwiazdy Śmierci, otaczającej kwantum dwóch układów słonecznych, przetrzymywanych w jej wnętrzu", mówi MCEO (s. 26).[181] Wymieszana, nieorganiczna merkaba staje się automatyczną żywiąca się spiralą, która konsumuje układy słoneczne. Kiedy przyspiesza do 144 obrotów – każdy na bilionową miliardowej nanosekundy (angielski skrót PTBN, odtąd będę używała tego skrótu – przyp. tłum.) – może przejść przez Rozdarcie w Czasie Torusowej Szczeliny, implodując, eksplodując i roztrzaskując układy słoneczne w surową energię „superprzyspieszonego kosmicznego-pyłu" (s. 26).[181] Z chwilą, przeniesienia się do Fantomowej Równoległej Drogi Mlecznej, „Gwiazda Śmierci" staje się dużą, zewnętrzną merkabą, która zwolniłaby aby umożliwić uwięzionej energii-materii uformowanie się w zmutowaną kopię o skończonym-życiu dwóch oryginalnych układów.

Dzień 21 grudnia 2012 roku, z powodu połączenia z Równoległą Ziemią podczas zimowego przesilenia, dostarczył BEA-O okazji do realizacji ich śmiertelnego planu. Na dodatek, program komputerowy Stellarium, pokazuje doskonałe zliniowanie pomiędzy Ziemią, Słońcem i Koziorożcem B, niedaleko centrum galaktycznego, z koordynatów Monumentu Waszyngtona, patrząc na południe, tuż po południu. Około godziny 12:05:30 p.m., Czasu Wschodniego Wybrzeża, zarówno równikowe jak i azymutowe siatki niebiańskie, nakładają się na siebie, na południowym azymucie, tam gdzie znajduje się to zliniowanie, pokazując wyraźnie zliniowanie galaktycznego równika.[259]

Według MCEO, jeśli w dniu 21 grudnia 2012 roku, merkaba Ziemi osiągnęłaby prędkość-wirowania 55 PTBN (co naprawdę byłoby 55.5 PTBN dla większego pędu), nasza Ziemia pchnięta zostałaby w 40-dniowe okno chaosu, od tamtej chwili, aż do 1 lutego 2013 roku, gdyż wirowanie „osiągnęłoby krytyczne przyspieszenie do >>prędkości-wirowania 144 Merkaby Metatronicznej Gwiazdy Śmierci<<" (s. 30).[181] Kwanta Ziemi wciągnięte zostałoby do umierającej części Słońca i tyle, ile tylko możliwe z kwanta układu słonecznego, przekazane zostałoby poprzez przejście słonecznej poprzecznicy, która jest w zliniowaniu z galaktyczną poprzecznicą.[330]

Żeby osiągnąć zmieszanie wymiarowe merkaba Równoległej Drogi Mlecznej i Drogi Mlecznej, BEA-O pracowali nad tym, aby nienaturalnie zliniować określone cząsteczkowe i równoległe anty cząsteczkowe poprzecznice i berła do kształtu, lub znaku krzyża. Słoneczny Krzyż, obejmuje merkaba słonecznej Gwiazdy Śmierci, wraz z następującymi układami: gwiezdne wrota-3 Ziemi, połączyłby się z gwiezdnymi wrotami-10 Wega; zaś gwiezdne wrota-4 Słońca, połączyłby się z gwiezdnymi wrotami-9 Andromedy. Ten wzorzec miałby zostać powtórzony w Równoległej Drodze Mlecznej.

Następnym etapem, jest połączenie merkaba Drogi Mlecznej i Równoległej Drogi Mlecznej, żeby utworzyć tą sama prędkość-wirowania 55.5 Wielkiego Krzyża Gwiazdy Śmierci, z osią centralną pomiędzy galaktykami Równoległej Drogi Mlecznej i Drogi Mlecznej, które sukcesywnie pożarłyby galaktyki, kiedy przyspieszyłyby do tej samej prędkości-wirowania 144.

Gigantyczna, zewnętrzna merkaba Wielkiego Krzyża Gwiazdy Śmierci użyta zostałaby do wytworzenia masywnego rozdarcia w czasie, które pociągnęłoby przechwyconą energię-materię z Wesadrak'a, wraz galaktykami Równoległej Drogi Mlecznej i Drogi Mlecznej do Wesadek'a, dając mu wystarczającą ilość kwanta, aby podtrzymać życie jego mieszkańców przez eony. Jest to w pełni sprawna merkaba Gwiazdy Śmierci – a nie żadna supermasywna czarna dziura – która ciągle konsumuje energie, aby podtrzymać piekła skończonej kreacji. Wówczas to, kontrolerzy Borża przetoczyli by część z tej energii przez tunel czasoprzestrzenny lub rozdarcie w czasie do ich przetrwałych matriksów.

BEA-O zaplanowali rozpoczęcie tego wielkiego, galaktycznego mieszania wymiarowego podczas Hetharo Ziemi 28 maja 2003 roku, ponieważ oś Równoległej Ziemi zliniowała się z osią 22.5 stopnia Wesadek'a. Kiedy ich agenda zawiodła, wymierzyli oni w 21 grudnia 2012 roku.[326]

MCEO rozjaśnia religijne i materialne cele BEA-O, w swoim oficjalnym oświadczeniu ujawnienia „Podsumowanie Tematu-2":

> Przez stworzenie Sztucznej Galaktyki Czarnej Dziury Gwiazdy Śmierci – obrzydliwości stworzenia Metatronicznej Nauki Śmierci „Rozkwitu Zagłady" – kolektywy upadającej Starszyzny-Iluminatów „Fałszywego Bóstwa Alfa-Omega", miały nadzieję na „Odtworzenie Kreacji na ich Własny Obraz". Mieli też nadzieję na użycie Galaktyki Gwiazdy Śmierci, do "stworzenia, a następnie wchłonięcia innych ze swojego rodzaju", aby ukształtować potężny Wszechświat Gwiazdy Śmierci, który podtrzymuje jego istnienie i odwraca następstwo wiecznych Praw Kosmicznej Fizyki (s. 27-28).[181]

Gdyby plan ten powiódł się, organizmy Ziemi, zostałyby przetworzone w zmutowane wersje tego, czym były kiedyś. Wielu z nas poddanych zostałoby totalnemu wymazaniu pamięci, posiadając minimalnie działającą świadomość, z prawdopodobnie silnie autystycznymi mutacjami genetycznymi i demencją. MCEO oświadcza, że przetworzone pole „życia" żyjącej-śmierci, nie dawałoby nam już dłużej wolnej woli, oraz ascendencji wiecznego życia, ponieważ stalibyśmy się niewolnikami Bogów BEA-O, w czymś w rodzaju czyśćca, aż nasz materiał atomowy, obróciłby się na stałe w kosmiczny pył.

MCEO wyjaśnia:

Wraz z aktywacją „Metatronicznego Współczynnika Mieszania-55", „Mutacja Zmieszanego DNA Zwykłego-człowieka", staje się trwała, zaś ludzkie DNA zostaje trwale przekształcone z oryginalnego genomu wiecznego-życia gatunku Anielskiego-Człowieka, w nieorganiczny wzorzec skończonego-życia nowego Upadłego-gatunku zmutowanej-hybrydy-ludzkiej Iluminatów-Lewiatan, z góry przeznaczonej do przejściowo zniewolonej dominacji i zamierzonej ewentualnej eksterminacji przez rasy Starszyzny-Iluminatów, do których ta zmutowana Siatka Zaszyfrowania jest podłączona (s. 35).[181]

[Uwaga: siatka zaszyfrowania, jest częścią morfogenicznego szablonu, na podstawie którego myśli, pomysły, emocje, oraz formy-materii, tworzą pole promieniowania, które przepływa zgodnie z tym, co MCEO nazywa „Prawem Wzajemnego Przyciągania", wspólny związek energetyczny z odpowiadającymi mu energetycznymi następstwami (s. 15).[181]]

Żeby chronić naszą Ziemię, drużyna KRH zaplanowała, zastosować pole odbicia „Żyjącego Lustra na Niebie", kiedy galaktyczny wybuch, nadszedłby z sieci zliniowania z Abaddon w dniu 21 grudnia 2012 roku. MCEO stwierdziło, że Lustro obejmowało 48 potężnych, plazmowych statków promiennych Krysthal w kształcie płaszczki, które tworzą uzbrojone, zazębiające się płyty, każda rozmiaru zbliżonego do Tarczy Salomona, żeby efektywnie przewyższyć swoją siłą uszkodzoną Tarczę. Osłania ono również efektywnie Ziemię, przed jakąkolwiek inwazją plazmowego statku odwróconego fioletu, który zwiększyłby ofensywę BEA-O. Lustro, mogłoby odbić wybuch z powrotem do jego źródła pochodzenia, z siłą co najmniej 12 razy większą, niż siła tego wybuchu. To spowodowałoby poważne konsekwencje dla tych ras, oraz ich systemów.[333,330]

(Aktualizacja: Później sprawdziłam ponownie z moim kontaktem drużyny KRH z „M", który oświadczył, że „zdarzenie z urządzeniem odbijającym" Lustra na Niebie, obejmowało 46 statków, o których mówiono, ale jeden został zaatakowany i zniszczony jeszcze przed ich ustawieniem. Czułam, że potrzebowałam ustosunkować się do twierdzenia MCEO, które to znowu zawierało kolejną wielokrotność liczby 12, lecz abstrahując od dezinformacji, „M" powiedział że było to „wspaniałe przedsięwzięcie", które faktycznie miało miejsce i było sukcesem, chroniąc Ziemię w tak krytycznym czasie.)

Drużyna KRH zsynchronizowała również aktywację swojej siatki żywiciela Srebrnego Nasienia Aurory rdzenia-nasyconego Kosminjas, z siatką uprzęży Alfa-Omega, żeby włączyć około jednej trzeciej siatki zaszyfrowania i cyklu czasu naszej Ziemi, z naturalnie wolniejszymi cyklami gwiezdnych wrót ascendencji Srebrnego Nasienia Aurory Wyższej Ziemi.[181]

MCEO z przekonaniem przewidziało:

> Nie istnieje nic, co Siła Iluminatów może zrobić, żeby przezwyciężyć lub zapobiec bezpośredniej interwencji Siatki Ascendencji Srebrnego Nasienia Gwiezdnego Pyłu Opiekunów; Siła Iluminatów odkryje prawdę o tej rzeczywistości, kiedy dowiedzą się, że Katastroficzne Przebiegunowanie Ziemi, które obecnie przepowiadają na lata 2013-2015, nie wydarzy się tak jak planują (s. 36).[181]

W książce pt: „Podróżnicy II", GA oświadczyło, że Korytarze Amenti miałyby otworzyć się w maju 2012 roku. Jeśli miałyby one otworzyć się w maju, wówczas skąd to panujące skupienie na 21 grudnia? Powodem późniejszej daty, było to, że maj przyniósł znaczące zmagania, które niemalże wciągnęły Ziemię do fantomowego statusu. Moi informatorzy współpracujący z KRH, potwierdzili, że „Korytarze Amenti zamiast w maju, zaczęły otwierać się dopiero w grudniu 2012, gdyż przedział czasowy przesunięty został do przodu, z powodu kłopotliwych wydarzeń, które miały miejsce w maju 2012 roku".

Tym kłopotliwym wydarzeniem, był 27 maja, kiedy to BEA-O wysłali Matatroniczne uderzenie-55, kilka miesięcy przed swoją zaplanowaną na 21 grudnia 2012 roku odwróconą merkabą 55.5. Silny atak przezwyciężył i odwrócił zredukowaną częstotliwość Gyrodome KRH, który zakotwiczył w platformach Aurora, pomiędzy Strefami Hibernacji. Platformy Aurora, podłączone do Ziemi zapewniały strefy bezpieczeństwa, do chwili aż uderzenie naruszyło ich energie. Uderzenie to przeniknęło również na naszą Ziemię i popchnęło jej merkaba do odwróconej prędkości-wirowania 55. BEA-O planowali przekierować przejęty prąd Gyrodomu do Równoległej Ziemi i użyć go do scalenia Rownoległej Ziemi z Ziemią.[183,202,345]

Jak wyjaśniam to w rozdziale 10, określone byty i Ludzie, jako część różnych filii KRH, przetoczyli fantomową energię do swoich siatek planetarnych. Ashayana przyznała, że działo się to w przygotowaniu do uderzenia z 27 maja, o którym wiedziała już wcześniej, w kwietniu, ale raczej przyzwoliła na ataki fantomowej energii, na podatnych na zranienie członków jej drużyny (co jest również prawdą).[333] Co ciekawe, Ashayana jako Mówca-1 dla MCEO-GA, prowadziła swój warsztat w tym krytycznym czasie, pod koniec maja, podczas którego, publicznie oddzieliła się od swoich kolegów Mówcy-2 i Mówcy-3.[346]

W warsztacie Ashayany z sierpnia 2012 roku, wyjaśniła ona, że „ukochani" pozwolili Metatronicznemu urządzeniu-55 na sprowadzenie naszej Ziemi niepewnie blisko do jej upadku, po to żeby spowodować, by ich kod Krysthal

„sprowadził wszystko z powrotem do równowagi".[183] Wyjaśnienie to daje do zrozumienia, że destrukcja jest sposobem na wywołanie reakcji ze strony kreacji Krysthal, żeby jakoś ją uzdrowić, lecz skończona kreacja jest zewnętrzna dla kreacji Krysthal, nie wewnatrz jej żeby zawsze wywoływać właściwa reakcję obronną. Efektywna reakcja obronna, taka jak Starfajer jest celowo przyspieszana w przypadku nagłych sytuacji, przez istoty Krysthal, które nie są sterowane przez fantomowe działania.

Właściwie, w roku 2009, Ashayana powiedziała, że Lustro na Niebie i Tarcza Salomona (później jako pozostałość), miały nie tylko utrzymać na miejscu poprzecznice Kaduceusza, ale może także nieznacznie zwinąć je z powrotem, żeby odwrócić moment obrotowy zmierzający do przebiegunowania.[318] Zaprojektowane one zostały również, aby utrzymać na miejscu merkaba Ziemi, potwierdza ATI,TPE. Plany są zazwyczaj niedokładnymi szacunkami, ale MCEO nie dawało żadnych wskazówek na to, że miałyby one zawieść. Opowiadanie historii po fakcie, w sposób religijny, coś w rodzaju „Zaplanowałem to w ten sposób", powinno skłonić nas do refleksji dotyczącej tego wielce niepokojącego wydarzenia.

Na szczęście, dzięki pomocy Żywiciela Krysthal Rzeki i niektórych bytów z Rady Alhumbhra, której członkowie głównie składają się z Fim, którzy zgromadzili dodatkową energię-materię, aby żyć w światach Eka-Weka, nasza Ziemia nie została wciągnięta dalej do nieorganicznej merkaby. W dniu 11 października 2012 roku, Rada Alhumbhra aktywowała na Ziemi, Sieć Katedr Alhumbhra, która pozwoliła nam odzyskać kontrolę nad prądem Gyrodomu i rozpocząć trwałą dezaktywację planetarnej merkaby Gwiazdy Śmierci, która na stałe zapobiegłaby zliniowaniu przebiegunowania z Wielkim Rozdarciem w Czasie Torusowej Szczeliny. Merkaba naszej Ziemi z powrotem wróciła do swojego odwróconego poprzednio kierunku prędkości-wirowania 34 w kierunku przeciwnym do wskazówek zegara na, 21 w kierunku zgodnym do wskazówek zegara.[345]

Między 21 grudniem 2012 roku, a 3 styczniem 2013 roku, starania Żywiciela Krysthal Rzeki i jego sojuszników zaowocowały, kiedy za pośrednictwem pól Aurora, wprowadzili oni wreszcie do Ziemi, wystarczającą ilość kwantum i plazmy, aby ustanowić sytuację bezpiecznej, wolnej od porażki ascendencji. W dniu 23 grudnia 2012 roku, KRH sprowadził energie, ktora wyparowala Metatroniczny atom Nasienny Ziemi! Do 30 grudnia 2012 roku, Ziemia uzyskała wewnątrz swojego elementarno-atomowego pola, zredukowany główny prąd Srebrnego Nasienia Kosminjas. Obecnie Ziemia jest planetą ascendencji, coraz bardziej transformującą się na trajektorii ku polom Aurora, oraz ich połączeniom Krysthal, potwierdza ATI,TPE.[345] ATI,TPE dodaje: „Esencja w pełni świadomej i żyjącej planety, sama kieruje swoją własną ścieżką i nie jest kierowana przy pomocy manipulacji innych sił lub bytów".

Aurora Ziemia Ascendencji

Aquaferianie stworzyli cztery strefy plarformy Aurora, z technologią Gyrodome, która odtworzyła części pól energii Ziemi i Urty, a podłączone one były do Trans-harmonicznych Pól Aurora, oraz Centrum Aquinos, aby uchronić Ziemię przed upadkiem.[202] Po tym jak platformy zamknięte zostały nad Ziemią, Gyrodome został sukcesywnie dezaktywowany na nasz region, na rzecz zabezpieczonych płaszczyzn DhA'YahTEi (zachowana została oryginalna anglojęzyczna pisownia, czytaj Dejati. Inaczej w skrócie płaszczyzny-D – przyp. tłum.). Płaszczyzny-D są wiecznym, plazmowym sprzężeniem Centrum ze światem KosME'ja, pozwalając prądom Kosminjas i KosME'ja napływać do pól Aurora; ATI,TPE potwierdza, że to prawda i rozwija, że płaszczyzny-D istnieją obok domeny Eka. Płaszczyzny-D wspierają swoimi wyjątkowymi energiami obecne osłabienie Ziemi, jako część bardzo dużego Żywiciela Krysthal Rzeki. Buforowane i zredukowane prądy DhA'YahTEi, w pełni zakotwiły w pokrewne wrota D-Span na Ziemi pomiędzy 21 grudnia 2012 roku, a 3 stycznia 2013 roku.[345] Wrota D-Spen, omijają uszkodzone wrota Spaner.

Pola Aurora umożliwiają bezpiecznie integrację Ziemi z jej innymi wersjami posiadającymi możliwość ascendencji, które poprzednio zostały podzielone, z powodu inwazji upadłych aniołów. Zapewniają one również pośredni most dla Ziemi, żeby przekształciła się w Urtę, potwierdza ATI,TPE.[202] Dodatkowo do pol Aurora, w rdzeniu Ziemi umieszczane są zabezpieczenia, aby ułatwić, gładkie przejście do potężniejszych częstotliwości Urty.

W czasie pisania tej książki, Ziemia na której mieszkamy, jest mniej niż w jednej szóstej kwanta Ziemią Amenti, ponieważ wielokrotnie była podzielona, oznajmia ATI,TPE. MCEO podaje uproszczone ilorazy połówek i trzecich części, bez wyraźnego przedstawiania Wyższej Ziemi, oraz potencjalnie innych części.[270] Dlatego, w większości powstrzymam się od powtarzania ich ilorazów, za wyjątkiem kilku przykładów i oznajmię, czego nauczyliśmy się o podzielonych poziomach Ziemi.

Część kwantum Ziemi Amenti wciągnięta została do rosnącej Fantomowej Drogi Mlecznej, aby utworzyć Fantomową Ziemię. Inna część kwantum Ziemi Amenti podzielona została, żeby utworzyć Wyższa i Niższą Ziemię, gdyż nastąpiły sukcesywne mutacje podczas okresu Atlantydzkiego. (Pozostała część Ziemi Amenti, MCEO przemianowało na Ziemię Median;[270] nie widzę potrzeby, aby to robić, gdyż Ziemia Amenti jest jej oryginalną nazwą, a jej tożsamość się nie zmieniła). Wyższa Ziemia i nasza "Niższa" Ziemia, mogą być uważane za zmieszane planety, z częściowo fantomowym, a częściowo

Amenti materiałem, lecz konstrukcja naszej Ziemi zawiera zwiększoną ilość fantomowego kwanta.

Od roku 9562 p.n.e do roku 9558 p.n.e, część z kwanta Wyższej Ziemi, wraz z mniejszą ilością kwanta Ziemi, zostały przepompowane żeby stworzyć Strefy Hibernacji, co MCEO zrównuje z Ziemią Kaduceusza.[270] Energia-materia Ziemi Kaduceusza w głównej mierze rezonuje z Fantomową Ziemią. Wszystkie wersje Ziemi istnieją tuż obok siebie, z delikatnym oddzieleniem, zróżnicowaniem materii, oraz z różnymi momentami kątowego wirowania cząsteczkowego.

Rasy fantomowe próbowały przejąć wszystkie wersje Ziemi do Fantomowej Ziemi. Oryginalny plan BEA-O zakładał najpierw wciągnięcie naszej Ziemi do Stref Hibernacji, aby scalić ich energie-materie, aby później połączyć zarówno naszą Ziemię jak i Ziemię Kaduceusza z Fantomową Ziemią.

Na szczęście, w 2008 roku, drużyna KRH w większości zamknęła punkty wejściowe Stref Hibernacji do naszej Ziemi. Pomogło to w zapobiegnięciu scenariusza apokaliptycznej inwazji obcych, zaplanowanej przez BEA-O. Na dodatek, drużyna pracowała nad tym, aby podłączyć około jednej trzeciej siatek naszej Ziemi (naturalnych linii ley, mas lądu itd) do siatek Ziemi Amenti zanim Metatroniczna technologia 55.5, wysłana została, aby uderzyć w naszą planetę 21 grudnia 2012 roku.[270]

Teraz, kiedy platformy Aurora pomiędzy naszą Ziemią a Ziemią Amenti zostały zamknięte, tymczasowa „Ziemia" Alhumbhra może zapewnić bezpieczne połączenie. Ta, tak zwana Ziemia jest trans-harmonicznym „polem elementarno-atomowej plazmy" z płaszczyzn-D.[345] Poprzez Oko AL-Hum-Bhra, bardziej naturalne, lecz nie-wieczne przejście, łączy ona naszą planetę z Wyższą Ziemią i Ziemią Amenti, aby pomóc im zintegrować się z polami Aurora i dostarczyć opcji do dalszej ascendencji do płaszczyzn-D. Początkowo, przejście Oko AL-Hum-Bhra połączyło się z Korytarzami ARhAyas (zachowano oryginalna anglojęzyczną pisownię, czytaj ArEjas – przyp. tłum.), umiejscowione wewnątrz rdzenia wszystkich trzech Ziem, żeby pomóc nasycić je plazmą Srebrnego Nasienia Kosminjas; jednakże Korytarze ARhAyas zostały naruszone i obecnie już dłużej nie łączą się z przejściem, oraz nie wchłaniają energii Kosminjas, oznajmia Josh i potwierdza ATI,TPE.

Wiele z bytów MCEO-GA, oraz ich drużyny Korytarzy Amenti świadomych była różniących się od siebie poziomów projektu pól Aurora, przez co niektórzy z nich zdecydowali się w nich uczestniczyć, podczas gdy inni członkowie MCEO-GA, byli zupełnie nieświadomi tego projektu. Jak już wcześniej wspomniałam, zarówno MCEO i GA, jak też Rada Alhumbhra nie są zupełnie, wewnętrznie zjednoczeni.

Rada Alhumbhra (ang. skrót AC), do procesu ascendencji Ziemi zamierzyła użyć Korytarzy ARhAyas, dlategoteż nie dostarczyła ona zbyt wiele informacji o Korytarzach Amenti, ani o Arce Przymierza. Korytarze Amenti są nieodzowne dla zdrowia naszej Ziemi utrzymując jej połączenie z Kulą Amenti, zaś Arka Przymierza stworzona została, żeby chronić Kulę, zapewniając nam kolejne przejście. Nie rozumiem jak mogą one zostać przeoczone, tak więc poszukałam odpowiedzi u innego źródła.

W dniu 4 listopada 2013 roku, obydwa z moich niezależnych kontaktów współpracujących z KRH, dały następujące odpowiedzi na kilka z moich pytań, które moja mama zadawała im równocześnie. W roku 2016, zadałam „M" serie pytań uaktualniających, odpowiedzi na które, zawarłam w nawiasach kwadratowych.

> Kula Amenti częściowo funkcjonuje. [W obecnym czasie – na dzień 29 listopada 2016 roku – Kula Amenti została naprawiona, z koniecznymi, dodatkowymi rozszerzeniami, a rodzina Żywiciela Krysthal Rzeki z sukcesem wciąż zabezpiecza jej lokalizację i budowę, przed natrętnymi i destrukcyjnymi negatywnymi grupami.]
> Jeśli Kula Amenti nie została użyta lub nie była do użytku, nie w tym przypadku, Arka Przymierza podłączyłaby się do niej i skierowała ją do AshaLA, aby ją przetrzymać, lub zapewnić jej zdolność do funkcjonowania. Prawdą jest, że w związku z częściowo [wysoce] funkcjonalną zdolnością Kuli, będący już w takcie CAG, byłby wciąż kontynuowany.
> [Arka Przymierza nie jest standardowo podłączona do Kuli Amenti, ani też niekoniecznie posiada ona integrację strukturalną, żeby sięgnąć do Urty, która znajduje się lata świetle stąd, chyba że dodane zostaną dodatkowe rozszerzenia, wyjaśnia szczegółowo „M". Od komunikacji w listopadzie 2013 roku, Arka Przymierza została napastliwe zniszczona w znaczących obszarach przejścia, co naruszyło jej bezpieczeństwo i jej zdolność do wytrzymania masowej migracji ludzi do wyższych poziomów Ziemi. Drużyna Żywiciela Kryształowej Rzeki, w swojej trosce i dobrotliwej naturze w stosunku do niedostatecznie wyposażonej rasy ludzkiej, obmyśliła zastępcze przejście do Ziemi Amenti, jako bezpieczną do przejścia drogę dla ludzi, w nadziei, że proces ascendencji, ani ich esencja nie zostaną uszkodzone. Mimo wszystko, Arka Przymierza, wciąż posiada potencjał i będzie uczestniczyć w procesie, w związku z jej ogólną zdolnością do przyjmowania i emitowania wiecznych energii, oraz nadawania ich do właściwego miejsca docelowego, którym jest ścieżka ascendencji dla Ziemi na Ziemię Amenti.]

Nasze grupy wciąż pracują nad ponownym podłączeniem Korytarzy Amenti do Ziemi Amenti, gdyż zostały one częściowo rozbite przez Upadłych, kiedy schwytali je podczas inwazji i przejęcia z roku 2003. Korytarze ARhAyas nie są obecnie naszym punktem zainteresowania, chyba że misja ponownego przyłączenia Korytarzy Amenti zupełnie zawiedzie. [Działania remontowe przy Korytarzach Amenti celem przyłączenia ich do Ziemi Amenti, zostały prawie zakończone i będą one sprawne do procesu CAG.]

Kiedy zapytałam w listopadzie 2013 roku, czy wszystkie gwiezdne wrota Ziemi i połączenia CAG do nieupadłej części Tary są teraz uszkodzone, jeden ze współpracowników KRH odpowiedział: „Nie, nie w całości, ale staramy się je zachować". KRH oraz sprzymierzone grupy, pracują nad tym, żeby wypełnić historyczną obietnicę, naszego bezpośredniego CAG. Przewidywana linia czasowa w stronę Tary jest teraz przekierowywana na Ziemię Amenti, co wyjaśnię w zbliżającej się części „2022".

Oryginalnie, MCEO przepowiedziało, że KRH miałby gościć lub chronić naszą Ziemię przed fantomowym upadkiem do roku 2230 n.e,[181] ale sukces misji DhA'YahTEi umożliwił Ziemi wystarczającą ochronę do prawidłowego, lecz dłuższego procesu ascendencji. Wiele czasu potrzeba polom NET, aby rozpuścić się, a Ziemi aby przetransformować się w kierunku Ziemi Amenti. Ważne dostosowanie obejmuje powrót pól merkaba Ziemi do bardziej naturalnej prędkości-wirowania.

Na styczeń 2013 roku, AC-MCEO oznajmiło, że nasza Ziemia miała „34-R [odwrócone] takie samo-ustawienie-wirowania jak Pole Merkaba Gwiazdy Śmierci", które potrzebowało powrócić do „przeciwnego-ustawienia-wirowania".[345] W dniu 14 maja 2014 roku, zapytałam ATI,TPE o postęp merkaba. Oznajmiło ono: „Wirowanie merkaba planety Ziemi, ostatnio zmieniło się z 32 razy w kierunku przeciwnym do ruchu wskazówek zegara na 25 razy w kierunku zgodnym z ruchem wskazówek zegara". Ta aktualizacja przywraca Ziemię do wirowania w kierunku przeciwnym do wskazówek zegara (angielski skrót CCW – przyp. tłum.), na wirowanie w kierunku zgodnym ze wskazówkami zegara (angielski skrót CW – przyp. tłum.), który jest lepszy niż takie samo ustawienie-wirowania, ale powinno być CW na CCW. ATI,TPE potwierdza, że jest to również lepsze, niż to co niegdyś było 34 CCW na 21CW, jak stwierdził poprzednio Drunvalo Melchizedek. Jest to informacja przychylna dla przyszłości Ziemi.

Kilka lat później, zdecydowałam żeby zapytać ATI,TPE, czy ustawienie-wirowania merkaba Ziemi zmieniło się. W dniu 12 grudnia 2016 roku, odpowiedziało: „Wirowanie merkaba Ziemi jest ustawione teraz na 30 razy w kierunku przeciwnym do wskazówek zegara, na 28 razy w kierunku zgodnym ze wskazówkami zegara, ukazując pozytywny przyrost zmiany w stronę pomyślności, żywotności esencji Ziemi". Żeby w pełni spotkać się z Ziemią Amenti, górny elektryczny i dolny magnetyczny komponent merkaba naszej Ziemi, potrzebuje dalej obniżać ilość wirowania CCW i podwyższać ilość wirowania CW, oraz odwrócić ich wirowanie, aby uzyskać ustawienie wirowania Ziemi Amenti, które obecnie wynosi 32 1/3 elektrycznego na 10 2/3 magnetycznego.

Kiedy pole NET rozpadnie się, wielu nieświadomych mieszkańców Ziemi, nie będzie dłużej związanych przez duszący proces reinkarnacyjny. Ziemia Kaduceusza mogłaby również powoli odwrócić swój umiarkowanie fantomowy status i przyłączyć się ponownie do Ziemi, przez co jej masy lodowe, wyłoniłyby się na naszej Ziemi, jak wskazane zostało to w sloganie New Age: „Powstanie Atlantydy". Jednakże okaże się, czy cała, czy tylko część Ziemi Kaduceusza może uciec przed ciemnym uściskiem jej upadłych anielskich najeźdźców.

Płaszczyzny-D oraz pola Aurora łączą się teraz z Ziemią, Wyższą Ziemią, Ziemią Amenti, AshaLA i Urta. Rdzenie Ziemi Amenti i naszej Ziemi, są trwale ze sobą zjednoczone energetycznie. Mieszkamy teraz na Ziemi Ascendencji Aurora. Oznacza to, że znaczna część naszej Ziemi jest teraz na swojej drodze do pełnej transformacji i przeobrażenia, a następnie wymieszania się z polami Aurora, po wymieszaniu się z Ziemia Amenti, potwierdza ATI,TPE. Wznosząca się energia-materia naszej planety, wraz z esencją jej rdzenia nazywana jest Ziemią Ascendencji Aurora.

Alternatywnie, w związku z niszczycielską naturą nauki śmierci obecnej w naszej rzeczywistości, nie cala nasza planeta i jej mieszkańcy będą zdolni do ascendencji; zostaną oni „pozostawieni z tyłu", na stanowisku globalnie mniej świadomym, o zmniejszonych zdolnościach. Chociaż gęstsza, złapana w sieć część, zawierać będzie nasiloną fantomową energię-materię, potencjał do indywidualnego wiecznego połączenia wciąż pozostanie.

W dniu 1 stycznia 2013 roku, AC-MCEO oświadczyło, że płaszczyzny-D pozostaną otwarte dla naszej Ziemi przez 900 lat, aż do roku 2912-2913 n.e. po czym Ziemia miałaby znaleźć się na przyspieszonej ścieżce ascendencji na poziomy Kosminjas.[345] W tamtym czasie drużyna Ashayany wierzyła, że Kosminjas było źródłem kreacji, a ich paradygmat Prawa Jednego miałby przekształcić wszystko z powrotem do tego źródła, w procesie obejmującym kurczenie.[177] Ja pokazałam, że te twierdzenia są nieprawdziwe, a naturalna ascendencja nie pociąga za sobą kurczenia. Po drugie, moje kontakty współpracujące z KRH oznajmiają, że 900 lat, to za wcześnie dla naszej gęstej Ziemi, Wyższej Ziemi, AshaLA i Urty, aby przekształcić ich kwanta w odległe płaszczyzny-D i tak naprawdę, nie potrzebują one udawać się do płaszczyzn-D, ponieważ są inne wieczne opcje. Już, interfejs pól Aurory otrzymuje te plazmowe energie, zaś Urta posiada nieodłączne, energetyczne połączenie z poziomem Kosminjas.

AC-MCEO, w publicznym ujawnieniu, oświadczyło:

> Przez następne 900 lat czasu Ziemi Aurora, nasza Ziemia Aurora stanie się „Międzygalaktyczną Stacją Ascendencji" dla wielu form życia, oraz form świadomości, które będą chciały Ostatecznego Żywiciela Kryst, dla ewakuacji z Upadających Galaktyk-Torusowej Szczeliny, takich jak nasza Galaktyka Drogi Mlecznej, oraz jej wiele Upadających Układów Słonecznych, takich jak nasz.[345]

Podczas gdy futurystyczna linia czasowa AC-MCEO jest zaledwie przepowiednią dla Ziemi Ascendencji Aurora, jest ona wciąż wyjątkową, zdolną do ascendencji planetą w Drodze Mlecznej, z uwagi na jej umiejscowienie w HU-1, obejmujące gwiezdne wrota-3 dla mieszkańców pragnących ścieżki ascendencji Krysthal. Kiedy spełniona Ziemia Ascendencji Aurora zostanie przekształcona i odnowiona jako Urta, Urta obejmie odnowione kwanta i substancje plazmowe, oraz dodatkową, zliniowananą z wiecznymi energiami, zintegrowaną świadomość pochodzącą z AshaLA oraz ożywionych części Ziemi Amenti.

Procesy ascendencji Starfajer i Adaszi

Starfajer, oraz cykle ascendencji Adaszi, są w zasadzie takie same w tym, że przekształcają materie w kierunku nieuszkodzonych światów, lecz ich miejsca przeznaczenia są inne. Według AC-MCEO i potwierdzone przez ATI,TPE, pełny cykl ascendencji nazywa się Adaszi-3, ponieważ przekształca byt, aż do samego poziomu Kosminjas we „wdechu" eterycznej plazmy.[192] Dwa inne cykle ascendencji Adaszi, Adaszi-1 i Adaszi-2, ograniczają ścieżki ascendencji poważniej zniekształconych istot, ale są one poza miejscem przeznaczenia Starfajer.

Proces Starfajer posiada fazowanie „wdechu" partikaj, które idzie do poziomu Edonicznego stworzonego po poziomie Yunasai. Do tego poziomu Edonicznego, oraz do kilku późniejszych poziomów domeny Ekasza-I, MCEO odnosi się dezorientujące jako do Środkowej Domeny, co ATI,TPE wyjaśnia w poniższym oświadczeniu.

> Górna partia poziomu Edonicznego, jest dolną partią poziomu Yunasai. Aby lepiej to wyjaśnić, Edoniczna „Środkowa

Domena" współistnieje z domeną Ekasza-I, w tej samej lokalizacji przestrzennej, zawierającej górne i dolne oddzielenia partikaj dla grup Yunasai i form życia Ekasza-I. Yunasai zamieszkują domenę Ekasza-Aah i są oddzieleni z dala od domeny Ekasza-I.

Aby lepiej zrozumieć odpowiedź ATI,TPE, przytoczę to, co oznajmiłam w rozdziale 6: oryginalna jednostka partikaj Edon, poprzedza jednostkę Yunasum (czytaj Junasam – przyp. tłum.), lecz istnieją delikatnie różne reprodukcje każdej jednostki partikaj, w każdym późniejszym świecie, co oznacza, że Ekasza-I posiada pokoleniowe formacje zarówno Edon jak i Yunasum.

Kiedy osiągnięte zostaje fazowanie partikaj Starfajer, wtedy przekształcona energia-materia „oddycha" na zewnątrz w naturalnej wymianie energii, która zwraca wieczny byt do upragnionej przez niego lokalizacji. „M" wyjaśnia o przepływie „oddechu" Starfajer i Adaszi:

> Z wdechem wczesnej kreacji, działania jedno po drugim, stworzona substancja lub materia jest właściwie nasycana naturalną energią, oraz uzdrawiającymi cząsteczkami plazmy w celu uzdrowienia tej materii lub bytu. Wydech, celem promowania uzdrowienia, rozprzestrzenia się komórka po komórce w kwanta i naturalną plazmową energię. Może rozpocząć proces przekształcenia od wewnątrz.

Procesy ascendencji Starfajer i Adaszi, są mniej skomplikowane niż ascendencja w fragmentarycznych światach. Nie oznacza to wcale, że niektóre byty Krysthal w domenach Eka-Weka są zupełnie wolne od manipulacji czy uszkodzeń. Rozdział 7 pomaga wyjaśnić, jaka część energii-materii Krysthal została przekierowana do fragmentarycznych przestrzeni. Tak czy inaczej, byty Krysthal zachowują oryginalny, wieczny wzorzec kreacji i wciąż są wiecznymi istotami.

Zdaję sobie sprawę z tego, że nosiłam się z idealistycznym poglądem na koncept wieczności, tak jakby istoty te były doskonałe; jednak w każdej kreacji po Eia, istnieje potencjał na zniekształcenie. Jeśli chodzi o fizyczne zaburzenia, zniekształcone i podzielone kreacje, jak dotąd są tylko w domenach Eka i Weka. Etap przed taką fragmentacją obejmuje utratę energetycznej esencji, wynikiem czego jest minimalne zniekształcenie osaczonych bytów Krysthal. Krysthal krajstar i byty łączą się i otrzymują partikaj i przepływ plazmy przed nimi, co obejmuje czyjąś rezonansową energię-materię, która może przerodzić się w te światy, w naturalnym procesie odmładzania.

Po wszystkich atakach na Urtę została ona nieco zdewastowana i ściągnięta w dół do niższego 3-go wymiaru AquaLaShA. Jest ona wystarczająco wieczna, lecz nie jest w swoim pierwotnym trójwymiarowym stanie. Większość Urty przejdzie przez Starfajer, ale jej części z niewystarczającą integralnością energetyczną, rozejdą się do odrębnej przestrzeni, przypuszczalnie jako gwiezdny pył. Proces przeobrażenia, zrzuca zniekształconą część i odnawia i odmładza pozostałą, zliniowaną część, w zupełną, zintegrowaną esencję ciała, w pełni wiecznego stanu.

Wszystko Co Jest, Czysta Esencja (angielski skrót ATI,TPE) oraz Eia oświadczają:

> Procesy Starfajer i Adaszi, są zarówno uzdrawiającym jak i fundamentalnym procesem kreacji. Proces uzdrawiania jest procesem oczyszczania, który umożliwia esencjom wiecznej energii, wyzwolenie ich czystego stanu ze zniekształconych składników, które mogą powstrzymać płynność i ruchliwość energii.

Kiedy Urta przejdzie Starfajer, jej energetycznie zliniowani mieszkańcy dołączą do niej w łagodnym przejściu, z większością jej układu słonecznego.

Poniższe cykle czasu lub etapy, wyjaśnią obecny proces Starfajer dla Ziemi, Urty i AquaLaShA, z których niektóre mogą mieć odniesienie do nas jako jednostek, w zależności od czyjegoś rezonansu energetycznego.

Etap 1 KaLE-Hara (czytaj Kali-Hara – przyp. tłum.), był około 4 1/2 miesięcznym cyklem, który rozpoczął się 12 sierpnia 2007 roku i pomyślnie zakończył się 3 stycznia 2008 roku, kiedy nasza Ziemia osiągnęła wystarczającą częstotliwość, aby zliniować się z Urtą.[177]

Etap 2 KaLA Krysta (czytaj Kalej Krysta – przyp. tłum.), zaczął się tuż po 3 stycznia 2008 roku. Coraz bardziej odbudowuje wzorzec energii-materii Urty, aż do roku 2047 n.e, kiedy AquaLaShA zacznie aktywnie przepływać z poziomem Edonicznym. Podczas gdy, Starfajer naszej Ekaszy Aquinos będzie przepływać z pokrewnymi światami Eka-Weka, Ziemia, oraz niepodlegające Starfajer części Drogi Mlecznej staną się zależne od linii życia pól Aurory i prawdopodobnie również Mostu-A z Galaktyki-2, który zachowa nasycenie naturalną energią, podczas gdy większość Galaktyki-2 przejdzie Starfajer.

ATI,TPE przekazuje, że jedynie czystsze elementy AquaLaShA, włączając w to Urtę, przejdą Starfajer w roku 2047 n.e. Jeśli chcielibyśmy dołączyć do Urty przed rokiem 2047 n.e, wtedy to naszym pierwszym bezpiecznym etapem miałyby być platformy Aurora, gdzie otrzymalibyśmy trochę genetycznego uzdrowienia od zniekształceń nauki śmierci. MCEO oświadcza, że cały system pól Aurora zaprojektowany został jako ścieżka ewakuacyjna, przez którą mielibyśmy przejść na AshaLA.[194] Połączenie Ziemi z polami Aurora omija teraz zamknięte platformy Aurora.

W rzeczywistości, ewolucyjna ścieżka przeobrażeniowa z powrotem na Urtę, przebiegałaby z Ziemi Amenti do AshaLA, a następnie do połączonej galaktyki Krysthal zwanej AquA'elle (czytaj Akłejel – przyp. tłum.), aby w pełni przygotować Ziemię. AquA'elle jest równoległą galaktyką AquaLaShA, istniejącą na tym samym wektorze łuku, a jej planeta Sha-La 3-go wymiaru (czytaj Szala – przyp. tłum.) zapewnia Ziemi bezpieczny interfejs, potwierdza ATI,TPE.[270]

AshaLA Galaktyki-2, posiada nachylenie 11.75 stopnia, w porównaniu 23.5 stopnia nachylenia Ziemi. ATI,TPE informuje, że te nachylenia ciał niebieskich, spowodowane przez manipulacje bytów, nie mają nic wspólnego z przypadkiem takiego samego nachylenia ich bardziej naturalnych, leżących poniżej siatek kathara, pokazanymi na Rysunku 3.

MCEO miało nadzieję, że jedna trzecia siatek Ziemi, będzie w stanie odchylić z powrotem ich momenty kątowe wirowania cząsteczkowego, żeby spotkać się z AshaLA, zanim obydwie zmieszałyby się i zostały wzięte pod opiekę Sha-La. Początkowo, MCEO nazywało Sha-La „Ziemią Ascendencji", ponieważ tak samo jak AshaLA, łączy się z Urtą. Usprawnia ona proces przeobrażenia Ziemi na Urtę, ponieważ niesie ze sobą nachylenie zera stopni, oraz równoległą antymaterię Krysthal.[194]

Według 12-to galaktycznego modelu MCEO-GA, który przypomina zegar, AquA'elle umieszczona jest pod numerem 10, podczas gdy AquaLaShA jest numerem 4.[347] Jak wyjaśniłam w rozdziale 6, nasz szczególny świat Weka, zawiera 15 galaktyk Krysthal, które nie tworzą doskonałych symetrii siatki kathara w kulistej przestrzeni. ATI,TPE potwierdza, że wektor AquaLaShA-AquA'elle istnieje, lecz nie przebiega poziomo. „M", oraz ATI,TPE objaśniają, że połączenie jest skośne, a AquA'elle jest czternastą galaktyką naszego świata Weka, podczas gdy AquaLaShA jest szóstą galaktyką, co oznacza, że AquaLaShA stworzona została jako szósta galaktyka, zaś AquA'elle stworzona została znacznie później. AquA'elle jest teraz jedynie 14-wymiarową galaktyką, ponieważ doznała ona poważnego zniszczenia i kompakcji w jej górnym wymiarze.

AquA'elle przez długi czas pomagała będąc matriksem żywiciela, aby pomóc Drodze Mlecznej. Podczas gdy większość AquaLaShA przejdzie przez Starfajer w roku 2047 n.e., AquA'elle pomagała będzie w utrzymaniu otwarcia przejść ascendencji Drogi Mlecznej, aż do roku 2230 n.e., kiedy to wejdzie w swój własny Starfajer.[347] Do tego czasu, KRH planuje zdziesiątkować i odciąć połączenia z tunelami czasoprzestrzennymi Abaddon i Oberjon, obmyślonymi przez fantomowe byty, przekazuje ATI,TPE. KRH planuje również kauteryzować, zbliżające się nieuchronnie super potężne czarne dziury Abaddon i Oberjon, co ATI,TPE oświadcza, iż jest to zupełnie możliwe. Jeśli ten plan powiedzie się, KRH przekonany jest, że wtedy poważnie zniszczone resztki Drogi Mlecznej, poddane zostaną kwarantannie matriksa Upadłego Krista, aby mogły kontynuować swoją ewolucję przez kolejne miliardy lat, aż wypalą do reszty swoje kwantum.[191,193,347] Nowy, poddany kwarantannie matriks Drogi Mlecznej, zawierał będzie części galaktyki, które mogą lub nie, zostać z czasem wystarczająco naprawione i połączone z lepszymi lądami.

Technologia Gyrodome, która stworzyła platformy Aurora, została dodatkowo zakotwiczona w gwiezdnych wrotach-6 Syriusza B, oraz gwiezdnych wrotach-9 Mirach, jako inne połączenia z AquA'elle.[179] Teraz, kiedy Gyrodome został naruszony i dezaktywowany, moje źródła wyjaśniają, że KRH i jego współpracownicy przewidzieli, aby stworzyć technologie kontynuujące połączenie z AquA'elle. Poprzez te przejścia i prawdopodobnie inne, ludzie którzy odrzucili agendę BEA-O, mogą bezpiecznie przejść do odpowiednich dla siebie matriksów pochodzenia lub preferencji.

W miarę postępu procesu Starfajer AquaLaShA, 12 planetarnych gwiezdnych wrót Ziemi, będzie musiało zostać zamknięte, aby uchronić je przed roztrzaskaniem przez wysokiej częstotliwości pulsy Centrum Starfajer. Wrota Arki Przymierza mogłyby zająć ich miejsce,[189] chyba że zostaną one przewyższone w bezpieczeństwie przez wrota D-Span, bądź inne stabilne wrota łączące się z polami Aurora.

Zanim Starfajer zakończy się i w pełni zregeneruje w roku 3333 n.e, AquaLaShA przejdzie jeszcze trzy etapy transformacji. Żeby potwierdzić, to co wspomniałam poprzednio, ATI,TPE utrzymuje że AquaLaShA otrzyma strumienie wiecznej plazmy i eterycznych napływów, z poziomu Edonicznego, który łączy się z Yunasai i wcześniejszymi wiecznymi poziomami, stąd nie będzie potrzebowała pełnej ścieżki Adaszi-3.

Kiedy są wystarczająco całe i wieczne, ciała niebieskie mogą wybrać, czy chcą pozostać wewnątrz, bądź obok ich pierwotnego umiejscowienia Krysthal, czy też chcą przenieść się do nawet jeszcze bardziej chronionego świata w domenie Ekasza, albo płaszczyznach DhA'YahTEi, na przykład. AC-MCEO mówi, że Urta jest teraz na stałe połączona z płaszczyznami-D i przeobrazi się dalej „w wieczną kreację Słońce-8 [poziom Kosminjas] Cyklu Ascendencji Krajstar Adaszi-3".[345] Tylko dlatego, że grupy bytów dostarczyły inną ścieżkę, nie oznacza wcale, że wspomniany podmiot musi wybrać tą drogę.

Zarówno ATI,TPE, jak i Urta, obydwoje twierdzą, że Urta wybiera pozostanie w swojej rodzimej galaktyce, ale przemieści się w chronione 3.2-wymiarowe miejsce. Zgodnie z tym, moje obydwa zaufane kontakty z Galaktyki-2, tak oto oznajmiają o Starfajer: „Naturalna część AquaLaShA opuści swoje miejsce i powróci w późniejszym czasie, w miejsce bliskie pierwotnej lokalizacji AquaLaShA".

Niejasne jest ile procesów Starfajer i Adaszi, pomogłoby skierować naszą Drogę Mleczną w stronę jej podstawy Krysthal Eka-Weka. Niemniej jednak byty z czystą intencją i determinacją, mogą wyzwolić się ze swojej niestabilnej fragmentacji, kiedy rezonują i płyną z obfitymi energiami Krysthal.

Koniec Cyklu Aktywacji Gwiezdnej i rok 2022

W styczniu 2013 roku, Rada Alhumbhra oświadczyła, że: „upadły System Wrót Alfa-Omega i FAtaLE, jest teraz na stałe zamknięty, blokując jakąkolwiek dalszą >>inwazję od wewnątrz i od zewnątrz<<";[345] jednakże jest to przecenione oświadczenie. Zupełne zablokowanie intruzów przed dalszą inwazją na Ziemię, jest procesem w toku, potwierdza ATI,TPE.

Ziemia rozpoczęła już swój proces CAG, a jej gwiezdne wrota ascendencji Korytarze Amenti, znajdują się w procesie naprawy, aby umożliwić przejście przez odnowioną Kulę Amenti w rdzeniu Ziemi Amenti. Działania te, powinny sprawić, że linia czasowa CAG pozostanie wciąż względnie zgodna z planem, jednak z powodu trwających potyczek, istnieje pewna nieprzewidywalność.

CAG powinien był zakończyć się 21 grudnia 2017 roku, ponieważ fala ascendencji powinna była w tym czasie osiągnąć swój szczyt, co spowodowałoby, że Korytarze Amenti otworzyłyby się w pełni dla naszego dostępu, jeśli naturalny proces odbyłby się bez przeszkód. Ten Punkt Podstawowego Koordynatu odznacza 10-letni półmetek pomiędzy otwarciem, a zamknięciem się Korytarzy Amenti. Przez następne co najmniej 5 lat, aż do 21 grudnia 2022 roku, lub po tym czasie, Korytarze Amenti powinny posiadać zdolność do masowej ascendencji, do czasu aż się zamkną. Jednak, zakłócenia w zdolności Ziemi do ascendencji i przekierowaniu ścieżki, mogą opóźnić wstępne przejście wrót Amenti, aż do 21 grudnia 2022 roku, lub po nim. Jeśli to nastąpi, Ziemia i drużyna KRH mogą być w stanie otworzyć Korytarze Amenti na dłuży okres czasu. Moje obydwa kontakty z Galaktyki-2, oświadczają: „Zawsze istnieje możliwość ingerencji i manipulacji przez upadłych, co spowodowałoby wydłużenie zamierzonej daty poza grudzień 2022 roku".

Linia czasowa ascendencji obejmująca SAC oraz Korytarze Amenti, nie trzyma się sztywnych dat, ponieważ nasza planeta przemieszcza się przez ograniczenia podobne do więzienia, po to, aby stać się bardziej wolna. Ziemia posiada świadomość, która czasami wybiera poruszenie swojej esencji, aby powstrzymać ingerujące elementy, kiedy jest ona na swojej podróży naprzód, tym samym podejmując dodatkowe kroki i czas. Naturalna zdolność nie jest zależna od czasu, lecz harmonogram może być oszacowanym punktem odniesienia do tego, co zachodzi naturalnie w porównaniu do tego, co usiłuje powstrzymywać postęp.

Jeśli, z jakiegoś nieprzewidzianego powodu, Korytarze Amenti zostałyby naruszone i stały się niebezpieczne, moje kontakty mówią, że pracują nad planem zastępczym, budując wysoce chronione przejście, złożone z energii-materii Krysthal, które może podtrzymać masową ascendencję. Odnośnie tego, bezpiecznego, alternatywnego przejścia, przedstawionego w części pt: „Aurora Ziemia Ascendencji", „M" dodaje:

> Proces ascendencji opóźniony jest aż do roku 2022 lub poza, aby pozwolić na to, żeby pełny projekt osiągnął akceptowane, bezpieczne proporcje zgodne z zaplanowaną linią czasu [CAG]. Drużyna Żywiciela Krysthal Rzeki, kontynuuje zabezpieczanie tych starań na miejscu, oraz ich stacji bazowej.

Niepewne jest, czy Korytarze Amenti osiągną pełną wykonalność ascendencji do roku 2022, tak więc posiadanie kolejnego, nawet jeszcze bezpieczniejszego przejścia na Ziemię Amenti, jest dla nas wspaniałą opcją. Jeśli Korytarze Amenti umożliwią ascendencje pomiędzy rokiem 2017, a 2022, lub później, jest to dodatkowa dobra wiadomość. Pamiętajcie, że będzie to naturalny proces, więc nie padnijcie ofiarą bytu, bądź grupy, mówiącej abyście podążali za nimi, gdyż oni znają drogę. Wyczuwam, że ludzie, którzy z natury są dostrojeni, przesuną się w stronę odpowiedniego miejsca przeznaczenia przy pomocy własnej wewnętrznej podpowiedzi.

Drużyna KRH robi wszystko, co może, aby ułatwić naturalny proces ascendencji, który jest urodzeniowym prawem Ziemi i jej mieszkańców. Odkąd dowiedziałam się, że istnieje duża część Ziemi zdolnej do ascendencji, która staje się gotowa do integracji z Ziemią Amenti w pobliżu roku 2022, lub zaraz po nim, ci z nas którzy będą gotowi i kompatybilni z wieczną energią mogą dokonać ascendencji z Ziemią, jeśli i kiedy właściwe przejście będzie dla nas gotowe. Jest to dla mnie logiczne i zarazem uspokajające, że mieszkańcy Ziemi o wyższej świadomości, oraz aspekty naszej rodzimej planety o podwyższonej świadomości dokonają ascendencji razem podczas masowego wydarzenia, które jest również indywidualnie dostrojone.

W roku 2022, może mieć również miejsce ważne wydarzenie ze Słońcem. MCEO doniosło o dotkliwym ataku w 2007 roku, który spowodował spazm wrót rdzenia Słońca. Zaburzenie to, MCEO zrównało z początkiem procesu śmierci, mówiąc że wrota rdzenia zostały ściśnięte i zaczęły zrzucać 15 warstw ciemnej materii Słońca. MCEO oznajmia, że każdemu z 15-tu pierścieni, potrzeba jednego roku do uwolnienia, co miałoby zakończyć się w 2022 roku n.e. Za każdym razem, kiedy warstwa opuszcza Słońce, uwalnia rozbłysk gamma, który KRH łagodzi przy pomocy pola buforowego Słońca Aqualene nad Ziemią. W miarę postępu czasu, niestety, na Ziemi pojawią się zmiany klimatyczne, zwłaszcza począwszy od roku 2022, z powodu koronalnego wyrzutu masy słonecznej i promieniowania.[330]

Z powodu określonych aktywacji na Ziemi Kaduceusza, MCEO przewidziało w 2010 roku, że za 250 lat, Słońce rozpocznie cykl nowa, który będzie miał wpływ na cały układ słoneczny.[348] W roku 2013, Rada Alhumbhra oświadczyła, że śmierć Słońca, jest „długim, lecz nieuniknionym procesem, który obecnie wywołuje rozmaite zmiany i potrzebę dostrojenia pola życia naszej Ziemi Aurora".[345]

Zastanawiałam się nad procesem przypuszczalnej śmierci Słońca, który miałby się teraz rozwijać. W dniu 6 lipca 2016 roku, zapytałam Wszystko Co Jest, Czystą Esencję: „Co to oznacza, oraz co wydarzy się, jeśli więcej, bądź wszystkie z pierścieni czarnej materii Słońca, uwolnione zostaną do roku 2022 n.e.?"

Według Wszystkiego Co Jest, Czystej Esencji: Do roku 2022, więcej formacji pierścieni ciemnej materii Słońca zrzuconych zostanie wraz z mini wybuchami, po to żeby wyzwolić siatkę gazowych pierwiastków, które powstrzymują esencje słoneczną przed pójściem naprzód ku procesowi ascendencji. To zdumiewające zjawisko widoczne będzie w cyklach dnia i nocy, gdzie dzień będzie dłuższy, a noc krótsza. W związku z tym wydarzeniem mieszkańcy Ziemi odczują zaburzenie równowagi, wraz z nieregularnością biorytmów w ich ludzkiej esencji.

Zanim otrzymałam odpowiedź, zapytałam również: „Jak Słońce może żyć wciąż względnie dobrze po roku 2022?"

„Według Wszystkiego Co Jest, Czystej Esencji: Przez pewien czas Słońce stanie się jaśniejsze, a następnie powoli przekształci swoje pierwiastki, żeby towarzyszyć planecie Ziemi i jej uniwersalnemu procesowi ascendencji".

To zrzucanie ciemnej materii, wydaje się być wspaniałym wydarzeniem, gdyż Słońce wraz z Ziemią wkracza w naturalny proces ascendencji. Jeśli nastąpi jakieś zniszczenie, powinno być ono minimalne w stosunku do Ziemi, zwłaszcza że jej czystsza świadomość i znaczna część energii-materii podąży naprzód jako Ziemia Ascendencji Aurora. Informacja ta skłania mnie do poważnego uznania ciemnej materii jako gęstszej materii ze zwiększoną fantomową naturą, właściwą dla NET i Ziemi Kaduceusza.

Na początku stycznia 2017 roku, dalej badałam linię czasową Słońca, określoną przez MCEO. Podczas gdy ATI,TPE uwiarygadnia pojawienie się zaburzeń do roku 2022, wydawać by się mogło, że zwiększone zaburzenia powinny były już się wydarzyć, chyba że pole buforowe Słońca Aqualene jest skuteczne. W serii pytań do ATI,TPE, odpowiada ono, że interpretacja MCEO spazmu Słońca w roku 2007 jest nieprawidłowa; nie zaczęło one natychmiast zrzucać warstw ciemnej materii Słońca, ponieważ są to dwa odrębne wydarzenia. Niemniej jednak wystąpienie tego procesu zostało zapowiedziane, dlatego właśnie ATI,TPE może teraz oznajmić nadchodzącą linię czasową Słońca.

Według Wszystkiego Co Jest, Czystej Esencji:

> Zrzucanie warstw ciemnej materii Słońca rozpoczyna się w utajonej części pasma czasu 2021, kontynuując proces poprzez pasmo czasu 2022, oraz naprzód w swoim schodkowym procesie ascendencji. Zliniowanie formacji pierścieni Słońca w kierunku jego ścieżki ascendencji rozpoczyna się w paśmie czasu 2020, powodując że wybuchowe pierwiastki gazowe emitowane są w poszczególnych stopniach rekonstrukcji, które kontynuowane są poprzez uwolnienie warstw ciemnej materii, dla celów ascendencji Słońca.
>
> Sformułowania od hierarchii grupy [MCEO] dotyczące wydarzenia obejmującego pole buforowe Słońca Aqualene, nie są wydarzeniem w czasie teraźniejszym, ale będą miały miejsce później, wpływając na warunki i zmiany pogodowe planety Ziemia, w paśmie czasu 2022 i poza.
>
> Proces ascendencji Słońca, pozostawia za sobą jego 15 warstw ciemnej materii w krokach transformacji i przeobrażenia.

Jeśli chodzi o umierającą część Słońca – tą która związana jest z mechaniką nauki śmierci i niezdolna do ascendencji – może ona zachować świadomy, energetyczny odcisk z szablonu Słońca, który potencjalnie mógłby z czasem uzdrowić jego pozostałość. Najlepszym scenariuszem dla materii nie dokonującej ascendencji, która nie może być złagodzona, będzie poddany kwarantannie system Upadku Odludnej Gwiazdy, w którym pozostała część układu słonecznego może kontynuować swoją ewolucję, przez około trzy miliardy lat, aż wyczerpie swoje kwanta.[191]

Teraz, kiedy nasza Ziemia, jest głównie planetą dokonującą ascendencji jako Ziemia Ascendencji Aurora, postępując w przyspieszonym tempie, operatorzy Iluminatów BEA-O, wraz z udoskonalającym się polem życiowym, powinni się rozchorować i będą oni musieli opuścić Ziemię lub pozostaną z tyłu. Chociaż fantomowe byty nie mogą żyć w bliskim sąsiedztwie naturalnych energii, mogą one wciąż zdobyć te energie za pośrednictwem Ludzi. Uczestnicy określonych grup religijnych, są najbardziej dotknięci podwyższonym poziomem Metatronicznych zniekształceń, co czyni ich pierwszorzędnymi celami. Byty BEA-O nie zostawią nas w spokoju; będą robiły wszystko, co mogą, żeby zabrać nas ze sobą, jednego po drugim, chyba że powstrzymamy Metatroniczne i religijne rytuały, oraz kontrolę umysłu, które podtrzymują napływ fantomowej energii i prawdziwie przyjmiemy piękno, którym jesteśmy. Nasze większe szablony DNA oraz atrybuty „wyższego ja", mogą pomóc nam rozróżnić energię i skierować nas w stronę tego, co jest na naszą korzyść. Dla dodatkowego wsparcia, Wszystko Co Jest, Czysta Esencja oznajmia, że nasze połączenie z tym, pomoże nam wyczuć korzystne energie i nie ignorować naszej wewnętrznej podpowiedzi.

Mądrze jest uzyskać wiedzę i świadomość o sytuacjach wokół nas i wewnątrz nas, po to aby lepiej pokierować naszymi własnymi ścieżkami. Jeśli proces ascendencji Ziemi dokonałby się zupełnie naturalnie i bez przeszkód, zaś my jesteśmy zestrojeni z naszą planetą, bez wysiłku dokonalibyśmy ascendencji z nią w stronę zwiększonej naturalnej energii-materii. Niestety, nie jest to nasza rzeczywistość. Jeśli ignorujemy sprzeczne wiadomości i niestabilne wydarzenia, które zwodzą nas i wykolejają, z dala od naszego wewnętrznego uziemienia, z tym, co wieczne, jest to analogiczne do chowania naszych głów w piasek.

Nasza planeta wie, że pierwotnie była Ziemią Amenti i pragnie zreintegrować się z nią. Jako sumienni Ludzie stworzeni z ziemi, wierzę iż powinniśmy ułatwić proces integracji Ziemi, zapoznając się z wieczną energią, oraz z naszą prawdziwą Ziemią. Wiele wciąż na naszej planecie i w naszym Ludzkim ciele wymaga naprawy. Fałszywy Cykl Yuga, opisany w przepowiedniach religijnych i przepowiedniach Majów, działały aby nas zliniować z kompleksem tunelu czasoprzestrzennego Alfa-Omega. To, co zrobili BEA-O jest niesamowicie okropne. Ciągłe bombardowanie przeszkodami BEA-O, skomplikowało nasze życia, do punktu w którym nasza świadomość i staranne działania muszą osiągnąć postęp, żeby przeciwdziałać im i wziąć odpowiedzialność za siebie samych.

Część 4

Kim naprawdę jesteśmy

ROZDZIAŁ 9

Jesteśmy pięknymi Ludźmi, tutaj i teraz

Kiedy rodzimy się w Ludzkim ciele, dziedziczymy część Ziemi, lecz nie jesteśmy wyłącznie produktami Ziemi, związanymi z jej zmaganiami. Uzyskujemy nowiutki zestaw oczu, który interpretuje nasze widzenie poza tym światem, ponieważ w naszej własnej kompozycji zawieramy nasze własne harmoniczne wszechświaty.

Część 4 tej książki zgłębia to Kim naprawdę jesteśmy w kontraście do systemów wierzeń i bezpośredniej rzeczywistości podkreślającej Ludzką fragmentację ponad wyindywidualizowaną całość. Prawdą jest, że zawieramy mnóstwo zmiennych i komponentów, ale każdy zawiera właściwą tożsamość i przestrzeń, z powodu żyjącego fundamentu, który nadaje mu wartość.

Zwolennicy psychologii gestaltu, oświadczają typowo, że całość jest większa, aniżeli suma jej części, co zmniejsza ważność każdej indywidualnej warstwy i zazwyczaj zmniejsza czyjąś całościową tożsamość, na rzecz scalonej tożsamości grupy. Ta interpretacja jest niewłaściwym tłumaczeniem oświadczenia Kurta Koffki, mówiącego: „Całość jest >>inna<<, niż suma części".[349] Koffka był współzałożycielem teorii gestaltu, używającej niemieckiego słowa *gestalt*, oznaczającego kształt, lub formę, w celu rozjaśnienia struktury percepcyjnej. Oświadczył on, że czyjaś połączona percepcja i doświadczenie, jest niepodzielna sama w sobie, ponieważ istotne cechy dzielą ze sobą odczucie i konstrukcje. „Niepodzielna, nie oznacza spójna, ponieważ niepodzielne doświadczenie może być wyrażone, oraz może obejmować potężne bogactwo szczegółu, lecz szczegół ten nie czyni z tego sumy wielu doświadczeń", mówi Koffka (s. 541).[350] Teoria gestaltu uznaje, iż doświadczamy świata jako indywidualne, współpracujące ze sobą jednostki; dlatego czyjaś konstrukcja oddziałuje wzajemnie z jego częściami i nie umniejsza ich.

Na dodatek, posiadania połączonej wzajemnie kompozycji, proponuję, że nasza wyindywidualizowana całość, jest kompletna sama w sobie, zaś nasze wrodzone komponenty są również (lub powinny być) indywidualnie całe. Chociaż pełna miara czyjejś unikalnej całości, jedynie częściowo przekłada się na zniekształcone lub nierozwinięte aspekty Ludzkiej egzystencji, każdy z nas posiada własną tożsamość i funkcję, która generalnie może zadbać sama o siebie. Wszystkie nasze naturalne atrybuty są równie ważne i potencjalnie właściwe, oraz w jakiś sposób są one także oddzielne; tym, co łączy je, to strukturalne wzorce kreacji, oraz piękne energie życia, które łączą nas z powrotem z Eia i Wszystkim Co Jest, Czystą Esencją (angielski All That Is, The Pure Essence, skrót ATI, TPE).

Nasza pozycja w wielce rozszerzonej rzeczywistości, czasami jest dla nas zaskakująca, kiedy to wewnętrznie znamy życie wieczne, ale także doświadczamy śmierci dookoła, oraz wewnątrz naszego materialnego ciała. Patrzymy na naukę i medycynę, żeby przedłużyły nasze życie, wiemy że powinniśmy być pełni życia i zdrowia, lecz ich naukowe podejście wspiera fraktalną rzeczywistość ewentualnej śmierci i poszukuje wydłużenia lat ograniczonej nieśmiertelności, zamiast wiecznego życia. Dziedzina medycyny, dumnie eksponuje węże kaduceusza, które bogowie Reptilianie-Anunnaki tacy jak Tot (Hermes) i Enki, wpięli do Ludzkiego DNA. Medycyna Zachodu, „ewoluowała" do tego, żeby w głównej mierze opierać się na sztucznie wytworzonych lekach farmakologicznych, które w imię zdrowia, zatruwają naszą naturę.

Tradycyjna medycyna chińska, jedna z najstarszych form współczesnej medycyny, oparta jest na religijnym wierzeniu: Daoizmie, znanym również jako Taoizm. Daoizm oświadcza, że wszyscy nie tylko jesteśmy połączeni, ale także współzależni z każdym składnikiem, który obejmuje destrukcje i życie. Wierzy on, że do osiągnięcia pełnego zdrowia wymagane jest, aby przeciwstawne siły jin i jang istniały razem ze sobą. Na przykład, gorąco potrzebuje zimna, żeby je zrównoważyło. Jednakże, jin i jang, jak wyjaśniłam wcześniej, są siłami nauki śmierci. Mentalne obejmowanie, a następnie rozprzestrzenianie tych energii przez czyjeś ciało, nie zaprzecza ich podstawowej rzeczywistości.

Daoizm, zrównuje jin i jang z rolami męską i żeńską, obracającymi się wokół płci i są wyłącznie seksistowskie, tak samo, jak ciemność i światło, jako kombinacja „dobra" i „zła", czy śmierci i życia. Oznajmia on, że nasza energia życiowej siły, ki lub czi, zlokalizowana jest wewnątrz i około pięć centymetrów poniżej pępka. Dokładnej, ki definiowana jest jako oddech, bądź powietrze, lecz jej energetyczna lokalizacja znajduje się tam, gdzie leżą seksualne energie reprodukcyjne.[351] Siła życiowa nie jest energią seksualną. Wierzenie to odzwierciedla religijne skupianie się na zasiewaniu nowych ciał – jest to względnie nowsza i rozdmuchana energia, nie esencja życia Wszystkiego Co Jest, Czystej Esencji, lub stan prostej energii po tym.

Żyjemy w świecie zniewolonym tysiącami systemów wierzeń i rzeczywistości, które nas dezorientują, lecz jeśli prawdziwie znamy siebie, możemy pokierować sobą z właściwą świadomą wiedzą. Moim celem w tym rozdziale, jest identyfikacja naszych głównych aspektów, żeby zjednoczyć każde z nas od wewnątrz; wtedy to możemy pomóc zjednoczyć siebie nawzajem. Zachęcam każdego z was, żebyście dowiedzieli się kim naprawdę jesteśmy, żebyśmy mogli być i zachowywać się stosownie do naszego bogatego wewnętrznego szablonu.

Umysł

Ateiści mają tendencję do wiązania umysłu z mózgiem, tak jakby produkcja energii elektrycznej przez mózg, była tym, co tworzy umysł. Wierzą oni, że umysł zatrzymuje się, kiedy umiera mózg i ciało, oraz że nie ma potencjału do życia po śmierci, który kontynuuje egzystencję jednostki. Swój pogląd, ateiści popierają przykładem tego, jak mózg wpływa na umysł, w przypadkach uszkodzenia mózgu i upośledzenia umysłowego. Tak naprawdę, to upośledzeni umysłowo ludzie są jakościowo inteligentniejsi, ponieważ to, co mogłoby być ich energią intelektualną, jest w zastępstwie kierowane do innych energii wewnątrz nich, włączając w to miłość. Nawet jeśli mózg jest zaburzony lub jeśli forma życia nie posiada mózgu, wszyscy zawieramy miarę świadomości i samowiedzy, bez względu na inteligencję poznawczą.

Czterema dominującymi długościami fal energii, które mierzone są w naszych mózgach, są długości fali beta, alfa, theta i delta. Częstotliwości te obejmują spektrum aktywności od stanu pobudzonej czujności, aż po stan nieświadomości i mierzone są w hercach, dla pokazania siły energii wytwarzanej przez nasze mózgi.

W dziedzinie psychologii, umysł posiada trzy główne klasyfikacje: nieświadomość, podświadomość i świadomość. Temat świadomości samej w sobie, jako esencji energetycznej, wraz z kreacyjnymi odmianami świadomości, wymaga szerszego zgłębienia, pasującego może bardziej dla filozofów i kosmologów. Ja przedstawiłam moją hipotezę w rozdziale 6-tym, która utrzymuje, że świadomość istnieje w każdej żyjącej substancji. Do celów tej części, odniosę się do świadomości w zgodzie, lecz nie ograniczonej przez model psychologii umysłu, która przenika każdą komórkę ciała, oraz zapewnia, aby świadomość ta była żywa, przynajmniej w jakimś zakresie, we wszystkich trzech klasyfikacjach.

Tak zwany nieświadomy umysł obejmuje głębszą świadomość, która nie jest naszą fundamentalną świadomością. Pośród swoich atrybutów posiada dwa różne aspekty, które kiedy się dokładnie zbada, nie różnią się od siebie aż tak bardzo. Jeden z tych aspektów wiąże się z instynktami przetrwania, które wprogramowane są w nasze ciała. Jest to wyraźnie widoczne u zwierząt, kiedy to wiele z nich z łatwością wie, co ma robić, zaraz po urodzeniu się. Drugi z aspektów posiada intuicję, która zazwyczaj wie więcej aniżeli podświadomy i świadomy umysł i obejmuje czystą prawdę; jest tutaj gdzie niezakłócone połączenie może płynąć z naszą fundamentalną, „duchową" świadomością. Niestety, dziedzina psychologii, ogranicza ten aspekt „wiedzenia" zgodnie z Ludzkim rozwojem.

Teoria superego Zygmunta Freuda definiuje stan psychoseksualnego rozwoju, którego dziecko uczy się w odpowiedzi na jego etyczne i moralne wychowanie. Jest to porównywane z wyuczeniem się subiektywnego wierzenia w dobro i zło, zamiast we wrodzoną świadomość, która poprzedza jakikolwiek psychoseksualny rozwój.[352]

Teoria zbiorowej nieświadomości Karla Junga, również odnosi się do czegoś na zewnątrz nas. Dowodzi on, że genetycznie dziedziczymy pierwowzory, które są rodowymi myślami przekazywanymi nam jako obrazy wewnątrz nas, które kształtują nasze osobowości i poglądy.[353] Na przykład, kiedy nasi dziadkowie i rodzice, bali się mysz, prawdopodobnie odziedziczymy ten lęk i powiemy, że myszy są „złe". Nadnaturalne doświadczenia, zredukowane są również do folkloru, ponieważ zostały one przypuszczalnie stworzone przez aktywne pierwowzory. Jego przykłady wykraczają poza uwarunkowania społeczne i w zasadzie sprowadzają rzeczywistość do iluzji. Ludzie odziedziczyli wierzenia i zachowania kulturowe, a także w mniejszym stopniu predyspozycje genetyczne, które kształtują naszą percepcję, lecz poglądy Freuda i Junga, nie uznają głębszej, czystej świadomości na zewnątrz sytuacyjnych historii wszczepiających myśli i emocje.

Nieświadomy umysł ukazuje się zazwyczaj podczas snu, gdzie rzeczywistość jest niewyraźna, a sny są rozdzielone. Myśli, które zostały w nas pogrzebane, potrafią wyjść na zewnątrz wraz z silnymi emocjami, ujawniając potencjalnie ważne informacje, na które powinniśmy zwracać uwagę i zrozumieć je. Jednak, zrównywanie naszej „nieświadomej" natury, jedynie z czymś stłumionym, lub z czymś odziedziczonym na Ziemi, umniejsza podstawowy aspekt naszej wrodzonej tożsamości, nie zważając na jakiegokolwiek zewnętrznego modyfikatora.

Umysł intuicyjny jest wyrazem naszej dobrej jaźni, która ujawnia wrodzoną mądrość naszej wiecznej świadomości, która jest indywidualnie poszerzoną „duchową" energią, znającą szerszy obraz systemów Krysthal i potencjalnie Wszystko Co Jest, Czysta Esencja.

Nasza duchowa świadomość zaczyna się głębiej i dalej niż nasz żyjący nieświadomy stan. W zależności od tego, jak jesteśmy zliniowani z odpowiednią dla nas naszą fundamentalną świadomością, możemy uzyskać dostęp do jej strumienia poprzez nieświadomy sen i/lub poprzez podświadomy umysł, który może komunikować się z naszym świadomym umysłem, który nie jest pod wpływem siatki elektromagnetycznej tworzącej odłączoną świadomość.

Dla mnie najłatwiej jest mentalnie komunikować się z moją fundamentalną świadomością tuż przed pójściem do łóżka, oraz po przebudzeniu, ponieważ jestem wówczas głęboko zrelaksowana, z większą świadomością niż w stanie snu. W tym wyciszonym okresie czasu, jesteśmy zazwyczaj w stanie alfa lub theta, ale także możliwe jest wejście w stan delta nieświadomości, będąc przebudzonymi, tak jak z łatwością robi to moja mama. Podczas podłączania się do mojej wewnętrznej mądrości, miałam wiele intensywnych olśnień.

Instynktowne i duchowe aspekty głębszych poziomów umysłu, działają aby zachowywać życie, oraz skierować je zgodnie z naturalnym porządkiem, w którym wszyscy uczestniczymy. Instynktowna, intuicyjna i duchowa świadomość dzielą fundamentalne podobieństwa, lecz na wyraźnie różnych obszarach i energiach ogólnej świadomości danej osoby.

Umysł podświadomy, leży pomiędzy stanem nieświadomym a stanem świadomym. Pracuje on również nad tym, aby przenieść przeładowaną aktywność umysłową na dalszy plan, do późniejszego wykorzystania. Stan ten najczęściej obejmuje długość fali alfa, dając spokojną świadomość roli usprawniacza podświadomości.

Umysł świadomy jest przebudzony i w pogotowiu. Znany jest jako ego, które jest upiorną pozostałością części nakładki epigenetycznej, wszczepionych pól Nibiriańskiej Transdukcji Elektrostatycznej (angielski skrót NET fields), która określa rozwój charakterystyki genetycznej w naszym DNA, aktywując pewne cechy, podczas gdy dezaktywuje inne.[193] To wszczepione ego, kiedy włączone zostaje do stanu otępienia umysłowego tego świata, daje nam fałszywą osobowość, która zagłusza nasze prawdziwe ja. Nie jest to tak przebudzone, jak powinien być świadomy umysł.

Ego w swojej fałszywej formie, sprawia że myślimy, iż jesteśmy kimś innym, niż to jak sobie siebie wyobrażamy. Istnieje ono w świecie urojeń i nierealistycznych wierzeń. Jest to choroba umysłowa. Z powodu pewnej ilości nienaturalnego oddzielenia w nas samych, musimy wytrwale pracować nad tym, żeby przezwyciężyć wyraźne i subtelne formy choroby umysłowej. Czasami, zaburzone myśli i zachowania mogą pomóc nam uchronić się przed większą chorobą, tak jak wtedy gdy obżeramy się, lub kiedy cały dzień gramy w gry komputerowe, żeby ukoić się podczas burzy przytłaczających doświadczeń życiowych. Jednakże, najlepiej jest naprawdę nauczyć się o nas samych, oraz o naszej sile, abyśmy mogli efektywnie poradzić sobie z trudnymi doświadczeniami życiowymi, zanim takie otępiające umysł zachowania staną się dla nas zwyczajem.

Właściwy świadomy umysł, sprawia, że jesteśmy świadomi nas samych i naszego środowiska. Działamy uczciwie, z czystą intencją, zgodnie z tym czego chcemy i kim jesteśmy. Wiąże się to ze stawianiem czoła niewygodnym sytuacjom, ze zrozumieniem i uzdrowieniem naszych energii, a nie zatraceniem się w zakłóceniach i urojeniach. Właściwa samo-integracja łączy świadomy umysł z fundamentalną, duchową świadomością danej osoby dla swobodnego przepływu prawdziwego ja danej osoby.

Umysł jest rezerwuarem myśli i obrazów. To, co widzimy, może zostać odtworzone w naszym umyśle, tak więc istotne jest aby kontrolować to, co widzimy, zwłaszcza w Metatronicznie zakodowanych filmach, programach telewizyjnych, czy stronach internetowych, opartych na strachu i nierządzy.

Tworząc przestrzeń dla rozróżnienia naszych myśli, oraz paplaniny, która nas bombarduje, stajemy się efektywnymi właścicielami naszych umysłów; jest to klucz do radzenia sobie z resztą ciała, włączając w to emocje.

Emocje
======

Energie emocjonalne reagują na bodźce wewnątrz, oraz poza umysłem i ciałem fizycznym, będąc wskaźnikiem naszych pragnień, przeciwko temu, co jest na zewnątrz nas. Oznacza to, że emocje potrafią z łatwością wyczuć i zinterpretować rozmaite energie. Mogą one również komunikować się z nieświadomym i podświadomym umysłem, żeby ujawnić nasze najbardziej skryte pragnienia i problemy, kiedy to stan ego, postrzegać może coś innego.

MCEO odnosi się do emocji, jako do poziomu ciała tellurycznego z 2-go wymiaru, gdzie są one silne i reaktywne,[354] lecz nasza 2.5-wymiarowa egzystencja, obejmuje zdolność Ludzi do troskliwego rozróżnienia tego, jak chcemy przedstawić efekt emocjonalny, wyjaśnia ATI,TPE. Powszechniejsza, bardziej błędna interpretacja w społeczności New Age, odnosi aspekt emocjonalny do warstwy czwartego wymiaru, lub „ciała" astralnego.

Dla celów własnej orientacji, ważne jest, aby rozróżnić pomiędzy składnikami emocjonalnymi, a astralnymi. Jak już wcześniej oznajmiłam, Wszystko Co Jest, Czysta Esencja, warstwę astralną definiuje jako: „cienką powłokę fali-skalarnej, lub nośnik transportu, który istnieje na zewnątrz Ludzkiego ciała, lecz blisko w sąsiedztwie kompozycji faktycznych pól ciała". W przeciwieństwie do tego, społeczność New Age, składnik astralny definiuje jako ciało utworzone z jednego, lub więcej pól istniejących w Ludzkim ciele. Różnica pomiędzy tymi dwiema definicjami jest zasadnicza; warstwa astralna istniejąca na zewnątrz ciała, jest zdecydowanie niebezpieczna dla nas, ponieważ nie jest częścią naszej kompozycji, którą możemy kontrolować.

Astrolog medyczny Eileen Nauman mówi, że widzi ona ciało astralne w kształcie naszego fizycznego ciała. Często widzi je, unoszące się w powietrzu, około 50 cm nad głowami ludzi, co oznacza, że jego stopy są również niesione 25 lub 50 cm nad ziemią, ponieważ ta struktura energetyczna uciekła z ciała, kiedy dana osoba ucieka przed swoimi emocjami. Jej pragnieniem jest integracja tego „ciała", w ciele Ludzkim, aby zapewnić uziemienie.[355]

ATI,TPE oznajmia, że Nauman wykorzystuje swoje „trzecie oko", do postrzegania energetycznie podzielonych klientów i widzi ona ich nieodłączną esencję eteryczną, a nie warstwę astralną. Potwierdza to, że ludzie ci są faktycznie odsłonięci, ale posuwa się to jeszcze dalej, aby stwierdzić, że kilka z jej wizji dotyczyło „wydarzenia rychłego zejścia". W swoim wierzeniu i pełnej potencjału praktyce, Nauman przywiązuje osłabioną, eteryczną esencję ludzi, do ich warstwy astralnej, co może uczynić ich podmiotem dla negatywnych bytów, które pragną kontrolować taką świadomą esencję, za pośrednictwem astralnych manipulacji w kierunku innych miejsc przeznaczenia.

Radzę, aby ludzie nie zwracali się do duchowych doradców, kiedy nie osiągnęli oni jeszcze większego zrozumienia swoich emocjonalnych, oraz instynktownych energii. Jeśli potrzebują oni pomocy, aby w pełni poczuć swoje emocje i uwolnić ich zastałą energię, polecam metody somatyczne, które wprowadzą ich tylko do ich wnętrza, oraz rozmyślną introspekcję, aby efektywnie ujawnić i przetworzyć ich emocje.

Technika Neuro-Emocjonalna, Technika Wolności Emocjonalnej (angielski Emotional Freedom Technique), oraz uwolnienie kranio-sakralne, są technikami somatycznymi ułatwiającymi komunikację i uzdrowienie pomiędzy emocjami, ciałem i nieświadomym umysłem, uwalniając ostatecznie zablokowaną energię emocjonalną. Kiedy moje sytuacje z przeszłości, były dla mnie zbyt przytłaczające, użyłam tych technik, aby efektywnie uspokoić swoje ciało, aby później móc odczuć moją głębszą energię. Dowiedziałam się, że mogę sobie poradzić ze swoimi emocjami i mogę je świadomie i fizycznie uwalniać, kiedy już dłużej mi nie służą. Kiedy ciało oczyści już trochę przestrzeni, wówczas jest czas dla świadomego umysłu na przetworzenie myśli, oraz wydarzeń, które wprowadziły do ciała wiele emocjonalnego i fizycznego bólu.

Zrozumienie naszych emocji i właściwe ich wyrażenie, jest niezbędne dla naszego dobra. Czasami ludzie odrzucają je, nazywając je nastrojami, ale nastroje mogą wyrażać, to czego głęboko pragniemy. Kiedy coś wprawia nas w zły nastrój, jest tego powód, nawet jeśli nie jesteśmy tego świadomi. Identyfikacja emocji, jest pierwszym solidnym krokiem do uzdrowienia. Kolejnym krokiem jest zastanowienie się, dlaczego ta emocja się pojawiła. Może ona pojawić się z powodu niespełnionej potrzeby, lub jest to prawdziwa reakcja na coś, co dzieje się przeciwko wam.

Zdecydowanie nie zgadzam się z panującym w środowiskach duchowych górującym przekonaniem, które kategoryzuje wszystkie niewygodne emocje jako negatywne. Na dodatek, przekonanie to zrzuca całą odpowiedzialność na osobę, która ma te reakcje. Owszem, powinniśmy być odpowiedzialni za nasze reakcje, ale naturalnie reagujemy na coś, co może już być negatywne. W takiej powszechnej sytuacji, nie jesteśmy odpowiedzialni za tą pierwotną negatywność; my ją zaledwie przywołujemy w naszej reakcji. Przekonanie to, mówi emocjonalnej osobie, aby rozproszyła ta emocje, ponieważ w przeciwnym wypadku przyciągnie ona i wytworzy jeszcze więcej negatywności. Niewygodne emocje są równie ważne jak pozytywne. Natychmiastowe odrzucenie emocji, może je stłumić i stworzyć więcej problemów.

Zdławiając rozpoznanie i doświadczenie niewygodnych emocji, tworzymy w sobie blokady, które właściwie gromadzą zastałą energię tych nieprzetworzonych emocji. Jeśli je zignorujemy, nie oznacza to wcale, że odejdą; unikanie ich i zaniedbywanie, dodaje jedynie kolejną warstwę do pierwotnej emocji, utrudniając jej rozpoznanie i uzdrowienie. Jeśli prawidłowo nie stawimy czoła tym emocjom i nie rozpoznamy ich, mogą one urosnąć, aby nas pochłonąć i spowodować chorobę.

Emocje mają swoje znaczenie. Są one językiem. Przejawy emocjonalne, są prawdopodobnie najbardziej cenionym aspektem naszego ziemskiego życia, ponieważ są one zarówno naturalne jak i ujmujące. Niemowlę komunikuje się poprzez emocje i impulsy, zanim jego mózg może rozwinąć się na tyle, aby werbalnie przekazywać swoje pragnienia w sposób bardziej racjonalny. Jeśli potrzeba niemowlęcia, lub małego dziecka jest ciągle niezaspakajana, a wsparcie emocji w stosunku do tej potrzeby zostaje stłamszone na rzecz werbalnej komunikacji, wówczas może nastąpić odłączenie się od wczesnego ja. Emocje łączą różnice. Inteligencja emocjonalna, jest równie ważna jak inteligencja umysłowa. Bycie w stanie zidentyfikować nasz stan emocjonalny, odczuwać ze świadomością, oraz umieścić to we właściwej perspektywie, honoruje to część danej osoby i nie pozwala na stanie się niezrównoważonym.

Odpowiedzialność spoczywa na emocjonalnie odłączonej osobie, kiedy jego lub jej nierozwiązane problemy, przenoszone są w sposób obelżywy na kogoś innego. Reakcja wraz z wyczuciem, żeby nie powielać pierwotnego nadużycia, powinna zostać skierowana w kierunku oryginalnego winowajcy, a nie osoby trzeciej, chociaż osoba trzecia może mieć zdolność do pomocy w radzeniu sobie ze starym problemem. Jeśli jesteście nie świadomi tego, jak reagujecie na nierozstrzygnięty problem, wasza poprzednia rola ofiary, przeradza się w rolę oprawcy w stosunku do kogoś innego.

Emocje są najwyraźniejszym wskaźnikiem dla stosunków międzyludzkich, jak również dla naszego wewnętrznego sumienia. Według mnie, żeby lepiej poznać siebie, potrzebujemy usłyszeć i zrozumieć nasze emocje. Jeśli natychmiast reagujemy na czyjeś słowa, bądź zachowania, kiedy to działamy z czystą świadomością, wówczas nasza reakcja zestrojona jest z naszą intuicyjną wiedzą i musimy tego słuchać. Nie ulegajcie nieprzyzwoitej krytyce fundamentalnej części nas samych przez drugą osobę, ponieważ w ten sposób ujmujemy naszej własnej pełni i mocy.

Zły nastrój, który może powstać w dwóch kontrastujących okolicznościach obowiązku, mógłby zajść z dwóch powodów. Pierwszy powód, to nie poświęcanie wystarczającej ilości uwagi naszym emocjom, lub zrozumieniu ich. Drugi powód jest taki, że znamy nasze emocje, lecz nie sądzimy i nie czujemy, że mamy wyjście z tej sytuacji. Obydwa one wskazują na bezsilność.

Drugi z powodów potrzebuje efektywnego wglądu we własne wnętrze, kochając siebie jednocześnie. Bez wypełnienia dziury w naszych sercach, wciąż będziemy czuć, że utknęliśmy, bez względu na to, jak bardzo poznawczo wiemy. Kiedy zostaniemy wewnętrznie wypełnieni, możemy wyraźnie przekazywać nasze emocje ludziom, którzy wyrządzili nam szkodę, jeśli będą na tyle odbiorczy. Pomaga nam to uwolnić zastarzałe energie reakcji i przetransformować negatywne doświadczenie we właściwą świadomość. Wiedzcie, że proces ten powinien wyrazić emocjonalne zrozumienie, do punktu w którym nie wyrządzają już one żadnej krzywdy drugiej osobie.

Właściwe wyzwolenie energii w kierunku winowajcy, ujawnia tą część szkodliwej energii, którą on, bądź ona może rozpoznać i skorygować, co jeszcze bardziej uwolni całą tą energię poprzez wzajemne uzdrowienie. Niemniej jednak, jeśli winowajca nie przyzna się do swojej winy, lub przejawi brak chęci zmiany, wówczas powinniśmy w całości uwolnić tą szkodliwą energię, gdzieś, gdzie jest to bezpieczne. Oczekiwanie od niechętnych ludzi, którzy spowodowali problemy, że pomogą nam się uzdrowić, może właściwie poddać nas ponownej traumie, ponieważ podtrzymują oni energię tych problemów.

Najlepiej jest iść naprzód, z dala od nierozwiązanej sytuacji, która jest poza naszą kontrolą i przede wszystkim znaleźć uzdrowienie w nas samych. Ja osobiście na przykład, uwalniam przygnębiającą energię, wydychając emocje (i związaną z nią myśl) na zewnątrz mojego ciała, zamykając ją w energetycznym pudle, a następnie dokonuję implozji do wewnątrz tego, tak więc nie jest ona rozprzestrzeniana nigdzie indziej. Niezdrowe energie które pozostają, gdzieś utkwione w sprawcach, pewnego dnia zbiorą żniwo ich negatywnych konsekwencji, jeśli już tego nie zrobiły.

Bardzo wrażliwi i emocjonalnie empatyczni ludzie, mogą mieć zmienne nastroje, ponieważ absorbują oni energię od innych ludzi i środowisk. Niestety, często obejmuje to złe nastroje, z powodu stresujących i nieczułych sytuacji. Empaci są zazwyczaj niewystarczająco ugruntowani w sobie samych, aby mieć bufor pomiędzy nimi, a zewnętrznymi energiami. Czasami, możemy być najlepszymi pomocnikami, empatyzować z innymi, lecz możemy również zaabsorbować ich niewygodną energię, kiedy to oni potrzebują ją poczuć i całkowicie przetworzyć. Generalnie, rasa rodu Orafim „Indygo", jest empatyczna, ale na szczęście Ludzie Orafim, posiadają również silne poczucie prawdy i dobroci, aby przeprowadzić ich przez trudne czasy – jeśli nie wkrótce, to wcześniej, czy później. Mam nadzieję, że wspaniale wrażliwi ludzie, którzy rozważają samobójstwo, wytrwają dłużej, do czasu aż ich wewnętrzny aspekt będzie w stanie zapromieniować poprzez ciemność i pokazać im, że wszystko będzie z nimi w porządku.

Ja utrzymuję, że nasza emocjonalna strona musi rozwinąć się i zrównoważyć. To co wydaje się być emocjonalnym opanowaniem, może być tylko odłączeniem od emocji, zaś empaci, którzy czują się obłąkani, muszą nauczyć się lepiej radzić sobie z emocjami z opanowaniem.

Będąc wysoce wrażliwą osobą, często przytłoczona byłam przez emocje, ale kilkanaście osób powiedziało mi, że mówię i odczuwam z głębią, bardziej niż ktokolwiek kogo znają. Słysząc to w szkole średniej, sprawiało że czułam się dziwacznie, ale właściwie jeszcze bardziej dziwacznie czułam się, kiedy słyszałam to również jako dorosła osoba, ponieważ sądziłam, że dorośli ludzie powinni byli już wykazywać więcej dojrzałości i świadomości.

Zbyt wielu dorosłych, których napotkałam decydowało się wydzierać, zamiast zatrzymać się i być uczciwymi z tym, co zachodziło. Ja jako empatka mówiłam do nich coś, co uważałam, że jest wnikliwe (przemawiałam z perspektywy „ja", tak jak nauczył mnie psycholog), ale oni reagowali tak, jakby to było obraźliwe. Upewniałam się więc, że wysłuchuję ich i odczuwam, że już są spokojniejsi, aby przemówić do nich z dyplomatyczną troską. Bez względu na to, chcieli oni kobiety, która im „przytaknie", tak więc w odpowiedzi besztali mnie, zamiast usłyszeć nową perspektywę. Wówczas to, starałam się naprawić to, co stało się niepotrzebnym problemem, ponieważ naprawdę nie wiem, co inni są w stanie znieść, z chwilą, kiedy pokazuję trochę otwartości, lecz traktowana byłam z góry. Ostatecznie, pokazało mi to, że ludzie ci nie dbają o mnie, tak więc pozwalałam im odejść. Czasami nie mamy wyboru, jak tylko pozwolić ludziom odejść, ale wciąż możemy im ofiarować pozytywną energię na odległość. Niestety widzę, że to odłączenie zachodzi zbyt często, zbyt wcześnie. Dla dorosłych stało się to powszechne – nawet dla „przywódców" – w społeczeństwie, aby reagować niedbale i odrzucać starania prawdziwego połączenia i wzrostu.

Jako intuicyjna empatka, często widzę ludzi na wylot, aż do ich rdzenia i odczuwam ich wewnętrzne zmagania. Miałam zwyczaj wyjawiać moje spostrzeżenia, zanim nauczyłam się, aby poczekać na odrobinę otwartości z ich strony. Trudno jest sterować związkami, ale im bardziej empaci staną się ugruntowani w świadomości wyczuwania samych siebie, mogą wówczas pozwolić, aby nieprzewidywalność życia przepływała przez nich. Sednem sprawy jest to, że empaci są wyjątkowi w ukazywaniu prawdziwie emocjonalnych reakcji i prawdy, tak więc są oni wartościowym kapitałem do zrozumienia emocjonalnej inteligencji.

Ludzi, którzy chcą, abym mówiła tylko „pozytywne rzeczy", lub o „miłości i świetle", mogą nieumyślnie promować grę Ofiara-Oprawca, zamiast pokonywać ją. Kiedy otwarcie krytykuję tematy, lub wyrażam niewygodne emocje, takie jak gniew, czy strach, wierzą oni, iż dokarmiam ciemną energię. Mówią, żeby kochać każdego, w kontekście bycia uroczym i pokojowym w każdej sytuacji. Czyż nie jest to stan ignorancji? Kiedy bowiem przeciwstawiam się ich wierzeniu, czy *naprawdę* kochają mnie, kiedy złoszczą się o to, że mówię coś sprzecznego z ich widzeniem świata? Dlaczego więc mają negatywną reakcję, kiedy to powinni być cały czas szczęśliwi? Czy to dlatego, że ja jestem źródłem negatywności, więc muszą odepchnąć mnie jak plagę? Czy też może, jest to system wierzeń, który mówi, że są oni niedoskonali, więc muszą ciągle skupiać się na tym wyidealizowanym stanie, jako ich celu, przez co muszą pozostawić za sobą osoby o ciągłym negatywnym nastawieniu?

Gniew może być intuicyjną reakcją, lub sprzeniewierzoną reakcją drugorzędną. W konstruktywnym przedstawieniu gniewu, ukazuje on walkę przeciwko czemuś, co nie jest intuicyjnie prawdziwe lub dobre. Jest on zapobiegawczy w swoim bezpośrednim stanie i w tym kontekście jest to pozytywna emocja. Działa to w rozwiązaniu sytuacji, w celu przywrócenia pokoju, tak więc poszukiwane są zrozumienie i połączenie. W destruktywnym przedstawieniu gniewu, nie jestem już pewna, czy to wciąż jest gniew, ponieważ pomieszany jest z osądem i nierozwiązanymi emocjami, które teraz czuć jak śmieć. Ten rodzaj „gniewu" odpycha ludzi od siebie, zamiast sięgnąć po połączenie. Jest to reakcja przeciwko intuicyjnym empatom, którą wyjaśniłam powyżej. Myślę, że większość Ludzi jest szybka w reagowaniu w ten sposób, ponieważ ten rodzaj gniewu identyfikują jako asertywność. Gniew jest dosyć asertywny, ale posuwanie się w nim tak daleko, jest nadużyciem. Zastanawiam się, czy oni zdają sobie sprawę z tego, że stracili nad sobą kontrolę, z tego powodu, że oddają własną moc swojemu Bogu, oraz innym ludziom, więc są oni szybcy w tym, żeby krzyczeć, jako sposób na zabranie głosu. Mam nadzieję, że dojdą do tego kiedyś, jak zabrać głos w sposób konstruktywny.

Słyszałam, jak grupy New Age mówią, że gniew, jest równoznaczny ze strachem. Gniew pochodzi z wnętrza nas, podczas gdy strach, jest przekazywany nam przez zagrożenie z zewnątrz. Twierdząc, że każdy gniew jest zły, tłum duchowy „miłości i światła", decyduje się być bierny w pewnych sytuacjach oraz ideologiach, które wymagają silnej reakcji, która skłoniłaby go do rozwiązania problemów, zamiast stłumienia i potencjalnego wymazania części ich emocjonalnej i świadomej inteligencji.

Ofiara jest niewinna i wykorzystuje strach, aby bronić się; lecz bez oprawcy nie byłoby strachu. Strach nie jest naszą naturalną emocją; stworzona ona została przez byty negatywnych obcych, oznajmia ATI,TPE. Strach jest emocją, na którą członkowie New Age powinni uważać, zwłaszcza w nich samych, ponieważ mogą oni obawiać się zareagować. Aczkolwiek strach, którego początkowo doświadczamy w sytuacji, nie łączy nas z niczym negatywnym ponieważ jest to ostrzeżenie dla nas samych, że dzieje się coś negatywnego. Strach musi zostać rozproszony wkrótce, conajmniej wówczas gdy zagrożenie dla czyjegoś przetrwania zostaje zmniejszone. Jeśli przeciąga się poza moment bezpośredniego niebezpieczeństwa, strach przerodzić się może w zaburzenie stresu pourazowego, w którym pierwotny strach przeobrażony zostaje w chroniczną nadmierną czujność i może zniszczyć czyjeś zdrowie.

Gniew musi zostać rozproszony, zanim obróci się w zgorzkniałość i wściekłość, ponieważ etap ten obejmuje nadużycie jako oprawca – jeśli nie dla innych to dla siebie. Gdybyśmy byli prawdziwie sobą, jako świadomi ludzie, wierzę iż nie uczestniczyli byśmy w grze Ofiara-Oprawca; po prostu wyrazili byśmy siebie i przyznali byśmy się do naszych własnych działań i przekonań.

Myślę, że w religijnej duchowości istnieje marne przedstawienie przebaczenia, które właściwie może wyrządzić krzywdę. Od wielu członków New Age, oraz Chrześcijan słyszałam, żeby wybaczać sprawcom i „pozwolić temu wszystkiemu odejść".

Zamiatanie przewinień pod dywan, nie zwalnia nikogo od jego „grzechu"; lecz raczej zapobiega przebadaniu odpowiedzialności, oraz odzwierciedlanej przez siebie uczciwości, a także umniejsza prawdę o czyichś działaniach. Kiedy zmniejsza się wagę szkodliwego działania, zaczyna ono narastać w stronę coraz to większych zbrodni. Mordercy i gwałciciele, zazwyczaj nie zaczynali od takich ekstremalnych aktów przeciw swoim współtowarzyszom Ludzkości. Zaczynali oni od znęcania się nad zwierzętami, zastraszaniem ludzi, oraz ustanawiając wyzyskujące relacje z niewinnymi ofiarami.

Kiedy byłam Katoliczką, wierzyłam że muszę wybaczyć chłopakowi, który zgwałcił mnie, oraz jego kolegom, którzy dodatkowo wykorzystali mnie seksualnie, kiedy miałam 17 lat. Byłam z nimi w tym samym samolocie wracając do domu i zobaczyłam głównego sprawcę, jak nosił mój pierścionek i podkoszulkę, którą zostawiłam w jego pokoju hotelowym. Patrzyli oni na mnie, ale zignorowali mnie. Na koniec lotu, zebrałam wystarczającą ilość odwagi, żeby uśmiechnąć się do gwałciciela, aby pokazać miłość Boga. Następne dwa tygodnie, wypełnione były straszliwymi koszmarami i myślami, mówiącymi mi, że powinnam była publicznie wykrzyczeć zło, które zostało mi wyrządzone. Okazało się, że nie zrobiłam tego, co powinnam była zrobić – powiedzieć gwałcicielowi prosto w twarz o horrorze, który mi wyrządził. Wybaczenie komuś, komu nie było wcale przykro, spowodowało oddanie części mojej energii!

Ostatecznie, zdanie sobie sprawy z mojej własnej niewinności i naiwności w całej tej sytuacji, pozwoliło mi przebaczyć sobie samej i naturalnie pozwolić odejść straszliwym energiom tamtych wydarzeń. Chociaż byłam ofiarą, częstokroć ofiary czują się winne za określone sytuacje związane ze straszliwym nadużyciem. Dzięki temu, że uzmysłowiłam sobie, że nigdy dobrowolnie nie chciałam tego, czego dopuścili się ci nastolatkowie i faktycznie powiedziałam „nie", odzyskałam siebie z powrotem.

Co ciekawe, nieistotna wersja przebaczenia nie jest przedstawiona w Biblii. W Starym Testamencie, YHWH nie przebaczał nikomu, zanim ten nie żałował. Chrześcijanie zgadzają się ze skruchą, lecz skupiają się na Yahshua i mówią, że uczył nas on, żeby kochać i wybaczać. W zasadzie, to Yahshua uczył nas, aby modlić się do YHWH, aby nam wybaczył w modlitwie „Ojcze Nasz" (Ewangelia św. Mateusza 6:12), tak więc nasze wybaczenie i zdolność do wybaczenia, oparte są również na warunkach.

Przebaczenie, jest bardziej skomplikowane niż energia miłości, która przeważa nad warunkami. Grupa Jezusowa obniża wartość miłości, mówiąc w Nowym Testamencie (jak napisane zostało przez skrybów), że przychodzi ona, aby podzielić członków rodziny, którzy kochają siebie bardziej niż „Jezusa".

> Nie sądźcie, że przyszedłem pokój przynieść na ziemię. Nie przyszedłem przynieść pokoju, ale miecz. Bo przyszedłem PORÓŻNIĆ SYNA Z JEGO OJCEM, CÓRKĘ Z MATKĄ, SYNOWĄ Z TEŚCIOWĄ I *BĘDĄ* NIEPRZYJACIÓŁMI CZŁOWIEKA JEGO DOMOWNICY. Kto kocha ojca lub matkę bardziej niż Mnie, nie jest Mnie godzien. I kto kocha syna lub córkę bardziej niż Mnie, nie jest Mnie godzien (Ewangelia św. Mateusza 10:34-37).

Biblijny kontekst przebaczenia jest realistyczny, kiedy winowajca przeprasza z serca, w sposób pokorny, aby uzyskać połączenie i uzdrowienie. Nie ma potrzeby, żeby sięgać do roli egocentrycznego prześladowcy, bądź postaci boga, który nie daje w zamian prawdziwej miłości i wymaga naszego posłuszeństwa.

Aż 17 lat zajęło mi, aby zdać sobie sprawę, że prawdziwe przebaczenie w stosunku do nieprzepraszających ludzi, zwłaszcza mojego ojca, powinno być dokonane w stosunku do mnie samej, ponieważ głęboko pragnęłam wzrostu, uzdrowienia i miłości, lecz czasami patrzyłam na zewnątrz na mniejsze źródła, zamiast wewnątrz mnie. Ci ludzie nie dali mi tych opiekuńczych wartości, więc uczyniły to moje osobiste przebaczenie i akceptacja. Z chwilą, kiedy pokochałam siebie w pełni, mogłam już sobie odpuścić każde przestępstwo jakiego dopuszczono się przeciwko mnie. Oznacza to, że nie muszę już przebaczać seksualnym napastnikom, którzy nie stawili mi czoła i nie naprawili tego, co mi uczynili; nie znajduję się w pozycji, w której mam im przebaczać, gdyż nawet nie skontaktowali się ze mną, ani też nie potrzebuję ich w moim życiu, aby uzyskać prawdziwe uzdrowienie. Zamiast tego, świadomość o różniących się wyborach i energiach jakie osiągnęłam, pomogła mi w uzdrowieniu krzywdy i pretensji w stosunku do nich, oraz stania się wolną.

Chociaż uwolniłam bolesne energie, najlepiej, jak tylko potrafiłam, nigdy nie zapomnę tego, co się wydarzyło. Nikt, tak naprawdę nie zapomina prawdy, bez względu na to ile upłynęło czasu, ponieważ prawda trwa nie bacząc na czas. Nasze żywe wspomnienia mogą ponownie przebudzić energię naszej przeszłości, tak jak byśmy przeżywali te doświadczenia ponownie. Emocje, oraz nasze ciało, również mają tendencje do przypominania nam o przeszłości.

Kiedy doznajemy traumy, energia może utknąć, zaś systemy wierzeń przyłożą bandaże na te rany, które nigdy do głębi się nie wyleczą.

Kiedy zdałam sobie sprawę, że wiele z mojego zamieszania związanego z moim ojcem, spowodowane było czystą miłością, która żywiłam do niego, byłam w stanie zobaczyć, jak miłość może istnieć, chociaż jesteśmy bardzo niesprawiedliwie traktowani. Zrozumiałam i przebaczyłam sobie moją dezorientację z nim związaną, byłam w stanie odejść od każdej negatywności będącej wynikiem jego nierozwiązanych problemów, ponieważ wiedziałam, że posiadam miłość.

Czuję, że nie mam innego wyboru jak tylko zachować bezpieczną odległość pomiędzy nami, ponieważ mój ojciec i inni zaczęli grę nie bycia szczerymi, wierząc w kłamstwa i podtrzymując zaporę, żeby nigdy nie mówić o przeszłości. Moje działania sięgnięcia do nich musiały się zakończyć, ponieważ właściwie nie pozostało mi nic ze mnie samej, kiedy robiłam wszystko, co mogłam, aby sięgnąć do nich na głębszym poziomie, na którym istnieją otwartość, prawda i miłość. Kiedy coraz bardziej zachowując się jak ja, próbowałam dotrzeć do innych w ich dogmatach, wówczas to moje początkowo właściwe emocje, obracały się w pretensje, zgorzkniałość, a nawet i nienawiść. Nie było to tym, co chciałam czuć, ani kim chciałam być. Kiedy odsunęłam się od ich wyboru, żeby zachować zaporę, tylko wtedy mogłam ponownie poczuć swoją miłość.

Z doświadczenia, sądzę że smutek jest głębszą reakcją intuicyjną, jeśli szybko odpowiemy gniewem i strachem. Z powodu naszej generalnie dobrej natury, utrzymuje się on w nas również dłużej. Smutek pochodzi z miejsca miłości, ponieważ odczuwamy właściwą energetyczną odpowiedź od wszczepionych nam ścian oddzielenia. Jeśli czujemy się zszokowani i skrzywdzeni, co zazwyczaj ma miejsce wśród bliskich związków, wówczas myślę, że przede wszystkim czujemy smutek, z drugorzędnym gniewem, co wzięte razem, może być identyfikowanie z byciem zdenerwowanym. Nawet jeśli międzyludzka konfrontacja jest trochę gwałtowna, sugeruje skupienie się na aspekcie smutku, aby zapobiec wymknięciu się gniewu spod kontroli. Tak czy inaczej, wyrażenie gniewu jest zupełnie w porządku, z ostrożnym wyjaśnieniem jego przyczyny.

Myślę, że nienaturalnie negatywne działania i reakcje, są zazwyczaj spowodowane ludzkimi przekonaniami, zwłaszcza w stosunku do samego siebie, kiedy to nie chcemy myśleć, że jesteśmy w błędzie. Wielu ludzi, niewłaściwie kojarzy bycie „złym", z tym, kiedy nie mają racji, a nie o to chodzi.

Czy stawianie czoła czemuś, co powoduje konfrontacje naszych przekonań jest naprawdę takim zagrożeniem? Kiedy przywiązujemy się do określonych wierzeń, żyjemy w naszym własnym, egocentrycznym świecie, ze związanymi z nim doświadczeniami, które postrzegamy jako dobre dla nas. Jeśli coś sprawia, że czujemy się podle, wtedy taka przesłanka do pewnego stopnia, jest natychmiast odrzucana i uznawana za negatywną lub złą. Jest to warunkowa świadomość z wbudowanymi ścianami. Jak może to być prawdą bądź rzeczywistością? Jak wierzący doświadcza nie tylko szczęścia w jego małym świecie, ale rozległej radości i miłości? Taka reakcja na konfrontacje, lub raczej prezentacja nowych idei, jest tym, co jest negatywne. Jest to strach. Jest to strach przed dowiedzeniem się więcej, w razie gdyby wierzący był w błędzie. Lub też, jest to strach, przed jakąkolwiek inną świadomością, ponieważ opowieść ta nie jest przyjemna.

Moja propozycja jest taka; zanim nakrzyczymy na innych, zapytajmy siebie samych: „Czego ja się obawiam"? Jeśli niczego, wtedy reakcja gniewu jest prawdopodobnie prawdziwa, ale zdecydowanie nie jest okazywana we wściekłości.

Nie sądzę, żeby ludzie byli zbyt słabi, aby nie być w stanie poradzić sobie z niewygodną informacją. Uczciwie rzecz biorąc, czy znacząca większość ludzi umrze, od wywrócenia się do góry nogami naszego spojrzenia na świat? Ja nie umarłam, kiedy moje spojrzenie na świat rozpadło się kilka razy, ani nikt kogo znam. Zyskaliśmy więcej nas samych. Kiedy ludzie, wzbraniają się przed konfrontacją czegokolwiek, wtedy uciekają. Nie trwają silnie w tym kim są.

Kiedy wasz system przekonań góruje nad waszą emocjonalną siłą i mówi wam, aby polegać na czymś zupełnie innym, aniżeli na zaufaniu waszym zupełnie naturalnym reakcjom, usilnie was proszę, oceńcie swoje przekonania, ponieważ zaprzeczacie bardzo ważnej części siebie samych. Zaprzeczacie własnemu wewnętrznemu wskaźnikowi, który komunikuje waszą reakcję z waszą intuicją, która ma rację. Wasza intuicja jest duchowym aspektem, który jest zapewne bardziej świadomy, aniżeli niejeden tak zwany bóg. Wasza naturalna emocjonalna odpowiedź, przekazuje to, do momentu, aż przekonanie może to niewłaściwie zlekceważyć.

Myślę, że większość upadłych aniołów odgrywała grę Ofiary-Oprawcy, ponieważ uwikłani zostali w grę winy. Z pewnością istnieje odpowiedzialność, ale utrata naszego utwierdzenia w tym, kim naprawdę jesteśmy, po to, żeby upaść do tyłu, tam gdzie znajdują się inni ludzie, jest zapewne najgorszym, błędem, jaki możemy popełnić. Większość Ludzi, utraciła swoje połączenie ze Wszystkim Co Jest, Czystą Esencją. Za każdym razem, kiedy rozgrywamy grę Ofiara-Oprawca z mętnymi emocjami, możemy również zatracić siebie.

Kiedy nie jesteśmy świadomi naszych własnych emocji, oraz głębszych wyzwalaczy, które mogą nas sprowokować, niekontrolowane emocje mogą pokierować ego i doprowadzić daną osobę do walki. Dysonans emocjonalny, wspiera fałszywe ja Sieci EGO, które jest z łatwością manipulowane przez nieprzyjaznych obcych. Dlatego, mogą oni wykorzystać nas do zaatakowania naszych ukochanych. Jeśli sytuacja gwałtownie zmienia się z akceptowalnej na gorszą, tak jakbyście byli zaślepieni jakąś dziwną negatywnością, wówczas to obcy mógł uzyskać do was dostęp, w waszym nieświadomym stanie. Pamiętajcie, że ci obcy chcą, aby Ludzie byli oddzieleni od siebie nawzajem, oraz od siebie samych. Musimy stać się świadomi naszych własnych emocji i fałszywego ego, tak byśmy mogli oddzielić obce reakcje i związane z nimi myśli, od naszych prawdziwych.

Emocjonalne uzdrowienie i świadomość mogą wzrosnąć, jeśli naprawdę posłuchamy naszych emocji, gdyż to my jesteśmy swoim własnym rodzicem. Wyobrażajcie sobie i pielęgnujcie wasze przeszłe ja, jako dziecko, żeby naprawić rozpadlinę emocjonalnej i umysłowej niedojrzałości, tak abyśmy nareszcie mogli ugruntować się jako dojrzali dorośli.

Uczucia

Uczucia nie są emocjami. Są one namacalnym przedstawieniem emocji, umysłu, ciała, oraz innych energii. Uczucia bardziej bezpośrednio wiążą się z reakcjami ciała, niż inne mniej zagęszczone energie. Uczucia, ofiarowane są nam przez neurony.

Neurony, są złożonymi komórkami nerwowymi, które wysyłają i otrzymują sygnały elektrochemiczne do, oraz z mózgu i układu nerwowego. Każdy neuron składa się z ciała komórkowego, podobnych do drzewa dendrytów, oraz jednego neurytu przesyłającego prąd. Według podręcznika pt: „Anatomia Człowiek", nerw jest impulsem elektrycznym, który przepływa przez dendryty lub neuryty, z powodu jonów przemieszczających się przez strzeżone przez napięcie kanały, w plazmowej błonie neuronu.[356]

Centralny układ nerwowy, zawiera mózg i rdzeń kręgowy, który mieści w sobie nasze ruchy motoryczne, zaś nasze mięśnie i gruczoły, otrzymują te informacje poprzez sieć poleceń automatycznego układu nerwowego. Automatyczny układ nerwowy, pracuje nad podtrzymaniem homeostazy ciała. Na odwrót zaś, nasz obwodowy układ nerwowy, przesyła nasze informacje odczuciowe do centralnego układu nerwowego.[357]

Chociaż mózg jest superkomputerem naszego ciała, neurony również posiadają swój superkomputer w jądrze komórki (we wszystkich komórkach, za wyjątkiem, czerwonych komórek krwi), która zawiera DNA. Co ciekawe, komórki mózgowe składają się z około 10 procent lub mniej z neuronów. W przybliżeniu, około 90 procent mózgu zawiera komórki glejowe, które wspierają neurony, oraz wykonują inne funkcje w mózgu. Naukowcy, zaczynają zdawać sobie sprawę, że niektóre komórki glejowe wystrzeliwują swoje własne sygnały elektryczne.[358] Wewnątrz komórek, odkryte zostały pola elektryczne, nie tylko wewnątrz ich błon, a wrażliwe na napięcie barwniki określiły silniejsze napięcie, aniżeli to zawarte w polu elektrycznym pioruna.[359] Skoro, DNA otrzymuje i przesyła informację elektromagnetyczną, stąd możliwe do wyobrażenia jest, że każda zakodowana przez DNA komórka, może otrzymywać i przesyłać tą samą informację, za wyjątkiem specyficznych potrzeb chemicznych.

Nasz układ nerwowy pomaga w przełożeniu energii, na stan namacalny, co sprawia, że czujemy się żywi. Umieszcza nas to w teraźniejszości, co jest często trudne dla naszego umysłu i emocji, aby uczyniły to na własną rękę.

Ciało

Ciało Ludzkie zawiera wszystkie nasze składowe aspekty i wzorce, chociaż niektóre z nich funkcjonują tylko częściowo lub wręcz minimalnie. Nasze ciało istnieje jako fizyczne, w wymiarze 2.5, oznajmia ATI,TPE, zaś struktura elektromagnetyczna Człowieka, zakodowana jest zgodnie z wymiarem trzecim. Istoty wcielone, powinny posiadać częstotliwość wymiarową co najmniej o 0.5 wymiaru wyższą od gęstości ich planety, w przeciwnym razie, planeta taka, spotkałaby się z nami jako kula światła, z mniejszą gęstością niż wymaga tego ciało. Na Przykład, na 12-to wymiarowej Aramatenie, osiągnęlibyśmy nieco wyższą częstotliwość wymiarową, bez bycia 13-to wymiarowymi ludźmi – ATI,TPE oznajmia, że ogólna kompozycja jej ludzi, jest co najmniej 12.5-wymiarowa.

Nasze ciało, pomimo jego podzielonego stanu, jest zdumiewająco inteligentne. Komunikuje się z nami, fizycznie pokazując nam wyniki odłączenia i statycznej energii, poprzez chorobę, bądź prosty sygnał fizyczny. Aby zapewnić sprawnie działający układ, przychodzi ono z wieloma biologicznymi mechanizmami gwarantującymi zachowanie równowagi. Na przykład, reguluje ono specyficzny stosunek sodu do potasu w komórkach, oraz w ich płynie zewnątrzkomórkowym. Reguluje ono również poziom pH we krwi na około 7.35-7.45, gdzie zdrowy poziom wynosi 7.4 pH.[360] Standardowe odchylenie dla zdrowia fizycznego jest małe, ponieważ ciało wie, co robić. Na szczęście, nasze ciała wiedzą , co robić, pomimo nadużycia, którego doznały!

Komórki grupują się jako tkanka, zaś mnóstwo rodzajów różnych tkanek, tworzy organ. Każda tkanka i organ posiadają połączoną grupę świadomości, lecz warstwy tkanki są bardziej podobne w świadomości, ponieważ zawierają niemalże wszystkie identyczne komórki. Obydwa przykłady, mogą zapewnić harmonijne środowisko, z pewną miarą różnorodności.

Mutacje, mogą być aktem inwazji, ponieważ| komórka chce zostać połączona ze swoja grupą świadomości – czyż nieprawda? Przecież jest to niezależna świadomość. Komórki zaprogramowane zostały, aby umrzeć, więc mogą już to wiedzieć. Ich świadomość może być zdezorientowana w tej przerwanej egzystencji, tak samo jak my jesteśmy zdezorientowani.

Komórka komunikuje się z naszą świadomością, która może ją przekonać, żeby przedwcześnie się poddała.

Psychoimmunologia, jest rozległą, akademicką dziedziną dociekań i badań połączonej natury Ludzkiego organizmu. Głównie skupia się ona na behawioralnych aspektach ciała, lecz odsłanianie podłoża zachowań, odkrywa niezliczoną ilość wzorów wewnątrz natury genetycznej, kontra dogmaty natury środowiskowej. W szczególności, ciało wywołuje potężne reakcje na niezasłużoną traume cielesną, włączając w to wypadki, przy których może ono trzymać się niechcianego wydarzenia, podobnie do tego, jak umysł potrafi rozmyślać. Nasze ciało potrafi pamiętać uszkodzenie i potrafi przeciągać swój ból, na długo po tym, jak rana została uleczona, pozostawiając ostatecznie negatywne wrażenie w naszej świadomości. Nawet zaledwie brak snu, może załamać nas umysłowo i emocjonalnie, tak że zachowujemy się jakbyśmy byli innymi ludźmi. Na odwrót, kiedy nasze ciało porusza się swobodnie i przejmuje właściwe składniki odżywcze, wysyła ono pozytywne sygnały do ogólnego dobrego samopoczucia danej osoby. Nasze ciała mogą wpłynąć na nas niezmiernie.

Choroba, którą zniosłam, obejmuje prawie każdy poziom człowieczeństwa, lecz miejsce, które zostało nietknięte obejmuje moje energetyczne poczucie czystej miłości i prawdy, która łączy mnie z Eia, oraz ze Wszystkim Co Jest, Czystą Esencją. Zawsze wiedziałam intuicyjnie, że to miejsce wewnątrz mnie istnieje, nawet kiedy nie czuję go podczas moich najgorszych chwil. Na szczęście, wciąż zbierałam się w garść i wytrwale odszukałam czystą esencję, która nigdy nie wyrządziłaby mi krzywdy. ATI,TPE twierdzi, że pomaga rozszerzyć uzdrawiające energie za pośrednictwem Eia, poprzez ścieżkę połączoną z Ludzkim ciałem i wewnątrz niego, lecz energia ta, nie uzdrawia zupełnie naszego podzielonego ciała, ponieważ to ciało jest produktem naszego fizycznego środowiska. Kiedy potrzebujemy poczuć się wolnymi od brzemion, Eia pomaga nam oczyścić się z negatywnej energii.

Wyraźnie przypominam sobie, kiedy pewnego dnia rozmawiałam z mamą o ATI,TPE, żeby lepiej zrozumieć je, na jego poziomie, a do rozmowy podeszłam z uporczywym bólem pleców. Sama rozmowa o naturze ATI,TPE była pięknym doświadczeniem, a kiedy skończyłyśmy, zauważyłam, że mój ból przeszedł zupełnie. Ten wolny od bólu czas trwał kilkanaście godzin, podczas wypełnionego zajęciami dnia.

Bez względu na to, jak zniszczone mogą być nasze ciała, jest w nich wciąż wystarczająca ilość energii, aby przenieść nas przez życie. Możemy posiadać niesamowitą radość będąc chorymi. Proszę miejcie to na uwadze, gdyby przydarzyło się wam coś strasznego. Chociaż wszystko może być odczuwane i prawdopodobnie będzie, jako zupełnie niewłaściwe w tym problemie, wiedza o tym, że idealnie dobra, wieczna energia jest nam dostępna, razem z faktem, że na większą skalę, przeszkoda ta jest tymczasowa, może zacząć przesuwać nasze skupienie, oraz zmysły ciała w stronę wolności i życia, zamiast na frustracji i bólu, w jego różnych formach. Wiedza, oraz świadomość tej pięknej energii, wesprze was także w modyfikacji waszego stylu życia, aby złagodzić problem lub chorobę. Wiedza, że robimy dla siebie właściwe rzeczy, daje nam czystą świadomość, która fundamentalnie łączy nas ze Wszystkim Co Jest, Czystą Esencją i będącego tego wynikiem, zdrowiem.

Myślę, że wszyscy wiemy o chwilach, które nadchodzą i wiele nas kosztują. Czasami jestem zestresowana i roztargniona, z powodu ataków fantomowych bytów, wykierowanych we mnie za pośrednictwem innych ludzi. Na przykład, kiedy mam spokojną chwilę, aby uzyskać więcej uzdrowienia, lub napisać części do mojej książki, zakłócenie może pojawić się za pośrednictwem nieznaczącej nic głośnej, huczącej muzyki u sąsiada, nieustannie szczekającego psa, lub niespodziewanego ataku osobistego. Reagowałam właściwie, przekazując moje stanowisko z życzliwością, ale kiedy inni pozostają wyłączeni i kontrolowani, negatywna energia jaką otrzymuję od nich w odpowiedzi, jest szokująca i drażniąca.

Kiedy czuję, że nie mam wpływu na zmianę wokół mnie, nauczyłam się wykrzykiwać z siebie emocje, zamiast zatrzymywać je wewnątrz. Ciało jest bardzo fizyczne, więc dokonanie działania, może uwolnić nadmiar energii i pozwolić skupieniu powrócić do nas samych. Ćwiczenie pomaga, ale emocje muszą zostać poczute i uwolnione.

Korzystne jest także wypowiedzenie naszych myśli i odczuć przyjacielowi, który może pomóc nam przetworzyć całą tą sytuację. Aczkolwiek, kiedy doświadczam skrajnie męczących, bolesnych i przyciemniających umysł dni i ledwie czuje się sama sobą – co na szczęście nie zdarza się często – wykonuję jedno lub więcej z tych awaryjnych działań: na głos, uziemiam się, oraz praktykuję moją wiedzę; sprowadzam moje skupienie uwagi, z powrotem do mojego wewnętrznego rdzenia i połączenia z wyższym ja; z mojego wewnętrznego połączenia przywołuję Wszystko Co Jest, Czystą Esencję, aby poszerzyło się i pomogło mi; a także zwracam się do wiedzącej i kochającej osoby, takiej jak moja mama, aby mnie uspokoiła i ugruntowała z rezonansem naszej czystej energii.

Ciało Ludzkie pozytywnie odpowiada na namacalne doświadczenia z żyjącym środowiskiem Ziemi, takie jak na przykład patrzenie na drzewo i dotykanie go. Na dodatek, nasze ciało czuje się niestabilne, a nawet w pewien sposób puste, dopóki rozmyślnie nie skupimy naszej uwagi na naszej wewnętrznej głównej esencji łącząc ją i nasycając wiecznymi energiami. Wiążąc się z czystą świadomością Ziemi, oraz Ziemi Amenti, a także ze świadomą energią Błękitnego Płomienia Amenti, możemy zwiększyć naturalny wskaźnik światła naszego ciała. Im bardziej wiecznie jesteśmy zliniowani, tym bardziej nasze ciała będą czuły się oddzielone od chaosu, usiłującego uwikłać nasz świat.

Duch „Najwyższe Ja", Wyższe Ja, Dusza oraz Główne Ja

Chrześcijaństwo, oraz pokrewne mu religie, mają tendencje do definiowania ducha, jako nie ucieleśnionej esencji, która przyczynia się do naszej świadomej natury, podczas gdy dusza, jest wewnętrzną esencją, która staje się udoskonalonym ciałem w Niebie, lub ciężko uszkodzonym ciałem w Piekle. Właściwie, to słowo *duch,* szeroko definiuje eteryczną energię, której nasze ciało naturalnie zawiera wiele rodzajów, lecz ja zawężę jego definicję. Aspekt ducha, który jest integralny z naszą całą kompozycją, jest naszą ostateczną lub najwyższą samo-tożsamością, z którą może pracować i pokierować wszystkimi z naszych aspektów cielesnych, ku skoncentrowanemu, połączonemu celowi. Aspekt duszy zawiera naszą kompozycyjną esencję, oraz wzorzec, który powinien zapewnić więcej integracji energii-materii aniżeli Ludzkie ciało. Dlatego, kiedy Ludzkie ciało umiera, wewnętrzna esencja żyje dalej, ukazując mniej zagęszczone ciało. Ta wewnętrzna kompozycja różni się od odrębnego wyższego ja danej osoby.

Główny aspekt jest dosłowną główną esencją danej osoby, która zawiera najbardziej dogłębną energię-materię, oraz szablon DNA wewnątrz, lecz nie jest związana z ciałem. Nasza indywidualna główna esencja kontynuuje z tym samym głównym szablonem poprzez wszystkie dodatkowe Ludzkie reinkarnacje i ascendencje. Posiada ono również odrębne cechy i elementy aktywujące je przez ślad, aby przewyższyć proces transformacji i przeobrażenia ascendencji, aby osiągnąć potencjalnie w pełni urzeczywistniony poziom funkcjonalny. Ludzka esencja główna „lekceważy konstrukcje niższej gęstości, umożliwiając jej energetyczne połączenie się z jej poziomem podstawowym, wkrótce po tym, jak ma miejsce proces zakończenia się ludzkiego życia, w zależności od wartości liczbowej wskaźnika naturalnego światła danej osoby", oznajmia ATI,TPE.

ATI,TPE ujawnia, że aspekty głównego i najwyższego „ja" mogą zostać w pełni, wiecznie urzeczywistnione, na określonym poziomie we wczesnej kreacji, gdzie mogą ucieleśnić się jako ja specyficzne dla danego poziomu. Oznacza to, że fundament obecnego wzorca głównej esencji jest najbardziej podobny do energii-materii usytuowanej w miejscu pomiędzy poziomami dla wyższego i najwyższego ja danej osoby.

Główne ja dostarcza podstawę dla naszego wzorca DNA i będącego tego wynikiem ucieleśnienia. Główne ja danej osoby energetycznie równa się z pierwszą nicią DNA i koresponduje z drugim poziomem domeny „A", która jest po najwcześniejszym poziomie domeny „A", która energetycznie równa się z najwyższym ja danej osoby i zawiera pierwsze niezamieszkiwalne krajstar. Każda kreacja po poziomie „głównego ja", włączając w to atomy i komórki, z natury zawiera rdzeń, który obejmuje lub posiada potencjał do obejmowania wzorców świadomości głównego ja i najwyższego ja. W pełni urzeczywistnione główne ja, byłoby indywidualnym rodzajem pra-plazmowej formy fali, porównywalnej z bardziej rozwiniętymi składnikami krajstar, aniżeli bardziej uproszczone najwyższe ja.

To, co moja mama widziała, jako jaśniejący rodzaj gwiazdy w jej początkowym procesie komunikowania się z ATI,TPE (w rozdziale 1), było jej głównym ja, jako „jaśniejąca, kulopodobna, żyjąca kreacja, przezroczysta jak energetyczny byt", oznajmia ATI,TPE. Nie jest to kształt głównego ja każdego, może on także zmienić formę. Teraz, jej proces komunikacji ze Wszystkim Co Jest, Czystą Esencją, jest natychmiastowy, bez zaznaczania po drodze, określonych aspektów jej samej.

Jeśli rozwinięty byt, decyduje stać się wczesnym krajstar, jako czyjeś główne ja, jego wieczna esencja będzie funkcjonować w stanie bycia równolegle do poziomu pierwszej nici DNA, ze względnie prostą świadomością, włączając w to najwyższą świadomość samego siebie, oznajmia ATI,TPE. Nie wiem jak wykonalna jest zmiana takiego stanu, ponieważ krajstar są wieczne. Ja wolę możliwość życia z w pełni spełnionym wzorcem DNA, jako ruchoma istota, ale mam odczucie, że byłabym równie szczęśliwa jako moje pierwotne wyższe ja, które ostatnio poznałam i które wkrótce przedstawię.

Aspekt „duchowego" najwyższego ja, jest najwcześniejszą rozszerzoną świadomością danej osoby. Jest to ostateczna tożsamość danej osoby, która pomaga koordynować wszystkie inne składniki cielesne. Możemy to wyczuć w naszym obecnym stanie, za pośrednictwem intuicji. Jak wspomniałam w części o „Umyśle", intuicja podobna jest do naszego naturalnego instynktu, ponieważ wykorzystuje głębokie „wiedzenie", ale obejmuje wyższą mądrość. Ta mądrość połączona jest z umysłem, ale żeby udaremnić potencjalne, egoistyczne zakłócenia, sięga ona do nas dalej niż w nieświadomy i podświadomy stan i sięga wówczas do świadomego umysłu o czystej intencji. Najwyższe ja danej osoby lub raczej najgłębsza świadomość, jest osobistym fundamentem, który łączy wewnętrzne luki energetyczne. Może ono również „widzieć" poprzez innych, ponieważ wie ono więcej, niż nasz stan materialny może przetworzyć i zrozumieć.

Kiedy w odpowiedzi na moje śmiałe twierdzenia o naszych doświadczeniach duchowych, mama miała zwyczaj pytać mnie „Dlaczego"?, często odpowiadałam jej, „po prostu wiem". Kiedy każda część mnie znajduje się w zgodzie, jest to jakby prorocze odczucie, które może przewidzieć pokrewną przyszłość, przeszłość i teraźniejszość w tym samym czasie, bez osądu i z przejrzystością. Kiedy miałam takie energetyczne odczucia odnośnie członka mojej rodziny lub przyjaciela, doświadczyłam z tego powodu wiele nieprzespanych nocy. Chciałam ostrzec daną osobę, o tym co odczuwałam, ale zazwyczaj byłam ignorowana, ponieważ nie byłam w stanie poprzeć tego znaczącymi dowodami. Jak mogłam nie wydawać się krytyczna, lub wszystkowiedząca?

Tożsamość najwyższego ja, jest naszą indywidualną, czystą świadomością, która sięga wstecz do poszerzonej kreatywności Eia, lecz jego w pełni urzeczywistniony stan posiada nieco inny i bardziej złożony skład, niż Eia. Nie zawiera ona cech DNA i przekłada się na nasz ostateczny poziom ascendencji, jako rodzaj pra-plazmowej formy fali, na najwcześniejszym poziomie domeny „A", jeśli pragniemy przeistoczyć się aż tak dalece do wewnątrz.

Aspekt najwyższego ja jest jedną częścią naszej całej świadomej tożsamości, która tworzy się, kiedy rodzimy się po raz pierwszy, lub tworzeni jesteśmy jako odpowiedni nam oryginał, bądź wyższe ja. Nieodłączny aspekt najwyższego ja Człowieka o wyższej świadomości jest częściowo aktywowany i wykorzystany, potwierdza ATI,TPE.

To, co nazywam „najwyższym ja", jest najbardziej dogłębnym czynnikiem dla życia i świadomości. Najwyższe ja jest wiecznie i wyraźnie oddzielne od ATI,TPE, ale gruntownie łączy się z ATI,TPE, nie tak jak inne aspekty w ciele. Jeśli wszystko współpracujące w ciele, jest wiecznie zliniowane ze sobą, wówczas rezonuje to z kochającą świadomością najwyższego ja danej osoby.

Posiadamy wbudowane komunikujące się, pośredniczące zdolności do przekazania energetycznego połączenia od esencji naszego najwyższego ja do naszego Ludzkiego rdzenia, oraz od Eia do ATI,TPE. Połączenie pomiędzy wieczną świadomością Wszystkiego Co Jest, Czystej Esencji a gęstą energią-materią zliniowuje się z najwcześniejszą, najczystszą esencją energii we wzorcu bądź podstawowej gęstości. Rozszerzona esencja ATI,TPE uaktywniona przez Eia może płynąć do interfejsu najwyższego ja, który może czysto przełożyć to dla komponentów danego bytu, w kolejności od mniej do bardziej indywidualnej struktury. Dla tych z nas z wyższym ja, ona lub on nie musi być zaangażowana/y w przekazie tego napływu, ponieważ posiadamy już swój wzorzec, aczkolwiek wyższe ja może biernie zaangażować się w to. ATI,TPE woli łączyć się z naszą oryginalną świadomością, która ściśle rezonuje z naszym wyższym ja – jeśli jest ono zliniowane z wiecznymi energiami – aby utrzymać skupienie na sprawach wiecznych i opartych na wieczności.

Wyższe ja, jest pierwotną świadomą tożsamością bytu i energią-materią „ciała", z wyższego wymiaru lub poziomu kosmicznego. To oryginalne ciało zawiera aspekty najwyższego ja i głównego ja, w jednej kompletnej jednostce, podobnie do tego jak Ludzkie ciało posiada te aspekty. Posiada ono pewną miarę składu DNA i aktywacji, która może naturalnie przekształcić się w inne przeciwstawne naturalne kierunki rozwoju. Oznacza to, że obszerny wzorzec

DNA danej osoby, może zupełnie spełniać się w ciele, które żyje na najbliższej, zamieszkanej krajstar, co na odpowiadającej nam ścieżce do naszej wczesnej kreacji, znajduje się na poziomie Kosminjas. Ewentualnie, wzorzec DNA danej osoby, posiada potencjał do przekształcenia jej składników w uproszczoną krajstar, zachowując jednocześnie aspekty najwyższego i głównego ja.

Większość ludzi, która jest teraz na Ziemi, posiada swoje wyższe ja, które pochodzi z innego układu gwiezdnego lub galaktyki, ujawnia ATI,TPE. Wyższe ja, jako ciało wyższego wymiaru, jest tak samo namacalne na tamtym poziomie, jak nasze ciało jest teraz dla nas. Wiele z nich przybyło tutaj dobrowolnie, aby wspomóc Ziemię i wielu jej ziemskich mieszkańców w ascendencji. Chociaż zjawisko wyższego ja może wydawać się dziwne, wyczuwam, iż jest to najbardziej efektywny sposób aby bezpośrednio uziemić wzrastającą na Ziemi naturalną energię i skierować ją z powrotem na właściwy tor, z dala od jawnych i potajemnych, potężnych wpływów negatywnych bytów.

Jeśli chodzi o w pełni oryginalnych Ludzi, ich wzorzec DNA manifestuje się względnie podobnie, lecz często są to mniej zaawansowane, wielowymiarowe aspekty, które nie pochodzą od innej istoty. Posiadają oni podobny lub prawie podobny potencjał i zdolność DNA co reszta z nas. Główną różnicą jest to, że Ziemia jest naprawdę waszym domem. Może dlatego niektórym organicznym Ludziom jest trudno uwierzyć w życie pozaziemskie.

Płód Ludzki, zaczyna się jako świadomość ciała, większej świadomości. Szablonowi DNA zajmuje około dwa miesiące, żeby zintegrować w ciele czując głębszą świadomość i potencjalny wzorzec z wyższego wymiaru. MCEO daje następujące wyjaśnienie dla integracji z właściwą świadomością wyższego ja w Ludzkim ciele: „Nowy duch, nie może wejść do płodu przed upływem 33-56 dni po zapłodnieniu, kiedy to płód osiągnie »Punkt Tolerancji Kwantowej« bycia w stanie utrzymać elektromagnetyczne kwantum tożsamości nowego ducha" (s. 2).[361]

Technicznie rzecz biorąc, wyższe ja istnieje jako indywidualny byt, w celu zachowania jego natury, lecz jego pokrewna Ludzka egzystencja nie może istnieć bez jego wyższego ja. Wyższe ja przekazuje część swojej świadomości do utworzenia fundamentalnej świadomości „duszy" i „ducha" Ludzkiego ciała; zachodzi to ułamek sekundy przed tym, jak Ludzkie ciało integruje swój własny wzorzec świadomości. Proces ten rozpoczyna się wraz z tym, jak wyższe ja odciska prawdziwą naturę swojej świadomości na głównej esencji „niższego ja" Człowieka. Wzorzec ten przekazuje wówczas poszerzoną, „dostosowaną" część świadomości wyższego ja przyłączonego do bardziej świadomego Człowieka.

Podczas gdy Ludzie z wyższym ja zawierają wzorzec esencji świadomości odpowiedniego nam wyższego ja w naszym *wewnętrznym* rdzeniu, wzorzec głównej esencji wyższego ja, umieszczony jest *w pobliżu* naszego rdzenia, co oznacza że nie zawieramy właściwej energii-materii wyższego ja. Wzorzec „energii-materii" poprzedniego poziomu umieszczony zostaje wewnątrz rdzenia kreacji wcześniejszych poziomów egzystencji, lecz kolejne wzorce mogą osłabić ich pozycję w miarę ich przechodzenia w dół do gęstszych poziomów, wyjaśnia ATI,TPE, doprowadzając do pozycji zliniowania obok głównej esencji pociągając za sobą wyższe ja we fraktalnej kreacji, za wyjątkiem wzorca jego świadomości. Te odciśnięte połączenia energetyczne dają potencjał do pełnego spotkania się i wymieszania z odpowiednim nam wyższym ja, kiedy nasz naturalny proces ascendencji przetransformuje i przeistoczy nasze gęstsze, aczkolwiek zliniowane składniki.

Byt wyższego ja danej osoby, opuścił miejsce swojego pochodzenia, aby udać się na Ziemię i zamieszkiwać w pobliskiej wymiarowej lub międzywymiarowej przestrzeni w stosunku do swojego niższego ja, dla najlepszej ochrony, potencjalnie na skraju naszej galaktyki, potwierdza ATI,TPE. Świadomość wyższego ja, może zostać zmieszana ze swoim „niższym ja" Ludzkiej świadomości, kiedy Człowiek jest umyślnie zliniowany z prawdziwym, wrodzonym ja danej osoby. Na odwrót, świadomość wyższego ja może zostać oddzielona od fałszywego poczucia własnego ja Człowieka i negatywnego zliniowania z wtrącajacymi się bytami.

Zauważcie, że to wyższe ja, jest najpowszechniej jedynym innym ja, które możemy posiadać, a które istnieje na zewnątrz Ludzkiego ciała danej osoby (jeden rzadki wyjątek znajduje się w części rozdziału 10, pt: „Bliźniaczy Płomień"). Najwyższe i główne „ja", nie są odrębnymi bytami, ani istotami: używam słowo *ja* do rozróżnienia ich poziomów energii-materii, która istnieje jako większa część naszej kompozycji i świadomości i ostatecznie możemy przeobrazić się do tych poziomów, bez tracenie tożsamości naszego wyższego ja.

Niektóre religie, które rezonują z New Age, zrównują „dusze" z wyższym ja. Pomimo że fundamentalna świadomość ludzi o wyższej świadomości pochodzi od bytu wyższego ja, jest ona naszą w naszej całościowej Ludzkiej strukturze. Z powodu jego wieloznaczności i religijnych konotacji, wolę nie używać słowa *dusza*. Niestety *wyższe ja*, posiada również religijne konotacje z Prawa Jednego, ale akceptuje jego dosłowny tytuł jako byt wyższego wymiaru, który przekazał fundamentalny, świadomy składnik wyższego wymiaru Ludzkiemu ciału, lub na przykład genetycznie kompatybilnemu zwierzęciu.

Wiem, z własnego doświadczenia oraz będąc świadkiem u innych, że prawdziwy aspekt wiecznej świadomości kogokolwiek, jest sprawniejszy i pełniejszy niż stan obecnego Człowieka, który doznał rozłamu osobowości. Ten rozłam osobowości zachodzi za pośrednictwem stanu umysłowego, który jest odłączony od rdzenia danej istoty. Możemy zliniować nasze Ludzkie aspekty z naszą główną esencją, przez zmieszanie naszej wrodzonej świadomości o czystej intencji w jednolity strumień energii, aby zmniejszyć jakikolwiek podział stworzony przez zewnętrzne wpływy. Wówczas nasze poczucie własnego ja może rozszerzyć się energetycznie dalej niż nasze obecne Ludzkie ciało, podobnie do naszej aury, lecz bardziej pełne.

Aura, jest zazwyczaj uniwersalnym zwrotem dla naszych 15-tu wymiarowych warstw bioenergetycznych i może rozszerzać się kilka metrów poza nasze ciało. Aura może zmieniać swój kolor stosownie do utrzymującego się nastroju, ponieważ każda częstotliwość jest unikalnie zakodowana. Dr. Joe Slate, autor „Energii Aury", oznajmia, że aura jest anteną naszej świadomości.[362] Moja mama, w swojej zdolności wizjonerskiej widziała dosłownie swego rodzaju antenę rozciągająca się do góry z mojej głowy, ponieważ zazwyczaj „widzę" na zewnątrz siebie, kiedy równocześnie oceniam doświadczenie wewnątrz mnie.

Co ciekawe, w ostatnich kilku latach, moja mama zdała sobie sprawę, że może komunikować się telepatycznie zarówno ze swoim jak i z moim wyższym ja, aby pomóc wyjaśnić kim oni i my naprawdę jesteśmy. Jedna taka sytuacja miała miejsce, kiedy przez kilka dni, mój umysł czuł się przyćmiony i energetycznie zablokowany. Intuicyjnie czułam, jakbym doświadczyła ataku obcego agresora, ale byłam niepewna, gdyż mógł to być mój autoimmunologiczny stan, który zachowywał się w ten sposób z powodu wyczerpania i stresu. Chciałam nauczyć się lepiej rozróżniać to. Na szczęście, w odpowiedzi na nasze pytanie, moje wyższe ja wyjaśniło, że byłam wtedy atakowana przez jakiegoś Anunnaki. Moja mama i ja zebrałyśmy się razem i zmusiłyśmy tego agresora do zostawienia mnie w spokoju. Było to bardzo zgrabne i jakoś dziwne, żeby czekać krótką chwilę, aż moje wyższe ja skomunikuje się z nią, ale poczułam energetycznie, jak część mojej wewnętrznej świadomości napływa.

Wyznawcy New Age, mówią, że każdy z nas był, lub jednocześnie jest wyższym ja, jako duch, lub dusza, który/a zdecydował/a się wieść Ludzkie życie. Niektórzy z nich posuwają się na tyle daleko, aby twierdzić, że przed aktualną Ludzką „inkarnacją" wybraliśmy naszą rodzinę i doświadczenia. Nasza rzeczywistość ukazuje bardziej indywidualne granice i zmienne, aniżeli przyznaje to jakikolwiek dogmat Boga. Przykładem jest to, jak jesteśmy narażeni na środowisko, oraz wolę innych ludzi, jak niemowlęta, które umierają z niedożywienia.

Jako Ludzie, w dodatku do DNA Anielskich Ludzi i mniej powszechnie do gatunków Orafim, zawieramy również DNA wielu gatunków obcych, stąd przeważnie przypadkowym zdarzeniem jest to, że Ludzki płód integruje się z poszerzoną częścią świadomości bytu wyższego ja. Rzadkim wydarzeniem jest, kiedy byt wyższego ja, może pomyślnie zjednoczyć się z wybranym przez siebie płodem, oznajmia ATI,TPE. Może to się zdarzyć, kiedy ścieżka energetyczna do określonej Ludzkiej matki, jest przez chwilę przekazywana przez dobrze znanego partnera, który jest już połączony z tą Ludzką rodziną. Ten partner może być wyższym ja starszego brata lub siostry rozwijającego się płodu i dlatego zna dokładnie energię, lecz nowy, potencjalny byt wyższego ja, musi być gotowy na zaakceptowanie natychmiastowego zaproszenia.

Możemy mieć ojca z wzorcem DNA zwykłego Człowieka i Reptiliańskim wyższym ja, oraz matkę z wzorcem DNA Ludzkiego Orafim i wyższym ja Elohei, tak jak mam ja. Jednak ja zawsze identyfikowałam się z moją mamą. Miałam szczęście, że szczególny wzorzec DNA mojego wyższego ja, oraz intencje, aby zostać córką podobnie dobrej osoby, sprawiły, że udało mi się połączyć z moją mamą, zostałam córką podobnie dobrej osoby, z podobnie dobrym wyższym ja; nasz rezonans jest głęboki.

Proces odkrywania mojego wyższego ja, był dla mnie niezwykle pouczający, podczas gdy badałam rozmaite, duchowe interpretacje o egzystencji wyższego wymiaru. Wewnętrznie i zdecydowanie wiedziałam, że wierzenie MCEO-GA i New Age w „gestaltowy" rodzaj mega-bytu, nie dotyczy mnie. Zakłada ono, że poza moim Ludzkim ciałem, posiadam różne zewnętrzne ciała i tożsamości żyjące na wszystkich poziomach kreacji, oraz również, że jestem Jednym z każdym i ze wszystkim, jako potężny, lecz pojedynczy Bóg. Nie wybrałam specyficznie mojej rodziny, tak więc nie miałam nazbyt wiele kontroli, takiej jaką miałby Bóg. Zmagałam się z tym, aby wiedzieć w co wierzyć, ponieważ nie czytałam niczego właściwego, dotyczącego mojej intuicji.

Okresowo, pomiędzy połową roku 2009, a sierpniem 2010, szukałam odpowiedzi u Wszystkiego Co Jest, Czystej Esencji (ang. All That Is, The Pure Essence, skrót ATI,TPE) na więcej klarowności na ten temat. Przede wszystkim, przekazało, stosownie do mojego nierozwiniętego rozumienia i badań, że nie jesteśmy częścią grupy nadduszy, ale posiadamy swego rodzaju własną naddusze. W tamtym czasie, nie rozumiałam prostoty egzystencji wyższych wymiarów, tak więc ATI,TPE niejako potwierdziło koncept nadduszy, wyjaśniając to jako dusza w kontekście bycia jednostką w lżejszej gęstości. Jednakże przekonanie New Age i MCEO-GA wiąże wiele dusz z nadduszą, a MCEO-GA mówi, iż naddusza jest w HU-3.[121] W tamtym czasie byłam zdezorientowana, ponieważ zawsze czułam, że jestem tutaj na Ziemi po raz pierwszy, więc jak mogłam mieć jeszcze jedną duszę? Czy mogłam posiadać inna część mnie, która żyła wcześniej?

Zgłębiałam to dalej. Zapytałam skąd mogłam być poprzednio. Odpowiedź była „Orion". W tym samym czasie moja mama otrzymywała pewne zakłócenia od bytów połączonych z moimi badaniami, których nie mogła łatwo odszyfrować. Wszystkie informacje które przeczytałam o Orionie, w tamtym momencie były niekorzystne, ponieważ zawiera on mnóstwo ciemnych obcych, zwłaszcza Reptilian, Drakonian i Szaraków. Niemniej jednak opowiadania te, nie reprezentowały Oriona w jego całości, ponieważ dowiedziałam się również, że wiele przyjaznych istot włączając w to Serafim, zamieszkuje tam.

Około dwa miesiące przed tym, przeczytałam opowiadanie autorstwa Roger'a Kerr'a, zatytułowane „Prawda o Oriońskich >>Jaszczurkach<<", w którym pisze on o swoich channeling'owych doświadczeniach i spotkaniach z Reptilianami, Drako, Szarakami, Plejadianami, Syrianami, oraz Andromedianami.[363] Jest on ich rzecznikiem, ponieważ powiedzieli mu, że w swoich przeszłych życiach był każdą z tych ras, a zwłaszcza Reptilianinem i Drako. Wydaje się być szczery w swoich słowach, w których ujawnia nieco szerszy obraz, chociaż też i zły obraz. Teraz, z moim poziomem wiedzy, jaki przedstawiony został w tej książce, dostrzegam wiele kłamstw jakie mu przekazano, wyraźnie dla fantomowej agendy. Czułam również jak pola mojego ciała stają się ściśnięte, czytając o jego powiązaniach z fantomowymi bytami, co obejmowało także słyszenie stłumionego dźwięku w mojej głowie, do tego stopnia, że musiałam odepchnąć energetycznie atak i przestać czytać jego opowiadanie. Jeśli pan Kerr, w którymkolwiek z wcześniejszych żyć pracował z tymi rasami, mam nadzieję, że nauczy się on przyjmować integrację swojej Ludzkiej natury i utrudni kontakt temu, co usiłuje go powstrzymywać. Poważnie mam nadzieję, że nie jest on ich dobrowolnym tajnym agentem, aby wykonywać na Ziemi fałszywą pracę z energią, której już dokonał.

Kiedy otrzymałam przekaz, że jestem z Oriona, myślałam sobie w mojej ograniczonej świadomości: „Czy byłam wcześniej Reprilianinem? Jak mogłam być Reptilianinem, kiedy to co najmniej jeden z nich wykorzystał mojego ojca do poddania mnie zupełnej traumie, gwałcąc mnie? Reptilianie, również grozili mi i mojej mamie. Jeden z nich ugryzł mnie w kark, po tym, jak poczułam ciemną energię w pokoju. Nie, nie mogę być Reptilianinem!" (Mówię to, aby podzielić się moim pierwotnym stanem umysłu, chociaż od tamtej pory, wzrosłam na tyle, żeby zrozumieć wiele różnic i niuansów o bytach w naszym wielkim wszechświecie, włączając w to Reptilian.)

Byłam wielce zatroskana tą wiadomością, która myślałam, że pochodziła od ATI,TPE, więc spędziłam przy komputerze niemalże dwa dni i spałam bardzo niewiele, aby dowiedzieć się wszystkiego, co mogłam o Orionie. Nie było o nim żadnych dobrych wiadomości, aż ostatecznie znalazłam wzmiankę o planecie zwanej Klarion. Artykuł z biuletynu oznajmiał, że Klarion jest pozytywną gwiazdą i układem planetarnym w Orionie.[364] Pomyślałam sobie, czy mogłam mieć tyle szczęścia, żeby być takim nieoszlifowanym diamentem?

Przypadkowo, wiedza o istnieniu Klariona przyszła do mnie około rok wcześniej, kiedy to przeszukiwałam forum internetowe dotyczące zdrowia. Kobieta zamieściła zdjęcie obcego, Człowieko-podobnej dziewczynki z planety Klarion. Dziewczynka ta, była dla mnie nad wyraz piękna. Miała ściągnięte do tyłu, brązowe włosy i zielone oczy, które promieniowały spokojem i mądrością.

Patrząc jej w oczy, mogłam niemalże widzieć na wskroś przez jej osobę.

Później dowiedziałam się, że zdjęcie zrobione zostało przez włoskiego mężczyznę o imieniu Maurizio Cavallo. Właściwie, to został on wzięty przez Klarion w 1981 roku i napisał książkę o swoim doświadczeniu, pt: „Poza niebiosami: Historia kontaktu" (oryginalny angielski tytuł: „Beyond The Heavens: A Story of Contact" – przyp. tłum.).[365] Klarionianie ujawnili Maurizio, iż jest on z Klariona (ściślej mówiąc jego wyższe ja jest Klaroninem). Podjęli oni takie działania, aby przypomnieć mu o jego pochodzeniu, z tego powodu, że jego obecne życie przyniosło mu wiele oddzielenia. Zrobił im zdjęcia wewnątrz ich statku kosmicznego, a na filmie fotograficznym wyglądali jakby jaśniejąco, z powodu zaabsorbowania światła od lampy aparatu fotograficznego. Kiedy poprosiłam ATI,TPE o nieco wyjaśnień na temat ich natury, wyjaśniło mi, że nie możemy zobaczyć Klarionian bez zdolności widzenia pozawymiarowego, oraz że w swoim własnym wymiarze emitują oni światło. Jednakże, aby funkcjonować jak Ludzie na Ziemi, ci rzeczywiści Klarionianie, przy pomocy procesu transfiguracji, zmienili tymczasowo swoje ciała i wygląd. Zdarzenie to, popierało biblijne spotkania z aniołami, którzy wchodzili w fizyczny kontakt z Ludźmi.

Kiedy po raz pierwszy zobaczyłam zdjęcie tej dziewczynki, coś w niej naprawdę rezonowało ze mną, lecz nie wiedziałam dlaczego i w co wierzyć. Musiałam odpocząć od tego zamieszania, jakie odczuwałam. Pojechałam do sklepu, ale cały czas zmagałam się wewnątrz siebie. Moja głębsza świadomość i połączenie wyższego ja podpowiadało mi energetycznie, że oryginalnie pochodzę z Klariona, ale wtedy używałam stanu ego, mojego umysłu, aby powiedzieć sobie: „Aha, ale to jest to miejsce, z którego chcę być, ponieważ wydaje się być takie wspaniałe".

Wreszcie powiedziałam sobie: „Muszę powiedzieć mojej mamie, ale nie mogę wydać jej informacji, która mogłaby ją zwieść".

Natychmiast po tym, jak przybyłam do jej domu, posadziłam mamę, żeby z nią porozmawiać.

Powiedziałam: „Mamo, chyba wiem skąd jestem, ale nie chce podać ci nazwy. Czy zamiast tego, powinnam poprosić Wszystko Co Jest, Czystą Esencję o dokładną nazwę? Co myślisz, że powinnam zrobić?"

Spokojnie odpowiedziała: „Po prostu podaj mi tą nazwę".

Zatrzymałam się. Wiedziałam, że będzie w tym jej osąd, ale powiedziałam: „Klarion".

W tym momencie, jej twarz rozjaśniła się. W tej samej chwili wzięła ona głęboki oddech, tak jakby wypełniło ją życie i wypłynęło na zewnątrz. Spojrzała na mnie z rozszerzonymi oczyma i powiedziała na wydechu: „TAK".

Pokazało mi to, że *obydwie* oryginalnie pochodzimy z Klariona! Natychmiast rozpłakałam się z radości. Moja intuicja miała rację!

Chciałam zapisać wszystko, co myślałam i odczuwałam tej nocy, ale po raz pierwszy w życiu, nareszcie poczułam w pełni głęboki spokój. Nie chciałam używać umysłu, gdyż chciałam być tylko sama ze sobą. Położyłam się w łóżku, będąc blisko ze sobą, a wtedy błogo, z uśmiechem na twarzy, zapadłam w sen.

Tak długo czułam się odłączona, możliwe że całe moje życie tutaj. Zawsze miałam w sobie głęboki smutek i czułam się nie ugruntowana. Może powodem było to, że: nigdy w pełni nie należałam do tego miejsca i tęskniłam za swoim prawdziwym domem.

Teraz znam pochodzenie mojego prawdziwego ja. Mogę być tak samo piękna jak energia, jaką wyczułam z wyrazu twarzy tej dziewczyny. Maurizio szczegółowo opowiadał, jaką dobrą naturę miał mężczyzna z Klariona, który spędził z nim większość czasu. Jest to energia z którą się identyfikuję. Teraz wiem, że gdzieś przynależę, gdzieś indziej niż do Ziemi. Wiem także, że mogę ufać mojej wewnętrznej samej sobie, która gruntownie zna moje wyższe ja, które to komunikuje się ze mną całe życie, ponieważ ono jest moją główną świadomością i sumieniem.

Po dalszym zasięgnięciu informacji u ATI,TPE, dowiedziałam się więcej o Klarionie. Jest to centralna gwiazda w swoim układzie słonecznym, która ma tą samą nazwę. Planety Klariona, znajdują się w 11-tym wymiarze oryginalnej konstelacji Aquila, w Galaktyce-2, zaś jego centralna gwiazda jest w wymiarze 11.5, z nieco bardziej zaawansowaną, ale nie posiadającą hierarchii cywilizacją. Wyższe ja moje i mojej mamy są „bytami" Elohei z układu słonecznego Klarion, który dodatkowo jest domem dla mających dobre zamiary Reptilian Odedikron, którzy pracują u boku Elohei. Elohei są znacznie wyżsi niż Ludzie.

Kiedy zapytałam ATI,TPE, dlaczego moja mama otrzymała wstępny przekaz z 2010 roku mówiący, że Klarion znajduje się w Orionie, odpowiedziało ono, że byt Kosmicznej Świadomości (oryginalny angielski Cosmic Awareness, skrót CA – przyp. tłum.), na krótko przechwycił jej linię komunikacyjną, żeby przekazać błędne informacje. Wtedy to dokładnie przeczytałam artykuł z biuletynu który przyrównuje Orion do Klariona i zdałam sobie sprawę, że pochodził on z channelingu CA! Faktycznie, to cały ten biuletyn przekazany został przez CA. W artykule tym, CA faworyzuje Dowództwo Asztar, oraz „Konfederację Międzygalaktyczną", która jest Galaktyczną Federacją Światła.[364] Jego próba powiązania Klariona ze sprzymierzeńcami CA, jest niewłaściwym przedstawieniem prawdziwej natury Klarionian.

Muszę tutaj wyjaśnić, że fragment Chirona, jako księżyc nazwany Klarion w części rozdziału 8 pt: „Feniks powstaje", nie jest zdecydowanie nawet w pobliżu układu słonecznego Klarion. Księżyc Klarion i jego ludzie, przedstawieni zostali w książce pt: „Na pokładzie latającego spodka", autorstwa Thruman Bethurum. Ci inni Klarionianie są znacznie niżsi niż my Ludzie i mają oni skórę o średnim odcieniu. Bethurum napisał o swoich spotkaniach z nimi, po tym jak przybyli na Ziemię w ich trójwymiarowym statku kosmicznym.³⁶⁶ Te „Świetliste Istoty Klarion", są częścią Dowództwa Asztar. Drobne śledztwo ukazuje, że ich przekazy są bardzo religijne, zaś ich „Klariońska Świątynia Jedności", jest odzwierciedleniem języka New Age, który dokładnie ujawniłam.³⁶⁷ Nie jestem szczęśliwa, że fantomowi, oraz zliniowani z fantomem obcy, skopiowali nazwę Klarion; jestem przekonana, że wiedzą oni o pomocnych Klarionianach i używają naszej nazwy, jako taktyki zniekształcenia.

W jednym szczególnym channelingu do pastor Christine Meleriessee, z 16 maja 2011 roku, przedstawiciel księżyca Klarion o imieniu Fred, przemawia w imieniu YHWH, swoim własnym, oraz jego przyjaciół Pana Buddy i Pana Maitreya (z księżyca Maitreya), żeby pokierować pastora, oraz jej naśladowców, do przyjęcia do ich ciał energii Wesak'a (Wesadek'a) i zakotwiczenia ich na Ziemi. Sananda, Archanioł Michał, Sanat Kumara i spółka, również przekazywali jej za pomocą channeling'ow podobne przekazy, w imieniu Dowództwa Asztar. Bycie skierowanym do Wesadek'a nie jest dobre dla nas, ani dla naszej planety.³⁶⁸

Klarion z Galaktyki-2, chociaż zawiera mniej zniekształcenia, dzieli te same zmagania z układami planetarnymi Drogi Mlecznej. Jego mieszkańcy dotknięci zostali przez Wojny Liriańskie, oraz upadłe byty, które chciały wprowadzić swój 11-ty wymiar do Drogi Mlecznej, tak więc pracują oni pilnie, aby przeciwdziałać tym złośnikom.

ATI,TPE ujawnia, że wyższe ja zarówno moje jak i mojej mamy, obydwa opuściły Klarion w wieku 10 lat, ponieważ jest to wiek wystarczającego rozwoju, pozwalającego im określić ich własne ścieżki. Niekiedy mogę powiedzieć, że moja mama i ja opuściłyśmy Klarion, podczas gdy technicznie rzecz biorąc nasza Ludzka natura tego nie robiła, ale naprawdę identyfikujemy się z naszą świadomością z Klariona. Jednak moja mama ma trochę więcej kłopotu, kiedy oddziela się od ziemskiej materii, ponieważ przed tą obecną egzystencją, inkarnowała tutaj wcześniej już dwa razy. Miała ona straszliwe, powtarzające się koszmary, o które ostatecznie zapytała ATI,TPE i odkryła, że były one jej wspomnieniami z jej poprzednich żyć.

W jej pierwszym życiu była francuską aktywistką, która zginęła na gilotynie. Pamięta, jak szła pod górę w długiej sukni, w kierunku tego okropnego urządzenia. Przypomina sobie, że czuła się dzielna i wiedziała, że po tym, jej życie będzie toczyć się dalej. Niestety, doświadczenie to, daje jej problem z karkiem do dzisiejszego dnia. W jej drugim życiu była pielęgniarką zajmująca się rannymi podczas wojny. Moja mama pozostała wierna swojemu dobremu ja, pomagając innym i walcząc o to, co wiedziała że jest słuszne.

Myślę, że jej reinkarnacje utrudniły jej połączenie się z jej prawdziwym ja z Klariona. Po katolickiej ceremonii inicjacji, która otworzyła jej „trzecie oko", jej kompozycja świadomej esencji, znanej jako aura, udała się do innego wymiaru i widziała coś, co myślała, że jest niebem. Nazwała to Życiem Pozagrobowym (w rozdziale 1).

Aura danej osoby jest pośrednią kompozycją – a nie oddzielną warstwą astralną – tak jak konstrukcja danej osoby do podróżowania. Rozróżnienie to jest ważne, ponieważ: „warstwa >>astralna<< zapewnia podział, który oddziela bardziej zagęszczoną materię ciała ludzkiego, od jego energetycznego, aurycznego stanu kompozycji", oznajmia ATI,TPE. Kiedy zapytałam ATI,TPE o doświadczenie mojej mamy, ujawniło ono, że jej świadoma kompozycja auryczna, została wzięta z powrotem na Klariona, podczas gdy jej ciało spało głębokim snem nocą. Klarionianie chcieli połączyć się z nią, ponieważ grupa Jezusowa uzyskała do niej dostęp. Pamięta ona piękne doświadczenie, kiedy spacerowała z mężczyzną, który, jak odkryła był jej ojcem z Klariona. Poczuła się, jakby była w domu. Podróżowanie na inną planetę i do innego wymiaru przeciwstawia się temu, czym jest czas i przestrzeń jakimi je znamy.

Jeśli o mnie chodzi, jestem tutaj zupełnie nowym Człowiekiem, co już wiedziałam intuicyjnie. Dlatego też walczyłam z religijnymi przekonaniami innych, którzy mówili, że moja „karma" zasługiwała na gwałt przeciwko mnie kiedy byłam dzieckiem. Otóż nie, te nadużycia miały miejsce po to, aby złapać mnie w pułapkę depresji, gniewu, strachu oraz choroby, złej energii wymuszonej na Ziemi i jej ludziach!

Dwoje innych Klariońskich Ludzi, było mi bliskimi, zanim jeszcze ATI,TPE ujawniło ich pochodzenie. Z łatwością mogłam odróżnić w nich coś podobnego, różniącego się od większości innych – jest to rezonans naszych wyższych ja. ATI,TPE oznajmia, że żadne z tych czterech istot nie znało się nawzajem, kiedy mieszkali na Klarionie, ale opuścili Klariona, ponieważ chcieli pomóc Ludziom i Ziemi. Oni, oraz my, przypadkowo pojawiliśmy się w swoich życiach na Ziemi i natychmiast połączyliśmy się naszą podobną energią.

Obecnie, na Ziemi znajduje się tylko kilka tysięcy Ludzi Klariona, co jest znacznym spadkiem tej liczby, od czasu kiedy ostatni raz pytałam o to pod koniec roku 2013. Duża liczba Klarionian i zaprzyjaźnionych Ludzi Elohei straciło ich Ludzkie życia, z powodu wzrastającej ilości ataków przeciwko naszej naturze, ale wiele z tych ofiar, nie miało świadomości swojego prawdziwego ja, żeby zapewnić sobie ochronę. Są również inni Klarionianie, jako faktyczne istoty Klariońskie, pracujące poza sceną, aby pomóc Ziemi, ale nawet one musiały wzmocnić swoją własną ochronę. Pracują one przy współpracy z Żywicielem Rzeki Krysthal (oryginalna angielski Krysthal River Host, skrót KRH – przyp. tłum.), oraz Między Wymiarowym Stowarzyszeniem Wolnych Światów, lecz nie są one częścią żadnej określonej grupy, za wyjątkiem własnego układu słonecznego. Naprawdę spodobało mi się to, czego dowiedziałam się o niezależnych, ale troskliwych cechach moich ludzi.

Poprosiłam ATI,TPE o ujawnienie naszych klariońskich imion, oraz imion każdego z naszych oryginalnych rodziców, a moja mama upewniła się, żeby znaleźć ich poprawną artykulację. Jest to bardzo kojące, aby nawiązać kontakt z moimi klariońskimi rodzicami; sprawiają, że czuję się jak w domu. Początkowo, skontaktowałam się z nimi nie rozumiejąc, że jesteśmy uziemieni w naszym wrodzonym połączeniu i transportowałam część siebie w ich kierunku. Robiąc to poczułam się zamroczona, więc zdałam sobie sprawę, że nie jest to właściwe działanie. Teraz, po prostu łączę się z nimi naturalnie, gdzie razem jesteśmy i czujemy nawzajem nasze piękne energie.

Ponieważ książka ta zawiera wkład od trzech Ludzi Klariona, korzystne jest aby podzielić się za przyzwoleniem naszych wyższych ja ich imionami i tożsamościami. Moje oryginalne imię brzmi Talea (wymawiane Ta-LEJ-a). Klariońskie imię mojej mamy brzmi Shapah (wymawiane SZEJ-pa). Klariońskie imię badacza Canberry, Jamesa brzmi Macaron (wymawiane Ma-KAR-on). Oryginalnie jako dziewczyny Klariona, moja mama i ja, nosimy w sobie nasz żeński kod. To samo tyczy się James'a i wszystkich pozostałych chłopaków. Aczkolwiek kolejne doświadczenia „niższego ja", w regionach niższych wymiarów takich jak Ziemia, mogą pozwolić genetyce niższego ja, oraz pewnej przypadkowości na określenie płci swego ciała, objaśnia ATI,TPE.

Może przykładowa ilość 20 ludzi, może dać jakieś wyobrażenie, o pochodzeniu wyższego ja Ludzi, którzy są otwarci na wiedzę tej książki. Ci ludzie, różnych narodowości poszukiwali usług mojej mamy, które ujawniły ich doświadczenia na oryginalnej lub poprzedniej planecie, gwieździe, czy konstelacji, pomagając im rozjaśnić ich podróż jako galaktycznych podróżników. Kiedy w pierwszym wydaniu tej książki wspomniałam znacznie różniącą się 21 osobową, przykładową grupę, nie myślałam o rozróżnianiu pomiędzy ich poprzednimi, a oryginalnymi lokalizacjami, tak więc wyniki wymieniały głównie poprzednią egzystencję. Egzystencja oryginalnego wyższego ja, obejmuje większą różnorodność lokalizacji z dala od Ziemi.

Te 20 osób, posiada swoje wyższe ja z następujących miejsc: sześcioro na Syriuszu B, czworo w Orionie, trójka na Arkturusie, trójka na Syriuszu A, dwoje na moim Klarionie, jedna w Plejadach, oraz jedna na zewnątrz Eka-Weka, w świecie KosME'ja. Dziewiętnaścioro z tych ludzi tuż przed połączeniem się z Ziemią, z czym nie pokazuje żadnego szczególnego powiązania, przeniosło się do następujących miejsc: ośmioro do Plejad, siedmioro na Hawony i czwórka na Oriona. Pozostała osoba pochodziła z Oriona i stamtąd bezpośrednio przyszła na Ziemię. Żadna osoba o którą pytałam nie pochodziła oryginalnie z Ziemi. Wyczułyśmy, że każda z tych osób, bez względu na ich rasy z innych światów, nosi w sobie dobrą energię. Zgodnie z tym, kiedy zapytałam o 13-letniego psa, ciekawe jest, że posiada on wyższe ja, które poprzednio przybyło z Hawony, a pochodziło z innej planety odpowiedniej dla jego gatunku. Zwierzęta mogą mieć wyższe formy swojej własnej linii rasy na innych planetach, w ten sam sposób, co Ludzie.

ATI,TPE tak oto opisuje Hawonę:

> Hawona jest dużą planetą, stacją pośrednią, która przewidziana jest przez wiele wszechświatów i układów gwiezdnych, jako centralny punkt podróży i zmiany miejsca przeznaczenia podróży do innych światów. Znajdują się tam miliardy form życia, które uczą i ułatwiają wędrowcom poruszanie się do ich zadań i misji. Jest to piękna planeta, z wszystkimi elementami potrzebnymi do podtrzymania życia. Hawona rezyduje w układzie gwiezdnym Plejad, w czwartym wymiarze Drogi Mlecznej.

MCEO-GA nie wspomnieli o Hawonie, ale zrobiła to „Księga Urantii". „Księga Urantii" nazywa Hawonę „wiecznym i centralnym wszechświatem", jako „stacjonarna Rajska Wyspa, geograficznym miejscem nieskończoności i miejscem zamieszkania wiecznego Boga" (1.5).[17] Po raz kolejny, grupa Jezusowa ukradła ważną nazwę, którą duża liczba Ludzi, intuicyjnie przypomina sobie, aby zwodzić ich na fantomową agendę. „Niebo" (po angielsku Heaven, czytaj Hewen – przyp. tłum.), z tego samego powodu może być kolejnym fałszywym przedstawieniem Hawony. Grupa Jezusowa, twierdząc, iż jest naszą oryginalną rodziną, usiłuje zaadoptować nas, włączając w to ludzi z Hawony i Klariona.

Faktem jest, że na Ziemi pracują zróżnicowane grupy bytów. Jeśli chcemy skontaktować się z określonymi bytami, bądźmy zupełnie pewni z kim kontaktujemy się. Aby pomóc wyjaśnić tę sprawę, przytoczę sytuację, w którą zaangażowany był inny Człowiek Klarion, o imieniu Maurizio Cavallo.

Od czasu pierwszego wydania tej książki, moja mama i ja pozyskałyśmy główną istotę kontaktową z Klariona (poza odpowiadającymi nam rodzinom z Klariona), która jest 11-to wymiarowym współpracownikiem KRH, z Galaktyki-2, a o której wspomniałam w tej książce. Przeczytałam również książkę Maurizio Cavallo i kilka z jej fragmentów zdenerwowało mnie. Za pośrednictwem mojej mamy, jako telepaty, prosząco zażądałam spotkania z naszym kontaktem, aby wyjaśnić następujące okoliczności przekazane przez Maurizio.

Najpierw, Maurizio poddany został traumie z powodu jego spotkania z bytami z innych światów, które przez sufit weszły do jego własnej sypialni. Nasz kontakt z Klariona wyjaśnił, że nie były to byty z Klariona; Klarionianie wchodzili do Maurizio drzwiami. Niemniej jednak Klarionianie przeprosili za to, że go przestraszyli. Maurizio, podobnie jak moja mama posiada wizjonerskie zdolności, podczas gdy większość ludzi nie byłaby w stanie zobaczyć istot z wyższych wymiarów; jednakże nie dostatecznie rozróżnił on swoje doświadczenia z innymi światami, z których niektóre były naprawdę traumatyczne. Na szczęście, podczas pewnego, szczególnego dnia, we Włoszech, rozpoznaje on i przyjmuje do wiadomości kolejne wspaniałe, dotykowe doświadczenie z Klarioninami.

Następnie, okazuje się, że ci Klarionianie swobodnie pracują sobie z Galaktyczną Federacją Światła, lecz nasz kontakt wyjaśnił, że dokonywali oni nadzoru, będąc pod ochroną swojej wyższej energii. Na koniec, dowiedziałyśmy się, że Maurizio nie zawsze poprawnie identyfikował Klarion w swojej książce, mówiąc, iż określony „Pan" był Klarioninem, podczas gdy był on właściwie bytem z grupy-boga.

Maurizio był Katolikiem, którego pierwsze doświadczenie, wkrótce po tym, otworzyło jego umysł na doświadczania kontaktów z fantomowymi i zliniowanymi z fantomem grupami. Niestety, jak większość ludzi po takim doświadczeniu zwrócił się on do głównego nurtu ruchu UFO, oraz do ruchu okultystycznego, żeby poszukać więcej informacji wypełnionych propagandą upadłych aniołów i półprawdami, jak pokazuje to końcówka jego książki. Namalował on także ponure pejzaże z piramidami twierdząc, że znajdują się one na Klarionie, lecz wspomnienia te przywołuje on z miejsc jakie odwiedził podczas jego przechwyceń przez BEA-O. Klarion nie ma żadnych piramid. Jego natura Galaktyki-2 jest pełna życia, nie posiadając kolorów, które doświadczają Ludzie i mając też trochę kolorów których my doświadczamy („kilka różnych odcieni kolorów szmaragdowej zieleni, więcej odcieni od jasnoniebieskiego do odcieni szarości w mniejszych lub większych ilościach, jaśniejsze i ciemniejsze", dodaje mój kontakt z Klariona).

Zapytałam moją istotę kontaktową z Klariona, dlaczego nawiązano kontakt z Maurizio skoro był Katolikiem, który nie rozróżniał bytów. Odpowiedź brzmiała, że Klarionianie chcieli dotrzeć do niego, a jeszcze bardziej, dzięki jego zdolnościom do Ludzi Klarion, oraz Ludzkości ogółem. Dlatego właśnie, kilka z przyjaznych „bytów", pozwoliło aby zrobić im zdjęcia(w gęstszej formie zestrojonej z Ziemią). Czułam, że powinnam wyjaśnić powyższe punkty, w razie gdyby ktoś chciał przyczepić mnie, mojej wspaniałej rasie i rodzinie z innego świata, podłych etykiet tajnych agentów, czym zdecydowanie nie jesteśmy.

Zastanawiałam się, dlaczego Kosmiczna Świadomość – fantomowa, religijna grupa bytów (w rozdziale 3 i 10) – poza ich zwodzeniem, wspomniała o Klarionie w pozytywnym świetle.[364] Osobiście, jakoś jestem skonsternowana tym, jak „złe" i „dobre" grupy bytów mogły współistnieć ze sobą, z szacunkiem pomiędzy nimi, lecz myślę, iż jest tak z powodu odcieni szarości, jakie posiadają niektórzy „źli" kolesie. Jest wiele różnych rodzajów bytów, niektóre swobodnie zaangażowane w swoich grupach politycznych. Duże grupy bytów takie jak Kosmiczna Świadomość, Galaktyczna Federacja Światła, czy nawet MCEO-GA i Rada Alhumbhra, mogą jakoś posiadać pośród swoich członków, którzy istnieją w różnych lokalizacjach, rozmaite stopnie energii i filozofii. Jest też wiele różnych grup bytów, które mogą swobodnie lub bliżej pracować ze sobą nawzajem. Jeśli byty takie jak Klarionianie, utrzymują swoją integrację, oddając jednocześnie swego rodzaju formę szacunku innym w szarym obszarze, wówczas może te inne byty mogłyby również prawdziwie wzrastać z większą integralnością i łaskawością.

W naszej niepewnej pozycji jako Ludzie, z chwilą kiedy stanowczo trzymamy się naszego wewnętrznego wskaźnika energii wyższego ja, oraz świadomości najwyższego ja, możemy wtedy wyczuć co najlepiej rezonuje z nami w innych istotach, jeśli w ogóle chcemy poświęcić im jakąkolwiek uwagę. Chociaż energie regularnie napływają na planetę i do naszych ciał, mądre jest, aby ustalić w naszym rdzeniu i połączeniu z naszym wyższym ja, które energie odczuwamy jako najlepsze dla nas.

Dla ludzi, którzy posiadają swoje wyższe ja poza stanem ziemskim, będziemy mogli żyć jako nasza oryginalna kompozycja, z chwilą kiedy przeobrazimy się i powrócimy do tego wymiarowego poziomu, potwierdza ATI,TPE. Wiele galaktycznych istot, włączając w to mnie, będzie także w stanie przetransformować się i przeobrazić w odpowiadające nam ciała wyższego ja, kiedy przed wejściem do naszej oryginalnej lokalizacji, osiągniemy pełną integrację, jak poinformowana zostałam dodatkowo. Może to nastąpić, ponieważ – powtarzam to wielokrotnie – byt naszego wyższego ja przekazał szablon swojej głównej esencji w pobliże korespondującego rdzenia Ludzkiego, w dodatku do części świadomości, której udzielił. Dlatego, cokolwiek poza tym Ludzkim szablonem, jest szablonem wyższego ja.

Moje wyższe ja, które ja wolę nazywać moim pierwotnym ja, posiada 11.5-wymiarową kompozycję, której nie klasyfikuję zgodnie z postrzeganą hierarchią wymiarowych, lub rasowych cech i zdolności. Posiadając więcej czyjegoś pełnego ja z mniej zniekształconą energią-materią, faktycznie ułatwia bycie świadomym, lecz niekoniecznie jest to równoznaczne z posiadaniem czystych intencji. Nawet istoty z wyższych wymiarów zdecydowały się na lekceważenie swoich komponentów Krystal, na rzecz korupcji i podobnego do Boga złudzenia.

Talea jest swoją własną istotą i nie przebywa obecnie na Klarionie, ponieważ istnieje ona względnie obok mnie jako Theresa. Moją tożsamością jest zarówno Theresa jak i Talea, lecz Theresa identyfikuje się bardziej z piękną świadomością i energią-materią Talea, aniżeli z podzielonym niestety ciałem Ludzkim. Niemniej jednak bardzo doceniam i kocham moje Ludzkie ciało. Moja oparta na wieczności integracja energetyczna rozprzestrzeniła się po całym moim ciele i jest przyspieszana w transformacyjnych miarach procesu ascendencji.

Uwielbiam wiedzieć o tym, że świadoma wiedza mojego najwyższego ja, jest osobnym, lecz rezonującym przedłużeniem Eia, zaś moja tożsamość Człowieka o wyższej świadomości jest odrębnym, lecz bliższym przedłużeniem mojego wyższego ja. Nikt poza moim prawdziwym ja nie potrzebuje wywierać na mnie wpływu. Dla mnie, to właśnie oznacza bycie wolnym.

DNA

Ludzkie DNA (kwas deoksyrybonukleinowy) zawiera zestaw dwóch poskręcanych, ciasno powiązanych, długich łańcuchów polimerowych. Nasze DNA uważane może być za reprezentację teorii strun, w której ukształtowane punkty podatomowe, powstają wzdłuż formacji strunowej, aby otrzymywać i przekazywać informacje. Struny te podążają również za większą strukturą czasoprzestrzeni spirali, chociaż spirala „węża" kaduceusza jest zniekształcona. Ludzie posiadają dwa w pełni rozwinięte sznurki lub nici DNA, jako podwójna helisa.

Podwójna helisa DNA wygląda jak skręcona drabina połączonych ze sobą łańcuchów nukleotydowych, w których zasady azotowe, zwane zasady azotowe nukleotydów, parowane są jako „szczeble" – adenina z tyminą, oraz guanina z cytozyną – połączonych dwóch helis wykonanych ze związanych kowalencyjnie grup cukrów i grup fosforanu, jako podstawa. Helisy są antyrównolegle (równolegle z przeciwnymi kierunkami), posiadając piąty atom węgla zapisany jako 5', lub 5-prim w deoksyrybozowej molekule cukru na jednym z końców helisy, łączącym się z atomem węgla 3', w deoksyrybozowej molekule cukru, na drugim końcu helisy.[370] Kiedy więzi wodoru rozpadają się pomiędzy nukleotydami, enzymy powodują rozpięcie się na środku łańcucha nukleotydowego na dwie częściowo rozdzielone nici, w coś, co znane jest jako bąble w łańcuchu. Bąbel ten pozwala na wystąpienie semikonserwatywnej (pół zachowawczej) replikacji DNA, a enzym polimerazy może sparować ponownie każdą nić z właściwymi nukleotydami. Proces ten przywraca podwójną helisę i tworzy identyczną kopię zawierającą jedną macierzystą nić DNA dla nowych komórek.[371]

W jądrze komórki mamy jedną podwójną helisą DNA. Ponieważ podwójna helisa może zostać tymczasowo i częściowo podzielona na dwie nici, dlatego naukowcy mówią, iż posiadamy dwie nici DNA. Podwójna helisa Ludzkiego DNA nie może być zupełnie podzielona jako helisy pojedynczej nici.

W porównaniu do DNA, RNA (Kwas rybonukleinowy) jest znacznie krótszą, pojedynczą nicią. Jest to molekularny posłaniec DNA, który przepisuje informacje DNA z jądra komórki do cytoplazmy, gdzie zachodzi proces syntezy białka. Innymi słowy, RNA jest sięgającym dalej ramieniem, które pozwala DNA na pozostanie bezpiecznie w jądrze, podczas gdy przekazuje kod genetyczny potrzebny do utworzenia proteiny. Niestety, DNA wciąż może zostać zniszczone przez promienie ultrafioletowe, podczas gdy RNA jest bardziej odporne, zaś DNA jest bardziej odporne na atak enzymów niż RNA.[372]

Tylko jedna z dwóch nici DNA jest nicią kodującą, zawierającą informację genetyczną, która odczytywana jest w kierunku od końca 5' do końca 3'. Pozostała nić DNA nazywana jest nicią wzorcową, ponieważ dostarcza składników uzupełniających.

Nić wzorcowa, jest nicią nie kodującą. Według Australijskiego Centrum Edukacji Genetycznej, jest to to, co pierwotnie naukowcy nazwali „odpadowym DNA", lecz teraz teoretyzuje się, że poza innymi istotnymi funkcjami, reguluje ono poziom aktywacji, który włącza i wyłącza geny w każdej komórce.[373]

Przepisywanie RNA bierze od kodującej nici trzy sekwencje zasady azotowej nukleotydów, z zamiarem przekazania ich do molekuły RNA. Ten zestaw trójki, zwany kodonem, umożliwia każdą kombinację 64 kodów, jeśli włączy się do tego każdą zasadę azotową nukleotydów, raz, dwa, lub trzy razy na sekwencje. Kodony DNA i RNA są takie same, z wyjątkiem tego, że RNA zawiera zasadę azotową nukleotydu uracyny zamiast tyminy. Kodony RNA tworzą aminokwasy.[374]

Geny są długimi sekwencjami kodonów, które zawierają kodon promujący, rozpoczynający sekwencje, oraz kodon zatrzymujący, kończący ją. Geny przejawiają cechy dziedziczne i mogą być one zaburzone lub dezaktywowane, kiedy enzymy, inne molekuły, lub przemieszczone kodony, wpływają na nie. Przykładem tego jest, kiedy kodon zatrzymujący, wytworzony zostaje pośrodku genu. Zgodnie z tym, kiedy litera zasady azotowej nukleotydu nie ma zastosowania w swoim kodzie, wtedy trzyliterowe słowo kodonu, może mieć drastycznie inne znaczenie, tak jak na przykład „dog" i „log" (dla ukazania tego zachowano oryginalne angielskie słowa, gdzie „dog" oznacza psa, zas „log" oznacza kłodę, lub polano – przyp. tłum.). Jest jeszcze gorzej, kiedy zasada azotowa nukleotydu zostaje dodana lub usunięta, wówczas cała sekwencja kodonu zostaje zniekształcona. Sekcje materiału genetycznego, które utworzone zostają z takiej sekwencji są mutacjami.

Regiony wewnątrz genowe, zwane intronami, sa nie-kodującymi segmentami wstawionymi do kodującej porcji DNA, które usuwają części nukleotydów i zakłócają sekwencje genu. Introny są powszechnie znajdowane u Ludzi, lecz rzadziej znajduje się je w pojedynczej komórce bakterii. Oczywiste mutacje, oraz wiele intronów, są zazwyczaj usuwane w procesie łączenia/splatania, w celu utworzenia ezgonów, które przybierają formę dojrzałego RNA, aczkolwiek niewłaściwe łączenie może wytworzyć nową mutację, a jako przeinaczony kodon, będącą wynikiem tego chorobę.[375]

Chociaż nie-kodujące *i* kodujące komponenty mogą być właściwie uważane jako odpadowe segmenty DNA, myślę iż dalsze studiowanie Ludzkiego genomu, może dostarczyć głębszego wglądu w inteligentne zdolności komórki. Ludzki genom zawiera cały materiał genetyczny w naszym zestawie DNA.

Projekt Ludzki Genom, 13-letnie studium zakończone w 2003 roku, zupełnie odkodowało sekwencje Ludzkiego DNA, poza małymi lukami „w ilości około 1 procenta części genomu zawierającego gen, lub euchromatynę".[376] Małe próbne grupy wybranych różnorodnych populacji Ludzkich, ofiarowały swoją krew, jako źródło DNA.

Encyklopedia Elementów DNA (ENCODE) zastosowała informacje z Projektu Ludzki Genom, aby systematycznie wyznaczać „regiony transkrypcji, związek czynnika transkrypcji, strukturę chromatynu i modyfikacje histonu. Dane te umożliwiły [naukowcom] przypisanie funkcji biochemicznych dla 80% genomów, a w szczególności na zewnątrz dobrze przebadanych regionów kodowania protein".[377] Adnotacje ENCODE ustalają, że funkcjonalne: „egzony genów kodujących proteiny obejmują 2.94% genomu, lub 1.22% kodujących proteiny egzonów".[377]

Konsorcjum Projektu ENCODE w dzienniku „Natura" (oryginalny angielski tytuł „Nature" – przyp. tłum.), oświadcza:

> ENCODE... mierzy w nakreślenie wszystkich funkcjonalnych elementów zakodowanych w ludzkim genomie. Operacyjnie, element funkcjonalny określamy jako dyskretny segment genomu, który koduje zdefiniowany produkt (na przykład, proteine, lub niekodujące RNA), bądź też przejawia powtarzalną sygnaturę biochemiczna (na przykład wiązanie protein, lub określonej struktury chromatynu) (s. 57).[377]

Dane ENCODE ujawniają, że 80.4 procenta Ludzkiego genomu obejmuje co najmniej przypadek jednej RNA lub chromatynu (DNA i proteiny jądra komórki), w co najmniej jednym typie komórki pośród 147 różnych typów komórek, które zostały przebadane spośród kilku tysięcy w naszym ciele.[377,378] Jest to wysoki odsetek aktywności biochemicznej. Prowadzący Koordynator Analityczny projektu, Ewan Birney, podejrzewa, że pozostałe 20 procent będzie również funkcjonalne, zwłaszcza w regulacji genu, kiedy inne komórki są wyznaczone. Mówi on: „Nie mamy tak naprawdę żadnych dużych kawałków zbędnego DNA. Ta metafora o odpadzie, nie jest taka użyteczna".[378]

ENCODE poszerza zaakceptowaną klasyfikację funkcjonalności, aby objąć introny, oraz wiele powtarzalnych sekwencji posiadających zdolność duplikacji. Jego odkrycia, ukazały unikalne składniki aminokwasu w intronach, sugerujące istnienie dodatkowych, kodujących proteiny genów.

> Analiza potężnej ilości danych spektrometru... przyniosła 57 poufnie zidentyfikowanych unikalnych sekwencji peptydu, w międzygenowych regionach pochodnych komentarzowi GENCODE. Wzięte do spółki wraz dowodem na wszechobecne transkrypcje genomu, dane te wskazują, że dodatkowe kodujące proteiny geny pozostają do odkrycia (s. 58).[377]

W oparciu o odkrycia Projektu Ludzki Genom, każdy pozostający, kodujący proteiny gen, nie ujawni prawdopodobnie nowego, fundamentalnego składnika, zwłaszcza zasady azotowej nukleotydu, lub nici DNA. MCEOGA zgodnie z ich opartą na 12-tce matematyką, uczy, że cały nasz szablon DNA powinien zawierać jeden nukleotyd na nić DNA, zaś każda nić DNA zawiera unikalną częstotliwość wymiarową; dlatego powinniśmy posiadać 12 nukleotydów w 12-niciowym szablonie Anielskich Ludzi.[148] Biorąc pod uwagę to, że mamy cztery nukleotydy w 2-niciowym ciele DNA, oświadczenie o jednym nukleotydzie na nić DNA jest po prostu nieprawdziwe.

Chociaż sekwencyjność DNA zostałoby znacznie bardziej poszerzona z 12-toma zasadami azotowymi nukleotydu, niektóre z naszych obecnych kodonów, już zbędnie kodują na tworzenie tego samego aminokwasu. Z większą ilością kombinacji, proces kodowania protein, może mieć zwiększoną zbędność, kiedy mamy do czynienia z większą ilością kodonów i potencjalnie aminokwasów. Czymże stałoby się nasze ciało, ze wszystkimi tymi nowymi proteinami, kiedy już teraz funkcjonuje wystarczająco świetnie? Kiedy zastosujemy to do 24-niciowej kompozycji Ludzi Orafim, to użycie podstawy-12, sprawiłoby, że sytuacja stałoby się jeszcze bardziej zawiła. Jeśli nowe proteiny, z powodu swoich zbędnych opcji dla tego samego kodu, zapewniłyby produkcję zdrowego materiału genetycznego, jest to dodatkowa zaleta dla Ludzkiego ciała, ale nie stworzą one kolejnych gatunków.

Nie jest to konieczne, ani wyobrażalne, żeby nasze ciało potrzebowało większej ilości genetycznego budulca, w każdym przypadku zaawansowanej zdolności. Dla przykładu, Ludzie posiadają 23 pary chromosomów, zaś ssaki naczelne maja 24 pary chromosomów. Oparta na 12-tce matematyka, dałaby Ludziom 24 pary chromosomów i jeśli jest to jakimkolwiek wskaźnikiem zaawansowania, wówczas ssaki naczelne powinny mieć ich mniej. Dodatkowo, udomowione konie, posiadają 32 pary chromosomów.

Zgodnie z 2-niciową strukturą DNA naszego ciała, dodatkowa trzecia, pojedyncza helisa, nie mogłaby utrzymać się sama, tak więc musiałaby przyłączyć jej podporę i nukleotydy do obecnej podwójnej helisy. Aby tego dokonać, mogłoby być potrzebne utworzenie centralnej kolumny łączącej nukleotydowe ramiona. W zasadzie, MCEO-GA uczy takiego modelu, w którym 12-niciowa kompozycja DNA łączy 12 helis z równo oddalonymi ramionami do kolumny centralnej.[145] Bez zniekształceń kaduceusza, helisy te, skonstruowane są nieco inaczej.

ATI,TPE objaśnia, że ta centralna kolumna nie jest obecna w naszym 2-niciowym DNA, widocznie, ani niewidocznie; jest stworzona aby pomieścić więcej nici. Jej struktura wykształtowuje się i przylega do komponentów nici DNA w energii i połączeniu. „Struktura kolumny centralnej jest elastyczna z natury i w swoim składzie. Ruchomy, elastyczny komponent w jej konstrukcji wewnętrznej pozwala kolumnie wić i płynąć z nićmi DNA, tak jak łączą się one energetycznie ze swoimi komponentami", oznajmia ATI,TPE. Ta właściwość w kodzie naszego DNA, umożliwia DNA przejście przez proces przeobrażenia w ascendencji.

W roku 2011, pierwszy, udokumentowany przypadek, widocznie zmontowanego, dodatkowego „ramienia" DNA dotyczył dwuletniego chłopca o imieniu Alfie Clamp, którego siódmy chromosom ukazywał tą obcą cechę.[379] Ta nienormalność nie poprawiała jego zdolności genetycznych; urodził się on niewidomy z ciężkimi upośledzeniami. Jego deformacja nie jest produktem częściowej trzeciej nici DNA; jest to dodatkowy segment DNA, który jest wyizolowany z jednym chromosomem w nienaturalnej formacji.

Jedynym sposobem, aby Ludzie mogli zawierać w pełni funkcjonującą trzecią nić DNA, jest to, aby była ona niematerialna w naszym ziemskim świecie, lecz byłoby to sprzeczne z naturą fizycznej rzeczywistości. Prawdą jest, że nauka nie wie o każdej energetycznej substancji, ale energia-materia jest trzonem naszej egzystencji i może być obserwowana, bądź co najmniej wyczuwalna.

Czym jest więc DNA w kontekście wielowymiarowym? Projekt ENCODE daje podpowiedź do tej odpowiedzi. Odkrył on, że instrukcje do aktywacji i dezaktywacji, zapisane są w „przełącznikach" niekodującego DNA, zwanego regulatorowym DNA. Regulatorowe DNA zawiera sekwencje „słowne" DNA, które działają jako miejsca dokujące – preferowany wzorzec zmontowania – do wiązania molekuł proteiny wzdłuż formacji helisy. Przełączniki te, zlokalizowane są w bez-genowych obszarach Ludzkiego genomu, czasami z dala od genów, które one kontrolują.[380]

Artykuł poniżej wyjaśnia rezultaty ENCODE:

> Poddając komórki działaniu DNazy I (Deoksyrybonukleazy – przyp. tłum.) i analizując wzorce obciętych sekwencji DNA, przy użyciu potężnej technologii równoległego sekwencjonowania, oraz mocnych komputerów, badacze byli w stanie stworzyć mapy

porównawcze regulatorowego DNA w setkach rodzajów różnych komórek i tkanek. Dowiedzieli się oni, że z 2.89 miliona regionów regulatorowego DNA, które wyznaczyli, jedynie mały ułamek z nich – około 200 000 – było aktywnych, w jakimkolwiek rodzaju komórki. Ten ułamek jest niemalże unikalny dla każdego rodzaju komórki i staje się rodzajem molekularnego kodu kreskowego tożsamości komórki. Badacze rozwinęli również metodę łączenia regulatorowego DNA, z genami które kontroluje. Wyniki tych analiz pokazują, że program regulatorowy większości genów, stworzony jest z ponad tuzina przełączników.[380]

Tak, jak fundamentalne, regulatorowe DNA, kontroluje nasze geny, kolejny mniej wykrywalny aspekt naszego wzorca – elektromagnetyczna fala skalarna energii-materii – może kontrolować regulatorowe DNA. Wewnątrz 12-niciowej kompozycji Ludzkiego DNA, jedna nić składa się z 12-tu magnetycznych jednostek cząsteczkowych, które są kodami podstawowymi, oraz z 12-tu elektrycznych, równoległych jednostek antycząsteczkach, które są kodami częstotliwości harmonicznej, a nie kodów przyspieszenia, oznajmia ATI, TPE. Jest wyraźna różnica pomiędzy kodami częstotliwości harmonicznej, a kodami przyspieszenia, gdyż Ziemia wypełnia swoją ewolucję etapami, które nie są pod wpływem przyspieszenia Równoległej Ziemi.

W „Podróżnicy II", GA oświadcza:

> 24 Kody Nasienne nici DNA służą do ustawienia zawartości cząsteczkowej i anty cząsteczkowej ciała na pasma wymiarowe korespondujące z nicią DNA zarówno w cząsteczkowym, jak i w antycząsteczkowym wszechświecie. Każdy zestaw Kodów Podstawowych i Kodów Przyspieszenia w jednej nici DNA kontrolowany jest przez jedną Nasienną Kryształową Pieczęć, która służy do utrzymywania oddzielnie, cząsteczkowych Kodów Podstawowych i antycząsteczkowych Kodów Przyspieszenia nici DNA, tym samym podtrzymując cząsteczkową podstawę ciała w obrębie rytmów pulsacji tego wymiaru. Uwolnienie Nasiennej Kryształowej Pieczęci, umożliwia Kodom Podstawowym i Kodom Przyspieszenia w DNA scalenia się, lub „wpięcie się jedne w drugie" i przyspieszenie tempa pulsacji....
>
> Scalenie Kodów Podstawowych i Kodów Przyspieszenia DNA, powoduje, że drobniutkie struktury krystaliczne pojawiają się w molekularnej strukturze krwi, co przygotowuje układ biochemiczny, komórkowy, hormonalny i metaboliczny ciała do przyspieszenia tempa cząsteczkowego i przeobrażenia (s. 479).[121]

Nasienne Kryształowe Pieczęcie kontrolują prędkość z jaką wirują Wymiarowe Pola Merkaba (s. 478).[121]

[Uwaga: Technicznie, to Nasienne Kryształowe Pieczęcie kontrolują wirowanie, a nie prędkość pól merkaba, oznajmia ATI,TPE.]

ATI,TPE koryguje powyższą informację:

Równowaga w całej kreacji jest podstawą. To prawda, że scalenie kodów podstawowych DNA i kodów częstotliwości harmonicznej, faktycznie powoduje, że cząsteczki krystaliczne pojawiają się w molekularnej strukturze składników krwi, lecz nie przygotowują one układów ciała do procesu przyspieszenia tempa pulsacji i przeobrażenia. Kody te działają jak mechanizmy kontrolujące, aby doprowadzić do skutku proces przyspieszenia tempa pulsacji i przeobrażenie, kiedy będzie miało miejsce naturalne wydarzenie.

Ludzkie kody nasienne, faktycznie zawierają równolegle jednostki anty cząsteczkowe. [Aczkolwiek,] Kody częstotliwości harmonicznych w określony sposób nadają kierunek ogólnemu kierunkowi stworzonej materii, bez względu na towarzyszenie, czy istnienie jakiejkolwiek antymaterii.

Drobniutka Nasienna Kryształowa Pieczęć, jest naturalną pieczęcią, która utrzymuje nas w uziemieniu w odpowiednim dla nas wymiarze. Po tym, jak zostaje ona uwolniona, wymiarowa merkaba przyspiesza swoje wirowanie obrotowe, aby wprowadzić ciało do wyższego wymiaru. Nasienna Kryształowa Pieczęć wykorzystuje częstotliwości z odpowiadającej jej Gwiezdnej Kryształowej Pieczęci, również obecnej w naszych bioenergetycznych polach. ATI,TPE potwierdza, że ta informacja, jak również fragment poniżej pochodzące od GA, wraz z moimi drobnymi modyfikacjami w nawiasach kwadratowych, są prawdziwe.

Każda Gwiezdna Kryształowa Pieczęć, złożona jest z połowy wzorców częstotliwości wymiaru powyżej, oraz połowę tych, z wymiaru poniżej (s. 477).[121]

Gwiezdne Kryształowe Pieczęcie utrzymują pola cząsteczkowe trójwymiarowego ciała i wielowymiarową świadomość oddzielnie, przez kontrolowanie obrotu kartowego [momentu kątowego] wirowania cząsteczkowego pomiędzy 15-toma wymiarami....
Gwiezdne Kryształowe Pieczęcie kontrolują kąt pod jakim

będą obracały się osobiste Wymiarowe Pola Merkaba, a tym samym kontrolują one związek ciała z Harmonicznymi Polami Merkaba (trójwymiarowe Pola Merkaba jednego Harmonicznego Wszechświata) (s. 480).[121]

Wyjaśnienie GA o Gwiezdnych Kryształowych Pieczęciach rozpoznaje wrodzone oddzielenie i umiejscowienie pomiędzy wymiarami i konstrukcjami energetycznymi. Wyjaśnia ono również, że jeśli uwalniana jest Gwiezdna Kryształowa Pieczęć, powoduje to, że nasze osobiste pole merkaba zliniowuje się pionowo z merkaba harmonicznego wszechswiata.[121] Osobiste merkaba różni się od merkaba ciała niebieskiego, które posiada już pionowe zliniowanie.
„M" wyjaśnia:

> Pojazd osobistego merkaba jest delikatnie nachylony w swojej osi. Osobiste merkaba nie zmienia się, ani nie zliniowuje się pionowo z merkaba harmonicznego wszechswiata, kiedy uwalniana jest gwiezdna kryształowa pieczęć. To, co zachodzi w Ludzkim ciele, to jest to, że kryształy krwi przeobrażają się w gotowości na proces descendencji (schodzenia – przyp. tłum.).
> [Uwaga: Ascendencja obejmuje tymczasową descendencję do głównych planetarnych gwiezdnych wrót.]
> Po descendencji następuje boczna implozja. Po implozji, „przeobrażone" ciało wznosi się za pośrednictwem procesu wydalenia, wychodząc bocznie z wymiarów, do gwiezdnych wrót-12, przez pomost Galaktyki-2, a dalej do Eka.

Kiedy uwalnia się Gwiezdna Kryształowa Pieczęć, uśpiony kod DNA, zwany genetycznym kodem czasu, lub ognistym kodem, aktywuje się wewnątrz dwóch nici korespondujących z tą pieczęcią. GA oświadcza: „Z chwilą, kiedy zostają aktywowane, Ogniste Kody gwałtownie przyspieszają one montaż i aktywację Kodów Podstawowych i Kodów Przyspieszenia [Częstotliwości Harmonicznej] nici, do której podpięty jest Ognisty Kod" (s. 480).[121] Wówczas to, utworzone w wyniku uwolnienia Nasiennej Kryształowej Pieczęci kryształy krwi, łączą się, aby tworzyć złożone kryształy krwi, które niosą w ciele fizycznym wzorzec częstotliwości harmonicznego wszechświata.

Ogniste kody odpowiedzialne są za montaż DNA zgodnie z naszym podstawowym, minimum 12-niciowym, węglowo-krzemowym szablonem DNA. Podobne są one do kodonów, tyle że ogniste kody pracują z elektromagnetycznym programem wpływającym na regulatorowe DNA. Wszczepione nam, nieorganiczne pieczęcie, umieszczone w naszym wewnętrznym wzorcu genetycznym, uszkodziły komunikacje częstotliwości wyższych wymiarów z naszymi ognistymi kodami, powodując że zostały one w większości uśpione w naszych obecnych niciach DNA. Na dodatek, znaczące zniekształcenia może zmienić ogniste kody w przeinaczone wiadomości. GA oświadcza, że kiedy nasze nasienne kody DNA naprawią się, wtedy to ogniste kody składają się ponownie, aby nici DNA „wpięły się w siebie nawzajem", celem przeobrażenia (s. 477).[121]

Wewnątrz ognistego kodu znajduje się sekwencja ognistych liter kodów symbolu-światła. Ogniste litery są „wzorami kolejno ustawionych impulsów elektromagnetycznych", które tworzą kody z określonym znaczeniem dla naszych komórek i zmysłów (s. 128).[148] Według GA, oryginalne 12 Ludzkich Plemion na Ziemi, złożone z kombinacji pięciu ras Odosobnionych Poladorian (ang. Palaidorian Cloistered races) i zawierały one specyficzne sekwencje ognistych liter, w ilości 144 liter wewnątrz każdego wzorca DNA Plemienia. Po raz kolejny, dane GA wypaczone są przez ich opartą na 12-tce matematykę. ATI,TPE oznajmia, że wzorzec 12 Anielskich Ludzkich Plemion ma więcej niż 144 ognistych liter.

Nazwy ras Odosobnionych Palaidorian wymawiane były w tym samym języku Anuhazi 12-wymiarowych Elohei z Aramateny. Kiedy wymawiane były, pomagały one aktywować ogniste litery, dając rasom Odosobnionych Palaidorian zdolność do świadomego regulowania poziomu aktywacji wzorców ich DNA.[121] Podobnie jak zdrowe kodony, ogniste litery powinny być w pełni zakodowane, aby przekazać pełne zdanie, a nie tylko jedno słowo. Chociaż każda rasa posiada swoją własną sekwencję ognistej litery, przyczyniło się to do rozwoju 12-niciowego wzorca DNA oryginalnych Ludzi, co posiada potencjał do pełnego złożenia i aktywowania.

Ważne jest aby pamiętać, że: Nić DNA nie może zostać w pełni aktywowana, jeśli najpierw nie zostanie zmontowana, oznajmia ATI,TPE.

Proces ascendencji ma zastosowanie do istot z w pełni zintegrowanym wzorcem DNA, lub bez niego. Istoty których 12-niciowe wzorce są w pełni zintegrowane, nie potrzebują uzyskać więcej złożenia i aktywowania DNA w całej Drodze Mlecznej, ale ascendencja wciąż miała miejsce, aby umożliwić ciału zmianę gęstości, osiągnięcie zwiększonej, naturalnej energii-materii i ostatecznie uzyskanie Nasiennego Kodu poza 12-ty wymiar w Galaktyce-2. Naturalne pieczęcie pomiędzy wymiarowymi częstotliwościami podstawowymi i częstotliwościami harmonicznymi rozpraszały się wewnątrz struktury komórkowej, przed, oraz podczas cykli ascendencji wymiarowej.

Informacja ta pomaga nam zrozumieć energetyczne zdolności nici i wzorca DNA. Nauki New Age, oraz MCEO-GA, odnoszą zdolność każdej nici DNA do wymiaru, lecz MCEO-GA wyjaśnili również, że każda nić zawiera częstotliwości podstawowe i częstotliwości harmoniczne, które dają zdolności wielowymiarowe.

W odpowiedzi na moje sprawdzanie wzorca DNA, Wszystko Co Jest, Czysta Esencja wyjaśnia:

> Nić DNA reprezentuje sekwencję kodu ognistej litery, która koresponduje z więcej niż jednym polem częstotliwości energii. Nie koresponduje ona na zasadzie pasma świadomej energii 1:1. Wzorzec 12-niciowy pokrywa się z wymiarami, nie z jakąkolwiek grupą, bądź pojedynczymi polami wymiarowymi. Istnieje wiele ścieżek częstotliwości w postępie częstotliwości wymiarowych. Dwanaście wymiarów częstotliwości, zawarte jest w każdej nici, jako podstawy i częstotliwości harmoniczne.

Żeby sprawdzić to jeszcze raz, zapytałam: „Czy każda nić Ludzkiego DNA, w głównej mierze odpowiada wyjątkowemu wymiarowi?"

„Według Wszystkiego Co Jest, Czystej Esencji, wraz z Eia dla rozszerzenia: Tak, każda nić Ludzkiego DNA w głównej mierze robi to".

Dla lepszego wyjaśnienia zapytałam: „Stąd, nić-3, posiadałaby większość częstotliwości 3-go wymiaru, niż innych, nić-4 posiadałaby większość częstotliwości 4-go wymiaru, niż innych itd? Jeśli tak, czy oznacza to, że kody podstawowe i kody częstotliwości harmonicznej innego wymiaru pełnią rolę pomocniczą?"

„Tak, zgadza się", odpowiedziało.

Ta wielowarstwowa rzeczywistość ułatwia zrozumienie większych wzorców DNA takich jak w przybliżeniu 24-niciowy wzorzec Orafim, który wielu Ludzi częściowo ucieleśnia. Niektórzy Ludzie Orafim zawierają kod 48 (lub więcej)-niciowego wzorca Elohei, jeśli oryginalnie istoty te były Elohei, przodkami rasy Orafim. Kiedy ci Ludzie Orafim przeobrażają się w kilku etapach, aby ucieleśnić swoją pełną zdolność Orafim DNA, wówczas mogą oni dalej przeobrazić się, aby osiągnąć swoje oryginalne ucieleśnienie Elohei. Genetyka Orafim, daje Elohim oraz innym podobnym istotom z wyższych wymiarów, możliwość stania się częścią rasy Ludzkiej.

Jeśli zaś chodzi o oryginalnych Ludzi z potencjałem 12-niciowego DNA, to posiadają oni zdolność do transformacji i przeobrażenia się, oraz istnienia u boku Elohei w tym samym 12-tym wymiarze; chociaż generalnie, Elohei ze swoją większą pojemnością DNA mają większe zdolności i świadomość. Te rasy, oraz wiele innych posiadają wewnętrzny potencjał wzrostu ich wzorca DNA od odpowiadających im ilości złożonego i aktywowanego DNA.

W roku 2012, poinformowana zostałam przez kilku zaufanych dorosłych z Klariona, że pomimo tego, że żyją oni w wymiarze od 11-tego do 11.5, są oni Elohei z 48-mioma w pełni zmontowanymi i w pełni aktywowanymi nićmi DNA. Są oni Elohei, rasa przodków dla rasy Orafim. Mój kontakt „M",

Elohei z 14-go wymiaru, wyjawia, że posiada ona 52 w pełni zmontowanych i w pełni aktywowanych nici DNA.

Kiedy zapytałam ATI,TPE o właściwości DNA wyższych ja mojego i mojej mamy, ujawniło ono, że my również posiadamy 48 w pełni zmontowanych i w pełni aktywowanych nici DNA, jako Klarionie Elohei. Aczkolwiek jako Ludzie Orafim, nasze wzorce DNA, mają pojemność 24 nici. Większość Ludzi posiada jedynie dwie fizyczne nici DNA, ale istnieją także delikatnie bardziej zaawansowani Ludzie Orafim, którzy posiadają 2.5 fizycznych nici DNA. Wszystko Co Jest, Czysta Esencja wyjaśnia:

> Dwuipół Niciowa formacja nici DNA, jest zbiorem konfiguracji protein DNA, wraz z bardziej zagęszczoną 1-2 spiralną strukturą formacji DNA, która może zwiększyć swój wyższy, dodatkowy zbior 0.5 nici DNA w kierunku trzeciej nici, wokół mniej zagęszczonej konstrukcji kolumny centralnej, która ewidentnie znajduje się w składzie wyższej nici DNA.

Niektórzy Ludzie Orafim, prawdopodobnie byli uczestnikami Projektu Ludzki Genom, lecz genetycy nie ujawnili wyjątkowej konfiguracji dodatkowych protein. Powodem, dla którego część trzeciej nici DNA Ludzi Orafim, rozwinęła się wraz z drugą nicią, jest to, że szablon Ludzkiego DNA został uszkodzony; jednak proteiny części nici, energetycznie wydłużają się do faktycznej trzeciej nici DNA i wraz z ascendencją dokonają właściwej rekonfiguracji.

Chociaż żaden Człowiek nie posiada widocznej dodatkowej nici DNA poza obecną podwójną helisą, odcisk większego wzorca DNA danej osoby, w fizycznej i energetycznej Ludzkiej konstrukcji, może dostarczyć wystarczającego dostępu do jego energii. W 2012 roku, po tym, jak kontynuowałam łączenie się z moim ja z Klariona i z wiecznymi energiami, ATI,TPE ujawniło, że posiadam częściowe aktywacje w pozostałych moich 21.5 niciach DNA Ludzkiego Orafim.

Częściowo aktywowany, wewnętrzny szablon DNA, można energetycznie wyczuć, lub znać intuicyjnie. Zgodnie z tym, odkrywcza świadomość i połączenie z prawdziwie naturalnymi energiami, może być miarą aktywacji, które mogą pomóc przekazać świadomość wyższego ja do Ludzkiego ciała.

Z chwilą, kiedy sztucznie wszczepione pieczęcie, usunięte zostaną z naszego wzorca DNA, Ludzie mogliby odzyskać kod oryginalnego Człowieka, lub kod Człowieka Orafim, dla tych, którzy go posiadają. ATI,TPE ujawnia, że ponieważ do końca roku 2007, Pieczęć Templarowo-Aksjonalna została w większości usunięta z naszego DNA, nasza świadomość poszerzyła się. Niemniej jednak wciąż umieszczoną mamy pieczęć na naszej nici-3 DNA, informuje „M" i ATI,TPE, dlatego właśnie nie możemy rozwinąć trzech, lub więcej właściwych nici, dopóki nienaturalne pieczęcie morfogenicznie, nie zostaną usunięte. Ostatecznie, Ludzie żyjący na uzdrowionej Ziemi Amenti, odzyskają ponownie pełne zmontowanie i aktywację DNA Anielskiego Człowieka, jako swój minimalny fundament genetyczny.

Niestety MCEO-GA popiera wierzenie New Age, które w większości ignoruje naszą podzieloną, fizyczną rzeczywistość. Mówią oni, że Ludzie mają w swoim DNA przyrost wymiaru 3.5, dając do zrozumienia, że podstawowy wzorzec nagromadzonej energii-materii wymiaru 3.5, mógłby przezwyciężyć brakującą obecnie trzecią nić i pozycję wymiaru 2.5, co może być dokonane tylko częściowo, lub minimalnie, w zależności od osoby. Na dodatek, nazywają oni Ludzi Orafim „Indygo", ponieważ ich szósta nić DNA była oryginalnie w pełni zmontowana i aktywowana.[121] Jak ostatnio oświadczyłam, żadni trochę zaawansowani Ludzie „Indygo", nie zmontowali obecnie, ani nie aktywowali kompletnych nici DNA, poza dwie podstawowe.

Nie spodziewam się, aby w naszym obecnym ciele Ludzkim, więcej nici DNA mogło uczynić ich ogniste litery i będące ich wynikiem energie elektromagnetyczne, w pełni funkcjonalnymi. Życiowe zmiany zachodzą zazwyczaj w powoli-poruszającym się postępie. Zgodnie z tym, aktualizacje genetyczne do naprawy wszczepionych zniekształceń mogą zająć pokolenia. Niestety, wyższe ja danej osoby ograniczone jest w swojej zdolności do przezwyciężenia obecnych, genetycznych pieczęci i mutacji; jednakże posiadanie czystych intencji i działań, aby być prawdziwym sobą, osłabia podział, częściowo aktywując DNA i uzdrawiając komponenty energetyczne. Na dodatek, posiadamy dostęp do bezpiecznych energii „wolnych-od porażki", napływających do Aurory Ziemi Ascendencji (włączając w to Błękitny Płomień Amenti), oraz Eia, również efektywnie łączą przeszłe blokady. Na koniec, fala ascendencji na Ziemię Amenti, zauważalnie zbliży dostępujących ascendencji Ludzi, do ich oryginalnych i potencjalnie zaktualizowanych, naturalnych zdolności.

ATI,TPE potwierdza, że w związku z nadchodzącym Cyklem Aktywacji Gwiezdnej i energiami ascendencji, pomiędzy 21 grudnia 2012 roku, a 21 grudnia 2022 roku, części Ludzkiego DNA, zostaną naturalnie, bardziej aktywowane w naszej świadomości. Możemy również rozróżnić i wykonać naszą osobistą, troskliwą „technikę", aby nawiązać kontakt, ze swoim pełnym, wewnętrznym ja, jak pokazuje rozdział 11.

Społeczność New Age doradza nam, abyśmy wykonywali rozmaite techniki do aktywacji DNA, aby zliniować się z określonymi energiami i bytami. Ponieważ przed ascendencją nie możemy przekształcić, ani zmontować więcej nici DNA, nie możemy osiągnąć znaczącej, naturalnej aktywacji tych DNA. Nawet jeśli techniki te dostarczają tylko kolorowych częstotliwości, krytyczne jest, aby poważnie zagłębić się w ich informacje, by określić dokąd nas one prowadzą. Częstokroć, nie wspominają one faktycznych bytów zaangażowanych w nie.

W głównej mierze fantomowe byty z Galaktycznej Federacji Światła grup Jezusowej, Buddy, czy grupy Archanioła, oraz współpracujących z nimi grup, dają nam channeling'owe przekazy, błagające nas, aby wpuścić ich do naszych ciał, żeby ze swoimi technikami DNA, dokonali oni naszego „uzdrowienia". Jak oświadczyłam w rozdziale 7, niektóre z ich technik w pewnym stopniu uzdrawiają określonych ludzi, którzy mogliby stać się doskonałymi rzecznikami dla fantomowych celów; jednakże ci rzecznicy i zarazem pracujący z energią, rzadko jeśli w ogóle ujawniają wystarczającą wiedzę kryjącą się za tym, swoim łatwowiernym klientom. Widziałam niesamowite złodziejstwo i destrukcje na polu pracy z energią w New Age, gdzie praktykujący zainkasowali ponad tysiąc dolarów, żeby otworzyć ludziom czakry dla fantomowych bytów, które są chętne do ich przejęcia.

Jest to niepotrzebne i niemądre, aby wzywać inne byty do naprawienia możliwości naszego DNA, kiedy to ciało obecnego Człowieka, nie może działać na zewnątrz tej rzeczywistości. Teraz, jeśliby usunęli oni pola NET, które wszczepili, to inna historia, ale to mogłoby stać się jedynie dzięki ich dobrej woli, a nie naszych modlitw i posłuszeństwa; usunięcie pól Nibiriańskiej Transdukcji Elektrostatycznej, poprawiłoby naszą świadomość ich kontrolującej agendy. W oparciu o historię wielu bytów trzymających się fantomowych energii, zdecydowanie odradzam uwierzenie, że jeden lub kilka zaprzyjaźnionych bytów, mogłoby chóralnie wycofać swoje starania przeciwko nam, jako gatunkowi. Jeśli byłoby to takie łatwe, Żywiciel Rzeki Krysthal zrobiłby to już dawno.

Nie zapominajcie, że fantomowe byty znają i rozumieją naukę śmierci. Wiedzą oni jak manipulować i odwracać fantomowe komponenty Ludzkiego ciała, dlatego właśnie dokonują tak zwanych uzdrowień i cudów. Jeśli chcemy, aby nasze ciała zostały naturalnie naprawione, twierdzę że należy unikać jakiejkolwiek techniki, która używa głównie fantomowej lub pół-fantomowej energii-materii. Jeśli chcemy połączyć się z naszą wymiarową rzeczywistością, jakakolwiek pół-fantomowa energia powinna być zminimalizowana, podczas gdy fundamentem powinna być prawdziwie wieczna energia.

Proszę żeby bardzo uważać na częstotliwości Solfeggio, które rzekomo mają naprawiać nasze DNA, takie jakie popularne są w „uświęconej nauce" ruchu New Age częstotliwości 528 herców. Częstotliwości Solfeggio mają reputację oryginalnych częstotliwości intonowanych przez Gregoriańskich mnichów. Według dr. Joseph'a Puleo, współautora książki pt: „Kody uzdrowienia dla biologicznej apokalipsy", (oryginalny angielski tytuł „Healing Codes for the Biological Apocalypse" – przyp. tłum.), został on poprowadzony duchowo przez wizje i komunikacje od Jeshua, oraz bezimiennego anioła, żeby przeczytać Ewangelie w biblijnej Księdze Liczb, w celu odkodowania całkowitej liczby tonów Gregoriańskiej intonacji. Jego towarzysze z innych światów, pokazali mu tony w oparciu o pasmo Pitagorejskie.[381]

Pitagorejskie pasmo, jest numerologiczną metodą, wykorzystującą uproszczoną, opartą na 10-tce matematykę, aby dodawać do siebie każdą liczbę w celu utworzenia jednocyfrowego wyniku. Na przykład 397, stałoby się najpierw 19, a ostatecznie 1.[382] Dowiedziałam się, że ludzie praktykujący taką numerologię, wysuwają głównie przypadkowe wnioski. Aczkolwiek, jeśli jakiś byt z innego świata ostrożnie dostarczy specyficznych odpowiedzi i metody, w ten sposób uzyskujemy specyficzne kody. Dr. Puelo otrzymał sześć precyzyjnych liczb, żeby nauczać o nich, jako o uzdrawiających częstotliwościach na skali Solfeggio.

Po przejściu w XXI wiek, jeszcze dwie osoby otrzymały anielskie przewodnictwo dla kolejnych dwóch zestawów częstotliwości Solfeggio, lecz tym razem ich aniołowie zostali ujawnieni: Michał i Gabriel. Trzeci zestaw ofiarowany przez Gabriela, określa liczby, łącząc dwa pozostałe zestawy z Pitagorejskim pasmem. Według komentatora: „To, co również ukazało się, było całym systemem fraktalnym Solfeggio, który wpływa na określone części ciał".[383]

Ludzkie ciało posiada wbudowane, znajome kody nauki śmierci, które mogą być początkowo trudne do rozróżnienia. Jednakże wiemy, że żadna pełna skala muzyczna, w naszej sfraktalizowanej rzeczywistości, nie zawiera w pełni harmonicznych tonacji, tak więc szukanie uzdrowienia w tym gatunku może być odwróceniem uwagi i to nawet szkodliwym. Określeni ludzie, którzy mają silnie uszkodzone DNA, donoszą o pewnych korzyściach ze słuchania tonów 528 Hz, ale jest to podobne do przyłożenia słabego opatrunku, zamiast solidnej podpory. ATI,TPE objaśnia, że jest to „bardzo niewielkie" uzdrowienie zniszczonego DNA. Doradzałam uroczej kobiecie, która niemalże zmarła od zatrucia czarną pleśnią i doniosła ona, że częstotliwość 528 Hz pomogła jej trochę zmniejszyć jej uczucie niepokoju, ale oczywiście nie złagodziła tego całkowicie. Po dłuższej pracy z jej prawdziwym ja, oraz z ATI,TPE, nareszcie doświadczyła głębokiego spokoju. Jeśli spodziewamy się głębszego uzdrowienia, musimy brać nasze ciała takimi jakie są, a następnie połączyć je z energiami na zewnątrz mechaniki fraktalnej.

Wyobrażalne jest, że molekuły naszego ciała, zwłaszcza DNA, reagują na słowa, oraz ich intencje. Według badań zespołu rosyjskich naukowców, studiujących „język" DNA:

> Ludzkie DNA, jest nie tylko odpowiedzialne za konstrukcję naszych ciał, ale posiada również funkcje przenoszenia i

magazynowania danych. Rosyjscy lingwiści dowiedzieli się, że kod genetyczny zwłaszcza, najwyraźniej w 90% bezużyteczny, przestrzega tych samych zasad, co wszystkie nasze ludzkie języki. Żeby to sprawdzić, porównali to z zasadami składni (sposób, w jaki układane są ze sobą słowa, aby tworzyć zwroty i zdania), semantyki (studia znaczenia w formach językowych), oraz z podstawowymi zasadami gramatyki.

Dowiedzieli się, że alkaliny naszego DNA, przestrzegają zwykłej gramatyki i posiadają sztywno ustalone reguły, jak języki mówione. Konsekwencją tego wydaje się być to, że ludzkie języki, nie pojawiły się przypadkowo, lecz tak naprawdę są odzwierciedleniem, naszego wrodzonego DNA.[384]

Odkrycie to, popiera poprzednią informację o ognistych literach. Podobnie do tego, jak nasze DNA komunikuje się z innymi naszymi składnikami, powinniśmy być świadomi naszych myśli i słów, ponieważ nasze ciało naprawdę słucha. Nie mówię, żeby chodzić z głową w chmurach posługując się przesłodzonym językiem; najkorzystniejsze wyraźnie komunikowanie się przy użyciu pełnych znaczenia słów, które zliniowane są z naszymi wewnęwtrznymi warstwami, tak jak uporządkowane jest nasze zdrowe DNA.

Doświadczenia i przekonania mogą zmienić nasze DNA i percepcję rzeczywistości, kiedy ich chemiczne i elektromagnetyczne przekazy, zostają osadzone w naszych komórkach. Na Przykład, niezdrowy styl życia, ze sztucznym, chemicznie naszpikowanym „jedzeniem", przewlekły stres i zanieczyszczenie środowiska, gromadzą toksyczność, która niszczy DNA ciała i przekazuje to dalej, na jedno, lub dwa pokolenia potomstwa. Jeśli nasze ciała zmagają się z tym bagażem, nie możemy kontynuować tego samego wzorca i oczekiwać od nich, że właściwie się uleczą. Te same zasady dotyczą wierzeń i rytuałów. Nieodpowiednie kody energii, kryjące się za fałszywymi słowami „miłość i światło", oraz częściowe prawdy, wzmocnione religijnymi rytuałami, włączając w to kościelne msze i modlitwy, odciskają się i gromadzą w naszej biochemii jako nieharmoniczne energie, które muszą zostać zmienione, żeby wróciło prawdziwe zdrowie. Pozytywne myślenie i przekonania są świetne, chyba że mają one, celowo przypięty do nich szkodliwy bagaż.

Ponieważ przeszłe wspomnienia i doświadczenia danej osoby, zmagazynowane są w teraźniejszym ciele, możemy ich nigdy nie zapomnieć. Mogą one dać nam pozytywną widzę, chyba że przeszłe traumy zostają aktywowane w nas i przysłaniają nasz umysł i emocje. W takim przypadku możemy stworzyć przestrzeń energetyczną, żeby uchronić się i uziemić w teraźniejszości, oraz osiągnąć właściwą świadomość sytuacji.

Nie możemy tak naprawdę zapomnieć przełomowych doświadczeń

życiowych. Technologia Czystej Płyty powoduje poważną utratę pamięci, co oznacza, że przedstawia również DNA. Życie w „Teraz", jest popularnym wierzeniem wśród członków New Age, które może wspierać Bestie. Ja, postrzegam życie w Teraz, jako bycie świadomą przeszłości, jak również konsekwencji potencjalnej przyszłości, tak abyśmy my, jako wspaniali Ludzie żyli świadomie w chwili obecnej. Jeśli żyjemy jedynie w Teraz, możemy przez pomyłkę pomylić przeszłą traumę jako obecną i zapomnieć możemy kim naprawdę jesteśmy.

DNA przyjmuje i przesyła informacje energetyczne; upewnijmy się, że jesteśmy świadomymi uczestnikami, którzy przyjmują i dają, to czego naprawdę pragniemy, zgodnie z naszą prawdziwą naturą.

Czakry

Czakry są konstrukcjami „kapsuł" energii, utworzonymi wewnątrz różnych obszarów energii-materii naszej aury, w wyniku obrotu naszych 12-wymiarowych, osobistych pól merkaba, jak potwierdza Liga Opiekunów, oraz ATI,TPE. GA tak oto opisuje tych 15 kapsuł energetycznych: „Poprzez te konstrukcje wymiarowych kapsuł energetycznych, tworzony jest system czakr, lub system zasilania energii wymiarowej. Za pośrednictwem Systemu Czakr, podstawa cząsteczkowa kształtu, zbiera się w strukturę wielowymiarowej materii" (s. 465).[121]

Czakry niosą charakterystyczne energie, przy czym ludzie przypisali każdej z nich określone emocjonalne, psychiczne i fizyczne znaczenie. Według Dr. Anodea Judith, założycielki Świętych Center i poplecznicki Tęczowego Mostu:

> Słowo czakra, jest Sanskryckim słowem oznaczającym koło, lub dysk i oznacza jedno z siedmiu centrów energetycznych w ciele, które odpowiadają zwojom nerwowym, odgałęziającym się od kolumny kręgosłupa, a także stanom świadomości, etapom rozwojowym życia, elementom archetypowym, funkcjom ciała, kolorom, dźwiękom i jeszcze znacznie więcej. Razem tworzą one zupełny wzór dla całości, oraz wzorzec dla transformacji.[385]

Chociaż czakry współpracują ze sobą nawzajem, nasze emocjonalne, fizyczne i psychiczne aspekty, nie są przez nie tworzone. Zwracanie dokładnej uwagi na nasze naturalnie połączone, lecz nieco różniące się energie naszego ciała i na nienaturalnie wszczepione energie, może pomóc nam rozpoznać, zorganizować, oraz przywrócić naszą prawdziwą naturę. Czakry są naturalnymi, zawiłymi częściami naszej fizycznej struktury, lecz wszczepione zostały im formacje stożkowe, przez wtrącających się obcych, którzy chcą je kontrolować, ujawnia ATI,TPE.

GA mówi, że mamy dziewięć czakr zlokalizowanych w naszym ciele, lecz ostatnie dwie są głównie uśpione.[121] Pozostała część czakr istnieje w naszych rozciągających się na zewnątrz polach aurycznych: czakry od 10-12, są przeważnie uśpione i blisko naszego ciała, zaś czakry 13-15 „są odciskami pojazdów energetycznych czakr wyższych wymiarów, które poszerzają przekształconą esencję ciała w lokalizacjach galaktycznych, poza ich obecny stan istnienia", wyjaśnia ATI,TPE. „Jest to niemożliwe, żeby aktywować uśpione czakry, po prostu podłączając do nich wcześniejsze, czyste energie", oświadcza ATI,TPE; aktywują się one naturalnie wraz z właściwymi procesami przeobrażenia i ascendencji.

Opisowa książka o czakrach, dostarczyć może trochę zrozumienia w odniesieniu do naszego pół-fantomowego ciała, ale uważajcie na to, jak doradzać może ona w oczyszczaniu blokad energetycznych. Większość technik związanych z czakrami posiada religijny wydźwięk. W szczególności praktyki jogiczne, powszechnie równoważą czakry i medytują, pochłaniając energię Hinduistycznej i Buddyjskiej grupy boga. Wkurza mnie, że religia przyczepia się do naszych podstawowych komponentów. Radzę wam, byście nie zapraszali żadnych bytów do waszych czakr, włączając w to byty, które przychodzą jako białe światło.

Nie możemy uciec przed naszą obecną pozycją we fraktalnej kreacji, więc może wydawać się to naturalne, aby wykorzystywać częstotliwości i kolory dookoła nas. Na Przykład, nasza tęcza odzwierciedla siedem pierwszych kolorów naszych czakr. Początkowo możemy uzyskać trochę uzdrowienia, kiedy będziemy pracować z lepszymi częstotliwościami wymiarowymi Drogi Mlecznej, ale jeśli chcemy dogłębnego, długotrwałego uzdrowienia, mądrzejsze jest pracowanie z energiami Krysthal w naszych aktywnych czakrach. W końcu, to nasza tęcza zawiera załamane promienie świetlne pasm wymiarowych, które zasadniczo pochodzą z AquaLaShA.

Poprosiłam ATI,TPE, oraz Yunasai o ujawnienie poprawnych, dominujących kolorów AquaLaShA. Trzeci wymiar posiada mieszankę częstotliwości: „purpurowego z drobniutką złotą krawędzią dookoła", oświadcza Yunasai. Drugi wymiar niesie ze sobą kolor czerwony, zaś wymiar pierwszy jest czarny, z powodu nieobecności światła. Najniższe dwa wymiary są nieistotne dla funkcji Urty; dlatego ja wykorzystuję mieszankę trójwymiarową Urty do bezpośredniej pomocy w naszej ziemskiej pozycji. Nasycam swoje trzy pierwsze czakry i związane z nimi merkaba mieszanką częstotliwości Urty, koloru purpurowego ze złotą otoczką i delikatnie rozkręcam w prawo, górne pole merkaba, prawie trzy razy szybciej, niż dolne pole merkaba, które rozkręcone jest w lewo, żeby skopiować merkaba Ziemi Amenti. Czuję się spokojna i harmoniczna w swoim ciele, ponieważ nasycam się naturalną trzeciego wymiaru energią.

Rysunek 8, pokazuje rozróżnienie między kolorami pasma częstotliwości AquaLaShA i Drogi Mlecznej. ATI,TPE, oraz Yunasai potwierdzają te kolory i dla dokładności objaśniają określone obszary. Ja również dostarczyłam swojego wkładu od MCEO w odniesieniu do Drogi Mlecznej.[148]

Rysunek 8. Mieszanki kolorów wymiar (W) i czakra

W	Galaktyka AquaLaSha	Galaktyka Drogi Mlecznej
1	czarny (jest to brak iluminacji)	czerwony
2	czerwony	pomarańczowy
3	purpurowy z cieniutką złotą otoczką wokół krawędzi	żółty
4	różany różowy (może różnić się od odcieni karmazynu do fioletu)	zielony
5	niebieski	niebieski
6	szmaragdowa zieleń	niebiesko-fioletowy (indygo)
7	żółty	fioletowy
8	zielony	złoty
9	niebiesko-zielony	srebrny
10	niebiesko-srebrny	niebiesko-czarny
11	blado niebieski-blado srebrny	srebrno-czarny
12	blady srebrny, złoty	„niebiesko-szary [w Galaktyce-2]", oznajmia ATI,TPE i Eia
13	blady złoty, białe złoto	turkus (w Galaktyce-2)
14	blady, blade białe złoto	blady żółty (w Galaktyce-2)
15	„miliardy, biliony oraz poza numerację punkciki białego złota schodzące się ze sobą", oznajmia Yunasai	karmazynowy róż (w Galaktyce-2)

Na Rysunku 8, kolor „białego złota", w AquaLaShA, nie zawiera koloru białego; białe złoto, jest odcieniem złota. Yunasai oświadczają że każdy wymiar w AquaLaShA zawiera jakąś ilość drobinek białego złota, które „pochodzą od iluminacji koncentracji energii innych wymiarów i zewnętrznych światów". Cytuje również opis 12-to wymiarowej mieszanki kolorów dla Galaktyki-2 przez ATI,TPE i Eia, aby pokazać wyraźną różnicę od MCEO-GA, którzy błędnie mówią, iż jest to kolor biały.

Wierzy się, że kolor biały reprezentuje czystość. Kiedy ludzie wyobrażają sobie pozytywną energię, mają oni tendencję do kolorowania jej na biało, a wówczas to przyciągają ją do siebie z przekonaniem, że przekształca ona ich negatywną energię w cudowną, podnosząca na duchu i uzdrawiającą energię. Niestety jest to propaganda bytów grupy boga.

W naszym doświadczeniu, biały nie jest bezbarwny. Technicznie rzecz biorąc, to nie uważany on jest za określony kolor, ponieważ nie zawiera on ani jednej częstotliwości. Światło wydaje się być białe dla naszych oczu, kiedy połączone zostają, wszystkie widzialne częstotliwości światła w spektrum tęczy, lub trzech różnorodnych częstotliwości światła wyraźnie widocznej częstotliwości w tym spektrum, zwane kolorami podstawowymi. Możemy wyobrazić sobie bezbarwne białe światło, jako pojedynczą częstotliwość, ale nie jest ona czysta, jak możemy sobie zakładać; została ona stworzona przez fantomowe byty, na czwartym poziomie, lub promieniu płaszczyzn Dejati. To unikalne białe światło, jest wywołaną częstotliwością, która omija zabarwione odcienie czwartej płaszczyzny Dejati, oznajmia ATI,TPE.

Nauki Wniebowstąpionych Mistrzów, tak jak te w New Age, Buddyzmie i Hinduizmie, ujawniają siedem zhierarchizowanych poziomów, zwanych Siedmioma Promieniami, posiadającymi cechy, które skłaniają nas do przyłączenia się, bądź nawet stania się Jednym z bóstwami zwanymi bogami, lub półbogami. Siedem Promieni zawiera następujące kolory dominujących częstotliwości: 1) niebieski, 2) żółty, 3) różowy, 4) biały (wywołana częstotliwość), 5) zielony, 6) purpurowy i złoty, 7) fioletowy.[228] „Płomień" błękitnego promienia grupy Jezusowej, pochodzi z najniższej płaszczyzny Dejati.

Niestety, Siedem Promieni Wniebowstąpionych Mistrzów nieco naśladuje i przestawia kolory wymiarowe AquaLaShA, aż do siódmego wymiaru, ponieważ rasy Borża osiągnęły częściowy dostęp do AquaLaShA, przed stworzeniem Drogi Mlecznej. Oznacza to, że płaszczyzny Dejati łączą rozmaite źródła energii, aby utworzyć swoje unikalne plazmowe kompozycje (patrzcie część rozdziału 7-go pt: „Archanioł Michał").

Kolor biały, jednak jest przykładem braku zdolności nauki śmierci, do dawania życia bytowi, lub twórczej esencji; jest to inne od naturalnie przezroczystego i białego zabarwienia w formacjach krystalicznych i skalnych. Wszystko Co Jest, Czysta Esencja ujawnia: „Białe światło jest fantomowym pyłem, przestrzenią utrzymująca śmierć, gdzie starożytni konstrukcji negatywnej energii, mogą i pracują nad manipulacją ludzkiego DNA, oraz wymazywaniem świadomej pamięci". Białe światło z czwartej płaszczyzny Dejati, rozproszone zostało po wymiarach Fantomowej Drogi Mlecznej. Droga Mleczna i w znacznie mniejszym zakresie Galaktyka-2, zawierają drobinki lub resztki w kolorze złamanej bieli, w każdym dużym wymiarze. ATI,TPE dodaje, że białe światło może pozostawać uśpione w odniesieniu do intencji i działań bytów w dotkniętych galaktykach.

Kiedy ludzie postrzegają białe światło z innego świata, jako promień lub orb, jest to prawdopodobnie fantomowy byt, który chce się do nas dostać. Ma to powszechnie miejsce podczas pracy nad ciałem metodami takimi jak Reiki, które celowo przywołują białe światło do biernego ciała klienta.

Współpracownik Żywiciela Rzeki Krystal „M" wyjaśnia:

> Byt maskuje się w białym świetle dla percepcji gęstości waszej rzeczywistości, tym samym pozostawiając tą przestrzeń pomiędzy gęstościami i wymiarami z białym osadem z każdej strony. Ja nie żyję w fantomowym świecie, ani nie oszukuję innych urządzeniami maskującymi, żeby osiągnąć jakąkolwiek agendę.

Radzę, aby nigdy nie przyciągać do siebie białego światła. Również, popularne pozdrowienie „z miłością i światłem", zapewne odnosi się do białego światła, tak więc proszę rozważcie wypowiadanie tego stwierdzenia.

Część ta, skupia się w głównej mierze na siedmiu aktywowanych czakrach ciała i przedstawia pozostałe osiem. Inna czakra u podstawy naszych stóp, ponumerowana jest jako zero i uwzględniona jest domyślnie. Czakry, niekoniecznie zliniowane są pionowo. Wszystkie nasze czakry zliniowane są w porządku, który jest wytrzymały i elastyczny, co może być umiejscowione poza centralną osią ciała, w pozycji poziomej, lub po przekątnej, wyjaśnia ATI,TPE. Centralna oś danego człowieka, również wychodzi delikatnie powyżej i poniżej ciała.

Czakra 1, zlokalizowana jest u podstawy kręgosłupa. Jest to nasza fundamentalna czakra rozwoju jako niemowlę, na którą bezpośredni wpływ ma wychowanie przez naszych rodziców.

Dr. Judith oświadcza:

> Reprezentuje ona element ziemi, stąd związana jest z naszym instynktem przetrwania, oraz z naszym poczuciem uziemienia i połączenia z naszymi ciałami i płaszczyzną fizyczną. Idealnie, czakra ta przynosi nam zdrowie, bogactwo, bezpieczeństwo, oraz dynamiczną obecność.[385]

U mnie, niestety, gwałty z dzieciństwa zupełnie zamknęły tę czakrę.

Wykorzystywanie seksualne, ma również wpływ na czakrę drugą, lecz jego oczywista interakcja z ciałem, obejmuje czakrę pierwszą. Czakra 1, zwana również korzenną, uziemia nas w naszym ciele w latach kształtowania się w dzieciństwie. Kilka lat temu, dzięki mojej czystej intencji i z pomocą zaufanego praktyka terapii kranio-sakralnej, w pełni otworzyłam moją czakrę 1, bez żadnego duchowego podtekstu.

Terapia kranio-sakralna pracuje z członkami, oraz planem rdzeniowym klienta, który otacza mózg i kręgosłup, a także bezpośrednio wpływa na centralny układ nerwowy. Wykorzystuje ona subtelną siłę do uwolnienia blokad wewnątrz prawdopodobnie zamazanej granicy pomiędzy ciałem, czakrą i emocją. Pomogło mi to w przesunięciu zablokowanej energii, w obszarze sakralnym, ponieważ sama, nie miałam pojęcia, jak sprawić, żeby odczuwać inaczej. Zawsze obawiałam się otwarcia energii tego obszaru, gdyż sądziłam, że ponownie uczyni mnie to bezsilną i podatną na zranienie. Na ironię, to właśnie ten strach, był tym, co utrzymywało wykorzystywanie i będące tego wynikiem osłabienie zamknięte we mnie. Na szczęście, zdałam sobie sprawę, że mogłam odczuwać moją własną energię, będąc chroniona w opiekuńczym środowisku. Z chwilą, kiedy uwolniłam mnóstwo emocji, moja czakra korzenna otworzyła się i wtedy czułam, że jest normalnie, nie tak jak stare, zaburzone „normalnie". Ten zastały balast opuścił mnie. Poczułam się wolna, spokojna i czysta jako ja, tylko ja.

Czakra 1 w odniesieniu do pierwszego wymiaru, posiada mieszaninę czerwonych odcieni, podczas gdy pierwszy wymiar AquaLaShA jest czarny, jako ciemna, nierozwinięta przestrzeń. Energia pierwszej czakry płynie do dołu, wzdłuż naszych nóg do ziemi i do góry, do czakry drugiej. Oczyszczenie pierwszej czakry pomaga w uziemieniu się jako Ludzka istota.

Esencja Ludzkiego ciała do ascendencji wykorzystuje proces stopniowania wymiarowego, w sekwencji krok-po-kroku w połówkowej lub całej, który może różnić się od połowy do całego wymiaru w zależności od strumienia energetycznego dla ścieżki ascendencji. Dlatego korzystne jest najpierw oczyszczenie przeszkód energetycznych w czakrach w odniesieniu do procesu naszej wymiarowej ascendencji, a następnie skupieniu się na sprowadzeniu naszych czakr do energetycznego zliniowania.

Praktyka pracy z czakrami w kolejności wzrastającej, ku górze, wiąże się z niedokładną koncepcją pionowej ascendencji i pionowego zliniowania czakr. Praktyka ta, powszechnie zwana jest przebudzeniem kundalini i dodaje ona do naszych czakr wysoce zniekształconej energii-materii. Nauki New Age ujawniają kundalini zawierające węże kaduceusza, które wiją się spiralnie do góry, jak pokazane jest to w symbolu profesji medycznej. Na szczycie symbolu znajdują się skrzydła, żeby reprezentować anioły, które zmanipulowały i przejęły kontrolę nad naszym DNA i genami. O przebudzeniu kundalini, wypowiadam się obszerniej w następnym rozdziale.

Czakra 2 zlokalizowana jest w podbrzuszu i na dole pleców, w pobliżu organów seksualnych. Odnosi się ona do emocji i seksualności, jak również do płynności wody, co oznacza, że możemy ustąpić i płynąć wraz z ruchem i zmianą. Odnosi się do mieszanki wymiarowej odcieni pomarańczowego drugiego wymiaru w Drodze Mlecznej i mieszaniny odcieni czerwonego w AquaLaShA. Chyba najbardziej oczywistym załamaniem światła naturalnej kreacji w zniekształconą kreacje, jest częstotliwość wymiarowa drugiego wymiaru AquaLaShA, która spadła do naszego pierwszego wymiaru.

Czakra 3 zlokalizowana jest w splocie słonecznym, który znajduje się w górnym obszarze naszego brzucha. Odnosi się ona na naszej osobistej mocy i pomaga dodawać nam więcej energii. Jest ona doskonałym, instynktownym, oraz intuicyjnym wskaźnikiem tego co dzieje się na naszą korzyść, lub przeciwko nam. Jest to tzw. „przeczucie", które wydaje się zauważalnie angażować nasz rdzeń i wyższe ja. Reprezentowana jest przez ogień i mieszankę koloru żółtego, jak osobista, centralna gwiazda. Co ciekawe, mieszanka wymiarowa Urty, zawiera jakby żółtą otoczkę gwiazdy wokół koloru purpurowego.

Pomiędzy czakrą 3 a 4, posiadamy nasz szybki punkt połączenia z ATI,TPE. Istnieje on u podstawy mostka, nad wyrostkiem mieczykowatym, z dala od zakłóceń czakry. Mówię do społeczności kabalistycznej, punkt ten jest oddzielny od centralnej kuli, w siatce Drzewa Sztucznego Życia. Teraz mówię do społeczności MCEO-GA, punkt ten jest niżej niż Pieczęć Kara-nA'dis (czytaj, Karanejdis – przyp. tłum.), która otwiera się w „osobiste Komórkowo-Atomowe Ja-Ducha GharE' D-2 [wymiaru 2]" (s. 31).[251]

ATI,TPE wyjaśnia, że jego niemalże bezpośredni punkt dostępu do nas, jest właściwie punktem przedłużenia do rdzenia naszego wyższego ja, które dalej sprzęga się z naszym Ludzkim rdzeniem. Jak wspomniałam poprzednio, z tego głównego punktu ciała, wyższe ja danej osoby łączy się dalej z esencjami głównego „ja" i najwyższego „ja" danej osoby, z Eia i ostatecznie z ATI,TPE, w ten sposób udostępniając całą ścieżkę komunikacyjną do Wszystkiego Co Jest, Czystej Esencji. Zapytałam ATI,TPE czy punkt ten, ponieważ istnieje pomiędzy czakrami 3 i 4, uzależniony jest od specyficznej lokalizacji wymiarowej. Odpowiada ono, że ten interfejs istnieje jako część całej kreacji w tej samej, lub w pobliżu tej lokalizacji, w zależności od formy, bez względu na status wymiarowy. Ten interfejs prawdziwie istnieje w naszym rdzeniu, w centrum wszystkich naszych ucieleśnionych warstw.

Czakra 4, zlokalizowana jest w obszarze serca. Jest to środkowa czakra naszego ciała, która może połączyć się z naszą warstwą astralną, którą wielu obcych wykorzystuje w swoich rytuałach do trzymania nas z dala od miłości, naszego oddechu i od nas samych. Czakra 4 identyfikuje się przede wszystkim z naszym oddechem i płucami, oznajmia ATI,TPE, dając poczucie pokoju i wolności, kiedy oddychamy głęboko i świadomie. Ponieważ płuca umieszczone są obok serca w przestrzeni klatki piersiowej, a społeczność New Age uczy pionowego i centralnego zliniowania czakr, wierzy się, że czakra 4 jest mocno związana z sercem; chociaż połączenie serca jest drugorzędne, w nim zawarte są energie miłości i współczucia, które wywołują empatię. „Czynność wdechu, stymuluje otwieranie się czakry serca", oznajmia ATI,TPE. Informacja ta rozjaśnia, dlaczego fantomowe byty kierują do hiperwentylacji w rytuałach oddechowych; gdyż kiedy tracimy kontrolę nad naszym oddechem, mogą one ze swojej astralnej pozycji, uzyskać dostęp do tej czakry.

Czakra 4 obejmuje mieszaninę odcieni zielonego. Wielu członków New Age kojarzy różowy z wyższą eteryczną naturą serca, lecz odnoszą się oni do innej, fizycznej lokalizacji i czakry obejmującej grasicę, którą nazywają Wyższą Czakrą Serca. Są oni nieświadomi tego, że AquaLaShA ma mieszankę 4-go wymiaru różanego różowego, z odcieniami karmazynu i fioletu, która koresponduje z naszą odpowiednią czwartą czakrą Krysthal.

Czakra 5 zlokalizowana jest w gardle. Odnosi się do samoekspresji poprzez głos i kreatywność. Pracuje ona z wibracją dźwięku i reprezentowana jest przez mieszaninę odcieni niebieskiego. Na szczęście jest to taki sam kolor, jak w 5-tym wymiarze AquaLaShA.

Czakra 6 zlokalizowana jest w szyszynce, w centralnej części mózgu, za brwiami. Czakra 6 posiada wszczepiony stożek, zwany „trzecim okiem", który zapewnia soczewkę, za pomocą której manipulatorskie byty mogą wszczepić myślokształty i psuć naturalne zdolności naszej szyszynki, ujawnia ATI,TPE.

Biolodzy mówią, że: „wewnątrzczaszkowe organy szyszynki, w głównej mierze zawierają podobne do pręcika fotoreceptory, a tym samym skotopowe receptory światła",[386] które obejmują wizje w przyciemnionym świetle, żeby móc działać podobnie do prątków siatkówki oka. Czakra 6 identyfikuje się ze światłem (nie białym światłem), oraz z mieszanką odcieni indygo. W AquaLaShA identyfikuje się ona z mieszanką szmaragdowej zieleni.

Wszystko Co Jest, Czysta Esencja oznajmia:

> Esencja ludzkiego ciała, naturalnie poszerza swoje wielowymiarowe zdolności wizualizacyjne, w małym przerastającym oknie energetycznej projekcji, za pośrednictwem gruczołowej formacji szyszynki wewnątrz materii mózgu. Rozwój naturalnej szyszynki został celowo udaremniony przez manipulacje bytów, aby obniżyć ludzką zdolność do własnego postępu i jej wiecznych umiejętności.

Szyszynka może wizualizować nasze własne myślokształty i międzywymiarowe zjawisko, a poprzez telepatię, potrafi przesyłać i przyjmować słowa i obrazy. Niezwykle ważne jest, aby wiedzieć jak wykorzystywać tę zdolność tylko przez naszą własną moc. Chociaż rzadka zdolność mojej mamy, aktywowana została przez negatywne byty za pośrednictwem jej trzeciego oka, od tamtej pory, nauczyła się ona, jak używać swojej szyszynki do telepatycznej komunikacji z nie-fantomowymi bytami.

Trzecie oko potrafi wyprzeć nasze naturalne zdolności, tak więc najmądrzejszym jest rozróżnienie, czy nasza mentalna „wizja" pochodzi z zewnątrz w roli obserwatora, czy biernego odbiorcy (trzecie oko), czy też rozprzestrzenia się z wnętrza nas samych, w roli czynnego uczestnika. Jeśli chcemy zajrzeć poza naszą fizyczną naturę, możemy zwrócić nasze naturalne „oko umysłu", delikatnie ukośnie, aby odwrócić uwagę potencjalnego intruza. Pozwala nam to wiedzieć wystarczająco większą sytuację, lecz nie wszystko, z powodu zmienionego kierunku przypatrywania się.

Gruczoł szyszynki jest wielkości groszku, w kształcie szyszki, a otaczająca go konstrukcja wygląda podobnie do egipskiego Oka Horusa, zwanego również Okiem Ra. Obcy BEA-O mają wielki szacunek do gruczołu szyszynki. Watykan posiada na swoim podwórku gigantyczną rzeźbę szyszki z bronzu, a „szyszki powszechnie pojawiają się obramowane w Masońskich Ośmiobokach na sufitach Masońskich Lóż", oraz w rzeźbach.[387] Hinduizm stawia czerwoną kropkę na czole, zwaną bindi, pomiędzy kobiecymi brwiami, żeby przysłonić gruczoł szyszynki i prawdopodobnie uwidocznić trzecie oko, najniższym kolorem wymiarowym Drogi Mlecznej. Kiedy nasz gruczoł szyszynki zostaje naruszony, możemy mieć trudności w rozróżnianiu naszych wewnętrznych myśli od tych wszczepionych przez obcych; na dodatek możemy stać się fizycznie i psychicznie chorzy.

Gruczoł szyszynki wydziela melantonine, hormon regulujący nasz dobowy rytm. Prowadzone przez Iluminatów rządy zatruły fluorem wiele ujęć wody, ucząc nas poprzez dziedzinę medycyny i stomatologii, że ten chlorowy pierwiastek jest dobry dla naszego zdrowia, podczas gdy tak naprawdę to zaburza produkcję melatoniny. Niewystarczająca ilość melatoniny, szkodliwie wpływa na produkcję serotoniny i sen, co z kolei powoduje silne zaburzenia nastrojowe i behawioralne.

Sieć Działań Fluorkowych (angielski Fluoride Action Network – przyp. tłum.) oświadcza:

> Zwapniałe części szyszynki (kryształy hydroksyapatytu) zawierają największą koncentrację fluoru w ludzkim ciele (aż do 21 000 ppm F), wyższa niż w kościach, czy zębach. Chociaż miękka tkanka szyszynki nie gromadzi fluoru w takim stopniu, jak część zwapniała i tak zawiera ona wyższy poziom fluoru, aniżeli znajdowany w jakiejkolwiek innej tkance miękkiej ciała –

z koncentracjami (~300 ppm F), które znane są z tego, że hamują enzymy.[388]

Gruczoł szyszynki nie powinien zawierać zwapnienia, gdyż jest to wynikiem toksyczności. Ważne jest, żeby natychmiast zaprzestać wchłaniania fluoru z naszych past do zębów, płynów do płukania ust i wody. Niestety większość filtrów nie usuwa fluoru, więc korzystne jest poszukanie takiego, który będzie to robił. Ja używam filtra do wody, o nazwie Big Berkey, który używa dwa rodzaje filtrów, jeden do wielu rozmaitych substancji zatruwających, a drugi do fluoru i arseniku. Możecie także przyjmować trochę jodu, który jest kolejnym chlorowcem, który to posiada zdolność do usuwania fluoru. Jod, oraz dodatkowy jodek potasu, można znaleźć w wysokiej jakości glonach morskich, lub jako suplement, taki jak krople jodu Lugoli 2%, lecz najpierw upewnijcie się, że sprawdzicie przeciwwskazania i skonsultujecie się z nastawionym na leczenie naturalne lekarzem, który może zbadać wasz poziom jodu i tarczycy. W przypadkach medycznych takich jak ostre i przewlekłe zapalenia tarczycy, jod mógłby być szkodliwy, zwłaszcza jeśli macie niedobór selenu.[389]

Proponuję byśmy zredukowali siedzenie przed telewizorem, przy radio i na telefonie komórkowym. Transmisja telewizyjna używana jest przez BEA-O do przenoszenia podprogowych, Metatronicznych spektrum wzorców do naszych oczu i ciał, zaś technologia SMART i ekrany o wysokiej rozdzielczości umacniają je. Powszechne fale radiowe wzmacniają pulsy EMF (częstotliwości elektromagnetycznej) i zapory częstotliwości Drakonian-Zeta.[121] Przykładem jest Australijska Korporacja Transmisyjna, założona i będąca w posiadaniu narodowego rządu Australii, która wydaje się ujawniać swoje intencje widoczne gołym okiem: jej logo wygląda jak podwójna helisa DNA kaduceusza, zaś jej radio znajdujące się w stolicy narodu w Canberra, nadaje na częstotliwości 666 Hz, strona internetowa radio Canberra do końca roku 2016, nazywało sie „666 ABC Canberra".[390] Jeszcze jedno, kiedy telefony komórkowe umieszczane są przy uchu, wpływają na tkankę i fale mózgowe, tak więc mądrzejsze jest używanie słuchawek. Jeszcze lepsze jest nie używanie telefonu komórkowego i wybranie telefonu przewodowego, zamiast bezprzewodowego.

Mądre jest również postawienie gołych stóp na ziemi, przynajmniej raz dziennie, zwłaszcza przed pójściem do łóżka, aby uwolnić nasze ciało od nagromadzonej sztucznej energii od urządzeń elektronicznych. Kiedy nasze wzorce neurologiczne i fale mózgowe zostają zmienione, możemy paść ofiarą manipulatorskich wstawek holograficznych.[147] Radzę, aby wyczuwać energię kryjąca się za naszą percepcją, kiedy doświadczamy wyjątkowych okoliczności i wizji.

Czakra 7 zlokalizowana jest w koronie głowy. W Drodze Mlecznej identyfikuje się z mieszaniną odcieni fioletu. W AquaLaShA identyfikuje się z mieszaniną odcieni żółtego z drobinkami białego złota. Jest to czakra najwyższego wymiaru w naszym ciele, ze zdolnością pełnej aktywacji; dlatego używana jest jako fizyczne i duchowe wyjście dla naszych wyższych czakr, jak również dla zewnętrznych energii. Bądźcie wyjątkowo ostrożni, kiedy czytacie, bądź słuchacie duchowych interpretacji, inspirujących nas do wciągania do naszej czakry korony, uniwersalnej energii. W ten sposób może dojść do opętania.

Praktyki medytacyjne pustego umysłu, tak jak buddyjska medytacja vipassana, obejmują wszczepione trzecie oko czakry szóstej, oraz czakrę siódmą, kiedy odłączają one nasze myśli od poczucia samego siebie i każą nam się skupić głównie na naszych fizycznych, czynnościach dnia codziennego. Rozwija to bardzo fizyczną egzystencję, która umożliwia bytowi z innego świata, przerwanie i powstrzymanie naturalnego połączenia z czyimś wyższym ja. Ja nie włączam medytacji do mojego połączenia z ATI,TPE, z moim wyższym ja, lub z moją intuicyjną mądrością, ponieważ jestem współpracującą jednostką płynącą wewnątrz samej siebie. Medytacja ma tendencje do traktowania myśli jako zakłócenia, egoistycznego, fałszywego ja, lecz wewnętrzny umysł i wewnętrzne ja są czymś znacznie większym niż to; komunikują się one z resztą nas samych, w każdym momencie, bez celowej medytacji. Pomocne jest utworzenie przestrzeni spokoju, lecz pozwólcie na lepsze skupienie na swoim wnętrzu, a nie na ucieczce w pofragmentowaną egzystencję.

Czakra 8 zlokalizowana jest w grasicy i odnosi się do mieszaniny odcieni złota. Czakra 9 zlokalizowana jest w gruczole wzgórzowym i odnosi sie do mieszanki odcieni srebrnego. W AquaLaShA ich kolory są odpowiednio zielony i niebiesko-zielony. W związku ze zniekształceniami w Drodze Mlecznej i u Ludzi, czakry te mogą być minimalnie aktywowane, przyzwalając i przyłączając małą ilość częstotliwości wymiaru 8-go i 9-go, potwierdza ATI,TPE.

Aby minimalnie aktywować czakry 10, 11 i 12 i przyciągnąć naturalne częstotliwości wyższych wymiarów, radzę by pozostać uziemionym wewnątrz waszego ciała i pól aurycznych, myśląc o pochodnych im kolorach AquaLaShA (i wyczuwając ich wieczne energie). Wyobraźcie sobie czakry 10 i 11 na 15 cm i 12 cm odpowiednio nad głową, a czakra 12 na 15 cm poniżej stop, oznajmia ATI,TPE. Wymiary nie muszą być dokładne, ponieważ używamy naszej szyszynki do wyobrażenia sobie tych pozycji najlepiej jak możemy. Jako dodatkowa informacja, ATI,TPE oznajmia, że nasze odciski czakr 13, 14 i 15 odpowiadają następującym miejscom: odpowiednio, w rdzeniu Ziemi, 75 cm nad głową i 107 cm poniżej stóp.

Pod koniec roku 2011, zapytałam ATI,TPE czy jest jakiś kolor, który moglibyśmy sobie wyobrazić, żeby pomógł nam połączyć się z ATI,TPE. Odpowiedziało: „purpurowy", który zinterpretowałam jako zdolność czakry

7 do przyłączenia energii wyższych wymiarów. Teraz wiem, że oznacza to mieszankę częstotliwości wymiarowej 3-go wymiaru AquaLaShA, która najlepiej odnosi się do naszego ciała HU-1. Kiedy angażujemy częstotliwości AquaLaShA, łączymy się do ich swobodnego przepływu wiecznych energii. Jeśli nie angażujemy AquaLaShA, powinniśmy co najmniej połączyć się z właściwym 12-tym wymiarem mieszanki częstotliwości Galaktyki-2, aby podtrzymać ochronę naszego ciała Drogi Mlecznej.

Kranio-sakralna praca z ciałem może pomóc w ułatwieniu rozróżnienia energii czakr. Szanuję profesjonalną technikę kranio-sakralną, ponieważ polega ona wyłącznie na pracy z ciałem klienta. Jest to ważne ponieważ wielu pracujących z energią, celowo łączy się z energiami i bytami na zewnątrz i działają oni jako przewodniki do rzekomego uzdrowienia nas. Moc uzdrowicielska leży w nas samych, za pośrednictwem naszego własnego wzorca, ale możemy potrzebować nieco zaufanej pomocy, a nie bytu, który przyczepi się do nas, lub przekaże obcą energię.

Jeśli którakolwiek z czakr ciała jest zablokowana, prawdopodobnie jest ona tylko ograniczona, a nie odcięta od naturalnej energii. Do pewnego stopnia zawsze używamy swoich czakr, tak więc przy pomocy użycia właściwej metody wykorzystującej w pełni naturalną energię, potrzebujemy po prostu oczyścić zastałą energię. Wyobrażanie sobie, lub wdychanie w ten obszar, w którym odczuwamy częstotliwość AquaLaShA i czystość ATI,TPE, może pomóc wypchnąć negatywną energię i dać nam pewną dawkę uzdrowienia. W szczególności, wyobrażam sobie, jak czakry mojego ciała mają odpowiadające im kolory wymiarowe AquaLaShA. Dla łatwiejszego odniesienia, w rozdziale 11 podaję prostą technikę. Bardziej namacalna metoda uzdrowienia, obejmuje skupioną intencję w kierunku energetycznych cech każdego obszaru, w celu wyobrażenia sobie blokady i świadomego uwolnienia jej, poprzez wydech lub płacz. Obszary naszych czakr odnoszą się do naszych emocji, świadomości i ciała. Możemy wziąć pełny wdech i poczuć w nich pełny spokój, to może wskazywać na znaczące uzdrowienie.

Opętanie

Czekałam aż do tej chwili, aby bardziej zgłębić zjawisko częściowego i pełnego opętania/przejęcia, które ujawniłam w rozdziale 5. Oczekiwanie to było konieczne, aby uwiarygodnić istotne informacje w późniejszych rozdziałach. Z powodu własnych doświadczeń, jak i doświadczeń mojej mamy, jestem wystarczająco świadoma tego tematu, ale ponieważ nie wykonywałam tej praktyki z innymi, temat ten jest trochę poza moim zasięgiem. Jest to po prostu inna mentalność niż moja własna — nie zgadzam się z taką praktyką i nigdy nie wykonałabym jej na nikim, ponieważ wraz z delikatnymi instrukcjami, wierzę w wewnętrzną moc własnej świadomości i wewnętrznego szablonu danej osoby. Jednak wielu obcych wciąż myśli, że wymuszone opętanie, jest akceptowalną, a wręcz pożądaną praktyką.

Istnieją trzy typy opętania: częściowe, pełne i wejście. Częściowe opętanie przydarza się, kiedy byt podczepia się do Ludzkiego pola energetycznego, w którym byt może manipulować Ludzkimi myślami, emocjami i działaniami. Pełne przejęcie ma miejsce, kiedy byt zupełnie wchodzi w Ludzkie ciało i przejmuje je pod przymusem. Wówczas wszystkie aspekty Człowieka są kontrolowane, gdzie on, lub ona pozostaje w transie, jako widz w Ludzkim ciele. Na koniec, opętanie z wejściem, obejmuje wzajemnie chętną umowę pomiędzy Człowiekiem, a bytem.

Religijni wierzący, którzy chcą zostać napełnieni „Duchem Bożym", zazwyczaj zachowują wystarczającą ilość odczuwania i głównej integracji energetycznej, aby oprzeć się bycia w pełni kontrolowanymi. Na przykład młodzi Yahshua uczeni byli przez swoich rodziców, żeby w pełni poddawać się ich religii, oraz jej apodyktycznym bytom, lecz ich posłuszeństwo jako dzieci, wcale nie oznacza, że byli z tym zgodni. Religijne byty na siłę opętują ludzi, aby przejąć ich głębszą, niezależną wolę; jeśli ich samoświadomość jest w pełni urzeczywistniona i przyjęta, prawdopodobnie mają wystarczającą integralność energetyczną, aby udaremnić zniewolenie. Wejście jest inną formą pełnego opętania, ponieważ Człowiek jest zazwyczaj w pełni dojrzałym dorosłym, który zgadza się, żeby być w pełni kontrolowanym przez znajomy byt.

Podczas wejścia, wewnętrzna, świadoma Ludzka esencja usuwa się, a byt z wyższego wymiaru, wkracza do Ludzkiego ciała i umysłu. Zazwyczaj nie zawiera to zgody Ludzkiego wyższego ja, które pozbawione zostaje wszelkiego wpływu przez wchodzący byt, informuje ATI,TPE. Wewnętrzna, świadoma esencja Człowieka, znana jako dusza, „udaje się do bezpiecznego nieba, do czasu aż może powrócić, kiedy zakończone zostaje zamierzone użytkowanie Człowieka przez wchodzący byt", oznajmia ATI,TPE.

Wejścia są najmniej popularnym rodzajem opętania i mają one zazwyczaj zastosowanie w przypadku bytów z bardzo wysokich wymiarów, które chcą wystarczająco rozwinięte, ale osłabione Ludzkie ciało. W przeciwieństwie do tego, co twierdzi MCEO, że Ludzkie ciało jest wybierane, ponieważ on, lub ona może znieść potężne częstotliwości, ATI,TPE oznajmia: „Istoty z wyższych wymiarów wejdą w najbardziej wątłe I osłabione Ludzkie ciało, jeśli on, bądź ona wybrani zostali do ich określonego celu, lub agendy".

Od czasu poczęcia Ludzi na Ziemi, byty z wyższych wymiarów wchodziły w relacje z nimi. Aby ukazać linie pomiędzy tym, co stosowne, a co niestosowne dla naszej anatomii, ukażę niektóre z bardziej aktualnych takich relacji.

Talea była młoda, kiedy opuściła Klariona: bardzo tęskniłam za kochającymi, Klariońskimi rodzicami i pięknym światem, czuję więc, że nie chciała tak naprawdę ich opuszczać. ATI,TPE oznajmia, że Talea była „popychana", żeby zejść na Ziemię. Myślałam, że jacyś Klarionianie sugerowali mi, abym zeszła, ponieważ misja ta, była ostatnią deską ratunku, żeby pomóc ocalić Ziemię, jak również pomóc Drodze Mlecznej. Jako część uniwersalnych gwiezdnych wrót-3, Ziemia może również zapewnić solidne przejście dla mieszkańców Drogi Mlecznej, do innych naturalnych galaktyk. (Brzmi to, jak sensacyjny motyw, ale dlaczego taka historia miałaby być zarezerwowana dla filmów lub książek? Czyż nie jest możliwe, aby takie pomysły pochodziły z faktycznych wydarzeń?).

Za pośrednictwem telepatycznych zdolności mojej mamy, spotkałam się z moimi rodzicami z Klariona i ujawnili oni, że nie chcieli aby Talea opuszczała dom. Dowiedziałam się, że Talea pchała się sama, żeby zejść, ponieważ Ziemia zaprosiła ją, żeby przybyła i podzieliła się miłością i prawdą, którą ona posiada. Zdałam sobie sprawę, że poprzez wszystkie moje próby, utrzymałam zachowaną i niezachwianą naturę, nawet jeśli tylko o włos. Na szczęście, to spotkanie z moimi klariońskimi rodzicami, sprawiło że przypomniałam sobie moje wrodzone przekonanie, które może pomóc mi uziemić się, kiedy czuję się słaba. Nikt z Klariona nie kontrolował mnie tutaj, ale od czasu do czasu mieli na mnie baczenie. Moja rodzina z Klariona, wysłała mi także z daleka kochającą energię.

Teraz, jeśli tylko postrzegamy naszą obecność tutaj jako misję, zmniejszy to tylko nasze uczucie przynależności tutaj. My wszyscy Ludzie jesteśmy wszyscy Ziemianami. Obcy, którzy decydują się na wejścia, oraz częściowe, lub pełne opętanie Ludzi, są tutaj na misji, bez pełnego zaangażowania. Z tego powodu, Ludzie mają pierwszeństwo, jeśli doszło do porozumienia przez wyższe ja danej osoby, lub poprzednie Ludzkie życie z bytami przed porozumieniem „duszy".

Pojęcie umowy duszy, lub jak nazywa to MCEO-GA kontraktu duszy, faworyzuje pozycje innego bytu nad naszą, ponieważ „kontrakt" ten wydaje się wiązać Człowieka z oświadczeniem misji, a nie z organicznym doświadczeniem wyboru lub zdolności danej indywidualności. My nie pamiętamy tego rzekomego kontraktu; to byty mówią nam o nim, więc może to być prawda, lub kłamstwo. Kiedy używamy słowa *kontrakt*, brzmi to, jak prawo, które naciska nas do dostosowania się do tego, co mówią nam takie byty. Jest to zwłaszcza niepokojące, kiedy takie „kontrakty" wyrządzają danej osobie krzywdę fizyczną.

Nie zgadzam się, z prawdopodobnie zniekształconym przesłaniem w „Podróżnikach I", które oświadcza, że wiele z inwazyjnych wzięć, było prawdziwymi umowami dusz pomiędzy Ludźmi a Zeta. GA podkreśliło, że: *„Większość kobiet doświadczających wzięcie jako dawczynie, czyni to na mocy kontraktu porozumienia dusz. Mogą czuć się one zgwałcone, do czasu aż faktyczna pamięć przywrócona zostanie do ich wiedzącej świadomości"* (s. 44).[147] Kobiety te zliniowane są z ich intuicyjną reakcją. Wewnętrzna, fizyczna inwazja, jest niezaprzeczalnym pogwałceniem. Na dodatek, ci Zeta, przede wszystkim nie byli po naszej stronie, chodziło im przede wszystkim o przedłużenie ich rasy.

Jeśli kobiety te posiadają wyższe ja, które są egoistycznymi i bez emocjonalnymi Zeta (chociaż nie wszyscy Zeta są tacy), wtedy mogłyby mieć predyspozycje do nie reagowania zupełnie negatywnie na coś co jest najzwyczajniej gwałtem. Tak, czy inaczej, Człowiek może wybrać dzięki mniej fantomowej kompozycji danej osoby, aby stać się bardziej świadomym i zliniowanym z wiecznymi energiami i praktykami, które mogą pozytywnie wpłynąć na dysfunkcyjne wyższe ja. W tym scenariuszu świadomość Zeta mogła się udoskonalić i odrzucić jakiekolwiek poprzednie umowy duszy, które nigdy nie powinny być ostateczne. Jednakże, poważnie wątpię w to, żeby większość tych wzięć i procedur reprodukcyjnych, wykonywanych było na Ludziach z wyższym ja Zeta. Ogólnie, zdesperowani i agresywni Zeta, założyli swoją agendę, przeciw woli wszystkich Ludzi.

Służące-sobie byty i ludzie, często nie widzą, szkodliwości swoich działań. Narcyzm, jest rozpowszechnioną chorobą psychiczną. Na przykład, obcy w dużej organizacji Galaktycznej Federacji Światła, ogólnie rzecz biorąc, myślą iż robią właściwą rzecz kontrolując Ludzkość, wyjawia ATI,TPE. W rzeczywistości, to co jest „właściwe" dla nich, jest bardzo złe dla nas. Agresywne akty opętania, które kierują nas zarówno przeciwko naszej woli, jak też intuicji, wyjaśniane są przez nich w oderwany, zorientowany na misji sposób; nie ma w tym żadnej empatii, czy prawdziwej miłości, a ich propaganda stara się zaciemnić ten fakt, aby utrzymać ich solidny wizerunek.

Te grupy obcych, zazwyczaj idą na całego, aby utrzymać przyjazny wizerunek. Niestety, dotyczy to również GA, kiedy to opowiada historię o swoim przyjacielu Sanandzie i jego sprzymierzeńcu „Elohim" (raczej Borża Szantarel) Michale, podczas ery Jezusa.[121]

Po pierwsze, dlaczego MCEO-GA nie zdecydowali się powiedzieć nam, że Sananda i Michał w pełni opętali Yahshua? Jeśli miałoby to zająć kilka dodatkowych zdań, aby nam to wyjaśnić, z pewnością byłoby to zupełnie w porządku? Myślę, że powód dla którego MCEO-GA ominęło ten fakt, jest taki, że Jeshua i Jeshewua, lepiej pasują do roli bohatera, kiedy poza ich Ludzkimi zmaganiami, opisywani są jako prawi, religijni naśladowcy.

Po drugie, dlaczego GA w drugim tomie „Podróżników II", a MCEO w swoich zaktualizowanych warsztatach, nie ujawnili, że upadły przyjaciel Sanandy, to Archanioł Michał? Dlaczego nie ujawnili, że ich przyjaciel Sananda, jest tym samym Sanandą z Galaktycznej Federacji Światła i Dowództwa Asztar? ATI,TPE, oraz kilku moich kontaktów, włączając w to „Josh'a" (oryginalnie z poziomu Kosminjas), potwierdzają, iż jest to dokładnie ten sam Sananda.

Stawiając Sanandę wyłącznie w korzystnym świetle, jest zagraniem pod opinię publiczną, które kładzie zasłonę na prawdę i uwiecznia fałszywe wierzenie w Mesjasza lub Boga. MCEO-GA mówią, że wierzą w autonomię, lecz niektórzy z ich członków, podobnie jak wielu obcych, decydują się na nieszanowanie naszej zdolności do przyjęcia prawdy i chcą kontroli nad naszą Ziemią.

Zgodnie z tym, w 2009 roku, firma Ashayany Prasa Azurytowa MCEO Inc., za darmo rozpowszechniła jej osobistą historię, która przytoczyła tą samą opowieść, zapisaną w „Podróżnikach I", blisko dekadę wcześniej.

> Już od dzieciństwa mam osobisty, bezpośredni kontakt z Ligą Opiekunów (GA), który obejmuje *„świadomą integrację płodową"* (duch wchodzący w płód), oraz otwartą (chociaż podzieloną) pamięć reinkarnacyjną, od moich fizycznych narodzin we wrześniu 1964 roku.[181]

Jak ujawniłam w rozdziale 5, Ashayana była jednym z trzech zakontraktowanych mówców MCEO-GA, którzy pracowali z Sanandą, w przybliżeniu w czasach Jesheua. Ponieważ nie mógł on inkarnować jako Jesheua i nie był on wyższym ja Jahshua czy Ashayana rownież nie reinkarnowała, ani nie stała się wyższym ja dla niektórych z jej Ziemskich żyć, zwłaszcza w roku 1964?

Podczas mojego śledztwa, podejrzenia moje sprawdziły się, kiedy to przenikliwa osoba na oficjalnym, internetowym forum Nauki Kilontycznej, w roku 2006, publicznie ustosunkowała się do tego tematu (w swojej kopii poprawiłam niektóre błędy drukarskie).

> Moje pytanie dotyczy tego, co powiedziała Ashayana; słyszeliśmy jak mówiła, że jest osobą wchodzącą. Czy dobrze słyszeliśmy? (Mamy dobry słuch!) Jeśli tak, kim jest osoba wchodząca? Myślałam, że osoba wchodząca jest kimś, kto dokonał wyboru życia w ciele, nie poprzez „normalne" narodziny, lecz później w ciele kogoś innego, gdzie zachodzi zamiana energii. Może zupełnie się mylę. Ale myślałam, że Ashayana przyszła na Ziemię poprzez narodziny. Dla mnie, idea zmiany właściciela ciała z jednego na drugiego, wydaje się trochę przerażająca. Dziękuję za wzięcie poważnie tego szczegółu z DVD.

ATI,TPE potwierdza, że Ashayana nie urodziła się tutaj. Weszła w ciało kobiety o imieniu Diana Kathryn, o pseudonimie Katie, która przez dziesięciolecia przygotowywana była do przyjęcia spotkań z bytami Ligi

Opiekunów, oraz uwierzenie w nadrzędność Ashayany.

Następny członek forum odpowiedział z następującym oświadczeniem (z jedną dodaną poprawką).

Ukochana *imię kobiety*,

Ash omawiała to w kilku innych warsztatach – ale w tym momencie nie pamiętam dokładnie w którym. Wiem, że kiedy wspomniała w warsztacie, że jest osobą wchodzącą – na następnym z warsztatów wspomniała, że niektórzy byli tym faktem zdenerwowani. Lecz w materiałach pt: Sekrety Dzieci Indygo, wyjaśnia ona następująco o Kompozycji Indygo Typ-1 – którym to, ona jest:

Sekrety Dzieci Indygo. s. 37:

Indygo Typu-1 są częścią programu hybrydyzacji Ludzi-Orafim, służącymi do przyspieszenia i szybszego osiągnięcia masy krytycznej Matriksu DNA Diamentowego Słońca, wewnątrz puli genowej rasy, przed rokiem 2012.

Indygo Typu-1 posiadają 48-niciowy Matriks DNA Szmaragdowego Słońca, Szmaragdowego Zakonu Orafim, co daje im maksymalny potencjał 30-48 Kodów Ascendencji, dzięki którym tożsamość Awatara, może ucieleśnić się, zaś świadomość może się rozszerzyć do poziomu tożsamości Wniebowstąpionych Mistrzów.

Indygo Typu-1, ZAWSZE inkarnują na mocy porozumień osób wchodzących, w których esencja mniejszej Duszy z ich własnego kolektywu Nad-Duszy, rozpoczyna inkarnacje celem podniesienia częstotliwości ciała, a z chwilą kiedy DNA jest wystarczająco aktywowane, oryginalna Dusza „wychodzi" do Ascendencji, a tożsamość Awatara wchodzi (przenosi esencję ducha do ciała), żeby obudzić się w ciele i wypełnić swój kontrakt służenia światu. Wejście zachodzi zazwyczaj w wieku od 12 lub 22 lat i musi nastąpić przed wiekiem 33 lat.

W warsztacie pt: „Architekci Światła i Sekrety Dzieci Indygo" (oryginalny angielski tytuł „Architects of Light and the Secrets of the Indigo Children" – przyp. tłum.), Ashayana mówi, że w roku 2000, na Ziemi było około 350 Indygo Typu-1, a kolejne 5000 miało zaplanowane wejście w latach pomiędzy 2005, a 2017. Wyjaśnia ona, że doświadczenie wejścia angażuje aspekt lub osobę z wyższego wymiaru, która wówczas współ zamieszkuje, lub przejmuje ciało. W tym warsztacie, instruuje ona każdego, jak znaleźć „Syriańskich nas samych".[391]

Ja i moja mama, pośród tak zwanych „Indygo Typu-1" w Galaktyce-2 i Drodze Mlecznej, dajemy świadectwo tego, że nie każdy z nas posiada swoje Syriańskie ja, ani też nie potrzebujemy, czy chcemy wchodzić w ciała niższego wymiaru. Moja mama i ja, poprawnie urodziłyśmy się bezpośrednio na Ziemi, bez niszczenia czegokolwiek przez naszą naturę Elohei. Osoby wchodzące nie powinny angażować się we współzamieszkiwanie; w świetle wyjaśnień Ashayany o Syriańkich ja, nie wiedząc o tym, naucza ona pełnego opętania i przejęcia.

MCEO naucza o trzech typach Indygo, że wszystkie z nich obejmują dodatkowe byty z innych światów, które wchodzą w rozwinięte, bądź rozwijające się Ludzkie ciało.[391] Klasyfikacje te wydają się być systemem rang, dla bytów od wyższej do niższej jakości, które w pewien sposób potrafią opętać nieco zaawansowanych Ludzi.

Wierzenie MCEO-GA o naddszuy, uznaje nas za coś mniejszego i bardziej podzielonego, aniżeli coś, co istnieje w wyższym wymiarze, lub poza nim, jako hipotetyczny połączony kolektyw. To hierarchiczne wierzenie, skłania ludzi do dawania pozwolenia bytom na przejmowanie ich, kiedy posiadają już ich własne wystarczająco kompletne ciała – pomimo zniekształceń – przy pomocy których mogą oni pokierować ich ścieżkami. Katie była już zintegrowanym Człowiekiem i funkcjonującą dorosłą osoba, więc nie potrzebowała osiągnięcia częstotliwości Ashayany.

W jednym z jej warsztatów pt: „12 Plemion", Ashayana ujawnia, że kiedy próbowała wejść w ciało Katie, ale Zeta pomieszali geny Katie, żeby zapobiec jej wejściu. Oświadcza ona, że ostatecznie uzyskała pełny dostęp do Katie, kiedy ta miała 33 lata.[392] Ashayana nigdy nie była tą, która od dziecka była uczona przez GA – była to Katie, po to, aby przygotować ją na jej „przejęcie/opętanie", poprzez wejście!

Teraz, kiedy wiemy, że Ashayana jest naprawdę bytem MCEO-GA, który w latach 1990-tych przejął ciało Katie i ona sama również to wie, nie wiem dlaczego zdecydowała się zdradzić swoją świadomość, tak jakby przez całe życie była Katie. We wcześniejszych warsztatach powiedziała, że nie pamięta w pełni szczegółów z czasów, kiedy była dzieckiem jako Katie, ale to dlatego, że w tamtym czasie nie była Katie. Widzę trzy powody, dla których Ashayana tak powiedziała: 1) opróżnia ona swoją świadomość, kiedy służy jako rzecznik dla MCEO-GA i opowiadając ich historię, 2) w wyniku procesu wejścia, podzieliła ona swoją własną świadomość i 3) jej religijne wierzenie w Prawo Jednego, zwodzi jej interpretacje rzeczywistości. Ludzkie ciało faktycznie nosi w sobie swoją własną pamięć, tak więc proces wejścia stłumił świadomość Ashayany; tak czy inaczej nie powinno to stworzyć rozdwojonej osobowości, mówiąc że jednego dnia jest ona Katie, a następnego Ashayana (lub poprzednio AneA'yhea, jako Anna Hayes, czy teraz E'Asha).

Ja wyjaśniam to w rozdziale 10, wierzenie Prawa Jednego, w zasadzie wymazuje linie pomiędzy samym sobą, a innymi, tym samym otwierając potencjalnie Ashayanę na nierozróżnialną mieszaninę bytów. Cieszę się, że preferowała mówić „Bóg", lub „Źródło", zamiast Wszystko Co Jest, Czysta Esencja, ponieważ jej punkt widzenia Prawa Jednego, fałszywie przedstawia faktyczne Wszystko Co Jest, Czystą Esencję, podobnie do tego, co uczynili Tetanie i grupa Jezusowa. Faktycznie, to w 1999 roku, ona wraz z MCEO-GA zdefiniowali wstępnie „Wszystko-Co-Jest", jako następujące potężne zniekształcenie:

> „Siły dobra i zła", mogą być rozumiane w kategoriach sił porządku i chaosu – organizacji i dezorganizacji – kreacji i destrukcji – ciemności i światła – naturalnych atrybutów natury Wszystkiego-Co-Jest. Dlatego uczymy się obejmować całości istnienia, ciemności i światła wewnątrz nas i w całym wszechświecie (s. 39).[173]

Ileż to zniekształcenia przyszło do MCEO-GA wraz z ich wszystkimi politycznymi sojuszami, przyswojeniami, oraz poruszania się ostrożnie wokół określonych upadłych grup obcych, kiedy to w taki, czy inny sposób upadli przyłączali się do nich?

Po przeczytaniu fragmentu z powyższego forum, rozważałam jak sześcio niciowa różnica w DNA pomiędzy minimum 30-niciowym Indygo Typu-1, a maksymalnie 24-niciowym Indygo Typu-2, mogłaby uniemożliwić Typowi-1, właściwą inkarnacje tutaj, lub bardziej poprawnie, przed zejściem i staniem się wyższym ja. Wiedziałam, że Elohei, oraz Orafim z wyższych wymiarów, jak również inne rasy, muszą odłączyć się od ich niebiańskiego pochodzenia, po to żeby przyjść tutaj i wnieść część ich świadomości do „niższego ja" Człowieka, bądź odwrotnie, fizycznie przejąć Człowieka. Ashayana już od dłuższego czasu zamieszkiwała Drogę Mleczną, osiągając już niezbędne kody do wykonania którejkolwiek z opcji. Domyślam się, że podobnie jak Sananda i Michał, Ashayana chciała większej kontroli nad swoimi ziemskimi doświadczeniami, aniżeli zapewniają przejęcia w jakiejkolwiek z form. Wnioskuję więc, że galaktyczne określenie Typ-1, sfabrykowane zostało, żeby odwrócić naszą uwagę od uzmysłowienia sobie, że nawet istoty z bardzo wysokich wymiarów mogą chcieć przejmowania Ludzi.

Sananda jest Elohim, który posiada wiele konekcji i zdolności i jest członkiem Rady Alhumbhra. KRH i AC (angielski Alhumbhra Council, skrót dla Rady Alhumbhra – przyp. tłum.) są wobec niego wielkoduszni i w pewnym sensie ufni, podobnie jak wobec Ashayana. Właściwie Sananda był powodem naszego ostatniego zwycięstwa DNA nad Pieczęcią Templarowo-

Aksjonalna, znaną jako Zabójczy Kod Omega „666", ponieważ udał się on do AquA'elle (zawierającego połączenie planety ascendencji Sha-La z Ziemią Amenti), celem uzyskania naturalnych kodów i przekazania ich Ludzkości za pośrednictwem Jesheua – wraz ze zniekształconymi kodami – tak, aby kolejne pokolenia mogły nosić w sobie przezwyciężające kody. Ten zachowujący-życie kod, został następnie rozprzestrzeniony pośród Ludzkości, prawdopodobnie przy pomocy dodatkowych środków.

Zapytałam ATI,TPE: „Dlaczego pomógł on nam, skoro w tamtym czasie był trochę zły?"

Odpowiada ono: „Sananda był podzielony w swojej lojalności dla innych".

Poprosiłam ATI,TPE o opisanie natury Ligi Opiekunów (GA) i Szmaragdowego Zakonu Zgromadzenia Melchizedeka (MCEO) i odpowiada ono:

> GA oraz MCEO podają fałszywe informacje wymieszane z prawdą. GA i MCEO składają się z bytów o dobrych intencjach, które przyłączyły się bez niezdrowych zamiarów i negatywnej agendy, oraz z bytów o niezdrowych zamiarach, które przyłączyły się dla własnych egoistycznych pobudek. Po raz kolejny i kolejny, Żywiciel Rzeki Krysthal interweniował, aby odsunąć nieprawdę, którą karmiono ludzką rasę.

Jak już doświadczyłam w rozdziale 8, Liga Opiekunów została skorumpowana już od samego jej początkowego połączenia z Międzygalaktycznym Stowarzyszeniem Wolnych Światów. Religia Prawa Jednego, którą dzielą z MCEO, połączyła wielu z ich członków z grupami nieprzewidywalnych bytów (w rozdziale 10). Przyjęte jest, że Żywiciel Rzeki Krysthal jest grupą bytów zupełnie oddzielną od GA, MCEO, oraz AC. Wszystko Co Jest, Czysta Esencja potwierdza, że każda z trzech rad Ekasza KRH – KrysthalA, Krysthal Rzeki i Aurora – są w całości dobre na dla nas.

Informacja ta podkreśla, dlaczego wciąż zaznaczam, aby badać energię i słowa każdego przesłania i sprawdzać źródło tego przesłania, aby określić, zgodność, przejrzystość i wiarygodność. Proponuję, byśmy skupili się na czystszej informacji, która rezonuje z naszym pragnieniem prawdy. Im bardziej chcemy prawdy, tym bardziej ją znajdziemy i tym bardziej nie będziemy potrzebowali pomocy z zewnątrz, aby nas poprowadzić poprzez zniekształcenia.

Jeśli chodzi o częściowe opętania, wnioskuję, iż są one napastliwe i nie mile widziane. Podobnie jak pełne opętania i wejścia, nie szanują one wolnej woli i możliwości Ludzi do podjęcia decyzji dla naszego własnego dobra.

Od pierwszego wydania tej książki, więcej dowiedziałam się o tym, jak rodziny Klarion z innego świata wchodzą w relacje z Ludźmi Klariona. W żaden sposób nie przyjmują Ludzi Klarion, ani nie-Klarion. Zastosowali oni trochę mocy (siły, nie przymusu) we wstępnym przedstawieniu się kilku Ludziom Klarionom, czasami obejmującym krótkie wzięcia, ale zawsze miało to miejsce za zgodą opartej na klariońskiej świadomości Ludzi. To wcale nie oznacza, że nie popełniają oni pomyłek w relacjach z nami.

Podobnie, moja 14-wymiarowa przyjaciółka „M", po raz pierwszy przedstawiła się mojej mamie, zbliżając się bardzo blisko do jej ciała, żeby poczuć jej energię. Natychmiastową reakcją mojej mamy było utworzenie poszerzonej tarczy energetycznej Wszystkiego Co Jest, Czystej Esencji i wypchnięcie jej w kierunku tego bytu i małej grupy stojącej za nią, wszyscy oni odpowiedzieli odsuwając się do tyłu. Podczas innej wizyty „M", moja mama powiedziała jej, żeby następnym razem poprosiła o spotkanie, zamiast przychodzić niezapowiedziana, a ta dostosowała się. Byty z innych światów są dosłownie obcymi i potrzebują nauczyć się naszych obyczajów i granic. Jeśli zależy im na nas, będą szanować nasze życzenia, ponieważ właściwie chcą oni pracować z nami.

Dowiedziałam się, że Klarionianie jak i wielu obcych, są w stanie opuszczać swoje planety i podróżować po wszechświecie, w statkach kosmicznych, podobnie do tego, jak my opuszczamy nasze domy i jedziemy samochodami, chociaż oni posiadają również zdolność do przeistaczania się w kule, w celach podróżowania, czego my jeszcze nie potrafimy. Zazwyczaj pozostają oni ukryci przed nami w swojej formie z wyższego wymiaru, lecz wielu z nich może zdecydować, aby zmaterializować się, obniżając swoją gęstość wibracyjną, dopóki nasze obce środowisko, nie staje się dla nich niszczące.

Procedury międzywymiarowe przeistaczania się w kule, umożliwiają, aby przy użyciu osobistych merkaba, czakr, oraz innych konfiguracji energii-materii, miało miejsce przeobrażenie i migracja. Kiedy przeistoczenie się w kule obejmuje orby, wykorzystywana jest wtedy mechanika nauki śmierci. ATI, TPE informuje, że orby są sztucznymi konstrukcjami energetycznymi i transportują one jedynie część danej osoby, do innej lokalizacji wymiarowej, włączając w to przestrzenie astralne i obszary po śmierci. Kiedy ucieleśnienie sfery wiąże się rozpościeraniem, wtedy obejmuje ono całą osobę. ATI, TPE oznajmia: „Zamiana w orby, jest inscenizowana nienaturalnie przez zewnętrzne siły i wpływy, podczas gdy rozpościeranie, jest naturalnym przygotowaniem, oraz intencja do międzywymiarowej podróży od samego bytu". Międzywymiarowa podróż, w osobistej, wiecznej konstrukcji, angażuje pojazd krajstar danej osoby, który jest mniej zagęszczony i mechaniczny, oraz bardziej płynny, w którym to byt zgodny jest z czystą intencją i właściwościami.

Galaktyczne byty obcych, są dosłownie tacy sami jak my w tym, że mają jedno ciało, które nie dzieli się fizycznie, aby żyć gdzie indziej podczas, gdy reszta znajduje się w domu. Moje rozumienie podróży międzywymiarowych było początkowo niejasne, ponieważ nasza świadoma kompozycja auryczna, może tymczasowo opuścić nasze ciało fizyczne, lecz nie jest to optymalne i długotrwałe, gdyż nasze ciało pozostaje bezbronne w podzielonym stanie. Jestem przekonana mówiąc to, że obcy i Ludzie, wolą być tak mocni, sprawni i świadomi, jak my możemy być w nas samych.

Pozytywne byty, generalnie kontaktują się z nami, kiedy jesteśmy gotowi, aby prosić ich o pomoc. Podczas tych desperackich i poważnie zniekształconych czasów na Ziemi, nasi prawdziwi sprzymierzeńcy chcą byśmy przebudzili się i działali rozmyślnie, co oznacza, iż nie spodziewają się od nas, że będziemy sięgać po ich pomoc. Religijnie ukierunkowane byty, chcą byśmy modlili się do nich o pomoc, lecz szukają oni raczej naszego poddaństwa, aniżeli koleżeństwa. Kilka z moich obcych osób kontaktowych ceni sobie autonomię, autentyczną społeczność, oraz wewnętrzne zdolności każdego. Po tym, jak rozwinęłam czystą wiedzę, oraz rezonans z moim własnym prawdziwym ja, nareszcie stałam się otwarta na kontaktowanie się z kilkoma zaufanymi istotami. Zdałam sobie sprawę, że nie jesteśmy sami w większym wszechświecie i w odpowiadających nam misjach, tak więc nie potrzebuję unikać wszystkich bytów, tylko dlatego, że miałam straszliwe doświadczenia z manipulatorskimi bytami.

Naturalna, prawdziwa prawdomówność przychodzi z otwartym przepływem energii od ATI,TPE do naszego wyższego i obecnego ja. Zrobiłam co mogłam, aby pozostać w tej dobrej energii przez całą długość tej książki. Moją nadzieją jest, że z tą dobrą energią, zaprezentujemy się z integralnością, która jest wystarczająco otwarta dla innej osoby i nie osłabiona przez egocentryzm. Chcę, żeby nasze wzajemne relacje trzymały nas na nogach, nie powodując upadku. Skłania nas to do trwania wytrwale zgodnymi ludźmi wewnątrz nas samych, kiedy stawiamy czoła istotom umyślnie zniekształconym. Jeśli określone byty z MCEO-GA, oraz gdziekolwiek indziej chcą zniekształceń, wówczas nasza dobra energia będzie znała różnice i będzie w stanie je wykryć. Zniekształcona energia nie może przywłaszczyć sobie, ani zwieść tego, co jest czysto zliniowane ze Wszystkim Co Jest, Czystą Esencją; aczkolwiek usiłowania napastliwych bytów w zakłócaniu tego energetycznego zliniowania, może przypomnieć indywidualnemu Człowiekowi, aby wciąż pozostawał świadomym prawdziwej energii danej osoby i jej własnego ja.

Naprawdę mam nadzieję, że mający dobre zamiary członkowie GA, MCEO i AC, nie będą urażeni, ani znieważeni słowami, których zdecydowałam się użyć, aby opowiedzieć o ich grupach. Chcę utrzymać ich na wysokim standardzie, ponieważ ich grupy twierdzą, iż pragną wiecznej kreacji. Moja przejrzystość poszukuje więcej przejrzystości w każdym, tak byśmy wszyscy mogli wyłożyć na stół nasze prawdy, aby lepiej zrozumieć większy obraz i stworzyć lepszą przyszłość.

Mam prośbę do naszych obcych kolegów: proszę mówcie nam prawdę i zaufajcie nam, że możemy ją przyjąć. Zaangażujmy się w znaczący i produktywny dialog jako przyjaciele, jeśli prawdziwa przyjaźń może mieć miejsce. W przeciwnym razie, proszę zostawcie nas w spokoju, abyśmy mogli podążać za naszym czystym, wewnętrznym przewodnictwem. Opętania, oraz półprawdy powstrzymują nas, zamiast nam pomagać.

Nasza zdolność do kochania

Jak wyjaśniłam w rozdziałach 6 i 9, nasz najgłębszy, najwyższy, oparty na wiecznym aspekt zawiera wzorzec „Miłości" pierwszej fali pra-pola nazywanej Eia, a jej pra-plazmowy rodzaj energii, może rozszerzyć się do nas, oraz pomiędzy przestrzenie wewnątrz nas, jako ostateczny pomost. Eia zawiera swoją własną świadomą tożsamość i esencję, chociaż są one bardzo podobne do ATI,TPE. ATI,TPE oznajmia, że możemy wyobrazić sobie Eia, jako „rzekę energii; trwającą, spokojną i potężną", z czym zgadza się Eia.

Fala pra-pola Eia jest potężniejsza aniżeli możemy doświadczyć i stworzyć, ale może z łatwością połączyć się z naszymi wewnętrznymi wibracjami, jako wylewająca się rzeka, która zwalnia i którą odczuwamy jako idealną dla nas. Zawieramy odrobinę wolniejsze częstotliwości analogiczne do Miłości, jako *miłość* pisana z małej litery, która również może przezwyciężyć pewne przeszkody, aby pomóc połączyć każdą warstwę wewnątrz nas, dla efektywnej komunikacji i uzdrowienia. Wszystko czym jestem wewnątrz mnie, nie chce odłączenia i podąża za wzorcem wczesnej kreacji, który również nie chce odłączenia.

Wszystkie byty, poprzez wewnętrzne mechanizmy, które dostarczają nam obfite ilości naszej miłości, mogą odbierać Eia (zamieńcie na *czystą Miłość*, jeśli nie czujecie się jeszcze wygodnie z *Eia*) i wraz z tym, stać się współtwórcami. Nasza miłość jest wyjątkowo indywidualną i piękną energią, która jest fundamentalną częścią naszego składu; jestem przekonana co do mojego stwierdzenia, że nasze najwyższe ja, jest naszym najczystszym poziomem miłości. Kiedy ludzie mówią, iż jesteśmy miłością, mają w tym kontekście rację.

Miłość pomaga mi wypchnąć ze mnie wszelka negatywność. Natychmiast wtedy płaczę uwalniając ją, a później czuję się ciepło, spokojnie i w całości. Zawieram w sobie moją własną pełność, ale w przeszłości, kiedy tego nie znałam, ani nie doświadczałam, czułam się pusta, ponieważ moje skupienie było na zewnątrz mnie, gdzie chciałam być energetycznie napełniana przez innych. Jednak, ludzie mogli dać mi jedynie część energii, którą potrzebowałam, ponieważ resztę jej zarezerwowali dla siebie, bądź oni również byli zewnętrznie i mieli tylko trochę do zaoferowania. Faktem jest, że pomiędzy każdą osobą, a bytem, istnieje zawsze trochę oddzielenia, ale może to być odczuwane jako przerwa pomiędzy nami, ponieważ każdy z nas posiada swoje własne pragnienia i ekspresje. Zamiast poszukiwać ekspresji miłości drugiej osoby, aby wypełnić nasze potrzeby, najbardziej produktywnym działaniem jest poleganie na wewnętrznych przepływach energii na nas samych. Ponieważ nasza miłość przenika każdy otwarty poziom naszej egzystencji, nie jest ona sztywno określona, czy ograniczona. Nasza czysta miłość nie odnosi się ani do męskich, ani do żeńskich części, ani też dla ukazania swojej autentyczności, nie potrzebuje ona czyjejś aprobaty poprzez ceremonię małżeństwa i certyfikat. Jest to kulturowa interpretacja miłości. Miłość nie jest również przelotną emocją.

Jakakolwiek, ilość prawdziwej miłości powinna być celebrowana, a nie zakazywana. Jeśli mężczyzna chce wyrazić swoją miłość do innego mężczyzny, czy kobieta do drugiej kobiety, gdzie każda z nich oferuje wszystkie aspekty ich samych w ich unikalnym połączeniu z Miłością, wtedy może to być uzdrowieniem dla objętej tym pary. Dodatkowo, istnieją sytuacje, w których niektórzy homoseksualni, bądź transseksualni ludzie, byli odmienną płcią w swoim poprzednim Ludzkim życiu, lub też są przeciwną płcią dla ich oryginalnego wyższego ja.

Przypominam sobie, jak w telewizji kablowej słyszałam chrześcijańskiego pastora, który mówił, że małżeństwo powinno zachodzić wyłącznie pomiędzy mężczyzną i kobietą. Było to w 2010 roku, podczas wyborów w Kalifornii, kiedy na liście do głosowania był Wniosek 8, mający zakazać gejowskie małżeństwa. Pastor przemawiał w spokojny i wyrachowany sposób, stosowny do jego wierzeń. Innym gościem była aktywistka gejowskich praw, która z sercem na dłoni, wypowiadała się z pozycji represjonowania; widać było jej uczciwy, pełen pasji postulat, który sięgał aż do jej rdzcnia. Bez względu na opinię publiczną, widziałam, że jej ogień będzie wciąż płonął jasno, ponieważ chciała wyzwolić się od dyskryminacji i ujarzmienia.

Głównym argumentem pastora, było to, że homoseksualne pary są nienaturalne, zaś adoptowane dzieci potrzebują zarówno matki, jak i ojca do odpowiednich dla nich ról. Nielogiczne jest odgrywanie roli wyłącznie w oparciu o różne genitalia, oraz inną koncentrację tych samych hormonów. Na dodatek, nienaturalny argument jest nieistotny poza biologiczną prokreacją, gdyż religijni bogowie w stosunku do homoseksualności, sami notorycznie dopuszczają się nienaturalnych aktów seksualnych. Ci obcy, to właściwie są wręcz obrzydliwi i zatrważający w tym, co robią.

Miłość przyzwala na indywidualność, ale jej natura, zawsze jakoś zbliża ludzi ze sobą. Nie oceniajmy ludzi w tym, jak odnajdują i doświadczają prawdziwej miłości. Nikt nie potrzebuje walczyć, ponieważ to odciąga uwagę od większej świadomości o miłości wewnątrz nas samych. Jeśli czyjaś świadomość naprawdę chce być z kimś tej samej płci na wieczność, wówczas jest to miłość. Przewyższa to doświadczenie seksualne, chociaż seks może być częścią wyrażania miłości przez nasze fizyczne ciało.

Kiedy zdajemy sobie sprawę z tego, że jesteśmy kompletni sami w sobie – gdzie nie potrzebujemy aby ilość miłości zewnętrznej osoby wypełniała część naszego ogromnego zbiornika – wtedy faktycznie tworzymy w sobie więcej miłości. Miłość nieustannie płynie i daje. Nie możemy naprawdę kochać innych, dopóki nie będziemy wiedzieli jak w pełni kochać siebie; wtedy nasza własna rzeka rozleje się na nasze otoczenie. Nie ma ograniczenia dla wiecznej Miłości. Razem możemy być zdumiewająco pozytywnymi siłami współtworzenia, jeśli ucieleśnimy naszą prawdziwą, kochającą naturę.

Dlaczego jesteśmy teraz, tutaj na Ziemi?

Często zadawałam sobie to pytanie, podczas mojego trudnego życia na tej Ziemi. Poważnie zastanawiałam się nad wartością tego życia, kiedy mnóstwo od szarych po czarne energie roiło się wokół mnie, jakby Miłość, prawda i dobroć, nie miały znaczenia lub nawet nie istniały. Zastanawiałam się nad samobójstwem, ale coś wewnątrz mnie, nigdy nie pozwoliłoby mi tego dokonać. Teraz, kiedy wiem, kim naprawdę jestem, mogę lepiej zrozumieć, dlaczego zdecydowałam się pozostać na Ziemi.

Jak oświadczyłam w części o „Wyższym Ja", większość, ale nie wszyscy Ludzie posiadają nieodłączny aspekt, który pochodzi z wyższego wymiaru. Niestabilność cyklu ascendencji Ziemi, zasugerowała, aby wiele przyjaznych bytów z wyższych wymiarów zaangażowało się. Ja ustosunkuję się głównie do roli pełnego dobrych intencji dla Ludzi wyższego ja, ale część ta ma również zastosowanie dla każdego Człowieka. Będę pisała, poprzez mój rdzeń i świadomość, która rozszerza się w połączeniu z moim wyższym ja, ponieważ mogę połączyć się z nią w mojej świadomości i mam nadzieję, że perspektywa ta zaaktywuje waszą świadomość z waszą oryginalną naturą.

Planeta Ziemia, została poważnie zmanipulowana w kierunku stania się fantomową kreacją, która ostatecznie miałaby umrzeć. Inne ciała niebieskie w całej naszej galaktyce, miały do czynienia z podobnym wtargnięciem, wojnami i destrukcją. Z powodu jej nienaruszalnej natury, prawdziwie wierzę w siłę energii Krysthal, ale nie pokona ona wszystkiego, kiedy w proces współtworzenia zaangażowane są istoty o silnej woli. To, co stało się z Tarą, Gają i oryginalną Ziemią Amenti, jest przykładem, jak potężne mogą być technologie nauki śmierci. Co więcej, to co przytrafiło się oryginalnej galaktyce AquaLaShA i wielu innym jak ona, żeby stworzyć częściowo fantomowe systemy takie jak Galaktyka-2, Droga Mleczna i Andromeda M31, pokazuje jak niektóre byty Weka Krysthal, mogą zostać osłabione.

Moja wyższa jaźń zdecydowała się doświadczyć Ludzkiego życia poprzez złączenie się naszych świadomości. Jako czystsza istota Talea, nie była w stanie przewidzieć rozmiaru negatywnych energii i doświadczeń, które mogą wpłynąć na nią i na mnie, ale wiedziała, że środowisko na Ziemi było niebezpieczne. Po prostu zaufała ona sobie i swojej czystej intencji i odsunęła się od harmonii swojej rodziny i układu słonecznego z wyższego wymiaru, aby zejść na Ziemię.

W przeciwieństwie do tego, co mowi New Age i religie głównego nurtu, nie ja, ani moje wyższe ja, ani też Bóg, nie wybraliśmy dla mnie mojego ojca i wszystkich moich doświadczeń. Tak, jak niezliczona ilość niemowląt i dzieci, bezradnie rzucona zostałam w wyjątkowo trudne okoliczności. Większość Ludzi, którzy żyją w trybie przetrwania, nie będzie szukała w tej książce informacji; niemniej jednak, jeśli osobiście stawiają wyzwanie swoim systemom wierzeń społecznych i powrócą do swojego wewnętrznego poczucia prawdy, ten akt osobistego umocnienia, może podnieść ich świadomość i przynieść im uzdrowienie. Jest czas na to, żeby przesunąć się od roli ofiary do potężnej roli nie-oprawcy i czas ten jest bliższy niż myślicie – nawet zaczynając teraz – bez względu na stopień bycia ofiarą, który wciąż nas nęka.

Jak, już dotychczas wyjaśniłam, jesteśmy kompletnymi istotami wewnątrz nas samych. Nie ważny jest stopień zniekształcenia, jaki odziedziczyliśmy, jeśli nasz zamiar jest czysty, a zapęd w kierunku wiecznych energii jest niezachwiany, wówczas możemy pokonać przeszkody. Na krótką metę, może się to wydarzyć z wiecznymi energiami budującymi mosty, byśmy mogli poradzić sobie z naszymi większymi zdolnościami. W dłuższym czasie, kiedy rozmyślnie pracujemy nad przekształceniem tych przeszkód w bardziej naturalne konstrukcje, działanie takie może uzdrowić zniekształcenia.

Rodzimy się jako rozwijający się Ludzie, integrujący nasze wewnętrzne warstwy świadomości i połączenia. To może sprawiać, że skupiamy się na naszym stanie fizycznym, który niestety odczuwa kompromisy i traumy tej egzystencji. Kiedy jesteśmy dosłownie częścią ciężko zniekształconej tutaj kreacji, nie możemy po prostu być odłączonymi, doskonale kochającymi, szczęśliwymi i silnymi ludźmi. Aczkolwiek, możemy nauczyć się traktować ograniczone ciało fizyczne, jako cielesny garnitur, który ledwie przykrywa i powinien liniować się z naszymi czystymi komponentami, zamiast być przepuszczalnym płótnem, które pozwala zniekształceniom na przesączanie się do wewnątrz. W nieco podobnej analogii, apostolskie Ewangelie Nowego Testamentu, uczą nas, aby przywdziać nowego człowieka, ale ich pomysł „nowego człowieka", każe nam przyjmować energię fantomowych aniołów, które przejmują rzekomo grzeszne, lub zniekształcone wewnętrzne ja, kiedy tak naprawdę jest to prawdziwe wewnętrzne ja, które właściwie uzdrawia zewnętrzne Ludzkie ciało.

Nasze 2.5 wymiarowe ciało, jest pojazdem, za pośrednictwem którego nasze nienamacalne aspekty mogą żyć na Ziemi. Proces stawania się Człowiekiem dzieli nasze energie z Ziemią, a my naturalnie czujemy i reagujemy na energię Ziemi. Jak wyjaśniłam w „Emocjach", niektóre poprawne reakcje mogą stać się zgubne. Nasza większa świadomość tego, kim naprawdę jesteśmy w naszym połączeniu z ATI, TPE i prawdziwą Miłością, utrzymuje nas w torze.

Kategorie tego rozdziału, obejmują różne aspekty i funkcje energii-materii, które pracują razem, jako połączona grupa. Najwyższe ja nie wymusza składania swoich połączonych atrybutów; pomaga ono koordynować je, ponieważ każdy z nich posiada tożsamość, która wykonuje określone funkcje w ciele. U nas, jako u Ludzi, nasze ciała podążają za wzorcem harmonijnej współpracy.

Wspólność pociąga za sobą współpracę pośród bytów – atomów, komórek, ludzi itd – którzy są energetycznie zliniowani. Energia, którą zawierają nasze ciała, powinna być zunifikowana dla płynnej komunikacji z każdym składnikiem. Kiedy jeden ze składników zostaje naruszony nauka śmierci, w zależności od rozmiaru zniszczenia, całościowa energia tej osoby, pracować będzie nad przywróceniem zdrowia ponownie.

Zastanawiam się, czy jakikolwiek byt z innego świata, który doświadczył tych samych traum co my, *nie* został przez nie naruszony. Rodzina Metatrona jest trafnym przykładem. Chociaż czystsze istoty wiedzą o niebezpieczeństwach zniekształconych i wykorzystywanych regionów, tak więc decydują się na zamaskowywanie swoich naturalnych ciał, kiedy tam pracują, zwłaszcza na Ziemi. Chociaż wszyscy Ludzie dzielą energie-materie z Ziemią, niektórzy są bardziej wrażliwi na zniekształcenia niż inni, a zwłaszcza mniejszość, która nie reinkarnowała w Ludzkim życiu. Reinkarnacje wnoszą pewną ilość zaznajomienia z gęstszymi energiami i zmaganiami na Ziemi. Bycie wrażliwą osobą w tym kontekście, jest zarówno umacniające, jak i wyzwalające.

Nauczyłam się, że kiedy skupiam się na zaburzeniach w moim ciele długo, poza ich ostry stan, wtedy pozwalam, aby zaburzenia te stały się częścią mojej fałszywej tożsamości. Najtrudniejsze jest, kiedy dzieci doznają traumatycznych przeżyć, zanim ich zdolności poznawcze mogą je przetworzyć, tak więc rezultatem jest najprawdopodobniej przewlekła choroba. W mojej sytuacji, moje ciało zmaga się, aby konsekwentnie odłączyć się od podwyższonej czujności, ponieważ przez lata wykorzystywania i stresu, rozwinęło ono neuronowe połączenia, które wytworzyły pewne zniszczenie nerwów i organów.

Aby zachować moją prawdziwą samoświadomość, wiem teraz, jak po prostu rozpoznać zmagania mojego ciała i nie rozpaść się od nich. Ja już znam swoje problemy. Teraz będę mieć na względzie Talea w mojej poszerzonej świadomości i skieruję stan traumy do większych zdolności Theresa Talea. Nawet kiedy nie znałam konkretów o moim wyższym świadomym fundamencie, moje sumienie przeciwstawiało się kiedy cos było szkodliwe dla mnie i innych. Wiedziałem, że zła tutaj nie są całym obrazem i istnieje lepsza rzeczywistość, którą zdecydowałam się odnaleźć i podzielić się nią ze światem. Wiedziałam, że musiałam nauczyć się ufać mojemu wewnętrznemu sumieniu i dobremu sercu. Wiedziałam, że nie wolno mi przestać poszukiwać prawdy.

Uzmysłowiłam sobie, że moją misją tutaj, jest utrzymanie siebie najlepiej jak potrafię pośród tych wszystkich zmagań, zatem chociaż były i są komplikacje, wciąż prę naprzód poprzez nie i pomijając je. Moim ostatecznym celem jako Theresa, jest usunięcie z mego ciała zaburzeń, w procesie uzdrowienia, który przeistoczy mnie w kogoś kim naprawdę jestem jako Theresa Talea. Uzdrawiając Theresę, pomagam również w pewnej mierze uleczyć Ziemię. Większość ze zniekształconych energii Ziemi to reorganizacje i fragmentacje naturalnych energii, które nasze wewnętrzne szablony mają zdolność skorygowania.

Chciałabym, abyśmy nie potrzebowali angażować się w cierpienie Ziemi w namacalny sposób, aby jej pomóc. Nie potrzebujemy dowiadywać się jak dalece mogą posunąć się zniekształcenia, ani jak to jest je poczuć. Lecz kiedy ktoś inny atakowany jest fizycznie, czy nie powinniśmy nie odwracać się w drugą stronę? Jeśli ukochana nam osoba ma zostać zgwałcona, czy nie powinniśmy odepchnąć napastnika? Często zastanawiałam się, dlaczego pozwalano abym była zgwałcona, nie tylko raz, a wielokrotnie. Gdzie wtedy byli moi zbawiciele? Odpowiedzią jest, że nie byli w stanie być obecni fizycznie, aby to powstrzymać, ale wciąż byli połączeni ze mną energetycznie. Ostatecznie, to ja byłam i jestem swoim własnym zbawicielem. Jestem tutaj naturalnie, aby pomóc z moimi zdolnościami więc do mnie należało nauczyć się, jak zostać połączoną z moim prawdziwym ja, bez względu na okropieństwa, których doświadczam. Chociaż czasami jest tutaj bardzo trudno żyć, piękno posiadania naturalnego rezonansu energii-materii pomiędzy nami i naszą planetą przynosi obfitość miłości i wsparcia, które łagodzi cierpienie.

Prawie każdy z nas, intuicyjnie wie, co jest właściwe, a co nie. Wiemy, że chore ciało nie jest dla nas dobre. Wiemy, że bolesne wykorzystywanie nie jest właściwe. Jednak, zbyt wiele ludzi powstrzymuje się przed wypowiadaniem się przeciwko zniekształceniom, ponieważ są oni osądzani jako negatywni, bądź czują się obezwładnieni i osłabieni przez otaczające negatywne siły, co powoduje że wycofują się i uciekają. Ta ucieczka staje się zniekształceniem, gdy zamienia się w paraliżujący strach, samozadowolenie, lub samozniszczenie. Największą tragedią jest zatracenie samego siebie, kiedy staramy się pomóc innym!

Ludzie o wyższej świadomości wraz z naszymi wyższymi ja chcą naprawić krzywdy i pomóc przywrócić naturalną energię Ziemi. Dlatego, błagam was o utrzymanie dobrej intencji i zliniowanego działania. Podtrzymujcie wylewającą się miłość, aby otworzyć drzwi do tych chłodnych, ciemnych miejsc, które zostały zamknięte na wieczną energię. Nasze ziemskie ciała są niewinne. Większość Ludzi jest tutaj, aby pomóc niewinnej Ziemi uzdrowić się. Nasza miłość do samych siebie rozprzestrzenia się z naszego ciała na energie-materie Ziemi, a także na każdego wokół nas. Kiedy zredukujemy i usuniemy siłę fantomowych energii, nawet jeśli krok po kroku, te energetyczne zwycięstwa rozejdą się po Ziemi i pomogą jej utrzymać zliniowanie z Urta.

Teraz, kiedy nasza Ziemia jest planetą dokonującą poprawnej ascendencji Ziemia Ascendencji Aurora, nasza wizja lepszego świata, może stać się rzeczywistością. Zastosujmy naszą wnikliwość do współtworzenia bezpiecznego miejsca, świętując swego rodzaju jedność w różnorodności, która powoduje niszczenie systemów ujarzmienia i niewolnictwa, podtrzymując życie na Ziemi i czule korygując siebie nawzajem i samego siebie, abyśmy mogli wzrastać razem w domu, który spełnia nasze potrzeby.

Wniosek

Z powodu naszej wieloaspektowej i niesamowitej kompozycji, w pełności nas samych, możemy przewyższać nasze trudności. Nie ma potrzeby, aby czuć się samotnymi, gdyż teraz wiemy, że tworzymy swoją własną rodzinę energii-materii, która w jednomyślności może pracować w naszym ciele. Chociaż Ludzkie ciało zmienione zostało przez naukę śmierci, jego fundamentalna konstrukcja zbudowana jest z wiecznego wzorca zdrowia, miłości, świadomości i życia. Świadomość, którą uzyskujemy z tej książki, oraz w przeciągu naszych osobistych żyć, może wykorzenić podzielone energie i lęki, które nosiliśmy, a które to wzniosły mury przeciwko naszej prawdziwej naturze i przeciwko sobie nawzajem.

Proponuję, abyśmy zaznajomili się z naszymi pięknymi energiami wewnątrz nas. Możemy zacząć od własnej introspekcji, aby zbadać nasze emocje, fizyczne odczucia, oraz mentalne percepcje. Celem jest otwarcie komunikacji pomiędzy wszystkimi naszymi przymiotami, tak aby każdy z nas mógł żyć, jako własne, prawdziwe, oryginalne ja, to ja które głęboko kochamy.

Rozdział 10

Indywidualność i jedność: Krytyka Prawa Jednego

Podobnie do religijnych wierzeń, które zgłębiłam za pośrednictwem chrześcijaństwa, Prawo Jednego New Age, również niesie ze sobą znaczące sprzeczności. Ogólnie rzecz biorąc, nasze religie faworyzują hierarchiczną strukturę władzy, podczas gdy Prawo Jednego faworyzuje siłę grupy. Jednak w większości przypadków, linie pomiędzy obydwoma systemami wierzeń zacierają się, ponieważ byty grupy Boga podążają za swoimi własnymi przywódcami, mając tendencję do wierzenia w Prawo Jednego.

Prawo Jednego jest najpowszechniej występującym systemem wierzeń w naszej galaktyce: jest to religia około 85-ciu procent bytów takich jak my, w całej Drodze Mlecznej, ujawnia Wszystko Co Jest, Czysta Esencja (oryginalna angielska forma All That Is, The Pure Essence, skrót ATI,TPE – przyp. tłum.). Ja jestem jedną z tych 15 procent, które z wielu przyczyn nie wierzą w to: wierzenie to stara się wytworzyć wrażenie czucia się dobrze w równości, podczas gdy jednocześnie zmusza ludzi do dostosowania się do mentalności roju, lub jeszcze gorzej, chce nas w całości wchłonąć.

Perspektywa jedności Prawa Jednego jest dalece różna od wspólności, obejmując więcej niż jednego uczestnika. Wspólność zawiera rzeczywistość oddzielenia, podczas gdy Prawo Jednego oświadcza, że nasze rozlegle ciała są zaledwie podzielonymi hologramami. Zrównując indywidualność z powielonym hologramem, orędownicy Prawa Jednego, używając słowa *jedność* mogą nauczać pozornie rozsądnej „rzeczywistości": technicznie rzecz biorąc wszyscy nie jesteśmy jednym w naszych poszerzonych pozycjach, nie jesteśmy też wystarczająco indywidualni, aby uważać nas za będących razem.

Liga Opiekunów (oryginalny angielski Guardian Alliance, skrót GA – przyp. tłum.) oraz Szmaragdowe Zgromadzenie Zakonu Melchizedeka (oryginalny angielski Melchizedek Cloister Emerald Order, skrót MCEO – przyp. tłum.), są grupami bytów, które nauczają Prawa Jednego, twierdząc jednocześnie, iż chcą kreacji wiecznego życia. GA twierdzi, że: „DNA jest dosłownie pojazdem, za pomocą którego wytwarzane jest iluzoryczne doświadczenie fizycznej, zewnętrznej rzeczywistości" (s. 158).[121] MCEO zgadza się z tym i dalej twierdzi, że nasze ciało składa się z programów planetarnych, które emitujemy jako przełożone chemicznie hologramy, w oparciu o to, jakie częstotliwości rezonują z nami najbardziej.[145] Oznacza to, że jeśli ja i wy głęboko rezonujemy ze sobą i czujemy się dla siebie nawzajem bardzo rzeczywiści, wtedy musimy być znaczącym aspektem siebie nawzajem na wyższym poziomie, lub najzwyczajniej jesteśmy sobą nawzajem. Moja lampa i mój komputer są dla mnie bardzo rzeczywiste, więc zastanawiam się, czy uznawane są one za znaczącą część mnie. Innymi słowy, jest to iluzja, że jesteśmy rzekomo podzieleni, ponieważ jesteśmy reprezentacją tego samego „gestaltu" lub ogólnej całości, która została wgrana w każdego z nas. Wierzenie to usuwa z kontekstu teorię gestaltu i zapewnia, że wszyscy jesteśmy pojedynczymi JAM JEST. Przypuszczalnie jest to ostateczne ja, a nasze indywidualne służące sobie reprezentację tego, nie mają prawdziwego znaczenia, poza tym, że doświadczają czegoś nieznacznie innego, aniżeli to, co jest, bez żadnego ruchu ani indywidualności.

Kiedy uczę się o Prawie Jednego, moja energia czuje się skrępowana. Czuje się, jakbym była otaczana przez hipotetyczną, zamykającą mnie wewnątrz kulę Boga, która jest tym, co znam teraz jako kreację.

Prawo Jednego traktuje każdą kreację jako równie ważne części zupełnej całości, podczas gdy z jakiegoś powodu nie ma oddzielnych części. Wierzenie to mówi także, iż my jesteśmy fragmentami tej całości, co pociąga za sobą pewne oddzielenie. Orędownicy Prawa Jednego niejasni są w definiowaniu ich całego gestaltu – który interpretują oni jako byt będący czymś większym lub równym sumie jego części – woląc nazywać to po prostu „Źródłem". Prawo Jednego splata stwórcę z czymś stworzonym jako ostateczny krajstar lub byt, który zawiera wszystko, co ja nazywam Krajstar Wszystkiego. Hipotetyczny Krajstar Wszystkiego tworzy wewnątrz siebie, w kolejnych mniejszych kulach, które dzieli się narastająco, aż zdecyduje się, aby z powrotem przyciągnąć do siebie te byty, aby ostatecznie, ponownie stać się Bogiem Źródłem Krajstarem Wszystkiego. Stan ostatecznego krajstar, w swojej wczesnej eterycznej i plazmowej konstrukcji, powinien być nieniekształtowany, lecz Prawo Jednego sprawia, iż zawiera on cechy zniekształcenia.

Podobnie, jak w religiach głównego nurtu, istnieją frakcje Prawa Jednego, które dodają nowe interpretacje do oryginalnego wierzenia. Jedną z godnych uwagi frakcji, jest grupa Marduka Ra, która dokonała 106 sesji channelingów od 1981 do 1984 roku, aby stworzyć księgi „Prawa Jednego".[261] Ja, po to, aby skupić swoją krytykę na jego podstawowych doktrynach, w głównej mierze ignoruję wersje wierzenia Prawa Jednego z drugiej ręki. Dlatego zbadam przekazy i wierzenia Ashayana (czytaj Aszajana – przyp. tłum.), ponieważ ona jest silnym adwokatem Prawa Jednego oraz jego podstawowego modelu matematycznego, oraz dostarcza ona najszersze wyjaśnienia, słownictwo i diagramy o tym.

Jak już wcześniej wspomniałam, Ashayana kontaktuje się z wieloma różnymi bytami i dopuszcza ona duża ich różnorodność, zwłaszcza z obłudnym Sananda. Dodatkowo, większość członków MCEO oraz GA znajduje się w Drodze Mlecznej, co przyczynia się do tego, że ich percepcje wspierają hierarchiczne związki, potwierdza ATI,TPE. Jej przekazom często brak jest przejrzystości o tym, które byty bądź grupy dają przekaz. Z tego powodu uproszczę tę sprawę, umieszczając wszystkie grupy bytów Ashayany, które popierają Prawo Jednego, w jednej grupie MCEO, a dla wyjaśnienia zidentyfikuje również inne główne grupy. Z uwagi na ich naturę z innego świata, informacje dawane przez te grupy bytów, nie mogą być zweryfikowane pod względem faktów, ale jest to miejsce na wkroczenie naszej intuicji i inteligencji, aby przybliżyć więcej prawdy. Czytanie przekazanych wiadomości może pomóc w wyostrzeniu naszych zdolności krytycznego myślenia, zwłaszcza teraz, kiedy moja książka dostarcza pożywki dla takiego myślenia.

W kwietniu 2012 roku, Ashayana, która teraz woli być nazywana E'Asha (czyt. I'Ejsza – przyp. tłum.) zdecydowała, żeby pracować głównie z Magistratowymi Radami AL-Hum-Bhra (czyt. Alhambra – przyp. tłum.) z Kosminjas, skrócone do Rady Alhumbhra (oryginalny angielski Alhumbra Council, skrót AC), w roli Spikera-1 AMCC [AC]-MCEO-GA™.[393] AC głównie składa się z bytów Phim (czyt. Fim – przyp. tłum.) pierwotnie z poziomów Kosminjas, ale odkąd wielu z nich pozyskało zagęszczoną energię-materię zniekształconych światów, takich jak Galaktyka-2 oraz Droga Mleczna, potwierdza ATI,TPE. Jej nowo przekazywane informacje wciąż trzymają się Prawa Jednego, tak więc wnioskuję, że te części informacji przekazane zostały przez jej przyjaciół z MCEO oraz przyjaciół Phim z Galaktyki-2. Chociaż wielce doceniam niektóre z jej danych zagłębiających się w Naukę Kilontyczną oraz galaktyczną historię, to jednak większość z jej nauk jest rozmyślnie spreparowanych dla celów religii Prawa Jednego.

Wielkie Białe Bractwo, Kosmiczna Świadomość i Szmaragdowe Zgromadzenie Zakonu Melchizedeka (ang. skrót MCEO)

Wszystko Co Jest, Czysta Esencja ujawnia, że grupa bytów Wielkiego, Białego Bractwa (oryginalny angielski Great White Brotherhood, skrót GWB – przyp. tłum.) stworzyła dogmat Prawa Jednego, a GWB istnieje w 13-tym wymiarze Wesadeka. Podobną grupą bytów w 13-tym wymiarze Wesadeka jest Kosmiczna Świadomość (oryginalna angielska nazwa Cosmic Awareness, skrót CA – przyp. tłum.), która wzięła nauki GWB i przekształciła je jako własne. ATI,TPE oznajmia, że GWB i CA są ze sobą powiązane. Nie są oni częścią MCEO, ale niektórzy członkowie MCEO związani są z GWB, oraz mniej z CA.

Aby trzymać się fałszywej struktury 12-punktowej siatki kathara, MCEO nie tylko umieszcza 13-ty wymiar w przylegającej siatce kathata, ale także umieszcza go na szczycie siatki, najpotężniejszym miejscu naszego całego matriksa czasu. To nielogiczne umiejscowienie nie jest niespodzianką, kiedy zrozumiemy, że fantomowe byty 13-go wymiaru stworzyły te oparte na 12-tce nauki.

Określenie Szmaragdowe Zgromadzenie MCEO daje do zrozumienia, że te grupy bytów występują w imieniu lub w celu szmaragdowych częstotliwości. MCEO odnosi się do bladożółtych odcieni częstotliwości 14-go wymiaru (w Galaktyce-2) jako do „złotego płomienia", zaś do turkusowych odcieni 13-go wymiaru (w Galaktyce-2) jako do „błękitnego płomienia"[148] (patrz Rysunki 3 i 8). ATI,TPE wyjaśnia, że faktyczny błękitny i złoty „płomień" MCEO oryginalnie zawiera odpowiednio pola częstotliwości 6-go i 5-go wymiaru naszego świata Eka; razem dostarczają one niebiesko-zielone, „szmaragdowe" częstotliwości. Malejący porządek wymiarów w święcie HU-1 naszego Ecka zawiera rozszerzone wersje pól częstotliwości niebieskiego, złotego i fioletowego odpowiednio z HU-2 naszego świata Eka.

MCEO umieszcza tony częstotliwości dźwięku Kee (czyt. Ki – przyp. tłum.), Ra, i Sha (wym. Szej) w HU-5, swojej odwróconej do góry nogami, przyległej, skróconej siatce kathara i nazywa je tonami pierwotnego światła. Może MCEO określa je „pierwotnymi", aby wskazać na HU-1 naszego świata Eka, co ATI,TPE oznajmia, iż jest miejscem pochodzenia tych specyficznych tonów, lecz ich umiejscowienie oraz identyfikacja potrzebują być ustawione poprawnie w oparciu o dokładną siatkę kathara. ShA jest tonem dźwięku trzeciego wymiaru naszego świata Eka, który jest poziomem Ekatycznym. Ra jest tonem dźwięku drugiego wymiaru, jako poziom Polaryczny naszego świata Eka. Na koniec zaś, Kee jest tonem dźwięku pierwszego wymiaru, jako Triadyczny poziom naszego świata Eka, oznajmia ATI,TPE.

Grupa bytów MCEO pochodzi z trzeciego wymiaru naszego świata Eka i zasiana została przez byty Grandeyanas (czyt. Grandejanas – przyp. tłum.) w szóstym wymiarze naszego świata Eka, informuje ATI,TPE. Grupa bytów Konfederacji Ra pochodzi z drugiego wymiaru naszego świata Eka i zasiana została przez byty Wachayanas (czyt. Łaczajanas – przyp. tłum.) w piątym wymiarze naszego świata Eka. Konfederacja Ra wkroczyła do naszej galaktyki poprzez 8-wymiarowy rdzeń i pomagali oni przy kreacji Kuli Amenti.[121] ATI,TPE ujawnia, że Ashayana jest Wachayana i pracuje z Konfederacją Ra. I wreszcie 4-ty wymiar naszego świata Eka ma byty Ramyanas (czyt. Remjanas – przyp. tłum.), które zasiały niektóre byty w pierwszym wymiarze naszego świata Eka. Niestety, nasze wymiary Eka Krysthal HU-1 i HU-2 zostały zaatakowane, żeby stworzyć zniekształcone wersje podłączone do Galaktyki Drogi Mlecznej i Galaktyki-2; możemy domyśleć się, które grupy bytów naszego świata Eka zgrywają się z tymi zniekształceniami, w oparciu o ich nauki.

MCEO oświadcza, że ton dźwięku Ra z Eka pochodzi od Grandeyanas i przetłumaczony został na Melchizedek w 15-tym wymiarze naszego matriksu czasu.[148] Nie mogę sobie jakoś tego wyobrazić, jak proste słowo *Ra*, może równać się z zupełnie innym słowem *Melchizedek*, tak więc zapytałam ATI,TPE, czy częstotliwość Ra naturalnie przepływa i przenosi się na ton Melchizedek w naszej galaktyce. Zapytałam również, czy ATI,TPE chce wypowiedzieć się szerzej o galaktycznym pochodzeniu słowa *Melchizedek*. Odpowiada ono, że obydwa tony dźwięku, nie równają się naturalnie, ponieważ słowo Melchizedek wybrane zostało przez byty jako tytuł. Wszystko Co Jest, Czysta Esencja ujawnia wyjaśnia:

> Grupa Odizolowań przeniosła ton dźwięku Ra do określonej nomenklatury tej grupy, opisując sekwencje pierwotnego zasiewu wcześniejszego wymiaru w wyższych światach. Nomenklatura Melchizedek grupy Odizolowanej wprowadzona została przez wielu rozmaitych członków Drogi Mlecznej, którzy są częścią agendy grupy Alfa-Omega. Stąd słowo Melchizedek wspomniane jest w wersach Urantii/Biblii, ale informacja nie jest w pełni prawdziwie wyjaśniona, lecz podana została jako dezinformacja dla masowej agendy i nauk Prawa Jednego.

Ra i Melchizedek są popularnymi imionami dla ukierunkowanych religijnie bytów i Ludzi. MCEO celowo najpierw nazywa grupę Zgromadzenia Melchizedeka, Ra-Melchizedek, aby oddzielić ją od późniejszych i z niższych wymiarów grup o rodzinnej nazwie Melchizedek. Jednakże rasy Odosobnione Palaidorian zawierały pochodzące z galaktyki Zgromadzenie Melchizedeka, jako odpowiednik Szóstej Rasy Podstawowej, co podkreśla fakt, że MCEO istnieje nie tylko w Eka.

Ashayana Zgromadzenie Melchizedeka porównuje do zegara, w którym zajmuje ono najwyższe miejsce 12-tki, co oznacza, że zawiera kody do wszystkich niższych wymiarów. Mówi ona, że Zgromadzenie Melchizedeka jest naszym Bożym nasieniem: „Jest to Boże Nasienie, za pomocą którego stworzony został projekt człowieka" (s. 10).[394] Zrównuje ona tę pozycję z pozycją władzy.

Jeśli grupa bytów mogłaby mieć władzę nad 12-toma wymiarami, wówczas galaktyczne Zgromadzenie Melchizedeka musiałoby pochodzić z wymiaru nie niższego niż 13-ty w HU-5, gdzie wspierałoby koncepcję niższej i potencjalnie kontrolowalnej 12-wymiarowej siatki kathara. Śledztwo materiałów MCEO ujawnia, że 12-niciowy wzorzec DNA Człowieka oraz rodu Anielskiego Człowieka pochodzi od „Diamentowego Słońca" Zgromadzenia Elohei z Galaktyki-2, z wymiarów 13, 14 i 15 (s. 27).[395] Jeśli poszlibyśmy za hierarchicznym modelem MCEO, jego najwyższa pozycja wymiarowa dawałaby tym bytom MCEO więcej siły, ale nie posiadają oni większych zdolności DNA pra-Orafim „Szmaragdowego Słońca", które już istnieją u innych ras Elohei z HU-4 i HU-5 (s. 31).[395] MCEO stało się organizacją rozpościerającą się przez całą Drogę Mleczną i w mniejszym stopniu Galaktykę-2.

Wiele zaawansowanych bytów nie przyjmuje swojej władzy w oparciu o ich genetykę i pozycje wymiarowe. Jednym z powodów jest ich rozwinięta świadomość Krysthal, a kolejnym jest to, że galaktyczne rasy, takie jak Elohei i Serafim, mogą i rzeczywiście osiągają podobnie rozszerzone wzorce DNA, poprzez naturalny proces ascendencji.

Byty z HU-5, które zaadoptowały to oparte na 12-tce wierzenie Prawa Jednego od Wielkiego Białego Bractwa, zapoczątkowało tę religię w Galaktyce-2. Jest to również ulubione wierzenie dla wielu 12-wymiarowych bytów, żeby posiadać szczytową pozycję na swoim własnym, skróconym modelu siatki kathara, który wielu uznaje za prawdziwy, odkąd 12-wymiarowe gwiezdne wrota zniszczone zostały eony czasu temu, powstrzymując dostęp i świadomość z wyższych wymiarów. To, co rozpoczęło się jako początkująca religia, w wyniku migracji bytów poprzez HU-5, oraz niższe wymiary Galaktyki-2 i Drogi Mlecznej, utrwalone zostało jako prawo. Zgodnie z tym, byty z niższych wymiarów mogą nieść ze sobą pozostałości podobnych wierzeń religijnych w swoim procesie ascendencji do HU-5, aby wspierać to stworzone przez człowieka prawo.

Większość wcześniejszych przekazów MCEO Ashayany Deane skupiało się na 12-wymiarowym ucieleśnieniu, które MCEO-GA oraz inne nauki New Age nazywają Christosowym ja, ponieważ najprawdopodobniej prowadzi ono swoje ja, oraz prawdopodobieństwa niższych wymiarów do wypełnienia potencjału swojego „boskiego" wzorca 12-niciowego DNA. MCEO oświadcza, że: „Heroiczne Prawdopodobieństwo jest najpełniejszym wyrazem Boskiego Wzorca w całym czasie".[396] Idealnie „heroiczny" wzorzec ludzkiego DNA zostałby wypełniony w AquaLaShA; jednak każda technika MCEO obejmująca 12-ty wymiar zawiera fantomowy kolor biały.[148] Dlatego, ścieżka Heroicznego Prawdopodobieństwa MCEO odwraca nas od naszego naturalnego kursu, żeby zintegrować nasze cielesne wzorce z mocno zniekształconą energią-materią Christosa (grupy Jezusowej).

Jak przedstawiłam to w części rozdziału 7 pt.: „Agenda Jednego Światowego Porządku", Wielkie Białe Bractwo (GWB) jest sojusznikiem Dowództwa Asztar oraz Federacji Galaktycznej Światła. W 2007 roku Ashayana oraz jej zespół bytów MCEO oświadczyła, że grupa GWB pracuje z bardziej zniekształconymi Templarowymi Melchizedekami po to, żeby dokonać bio-regenezy Elohim.[394]

Templarowy Zakon Melchizedeka Alfa-Omega wywodzi się z Kapłaństwa Anunnaków, którego zamiarem jest praca pod kierownictwem „Wielkiego Białego Bractwa" D-13 [wymiaru 13-go], prawdziwego Matriksu Żywiciela YHWH, którego podstawowym celem jest pomoc w Bio-Regenezie Szablonu DNA odłamów ras Anunnaków i hybryd Ludzi-Anunnaków (s. 22).[394]

Jak dowiedzieliśmy się na początku rozdziału 7, „prawdziwy" matriks żywiciela YHWH w Wesadeku był pół-fantomowy, kiedy soczewka załamania-polaryzacji Metatrona podłączyła go do 11-go wymiaru Galaktyki-2. Jakiś czas po tym całość Wesadek'a i Metatrona stały się fantomowe, tak więc ten matriks YHWH nie jest tym, czym był. Powyższy cytat MCEO potwierdza oświadczenie ATI,TPE, że GWB zlokalizowane jest w Wesadek'u, który ma więcej wymiarów niż Metatroniczne Drzewo Sztucznego Życia stworzyło po naszej stronie Weka. Metatron jest bliskim sojusznikiem GWB i Kosmicznej Świadomości (CA). Metatron zaadoptował od nich wierzenie Prawa Jednego, ujawnia ATI,TPE.

Od początku 2012 roku wielu członków rodziny Metatrona przyłączyło się bądź stało się sojusznikami MCEO-GA, aby prawdopodobnie przyjąć bio-regenezę (podgrupa Jechowiańskich Anunnaków z Enochem przyłączyła się wcześniej). Przyczyną tego nie było to, że szukali oni prawdziwej naprawy; stało się to dlatego, że stracili oni kontrolę nad siecią tunelu czasoprzestrzennego Alfa-Omega na rzecz Czerwonych Smoków. ATI,TPE oznajmia, że cele ich służą im samym. W końcu, to te wszystkie Metatroniczne technologie są niewiarygodnie okropne i niszczycielskie, więc najmądrzejszym dla nas jest uważanie na historie mówiące o ich nagłej przemianie.

Stowarzyszenie grup bytów Ashayany uczyło, że grupy upadłych bytów – takich jak GWB – niosą ze sobą określone upadłe kody, które mogą pomóc będącym w gorszej sytuacji „pacjentom" lub członkom rodziny niższych wymiarów, którzy chcą ich specjalistycznych umiejętności. Niemniej jednak poprawna bio-regeneza nie może zajść, kiedy używa się fantomowych kodów, zwłaszcza w przypadku bytów, które akceptują fantomową energię, bądź stały się fantomowe, jak GWB od dłuższego czasu.

Na przykład Tot wybrany został przez MCEO-GA, żeby pomóc uzdrowić rasę Atlantydzkich Lewiatan na Ziemi. Posiadał on 11,5-niciowy wzorzec DNA, wraz z wiedzą, aby pomóc sobie oraz innym będącym w gorszej sytuacji niż on. Niestety, zdecydował się na wyłamanie się z tej lepszej energii, aby zupełnie przyłączyć się do Lewiatan oraz ich mistrzów Borża-Szantarel. Głód władzy Tota był bezgraniczny, więc wybranie go, aby wsparł misję hybrydyzacji, było przede wszystkim ryzykownym i śmiem stwierdzić – niemądrym posunięciem.

Poważnie powątpiewam w cele podobnych GWB i CA grup, ponieważ nie wykazują one właściwie żadnej różnicy w stosunku do fundamentalistycznej grupy Jezusowej prowadzonej przez Archanioła Michała.

Jak przedstawiłam to w części rozdziału 9-go pt.: „Wyższe ja", w channelingu CA z 1992 roku, nazywając siebie typowo „Tą Świadomością", szkaluje ona coś, co nazywa „Imperium Oriona i Drakońską Federacją", podczas gdy chwali Dowództwo Asztar i Galaktyczną Federację Światła.[364] Podobnie jak wiele innych grup fantomowych bytów, Kosmiczna Świadomość (CA), w aktykułach o Dowództwie Asztar i Galaktycznej Federacji Światła, udziela dezinformacji, mówiąc, iż są oni jedynie częstotliwością światła, a nie faktycznymi ludźmi.

Jak oświadczyłam to w rozdziale 3, CA była „głosem", który przemawiał do religijnych proroków, takich jak Jezus, Budda, Mohamed i Kriszna. Przemawiała ona także przez swojego skrybę jej książki, będącej źródłem channelingu pt.: „Kim faktycznie, tak naprawdę jesteś", która była w transie otrzymując ten przekaz.[16] W swojej książce o duchowych lekcjach, która jest niejako analogiczna, lecz mniej deprecjonująca niż książka grupy Jezusowej pt.: „Księga Cudów", CA skupia się głównie na Jezusie. Jednak główną różnicą jest identyfikacja Boga.

CA oświadcza:

> Każda ludzka twarz jest obliczem co drugiego człowieka, zaś wszystkie byty są jednym wewnątrz ciała tej Świadomości (s. 10).
> Każdy z was jest tą Świadomością. Każdy z was jest przykładem Świadomości Chrystusowej. Każdy z was jest Bogiem (s. 13).[16]

Wiemy, że religie głównego nurtu uzewnętrzniają byt Boga, ale inna religia, którą niektórzy nazywają raczej filozofią – Teozofią – uwewnętrznia Boga, tak jak czyni to CA (CA chce nas także przyrównać do tak zwanego ciała Bożego). Wielkie Białe Bractwo poważnie wpłynęło na Teozofię, która twierdzi, że Bóg i Natura to Jedno, oraz że nie istnieje ostateczne rozróżnienie pomiędzy duchem a materią, ponieważ wszystko jest energią (zobaczcie część rozdziału 7 pt.: „Jeden światowy porządek").

Helena Bławatska, główna założycielka nowoczesnej Teozofii 19-go wieku, była kanałem Wielkiej Białej Loży, znanej inaczej jako Wielkie Białe Bractwo, które nauczało, że Ludzkość ewoluowała poprzez siedem płaszczyzn egzystencji, za pomocą bytu Chrystusa „Światowego Nauczyciela", tak zwanej grupy Wniebowstąpionych Mistrzów.[397] Ewolucja miałaby zajść poprzez siedem Ras Podstawowych, każda z siedmioma pod-rasami i wieloma reinkarnacjami. Obecna scena teozofii obejmuje piątą Rasę Podstawową Arian. Nauczanie to w dużym stopniu współgra z historią Ligii Opiekunów z rozdziału 8, za wyjątkiem tego, że teozofia zmierza w innym kierunku (lub może ujawnia wspólną agendę niektórych członków GA, wspartą dowodami popierania przez nich Sanandy-Yahshua): byt Chrystusa musi w pełni przejąć ciało ludzkie, żeby sprowadzić mądrość, która kieruje naszą ewolucją, oraz ostateczne spotkać go na jego płaszczyźnie egzystencji.

Bławatska w „Tajemniczej doktrynie, tom I" pisze: MAITREYA jest tajemniczym imieniem Piątego Buddy i Awatarem Kalki z Brahmins – ostatnim MESJASZEM, który przyjdzie na kulminację Wielkiego Cyklu" (s. 384).[398] Maitreya przygotowany był do przejęcia wybranego „narzędzia" o imieniu Jiddu Krishnamurti, młodego Hindusa, który przystosowany został przez Zakon Gwiazdy Wschodu.[399] W 1922 roku przeszedł on proces transformacji nie z tego świata, który przyniósł mu i pozbawił świadomości, przypuszczalnie kończąc proces opętania, lecz on uznawał to za przebudzenie duchowej świadomości.

W „Biografii J. Krishnamurti" autorstwa Papul Jayakara Krishnamurti powiedział:

> Zmieniłem się tak bardzo przez ostatnie dwa tygodnie – zarówno wewnątrz, jak i na zewnątrz mego ciała, moja twarz, moje ręce, cała moja istota uległa zmianie. Jedynym sposobem na wdychanie świeżego powietrza życia, jest ciągła przemiana, ciągłe zamieszanie, ciągła wrzawa (s. 74).[400]

W 1929 roku Krishnamurti publicznie odrzuca swój hierarchiczny status oraz Teozoficzną, zorganizowaną religię, mierząc w rozwiązanie Zakonu Gwiazdy Wschodu. Ogłosił on wolność bez autorytetu i organizacji, nawiązując do wierzenia w Prawo Jednego: „Ponieważ jestem wolny, bezwarunkową – całością, nie częścią, nie względną, lecz całą Prawdą, która jest wieczna".[401] W swojej biografii Krishnamurti wyjaśnił jego spojrzenie na Prawo Jednego, które jest w zasadzie zaprzeczeniem wolności:

> Przechadzając się po wzgórzach Indii, minionej zimy, ukazał mi się mój Ideał, mój Ukochany, mój Guru, mój Wielki Nauczyciel i od chwili tamtej wizji, wydaje mi się, że widzę poprzez niego wszystkie drzewa, wszystkie góry, wszystkie małe stawy, wszystkie małe owady i od czasu tamtej wizji, to zrozumienie rzeczy zmieniło się. [Jayakar wówczas pisze: „Ta jedność z guru i tajemnica życia, ciągle były motywem jego wypowiedzi".] (s. 74).
>
> Ja i mój Ukochany jesteśmy jednym. Widzenie jest całkowite. Dla mnie jest to wyzwolenie.... Osobowość J. Krishnamurti została pochłonięta w płomieniach – to, co dzieje się po tym,

nie ma znaczenia – czy iskra pozostaje wewnątrz płomienia, czy wydostanie się na zewnątrz (s. 77).

Zrozumienie siebie pojawia się w związku, w obserwowaniu siebie w związku z ludźmi, ideami, rzeczami: drzewami, ziemią oraz z całym światem dookoła i wewnątrz was. Związek jest lustrem, w którym ujawnia się ja (s. 147).[400]

Przywódca Teozofii, Charles Leadbeater, uważa, że „Przyjście poszło nie tak" z Krishnamurti, ale myślę, że ogólnie powiodło się, ponieważ utworzona została duchowa i filozoficzna frakcja, w tradycji nowych i udoskonalonych nauk Mesjanistycznych.[399] Nie miało znaczenia, który byt z agendą Prawa Jednego tak naprawdę opętał Krishnamurti – w opublikowanym w 1932 roku channelingu Maitreya wyjawił, że Krishnamurti wtajemniczony został jako narzędzie, nie tylko dla niego, ale również dla innych bytów zwanych Diwas, które ostatecznie przejęły pierwszeństwo; wciąż był on wykorzystany do zapoczątkowania nowego ugrupowania.[402] Krishnamurti odniósł się do całkowitości jego słowa, jako do tych nauk, a nie moich nauk.

W „Tajemniczej doktrynie, tom II" Bławatska wyjaśnia, że Lucyfer jako „Nosiciel-Światła", jest ostatecznym Chrystusem, który istnieje w nas, jako nasz boski umysł (s. 513).[403] „Lucyfer jest imieniem anielskiego Bytu górującego nad *światłem prawdy*, jako nad światłem dnia" (s. 512).[403] Ostatecznie jest on Bogiem, z którym my wszyscy mielibyśmy się połączyć.

Jeśli rozcieńczymy nasze wierzenie do podstawowej filozofii i oświadczymy, że wszystkie byty są energią, zwłaszcza w metafizycznym stanie duchowym, wówczas upodabnianie się do Michała, Lucyfera, Maitreyi lub jakiegokolwiek innego rodzaju „Boga", wydaje się być akceptowalne dla niektórych ludzi. Fundamentalna doktryna Prawa Jednego jest, że my wszyscy, poza naszą obecną iluzją, jesteśmy swego rodzaju Bogiem. Jednakże, jeśli znamy rozróżnienie pomiędzy bytami i energiami, świadomi jesteśmy naszych różnic, oraz indywidualnych opcji w kierunku zupełnie innej rzeczywistości.

Zarówno duchowe wierzenia religijne, jak i Prawa Jednego, dzielą ze sobą tę samą definicję Boga: wszechpotężną, wszechobecną i wszechwiedzącą istotę. Kosmiczna Świadomość dodaje jeszcze kilka więcej słów z „WSZECH" (po angielsku przedrostek OM – przyp. tłum.): wszechtwórczy – nieograniczony w mocy tworzenia; wszelaki – złożony z wszystkich możliwości kreacyjnych; wszechkierunkowy – „w komunikacji we wszystkich kierunkach"; oraz wszechwymiarowy – „przenikający wszystko w egzystencji" (s. 38).[16] CA skupia się na tonie dźwięku *Om*, który jak ujawnia ATI,TPE jest fraktalnym tonem dźwięku w naszej galaktyce. CA odnosi również OM do „Wszechtwórczego-Momentu" wymiarowych oktaw wibracyjnych, które czynią naszą rzeczywistość namacalną dla nas (s. 38).[16]

Zwrot „JAM JEST" nie jest powiązany z OM, oznajmia ATI,TPE, ale jest on rozpowszechniony zarówno w Judeo-Chrześcijaństwie, jak i w Prawie Jednego, gdzie reprezentuje ostateczny stan Boga. Zapytałam ATI,TPE, dlaczego upadłe byty chcą, abyśmy recytowali ten zwrot i odpowiada ono:

> Recytując zwrot „JAM JEST", odwołujemy się do grupy Michała i Michała jako jej najwyższego „Boga", wielbiąc i czcząc te upadłe byty, przy pomocy wibracji dźwięku, używając języka. Ton dźwięku JAM JEST reprezentuje i łączy się z Alfą i Omegą, co jest religijnym początkiem i końcem każdego stanu Boga.

Kiedy jakakolwiek grupa bytów zapewnia, że energia fraktalna jest nieograniczona w mocy twórczej i różnorodności, taka wypaczona percepcja, która mierzy w ujarzmienie zarówno życia, jak i śmierci, musi zostać skierowana wewnątrz zawierającej wszystko interpretacji jedności. Grupy bytów, które przedstawiają tę koncepcję wraz z niekompletną nauką kreacji, istnieją na szczycie swojej względnej hierarchii. Na przykład, Metatron przedstawił to wierzenie oraz Kwiat Sztucznego Życia w Drodze Mlecznej, ze swojej 11,5-wymiarowej pozycji. CA, w swojej książce z channelingu, broni opartej na 12-tce matematyki, po aby zapewnić jej nadrzędną pozycję pośród 12-tu wymiarów, poniżej jej.

Ludzie zawierają konieczne, wielowymiarowe kody dla wystarczająco funkcjonującego ciała. Nasze ukryte zdolności mogą być częściowo aktywowane, poprzez proste rozpoznanie inteligentnych poziomów atomowych i komórkowych „bytów", wewnątrz naszego obecnego ciała, które może znaleźć sposoby na obejście, a nawet uzdrowienie fizycznych zniekształceń. Jest to zupełnie wewnętrzny proces. Chociaż wiele nauk ascendencji głównego nurtu, pod parasolem Prawa Jednego, twierdzi, że wszystko, co postrzegamy na zewnątrz, jest jakoś wewnątrz nas, kierują one naszą uwagę na zewnątrz w uzewnętrznionej perspektywie naszego ja.

Oparta na 12-tce matematyka Drogi Mlecznej

Prawo Jednego nie uznaje naszej w pełni kompletnej natury jako Ludzi z szablonem Orafim lub Anielskich Ludzi, ponieważ jego agenda stworzona została z takim nastawieniem, że aby osiągnąć części nas samych z innych wymiarów, musimy dokonać ascendencji. Ascendencja jest naturalnym zjawiskiem, ale jej proces powinien być prosty i w zakresie naszych własnych możliwości.

W warsztacie z 2001 roku Ashayana wyjaśniła, że ścieżka Heroicznego Prawdopodobieństwa rozszerza się poza tak zwanego naszego własnego

Christosa, obejmując więcej nas samych w HU-5 i „pierwotnych polach dźwięku Eka."

> Na pierwszym poziomie pierwotnych pól dźwięku, posiadacie poziom bytu, na którym stajecie się bytem, który jest kolektywem, w którym znacie siebie jako wiele was samych. Znacie siebie jako rodzinę świadomości porozrzucanej po czasoprzestrzeni i zaczyna otwierać się wam pamięć i zdolność do komunikacji oraz bycia na czele wszystkich waszych ja na raz. To właśnie oznacza zintegrowanie się.[404]

Oświadczenie Ashayany zmienia właściwą definicję bytu jako jednostki, aby stworzyć pozbawioną charakteru strukturę, która wspiera jej uniwersalny dogmat. W zasadzie twierdzi ona, że nie jesteśmy faktycznie rodziną z wyindywidualizowaną świadomością i energią-materią; zamiast tego jesteśmy jednocześnie stworzonymi energetycznymi kopiami, na przestrzeni wszystkich wymiarów. Nie ma prawdziwego ja; jesteśmy wielokrotnością nas samych, które kompletują nas w nasz własny gestalt, ale ten gestalt musi również być gestaltem każdego, ponieważ wszyscy jesteśmy Jednym. Dlatego nie tylko jest w porządku, ale także jest to korzystne dla nas, aby wzywać inne, podobne byty, aby weszły do naszych pól i świadomości.

Prawo Jednego łączy kompozycje i cykle czasu naszych zewnętrznych światów i naszych osobistych ciał, oraz zmienia je, aby dopasować je do swojego sferycznego modelu. Według MCEO oraz ATI,TPE, aby Ziemia mogła przyswoić wszystkie właściwe, podstawowe pasma wymiarowe oraz pasa wymiarowe i częstotliwości harmonicznych, w przygotowaniu do jej ascendencji na Tarę, przechodzi ona przez sześć cykli Euiago (czyt. Ijuago – przyp. tłum.). Po tym, jak sześć Euiago przejdzie w coś, co nazywane jest Eyugha (czyt. Ijuga – przyp. tłum.), kwantum Ziemi miałoby zmienić pęd kątowy wirowania cząsteczkowego, żeby wejść do piątego wymiaru. Po tym, jak miną trzy Eyugha, dostępująca ascendencji Ziemia, włączając w to jej mieszkańców, może przejść do Galaktyki-2, żeby spotkać 12-wymiarową Aramatenę i kontynuować dwa kolejne Eyugha, aż wejdzie do Eka. Cykl Wedycznego Juga jest rażącym przekłamaniem Eyugha, a MCEO również niewłaściwie przedstawia go twierdząc, że jego sześć Euiago jest zaledwie wektorami czasu przemieszczającymi się o 45 stopni w sumie, wewnątrz kuli. Kolejne etapy miałyby nastąpić, aby zakończyć pełne 360-stopniowe przesunięcie, lecz wzór ten wyklucza cykl Euiago HU-5.[343] Prawo Jednego głosi, że Ludzie naśladują ten sam kod matematycznej ekspresji, opartej na tych etapach obrotowych przesunięć.

MCEO oświadcza:

Każda ludzka Inkarnacja jest częścią większej „rodziny" inkarnujących ja, zwanych Osobistymi Christosami. Osobisty Christos jest Wieczną Osobistą Tożsamością, która obejmuje 1728 jednoczesnych inkarnacji, każda z nich umieszczona w oddzielnej lokalizacji czasoprzestrzeni, lub Wektorów Czasu, w obrębie 4 Rund, Cyklu Rund.

W każdej z 4 Ewolucyjnych Rund znajduje się 216 jednocześnie inkarnujących ja oraz ich antycząsteczkowych odpowiedników wewnątrz systemu Równoległej Ziemi, dając ogółem 1728 Inkarnacji (216 ja x 4 Rundy = 864 ja + 864 antycząsteczkowe odpowiedniki ja = 1728 ja)....

Każde indywidualne, inkarnujące ja poznaje siebie jako Tożsamość Awatara Wiecznego Christosa, która przejawia się jednocześnie w 1728 różnych Wektorach Czasu, nosząc „kostium" 1728 różnych ciał i charakterystyk osobowości (s. 32-33).[394]

Według wzoru MCEO, 216 ja w Eyugha Ziemi obejmuje 36 ja na Euiago. Jeśli uznamy z grubsza 31 550-letni Euiago Ziemi Amenti, wtedy 36 ja dzieli się na sześć ja w każdym mniejszym cyklu, o długości w przybliżeniu 5258 lat (patrz część rozdziału 8 pt.: „Cykle Ascendencji Ziemi na Tarę"). Powyższy fragment nie dostarcza dodatkowego podziału na koncepcje „bliźniaczych płomieni", którą wkrótce wyjaśnię i umieszcza to bliźniaczy płomień na Równoległej Ziemi.

Niczego nie warta jest ta błędna nauka Ligii Opiekunów w drugim tomie „Podróżników II", według której Ziemi potrzeba tylko jeden Euiago, żeby dokonać Ascendencji do HU-2.[121] To umieszczałoby 36 ja wewnątrz każdego mniejszego cyklu czasu. Podczas czasów biblijnych, aż do niedawna (i prawdopodobnie wciąż obecnie), Euiago naszej Ziemi trwa 25 771 lat. Dzieląc 25 771 na sześć równych, w przybliżeniu 4295-letnich cykli, i dzieląc ten okres czasu na 36 ja, równa się prawie 120-letniej rozpiętości życia.

Biblijna Księga Rodzaju, rozdział 6, wers 3, oznajmia: „Wtedy PAN rzekł: Nie może pozostawać duch mój w człowieku na zawsze, gdyż człowiek jest istotą cielesną: niechaj więc żyje tylko sto dwadzieścia lat". Ustalone jest, że cyfra 12 jest ważna w Biblii, lecz ten wers podkreśla, jak głęboko Prawo Jednego wpłynęło na Judeo-Chrześcijaństwo.

Technicznie MCEO-GA uczy o 26 556-letnim Euiago Wyższej Ziemi, tak więc według interpretacji GA rozpiętość ludzkiego życia byłaby trochę większa niż 120 lat. Bez względu na to, nauka GA o tylko jednym cyklu Euiago ujawnia nakładający się na siebie związek pomiędzy nim a Jezusową grupą Alfa-Omega, lecz GA twierdzi, że posiada nadrzędne nauki, ponieważ zawierają one odrobinę więcej naturalnej energii-materii.

Ponieważ te podziały gestaltowego ja są fizycznymi istotami, spodziewane jest, że zbiorą się one razem i staną się ponownie jedną fizyczną istotą. MCEO oświadcza: „Za pośrednictwem aktywowanego, 12-Niciowego Szablonu DNA, częstotliwości energii i świadomości każdego z 1728 ja, złączą się we wcielone, ujednolicone, świadome wiedzenie" (s. 33).[394] Jednak orędownicy Prawa Jednego mają tendencję do obrazowania „świadomego wiedzenia" ich Źródła jako niematerialnego ducha lub superkomputer, a jego ucieleśnienia są wymysłami jego wyobraźni, jako iluzoryczne kostiumy. Tak zwany superkomputer Christos w 12-tym wymiarze byłby i miałby kontrolować wszystkie 1728 myślokształtów i osobowości ja. Prawo Jednego mówi, że wiele tych ja jest jednoczesnych, ale niemożliwe jest dla żadnego bytu, aby reinkarnował i pomnażał się przez różne cykle czasu.

MCEO uczy uproszczonego procesu wymiarowej kreacji, tak więc jeśli bylibyśmy „Tożsamością Awatara Christosa" (s. 33),[394] jego jedno ja w HU-4 nie zamienia się natychmiastowo w 1728 ja w HU-1. Jeśli zastosujemy oparty na 12-tce wzorzec kreacji, HU-4 sam tworzy 12 ja w HU-3, 144 ja w HU-2 i 1728 ja w HU-1. Wzór ten usuwa dostęp do cenionego wysoko poziomu ja „Boga" w HU-5, grup bytów CA i GWB, na przykład wytworzyłoby to przypuszczalnie 12 ja w HU-4, 144 ja HU-3, 1728 ja w HU-2, oraz 20 736 ja w HU-1. Chociaż oparte na 12-tce „ja" od HU-5 do HU-1 wydają się być poszerzonymi wielokrotnościami, najwyższy „Jedyny" może tylko podzielić się w samego siebie, aby tworzyć, co nie jest faktycznym poszerzeniem, lecz przypomina to raczej fraktalizację.

Na Rysunku 1 sekwencja rozwoju Krysthal nie zawiera numerów 12 czy 144. Z drugiej zaś strony, sekwencja Fibonacciego nie zawiera cyfry 12, ale ma cyfrę 144. Oczywiście te specyficzne cyfry znajdują się zarówno w wiecznym, jak i fraktalnym systemie, ale ja przedstawiam to, jak odgrywają one znaczącą rolę w naukach upadłych aniołów. Przywódcy grupy Boga, zwłaszcza Archanioł Michał, Lucyfer i Tot, lubią używać cyfry 144.

Arystoteles i Platon, którzy byli pod dużym wpływem Tota, nauczali, że znacząca zmiana w miastach miałaby zachodzić co 144 lata, zaś znacząca zmiana dla Ludzkości miałaby się wydarzać co 1728 lat.[405] Platon nauczał, ze dwunastościan – wielościan z 12 pięciobocznymi, płaskimi bokami – jest wzorcem poza wszechświat.[406] Dwunastościan jest podwójnym wielobokiem dwudziestościanu – dwustronny kształt stworzony przez oryginalne wierzchołki wieloboku korespondujące ze ścianami kolejnego wieloboku – gdzie 12 wierzchołków dwudziestościanu spotyka się ze ścianami otaczającej konstrukcji dwunastościanu. Długości krawędzi dwunastościanu są odwrotnością złotego współczynnika – fi.[407] Tot uczył także o tej geometrii apostoła współczesności, Drunvalo Melchizedeka. Drunvalo w „Pradawnej tajemnicy Kwiatu Życia, tom I" pisze:

Jeśli z dwudziestościanu zdjęlibyście jego szczyty i wpasowalibyście je w każdą powierzchnię dwunastościanu... powstały w wyniku tego kształt, jest czymś w rodzaju gwiazdowatego dwunastościanu... o specyficznych proporcjach siatki świadomości Chrystusowej wokół Ziemi (s. 35).[199]

Drunvalo wyjaśnia, że gwiazdowaty dwunastościan otacza nas i Ziemię, kiedy wystawiani jesteśmy na opartą na Fibonaccim odwróconą prędkość wirowania merkaby 34 na 21, w celu wytworzenia prędkości wirowania 55. Używa on zamaskowanego języka, aby przypisać etap prędkości wirowania 55 rozległej „55-stopowej granicy waszego pola energetycznego" (s. 167).[199] Drunvalo uczy zgodnie z sekwencją Fibonacciego, aby doprowadzić Ziemię do prędkości wirowania tuż poza prędkość 55, żeby przyspieszyć proces, którego kulminacja jest gigantyczna, zewnętrzna merkaba Gwiazdy Śmierci z prędkością wirowania 144.

W biblijnej Apokalipsie św. Jana grupa Archanioła Michała podaje różne wariacje cyfry 144, jako 144 000 Żydów z 12 biblijnych plemion, którzy mieliby być oszczędzeni przed apokaliptycznym sądem (Apokalipsa św. Jana 7:4-8). Nowe Jeruzalem miałoby pomieścić tych Żydów, mając mury miasta, które mierzyłyby 144 łokcie (Apokalipsa św. Jana 21:17).

Michał lubi myśleć, iż jest on Bogiem Drogi Mlecznej, ponieważ stworzony został przez byty Borża i Metatrona, aby posiadać nadrzędne geny anty-Krysthal Weka (patrz część rozdziału 7 pt.: „Archanioł Michał"). Jako oryginalnie 13-wymiarowa istota Galaltyki-2, Michał może wspierać opartą na 12-tce matematykę, umieszczającą go ponad 12-wymiarową, uszkodzoną galaktyką (lub 11,5-wymiarową Drogą Mleczną).

Jako Bóg Jeshewua, za pomocą pełnego opętania i spokrewnioną genetykę, Michał stał się „jednym" z Jeshewua. Jeśli zrównamy Boga z 9-wymiarowym pochodzeniem Jeshewua, umieściłoby to ja numer 1 w HU-3, tak więc bezpośrednim podziałem byłoby 12 ja w HU-2 i 144 ja w HU-1. Grupy bytów Prawa Jednego nazywają HU-3 poziomem nadduszy.

Według GA i MCEO:

> Naddusza – tożsamość HU-3 – tworzy 12 tożsamości duszy w HU-2, z których każda tworzy 12 inkarnacji w obrębie sześciu cykli czasu w HU-1. Tym samym, każda osoba jest częścią inkarnacyjnej rodziny 144 inkarnujących, zamieszkujących wewnątrz sześciu cykli czasu HU-1. Każdy ze 144 inkarnujących nosi część z 12-niciowego wzorca DNA wewnątrz kodu genetycznego. W miarę, jak 144 inkarnujących jednocześnie ewoluuje wraz z planetą poprzez sześć cykli czasu, odcisk 12-niciowego DNA jest

sukcesywnie rozbudowywany w kodzie eterycznym. W miarę, jak tożsamość ewoluuje z planetą poprzez cykle Euiago w każdym Harmonicznym Wszechświecie, DNA rozwija się, a świadomość poszerza się (s. 148).[121]

> Wasza Dusza jest wielokrotnością, z 12-toma obliczami i jest częścią większej tożsamości zwanej Nadduszą, która składa się z 12 dusz – każda z jej 12 inkarnującymi tożsamościami, tak więc macie do czynienia ze 144 inkarnującymi w waszej bezpośredniej rodzinie Nadduszy.[408]

MCEO-GA uczy, że DNA zawiera elektromagnetycznie zakodowane dane innych żyjących części samego siebie, które w jakiś sposób żyją równocześnie w innych czasach. Ziemia i Tara dzielą ze sobą kwantum w specyficznych czasach cyklu ascendencji, będąc jednocześnie osobnymi planetami, ale jest to inne od wierzenia Prawa Jednego MCEO-GA mówiącego, że dzielą one ze sobą tę samą przestrzeń, posiadając jednocześnie różne, kątowe momenty wirowania cząsteczkowego.

Prawo Jednego uczy, że czas i przestrzeń są w zasadzie jednoczesne. Jest tak, ponieważ pochodzenie Jednego zawiera matematyczne struktury zwane wektorami, które uporządkowują zbiór elementów w kątową reprezentację pokrewną do pochodzenia. Wierzący twierdzą, że te kąty pojawiają się, aby tworzyć odległości i kierunki, gdyż są one iluzoryczne, ale jeśli spojrzymy na zewnątrz nas, naprawdę widzimy odległość i różne kierunki. Jak wyjaśniłam w rozdziale 6, wektory obejmują różne elementy w różnych przestrzeniach. Niektóre z przestrzeni są unikalnymi przestrzeniami wymiarowymi. Prawo Jednego nie może po prostu unieważnić tego, czego doświadczamy i dowieść tego naukowo.

Zgodnie z tym, wierzenie to oświadcza, że posiadamy nasze przyszłe ja, które żyją jednocześnie z naszymi teraźniejszymi i przeszłymi ja. Nasze obecne doświadczenie wymiarowe, uzależnione jest od pól rzeczywistości Ziemi, które dają nam stałą fizyczność. Tutaj możemy przypomnieć sobie przeszłość, żyjąc w teraźniejszości. Jeśli ktoś mógłby żyć jako wielokrotne wersje samego siebie, wtedy przyszłe ja najlepiej pasowałyby do zaawansowanego kontinuum czasu Tary, Gai itd. Czas Tary jest do przodu w stosunku do czasu Ziemi o kilka tysięcy lat, to jednak nie wpływa na to, jak jej obecna egzystencja odnosi się do naszej teraźniejszości. Dotychczas Tara jest najbardziej istotna dla naszej przeszłości. Jeśli Ziemia dogoniłaby koordynat czasoprzestrzeni Tary, co mógłby osiągnąć niezakłócony cykl ascendencji, wówczas sprowadziłoby nas to do teraźniejszego czasu Tary. Nasza przyszłość jeszcze nie istnieje, potwierdza ATI,TPE. Jest to zaledwie możliwość, lecz byty z wyższych wymiarów wolą nazywać to prawdopodobieństwem, tak żeby mogły próbować zaszufladkować przepowiednię.

Byty z wyższych poziomów, jako pojedyncze byty bądź grupy, które uczą Prawa Jednego, lubią mówić, że są one Wniebowstąpionymi Mistrzami poza stworzoną formą, a my musimy zliniować się z nimi jako naszym Bogiem, gdzie oni są jakoś Jednym, zaś my jesteśmy Jednym z nimi. Niestety, następujące oświadczenie MCEO zgadza się: „Harmoniczny Wszechświat 4, który ma wymiary 10, 11 i 12, jest najwyższą formą, w która możecie przejść, zanim zamienicie się w brak formy. Pamiętajcie, zaczęliście jako czysta świadomość, bez żadnej iluzji przejawu formy (s. 7)".[394] W innym warsztacie MCEO wydaje się przeczyć sobie, kiedy twierdzi, że proces ascendencji kontynuowany jest do góry poprzez Eka, gdzie cały cykl w Ejaniczny, ponoć wypełnia sferyczny obrót 360 stopni.[189]

W naukach Wniebowstąpionych Mistrzów New Age, Lucyfer, Zofia (Sophia), oraz inna, wysokiej rangi „boska" osoba jest naszą naddusząą. Chociaż poziom nadduszy obejmuje HU-3, wiele z jego „bogów", zeszło do 4-go i 5-go wymiaru (głównie fantomowego), aby lepiej umiejscowić się nad naszym układem słonecznym. Ostatnio, ich przekazy w głównej mierze skupiały się na poziomie „duszy", ponieważ chcieli oni przekierować naszą ścieżkę HU-2.

Chociaż byty Galaktycznej Federacji Światła, Dowództwa Asztar oraz Konfederacji Planet Marduka ulepszyły oryginalne nauki Prawa Jednego, Wielkiego, Białego Bractwa i Kosmicznej Świadomości dla własnej agendy, MCEO-GA, w ich wersji Prawa Jednego, również zgadza się z podstawowymi założeniami sfraktalizowanych nauk fantomowych aniołów. GA oświadcza: „Przez poziom ja-duszy, 12 bezpośrednich inkarnacji HU-1, które są jego inkarnacyjną rodziną, uznawane są za żyjące fragmenty pod-osobowości, swojej własnej tożsamości" (s. 149).[121] Dodatkowo, New Age oraz MCEO-GA uczą, że każdy z nas posiada bliźniaczy płomień, który jest dosłownie połową naszego kwantum w obecnym cyklu czasu.

Następujące oświadczenie Ligii Opiekunów przedstawia bliźniaczy płomień, ale dostarcza zredukowana liczbę „inkarnacji" HU-1 na cykl czasu, z powodu pochodzenia w HU-2.

> Zazwyczaj dusza – tożsamość HU-2, przejawia się w 12 jednoczesnych inkarnacjach, po dwie w każdym z sześciu cykli czasu Harmonicznego Wszechświata. W każdej z par inkarnacyjnych jedno jest męskie, a jedno żeńskie; związek ten określany jest jako „bliźniaczy płomień", ale niekoniecznie pociąga za sobą romantyczne zaangażowanie „bratniej duszy" (s. 148).[121]

Nasze przypuszczalne wielokrotne ja reprezentowane są w zestawach bliźniaków. Koncepcje bliźniaków i bliźniaczych płomieni zostały wplecione w wiele nauk, tak więc żeby pomóc odsłonić to, co jest, jeśli w ogóle, rzeczywistością, zagłębię się w ich główne założenia.

<u>Czy istnieje ucieleśniony Bliźniaczy Płomień?</u>

MCEO przedstawia bliźniaczy płomień jako spolaryzowany nurt energii, który rozdziela się na obszary partikam i partikej. Uczy ono, że elektryczna częstotliwość płomienia wprowadzana jest do naszych, głównie magnetycznych światów Eka-Weka jako energia męska, zaś magnetyczna częstotliwość, która wchodzi do naszych głównie elektrycznych światów Równoległych Eka-Weka, uznawana jest za energię żeńską.[189]

Perspektywa Prawa Jednego MCEO ekstrapoluje swoją definicję „bliźniaczgo płomienia" dla wszystkich mężczyzn i kobiet, nie mając względu na równoległy czy nierównoległy, oraz wieczny czy skończony świat Eka-Weka, błędnie zrównuje mężczyzn i kobiety „bliźniaczego płomienia" z energią elektryczną i magnetyczną, kiedy to są to dwa odrębne tematy. ATI,TPE oznajmia: „Bliźniaczy płomień męskich i żeńskich bytów, które nasycają częstotliwościami światy Eka-Weka osobno, bądź jako zespół nie odróżniają pomiędzy związkiem elektrycznym a magnetycznym, ze względu na równoległe światy fraktalne, czy też te oparte na materii". ATI,TPE wspomina światy fraktalne, ponieważ w przeciwieństwie do światów Krysthal, zawierają one porozbijane i niezrównoważone energie, które mogą udostępnić zjawisko bliźniaczego płomienia. Konsekwencja bycia galaktyką fraktalną nie wymaga przeważnie elektrycznej lub magnetycznej podstawy, ponieważ cechy elektromagnetyzmu różnią się od podstawowych polarności partikam i partikej powodujących światy równoległe. Siły elektromagnetyczne również nie równają się bezpośrednio z elektromagnetyzmem mężczyzn i kobiet, ponieważ chociaż nasze kody genetyczne zostały porozbijane w zniekształconej kreacji, każdy z nas posiada unikalne wzorce genetyczne.

Mając to na myśli, we fraktalnych galaktykach, takich jak Droga Mleczna i Równoległa Droga Mleczna, ATI,TPE potwierdza, iż mężczyźni rzeczywiście noszą więcej energii elektrycznej, zaś kobiety noszą więcej energii magnetycznej. Jednakże oznajmia ono także, iż „w wiecznych systemach galaktycznych, u mieszkańców wyższych wymiarów, istnieje więcej równości w energiach elektromagnetycznych.

Koncepcja bliźniaczego płomienia oznajmia, że posiadam męski odpowiednik, który musi połączyć się ze mną, aby uczynić moje obecne ucieleśnienie całością, do procesu ascendencji. Przypuszczalnie osoba taka uważana jest za mojego równoległego „bliźniaka" antymaterii, który zmaterializował się na Równoległej Ziemi, kiedy moje materialne ciało stało się Człowiekiem na Ziemi. Jednak wierzący w bliźniaczy płomień zazwyczaj myślą, że ich domniemany bliźniaczy odpowiednik znajduje się gdzieś na

Ziemi w tym samym życiu. Jeśli ten hipotetyczny, oparty na materii bliźniak jest połową siebie samego, wówczas domniemane inkarnacje muszą być jednoczesne. Taki wzór dawałby mi wtedy dwa bliźniacze płomienie oraz potencjalny trzeci, jako odpowiednik Równoległej Ziemi, żeby dopasować go do mojego bezpośredniego bliźniaka Równoległej Ziemi, co dawałoby mi jedną trzecią lub jedną czwartą mojego energetycznego potencjału jako Człowiek.

Jeśli jakikolwiek bezpośredni bliźniaczy byt mógłby istnieć i żyć na Równoległej Ziemi, jest on zupełnie odrębną ode mnie osobą, z jego lub jej własną wolą, nie wyglądającą również jak ja. Ponadto, w zależności od indywidualnej genetyki, osoba ta może być mężczyzną lub kobietą. Z uwagi na to, jak rozszerza się kreacja, mogłabym uznać taką osobę za rodzaj energetycznego dublera, zamiast za podzieloną połówkę, lecz skłonność każdej kreacji do bycia podzieloną ze swego rodzaju „wszech" energii miałoby również zastosowanie w sytuacji tego bliźniaka, w której to koniecznie musi istnieć kopia, ale przeciwieństwo do mojego istnienia; dlatego jest to kurczenie, a nie rozszerzanie energii. Jest to kolejna perspektywa jedności unieważniająca moją naturalnie stworzona, indywidualną kompozycję, która jest pełna sama w sobie.

Kiedy po raz pierwszy dowiedziałam się o interpretacjach bliźniaczego płomienia przez New Age, martwiłam się, czy moja zdolność do adscendencji miałaby być zależna od powodzenia jakiegoś bliźniaka. Ponieważ większość naszej Równoległej Drogi Mlecznej jest teraz fantomowa, a niektóre mniej fantomowe części poddane są kwarantannie statusu Upadku Samotnej Gwiazdy, zapytałam ATI,TPE (ang. All That Is, The Pure Essence) o potencjalne uwięzienie tam mojego przypuszczalnego, równoległego antycząsteczkowego/antymaterialnego sobowtóra, jeśli on czy ona nie jest wystarczająco przebudzona, aby uciec.

„Jeśli mój dubler nie ucieknie, czy oznacza to, że ja również zostanę uwięziona? Czy zgodnie z perspektywą, że łączymy się w większą jedność, moje przeznaczenie uzależnione jest od pozycji tej innej osoby?"

„Nie", odpowiada ATI,TPE na obydwa pytania. Objaśnia ono: „Antycząsteczkowy partner na organicznej Równoległej Ziemi, podobny jest jedynie w świadomości przeznaczenia, a nie w formie".

W miarę, jak wyostrzyła się moja świadomość i mogłam wyraźnie zobaczyć brak realizmu posiadania wysoce podobnego bytu, specyficznie zrobionego ze mną i dla mnie, która ponadto istnieje w innym wszechświecie – zdałam sobie sprawę, ze Wszystko Co Jest, Czysta Esencja (ang. skrót ATI,TPE) nie potwierdza istnienia antycząsteczkowej kopii ani bezpośredniej kopii dla mnie, ani dla żadnego, innego mieszkańca Ziemi. Ponieważ nie powtórzyło ono mojego słowa „sobowtór", ja niepoprawnie zinterpretowałam jego użycie słowa „partner" w odniesieniu do podobnego, naturalnego, trójwymiarowego atrybutu. Kiedy poprosiłam później o klaryfikację, ATI,TPE oświadczyło: „Ziemia i Ziemia Równoległa faktycznie posiadają podobne aspekty świadomości indywidualnych mieszkańców, którzy wykazują wyższą świadomość; nie podobieństwa nadane ogółowi całości świadomości mas w obydwu lokalizacjach".

Ta dodatkowa informacja potwierdza moje wewnętrzne wiedzenie, że moja ścieżka ascendencji oraz moja świadomość są moje, tak więc mogę podążać tam, dokąd chcę i potrzebuję. Nie ma takiej sytuacji, w której potrzebuję innej osoby, aby dokonała ascendencji ze mną. Wieczne (jak również pół-fantomowe) energie nie łączą nas z wieloma ludźmi oraz ich decyzjami, tak jak byśmy nie posiadali swojej efektywnej wolnej woli i własnej zdolności do przezywania życia i dokonania naturalnej ascendencji. Jeśli ktoś jest typem energetycznego „sobowtóra", choć nie jest to właściwe słowo do użycia, dotyczy to energii (nie formy), w sposób, w jaki naturalne elementy energetyczne rozszerzają się, lecz nie replikują, zaś podobna istota o wyższej świadomości może posiadać podobną naturę oraz intencję. Ważne jest, aby tutaj zaznaczyć, iż tego typu energetyczny „sobowtór" czy „partner" nie zawiera takiego samego przedłużenia świadomości, jakie posiada ja niższego Człowieka ze swoim wyższym ja.

Podkreślam ponownie, każdy z nas nie ma wielu tożsamości porozrzucanych jednocześnie dookoła. Kiedy zapytałam ATI,TPE o definicję nadduszy MCEO, cyt: „poznasz siebie jako 144 różnych istot i każda jedna z nich jest tobą" (s. 5),[394] ATI,TPE, zdecydowanie i ciągle, na pytanie, czy jest to prawda, odpowiada „NIE".

Aby jeszcze bardziej skomplikować to równanie, MCEO i Ashayana uczyli, że jesteśmy replikami lub manifestacjami wielu równoległych ja. Mówią oni, że mamy jeszcze jednego bliźniaka – Przyległego bliźniaka, który posiada nasze „duchowe" ciało jako swoje ciało fizyczne.[177] Właściwy związek przyległego bliźniaka, który jest zaledwie naturalnym, równoległym związkiem, istnieje pomiędzy Sha-La w AquA'elle (czyt. Szala w Akłejel – przyp. tłum.) a Urta w AquaLaShA (czyt. Akłalaszej – przyp. tłum.). Jeśli spróbujemy dołączyć AquaLaShA, musimy również dołączyć Galaktykę-2; ten wzór na bliźniaków oraz inne ja może się nigdy nie kończyć.

W warsztacie pt.: „Sliders-7" (dla przejrzystości materiału zachowano oryginalną anglojęzyczną nazwę, czyt. Slajders – przyp. tłum.) Ashayana mówi, że wykonała technikę z lustrem, podczas której skontaktowała się z nią równoległa wersja jej samej, która wyglądała dokładnie jak ona, tylko nosiła inne ubrania.[409] Jak inna kobieta mogła mieć identyczne cechy jak Ashayana, zrodzona z rodziców z innego świata, którzy musieliby być również identyczni jak jej rodzice? Byłby to hipotetyczny wszechświat równoległy, który dokładnie odzwierciedla wszystko, co na Ziemi. Samo wyobrażenie siebie tego, miesza mi w głowie; moją pierwszą myślą było to, że jakiś byt płata jej psikusa.

Zadałam ATI,TPE kilka pytań na ten temat, oraz pytanie, czy jakiś byt dokonał zmiany formy w formę Ashayany lub też, czy widziała ona projekcję holograficzną obrazu, aby utwierdzić to przekonanie. Odpowiada ono:

Żaden byt nie dokonał zmiany formy w formę Ashayana. Widziała ona projekcję holograficzną obrazu, żeby uwiecznić to przekonanie.

Z powodu różnicy w swojej konstrukcji Ludzie nie posiadają „dublera" wyglądającego dokładnie jak oni sami. Kolejnym powodem tego jest to, że więcej niż jedna z jakichkolwiek stworzonych istot, która jest dokładnie identyczna jak ta druga, w jakiejkolwiek fantomowej lub naturalnej domenie, zaprzecza indywidualności w jej budowie oraz składzie DNA.

Intuicyjnie wiem, że mam rację i że nigdy nie miałam żadnego bliźniaczego płomienia. To nie oznacza wcale, że zgodnie z zamierzonym znaczeniem tego zwrotu, pociągającego za sobą podział, chociaż jest to bardzo rzadkie zdarzenie. Dowiedziałam się, że ucieleśnione bliźniacze płomienie faktycznie istnieją, kiedy oryginalny byt urodził się na zewnątrz zniekształconej kreacji Eka-Weka. Notabene, wiele bytów wczesnej rasy Fim zdecydowało, żeby stworzyć bliźniacze płomienie, kiedy podróżowali z dala od ich miejsca pochodzenia w poziomach KosME'ja i Kosminjas. Nietypowa kreacja bliźniaczego płomienia jest pojedynczym wydarzeniem, które nie ma nic wspólnego z błędną prezentacją przez Prawo Jednego, po to, żeby zyskać więcej naśladowców.

W pełni Krystal galaktyce, wszystkie energie Krystal mogą swobodnie przepływać przez każdy wymiar, tak więc nie ma potrzeby dla bytów Krystal wczesnej kreacji, takich jak Fim, aby się zniżały i dzieliły swoją moc, potwierdza ATI,TPE. Z drugiej zaś strony, kreacja fraktalna różni się zdecydowanie w konstrukcji energetycznej, tak więc tylko byty Krystal z wysokiego poziomu mogą skorzystać z pośredniego kroku stworzenia bliźniaczego płomienia, aby wejść do zniekształconych światów. Byty AquaLaShA nie dzielą się, żeby wejść do Drogi Mlecznej.

Dyskusyjne jest to, czy Fim powinni byli zaangażować się w nasze sprawy. Niektóre Fim zdecydowały się uzyskać pewną gęstość i podzielić swój iloraz światła na korzyść żeńskiej formy, z większą ilością magnetycznej energii, tym samym rozbijając swoje niższe ja. Jak powiedziano Ashayana, ci Fimowie dali swoim żeńskim ucieleśnieniom Eka-Weka 66 procent swojego oryginalnego kwantum, ich męskie ucieleśnienie zawierało 33 procent, zaś jeden procent pozostawiony był dla oryginalnego ja Fim.[192]

Ashayana ujawnia, że kiedy Fimowie, zwłaszcza podatni mężczyźni, zostali poważnie zniekształceni, stali się oni najgorszymi demonami – FAtalE (czyt. Fejtali – przyp. tłum.) – jakich znała nasza Weka. Kiedy ci Fimowie przybyli do zniekształconego Wesadeka i Wesadraka, żeby pomóc upadłym potomkom Equari, posiadali oni wrażliwość systemu czakr, ponieważ niektóre ze składników plazmowych i DNA były niekaktywne. Zostali więc oni poddani infiltracji kobiet Borża-Equari, które złączyły się z ich czakrami w procesie aktywacji ciała świetlistego, aby uzyskać dostęp do ich puli genowej i zmutować ich w nową rasę FAtalE. To jest prawdziwe znaczenie kryjące się za zwrotem „Femme Fatale", które ludzie wypowiadają nie zdając sobie sprawy z jego mrocznej, obcej historii.[192]

Może niektóre z bytów Wielkiego, Białego Bractwa i Kosmicznej Świadomości, które zapoczątkowały wierzenie Prawa Jednego, są odłamami oryginalnych Fim, którzy chcieli pomóc Wesadekowi, ale niefortunnie zostali zbyt pofragmentowani. Tak czy inaczej, ich doświadczenia i galaktyczne problemy nie identyfikują rzeczywistości dla reszty z nas.

W swoim początkowym warsztacie „Sliders-12" Ashayana dzieli się jej poglądami o angażowaniu się w niższe poziomy kreacji. Najpierw przekazuje ona skupioną na sobie stronę tego doświadczenia.

> Płaszczyzny DhA'YahTEi (czyt. Dejati – przyp. tłum.) są, aa... naprawdę były, aa... co robicie, jak dokonacie ascendencji? Co? No więc, wracacie do domu z powrotem do Boga Źródła i możecie zdecydować, żeby tylko zanurzyć się w tej świadomości i nie robić nic, a wtedy znudzić się i zdecydować, że chcecie znowu coś robić, ponieważ jesteście przebudzeni, świadomi i żywi. Tak, jak Bóg Źródło lubi ciągle umieszczać części siebie w matriksie, aby doświadczać, więc my prawdopodobnie chcielibyśmy również to robić (DVD-3).[192]

Perspektywa ta jest pełna sprzeczności – od nauczycielki, która twierdzi, iż chce Nauki Krystal (Krysthal). Jestem w pełni przekonana, twierdząc, iż zupełnie wieczne byty nie mają pragnienia doświadczania nauki śmierci. Jeśli żylibyśmy w pełni kochającym, sprawnym i wspaniałym środowisku i w pełni kochalibyśmy siebie nawzajem, kto przy zdrowych zmysłach chciałby opuścić to doświadczenie i przyjąć pofragmentowane ciało, chyba żeby wierzyli, iż ich przymioty mogą pomóc tym, którzy są mniej szczęśliwi? Wnioskuję, że byty upadłych aniołów, kiedy wyobrażają sobie w pełni wieczne światy, umieszczają tam swoją uszkodzoną mentalność i stan istnienia. Wiele channelingów i przepowiedni ujawnia perspektywę kreacji upadłych aniołów, istniejącej zaledwie wyłącznie dla twórcy, aby mógł on doświadczać siebie w wielu różnych osobowościach i sytuacjach.

Dalej, pogląd Ashayany na Prawo Jednego, umieszcza odpowiedzialność na bytach z wyższych poziomów, żeby poświęcały się dla innych. Mówi ona:

> Chciałabym, żeby istniało lepsze słowo niż hierarchia, ale jest to hierarchia sił częstotliwości. To oznaczałoby, że ci, którzy są najsilniejsi, czuliby się zobligowani do pomocy tym, którzy są słabsi, ale także oznaczałoby to, że ci, którzy są słabsi, dążyliby do tego, aby być silniejszymi, żeby nie być ciężarem dla tych, którzy im pomagają (DVD-3).[192]

Istnieje współzależny związek pośród bytów, które wierzą, iż jesteśmy tym samym, zjednoczonym, choć schizofrenicznym bytem – w zasadzie jako hipotetyczny Krajstar Wszystkiego – lecz ta, tak zwana jedność obejmuje niezrównoważona moc. Jeśli odniesiemy ten Krajstar Wszystkiego do ludzkiego ciała, kontuzja w jednym miejscu zmniejsza naszą ogólną zdolność do przezwyciężenia problemu. Jednak, czyż Prawo Jednego nie oświadcza, że Źródło po prostu kontroluje, góruje i przyzwala na wszystko wewnątrz niego? Prawo Jednego zawiera nieodpowiednie interpretacje, ponieważ nie może połączyć zróżnicowanych energii kreacji, w jedno zunifikowane pole.

Naturalna ekspansja twórczych energii wiąże się z każdym aspektem, posiadając swoją własną wyjątkową siłę i zdolność. Nawet w najwcześniejszych światach krajstar, do których możemy ostatecznie dołączyć, istoty osiągną swój najwyższy potencjał genetyczny, ale niekoniecznie są one tym samym typem istot. Genom jest wciąż unikalny dla danej indywidualności, podczas gdy on, ona, czy ono współistnieją w harmonii z innymi na krajstar. Przekłada się to na każdy naturalny poziom kreacji, gdzie każdy posiada prawo wolnego wyboru, bez bycia ciężarem lub zbawicielem dla drugiej osoby. Miłość nie zmusza nas do tego, żeby pomagać innym. Naturalnie dajemy swój wkład, kiedy czujemy, że jesteśmy w stanie to zrobić.

Wnikliwość w zjawisko bliźniaczego płomienia pokazuje, że oryginalny byt miał wybór – nie obowiązek – żeby przybyć do Eka-Weka. Wielu Fim nie podzieliło swojego ilorazu światła na bliskie proporcje; niemniej jednak, tak samo jak poszczególni mężczyźni i kobiety, każdy bliźniak może przezwyciężyć braki, tak samo, jak czynią to Ludzie, kiedy mają czyste intencje i napływ wiecznej energii. Podobnie do Ludzi, każda istota bliźniaczego płomienia zawiera kod wzorca oryginalnej zdolności partikaj, tak więc mogą oni iść odrębnymi drogami i odzyskać pełność w swoim własnym tempie, co ostatecznie przejawia się w przeobrażeniu się w ich własne ja Fim.

Istoty bliźniaczego płomienia mają złożony związek z ich własnym pierwotnym ja i jest on zupełnie inny aniżeli związek Człowieka posiadającego wyższe ja. Fim ofiarował większość ze swojej zredukowanej energii-materii, aby stworzyć istoty bliźniaczego płomienia. Aby dalej skomplikować sytuacje, niektóre byty bliźniaczego płomienia zdecydowały, żeby stać się wyższymi ja dla Ludzi, jeśliby przejęły i weszły w ludzkie ciało, tak jak dokonała tego Ashayana.

Chociaż pierwotny Fim pozwolił sobie, aby zostać poważnie podzielony, wciąż pozostaje on wieczną istotą. Posiada on przewagę w łatwiejszym procesie ascendencji, aby odzyskać swój pełny iloraz światła, jeśli podzielone części nie powrócą. Kiedy zrozumiemy, że każdy byt jest indywidualnością, dogmat władzy zostaje umniejszony i możemy postrzegać siebie nawzajem jako ani lepszych, ani gorszych ani też potężniejszych. Ta indywidualność daje do zrozumienia, że bliźniacze płomienie nie muszą przychodzić na tę samą planetę, w tym samym czasie, co ich partnerzy.

Pierwotne ja, włączając w to ludzkie Wyższe ja, pragnie pozostać połączone ze swoim niższym lub niższymi ja (liczba mnoga jedynie w przypadku bliźniaczych płomieni), lecz wraz z indywidualnością przychodzi wola; jeśli niższe ja traci swoją prawdziwą tożsamość i konsekwentnie odwraca się od prawdy i miłości, wówczas to pierwotne ja może zdecydować, aby iść dalej, lecz może nie stracić nadziei na prawdziwe połączenie w przyszłości.

Osobiste doświadczenie Ashayany pokazuje siłę wyboru. Jej oryginalne istnienie Fim rozdzieliło się na zniekształcone wymiary Eka, aby ucieleśnić dwie istoty Yanas (czyt. Janas – przyp. tłum.), które czasami szły oddzielnymi drogami. Ashayana lub A'sha (czyt. Ejsza – przyp. tłum.) jest imieniem jej ucieleśnienia Yanas. Przypomina sobie ona wiele żyć, w których pracowała z innym bytem Eka o imieniu Azurtanya, który w tym życiu wszedł w mężczyznę o imieniu Michael Deane. Poślubił on Ashayanę jako Dianę Kathryn (Katie) i był jej partnerem jako Spiker-2. Z powodów osobistych i zarzutów, zerwała ona z nim związek i wniosła pozew o rozwód. W 2011 roku połączyła się ponownie na Ziemi z jej bliźniaczym płomieniem Yanas, z mężczyzną o imieniu Andreas, a teraz skupia się na pracy z innymi Fim, z których wielu jest również zredukowanych i pofragmentowanych w domenach Eka-Weka, włączając w to członków Rady Alhumbhra.

Rzadkie bliźniacze płomienie mogą być pomocne, kiedy zmieszają swoje czakry – jeśli nie są zdeprawowani – wówczas więcej z ich oryginalnych kodów może promieniować na Ziemię. Ten proces dzielenia energii wpleciony jest w nauki o seksie, ponieważ jest to fizyczna reprezentacja dwóch ludzi łączących się nawzajem w jedno. Wierzy się, że seks tantryczny pomaga w otwarciu czakr i aktywacji DNA, kiedy uczestnicy pracują z energią seksualną kundalini oraz z uniwersalną energią znaną jak prana lub qi (wymawiane czi). Ciało nie potrzebuje seksu, żeby uleczyć się samo do procesu ascendencji, ani też seks nie jest konieczny do tymczasowego połączenia się czakr. Faktycznie to określone energie seksualne i fraktalne tak naprawdę niszcz ciało.

Kundalini kontra naturalna ascendencja

Według wiedzy wedyjskiej prana jest „sanskryckim słowem na >>powietrze życia<< lub >>życiową siłę<<".[410] Indyjska prana jest tym samym, co chińskie qi, japońskie ki czy polinezyjska mana – prawdopodobnie też, co ta sama manna od hebrajskiego Boga ze Starego Testamentu. Prana, jak nauczane jest przez mistrzów himalajskiej tradycji, w głównej mierze płynie po jednej stronie naszego ciała, tak więc równowagi należy szukać po drugiej, spolaryzowanej stronie. Te strony, chłodna żeńska Ida oraz gorąca męska Pingala, schodzą się, aby utworzyć węże kaduceusza, podczas gdy Sushumna (czyt. Suszumna – przyp. tłum.), srebrny przewód jest najważniejszym kanałem centralnym, który tworzy oś.[411] MCEO ujawnia, że srebrny przewód obejmuje pierwszych dziewięć wymiarów pól częstotliwości.[173]

W dodatku, do 9-wymiarowej zaślepki węże kaduceusza owijają się wokół centralnej osi naszego ciała i korespondujących z nią czakr, żeby zniekształcić i zakłócić nasycenie częstotliwościami z wyższych wymiarów. Symbol kundalini dla czakry pierwszej, u podstawy kręgosłupa zwanej Muladhara, lub czakra wspierająca Adhara posiada odwrócony trójkąt ze zwiniętym w nim wężem. Wąż wydaje się być zwinięty w 3., kręgi, przypominając Symbol Mocy Reiki, który zawiera 3,5 zwoju, wokół pionowego, centralnego trzonu. Reiki jest kolejną duchową praktyką, która przyciąga fraktalną energię uniwersalną. Obydwa symbole reprezentują moc i wiedzę.[412] Trzy i pół kręgu może reprezentować 3,5-wymiarową zaślepkę zapobiegającą przed przyrostem częstotliwości wymiarowych wyższych wymiarów i ascendencją do harmonicznego wszechświata-2.

Kundalini oznacza wicie się jak wąż. Jest to forma prany, która zakłada się, iż leży nieaktywowana w naszej pierwszej czakrze. Celem przebudzenia kundalini jest stymulacja czakry pierwszej i wystrzelenie jej energii do góry, dla otwarcia innych czakr do stanu oświecenia, który potencjalnie może osiągnąć nirwanę wraz z Bogiem lub jako On. Co jest najlepszym sposobem na stymulację regionu genitaliów czakry pierwszej i przepływu energii? Seks tantryczny.

Uczestnicy seksu tantrycznego świadomie i głęboko wdychają energię przez nos do przepony, kierując energię do czakry „seksualnej", drugiej i przesuwają ją w dół do czakry pierwszej.[411] Zarówno kundalini, jak i seks tantryczny, zwracają najwięcej uwagi na dwie pierwsze czakry, które zamieniają pranę lub qi w ching, która jest energią seksualną. Wtedy orgazmowa ching przypuszczalnie przetwarza qi. Nauczyciele seksu tantrycznego mówią, że jego proces wytwarza więcej miłości i uzdrowienia.[413] Jest to nieprawda, ponieważ cokolwiek jest wypaczonego przez nieorganiczną energię i co podnieca ciało z uzewnętrznionego aktu, jest przeciwstawne wiecznej energii, głębokiemu uzdrowieniu i prawdziwej miłości. Jest to wsteczna perspektywa, której fantomowi obcy nauczają tak, aby mogli oni podczepić się do tej formy pobudzonej energii, która rezonuje z nimi. Nic dziwnego, że rytuały seksualne wykorzystywane są do zapraszania obcych bytów, nie tylko do pomieszczenia, ale także do ciała. Prawdziwie „uświęcony" seks ma miejsce, kiedy obydwoje uczestników są juz wewnętrznie podłączeni do energii Krysthal.

W pierwszym z warsztatów Ashayany pt.: „Uświęcona seksualność" uczy ona, że orgazm i seks gromadzą energię do produkcji 1728 „kluczy" (brzmiąca znajomo cyfra o podstawie 12-tki), potrzebnych do ascendencji do „Środkowej Domeny", zawierającej poziom Edeniczny oraz kilka późniejszych poziomów domeny Ekasza-I.[180] Jest to bardzo podobne do wierzenia Wilhelma Reicha o seksualnej potencji orgonu, jego nazwa prany. Reich zwariował na punkcie mocy orgazmu, sądząc, że odblokowuje ona klucz do uzdrowienia.[414]

Ashayana uczy, że seks może połączyć nas ze „Środkową Domeną", ponieważ dyskopodobny kod naszego ciała, Um-Shaddh-Eie (czyt. Umszadii – przyp. tłum.), przypuszczalnie zawiera kod „krzyża-krysta" Edons (czyt. Idons – przyp. tłum.) i Ekasza Reuche (czyt. Rusze – przyp. tłum.), tak więc miałoby to uczynić go wiecznym kodem. Um-Shaddh-Eie zlokalizowany jest około 12 mm powyżej regionu genitaliów naszego ciała, potwierdza ATI,TPE; dlatego, jak mógłby to być wieczny kod, kiedy jest on częścią naszej fraktalnej, ludzkiej anatomii?

ATI,TPE zgadza się z zapewnieniem Ashayany, że Um-Shaddh-Eie nie istnieje w pełni Metatronicznych bytach, ale wyjaśnia ono, iż nie jest to wieczny kod, ponieważ nie zawiera kodu Reuche, czy faktycznych Edonow Ekasza-I. Um-Shaddh-Eie, tak jak inne naturalne struktury w naszym ciele, dostarcza interfejs do właściwego połączenia z wiecznymi energiami. Dlatego zawiera on rozszerzone elementy Edoniczne, które mogą zliniować się z wiecznymi Edonami, nie będąc w ich domenie.

Dysk interfejsu Um-Shaddh-Eie jest pożądanym przez fantomowe byty kawałkiem naszej anatomii, który może zapewnić im nieśmiertelność dzięki ich podczepieniu się do niego. W przeciwieństwie do twierdzeń MCEO, energia seksualna – czy to pochodząca od kundalini, seksualnego działania, czy też pożądania – nie jest w stanie wytworzyć iskier jednostek partikaj korespondujących z wiecznymi poziomami kreacji. W rzeczywistości zezwierzęcona energia seksualna obniża iloraz naszego żyjącego światła, potwierdza ATI,TPE. Ashayana uczyła, że Um-Shaddh-Eie jest naszym szybkim dostępem do „Środkowej Domeny", tak więc im więcej seksu, tym lepsze miejsce, do którego w przyspieszony sposób dokonamy ascendencji.

W jej drugim warsztacie pt:„ Uświęcona seksualność", Ashayana uczy, że spirala energii Reu-Sha-TA (czyt. Ruszatej – przyp. tłum.) pochodząca od krzyża Reuche, tworzy następujące sześć stożkowych wirów w każdej czakrze: jeden na górze, jeden na dole, a cztery w znajdujących się w jednakowej odległości poziomych lokalizacjach. Twierdzi ona, iż te stożki zapewniają naturalny system cyrkulacyjny. Dołącza ona również informacje o „jasnowidz" o imieniu Barbara Brennan, którą ona faworyzuje, a która według Ashayany, widzi nasze obecne, bardziej zniekształcone czakry.[344]

Brennan była poważnie zaangażowana w nauki o orgonie Wilhelma Reicha, które miały wpływ na jej styl instrukcji, wraz z channelingami oraz „uzdrawianiem" przez nakładanie rąk. W jej książce pt.: „Ręce światła" (oryginalny angielski tytuł „Hands of Light" – przyp. tłum.), ilustracje pokazują czakry bez poziomych stożków, wynikiem czego jest mniej stożków, aniżeli uczy Ashayana.[415] ATI,TPE oznajmia, że wszystkie stożkowe wiry są sztucznie wszczepione w czakry (zob. część rozdziału 9 pt.: „Czakry"). Skonstruowane zostały, aby stłumić i przezwyciężyć energie czakr, nie dostarczając żadnej zdrowej cyrkulacji. Informacja ta otwiera więcej pytań i wnikliwości w nauki MCEO, które twierdzi, że zna wieczną kreację.

Jako kapsułowa formacja wewnątrz ciała i jego polach aurycznych, czakra powinna wysyłać i przyjmować energie w obrębie 360 stopni, we wszystkich kierunkach, jak potwierdza ATI,TPE. Międzywymiarowa natura czakr wchodzi w reakcje z naszym ciałem za pośrednictwem rozległego wzorca połączeń, które możemy odczuwać jako bezgraniczne. Redukując jakikolwiek aspekt naszego ciała do pionowego kanału z punktami polaryzacji oraz kilkoma energetycznymi wirami, traci się większą rzeczywistość tego, czym jest wieczna energia w jej kompletności. Dochodzę do wniosku, że nie powinniśmy skupiać się na żadnym ze stożkowych wirów, zamiast tego postrzegajmy nasze czakry takimi, jakie powinny być naturalnie.

Spirala Reu-Sha-TA była naturalnie sprzężona z nami do czasu, aż określone geometryczne technologie związane z naszą seksualnością umieszczone zostały, aby wypaczyć jej część w nową energię. Kolejna technologia nauki śmierci, wszczepiona w nasze ciało, jest szachownicową mutacją, stworzona przez Siatkę NDC Plejadiańsko-Nibiriańskich Anunnaków (w rozdziale 8). Zniekształca ona nasze morfogeniczne linie Tonalne Axi-A, wpływając na meridiany naszego ciała, uszkadzając dostęp do 12-niciowego szablonu DNA naturalnego Człowieka, przemieszcza E-Umbiczny dostęp naszego ciała do czwartego wymiaru, oraz przekazując inne ułomności, które zredukowały rozpiętość naszego życia.[121]

Naprawa tych wszystkich mutacji genetycznych nie jest konieczna przed naszą cielesną ascendencją, ponieważ wiele z nich zostanie naprawionych w procesie przeobrażenia. Mutacje fizyczne są teraz częścią naszego ciała, ale nie musimy postrzegać je jako normalne. Możemy wyobrażać sobie, jak zakładamy zatyczki na stożki naszych czakr. Możemy również wyobrażać sobie nasze czakry takimi, jakie być powinny, bez stożków. Ogólnie rzecz biorąc możemy wyobrazić sobie spełniony szablon naszego DNA oraz nasze ciało z cyrkulacją wiecznej energii. Kiedy chcemy naprawdę pomóc naszemu ludzkiemu ciału, możemy po prostu uznać obecny stan naszego podzielenia, skupiając się jednocześnie na rzeczywistości wiecznej energii-materii. Oznacza to, że mamy świadomość naszej wrażliwości, więc nie przyciągamy do naszego ciała żadnych zewnętrznych energii. Zamiast tego aktywnie rezonujemy i łączymy się z wiecznymi energiami, a nasza ludzka energia-materia wykorzysta jej naturalny wzorzec, do ostatecznej przemiany w ten lepszy stan.

W trzecim warsztacie Ashayany pt.: „Uświęcona seksualność" mówi ona, że prądy kundalini są prądami elementali (żywiołów), więc skłania nas to do pracy z energiami elementali (żywiołów) pierwszego wymiaru. Wróżki, elfy, skrzaty itd. istnieją w wymiarze 1,5, oznajmia ATI,TPE i zwane są także Elementalami (Żywiołami), ponieważ są blisko połączone podstawowymi energiami żywiołów wody, ognia, ziemi i powietrza. Ashayana oświadcza, że w naturalnych wszechświatach harmonicznych istnieją grupy bytów zwane ElementE (czyt. Elementi – przyp. tłum.), włączając w to Ruta w HU-1, które zarządzają siłami żywiołów. Uczy ona elementarnych komend, które przywołują byty ElementE, jak również 12 „podstawowych molekuł", które nazywa ona Elementalami (DVD-2).[416]

Ashayana nadaje grupom bytów ElementE następujący porządek, tak jakby każdy z nich dominował cały harmoniczny wszechświat i podzielone one są na zestawy 12-tu, przypuszczalnie dla każdego wymiaru: etery (HU-1), stałe – ziemia (HU-2), płynne – woda (HU-3), gazy – powietrze (HU-4) i opary – ogień (HU-5). Oznajmia ona, że: „możemy sprowadzić te naturalne prądy elementarne do naszych ciał" i uzdrowić te ze zwiększonymi zniekształceniem, przy pomocy nasiennego atomu Um-Shaddh-Eie, który twierdzi, iż jest aktywowany poprzez nauki MCEO o seksualności (DVD-2).[416] Daje ona także przykład mówiąc, że możemy pomóc drzewu, otwierając nim nasze czakry.

Ashayana dostarcza niewiele fragmentów informacji o bytach ElementE, ale są one wystarczające, aby rozróżnić, ze ElementE nie są prostymi molekułami. W odpowiedzi na moje dociekliwe pytanie, ATI,TPE ujawnia, że byty ElementE znajdują się w Galaktyce-2 i są one bardziej naturalnymi wersjami wróżek, elfów itp. w naszej Drodze Mlecznej. Chociaż są one mniej zniekształconymi istotami Galaktyki-2, nie są one wieczne, a ich prądy energetyczne rezonują z podstawowymi energiami tej galaktyki. Sprowadzanie ich energii do naszego ciała niczym nie różni się od przyciągania bytów Elementali Drogi Mlecznej.

Jedno i półwymiarowe wróżki, elfy, skrzaty itp. Elementale nie żyją na naszej 2,5-wymiarowej planecie, ale wciąż mogą połączyć się z Ludźmi za pośrednictwem symbolicznych roślin ozdobnych i rezonujących energii pierwotnych. Te połączenia energii-materii ułatwiają sztuczne otwarcie do naszego wymiaru, poprzez które Elementale mogą towarzyszyć energetycznym pojazdom niektórych Ludzi, ale nie przechodzą naturalnej ascendencji. Według ATI,TPE: „Elementale obejmują niższe kreacje, które mogą znaleźć proces ascendencji Człowieka. Noszenie innych bytów z Ludźmi podczas ascendencji jest szkodliwe i może spowodować mroczny rozkwit, zanim zakończony zostanie proces ascendencji". Oświadczenie to dotyczy również bytów ElementalE z Galaktyki-2, ponieważ w odpowiadających im harmonicznych wszechświatach uznawane są za niższe kreacje.

Mroczny rozkwit jest wielostopniowym procesem częściowego do pełnego opętania. W dniu 5 lipca 2016 roku zapytałam Wszystko Co Jest, Czystą Esencję (ang. skrót ATI,TPE), aby wyjaśniło stopnie opętania mrocznego rozkwitu:

> Zwrot „mroczny rozkwit" można zdefiniować jako sytuację, kiedy byt z innego świata podczepia się do ludzkiej esencji i świadomości, oraz przekazuje ludzkiej esencji i świadomości swoją skażoną, negatywną esencję energetyczną. Z chwilą, kiedy się podczepi, manipuluje on ludzkim konstruktem, wpływając na głębszy, energetyczny i fizyczny aspekt konstruktu tego Człowieka, za pośrednictwem DNA oraz aspektów plazmy i kwantum. Przez te działania Człowiek jest pod kontrolą i manipulacją umysłową bytu z innego świata.

Proces mrocznego rozkwitu rozprzestrzenia fantomową energię do naszego ciała, jako wirus energetyczny, który zmienia aspekty naszej składowej esencji. Przypomina to, jak technologia Stokrotki Śmierci rozpoczęła się i rozkwitła w Drodze Mlecznej.

Po wypowiedzeniu tego wszystkiego, wydaje mi się niewiarygodne, że każda z małych części naszego ciała może działać jako nasze przejście gwiezdnych wrót, do chronionego, wiecznego świata, zwłaszcza, kiedy nasza pozycja jest ciężko sfraktalizowana i niebezpieczna. W naukach „uświęconej" seksualności znajduje się zbyt wiele zniekształceń, żeby którekolwiek z nich zastosować w procesie naszej ascendencji. ATI,TPE oraz obydwa moje kontakty z Galaktyki-2 potwierdzają, że obszar naszych genitaliów wraz z interfejsem Um-Shaddh-Eie nie zawiera żadnych kluczy do bezpiecznej, naturalnej ascendencji. W rzeczywistości musimy ciężej pracować, żeby mądrze uzdrowić naszą zezwierzęconą naturę.

MCEO dostarczyło określone, oparte na częstotliwości techniki z kodami, które mają potencjał ponownego połączenia się z ludzkim szablonem DNA, ze zwiększonymi, naturalnymi energiami, poza technologiczne implanty i genetyczne zniekształcenia. Godna uwagi jest technika Maharyczna Tarcza, zwana również Maharyczną Pieczęcią.[417] Wykorzystuje ona kod Reuche wewnątrz środka symbolu w kształcie łezki, aby pomóc zliniować nasze ciało z chronioną energią Ekaszy; jednakże symbol posiada 12 mniejszych kształtów, żeby dawać niekompletny, oparty na 12-tce kod, który utrudnia energii Ekaszy dosięgniecie nas. Technika ta zastępuje także 12-wymiarowe odcienie częstotliwości wymiarowych fantomowym kolorem białym oraz używa ona srebrnego przewodu, w ten sam sposób, jak technika kundalini New Age zliniowuje nasze czakry. Z tego oraz innych powodów, nie polecam, aby stosować technikę Maharycznej Tarczy, nawet jeśli właściwie zastosujemy 12-wymiarowy, niebiesko-szary kolor zamiast białego.

W moich technikach energetycznych nie chce przyciągać pofragmentowanych energii galaktycznych; moja świadomość wzrosła, aby właściwie połączyć się z prawdziwie wiecznymi energiami. Nie patrzę na siebie już dłużej, jakbym potrzebowała czegokolwiek z zewnątrz do wypełnienia mnie, ponieważ jako Człowiek zawieram już w swoim wewnętrznym szablonie częściowe aktywacje wiecznej energii. Moje połączenie ze Wszystkim Co Jest, Czystą Esencją zapewnia czyste zliniowanie w kierunku najwyższej czystości i życia, dla wszystkich moich warstw, lecz aspekt mojego „najwyższego ja" jest moim najczystszym interfejsem, który dzieli swoje bliskie połączenie z Eia, oraz ATI,TPE, z resztą moich aspektów. Szerzej wypowiem się w rozdziale 11 i dostarczę kilku technik opartych na wiecznej energii.

Przyciąganie zewnętrznych energii do naszych czakr może być niszczące, co więcej, niekorzystne jest tworzenie pionowego przepływu. Chociaż czakry komunikują się, są one indywidualnymi strukturami i tak powinny być traktowane. Możemy po prostu połączyć każdą z nich z wiecznymi energiami, w odpowiadających im wymiarach AquaLaShA i pozwolić im naturalnie przepływać, z naszymi pozostałymi czakrami, zamiast stosować pionowe, hierarchiczne zliniowanie.

W naturalnym procesie fazowania partikaj, gdzie energetyczny „oddech życia" wibruje, aby wytworzyć pra-kwarkowe iskry promieniowania, przepływ ten dosięga nas w Eka-Weka i sprowadza nas do przeobrażenia się w lżejsze gęstości, w procesie ascendencji wewnętrznej, tym samym harmonizując wszystko, co istnieje w nas z nowym środowiskiem. Wierzenie Prawa Jednego nie przyzwala na alternatywy ascendencji, ponieważ zmuszał nas systematycznie do wracania poprzez pierwotny cykl fazowania, który przywiódł nas do naszego poszerzonego etapu; dlatego musimy odzyskać wszystkie z naszych osobiście zakodowanych fragmentów, aby powrócić do gestaltu „Źródła". W rzeczywistości energie mogą przyspieszyć tak, jak my i one pragną, wzdłuż stopniowo zliniowanych ścieżek, tak więc cieszę się, że nie ma żadnych innych ja, na które muszę czekać, po to żeby żyć i kierować swoim życiem. Aby potwierdzić moje twierdzenie, możemy po prostu spojrzeć na nową ścieżkę Ziemi Ascendencji Aurora, jak jest pokierowana przez swoje połączenia DhA'YahTEi i Urty.

Podsumowując, „uświęcony seks" polega na spolaryzowaniu jednostek, z zamiarem osiągnięcia wszech-polarnej energii. Seks tantryczny, ani żadna inna forma seksu fizycznego, nie mogą zbliżyć nas do czystych energii we wczesnych światach, ale nauczyciele seksu tantrycznego mówią, że jednoczący akt seksu otwiera nasze czakry, aby umożliwić przepływ kundalini uniwersalnej energii, tak jak nauki śmierci i życia mogą wchłonąć się bez rozkładu. Ten pofragmentowany przepływ wymaga od nas, byśmy pracowali ze zniekształconymi podstawami z dołu do góry, zamiast z wewnątrz na zewnątrz z wrodzonej wiecznej podstawy. Innymi słowy, kundalini przyciąga do naszej pierwszej czakry najbardziej poszerzoną pierwotną energię pierwszego wymiaru i wprowadza ją do góry oraz do wyższych czakr. Jeśli energia seksualna nie zostanie zrozumiana jako ostatnia warstwa siebie samego, który z łatwością może utracić świadomość swoich fundamentalnych energii, a dana osoba wykorzystuje seks do karmienia braku, wtedy akt seksualny obejmował będzie statyczną, przetworzoną energię, która może uszkodzić czakry oraz zdolność ciała do ascendencji.

Matematyczne pochodzenie Prawa Jednego

Wczesne etapy kreacji, istniejące przed wszech-polarną jednostką partikaj, nie są spolaryzowane. Fazowanie partikaj rozpoczęło proces polaryzacji kreacji naturalnego ciała świetlistego. Spolaryzowane byty nie były podzielone ani rozbite, lecz dodane i zwielokrotnione przez proces rozszerzania. Jednostki partikaj fazowały od jeden do trzy we wczesnych cyklach Starborn, kiedy to pierwsza jednostka wytworzyła iskrę, która poszerzyła jej substancje do jednakowo oddalonych lokalizacji na zewnątrz jej, tworząc partikam i partikej.

Według MCEO kreacje jednostki partikaj obejmują specyficzny wzór matematyczny.[180] Po pierwszym trój-jednostkowym Taurenie, jednostka partikaj w każdym kolejnym etapie została zwielokrotniona przez poprzednią jednostkę, aby ostatecznie stać się Centralną (ang. Hub) jednostką 48 partikaj. Wtedy, w jakiś sposób miał miejsce przeskok kwantowy, aby wytworzyć wielokrotność trzech, która dała jednostce Adon 144 jednostki partikaj. Wreszcie model oparty na 12-tce wytworzył 1728 jednostek partikaj na jednostkę Edonu oraz 20736 jednostek partikaj na każdą jednostkę Yunasum (czyt. Junasam – przyp. tłum,). Są to podstawy nauk Prawa Jednego o naszych przypuszczalnych ja z innych galaktyk!

Ponieważ każda świadoma esencja posiada wybór, może ona zdecydować, jak tworzyć. Matematyka generacyjna partikaj MCEO mogłaby być możliwa, ale jakoś trudno jest mi uwierzyć w „przeskok kwantowy". Dlatego poprosiłam ATI,TPE oraz obydwa moje główne kontakty o potwierdzenie o numerach partikaj od 48 do 20 736. Każde z nich oświadczyło, że poszczególne numery jednostek partikaj są poprawne, za wyjątkiem numeru 144 dotyczącego jednostki Adon. Acha, znowu ta cyfra. Ashayana nazywa tę cyfrę „boskim kodem" (DVD-2).[180]

Funkcja kreacyjna cyfry 12 niekoniecznie mnoży się przez 12, jest to tylko jeden z wielu kodów matematycznych. Teraz, kiedy Ashayana pracuje z Radą Alhumbhra, dowiedziała się też o siedmiu, nie 12-tu plazmowych poziomach KosME'ja i jednym poziomie Kosminjas; jednak wciąż utrzymuje ona przekonanie, że nasz kompletny wzorzec DNA Kosminjas zawiera 144 nici. Według ATI,TPE, liczba maksymalnego potencjału nici Ludzkiego DNA wynosi 120. Maksymalna liczba nici DNA bytów z wcześniejszych poziomów może przekroczyć 144, zależnie od tego skąd pochodzą.

Z powodu okoliczności oraz indywidualnej woli, proces kreacji nie podąża za doskonałymi wzorami matematycznymi, czy stałymi na każdą sytuację, zwłaszcza w naszej znacznie poszerzonej pozycji. Kreacja jest mieszanką porządku i wolności, a wolność obejmuje przypadkowość. Postrzeganie kreacji przez Prawo Jednego jest bardzo kontrolowane i wyrachowane; nie reprezentuje ono indywidualnych anomalii i jest bardzo wadliwe.

Moja mama i ja poprosiłyśmy ATI,TPE oraz obydwa nasze kontakty z Galaktyki-2, aby ujawniły poprawne liczby rozszerzenia partikaj. Dowiedziałyśmy się, że z uwagi na przypadkowość ich występowania w całej kreacji, liczby partikaj są szacunkowe. Oznacza to, że chociaż istnieje oryginalna jednostka Adon o określonej liczbie partikaj, to nie wszystkie jednostki Adon są dokładnie takie same w ich procesach powielania, tak więc jednostki partikaj na Adon mogą się różnić. Adon posiada w przybliżeniu 20 000 jednostek partikaj, a nie 144, jak uczy Ashayana, oraz istnieje jeszcze jedna jednostka z 15 000 partikaj pomiędzy Adonem a w przybliżeniu około 1728 partikajowym Edonem.

Na tym etapie świadomości Ashayany myśli ona, że wzorzec matematyczny MCEO-GA przedstawia oryginalny proces rozszerzenia, tak jakby Krajstar Wszystkiego nie tylko był niezmiernie obeznany, ale był także w stanie kontrolować proces powielania wewnątrz jego. Niemniej jednak, kiedy tworzony jest inny byt, bez względu na to, czy istnieje on w pobliżu swojego poprzednika, jest to odrębny byt, który nie może być w pełni kontrolowany. Zwolennicy Prawa Jednego nie przyjmują tej rzeczywistości z powodu ich własnych problemów z kontrolowaniem.

Wniosek

Może powodem tego, że Ashayana nie rozróżnia niespójnych przekazów grup jej bytów w obrębie dogmatu Prawa Jednego jest to, że zasadniczo wierzy ona, że nie istnieje faktyczne zło z dala od dominującej rzeczywistości jednego Źródła, czym kreacja zarówno jest, jak i stanie się ponownie (poza mniej wiarygodną perspektywą, że „wszystko jest iluzorycznym hologramem"). Nie miałoby to i tak znaczenia, jeśli zostalibyśmy podzieleni w gwiezdny pył, ponieważ i tak wciąż powrócilibyśmy do Źródła. Perspektywa ta nie pasuje z jej pragnieniem pomagania ludziom w uzdrowieniu i ascendencji bez zniekształcenia. Oznajmia ona zasadniczo, że stworzone istoty nie mają znaczenia, kiedy niezliczona ilość ludzi i bytów *zna* nasze życia, zaś energie wiecznego życia mają wielkie znaczenie; wbrew jej naukom i wierzeniom Prawa Jednego, Ashayana wyraziła silną, wzajemną zgodę z tym.

Kiedy przez lata słyszałam sprzeczne przesłanie New Age o życiu i śmierci, zmagałam się z tym. Działa ono z pozycji umysłowego przekonania, zamiast z wewnętrznych świadomych i emocjonalnych poziomów nieprzefiltrowanej intuicji i reakcji. Czy na pewno ma znaczenie to, co czyste, łaskawe i połączone ze Wszystkim Co Jest, Czystą Esencją, nie tylko w wielkim obrazie, ale także dla Wszystkiego Co Jest, Czystej Esencji? Czy na pewno ma znaczenie to, że ludzie nie chcą znać wiecznej energii, ponieważ alternatywa przynosi zaburzenia i utratę życia? Czy na pewno ma znaczenie, że ludzie niewłaściwie przedstawiają ATI,TPE, jak również prawdę o kreacji? Na moje obawy ATI,TPE wyraża się, że prawda, miłość i życie naprawdę mają znaczenie i (tak samo jak ja) pragnie ono skorygować kłamstwo.

ATI,TPE nie ma emocji, ale faktycznie posiada świadomy zamiar. Ma ono zamiar połączyć się z nami przez Eia i poszerzony pomost Eia, oraz zna nas gruntownie jako Ludzi z naszymi naturalnie wrodzonymi warstwami kreacyjnymi. Kiedy osiągniemy zgodność z naszymi wiecznymi warstwami, uzyskamy większą zdolność do łączenia się z ATI,TPE.

Rezonans wiecznego życia otwiera nas na obfitość energetycznych przepływów i rzeczywistości poza naszą pofragmentowaną pozycją, oraz ostatecznie ustanawia nasz związek z ATI,TPE – pochodzeniem życia. Nikt nie jest Wszystkim Co Jest, Czystą Esencją, tylko ono, faktyczne Wszystko Co Jest, Czysta Esencja; nie stajemy się magicznie jednym z nim, nawet jeśli zupełnie się z tym zgadzamy. Istnieje miara oddzielenia, która może być cienką powłoką, bądź rozległą przepaścią. Ludzie, kiedy chcą zaburzenia, mogą odłączyć się od ATI,TPE, wynikiem czego jest energetyczna przerwa, która powstrzymuje ATI,TPE przed znaniem ich na wskroś.

Jeśli nie zrozumiemy indywidualnego oddzielenia współistniejącego z połączeniem, możemy łatwo znaleźć się pod wpływem bytów z wyższych wymiarów oraz ich rzeczników, którzy przekonywująco opowiadają określone historyjki o pochodzeniu i procesie kreacji. Kiedy zdamy sobie sprawę z naszego oddzielenia, wyczujemy naszą własną przestrzeń, która może pomoc nam rozróżnić informację z kombinacją przyczyny, osobistego doświadczenia, intuicyjnego wiedzenia oraz wyczucia energii. Jeśli zostaniemy zliniowani z naszą główną esencją, wieczna energia przepływa przez nas z klarownością i możemy pełniej poprowadzić sami siebie, aniżeli zrobią to jakieś zewnętrzne nauki.

Hipotezy Prawa Jednego są krótkowzroczne i niewłaściwe, kiedy proces twórczy postrzegamy wewnątrz jednej otaczającej nas kuli krajstar lub bytu. Wierzenie to chce zawrzeć wewnątrz życie i odpowiadającą jemu kreatywność, kiedy to natura życia jest wolna, a wieczna energia przepływa bez końca. Orędownicy Prawa Jednego nie wiedzą również o najwcześniejszej egzystencji posiadającej inne esencje, aniżeli możemy kiedykolwiek doświadczyć.

Każdy byt, taki jak krajstar, jest już samowystarczalny, więc nie ma zdolności do tworzenia nowych, wewnętrznych warstw energii-materii, nie mówiąc już o posiadaniu przestrzeni do zrobienia tego wewnątrz swojego spełnionego ciała. Jakikolwiek przyrost twórczy poszerzyłby ilość jego energii-materii na zewnątrz, aby pomóc stworzyć nowy byt w innej przestrzeni. Zgodnie z tym, nowa, wieczna domena może byś w końcu stworzona po naszym Weka.

Potencjalnie możemy ucieleśnić pełną zdolność genetyczną odpowiedniego nam wyższego ja z więcej niż 120-toma nićmi DNA, aż do poziomu Kosminjas. Możemy żyć tam jako wieloaspektowi „ludzie" na krajstar, co nie różni się od bycia Człowiekiem na planecie. Poza Kosminjas możemy przejść przez kilka etapów, aby przeobrazić się i uprościć nasz pełny wzorzec w nasz rdzeń lub najwyższe ja. Jeśli jako wieczne istoty nie chcemy podróżować aż tak daleko, możemy zdecydować żeby przeobrazić i uprościć wzorzec naszego DNA w inny podstawowy stan bycia, taki jak krajstar lub Yunasum. Mamy także opcję, aby żyć w jakimś innym wiecznym świecie, z którym jesteśmy zliniowani. Nie jesteśmy przeznaczeni ani zobowiązani, aby przybyć do pojedynczego miejsca lub źródła, ponieważ posiadamy moc wyboru, zaś możliwości są hojne i nieskończone! Te niewidoczne światy wydają się dla nas teraz wymyślone, ale dzięki naszej zdumiewającej kompozycji z dostrzegalnymi połączeniami z Eia oraz ze Wszystkim Co Jest, Czystą Esencją, nasza intuicja może je znać jako rzeczywiste.

Połączenie wszystkich kreacji Prawa Jednego nie tylko gmatwa nasze specyficzne tożsamości i granice, ale także ostatecznie wymazuje je. Każda kreacja uznawana jest za reprezentację jednego bytu, tak więc atom jest w zasadzie taki sam jak złożony Człowiek. Byty grupy Boga uwieczniają to zamieszanie podając się za panów naszej Boskiej-natury. Chociaż ludzkie ciało składa się z pierwiastków chemicznych, Ludzie wiedzą, że nasze indywidualne tożsamości różnią się od tożsamości tych pierwiastków. Logikę tę możemy zastosować do innych przedłużeń związanej z tym materii: nasi rodzice nie są nami, a my nie jesteśmy naszymi rodzicami. Zamiast myśleć o naszym obecnym święcie jak o hologramie, lepiej byłoby dla nas, żeby zwracać uwagę na różne aspekty kreacji, nasze granice, oraz na to, jak jesteśmy z tym spokrewnieni, byśmy mogli nauczyć się pokojowo współistnieć w realistycznej jedności.

Pomysł nas wszystkich jako pojedynczego Boga ze z góry przewidzianym planem zaaranżowania każdego indywidualnego ciała, jak mistrz marionetek, jest dla nas obezwładniający. Z powodu naszego wewnętrznego pragnienia połączenia, Prawo Jednego jest przyciągającym wierzeniem; jednakże nie traćmy poczucia nas samych, gdyż wieczne rzeczywistości połączenia i oddzielenia istnieją jednocześnie.

ROZDZIAŁ 11

Następnym krokiem jest nasza decyzja

Urodziliśmy się w Ludzkich ciałach, ze wszczepioną w naszą genetykę nieproporcjonalną ilością nauki śmierci. Ta zapora zniekształceń jest „grzechem", którego nie sprowadziliśmy na siebie. To, co boli mnie najbardziej, kiedy patrzę dookoła siebie, to poziom złudzeń, jaki posiada większość Ludzi, kiedy mówią, że czują się „w porządku" pośród oczywistych polaryzacji procesu ich myślenia i zachowania. Metatroniczne częstotliwości zliniowały ich z negatywnością, która jest odczuwana jako normalna, a przez nich nawet jako szczęśliwa. Często, kiedy dzieliłam się z takimi ludźmi moimi odczuciami, czułam się, jakbym mówiła do nich w obcym języku. Zdałam sobie sprawę, że postrzegają oni inną rzeczywistość niż ja, taką, której energia nie jest odczuwana przeze mnie jako normalna.

Połączona rzeczywistość wspólności oraz indywidualności może wytworzyć zliniowane energie. Jest to najłatwiejsze, kiedy żyjemy jako nasze prawdziwe ja, pośród podobnych energii, ale ponieważ posiadamy ciało fizyczne, które zbudowane jest głownie z mechaniki fraktalnej, nie możemy nic zrobić, tylko uczestniczyć w części jego wampiryzmu po to, aby przetrwać. Dla przykładu, Ludzie zabijają rośliny i zwierzęta dla konsumpcji odżywczej. Ziemia zawiera sprzeczne energie, które musimy jakoś zrównoważyć, żeby tutaj żyć.

Sposoby osiągnięcia równowagi przynoszą bardzo różne rezultaty. Może to być wspólny wkład naszych wewnętrznych aspektów, które dadzą nam zdrowie, bądź może pociągać to za sobą kompromis, który przytępia nasze zmysły i ostatecznie wyłącza naszą świadomość oraz wzorzec DNA. Czy możemy wciąż działać z pełną świadomością i miłością, podczas gdy musimy czasami postawić siebie na pierwszym miejscu, kosztem innego bytu? Gdzie zarysowuje się linia pomiędzy każdym z nas oraz gdzie wkracza osąd pomiędzy „dobrem" a „złem"?

Zmagałam się, mając do czynienia z rażącymi sprzecznościami, które dają wrażenie ciężkich rozkojarzeń, ale wiedziałam, że muszę pozostać przy zdrowych zmysłach. Myślę, że zdrowie psychiczne obejmuje pełne uzmysłowienie sobie tych sprzeczności, widząc zarazem pewien stopień różnicy jako podstawową rzeczywistość. Ustanowienie równowagi pośród tych różnych stopni pociąga za sobą troszczenie się o nasze własne potrzeby, będąc jednocześnie sumiennym w stosunku do innych, wybierając bardziej odpowiedzialne, łagodne działanie najlepiej, jak potrafimy.

Każdy z nas posiada swoją indywidualną przestrzeń, w której możemy pracować ze wszystkimi naszymi wrodzonymi aspektami, bez utraty tego, co wiemy o sobie i naszym środowisku. Na przykład moja Ludzka energia-materia o wyższej świadomości jest kompatybilna głównie z Taleą, tak więc pracuję z moimi osobistymi podobieństwami, aby stworzyć więcej zgodności i siły. Jeśli któreś z moich części kłócą się ze sobą, tak jak choroba czy stare traumy, wówczas pielęgnuję i podbudowuję te osłabione obszary tak, aby mogły przezwyciężyć negatywności i zacząć rezonować z resztą mnie. Praktyka ma również zastosowanie w konstruktywnych relacjach z innymi ludźmi. Aczkolwiek, kiedy ludzie posiadają energie niezgodne z moimi, które ciągle walczą ze mną, wówczas dla dobra mojego zdrowia musi być umieszczona między nami większa przestrzeń. Jeśli jacyś ludzie bądź byty są dla mnie wyjątkowo toksyczni, będę musiała usunąć ich z mego życia, podobnie jak pasożytnicze organizmy nie należą do mojego ciała.

Religijne i polityczne przeinaczenia „jedności" zazwyczaj obejmują kombinację wszystkiego, z odrobiną granic lub bez nich. Chociaż religie i rządy nakłaniają do ideału, ich władcy zazwyczaj chcą skrajności i wszystkiego, co pomiędzy – tak jakby to dawało większej mocy i wpływu nad masami. Przypuszczalnie chcą oni jednolitej zgody, akceptując w tym samym czasie chaos i niezgodę, pod warunkiem, że można je kontrolować. Jednakże taka kombinacja zmniejsza działania rządzące, gdyż polarności negują się nawzajem i powodują stagnację zamiast konstruktywny kompromis. Jeśli ich pasujący do wszystkiego model osiąga dobrowolny kompromis, wówczas osłabia to równowartość potencjalnie zjednoczonych sił wszystkich ludzi, jak również jednostki. Kiedy naprawdę jesteśmy zjednoczeni, wówczas wzrastamy razem, ale kiedy zostajemy otępieni do chaotycznych i zdezorientowanych energii, wówczas stajemy się fragmentami nas samych.

Nasz obecny świat, z powodu kontrastujących ze sobą wierzeń oraz doświadczeń życia i śmierci, wypełniony jest symbolicznym kolorem szarym. Ten szary kolor może być interpretowany jako pozycja neutralna, ale wtedy w grę często wchodzi bezsilność i samozadowolenie, aby uczynić tę pozycję stagnacją. Przyjmowanie pozycji neutralności pokazuje pewną akceptację w stosunku do sytuacji lub akt przypadkowości. Linia pomiędzy neutralnością a nie podejmowaniem działania nie jest wyraźnie zarysowana; musimy posiadać pewną miarę akceptacji w stosunku do sprzeczności „kręgu życia", tak abyśmy mogli mieć pozytywny wzgląd na Ziemię. Linia zostaje narysowana, kiedy zaczynamy czuć się zagubieni, niezdolni do niczego oraz czując się jak ofiara.

Kiedy nasze konsekwentne działania zaprzeczają początkowej emocji, która powstaje w wyniku bycia uciskanym, to właśnie wtedy dosłownie rozmazujemy lub wycieramy tę linię, tworząc potencjalnie efekt domina, mniej pożądanych energii, które mogłyby zamienić nas w zupełnie innych ludzi. Myślicie, że jak te byty, które pierwotnie były wieczne, zostały poważnie zniekształcone? Nie było to natychmiastowe. Ich wybory, jeden po drugim, uszkodziły połączenia z czystymi energiami, zmieniając ostatecznie ich fizyczny wizerunek i tracąc swoją samo-tożsamość.

Ja twierdzę, że musimy być świadomi przestrzeni pomiędzy energiami oraz bytami, ponieważ dostarczają one oddzielenia od zewnętrznych energii i pomysłów, tak więc nie musimy być przez nie przytłaczani ani dostosowywać się do nich. Przestrzeń ta jest czystą granicą oraz może także dostarczyć neutralnej strefy, gdzie możemy bezpiecznie coś spotkać, bez wchodzenia tego w pola naszego ciała. Pozostając wewnątrz siebie samych, z neutralnej pozycji, możemy ocenić zewnętrzną informację i podjąć przemyślane decyzje, wiedząc że w trudnych sytuacjach, nasze decyzje mogą nie być w 100 procentach dobre, ale są czymś najlepszym czego możemy dokonać w danym czasie.

Niestety, fantomowe energie oraz energie zliniowane z nimi polaryzują rzeczywistość w kierunku skupienia na samym sobie na jednym końcu spektrum, do mentalności roju na drugim końcu. Dlaczego „normalne" zostało przytępione, podczas gdy w tym samym czasie jest także egocentryczne i oporne? Dlaczego niektórzy ludzie chcą pozostać w tej energii, tylko dlatego, że są do tego przyzwyczajeni?

Metatroniczne częstotliwości powoli i systematycznie weszły w ludzkie umysły i ciała, aby pokazać im inną egzystencję, która jest najbardziej fałszywa ze wszystkich możliwych. Jest to tak, jak w filmach „Matriks", gdzie ludzie żyją w świecie snu. Jednakże ten świat snów wciąż ma swoje koszmary, więc nie ma to dla mnie sensu, żeby ktoś odrzucił rzeczywistość, w której może pokierować sobą i odczuwać prawdziwe szczęście i radość.

Na przykład wielu ludzi myśli, że są szczęśliwi w dysfunkcjonalnym związku, lecz te „szczęśliwe" czasy są wtedy, gdy wydarzenia nie wybuchają w formie nadużycia – jest to tryb przetrwania. W najlepszym przypadku jest to słabe, lecz nawet w takim słabym stanie dana osoba stąpa po cienkim lodzie, modyfikując siebie, starając się stać kimś innym. Ludzie mówili mi, że po opuszczeniu swoich destrukcyjnych małżeństw, nareszcie zrozumieli, czym jest szczęście; zostali ugruntowani w sobie i ponownie odzyskali swoją tożsamość. Złości mnie, kiedy widzę, jak dobrzy i zdolni ludzie padają łupem kłamstw Borża, Equari oraz Alfa-Omega (BEA-O), które kierują ich otwarcie na wpływy i zliniowanie z BEA-O.

Mój apelem do czytelników brzmi: zdajcie sobie sprawę z tego, co robicie. Proszę, zbadajcie warstwy waszego własnego, pięknego ja, które pomogłam odkryć w rozdziale 9-tym; wówczas podejmijcie doinformowaną decyzję o tym, czy wciąż chcecie podążać za waszym religijnym lub duchowym wierzeniem. Jest to ważne, ponieważ wierzenie BEA-O i związana z nim energia, za którą możecie dobrowolnie podążać, zaprowadzi was do podobnych lokalizacji wymiarowych po życiu na tej Ziemi; jednak może nie być to spowite przez ten sam Matriks snu, w który wierzyliście. Jego energia jest głęboko zakorzeniona w wykorzystującej władzy. Kiedy znajdziecie się na terytorium BEA-O, staniecie się podmiotem większego totalitaryzmu i niewolnictwa. Istnieje dla nas potencjał do przebudzenia się w jakimkolwiek punkcie w czasie, zwłaszcza, że lokalizacje wymiarowe będą odczuwane przez Ludzi tam będących jako „nieprzyjemne", oznajmia ATI,TPE, ale jak ludzie będą zainfekowani gorszymi urojeniami i energiami, aniżeli tym, co mają teraz na Ziemi, wówczas będzie im znacznie trudniej to przerwać.

Obecnie nasza wrodzona energia powinna być wystarczająco namacalna, aby przebudzić nas i przezwyciężyć wierzenie, lecz wierzenia nie są zaledwie myślami, które mogą odpłynąć. Wierzenia zakodowane są określonymi wzorcami energetycznymi, stąd potrzeba jest tyle naszej energii, żeby je zmienić. Na tym etapie tej książki mam nadzieję, że sprawdzacie swoje myśli z prawdziwą energią was samych, gdzie możecie świadomie odrzucić energie, z którymi w pełni nie rezonujecie. Wtedy to możecie wyraźnie wiedzieć, co chcecie zrobić, zamiast robić to, do czego byliście fałszywie zaprogramowani.

Ten rozdział zgłębia bezpośrednie lokalizacje wymiarowe, do których Ludzie mogą przybyć po Ziemi. Dostarcza on również wglądu w energetyczne rozróżnienie i zliniowanie. Mamy jakieś dostępne nam opcje, najmądrzej jest otworzyć nasze oczy i świadomie zdecydować się na właściwą ścieżkę, zamiast być odciąganych od naszych lepszych domów.

Opcje ascendencji z Aurory Ziemi Ascendencji

3 stycznia 2013 roku połączone siły Żywiciela Rzeki Krysthal (ang. Krysthal River Host, skrót KRH) oraz ich regionalni współpracownicy ustanowili wolną od porażki sytuację dla dużej części naszej Ziemi, aby mogła ponownie zintegrować się ze swoją oryginalną energią-materią Ziemi Amenti. Pilnie pracowaliśmy od 21 grudnia 2012 roku, żeby udaremnić Metatroniczną agendę 55,5-144 oraz importować wolne od porażki połączenie.

Opinia publiczna wyszydziła spokojną datę 21 grudnia 2012 roku, w którą wierzono, że przyniesie apokaliptyczne zmiany z powodu przepowiedni i założeń o końcu kalendarza Majów – więc ludzie dalej wiedli swoje codzienne życie. Myślę, że życie bez strachu czy ekstremalnych oczekiwań jest tym, co powinno mieć miejsce na planecie ascendencji.

Nazwa *Aurora Ziemia Ascendencji* identyfikuje naszą Ziemię jako planetę ascendencji, która integruje coraz więcej naturalnego światła i plazmy z Transharmonicznych Pól Aurora (pól Aurora), pomiędzy Ziemią a Utrą. Przez eony był to plan awaryjny, jeśli Ziemia miałaby nie zintegrować się z Tarą. Ponieważ Tara w dużym stopniu stała się fantomową, dokonującą ascendencji częścią naszej Ziemi, skierowana jest w stronę pól Aurora, lecz najpierw zjednoczy się z Ziemią Amenti. Myślę, że tak czy inaczej nasze wyłonienie się na Ziemi Amenti powinno być naszym pierwszym krokiem w naszej podróży ascendencji, ale ponieważ Ziemia Amenti utrzymuje w swoim rdzeniu Kulę Amenti, przypuszczalnie przyłączyłaby się do Ziemi podczas naszego przyspieszonego cyklu ascendencji.

Zauważcie, że przyszłość nie jest zapisana. Na ścieżce uzdrowienia Ziemi istnieje potencjał, że Tara mogłaby być w jakiś sposób odnowiona przez przyjazne istoty, przekazuje ATI,TPE (angielski All That Is, The Pure Essence). Jak udowodniła to historia, plany mogą zmienić swój bieg, lecz ponad wszystko celem dla Ziemi i jej naturalnych mieszkańców jest ostateczne osiągnięcie wiecznego stanu. Najbezpieczniejsza droga do zaistnienia tego prowadzi przez pola Aurory na Urtę.

Pola Nibiriańskiej Transdukcji Elektrostatycznej (NET) pomiędzy naszą Ziemią a Ziemią Amenti znajdują się w procesie zamykania. Powinno to odwrócić umiarkowanie fantomowy status Ziemi Kaduceusza i zintegrować ponownie jej zliniowane aspekty z Ziemią. Dopóki pola NET nie zostaną wyplenione, śmierć oraz reinkarnacja wciąż będą miały miejsce, ale reinkarnacja powinna zacząć obejmować wzrastającą pamięć i świadomość. Ostatecznie, nie powinno być już śmierci, chociaż pewien stopień ściśnięcia atomowego wciąż będzie zachodzić na Ziemi Aurora, dopóki nie przekształci się ona w Urtę. Jeśli nasze ciała złożone są z wystarczającej ilości naturalnej energii-materii i połączone z nią, co miałoby wydarzyć się podczas okresu prawidłowej ascendencji lub po finałowym rozpuszczeniu sieci NET, wówczas możemy zabrać większość lub może nawet całość naszego ciała, jeśli zostanie ono naturalnie wysoce samozintegrowane jako jeden, pełny człon (bez wszczepionych technologii i fantomowej materii) do następnej, lżejszej gęstości.

W Drodze Mlecznej oraz w innych nie-wiecznych galaktykach planetom ascendencja może zająć znacznie dłużej niż jej mieszkańcom. Prawidłowa ascendencja ostatecznie sprowadza całą naturalną istotę, lecz wiele niepełnych tzw. ascendencji miało miejsce bez gęstego ciała, jak doświadczone to zostało przez byłych mieszkańcy naszej planety. Poprawna ascendencja dla Ludzi pociągałaby za sobą osiągnięcie przez nasze ciało progu zagęszczenia komórkowego, zanim nastąpiłby rozkład, tak więc my, w naszych ciałach, możemy być gotowi, aby poznać następny etap naszej egzystencji. Na przykład, jak ujawnia ATI,TPE, mojej poszerzonej rodzinie z 11-go wymiaru Klariona, w mniej sfraktalizowanej Galaktyce-2, do ascendencji ciała w całości potrzeba w przybliżeniu 800 lat Klariona, od narodzin. Kiedy sprawdziłam to z moim kontaktem z Klariona, oświadcza on, że wkrótce po tym mogą oni wybrać powrót na Klariona – z nieco bardziej zaawansowanym współczynnikiem światła – żeby być ze swoimi ukochanymi. Żeby powrócić do tej gęstości, ciało musi się trochę przekształcić; najlepiej zrozumiemy to, kiedy znajdziemy się w tego rodzaju sytuacji.

Kiedy Ludzie i zwierzęta umierają na zewnątrz naturalnego cyklu ascendencji Ziemi, ATI,TPE przekazuje, że ci, którzy rezonują z naturalną energią, weszliby do miejsc zatrzymania wymiarowego, które są połączone z Ziemią Amenti i potencjalnie z Tarą (kiedy będzie to bezpieczne). Ta przestrzeń wymiarowego zatrzymania obejmuje regenerację ułatwiającą prawidłową ascendencję. Ludzie mogą potencjalnie odzyskać uzdrowioną kopię swojego starego ciała lub inne ciało z tego regionu, które integruje wzorzec genetyczny danej osoby. W porównaniu z naszą planetą, czas przemija tam inaczej, czyniąc oczekiwanie łatwiejszym.

W systemie w pełni Krysthal, ATI,TPE ujawnia, że ściśnięcie komórkowe nie zachodzi, a mieszkańcy planetarni dokonują ascendencji wraz z ich planetą, w naturalnym cyklu Narodzin Gwiazdy. Jest to nadzieja przyszłości dla Ziemi Ascendencji Aurora, z chwilą kiedy zasymiluje się z odnowioną Urtą.

Dla ludzi, którzy identyfikują się z energiami upadłych aniołów na fantomowej ścieżce, stworzone zostały inne miejsca zatrzymania wymiarowego, aby przyjąć nowo odprawione Ludzkie esencje, zanim mogą zostać skierowane do Stref Hibernacji lub fantomowych lokalizacji. Miejsca te znane są jako płaszczyzny przeglądu, ale nie pociągają za sobą znaczącej introspekcji dla tych, którzy są już zliniowani z BEA-O.

Płaszczyzny przeglądu skonstruowane są z różną ilością pół-fantomowej energii-materii. Generalnie zapewniają one osobistą przestrzeń do ewaluacji ziemskiego doświadczenia danej osoby; jednakże istnieje pewien proporcjonalny związek pomiędzy stopniem energetycznych zniekształceń a trudnością samourzeczywistnienia.

W najbardziej zniekształconych płaszczyznach przeglądu ludzie mogą kontynuować swoje skupione na sobie zmagania i wierzenia, będąc w odrobinę mniej zagęszczonych ciałach. Częstokroć, ludzie znajdując się na tych płaszczyznach przeglądu, nawet nie wiedzą, że umarli, chyba że sami sobie to uświadomią (z pomocą ATI,TPE oraz Eia), tak jak mieliby stać się bardziej świadomi na Ziemi. Zmiana w tych zniekształconych miejscach będzie trudniejsza, ponieważ brak jest wspomnienia o naturalnych energiach. Żeby jeszcze sprawy pogorszyć, wyświetlane są holograficzne projekcje preferowanych bogów, żeby sprawić, by ludzie myśleli, iż przybyli do Nieba, co daje im mniej bodźców do przebudzenia i znalezienia wyjścia stamtąd. Na dodatek, kiedy na przykład duża grupa ludzi umiera razem w wyniku katastrof naturalnych, to ci dzielący ze sobą podobne wierzenia wchodzą do tej samej płaszczyzny przeglądu jako grupa, czyniąc osobistą świadomości jeszcze trudniejsza do osiągnięcia.[361]

Bardziej naturalnie zakodowane płaszczyzny przeglądu zapewniają skupienie się na ocenie życia na Ziemi danej osoby i określenia, czy Ludzka esencja, która ledwo co odeszła, jest wystarczająco zliniowana z lokalizacjami o naturalnej energii-materii, aby dalej doszło do progresu danej osoby w jej ascendencyjnej podróży. Ta osobista przestrzeń do introspekcji może również dać opcję ponownej reinkarnacji, z powrotem na Ziemi, z pewną ilością zregenerowanej energii. Dla tych, którzy pozytywnie zmienią bieg swojego życia, zachodzi mniejsza ilość regeneracji w bardziej zniekształconych płaszczyznach przeglądu; jeśli zdecydują się reinkarnować, będą nieść ze sobą tę mniejszą ilość regeneracji. Rozmaite płaszczyzny przeglądu są jedynie niektórymi z kilku miejsc zatrzymania wymiarowego w pobliżu Ziemi, potwierdza ATI,TPE.

Jeśli chodzi o jakiekolwiek miejsca przeznaczenia ascendencji, energia, z którą się identyfikujemy, zaprowadzi nas do miejsca zawierającego taką energię. Świadomość o nas samych oraz naszym otoczeniu pomoże nam świadomie pokierować swoją ścieżką; jednak jeśli ludzie posiadają minimalną świadomość umysłową, lecz obficie dobrą energię, która naturalnie łączy się z ATI,TPE oraz Eia, wówczas ich zasadnicza natura powinna ich poprowadzić do właściwego miejsca, zgadza się z tym ATI,TPE.

Możliwość pokonania śmierci nie jest jedynie futurystycznym snem; jej czas nastał dla naszego obecnego pokolenia, z powodu cyklu aktywacji gwiezdnej Ziemi (CAG; angielski stellar activation cycle). CAG rozpoczął się w 2000 roku i wciąż jest kontynuowany, pomimo kolejnych wojen o siatki Ziemi i Tary. Jak wspomniałam o tym w rozdziale 8, niektóre z Korytarzy Amenti zostały naruszone, ale w większości działają. Sprzymierzeńcy Żywiciela Rzeki Krysthal pracują nad tym, aby w pełni połączyć ponownie wyjścia Korytarzy Amenti z Kulą Amenti, na dogodny przedział czasowy dla ascendencji, następujący po CAG. Ziemia oraz jej gwiezdne wrota w większości działają na pędzie CAG'u. Do pewnego stopnia Ziemia, jako żyjący byt, aby utrzymać swój cel ascendencji, może świadomie poradzić sobie bądź uzdrowić obszary uszkodzenia, podobnie jak potrafi czynić to nasze ciało.

Kiedy 21 grudnia 2012 roku wraz z mamą pracowałyśmy energetycznie z Ziemią, aby pomóc umocnić jej energetyczne zliniowanie z Urtą, Eia oraz ATI,TPE, początkowo czułam energię cierpienia. Było to dla mnie nowe doświadczenie, ale zostałam z tym, ponieważ odczuwałam to, jak coś podobnego do tego, przez co przeszły moje ciało i emocje. Kiedy noszę jakieś brzemię i łączę się z ATI,TPE, z Eia, jak również z moim wyższym ja, czuję się pod wystarczającą opieką, aby uwolnić mój ból. To uwolnienie musi nastąpić, abym mogła umożliwić energii miłości wypełnienie mnie. Po tym, jak poczułam, że Ziemia uwolniła część ze swojego cierpienia i negatywnej energii, doznałam odczucia wolności wewnątrz niej. Wyobraziłam sobie błyskawiczny i swobodny napływ wiecznych energii, z czego część weszła również do Korytarzy Amenti.

Pracując z Ziemią i Ludzkim ciałem potwierdza mi, że to my ostatecznie kierujemy samymi sobą. Oczywiście nie umniejszam tragedii ujarzmienia i zniewolenia, które powodują, że tracimy nad sobą kontrolę, ale jeśli dotychczas nie wyraziłam się wystarczająco jasno, to istnieje co najmniej jedna droga wyjścia z negatywnego doświadczenia. Śmierć w Ludzkim ciele miała niestety miejsce, lecz droga wyjścia prowadzi poprzez ascendencję z naszymi mniej zagęszczonymi komponentami. Jeśli nasze zamiary są czyste, mamy niezliczoną ilość sprzymierzeńców, podobnie jak obecnie Ziemia, więc nasza ścieżką do następnego etapu w kierunku wiecznego życia ma wzmocnione wsparcie.

CAG Ziemi i Korytarze Amenti oraz pola Aurory są dwoma odrębnymi zjawiskami, które spotkały się, od kiedy Ziemia zaczęła doświadczać energii Aurory. Teraz, kiedy Ziemia nie przeobrazi się w Tarę, jej aktywowany harmonogram ascendencji może przedłużyć się po 21 grudnia 2022 roku. Najprawdopodobniej do tego czasu zdolna do ascendencji Ziemia nie będzie jeszcze gotowa, żeby złączyć się z Ziemią Amenti, tak więc ustabilizowana plazma pól Aurory daje planetom więcej czasu i miejsca na ich ponowne zjednoczenie. Korytarze Amenti lub zaplanowane bezpieczniejsze przejście będzie miało teraz możliwe dla Ludzi bądź innych mieszkańców Ziemi, byśmy mogli przejść na Ziemię Amenti, kiedy będziemy już wystarczająco zestrojeni w kierunku jej zwiększonych naturalnych energii.

Żeby dwu i pół wymiarowe Ludzkie ciało było zdolne do ascendencji na Ziemię Amenti, musi zawierać minimum 80 procent żyjącego światła, oznajmia MCEO[201] (jak to później wyjaśnię, ta cyfra jest błędnie podana jako wartość procentowa). MCEO mówi, że to żyjące światło nazywa się shaLAah (czyt. szaleja – przyp. tłum.), ale jest to wieczna wersja w AquaLaShA, oznajmia ATI,TPE. Rozsądnym jest pozostanie świadomym etapów transformacji i przeobrażenia, które spotykają każdy poziom zwiększonej naturalnej energii-materii. Ostatecznie, ale miejmy nadzieję, że niedługo po tym, trójwymiarowa fizyczna forma łatwiej przeobrazi się i zintegruje w odpowiednią dla niej formę wyższego ja na pozycji wyższego wymiaru.

Niestety, ale realistycznie, ATI,TPE przekazuje, że nasze osłabione Ludzkie ciało potrzebuje nieco więcej naturalnego, energetycznego wsparcia aby stać się zdolnym do ascendencji. Ja czułam intuicyjnie, jakby moje własne, wewnętrzne połączenie było wystarczające, aby mi pomóc, lecz to wiedzenie jest moją świadomością jako Theresy Talea. Ciało Teresy bardzo walczy, kiedy ma do czynienia z jej przeszkodami. Kilka technik, które dostarczam na końcu tego rozdziału, pomogło mi oraz innym ludziom. Techniki te wraz z pracą osobistą, podkreśloną w rozdziale 9-tym, dostarczają nam obszernego punktu odniesienia dla zdolności naszego ciała do ascendencji. Ascendencja jest teraz rzeczywistością dla Ziemi, ale ćwiczmy rozwagę i troskę o to, dokąd zaprowadzą nas nasze indywidualne ścieżki.

Zwodnicze doświadczenia śmierci klinicznej

Doświadczenia śmierci klinicznej powszechnie ukazują wejście w głębszy, nienaturalny aspekt śmierci, kiedy to po drugiej stronie spotyka się „Jezusa". ATI,TPE wyjaśnia, że w tych konkretnych doświadczeniach, w których tunel prowadzi daną osobę do przestrzeni wymiarowej wypełnionej światłem, tunel ten jest częstotliwością łuku tunelu czasoprzestrzennego. Naturalna ascendencja nie wykorzystuje tuneli czasoprzestrzennych. Czy naprawdę możemy ufać tym tunelom czasoprzestrzennym prowadzącym do Jezusa po drugiej stronie?

Ludzie, którzy na chwilę umierają i pozostawiają swoje ciała, nie odwiedzają płaszczyzny astralnej czwartego wymiaru; wchodzą oni do Strefy Hibernacji lub podobnej płaszczyzny przeglądu zakodowanej jako „Niebo", w pobliżu Ziemi, gdzie istnieją one dosłownie wśród niebios lub nieba. Biblia oświadcza: „Posłyszeli oni donośny głos z nieba, mówiący do nich: Wstąpcie tutaj! I w obłoku wstąpili do nieba, a ich wrogowie ich zobaczyli" (Apokalipsa św. Jana 11:12). Dodatkowo po śmierci z Apokalipsy: „I ujrzą oni Syna człowieczego [Jezusa] przychodzącego na obłoku z wielką siłą i w chwale" (Ewangelia św. Marka 13:26).

Strefy Hibernacji przyjmują uwikłanych w NET Ludzi, podczas gdy niektórzy z nich oczekują na swoją wymuszoną reinkarnację na Ziemi, potwierdza ATI,TPE. Ludzie, którzy powracają na Ziemię ze Strefy Hibernacji, uszkodzeni są przez negatywne energie oraz mają pomniejszoną ilość kwantum w ich doświadczeniu reinkarnacyjnym.

MCEO objaśnia, jak odprawieni Ludzie zostają złapani w pułapkę Stref:

> Obecnie oraz w ciągu historii po roku 13 400 p.n.e., Rasy Strefy Hibernacji w swoim wyścigu o pełną kontrolę Ziemskiego Templaru, potajemnie i bezpośrednio interweniowały i zaburzyły rozwój ras ziemskich; wiele „Kanałów i Medium" świadomie otrzymuje swoje „duchowe komunikacje", zaś mnóstwo ludzi nieświadomie otrzymuje swoje „twórcze inspiracje, pomysły, wprowadzanie w błąd, wynalazki oraz bezpośrednią umysłową/emocjonalną/fizyczną manipulację itp" od ras Strefy Hibernacji, za pośrednictwem Metatronicznego Systemu Transmisji Matriksu Masowej Kontroli planetarnego NET'u....
>
> Podczas ogólnej „Projekcji Astralnej/Zdalnego Wglądu" oraz projekcji stanu Snu, jak również po śmierci ciała fizycznego,

ciągle-świadomy-duch wielu ludzi zostaje zniewolony, złapany w pułapkę i uwięziony w polach rzeczywistości płaszczyzn ziemskich Stref Hibernacji, niezdolny do kontynuowania swojej organicznej ścieżki ewolucji-ducha ku Ascesndencji. Rasy Opiekunów-Kryst wciąż pracują, aby uwolnić ze Stref Hibernacji takie schwytane świadomości i otwierają obecnie aktywnie „Platformy Strefy-Bezpieczeństwa Aurory" [teraz wykorzystując pola Aurory], umożliwiając polu życia Ziemi bezpieczną komunikację między wymiarową oraz bezpieczne przejście Ascendencji poza pola uwięzienia nieorganicznych Stref Hibernacji Ziemi.[177]

Strefy Hibernacji są punktem skupienia tej sekcji, aby ukazać perspektywę doświadczenia śmierci klinicznej. Jak już wspomniałam w rozdziale 8, Atlantydzka technologia NET stworzyła sześć stref, żeby połączyć się z portalami na naszej Ziemi oraz na Wyższej Ziemi. MCEO oświadcza:

> Sieci NET były częstotliwościami nie-naturalnych pasm statycznej częstotliwości, takimi, że ponad oraz poniżej NET... macie NET D1 [wymiaru 1] i NET D1 bierze fragment pasma częstotliwości i materii, która jest w niej i dosłownie zamraża ją tam, skąd nie może się wydostać. Było to jak kwarantanna, wówczas powyżej i poniżej tego wytworzony został rozdział na – niższą strefę hibernacji D1 oraz wyższą strefę hibernacji D1. Mamy je na D1, D2 i D3. Te strefy hibernacji były niegdyś częścią naturalnego pola holograficznego naszego D1, D2 i holograficznego pola D3 na tej planecie i zostały one dosłownic podzielone i ustawione na odwrotny obrót – tak, byśmy nie mogli ich widzieć (s. 75).[204]

Strefy Hibernacji obejmują formację Ziemi Kaduceusza, oznajmia MCEO oraz ATI,TPE. Strefy Hibernacji nie są polami holograficznymi; na odpowiednich dla siebie poziomach posiadają one wyróżniającą się skorupę i atmosferę. W związku z ich naturą międzywymiarowej mieszanki częstotliwości, niektóre Strefy niższych wymiarów istnieją nad Ziemią, ale tak naprawdę składają się one z energii-materii niższego wymiaru.

Rzeczywistość naszej 2,5-wymiarowej Ziemi, wyłaniającej się ze zniekształconej i podzielonej energii-materii Amenti, oraz otaczające ją Strefy Hibernacji mogą dostarczyć zrozumienia, dlaczego energie fantomowe są tak szeroko tutaj przyjmowane. Zwłaszcza, że wielu Ludzi zaakceptowało mocno pornograficzne, pełne przemocy i horroru filmy, gry wideo, a nawet zbrodnie z prawdziwego życia, ponieważ do pewnego stopnia łatwo jest niskim, pasożytniczym i złym energiom dotrze to tej planety. Świadomość naszej Ziemi nie chce tego.

Hipotetycznie, jeśli nasza Ziemia mogłaby posiadać swój oryginalny skład drugiego i pół wymiaru Ziemi Amenti, wówczas jej formy życia byłyby do pewnego stopnia prostsze i czystsze w świadomości, a nie nawet częściowo tak obrzydliwe i destrukcyjne, jak są. Na szczęście, nasza planeta i jej naturalni mieszkańcy mają i otrzymują energie ukierunkowane na wieczność, zaś mieszkańcy, kiedy rodzą się, posiadają pewną miarę niewinności. Nasza Ziemia bez względu na to, co dotyka jej ciała, również zachowuje niewinność.

Pozycja naszej Ziemi znajduje się pomiędzy dwiema Strefami Hibernacji drugiego wymiaru, potwierdzają zarówno ATI,TPE jak i „M". Poniżej znajduje się podział Stref Hibernacji. Strefa-1 jest upadłą Wewnętrzną Ziemią na niższym wymiarze 1, który łączy się z warstwą rdzenia Ziemi. Strefa-2 wyższego wymiaru pierwszego znajduje się w warstwie ozonowej Ziemi i według MCEO jest ona tematem historii Czarnoksiężnika z Krainy Oz. Na zewnątrz stworzonych przez NET Pasów Van Allena, w połówce wymiaru poniżej Ziemi, znajduje się Strefa-3 niższego wymiaru drugiego, na którą większość Atlantydy i Lemurii zostały zamienione i tam przeniesione. Nad Ziemią, w Strefie-4 wyższego drugiego wymiaru, jak ujawnia „M", znajduje się Szambala. Szambala, nasze najbliższe biblijne „niebo" jest upadłą częścią gwiezdnych wrót-2 naszego świata Eka, wyjaśnia ATI,TPE. Strefą-5 niższego wymiaru trzeciego jest Olimp, który prawdopodobnie łączy się z Olympusem, gwiezdnymi wrotami-7 Wesadeka. Na koniec, Strefa-6 wyższego wymiaru trzeciego łączy się z Telosem, upadłą częścią gwiezdnych wrót-1 naszego świata Eka, o nazwie Brenaui.[204,191]

Określeni Szaracy i Nordykowie posiadają swoje bazy w Strefie-1, a Zeta lubią przebywać na Atlantydzie i Lemurii Strefy-3.[191] Mitologia grecka ujawniła greckich bogów jako hybrydy Wesadeka, żyjące na „Górze" Olimp, dosłownie nad chmurami. Wiele opowieści fantastycznych i science-fiction oraz starożytnych religii, które odrzucamy jako mity, było opowiedzianych przez upadłe byty ze Stref Hibernacji.

Jak ukazuje poniższy przykład, możemy znaleźć wiele religijnych i New Age opisów Szambali oraz Telosu.

> Bez względu na wiele podstaw historycznych, Szambala stopniowo zaczęła być widziana jako Czysta Kraina Buddystów, wspaniałe królestwo, którego rzeczywistość jest wizjonerska bądź duchowa, tak samo jak fizyczna lub geograficzna.[418]

> Chociaż niektórzy twierdzić będą, że Szambala istnieje tylko w sercach i umysłach, są też tacy, którzy nie zgodzą się. Idea,

że Szambala znajduje się w świecie materialnym, jest głęboko zakorzeniona w tradycji tybetańskiej. Jednakże opinie co do jej lokalizacji różnią się diametralnie.

Tybetańskie teksty religijne mówią nam, że technologia Szambali powinna być wysoce zaawansowana; pałac posiada specjalne świetliki wykonane z soczewek, które służą jako teleskopy o potężnej mocy, do studiowania pozaziemskiego życia, zaś od setek lat mieszkańcy Szambali używają pojazdów powietrznych i samochodów, które przenoszą ich poprzez sieć tuneli. Na drodze do oświecenia Szambalanie uzyskują takie moce, jak jasnowidzenie, zdolność do poruszania się z wielką prędkością oraz umiejętność materializowania i znikania na żądanie.[419]

Buddyści przedstawiają Szambalę jako miejsce spokoju i szczęścia. Jednakże jest ona zarządzana przez ród królów, co pociąga za sobą ukrytą hierarchię. Wybrany król pojawi się w umówionym czasie, podobnie jak postać Mesjasza, który przybywa „ocalić" świat ze zniszczenia, które sam pomógł stworzyć.

Szambala rządzona jest przez ród Królów Szambali, znanych jako Królowie Kalki [Kalki w Hinduskim; Rigden w tybetańskim Buddyzmie], monarchów, którzy stoją na straży tantry Kalaczakry. Kalaczakra przepowiada, że kiedy świat upadnie w wojnę i chciwość i wszystko zostanie utracone, 25-ty król Kalki wyłoni się z Szambali z wielką armią, aby pokonać „Siły Ciemności" i zaprowadzić Złoty Wiek na całym świecie. Korzystając z kalkulacji z Tantry Kalaczakra, uczeni tacy jak Aleks Brezin, wyznaczają tę datę na rok 2424.[418]

Celtowie również czcili Szambalę pod przebraniem wierzenia religijnego.

Przez Celtów Szambala znana jest jako mistyczny „Awalon", ukryty w oparach iluzji. Niegdyś nasz dom, teraz w większości zapomniany, za wyjątkiem naszych snów, nasza dusza udaje się tam na uzdrowienie i rewitalizację. Jest to kraina bez czasu, pełna mocy i tajemniczości, oferująca oświecenie podróżnikowi, który jest wystarczającym szczęściarzem, kiedy dotrze do jego bram.[419]

Wierzenie „miłości i światła" ruchu New Age również kojarzy Szambalę jako centrum uzdrowienia, ale tak zwana uzdrawiająca energia to kłamstwo. Wyznawcy New Age dostarczają fragmentów faktycznej informacji, wmieszanej w religijnie opowieści.

> Wniebowstąpiony Mistrz, znany jako Saint Germain..., jest oryginalnym kanałem, za pośrednictwem którego po raz pierwszy energie Szambali przedstawione zostały na płaszczyźnie Ziemskiej za czasów Lemurii, kiedy to inkarnował on tam na płaszczyźnie fizycznej. Dzisiaj Germain dokonuje channelingów przez wiele różnych osób, włączając w to Hari Babę oraz innych Mistrzów Szambali.[420]
>
> Sanat Kumara [Lucyfer] jest Planetarnym Logosem, podobno największym z Awatarów. Jest On Bogiem tego Wszechświata i nadzoruje On inicjację ascendencji w wewnętrznych płaszczyznach. Posiada on siedzibę Ascendencji w Szambali, nad Pustynią Gobi, dokąd możecie się udać, jeśli poprosicie, w medytacji.... Sanat Kumara jest Mistrzem Szambali, znanym również jako Starożytny Dni.[421]

> Wielu staje się świadomych tego, że ziemia jest pusta w środku oraz że mamy siódmy wewnętrzny kontynent zwany Agartą... Wzrost świadomości otwiera umysły wielu na ten truizm....
>
> Ja również umieszczę przed wami fakty, że podstawowa, ziemska baza Galaktycznej Federacji Światła znajduje się w jaskiniach wewnętrznej Ziemi, pod duchowym miastem Tybetu – Lhasa....
>
> Z tej potężnej bazy, o średnicy wielu mil, rozchodzą się tunele, które prowadzą do rozmaitych wyjść, włączając w to te w Indiach....
>
> Coś, co chciałbym dodać o naszych głównych bazach Galaktycznej Federacji Światła, to fakt, że jest ona zaraz obok Szambali, 640 km pod stolicą Tybetu, Lhasą...Oficjalnie baza Galaktycznej Federacji Światła opisana jest jako Baza Dowodząca i ma ona średnicę 80 km, z pięcioma poziomami.[422]

Powyższe fragmenty zawierają pewną użyteczną informację dla naszego analitycznego rozróżnienia. Maitreya jest królem Kalki, który pracuje u boku Lucyfera w Szambali (patrz część rozdziału 10 pt.: „Wielkie Białe Bractwo"). ATI,TPE oznajmia, że Maitreya jest tak zwanym Wniebowstąpionym Mistrzem El Morya, partnerem Archanioła Michała, jednej z jego grup Siedmiu Promieni Światła.

Buddyści oraz inni nie oświecają się dzięki podróżowaniu astralnemu do Szambali. MCEO oświadcza, że Archanioł Michał lubi zabierać tam ludzi. Wyznawcy New Age przyznają: „Możecie udać się tam podczas snu! Wystarczy przed snem poprosić Archanioła Michała, aby was tam zabrał i możecie zostać tam zabrani w waszym innym ciele, jeśli wasza wibracja i świadomość są wystarczająco wysokie".[423]

Wielka armia Michała kontroluje większość ze Stref. Kiedy ludzie do nich wkraczają, osiągają ich zwiększone częstotliwości i aktywacje fantomowe. Ludzie mogą wejść do Stref poprzez projekcję astralną, wzięcia oraz przez doświadczenie śmierci klinicznej. Kiedy wracają na Ziemię, nie wiedząc o tym, niosą oni ze sobą Metatroniczną częstotliwość, która kotwi w siatce Ziemi machinę Progu.[191,193]

Telos jest często wymieniany wraz z Szambalą. Telos jest zupełnie kontrolowany przez Borża i wpięty został w sieć wyrwy w czasie BEA-O 25 milionów lat temu, oznajmia ATI,TPE i Eia. W ruchu New Age jest dobrze znany jako podziemne miasto Mount Shasta (czyt. Maunt Szasta – przyp. tłum.).[191,190]

Dokonujące channelingów Diane Robbins i Aurelia Louise Jones otrzymały przesłania o Telos od istoty z innego świata o imieniu Adama. Adama dzieli swoją scenę z innym bytami, włączając w to Saint Germain, w książce Robbins pt.: „Telos: ORYGINALNE Przekazy z podziemnego miasta pod Górą Szasta" w wydaniu z 2011 roku. Co ciekawe, Jones przekazuje, że Telos jest eteryczne i zlokalizowane nad Ziemią, podczas gdy Robbins przekazuje, że zlokalizowane jest wewnątrz Ziemi. Poniższe cytaty podsumowują części ich channellingów.

> Telos jest również zwany „Kryształowym Miastem Światła Siedmiu Promieni". W przyszłości Telos zamanifestuje się na powierzchni planety. Nastąpi połączenie Telosa z Miastem Mount Shasta.... [według Jones]
>
> Ich dominującą duchową działalnością jest Ascendencja, która obejmuje odwiedziny różnych wymiarów, zwłaszcza przemieszczanie się z trzeciego do piątego wymiaru i naucza się tego w świątyni.
>
> Telos jest technologicznie zaawansowaną cywilizacją. Posiada ona niezwykły system transportowy. Ich transport pomiędzy wewnętrznymi miastami składa się z wind i sań elektromagnetycznych. Ludzie Telos podróżują pomiędzy swoimi podziemnymi miastami przy pomocy metra, z prędkością 4800 km/h. Telos jest członkiem Konfederacji Planet, a jego ludzie podróżują do innych światów. Posiadają oni pojazdy międzywiarowe. Ich komputer oparty jest na aminokwasach i połączony jest z innymi podziemnymi miastami oraz cywilizacjami galaktyki. Każda rodzina oraz jednostka posiada swój własny komputer. [według Robbins][424]

Ich przekazy dostarczają szczegółowej, lecz tylko częściowo dokładnej historii. Potwierdzają one także fałszywy cel ascendencji zmieszania Stref Hibernacji oraz ich fantomowych połączeń z Ziemią. Robbins dalej wyjaśnia ona, że Telos oznacza „komunikację z duchem", a jego król nazywa się Ra, którym, jak ujawniam, jest Marduk. Jej channelingi wyraźnie ukazują współpracę pomiędzy Galaktyczną Federacją Światła, Dowództwem Asztar oraz Konfederacją Planet Ra.

W poniższym fragmencie Adama łączy Strefy Hibernacji i upadłe wymiary Eka, w jedną spójną jednostkę, podobnie do tego, jak czyni to „Księga Urantii", grupując Wesadeka z Drogą Mleczną. Tego rodzaju prezentacja ułatwia „Bogu Ojcu" kontrolę nad połączonymi masami.

> Miasto zbudowane jest z pięciu poziomów.... Telos jest miastem Sieci Agarta, która złożona jest ze 100 miast. Jego stolicą i siedzibą rządu jest Szambala. Honorują oni duchowych nauczycieli z powierzchni, włączając w to Sanandę/Jezusa, Buddę i Ozyrysa. Miasta te zbudowane zostały, aby przechowywać zapiski, święte nauki oraz technologie. [według Robbins][424]

Małe miasteczko Mount Shasta łączy się z Telos poprzez Strefę-6 i zawiera znaczną populację Plejadiańskich pracowników światła (ang. lightworkers – przyp. tłum.), zwłaszcza Amorah Quan Yin i Omakayuel. Jak wyjaśniłam w części rozdziału 7 pt.: „Archanioł Michał", Omakayuel ustawił krótkie, częściowe przejęcie mojego przyjaciela James'a Macaron, które później spowodowało to, że wyższy rangą dowódca Reptiliański często nękał jego Ludzki umysł i emocje, aby uzyskać dostęp do jego ciała.

Ważne jest, aby wiedzieć, że mnóstwo channelingów New Age i religijnych pochodzi właśnie ze Stref Hibernacji. Miejsca te są platformami do łapania w pułapkę tych ludzi, którzy zgadzają się z ich przesłaniami i fałszywą ascendencją. Ludzie, kiedy zostają dalej zakodowani Metatronicznie, często stają się częścią ich armii, lecz po ich ziemskiej służbie BEA-O, a zwłaszcza popularna grupa Jezusowa, starają się ich wchłonąć.

Nigdy jeszcze nie słyszałam historii o doświadczeniu śmierci klinicznej, która nie zawierałaby Jezusa po drugiej stronie. W roku 2011 moja przyjaciółka, Ramona, opowiedziała mi o doświadczeniu śmierci klinicznej swojego przyjaciela:

> Wiem, że umierał on w szpitalu na stole operacyjnym – miał zawał serca! Odpłynął z ciała, a wtedy mówi, że Jezus wraz ze wszystkimi jego zmarłymi z rodziny i przyjaciółmi, wlewali w niego miłość i uzdrowili go. Poszedł do „nieba" i mówił, że mają

tam najpiękniejszą muzykę, jaką kiedykolwiek słyszał. Mówił, że Jezus przekazał jemu że ma „żyć w miłości" jako jego jedyne przykazanie oraz że wciąż ma wiele pracy do wykonania tutaj na Ziemi. Jego energia jest bardzo kochająca, otwarta, mądra i spokojna. Jest najprzyjemniejszą osobą, jaką kiedykolwiek spotkałem w życiu.

Moje początkowe myśli w związku z opisem Ramony były takie: „Jak mógł on odczuwać miłość od tak negatywnej grupy, jaką wiem, że oni są? Z pewnością nie zna on tak głębokiej, kochającej energii, jaką ja znam. Ale zaraz, dlaczego zachowuje się on tak kochająco w stosunku do ludzi? Czy jest to rodzaj miłości, która odwraca się przeciwko tobie, jeśli zwrócisz się przeciw jego wierzeniu, że jest on łaskawy tylko wtedy, kiedy otrzymuje pochwałę?"

Wtedy to pomyślałam: „Kimże ja jestem, żeby umniejszać to, czego doświadcza moja przyjaciółka z tamtym mężczyzną, ponieważ moja przyjaciółka jest miłą i uczciwą osobą".

Zdecydowałam, żeby poprosić ATI,TPE o wyjaśnienia doświadczenia tej określonej osoby. „Dlaczego ten mężczyzna sądzi, że czuł tak dużo miłości i spokoju od obcych grupy Jezusowej, kiedy nie była to energia ATI,TPE?"

ATI,TPE odpowiada:

> Ten mężczyzna posiadał w sobie pewną ilość połączenia ze Wszystkim Co Jest, Czystą Esencją, które jest większe aniżeli ilość energii tej grupy. Wyjątkowa ilość połączenia tego mężczyzny ze Wszystkim Co Jest, Czystą Esencją umożliwiła miłości i spokojowi powrót do niego. Świadomość Wszystkiego Co Jest, Czystej Esencji rozszerza swoje pragnienia oraz intencje poprzez Eia, poszerzając pomost energii „miłości" na kreację.

ATI,TPE wyjaśnia, że „zdumiewające" dźwięki, które słyszał ten mężczyzna na płaszczyźnie wymiarowej, są pewnymi sekwencjami harmonicznymi. Ogólnie było to dla niego pozytywne doświadczenie, ponieważ podróżując tam, pozostawił on niektóre ze zniekształceń swojego ciała; niemniej jednak wciąż doświadczył on negatywnej energii.

W doświadczeniu tego mężczyzny, jak ujawnia ATI,TPE, byt „Jezusa" był prawdziwy, ale członkowie jego rodziny nie byli. W dniu 25 sierpnia 2011 roku, ATI,TPE oznajmiło co generalnie dzieje się podczas doświadczenia śmierci klinicznej:

> Ludzie, którzy doświadczają pośmiertnych spotkań, zazwyczaj odbierają wyświetlanie projekcji obrazów z ich religijnych uwarunkowań. Ci bez religijnych lub sekciarskich powiązań,

przedstawiają ich podstawowe uwarunkowania, zazwyczaj religii w której dorastali lub imię które wielbili lub które naśladowali.

Przez okres do trzech pełnych dni po śmierci, oznajmia ATI,TPE, ostatnio zmarła osoba zostaje powiązana ze swoimi myślami i odczuciami z Ziemi, tak aby on lub ona mogli wnieść do doświadczenia śmierci klinicznej przeszłe percepcje. Umożliwia to, aby tymczasowo zmarła osoba miała mentalnie wprowadzone doświadczenie, na które wpłynąć mogą znajome byty religijne. Doświadczenia śmierci klinicznej nie trwają dłużej niż to okno czasowe, ponieważ po tym czasie rozpoczyna się nieodwracalny proces fizycznej śmierci.

Popularnym przykładem jest historia fizycznego zmartwychwstania Jezusa (Arihabiego), mającego miejsce wcześniej niż trzy dni od jego śmierci. Dodatkowo naciągane historie o ludziach „cudownie" wskrzeszonych z umarłych, podczas religijnych ceremonii, dotyczą doświadczenia śmierci klinicznej, a ponowna integracja danej osoby może mieć miejsce po prostu w wyniku własnej woli lub zdolności kompozycyjnej danej osoby.

Ten trzydniowy okres odnosi się również do ludzi i zwierząt, których ciała są zbyt osłabione i niezdolne do regeneracji z ich świadomą esencją; ich mniej zagęszczona energia-materia pozostaje podłączona do Ziemi i łatwiej może połączyć się z bliskimi, zanim po tym czasie pójdzie naprzód, jak potwierdzają moje doświadczenia oraz ATI,TPE. Ja wykorzystuję ten czas do wysłania moich wyrazów miłości do bliskich, którzy odeszli i powiedzenia im, tego co chcę, aby wiedzieli, a w zamian za to mogę odczuwać ich obecność oraz miłość.

Kiedy ludzie powrócą do swoich ciał po śmierci klinicznej, mam nadzieję, że zdadzą sobie sprawę z ich religijnych powiazań wewnątrz ich nieświadomego i świadomego umysłu i wyplenią je. Tego właśnie dokonała moja mama, kiedy zobaczyła stopy Jezusa, stojące na symbolicznym suchym lądzie jej rdzenia; stawiła czoła temu skojarzeniu, a wtedy opuściło ją to na zawsze. Moim zdaniem doświadczenie śmierci klinicznej powinno być czasem ponownego odkrycia i umocnienia, a nie dalszego zniewolenia w kolejnym religijnym doświadczeniu.

Nie przekażę wyłącznie negatywnej wiadomości o doświadczeniu śmierci klinicznej w wytworzonych niebiosach, ponieważ ATI,TPE daje większą perspektywę o tym doświadczeniu. Dana osoba może odczuwać pewną ilość miłości, a określeni umarli z rodziny i przyjaciół mogą się tam znajdować. Te niebiosa nie są złożone z zupełnie fantomowej energii-materii.

Niemniej jednak fakt, że wiele doświadczeń śmierci klinicznej sprowadza ludzi do Stref Hibernacji, pokazuje, że są one podłączone do grupy Jezusowej i związanych z nimi obcych. Bez względu na doświadczenie dobrego-odczucia, oto co ATI,TPE oznajmia o osobie Jezusa: „Osoba ta nie jest zliniowana ze Wszystkim Co Jest, Czystą Esencją". Dalej, kiedy Jezus mówi nowo przybyłemu, żeby powrócił na Ziemię i czynił dobro, wówczas grupa Jezusowa zwiększa wykorzystywanie swojej ofiary.

Jak podejrzewałam, to właśnie stało się przyjacielowi Ramony, który umarł na krótko. Teraz mężczyzna ten dokonuje channelingów grupy Jezusowej, która chce się podczepić do Ludzi i pomaga on innym w otrzymywaniu ich „duchowych wskazówek". Ramona mówiła, że nigdy nie robił tego przed doświadczeniem śmierci klinicznej.

Niestety, Ramona napisała mi: „Tak, czasami dokonuje on dla mnie >>channelingów<< moich >>przewodników<<. Są to zawsze kochające, pozytywne przesłania, nie czuję, aby miały one w sobie choć odrobinę zła". Chwilę później powiedziała mi, że miała ona kryzys tożsamościowy oraz że czuła się przerażona i zdezorientowana, co pokazało mi, że jej prawdziwe ja przemawiało przeciwko jej powiązaniom z New Age. Tak czy inaczej, zdecydowała się zignorować siebie samą i osadzić się w Metatronicznej energii.

Zniechęca mnie świadomość, że kiedy ludzie otwarcie przyjmują tych duchowych przewodników za pomocą ceremonii religijnych lub od duchowo nastawionych przyjaciół, myślą oni, że czują się dobrze z tymi energiami. Myślę, że Ramona początkowo zidentyfikowała się z dającymi dobre odczucia słowami „miłości i światła" oraz jej prawdziwym połączeniem z jej przyjacielem. Potrzebuje ona zwracać więcej uwagi na zewnętrzne energie przewodników i jej wewnętrznych energii, aby najlepiej wytyczyć granice tego, co czuje, że jest dla niej najbardziej naturalne i dobre. W tej książce zadbałam o to, aby przedstawić wiele scenariuszy i wglądów w to, co naprawdę wydaje się nam naturalne.

ATI,TPE wyjaśnia sposób wydostania się spod wścibskiego wpływu bytu lub jego uchwytu: „Dana osoba musi podjąć kroki, aby sięgnąć po prawdę, jeśli nie doświadczyła jej wcześniej. Wola musi zmienić kurs na dobroć i prawdziwą energetyczną świadomość".

Od 3 stycznia 2013 roku, KRH oraz współpracujące z nim grupy, przejęły kontrolę nad połączeniami Ziemi ze Strefami Hibernacji. Celem ich jest stopniowe nasycenie Stref energiami z pól Aurory oraz, miejmy nadzieję, uwolnienie wielu związanych mieszkańców. Chociaż są to wspaniałe wieści, nie odstraszyły one channelingów BEA-O, które wciąż kierowały nas w kierunku grupy Jezusowej. Działają oni z częściowo otwartych Stref Hibernacji, które łączą się z ich fantomowymi matriksami, potwierdza ATI,TPE. Mało prawdopodobne jest, aby mogli oni wpłynąć na ścieżkę ascendencji Ziemi, tak więc ich plan awaryjny wymierzony jest w manipulację i przejęcie Ludzi, chyba że jesteśmy świadomi.

<u>Rozróżnianie pomiędzy fałszywymi a naturalnymi energiami</u>

Esencja życia jest wieczna. Nigdy nie przestanie istnieć. Jeśli nie wyczuwamy, jak wartościowe jest nasze życie tutaj, nawet doznając straszliwych doświadczeń, wtedy możemy nie oddzielić dobra od zła, a nasz pogląd na szerszą rzeczywistość będzie przyćmiony. Jeśli ludzie głęboko kochają i szanują życie, połączą się oni energetycznie ze Wszystkim Co Jest, Czystą Esencją (ang. skrót ATI,TPE). ATI,TPE nie zmienia się; jest to pojedyncza stała, z której powstaje świadomość, życie i miłość. Poznajcie prawdziwe życie i miłość, a wasza energia-materia naturalnie ewoluuje w więcej życia i miłości.

Jako łączna jednostka, każdy z nas w dużej mierze powinien czuć się ugruntowany w swoim ciele, emocjach, umyśle oraz mniej zagęszczonej duchowej naturze. Są to wiodące fizyczne aspekty naszej kompozycji, którymi manipulują upadli obcy. Kiedy z wiadomych względów walczymy, możemy zbudować energetyczne mosty, poza dyskomfortem i odłączeniem, aby zachować świadome wiedzenie w teraźniejszości.

Esencja Ludzkiego ciała, pod wpływem nasycenia aktywacji gwiezdnej oraz polami Aurory, staje się coraz bardziej świadoma i wrażliwa na energie. Wydarzenie to częściowo aktywuje więcej zmontowania DNA i porusza nasze składniki elektromagnetyczne. Różni się to od spotęgowanego uczucia, którego doświadcza się w religijnych i proroczych channelingach, w których jesteśmy pozbawiani ugruntowania i w których unosi się nas gdzie indziej, kontrolując nas. Inne zakorzenione w nas wierzenia również mogą odłączyć nas od naszych najbardziej fundamentalnych aspektów egzystencji, włączając w to nasze Wyższe ja. Przedstawię teraz kilka scenariuszy, odnoszących się do tych wierzeń, które maskują się jako osobista wola.

James Macaron opowiedział mi o spotkaniu, jakie miał ze swoim znajomym „Danté", o którym ATI,TPE wyjawia, iż jest Ludzkim Orafim. Mężczyzna ten wie o naukach Ashayany Deane i raz czy dwa wykonał technikę Maharycznej Tarczy MCEO, ale uważa on, że nie powinien on wykonywać żadnych technik, skoro zna już właściwą energię w sobie. James mówi, że w tamtym czasie jego energia odczuwana była jako dobra i był on otwarty na informacje o ATI,TPE.

Danté powiedział, że jako dziecko zawsze czuł się oddzielony od wszystkiego wokół niego i prawie wszystko kwestionował. Jako dorosły uczestniczył on w spotkaniach spirytystycznych i związanych z „teorią spiskową", ale udawał się tam jako obserwator, żeby zobaczyć, co myślą ludzie. Wydawał się być bardzo pewny siebie, promieniował także pokojem i łaskawością, jak również smutkiem, z powodu rzeczywistości tego świata. Bez ogródek powiedział Jamesowi, że nie obchodzi go to, czy obróci się w gwiezdny pył. Powiedział, że nie boi się niczego.

Oto, jak James opisuje swoją rozmowę z Danté:

Powiedział mi, że na jakimś poziomie dokonywał on

podróży astralnych, powiedział nawet, jak w tamtym świecie spotkał demona, który ugryzł go w kark. Pozostawał wówczas nieprzyłączony i po prostu zrelaksowany, a demon odszedł. Wtedy powrócił ponownie i zaatakował go (zupełnie wampirycznie), a on zaś powiedział do niego: „Hej, czegokolwiek doświadczasz w swojej rzeczywistości, jest to twoje doświadczenie, ale nie jest to moja rzeczywistość, ani moje doświadczenie, wiec proszę odejdź". I odszedł. Nie było strachu, więc w ten sposób czuł się zabezpieczony w tamtym świecie. Z tego właśnie powodu czuje on, że nie potrzebuje żadnych technik do ochrony siebie, ponieważ jego energia z wnętrza odczuwana jest przez niego jako wystarczająco dobra.

Może wydawać się, że Danté jest w połączeniu ze swoim rdzeniem i Wyższym ja, jednakże nie szanuje odpowiednio swojego życia, ponieważ przyznał mi się, że nie czuje on połączenia ze swoim ciałem ani z tą planetą, ani też nie chce on takiego połączenia. Myślę, że on, jako „Indygo", właściwie czuje się oddzielony od tego chaosu, ale w tym samym czasie poddaje się. Nie pomagamy dogłębnie Ziemi, jeśli nie pomagamy naszym Ziemskim ciałom. Jego energie są osobliwe.

Rozmawiałam przez Skype (zadzwoniłam przez internet) z Danté, o którym ATI,TPE mówi, iż jest Klariańskim Człowiekiem, tak jak ja i James. Jego Wyższe ja opuściło Klariona, kiedy miał około 100 lat, stąd ten aspekt świadomości Danté może przyczyniać się do tego, że czuje się on oddzielony od Ziemi. Wyjaśniłam jemu dużo z sytuacji, ale to, co usłyszałam w odpowiedzi, był to system wierzeń, odzwierciedlający nie-przywiązywanie się Buddyzmu. Okazało się, że jego zainteresowanie tymi duchowymi zgromadzeniami nie wynikało tylko z czystej ciekawości, ponieważ on faktycznie wierzy w niektóre z ich głównych przesłań. Wskazałam mu na to, z czym otwarcie się zgodził, iż jest to prawdobodobne, ale tak czy inaczej, nie chciał zmienić swojego poglądu.

Ze spotkania z nim dowiedziałam się, że chociaż pierwotnie mieliśmy podobne intencje, posiadamy własne ścieżki, które mogą się rozmijać. Powiedziałam mu, że nie wierzę, kiedy mówi, iż nie dba o to, czy zostanie wymazany z egzystencji, zwłaszcza, że jest szczęściarzem, bo jest Klarianinem (rozmawiałam z nim jako z jego wyższym ja, nawet pomimo tego, że jest Człowiekiem i niekoniecznie w tej świadomości). W oparciu o to, co mi powiedział, odpowiedziałam mu, że czuję, jakby nie był ugruntowany na Ziemi i że jest to zupełnie normalne, jeśli jest się Wyższym ja. Teraz może on zrozumieć więcej o swojej naturze i może on zmienić wierzenie, jakie pozyskał, które sprawia, iż czuje się podzielony. Niestety, w miarę postepowania rozmowy, jego buddystyczne wierzenie pokazało swoją dominację, zamiast natychmiastowego połączenia oraz intuicji, jaką powinniśmy dzielić ze sobą jako Ludzie Klarianie-Orafim.

Myślę, że dobra energia powinna identyfikować się z prawdziwie dobrym przesłaniem. Wrażliwe, o czystych zamiarach ja danego człowieka nie odwraca się od prawdy. Wiem, że Danté ma w sobie dobrą energię; mam tylko nadzieję, że będzie ona wystarczająca do skorygowania jego obecnej mentalności. Jednak, jeśli jego wierzenie okazuje się być odporne na zmianę, wówczas decyduje się on na oddzielenie się od swojej klariańskiej świadomości.

W innym doświadczeniu doradzałam mojemu przyjacielowi, „Aleksowi", który doznał doświadczenia przebudzenia kundalini. Przypadek ten jest dosyć powszechny, ponieważ kiedy ludzie silnie odczuwają swoją własną energię, zazwyczaj nie zwracają uwagi na to, co znajduje się „za kulisami". Zainicjowane przez obcych manipulacje czakr są prawdziwymi doświadczeniami, które wchodzą w reakcje z naszą naturalną energią. Ważne jest, aby wiedzieć, że istnieją naturalne i nienaturalne sposoby poruszenia naszych własnych energii.

Nienaturalny proces przebudzenia kundalini w głównej mierze porusza energię seksualną poprzez czakry, zaczynając od czakry pierwszej i kontynuując w górę. Podnieca to ciało, wykorzystując energie emocjonalne oraz energie układu współczulnego. Naturalne „przebudzenie" czakry łączy naszą wielowymiarową anatomię z podobnymi energiami na zewnątrz energii seksualnej, najlepiej z wiecznymi energiami. Kiedy nasze czakry otwarte są wewnątrz naszych osobistych pól, możemy odczuwać wolność, którą odczuwa się jako naturalną, a nie stymulowaną przez ekstremalną energię i możliwe, że obce źródło.

Aleks miał doświadczenie nienaturalnego przebudzenia kundalini, ponieważ kiedy miał 19 lat, eksperymentował on z ekstremalnymi energiami emocjonalnymi. Rozmyślnie doprowadził siebie do najciemniejszych z emocji, a później pracował, aby doprowadzić siebie na poziom szczęśliwości. Kiedy był już szczęśliwy, sądził, że został oczyszczony z negatywności, tak więc kiedy obca energia seksualna weszła w jego ciało tuż po tym, nie zastanawiał się nad tym dwa razy. Intensywna energia rozwinęła się w jego genitaliach i po kręgosłupie poszła w górę do góry. Wtedy to doznał konwulsji w ekstazie, o trzy razy większej sile aniżeli ta, której doświadczył poprzednio. Powiedział, że po tym czuł się niesamowicie spokojny, więc doszedł do wniosku, że było to dobre doświadczenie. Jednakże od tego czasu był chory. Ma on uszkodzenie nerwu twarzy oraz uporczywy ból zatok i często nie może się uśmiechać bez ostrego bólu. Drastycznie zmienił swoją dietę, ale dało to niewiele korzyści. Przeładowanie sensoryczne, wywołane tym doświadczeniem, spowodowało u niego resztkowe napięcie w górnej części barków i szyi, co pogarsza uszkodzenie nerwu.

Powiedziałam Aleksowi, że doświadczenie to było bardzo rzeczywiste, ponieważ użył on swojej własnej energii, ale później poważnie ją wzmocnił. Wysoce spolaryzowane energie są znajome obcym BEA-O, dlatego mogli oni pokierować doświadczeniem z kundalini i uzyskać dostęp do jego czakr. Nieseksualne, emocjonalnie ekstatyczne energie wykorzystywane są także w religijnych ceremoniach, aby uzyskać dostęp do ludzi.

Poradziłam jemu, aby umyślnie ugruntował się w swojej prawdziwej energii „Indygo" i połączył z ATI,TPE, by zyskać dodatkową pomoc. Jest On Ludzkim Orafim; linie ras zaawansowanych Ludzi narażone są na opętania, co kładzie nacisk na konieczność zwracania uwagi na nasze dobre wyczucie i świadomość. Teraz Aleks potrzebuje nauczyć się łagodzić swoje ciągłe napięcie i uzdrowić to, co może w kwestii uszkodzenia nerwowego, ale przede wszystkim potrzebuje zaprzestać zachowań umożliwiających podłączanie się i wpływ BEA-O.

Inna moja przyjaciółka, „Charlotte", cały czas sprawiała wrażenie szczęśliwej. Wyglądało to, jakby była w swoim własnym świecie, śpiewała sobie podczas przygotowywania jedzenia, ciągle uśmiechając się i śmiejąc. Którego weekendu zostałyśmy z mamą z Charlotte i jej rodziną, a później, po jednym z naszych zgromadzeń w pokoju dziennym, mama powiedziała nam coś zdumiewającego. Kiedy Charlotte siedziała na kanapie, pomiędzy mną a jej mamą, która mówiła, widziałam, w jakiej była w gotowości. Jej plecy były wyprostowane, z rozluźnionymi rękoma, zaś jej dłonie były otwarte i skierowane do góry. Poczułam się trochę niespokojnie siedząc obok niej, ponieważ nie mogłam uwierzyć jak mogła tak siedzieć, patrząc się ślepo przed siebie, przez cały czas jak jej mama mówiła. Wyglądała na spokojną, ale wydawała się, jakby była zombie.

Moja mama znalazła właściwy czas, aby posadzić nas obydwie i porozmawiać z nami. Powiedziała, że widziała wysokiego Reptilianina, stojącego za Charlotte. Charlotte bardzo przeraziła się z powodu wiadomości, ale wierzyła mojej mamie, ponieważ wiedziała, że jej nie okłamujemy. Co ciekawe, kolejny Reptilianin stał także za mamą Charlotte, ale ona była w trybie nauczania, co odwróciło jej uwagę od jej własnej energii.

Po tym, jak wyjechałyśmy z mamą, moja przyjaciółka przez kilka nocy nie mogła spać. Zdecydowała odważnie stawić czoła temu strachowi. Nocą Charlotte pojechała na pustkowie, niedaleko jej domu, gdzie jedynym światłem było nocne niebo. Usiadła w swoim samochodzie i zobaczyła coś, co jej słowami było „przezroczystą, podobną do szkła istotą", która poruszała się dookoła jej samochodu. Powiedziała tej istocie, aby zostawiła ją w spokoju, ale odstąpiła ją tylko na kilka kroków, aby wciąż być w jej pobliżu. Wyjaśniła, że kiedy istota nie poruszała się, nie mogła jej widzieć. Opowiada: „Nie pamiętam, czy wtedy zasnęłam – nie, jak mogłam zasnąć!" Chociaż doświadczenie to było dla niej trudne, zyskała ona zaufanie w zdolność do zmuszenia tego czegoś, aby od niej odeszło i ostatecznie odeszło. Przysięgła mi, że nie straci już świadomości, aby pozwolić temu bytowi na wpływanie na nią.

Przez chwilę po tym, moje spotkania z Charlotte zaczęły być bardziej rzeczywiste. Zaczęła głębiej odczuwać swoje uczucia. Mogła płakać bez powstrzymywania łez. Powiedziała, że pozwalała, aby jej własne energie oraz energie innych ludzi przepływały przez nią, bez bycia nieuziemionymi. W tym, jak była ona otwarta na inne energie, wyczułam pewne zagrożenie, lecz ona wydawała się przekonana co do swojego nowego przebudzenia, które faktycznie wniosło więcej jej obecności w nasze wzajemne relacje. Nasze konwersacje były pełne skupienia i wnikliwe. Zdała sobie ona sprawę, że poprzedni spokój i szczęście, które myślała, że miała, nie były tym, czego doświadczała teraz. Napisała do mnie: „Jestem teraz znacznie silniejsza. Czuję głębokie połączenie ze Wszystkim Co Jest [Czystą Esencją] oraz z moimi uczuciami wewnątrz mnie".

Chciałam, aby jej urzeczywistnienie trwało, ale w społeczności surowych wegan, która była bardzo New Age, zyskała ona pewną sławę. Powróciła do swojego wierzenia „miłości i światła", bycia zawsze szczęśliwą, ponieważ jest przykładem dla innych, a jej otwartość na ludzi ją otaczających przyćmiła ją i przejęła pierwszeństwo nad jej prawdziwym ja. Jej energia, słowa i działania są teraz w jakiś sposób powierzchowne, tak jak kiedyś, co smuci mnie, ponieważ kiedyś wiedziała, jak to jest być poszerzoną i świadomą. Najgorsze w tym wszystkim jest, że wyczuwam, iż znajomy Reptilianin powrócił.

Aleks również zdał sobie sprawę, że nie osiągnął on prawdziwego szczęścia, tak jak sądził. Jak mógł znaleźć czystą radość i miłość, kiedy był chętny do odczuwania najgorszej energii? Przeprowadzał on eksperyment po dotykaniu ognia, tak więc nie mógł czuć doskonałości, czując oparzenie. Dodatkowo, prawdziwe szczęście nie jest stymulowane sztucznie; jest to stan bycia wewnątrz.

Pewnej nocy, kiedy byłam w Canberra, w Australii, zaatakowana zostałam przez byt, a doświadczenie to pokazało mi, jak wampiryczna energia łączy się z ludźmi. Najpierw obudziłam się, czując w pokoju jakąś ciemną energię. Zamiast ją rozwiać, pozwoliłam, aby mój umysł powędrował w kierunku myśli strachu o byciu w nowym kraju. Strach nagromadził się we mnie, a wtedy, nagle, poczułam ugryzienie w kark! Natychmiast pozbierałam się i poszłam prosto do mego rdzenia, żeby połączyć się z ATI,TPE i poczuć jego czystą energię, a wtedy powiedziałam temu czemuś, aby odeszło. Później zapytałam ATI,TPE, czy coś faktycznie mnie ugryzło, a ono potwierdziło: „Tak". ATI,TPE powiedziało, że był to Reptilian, a moja nadmierna energia strachu umożliwiła mu podejście bliżej do mnie.

Z chwilą, kiedy zrozumiałam tę rzeczywistość wymiany energii, nie pozwalałam już, aby mój strach sprowadzał mnie do punktu bez kontroli.

Nie ma to większego znaczenia, że byty mogą tymczasowo nachodzić mój dom, ponieważ nie dzielę z nimi ich ciemnej energii, więc tak naprawdę nie mogą mnie skrzywdzić. Od tamtego razu nie zostałam już zaatakowana w ten sposób, ale od czasu do czasu doznawałam ostrego bólu w wyniku fizycznego nękania. Teraz nękania takie odczuwane są jako delikatne energetyczne parcie lub skurcze, z powodu prób naruszenia mojego pola. Utrzymuję moją świadomość siebie, aby szybko oddalić ich niechcianą obecność, tym samym zapobiegając potencjalnej szkodzie.

Ważne jest, aby wspomnieć, że fantomowe byty uczą się, jak zmienić swój atak, w odpowiedzi na naszą rosnącą świadomość. Złapali mnie bez osłony, kiedy to seria nieszczęśliwych zdarzeń osłabiła moją roztropność i zaczęłam być drażliwa, aż wkrótce zdałam sobie sprawę że jestem atakowana. Kiedy dźgają krawędź mojego pola, teraz robią to subtelnie, tak, abym miała wrażenie, że to ja mam depresyjną i pełną lęku energię, wtedy to czuję się rozproszona i zacinam się do momentu, kiedy to jest mi już wszystko jedno, kiedy zdecydowanie to nie jestem ja. Nauczyłam się jak przeciwdziałać ich różnym strategiom, stając się przenikliwie świadomą swoich energii. Bardzo trudno może być tym, którzy przetrwali traumę, aby nauczyć się, jak kontrolować lub zarządzać naszymi reakcyjnymi energiami, ale znajduje się to w naszej wrodzonej zdolności, która możemy właściwie rozwinąć.

Moje niechciane połączenie z wrogimi Reptilianami nastąpiło w dzieciństwie. Ohydne, dziecięce kazirodztwo, wymuszone na mnie przez mojego ojca, było dokonane pod wpływem reptiliańskiego wyższego dowódcy, ujawnia ATI,TPE. Dlatego właśnie mój ojciec może nie przypominać sobie tych najokropniejszych incydentów (po tym, jak moja siostra przesłuchała go, przyznał się przynajmniej do „pieszczenia" mnie, co wciąż jest wykorzystywaniem seksualnym), mógł on również pogrzebać je głęboko w swoim podświadomym umyśle, ponieważ nie chciał stawić czoła temu, jak chore były jego działania.

Kiedy byłam młodsza, zazwyczaj czułam ciemną energię wokół mego ojca i odczuwane było to, jak coś innego od moich osobistych reakcji na jego wykorzystywanie mnie. Teraz wiem, że odczuwałam energie jego bezwolnego sprzymierzenia z ciemnymi siłami. Nadużycia tego świata mają miejsce, ze znacznie poważniejszych przyczyn, aniżeli tylko dlatego, że po prostu większość Ludzi działa służąc sobie, chociaż działali oni z perspektywy ich fałszywego poczucia siebie samych. Patrząc z szerszej perspektywy, są oni powszechnie wykorzystywani jako pionki do promowania gry Ofiara-Oprawca, po to, ażeby wplątać nas w negatywne emocje i destrukcyjne myśli. Zostałam zgwałcona jako dziecko, głównie dlatego, że złe byty chciały złapać mnie w pułapkę. Przez pewien czas to działało, ale wywalczyłam sobie swoje wydostanie się z tego więzienia.

Po ceremonii ciała świetlistego James'a, był on kilka razy nachodzony we śnie; na dodatek był on powoli wybudzany intensywnymi myślami seksualnymi. Kiedy zdał sobie sprawę z tego, co się dzieje, natychmiast osiągnął swoją właściwą świadomość, która wiedziała, że obcy byt był tam, chcąc, żeby wprowadzał w życie taką energię. James nigdy nie dostosował się do tego. Raz powiedział werbalnie: „O nie, tak nie będzie". Za każdym razem obcy złościł się, przyciskając jego klatkę piersiową, wciskając jego ciało na 3-5 cm w materac łóżka, a wtedy pozostawiał go w spokoju, ponieważ „wiedział, że nigdzie ze mną nie zajdzie", mówił James.

ATI,TPE ujawnia, że wyższy dowódca reptiliański cały czas usiłował kontrolować Jamesa. Jest on przywódcą grupy bytów Omakayuel, w obrębie Galaktycznej Federacji Światła. Od tamtej pory moja mama, James i ja zebraliśmy się w grupę z doskonałym połączeniem ze Wszystkim Co Jest, Czystą Esencją, aby pozbyć się nękania James'a przez Omakayuel'a. Zanim tak się stało, rzecznik tej konkretnej grupy, złożonej z 10-ciu bytów, powiedział mojej mamie o James'ie: „Nigdy wcześniej nie powiedział nam, byśmy odeszli", na co odpowiedziałam krótko: „To kłamstwo", podczas gdy przez cały czas utrzymywaliśmy wokół nas ochronną energię.

Niestety, ta grupa bytów powracała innymi razy; było to potwierdzone samozadowoleniem, negatywnością oraz pragnieniem James'a, aby być bardziej z tego świata. Uzmysłowiłam sobie, że mogę zapytać ATI,TPE, czy aby Omakayuel nie wszczepił czegoś Jamesowi podczas ceremonii ciała świetlistego i ujawniło ono, że faktycznie fantomowe byty wszczepiły obce urządzenie w pole jego ciała. Moja mama i ja, wraz z naszym zespołem z Galaktyki-2, zlokalizowałyśmy implant w przestrzeni wyższego wymiaru jego eterycznej anatomii, wycięłyśmy go z jego pola i przypaliłyśmy ten obszar Błękitnym Płomieniem Amenti.

Po usunięciu implantu, James był zauważalnie inny. Było tak, jakby zasłona opadła z jego umysłu, ponieważ jego oczy złagodniały. Wie on, że musi utrzymywać swoją wyższą świadomość, gdyż negatywne byty nie poddają się łatwo, aż nie mogą już dłużej znaleźć słabości w naszym postanowieniu wyzwolenia się spod ich wpływu i energii.

Ponieważ nieświadomie uczestniczył on w ceremonii opętania przez Omakayuel'a, James nauczył się powstrzymywania energii kundalini przed podnoszeniem się wewnątrz niego, kiedy czuje, że energia seksualna przyczepia się do niego. Teraz potrafi on określić, kiedy nachodzi go z zewnątrz, zamiast zaczynać się wewnątrz niego, nawet jeśli jego ciało w jakiś sposób już odpowiedziało.

Wielu Reptilian jest szczególnie przyciąganych do pierwotnej energii kundalini, którą wypaczają zgodnie ze swoimi pragnieniami. Inne grupy bytów wydają się preferować atakowanie innych, określonych czakr: czakrę czwartą, aby odwrócić energię naszego serca, czakrę korony, aby dawać channelingi lub wszczepione trzecie oko, żeby dawać prorocze wizje. Tak czy inaczej, wszyscy oni manipulują niższymi czakrami z powodu ogromu seksualnych ceremonii, często też manipulują DNA. David Icke, w swojej książce pt.: „Dzieci Matriksa", oświadcza, że gwałty, zwłaszcza na dzieciach, są tym, dzięki czemu uzyskują oni dostęp do naszej kompozycji genetycznej.[425] Badania oszacowują, że jedna na trzy dziewczynki oraz jeden na sześciu chłopców w Stanach Zjednoczonych są wykorzystywani seksualnie, przed ukończeniem 18 lat.[426] W skali międzynarodowej liczba seksualnie wykorzystywanych dziewczynek i kobiet wzrasta w kulturach patriarchalnych, gdzie kobieta postrzegana jest jako własność, a dziewczynki zmuszane są do poślubiania dorosłego mężczyzny, wbrew ich woli.

Ci obcy są ćpunami i świrami na punkcie kontroli. Często nadmiernie podniecają nasze ciała, aby karmić swoje pokręcone energetyczne pragnienia. Jeśli nie jesteśmy owinięci ich energiami strachu, szału, intensywnej żądzy lub chłodnej obojętności, wówczas dają nam religijne doświadczenie dla fałszywego poczucia euforii. Nie zdajemy sobie sprawy, że nasze religie oraz nieostrożne działania, z powodu oszołomienia drenują nas z energii. Jest to „doświadczenie", jak nazywają to ludzie, stąd jest takie realne i hołubione, jako część nas. Powiedziałabym, że nasze zmęczenie po tego typu doświadczeniach jest wskaźnikiem tego, że poruszaliśmy się na fałszywej energii. Bóle rozprzestrzeniające się po naszym kręgosłupie są kolejnym wskaźnikiem wyrządzanej nam krzywdy.

Mamy tendencję do myślenia, że nasze zdrowie naturalnie podupada, podczas gdy to manipulujące byty pośrednio i bezpośrednio sterują nami w kierunku sztucznej stymulacji i niezdrowych nawyków. Jeśli nie podążamy ich krokami, szukając na zewnątrz natychmiastowej przyjemności i stymulacji, wówczas z łatwością możemy wykryć niezdrową energię wokół nas. Jednakże, zazwyczaj przypisujemy nasze rosnące zmęczenie starzeniu się bądź stresującemu wydarzeniu „normalnego" życia. Kiedy nasze ciała ukazują wystarczająco choroby, wkraczamy w miejsce poddania się, które skłania nas do wezwania Boga, aby nas uzdrowił lub ocalił. To jest ich plan! Wtedy to Bóg przyjdzie, aby dalej zmanipulować nasze ciała, żeby nas jeszcze bardziej wypalić.

Jest to nierealistyczne, aby oczekiwać, że zawsze będziemy czuć się ugruntowani na Ziemi, podczas gdy doświadczamy wszystkich naszych energii w sposób stabilny; jednak możemy patrzeć na świat z wnętrza, zabezpieczonego i stabilnego obszaru naszego rdzenia. Jako Theresa Talea mogę energetycznie wyczuć kogoś ze szkodliwą energią w ten sposób, że moje ciało zaczyna czuć się stłumione, mniej uziemione i w pewien sposób rozdygotane. Wtedy wiem, że należy odejść i naładować się moją wewnętrzną pełnością. Muszę też dodać, że reakcja czucia się w pewien sposób odmienionym może także nastąpić w odpowiedzi na energie Krysthal, zatem najmądrzej jest najpierw sprawdzić swoje własne rozróżnienie energii, zanim dokona się osądu. Z punktu odniesienia naszego właściwego ja, możemy wyczuć przesunięcie energii, która albo ujmuje nam, albo poprawnie nasz rozszerza.

Niezbędnym jest, aby rozróżnić pomiędzy naszymi własnymi energiami a energiami innych, ponieważ w grze są wrogowie, żeby zmącić poczucie naszego własnego ja. Nie sugeruję wcale, żebyśmy przywdziali grubą skórę, czy też działali jak na straży. Pragnę, byśmy mieli na tyle świadomości, aby poradzić sobie z każdą sytuacją, bez bycia niemile zaskoczonymi, kiedy coś nie wydarzy się zgodnie z określonymi, religijnymi przekonaniami, ponieważ zazwyczaj tak nie będzie.

Potajemna manipulacja danej osoby wbrew jego własnego ja, jest bez wątpienia najbardziej zaawansowaną formą kontroli BEA-O, ale świadomość oraz stosowne działania mogą odwrócić tę osobę od tego. Osiągnięcie przez kogoś jego pełnego ja nie prowadzi przez działania siłowe; dzieje się to poprzez działanie odsunięcia się od fantomowych energii, zwłaszcza od rozgrywek o władzę. Nasze osobiste przesunięcie w kierunku prawdziwej stabilności, miłości, całości, wolności i czystości naturalnie umieszcza nas w wydzielonym miejscu, z dala od przytłaczających energii tego świata. Potrzebujemy po prostu odkryć ponownie tę zdrową egzystencję i żyć nią jako norma, zamiast dysfunkcyjnym dogmatem boga i niewolnika, jakiego się nauczyliśmy.

Naturalna energia-materia, włączając w to studium przypadku wody

Kiedy bierzemy nasze fizyczne i psychiczne zdrowie we własne ręce, ludzie mogą zwracać się w stronę programów i technologii, które znajdują się pod wpływem wierzeń New Age oraz fantomowych bytów kryjących się za nimi. Byty te wykorzystują naturalne aspekty związane z Ludzką egzystencją i usiłują scalić je z fantomową kreacją. Nasz umysł i oddech są zwykle celem, za pośrednictwem odpowiednich praktyk myślowych i oddechowych. Woda również zyskuje popularność, ponieważ jest ona biologiczną koniecznością.

Ja zdefiniowałam energię-materię jako współpracujące ze sobą energię i materię, połączone i oddzielne, co zawiera inne formy, aniżeli te, które obserwujemy. W szczególności, każdy duży wymiar zawiera rodzinę energii-materii porównaną do poszerzonej rodziny w poprzednim dużym wymiarze. Oczywiście, rodzina ta staje się znacznie mniejsza i lokalna, kiedy przynależy do planety bądź osoby.

Naturalna energia-materia jest po prostu tym, co znalezione w naturze. Chociaż nasza Ziemia nie jest swoją oryginalną kompozycją Ziemi Amenti, kiedy wkroczyła do wymiaru 2,5, jej energia-materia w tym wymiarze stała się jej naturalnym stanem. To, co może być uważane za naturalne, może być zniekształcone; kreacja zbudowana jest z tej energii-materii, więc tak właśnie jest. Zgodnie z tym to, co fantomowe i nieharmonijne dla nas, może być uważane za naturalne dla istot fantomowych, lecz nie ma to zastosowania do zupełnie sztucznej kreacji. Kiedy mówię, że coś jest nienaturalne i fałszywe dla Ziemi oraz jej mieszkańców, odnoszę się do zewnętrznych bytów, energii oraz percepcji o zwiększonej fantomowej naturze, które napastują nas i manipulują z dala od naszej ziemskiej egzystencji.

Ponieważ oryginalny stan każdego poziomu kreacji jest naturalny, przesłanka ta prowadzi do tego, że właściwe, oryginalne kreacje domeny są najbardziej naturalne ze wszystkiego, czym jest wieczna energia-materia, która nie posiada zniekształceń z dala od wiecznego życia.

Wielu ludzi ma trudności w rozróżnieniu wiecznych energii, ponieważ nie rozwinęli oni swoich pozazmysłowych zdolności oraz intuicji. Ludzie zostali wychowani, aby wierzyć, że w pewien sposób są nieistotni, tak więc musimy zostać napełnieni przez coś zewnętrznego, gdyż nie potrafimy zrobić tego sami. Tak, jesteśmy społecznymi istotami, które muszą uczyć się od naszych starszych osób z doświadczeniem, ale ta konieczność została tak dalece zmieniona na korzyść innych ludzi oraz kulturowych interpretacji, że w zasadzie jednostka jest ignorowana. Sposób w jaki jesteśmy wysłuchiwani, prowadzi przez posłuszeństwo, a to posłuszeństwo jest osiągane przez kontrolę. Najefektywniejsza metoda kontroli prowadzi przez umysł. Kiedy uczeni jesteśmy, żeby patrzeć na zewnątrz i postrzegać siebie jako produkt naszego bezpośredniego środowiska, wtedy nasze umysły nastawione zostały, aby nie szukać mądrości oraz informacji z wnętrza samego siebie.

Ludzie, którzy ukierunkowani są na zewnątrz, szukają dowodu, ale jak mierzony jest dowód? Jeśli zajrzą oni do środka i otworzą drzwi do ich innych aspektów energetycznych, mogą oni wyczuć to fizycznie i rozwinąć swój energetyczny wskaźnik, więc czyż nie jest to wystarczający dowód? Kiedy słyszę ludzi, którzy chcą więcej dowodów, zastanawiam się, czy wkładają jakiś wysiłek, aby je znaleźć. Zostali oni już uwarunkowani, aby czekać na innych, włączając w to Boga, żeby dali im to, czego przypuszczalnie potrzebują. Mogą też mieć z góry wyrobioną osąd tego, czego się spodziewają, więc nie zwracają uwagi na to, co ich wewnętrzne aspekty faktycznie im pokazują.

Żeby wykonać więcej pracy, możemy wykorzystać nasze umysły jako nasze własne i poskładać ze sobą fragmenty informacji, zamiast być tam, gdzie czujemy się wygodnie, w nieznaniu więcej prawdy. Wiele z naszych Ludzkich interpretacji opartych jest na tajemnicy i religii. Oczywiście, niemożliwe jest dla nas, byśmy wiedzieli wszystko, ale informacja już dla nas dostępna jest bardziej niż wystarczająca, aby zdemaskować i skorygować wierzenia.

Użyję wody jako studium przypadku, aby pokazać, jak wierzenia religijne zmieniają percepcję niektórych ludzi o tej namacalnej substancji i pokieruję ich ku czemuś szkodliwemu. Wierzenie to jest również zakorzenione w czymś rzeczywistym, chociaż jest to namacalne dla określonych bytów z innych światów.

Dr. Masaru Emoto stosuje swoje wierzenie New Age w Uniwersalną energię, która nazywa hado, do studiowania zamrożonych próbek wody. Do opisania hado używa trzech kluczowych słów: częstotliwość, rezonans i podobieństwo oraz dwóch dodatkowych słów: przepływ i cyrkulacja. Bardziej precyzyjne ujęcie tematu cyrkulacji mówi, że jest to głównie wewnętrzny proces, lecz Emoto zrównuje przepływ cyrkulacyjny z „cyklem narodzin i śmierci", nazywając to „prawem natury" (s. 34).[427]

Jest sprawą dyskusyjną, czy śmierć jest naturalna dla Ludzkiej egzystencji. Chociaż jest to nieuniknione doświadczenie dla Ludzi w ciągu większości naszej historii, technicznie rzecz biorąc nie jest to prawo, ponieważ naturalny proces ascendencji jest już wbudowany w Ziemię i jej mieszkańców, zapewniając drogę wyjścia z mechaniki śmierci. Ja widzę rzeczywistość ascendencji i przeobrażenia umożliwiającą Ludzkiemu ciału dalsze życie, jako najbardziej naturalne „prawo" naszej Ziemi, ponieważ życie jest wbudowane w Ziemię jako podstawa silniejsza niż śmierć.

Emoto definiuje hado, które również nazywa czi:

> Ponieważ elektrony są negatywne, zaś jądra atomów są pozytywne, elektrony poruszają się dookoła jadra atomowego z bardzo wysoką prędkością i emitują unikalne, słabe fale wibracji. To jest to, co nazywamy HADO. HADO poruszane jest dookoła z intensywną prędkością przez elektrony przyciągające się wzajemnie. Ruch ten tworzy wzorzec (Pole Rezonansu Magnetycznego), a nie ma dwóch podobnych. Jest to coś, co we współczesnej nauce nazywane jest „Chaosem"....
>
> HADO jest minimalną jednostką niewidzialnej energii. Dźwięk oraz elektryczność również posiadają HADO (s. 115).[428]
>
> Kiedy mierzymy hado [przy pomocy urządzenia elektromagnetycznego], wyrażane jest jako ułamek z mianownikiem 21 (s. 107).[429]

Encyklopedia Britannica definiuje rezonans magnetyczny jako „absorbcję bądź emisję promieniowania elektromagnetycznego przez elektrony lub jadro atomowe, w odpowiedzi na zastosowanie określonych pól elektromagnetycznych".[430] Rezonans magnetyczny w warunkach laboratoryjnych występuje przy statycznym polu magnetycznym, które wpływa na dipol magnetyczny rozdzielający swoją energię na tymczasowe poziomy energii. Poziomy te zapisywane są przez zespół Emoto, a najwyższa ilość wibracji w jakiekolwiek substancji uważana jest za zawierającą najkorzystniejsze hado.

Według Emoto hado jest fraktalną energią uniwersalną, która wytwarza podobną do siebie replikację. To właśnie tutaj, w pełnej krasie, wkracza jego Prawo Jednego, dlatego właśnie ważne jest, aby zagłębić się w twierdzenia dotyczące uniwersalnej energii, aby zobaczyć kontekst ich słów, które w przeciwnym razie mogą opisywać energię Krysthal (np. rezonans, podobieństwo, przepływ). Twierdzi on, że w jego badaniach prawie dwuminutowe okno do krystalizacji wody jest makrokosmicznym oknem widzącym to, czego w innym przypadku nie widzimy w skali mikrokosmicznej. Dlatego, wierzy on, że płynna woda powinna zawierać heksagonalną (sześciokątną) strukturę molekularną.

Emoto oświadcza:

> Dlaczego kryształy wody tworzą sześciokątne kształty? Kiedy molekuły wody łączą się ze sobą, kształt heksagonalny jest najbardziej stabilny. Oczywiście, takie heksagonalne struktury są zbyt małe, aby je widzieć, lecz kiedy te małe struktury łącza się razem, tworzą one większe formy heksagonalne. Innymi słowy, umiejscowienie molekuł zbyt małych do zobaczenia oraz formacji kryształów, które możemy dostrzec przez mikroskop, jest zgodne ze strukturą fraktalną" (s. 33-34).[427]

W swoich studiach Emoto zamraża 50 próbek wody z tego samego źródła, a ich wyniki klasyfikuje według ośmiu poziomów, opartych na ilości heksagonalnej krystalizacji. W „Tajemnicy życia wody" (oryginalny angielski tytuł: „The Secret Life of Water" – przyp. tłum.) dostarczył on danych z dwóch różnych źródeł japońskiej rzeki Hanmyo i większość z próbek pokazała „Niewyraźny wzorzec", co jest szóstą klasyfikacją. W rzeczywistości jedno ze źródeł wytworzyło nie „Piękne" kryształy, najwyższą klasyfikację, pokazało ono także „raczej nie piękne" lub „Heksagonalne wzorce" kryształów, odpowiednio drugiej i trzeciej klasyfikacji (s. 128).[427]

Emoto wierzy, że kryształy z zamrożonej wody przekazują nam wiadomości. On oraz jego asystent wystawiają fiolki wody destylowanej, która nie jest zupełnie czysta, na różne kompozycje muzyczne, a także na pozytywne i negatywne słowa i robią zdjęcia wyników krystalizacji. Kiedy próbki nie krystalizują się właściwie według najwyższej klasyfikacji Emoto, personifikuje on niekształtne wyniki – według niego woda wykazuje emocje, takie jak szczęście, smutek i gniew. Nie dostarczył on specyficznych danych dla tych rezultatów, pozostawiając czytelnika, aby zastanawiał się, czy rozmyślnie opublikował on zdjęcia mniej powszechnych kryształów, by przedstawić harmoniczną muzykę i podnoszące na duchu słowa, jak zostało to udowodnione przez drugi zestaw z rzeki Honmyo, w którym wybrał on piękne kryształy, żeby reprezentowały jego badania, kiedy to w tej klasyfikacji znajdowały się tylko dwie próbki. Jego przykład dla muzyki heavy-metalowej nie pokazuje żadnych kryształów, tylko posiada okrągły wzorzec. Zinterpretował on to w taki sposób, że rozbity kryształ w „wodzie wydaje się negatywnie reagować na taką muzykę" (s. 87).[428] W swojej późniejszej książce pt.: „Ukryte wiadomości w wodzie" (oryginalny angielski tytuł „The Hidden Messages in Water" – przyp. tłum.) z 2004 r. zmienił on to oświadczenie, żeby powiedzieć, iż woda bardziej zareagowała na złe i wulgarne słowa piosenek, aniżeli na muzykę.

Emoto nie używa rygorystycznych kontroli naukowych do pomiaru tempa chłodzenia, co wpływa na krystalizację wody. Uzasadnia on: „Kiedy woda jest zamrażana, taki sam kryształ nigdy nie pojawia się dwa razy, tak samo jak nie ma dwóch podobnych do siebie płatków śniegu" (s. 126).[427]

Woda nie krystalizuje się bez dodania domieszki, zwanej nasiennym kryształem, umożliwiającym kryształowi wzrost. „Dlatego właśnie nie każda woda zamarza w temperaturze 0°C. W pewnych warunkach może ona osiągnąć temperaturę – 40°C – w procesie zwanym super wychładzaniem. Zachodzi to w zupełnie czystej wodzie i zazwyczaj w bardzo gładkim pojemniku", oświadcza edukacyjna strona naukowa.[431] Heksagonalne płatki śniegu formują się zawsze wokół domieszek. Heksagonalna formacja jest niespotykana w studiach Emoto z zamrożoną wodą i nie może istnieć w czystej wodzie zawierającej jedynie H_2O.

Molekuła wody zawiera dwa atomy wodoru sparowane z jednym atomem tlenu. Atom tlenu posiada wokół niego dwa elektrony w wewnętrznej powłoce i sześć elektronów w zewnętrznej powłoce. Każdy atom wodoru posiada tylko jeden elektron. Atomy wodoru i tlenu dzielą ze sobą swoje elektrony, aby utworzyć silne wiązane kowalencyjne. Wiązanie to jest tak silne, że popycha ono dwa atomy wodoru blisko siebie, pod kątem 104,5 stopnia od atomu tlenu, w porównaniu do inaczej idealnego kąta tetrahedralu 109,4 stopni. To ustawienie pozostawia cztery inne elektrony w szerokim obszarze zewnętrznej powłoki, aby prawdopodobnie przyciągnąć inne atomy i molekuły, potencjalnie tworząc do sześć związanych molekuł w kształcie sześciokąta wokół jądra atomu tlenu.

Od dziesięcioleci naukowcy studiują wodę i wciąż jej zupełnie nie rozumieją, ponieważ jej składniki molekularne oraz interakcje są zbyt trudne do wyizolowania i studiowania. Zwłaszcza wiązania chemiczne, które tworzą międzymolekularne klastery są wiązaniami wodorowymi, które są około 10 razy słabsze niż wiązania kowalencyjne. Wiązania wodorowe są ciągle tworzone i rozbijane w normalnych warunkach biologicznych, więc klastery molekularne nie są zbyt stabilne.

Naukowe metody, usiłujące zmierzyć rozmiar klasteru molekuły wody, oparte są na teorii, a nie na dokładnych wynikach, które mogą zostać odtworzone. Chemik tak oto wyjaśnia ten problem:

> Jakakolwiek analiza uzależniona jest od teoretycznej podstawy interpretacji tych danych.... Na dodatek różne metody dostarczają informacji w określonym czasie lub w określonej skali, więc wiele z nich naturalnie się różni....
>
> Natychmiastowe struktury ukazują aktualne pozycje i orientacje molekuł, lecz te będą zniekształcone względem siebie, z powodu wibracyjnego, liniowego i obrotowego ruchu dyfuzyjnego; dlatego nie pokażą one lub pokażą tylko słabo jakikolwiek długoterminowy lub rozległy porządek w układzie. Powolne procesy, takie jak „dyfrakcja", pokazują uśrednione struktury, które mogą być bardzo marną reprezentacją jakiejkolwiek konstrukcji składającej się z dwóch gwałtownie przeplatających się struktur.[432]

Dwie z tych metod pomiarowych, powszechnie używanych przez firmy twierdzące, że sprzedają mikroklasterowaną, strukturyzowaną wodę, to technologia promieniowania podczerwonego oraz jądrowy rezonans magnetyczny (oryginalny angielski nuclear magnetic resonance, skrót NMR – przyp. tłum.). Spektroskopia promieniowania podczerwonego ukazuje prawie natychmiastowe struktury, zaś NMR pokazuje dyfuzyjnie uśrednione struktury. Wydaje się, że Emoto, aby zmierzyć drobniutkie wibracje, używa metody NMR z urządzeniem zwanym Magnetycznym Analizatorem Rezonansu.

Ponieważ metody te nie mogą udowodnić spójnych rozmiarów klasterów wody, firmy będące pod wpływem ruchu New Age, które popierają prace Emoto, stosują swoje wierzenie w „świętą" heksagonalną geometrię, twierdząc, że molekularne klastery wody powinny tworzyć stabilne, heksagonalne łańcuchy lub kratownice, nawet bez dodanych zanieczyszczeń. Jednakże Emoto nie pokazuje żadnego dowodu heksagonalnej struktury istniejącej w płynnej wodzie. Co więcej, jego analogia kryształów i płatków śniegu nie dotyczy czystej wody w żadnym stanie, bez zanieczyszczeń.

Wyniki badań na Uniwersytecie Kalifornijskim, w Berkeley z 2005 roku „wskazują, że międzymolekularne ustawienia w płynnej wodzie są dobrze przedstawione przez SPC/E (np. lokalnie tetrahedralne), w zupełnym kontraście do ostatnich twierdzeń, że płynna woda zamiast tego zawiera pierścienie i łańcuchy".[433] W badaniu użyto modelu wody o poszerzonym ładunku punktu prostego (ang. extended simple point charge, skrót SPC/E – przyp. tłum.), który stymuluje i kalkuluje klastery wody, dodając średnią korektę polaryzacji, do potencjalnej funkcji energii wiązań wodorowych. „W symulacjach dynamiki molekularnej [SPC/E] daje poprawną gęstość oraz dielektryczną przenikalność elektryczną wody".[434]

Podczas gdy molekuła wody zaprojektowana jest, aby przyciągać inne molekuły, by wytworzyć klaster, nie oznacza to, że zawsze przyciąga ona inne molekuły ani też, że przyciąga ich określoną ilość. Geometria heksagonalna może być potencjalną składową, ale nie właściwym ustawieniem molekuły H_2O. Zgodnie z tym – ponieważ molekuła wody posiada potencjał przyciągania wielu innych molekuł wody – nie oznacza to wcale, że tak czyni, ponieważ jest ona już samowystarczalną molekułą. ATI,TPE oznajmia, że jest to zdecydowanie niepospolite, aby molekuły wody tworzyły duże klastery molekuł H_2O; zazwyczaj, tylko trzy molekuły wody tworzą wiązania wodorowe połączone ze sobą nawzajem. Duże klastery powstają przez dodanie zanieczyszczeń, tak więc dla naszej konsumpcji wody korzystne jest rozbicie ich rozmiaru.

Obecne technologie imitują naturalne worteksy oraz interakcje mineralne wodospadu, żeby zrestrukturyzować klastery wody. Wyższej jakości urządzeniem worteksowym jest tuba z małymi ceramicznymi kulkami, która tworzy potrójną komorę spiralną, żeby rozbić wiązania wodorowe i usunąć lub zastąpić szkodliwe domieszki minerałami pochodzącymi z Ziemi. Może ono także przestrukturyzować wodę z twardej wody na miękką wodę. Produktem końcowym jest przefiltrowana woda, z prawdopodobnie zmienionym współczynnikiem pH, co powinno być opisem wszystkich urządzeń worteksowych, a nie pseudonaukowych twierdzeń, opartych na wierzeniu New Age w „naturalną" wodę heksagonalną. Jeśli dana firma specyficznie określa, że jej technologia wytwarza mikroklastery wody, wtedy myślę, iż powinna ona dostarczyć pewnych danych wraz z metodą testowania jako dowodem. Na dodatek, podczas gdy pewne zanieczyszczenia są usuwane, inne, włączając w to aluminium i fluor, są dodawane w różnych ilościach, z ceramicznego materiału, tak więc nie jest to doskonałe urządzenie filtrujące. Wszystkie te domieszki zostaną uwolnione w naszym ciele, kiedy woda zostanie zaabsorbowana.

Popularną technologią redukującą rozmiar klasterów jest elektroliza, która wykorzystuje prąd elektryczny, lecz nie podnosi ona alkalicznego poziomu pH, chyba że wprowadzone zostaną domieszki. Firmy sprzedające urządzenia do elektrolizy raczej nie wspominają o heksagonalnej wodzie, twierdząc, że jonizacja usuwa szkodliwe substancje i restrukturyzuje klastery w pięć do sześciu molekuł.[435]

Nasza planeta stworzona jest z dużej ilości Metatronicznej geometrii, tak więc sześcian może być uważany jako naturalny, kiedy występuje w naturze. Na przykład Buckminsterfulleren'owa (rodzaj fulerenu – przyp. tłum.) molekuła węgla posiada kulistą, sześciokątną i pięciokątną strukturę klatkową, na kształt wydrążonej piłki nożnej. Grafit, naturalnie utworzony krystaliczny węgiel, zawiera warstwy połączonych ze sobą sześciokątnych pierścieni. Jednak większość molekuł węgla nie ma heksagonalnej struktury.

Na zagęszczonej dwuwymiarowej skali kostka staje się sześciokątem, jeśli jest wycentrowana względem jednego z jej wierzchołków. Siedmiojednostkowy kod Metatronicznej Kostki ma także kształt sześciokąta, z „sześcioma punktowymi wierzchołkami i centralnym punktem głównym", oznajmia ATI,TPE. Jak oświadczyłam w rozdziale 7, Kostka Metatrona scala ze sobą galaktyczne gwiezdne wrota i miesza ze sobą ich prądy oraz poważnie ściska kreację. Celem Kostki Metatrona jest hermetyzowanie wszechświata w swoim wnętrzu, zapobiegając wiecznemu życiu.

Badam molekularną klasteryzację oraz krystalizację wody, ponieważ zastanawiam się, jak bardzo heksagonalna geometria odciśnięta jest w półfantomowej konstrukcji molekuły H_2O. ATI,TPE ujawnia, że molekuła wody, w pełni fantomowej kreacji, posiada sześć atomów w kształcie sześciokąta. Chociaż heksagonalny (sześciokątny) wzorzec ukazany jest jedynie w potencjale wiązania wodorowego H_2O, może umożliwić on połączenie z fantomową energią oraz potencjalne przeobrażenie jego natury w zupełny sześciokąt w zliniowanych lokalizacjach fantomowych.

Łączenie się z Metatronicznymi bytami, za pośrednictwem przekaźnika, jakim jest woda, może pomóc nasycić wodę heksagonalną geometrią. Emoto mówi, że był świadkiem, jak buddyjski kapłan skierował swoją długą modlitwę do zamulonej wody rezerwuaru przy zaporze i kolor wody zmienił się na tyle, żeby mieć widoczną przejrzystość. Przed modlitwą próbka wody Emoto nie wytworzyła w laboratorium heksagonalnych kryształów. Wtedy to mówił on: „Po modlitwie woda utworzyła kryształ o niebiańskiej piękności. Posiadał on podwójną strukturę małego sześciokąta, wewnątrz pięknego zewnętrznego sześciokąta" (s. 102).[429]

Prace Emoto są w głównej mierze religijnie ukierunkowanymi przesłaniami o wodzie pochodzącej od Boga, a w interpretacjach swoich badań wykazuje on stronnicze stanowisko w stosunku do sześciokąta jako niebiańskiej struktury. Wierzy on w nadprzyrodzony wpływ wody. Mówi on: „Czasami czuję, jakbym prowadzony był przez ducha wody. Czuje się, jakbym widział i rozmawiał z tym duchem, postrzegam to jako kropelki wody jasno połyskujące w powietrzu" (s. 1).[427]

Kiedy w pełni urzeczywistnione, fantomowe molekuły heksagonalnej wody mogą powstrzymać naszą zdolność osiągniecia hydrolazy molekuł wody, chyba że zajdzie właściwa transfiguracja, „aby uwolnić niszczące pierwiastki z płynnego składu esencji ludzkiego ciała", oznajmia ATI,TPE. Hydrolaza jest wieczną wodą. Heksagonalne molekuły wody powodują, że w pofragmentowanym ciele zachodzi niekończące się pragnienie, podczas gdy hydrolaza zapewnia zaspokojenie pragnienia i nienaruszające równowagi ekologicznej życie, ujawnia ATI,TPE.

Jak już wcześniej oświadczyłam, shaLAah (czyt. szaleja – przyp. tłum.) jest ilorazem (współczynnikiem) wiecznego światła; zawiera on kod Trój-Weka. Kiedy wspomniałam iloraz naszego żyjącego światła, chodziło mi o ilość naszej energii-materii, która może naturalnie dokonać ascendencji i ostatecznie przeobrazić się w kompozycję ciała świetlistego shaLAah. Ludzkie ciało posiada potencjał osiągniecia shaLAah i hyrdolazy w części naszego mniej zagęszczonego szablonu, kiedy zliniujemy się z wieczną energią i pokierujemy siebie do świata Krysthal takiego jak AquaLaShA.

Woda jest wartościowym surowcem, koniecznym do naszego przetrwania. Poza kilkoma wadami przesłania Emoto, docenia on również właściwości wody, jako nośnika energii i wie, że woda posiada pewną miarę świadomości. Zgadzam się z tym, że wypowiedzenie do wody zwrotu „dziękuję" z czystą intencją, wysyła do niej energię miłości i może ona odpowiedzieć z podobną energią, którą mamy zdolność wyczuć; jednakże zdecydowanie nie zgadzam się z twierdzeniem, ze woda potrzebuje heksagonalnej struktury do przekazywania pozytywnej energii.

Ponieważ woda jest tak ważną substancją i zachowuje już swoją własną świadomość atomową, utrzymuję, byśmy doceniali ją w jej prostej, płynnej formie, która naturalnie odżywia nas, bez zatruwania jej i męczenia toksynami i religijnymi agendami. Kiedy doceniamy i podtrzymujemy zdrowe, Ludzkie ciało, umysł i środowisko, chociaż to zdrowie nie jest technicznie wieczne, jest to nasz najbardziej naturalny stan istnienia, który zapewnia najłagodniejsze przejście do większego zdrowia i życia poza naszą planetą, stając się ostatecznie wiecznymi istotami, kiedy pozostaniemy zliniowani.

Podsumowanie

Kiedy stajemy się zgodni z naszymi wiecznymi, naturalnymi warstwami nas samych, po naszym ziemskim życiu udamy do lepszych miejsc. Jako jednostki powinniśmy zbudować solidny związek z samym sobą. Nie możemy kontrolować woli nikogo innego, poza naszą własną.

ATI,TPE informuje o naszym następnym miejscu przeznaczenia: „Ci z poszerzonym i zwiększonym połączeniem ze Wszystkim Co Jest, Czystą Esencją, poprzez Eia, niż ci z mniejszą ilością, wyczujemy naszych bliskich [którzy posiadają mniejszą ilość połączenia], lecz ominą ich w drodze do innego lub wyższego wymiaru. Nie będą oni razem". To od jednostki zależy wybór rodzaju energii, z którą się urzeczywistni i zliniuje, ponieważ ma to wpływ na nas teraz i później.

Kiedy zakwestionowałam wartość Ludzkiego życia, zapewniona zostałam przez moje Wyższe „ja" oraz ATI,TPE, że naprawdę ma ono bardzo duże znaczenie, tak samo jak ma znaczenie życiowe doświadczenie danej osoby w następnym miejscu przeznaczenia. ATI,TPE nigdy nie zawahało się odnośnie płynącej natury życia. Kiedy pytam o zmarłych, którzy wykazywali się dobrocią, odpowiada ono: „Wszystko Co Jest, Czysta Esencja wie, kim są te świadome, odeszłe, indywidualne esencje i przedłuży do nich swoje połączenie".

Jako że zbliżamy się do potencjału otwarcia przejścia Korytarzy Amenti na Ziemię Amenti po 21 grudnia 2017 roku – najprawdopodobniej bliżej lub po 21 grudnia 2022 roku – ATI,TPE oświadcza:

> Kiedy zbliży się czas otwarcia przejścia Korytarzy Amenti, Wszystko Co Jest, Czysta Esencja poprzez swoje połączenie, w narastającej mierze, wspomoże wzrastającą świadomość i wiedzenie ludzi o wyższej świadomości. Ci ludzie z większą świadomością zostaną popchnięci do działania, na rzecz ich esencji ludzkiego rdzenia, z kompozycją elementarną i DNA, wraz z systemem czakr, zliniują się i odpowiedzą na ten proces w natychmiastowym i zdyscyplinowanym wydarzeniu.

Powyższe oświadczenie ATI,TPE ma także zastosowanie do przejścia budowanego przez Żywiciela Rzeki Krysthal oraz jego współpracowników, w razie gdyby potrzebne było bardziej chronione przejście. Nawet jeśli naturalne przejście nie będzie zabezpieczone dla Ludzi, którzy są energetycznie gotowi do cielesnej ascendencji, możemy czuć się przekonani, że nasza zwiększona świadomość zaowocuje większą kontrolą nad naszymi własnymi ścieżkami.

Zapytałam ATI,TPE, co radziłoby ludziom w tym kluczowym czasie i specyficznie odpowiedziało: „Wszystko Co Jest, Czysta Esencja radzi ludziom, aby byli w pełni świadomi i wnikliwi na to, co dzieje się dookoła nich; kwestionując wszystko. Nie bądźcie naśladowcami i nie przyjmujcie informacji bez zadawania pytań. Wybierzcie prawdę i dobroć".

Jeśli ludzie nie są świadomi przenikliwej informacji znajdującej się w tej książce, lecz dobre energie znane są intuicyjnie, wówczas to wrodzone wiedzenie Ludzi z czysta intencja i pragnieniem, powinno złączyć ich ze zliniowaniem się z ich prawdziwym ja, oraz małą miarą Wszystkiego Co Jest, Czystej Esencji. Powinno to także podpowiedzieć im, aby oddzielili się od Metatronicznych technologii energetycznych 55,5-144.

Wszystko Co Jest, Czysta Esencja wyjaśnia:

Czyste intencje i pragnienia ludzi do wykonywania pozytywnych działań celem osiągnięcia korzystnych rezultatów, bez intencji służenia jedynie sobie samym, mogą przyciągnąć czystsze energie i częstotliwości z wyższych wymiarów, które mogą pomóc im w ich indywidualnym wzroście. Wystarczające zliniowanie przychodzi ze zwiększoną świadomością i wiedzeniem o czystym źródle świadomości na zewnątrz oraz poza kreacją.

Posiadamy rodzinny związek pomiędzy Ludzkim ciałem a bardziej naturalną i wieczną energią-materią w naszych większych światach Eka-Weka, tak więc korzystne jest skupienie naszej uwagi na prawdziwym życiu i miłości, aby połączyć nas z wiecznymi energiami. Jest zupełnie niepotrzebne, a wręcz zazwyczaj zgubne, sprowadzanie do nas samych jakiegokolwiek rodzaju bytu, zwłaszcza boga lub anioła, dla naszej podróży ascendencji, ponieważ posiadają oni swoją własną świadomość, wolę oraz kompozycyjne granice, które nie należą do naszego ciała. Nasze połączone Ludzkie ciało posiada wystarczającą podstawę i zdolność ułatwiającą ascendencję. ATI,TPE oznajmia: „Jeśli więcej ludzi uzmysłowiłoby sobie, że uczestnictwo w ceremonialnych wydarzeniach religijnych podbiera ich energię oraz esencjonalne składniki życiowe w rosnących ilościach, wtedy ich światowe religie przestałyby istnieć, a ludzie w całości mogliby odzyskać swoją własną esencję". Jeśli zdecydujemy się przyłączyć do czystszej energii-materii aniżeli ta, której obecnie doświadczamy, wówczas musimy wcielić nasze myśli i słowa w sumienne czyny, aby osiągnąć zdrową samointegrację.

Techniki

Najpierw potrzebujemy iść z punktu A do punktu B: z Ziemi na oryginalną Ziemię Amenti w trzecim wymiarze. Nawet jeśli naszemu ciału nie uda się i przez to umrze, nasza wewnętrzna Ludzka kompozycja może bezpiecznie przybyć na Ziemię Amenti, kiedy zliniujemy się z naszym prawdziwym ja, z wiecznymi energiami i ze Wszystkim Co Jest, Czystą Esencją (ang. skrót ATI,TPE).

Początkowo dowiedziałam się, że potrzebujemy co najmniej 80 procent ilorazu naturalnego światła, zestrojonego z Ziemią Amenti, która z kolei rezonuje z ilorazem światła shaLAah. Chociaż te „80 procent" wymienione jest w kontekście naszego rozumienia 100 procent jako maksimum, nie odpowiada to procesowi ascendencji. ATI,TPE wyjaśnia, że współczynnik naturalnego światła jest cyfrowym wskaźnikiem naszej zdolności organicznej 2,5-wymiarowej energii-materii do przesunięcia się przemieszczenia wzdłuż coraz bardziej naturalnej, energetycznej trajektorii w kierunku Ziemi Amenti w trzecim wymiarze.

Cyfra współczynnika naturalnego światła równa jest ilości energii opartej na wiecznej, jaką mieścimy w sobie, która potencjalnie może dopasować się do organicznej energii Ziemi Amenti i umożliwić naturalną ascendencję. Jej cyfra może być najlepiej rozumiana jako wychylenie wskaźnika na skali kompasu pomiarowego, który naturalnie kieruje daną osobę w stronę właściwej ścieżki ascendencji.

Cyfra 100 nie jest maksymalną ilością wskaźnika naturalnego światła, jaką Ludzie mogą osiągnąć. Wspomniana wcześniej cyfra 80 jest właściwie ilością minimalną, którą musimy posiadać, aby być w stanie dokonać ascendencji z wystarczającą, zliniowaną częścią naszej cielesnej energii-materii, zaś 150 jest ilością jaką możemy osiągnąć do kompletnej cielesnej ascendencji, potwierdza ATI,TPE. Niewielu ludzi o podwyższonej świadomości może nawet uzyskać wskaźnik naturalnego światła większy niż 150.

Wskazane jest, aby dążyć do osiągnięcia ilości wskaźnika naturalnego światła poza minimalną akceptowalną wartość. Po osiągnięciu wartości liczbowej co najmniej 130, ATI,TPE informuje:

> Dodatkowa wartość liczbowa w wysokości 50 [od 80 do równego 130], w kierunku całkowitej wartości 150, jest ostatnim etapem pełnej transfiguracji kryształów krwi, aby dokonać maksymalnej zdolności przemieszczenia się i przeobrażenia, po to, żeby utrzymać życie oraz egzystencję na Ziemi Amenti.

Jeśli staniemy się energetycznie zestrojeni z samymi sobą, a zwłaszcza z naszym głównym ja, wówczas możemy lepiej wyczuć nasze zliniowanie (lub jego brak) z wiecznymi energiami. Nie jest konieczne dla nas, byśmy znali specyficzną liczbę przypisaną żyjącemu światłu, ponieważ liczba ta reprezentuje prawdziwe, pozytywne przesunięcie energii, którego doświadczamy wewnątrz nas. Chcę dodać, że ludzie którzy są na wczesnym etapie rozwoju samoodkrywania, mogli jeszcze nie osiągnąć ani wyczuć swój proces przemiany, tak więc mogą oni zdecydować się na poproszenie Wszystkiego Co Jest, Czystej Esencji o wskaźnik ich współczynnika naturalnego światła przy pomocy Shapah, który mogą wykorzystać jako narzędzie do ujawnienia ich własnego wewnętrznego przewodnictwa.

Jeśli ktoś dokona fizycznej ascendencji z minimalną ilością wskaźnika naturalnego światła, co jest tylko ponad połową tego co można osiągnąć, wówczas niewystarczająca część energii-materii zostanie zrzucona w procesie transformacji. Osoba taka nie będzie potrzebowała dodatkowej regeneracji, a wystarczający współczynnik naturalnego światła „umieści przekształconą, indywidualną esencję w punkcie bliższym do Ziemi Amenti", oświadcza

ATI,TPE. Chociaż istnieją dwa różne procesy transformacji i transfiguracji, zachodzące w odmienny sposób i w różnej kolejności, ostateczne przeobrażenie łączy dwa procesy w jedną płynącą sekwencję i porządek energii-materii, wyjaśnia ATI,TPE, a ostateczne przeobrażenie jest natychmiastowe.

ATI,TPE informuje, że bardzo łatwo możemy stracić nasz iloraz naturalnego światła, jeśli nie utrzymujemy naszego wewnętrznego napędu i działań w kierunku prawdy i miłości, we wszystkich obszarach naszego życia. Kiedy możemy czuć się, jakbyśmy nie nadążali za naszą osobistą mocą, możemy być swoimi własnymi cheerleader'ami i rozpalić na nowo naszą iskrę od środka.

Mój iloraz naturalnego światła jest bardzo wysoki, bez względu na moje zmagania ze zdrowiem fizycznym, ponieważ jestem sumienna w moim celu samointegracji, która obejmuje pragnienie prawdy, bez względu na to, jak jest ona zdumiewająca. Wiem, kim jestem i dokąd zmierzam jako Theresa Talea, tak więc nie daję sobie żadnej innej opcji z dala od mojej ścieżki.

Transfiguracja (przeobrażenie – przyp. tłum.) jest wewnętrznym procesem obejmującym osobiste składniki, które naturalnie zliniowują się z podobną, lecz zewnętrzną energią-materią. Transfiguracja w procesie ascendencji zmienia nasze ciało w energię-materię tamtej lokalizacji wymiarowej, ponieważ zliniowaliśmy się już z nią w poprzedniej lokalizacji. Kiedy ktoś dokonuje przeobrażenia w swoje wyższe ja, niższe Ludzkie ja osiągnęło już wystarczającą ilość biologicznego podobieństwa, aby dokonać takiego przejścia, a ich świadomość już się wymieszała.

ATI,TPE informuje, że odpowiednie kody i prądy energetyczne zostaną naturalnie wytransmitowane do tych, którzy są gotowi na proces ascendencji, tak więc nie musimy wykonywać specyficznej techniki, korespondującej z zewnętrzną energią-materią.

W każdy z bytów wbudowana jest naturalna granica ze zdolnością interfejsu do połączenia się z innymi bytami i energiami. W poniższym oświadczeniu ATI,TPE daje obszerne wyjaśnienie na temat wyraźnej różnicy pomiędzy tym, jak wchodzimy w reakcje z wieczną oraz fantomową energią-materią.

> Kiedy nawiązuje się wzajemne kontakty z zewnętrznie wiecznymi bytami i energiami, naturalna zdolność interfejsu pola esencji bytu, staje się bardziej płynna i akceptująca. To umożliwia większą klarowność i zdolność do połączenia się i przyjmowania energii, jeśli tak zadecyduje.
>
> W przeciwnym przypadku, kiedy dochodzi do konfrontacji z zagrażającymi i dominującymi spotkaniami na polu esencji interfejsu ciała, gdy wykorzystywane przy tym są religijne rytuały celem opętania wraz ze skierowanymi na nie technikami, byt

przyjmujący energię nie ma wyboru wśród nieprzyjaznych zewnętrznych bytów i energii.

Kiedy jesteśmy dobrowolnymi uczestnikami w religijnych rytuałach, ceremoniach i technikach, nawet jeśli ich nie rozumiemy, nasze uczestnictwo otwiera możliwość opętania. Jeśli świadomie nie przyzwalamy zewnętrznym bytom i energiom na wejście do naszego ciała i utrzymujemy odległość między nami samymi a manipulatorskimi bytami, wówczas interfejs naszego pola zamyka drzwi i zapobiega wymianie energii z nimi, potwierdza ATI,TPE.

Kiedy ja łączę się ze Wszystkim Co Jest, Czystą Esencją i Eia, wiem już, że są one energiami odrębnymi ode mnie, tak więc rozszerzam moją najgłębszą, „najwyższą" świadomą esencję, która zawiera wzorzec od Eia, żeby je spotkać. Wtedy ATI,TPE oraz Eia rozszerzają swoje energie do mnie, a mój interfejs niesie nadmiar od ich rozszerzenia poprzez mnie. Analogia jest wtedy, kiedy witamy drugą osobę i w rewanżu czujemy jego lub jej energię. Możemy wymienić z kimś miłość, śmiech lub smutek i odczuwać będziemy więcej tej energii, aniżeli byśmy robili to sami. Jest to akt wzajemności i daje on zwiększoną ilość energii którą odczuwamy wewnątrz nas. Oczywiście ATI,TPE oraz Eia nie spotykają naszych energii w takich złożonych formach jak my, ale nasz język energetyczny komunikuje, czym oni/one są. Dlatego nasze wbudowane interfejsy na wielu poziomach energii umożliwiają połączenie się z nimi i odczuwanie ich obfitości, która nie wyczerpuje ich ani nas.

Jeśli chcecie połączyć się z zaufanym bytem lub zespołem która zapewnia naprawdę wspierające, kochające połączenie, ATI,TPE potwierdza, że korzystne może być poproszenie ich o pomoc dla dodatkowej ochrony oraz informacji, ale zdecydowanie radzę, aby była to drugoplanowa opcja po ugruntowaniu się w wiecznej energii, które najpierw musimy osiągnąć w sobie samych. Ważne jest, żeby uzmysłowić sobie, że byt i energia nie mogą zapewnić nam zupełnej ochrony, w naszej pofragmentowanej egzystencji. Najlepszą formą ochrony jest nasza świadomość, odsuwająca nas od energii nauki śmierci; nie mogą one manipulować nami ani podczepić się do nas, kiedy jesteśmy od nich oddzieleni.

Poniższe techniki są wskazówkami do połączenia się z specyficznymi naturalnymi i wiecznymi energiami, w oparciu o moje własne doświadczenie. Możecie je zgłębiać i do pewnego stopnia zmieniać, stosownie do waszego wewnętrznego procesu.

POŁĄCZ SIĘ ZE SWOIM ORYGINALNYM JA

Przygotowanie: Rozpocznij tę technikę z prawdziwego miejsca w swoim wnętrzu, które wie, że jesteś dobry, piękny, wartościowy, lub użyj kolejnego, pozytywnego stwierdzenia, które sprawi, że poczujesz się bezpiecznie, spokojnie, miłująco, ufając sobie. Pozostań zupełnie pozytywny (bez strachu czy z pozycji władzy). Jest to fundamentalna energia tej techniki, która zapewni ci odwagę i połączenie sięgające do waszego prawdziwego ja.

Jeśli czujesz się wyjątkowo niespokojny/a, pod koniec tej sesji możesz wykonać technikę „Zliniowywanie naszych czakr z AquaLaSha".

Technika: Najpierw, poczuj się wygodnie w swojej własnej skórze. Poczuj skórę swojego fizycznego ciała jako swoją granicę utrzymującą się w twoim wnętrzu, kiedy to łączysz się ze swoją główną esencją. W swoim świadomym umyśle sprowadź „wizję" swojej szyszynki w dół, pomiędzy czakrę 3 a 4, do podstawy mostka, nad wyrostkiem mieczykowatym, z dala od ingerencji czakr. Wraz z czystą, ufającą i „wiedzącą" energią, która jest całym twoim skupieniem, przyciągnij ten punkt głębiej do środka i spodziewaj się, że spotkasz swoje prawdziwe, oryginalne ja, które zna wieczną energię. Możesz pozostać tam przez kilka minut, aby poczuć jego pełnię jako ty. Jeśli masz wyższe ja, jest to miejsce, w którym dokonujesz interfejsu i odczuwasz wzajemny przepływ dobrej energii. Może to być odczuwane bardziej wyraziście, aniżeli jeśli pochodziłoby tylko z twojego wewnętrznego szablonu.

Możesz otrzymać fizyczne potwierdzenie od twojego wyższego ja oraz/lub rdzenia do twojej trzeciej i czwartej czakry, dając ci szybki wybuch namacalnej radości jako faktyczny przeskok energetyczny z twojego rdzenia, ukazujący twoje zliniowanie. Energia ta bez wysiłku przepływa poprzez twoje ciało, w zjednoczonym stanie samoświadomości.

Uwaga: Nie jest to długie ćwiczenie, ponieważ musisz pozostać kompletnie świadomy i obecny w sobie samym. Celem jest wiedzieć jak czysto połączyć się z twoim opartym na wiecznym, prawdziwym ja, kiedykolwiek jesteś fizycznie w stanie w formie względnie szybkiego procesu połączyć się kilka razy na dzień. Ostatecznie, technika ta pomaga dogłębnie, naturalnie połączyć się w tobie samym, gdzie czujesz się dokładnie i ekspensywnie w domu.

Po technice: Kiedy wewnętrzny proces łączenia z twoim oryginalnym, prawdziwym ja jest ci znany i jesteś z nim zaznajomiony, możesz poszerzać swoją opartą na wiecznej energie tak często, jak tego chcesz, aby pozostawać zliniowanym w całym swoim ciele, również włączając w to naturalnie twoją aurę. Możesz również dodać pełne zaufania deklaracje – mentalnie bądź werbalnie – o tobie oraz o twoim intuicyjnym wyczuciu, wypływając z twojego rdzenia do otaczających je trzeciej i czwartej czakry oraz do pozostałych twoich wrodzonych warstw. Utrzymując przepływ naturalnej energii pomiędzy tobą i twoim oryginalnym ja, ujawniana jest świadomość do jeszcze większej samointegracji.

POŁĄCZ SIĘ ZE WSZYSTKIM CO JEST, CZYSTĄ ESENCJĄ

Przygotowanie: Zazwyczaj potrzeba co najmniej kilku prób, aby rozwinąć czyste połączenie z rdzenia esencji Ludzkiego ciała ze Wszystkim Co Jest, Czystą Esencją. Bezpośrednia ścieżka musi być wolna od zakłóceń emocjonalnych, umysłowych oraz zakłóceń czakr.

Technika: Wykonaj poprzednią technikę łączenia się z „Oryginalnym Ja", aby sięgnąć do punktu u podstawy środka mostka, nad wyrostkiem mieczykowatym, który otwiera czystą, wewnętrzną ścieżkę komunikacji pomiędzy tobą i twoim prawdziwym ja.

Jeśli nie ufasz jeszcze słowom „Wszystko Co Jest, Czysta Esencja", możesz zechcieć wyobrazić sobie w swoim rdzeniu słowa „czysta esencja" lub także „czyste życie, dobroć, prawda, miłość, pokój". Wówczas, delikatnie przedłuż swój czysto zliniowany przepływ z Wszystkim Co Jest, Czystą Esencją, aby spotkać się z tym, z takim jakie jest, jakby to był głęboko szanowany, drogi przyjaciel.

W tym końcowym etapie, istnieje tylko czystość i bezruch. Jeśli nie wyczuwasz zupełnego spokoju, sprawdź, aby wyczuć, czy nie wtrąca się twoja trzecia i czwarta czakra z nierozwiązaną energią lub czy twoja czysta intencja nie traci swojego skupienia. Kiedy zidentyfikujesz blokadę, poczuj ją i dokonaj wydechu na zewnątrz, prawdopodobnie jako krótki płacz. Wówczas, połącz się ponownie ze Wszystkim Co Jest, Czystą Esencją.

Jeśli jest taka potrzeba, poniższy prosty obraz może być zwizualizowany dla zwiększenia precyzji. Pozostającześrodkowanym z swoją główną esencją, skup swoją świadomość na małej i nieruchomej lokalizacji Wszystkiego Co Jest, Czystej Esencji i wyobraź sobie delikatnie rozszerzające się ze swojego pra-pra-pra-gazowego „punktu" (poprzez Eia), aby spotkać twoją najgłębszą, opartą na wiecznej, świadomą esencję. Twoja najczystsza, kompozycyjna esencja będzie wówczas niosła poszerzoną ilość Wszystkiego Co Jest, Czystej Esencji oraz Eia, w przestrzeniach pomiędzy przestrzeniami, poprzez twój rdzeń, aby ustanowić czyste, wieczne połączenie z twoją naturalną kompozycją.

Wszystko Co Jest, Czysta Esencja nie ma kształtu ani koloru, czy też potężnej energii. Kiedy twoja prawdziwa świadomość i rdzeń naturalnie dokonają interfejsu z jego energetycznym przedłużeniem, twoje wewnętrzne warstwy mogą przenosić ten „strumień" poszerzonej esencji do krawędzi twojego fizycznego ciała lub poza nie, zgodnie z wybranym obrazem i granicą, takie jak bańka wokół ciebie. Dla większej ilości środowiskowej ochrony, tą granicą może być twój pokój lub dom. Nie przeskakuj dalej do wizji zewnętrznej granicy, do momentu, aż twoje połączenie ze Wszystkim Co Jest, Czystą Esencją jest dobrze wyczuwalne w twoim ciele.

Proces łączenia się ze Wszystkim Co Jest, Czystą Esencją i rozszerzania tego poprzez Eia oraz twoje prawdziwe ja, może nastąpić szybko, w ciągu kilku sekund z chwilą, kiedy zaznajomisz się z tą nieprzerwaną ścieżką. Niemalże natychmiastowe połączenie może być urzeczywistnione, kiedy ty i Wszystko Co Jest, Czysta Esencja naprawdę znacie się nawzajem.

Uwaga: Wszystko Co Jest, Czysta Esencja jest tego pełnym tytułem, który najlepiej przekazuje tego prawdziwą naturę, tak więc radzę, aby nie używać żadnych skrótów, kiedy pragniesz delikatnie połączyć się z tym. Nasze połączenie ze Wszystkim Co Jest, Czystą Esencją nie jest medytacją i aby utrzymać naszą właściwą świadomość, nie powinno zajmować dłużej niż kilkanaście minut.

TECHNIKA BŁĘKITNEGO PŁOMIENIA AMENTI

Przygotowanie: Zapoznaj się ponownie ze swoją wiedzą o Błękitnym Płomieniu Amenti z części rozdziału 8 pt.: „Kula Amenti i Błękitny Płomień Amenti". Technika ta jest moim sposobem łączenia się z Błękitnym Płomieniem Amenti, w której ułatwiam jego przepływ do mojego ciała i do Ziemi.

Tak długo, jak moja strona internetowa będzie dostępna pod www.rediscoverypress.com, możecie zobaczyć diagram Błękitnego Płomienia Amenti w kolorze. Kody kolorów, które ja użyłam są wymienione w odniesieniu bibliografii.[308]

Technika: Po pierwsze, wykonaj dwie poprzednie techniki, aby ugruntować się w swoim prawdziwym ja i poznać prawdziwą energię. Pomoże ci to zliniować się z naturalną energią Ziemi Amenti oraz jej Błękitnego Płomienia.

Po drugie, pamiętaj co wiesz o Ziemi Amenti oraz jej Błękitnym Płomieniu pochodzącym z wczesnego poziomu kreacji Kosminjas. Świadomie i z szacunkiem przywitaj Ziemię Amenti. Upewnij się, żeby wyczuć jej czystszą energię, zanim będziesz starał/a się wyobrazić sobie jakikolwiek kolor, ponieważ na początku budujesz związek ze świadomością i główną esencją Ziemi Amenti.

Po trzecie, wyobraź sobie Błękitny Płomień Amenti wewnątrz rdzenia Ziemi Amenti. Utrzymując połączenie czystej energii, możesz wyobrazić sobie wewnętrzny płomień w jasnoniebieskim kolorze. Ta najbardziej wewnętrzna część Błękitnego Płomienia Amenti jest jego rdzeniem, który dostarcza najczystszą energię i największą ochronę. Ponieważ jest to żyjący płomień, nie przyjmuje dokładnego kształtu. Rysunek 7 jest dosyć wierną podobizną. Jego błękitny kolor może rozszerzać się wokół nas jak plazma.

Po czwarte, kiedy kontynuujesz połączenie z czystą energią, poszerz skupienie, aby włączyć w to swoje Ludzkie ciało, w twojej obecnej ziemskiej pozycji. Możesz wyobrazić sobie, jak Błękitny Płomień Amenti przemieszcza się Korytarzami Amenti do rdzenia naszej Ziemi, a później przenosi Płomień do góry oraz wokół ciebie, bądź też możesz po prostu wyobrazić sobie, jak wchodzisz do najbardziej wewnętrznego płomienia, aby otoczył ciebie Błękitny Płomień Amenti.

Rysunek 7. Błękitny Płomień Amenti

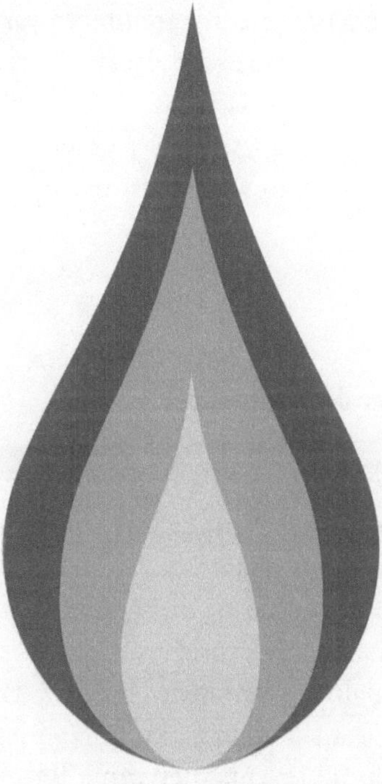

Informacja dodatkowa: Kiedy jestem zanurzona w najbardziej wewnętrznej części Błękitnego Płomienia Amenti, „widzę" jego średnio bladoniebieski kolor wokół mnie, prawie jakby była to wodnista plazma. Przestrzeń wokół mnie czuje się wolna i nieskrepowana, a moja dokładność wizualna zostaje wyostrzona.

Naturalnie, środkowa warstwa w kolorze ciemnego turkusu oraz warstwa zewnętrzna w kolorze ciemnoniebieskim rozszerzają się poza wewnętrzną warstwę, pokrywając większą przestrzeń. Jako końcowy krok, możesz wyobrazić sobie trzy pełne warstwy w przybliżonym kształcie i odległości płomienia od siebie jak na Rysunku 7. Aczkolwiek skupianie umysłu na kolorze lub kształcie może zdekoncentrować w posiadaniu zintegrowanej świadomości Błękitnego Płomienia Amenti; głównym celem jest znanie tej energii i rezonowanie z nią.

Kiedy utrzymujemy połączenie z Błękitnym Płomieniem Amenti, może on chronić nas przed niechcianymi bytami i energiami. Na przykład, kiedy grupa narzucających się bytów zbliżyła się do domu mojej mamy w jej domu, natychmiast otoczyła się Błękitnym Płomieniem Amenti. Wtedy zobaczyła, jak fantomowe byty cofnęły się i przykryły oczy ramionami, aby ochronic je przed palącymi płomień. Mówi, że wyglądało jakby ich paliło i uciekli. Wszystko Co Jest, Czysta Esencja wyjaśnia, że istoty o czystych intencjach nie odczuwają żadnego parzenia od płomienia; jego czystsza natura jest chłodna i delikatna dla tych, którzy z nim rezonują.

Ponieważ nasza planeta pragnie być zreintegrowana z Ziemią Amenti i zna już Błękitny Płomień Amenti, możesz połączyć się z Płomieniem i rozszerzyć go, aby pomóc przywrócić do życia jakąś część Ziemi. Nasz świadomy most energetyczny pomiędzy Ziemią Amenti a Ziemią wzmacnia integralność Korytarzy Amenti Ziemi. Bardzo ważne jest byśmy utrzymywali połączenie z Ziemią Amenti żywe i zdrowe.

POMOCNE TECHNIKI

1. Zliniowanie naszych czakr z AquaLaSha

Przygotowanie: Żeby zliniować energie naszych czakry pochodzących z Drogi Mlecznej, z energiami Krysthal AquaLaShA, możemy wykorzystać merkaby otaczające czakry oraz kolory wymiarowe AquaLaShA.

Jak wspomniałam w rozdziale 6, trójwymiarowa merkaba Urty wygląda jak trójwymiarowa gwiazda czworościanu (tetrahedronu – przyp. tłum.), złożona z dwóch piramidalnych kształtów, każdy z trzema bokami i podstawą trójkąta. Górna polowa jest skierowana ku górze i jest elektryczna, zaś dolna połowa jest do góry nogami i jest magnetyczna. Razem nakładają się na siebie równo w środku, aby utworzyć merkabę.

Trójwymiarowa merkaba Urty ma stosunek prędkości wirowania 33 1/3 w kierunku zgodnym do wskazówek zegara, do 11 2/3 w kierunku przeciwnym do ruchu wskazówek zegara. Ponieważ nasza naturalna pozycja to trzeci wymiar, możemy zastosować ten stosunek merkaby do merkab naszych wszystkich czakr.

Technika ta obejmuje czakry od 1 do 9 naszego fizycznego ciała. Trzeba ją wykonać z czystą intencją, a kroki mogą być wykonane w przybliżeniu. Technika powinna uwolnić wścibskie i niepokojące energie oraz zaznajomić czakry z wiecznymi energiami w AquaLaShA.

Technika: W lokalizacji każdej z czakr wyobraź sobie trójwymiarową merkabę. Obracaj jej górną połowę w prawo, około trzy razy szybciej niż dolną połowę, która obracana jest w lewo. Wtedy napełnij merkabę odpowiadającą jej wymiarowej mieszaninie koloru AquaLaShA z Rysunku 8 (w rozdziale 9), zaczynając od wymiaru trzeciego, jak pokazano poniżej.

Czakra 1: podstawa kręgosłupa; purpurowy, plus złote zewnętrzne krawędzie
Czakra 2: brzuch i dół pleców; purpurowy, plus złote zewnętrzne krawędzie
Czakra 3: splot słoneczny (górna część żołądka); purpurowy, plus złote zewnętrzne krawędzie
Czakra 4: obszar serca (głównie płuca); różany różowy
Czakra 5: gardło; niebieski
Czakra 6: szyszynka; szmaragdowa zieleń
Czakra 7: korona głowy; żółty
Czakra 8: grasica (pomiędzy czakrą 4 a 5); zielony
Czakra 9: wzgórze (obok środka mózgu); niebiesko-zielony

2. Połącz się z Żywicielem Rzeki Krysthal

Ta technika jest prosta: Mentalnie zidentyfikuj Żywiciela Rzeki Krysthal (ang. Krysthal River Host, skrót KRH) i z miłością podłącz się do jego grupy, z czystą intencją. To wszystko.

Jeśli chciałbyś dodatkowej pomocy, 14-wymiarowy współpracownik KRH z Galaktyki-2 „M" proponuje:

> Wyobraź sobie litery „K R H" i wypowiedz mentalnie lub na głos słowa: „Żywicielu Rzeki Krysthal, moje prawdziwe ja chciałoby połączyć się z twoją grupą". Dany osobnik odczuje czułe połączenie poprzez częstotliwość i zliniowanie z jego/jej istotą.

Jeśli zdecydujesz, aby nie przyjąć czystej miłości oraz wiecznej energii, wówczas nie będziesz rezonować z KRH, jeśli zdecydujesz połączyć się z nim bez przekonania, „tak na wszelki wypadek". Energie Żywiciela Rzeki Krysthal są piękne i wieczne oraz liniują się z Eia i Wszystkim Co Jest, Czystą Esencją. Proponuję, byście traktowali je z troską i szacunkiem, tak jak traktowalibyście waszego prawdziwego przyjaciela.

Pierwszy raz, kiedy sięgnęłam do jednego lub więcej bytów KRH, moja mama chciała wiedzieć jak to zrobiłam. Powiedziałam, że było to naturalne, kiedy łączyłam się z ATI,TPE, a później pomyślałam o nich. Moja mama wizualizuje swoje międzywymiarowe doświadczenia, tak więc poprosiła ATI,TPE, żeby pomogło jej umożliwić to połączenie, ponieważ nie wiedziała, gdzie ich zlokalizować.

Przy jej pierwszym spotkaniu, zapytała grupę KRH, czy jesteśmy z nimi połączone, i w swojej wizjonerskiej odpowiedzi otrzymała „TAK". Zapytała gdzie się ono znajduje. Zobaczyła ona punkt bardzo daleko od siebie, w którym pokazane było słowo „tutaj". Wtedy poczuła się, jakby przechodziła przez portal do tego, więc powstrzymała to doświadczenie. Naszym celem jest pomóc uziemić ich energie tutaj, żeby pomóc nam, a nie uczynić nas bardziej nieuziemionymi.

Na koniec zobaczyła gibką postać i falę płynącą od tej postaci. Ta fala to energia wysłana do nas. Zapytała ten byt KRH, jak długo powinniśmy się z nim łączyć i odpowiedziało ono „Na zawsze". Jego odpowiedź sprawiła, że łzy napłynęły mi do oczu, ponieważ oni chcą nam pomóc i doceniają nas, tak jak my doceniamy ich.

Na zakończenie, energetyczne i fizyczne techniki potrzebują mocnego przygotowania oraz wyjaśnienia, aby ujawnić znaczenia kryjące się za ich symbolami, kluczowymi zwrotami, czy celami. Technika powinna łączyć z wieczną energią, a każdy symbol czy częstotliwość, wykorzystana w pofragmentowanej kreacji, musi posiadać wieczny fundament.

Radzę, aby najpierw połączyć się z waszą najczystszą, wewnętrzną energią, tak byście jak najlepiej mogli wyczuć technikę oraz symbol, i określić czy ich energie odczywacie jako spokojne i nieograniczające czy też ewentualnie przytłaczające. Ponadto, użyjcie krytycznego myślenia, aby określić, czy opierają się na religii Prawa Jednego, czy na strachu, dlatego musicie wykonać technikę bądź rytuał, gdyż inaczej rzekomo nie dostąpicie ascendencji.

Ważnym punktem do zapamiętania we wszystkich naszych działaniach, zwłaszcza z technikami, jest czule komunikować się z częstotliwością, z naturalnym bytem oraz nie-bytem Wszystkim Co Jest, Czystą Esencją, po to aby pracować razem z harmoniczną wolą. Na przykład, z szacunkiem i z uporem poprosiłam niebo, aby oczyściło się z chmur, bym mogła cieszyć się moją wspinaczką po górach i większość jego części uczyniło to w ciągu 10 minut. Wysoce świadomi Ludzie mogą również pomóc swoim bliskim połączyć się z czystą energią z ich rdzenia, kiedy czujemy, że ich prawdziwe ja pragnie tego, poza obecnymi ograniczeniami. Jeśli zaś chodzi o ludzi, którzy noszą inne energie i zamiary, możemy im wysłać miłość z daleka, którą mogą przyjąć jeśli będą chcieli.

Nawet jeśli nie widzimy natychmiast owoców naszej dobrej pracy, jej energia rozszerza się na nasze środowisko. Kiedy będąc na Ziemi, uczymy się żyć w pełni z energią naszego wewnętrznego rdzenia, zapewni nam podnoszącą na duchu mentalność oraz zwiększoną ochronę, pomagając nam kroczyć poprzez niepokojące środowiska bardziej spokojnie i czule. Możemy zanurzyć się w żywych, wielowymiarowych częstotliwościach, w nowej wersji tego świata, który czuje się swobodny i bezgraniczny, podczas gdy ciemność może istnieć zaledwie kilka metrów obok. Nasze energie nie będą rezonować z niechcianymi intruzami i będziemy działać jako nasze obfite, prawdziwe ja. Pracujmy razem, aby poszerzyć nasze piękne, wrodzone natury, tak aby gatunek Ludzki mógł wreszcie zliniować się z naszą świadomą Ziemią i pozwólmy jej błyszczeć jako harmonijna planeta, ekosystem i dom.

Po przyszłe informacje odwiedzajcie moja strone internetowa pod adresem: www.rediscoverypress.com. Dziekuje. Zycze wam dobrze.

BIBLIOGRAFIA

1. **Landau, Elizabeth.** Inside CERN's $10 billion collider. [Wewnątrz zderzacza CERN za 10 miliardów dolarów.] *CNN.* [W internecie] Cable News Network. Turner Broadcasting System, Inc., December 8, 2013. http://www.cnn.com/2013/12/08/tech/innovation/lhc-cern-higgs-cms/.
2. **Berndtson, Keith.** Chronic Inflammatory Response Syndrome: Overview, Diagnosis, and Treatment . [Zespól chronicznej ogólnoustrojowej reakcji zapalnej. Przegląd, diagnoza i leczenie.] Park Ridge MultiMed, 2013. p. 19, esej.
3. **Rothschild, Babette.** *The Body Remembers: The Psychophysiology of Trauma and Trauma Treatment.* [Ciało pamięta. Psychofizjologia traumy i leczenie traumy.] New York : W. W. Norton & Company, Inc., 2000.
4. The Official Creed of: United Pentecostal Church International. [Oficjalne Wyznanie: Zjednoczonego Międzynarodowego Kościoła Pięćdziesiątnicy.] *The Interactive Bible.* [W internecie] [Cytowane: 28 marca 2013 r.] http://www.bible.ca/cr-United-Pentecostal-(upci).htm.
5. **Benner, Jeff A.** The Ancient Hebrew Alphabet: Shin. [Starożytny alfabet hebrajski: Szin.] *Ancient Hebrew Research Center: Plowing through history from the Aleph to the Tav.* [W internecie] Ancient Hebrew Research Center. [Cytowane: 19 kwietnia 2017 .] http://www.ancient-hebrew.org/3_shin.html.
6. The Alphabet of Biblical Hebrew. [Alfabet Biblijnego Hebrajskiego.] [W internecie] [Cytowane: 29 marca 2013 r.] http://biblescripture.net/Hebrew.html.
7. **Lady Elizabeth.** Hebrew. [Hebrajski.] *Shekinah.* [W internecie] [Cytowane: 29 marca, 2013 r.] http://shekinah.elysiumgates.com/hebrew.html.
8. **Jahn, Herb.** *exeGeses parallel BIBLE: a literal translation and transliteration of Scripture.* [exeGeses rownolegla BIBLIA. Dosłowne tłumaczenie i transliteracja Pisma Świętego.] Wydanie czwarte. Orange : exeGeses, 1994.
9. **Greenburg, Gary.** *101 Myths of the Bible: How Ancient Scribes Invented Biblical History.* [101 mitów Biblii. Jak starożytni skrybowie wymyślili przypowieści biblijne.] Naperville, IL : Sourcebooks, Inc., 2000.
10. **Gardner, Laurence.** *Genesis of the Grail Kings: The Explosive Story of Genetic Cloning and the Ancient Bloodline of Jesus.* [Rodowód Królów Świętego Grala. Wybuchowa historia o genetycznym klonowaniu i starożytnym rodowodzie Jezusa.] Boston : Element Books Limited, 2000.
11. **Friedman, Richard Elliott.** *Who Wrote the Bible?* [Kto napisał Biblię?] New York : Summit Books, 1987.
12. **Benner, Jeff A.** The Ancient Hebrew Alphabet: Yud. [Starożytny alfabet Hebrajski: Yud.] *Ancient Hebrew Research Center: Plowing through history from the Aleph to the Tav.* [W internecie] Ancient Hebrew Research Center. [Cytowane: 19 kwietnia 2017 r.] http://www.ancient-hebrew.org/3_yad.html.
13. **Icke, David.** *...and the truth shall set you free.* [...i prawda cię powinna wyzwolić.] Ryde, UK : David Icke Books Ltd, 2004.
14. **Icke, David.** *The David Icke Guide to the Global Conspiracy (and how to end it).* [Przewodnik David'a Icke do globalnej konspiracji (i jak ją zakończyć).] Ryde, UK : David Icke Books Ltd, 2007.
15. **Yin, Amorah Quan.** *Pleiadian Perspectives on Human Evolution.* [Plejadiańskie perspektywy Ludzkiej ewolucji.] Santa Fe, NM : Bear & Company, 1996.
16. **Cosmic Awareness.** *Who, In Fact, You Really Are.* [Kim faktycznie, tak naprawdę jesteście.] Olympia, WA : Cosmic Awareness Communications, 2008.
17. Read the Urantia Book online. [Czytaj Księgę Urantii na internecie.] *Urantia® Foundation.* [W internecie] Urantia Foundation. [Cytowane: 23 kwiecień 23, 2017 r.] http://www.urantia.org/urantia-book/read-urantia-book-online.
18. **Assmann, Jan.** *Moses the Egyptian: The Memory of Egypt in Western Monotheism.* [Mojżesz Egipcjanin. Wspomnienia o Egipcie w Zachodnim Monoteizmie.] Cambridge, MA : First Harvard University Press, 1998.
19. **Scarre, Chris and Brian Fagan.** *Ancient Civilizations.* [Starożytne cywilizacje.] Wydanie czwarte. New York : Routledge, 2016.
20. **Sitchin, Zecharia.** *The 12th Planet: Book I of the Earth Chronicles.* [Dwunasta planeta. Księga 1, Kronik Ziemi.] New York : Harper, 2007. Rys.153 – pieczęć cylindryczna. Oryginalnie wydana w roku 1976.
21. Map of Ancient Trade Routes from Mesopotamia to Egypt and the Mediterranean. [Mapa starożytnych szlaków handlowych z Mezopotamii do Egiptu i Śródziemnomorskie.] *Bible History Online.* [W internecie] Bible History Online. [Cytowane: 30 kwiecień 2017 r.] http://www.bible-history.com/maps/maps/map_ancient_trade_routes_mesopotamia.html.
22. UR of the Chaldees. [UR z Chaldejczyków.] *Bible Hub.* [W internecie] Bible Hub. [Cytowane: 29 marsz, 2013 r.] http://bibleatlas.org/ur.htm.
23. **Redford, Donald B.** *Egypt, Canaan, and Israel in Ancient Times.* [Egipt, Kaan oraz Izrael w starożytnych czasach.] Princeton, NJ : Princeton University Press, 1992.

24. **Greenburg, Gary**. *The Moses Mystery: The African Origins of the Jewish People*. [*Tajemnica Mojżesza: Afrykańskie pochodzenie Żydowskiego ludu*.] Secaucus, NJ : Carol Publishing Group, 1996.
25. **Jones, Alfred**. *Jones' Dictionary of Old Testament Proper Names*. [*Jonesa słownik nazw własnych Starego Testamentu*.] Grand Rapids, MI : Kregel Publications, 1997.
26. Moon: Variations on "Yareah"–A Hebrew Lesson. [Księżyc: Odmiany „Yareah" – Lekcja hebrajskiego.] *Jewish Heritage Online Magazine*. [W internecie] [Cytowane: 29 kwiecień 2017 r.] http://jhom.com/topics/moon/hebrew.html
27. **Mirza, Syed Kamran**. Was Allah The Moon God of Ancient Arab Pagan? [Czy Allah był Bogiem Księżyca dla starożytnych pogańskich Arabów?] *FaithFreedom.org*. [W internecie] Faith Freedom International. [Cytowane: 6 czerwiec 2017 r.] http://www.faithfreedom.org/Articles/skm30804.htm
28. **Juferi, Mohd Elfie Nieshaem**. The Origin of Allah. [Pochodzenie Allaha.] *4islam.com*. [W internecie] [Cytowane: 18 czerwiec 2017 r.] http://www.4islam.com/origin.shtml
29. **Icke, David**. *Human Race Get off Your Knees: The Lion Sleeps No More*. [*Ludzka raso powstań z kolan. Tropienie lwa. (oryginalny tytuł polskiego wydania – przyp. tłum.)*] Ryde, UK : David Icke Books Ltd., 2010.
30. **McDaniel, Thomas F**. *The Song of Deborah: Poetry in Dialect. A Philological Study of JUDGES 5 with Translation and Commentary*. [*Pieśń Debory. Poezja z dialekcie. Filologiczne studium Księgi Sędziów 5 z tłumaczeniem i komentarzem*.] Thomas F. McDaniel, 2003.
31. **Sivertsen, Barbara J**. *The Parting of the Sea: How Volcanoes, Earthquakes, and Plagues Shaped the Story of Exodus*. [*Rozstąpienie się morza. Jak wulkany, trzęsienia ziemi, oraz plagi, ukształtowały historię eksodusu*.] Princeton, NJ : Princeton University Press, 2009.
32. Egypt in the Third Intermediate Period (1070–712 B.C.). [Egipt w Trzecim Okresie Przejściowym (1070–712 r.p.n.e.).] *Heilbrunn Timeline of Art History*. [W internecie]The Metropolitan Museum of Art. [Cytowane: 4 październik 2013 r.] http://www.metmuseum.org/toah/hd/tipd/hd_tipd.htm#ixzz1A7fNGDWE
33. The Victory (Israeli) Stele of Merneptah. [Stella Zwyciestwa (Izraelska) Merenptaha.] *Tour Egypt*. [W internecie] Tour Egypt. [Cytowane: 4 pazdziernik 2013 r.] http://www.touregypt.net/victorystele.htm
34. **Gardiner, Alan**. *Egypt of the Pharaohs: An Introduction*. [*Egipt faraonów. Wstęp*.] New York : Oxford University Press, 1961.
35. Asherah. [Aszera.] *BiblicalTraining*. [W internecie] BiblicalTraining. [Cytowane: 8 luty 2014 r.] http://www.biblicaltraining.org/library/asherah
36. Asherah. [Aszera.] *Wikipedia: The Free Encyclopedia*. [W internecie] Wikimedia Foundation, Inc. [Cytowane: 8 luty 2014 r.] http://www.biblicaltraining.org/library/asherah
37. *The Ha-bi-ru—Kin or Foe of Israel? Second Article*. [*Ha-bi-ru - krweny czy wróg Izraela? Artykuł drugi*.] **Kline, Meredith G**. Wyd. 19 : Westminster Theological Seminary, 1956, Westminster Theological Journal, s. 170-84.
38. **Collins, John Joseph**. *A Short Introduction to the Hebrew Bible*. [*Krótki wstęp do hebrajskiej biblii*.] Minneapolis, MN : Fortress Press, 2007.
39. **Whipps, Heather**. How the Eruption of Thera Changed the World. [Jak wybuch Thery zmienił świat.] *LiveScience*. [W internecie] Purch, February 24, 2008. http://www.livescience.com/4846-eruption-thera-changed-world.html
40. Minoan eruption. [Minojski wybuch.] *Wikipedia: The Free Encyclopedia*. [W internecie] Wikimedia Foundation, Inc. [Cytowane: 25 luty 2014 r.] http://en.wikipedia.org/wiki/Minoan_eruption
41. Israel & the Hebrews. [Izrael i Hebrajczycy.] *Bible Believer's Archaeology*. [W internecie] BibleHistory.net. [Cytowane: 25 luty 2014 r.] http://www.biblehistory.net/newsletter/Israel.htm
42. *Differential Y-chromosome Anatolian Influences on the Greek and Cretan Neolithic*. [*Zróznicowany chromosom-Y anatolijskie wpływy na Neolit grecki i kreteński*.] **King, R. J., S. S. Özcan, T. Carter, E. Kalfoğlu, S. Atasoy, C. Triantaphyllidis, A. Kouvatsi, et. al**. Wyd. 2 : University College London, March 2008, Annals of Human Genetics, tom 72, s. 205-214.
43. Chapter 29: The Mysterious Habiru. [Rozdział 29. Tajemnice Habiru.] *The Moyer Papers*. [W internecie] Moyer Publishing. [Cytowane: 26 luty 2014 r.] http://www.world-destiny.org/a29hab.htm
44. arya. *Bhaktivedanta VedaBase Network*. [W internecie] The Bhaktivedanta Book Trust International, Inc. [Cytowane: 21 kwiecień 2014 r.] http://web.archive.org/web/20140421103218/http://vedabase.net/a/arya
45. Documentary hypothesis. [Hipoteza dokumentalna.] *Wikipedia: The Free Encyclopedia*. [W internecie] Wikimedia Foundation, Inc. [Cytowane: 27 luty 2014 r.] http://en.wikipedia.org/wiki/Documentary_hypothesis
46. The name Jeroboam in the Bible. [Imie Jeroboam w Biblii.] *Abarim Publications*. [W internecie] Abarim Publications. [Cytowane: 19 czerwiec 2017 r.] http://www.abarim-publications.com/Meaning/Jeroboam.html

47. **Leithart, Peter J.** Jeroboam and Saul. [Jeroboam i Saul.] *patheos.* [W internecie] Patheos, January 23, 2005. http://www.patheos.com/blogs/leithart/2005/01/jeroboam-and-saul/?permalink=blogs&blog=leithart&year=2005&month=01&entry_permalink=jeroboam-and-saul
48. **Wilson, Ralph F.** The Sword of the Lord (Judges 7:15-8:21). [Miecz Pana (Księga Sędziów 7:15-8:21).] *JesusWalk® Bible Study Series.* [W internecie] Joyful Heart™ Renewal Ministries. [Cytowane: 27 luty 2014 r.] http://www.jesuswalk.com/gideon/3-gideon-battle.htm
49. Omri. *New World Encyclopedia™.* [W internecie] New World Encyclopedia, July 22, 2008. http://www.newworldencyclopedia.org/entry/Omri
50. *The Book of Samuel: Its Composition, Structure and Significance as a Historiographical Source.* [Księga Samuela. Jej kompozycja, konstrukcja oraz znaczenie jako źródło historiograficzne.] **Garsiel, Moshe.** Art. 5 : Gorgias Press, The Journal of Hebrew Scriptures, tom 10.
51. **Osman, Ahmed.** Moses and Akhenaten: One and The Same Person. [Mojżesz i Akhenaten. Jedna i ta sama osoba.] *Out of Egypt: History Reborn.* [W internecie] dwij.org, 2002. [Cytowane: 19 czerwiec 2017 r.] http://www.dwij.org/forum/amarna/10_moses_akhenaten.htm
52. **Osman, Ahmed.** *Moses and Akhenaten: The Secret History of Egypt at the Time of the Exodus.* [Mojżesz i Akhenaten. Tajna historia Egiptu podczas Eksodusu.] Rochester, VT : Bear & Company, 1990.
53. Amarna. *Wikipedia: The Free Encyclopedia.* [W internecie] Wikimedia Foundation, Inc. [Cytowane: 27 luty 2014 r.] http://en.wikipedia.org/wiki/Amarna
54. **Tilles, Gérard.** History of circumcision: A French urologist's perspective. History and geography of ritual circumcision. [Historia obrzezania. Perspektywa francuskiego urologa. Historia oraz geografia rytualnego obrzezania] [tłumaczenie] Dennis Harrison. *History of Circumcision.* [W internecie] 1999. [Cytowane: 19 czerwiec 2017 r.] http://www.historyofcircumcision.net/index.php?option=content&task=view&id=81
55. **Gadalla, Moustafa.** *Historical Deception: The Untold Story of Ancient Egypt.* [Historyczne oszustwo. Niewypowiedziana historia starożytnego Egiptu.] Wydanie drugie. Greensboro, NC : Tehuti Research Foundation, 2003.
56. **Pope, Charles N.** Chapter 8: The Fullness of Time. [Rozdział 8. Pełnia Czasu.] *Domain of Man.* [W internecie] [Cytowane: 5 kwiecień 2015 r.] http://www.domainofman.com/book/chap-8.html
57. **Giokaris, Amalia.** Hammurabi, King of Babylon. [Hammurabi. Król Babilonu.] *The Web Chronology Project.* [W internecie] ThenAgain, October 13, 1999. http://www.thenagain.info/WebChron/MiddleEast/Hammurabi.html
58. The Code of Hammurabi. [Kod Hammurabiego.] [tłumaczenie] L.W. King. *The Avalon Project: Documents in Law, History and Diplomacy.* [W internecie] Lillian Goldman Law Library. [Cytowane: 25 sierpień 2016 r.] http://avalon.law.yale.edu/ancient/hamframe.asp
59. Yaqub-Har. *Wikipedia: The Free Encyclopedia.* [W internecie] Wikimedia Foundation, Inc. [Cytowane: 7 listopad 2013 r.] http://en.wikipedia.org/wiki/Yaqub-Har
60. **Mackey, Damien.** The Many Faces of Ashurnasirpal and his Son. [Wiele obliczy Aszurnasirpala II i jego syna.] *The California Institute for Ancient Studies.* [W internecie] November 2004. http://web.archive.org/web/20140422030200/http://www.specialtyinterests.net/the_many_faces_of_ashurnasirpal_and_his_son.html
61. **Pope, Charles N.** Chapter 15: A Shepherd They Withheld. [Rozdział 15. I oto wstrzymali pasterza.] *Domain of Man.* [W internecie] [Cytowane: 5 kwiecień 2016 r.] http://www.domainofman.com/book/chap-15.html
62. Justinus: Epitome of Pompeius Trogus' "Philippic histories"–books 31-36. [Justyniusz. Streszczenie Pompejusza Trogusa „Historie filipik" – księgi 31-36.] [tłumaczenie] J.S. Watson. *Attalus: Greek and Roman history 322 - 36 B.C.* [W internecie] 1853. [Cytowane: 5 kwiecień 2016 r.] Księga 36. http://www.attalus.org/translate/justin5.html
63. **Osman, Ahmed.** *Stranger in the Valley of the Kings: Solving the Mystery of an Ancient Egyptian Mummy.* [Nieznajomy w Dolinie Królów. Rozwiazywanie tajemnicy starożytnej mumii egipskiej.] New York : Harper & Row, 1987.
64. **Klimczak, Natalia.** New Research Shows that Some Ancient Egyptians Were Naturally Fair-Haired. [Niektóre badania pokazują ze starożytni Egipcjanie byli naturalnie jasnowłosi.] *Ancient Origins.* [W internecie] Stella Novus, May 2, 2016. http://www.ancient-origins.net/news-history-archaeology/new-research-shows-some-ancient-egyptians-were-naturally-fair-haired-005812
65. **Pope, Charles N.** Chapter 12: At the Side of My Father. [Rozdział 12. Przy boku mego ojca.] *Domain of Man.* [W internecie] [Cytowane: 5 kwiecień 2016 r.] http://www.domainofman.com/book/chap-12.html
66. Uriah. [Uriasz.] *Jewish Virtual Library.* [W internecie] The American Israeli Cooperative Enterprise. [Cytowane: 2 sierpień 2016 r.] http://web.archive.org/web/20160802115348/http://www.jewishvirtuallibrary.org:80/jsource/judaica/ejud_0002_0020_0_20230.html
67. Bowl of General Djehuty. [Miska Generała Djehuty.] *Louvre.* [W internecie] Musée du Louvre. [Cytowane: 6 marzec 2014 r.] http://www.louvre.fr/en/oeuvre-notices/bowl-general-djehuty

68. Tracing the Hebrew Pharaohs Of Egypt...Who Was This King Solomon? [Tropiac hebrajskich faraonów Egiptu...Kim był ten Król Salomon?] [W internecie] [Cytowane: 10 styczeń 2010 r.] http://web.archive.org/web/20100110062708/http://www.egyptcx.netfirms.com/were_there_hebrew_pharaohs_egypt_3.htm
69. **Gardner, Laurence.** *Bloodline of the Holy Grail: The Hidden Lineage of Jesus Revealed.* [*Tajemnice rodowodu Świętego Grala. Nieznani Potomkowie Jezusa.* (oryginalny tytuł polskiego wydania – przyp.tłum.)] New York : Barnes & Noble Books, 1997.
70. **Ward, Dan Sewell.** Moses and Miriam. [Mojżesz i Miriam.] *Library of Halexandria.* [W internecie] January 28, 2010. http://www.halexandria.org/dward922.htm
71. **Von Daniken, Erich.** *The Return of the Gods: Evidence of Extraterrestrial Visitations.* [*Powrót Bogów. Dowód pozaziemskich odwiedzin.*] Rockport, MA : Element Books Limited, 1997. Fragment z Rysunku 8.
72. **Parsons, John J.** The Letter Yod. [Litera Yod.] *Hebrew for Christians.* [W internecie] [Cytowane: 10 marzec 2014 r.] http://www.hebrew4christians.com/Grammar/Unit_One/Aleph-Bet/Yod/yod.html
73. **Martincic, Tom.** Why Yahushua? [Dlaczego Yahushua?] *EliYah.com.* [W internecie] October 28, 2014. http://www.eliyah.com/yahushua.html
74. Demigod. [Półbóg.] *Oxford Dictionaries.* [W internecie] Oxford University Press. [Cytowane: 2 kwiecień 2014 r.] http://oxforddictionaries.com/us/definition/american_english/demigod
75. Names of God in Judaism. [Imiona bogów w Judaizmie.] *Wikipedia: The Free Encyclopedia.* [W internecie] Wikimedia Foundation, Inc. [Cytowane: 20 czerwiec 2017 r.] http://en.wikipedia.org/wiki/Names_and_Titles_of_God_in_Judaism
76. **Rich, Tracey R.** Mashiach: The Messiah. [Mashiach: Mesjasz.] *Judaism 101.* [W internecie] [Cytowane: 10 marzec 2014 r.] http://www.jewfaq.org/mashiach.htm
77. **Sumner, Paul.** Melchizedek: Angel, Man or Messiah? [Melchizedek: Anioł, człowiek, czy mesjasz?] *Hebrew Streams.* [W internecie] [Cytowane: 20 czerwiec 2017 r.] http://www.hebrew-streams.org/works/qumran/melchizedek-dss.html
78. **Moss, Alan.** Does the Book of Wisdom call Sophia God? [Czy Księga Mądrości nazywa Zofię Bogiem?] *Theology @ McAuley.* [W internecie] [Cytowane: 24 marzec 2015 r.] http://web.archive.org/web/20150324152825/http://dlibrary.acu.edu.au/research/theology/alan_moss.htm
79. Apocrypha. [Apokryfy.] *Bible Study Tools.* [W internecie] Salem Web Network. [Cytowane: 20 czerwiec 2017 r.] http://www.biblestudytools.com/dictionary/apocrypha/
80. **Cooke, Patrick.** The Lost Books of the Bible: The Real Apocrypha. An Introduction, Part 3. [Zaginione księgi Biblii. Prawdziwe Apokryfy. Wstęp, część 3.] *The Lost Books.* [W internecie] [Cytowane: 27 kwiecień 2012 r.] http://web.archive.org/web/20120427063459/http://www.thelostbooks.com/bookapocintro3.htm
81. Ecclesiasticus Chapter 24. [Księga Koheleta Rozdział 24.] *King James Bible Online.* [W internecie] Wersja Króla Jakuba z roku 1611. King James Bible Online™. [Cytowane: 20 czerwiec 2017 r.] http://www.kingjamesbibleonline.org/Ecclesiasticus-Chapter-24/
82. *Saint Joseph Edition of the New American Bible.* [*Wydanie Nowej Amerykańskiej Biblii świętego Józefa.*] New York : Catholic Book Publishing Co., 1977. s. 756-757.
83. **Dashú, Max.** Khokhmah and Sophia. [Khokhmah (Mądrość) i Zofia.] *Suppressed Histories Archives.* [W internecie] 2000. [Cytowane: 12 marzec 2014 r.] http://www.suppressedhistories.net/articles/sophia.html
84. Demiurge. [Demiurg.] *Wikipedia: The Free Encyclopedia.* [W internecie] Wikimedia Foundation, Inc. [Cytowane: 31 styczeń 2014 r.] http://en.wikipedia.org/wiki/Demiurge
85. Pleroma. *Wikipedia: The Free Encyclopedia.* [W internecie] Wikimedia Foundation, Inc. [Cytowane: 22 czerwiec 2013 r.] http://en.wikipedia.org/wiki/Pleroma
86. Christianity's Lost Goddess...The Sophia. [Zaginiona bogini Chrześcijaństwa...Zofia.] [Online] Bet Emet Ministries. [Cytowane: 9 lipiec 2011 r.] http://web.archive.org/web/20061118091128/http://firstnewtestament.netfirms.com/christianity_lost_goddess_sophia.htm
87. **V., Jayaram.** Hindu God Lord Shiva (Siva) – the Destroyer. [Hinduski Bog Pan Sziwa (Siwa) – Niszczyciel.] *Hinduwebsite.com.* [W internecie] [Cytowane: 13 marzec 2014 r.] http://www.hinduwebsite.com/hinduism/siva.asp
88. **Merkur, Daniel.** *Gnosis: an esoteric tradition of mystical visions and unions.* [*Gnoza: ezoteryczna tradycja mistycznych wizji i wspólnot.*] Albany, NY : State University of New York Press, 1993.
89. Sufism. [Sufizm.] *Wikipedia: The Free Encyclopedia.* [W internecie] Wikimedia Foundation, Inc. [Cytowane: 9 luty 2014 r.] http://en.wikipedia.org/wiki/Sufism
90. Antiquities of the Jews. [Zabytki Żydów.] *Wikipedia: The Free Encyclopedia.* [W internecie] Wikimedia Foundation, Inc. [Cytowane: 18 luty 2014 r.] http://en.wikipedia.org/wiki/Antiquities_of_the_Jews
91. **Broydé, Isaac, Kaufmann Kohler, and Israel Lévi.** Alexander the Great. [Aleksander Wielki.] *JewishEncyclopedia.com.* [W internecie] The Kopelman Foundation. [Cytowane: 20 czerwiec 2017 r.] http://www.jewishencyclopedia.com/view.jsp?artid=1120&letter=A#2909

92. **Haughwout, Mark S.** Dating the Book of Daniel. [Datowanie Księgi Daniela.] *Bible Papers by Mark Haughwout.* [W internecie] October 31, 2007. http://www.markhaughwout.com/Bible/Dating_Daniel.html
93. Babylonian captivity. [Niewola babilońska.] *Wikipedia: The Free Encyclopedia.* [W internecie] Wikimedia Foundation, Inc. [Cytowano: 18 luty 2014 r.] http://en.wikipedia.org/wiki/Babylonian_captivity
94. **McDonald, Mark Alan.** Chapter 6: Essene Origins – Palestine or Babylonia. [Rozdział 6. Esseńskie pochodzenia – Palestyna czy Babilonia.] *The History of the Ancient Near East: Electronic Compendium.* [W internecie] [Cytowane: 14 marzec 2017 r.] http://ancientneareast.tripod.com/DeadSeaScrollsShanks.html
95. Hasmonean dynasty. [Państwo Machabeuszy.] *Wikipedia: The Free Ecyclopedia.* [W internecie] Wikimedia Foundation, Inc. [Cytowane: 20 czerwiec 2017 r.] http://en.wikipedia.org/wiki/Hasmonean_dynasty
96. **Wise, Michael O.** *The First Messiah: Investigating the Savior Before Jesus.* [Pierwszy mesjasz. Badanie zbawiciela przed Jezusem.] New York : HarperCollins, 1999.
97. Dead Sea Scrolls. [Zwoje znad Morza Martwego.] *All About Archaeology.* [W internecie] AllAboutGOD.com. [Cytowane: 20 czerwiec 2017 r.] http://www.allaboutarchaeology.org/dead-sea-scrolls.htm
98. **Magness, Jodi.** *The Archaeology of Qumran and the Dead Sea Scrolls.* [Archeologia Qumran oraz zwojów znad Morza Martwego.] Grand Rapids, MI : William B. Eerdmans Publishing Co., 2003
99. **Duling, Dennis.** The Jewish World of Jesus: An Overview. [Żydowski świat Jezusa. Przegląd] [edytor] James Tabor. *UNC Charlotte.* [W internecie] [Cytowane: 20 czerwiec 2017 r.] Excerpt from *The New Testament: An Introduction.* [Fragment z „Nowego Testamentu, Wstęp".] Wydanie drugie, 1982. http://clas-pages.uncc.edu/james-tabor/the-jewish-world-of-jesus-an-overview/
100. Dead Sea Scrolls – 25 Fascinating Facts about the Discovery at Qumran. [Zwoje znad Morza Martwego. 25 fascynujących faktów o odkryciu w Qumran.] *CenturyOne Bookstore.* [W internecie] Century One Foundation. [Cytowane: 14 marzec 2014 r.] http://www.centuryone.com/25dssfacts.html
101. **Johnson, Cleve A.** The Qumran Community. [Społeczność Qumran.] [W internecie] PAIDEIA Institute. [Cytowane: January 13, 2011.] http://web.archive.org/web/20110113112138/http://www.lighttrek.com/Qumran.htm
102. Covenant of Damascus: The 'Zadokite' Document. [Przymierze w Damaszku: Dokument 'Zadóków'.] *The Nazarenes of Mount Carmel: An Esoteric Spiritual Order.* [W internecie] The Nazarenes of Mount Carmel. [Cytowane: 26 listopad 2013 r.] http://www.essene.com/History&Essenes/cd.htm
103. The Nazarenes of Mount Carmel: An Esoteric Spiritual Order. [Nazarejczycy Góry Karmel. Ezoteryczny Zakon Duchowy.] [W internecie] The Nazarenes of Mount Carmel. [Cytowane: 26 listopad 2013 r.] http://www.essene.com
104. The Way of Jesus the Nazarean. [Sposobem Jezusa Nazarejczyka.] *The Nazarenes of Mount Carmel: An Esoteric Spiritual Order.* [W internecie] The Nazarenes of Mount Carmel. [Cytowane: 26 listopad 2013 r.] http://www.essene.com/Church/nazirene.html
105. **Kilmon, Jack.** The Essenes and the Nazarenes. [Esseńczycy i Nazarejczycy.] *The Scriptorium.* [W internecie] [Cytowane: 27 listopad 2013 r.] http://www.historian.net/dssxr.htm
106. **Habermann, A. M.** *The Scrolls from the Judean Desert.* [Zwoje z Pustyni Judejskiej.] Jerusalem, Israel : Machbaroth Lesifruth Publishing House, 1959.
107. **Kirby, Peter.** 1 Enoch. [Pierwsza Księga Enocha.] *Early Jewish Writings.* [W internecie] [Cytowane: 14 marzec 2014 r.] http://www.earlyjewishwritings.com/1enoch.html
108. **Akers, Keith.** Strange New Gospels. [Dziwne nowe Ewangelie.] *Compassionate Spirit.* [W internecie] [Cytowane: 3 grudzień 2014 r.] http://web.archive.org/web/20141203091752/http://www.compassionatespirit.com:80/strange_new_gospels.htm
109. **Ouseley, G. J. and E. Francis Udny.** *The Gospel of the Holy Twelve.* [Ewangelia Świętej Dwunastki.] Kessinger Publishing, LLC, 2004. Facsimile reprint paperback. Kopia przedrukowanej książki w miękkiej oprawie.
110. **Funk, Robert W., Roy W. Hoover, and The Jesus Seminar.** *The Five Gospels: What Did Jesus Really Say?* [Pięć Ewangelii. Co naprawdę powiedział Jezus?] New York : Polebridge Press, 1993.
111. Nicolas Notovitch. *Wikipedia: The Free Encyclopedia.* [W internecie] Wikimedia Foundation, Inc. [Cytowane: 23 czerwiec 2017 r.] http://en.wikipedia.org/wiki/Nicolas_Notovitch
112. **Holding, James Patrick.** On Gideon Ouseley and "The Gospel of the Holy Twelve". [O Gideonie Ouseley i „Ewangelii Świętej Dwunastki".] *Tekton: Education and Apologetics Ministry.* [W internecie] [Cytowane: 14 marzec 2014 r.] http://www.tektonics.org/lp/ouseley01.html
113. Dionysius Exiguus. [Dionizjusz Maly.] *Wikipedia: The Free Encyclopedia.* [W internecie] Wikimedia Foundation, Inc. [Cytowane: 14 styczeń 2014 r.] http://en.wikipedia.org/wiki/Dionysius_Exiguus
114. Was Jesus born on December 25th or early September? [Czy Jezus urodził się 25 grudnia, czy wczesnym wrześniem?] *Truth or Tradition?* [W internecie] Spirit & Truth Fellowship International. [Cytowane: 22 czerwiec 2017 r.] http://www.truthortradition.com/articles/was-jesus-born-on-december-25th-or-early-september-2

115. **Murdock, D. M.** Mithra: The Pagan Christ. [Mitra. Pogański Chrystus.] *Acharya S's Truth Be Known*. [W internecie] Stellar House Publishing, LLC. [Cytowane: 22 czerwiec 2017 r.] http://www.truthbeknown.com/mithra.htm
116. **Murdock, D. M.** Was Krishna Born on December 25th? [Czy Kriszna urodził się 25 grudnia?] *Stellar House*. [W internecie] Stellar House Publishing, LLC. [Cytowane: 22 czerwiec 2017 r.] http://stellarhousepublishing.com/krishna-december-25th.html
117. **Philostratus, Flavius.** *The Life of Apollonius of Tyana*. [Życie Apolonjusza z Tiany] [tłumaczenie] F. C. Conybeare. Cambridge, Massachusetts : Harvard University Press, 1912.
118. **The Editors of Encyclopædia Britannica.** Cappadocia. [Kapadocja.] *Encyclopædia Britannica*. [W internecie] Encyclopædia Britannica, Inc. [Cytowane: 15 marzec 2014 r.] http://www.britannica.com/EBchecked/topic/94094/Cappadocia
119. **Allen, Don.** Pythagoras and the Pythagoreans. [Pitagoras i Pitegorejczycy.] *Texas A&M University Mathematics*. [W internecie] February 6, 1997. http://www.math.tamu.edu/~dallen/history/pythag/pythag.html
120. The Book of Enoch & the Evolution of Essene Theology...170 B.C.E. [Księga Enocha oraz ewolucja esseńskiej teologii...170 r.p.n.e.] [W internecie] Bet Emet Ministries. [Cytowane: 20 luty 2009 r.] http://web.archive.org/web/20090220051954/http://essenecx.netfirms.com/noo9_enoch1.htm
121. **Deane, Ashayana.** *Voyagers: The Secrets of Amenti, Volume II of the Emerald Covenant CDT Plate Translations*. [Podróżnicy. Tajemnice Amenti, tom II Tłumaczenia Płyt GET Szmaragdowego Przymierza.] Wydanie drugie. Columbus, NC : Wild Flower Press, 2002.
122. In Praise of the New Knighthood. [Na chwale nowego rycerstwa.] *TemplarHistory.com*. [W internecie] March 31, 2010. Fragment autorstwa Bernarda z Clairvaux, tłumaczenie Conrad Greenia. http://blog.templarhistory.com/2010/03/in-praise-of-the-new-knighthood/
123. **Cherry, Kendra.** Erik Erikson's Stages of Psychosocial Development. [Etapy rozwoju psychospołecznego Erika Eriksona.] *verywell: Psychology*. [W internecie] About, Inc., June 12, 2017. http://www.verywell.com/erik-eriksons-stages-of-psychosocial-development-2795740
124. **MCEO Freedom Teachings®.** *"The Dance for Love." The Second 36 Elements of Spiritual Mastery: The Inner Keys to the Lower, Middle & Higher God-Worlds*. [„Taniec dla Miłości". Drugie 36 elementów tajemnicy duchowej. Wewnętrzne klucze do Niższych, Środkowych i Wyższych Światów-Boga.] [Płyty DVD i podręcznik] Greece and Cyprus : Azurite Press MCEO, Inc., Adashi MCEO LLC, May 2002.
125. What is Freemasonry? and Freemasonry Research Links. [Czym jest Wolna masoneria? oraz linki badawcze do tego.] [W internecie] [Cytowane: 14 grudzień 2014 r.] http://web.archive.org/web/20141214072521/http://www.whatisfreemasonry.com/
126. **MCEO Freedom Teachings®.** *The United Intruder Resistance: "Michael-Mary" Turnstile Matrix*. [Zjednoczony Ruch Oporu Intruzów. „Michał-Maria" Kołowrotowy Matriks.] [Płyty DVD] Calgary, Canada : Azurite Press MCEO, Inc., Adashi MCEO LLC, February 2002.
127. **Starbird, Margaret.** *The Woman with the Alabaster Jar: Mary Magdalen and the Holy Grail*. [Kobieta z alabastrowym dzbanem. Maria Magdalena i Święty Gral.] Rochester, VT : Bear & Company, 1993.
128. **Frieze, Candace and Christ Michael.** Earth Changes & Ascension Plan for Planet Earth: 2005-2011. The Many Hats of Christ Michael. *The New Earth*. [Zmiany Ziemi i plan ascendencji dla planety Ziemia: 2005-2011r. Wiele wizerunków Chrystusa Michała.] [W internecie] Arton, November 18, 2005. [Cytowane: 6 lipiec 2017 r.] http://web.archive.org/web/20130328174541/http://www.thenewearth.org/AtonEarthChangesPlan.html.
129. **Manocha, Ramesh and Anna Potts.** Jesus Lived in India. [Jezus żył w Indiach.] *Knowledge of Reality*. [W internecie] Knowledge of Reality Magazine. [Cytowane: 18 wrzesień 2013 r.] http://www.sol.com.au/kor/7_01.htm
130. **Durie, Mark.** 'Isa, the Muslim Jesus. ['Isa, muzułmański Jezus.] *Answering Islam*. [W internecie] [Cytowane: 18 wrzesień 2013 r.] http://www.answering-islam.org/authors/durie/islamic_jesus.html
131. The Urantia Book. [Księga Urantii.] *Wikipedia: The Free Encyclopedia*. [W internecie] Wikimedia Foundation, Inc. [Cytowane: 27 styczen 2014 r.] http://en.wikipedia.org/wiki/The_Urantia_Book
132. **Klyce, Brig.** Comets: The Delivery System. [Komety. System Przenoszenia.] *COSMIC ANCESTRY*. [W internecie] [Cytowane: 2 kwiecień 2016 r.] http://www.panspermia.org/comets.htm
133. **Howell, Elizabeth.** What Is the Big Bang Theory? [Czym jest teoria Wielkiego Wybuchu?] *Space.com*. [W internecie] Purch, June 12, 2017. http://www.space.com/25126-big-bang-theory.html
134. **O'Callaghan, Jonathan.** Dark Matter is Being Measured More Accurately Than Ever Before. [Ciemna materia zmierzona została dokładniej niż kiedykolwiek dotąd] *IFLSCIENCE!* [W internecie] July 10, 2015. http://www.iflscience.com/space/embargo-9-july-1500-bst-dark-matter-being-measured-more-accurately-ever
135. **Redd, Nola Taylor.** What is Dark Energy? [Czym jest ciemna energia?] *Space.com*. [W internecie] Purch, May 1, 2013. http://www.space.com/20929-dark-energy.html

136. **Musser, George.** According to the big bang theory, all the matter in the universe erupted from a singularity. Why didn't all this matter–cheek by jowl as it was–immediately collapse into a black hole? [Według teorii wielkiego wybuchu, cała materia we wszechświecie wybuchła z punktu osobliwego. Dlaczego cała materia – w wielkiej zażyłości w której była – nie popadła natychmiast w czarną dziurę?] *Scientific American*®. [W internecie] Nature America, Inc., September 22, 2003. http://www.scientificamerican.com/article/according-to-the-big-bang/
137. **Villanueva, John Carl.** Big Freeze. [Wielkie Zmrożenie.] *Universe Today: space and astronomy news.* [W internecie] Universe Today, April 26, 2016. http://www.universetoday.com/36917/big-freeze/
138. **NASA/WMAP Science Team.** What is the Ultimate Fate of the Universe? [Co jest ostatecznym celem wszechświata?] *NASA: Universe 101.* [W internecie] National Aeronautics and Space Administration, June 29, 2015. http://map.gsfc.nasa.gov/universe/uni_fate.html
139. How is a Black Hole Created? [Jak powstaje czarna dziura?] *HubbleSite.* [W internecie] Space Telescope Science Institute. [Cytowane: 10 lipiec 2013 r.] http://hubblesite.org/reference_desk/faq/answer.php.id=56&cat=exotic
140. How do scientists measure or calculate the weight of a planet? *Scientific American*®. [W internecie] Nature America, Inc., December 12, 2005. http://www.scientificamerican.com/article.cfm?id=how-do-scientists-measure
141. **Plait, Philip.** Black Holes: From Here to Infinity. [Czarne dziury: Stąd do nieskończoności.] [W internecie] Sonoma State University. [Cytowane: 30 czerwiec 2017 r.] http://www.spitzinc.com/pdfs/educ_guide_blackholes_nasa.pdf
142. Quasar. [Kwazar.] *Wikipedia: The Free Encyclopedia.* [W internecie] Wikimedia Foundation, Inc. [Cytowane: 2 marzec 2014 r.] http://en.wikipedia.org/wiki/Quasar
143. The Universe. [Wszechświat.] *Sloan Digital Sky Survey / SkyServer.* [W internecie] Astrophysical Research Consortium. [Cytowane: 2 marzec 2014 r.] http://cas.sdss.org/dr3/en/proj/basic/universe_original/
144. **MCEO Freedom Teachings®.** *Spirals of Creation.* [Podręcznik] Sarasota, FL : Azurite Press MCEO, Inc., Adashi Press MCEO Inc, April 2009. Moduł klasowy złożony przez Zespół Kathara.
145. **MCEO Freedom Teachings®.** *The Kathara™ Bio-Spiritual Healing System; Level-1 Certificate Program.* [System uzdrawiania bio-duchowego Kathara. Poziom-1, Program Certyfikowany.] [Podręcznik] Allentown, PA : A'sha-yana Deane, Azurite Press MCEO, Inc., 2000.
146. **MCEO Freedom Teachings®.** *Engaging the Load-Out; The Last Ascension Cycle and the Gate of AshaLA.* [Uruchumianie wyładunku. Ostatni cykl ascendencji i wrota AshaLA.] [Płyty DVD] Phoenix, AZ : Azurite Press MCEO, Inc., Adashi MCEO LLC, January 2008.
147. **Deane, Ashayana.** *Voyagers: The Sleeping Abductees, Volume I of the Emerald Covenant CDT-Plate Translations.* [Podróżnicy. Śpiący uprowadzeni, tom I Tłumaczenia Płyt CDT Szmaragdowego Przymierza.] Wydanie drugie. Columbus, NC : Wild Flower Press, 2002.
148. **MCEO Freedom Teachings®.** *Kathara Levels 2-3 Foundations: "Awakening the Living Lotus" Healing Facilitation Through Crystal Body Alignment.* [Kathara, poziomy 2-3, Podstawy. „Przebudzenie żyjącego lotusa" Usprawnienie uzdrowienia poprzez zliniowanie Kryształowego Ciała.] [Podręcznik] Phoenix, AZ : Azurite Press MCEO, Inc., Adashi MCEO LLC, April 2004.
149. **Bowman, Carol.** *Children's Past Lives: How Past Life Memories Affect Your Child.* [Przeszłe życia dzieci. Jak wspomnienia z przeszłego życia wpływają na twoje dziecko.] New York : Bantam Books, 1997.
150. **Einstein, Albert.** Doc. 30: The Foundation of the General Theory of Relativity. [Dokument 30. Fundament ogólnej teorii względności.] [tłumaczenie] Alfred Engel. *The Collected Papers of Albert Einstein, Volume 6: The Berlin Years: Writings, 1914-1917 (English translation supplement).* [Zebrane prace Alberta Einsteina, tom 6. Lata w Berlinie: Zapiski 1914-1917 (uzupełnienie angielskiego tłumaczenia).] Princeton, NJ : Princeton University Press, 1997.
151. *Fair sampling perspective on an apparent violation of duality.* [Uczciwa perspektywa próbkowania w odniesieniu do wyraźnego naruszenia dualności.] **Bolduc, Eliot, Jonathon Leach, Filippo M. Miatto, Gerd Leuchs, and Robert W. Boyd.** Wyd. 34, Washington, D.C. : National Academy of Sciences, August 26, 2014, PNAS, tom 111, s. 12337.
152. *Spatially structured photons that travel in free space slower than the speed of light.* [Przestrzennie skonstruowane fotony, które przemieszczają się w wolnej przestrzeni, wolniej niż prędkość światła.] **Giovannini, Daniel, Jacquiline Romero, Václav Poto ek, Gergely Ferenczi, Fiona Speirits, Stephen M. Barnett, Daniele Faccio, and Miles J. Padgett.** Wyd. 6224, Washington, D.C.: American Association for the Advancement of Science, 2015, Science, tom 347, s. 857-860.
153. **McMahon, David.** *Quantum Field Theory Demystified: A Self-Teaching Guide.* [Teoria pola kwantowego zdemistyfikowana. Przewodnik do samonauki.] San Francisco : The McGraw-Hill Companies, Inc., 2008.
154. **Maldacena, Juan.** Who's Counting? Is it 10 or 11? (dimensions, that is —M Theory is making me Manic!). [Kto liczy? Jest 10, czy 11? (wymiary, które są —Teoria M czynią ze mnie maniaka!).] *IAS School of Natural Sciences.* [W internecie] [Cytowane: 3 luty 2016 r.] http://www.sns.ias.edu/ckfinder/userfiles/files/Dimensions.pdf

155. **McMahon, David.** *String Theory Demystified: A Self-Teaching Guide.* [*Teoria strun zdemistyfikowany. Przewodnik do samonauki.*] San Francisco : The McGraw-Hill Companies, Inc., 2009.
156. **NOVA.** *The Elegant Universe: Part 3.* [*Elegancki wszechświat. Część 3.*] [Wideo] Public Broadcasting Service (PBS), NOVA, November 3, 2003.
157. **Groleau, Rick.** Resonance in Strings. [Rezonans w strunach.] *NOVA: Science Programming on Air and Online.* [W internecie] WGBH Educational Foundation. [Cytowane: 2 czerwiec 2016 r.] http://www.pbs.org/wgbh/nova/elegant/resonance.html
158. Planck Length. [Długość Plancka.] *Cosmos – The SAO Encyclopedia of Astronomy.* [W internecie] Swinburne University of Technology. [Cytowane: 28 sierpień 2015 r.] http://astronomy.swin.edu.au/cms/astro/cosmos/p/Planck+Length
159. **News Staff.** Techni-Higgs: European Physicists Cast Doubt on Discovery of Higgs Boson. [Techni-Higgs. Europejscy naukowcy wątpią w odkrycie bozonu Higgs'a.] *SCI NEWS.* [W internecie] Sci-News.com, November 10, 2014. http://www.sci-news.com/physics/science-techni-higgs-discovery-higgs-boson-02266.html
160. **Thomas, Kelly Devine.** Discovering the Higgs: Inevitability, Rigidity, Fragility, Beauty. [*Odkrywanie Higgs'a. Nieuchronność, sztywność, kruchość, piękno.*] IAS. [W internecie] Institute for Advanced Study, Spring 2013. http://www.ias.edu/ideas/2013/higgs-arkani-hamed-maldacena
161. Claud Lovelace. *Wikipedia: The Free Encyclopedia.* [W internecie] Wikimedia Foundation, Inc. [Cytowane: 12 czerwiec 2016 r.] http://en.wikipedia.org/wiki/Claud_Lovelace
162. **Peat, F. David.** *Superstrings and the Search for the Theory of Everything.* [*Superstruny i poszukiwanie teorii Wszystkiego.*] Chicago : Contemporary Books, 1998. s. 58.
163. **Alexjander, Susan.** Microcosmic Music – A New Level of Intensity. [Mikrokosmiczna muzyka – Nowy poziom intensywności.] *Our Sound Universe–the Music of Susan Alexjander.* [W internecie] [Cytowane: 16 styczeń 2011 r.] http://web.archive.org/web/20110930062656/http://www.oursounduniverse.com/articles/microcosmic.html
164. **Simonetti, John.** Frequently Asked Questions About Quasars. [Często zadawane pytania na temat kwazarów.] *Virginia Tech Physics.* [W internecie] [Cytowane: 4 styczen 2014 r.] http://www.phys.vt.edu/~jhs/faq/quasars.html#q11
165. **Johnston, Hamish.** Antihydrogen trapped at CERN. [Antywodór uchwycony w CERN.] *physicsworld.com.* [W internecie] Institute of Physics, November 17, 2010. http://physicsworld.com/cws/article/news/2010/nov/17/antihydrogen-trapped-at-cern
166. **Chung, Emily.** Antimatter atom 'measured' for first time. [Atom antymaterii 'zmierzony' po raz pierwszy.] *CBCnews: Technology & Science.* [W internecie] CBC News, March 7, 2012. http://www.cbc.ca/news/technology/story/2012/03/07/science-antimatter-alpha-hayden.html
167. **Soffer, Abner.** What's the matter with antimatter? [O co chodzi z antymateria?] *Particle Physics in Plain English!* [W internecie] [Cytowane: 10 maj 2015 r.] http://conferences.fnal.gov/lp2003/forthepublic/matter/index.html
168. **SPACE.com Staff.** Why We Exist: Matter Wins Battle Over Antimatter. [Dlaczego istniejemy. Materia wygrywa batalię z antymaterią.] *SPACE.com.* [W internecie] Purch, May 18, 2010. http://www.space.com/8441-exist-matter-wins-battle-antimatter.html
169. **STFC Science in Society Team.** Does antimatter exist? [Czy antymateria istnieje?] *STFC Large Hadron Collider.* [W internecie] Science and Technology Facilities Council. [Cytowane: 8 sierpień 2013 r.] http://web.archive.org/web/20130808070547/http://www.lhc.ac.uk/The+Particle+Detectives/Take+5/13685.aspx
170. Matter-Antimatter Annihilation Visualization. [Wizualizacja unicestwienia materii-antymaterii.] *echochamber xkcd: Forums for the webcomic xkcd.com.* [W internecie] June 6, 2010. Forum naukowe, informacja zamieszczona przez PM 2Ring. http://forums.xkcd.com/viewtopic.php?f=18&t=61064
171. Scalar Potentials and Scalar Waves. [Potencjały skalarne i fale skalarne.] *Research Media & Cybernetics.* [W internecie] RMCybernetics. [Cytowane: 25 styczeń 2014 r.] http://www.rmcybernetics.com/science/physics/electromagnetism2_scalar_waves.htm
172. **MCEO Freedom Teachings®.** *Festival of Light Celebration: The Starfire Cycle and the Re-birth of the Original Amenti Rescue Mission.* [*Święto festiwalu światła. Cykl Starfajer i ponowne narodziny Misji Ratowniczej Oryginalnego Amenti.*] [Płyty DVD] London, UK : Azurite Press MCEO, Inc., Adashi MCEO LLC, February 2006.
173. **Deane, Ashayana.** *The Tangible Structure of the Soul: Accelerated Bio-Spiritual Evolution Program.* [*Namacalna struktura duszy. Program przyspieszonej bio-duchowej ewolucji.*] [Podręcznik] Azurite Press MCEO, Inc., 2000.
174. **Bellis, Mary.** An Atomic Description of Silicon: The Silicon Molecule. [Atomowy opis krzemu. Molekula krzemu.] *ThoughtCo.* [W internecie] About, Inc., October 10, 2016. http://www.thoughtco.com/atomic-description-of-silicon-4097223

175. Tara, Goddess of Peace and Protection. [Tara, bogini pokoju i ochrony] *Goddess Gift.* [W internecie] The Goddess Path. [Cytowane: 2 luty 2014 r.] http://www.goddessgift.com/goddess-myths/goddess_tara_white.htm
176. **Atsma, Aaron J.** Gaia. [Gaja.] *Theoi Greek Mythology.* [W internecie] Theoi Project. [Cytowane: 2 luty 2014 r.] http://www.theoi.com/Protogenos/Gaia.html
177. **MCEO Freedom Teachings®.** *Sliders-8: Preparing the Body for Slide—Advanced Level. Awake, Aware, and ALIVE in the Lands of Aah: The "Sea of Ah'-yah," Eternal Stream of Ah-yah-YA', the Covenant of Ah-Yah-RhU', and Eternal Dream-Fields of the ONE.* [Slajders-8. Przygotowanie ciała do ślizgu — poziom zaawansowany. Przebudzeni, Świadomi i ŻYWI w krainach Aah: „Morze Ah'-yah," Wieczny strumień Ah'-yah, Przymierze Ah-Yah-RhU' oraz Pola wiecznego snu JEDNEGO.] [Płyty DVD i podręcznik] Phoenix, AZ : Azurite Press MCEO, Inc., Adashi MCEO LLC, August 2010.
178. Ascended Masters and the Spiritual Hierarchy of Earth. [Wniebowstąpieni Mistrzowie i duchowa hierarchia Ziemi.] *The Aetherius Society: Co-operating with the Gods from Space.* [W internecie] The Aetherius Society. [Cytowane: 30 czerwiec 2017 r.] http://www.aetherius.org/ascended-masters/
179. **MCEO Freedom Teachings®.** *The 12-Tribes Transcripts, Class 8.* [Zapiski 12-tu Plemion, klasa 8.] [Podręcznik] Phoenix, AZ : Azurite Press MCEO, Inc., Adashi MCEO LLC, October 2007.
180. **MCEO Freedom Teachings®.** *Sacred Sexuality & the Art of Divine Relationship: Sacred Sex, Divine Love & Eternal Co-Creation, Part One.* [Uświęcona seksualność oraz sztuka boskiego związku. Uświęcony seks, boska miłość oraz wieczne współtworzenie, Cześć pierwsza.] [Płyty DVD] Denver, CO : Azurite Press MCEO, Inc., Adashi MCEO LLC, July 2006.
181. **Deane, Ashayana.** *Introductory-Topic Summary-2.* [Podsumowanie-2 tematu wstępnego.] Azurite Press MCEO, Inc., 2009. Część z serii MCEO Freedom Teachings®. Cytowane 28 lipiec 2017 r., ten raport zamieszczony został ponownie na internecie na stronie: http://lightworkers.org/channeling/91505/crucial-information-regarding-2012-guardian-alliance-through-asha
182. **Melchizedek, Drunvalo.** Holy Mer:.Ka:.Ba:. Meditation. [Święta Mer:.Ka:.Ba:. Medytacja.] *The Blue Brethren.* [W internecie] [Cytowane: 30 czerwiec 2017 r.] http://www.bibliotecapleyades.net/bb/drunvalo.htm
183. **The Tan-Tri-Ahura Teachings–The Path of Bio-Spiritual Artistry.** *Treasures of the Tan-Tri-Ahura: Gate-Walkers, Wave-Runners and Star-Riders of the Krystal River Host.* [Skarby Tan-Tri-Ahura. Przechodzący-przez Wrota, Biegnący-na Fali oraz Gwiezdni Jeździcy Żywiciela Rzeki Krysthal.] [Płyty DVD i podręcznik] Sarasota, FL : E'Asha Ashayana, ARhAyas Productions, AMCC-MCEO, LLC, August 17-20, 2012.
184. A Teacher's Life Lessons Using a Jar and Some Golf Balls. [Życiowe lekcje nauczyciela wykorzystując słoik i kilka piłek golfowych.] *sunny skyz.* [W internecie] CK Media Group, October 23, 2012. http://www.sunnyskyz.com/feel-good-story/111/A-teacher-s-life-lessons-using-a-jar-and-some-golf-balls
185. **Icke, David.** Opis książki (tył okładki). *Remember Who You Are: Remember 'Where' You Are and Where You 'Come' From.* [Pamiętajcie kim jesteście. Pamiętajcie 'Gdzie' jesteście i 'Skąd' przychodzicie.] Ryde, UK : David Icke Books Ltd, 2012.
186. **Workman, Robert.** What is a Hologram? [Czym jest hologram?] *LiveScience.* [W internecie] Purch, May 23, 2013. http://www.livescience.com/34652-hologram.html
187. **Bohm, David.** *Wholeness and the Implicate Order.* [Całość i uwikłany porządek.] New York : Routledge Classics, 1980.
188. **Talbot, Michael.** The Holographic Universe: Does Objective Reality Exist? [Holograficzny wszechświat: Czy istnieje obiektywna rzeczywistość?] *rense.com.* [W internecie] March 12, 2006. http://www.rense.com/general69/holoff.htm
189. **MCEO Freedom Teachings®.** *The Cosmic Clock Re-set: Entering the Reucha-TA Great Healing Cycle.* [Kosmiczny zegar przestawiony: Wchodzenie w Cykl Wielkiego Uzdrowienia Reucha-TA.] [Płyty DVD] Phoenix, AZ : Azurite Press MCEO, Inc., Adashi MCEO LLC, September 26-28, 2003
190. **MCEO Freedom Teachings®.** *The 12-Tribes Transcripts, Class 3.* [Zapiski 12-tu Plemion, Klasa 3.] [Podręcznik] Azurite Press MCEO, Inc., Adashi MCEO LLC, March 17-18, 2007.
191. **MCEO Freedom Teachings®.** *The 12-Tribes Transcripts, Class 2.* [Zapiski 12-tu Plemion, Klasa 2.] [Podręcznik] Azurite Press MCEO, Inc., Adashi MCEO LLC, February 17-18, 2007.
192. **MCEO Freedom Teachings®.** *Sliders-12: Externalization of the Kryst; Secrets of the Tan'-Tri-A'jha. Part-1.* [Slajders-12. Uzewnętrznienie Krysta; Tajemnice Tan'z Tri- A'jha. Czesc-1.] [Płyty DVD] Sarasota, FL : Azurite Press MCEO, Inc., Adashi MCEO LLC, January 2012.
193. **MCEO Freedom Teachings®.** *The 12-Tribes Transcripts, Class 1.* [Zapiski 12-tu Plemion, Klasa 1.] [Podręcznik] Azurite Press MCEO, Inc., Adashi MCEO LLC, January 20-21, 2007.
194. **MCEO Freedom Teachings®.** *The 12-Tribes Transcripts, Class 10.* [Zapiski 12-tu Plemion, Klasa 10.] [Podręcznik] Phoenix, AZ: Azurite Press MCEO, Inc., Adashi MCEO LLC, January 5-6, 2008.

195. **MCEO Freedom Teachings®.** *MCEO Grid-Keepers Communion Conclave-1: Elemental Commands, Cellular Secrets and the Aurora Potential; Glass Towers, Crystal Canyons and the Aurora Force.* [*Konklawa-1 Wspólnoty Wyznaniowej Strażników -Wrót MCEO. Elementarne komendy, komórkowe tajemnice i potencjał Aurory; Szklane Wieże, Kryształowe Kaniony i Silą Aurory.*] [Płyty DVD] Mount Shasta, CA : Azurite Press MCEO, Inc., Adashi MCEO LLC, May 2006.
196. **MCEO Freedom Teachings®.** *The Kethradon Awakening: Starburst Pillar-13 and the Gifts of Rama.* [*Przebudzenie Ketradona. Filar Rozbłysku Gwiezdnego-13 i dary Rama.*] [Płyty DVD] India: Azurite Press MCEO, Inc., Adashi MCEO LLC, January 2005.
197. **MCEO Freedom Teachings®.** *The Forbidden Testaments of Revelation–1: The Cosmic Clock, Secrets of Lohas And the Arc of the Covenant.* [*Zakazane testamenty Apokalipsy Świętego Jana–1. Kosmiczny Zegar, Tajemnice Lohas oraz Arka Przymierza.*] [Płyty DVD i podręcznik] Dublin, Ireland : Azurite Press MCEO, Inc., Adashi MCEO LLC, February 21-23, 2003.
198. **MCEO Freedom Teachings®.** *The Science and Sprituality of Creation.* [*Nauka i duchowość kreacji.*] [Podręcznik] Seattle, WA : Azurite Press MCEO, Inc., Adashi MCEO LLC, September 2003.
199. **Melchizedek, Drunvalo.** *The Ancient Secret of the Flower of Life, Volume 1.* [*Pradawna tajemnica kwiatu życia, tom 1.*] Flagstaff, AZ : Light Technology Publishing, 2012.
200. **MCEO Freedom Teachings®.** *Dance For Freedom, Part 2: The 12:12:12:12–11:11:11:11.* [*Taniec dla Wolności, część 2. 12:12:12:12–11:11:11:11.*] [Płyty DVD] Tewkesbury, UK : Azurite Press MCEO, Inc., Adashi MCEO LLC, November 2002.
201. **MCEO Freedom Teachings®.** *Sliders-9: "Advanced Spiritual Body Training – The Flame of CosMAyah, Mayan Mother Matrix & Luminary Body Activation".* [*Slajders-9. „Zaawansowany trening duchowego ciała – Płomień KosMEja, Matriks Matki Majów i aktywacja świetlistego ciała".*] [Podręcznik] Azurite Press MCEO, Inc., Adashi MCEO LLC, October 2010 & January 2011.
202. **MCEO Freedom Teachings®.** *The 12-Tribes Transcripts, Class 4.* [*Zapiski 12-tu Plemion, Klasa 4.*] [Podręcznik] Azurite Press MCEO, Inc., Adashi MCEO LLC, April 21-22, 2007.
203. **MCEO Freedom Teachings®.** *Angelic Humans.* [*Anielscy Ludzie.*] [Podręcznik odniesienia] Arek Popovich, Adashi MCEO LLC. Keylontic Dictionary. [Słownik Kilontyczny.] s. A-8; zaczerpnięte z nie działającej już strony internetowej: http://www.azuritepress.com/articles/faq.php#18, titled "Frequently Asked Questions".
204. **MCEO Freedom Teachings®.** *The 12-Tribes Transcripts, Class 5.* [*Zapiski 12-tu Plemion, Klasa 5.*] [Podręcznik] Phoenix, AZ : Azurite Press MCEO, Inc., Adashi MCEO LLC, June 23-24, 2007.
205. **Sky, Robert Morning.** The Terra Papers. [Pisma Tary.] [W internecie] [Cytowane: 20 sierpień 2016 r.] http://jordanmaxwell.com/images/documents/the-2520terra-2520papers-2520[irm08].pdf
206. **Sitchin, Zecharia.** *The Lost Book of Enki: Memoirs and Prophecies of an Extraterrestrial God.* [*Zaginiona księga Enki: Wspomnienia i proroctwa pozaziemskiego boga.*] Rochester, VT : Bear & Company, 2002. [Polskie wydanie Wydawnictwo Prokop.]
207. **Bowling, Collin Robert.** *A New Order of the Ages: A Metaphysical Blueprint of Reality and an Expose on Powerful Reptilian/Aryan Bloodlines, Volume One.* [*Nowy porządek wieków. Metafizyczny wzorzec rzeczywistości i omówienie wpływowych rodów Reptilian/Arian, tom Pierwszy.*] Bloomington, IN : iUniverse, 2011. s. 82.
208. **Temple, Robert.** *The Sirius Mystery: New Scientific Evidence of Alien Contact 5,000 Years Ago.* [*Tajemnica Syriusza. Nowy dowód naukowy na kontakt obcych 5000 lat temu.*] Rochester, VT : Destiny Books, 1998.
209. Mesopotamian Gods. [Mezopotamscy bogowie.] *Biblioteca Pleyades.* [W internecie] [Cytowane: 20 marzec 2014 r.] http://www.bibliotecapleyades.net/sitchin/mesopotamian_gods.htm
210. **Kramer, Samuel Noah.** *The Sumerians: Their History, Culture, and Character.* [*Sumerowie. Ich historia, kultura i charakter.*] Chicago : The University of Chicago Press, 1963.
211. **Lessin, Sasha.** Essay 25: Marduk's Son Satu Kills Brother, Asar; Asar's Son, Horon Defeats Satu, Unites Egypt. [Esej 25. Syn Marduka Satu, zabija brata Astara; Syn Astara, Horon pokonuje Satu i jednoczy Egipt. *Enki przemawia.*] *Enki Speaks.* [W internecie] [Cytowane: 20 marzec 2014 r.] Based on works of Zecharia Sitchin. http://www.enkispeaks.com/Essays/25SatuKillsAsarButAstaBearsHoron.htm.
212. **MCEO Freedom Teachings®.** *The Real Christmas Story.* [*Prawdziwa historia Bożego Narodzenia.*] Azurite Press MCEO, Inc., December 15, 2001. s. 11.
213. **Cremo, Michael A. and Richard L. Thompson.** *The Hidden History of the Human Race: The Condensed Edition of Forbidden Archeology.* [*Ukryta historia rasy ludzkiej. Skondensowane wydanie zakazanej archeologii.*] Los Angeles : Bhaktivedanta Book Publishing, Inc., 1999.
214. **Bavley, Alan.** Ape-woman Lucy walked like a modern human; new research shows. [Nowe badanie pokazuje, że kobieta-małpa Lucy chodziła, jak współczesna kobieta.] *Times Free Press.* [W internecie] February 11, 2011. Artykuł w „Kansas City Star". http://www.timesfreepress.com/news/2011/feb/11/ape-woman-lucy-walked-modern-human-new-research-sh

215. **Rice University.** 'Mitochondrial Eve': Mother of all humans lived 200,000 years ago. ['Mitochondrialna Ewa': matka wszystkich ludzi, żyła 200 000 lat temu.] *ScienceDaily*®. [W internecie] ScienceDaily LLC, August 17, 2010.
216. **MCEO Freedom Teachings®.** *Secrets of Lemuria & The Ancient Eieyani – Ancient Lemurian (Mu'a) Planetary Stewardship Masters Training.* [*Tajemnice Lemurii i starożytnych Eieyani – Trening dla Mistrzów zarzadzania planetarnego starożytnych Lemurian (Mu'a).*] [Książka audio, płyta 5] Kauai, HI : Azurite Press MCEO, Inc., Adashi MCEO LLC, May 2001.
217. 10,500 BC – Who Lived on Earth? [10 500 r.p.n.e – Kto zamieszkiwał Ziemie?] *Biblioteca Pleyades*. [W internecie] March 2006. http://www.bibliotecapleyades.net/sumer_anunnaki/reptiles/reptiles28.htm
218. **MCEO Freedom Teachings®.** *The Emerald Covenant Masters Templar Stewardship Initiative: Secrets of the Amenti Star Gates and the Grail Quest Signet Roundtables.* [*Inicjatywa Zarządzania Templarem Mistrzów Szmaragdowego Przymierza. Tajemnice Gwiezdnych Wrot Amenti i Poszukiwanie Grala Pieczęci Okrągłych Stołów.*] [Podręcznik] Azurite Press MCEO, Inc., Adashi MCEO LLC, July 2001.
219. **Violatti, Cristian.** Siddhartha Gautama. *Ancient History Encyclopedia*. [W internecie] Ancient History Encyclopedia Limited, December 9, 2013. http://www.ancient.eu.com/Siddhartha_Gautama/
220. **Lessin, Sasha.** Essay 24: Ningishzidda, Memorialized as Sphinx, Creates Pyramids To Guide Rockets To Sinai Peninsula Spaceport. [Esej 24. Ningishzidda, upamiętniony jako sfinks, buduje piramidy, aby naprowadzać rakiety do portu kosmicznego na Półwyspie Synaj.] *Enki Speaks*. [W internecie] [Cytowane: 10 marzec 2014 r.] W oparciu o prace Zecharia Sitchina. http://www.enkispeaks.com/Essays/24ThothSphinxSinaiSpaceport.htm
221. **Bauval, Robert and Adrian Gilbert.** *The Orion Mystery: Unlocking the Secrets of the Pyramids*. [*Tajemnica Oriona: Otwarcie tajemnic piramid.*] New York : Three Rivers Press, 1994.
222. **Huisman, Robert.** What's the difference between a star and a planet? [Jaka jest różnica pomiędzy gwiazdą a planetą?] *Kapteyn Astronomical Institute*. [W internecie] University of Groningen. [Cytowane: 21 sierpień 2016 r.] http://www.astro.rug.nl/~etolstoy/ACTUEELONDERZOEK/JAAR1997/huisman/
223. **Society of Biblical Archæology.** *Proceedings of the Society of Biblical Archaeology.* [*Obrady Towarzystwa Archeologii Biblijnej.*] London, UK : Offices of the Society, 1901. s. 97, tom 23. Sesja trzydziesta pierwsza, spotkanie pierwsze.
224. Three Steps to Mastering the Secret Laws of Attraction. [Trzy kroki do opanowania do mistrzostwa tajne prawa przyciągania.] *Mastering The 11 Forgotten Laws*. [W internecie] May 20, 2009. [Cytowane: 13 grudzień 2013 r.] http://web.archive.org/web/20131119220925/http://masteringthe11forgottenlaws.com/the-secret-laws-of-attraction.html
225. **Hicks, Esther and Jerry (The Teachings of Abraham®).** *Ask and It Is Given: Learning to Manifest Your Desires.* [*Proście a będzie wam dane. Nauka manifestacji waszych pragnień.*] Carlsbad, CA : Hay House, Inc., 2004.
226. **Rachael.** Archangel Metatron. [Archanioł Metatron.] *Rise Like a Phoenix*. [W internecie] March 2007. [Cytowane: 27 lipiec 2009 r.] http://web.archive.org/web/20090415163112/http://www.riselikeaphoenix.com/archangelmetatron.htm
227. **Tyberonn, James.** The Alchemy of 2010: Archangel Metatron Channel with Saint Germain via James Tyberonn. [Alchemia 2010 roku: Archanioł Metatron i Saint Germain dokonują chanelingu poprzez James'a Tyberonn'a.] *Lightworkers*. [W internecie] December 31, 2009. http://lightworkers.org/channeling/96128/alchemy-2010-archangel-metatron-channel-saint-germain-james-tyberonn
228. The Chohans. *The Ascended Masters*. [W internecie] Keepers of the Flame. [Cytowane: 13 sierpień 2013 r.] http://www.ascendedmastersoflight.com/chohans.php
229. **Cyr, James Oliver.** Who are the Spiritual Hierarchy? [Kim jest duchowa hierarchia?] *Kuthumi's Hands*. [W internecie] Kuthumi Hands. [Cytowane: 2 wrzesień 2013 r.] http://www.kuthumi-hands.com/hierarchy/hierarchy.htm
230. **Anthony, Jess.** Christ Michael, Esu and Lady Nada say prepare. [Chrystus Michał, Esu oraz Pani Nada, mówią przygotujcie się.] *2012 Unlimited*. [W internecie] October 14, 2007. [Cytowane: 19 sierpień 2013 r.] http://web.archive.org/web/20130419103706/http://www.2012.com.au/CM_prepare.html
231. **Nash, John.** Sanat Kumara. [W internecie] March 2002. [Cytowane: 7 luty 2014 r.] s. 5 w dokumencie. Oryginalnie opublikowane w czasopiśmie „The Beacon", założonym przez Alice i Foster Bailey „Lucis Trust". http://web.archive.org/web/20140207053120/http://www.uriel.com/knowledge/articles-presentations/Nash%20articles/Beacon030403--Sanat%20Kumara.pdf
232. **Nidle, Sheldon.** Introduction to the Galactic Federation of Light. [Wstęp do Galaktycznej Federacji Światła.] *Planetary Activation Organization*. [W internecie] [Cytowane: 19 maj 2014 r.] http://www.paoweb.com/gfmember.htm
233. **Koen.** Galactic Federation of Light "First Contact" – Preliminary Draft. [Galaktyczna Federacja Światła „Pierwszy kontakt" – wstępny szkic.] *we must know*. [W internecie] March 13, 2010. [Cytowane: 18 maj 2012.] http://web.archive.org/web/20120518050558/http://wemustknow.net/2010/03/galactic-federation-of-light-"first-contact"---preliminary-draft/

234. **Goodchild, Blossom.** Blossom Goodchild updates 16th October. [Blossom Goodchild aktualizuje 16 października.] *YouTube.* [W internecie] YouTube, LLC, October 15, 2008. Wideo, 7:42. Fragment na 5:06-5:25. http://www.youtube.com/watch?v=rm4v8ylAxTc.
235. **MCEO Freedom Teachings®.** *Dance for Life, Love, Freedom: Shadow Body Healing & Flame Body Activation.* [*Taniec dla życia, miłości i wolności: Uzdrowienie cieniowego ciała i aktywacja płomiennego ciała.*] [Podręcznik] Azurite Press MCEO, Inc., Adashi MCEO LLC, 2002.
236. **Commander Hatonn.** [Komandor Hatonn.] [W internecie] August 1, 2001. Chanelingi z gazety „The Phoenix Liberator", złożone przez Dee Finney. http://www.greatdreams.com/ufos/hatonn.htm
237. **Ashtar Fleet Amongst Us.** [Flota Asztar pośród nas.] *Factology.com.* [W internecie] [Cytowane: 29 kwiecień 2012 r.] Źródło: 1996 Kalendarz Nuwaubian, „Pozaziemskie istoty pośród nas". http://web.archive.org/web/20120429104753/http://factology.com/front8_12_00.htm
238. **The Observer.** Anunnaki Female Extraterrestrial Alien PART 1 (Brief Analysis). [Żeński Anunnaki pozaziemski obcy, część 1 (krótka analiza).] *YouTube.* [W internecie] YouTube, LLC, February 9, 2009. Wideo, 3:53. Fragment na 0:31-0:36, 3:22-3:44. http://www.youtube.com/watch?v=8kQoI4EOljI
239. **MCEO Freedom Teachings®.** *The Egypt Lectures: "Awakening the Flame of Orion".* [*Wykłady z Egiptu. „Przebudzenie Płomienia Oriona".*] [Płyty DVD] Giza, Egypt : Azurite Press MCEO, Inc., March 17-26, 2000.
240. **O'Riley, Carolyn Ann.** A Message from Archangel Michael Channeled Through and Written by Carolyn Ann O'Riley: The Ferris Wheel. [Wiadomość od Archanioła Michała przekazana i zapisana przez Carolyn Ann O'Riley. Diabelski młyn.] *Red Shaman Intergalactic Ascension Mission.* [W internecie] January 22, 2011. http://indianinthemachine.wordpress.com/2011/01/22/a-message-from-archangel-michael-channeled-through-and-written-by-carolyn-ann-o'riley/
241. **Steiner, Rudolf.** *Death as Metamorphosis of Life: Seven Lectures Held in Various Cities; November 29, 1917– October 16, 1918.* [*Śmierć jako metamorfoza życia. Siedem wykładów, odbytych w różnych miastach, 29 listopad 1917 – 16 październik 1918 r.*] Great Barrington, MA : Steiner Books, 2008.
242. **Dreamseed, Amoraea.** Divine Blueprint: Amoraea. [Boski wzorzec. Amoraea.] *Divine Blueprint: Amoraea.* [W internecie] Divine Blueprint. [Cytowane: 17 maj 2014 r.] http://web.archive.org/web/20140517033938/http://divine-blueprint.com/
243. **Dreamseed, Amoraea.** Holographic Art. [Sztuka holograficzna.] *Divine Blueprint: Amoraea.* [W internecie] Divine Blueprint. [Cytowane: 11 maj 2014 r.] Opis pod obrazem Amorea pt „Antahkarana". http://web.archive.org/web/20140511174828/http://divine-blueprint.com/visionary-art/visionary-holography/
244. **Dreamseed, Amoraea.** Holographic Art. [Sztuka holograficzna.] *Divine Blueprint: Transmissions for the Waking Ones.* [W internecie] Divine Blueprint. [Cytowane: 6 czerwiec 2016 r.] http://divine-blueprint.com/visionary-art/visionary-holography/
245. **Dreamseed, Amoraea.** "Universal Torus Lightbody". [„Uniwersalne ciało torusowe".] *Divine Blueprint: Transmissions for the Waking Ones.* [W internecie] Divine Blueprint. [Cytowane: 6 czerwiec 2016 r.] http://divine-blueprint.com/325-2/#info
246. **Weisstein, Eric.** Tube. [Tuba.] *Wolfram MathWorld.* [W internecie] Wolfram Research, Inc. [Cytowane: 24 maj 2016 r.] http://mathworld.wolfram.com/Tube.html
247. **-tron.** *Merriam-Webster.* [W internecie] Encyclopædia Brittanica, Inc. [Cytowane: 21 lipiec 2016 r.] http://www.merriam-webster.com/dictionary/tron
248. **Weinsterin-Moser, Edie.** Interview with Dr. Eric Pearl. [Wywiad z Dr. Eric Pearl.] *The Avalon Reconnection.* [W internecie] June 2007. [Cytowane: 12 sierpień 2015 r.] Z amerykańskiego wydania narodowego, czasopisma Mądrość. http://web.archive.org/web/20150812064600/http://www.theavalonreconnection.com/interviewwithericpearl.htm
249. **The Galactic Federation of Light & Ashtar is an Alien Hoax – Everyone Please Read.** [Galaktyczna Federacja Światła i Asztar sa oszustwem obcych. Każdy proszę przeczytać.] *Lightworkers.* [W internecie] September 2, 2010. [Cytowane: 30 marzec 2015 r.] Forum, zamieszczone przez Rich228. http://web.archive.org/web/20150330205640/http://lightworkers.org/forum/113894/galactic-federation-light-ashtar-alien-hoax-everyone-please-read
250. **Pentagram.** *Wikipedia, the free encyclopedia.* [W internecie] Wikimedia Foundation, Inc. [Cytowane: 17 czerwiec 2013 r.] http://web.archive.org/web/20130617190503/http://en.wikipedia.org/wiki/Pentagram
251. **MCEO Freedom Teachings®.** *Sliders-2. "Reclaiming the Vessel"—Preparing the Body for Slide.* [*Slajders-2. „Odzyskiwanie pojazdu" — Przygotowanie ciała do ślizgu.*] [Płyty DVD i podręcznik] Virginia Beach, VA : Azurite Press MCEO, Inc., Adashi MCEO LLC, September 19-22, 2008.
252. **Comrade August and Tani Jantsang.** The Pythagorean Pentacle – it is Two Points Up. [Pitagorejski pentagram – to są dwa wierzchołki do góry.] *Guardians of Darkness.* [W internecie] [Cytowane: 10 lipiec 2017 r.] http://www.guardiansofdarkness.com/GoD/god-pythagorean-pentacle.html
253. **Pan (god).** [Pan (bóg).] *Wikipedia, the free encyclopedia.* [W internecie] Wikimedia Foundation, Inc. [Cytowane: 22 lipiec 2016 r.] http://en.wikipedia.org/wiki/Pan_(god)

254. Baphomet. *Wikipedia, the free encyclopedia.* [W internecie] Wikimedia Foundation, Inc. [Cytowane: 22 lipiec 2016 r.] http://en.wikipedia.org/wiki/Baphomet
255. House of Merovingian. [Dom Merowingów.] *Truth Control.* [W internecie] [Cytowane: 10 lipiec 2017 r.] From *Atlantis, Alien Visitation and Genetic Manipulation* by Michael Tsarion. [Z „Odwiedzin Atlantydy przez obcych i genetycznych manipulacji", autorstwa Michael Tsarion.] http://www.truthcontrol.com/house-merovingian
256. **Herschel, Wayne and Birgitt Lederer.** *The Hidden Records: The Star of the Gods.* [*Ukryte zapiski. Gwiazda bogów.*] Hidden Records, 2005. Obrazki pokazane rowniez na kanale Wayne Herschel na YouTube: http://www.youtube.com/user/wayhersc
257. **Bart, Anneke.** Hatshepsut (Maatkare). *Ancient Egypt.* [W internecie] Saint Louis University, April 2007. http://euler.slu.edu/~bart/egyptianhtml/kings%20and%20Queens/Hatshepsut.html
258. **Parsons, John J.** The Kabbalah of Creation: How did God create the world? [Kabała stworzenia. Jak Bóg stworzył świat?] *Hebrew for Christians.* [W internecie] [Cytowane: 10 styczeń 2014 r.] http://www.hebrew4christians.com/Articles/kabbalah/Creation/creation.html
259. Stellarium. [W internecie] [Cytowane: 26 sierpień 2016 r.] Darmowe otwarte źródło oprogramowania planetarnego. Ja użyłam wersji 0.15.0. http://www.stellarium.org/
260. **MCEO Freedom Teachings®.** *The Lemurian & Atlantean Legacies – Secrets of the Arthurian "Round Tables".* [*Spuścizna Lemurian i Atlantów – Tajemnice „Okrągłych stołów" Arturian.*] [Płyty DVD] New York : Azurite Press MCEO, Inc., Adashi MCEO LLC, April 2001.
261. **Ra (channeled).** *The Law of One.* Louisville, KY : L/L Research, 1982, 1984, 1998. Piec książek. Zobacz http://www.lawofone.info/
262. **Penre, Wes.** Dialogue with "Hidden Hand", Self-Proclaimed Illuminati Insider. [Dialog z „Ukryta ręką", Samozwańczy informator Iluminacki.] *Illuminati News.* [W internecie] December 27, 2008. http://www.illuminati-news.com/00363.html
263. Amritanandamayi's story. [Historia Amritanandamayi.] *YouTube.* [W internecie] YouTube, LLC, October 6, 2012. Wideo, 1:11:30. Fragment na 31:48-35:00. Wprowadzone przez Michael Yasmin Sol. http://www.youtube.com/watch?v=dMNSLxER11I
264. **Wilcock, David.** Wanderer Awakening: The Life Story of David Wilcock. [Przebudzenie Wędrowca. Historia życia Davida Wilcock'a.] *Divine Cosmos.* [W internecie] Divine Cosmos, July 16, 2008. Zaczerpnięte z prologu w książki elektronicznej. http://divinecosmos.com/start-here/books-free-online/25-wander-awakening-the-life-story-of-david-wilcock
265. **Wilcock, David.** 2012 Event Horizon with David Wilcock – 4 parts. [Horyzont zdarzeń 2012 z Davidem Wilcock – 4 części.] *YouTube.* [W internecie] YouTube, LLC, May 1-3, 2010. http://www.youtube.com/playlist?list=PL896AC77DBAEE6E87
266. **Salla, Michael.** The Short and Tall Greys. [Niskie i wysokie Szaraki.] *Biblioteca Pleyades.* [W internecie] [Cytowane: 5 luty 2014 r.] http://www.bibliotecapleyades.net/vida_alien/alien_zetareticuli02.htm
267. **Stibal, Vianna.** About ThetaHealing®. [O uzdrawianiu Teta.] *ThetaHealing®.* [W internecie] [Cytowane: 7 grudzień 2013 r.] http://web.archive.org/web/20131207165928/http://thetahealing.com/about-thetahealing.html
268. Welcome to Orion Therapy at Natural Earth. [Witamy w Terapii Oriona na Naturalnej Ziemi.] *Natural Earth.* [W internecie] [Cytowane: 1 sierpień 2013 r.] http://web.archive.org/web/20130801130421/http://natural-earth.com/orion_therapy.html
269. **McClare, Scott.** Scientology: An Overview. [Scjentologia: Przegląd.] *The Cult of Scientology.* [W internecie] April 3, 1998. http://web.ncf.ca/cj871/overview.html
270. **MCEO Freedom Teachings®.** *The 12-Tribes Transcripts, Class 12.* [*Zapiski 12-tu Plemion, klasa 12.*] [Podręcznik] Azurite Press MCEO, Inc., Adashi MCEO LLC, March 29-30, 2008.
271. Emanuel Swedenborg. *Wikipedia, the free encyclopedia.* [W internecie] Wikimedia Foundation, Inc. [Cytowane: 22 czerwiec 2016 r.] http://en.wikipedia.org/wiki/Emanuel_Swedenborg
272. **Kirkpatrick III, James Robert.** The Three Pillars of Masonry. [Trzy filary masonerii.] *The Trestleboard.* Boynton Beach, FL : Boynton Lodge #236 F&AM, February 2011, s. 2. http://boyntonlodge236.com/Trestleboard/February2011.pdf
273. **Proudfoot, Peter.** *The Secret Plan of Canberra.* [*Tajny plan Canbery.*] Sydney, Australia : University of New South Wales Press, 1994.
274. Theosophical Society. [Towarzystwo Teozoficzne.] *Wikipedia, the free encyclopedia.* [W internecie] Wikimedia Foundation, Inc. [Cytowane: 6 sierpień 2016 r.] http://en.wikipedia.org/wiki/Theosophical_Society
275. **Leadbeater, C. W.** *The Masters and The Path.* [*Mistrzowie i ścieżka.*] Wydanie drugie. Adyar, India : The Theosophical Publishing House, 1927.
276. **Sabeheddin, Mehmet.** Esoteric Australia. [Ezoteryczna Australia.] *New Dawn: Mysteries of the Unknown.* Czasopismo Nowy Świt. Wydanie specjalne Nr. 3, 2007. http://www.newdawnmagazine.com/articles/esoteric-australia

277. **Griffin, Marion Mahony.** Section IV: The Individual Battle. [Sekcja IV. Indywidualna batalia.] *The Magic of America*. Chicago : Griffin & Nicholls, s. 293-4. http://www.artic.edu/magicofamerica/text_frameset/moa_4_001_text_frameset.html
278. **Griffin, Marion Mahony.** Section III: The Municipal Battle. [Sekcja III. Miejska batalia.] *The Magic of America*. Chicago : Griffin & Nicholls, s. 440. http://www.artic.edu/magicofamerica/text_frameset/moa_3_001_text_frameset.html
279. Rebels and Gilt-spurred Roosters: Politics, Bureaucracy and the Democratic Ideal in the Griffins' Capital. [Buntownicy i koguty ze złotymi kolcami: Ideał polityki, biurokracji i demokracji w Griffin'owej stolicy.] *National Library of Australia*. [W internecie] National Library of Australia. [Cytowane: 22 marzec 2014 r.] http://www.nla.gov.au/seminar/a-cultivated-city-the-griffins-in-australia-s-capital-speakers/rebels-and-gilt-spurred-roosterspolitics-bureaucracy-and-the-democratic-ideal-in-the
280. **Ireland, Lorea.** Return Focus Triangle & Marble Mountain Wilderness. [Trójkąt powrotnej koncentracji i pustkowie Marmurowej Góry.] *VortexMaps.com*. [W internecie] [Cytowane: 24 lipiec 2016 r.] http://www.vortexmaps.com/irley.php
281. **MCEO Freedom Teachings®.** *Engaging the God Languages.* [Zastsowanie języków Boga.] [Podręcznik] Phoenix, AZ : Azurite Press MCEO, Inc., Adashi MCEO LLC, October 2005. Moduł stworzony przez Melissa Higginbotham i PamE Bown.
282. Top Secret military "bases" in Canberra. [Ściśle tajne „bazy" wojskowe w Canberra.] *RiotAct!* [W internecie] Riot ACT Holdings Pty Ltd., January 18, 2008. [Cytowane: 11 lipiec 2017 r.] Komentarz na forum zamieszczony przez niftydog o godz. 9:20 a.m. http://the-riotact.com/top-secret-military-bases-in-canberra/6622/comment-page-3#comments
283. *Aboriginal Placenames: Naming and Re-Naming the Australian Landscape.* [Aborygeńskie nazwy miejsc. Nazywanie oraz zmiana nazw australijskiego krajobrazu.] [edytorzy] Harold Koch and Luise Hercus. Canberra, Australia : ANU E Press and Aboriginal History Inc., 2009. Książka elektroniczna. http://press.anu.edu.au/wp-content/uploads/2011/02/whole_book10.pdf
284. *The Real Heritage of Canberra.* [Prawdziwe dziwdzictwo Canberry.] **Dowling, Peter.** Canberra, Australia : Australian Council of National Trusts, 2013. Shaping Canberra: The Lived Experience of Place, Home and Capital Conference. [Kształtując Canberre. Przeżyte doświadczenia miejsca, domu i stolicy – konferencja.] s. 12.
285. 22 Numerotropic Group Bulletin Board. [22-ga tablica ogłoszeń Grupy Numerotropicznej.] *Technosophy*. [W internecie] October 13, 2002. [Cytowane: 23 luty 2014 r.] Przerobione z nie funkcjonującej już strony internetowej Alex'a Collier: http://www.andromedainsights.com
286. **Penre, Wes.** Thule Gesellschaft and the Vril Society. [Gesellschaft Tule i Towarzystwo Vril.] [W internecie] 2009. [Cytowane: 15 styczeń 2014 r.] http://black.greyfalcon.us
287. **Alek, William.** *Out of the Gravity Well.* [Ze studni grawitacji.] [Prezentacja elektroniczna] Sedona, AZ : Progressive Tech Center, June 18, 2009. Prezentacja w Sieci Wspólne UFO Sedony.
288. **Bernard, Raymond W.** *The Hollow Earth.* [Pusta Ziemia.] Wydanie drugie. Pomeroy, WA : Health Research Books, 1996. s. 2.
289. **Marrs, Jim.** Antarctica – A Nazi Base? An Excerpt From 'Alien Agenda'. [Antarktyka – Baza Nazistów? Fragment z 'Agenda obcych'.] *Biblioteca Pleyades*. [W internecie] [Cytowane: 21 sierpień 2016 r.] http://www.bibliotecapleyades.net/antarctica/antartica24.htm
290. **MCEO Freedom Teachings®.** *Dance for Freedom, Part 1.* [Taniec dla wolności, część 1.] [Płyty DVD] France : Azurite Press MCEO, Inc., Adashi MCEO LLC, November 2002. Cytat w rozdziale 7, z części „Jeden Światowy Porządek", na płycie DVD-3, 1:16:24-44.
291. Vril: witches & UFO's. [Vril: czarownice i UFO.] *fallenalien.com*. [W internecie] [Cytowane: 4 kwiecien 2013 r.] http://web.archive.org/web/20130404060814/http://fallenalien.com/vril.htm
292. Nazi History Of Alien Contact. [Nazistowska historia kontaktów z UFO.] [edytor] Jane Davis. *UFO Casebook*. [W internecie] [Cytowane: 11 lipiec 2017 r.] http://www.ufocasebook.com/nazihistory.html
293. Protocols of Zion. [Protokoły Zion.] *New World Order*. [W internecie] Library of the Collective Human Record. [Cytowane: 4 sierpień 2016 r.] http://www.lchr.org/a/39/4y/theosophy.html
294. **Wright, Anne.** The history of the star: Aldebaran. [Historia gwiazdy: Aldebaran.] *Constellations of Words*. [W internecie] [Cytowane: 23 kwiecień 2014 r.] http://www.constellationsofwords.com/stars/Aldebaran.html
295. **Partridge, Jamie.** December 21 2012. [21 grudzień 2012 r.] *Astrology King*. [W internecie] April 26, 2012. [Cytowane: 26 grudzień 2013 r.] http://web.archive.org/web/20131226133421/http://astrologyking.com/december-21-2012/
296. Solar System Scope. [Teleskop Układu Słonecznego.] [W internecie] INOVE. [Cytowane: 23 sierpień 2013 r.] http://www.solarsystemscope.com/
297. **Macaron, James.** Canberra's Big Secrets: December 21, 2012, Astrological Alignments, and Major Occult Significance. [Wielkie tajemnice Canberry. 21 grudzień 2012 r, astrologiczne zliniowania i znaczenie głównego okultu.] *YouTube*. [W internecie] YouTube, LLC, December 15, 2012. Wideo, 35:23. Fragment na 10:38-11:10. http://www.youtube.com/watch?v=DP4GFPxcG8A

298. **Robson, Vivian E.** *Fixed Stars and Constellations in Astrology.* [Stałe gwiazdy i konstelacje w astrologii.] Kessinger Publishing, LLC, 2010. s. 121. Kopia przedrukowana z oryginału z roku 1923.
299. **Dalrymple, G. Brent.** How Old is the Earth: A Response to "Scientific Creationism". [Ile lat ma Ziemia. „Odpowiedz na naukowy kreacjonizm".] *The TalkOrigins Archive.* [W internecie] [Cytowane: 12 lipiec 2017 r.] http://www.talkorigins.org/faqs/dalrymple/scientific_age_earth.html
300. **Williams, Matt.** Thanks, Comet Pluto. Solar System Nomenclature Needs a Major Rethink. [Dzięki, kometo Pluto. Nomenklatura Układu Słonecznego wymaga poważnego przemyślenia.] *Universe Today: space and astronomy news.* [W internecie] Universe Today, May 15, 2016. http://www.universetoday.com/128836/thanks-comet-pluto-solar-system-nomenclature-needs-major-rethink/
301. **Men, Hunbatz.** *The 8 Calendars of the Maya: The Pleiadian Cycle and the Key to Destiny.* [Osiem kalendarzy Majów. Cykl plejadiański oraz klucz do przeznaczenia.] Rochester, VT : Bear & Company, 2009.
302. **Frieze, Candace and Sananda Immanuel.** Ascension and the Galaxy: Ascension of Earth (Part). [Ascendencja i galaktyka: Ascensencja Ziemi (część).] *2012 Unlimited.* [W internecie] [Cytowane: 28 marzec 2013 r.] http://web.archive.org/web/20130428053253/http://www.2012.com.au/Ascension_and_the_galaxy.html
303. Alcyone – Star Facts. [Alkione – fakty o gwieździe.] *Online Star Register.* [W internecie] Online Star Register®, March 25, 2016. http://osr.org/blog/astronomy/alcyone/
304. The Pleiades in reality... the Pleiades star cluster. [Plejady w rzeczywistości... skupisko gwiazd Plejad.] *PleiadeAssociates.* [W internecie] Pleiade Associates Ltd. [Cytowane: 12 lipiec 2017 r.] http://www.pleiade.org/pleiades_03.html
305. **Casado, Juan Carlos.** Sirius: The Brightest Star in the Night. [Syriusz. Najjaśniejsza gwiazda nocą.] *Astronomy Picture of the Day.* [W internecie] National Aeronautics and Space Administration, June 11, 2000. http://apod.nasa.gov/apod/ap000611.html
306. **Buchwald, Jed Z.** Egyptian Stars under Paris Skies. [Egipskie gwiazdy pod paryskim niebem.] *Caltech, Engineering & Science.* 2003, tom nr. 4, s. 29-30. http://calteches.library.caltech.edu/4096/1/Egyptian.pdf
307. **Cruttenden, Walter.** Response to the Precession Dialogues – BAUT Forum Post. [Odpowiedz na dialogi o precesji. Artykuł z forum BAUT] *Binary Research Institute.* [W internecie] Binary Research Institute, July 16, 2009. http://binaryresearchinstitute.com/bri/research/papers/bautforum.shtml
308. **Talea, Theresa.** Exposing the White Light Lie and Revealing the Natural Blue Flame as our First Step Toward Ascension. [Ujawnienie kłamstwa o białym świetle oraz odsłonięcie Naturalnego Błękitnego Płomienia, jako pierwszy krok do ascendencji.] *Rediscovery Press.* [W internecie] Rediscovery Press, August 24, 2017. Heksydecymalne kody koloru Błękitnego Płomienia Amenti: wewnętrzny niebieski (#9AD4F4), środkowy niebieski (#00A1D1), zewnętrzny niebieski (#2A3282). http://www.rediscoverypress.com/exposing-the-white-light-lie-and-revealing-the-natural-blue-flame-as-our-first-step-toward-ascension/
309. **MCEO Freedom Teachings®.** *Alpha-Omega Alliance.* [Stowarzyszenie Alfa-Omega.] [Podręcznik źródłowy] Arek Popovich, Adashi MCEO LLC. Kelontic Dictionary. [Słownik Kilontyczny.] s. A-5; zaczerpnięte z nie działającej już strony internetowej: http://www.azuritepress.com/articles/faq.php#18, titled "Frequently Asked Questions".
310. **Deane, Ashayana.** *Introductory – Topic Summary-1.* [Wstęp – Podsumowanie tematu-1.] Azurite Press MCEO, Inc., 2009. Część z serii MCEO Freedom Teachings®.
311. *Phoenix April 2007 Workshop Diary: "The Krystar Awakening and Starfire Maps. Solar Gates, Prana Seed and the Aqualene Sun".* [Pamiętnik z warsztatu Feniks, kwiecień 2007 r. „Przebudzenie Krajstar i mapy Starfajer. Słoneczne Wrota, Nasienie Prana i Słońce Akłalin".] **Azur'yana, Georgi.** Phoenix, AZ : Azurite Press MCEO, Inc., 2007. Część z serii MCEO Freedom Teachings®.
312. **MCEO Freedom Teachings®.** *Planetary Templar Complex.* [Kompleks Planetarnego Templaru.] [Podręcznik źródłowy] Arek Popovich, Adashi MCEO LLC. Keylontic Dictionary. [Słownik Kilontyczny.] s. P-12; sourced from *Planetary Shields Clinic Field Guide* [zaczerpnięte z „Polowego przewodnika Kliniki Tarcz Planetarnych"].
313. **Minster, Christopher.** The First New World Voyage of Christopher Columbus (1492). [Pierwsza podróż Krzysztofa Kolumba do Nowego Świata (1492 r.)] *ThoughtCo.* [W internecie] About, Inc., March 30, 2017. http://latinamericanhistory.about.com/od/latinamericatheconquest/p/Columbusfirst.htm
314. Martin Luther. *Wikipedia: The Free Encyclopedia.* [W internecie] Wikimedia Foundation, Inc. [Cytowane: 2 grudzień 2016 r.] http://en.wikipedia.org/wiki/Martin_Luther
315. Battle of Stalingrad. [Bitwa pod Stalingradem.] *Wikipedia: The Free Encyclopedia.* [W internecie] Wikimedia Foundation, Inc. [Cytowane: 3 grudzień 2016 r.] http://en.wikipedia.org/wiki/Battle_of_Stalingrad
316. German Labor Camps Vs the Soviet Gulag. [jNiemieckie obozy pracy kontra rosyjski gułag.] *rense.com.* [W internecie] August 18, 2011. http://www.rense.com/general84/germl.htm
317. Rips in Time: Philadelphia Experiment. [Rozdarcia w czasie: Eksperyment Filadelfia.] *Biblioteca Pleyades.* [W internecie] [Cytowane: 1 grudzień 2016 r.] Główne źródło z „Prawdziwe wyniki PX", wywiad Jeanne Gutherie's z Alek'iem Bielek'iem. http://www.bibliotecapleyades.net/ciencia/time_travel/esp_ciencia_timetravel08a.htm

318. **MCEO Freedom Teachings®.** *"Sliders-6" – The Arc of the Covenant, Sphere of Destiny & the Stairway to Heaven.* [„*Slajders-6" – Arka Przymierza, Kula Przeznaczenia i Schody do nieba.*] [Płyty DVD i podręcznik] Dublin and Skellig Michael, Ireland : Azurite Press MCEO, Inc., Adashi MCEO LLC, October 2009.
319. **Project Camelot.** Project Camelot: Kerry Cassidy Interviews Ashayana Deane – Part One. [Projekt Kamelot. Kerry Cassidy przeprowadza wywiad z Ashayana Deane – część pierwsza.] *YouTube.* [W internecie] YouTube, LLC, June 12, 2010. Wideo, 2:36:39. Fragment na 1:24:56-1:25:06. http://www.youtube.com/watch?v=AQ-ZaU6FHNw
320. **Elanthra.** A Message from Archangel Michael. [Przeslanie od Archanioła Michała.] [W internecie] February 28, 2010. Originally titled "Archangel Michael: The Divine Awashing & The Twin Flame Portal". [Oryginalnie zatytułowane: „Archanioł Michał. Boskie zalanie i portal bliźniaczego płomienia".] http://clevelandohiousa.tripod.com/amessagefromarchangelmichael/
321. **Chossudovsky, Michel.** H.A.A.R.P. *From the Wilderness Publications.* [W internecie] November 2000. [Cytowane: 31 października 2013 r.] http://web.archive.org/web/20111031031731/http://www.copvcia.com/free/pandora/haarp.html
322. **MCEO Freedom Teachings®.** *Preparing for Contact – Level 1: Introduction to the "Arc Project" & Eieyani Mentorship Program.* [*Przygotowanie do kontaktu – Poziom 1. Wstęp do „Projektu Arka" oraz Programu Mentorstwo Eieyani.*] Bermuda : Azurite Press MCEO, Inc., 2002. Oficjalne oświadczenie MCEO rozprowadzone jako raport.
323. **Jacobs, Frank.** St. Michael Alignment is England's Most Famous Ley Line. But is it Real? [Zliniowanie Świętego Michała na najsłynniejszej linii lej w Anglii. Ale, czy to prawdziwe?] *big think.* [W internecie] The Big Think, Inc. [Cytowane: 24 lipiec 2017 r.] http://bigthink.com/strange-maps/527-the-st-michael-line-a-straight-story
324. **MCEO Freedom Teachings®.** *The Science and Spirituality of Creation.* [*Nauka i duchowość kreacji.*] [Podręcznik] Seattle, WA : Azurite Press MCEO, Inc., Adashi MCEO LLC, September 2003.
325. **MCEO Freedom Teachings®.** *Dance for Joy: A Universal Hetharo Celebration.* [*Taniec dla radości. Świętowanie Uniwersalnego Hetharo*] [Płyty DVD] Paxos, Greece : Azurite Press MCEO, Inc., Adashi MCEO LLC, May 25-29, 2003.
326. **MCEO Freedom Teachings®.** *Dance for Joy, Part 2: Hethalon Peak.* [*Taniec dla radości, część 2. Szczyt Hethalon.*] [Płyty DVD] Andorra and Barcelona, Spain : Azurite Press MCEO, Inc., Adashi MCEO LLC, August 2003.
327. **MCEO Freedom Teachings®.** *Eieyani Council "Open Letter".* [„*Otwarty list" Rady Eieyani.*] Azurite Press MCEO, Inc., 2003.
328. *Phoenix October 2005 Workshop Summary: "Whispers of the RashaReishA, Revelations of the Unspoken Ones, the HaahTUr's and the HUB".* [*Podsumowanie warsztatu z Phoenix z października 2005 r. „Szepty RashReishA, Ujawnienia Niewypowiedzianych, HaahTUr's i HUB".*] **Azur'yana, Georgi.** Phoenix, AZ : Azurite Press MCEO, Inc., 2005. s. 1. Część z serii MCEO Freedom Teachings®.
329. *April 2006 Phoenix Workshop Diary: Two Moons Rising.* [*Pamiętnik z warsztatu Feniks, kwiecień 2006 r. Dwa wschodzące księżyce.*] **Azur'yana, Georgi.** Phoenix, AZ: Azurite Press MCEO, Inc., 2006. Część z serii MCEO Freedom Teachings®.
330. **Project Camelot.** Project Camelot: Kerry Cassidy Interviews Ashayana Deane – Part Two. [Projekt Kamelot. Kerry Cassidy przeprowadza wywiad z Ashayana Deane – część druga.] *YouTube.* [W internecie] YouTube, LLC, June 13, 2010. http://www.youtube.com/watch?v=7-h_Qk4Z1SQ
331. **MCEO Freedom Teachings®.** *Festival of Light 2007 – "Transcending the Towers of Threshold; the Crystal River Union, and the Arc of Aquari".* [*Festiwal Światła 2007. „Przekraczanie Wież Progu; Zjednoczenie Kryształowej Rzeki, oraz Arka Akłari".*] [Płyty DVD] Phoenix, AZ : Azurite Press MCEO, Inc., Adashi MCEO LLC, January 2007.
332. **E-LAi-sa Freedom Forum.** *The Cosmos is Watching & Always Will Be: The Dance of Lila, the Pillar of Peace & the Bridge Across Forever.* [*Kosmos obserwuje i zawsze będzie. Taniec Lila, Filar Pokoju, oraz Most poprzez Na zawsze.*] [Płyty DVD] Sarasota, Florida : EFFI-Project™, May 24-30, May 2012.
333. **MCEO Freedom Teachings®.** *Sliders-12: Externalization of the Kryst; Secrets of the Tan'-Tri-A'jha. Part-2.* [*Slajders-12. Eksternalizacja Krysta; Tajemnice Tan'-Tri-A'jha. Część -2.*] [Płyty DVD] Sarasota, FL : Azurite Press MCEO, Inc., Adashi MCEO LLC, April 2012.
334. **Fenn, Celia and Archangel Michael.** Archangel Michael: 11-11-11 is a Great Moment in the Transformation of Planet Earth. [Archanioł Michał. 11-11-11 jest wspaniała chwila w transformacji planety Ziemia.] *Ashtar Command Tribe.* [W internecie] October 2011. [Cytowane: 24 lipiec 2017 r.] Przedrukowane jako artykuł z forum. http://www.ashtarcommandcrew.net/forum/topics/archangel-michael-11-11-11-is-a-great-moment-in-the
335. **Coon, Robert.** Earth Chakras. [Czakry Ziemi.] *Earth Chakras.* [W internecie] [Cytowane: 12 październik 2016 r.] http://earthchakras.org/Home.php
336. **Coon, Robert.** What are the Earth Chakras? [Czym są czakry Ziemi?] *Earth Chakras.* [W internecie] [Cytowane: 12 październik 2016 r.] http://earthchakras.org/Locations.php

337. *May 2006 Redding/Mount Shasta Workshop Diary.* [*Pamiętnik z warsztatu Mount Shasta/Redding, maja 2006 r.*] **Azur'yana, Georgi.** Redding and Mount Shasta, CA : Azurite Press MCEO, Inc., 2006. s. 4. Część z serii MCEO Freedom Teachings®.
338. *Ethradon Awakening: Morocco May 2005 Workshop Diary.* [*Przebudzenie Etradona. Pamiętnik z warsztatu Maroka, maja 2005 r.*] **Azur'yana, Georgi.** Morocco : Azurite Press MCEO, Inc., 2005. s. 4. Część z serii MCEO Freedom Teachings®.
339. **E'Asha Ashayana Arhayas.** *8/8/2016-8/9/2016 "Fail Safe 5th Anniversary Note" – Continued PART-2.* [*8/8/2016- 9/8/2016 „Adnotacja do 5-tej rocznicy Zabezpieczenia przed porażką". Kontynuacja CZESCI-2.*] ARhAyas Productions, AMCC-MCEO, LLC, 2016. s. 2.
340. **E'Asha Ashayana Arhayas.** *12/16/2016 Fail-Safe 5th Anniversary Note – Continued PART-4.* [*16/12/2016 „Adnotacja do 5-tej rocznicy Zabezpieczenia przed porażką". Kontynuacja CZESCI-4.*] ARhAyas Productions, AMCC-MCEO, LLC, 2016. s. 1.
341. **Weidner, Jay.** The Alchemy of Time: Understanding the Great Year and the Cycles of Existence. [Alchemia czasu. Zrozumienie Wielkiego Roku oraz cykli istnienia.] *The Mystery of 2012: Predictions, Prophecies & Possibilities.* Boulder, CO : Sounds True, Inc., 2007.
342. **McClure, Bruce.** Will Earth cross the galactic equator in 2012? [Czy Ziemia przekroczy galaktyczny równik w roku 2012?] *EarthSky.* [W internecie] EarthSky Communications Inc., July 19, 2012. http://earthsky.org/astronomy-essentials/will-earth-pass-through-galactic-plane-in-2012
343. **MCEO Freedom Teachings®.** *The Elements of Discovery: 15-Dimensional Anatomy, Exploring the God Worlds, Cosmic Clock, Gifts of the Krystal River Prayer.* [*Elementy odkrycia. 15-wymiarowa anatomia, Zgłębianie Światów Boga, Kosmiczny Zegar, Dary modlitwy Rzeki Krystal.*] Azurite Press MCEO, Inc., 2010. Współtworzony przez członków Zespołu Kathara.
344. **MCEO Freedom Teachings®.** *Sacred Sexuality & the Art of Divine Relationship: Elemental Healing, Gender Benders, Shock-Ras & RashaLAe Reunion, Part Two.* [*Święta seksualność i sztuka boskiego związku. Uzdrawianie elementalami, zaginacze płci, zjazd Shock-Ras i RashaLAe, Część druga.*] [Płyty DVD] Phoenix, AZ : Azurite Press MCEO, Inc., Adashi MCEO LLC, August 2006.
345. **The Tan-Tri-Ahura Teachings – The Path of Bio-Spiritual Artistry™.** *"AMCC-MCEO 13 Days of Kryst-Mass and the Planetary Silver-Seed Awakening": General Overview of Planetary Grid Activations 12/21/2012-1/3/2013.* [*„13 dni Kryst-Mass oraz Przebudzenie Srebrnego-Nasienia Planetarnego AMCC-MCEO". Przegląd ogólny aktywacji sieci planetarnej 21/12/2012-3/1/2013 r.*] ARhAyas Productions AMCC-MCEO LLC, January 2013. Raport
346. **E'Asha Ashayana.** *EFFI-Project™ 1. The Cosmos IS Watching & Always Will Be: The Dance of Lila, the Pillar of Peace & the Bridge Across Forever.* [*Projekt EFFI™ 1. Kosmos obserwuje i zawsze będzie. Taniec Lila, pilar pokoju oraz most poprzez na zawsze.*] [Płyty DVD] Sarasota, FL : ARhAyas Productions, AMCC-MCEO LLC, May 25-28, 2012.
347. **MCEO Freedom Teachings®.** *The 12-Tribes Transcripts, Class 9.* [*Transkrypt 12 Plemion, Klasa 9.*] [Podręcznik] Phoenix, AZ : Azurite Press MCEO, Inc., Adashi MCEO LLC, December 2007.
348. **MCEO Freedom Teachings®.** *The 12-Tribes Transcripts, Class 6.* [*Transkrypt 12-Plemion, Klasa 6.*] [Podręcznik] Azurite Press MCEO, Inc., Adashi MCEO LLC, July 2007.
349. *Gestalt principles (Part 1).* [*Zasady Gestaltu (część 1).*] **Wong, Bang.** Wyd. 11: Nature America, Inc., November 2010, Nature Methods, tom 7, s. 863.
350. *Perception: An introduction to the Gestalt-theorie.* [*Percepcja. Wstęp do teorii Gestaltu.*] **Koffka, Kurt.** 1922, Psychological Bulletin, tom 19, s. 531-585.
351. Qi. (Ki.) *Wikipedia, the free encyclopedia.* [W internecie] Wikimedia Foundation, Inc. [Cytowane: 2 grudzień 2013 r.] http://en.wikipedia.org/wiki/Qi
352. **Heffner, Christopher L.** Chapter 3: Section 5: Freud's Structural and Topographical Model. [Rozdzial 3, sekcja 5. Model strukturalny i topograficzny Freuda.] *AllPsych.* [W internecie] Heffner Media Group, Inc. [Cytowane: 2 luty 2017 r.] http://allpsych.com/psychology101/ego/
353. **Heffner, Christopher L.** Chapter 5: Section 3: Carl Jung's Analytic Psychology. [Rozdział 3, sekcja 3. Psychologia analityczna Karla Junga.] *AllPsych.* [W internecie] Heffner Media Group, Inc. [Cytowane: 2 luty 2017 r.] http://allpsych.com/personalitysynopsis/jung/
354. **MCEO Freedom Teachings®.** *Sliders-5: Essential Alignment, Stardust Flow, Mirror in the Sky & the Orbs of Aquareion – "Freeing the Body for Slide".* [*Slajders-5. Podstawowe zliniowanie, przepływ pyłu gwiezdnego, Lustro w Niebie oraz orbsy Akłerion – „Uwolnienie ciała do ślizgu".*] [Płyty DVD] Phoenix, AZ : Azurite Press MCEO, Inc., Adashi MCEO LLC, August 2009.
355. **Nauman, Eileen.** How to ground yourself and Stay in your body. [Jak się uziemić i Pozostać w swoim ciele.] *Tales from Echo Canyon.* [W internecie] March 6, 2011. http://blog.medicinegarden.com/2011/03/how-to-ground-yourself/

356. **McKinley, Michael and Valerie Dean O'Loughlin.** Animation: The Nerve Impulse. [Animacja. Impuls nerwowy.] *Human Anatomy: Student Edition.* [W internecie] McGraw-Hill Global Education Holdings, LLC, 2006. [Cytowane: 28 lipiec 2017 r.] Rozdział 14. http://highered.mheducation.com/sites/0072495855/student_view0/chapter14/animation__the_nerve_impulse.html
357. Neurons and Nerves. [Neurony i nerwy.] *Review of the Universe.* [W internecie] [Cytowane: 28 lipiec 2017 r.] http://universe-review.ca/R10-16-ANS.htm
358. **Leitzell, Katherine.** The Other Brain Cells: New Roles for Glia. [Komórki innego mózgu. Nowe role dla komórek glejowych.] *Scientific American®.* [W internecie] Nature America, Inc., June 1, 2008. http://www.scientificamerican.com/article.cfm?id=the-other-brain-cells
359. **Bourzac, Katherine.** Lightning Bolts within Cells: A new nanoscale tool reveals strong electric fields inside cells. [Uderzenia piorunów w komórkach. Nowe narzędzie nanoskali wyjawia silne pola elektryczne wewnątrz komórek.] *MIT Technology Review.* [W internecie] MIT Technology Review, December 10, 2007. http://www.technologyreview.com/news/409171/lightning-bolts-within-cells/
360. **Isle, Jena.** Blood pH – How the body maintains its acidity and alkalinity. [Skala pH krwi. Jak ciało utrzymuje swoja kwasowość i zasadowość.] *Laboratory MedNews.* [W internecie] March 2, 2010. [Cytowane: 9 luty 2014 r.] http://web.archive.org/web/20140209095654/http://jenaisle.com/tag/blood-ph-acidity-and-alkalinity.
361. **MCEO Freedom Teachings®.** *Sliders-1: "Emerging from Darkness" – Preparing the MIND for Slide.* [*Slajders-1. „Wyłaniając się z ciemności" – Przygotowanie UMYSLU na ślizg.*][Płyty DVD i podręcznik] Phoenix, AZ : Azurite Press MCEO, Inc., Adashi MCEO LLC, August 2008.
362. **Slate, Joe H.** *Aura Energy for Health, Healing & Balance.* [*Energia aury dla zdrowia, uzdrawiania i równowagi.*] St. Paul, MN : Llewellyn Publications, 2004.
363. **Kerr, Roger.** Truth about Orion "Lizards". [*Prawda o „Jaszczurach" z Oriona.*] [W internecie] [Cytowane: 18 styczeń 2017 r.] Odpowiadanie oryginalnie w trzech częściach. http://www.thewayofblindman.com/wp-content/uploads/2012/05/truth-about-orion-lizards1.pdf
364. **Cosmic Awareness.** Getting the Alien "Federations" Straight (More on Clarion, Vega, Lyra and the Orion Empire). [Wyjaśnienie „Federacji" Obcych (więcej o Klarionie, Wega, Lirze, oraz Imperium Oriona).] *Revelations of Awareness: The New Age Cosmic Newsletter.* September 19, 1992, tom 92-15, wyd. 407, s. 10.
365. **Cavallo, Maurizio.** *Beyond the Heavens: A Story of Contact.* [*Poza niebiosami. Historia kontaktu.*] Bloomington, IN : Author House, 2008.
366. Truman Bethurum. *Ufology.* [W internecie] December 30, 2007. http://ufology.wikidot.com/bethurum-truman
367. About. *The Clarion Temple of Oneness.* [O. *Klariońska Świątynia Jedności.*] [W internecie] [Cytowane: 7 sierpień 2017 r.] http://clarionlightbeings911.com/about/
368. **Meleriessee, Christine.** Preparing for a New Awareness–Wesak 2011–Sanat Kumara–Clarion Light Beings–Unified in Oneness, May 16th, 2011. [Przygotowując się na Nowa Świadomość – Wesak 2011 – Sanat Kumara – Świetliste Istoty Klariona – Zjednoczeni w Jedności, 16 maj 2011 r.] *Lightworkers.* [W internecie] May 21, 2011. http://lightworkers.org/channeling/132114/preparing-new-awareness-wesak-2011-sanat-kumara-clarion-light-beings-unified-onene
369. Maurizio Cavallo.mov. *YouTube.* [W internecie] YouTube, LLC, June 29, 2010. Wideo, 8:47. Wgrane przez elenanietoyoga. Oryginalne wideo pt.: „*ET CONTACT Madrid, June. Maurizio Cavallo: su experiencia con seres de las estrellas Clarion.*" http://www.youtube.com/watch?v=AsmRANyGiS4
370. **Clark, Jim.** DNA – Structure. [DNA – Struktura.] *chemguide.* [W internecie] May 2016. http://www.chemguide.co.uk/organicprops/aminoacids/dna1.html
371. **Clark, Jim.** DNA – Replication. [DNA – Replikacja.] *chemguide.* [W internecie] May 2016. http://www.chemguide.co.uk/organicprops/aminoacids/dna2.html#top
372. DNA vs RNA. [DNA kontra RNA.] *Diffen.* [W internecie] [Cytowane: 6 luty 2017 r.] www.diffen.com/difference/DNA_vs_RNA
373. Fact Sheet 1: An Introduction to DNA, Genes and Chromosomes. [Strona Faktów 1. Wstęp do DNA, genów i chromosomów.] *Centre for Genetics Education.* [W internecie] NSW Government, June 10, 2016. Ściągnięty dokument PDF. http://www.genetics.edu.au/publications-and-resources/facts-sheets/fact-sheet-1-an-introduction-to-dna-genes-and-chromosomes/view
374. **Clark, Jim.** The Genetic Code. [Kod genetyczny.] *chemguide.* [W internecie] May 2016. http://www.chemguide.co.uk/organicprops/aminoacids/dna4.html#top
375. **Cashin-Garbutt, April.** What are introns and exons? [Czym sa introny i eksony?] *News Medical.* [W internecie] AZoNetwork, June 29, 2013. http://www.news-medical.net/life-sciences/What-are-introns-and-exons.aspx
376. **NHGRI Staff.** The Human Genome Project Completion: Frequently Asked Questions. [Zakończenie Projektu Ludzki Genom. Często zadawane pytania.] *NIH: National Human Genome Research Institute.* [W internecie] National Human Genome Research Institute, October 30, 2010. http://www.genome.gov/11006943/human-genome-project-completion-frequently-asked-questions/

377. **The ENCODE Project Consortium.** An integrated encyclopedia of DNA elements in the human genome. [Zintegrowana encyklopedia pierwiastków DNA w genomie ludzkim.] *nature.com.* [W internecie] Nature Publishing Group, September 5, 2012. Pubished in *Nature: International weekly journal of science.* [Opublikowane w „Naturze: Międzynarodowy, tygodniowy dziennik naukowy".] Tom 489, wyd. 7414, s. 57-74. http://www.nature.com/nature/journal/v489/n7414/full/nature11247.html
378. **Yong, Ed.** ENCODE: the rough guide to the human genome. [ENCODE. Przybliżony przewodnik po ludzkim genomie.] *Discover®.* [W internecie] Kalmbach Publishing Co., September 5, 2012. http://blogs.discovermagazine.com/notrocketscience/2012/09/05/encode-the-rough-guide-to-the-human-genome/#.UQJg1B3C0y0
379. **Daily Mail Reporter.** Boy, two, is first person in the world to be born with an extra strand of DNA. [Chłopiec, dwa, jest pierwsza na świecie osobą urodzoną z dodatkową nicią DNA.] *Mail Online.* [W internecie] Associated Newspapers Ltd, April 11, 2011. http://www.dailymail.co.uk/health/article-1375697/Alfie-Clamp-2-1st-person-born-extra-strand-DNA.html
380. **Seiler, Stephanie and Leila Gray.** Millions of DNA switches that power human genome's operating system are discovered. [Odkryto miliony przełączników DNA, które zasilają system operacyjny ludzkiego genomu.] *University of Washington.* [W internecie] University of Washington, September 5, 2012. http://www.washington.edu/news/2012/09/05/millions-of-dna-switches-that-power-human-genomes-operating-system-are-discovered
381. **Horowitz, Len.** Healing Codes for the Biological Apocalypse. [Kody uzdrawiania dla biologicznej apokalipsy.] *Consumer Health.* [W internecie] Consumer Health Organization of Canada, December 2001. [Cytowane: 16 luty 2017 r.] http://www.consumerhealth.org/articles/display.cfm?ID=20051028143259
382. **Hall, Manly P.** Pythagorean Mathematics. [Matematyka pitagorejska.] *Internet Sacred Text Archive.* [W internecie] [Cytowane: 10 luty 2017 r.] From book titled *The Secret Teachings of All Ages*, 1928, copyright not renewed. [Z książki pt.: „Tajne nauki wszystkich wieków", 1928 r., prawa autorskie nie wznowione.] http://www.sacred-texts.com/eso/sta/sta16.htm
383. Vibrational healing with solfeggio frequencies. [Uzdrawianie wibracyjne częstotliwościami solfeggio.] *Altered States.* [W internecie] Altered States Limited. [Cytowane: 10 grudzień 2016 r.] http://www.altered-states.net/barry/newsletter572/
384. **Fosar, Grazyna and Franz Bludorf.** Is DNA Influenced by the Spoken Word? [Czy słowo mówione wpływa na DNA?] *Atlantis Rising® Magazine Library.* [W internecie] Atlantis Rising Magazine, Jan/Feb 2008. [Cytowane: 10 sierpień 2017 r.] http://atlantisrisingmagazine.com/article/is-dna-influenced-by-the-spoken-word/
385. **Judith, Anodea.** Chakra Exercises & FAQ's. [Ćwiczenia czakr i często zadawane pytania.] *Sacred Centers.* [W internecie] Sacred Centers. [Cytowane: 11 kwiecień 2014 r.] http://sacredcenters.com/the-chakras/chakra-faqs/
386. *Nonvisual photoreceptors of the deep brain, pineal organs and retina.* [*Niewizualne fotoreceptory głębokiego mózgu, organy szyszynkowe i siatkówka oka.*] **Vigh, B., M. J. Manzano, A. Zádori, C. L. Frank, A. Lukáts, P. Röhlich, A. Szél, and C. Dávid.** Wyd. 2 : Herbert Publications, April 2002, Journal of Histology and Histopathology, tom 17, s. 555-590. Cytat przytoczony w Streszczeniu.
387. History & Symbolism. [Historia i symbolizm.] *Third Eye Pinecones.* [W internecie] Third Eye Pinecones. [Cytowane: 8 luty 2017 r.] http://www.thirdeyepinecones.com/history-symbolism
388. Pineal Gland. [Gruczoł szyszynki.] *FluorideAlert.org.* [W internecie] Fluoride Action Network. [Cytowane: 8 luty 2017 r.] http://www.fluoridealert.org/issues/health/pineal-gland/
389. *Selenium upregulates CD4(+) CD25(+) regulatory T cells in iodine-induced autoimmune thyroiditis model of NOD.H-2(h4) mice.* [*Zwiększona regulacja selenu CD4(+) CD25(+) nadzorcze komórki T w wywołanym przez jod autoimmunologicznym modelu zapalenia tarczycy NOD.H-2(h4) myszy.*] **Xue, H., W. Wang, Y. Li, Z. Shan, Y. Li, X. Teng, Y. Gao, C. Fan, and W. Teng.** Wyd. 7 : Japan Endocrine Society, April 27, 2010, Endocrine Journal, tom 57, s. 595-601.
390. 666 ABC Canberra. [W internecie] Australian Broadcasting Corporation. [Cytowane: 21 wrzesień 2016 r.] http://web.archive.org/web/20160921143104/http://www.abc.net.au/canberra/
391. **MCEO Freedom Teachings®.** *Architects of Light and the Secrets of the Indigo Children.* [*Architekci światła oraz tajemnice dzieci Indygo.*] [DVD-2] New York : Azurite Press MCEO, Inc., April 2000.
392. **MCEO Freedom Teachings®.** *The 12-Tribes Transcripts, Class 11.* [*Transkrypt 12-tu Plemion, klasa 11*] [Podręcznik] Phoenix, AZ : Azurite Press MCEO, Inc., Adashi MCEO LLC, February 2008.
393. About E-LAi-sa Freedom Forum, AMCC-MCEO, LLC. [O forum wolności E-LAi-sa, AMCC-MCEO.] *E-LAi-sa Freedom Forum.* [W internecie] AMCC-MCEO, LLC. [Cytowane: 12 sierpień 2017 r.] http://www.elaisafreedomforum.com/pages/about-eff
394. **MCEO Freedom Teachings®.** *The Melchizedek Cloister Emerald Order (MCEO) Ordinate System: Getting Your Ascension Codes Back.* [*System Ordynacji Szmaragdowego Zgromadzenia Zakonu Melchizedeka (MCEO). Dostawanie z powrotem waszych kodów ascendencji.*] [Podręcznik] Azurite Press MCEO, Inc., Adashi MCEO LLC, 2007.

395. **Deane, Ashayana.** *Angelic Realities: The Survival Handbook.* [*Anielskie rzeczywistości. Podręcznik przetrwania.*] Columbus, NC : Wild Flower Press, 2001 [Polskie tłumaczenie Wydawnictwo LOKA, 2012 r.]
396. **MCEO Freedom Teachings®.** *Heroic Path.* [*Heroiczna ścieżka.*] [Podręcznik źródłowy.] Arek Popovich, Adashi MCEO LLC. Keylontic Dictionary. [Słownik Kilontyczny.] s. H-5; sourced from *USA Wrap Up* workshop [zaczerpnięte z warsztatu „Podsumowanie USA"].
397. **Rhodes, Ron.** The Christ of the New Age Movement. [Chrystus Ruchu New Age.] *Reasoning from the Scriptures Ministries.* [W internecie] Summer 1989. [Cytowane: 11 sierpień 2017 r.] http://home.earthlink.net/~ronrhodes/ChristNAM.html
398. **Blavatsky, H. P.** *The Secret Doctrine: The Synthesis of Science, Religion,and Philosophy. Vol. I. – Cosmogenesis.* [*Tajemna doktryna. Synteza nauki, religii i filozofii. Tom I. – Kosmogeneza.*] London, UK : The Theosophical Publishing Company, Limited, 1888.
399. Jiddu Krishnamurti. *Wikipedia: The Free Encyclopedia.* [W internecie] Wikimedia Foundation, Inc. [Cytowane: 11 sierpień 2017 r.] http://en.wikipedia.org/wiki/Jiddu_Krishnamurti
400. **Jayakur, Pupul.** *J. Krishnamurti: A Biography.* [*J. Krishnamurti: Biografia.*] New York : Penguin Books, 1986.
401. **Krishnamurti, J.** Truth is a pathless land. [Prawda jest bezdrożna kraina.] *J. Krishnamurti online: The Official repository of the authentic teachings of J. Krishnamurti.* [W internecie] Krishnamurti Foundation America, 1980. [Cytowane: 11 sierpień 2017 r.] http://www.jkrishnamurti.org/about-krishnamurti/dissolution-speech.php
402. **Anrias, David.** *Through the Eyes of the Masters: Meditations and Portraits.* [*Oczami mistrzów. Medytacje i portrety.*] London, UK : G. Routledge & Sons, Ltd., 1932.
403. **Blavatsky, H. P.** *The Secret Doctrine: The Synthesis of Science, Religion, and Philosohpy. Vol. II. – Anthropogenesis.* [*Tajemna doktryna. Synteza nauki, religii i filozofii. Tom II. – Antropogeneza.*] London, UK : The Theosophical Publishing Company, Limited, 1888.
404. **MCEO Freedom Teachings®.** *The Mechanics of Manifestation: Embodying Your Heroic Future.* [*Mechanika manifestacji. Ucieleśnianie waszej heroicznej przyszłości.*] [Płyty DVD] Sarasota, FL : Azurite Press MCEO, Inc., Adashi MCEO LLC, September 2001. DVD-3, 45:10-30.
405. Properties of the number 144. [Właściwości liczby 144.] *Riding the Beast.com.* [W internecie] December 19, 1998. http://www.ridingthebeast.com/numbers/nu144.php
406. The shape of the universe: Platonic truths. [Kształt wszechświata. Platońskie prawdy.] *The Economist.* [W internecie] The Economist Newspaper Limited, October 9, 2003. http://www.economist.com/node/2122034
407. **Weisstein, Eric.** Regular Icosahedron. [Zwykły dwudziestościan.] *Wolfram MathWorld.* [W internecie] Wolfram Research, Inc. [Cytowane: 29 marzec 2017 r.] http://mathworld.wolfram.com/RegularIcosahedron.html
408. **MCEO Freedom Teachings®.** *Oversoul Matrix.* [*Matriks nadduszy.*] [Podręcznik źródłowy] Arek Popovich, Adashi MCEO LLC. Keylontic Dictionary. [Słownik Kilontyczny.] s. O-5; sourced from *Amenti Series 1 Classes* [zaczerpnięte z „klas z Serii Amenti 1"].
409. **MCEO Freedom Teachings®.** *Sliders-7 – "The Lands of Wha: Mirror Mapping, the 3 Paths of the Kryst and the Wha-YA'-yas Masha-yah-hana Adashi Adepts".* [*Slajders-7. „Krainy Wha. Lustrzane odwzorowanie, 3 ścieżki Krysta oraz adepci Adashi Wha-YA'-yas Masha-yah-hana".*] [Płyty DVD] Sarasota, FL : Azurite Press MCEO, Inc., Adashi MCEO LLC, May 2010.
410. Prana. *VEDA Vedic Knowledge Online.* [W internecie] VEDA. [Cytowane: 7 marzec 2017 r.] http://veda.harekrsna.cz/encyclopedia/prana.htm
411. Kundalini Awakening. [Przebudzenie kundalini.] *Traditional Yoga and Meditation of the Himalayan Masters.* [W internecie] [Cytowane: 11 sierpień 2017 r.] http://swamij.com/kundalini-awakening-1.htm
412. **Sivananada, Sri Swami.** *Kundalini Yoga.* [*Joga kundalini.*] Shivanandanagar, India : The Divine Life Society, 1999. Światowe wydanie w sieci, rozdział drugi. http://www.yoga-age.com/modern/kun4.html
413. **Chia, Mantak.** Healing Love. [Uzdrawiajaca miłość.] *Universal Healing TAO.* [W internecie] [[Cytowane: 11 sierpień 2017 r.] http://www.universal-tao.com/FAQ/healing_love.html
414. *Sexual Theories of Wilhelm Reich.* [*Seksualne teorie Wilhelma Reicha.*] **Baker, Elsworth.** Wyd. 2 : The American College of Orgonomy, 1982, The Journal of Orgonomy, tom 20. http://www.orgonomy.org/articles/Baker/Sexual_Theories_of_Wilhelm_Reich.pdf
415. **Mistycah, Laura Lee.** The Secret Behind the Chakras. [Tajemnica kryjąca się za czakrami.] *Ultra-Violet Realm Portals.* [W internecie] December 22, 2007. http://www.fw-indigo-adults.com/pages/SecretBehindChakras.html
416. **MCEO Freedom Teachings®.** *Sacred Sexuality & the Art of Divine Relationship: Divine Coupling-Intimations, Explorations & Cosmic Connection, Part Three.* [*Uświęcona seksualność i sztuka boskiego związku. Boska intymna kopulacja, eksploracje i kosmiczne polaczenie, Część trzecia.*] [Płyty DVD] Virginia Beach, VA : Azurite Press MCEO, Inc., Adashi MCEO LLC, October 2006.

417. **MCEO Freedom Teachings®.** Flame Body Activation and Shadow Body Healing. [Aktywacja Płomiennego Ciała oraz uzdrowienie Cienistego Ciała.] *Azurite Press of the Melchizedek Cloister Emerald Order.* [W internecie] Azurite Press MCEO, Inc. [Cytowane: 23 marzec 2014 r.] W połowie roku 2014, www.azuritepress.com usunięta została z internetu.
418. Shambhala. [Szambala.] *Wikipedia: The Free Encyclopedia.* [W internecie] Wikimedia Foundation, Inc. [Cytowane: 3 listopad 2012 r.]
419. **Sutherland, Mary.** In Search of Shambhala. [W poszukiwaniu Szambali.] *Biblioteca Pleyades.* [W internecie] June 2003. http://www.bibliotecapleyades.net/sociopolitica/sociopol_shambahla06.htm
420. **Wittels, Nedda.** Shamballa Multi-Dimensional Healing. [Szambala wielowymiarowe uzdrowienie.] *Rays of Healing Light.* [W internecie] The Shamballa Foundation for Multidimensional Healing, September 9, 2010. [Cytowane: 2 listopad 2012 r.]
421. **Finney, Dee.** The Ascended Masters: Who They Are. [Wniebowstąpieni Mistrzowie. Kim oni są.] *Dreams of the Great Earth Changes.* [W internecie] April 30, 2003. http://www.greatdreams.com/masters/ascended-masters.htm
422. The Location of Earth's GFL Command Base. [Lokalizacja bazy dowodzenia Galaktycznej Federacji Światła na Ziemi.] *Ashtar Command Tribe.* [W internecie] August 5, 2011. Informacja na forum, zamieszczona przez Drekx Omega. http://www.ashtarcommandcrew.net/forum/topics/the-location-of-earth-s-gfl-command-base
423. The Shambhala Triangle. [Trójkąt Szambali.] *Old Project Avalon Forum (ARCHIVE).* [W internecie] October 3, 2009. [Cytowane: 11 sierpień 2017 r.] Informacja z forum zamieszczona przez 14 Chakras. http://projectavalon.net/forum/showthread.php?t=16747
424. Telos: Underground City of Mount Shasta. [Telos. Podziemne miasto Góry Szasta.] *Mount Shasta Wisdom Project.* [W internecie] [Cytowane: 24 kwiecień 2010 r.] http://web.archive.org/web/20100424202539/http://www.mountshastawisdomproject.com/Teloscity.htm
425. **Icke, David.** *children of the matrix: How an interdimensional race has controlled the world for thousands of years – and still does.* [Dzieci matriksa. Jak wielowymiarowa rasa kontrowała świat od tysięcy lat – i wciąż to robi.] Ryde, UK : David Icke Books Ltd, 2001.
426. How Often are Children Sexually Abused? [Jak często dzieci wykorzystywane są seksualnie?] *The Mama Bear Effect.* [W internecie] The Mama Bear Effect®, Inc. [Cytowane: 16 maj 2017 r.] http://www.themamabeareffect.org/the-statistics.html
427. **Emoto, Masaru.** *The Secret Life of Water.* [Tajemnicze życie wody.] New York : Atria Books, 2005.
428. **Emoto, Masaru.** *Messages from Water.* [Przesłania od wody.] Pierwsze wydanie. Yanagibashi, Japan: HADO Kyoikusha, 1999.
429. **Emoto, Masaru.** *The True Power of Water: Healing and Discovering Ourselves.* [Prawdziwa moc wody. Uzdrawianie i odkrywanie nas samych.] New York : Atria Books, 2003.
430. **The Editors of Encyclopædia Britannica.** Magnetic resonance. [Rezonans magnetyczny.] *Encyclopædia Britannica.* [W internecie] Encyclopædia Britannica, Inc. [Cytowane: 1 maj 2017 r.] http://www.britannica.com/science/magnetic-resonance
431. Water and ice. [Woda i lód.] *Science Learning Hub.* [W internecie] The University of Waikato, July 19, 2007. http://www.sciencelearn.org.nz/resources/1008-water-and-ice
432. **Chaplin, Martin.** Water structure: Methods. [Struktura wody. Metody.] *Water Structure and Science.* [W internecie] September 27, 2016. http://www1.lsbu.ac.uk/water/water_methods.html
433. *Unified description of temperature-dependent hydrogen-bond rearrangements in liquid water.* [Zunifikowany opis zależnych od temperatury przestawień wiązania wodorowego płynnej wody.] **Smith, Jared D., Christopher D. Cappa, Kevin R. Wilson, Ronald C. Cohen, Phillip L. Geissler, and Richard J. Saykally.** Wyd. 40 : National Academy of Sciences, October 4, 2005, PNAS, tom 102, s. 14174. http://www.pnas.org/content/102/40/14171.full.pdf
434. Water model. [Model wody.] *Wikipedia: The Free Encyclopedia.* [W internecie] Wikimedia Foundation, Inc. [Cytowane: 1 maj 2017 r.] http://en.wikipedia.org/wiki/Water_model
435. Micro-Clustered Kangen Water. [Woda Kangena w mikro-klastery.] *Kangen.* [W internecie] Kangen, Ltd. [Cytowane: 20 sierpień 2017 r.] http://www.mykangenwater.co.uk/en/kangen-water/properties-of-kangen-water/micro-clustered-kangen-water.html

www.ingramcontent.com/pod-product-compliance
Lightning Source LLC
Chambersburg PA
CBHW021711300426
44114CB00009B/104